全 世 界 无 产 者，联 合 起 来！

江泽民文选

第一卷

人民出版社

图书在版编目(CIP)数据

江泽民文选　第一卷/江泽民著.
-北京:人民出版社,2006.8
ISBN 7-01-005674-9

Ⅰ.江…　Ⅱ.江…　Ⅲ.江泽民-选集　Ⅳ.D2-0

中国版本图书馆 CIP 数据核字(2006)第 079437 号

江　泽　民　文　选

JIANG ZEMIN WENXUAN

第　一　卷

人民出版社 出版发行
(100706　北京朝阳门内大街 166 号)

北京中科印刷有限公司印刷　新华书店经销

2006 年 8 月第 1 版　2006 年 8 月北京第 1 次印刷
开本:787 毫米×1092 毫米　1/32　印张:21　插页:1
字数:441 千　印数:00,001—43,000 册

ISBN 7-01-005674-9　定价:34.00 元

邮购地址 100706　北京朝阳门内大街 166 号
人民东方图书销售中心　电话 (010)65250042　65289539

江泽民

出 版 说 明

《江泽民文选》第一卷收入的是江泽民同志在一九八〇年八月二十一日至一九九七年八月五日这段时间内的重要著作，共有报告、讲话、谈话、文章、信件、批示、命令、题词等八十一篇，相当一部分是第一次公开发表。

曾经公开发表过的著作，这次编入本卷时，又作了少量的文字订正。为了便于读者阅读，编辑时作了必要的注释，附在篇末。

在编辑本书时，作者逐篇审定了全部文稿。

中共中央文献编辑委员会

二〇〇六年六月

目　录

设置经济特区，加快经济发展*

（一九八〇年八月二十一日）

我受国务院委托，现对在广东、福建两省设置经济特区[1]和《广东省经济特区条例》作简要说明。

一、设置经济特区的依据和经济特区的性质。

根据第五届全国人民代表大会第二次会议通过的《政府工作报告》提出的“继续做好技术引进工作，积极利用国外资金，努力扩大出口”的任务，参照世界上一些发展中国家举办出口加工区、加快经济发展的经验，为发展对外经济合作和技术交流，扩大出口贸易，促进社会主义现代化建设，去年七月即着手筹备在广东省深圳、珠海、汕头和福建省厦门划出一定区域，设置经济特区。先开始在深圳筹建。

这种经济特区吸收了世界上一些出口加工区的有益经验和通用做法，又有我国自己的特点。这是在社会主义制度下，在特定地区内，鼓励和利用外国投资、加快经济发展的一种特殊方式。广东、福建两省毗邻香港、澳门和台湾，港澳台同胞

---

* 这是江泽民同志在五届全国人大常委会第十五次会议上所作的关于在广东、福建两省设置经济特区和《广东省经济特区条例》的说明。江泽民同志当时任国家进出口管理委员会、国家外国投资管理委员会副主任兼秘书长。

和华侨很多，对外资、侨资具有特殊的吸引力，在两省的特定地区设置经济特区，有其独特的有利条件。

经济特区采取与内地不同的体制和更加开放的政策，充分利用国外的资金和技术，发展工业、农业、畜牧业、养殖业、旅游业、住宅建筑业、高技术研究制造业和其他行业。由于它比一般出口加工区的范围要广一些，是综合性经济事业，所以定名为经济特区，以资区别。

现在，世界上兴建的出口加工区已有七十多处，大部分收到了较好的经济效益。深圳经济特区筹建以来进展良好，其中蛇口工业区进展较快，已显示出一些好的前景。

二、经济特区组织管理的基本原则。

经济特区管理必须维护我国主权。土地属中华人民共和国所有。经济特区的企业和个人的活动必须遵守我国法律、法令和有关规定。外商在经济特区内投资必须经过审查批准，服从我国政府管理。

两省设立经济特区管理委员会，在省人民政府直接领导下，行使政府职权，对经济特区实行统一管理。经济特区设双重海关，实行内紧外松的原则。

三、对经济特区企业的优惠政策。

在经济特区条例中作了一些比较优惠的规定：经过一定的批准手续，允许外资独自经营企业；允许国外银行和保险公司设立分支机构；免征货物进出口关税；享受比内地中外合资企业较低的税率，也略低于港澳的税率；简化出入境手续，方便往来；外汇管理适当放宽，客商的合法利润和外籍职工的工资收入在缴纳各种税款后，允许通过经济特区的银行汇出。

对经济特区企业的场地使用费、使用年限等，都作了较内地中外合资企业更优惠的规定。

这些规定既考虑了我国的利益，又注意到外国投资者和港澳台同胞、华侨投资者的利益，总的目的是更有效地吸收外来资金、先进技术和管理经验为我所用，加快四化建设。

四、经济特区建设的实施步骤。

建设经济特区，在经济上、意识形态上存在着尖锐的斗争，而我们又缺乏经验；同时，目前国内的财力物力也有限。因此，要采取既积极又慎重的方针。准备首先集中力量把深圳经济特区建设好，其次是珠海、厦门、汕头经济特区。深圳市（即原宝安县）行政区划为二千零二十平方公里，将其大、小梅沙到福田、蛇口这一狭长地段共三百二十七点五平方公里划为经济特区（其中二百二十九点五平方公里为山地，是很好的自然屏障，实际使用面积为九十八平方公里）。珠海市行政区划为六百五十四平方公里，将其中六点八平方公里规划为经济特区〔2〕。厦门本岛一百二十平方公里，经济特区初步规划为二点五平方公里〔3〕。汕头经济特区，正在进行规划和可行性研究。

以上这四个经济特区的建设，都要先做好总体规划，分步实施。要把平整土地和水、电、道路、通讯等基础设施建设搞好，为吸引外资创造良好条件。要确定经济特区与内地的分界线，添置必要的隔离设施，严格管理。经济特区的投资项目建设，必须符合发展规划的要求。要充分利用现有基础，把那些投资少、周转快、收效大的项目搞起来，边生产边发展。

由于我们办经济特区缺少经验，一下子拿不出一个总的经济特区条例来，因此先搞一个《广东省经济特区条例》。该条例已经广东省第五届人民代表大会通过。在国务院讨论通过之前，国家进出口管理委员会曾邀请有关部门和广东省的同志对条例进行了多次研究，并作了必要的修改。请予审议决定。

注 释

〔1〕一九七九年七月，中共中央、国务院批转《广东省委、福建省委关于对外经济活动实行特殊政策和灵活措施的两个报告》，同意在广东省深圳、珠海、汕头和福建省厦门试办出口特区。一九八〇年五月，中共中央、国务院《关于〈广东、福建两省会议纪要〉的批示》中将出口特区改称为经济特区。同年八月，第五届全国人民代表大会常务委员会第十五次会议批准《广东省经济特区条例》，这四个经济特区相继兴建。一九八八年四月，第七届全国人民代表大会第一次会议通过决议，批准海南岛为海南经济特区，实行更加灵活开放的经济政策。我国现有五个经济特区。

〔2〕一九八三年六月二十九日，经国务院批准，珠海经济特区面积扩至十五点一六平方公里。一九八八年四月五日，经国务院批准，珠海经济特区面积扩至一百二十一平方公里。

〔3〕一九八五年六月二十九日，经国务院批准，厦门经济特区的区域范围调整为厦门全岛和鼓浪屿全岛，面积一百三十一平方公里。

振兴电子工业，促进四化建设*

（一九八四年九月十六日）

在新技术革命的挑战面前，人们十分关注我国电子工业的建设和发展。多数同志主张，我国应该重视新兴技术的发展和应用，发挥电子工业在现代化建设中的先导作用，采取有力措施，加快它的发展。只有这样，才能创建和发展高技术产业，用先进电子技术改造传统产业，建立起我国现代化的物质技术基础，赶上先进工业国家的科学技术水平，为实现经济振兴创造条件。有些同志则认为，我国当务之急是重点发展传统工业，等把传统工业搞上去，有了基础，才能大力发展电子工业。也有人认为，我国人口多，搞自动化会造成就业难，等等。我们认为，在世界新技术革命蓬勃兴起的新形势下，我们应该深刻领会国务院关于第六个五年计划的报告中的一段话："电子工业在现代化建设中具有特别重大的作用，我们应该非常重视它的发展，并把电子技术逐步应用于国民经济各部门。"根据这个精神，我们应该高度重视电子工业的发展。

诚然，目前我国传统工业还不十分发达，技术水平也不

---

* 这是江泽民同志在《红旗》杂志一九八四年第十八期上发表的文章的主要部分。江泽民同志当时任电子工业部部长。

高，特别是能源、交通是四化建设中最薄弱的环节，应该作为建设重点，加快发展。但是，怎样把传统工业和薄弱环节搞上去呢？关键在于依靠技术进步，把传统工业建立在先进物质技术基础之上。从某种意义上说，先进物质技术基础的核心就是现代电子科学技术。大力发展和应用电子科学技术，可以为传统工业的建设和技术改造提供先进技术装备，注入新的生产力，同时又可以提高能源利用率，减少国民经济发展对能源的压力。这也是解决能源、交通紧张状况的有效途径之一。据预测，我国电力工业采用电子计算机自动监控和调度，每年仅减少停电损失就可达二十余亿元。一九八〇年，我国火力发电二千四百多亿度，如果采用电子控制等先进技术，达到国外先进水平，可减少煤耗二千三百万吨。煤炭、石油、化工等部门采用电子技术进行生产过程自动控制和经济管理，可以大大提高生产效率。铁路运输如果普遍采用电子计算机进行营运管理，据国外经验，一般可提高运输效率百分之二十五至百分之三十。我国即使按提高百分之十测算，可节省大量货车，一年可多运两亿吨左右的物资，仅铁路系统即可增收十亿元以上，因加速物资周转而带来的社会经济效益就更为可观。机械、轻工、纺织等行业采用电子技术，可以促进产品更新换代，提高生产技术水平，引起产业结构的重大变革。所以，在现代化建设中，电子工业要以传统工业为基础，而传统工业的发展和改造又离不开电子技术的支持。加快电子工业发展，并使其有一定的超前期，是合乎经济发展规律的。

我国人口多，劳动力资源雄厚，这是发展劳动密集型产业的有利条件。但是，不能因此而忽视搞自动化的必要性。在我们国家，搞自动化，主要不是为了把人顶替下来，而是为了提高产品质量、生产效率和经济效益，用同样多的劳动消耗创造更多的物质财富，满足人民群众不断增长的物质文化需要。同时，我们在进行科学实验和社会生产的活动中，有许多工程和作业是不能单靠人的双手和器官直接完成的，必须借助现代化的电子技术装备才能实现。如浩繁数据的计算和处理，微观结构和宇宙宏观世界的观测，高精度产品的生产过程控制和检测，战略武器的制导，大量的瞬息变化的社会信息的传输和处理等，都要借助电子技术装备才能达到快速、灵敏、准确的要求。搞了自动化，在某些工序和岗位上会减少一些直接生产人员，但这些人可以转移到别的岗位上从事新的工作。就是达到很高的自动化程度以后，也需要许多人监控技术装备，做程序设计、维护修理及辅助工作等。搞自动化可以促使职工队伍结构从体力劳动型向智力劳动型转变。电子工业中一些新兴行业的发展，还会为更多的人提供新的就业机会。如软件业和信息处理服务业等新兴行业的迅速发展，就要求大量增加从事软件制作、信息处理和技术服务的人员。

大力发展和推广应用电子技术，会有力地推动社会主义精神文明建设，加快提高全民族的科学文化水平。因为电子工业能为科学研究、文化教育、广播宣传提供多种多样先进的科学实验手段、教育设施和宣传工具，从而促进科学技术和文化的传播，扩大教育面，提高教学质量。电子工业还向社会提供日益丰富多彩的家用电器，促进人民群众的物质文化生活水平逐步提高。

目前，我国电子工业发展中存在的突出问题是：基础薄弱，技术落后，与世界先进水平相比差距很大，这种情况同它在四化建设中担负的重任很不适应；面对新技术革命的挑战和现代化建设对电子技术的迫切需求，电子工业正处于需要集中力量加速发展的关键时期，而目前我国财力有限，能用于发展电子工业的财力物力不多，又很分散；在新技术革命的启示和推动下，各地区各部门对发展电子工业表现出前所未有的可贵的积极性，但如果指导不力，也有可能产生一哄而起、盲目发展的问题；进一步实行对外开放政策后，给我们引进和采用世界先进技术、加快技术进步带来更多的机会，但同时我国电子产品也面临着国外电子产品更加激烈的竞争；目前我国经济管理体制中存在的政企不分、条块分割问题，不利于全国电子工业统筹规划、协调发展，不利于发挥企业的积极性。鉴于此，要加快发展我国电子工业，必须从我国实际情况出发，借鉴国外的有益经验，坚持改革，勇于创新，认真解决好以下几个问题。

（一）切实解决电子工业的战略地位问题，并制定相应的对策。电子工业在四化建设中担负着为部队提供现代军事电子装备、为国民经济各部门提供现代电子技术装备、为人民群众提供生活消费类电子产品的重任。新技术革命越深入，它在发展经济、推动社会进步中的作用就越重要。因此，我认为，在经济建设中，我们应该把电子工业放在和能源、交通同样重要的战略地位上来，重点扶持，加快它的发展。同时，要研究电子工业的发展战略和制定相应的对策，如投资对策、新技术新产品研究开发对策、技术引进和电子产品进出口对策、工业生产布局对策、电子技术应用和装备对策、智力开发对策等，作为具体的政策措施，在实际工作中加以落实。

（二）树立全国一盘棋思想，统筹规划，加强行业管理。电子工业是高技术复合产业，要求基础和整机、硬件和软件、单机产品和系统工程、生产和技术服务成龙配套地发展，还要求科研与生产紧密结合、生产规模与市场需要相适应。我国电子工业正处于新兴时期，各地区各部门都在积极发展，形势很好。值得注意的是，大家往往对投资少、见效快、市场紧俏的某些项目（如彩色电视机、收录机、微型计算机等的装配生产）争相上马，对基础产品和投资多、难度大以及应用量少面窄的一些重要项目则缺乏积极性。这有可能造成电子工业内部比例失调。为了把各方面办电子事业的积极性引导到有计划按比例健康发展的轨道上来，必须坚持全国一盘棋，搞好行业规划，并在统筹规划下打破部门界限和地区界限，把全国从事电子科研、生产、教学、使用的力量组织起来，合理分工，各有侧重，大力协同；要本着解放思想、实事求是、积极实践、步子踏实的指导思想，对电子工业领导管理体制进行系统的深入的改革，以政企分开为方向，简政放权，采用经济办法，促进企业改组联合和经济技术结构合理化。

（三）实行有限目标、突出重点的方针。电子科学技术和电子工业门类繁多，面临的科研、试制、生产的任务很重，而国家的财力物力有限，百事待兴。这就要求我们从实际情况出发，坚持量力而行、突出重点，即在一定的发展阶段，确定有限目标，集中力量抓最重要的产品、最关键的技术，通过重点突破、带动全局，争取在有限投资的条件下取得最好的效益。在发展我国电子工业的战略部署上，近期、中期应该集中主要力量发展微电子工业和微型计算机工业，力争在“七五”期间建立微电子工业的基础，以加速军事电子装备、电子计算机、通信设备以及其他生产资料类重点产品的发展，加速这些产品向微电子技术基础转移，在新的技术基础之上实现电子工业综合协调发展。

为了集中力量保证重点，需要正确处理集中和分散的关系。对技术和资金高度密集的大规模集成电路、电子计算机等产品的科研和生产，要相对集中，选择科研、教育、生产力量比较雄厚和资源条件、自然环境比较优越的地区，作为重点建设的基地，走集约化生产的路子，而对这些产品的应用开发则应该广泛展开；对技术上比较容易掌握、应用量大面广的其他电子产品，如有些消费类电子产品，生产厂点可以相对分散些，但也要进行行业规划，并按照市场需求和企业素质等条件合理布局，重点扶持有优质名牌产品的企业增加生产，做到计划指导与竞争相结合。

（四）进一步实行对外开放政策，积极引进和采用世界先进科技成果。当代电子科学技术日新月异、突飞猛进，为了缩短与世界先进水平的差距，我们既要勇于攀登科学技术高峰，又要采取阶段化发展战略，即在一定时期内力求在不同层次上实现阶段性发展目标，以保持发展的相对稳定性。在国家进一步实行对外开放政策的新形势下，要进一步扩大对外经济技术交流，采用技贸结合、工贸结合等多种方式和渠道，引进和采用适用的世界先进技术和现代化管理方法，力争跳越电子技术某些传统发展阶段，加速技术进步。在某些领域或项目上，我们可以实行逆向发展的模式，即对社会急需而我国目前又不能提供的产品，可以先进口元器件和设备组装生产，或进口整机，先从应用开发和技术服务搞起，在这个过程中消化吸收、改进创新，逐步实现国产化，提高自力更生的能力。要充分发挥沿海开放城市和经济特区对外经济技术交流的窗口作用，同时选择某些重点企业，赋予它们更大的对外经营活动的自主权，更有效地开展对外经济技术交流和合作。在进一步对外开放面临国外电子产品更加激烈竞争的情况下，应该制定我国阶段性电子技术装备政策和对国产电子产品有限度的适当的保护政策，以利于我国民族电子工业健康发展。

此外，我们要注重智力资源的开发，抓好人才培养。同时，进一步加强和改善科技队伍管理，继续落实好知识分子政策，合理使用人才，充分发挥现有科技人员的作用。

我们还要重视新型材料的开发，为电子工业发展奠定物质基础。今后，应着重开发大直径、高纯度、高完整性的单晶硅及其他辅助材料，推进砷化镓等化合物半导体的工业化生产，加快信息记录材料的研制、敏感材料的专业化生产和光导纤维及其他光纤器件、制品的发展。

我们相信，在党和国家重视和关怀下，各地区各部门大力协同，实行正确的发展战略和对策，我国电子工业一定能够振兴和发展，为四化建设作出应有的贡献。

人民政府要为人民办实事*

（一九八七年一月十二日）

上海是我国最重要的工业基地之一，也是我国最大的国际港口城市和经济中心。解放以来，上海为全国社会主义建设作出了很大贡献。一九八五年创造的工业总产值占全国的十分之一，财政收入占全国的七分之一；全员劳动生产率、人均上缴税利、人均工业净产值、百元资金实现利税等主要经济效益指标均居全国第一位。这些成绩都是在党中央、国务院领导下，在全国各兄弟省区市大力支持下，依靠全市人民团结奋斗得来的。

但是，上海也存在着许多令人忧虑的问题。由于种种原因，上海长期以来过多地强调发挥工业基地的作用，忽视城市建设，忽视改善人民群众的生活环境和提高人民群众的生活质量，致使城市基础设施十分薄弱，欠账过多。比如，上海职工住房条件很差，人均居住面积在三平方米以下或三代同堂、两对夫妻共居一室等各类困难户有四十六万九千户（其中特

---

* 这是江泽民同志在《行政与人事》杂志一九八七年第一期上发表的文章，原题为《人民政府为人民，扎扎实实办事情》。江泽民同志当时任中共上海市委副书记、上海市市长。

困户约八万户），占全市一百九十七万户的百分之二十三点八，此外，还有临时过渡户约五万户；交通拥挤，市中心车速每小时只有十五公里，道路经常堵塞；环境污染严重，黄浦江、苏州河的黑臭期逐年延长，工业布局不合理，厂房同居民住房混杂，噪音、废气影响居民休息和身心健康，等等。这些问题的存在和日趋严重，给人民生活环境的改善和上海经济的发展带来了一系列困难和障碍。作为一座世界著名城市，中央要求把上海建成太平洋西岸最大的经济贸易中心，这种现状也是极不适应的。

努力加快城市基础设施建设，尽快改变上海的城市面貌和市民生活环境，迅速扭转目前这一严峻局势，是一项重大、迫切、艰巨的任务，也是上海人民的强烈愿望。人民政府应该把完成这项任务作为自己的神圣使命。对于一个市长来说，更是责无旁贷。

城市建设是一个非常复杂的系统工程。所有经济、科学、教育、文化、卫生以及各种社会服务设施的建设，都要在城市这个空间范围内有秩序有计划地进行。要使它们各得其所、协调发展，这就需要有科学的规划。在市委领导下，我们总结了过去的经验教训，并根据上海建设和发展的总方针，即建成开放型、多功能的综合性基地的要求，经过反复论证，几易其稿，终于形成了《上海市城市总体规划方案》[1]。在党中央、国务院领导关心下，中央书记处专门讨论，国务院于一九八六年十月正式批准这个规划方案。规划明确了指导思想和中心内容，强调指出重点是加强城市基础设施建设。这是因为城市基础设施是改造和振兴上海的基础和条件。这个问题不解决，就谈不上吸引外资和提高人民生活质量。因此，市政府决定“七五”期间要把加强城市基础设施建设，改善投资环境和人民生活环境，作为努力办好的三件大事〔2〕之一。

但是，由于目前上海的基础设施十分薄弱、欠账太多，又由于目前我国的财力物力还不雄厚，因此要想在较短的时期内还清欠账，一下子出现一个崭新的面貌是不现实的，也是不可能的。据有关部门计算，要初步改变上海城市基础设施落后的状况，需要数百亿元的巨额投资。按上海现有的财力，得几十年才能解决。为了解决城市建设和资金不足的矛盾，市委、市政府经过多次研究，提出采用吸引外资的办法来弥补国内资金的不足，加速上海城市基础设施建设。这一设想得到了党中央、国务院的赞同和支持，并给了上海特殊的政策，使上海城市建设能迈出新的步子。目前，准备吸引外资搞的大项目已经定了五个，即建造黄浦江大桥、地下铁道一号线、扩建虹桥机场候机楼、扩建通讯设施、污水合流治理工程。

《上海市城市总体规划方案》的实施既需要资金，也需要时间，而人民群众时时碰到的大量实际困难又亟待解决。当我们在车站上、车厢里看到拥挤不堪的人群时，当我们看到孩子们在简陋甚至危险的教室里上课、数万名幼儿入托入园难使年轻父母愁眉不展时，当我们了解到有的怀孕女工因上班挤车造成流产、全市有两万名职工上下班路上要花四小时以上的时间时，当我们看到一场暴雨使十一万户居民家中进水时，心里就感到深深不安。人民群众是我们国家的主人，我们是人民的公仆，有责任为他们解除后顾之忧。因此，在规划方案批下来之前，我们决定在目前国家财力有限的情况下，本着实事求是的精神，积极想办法，每年扎扎实实为人民群众办几件看得见、摸得着、群众又急需解决的实事。市政府研究室通过调查研究，广泛征求意见，提出了一九八六年市政府要为人民办实事的初步方案。这个方案为确定办实事的规模和内容提供了依据。市政府在作出最后决策时，注意了处理好以下几个关系。一是处理好治标和治本的关系。既要解决眼前的困难，又要看到长远的利益；既要着眼于长远，又要着手于当前，用战略的眼光来选择恰当的近期目标。二是处理好全局和局部的关系。为办好实事，既要在所需的人力、物力、财力上开绿灯、优先考虑，又要使各项工作有机结合、协调发展。三是处理好数量和质量的关系。办实事也要突出重点。既要尽可能多办一些，又要考虑到财力物力有限，不能把战线拉得太长，以保证施工质量、工程质量。既要坚持高标准、严要求，使提出的目标经过努力才能达到，又要从实际出发，留有余地，量力而行。四是处理好原则性和灵活性的关系。既要把办实事的规模放在全市计划的盘子里，不能随意突破国家下达的投资规模，又要从实际出发，允许在局部、在进度安排上有所调整。经过市长办公会议、市委常委会认真研究，最后正式确定了市政府一九八六年要为人民办的十五件实事，其内容主要是改善市内交通，增加住宅，排水防洪设施建设，环境综合治理，增加文化卫生设施，以及副食品供应，职工“两调”〔3〕，居民的煤气和煤制品供应，改善农村饮水条件，等等。

在落实办好十五件实事的过程中，市政府着重抓了四个环节。

（一）明确责任制。十五件实事量大面广，直接有关的部门就有三十五个。我们要求各有关部门都建立明确的责任制，每一件实事都确定项目负责人。凡涉及几个部门时，部门之间都要主动协调和配合，严禁扯皮、拖拉、不负责任的情况发生，以保证按时、按质、按量完成。同时，在市八届人大五次会议上，我们把十五件实事的计划递请全体代表审议，便于人民群众监督。这样做也是为了促使各级领导干部明确所肩负的责任，积极主动地去为群众办事，从上到下形成为人民办实事的风气，调动广大干部群众办实事的积极性。

（二）抓质量抓进度。十五件实事件件都与全市一千二百多万人民的切身利益紧密相关，必须认真抓紧抓好。市政府办公厅做了一张十五件实事的月进度表贴在办公室里，使我们能及时了解全面的情况和进度。我们要求领导干部以身作则，带头到现场去调查研究，了解情况，解决问题，同时把党和政府的关怀带给战斗在第一线的工人和干部。这也是我们一贯提倡的干部要深入实际、密切联系群众的作风。在完成十五件实事的过程中，不少干部深入现场，解决问题，提高了办事效率，加快了整个工程的进度。

（三）及时组织协调。十五件实事牵动全局，在实施过程中不可避免地会遇到一些具体问题，如果不及时组织协调，就会贻误工期。从市政府来说，我们除了通过市长办公会议和一些专门会议来解决问题以外，还召开由项目负责单位及有关单位负责同志参加的全面协调会议，对十五件实事逐项“过堂”，有问题、有困难，凡是能在会上协调解决的，就当场解决；有些在会上一时定不下来的，就规定在会后限期协调解决。例如，在东东线扩充为双线航行工程中，两岸水线工程和码头引桥安装等均已结束，只因搬迁一座仓库所需要的一百多平方米场地迟迟没有解决，影响了工程进展。在市政府十五件实事协调会上，个别单位不顾大局的行为受到严肃批评，结果一个拖了四个多月没有解决的问题，三天内就迅速得以解决了。又如，东塘路自来水管线铺设错位影响供电管线施工的问题也是这样解决的。对一些因客观原因、经过主观努力也不能解决的，则实事求是地进行调整。如市内电话局从比利时贝尔电话公司引进的三万二千门程控电话，由于供货不及时、质量不过关，造成工程不能如期完成。总的来说，通过及时协调，保证了十五件实事的实施扎扎实实、按计划有步骤地进行。

（四）开展重点工程立功竞赛活动。十五件实事中有许多重点工程，如虹桥路改建、完成十六个街坊的公建设施和建设目前全国最大的浦东煤气厂等。这些工程同国计民生、四化大局相关，意义重大。在整个建设过程中，向广大人民群众宣传工程的意义，宣传工程建设者们的英雄业绩，宣传工程的艰难和进展，宣传兄弟省区市、中央在沪单位和全国人民的支持，用以激起全社会的热情。同时，广泛开展立功竞赛活动，使参加十五件实事建设的干部和建设者都感到光荣。据统计，参加这次竞赛的有三百个单位，约十四万职工，参赛项目一百五十多个。他们根据不同的目标，开展形式多样的立功竞赛，使竞赛的目标措施真正落到了实处。在立功竞赛活动中，涌现出许多先进人物和事迹，他们有的连续奋战几天几夜，有的在齐膝深的水中冒雨作业，有的抱病坚持工作，有的甚至献出宝贵的生命。立功竞赛活动，不仅形式生动多样，更讲实效，从而推动了各项工程的进展。

经过全市人民共同努力，十五件实事进展顺利：田林、宜川、控江、虹镇四个排水系统的泵站和主要管道设施在汛期前基本完成，并在今年夏天的雨季中发挥了作用，居民反应良好；过江轮渡上定线、周南线和东东线三条线路已交付使用，部分缓解了过江难的矛盾；新增管道煤气和液化气用户计划已超额完成，煤制品供应正常；适龄儿童的入托入园额已超额完成；小学危房及校舍改造工程已完成；职工"两调"名额也已超额完成；增设高峰时间妇婴专车路线、市区植树、宜川公园、森林公园、松鹤公园、沪北电影院等已提前完成；拓宽、新建道路等项目也已完成。

上海人民对一九八六年市政府办的十五件实事评价如何？一九八七年人民群众又有哪些具体要求？前不久，市政府有关部门先后进行了万户抽样调查和两千户问卷式抽样调查。调查表明，人民群众要求政府为人民办更多更好的实事。有些居民在问卷中写道："办实事为人民着想，这正是人民迫切需要的。""我们希望办实事能年年坚持下去。"我们认为，人民政府就是要这样为人民扎扎实实办事情。一九八七年，市政府将围绕新建住宅、改善交通、扩大煤气用户、进行环境综合治理和组织好副食品供应等方面，继续扎扎实实为全市人民办实事。一九八七年，全市人民会看到一些重大市政工程项目经过几年努力将陆续竣工、投入使用。它们是铁路新客站、电信大楼的长途电话工程、黄浦江上游引水一期工程、浦东煤气厂一期工程等，还将有一批重大骨干工程破土动工。

我们相信，只要全市人民坚持不懈、共同努力，一件件、一年年扎扎实实办事情，上海的城市面貌和市民生活环境、生活质量一定能逐步得到改善，党中央、国务院为我们描绘的发展蓝图一定会变成现实。

注　释

〔1〕一九八四年二月九日，上海市人民政府将《上海市城市总体规划方案》上报国务院。此后，中共上海市委、上海市人民政府根据国务院一九八五年二月八日批准的关于上海经济发展战略的汇报提纲和中共上海市第五次代表大会一九八六年三月六日通过的关于制定上海市国民经济和社会发展第七个五年计划的建议，对编制城市总体规划方案的指导思想，城市性质、规模和发展方向，城市总体规划的布局结构，作了一些修改和补充说明，于一九八六年四月二日向中共中央、国务院上报《上海市城市总体规划方案的汇报提纲》。国务院于一九八六年十月十三日正式批准《上海市城市总体规划方案》。

〔2〕一九八六年三月，中共上海市第五次代表大会提出把上海建设成为开放型、多功能和高度文明的社会主义现代化城市所必须抓好的三件大事，即：加强城市基础设施建设，积极利用外资和增加出口创汇，加快科技进步和人才培养。

〔3〕职工“两调”，指调动职工工作和调换职工住房，以解决路远职工上下班困难。上海市人民政府于一九八五年八月二十日批转市总工会、经济委员会、劳动局、人事局、公用局《关于开展“两调”，解决路远职工上班困难的请示》，九月十八日又专门召开全市区（县）、局行政负责人和工会负责人会议作了部署。一九八六年，上海市人民政府又把“两调”工作列为改善人民生活的十五件实事之一。这一工作为缓解上海市内交通拥挤、方便人民生产生活起到了积极作用。

理论工作要面向实际*

（一九八八年三月十日）

今天，我们召开上海市理论工作座谈会。这是继上海市文艺创作座谈会之后召开的又一次重要会议。这次会议是以实际行动响应党中央的号召，把党的理论建设摆到我们市委和各级党委的重要议事日程上来。这次会议的目的，就是要进一步解放思想，调动理论界同志们的积极性和创造性，开动脑筋，激励探索，充分发挥上海理论界学科齐全、人才众多的优势，促进上海的振兴。

下面，我讲三个问题。

第一个问题：改革开放和现代化建设离不开理论指导

社会主义体制改革就其引起社会变革的广度和深度来说，是又一次革命。我们的实践已经证明，以改革总揽全局，

---

* 这是江泽民同志在上海市理论工作座谈会上的讲话《进一步解放思想，面向实际，开创上海理论工作的新局面》的主要部分。江泽民同志当时任中共中央政治局委员、中共上海市委书记。

整个经济生活就会出现微观搞活与宏观控制相互促进、速度与效益相互统一、稳定与发展相互推动的局面。而改革和建设又一刻也离不开理论指导。这是因为，理论与实践的关系是非常密切的，理论来自实践，是实践的总结，又是实践的指导。

我们党是懂得并且重视理论工作的这种重要性的。总结我们党领导中国革命和建设正反两方面的经验，可以得出这样一个结论：什么时候思想上比较解放，理论上有重大突破，我们的事业就充满生机和活力，就能从胜利走向胜利；反之，什么时候思想路线不对头，理论上出现重大失误，我们的事业就会遭受挫折。

党的十三大报告指出，马克思主义与我国实践的结合，经历了六十多年。在这个过程中，有两次历史性飞跃。第一次飞跃，发生在新民主主义革命时期。第二次飞跃，发生在党的十一届三中全会以后。我们党在总结建国三十多年来正反两方面经验的基础上，在研究国际经验和世界形势的基础上，由邓小平同志首先提出了"解放思想，开动脑筋，实事求是，团结一致向前看"〔1〕的基本口号，在全国范围内发动了实践是检验真理唯一标准的大讨论，打破了"两个凡是"〔2〕的精神枷锁，使全党全国人民的思想得到了一次新的解放，开始在实践中找到一条建设有中国特色的社会主义的道路，开辟了社会主义建设的新阶段。同全国理论界一样，我们上海广大理论工作者在实现马克思主义同我国实践相结合的第二次飞跃中也作出了自己的贡献。理论工作者的这个贡献主要体现在以下四个方面：第一，理论上的正本清源，推动了党的指导思想和实际工作中的拨乱反正；第二，理论上的开拓创新，促进了改革开放不断取得实质性进展；第三，在开展两个文明建设的战略研究和对策研究方面也作出了贡献；第四，在基础理论和学科建设方面也有开拓性建树。

理论工作在改革开放中所发挥的上述这些重要作用，充分表明我们上海的理论队伍，包括理论研究和理论教育、理论宣传队伍，是一支有实力、有活力、有战斗力的队伍，是忠诚于党的事业的可以信赖的队伍。而且，上海的理论队伍还具有学科门类齐全、知识面宽、敏感性强、同上海党政领导关系比较融洽等特点。这就为我们携手共进奠定了良好的基础。当然，作为理论工作者自身，也应该如实地清醒地看到自己的某些不足。主要是理论对实践的先导作用发挥得还不够，理论往往滞后于实践。总之，进一步搞好上海的理论工作，要求我们理论部门和各级党政领导都要进一步解放思想，坚持按客观规律办事，尊重理论，尊重理论工作者，把我们的领导工作真正建立在科学的基础上。

第二个问题：当前理论工作面临的严峻挑战

早在党的十一届三中全会前夕召开的中央工作会议上，邓小平同志就指出："要向前看，就要及时地研究新情况和解决新问题，否则我们就不可能顺利前进。各方面的新情况都要研究，各方面的新问题都要解决"〔3〕。

当前，理论工作面临的严峻挑战主要有哪些方面呢？我感到，在贯彻党在社会主义初级阶段“一个中心、两个基本点”的基本路线方面，上海面临的主要问题不外乎以下两个方面。

第一，深化和完善社会主义初级阶段理论。这是我们当前最重要的理论建设工作。

党的十三大最重要的理论贡献是阐述了社会主义初级阶段理论。这一理论作为建设有中国特色的社会主义这个总理论的重要的基础的组成部分，是从党的十一届三中全会重新确立解放思想、实事求是的思想路线而来的，是从研究国情、探索中国式的现代化道路而来的，是从拨乱反正、总结历史经验教训而来的，是从全面改革、寻找最根本的理论支柱而来的。社会主义初级阶段理论迅速地被人们所接受，显示了这一理论的生命力，但这决不意味着这方面研究工作的终结。社会主义初级阶段理论虽然已经提出，但是，对我国社会主义初级阶段各个方面的实际情况，对这个阶段中各种社会矛盾及其演变发展的规律，以及现代化建设各个领域的具体规律，我们目前还处在知之不多、知之不深的状态。这就要求我们紧紧跟踪我国现代化建设和改革开放的实践，跟踪新技术革命的发展，分析新情况，研究新矛盾，进行长期的锲而不舍的有质量的深度研究。在这方面，我们要多些勇气，少些禁忌；要多搞一些开拓性研究，从自觉不自觉地以书本或外国模式作为立论的根据，转向以我国现实国情和上海市情作为研究的基础；要把着眼点从描述现实转到解决现实问题上来；要立足改革开放的实际，广征博采，发挥社会科学的能动性和实效性，对改革实践起到超前指导的作用。

为了便于同志们开展这方面的研究，我想把自己在实际工作中所感受到的一些问题提出来，供同志们开展研究时参考，同时也是向理论界的同志们求教。

在社会主义初级阶段的经济发展问题上，我想与同志们一起研究和探讨以下几个问题。

一是在发展社会主义商品经济中，怎样把坚持党的优良传统同按照经济规律办事统一起来，做到正确认识党风问题和正确解决党风问题。我认为，我们党的许多优良传统，即使在今天发展社会主义商品经济的新形势下也仍然是要坚持和发扬的。比如，从群众中来、到群众中去，集中起来、坚持下去，干部的民主作风，批评和自我批评的作风，等等。有些观念和做法，由于时代条件不同了，则不应该固守，要适应新情况。但是，这又要考虑到政策许可和群众心理承受能力问题。我们总的要求是，经济要繁荣，党政机关要廉洁。这也是政治体制改革的一个重要内容。问题是，在实践中，在具体问题上，这两者的关系应该如何把握，理论上怎么说清楚，要大家共同研究。

二是在所有制问题上，怎样正确处理搞活国营企业同发展乡镇企业的关系问题。国营企业是社会主义经济的骨干力量，上海三百四十三家国营大中型企业，年产值占全市工业总产值的百分之六十七。但是，国营企业在当前经济发展中恰恰普遍缺少活力，有的已经到了难以为继的程度。究竟采取什么办法搞活，这涉及所有制理论问题。

三是社会主义初级阶段多种经济成分并存，在分配方式和分配政策上，怎样贯彻按劳分配原则和协调不同利益群体关系的问题。现在，工人阶级作为主力军的积极性如何保持，这是一个很大的问题。我们应该如何合理调节社会成员的收益分配,在促进效率提高的前提下体现社会公平。当然,还有其他许多乃至更为重要的问题值得我们去研究。

在社会主义初级阶段党的建设理论方面,我也想提出一些在实践中遇到的问题,供同志们研究时参考。比如,在社会主义现代化建设中如何把我们党建设好,包括如何看待端正党风和搞活经济的关系,在发展社会主义商品经济的条件下怎样保持党的优良传统;怎样看待竞争意识和共产党员的党性问题,党性有没有时代特征;怎样衡量新时期共产党员的先进性,共产党员可不可以先富起来。这些问题都与新时期党的建设密切相关,是不能回避的。

社会主义初级阶段的民主政治建设问题很值得研究。比如,我国在社会主义初级阶段应该怎样处理民主和效率的关系,民主政治建设与商品经济发展有些什么内在联系。

社会主义初级阶段的文化教育问题同样很值得研究。比如,在大力发展社会主义商品经济的情况下,应该根据什么样的办学指导思想、培养目标来教育青年学生,等等。

总之,以现实国情为基础,以生产力标准为评价尺度,广泛开展社会主义初级阶段理论的研究,对我们的学风是一种改造。而且,开展多学科、全方位的研究,又可以从多方面促进理论自身繁荣发展。我希望上海理论界的同志们振奋精神,积极投身于社会主义初级阶段理论的研究,坚持理论联系实际,在这方面被你说明的问题越多、越普遍、越深刻,你的成绩就越大。

第二,围绕深化改革、扩大开放,促进上海经济向外向型转变，开展卓有成效的理论研究、战略研究和对策研究。

党的十三大报告指出，当今世界是开放的世界。我们已经在实行对外开放这个基本国策中取得了重大成就。今后，我们必须以更加勇敢的姿态进入世界经济舞台。党的十三大以后不久，党中央就提出了加快沿海地区经济发展的战略。这个战略，不只是地区性战略，而且是全国性战略。实施这一战略，是我们落实党的十三大提出的建设和改革任务的一个重要环节。它使我们有可能利用国际市场，互通有无，调剂长短，走出一条平衡经济的新路子，改变过去那种只能按短线平衡而缩短长线、压低速度的老办法。近两个月来，我们遵照邓小平同志关于实施沿海发展战略，要放胆地干，加速步伐，千万不要贻误时机的指示〔4〕，正在积极研究如何大进大出、加速向外向型经济转变的问题。

那么，在推动上海向外向型经济转变方面，有哪些紧迫而现实的课题亟待我们上海的理论工作者去认真地加以研究并帮助决策部门果断地加以决策呢？在这方面，我也把自己在实践中碰到的一些问题提出来，向同志们求教，希望同志们群策群力，集思广益，帮助我们改变“有理讲不清，有招拿不准”的状况。我想到的主要有以下一些问题。

一是优势和劣势的关系。作为代表我国先进生产力的沿海大城市，上海在发展外向型经济方面确有不少优势，像地理位置、外贸口岸、信息集散、工业门类配套齐全、科技文化实力较强、劳动力平均素质较高等优势。但是，上海也有不少劣势，明显的劣势至少有三条。其一，上海全民所有制企业比例过高，普遍活力不够。其二，上海长期以来形成了一种“相当有效率"的计划经济管理体制，在全国来说可算是最完备的。在这种经济体制下，大进手续繁琐，大出关卡林立，许多事情要按国际竞争的惯例去做，一做就行不通。其三，上海企业的国际化程度普遍很低，至今还没有形成一个在国际市场上有竞争力的企业集团。如何有效克服这些劣势，使上海的优势得到更充分的发挥，这是需要理论工作者潜心研究和回答的。

二是发展劳动密集型产业和技术密集型产业的关系。有些同志提出，上海的外向型经济格局应该同沿海其他地区有所区别，要把发展劳动密集型产业与发展技术密集型产业结合起来。我也觉得应该结合。从目前实际条件出发，应该重点推动科技与乡镇企业、中小企业相结合，大量生产劳动密集型产品以及劳动密集与技术密集相结合的短、平、快产品进入国际市场。从长远看，我们还要力争有较多的高技术产品出口。

三是贸易创汇和非贸易创汇的关系。近年来，上海在扩大贸易创汇的同时，无形贸易创汇即非贸易创汇也出现了良好的开端。贸易创汇和非贸易创汇的关系应该如何把握，有哪些具体的方针政策问题需要加以研究，也要理论工作者来研究阐明。

四是国营外贸机构和非国营外贸机构的关系。广东等地发展外向型经济的实践经验表明，劳动密集型产品一般是小批量、多样化和分散经营，这类产业很难由国家和统一的外贸机构来搞，必须有一个广泛的中间层次。我们上海许多出口企业普遍反映在对外经济活动中最感头痛的是信息屏蔽，外贸的主要信息往往被一些外贸单位所垄断。解决这个问题应该从外贸体制改革入手，采取综合治理措施。一方面，要发展大批民间的外贸中介公司，并允许新的代理商和中间人在经济领域里活动，改变国营外贸机构独家经营的状况。另一方面，要积极发展同国外企业(包括国际性财团)的联系，组建跨国公司，利用它们的销售渠道，扩大产品出口。

五是参与国际竞争和建立有计划商品经济运行机制的关系。要参加国际大循环，要求国内市场与国际市场互相接通，并且在生产和经营管理的制度、方式等方面作相应的调整。要形成一个符合国际规范、有活力、高效率的现代商品经济的运行机制。至于这是个什么样的机制，如何形成这样的机制，有哪些国际惯例，具体包括哪些内容，目前我们在认识上还没有搞清楚。希望理论工作者对这个问题加以认真研究，并给予科学的说明。

六是对外开放和对内开放的关系。我们说，沿海搞“两头在外”[5]，也不是绝对的，适合于用内地资源的仍然要用。因此，上海在发展外向型经济中，要继续加强与内地的横向联系。上海要充分发挥对内对外两个扇面辐射的作用。而要向外辐射，不搞内联是不行的。只有加强同各兄弟省区市的联合，上海才能不断增强开拓国际市场的力量。今后，上海很可能形成这样一种格局，即：对外开放，主要是提供有形产品；对内开放，主要是提供无形产品，把上海的技术、管理经验和生产能力更多地向内地转移、扩散。上海应该妥善处理好对内开放和对外开放的关系，并解决好地区利益的平衡问题。这方面也有大量课题有待理论工作者去研究探索。

七是经济开放和文化开放的关系。发展外向型经济，必然会大大扩展上海的开放度、涉外度，从而客观上必然会产生一个经济开放和文化开放的关系问题，面临物质文明建设怎样与精神文明建设同步进行的问题。

八是物的因素和人的因素的关系。发展外向型经济，需要改善投资环境，包括基础设施等，这都属于物的因素。更为重要的是加强人格再塑和文化氛围建设，这属于人的因素。在向外向型经济的战略转变中，如何重视人的因素，加强人格再塑和文化氛围建设，帮助人们形成新的价值观念和行为规范体系，尽快适应外向型经济条件下的新生活，也是我们理论工作者面临的一项重要任务。

九是战略研究和战术行动的关系。过去，我们的习惯思路老是花很多精力去研究一套完整的战略，然后再向中央要求配套的政策，上面不给政策就一个劲地等，等到上面给了政策再小心翼翼地去做。这种习惯思路常常贻误战机。因此，现在最要紧的不是坐而论，而是起而行。要在发展外向型经济方面尽快拿出大动作，走出新步子来。

十是发展外向型经济和配套改革的关系。为了加快发展外向型经济，必须在外贸体制、科技与经济的结合、企业管理等方面进行配套改革，凡是不适合外向型经济要求的规章制度都要抓紧改。没有这些条件，发展外向型经济的战略就会落空。

以上提出的这些问题，有理论问题，而大量的是实际问题。即便是实际问题，也可以上升到理论的高度来加以研究。当前，上海要发展外向型经济，特别需要有创见的理论作指导。

综上所述，不论是社会主义初级阶段理论的研究也好，还是外向型经济的战略研究和对策研究也好，其实质是对社会主义进行再认识，对资本主义进行再认识，也是对当代世界、当代中国和上海进行再认识。这些问题解决不好，大而言之，关系到中华民族的"球籍"问题，关系到社会主义究竟有没有优越性和吸引力的问题；对上海来说，关系到上海在全国经济中的地位和作用问题。我们要有这样的危机感。只有清醒地认识危机，才能激发起紧迫感、使命感、责任感。危机就是挑战。今天的上海，困难和希望同时并存，机会与挑战一起出现。抓住机会，战胜危机，迎接挑战，特别需要以理论为先导。正是在这个意义上，我们对上海理论界的同志们寄予莫大的希望。以上讲的都是应用理论或政策方面的研究，这决不是说，凡是同改革开放和现代化建设没有直接关系的思想理论问题就可以不去认真深入地研究。哲学社会科学同自然科学一样，决不能忽视基础理论研究。如果说自然科学的基础研究是数学、物理、化学的话，那么社会科学的基础研究应该是各学科的基本理论和产生这些理论的哲学、历史、社会、文化背景。理论工作要取得巨大进步，这些研究都是不可缺少的。

第三个问题：进一步解放思想，繁荣和发展理论事业

当前，我们正面临着进一步解放思想、进一步稳定经济、进一步深化改革的新形势。解放思想，稳定经济，深化改革，其目的都是使我国生产力获得更大的解放。

从当前上海的实际出发，应该着重在哪些方面进一步解放思想呢？最近，市委常委专门研究了这个问题。我们感到：第一，要从老大自居的自满思想中解放出来；第二，要从埋怨畏难情绪中解放出来；第三，要从固步自封的保守思想中解放出来。以上这三种思想情绪和精神状态，是深化改革、扩大开放、发展经济、加快上海向外向型经济转变的极大障碍，也是当前解放思想的重点所在。针对以上三种思想障碍，当前在经济发展方面要着重转变四个观念：一是从产品经济观念转到社会主义有计划商品经济观念上来，二是从内向型经济观念转到外向型经济观念上来，三是从过去习惯于中央财政统收统支的观念转到地方财政包干的观念上来，四是从习惯于单纯的行政性管理转到细致的思想政治工作与经济管理方法相结合上来。

我们做实际工作的同志特别是各级领导干部，要从轻视理论、单纯依靠经验决策的思想观念中解放出来，充分认识理论工作在社会主义现代化事业中的重要地位，真正在头脑中把理论放到重要位置上。不但要注意强化自身的理论意识和理论思维，提高理论素养，克服工作中的盲目性，增强自觉性，而且要满腔热情地支持理论工作者的研究，充分发挥他们的作用。

对广大理论工作者来说，则要从理论脱离实际的状况中解放出来。现在，一部分理论工作者中还存在着轻视实际的倾向。有些同志认为，理论研究如果联系实际很紧密，就没有学术性，缺乏学术价值。这种情况值得研究。纯学术的理论研究和应用理论研究，对我们理论事业的建设和发展都是需要的，排斥或压抑任何一方的观点都是不可取的。同时，也必须指出，现在也确有一部分同志对理论联系实际存在一定的顾虑，认为理论研究结合实际容易犯错误，因此一提研究现实问题，往往“心有余悸”，或者“心有预悸”。这种情况是可以理解的，但又是大可不必的。在理论研究中，应该抛开种种顾虑，鼓足探索的勇气，让理论放出耀眼的光芒来。

民主是解放思想的重要条件。离开了发扬社会主义民主，解放思想便无从谈起。在理论工作中发扬民主，就是要坚定不移地贯彻百花齐放、百家争鸣的方针，为理论的繁荣创造良好的环境。理论只有在争鸣中才能获得生机和活力。历史已经证明，在理论研究中，搞所谓罢黜百家、定于一尊，必然是钳制人口，万马齐喑，窒息思想，其结果只能导致理论的枯萎。因此，要贯彻“双百”方针，必须结束过去那种在理论研究中“定于一尊”的局面，破除封建意识，倡导学术民主和理论民主。真理面前人人平等。学术和理论面前同样人人平等。实践是判别理论是非的唯一标准。

对一些重大的敏感的理论问题可不可以研究呢？我认为，理论研究不应该有禁区，应该让理论工作者畅所欲言、言无不尽。当然，理论研究与理论教育和宣传是有区别的。在宣传上，我们要慎重，要注意一定的范围，特别要注意社会效果。有些不宜公开的理论研究，可先在内部刊物上进行讨论。正如允许改革实践有失误一样，我们同样也应该允许理论探索有失误。对理论探索中的失误，坚持不打棍子、不扣帽子、不装袋子，不把理论是非与政治立场相混淆。但是，我们对那些确实偏离党在社会主义初级阶段的基本路线的同志，该提醒的要提醒，该打招呼的要打招呼，使他们更好地掌握住“一个中心、两个基本点”，克服思想认识上的片面性。

解放思想，繁荣理论，还必须尽可能为理论工作者创造有利的工作生活条件，必须通过改革解决科研经费不足的问题，必须认真搞好理论队伍建设，必须大力加强全市哲学社会科学研究部门的组织协调工作。我希望，广大理论工作者与我们共同努力，使上海的理论队伍真正成为一支团结的、有战斗力的、能够自觉执行党在社会主义初级阶段的基本路线并始终走在改革开放前列的队伍。

邓小平同志近几年来总是鼓励我们要勇于改革，勇于开拓，不要怕担风险。这是邓小平同志一贯的正确的主张。当着经济振兴的重大机遇到来的时候，很需要这种马克思主义的胆识和勇气。我们虽然面临着许多新的困难，但我们具有克服困难、排除各种障碍的勇气和力量。我们深信，只要始终坚持党在社会主义初级阶段的基本路线，坚持解放思想、一切从实际出发，依靠广大理论工作者的辛勤劳动，下定决心，急起直追，深入专业，深入实际，调查研究，知彼知己，力戒空谈，我们就一定能为马克思主义的发展作出新贡献，一定能为改革开放、振兴上海作出新贡献。

注　释

〔1〕见邓小平《解放思想，实事求是，团结一致向前看》(《邓小平文选》第2卷，人民出版社1994年版，第141页)。

〔2〕“两个凡是”，指一九七七年二月七日《人民日报》、《红旗》杂志、《解放军

报》社论《学好文件抓住纲》中提出的“凡是毛主席作出的决策，我们都坚决维护，凡是毛主席的指示，我们都始终不渝地遵循”。

〔3〕见邓小平《解放思想，实事求是，团结一致向前看》(《邓小平文选》第2卷，人民出版社1994年版，第149页)。

〔4〕一九八八年一月二十三日，邓小平在一份关于加快沿海地区对外开放和经济发展的报告中批示：“完全赞成。特别是放胆地干，加速步伐，千万不要贻误时机。”(《邓小平文选》第3卷，人民出版社1993年版，第408页)

〔5〕“两头在外”，指把生产经营过程的两头，即原材料采购和产品销售，都放在国际市场。积极扩大劳动密集型产品和劳动密集与技术密集型产品的加工出口，参加国际交换。

开发上海浦东新区*

（一九八八年五月二日）

首先，请允许我对浦东新区开发国际研讨会的胜利召开，表示热烈的祝贺！对来自联合国、来自世界银行和亚洲开发银行、来自香港地区和美国、巴西、加拿大、新加坡的各位远方来宾，对来自首都有关部门和研究机构的各位同志以及热心关注浦东开发事业和本市各界直接或间接参加浦东开发研究的同志们，表示最热烈的欢迎！

中国共产党第十三次全国代表大会报告指出，要进一步扩大对外开放的广度和深度，不断发展对外经济技术交流和合作，并强调开放城市要着重发展外向型经济，充分发挥它们在对外开放中的基地和窗口作用。上海作为全国最大、位置最重要的一座开放城市，应该更进一步改革开放。开发浦东，建设国际化、枢纽化、现代化的世界一流新市区，是完全符合党的十三大精神的。我们一定要把这件事情办成。

上海是世界闻名的都市，在本世纪三十年代就已成为亚洲最大的国际贸易中心和金融中心，但在经济表面繁荣的同时，也存在不少难以克服的矛盾。解放三十多年来，我们重视

* 这是江泽民同志在上海市浦东新区开发国际研讨会开幕式上的致词。

了经济的发展特别是工业的发展，由于种种历史原因，来不及相应地进行城市改造和建设，以致削弱了经济贸易中心的功能和对外对内枢纽的功能。这种状况当然不允许再延续下去。我们先后采取过多种办法来改造老市区，但耗资巨大且困难较多，所以又提出了结合老市区改造、建设一大块现代化新市区的方针。我认为，这样思考问题和研究问题是必要的。十分明显，上海要加快外向型经济的发展，建成社会主义时代太平洋西岸最大的经济贸易中心之一，不开发浦东，只靠老市区改造是不容易实现的。

现在，新一届上海市人民政府已经产生，这为上海带来了新的希望和力量。我们完全可以相信，新一届市政府一定会支持和推动浦东新区的开发，使上海更充满活力、兴旺发达。我希望在座各位给予指教和建议，更希望国外的朋友们在发展国际友好关系中，本着两利的原则，与我们开展更广泛、更密切的交流和合作。

真正无愧于共产党员的光荣称号*

（一九八八年六月三十日）

中国共产党从诞生到现在六十七年的历史表明，我们这个党由小到大、由弱到强，历经艰难曲折，不断走向胜利，确实是充满希望、富有生机和活力的工人阶级先锋队。六十七年来，我们党为着民族的解放和振兴，前赴后继，百折不挠，把马克思主义基本原理同中国具体实际结合起来，实现了两次历史性的伟大飞跃。第一次飞跃，发生在新民主主义革命时期，我们党找到了有中国特色的实现民族解放的革命道路，建立了社会主义的新中国。第二次飞跃，发生在党的十一届三中全会以后，我们党找到了一条建设有中国特色的社会主义的道路。历史已经证明了这样一条颠扑不破的真理：没有共产党，就没有新中国！历史还必将证明：在中国共产党领导下，中华民族在九百六十万平方公里的国土之上一定能够建成一个富强、民主、文明的社会主义现代化国家！

改革开放，是我们党在新的历史条件下实现中华民族伟大复兴的开创性事业。争取改革开放和现代化建设的成功，

---

* 这是江泽民同志在上海市举行的中国共产党成立六十七周年纪念会上的讲话。

实现中华民族的全面振兴，使世界五分之一的人口根本改变贫困落后的状态，是我们中国共产党人义不容辞的历史责任。党的十一届三中全会以来，上海各条战线上的共产党员清醒地认识到自己肩负的历史责任，积极投身于改革开放和社会主义现代化建设的伟大实践，以自身的模范行动，为现代化建设建功立业，为党的旗帜增添新的光彩，从而赢得了广大人民群众的信任和爱戴。据统计，近年来，上海党员获得各类荣誉称号的人数逐年上升，上海评选的市级劳动模范中，一九八三年党员占百分之五十九点七，一九八五年党员占百分之七十五点六，一九八七年党员占百分之八十点八。

同时，我们也应该清醒地看到改革开放的艰巨性、复杂性、深刻性。改革是又一次革命。上海党员队伍正在经受着改革开放环境和执政党地位的严峻考验。在这急遽变革的历史时期，党员队伍中的一部分意志薄弱者落伍了，他们过不了权力关、金钱关，极少数甚至已经堕落成为腐败分子。这部分人数量虽少，但败坏党风，损害党的威信。近年来，上海党员因违法乱纪而受到党纪处分和刑事处理的比例也逐年上升，这应该引起我们每个同志重视和警惕。历史已经向我们每个共产党员提出了这样一个严肃的问题：在改革开放和发展社会主义商品经济的新形势下，怎样才能真正无愧于共产党员的光荣称号。

纵观我们党的历史和当今一切优秀共产党员的革命实践和先进业绩，我认为：

要无愧于共产党员的光荣称号，就必须始终坚持共产主义的最高理想。我们的最高理想是建立共产主义社会。这个最高理想，无论过去、现在和将来，都是我们共产党人的精神支柱和力量源泉。在新的历史时期，党员的先进性就体现在把坚持党的最高理想同贯彻党在社会主义初级阶段的基本路线统一起来，把远大理想同脚踏实地、艰苦奋斗的行动统一起来，胸怀大局，立足本职，为实现四化、振兴中华而充分发挥党员的先锋模范作用。

要无愧于共产党员的光荣称号，就必须坚持改革开放。当前，改革已经到了攻坚战斗的紧要关头，我们共产党员一定要同党中央保持高度一致，以坚如磐石的决心、百折不回的斗志，迎着风浪前进，为建立和完善社会主义商品经济的新秩序作出积极贡献。

要无愧于共产党员的光荣称号，就必须坚持把党和人民的利益放在第一位，为了党和人民的利益甘愿自觉牺牲个人的利益。全心全意为人民服务，是党的根本宗旨，是我们共产党人一切言行的出发点。在新的历史时期，共产党员要坚持把党和人民的利益摆在高于一切的地位。改革已经并最终必将给人们带来实惠，但改革不能也不可能同时给每个人带来同等的利益，有时还会在利益问题上产生一些难以避免的矛盾。共产党员在改革中要有吃苦在先、享受在后的高尚思想境界，做到克己奉公，不与民争利。身居党政机关领导岗位的共产党员，尤其应该把经济要繁荣、党政机关要廉洁作为座右铭，为广大党员、干部作出表率。

要无愧于共产党员的光荣称号，就必须坚持刻苦学习马克思主义，学习科学文化，努力提高觉悟，精通本行业务。共产党员既要有为人民服务的愿望和决心，又要不断提高为人民服务的本领；既要在思想上、政治上、作风上为群众作出表率，又要成为现代化建设“三百六十行”中的佼佼者。考察一名党员是否充分发挥先锋模范作用，一个重要标准就是看他对发展社会生产力有无贡献和贡献大小。一名共产党员不认真学习马克思主义，不好好学习专业知识，在本职工作方面长期当外行，不能对现代化建设作出真正的贡献，那么，他的所谓政治觉悟和先进性就成为空话。

要无愧于共产党员的光荣称号，就必须坚持随时随地维护群众利益，勇于同一切不正之风和违法犯罪活动作坚决斗争。在改革开放和发展社会主义商品经济中，共产党员要自觉抵制资本主义腐朽思想的侵蚀，模范遵守党纪国法，在搞活经济的过程中坚持严以律己、廉洁奉公，坚决反对和抵制各种不正之风，做一名一身正气、捍卫党的原则和人民利益的忠诚战士。

我们正在从事改造和振兴上海并为全国现代化建设作贡献的伟大事业，我们的任务是光荣而又艰巨的。在新的形势下，各级党组织一定要切实贯彻党要管党、从严治党的精神，重视和加强党的建设，加强组织性和纪律性，提高党组织的战斗力，充分发挥党员的先锋模范作用，在中央统一领导下，同全市人民一道，把改革推向前进。

当前，我们要十分注意改进和加强党员特别是党员领导干部的教育工作。要严格对党员的管理，尽快改变目前党内教育和管理不适应新形势要求的状况。要进一步发展和健全党内民主。要坚持新时期党员标准，提高党员队伍素质，严格执行党的纪律。一方面，要在保证质量的前提下，积极慎重地吸收新生力量入党。另一方面，对党内那些贪污受贿，敲诈勒索，腐化堕落，依仗手中的权力为非作歹，严重侵害国家和群众利益，破坏党的改革开放政策，对党的事业危害极大的极少数腐败分子，必须采取坚决清除的方针，发现一个清除一个。对不合格党员要本着坚持标准、立足教育、区别对待、综合治理的方针，严肃妥善地区别不同情况，予以处置。

我们还要十分注意对党内外干部群众进行形势教育，深入分析一定时期内的社会思想动向，加强思想政治工作。当前，总的形势是好的，虽然人们对物价等问题有不少意见，但广大工人、农民、知识分子是坚决支持改革的。问题是有一种错误思想，抹煞改革开放的巨大成就，夸大改革过程中不可避免的一些消极现象，悲观失望，牢骚满腹，斗志松弛。这就需要进行正确引导。为此，我们必须注意以下三个问题。第一，要理直气壮地宣传十年来改革的成就。理论研究、文学艺术、新闻宣传都要向前看，要激发人们内在的精神力量，激发广大群众的积极性。那种好像我们的政府腐败得不得了、好像共产党没有给人民做什么好事的论调，是根本违背事实的。对形势必须有正确的认识，对十年改革的成就要有足够的估计，对存在的问题要作具体的分析。宣传要实事求是，恰如其分，也不能只讲成绩不讲缺点，要避免另外一种片面性。第二，要引导人们正确认识当前存在的问题。现在，党和政府内部确实存在某些腐败现象，社会上也确实存在一些问题和不好的风气，人们对此表示不满，要求改变它，是完全正当的。党和政府也正在采取措施，努力加以解决。但是，看待和解决这些问题，都不能离开我们正处于巨大变革时期这一客观现实。

改革给我国社会各个方面带来了积极变化，给经济发展带来了巨大活力，同时也带来了某些矛盾和问题。在新旧体制交替中，这是难以避免的代价。这些问题，必须重视，必须解决，也是完全可以解决的。但是，如果怕出现这些问题，或者要求根本不出现这些问题，那就只能回到旧体制上去，而回到旧体制是根本没有出路的。第三，要宣传目前改革处在关键时期，情况复杂，矛盾很多，存在风险，必须锐意改革。这对改革的成败，对中华民族的命运，关系极大。全党全国必须紧密团结，同心协力，支持中央的决心和决策，维护党和政府的权威。在此关键时期，必须强调纪律性，党和政府要实行坚强的领导。政治体制改革只能按照党的十三大确定的方针，有步骤地进行。事实上，我们已经做了大量工作，取得了很好的成果。假若离开党的十三大确定的方针，就只能把政治体制改革引向邪路。我们的使命是实现四化、振兴中华，这也是团结和激励人民共同奋斗的精神支柱。任何离开和干扰这个奋斗目标的行为都是错误的，是党和人民所不允许的。总之，我们要做深入细致的思想政治工作，使广大党员、干部和群众认清形势和任务。

上海是中国工人阶级的摇篮，是中国共产党的诞生地，是具有光荣革命传统的英雄城市。让我们继承优良传统，争取更大光荣，为改革开放和社会主义现代化建设建立新的功勋，作出我们这一代人应有的贡献。

用正确的思想方法分析形势*

（一九八九年三月二十日）

我们正处在经济、政治、文化全面而深刻改革的时期。这是建党以来党面临的又一次大变革。越是大变革时期，越是需要理论指导。历史经验告诉我们，理论掌握了群众，就能化为巨大的物质力量，就能推动我们的事业顺利发展。

现在，有人提出要进行三个所谓“反思”：反思七十年前五四运动时期把马克思主义传播到中国来对不对，反思四十年前即建国后确定中国走社会主义道路对不对，反思十年前党的十一届三中全会确定中国走改革开放的道路对不对。对这些大的是非问题，共产党员要看清实质，旗帜鲜明地作出回答：五四运动时期把马克思主义传播到中国来是对的，建国后确定中国走社会主义道路是对的，党的十一届三中全会确定搞改革开放、走建设有中国特色的社会主义的道路也是对的。但是，只说“对”是不够的。要作出令人信服的回答，就需要理论。我们不能用简单的口号去说服别人，必须用正确的观点、正确的理论进行分析，明辨是非，引导人民群众坚持走社会主

* 这是江泽民同志在上海市大型企业专职政工干部第一期培训班开学典礼上讲话的主要部分。

义道路，坚定改革开放的信心。

对现实社会中的问题，我们要进行理性的思考。因为我们看到的现象，其中有的是真相，有的却是假象。只有把感性上升到理性，才能深化认识，才能把握事物的本质。人的正确思想从什么地方来？毛主席讲过，不是从天上掉下来的，不是自己头脑里固有的，只能从社会实践中来。现在，有人老是埋怨我们的改革没有理论。我认为，说我们的改革没有理论，是不符合实际情况的；说我们的改革理论已经十全十美、完备无缺了，也是不符合实际情况的。我们的改革，是在党的十一届三中全会以来的理论、路线和一系列方针政策指导下进行的。邓小平同志对改革有深刻的理论阐述。党的十三大提出了社会主义初级阶段理论。虽然我们的改革已经进行了十年，但在整个历史长河中还是很短暂的。所以，我们的改革理论还不可能是十分完备的。只有随着改革不断深入发展，我们的改革理论才能日臻成熟。我们的改革没有任何现成模式可以照抄照搬。我们夺取政权以后，学习了苏联的经济模式。应该承认，这种经济体制在建国初期是起了积极作用的，也取得了一定的成绩。但是，随着社会的发展，实践证明这种经济体制已不适应社会生产力的发展。现在，世界上一些国家都在进行改革。对别国的经验，我们不能照搬，因为中国国情不同，中国有十一亿人口，历史、文化、经济条件与其他国家也不相同。因此，我们还是要按照毛主席一再说的那样，坚持把马克思主义的普遍真理同中国革命的具体实践相结合，在改革的实践中加强理论学习，重视理论研究，不断把经验上升为理论。我希望，搞理论工作的同志要深入改革实际，搞实际工作的同志也要重视理论学习和研究。

要改进我们的思维方式。所谓思维方式，就是我们平时所说的思想方法。干部的思维方式正确与否，是涉及改革事业能否取得成功的大问题。今天，尤其需要把思维方式的问题提高到这个高度来认识。现在，有的同志对改革的长期性、艰巨性、复杂性缺乏充分的思想准备，把改革过于理想化，好像一搞改革就马上可以把旧体制的弊病一扫而光了，就马上可以把多年积累下来的问题统统解决了，就马上可以把十一亿人民的生活水平都大幅度提高了。前几年，由于没有注意继续提倡艰苦奋斗的作风，对改革又作了过于乐观的估计，所以当改革遇到一些困难和挫折时，有些人就灰心丧气、悲观失望，认为通货膨胀和社会上出现的一些腐败现象、不安定因素等都是改革带来的后果，从而怀疑起改革的必要性和正确性来了。出现这样的情况，一个重要原因就是缺乏马克思主义的思维方式，缺乏辩证唯物主义的思想方法，不善于用马克思主义的立场、观点、方法来分析当前的社会问题。所以，有必要在干部中开展正确的思维方式的教育，提倡学习马克思主义的思想方法论。我们正在开展的形势教育，从根本上说，就是要进行爱国主义教育，就是要教育干部群众运用正确的思维方式来观察形势、认识形势。有了正确的思维方式，才能防止片面性，才能防止唯心主义和形而上学，才不至于在改革顺利的时候盲目乐观，看不到潜在的矛盾和问题，才不至于在改革遇到困难的时候悲观失望，认为这也不行那也不行，把形势看得一无是处、一团漆黑。

现在，值得注意的是，有的人确实存在着那么一种情绪，凡是党和政府主张的，他认为都是错误的，凡是同党和政府唱反调的，他认为都是正确的，好像困难讲得越多、成绩否定得越彻底、反调唱得越多，就越表明他是最敢于讲真话、最代表民意、最光荣的。这种情绪是不对的。正确的态度应该是，既要充分看到改革开放以来取得的巨大成就，同时也不掩饰我们工作中存在的问题。必须实事求是，讲成绩不要说得天花乱坠，讲问题也不能说成一团漆黑。各级干部尤其是政工干部要坚持正确的政治方向，明辨是非，用正确的思维方式来分析形势，分析各种社会现象。我们要理直气壮地宣传改革的成绩，也要实事求是地说明面临的困难。我们不应该听任一些人散布消极情绪。一个以消极埋怨为时髦的民族是没有希望的。我们要进行爱国主义教育，振奋精神，增强信心，提高我们的勇气。这样才能增强凝聚力，才符合党和人民的利益。

要加强党的领导，发挥我们的政治优势。有人认为，坚持党的领导不但不是优势，反而是劣势；一切腐败现象和不正之风的根源就在于坚持党的领导；中国要有希望，出路就在于搞西方国家的多党制。这是一种极端错误的言论。坚持党的领导，我们不能有丝毫含糊。历史已经证明，没有中国共产党就没有新中国，没有中国共产党也就不会有现代化的社会主义中国。如果没有党的领导，我们国家就必然由于种种内外原因而四分五裂，我们民族和人民的前途就会被断送。党的工作中也难免会发生错误，但我们党有力量自己纠正错误。我们党历史上几次大的错误都是我们党自己纠正的。“文化大革命”这么严重的错误，也是我们党自己纠正的。任何人都不能用党的某些失误作为削弱、摆脱甚至破坏党的领导的理由。

只要我们认真坚持和不断改善党的领导，充分发挥我们的政治优势，就一定能够更好地担负起历史赋予的重大责任。实践还证明，照搬西方国家的多党制，搞什么三权鼎立，是不符合中国国情的。实行中国共产党领导的多党合作和政治协商制度，有利于我国社会主义民主政治建设。没有党的坚强领导，我们这么大一个国家，就很可能是乱哄哄的，什么事也办不成。在这个问题上，我们一定要有清醒的头脑、鲜明的态度，坚决维护党中央的领导权威。

认真消除社会分配不公现象*

（一九八九年六月十六日）

正确认识当前分配不公的两种表现

什么是分配中的公平？这是一个认识上的难点。从理论上讲，以平等权利为基础的社会公平要受到社会经济文化发展的制约。在不同发展阶段，社会公平的内涵也会不同。衡量社会公平的标准必须看是否有利于社会生产力发展和社会进步。在社会主义公有制经济里，广大群众是生产资料的主人，分配的主要原则是按劳分配。党的十一届三中全会以后，我们党实行了一项政策，即允许和鼓励一部分地区、一部分人通过诚实劳动和合法经营先富起来，带动全国人民走共同富裕的道路。这是符合按劳分配原则的。实行这一政策，能力和贡献不同的人的收入会拉开差距，在致富的路上会有先有后，这是公平的。一般来说，由于人的能力和贡献的差别是有限的，实行按劳分配不可能导致贫富悬殊。而平均主义反对拉开差距，这是分配不公的一种表现。

---

* 这是江泽民同志在《求是》杂志一九八九年第十二期上发表的文章的主要部分。

我们现在正处在社会主义初级阶段，除了作为主体的公有制外，还有其他多种所有制形式存在。与此相适应，允许一部分非劳动收入存在，有利于搞活整个社会经济。但是，非劳动收入对全体社会成员来说，机会是不均等的，与劳动收入的差距又容易拉大，因此党和政府在分配办法、税收政策、价格政策、工商行政管理等方面作了必要的限制，经营者只要遵纪守法，也难以暴富。现在的问题是，少数人靠非法手段，如偷税漏税、欺行霸市、哄抬物价、弄权渎职、贪污受贿、走私贩私等，捞取不义之财。这是当前分配不公的另一重要表现，也是人们议论较多的。

以上两种分配不公现象是怎样产生的？

先看平均主义。首先，在我国，小农经济的平均主义观念源远流长，消除其对人们的广泛影响，要经历一个较长过程。其次，我国正处在社会主义初级阶段，在生产力水平还很低的情况下，体现社会公平，使人民群众普遍丰衣足食、安居乐业，是一项重要的分配原则，由此强调公平、忽视效率的平均主义倾向往往容易滋长。再次，贯彻按劳分配原则，前提是机会均等。但是，受旧管理体制、价格政策等制约，不同职业、不同单位、不同行业、不同地区之间缺乏平等的竞争规则和竞争环境，劳动者在竞争中缺乏同等的机遇。这种情况很容易造成劳酬不符，有些需要较少知识和技能的简单劳动获得较高的收入，而有些需要较多知识和经验的复杂劳动却得不到应有的报酬。由此而形成的收入差距显然是不合理的。由于国家尚未建立有效的收入调节体系，于是在国家直接控制收入分配的范围内，特别是国营企事业单位内部，往往会出现收入平均化的趋势。

再看收入差距悬殊。这不是党和国家的政策直接导致的，而是少数人违法乱纪或钻政策空子的结果。但是，也应看到，在改革旧体制和探索、完善新体制的过程中，双重体制的存在和一些改革政策措施不完善、不配套，使少数人确有空子可钻。另外，实际进行的分配改革实践仍然要受到经济发展阶段、新体制发育程度、社会传统观念和习惯势力的三重制约，造成某些具体的分配改革政策存在一定缺陷，同时国家对收入分配有效调控的力度也明显不足，结果导致：在国家直接控制能够达到的范围内，平均主义继续存在；在国家直接控制不能达及而间接控制又未能有效建立的场合中，部分经济活动的收入偏高。世界上各发展中国家的经验表明，在经济成长的初级阶段，收入差距往往有扩大的倾向，搞得不好，会影响社会安定。对此，我们必须提高警惕。

平均主义和收入差距过大也是相互影响的。我们要克服平均主义，但分配差距过大恰恰妨碍了收入差距的合理拉开。因为收入差距过大会破坏社会公平，涣散人心，特别是在新旧体制并存的情况下，往往容易助长不是比贡献而是比收入的消极攀比和平均主义倾向，造成在更高收入水平上的"大锅饭"。另一方面，平均主义也会助长收入差距过大。这是由于，平均主义倾向损害经济效率，压抑劳动者的积极性，可能促使某些人产生对公有制的离心倾向，甚至会刺激某些人采取不正当手段谋取私利的欲望。由此可见，平均主义的分配不公和收入差距过大的分配不公相互影响、互为依存，这两者都必须引起我们足够的重视。

另外,严重的通货膨胀是当前分配不公矛盾激化的直接诱因。通货膨胀具有再分配的效应。在物价持续上涨的情况下,人们的生活支出普遍增加。但是,在不同部门和行业工作的人们的收入来源不同,个人收入的补偿程度会出现差异。从国家预算中取得收入的人员实际工资的补偿要依靠国家,这种补偿通常是滞后的或不完全的,而企业等物质生产部门则可以通过各种途径主动补偿职工的实际工资,甚至超额补偿。这样,一部分物质生产部门和机关事业单位职工的收入就会出现明显差距。由于通货膨胀期间职工收入的增加在很大程度上是为了补偿实际收入下降造成的损失,因此有可能弱化收入的激励作用,强化职工内部的平均主义倾向。而少数通过投机倒卖活动牟取暴利的不法经营者和高收入者,则趁物价上涨之机以更快的速度增加他们的收入。通货膨胀使得国家直接控制范围内经济活动的收入和直接控制范围外经济活动的收入之间的差距进一步拉大,从而使平均主义和收入差距过大这两种现象的反差进一步加深。

避免思想观念上的偏差,是我们正确认识收入分配不公现象的一个重要问题。应该承认,现实生活中的消极腐败现象和收入分配悬殊问题,是人民群众强烈不满的焦点。人们要求改变机会不均、少数人发不义之财的状况。只有解决这些问题,才有助于创造良好的社会环境,有助于人们围绕提高效率进行积极攀比。对此,我们必须高度重视。同时,值得注意的是,在进行横向比较和互相攀比时,传统的平均主义思想还有很大影响,一旦改革引起重大利益调整,这种观念就以潜意识表现出来,并成为改革的重要心理障碍。特别是一些同志喜欢用个人的主观印象来笼统地进行横向比较，静态地看待人们之间利益关系的演变，忽视收入差距方面合理、合法的和不合理、不合法的之间的差别。因此，正确认识分配中的社会因素和心理因素，进行客观公正的分析，可以使我们对当前分配中的问题有更清醒的判断。如果我们仅仅以个人的主观印象来看待改革中的收入差距，一味追求收入均等，否定市场机制的调节作用，就会阻滞改革进程，使整个国民经济丧失活力。

在促进效率提高的前提下体现社会公平

党的十三大报告指出："我们的分配政策，既要有利于善于经营的企业和诚实劳动的个人先富起来，合理拉开收入差距，又要防止贫富悬殊，坚持共同富裕的方向，在促进效率提高的前提下体现社会公平。"

国民经济是一个有机整体，要实现上述目标，解决平均主义和收入差距过大问题，不能就分配抓分配，而要综合治理，从深化配套改革上找出路。要进一步搞活全民所有制企业，加快培育市场体系，健全宏观经济调节系统，搞好计划、投资、物资、财税、金融、物价等方面的改革，加强法制建设，逐步建立有计划商品经济新体制的基本框架，创造机会均等的竞争条件，形成实施正确分配政策的良好政治、经济、社会环境。应该看到，生产决定分配，只有通过改革大幅度提高劳动生产率和经济效益，才能使分配制度和政策充分发挥积极作用，才能为根本解决平均主义和收入差距过大问题创造物质基础。

当然,分配制度也很重要。当前,这方面的关键是要健全调节手段,针对双重体制条件下收入分配的不同情况,采取相应的具体政策。

在国家基本能够直接控制收入分配的范围内(如国营企业、机关事业单位的收入分配等),要实施在宏观控制下的分层管理,着重克服平均主义。在初次分配中,国家对企业实行工资总额与经济效益挂钩,企业内部实行个人收入同所作贡献联系;在再分配中,要解决机关事业单位中劳酬不符、收入偏低的问题,同时注意调节企业间生产经营的某些条件和机会不均等,以利公平竞争,进一步贯彻按劳分配原则。具体说,应该着重处理好几个关系。一是处理好企业和职工的分配关系。在改进企业用工、招工制度的同时,改革企业内的分配制度,逐步减少工资性支出中的物价补偿成分,恢复和强化工资奖金对提高效益的激励作用,探索各种按社会有效劳动时间进行分配的制度,合理拉开职工收入差距,使一些贡献大的工薪人员也能够先富起来。二是处理好国家和企业的分配关系。一个很重要的问题是合理确定衡量企业经济效益的尺度,使企业收入和工资增长与经济效益挂钩建立在比较科学合理的基础上。比如,在坚持职工实际收入增长低于劳动生产率增长的原则下,企业工资总额与经济效益挂钩可增加一个按不变价格计算的劳动生产率指标,有的可推行工资总额与实物量挂钩,同时也可研究工资总额与行业的资金利润率和工资利润率挂钩等办法。还应该看到,不同企业在税收、价格政策以及生产要素(包括劳动力、资金、生产资料、土地、技术等)获得机会等方面的条件和情况是不尽相同的,因此,国家要通过有效的经济手段调节由此而引起的个人收入差距。三是处理好脑力劳动和体力劳动的分配关系。按照马克思主义观点,复杂劳动具有倍加简单劳动的意义〔1〕,复杂劳动的报酬应该高于简单劳动的报酬。而我国情况却刚好相反,这是分配不公的一个突出问题。今后,要逐步提高知识分子待遇,缓解脑体倒挂的矛盾。对机关事业单位的现行工资制度也要继续改革,使之逐步完善。四是处理好采取经济、行政等调节手段和加强思想政治工作的关系。在采取各类手段调节分配的同时,要注意抓好宣传和思想教育工作,引导人们既不要消极攀比个人收入、盲目追求超前消费,也不要不求进取,而要脚踏实地积极工作,在各自所处的条件下,确定经过努力能够达到的物质利益目标。目前,我国面临通货膨胀的困难,要强调过几年紧日子。

在国家难以直接控制收入分配的范围内(包括其他经济成分的收入分配、某些经济活动的收入分配等),存在的主要问题是少数人非法牟取暴利。解决这个问题,必须强化政府的权威和功能,通过法律、行政、经济等手段进行管理和调节。

首先,要整顿经济秩序尤其是流通秩序。在清理整顿各类公司、搞好市场和物价管理、整顿和改进重要商品的流通方式的同时,收入分配上要研究解决六个方面的问题:企业自办第三产业和横向联营收入的管理问题;技术转让、技术咨询、技术服务、技术培训收入的管理问题;各类人员个人收入的管理问题;职工从事"第二职业"和离退休人员再就业的管理问题;个体经济的管理问题;新办公司的管理问题。其中,尤为重要的是加强对个体户的经营和收入的监督管理，加强对各类公司收入分配的控制和管理。要制定和完善相应的法规和政策，建立市场规则，限定各类经营者的经营范围和方式，提出各类经济活动收入分配公开化和管理、调控的有效措施。要尽快在大中城市的党政机关和部分高收入行业试行个人收入应税申报制度，增加个人收入的透明度，进一步加强个人收入调节税的征收工作。工商行政管理、税务部门要加强队伍建设，并切实负起责任，严格执法，与社会各有关方面加强配合，切实搞好市场管理和税收征管工作。

其次，要十分重视廉政制度建设，集中力量，坚决及时查处贪污受贿、敲诈勒索等各种以权谋私、将权力转化为金钱的违法行为。对于一切非法经营活动，都要严加取缔，狠狠打击。凡属非法收入，一概没收，并予以重罚。对于严重经济犯罪活动，必须坚持依法严惩，决不能手软。同时，在全社会广泛进行宣传教育，使廉洁奉公、依法经营、依法纳税的观念深入人心。

总之，我们要坚决保护合法收入、合理调节过高收入、严厉取缔非法收入。从长远看，解决社会分配不公问题，还要逐步建立富有弹性的就业制度，使劳动者在竞争中获得大致均等的机遇。与此相适应，必须建立和完善社会保障体系。这不是一下子能解决的，但应该向这个方向努力。

注　释

〔1〕参见马克思《资本论》第一卷《资本的生产过程》第一篇《商品和货币》第

一章《商品》。原文是:“比较复杂的劳动只是自乘的或不如说多倍的简单劳动，因此,少量的复杂劳动等于多量的简单劳动。”(《马克思恩格斯全集》第 44 卷,人民出版社 2001 年版,第 58 页)

在党的十三届四中全会上的讲话

（一九八九年六月二十四日）

这次中央全会推选我担任政治局常委、总书记，我没有这个思想准备，又缺乏中央全面工作的经验，深感担子很重，力不从心。现在全会已经作出决定，我感谢同志们的信任，决心同大家一道，刻苦学习，加强调查研究，尽心尽力做好工作，不辜负老一辈革命家和同志们的期望。

我们党已经制定和形成了一条建设有中国特色社会主义的路线和一系列基本政策。概括地说，就是小平同志多次指出、最近再次强调的，以经济建设为中心，坚持四项基本原则，坚持改革开放。这是我们有信心做好工作的根本的、坚实的基础。这次中央领导机构作了一些人事调整，但是，党的十一届三中全会以来的路线和基本政策没有变，必须继续贯彻执行。在这个最基本的问题上，我要十分明确地讲两句话：一句是坚定不移，毫不动摇；一句是全面执行，一以贯之。

小平同志几次讲话都表示了对新的中央领导的殷切期望。我深深感到，要把今后的工作做好，一定要首先在党内充分发扬民主，依靠中央领导集体的智慧和力量，依靠全党同志和人民群众的支持和监督。同时，有一个很有利的条件，就是邓小平同志等老一辈革命家健在，一般日常的工作，我们绝不打扰他们，但遇到很重大的问题，我们还是可以随时向小平同志请教，听取其他老一辈革命家的意见。他们在长期革命斗争和建设实践中积累起来的治党治国治军的丰富经验，形成的崇高威望，是党的宝贵财富，对我们新的领导集体的工作仍然十分重要。

这次全会开得很成功，不仅正确处理了赵紫阳〔1〕同志的问题，而且初步总结了教训，讨论和研究了不少重要问题。

最近，小平同志的几次重要讲话，以及其他几位老同志的讲话，对于今后党的各项工作具有现实的指导意义和深远的历史意义。李鹏〔2〕同志代表中央政治局扩大会议提交四中全会的报告的第三部分，对于当前的工作已经作了初步的部署，我完全同意。在他们讲话的启发下，讲一些想法，作为我在全会的发言。我初到中央，了解情况不多，不当之处，请同志们批评指正。

彻底平息反革命暴乱，是当前第一位政治任务。回想起这场反革命暴乱，如果没有邓小平同志等老一辈革命家的决断，如果没有英勇的人民解放军、武警部队和公安干警的献身，后果不堪设想。我们对制造动乱和暴乱的一切政治阴谋，一定要继续清查和彻底揭露，决不可半途而废。对于策划、组织、指挥动乱和暴乱的阴谋分子，参与暴乱的反革命暴徒，务必依法惩处，坚决打击，决不能心慈手软。对于不同程度卷入动乱和暴乱的人，要多做争取教育、分化瓦解工作。对于不明真相而有过某些错误言行的青年学生和群众，要帮助他们总结教训，提高认识。为了严格区分和正确处理两类不同性质的矛盾，需要尽快着手制定一系列具体政策。各地要结合当地实际情况妥善处理。总之,要通过坚决果断、艰苦细致的工作,集中打击极少数首恶分子和拒不改悔的顽固分子,尽力扩大教育面和团结面。

各级党组织和全党同志,要深入思考两个问题:这场动乱和暴乱发生、蔓延的主要教训在哪里;怎样彻底消除动乱产生的思想、政治、经济、社会因素,保证党和国家长治久安。这些问题解决好了,革命、建设和改革的成果才能从根本上得到巩固和发展。

按照中央和小平同志确定的"三步走"发展战略,积极稳步地发展国民经济,始终是我们现代化建设的中心任务。在发展经济中,要十分重视发挥教育和科学技术的作用。国家的昌盛,人民的富裕,说到底是经济实力问题。国际竞争,说到底也是经济实力的竞争。经济发展了,国力强大了,我们才能有力量抵御任何自然的和社会的风浪,顶住任何外来的威胁和压力,才能实现民族振兴,对人类作出更大贡献。

当前,经济工作的迫切任务,是遵循党的十三届三中全会确定的方针,继续抓好治理整顿和深化改革。国务院已经制定和将要制定的各项措施,各级党委都要坚决支持和保证贯彻执行。全党同志都要为挽回动乱和暴乱造成的损失,贡献全部力量。

在发展多种经济成分的同时,我们要千方百计搞好搞活国营大中型企业。这是我国社会主义经济的骨干和基础。要全心全意依靠工人阶级。离开他们的积极性、创造性和主人翁责任感,一切都无从谈起。

十年来的改革开放,改变了中国的经济和社会生活面貌,为中国社会主义事业注入了蓬勃的生机和活力。我们要继续更有效地进行改革开放，把这项工作搞得更快更好。

改革开放的总设计师和指导者是邓小平同志。邓小平同志提出的、我们坚持贯彻执行的改革开放，是坚持社会主义道路，坚持人民民主专政，坚持共产党领导，坚持马克思列宁主义、毛泽东思想的改革开放。作为鲜明的对照，那些顽固搞资产阶级自由化的人所主张的，却是以实现西方资本主义为目的，放弃人民民主专政，取消共产党的领导，背弃马克思列宁主义、毛泽东思想的“改革开放”。他们的“改革开放”，中心就是资本主义化。这当然是党和人民绝对不能允许的。

赵紫阳同志的一个严重错误，就是把改革开放同四项基本原则割裂开来、对立起来，实际上是背离和放弃四项基本原则，怂恿和助长资产阶级自由化的泛滥，酿成这次动乱和反革命暴乱，给党和国家带来巨大的灾难。这就从反面惊醒了我们。这个用鲜血换来的深刻教训，我们一定要永远记取。

在抓紧社会主义物质文明建设的同时，必须抓紧社会主义精神文明建设，坚决纠正“一手硬、一手软”的状况。

几年来，物质生活水平提高了，但“一切向钱看”，追求高消费，追求眼前实惠而放弃远大理想，计较个人私利而不顾国家、民族整体利益，鄙薄自己的祖国和人民而崇洋媚外等思想倾向滋长了，甚至腐化堕落的不良风气发生了，建国初期就早已绝迹的种种丑恶现象再度出现了。面对这个严峻的现实，我们必须认真思考小平同志所指出的坚持四项基本原则缺乏一贯性、十年最大的失误是教育〔3〕的问题，并从中引出深刻的教训。

加强教育，我想特别提出国情教育的问题。这就是近百年来中国历史的教育，社会主义必然性的教育，经济文化发展现状的教育，经济资源和人口问题的教育，中华民族优秀传统的教育，等等。广大青年拥护改革开放，但他们中不少人不了解中国的历史和现实，因此也就不可能了解改革的长期性、艰巨性、复杂性，幻想在一夜之间把西方的物质文明搬到中国土地上，比较容易接受实行资本主义制度的宣传。他们生长在祖国土地上，理应在这块土地扎下深根，理应从我们的工人、农民、战士的身上汲取精神营养。

党的十一届三中全会以后，宣传思想工作在批评"两个凡是"〔4〕、促进思想解放方面，在探讨社会主义现代化建设和改革开放的规律方面，作出了很大贡献。但是，后来几年中，各种错误思潮特别是西方资产阶级腐朽思想纷至沓来，暴露出来的问题相当严重。赵紫阳同志打击坚持四项基本原则、抵制腐朽思想和丑恶现象的同志，保护、信任、提拔顽固坚持资产阶级自由化立场的人，由来已久，一些舆论阵地已经不在党和人民手里。有关部门一定要采取坚决措施进行整顿。

我们有一支很好的知识分子队伍。他们活跃在生产、国防、科研、教育、卫生、宣传、新闻、出版、文学艺术等各条战线，忘我工作，无私奉献，真正是民族的精英，是社会主义现代化建设的骨干。知识分子中出现了极少数以骂共产党、骂社会主义出名的所谓"精英"。他们已经自己撕去"爱国"、"民主"的外衣。几年来，他们被捧得很高，不仅进行反共反社会主义的政治宣传，而且形成了一种哗言惑众的很坏的学风。他们不能代表中国知识分子，恰恰是中国知识分子中的败类。

民主法制建设要抓紧进行。许多群众和青年学生希望加快民主法制建设，他们的要求是可以理解的。我们的各项民主制度和法律制度，都需要继续完善和发展，以保证党和国家的政策和工作能够充分体现人民的利益，保证各级干部置于人民群众的有效监督之下。但是，我们的民主法制建设，决不能离开社会主义的方向和轨道，决不能引进西方资产阶级的那套所谓“民主”、“自由”的制度。全部中国近代史证明了它们在中国的破产。这次动乱也充分说明，想那样做，结果只能是天下大乱。

这次学潮的事实还表明，一些青年学生和群众对民主缺乏正确认识，法制观念相当淡薄。有的人所要的“民主”，实际上是无法无天的极端民主化，是无政府状态，同民主根本不是一回事，是对民主的反动和破坏。他们所主张的极端民主化，即使在西方国家，在世界上任何一个地方，也都是行不通的。

我们党是工人阶级的先锋队，是社会主义事业的领导力量。形势和任务不断变化，党的路线方针政策和斗争策略、活动方式、工作方法也要相应改变，但党的性质不能变，共产主义的最高目标不能变。

共产党的力量和作用，主要不在于党员的数量，而在于党员的素质。要结合建设、改革的实际和当代世界发展的状况，在全党进行马克思列宁主义、毛泽东思想基本理论的教育，进行社会主义、共产主义思想的教育，进行党纲党章和党的路线方针政策的教育。

这次动乱中所以有那么多人被阴谋分子煽动起来，一个重要原因，是一些党员、干部特别是极少数领导干部中存在严重腐败现象。全国各族人民的眼睛盯着我们，看我们能不能拿出惩治腐败的实际行动来。必须在近期办几件使党心民心为之振奋的事情。再经过一定时间的努力，制定防止和惩治腐败的制度，使党风有根本好转，恢复和加强党同群众的密切联系。

同志们，我们是在党和国家面临生死存亡的关键时刻，召开这次中央全会的。这次全会，将以党的胜利载入史册。但是，必须看到，要挽回赵紫阳同志给党的事业造成的巨大损失，解决赵紫阳同志留给我们的重重难题，使中国社会主义现代化建设事业健康发展，保证先烈用生命换来的民族独立不致丧失，保证社会主义现代化建设目标的完满实现，任重而道远。我们决心发扬艰苦奋斗、自力更生的精神，排除任何干扰，克服一切困难，以百倍的努力进行工作。

注　释

〔1〕赵紫阳（一九一九——二〇〇五），河南滑县人。一九八七年十一月，在中共十三届一中全会上当选为中共中央总书记。一九八九年六月，中共十三届四中全会审议通过《关于赵紫阳同志在反党反社会主义的动乱中所犯错误的报告》，撤销他的党内一切领导职务。

〔2〕李鹏，一九二八年生，四川成都人。当时任中共中央政治局常务委员会委员、国务院总理。

〔3〕参见邓小平《在接见首都戒严部队军以上干部时的讲话》（《邓小平文选》第3卷，人民出版社1993年版，第305—306页）。

〔4〕见本卷《理论工作要面向实际》注〔2〕。

正确认识工会的作用*

（一九八九年七月二十六日）

必须全心全意依靠工人阶级，是我们党和国家的性质决定的，是几十年来艰苦奋斗的历程决定的。我国宪法的总纲对工人阶级领导、工农联盟、人民民主专政都写得清清楚楚："中华人民共和国是工人阶级领导的、以工农联盟为基础的人民民主专政的社会主义国家。"宪法序言中，对党的领导作用和我国近代史作了一个扼要的叙述，写得很精练，写得很好。中国共产党领导全国各族人民进行革命所取得的国家政权，就是工人阶级领导的政权。我们的国家是工人阶级领导的国家，不全心全意依靠工人阶级依靠谁！全心全意依靠工人阶级这一条，我们决不可动摇。

全心全意依靠工人阶级与发挥工会的作用是什么关系？大家知道，工会是工人阶级的群众性组织。全心全意依靠工人阶级，必须把工会办好，充分发挥工会的作用。工会应该在各级党组织统一领导下活动。强调工会在党的统一领导下活动，决不意味着把工会变成党委的一个部门，等同于党委宣传

* 这是江泽民同志同出席中华全国总工会第十一届执行委员会第三次主席团扩大会议的全体同志座谈时讲话的主要部分。

部、组织部一样的机构。工会应该是党领导下相对独立的工人阶级的群众性组织。这两个方面都要正确掌握,不可出现偏离。

工会应组织工人群众参政议政。中国只能搞一个工会,不能搞两个工会。工会必须是在中国共产党领导下工人阶级自己的群众性组织。决不允许出现脱离党的领导甚至反对党的领导的什么组织。假如出现这种情况,工会就要挺身而出进行斗争。一方面,工会要在党的统一领导下进行工作。另一方面,工会要有相对的独立性,而且要真正代表工人群众的利益,依法维护工人群众的合法权益。如果工会不能代表工人群众的利益,工人群众还要工会干什么!有时候工人群众在某些具体问题上看法不同,出现一些具体矛盾,这并不都是坏事。遇到这种情况,工会既要坚持党的领导,又要充分反映工人群众的愿望和要求,努力把长远利益与眼前利益、集体利益与个人利益结合起来,通过民主的方式、协商的方式来处理。如果工会根本不考虑工人群众的利益,就站不住脚,就失去了自身的作用。同时,还要强调工会对工人群众的教育职能。列宁说,工会是一所共产主义学校〔1〕。共产主义是共产党人的最终奋斗目标。在现阶段,要给大家讲清社会主义制度的优越性,讲清进行爱国主义、集体主义教育的必要性。总之,既要坚持党的领导,又要充分反映工人群众的利益。

工会要成为发扬社会主义民主的渠道。这一条很重要。工人、农民、知识分子在工作生活中都不可避免地会遇到若干矛盾,或者产生若干问题。从自然科学的原理看,这些矛盾和问题积聚起来,往往会形成一定的能量。如果这种能量积聚越来越大,不能及时化解,最后一下子释放出来,就可能起破坏作用。这就需要有民主的渠道来反映这种矛盾和问题,来宣泄这种能量。作为工人群众自己的组织,工会最了解工人,应该成为充分反映工人群众意见和要求的重要渠道。

概括起来说,关于工会的作用,我认为主要有四个重点:第一,工会要在党的统一领导下进行工作;第二,工会要有相对的独立性,不能等同于党委的一个工作部门;第三,工会要是一所提高全体职工群众思想觉悟的大学校;第四,工会要成为工人群众参政议政的一个很好的渠道,成为有领导、有组织、有纪律的发扬社会主义民主的渠道。

注 释

〔**1**〕参见列宁《共产主义运动中的"左派"幼稚病》(《列宁全集》第39卷,人民出版社1986年版,第30页)。

新中国四十年历史的基本结论*

（一九八九年九月二十九日）

回顾四十年的历史，我们至少可以得出以下四个方面的基本结论。

社会主义制度的确立、巩固和发展，体现了中国现代社会运动的客观规律，是中国历史上最伟大、最深刻的变革。如果不进行以社会主义为前途的人民革命，就不可能推翻帝国主义、封建主义、官僚资本主义，不可能把黑暗的中国变成光明的中国。如果新中国建立以后不走社会主义道路，不坚持人民民主专政，就不可能维护国家的统一和民族的独立，不可能逐步实现人民共同富裕的愿望。如果今后不坚持社会主义，而是像有人主张的那样退回去走资本主义道路，用劳动人民的血汗去重新培植和养肥一个资产阶级，在我国人口众多、社会生产力水平很低的情况下，只能使大多数人重新陷入极其贫困的状态。这种资本主义，只能是原始的买办式的资本主义，只能意味着中国各族人民再度沦为外国资本和本国剥削阶级的双重奴隶。总之，正如毛泽东同志、邓小平同志所指出

* 这是江泽民同志在庆祝中华人民共和国成立四十周年大会上讲话的一部分。

的，只有社会主义才能救中国，只有社会主义才能发展中国。

社会主义制度是在自身基础上不断发展和完善的制度。在社会主义条件下，我们的根本任务是以经济建设为中心，大力发展社会生产力。立足本国国情，总结实践经验，根据社会生产力的现实水平和进一步发展的客观要求，自觉调整生产关系中与生产力不相适应的部分，调整上层建筑中与经济基础不相适应的部分，这就是我们所说的社会主义改革。如果不进行这样的改革，就会窒息社会主义内在的生机和活力，就会严重妨碍社会主义优越性的发挥。党的十一届三中全会以后，我们党把改革开放纳入党的基本路线，开创了我国社会主义事业发展的崭新局面。十年的巨大成绩证明，改革开放的总方针、总政策是完全正确的，必须坚定不移地贯彻下去。

发扬爱国主义精神，坚持独立自主、自力更生的方针，是中国革命也是中国社会主义建设取得胜利的一条根本经验。在当代中国，爱国主义和社会主义本质上是统一的。历史证明，坚定捍卫中华民族尊严、期望中国繁荣昌盛的爱国者，大都会成为忠诚的社会主义者或社会主义的可靠朋友。中国人民的爱国主义和自力更生精神，是社会主义现代化建设的强大力量。我们的社会主义事业，就是在打破国外敌对势力对我国的孤立、封锁和挑衅的过程中巩固和发展起来的。中国人民从来没有、今后也决不会屈从于任何外来压力，决不会放弃社会主义道路和民族独立来换取别人的施舍。我们一贯欢迎和争取各国人民对我们事业的支持。在新的形势下，我们更加重视利用有利的国际条件，坚持对外开放，以加速我国的社会主义现代化建设。

用马克思列宁主义、毛泽东思想武装起来的中国共产党，是中国工人阶级的先锋队，是中国各族人民利益的忠实代表，在国家独立和发展的过程中担负着极其重要的使命。中国共产党成为中国革命和建设的领导核心，是人民在长期实践中作出的正确选择。党是在战胜困难、克服失误、总结历史经验的过程中逐步成熟起来的。四十年来的成就，是在我们党的正确领导下，依靠全国人民的努力取得的。错误和挫折的发生，问题也往往主要出在党内。党的状况如何，对于国家和民族的命运具有决定性的意义。我们必须严肃地毫不留情地剖析和坚决纠正工作中的失误，解决党内存在的问题。我们必须科学地历史地总结经验，客观地全面地认识现实。只要坚持这样做，我们党一定能够不辜负人民的期望，在实现新的历史任务中写下灿烂的篇章。

立足于以上基本结论，我们要更加坚定不移地把马克思主义普遍真理同我国具体实际结合起来，走自己的路，建设有中国特色的社会主义。邓小平同志关于建设有中国特色社会主义的理论，是经过十年实践检验而为亿万人民所认识和接受的科学理论，是指引我们继续前进的旗帜。在整个社会主义初级阶段，我们必须坚定不移地执行党的十三大制定的基本路线：领导和团结全国各族人民，以经济建设为中心，坚持四项基本原则，坚持改革开放，自力更生，艰苦创业，为把我国建设成为富强、民主、文明的社会主义现代化国家而奋斗。

中国人历来是讲民族气节的*

（一九八九年十月三十一日）

今天的谈话，我们双方都是为了各自国家的利益。这是我们的共同点。中美两国的关系，从你一九七二年来中国访问、中美发表上海公报后有了发展。特别是从邓小平主席倡导中国搞改革开放十年来，中美关系进展很快。为什么现在中美关系出现了这种困难情况？平息今年发生的政治风波，是我们国家自己的事。不知道为什么引起美国那么大的反应。这里用得着中国的一句古话："天下本无事，庸人自扰之。"由于我们双方意识形态的差别，造成对这一事件有不同的看法。此外，过多的谣言也使人们失去了判断事实的正确根据。荒谬的东西讲上一千遍，往往会使人觉得它是"真理"。我想说明一个实质性问题，邓小平主席倡导的改革开放，是坚持社会主义道路的改革开放，不是走向资本主义。这是中国人民根据多年斗争实践经验所选择的道路。这场政治风波后，我们对整个国际局势的估计没有变化。但是，世界上突然形成一股指责和"制裁"中国的逆流，一下子弄得乌烟瘴气。这个责任确实不在中国方面。解铃还须系铃人。

---

* 这是江泽民同志会见美国前总统尼克松时谈话的要点。

我们始终坚持在和平共处五项原则的基础上发展同世界各国包括美国的友好关系，特别重视在平等互利的基础上同所有国家发展经贸关系，也欢迎所有国家来华投资。中国从未对美国构成威胁。恰恰相反，中国有一个大市场，可以成为同美国开展经济合作的良好条件。刚才，你说现在美国有些商人认为中国已从一九八六年通过的关于鼓励外商投资的二十二条规定[1]后退了。我可以肯定地负责地回答，中国仍然欢迎他们来投资，二十二条规定仍然有效。我在上海工作时，就提出同外商做生意的四条原则：（一）互相了解；（二）互相信任；（三）互利合作；（四）从长远观点出发。对最后这一点，我对我们的同志说过，要考虑外商的利益，双方都不要搞一锤子买卖。现在，我仍然这样认为。我们提出继续坚持改革开放，不会只停留在口号上。我们要做两件事，一是同外国合作搞一些大项目，二是在二十二条规定的基础上进一步完善有关法律法规。现在，中国对内需要安定团结的局面，对外需要和平的国际环境，这样我们才能专心致志地把经济搞上去。正是由于这一点，我们没有理由不把中美经济合作关系搞好。

我们不能说对美国了解很深，但可能比一般美国人对中国的了解要多。所以，有两个概念，我想说一下。一是反对资产阶级自由化。你们的企业家一听这句话，觉得不得了，是不是不能到中国做生意了。其实，这句话是有特定政治含义的。我们所说的反对资产阶级自由化，就是要坚持社会主义道路和中国共产党的领导，反对资产阶级的一切腐朽思想。其中也包括反对色情、毒品，这些东西美国政府自己也反对。但是，对西方的一切先进科学技术、科学管理经验和优秀文化成果，我们不仅不反对，而且要学习。二是民主、自由。我和钱其琛外长当年都在上海参加了共产党的地下活动。那时，我们游行呼口号，喊的就是“我们要民主！我们要自由！”现在，一些青年学生也喊要民主、要自由，但他们实际上并不知道要什么样的民主、自由。一九八六年，上海一些学生从林肯〔2〕的葛底斯堡演说中挑了两段话作为口号，但却不了解林肯的这篇演说的历史背景。四十多年前，我在中学二年级就学过林肯的这篇演说，能全篇背下来。十二月十八日，我去母校上海交通大学同学生座谈。解放前，上海交大学生曾在我们党领导下为争取民主而斗争，当时的上海交大被称作“民主的堡垒”。那天我在交大讲话时，当场就把这篇演说背了一遍。这次有些学生绝食，我去医院看望他们。有一位女学生对我说要民主、要自由。我问她要什么样的民主、自由，她回答不出来。这个例子说明，一些年青人对民主、自由没有正确的概念。不能以为自己要怎么就怎么才是民主、自由。这种民主、自由，实际上任何国家都不会允许。即使这样，我们对学生还是采取宽容的态度。两个月前，我去清华大学开座谈会，有一位学生参加了游行和绝食，他说自己是“动乱分子”。我问学校是否这样讲的，校长说没有。我对这位学生说，没有人这样说你，你为什么要自己给自己戴这顶帽子、贴这个标签？我们对青年学生总的原则有两条，既要热情关怀，又要严格要求。对在美国的中国留学生，哪怕是参加过游行、签名的，我们一概采取非常大度的宽容态度，不会追究。当然，也有极少数人为了一张“绿卡”，不惜要求美国对自己的祖国采取“制裁”措施。这同中华民族的民族气节和民族自尊极不相称。我是扬州人，扬州史可法〔3〕祠有一副对联："数点梅花亡国泪，二分明月故臣心。"日本侵占时期，许多人去这个地方凭吊，以鼓舞抗日的志气。那时，我在扬州念中学，每星期都去，很受教育。中国人历来是讲民族气节的，是不畏强暴的。现在，一些留学生想在国外多留一段时间，做博士后研究工作，我们是理解的，但无论如何不能丧失爱国心。

注　释

〔1〕鼓励外商投资的二十二条规定，指国务院一九八六年十月十一日发布的《关于鼓励外商投资的规定》。

〔2〕林肯，即亚伯拉罕·林肯（一八〇九——一八六五），美国共和党人。一八六一年至一八六五年任美国总统。主张维护联邦统一、逐步废除奴隶制度，领导了反对南方奴隶主分裂国家的战争，颁布了著名的《宅地法》和《解放黑奴宣言》。一八六三年十一月十九日，在葛底斯堡国家烈士公墓落成典礼上发表了著名演说。该公墓为纪念一八六三年七月在葛底斯堡战役中阵亡的将士而修建。这次战役是美国内战（又称南北战争）的转折点，联邦军队击败南方同盟军，从此掌握了战争的主动权。

〔3〕史可法（一六〇二——一六四五），明代河南祥符（今河南开封）人。明朝大臣。明代末年任兵部尚书。南明时任礼部尚书、东阁大学士，入阁参政。后以兵部尚书、武英殿大学士督师坚守扬州，抗击南下清军，城破被俘，不屈而死。扬州百姓在城外梅花岭筑衣冠冢，以为纪念。

把军队的建设和改革搞得更好*

（一九八九年十一月十二日）

这次军委扩大会议，是在党的十三届五中全会决定军委领导成员部分调整以后召开的第一次会议，主要是研究部署明年的工作。

根据邓小平同志的建议，五中全会决定我担任军委主席。党中央、老一辈革命家把这样一副担子交给我，我深感责任重大。过去，我长期在地方工作，虽然对我们这支军队怀有深厚的感情，也一直关注军队的建设；以往从事的工作中，曾涉及原子反应堆及核潜艇设备的研制和雷达、通讯等电子设备的生产，直接为国防科研和国防建设服务，同部队的同志们有过一些接触；在上海工作的时候，曾兼任过警备区党委第一书记，到一些部队去过，但毕竟对军队的情况了解不多。要很好地担负起这个历史重任，会有不少困难。值得欣慰的是，创建和领导过我们军队的许多老同志还健在，军委又有一个好的领导集体。我决心同大家一道，竭尽全力做好工作，以不负全党全军的信任和重托。

邓小平同志主持军委工作的十年，军队革命化、现代化、

---

* 这是江泽民同志在中央军委扩大会议上的讲话。

正规化建设取得了巨大成就。根据国际形势的发展变化和全党工作重点的转移,实现了军队建设指导思想的战略性转变;进行了体制改革、精简整编,完成了裁军百万的任务;各级领导班子在坚持革命化的前提下,年轻化、知识化、专业化程度有了明显提高;颁布了一些条令条例,全军实行了新的军衔制;加强和改进了教育训练,提高了部队的军政素质;国防科技获得了许多重大成果。无论在保卫国家安全和领土完整方面,还是在抢险救灾、支援经济建设、促进社会主义精神文明建设等方面,军队都发挥了极其重要的作用,作出了很大贡献。特别是在今年春夏之交制止动乱、平息北京发生的反革命暴乱的斗争中,广大干部战士坚信党中央、邓小平同志和中央军委的正确决策和指挥,忠于党,忠于祖国,忠于人民,不怕流血牺牲,严守组织纪律,表现了高度的政治觉悟,为捍卫人民共和国、捍卫社会主义制度立下了新功。可以说,这十年是军队在改革中不断前进、战斗力有很大增强、面貌发生重大变化的十年,是我军发展史上一个崭新的阶段。

邓小平同志是我国社会主义改革开放和现代化建设的总设计师,也是新时期我军建设和改革的总设计师。我军建设这十年来所取得的一切成就和进步,都是他正确领导的结果,都凝聚着他的智慧和心血。他把马克思主义同我军实际相结合,提出了新时期加强军队建设的方针原则,丰富和发展了毛泽东军事思想。现在,邓小平同志虽然从工作岗位上退下来了,但他关于新时期军队建设的思想和理论是我们的宝贵财富,对今后军队建设有着长远的指导作用,我们要认真学习和贯彻。

我国革命、建设和改革几十年的历史证明，没有一个人民的军队，便没有人民的一切。人民解放军是人民民主专政的坚强柱石，是捍卫社会主义祖国的钢铁长城。目前的国际形势，总的是由紧张转向缓和，由对抗转向对话。但是，必须看到，国际敌对势力亡我之心不死，他们对我国进行武装侵略、武装干涉失败以后，转而加紧推行和平演变战略，运用政治、经济、文化的手段，千方百计进行渗透。我们在反和平演变的同时，也还要看到帝国主义的另一手。最近，邓小平同志指出，我们分析世界大战打不起来，真打起来我们也不怕，打垮了侵略者，我们再来建设。他还讲过，如果没有原子弹、氢弹，没有发射卫星，中国就没有现在这样的国际地位。我们对国防科技高技术的发展决不能放松，同时要注意缩短常规武器装备同世界先进水平的差距。我们一定要集中力量，突出重点，抓出成效。这关系到国际战略形势的发展和世界和平。在我们国内，顽固坚持资产阶级自由化立场的人决不会甘心他们的失败，还会继续制造事端，进行各种破坏和颠覆活动。在这种情况下，要巩固我们的社会主义制度，保证国家长治久安，使经济建设有一个稳定的和平的环境，就必须有一支强大的军队、有一个巩固的国防。我们要继续贯彻新时期军队建设的指导思想、方针和原则，坚定不移地实现邓小平同志提出的建设一支强大的现代化、正规化的革命军队的宏伟目标。

去年，军委扩大会议确定了保持军队稳定的方针。这一点具有重大现实意义。当前，我们国家最重要的、压倒一切的就是要保持稳定。没有稳定的局面，经济的治理整顿和深化改革、推进社会主义现代化建设，都无从谈起。军队稳定是保证整个国家稳定和安全的重要因素，有着举足轻重的作用。只要军队始终保持高度集中统一，常备不懈，即使发生这样那样的问题也比较好办。明年以至今后一个时期，军队的改革和各项工作都要着眼于部队的高度稳定，有利于部队的集中统一。

坚持党对军队的绝对领导，这是我们建军的根本原则，是我们党的优良传统，是我们军队特有的政治优势，必须继续保持和发扬。这些年，由于我们党的个别领导人的错误，在坚持两个基本点的问题上出现了"一手硬、一手软"的状况，致使党的建设、思想政治工作受到了削弱，资产阶级自由化思潮严重泛滥。这个教训十分深刻。军队在坚持两个基本点方面做得是好的。在坚持四项基本原则、抵制资产阶级自由化上是带了头的。在制止动乱、平息反革命暴乱的斗争中军队考试合格，集中反映了这方面的工作成果。历史和现实的经验都说明，我们必须把加强政治建设、保证党对军队的绝对领导作为军队建设的首要任务。任何时候都要坚定不移地抓好各级党组织的建设，加强和改进思想政治工作，使部队在思想上、政治上、行动上同党中央保持高度一致，做到在政治上永远合格。

今后两三年，军队建设将在国家经济治理整顿和深化改革的背景下进行。可以肯定地说，通过治理整顿，我国经济必将逐步走上持续稳定协调发展的轨道。经济搞上去了，军队的许多事情也就比较好办了。但是，目前国家财政还很困难，经济形势十分严峻，军队的许多问题一时还难以解决。对经济建设和国防建设的关系，中央政治局常委的意见是两头都要兼顾。一方面，军队要服从经济建设大局，继续贯彻忍耐的方针，发扬艰苦奋斗精神，体谅国家的困难。另一方面，国防费也要在国民经济发展的基础上逐年有所增加，使部队武器装备和生活条件逐步得到改善。军队从总体上来说应该“吃皇粮”。搞“自我发展”、“自我完善”是行不通的，我一直是不赞成的。当然，为了弥补经费不足，结合军队的特点搞一点生产是完全必要的，但军队不能走自己养自己的道路。如果把精力都放在经商赚钱上，这样下去是非常危险的。解决军队的困难，中央要拿出一定的财力，同时还要号召全党和各级政府都要增强国防观念，积极关心和支持军队建设。

从严治军，这是毛主席、小平同志一贯强调的思想。我军一向以严密的组织、严明的纪律、严肃的作风著称，这是我军所以有强大战斗力的一个重要原因。长期的和平环境，加上部队成员不断变化，容易出现管理松懈、作风松散、纪律松弛的现象。这就要求我们必须始终坚持严格训练、严格管理。军事训练是部队平时培养作风、提高军事素质、增强战斗力的主要手段，要切实摆到战略位置，下功夫抓好，保证落实。我军一定要在全国人民面前保持遵纪守法、军容严整、作风过硬的良好形象，不仅要成为威武之师，而且要成为文明之师。

再过一个多月，我们就要进入二十世纪九十年代了。在本世纪最后十年中，我们要实现国民生产总值再翻一番的目标，国防现代化、军队现代化也要有相应的发展。这个历史责任落到我们这一代人身上，可以说是任重而道远。治国图强需上下同心。我们要实现国家和军队建设的宏伟目标，要靠路线方针政策正确，靠全党全军同志团结奋斗。对军队来说，加强上下之间、官兵之间、军政军民之间的团结都很重要，更重要的是搞好军队各级领导班子的团结。邓小平同志曾经语重心长地讲过，领导干部一定要眼界非常宽阔、胸襟非常宽阔。这两句话应该成为我们领导干部特别是高级干部的座右铭。只要各级领导班子真正团结一致、同心协力，就能够把部队更好地凝聚在一起，我们的事业就有了可靠保证。

我们这支军队，在中国共产党培育下，经过几十年的斗争考验，战胜了千难万险，已经发展成为今天这样强大的武装力量。党信赖这支军队，人民热爱这支军队。我们要继承和发扬过去的优良传统，奋发图强，扎实工作，沿着老一辈革命家开拓的道路继续前进，把军队的建设和改革搞得更好。

香港必须有一个平稳的过渡期*

（一九八九年十二月六日）

我仔细读了撒切尔夫人[1]的来信，赞赏她对两国关系采取积极态度。她提到两国都是联合国安理会常任理事国，对世界和平与稳定负有重大责任。对此，我们意见一致。她表示英方仍信守中英关于香港问题的联合声明，我们表示欢迎。

今天，我要同你谈的主题，是政治上如何改善中英关系，其中包括香港问题。在香港问题上，邓小平同志提出了一个非常好的建议，即"一国两制"构想。这个创造性构想的提出，为中英两国政府通过谈判解决香港问题打开了新局面。一九八四年，中英就解决香港问题发表了联合声明，这是中英长期努力和合作的结果。我们一直珍视中英关于香港问题的联合声明。遗憾的是，今年春夏之交中国发生政治风波之后，西方掀起了一股反华潮流，香港也发生了许多我们不愿看到的事情。处理这场政治风波是中国的内政。中国有权处理自己的事。

中国古代诗人陶渊明[2]在《归去来兮辞》中有句名言："悟已往之不谏，知来者之可追。"我同意撒切尔夫人的话，要

---

* 这是江泽民同志会见英国首相特使、首相外事顾问柯利达时谈话的要点。

往前看。中国始终信守一个信条：每个国家的社会制度都是历史形成的，要由它的人民来选择。中国实行社会主义制度，英国实行资本主义制度，这不应该影响中英两国发展友好合作关系和贸易往来。在“一国两制”问题上，我曾在同香港许多工商界人士、香港特别行政区基本法起草委员会委员的谈话中引用过中国的一句谚语，叫做“井水不犯河水”。有的香港人不大理解，说：“井水不犯河水，河水必定犯井水。”其实，我这句话完整地说是：“井水不犯河水，河水不犯井水。”

我们这些人年青时参加学生运动的目的，就是反对国民党蒋介石的专制统治，就是要争取民主、自由。中国共产党成立以来一切奋斗的目标，就是争取人民民主、实现人民幸福。世界上没有绝对的民主、自由。各国的政治制度同该国的历史文化传统和经济发展水平密切相关。根据香港长期以来的历史文化和居民表达意见的方式，香港实行政治民主化要循序渐进。撒切尔夫人说英方不能不考虑香港的“民意”。民意问题，要看究竟是民众真正自发表达的意愿还是有人操纵。在西方国家，所谓“民意”也往往同当权者的引导和意图贯彻密切相关。香港有的人说代表“民意”，我看他就不能代表民意，一是他有一定的个人目的，二是他唯恐天下不乱。香港不稳，对港英当局、对中英双方都没有好处，只会危害香港的稳定繁荣。

一九九七年七月一日交接之前，香港必须有一个平稳的过渡期。我希望双方能从香港的根本利益出发，就民意问题取得共识。在经济方面，我希望英方不要搞过大的基础设施工程，开出过大的支票。基础设施过大过多，难以完成，将给香港带来问题。英方的意思似乎是，在立法局直选议席问题[3]上达成谅解是一个前提，如果达不成谅解，两国关系的其他方面就都不能取得进展。我认为，还是应该以大局为重。

我们很关注东欧局势，但中国与东欧国家很不一样。第一，我们党从成立起就同人民群众保持密切联系，是在艰苦斗争中成长起来的，而东欧一些国家的共产党是由其前身社会民主党演化而来的。第二，我们军队久经考验，是钢铁长城。第三，我们是通过长期武装斗争取得政权的，不同于东欧一些国家是由苏联军队解放的。第四，中华民族有着自己的优良传统，重视民族气节，决不会屈从于任何外来压力。在任何问题上，如果合情合理同我们商量，都好说，但企图压我们是不行的。你越压，我越硬。双方应该从各方面来促进两国关系的恢复，在联合声明的基础上共同商量和讨论解决有关香港的一些问题。今年春夏之交中国发生政治风波，除国内因素外，确实也有国际背景。国际上有些人错误地估计了形势，认为有些社会主义国家乱得差不多了，中国也只要推一下就倒了。然而，他们并不知道，一个有十一亿多人口、九百六十万平方公里国土、五千多年文明历史的中国，是那么容易被推倒的吗?!

中英双方都愿意共同遵守中英联合声明，也希望香港平稳过渡。香港问题完全是中英两国之间的事情，绝不允许任何第三国插手干预。在港英政府管理期间，香港发生任何不安定都不符合中英双方的利益。一九九七年中国对香港恢复行使主权后，香港继续保持稳定繁荣是双方都愿意看到的，也符合英国的利益。双方合作应有诚意。精诚所至，金石为开。

对一些具体问题，只要双方有合作精神，也是不难解决的。我希望双方都要保持警惕性，因为确实有人不愿看到香港保持稳定繁荣。

注 释

〔1〕撒切尔夫人，即玛格丽特·希尔达·撒切尔，一九二五年生，英国保守党人。一九七九年至一九九〇年任英国首相。一九八四年十二月十八日至二十日访问中国，中英两国政府首脑于十二月十九日正式签署中英关于香港问题的联合声明。

〔2〕陶渊明，即陶潜（三六五或三七二或三七六——四二七），东晋浔阳柴桑（今江西九江西南）人。东晋诗人。

〔3〕港英立法局自一八四三年成立以后长达一百四十余年的历史中，其议员均由港英总督代表英国王室委任。二十世纪七十年代末八十年代初，在中国表明将对香港恢复行使主权的原则立场后，英国开始在香港推行"代议政制"，目的是把香港变为"独立的政治实体"，以最大限度地延续英国在回归后的香港的影响。一九八五年，港英当局在立法局选举中引入间接选举，即选举团选举和功能团体选举，产生了二十四名议员。一九八八年，港英当局在其发表的白皮书《代议政制今后的发展》中提出，一九九一年立法局选举将有十个议席由直接选举产生。二十世纪八十年代末，国际风云变幻，英国政府认为有机可乘，不顾中方反对，试图加快立法局直选步伐，并借所谓"民意"向中方施加压力。中国政府从香港实际情况出发，主张循序渐进地增加直选议席，并要求英方在作出有关安排时应与香港特别行政区基本法的规定相衔接。为此，中英两国政府进行了多次磋商和谈判。一九九〇年，中英两国政府通过双方外长交换七封信件，就一九九一年、一九九五年港英立法局和香港特别行政区第一、第二、第三届立法会分区直选议席的数目达成共识，确认一九九五年港英最后一届立法局分区直选议席为二十个，从而与香港特别行政区基本法对香港特别行政区第一届立法会组成的规定相符合。

发展中美关系要向前看*

（一九八九年十二月十日）

布什〔1〕总统这次派斯考克罗夫特将军来华以及他已经采取的某些松动措施，目的是改善中美关系，克服目前我们两国关系中存在的困难。我们双方都是为了各自国家的利益而工作的。尼克松〔2〕先生第一次访华时说，他是为了美国的利益访华的。当时，周恩来总理提出一项重要原则，即首先应该设法找到双方的共同点。刚才，你介绍了美方对世界形势变化的看法和美苏首脑会晤的情况。我想到中国古典小说《三国演义》第一回开宗明义所说的"话说天下大势，分久必合，合久必分"。世界局势总是在发展变化。在变化的世界中，我们两国有许多共同点。第一，中美双方对世界的和平与发展负有义务，良好的中美关系对我们双方有利，也符合世界和平与发展的利益。第二，在亚洲和太平洋地区，我们两国也有若干共同点。不少经济学家预言，这一地区的经济将迅速发展。中美友好合作，对这一地区的稳定繁荣也十分重要。第三，在经贸合作和技术交流方面，我们双方的潜力很大。中国有十

---

* 这是江泽民同志会见美国总统特使、总统国家安全事务助理斯考克罗夫特时谈话的要点。

一亿多人口，经济正在持续发展，是一个巨大的潜在市场，这将为中美加强合作提供良好的条件。

对中美之间的分歧，也不必讳言。这种分歧自一九七二年上海公报发表后就一直存在着。第一，最突出的是台湾问题。在台湾问题上，我们的方针很明确，即邓小平同志提出的"和平统一、一国两制"构想。在前不久召开的一次记者招待会上，有记者问我们在解决台湾问题上能否承诺放弃使用武力，我说我们不能作出这一承诺，但我们真诚地希望以和平方式解决台湾问题。第二，从意识形态上讲，中国搞社会主义，美国搞资本主义，但这不应该成为发展两国关系的障碍，不应该影响我们在和平共处五项原则的基础上进行来往和合作，不应该影响中美发展关系。

在这个不断变化动荡的世界上，中美两国应该也可以找到很多共同利益和共同点。我们相信，只要双方都向前看，真诚地从维护两国人民的共同利益、世界和平与发展的根本利益出发，改善中美关系的前景是很广阔的。

注　释

〔1〕布什，即乔治·赫伯特·沃克·布什，一九二四年生，美国共和党人。一九七四年至一九七五年任美国驻中国联络处主任。一九八九年至一九九三年任美国总统。

〔2〕尼克松，即理查德·米尔豪斯·尼克松（一九一三——一九九四），美国共和党人。一九六九年至一九七四年任美国总统。在其总统任内，逐步调整美国对华政策。一九七一年七月，派遣总统国家安全事务助理基辛格秘密访华，就改善美中关系与中方进行会谈，改变了美中两国长期隔绝的局面。一九七二年

二月二十一日至二十八日，作为在任美国总统首次访问中国，中美双方于二月二十八日在上海发表《联合公报》，中美关系开始走向正常化。

为把党建设成更加坚强的工人阶级先锋队而斗争*

（一九八九年十二月二十九日）

我们这个党建理论研究班主题鲜明，同志们刻苦认真，畅所欲言，研讨步步深入，提出了不少好建议，达到了预期目的。我看了研究班的简报，分别跟一些同志进行了座谈，也感到很受启发，获益不少。今天，我就八个问题讲些意见，算是参加研讨的发言。

一、充分认识搞好党的建设的重要性和紧迫性

党的十三届四中全会以来，根据邓小平同志关于“这个党该抓了，不抓不行了”〔1〕的意见，中央采取了一系列重要措施来加强党的建设，各级党组织为此进行了大量工作，已经开始见效。人民高兴，全党高兴。现在的问题是，我们要充分认识党面临的严峻形势和担负的历史重任，充分认识国际敌对势

---

* 这是江泽民同志在中共中央宣传部、中共中央政策研究室、中共中央组织部、中共中央党校举办的党建理论研究班上的讲话。

力加紧推行和平演变战略对我们党的严重危险，充分认识在新情况下加强党的建设的重要性和紧迫性，全党同志一起努力，下功夫把我们党建设好，保证社会主义的中国能够经受住任何考验，立于不败之地。

我们党和国家正处在一个非常关键的时期。从国内来看，今年春夏之交，极少数坚持资产阶级自由化的人，在国际敌对势力支持下，策动了一场反共反社会主义的动乱和反革命暴乱。这场政治风波，由于我们党的坚决果敢和广大人民群众的支持，终于平息了。但是，国内外敌对势力并不甘心他们的失败。我们坚持四项基本原则、反对资产阶级自由化的斗争将是长期而复杂的。我们要继续保持国内政局稳定，继续坚定不移地把社会主义现代化建设和改革开放的事业推向前进，还需要解决一系列复杂问题，任务极其艰巨。从国际来看，国际敌对势力加紧推行和平演变战略，支持、收买、培植社会主义国家内的反共反社会主义势力。情况已经表明，这是世界范围内两种社会制度、两种思想体系长期对立和斗争的继续，是在国际形势缓和过程中重新出现的尖锐化表现。这场斗争，关系到我国人民的前途命运，关系到社会主义和全世界人民的前途命运。不管世界格局和力量对比将怎样变化，对我们中国共产党人来说，最重要的责任，就是要进一步把自己的党建设好，把社会主义现代化建设好。

要把我们党建设好，就要对党有一个正确的认识。从总体上看，中国共产党是一个伟大的党，有自己的特点和优势。我们这个党，是用马列主义、毛泽东思想武装起来的党；是经受过长期战争锻炼和各种艰难困苦考验，有一批坚强骨干的党;是牢牢掌握着一支忠于祖国、忠于人民、忠于社会主义,有强大战斗力的军队的党;是全心全意为人民服务,同群众保持着密切联系的党;是在一个拥有十一亿多人口的大国中执政,四十年来努力发展经济,特别是近十年来,以经济建设为中心,坚持四项基本原则,坚持改革开放,为国家的发展和人民生活的改善做出了巨大成就的党;是在同帝国主义和各种机会主义斗争中取得了丰富经验的党。当然,我们也要充分看到,由于一段时间来放松以至忽视党的建设,特别是由于资产阶级自由化思潮的泛滥和国际敌对势力的和平演变活动,党内思想不纯、组织不纯、作风不纯的问题也是相当严重的。对此,切不可估计不足,掉以轻心。我们必须站在马克思主义的立场上,综观国内外全局,面对现实,把握未来,以高度的革命责任感和紧迫感,充分发动和依靠全党的力量来抓紧党的建设工作,在各方面从严治党,为全面提高党的战斗力而斗争。

二、必须坚持党的工人阶级先锋队性质

我们应该怎样把握住加强党的建设的指导思想,明确什么样的要求呢?最根本、最重要的,就是一定要坚持把我们党建设成为马列主义、毛泽东思想武装的更加坚强的中国工人阶级的先锋队。这样的先锋队,必须在理论上更加成熟,思想上更加统一,政治上更加坚强,内部更加团结,同群众的关系更加亲密,是领导全国各族人民建设有中国特色的社会主义的坚强核心。这个要求,体现了马克思主义建党学说,适应新形势新任务的要求,符合党的基本路线的需要,因而应该作为

我们现阶段加强党的建设必须遵循的根本指导思想和前进目标。

中国共产党从诞生之日起,就明确宣布自己是中国工人阶级的先锋队。六十多年来,尽管国际国内出现过种种否定和篡改共产党性质的思潮,我们都始终坚持党的性质。在这个问题上,我们为什么要坚定不移?就是基于对社会历史发展客观规律的科学认识。大家知道,马克思主义早已揭示出,人类社会必然要从阶级社会走向没有阶级、没有剥削和压迫的社会,这是一个不依人的意志为转移的总趋势。能够领导这种社会变革的力量,只有工人阶级。工人阶级同现代大工业紧紧联系在一起,有严格的组织性和纪律性,富于革命的坚定性和彻底性,能够以解放全人类为己任,代表先进生产力和生产关系,代表全体人民的根本利益。工人阶级的这种历史地位和作用,是任何别的阶级所无法取代的。中华人民共和国成立后,工人阶级成了国家的主人和领导阶级。随着社会主义建设事业的发展,工人阶级队伍迅速扩大,文化水平普遍提高,新一代工人大批成长起来,内部的构成以及劳动方式等都有了很大变化,而且作为工人阶级一部分的知识分子的人数显著增加。但是,这些变化并没有也根本不会改变工人阶级的阶级本质和历史使命。我们党不仅是工人阶级的阶级组织,而且是工人阶级的先锋队。能够把工人阶级组织起来,为实现自己的理想而斗争的,只有自己的先锋队——共产党。工人阶级需要党,党也离不开工人阶级。明确坚持党的工人阶级先锋队性质,我们才能更好地理解党所处的历史地位和所肩负的崇高使命,把握马克思主义建党学说的精髓,保证党的建设工作沿着正确的轨道前进。

坚持党的工人阶级先锋队性质，有非常重要的现实意义。一些人借口我国阶级状况、阶级关系有了新的变化，世界上发生了新技术革命，企图否定工人阶级是先进生产力的代表和国家的领导阶级，从而否定党的阶级基础，否定党的性质，最终否定党的领导地位。对这股逆流，我们必须坚决顶住。

坚持党的工人阶级先锋队性质，应该贯彻在党的活动的各个方面。我们在按照党的基本路线制定和执行具体方针政策时，要始终不渝地体现工人阶级和人民群众的意志和利益；在政治上要坚决维护工人阶级的领导阶级地位，支持和领导人民当家作主；在工作中要全心全意依靠工人阶级，依靠广大群众；在组织上要重视从工人特别是生产第一线产业工人中发展优秀分子入党，在其他阶级和阶层中发展党员同样要坚持工人阶级先锋队战士的标准。与此同时，要切实加强党在工人群众中的工作，增强他们的主人翁责任感和建设社会主义现代化的历史使命感，引导他们不断提高政治觉悟，克服自身的弱点，把工人阶级锻炼成一支真正具有先进阶级理想、社会主义道德、现代科学文化知识、严格纪律的强大阶级队伍。

三、坚持和加强党的执政地位和领导作用

共产党的领导是实现工人阶级历史使命的根本保证。中

国人民选择共产党的领导，选择走社会主义道路，这是在长期艰苦卓绝的斗争中得到的共同认识，反映了历史发展的必然。新中国建立初期，帝国主义者曾经断言共产党只能“破坏”，不能领导建设。近年来，国内也有人怀疑甚至反对党的领导。历史和现实反复证明，要走社会主义道路，就不能没有共产党领导。没有中国共产党的领导，就没有中国的社会主义。在这个问题上，我们必须立场坚定、是非分明。

我们党是执政的党，党的领导要通过执政来体现。我们必须强化执政意识，提高执政本领。按照我国宪法的规定，各级政权组织，包括人大、政府和司法机关，都必须接受共产党的领导。凡属方针政策的重大问题，都要经过党委讨论，然后分头执行。这些政权机构中的党组，应该对同级党委负责；在这些政权机构中任职的党员，应该执行党的决议，接受党的监督。当然，党不是政权本身，不能取代政权机关的职能。我们党的章程规定：“党的领导主要是政治、思想和组织的领导。”这里的首要问题是，必须有坚强的政治领导，即正确的路线方针政策和政治方向的领导。政治领导与思想领导、组织领导又是统一的、不可分的。思想领导是政治领导、组织领导的重要前提和基础，组织领导是政治领导、思想领导的重要保证。我们要善于把三者很好地统一起来，在政治、经济、文化等各个领域中，更好地坚持社会主义方向，充分发挥党对各项改革和建设的领导作用。

我们在强调加强党的领导的同时，也要认真改善党的领导方式和活动方式。政治体制改革要坚定地继续进行下去。但是，应该明确，这种改革不是要削弱、更不是要取消党的领导，而是要加强和改善党的领导。首先，必须处理好党政职能分开和发挥党的领导作用的关系，在党的统一领导下，根据各级党组织和政权机关、企事业单位行政组织的不同职能，进一步明确各自的职权和责任。其次，要在坚持党自上而下统一领导的前提下，体现不同层次、不同领域党组织的具体职能，充分发挥基层党组织的政治核心作用和战斗堡垒作用。第三，要坚持党管干部的原则，同时注意改进管理干部的方法，继续推进干部制度改革。党管干部，是实现党的领导的组织保证。至于干部管理体制中统管和分管、条条和块块等矛盾，要认真总结经验，找出解决矛盾的正确途径。第四，党必须领导工会、共青团、妇联等群众组织，加强这些群众组织中党组织的建设。这方面的工作，中央将发出一个文件〔2〕，要认真贯彻执行，把工会、共青团、妇联等群众组织的工作做得更好。

中国共产党领导的多党合作和政治协商制度，是长期历史形成的，适合我国国情。它确定了中国共产党在国家政治生活中的领导地位，而不是各党派轮流执政；民主党派在国家政权中处于同中国共产党合作共事和参政议政的地位，而不是在野党、反对党。中国的政局要稳定，就必须稳定这个格局。这方面的工作，中央也将发出一个文件〔3〕。可以相信，中国共产党同各民主党派的关系，在“长期共存、互相监督、肝胆相照、荣辱与共”的方针指导下，会越来越亲密。一些人企图在中国搞西方的多党制、两党制，这不符合我国的历史和现实情况，违背民主党派的章程和广大人民群众的意志和利益，是绝对行不通的。

四、切实把思想建设放在党的建设的首位

强调从思想上建党，是毛泽东同志对马克思主义建党学说的一个创造性发展，是我们党能够保持工人阶级先锋队性质、不断提高战斗力的重要保证和基本经验。抓好了这一条，党的组织建设和作风建设的问题就比较容易解决。因此，加强党的建设，首先就要切实加强思想建设。

我们党正在领导人民进行建设社会主义现代化的伟大斗争，不可避免地会遇到许多复杂情况，国际国内的严峻形势和不同社会制度、不同思想体系的对立和斗争，经常考验着每个党员。尤其是一个时期以来，资产阶级自由化思潮的泛滥，资产阶级的"民主"、"自由"、"人权"口号的蛊惑，利己主义、拜金主义、民族虚无主义和历史虚无主义的滋长，严重侵蚀党的肌体，把党内一些人的思想搞得相当混乱。而我们却放松了党的思想建设工作，这是一个失误。有些党员在大是大非面前分不清是非，迷失方向，跟着错误思潮跑；有些党员同情、支持以至不同程度地参与动乱。党内暴露出的各种问题告诉我们，必须把加强思想建设、提高党员的思想政治水平作为一项迫切的任务提到全党面前。

加强党的思想建设的一个直接而现实的目的，就是要解决相当一部分共产党员思想入党的问题。我们党现在有四千八百多万党员，其中近百分之七十是"文化大革命"中或"文化大革命"后入党的。党的队伍迅速扩大了，而思想建设却没有

跟上。许多同志组织上入了党，思想上并没有真正入党或没有完全入党。对于老党员来说，随着形势和任务的变化，也有一个需要不断提高的问题。党的十一届三中全会以来，我们党从我国现阶段的实际出发制定的基本政策是正确的，是不能怀疑和改变的，但共产党员在执行现行政策、特别是在发展社会主义有计划商品经济中，决不能对共产主义的理想、信念和道德有丝毫动摇，决不能忽视提高自己抵制剥削阶级思想和其他非无产阶级思想侵蚀的能力。前几年，我们强调建立健全党内规章制度，以规范党内同志的行为，是完全正确的，今后还要继续这样做。但是，制度建设必须同思想建设结合起来。只有提高大家的思想觉悟，加强党性修养，好的制度才能得到贯彻执行。

当前和今后一个时期，加强党的思想建设，要在全党系统地深入地进行马列主义、毛泽东思想基本理论的教育，特别是马克思主义哲学的教育，党的基本路线的教育，党的基本知识的教育。进行这三个基本教育，一定要贯穿党性教育，突出用马克思主义的世界观、方法论武装广大党员。我们党所以坚强有力，重要原因之一就是坚持以马克思主义理论体系作为自己的世界观和行动指南。没有先进理论武装的党，不可能是先进的党；没有先进理论武装的共产党员，不可能发挥先进战士的作用；拒绝用先进理论武装头脑的人，就不会有真正的党性，就没有资格存身于工人阶级先锋队的行列。我们要组织党员特别是党员领导干部，联系国际国内的形势和矛盾斗争，有的放矢地选读马克思主义经典著作。中央最近已发出《关于建立健全省部级在职领导干部学习制度的通知》，希望有关党组织认真落实。我们不仅要掌握和坚持马克思主义基本原理，而且要对新的实践经验进行理论研究和概括，丰富和发展马克思主义，这在当前十分重要。解决好这个问题，党才能在理论上更加成熟，在实践上更好地指导改革开放和现代化建设。

我们党历来主张，在改造客观世界的同时，必须改造主观世界，因而在思想建设中一直倡导拿起批评和自我批评的武器，开展积极的思想斗争。长期以来，我们为妥善解决党内正确思想和错误思想、先进思想和落后思想的矛盾，形成了一个公式：团结——批评和自我批评——团结。这是加强党的思想建设的一条基本经验。有些同志把开展批评和自我批评等同于“左”，认为进行积极的思想斗争会影响团结，实际上起了掩护和纵容党内错误思想和言行的作用。还有些人把批评说成是“打棍子”、“整人”，而他们自己却对马克思主义肆意诽谤，对坚持正确原则的同志横加指责，这种颠倒黑白的现象更需要坚决反对。我们党历来的原则是坚持真理、修正错误，在一切重大原则问题上必须分清是非，以达到弄清思想、团结同志的目的。批评和自我批评是我们维护党的纯洁性、增强党的战斗力的武器，所有党员都必须在党内生活中学会正确运用这个武器，领导干部更要以身作则，使党的优良作风放射出新的光彩。

五、健全民主集中制，增强党的团结统一

民主集中制，是党的根本组织原则，是党内生活必须遵循

的基本准则,是实现决策科学化、民主化必不可少的制度保证。这种高度民主和高度集中辩证统一的制度,是辩证唯物主义和历史唯物主义在党的组织建设和制度建设上的体现,也是我们党的群众路线在组织制度建设上的创造性运用。这一制度的基本出发点和落脚点,在于充分调动党的各级组织和全体党员的积极性和创造精神,在党中央领导下,集中全党的正确意见,团结一致地为人民利益而工作。党的十一届三中全会以来,我们在党内生活中恢复和坚持了民主集中制,总的情况是好的,但在处理中央和地方、上级和下级、个人和组织的关系方面,还存在着民主不够、集中也不够的问题。这里有认识问题,就大多数情况来说属于执行中的问题,也是具体制度需要完善的问题。我们的党内生活,一定要充分发扬民主、扩大民主。如果忽视民主,搞一言堂,势必造成党内生活不正常。但是不能忘记,共产党不但要发扬民主,尤其要实行在民主基础上的集中,这也是民主本身的要求。如果离开集中谈民主,就会违背民主原则,导致极端民主化和无政府状态,那我们就什么也干不成。

民主集中制和党的政治路线是相互作用、相互影响的。一般说来,什么时候政治路线正确,民主集中制的贯彻执行也比较好;反过来,什么时候正确贯彻了民主集中制和集体领导原则,党的路线和政策就较少出现偏差,即使出现了也易于纠正。我们党已经有了一条马克思主义的政治路线,要用这条路线来指导我们健全党内政治生活,进一步完善民主集中制的具体制度,保证党的路线能够更好地贯彻执行。

每一名共产党员都必须遵守民主集中制,这是党的一项最重要的纪律。一个时期以来,党在这方面的纪律松弛了,一些党员尤其是一些领导干部,不遵守按照民主集中制原则形成的决议,在党内生活中独断专行、各行其是。有的人妄图在党内搞反对派,公开反对党的纲领和路线。这些都是绝对不能允许的。从严治党,也要在这方面严起来。今后,务必切实健全、严格执行党内监督制度。不管是什么人,只要违反民主集中制,就应受到批评;破坏民主集中制,就应给予必要的制裁。各级党委要支持纪检机关大胆工作,行使党章赋予的职权。

六、始终保持党同人民群众的血肉联系

全心全意为人民服务,密切联系群众,是我们党区别于其他任何政党的一个显著标志。我们党是在同人民群众密切联系、共同战斗中诞生、发展、壮大、成熟起来的。党离不开人民,人民离不开党。我们党执政以后,一方面取得了更好地服务人民的条件,另一方面也增加了脱离群众的危险。近几年来,以权谋私、贪赃枉法等腐败现象滋长而惩治又不够得力,引起了人民群众的不满和忧虑。加上国内外反动势力和一些别有用心分子借机挑拨,使党同人民群众的血肉联系受到了严重损害。这种状况,降低党的威信,影响人民政权的巩固,全党上下应下定决心,按照中央的部署,坚决落实从严治党的方针,采取有效措施加以解决。

要在全党范围内进行马克思主义唯物史观的教育,批判各种否定、贬低人民群众在社会发展中的地位和作用的历史

唯心主义观点，牢固树立推动历史前进的决定性力量是人民群众的科学观点。我们要在全党形成坚决相信群众，紧紧依靠群众，一切以人民群众的利益为重，事事向人民负责，老老实实向人民群众学习的良好风尚。所有领导干部，都要经常下乡下厂下学校，深入到群众中去，了解群众的情绪和意见，努力解决广大群众迫切要求解决的实际问题。党的各级组织，要坚决反对和克服官僚主义、主观主义、命令主义以及其他各种损害党群关系的错误倾向，决不能对其视而不见、听之任之。

“政策和策略是党的生命”[4]。凡涉及广大人民群众切身利益的政策性问题，都必须十分审慎。在社会主义条件下，人民群众的根本利益是一致的，但不同的阶级和阶层也有不同的具体利益。我们在制定和执行政策时，一定要反复调查，充分论证，统筹兼顾，正确处理国家、集体、个人三者利益的关系，既体现长远的根本的利益，又照顾当前的利益；既考虑国家整体利益，也关心群众的现实要求。我们联系群众，首先就要联系广大工人群众，尊重和维护工人阶级应有的政治经济利益和社会地位，千方百计为发挥他们的历史主动精神创造条件。知识分子是工人阶级的一部分，我们要进一步完善并认真执行党的知识分子政策，充分发挥他们的积极作用，引导他们在为社会主义服务、为人民服务的活动中，在同实际结合、同工农结合中，发扬长处，克服弱点，不断前进。我国农民是工人阶级的可靠同盟军，是社会主义现代化建设的一支人数众多的基本力量，一定要采取妥善的政策，不断巩固和加强工农联盟。

群众路线是党的根本工作路线，是我们党根据党的性质和马克思主义认识论创造的一种科学领导方法和工作方法。毛泽东同志等老一辈革命家对党的群众路线问题都作过精辟论述。邓小平同志在党的八大作修改党章报告时，结合执政党面临的新情况，对此讲得很系统、很深刻。几年来，新进各级领导班子的有些同志不懂得或不熟悉群众路线的原理和方法；也有些人热衷于照搬西方的某些管理学，贬低、否定我们党的群众路线的科学方法，把一些干部思想搞乱了，工作作风弄浮了。现在，很有必要组织党员、干部重新学习我们党关于群众路线的理论，了解和掌握群众路线的工作方法。真正学会运用党的群众路线，需要经历一个端正立场、改造世界观、锻炼工作方法和工作作风的长过程，要下一番苦功夫才能做到。我们还要结合建设和改革新的实践，创造新的经验，丰富和发展党的群众路线。

七、确保各级领导核心由忠诚于马克思主义的人组成

保证党和国家的各级领导权由忠诚于马克思主义的人来掌握，是一个至为重要的战略问题，直接关系到党和国家的盛衰兴亡。在这个问题上，历史和现实的经验教训都不少了。这几年，我们党的新老干部合作和交替已经取得了很大成绩，但这是一个历史发展过程，永远不会结束。国际敌对势力妄图从我们党的第三代、第四代人身上打开缺口，实现他们所希望的和平演变。在这种复杂的情况下，我们务必高瞻远瞩，采

取有力措施，把各级领导班子建设好，以保证老一辈无产阶级革命家开创的事业代代相传。

全国县级以上党委和政权机关领导班子的成员是干部队伍的骨干，这部分干部的责任重大。我们要努力做到确保县以上各级领导集体由真正忠于马克思主义的人组成，并从中逐步造就成千上万名坚强的成熟的马克思主义者。为此，党的各级组织要下大气力做好领导骨干的培育工作。只着眼于选人，忽视育人，是短视的、落后的。育人要坚持两条腿走路：既要建立并实行一套有计划有步骤地通过各级党校、干校轮训干部的制度，又要建立并实行一套结合工作实践培养提高干部的制度。培养忠于马克思主义的合格人才这项任务解决好了，我们就会无往而不胜。

我们党制定的干部队伍革命化、年轻化、知识化、专业化的方针，是一个有科学涵义、相互联系的完整方针，是德才兼备的原则在新条件下的具体体现。我们选人、用人、育人都要以革命化为前提。我们讲的革命化，最主要的就是忠于马克思主义的坚定立场。只有勤于学习、努力实践、真正坚信马克思主义的人，才能确立起科学的世界观，正确理解和执行党的路线方针政策，坚持全心全意为人民服务的宗旨，坚定社会主义方向；才能在复杂的环境中把握形势，站稳立场，临难不退，临危不惧，勇往直前。为了适应新的历史时期的要求，领导干部还要努力学习和掌握现代化建设所需要的科学文化知识。要注意领导班子的相对稳定。在清理和考察的基础上，该调整的人要坚决调整。对于在关键时刻能够坚定地站在马克思主义立场上，积极贯彻党中央的决策，坚决同资产阶级自由化和动乱、暴乱作斗争，其他方面表现也好的优秀干部，要大胆起用。坚持资产阶级自由化观点和立场的人，在重大是非面前抱骑墙态度的人，弄权渎职、贪污受贿的人，都不能留在领导班子内。领导班子中凡是支持或参与动乱的，都要按照中央有关规定严肃处理。

在调整领导班子的同时，要高度重视经常的思想、作风建设。近几年，放松领导班子思想、作风建设的情况相当普遍。今后，要切实加强党的集体领导制度，健全监督制约机制，严格领导干部的民主生活，提倡主动揭露矛盾、解决矛盾，加强领导成员的相互谅解和支持。对那些纠缠小是小非、闹不团结，徒尚空谈、不务实事，弄虚作假、言行不一，软弱涣散、不讲原则的领导班子，上级要逐一研究，分别情况采取措施，限期改变面貌。

八、高度重视马克思主义党建理论的学习、研究和传播

马克思主义建党学说，是无产阶级政党建设的理论武器，是马克思主义的重要组成部分。它研究和阐述工人阶级政党产生、发展和自身建设的客观规律，党领导人民夺取政权、巩固政权、运用政权和建设社会主义的客观规律。有了马克思主义同中国工人运动的结合，有了马克思主义建党理论的指导，才有中国共产党的诞生、发展、巩固、壮大。马克思主义建党学说同整个马克思主义理论一样，不是教条，而是行动指南。它要不断在实践中、在同各种反马克思主义学说作斗争

中经受检验，得到丰富和发展。

我们党历来重视党的建设的理论工作。毛泽东同志、邓小平同志等党的老一代革命家，都在不同的历史时期，结合党的建设的实践，对丰富和发展马克思主义建党学说作出了很大贡献。近几年来，我们对于马克思主义建党理论的学习、研究和宣传，明显地落后于客观形势的需要，落后于尖锐复杂的斗争实践。在党内忽视了系统地组织学习、宣传马克思主义建党理论，对党内和社会上出现的贬低、歪曲、篡改马克思主义建党原理的错误观点更缺少研究和批判。这方面的思想理论混乱，直到现在还严重存在。

要真正把我们党建设成为理论上更加成熟、思想上更加统一、政治上更加坚强、内部更加团结、同群众的关系更加亲密的党，就必须从现在起，下决心加强马克思主义建党理论的学习、研究和宣传工作。县以上各级党委的成员首先是主要负责同志应该带个好头。各级党校、党报、党刊和党建理论工作者，要充分发挥自己的作用。要按照理论与实际相结合的原则，密切联系党的建设面临的新情况新问题，认真进行理论研讨，划清马克思主义建党学说与反马克思主义建党学说的界限，研究第二国际机会主义〔5〕的各种观点，理直气壮地坚持正确的观点，批驳错误的观点，澄清糊涂的观点。用马克思主义建党学说教育武装全体党员和党的干部，对于党当前的建设和未来的发展具有特殊的重要性，各级党组织都应该作出规划，把这项工作切实、持久地抓下去。这项工作抓好了，党的建设工作就会提高到一个新水平，党就会出现一个新面貌，党在领导建设有中国特色的社会主义的伟大事业中就一定能够更好地履行自己的职责，为我们的国家，为中华民族，为世界工人阶级和人民群众，作出新的更大的贡献。

注 释

〔1〕见邓小平《第三代领导集体的当务之急》(《邓小平文选》第 3 卷，人民出版社 1993 年版，第 314 页)。

〔2〕这个文件，指中共中央一九八九年十二月二十一日发出的《关于加强和改善党对工会、共青团、妇联工作领导的通知》。

〔3〕这个文件，指中共中央一九八九年十二月三十日发出的《关于坚持和完善中国共产党领导的多党合作和政治协商制度的意见》。

〔4〕见毛泽东《关于情况的通报》(《毛泽东选集》第 4 卷，人民出版社 1991 年版，第 1298 页)。

〔5〕第二国际机会主义，指第二国际内部出现的违反马克思主义根本原则的政治思潮。第二国际是各国社会民主党和社会主义工人团体的国际联合组织，一八八九年七月在法国巴黎成立。在恩格斯指导和影响下，第二国际初期基本上坚持了革命立场。一八九五年恩格斯逝世后，第二国际各国党内的机会主义迅速滋长，以伯恩施坦为首的右派和以考茨基为首的“中派”占据了第二国际的领导地位。第一次世界大战爆发后，由于大多数社会民主党公开支持本国资产阶级政府参加帝国主义战争，第二国际破产。

全党全社会都要树立马克思主义妇女观*

（一九九〇年三月七日）

三八国际劳动妇女节，是顺应广大被压迫妇女向往自由、要求平等的愿望而诞生的，从确立之日起，便成为全世界劳动妇女团结奋斗、争取解放的一面旗帜。八十年来，世界各地妇女运动风起云涌。妇女要解放，男女要平等，已经成为国际社会不可逆转的历史潮流。

中国的妇女解放运动，经历了自己艰难而光荣的历程。随着资产阶级民主革命思想的传入，中国妇女运动曾一度在我国近代迸发出几束耀眼的光芒，但很快就随着资产阶级领导的民主革命的失败而归于低沉。只有当它在中国共产党领导之下，成为无产阶级革命运动的一个有机组成部分的时候，才蓬勃发展，一往无前。一九二四年，在大革命中心广州首次纪念三八国际劳动妇女节时，中国妇女运动已在革命高潮中显示出强大的生机和力量。此后几十年间，在中国革命和建设的历史进程中，中国妇女运动逐步形成了较为完备的形态，并同工人运动、农民运动、青年运动一样，成为我国伟大的革

---

* 这是江泽民同志在三八国际劳动妇女节八十周年纪念大会上的讲话。

命群众运动的重要一翼。

中国共产党用以指导妇女运动的理论，是马克思主义基本原理及其妇女观。马克思主义妇女观，是运用辩证唯物主义和历史唯物主义的世界观、方法论，对妇女社会地位的演变、妇女的社会作用、妇女的社会权利和妇女争取解放的途径等基本问题作出的科学分析和概括。这种妇女观，是马克思主义理论体系的组成部分。它的主要内容有：

第一，妇女被压迫是人类历史发展的一定阶段上的社会现象。在远古时代人类两性曾是平等的。只是当人类社会产生了私有制和阶级对立的时候，妇女才被剥夺了财产所有权，被排斥于社会劳动之外，沦为家庭的奴隶和男子的附属物。这种现象是一定历史条件的产物，因此它必将被新的历史条件下的男女平等所代替。

第二，妇女解放的程度是衡量普遍解放的天然尺度。在以私有制为基础的社会里，妇女处于被压迫地位，其实质是阶级压迫的一种特殊表现形式。在那里，这种状况不仅由社会经济制度所决定，受社会政治制度所保护，而且通过社会意识渗入人们的思想观念之中。因此，妇女解放必须伴随全体被剥削、被压迫人民的社会解放而得到实现。

第三，参加社会劳动是妇女解放的一个重要先决条件。人们在社会上和家庭中的地位，归根到底是由人们在社会生产中的地位决定的。恩格斯指出："只要妇女仍然被排除于社会的生产劳动之外而只限于从事家庭的私人劳动，那么妇女的解放，妇女同男子的平等，现在和将来都是不可能的。"〔1〕这个先决条件，只有在社会主义制度下才能真正充分实现。

第四，妇女解放是一个长期的历史过程。它不仅为生产关系所制约，也为生产力所制约，不仅受物质生产水平的影响，也受精神文明程度的影响。推翻人压迫人的社会制度，建立人民当家作主的国家政权，为实现妇女解放、实现男女平等提供了根本保证。但是，由法律上的男女平等达到事实上的男女平等，任务仍然十分艰巨。

第五，妇女在创造人类文明、推动社会发展中具有伟大的作用。妇女和男子同是人类历史前进的推动者，同是社会物质文明和精神文明的创造者，应该具有同等的人格和尊严、同等的权利和地位。在人类自身生产中，妇女更具有特殊的价值，作出了特殊的贡献。尊重妇女，保护妇女，是社会进步的一个重要标志，是文明社会应有的法律规范和道德风尚。

中国共产党在将马克思主义普遍原理同中国革命具体实践相结合的过程中，始终注意运用马克思主义基本原理及其妇女观，分析、研究、解决妇女问题。在我国革命和建设的每一个发展时期，我们党对妇女运动都作出了明确的指示和决策，保证了妇女运动沿着正确的方向不断发展。

毛泽东同志有一句充满哲理和激情的名言："全国妇女起来之日，就是中国革命胜利之时。"〔2〕这是对中国妇女奋起革命的殷切期待，也是对她们奋起革命的历史作用的热烈称颂。中国妇女将争取自身的解放同争取无产阶级和人民大众的解放，同争取中华民族的解放融为一体，在长期的革命战争中，英勇奋斗，前仆后继，不惜流血牺牲，建立了不可磨灭的历史功绩。

新中国的成立，使全国妇女获得了历史性解放。中国人民政治协商会议第一届全体会议通过的具有临时宪法性质的《共同纲领》，明确宣告“废除束缚妇女的封建制度”，并且规定“妇女在政治的、经济的、文化教育的、社会的生活各方面，均有与男子平等的权利。实行男女婚姻自由”。此后，我国历次颁布的宪法和有关法律法规，对妇女的权利作了更加明确和完善的规定。党和国家还采取了一系列政策措施，为广大妇女参加社会生产、参政议政、接受教育、实现婚姻自由等，不断创造良好的条件。

在社会主义制度下，我国各族妇女曾被禁锢的聪明才智极大地释放出来。她们发挥国家主人翁精神，积极投入铲除封建残余的斗争，广泛参加社会主义建设和其他社会活动，在工农业生产和教育、科学、文化、卫生等各项事业中，发挥了不可替代的作用。妇女劳动者队伍不断壮大，女干部、女学者、女专家大量涌现。妇女作为我国社会主义建设的一支生力军，越来越得到社会的公认和称赞。党的十一届三中全会以来，广大妇女进一步解放思想，自立自强，坚持党的基本路线，投身社会主义现代化建设和改革开放的伟大实践，在维护安定团结的政治局面方面，在发展国民经济、提高社会生产力水平方面，在繁荣教育科学文化事业、推进社会主义精神文明建设方面，都作出了突出贡献。她们的无穷才智和伟大力量得到越来越充分的施展。

回顾中国妇女运动的历史进程，可以得出这样一个基本结论：没有中国共产党的领导，没有社会主义制度的保障，就不会有中国妇女的解放。坚持中国共产党的领导，坚持社会主义道路，是中国人民的历史选择，也是中国妇女解放运动的必由之路。

当今世界上发生了许多新的变化，出现了许多新情况新问题，但和平、发展和人类进步的历史潮流是不可逆转的。我们要按照党的十一届三中全会确定的路线和党的十三届四中、五中全会精神，按照邓小平同志所规划的建设有中国特色的社会主义的宏伟蓝图，坚定不移地走自己的路。

今后的十年，是实现我国社会主义现代化总体战略目标的关键阶段，也是决定中华民族未来兴衰荣辱的重要关头。我们要始终保持社会稳定，巩固和发展安定团结的政治局面，认真搞好治理整顿和深化改革，使国民经济持续稳定协调发展，实现本世纪末国民生产总值再翻一番。要完成这些任务，必须依靠包括妇女在内的广大人民群众。没有占人口半数的全国各族妇女的英勇奋斗和自觉奉献，就不会有中国革命、建设和改革的伟大成就。

中国妇女有着为国出力、为民族争气的优良传统。在目前这个重要的历史时期，各族各界妇女一定要坚定信心，加强团结，正确处理个人利益和国家利益、眼前利益和长远利益的关系，勤俭建国，勤俭持家，为治理整顿、深化改革，为社会稳定和经济发展多作贡献。一定要积极倡导科学健康文明的生活方式，破除各种陈规陋习和封建迷信，自觉实行计划生育，精心培养下一代，在推动社会主义精神文明建设中发挥重要作用。大陆妇女和台湾、港澳女同胞要携起手来，共同促进统一祖国和振兴中华的伟大事业。

党和政府对广大妇女寄予殷切期望。为了更好地担当起各方面的任务，希望你们努力提高自身素质，学习文化科学技术知识,发扬自尊、自信、自立、自强精神,进一步增强历史使命感和社会责任感,做社会主义的有理想、有道德、有文化、有纪律的新女性。

妇女肩负工作和家庭两副重担,前进中会遇到这样那样的困难。各级党委和政府要认真倾听妇女的呼声,关心她们的疾苦,维护她们的合法权益,努力为她们排忧解难;要切实加强对妇联工作的领导,帮助妇联解决工作中的困难和问题。社会各有关方面也应该努力为妇女群众多办好事、实事。全社会都要树立文明进步的妇女观。

注　释

〔1〕见恩格斯《家庭、私有制和国家的起源》(《马克思恩格斯选集》第4卷,人民出版社1995年版,第162页)。

〔2〕见毛泽东《在中国女子大学开学典礼上的讲话》(《毛泽东主席论妇女》,人民出版社1978年版,第8页)。

坚持和完善人民代表大会制度*

（一九九〇年三月十八日）

邓小平同志说过："在政治体制改革方面有一点可以肯定，就是我们要坚持实行人民代表大会的制度，而不是美国式的三权鼎立制度。"〔1〕邓小平同志讲的这段话很重要，它说明了两点：第一，我们的政治体制改革要坚定不移地进行下去；第二，坚持和完善人民代表大会制度是政治体制改革的一个重要内容。建设高度的社会主义民主和完备的法制，是我们的根本目标和根本任务之一，也是人民群众的共同愿望。党的十一届三中全会以来，中央一再强调，没有民主，就没有社会主义，就没有社会主义现代化。进行政治体制改革，就是要兴利除弊，建设有中国特色的社会主义民主政治。无论在什么情况下，我们都要牢牢掌握社会主义民主的旗帜。

建设社会主义民主政治，最重要的是坚持和完善人民代表大会制度。人民代表大会制度是我国的根本政治制度。它是我们党长期进行人民政权建设的经验总结，也是我们党对国家事务实施领导的一大特色和优势。建国以来特别是近十

---

* 这是江泽民同志在参加七届全国人大三次会议、全国政协七届三次会议的党员负责同志会议上讲话的一部分。

年来的实践证明，人民代表大会制度体现了我们国家的性质，符合我国国情，既能保障全体人民统一行使国家权力，充分调动人民群众当家作主的积极性和主动性，又有利于国家政权机关分工合作、协调一致地组织社会主义建设。当然，这个制度还需要继续完善，人大工作也需要改进和加强。特别是要根据我国国情认真研究如何更好地坚持四项基本原则，坚持改革开放，加强社会主义民主法制建设，更好地发挥人大作用的问题。

我们党是执政的党，党的执政地位是通过党对国家政权机关的领导来实现的。如果放弃了这种领导，就谈不上执政地位。各级政权机关，包括人大、政府、法院、检察院，都必须接受党的领导，任何削弱、淡化党的领导的想法和做法，都是错误的。当然，党与政权机关性质不同，职能不同，组织形式和工作方式也不同，党不能代替人大行使国家权力。党的政治领导、思想领导、组织领导，要通过政治原则、政治方向、重大决策的领导和思想政治工作、向政权机关推荐重要干部等来实现。要善于使党有关国家重大事务的主张经过法定程序成为国家意志。因此，如何在保证党的领导的前提下充分发挥人大的作用，是一个十分重要的问题。

首先，加强党的领导与发挥国家权力机关的作用是一致的。党对国家政治生活的领导，最本质的内容就是组织和支持人民当家作主。我国人民代表大会制度，是党领导的人民民主制度。只有在党的领导下，才能充分发挥人民代表大会制度的作用；而人民代表大会制度的加强和完善，可以更好地实现党的领导。党领导人民建立了国家政权，党还要领导和支持政权机关充分发挥职能,实现人民的意志。这样做,不是削弱了党的领导,而是加强了党的领导。

其次,党要尊重和支持人大依法行使职权。人大是国家权力机关,也是党联系人民群众的重要渠道。各级党组织都要尊重宪法和法律规定的人大及其常委会的地位,重视发挥人大及其常委会的作用。党中央关于国家事务的重大决策,凡是应该由全国人大决定的事项,都要提交全国人大经过法定程序成为国家意志。地方也应该如此。我们要坚持党管干部的原则,同时支持人大及其常委会依法履行人事任免权。各级党组织推荐需经人大选举、任免的干部时,要重视人大的意见。推荐的人选确定之后,人大党组应该努力做好工作,使党的决定得到实现,并严格按照法律程序办事。对于由人大选举、决定的政府组成人员,要保持相对稳定。各级党委要把人大工作列入重要议事日程,定期听取人大党组的汇报,讨论研究人大的工作,关心人大的建设。人大党组要建立健全向同级党委的请示报告制度,保证党的路线方针政策在人大工作中贯彻落实。

再次,各级党组织,包括人大党组,都要遵守党章关于"党必须在宪法和法律的范围内活动"的原则,遵守宪法关于"任何组织或者个人都不得有超越宪法和法律的特权"的规定。我们党领导人民制定了宪法和法律,也要领导人民遵守宪法和法律。宪法和法律体现了党的主张和人民意志的统一。党员遵守宪法和法律就是遵从人民的意志、服从党的领导。所有党组织、党员尤其是领导干部的言行,都不得同宪法和法律相抵触。加强党的领导同充分发扬民主和严格依法办事是一致的。

如何在党的领导下进一步完善人民代表大会制度，更好地发挥人大在国家重大事务中的作用，我提几点建议，请同志们考虑。

（一）继续完善人大及其常委会的各项职能，特别是加强立法工作和监督工作。

人大及其常委会要以党的基本路线为指导，认真履行宪法赋予的各项职责，把加强社会主义民主法制建设作为自己的中心任务。要进一步加强立法工作。建国以来特别是近十年来，我国立法工作取得了显著成绩，国家政治生活、经济生活、社会生活的主要方面已经基本上有法可依。但是，我们的法律还不够完备，立法任务还很繁重。当前，要抓紧制定和完善保障公民权利、维护社会安定和人民正常生活的法律，抓紧制定有关保证改革开放和经济宏观调控方面的法律，以及有关发展农业、交通、能源、教育、科技方面的法律，还要抓紧制定和修改有关惩治犯罪和促进廉政建设方面的法律。为了进一步完善人民代表大会制度，要对选举法、地方组织法进行必要的修改。对于法律的实施，要加强监督。目前，在实际生活中有法不依、执法不严的现象比较突出，人民群众对此反映强烈。如果允许这种现象存在，就会影响法律的严肃性和权威性，而且会危害国家和社会的稳定。人大及其常委会要理直气壮地把法律监督抓起来，行政、司法、审判、检察机关都要采取有效措施切实纠正有法不依、执法不严甚至以言代法、以权压法的现象。要通过法制教育，使广大干部群众增强宪法意识和法制观念，严格遵循宪法所规定的原则，正确行使权利，自觉履行义务。

在我们国家生活的各种监督中，人大作为国家权力机关的监督是最高层次的监督。监督“一府两院”〔2〕的工作是人大及其常委会的一项重要职责。这种监督，既是一种制约，又是支持和促进。工作监督应该抓住重大问题，如人大通过的政府工作报告、计划和预算、决议以及决定的执行情况；治理整顿和深化改革中的重大事项；突发性事件以及国家机关的廉政建设问题。人大既要敢于监督，又要善于监督。只有把两者很好地结合起来，才能达到监督的目的。

（二）要进一步密切各级人大同人民群众的联系，更好地发挥人大代表的作用。

党的十三届六中全会通过的《关于加强党同人民群众联系的决定》，提出了当前全面加强党的建设的一个根本问题，也是实现党在新的历史时期的总目标、总任务的一项重要措施。作为人民代表机关的人大及其常委会，也应该进一步加强同人民群众的联系，使人大更好地代表人民，并接受人民监督。人大及其常委会组成人员要坚持走群众路线，深入调查研究，充分反映各方面的意见，这样才能使制定的法律和作出的决定符合客观实际，符合广大人民的利益。在社会主义事业的发展进程中，不可避免地会出现一些矛盾和问题。如果我们脱离群众，引导不好，这些矛盾和问题就不能得到妥善处理，就会影响社会安定。这就需要保证民主渠道畅通，把群众的正确意见集中起来，作为党和国家决策的依据。人民代表大会应该成为联系群众、反映民意、解决矛盾的主要民主渠道。当好人大代表，第一，要联系群众；第二，要善于把群众正确的意见带到上面来；第三，对明显不正确的意见，要敢于坚持原则,站在人民利益的立场上,耐心地进行解释和说服。现在,全国各级人大代表有近四百万人,这是一支很重要的力量,要充分发挥他们联系人民群众的桥梁作用。党要加强在各级人民代表大会中的工作,通过人大代表,广泛了解各方面群众的要求,倾听群众的呼声和批评。党政负责同志要同各方面的人大代表谈心,这对沟通情况、增进理解、考虑问题很有好处。

(三)加强人大及其常委会的自身建设。

近些年来,各级人大的工作取得了很大成绩,这是与在这个岗位上工作的广大同志的努力分不开的。随着我国社会主义现代化建设和改革开放深入进行,人大及其常委会所担负的任务越来越繁重,这就要求各级人大及其常委会把自身建设放在重要位置上。要加强马克思主义理论的学习,加强宪法和法律的学习,加强党的路线方针政策的学习,不断提高理论水平和工作能力。在人大常委会组成人员中有一定数量实践经验丰富的老同志是必要的,但也要有相当数量年富力强的同志,还要注意吸收有一定专业知识的同志,使常委会组成人员的年龄结构和知识结构更趋合理。人大常委会机关和委员所在单位要积极为他们行使职权创造条件。要完善人大及其常委会和专门委员会的工作制度,使工作进一步程序化、制度化。

注　释

〔1〕见邓小平《在接见首都戒严部队军以上干部时的讲话》(《邓小平文选》第3卷,人民出版社1993年版,第307页)。

〔2〕"一府两院",指人民政府、人民法院、人民检察院。

保持香港稳定繁荣是我们的基本国策*

（一九九〇年三月二十日）

香港特别行政区基本法，起草工作已进行多年，本次全国人大会议期间将要审议。从中英发表联合声明到去年上半年，中英双方总的谈得都很好。一九八九年春夏之交政治风波后，给我的印象是，西方国家有些人感到中国不行了，可以乘人之危、趁火打劫了。撒切尔夫人〔1〕派前驻华大使、她的外事顾问柯利达作为首相特使来华，并带来她给我的一封信。她在信中保证，香港不会被用来作为颠覆中国的基地，香港问题不会被“国际化”。她在信中提出的最大问题是立法局直选议席〔2〕的名额。关于立法局的直选议席名额，中英双方是达成了谅解的。她突然提出要大幅度增加直选议席。我觉察出这里面暗含着一股压力，英方似乎是想要我方在压力下接受某种条件，同意增加直选议席，作为英国取消“制裁”的先决条件，这是办不到的。中国人是很有民族气节的。中国人民是不可辱的。要想乘人之危、趁火打劫，中国对此极其反感，不

* 这是江泽民同志会见新加坡国会议员、总理政治秘书吴博韬时谈话的要点。

会在压力下屈服。

一九九七年香港要顺利移交，要有连续性。英国为什么忽然要更多“民主”呢？他们不是一直标榜英国把香港管理得很好吗？港督长期集大权于一身，现在却大叫特叫“民主”。他们突然这样做，没有别的解释，就是觉得国际气候有利，可以“敲打”中国。实际上，世界上没有什么绝对民主，民主没有一个统一标准，都要适合各国的情况。英国资本主义搞了几百年，可还是君主立宪制。一九九七年前，如果英国打“民主牌”，把香港搞乱了，那就应该由英国负责。英国的第二张牌是提出用一千二百亿港币即一百五十亿美元搞大型工程项目的计划，搞机场、港口等基础设施。这些建设大约要二十年的时间。起初几年要做可行性研究和设计，然后英国人就撤走了。这等于“你请客、我付钱”。我没说绝对不行，但要双方商量。英国决定给二十二万五千人、五万户香港居民以居英权，还要求澳大利亚、加拿大也效法。这就是搞“国际化”。一九九七年后，英国在香港还有相当大的利益。我在给撒切尔夫人的回信中说，保持香港稳定繁荣是我们的基本国策，香港稳定繁荣对双方都有利。英国打“民主牌”，这是玩火。我们不想说任何威胁的话，但可以讲道理。维护香港稳定繁荣是中英双方的共同利益。增强港人信心，英方也要做工作。我们保证回归祖国后的香港还实行原有的资本主义制度，我们说话算数。有人曾酝酿花十亿英镑在一九九七年后继续租香港。我看，不要说十亿，就是一百亿、一千亿，我也不会出卖香港。我绝不做第二个李鸿章〔3〕！

中国人应该有民族气节。香港毕竟在英国人统治下很长时间了，有些人从小受英国教育，对一些问题有疑虑可以理解。但是，今后要讲清楚，香港是中国领土，香港同胞都是中国人。香港地区是鸦片战争后被强行分割出去的，这是国耻。我们要做好工商界和专业人士的工作，使他们有安全感。要让专业人士继续留在香港，不仅要靠宣传，而且要靠实际行动。要为香港准备一些人才。

注　释

〔1〕见本卷《香港必须有一个平稳的过渡期》注〔1〕。

〔2〕参见本卷《香港必须有一个平稳的过渡期》注〔3〕。

〔3〕李鸿章（一八二三——一九〇一），清代安徽合肥（今安徽合肥）人。晚清军政重臣。一八七〇年起，任直隶总督兼北洋大臣，长期负责办理清政府的军事、外交、经济要务。曾代表清政府主持签订中英《烟台条约》、《中法新约》、中日《马关条约》、《中俄密约》和《辛丑条约》等一系列割地赔款、丧权辱国的不平等条约。

爱国主义和我国知识分子的使命*

（一九九〇年五月三日）

五四运动是一次伟大的反帝反封建运动，也是一次追求民主、科学的思想解放运动和新文化运动。它标志着中国民主革命进入一个崭新阶段，体现了中国人民爱国、革命、进步的强烈愿望和坚定信念。在五四运动中，一大批先进知识分子站在前头，同帝国主义和封建势力进行了彻底的不妥协的斗争，发挥了先锋和桥梁作用。他们所表现出来的爱国主义精神，与历史上的爱国主义相比较，具有本质的进步和鲜明的时代特征。一部分最有觉悟的知识分子接受了马克思列宁主义，找到认识中国、改造中国的强大思想武器，开始与工农大众相结合，找到中国革命最深厚的社会力量。正是通过他们的努力，才实现马克思列宁主义同中国工人运动的结合，从而诞生了中国共产党。这是知识分子在我国现代历史上的伟大贡献。中国共产党领导的人民革命和社会主义建设，又为广大知识分子确立自己的历史位置，实现报国之志，开辟了广阔的道路。

下面，我想讲一讲发扬爱国主义传统、我国知识分子的使

---

* 这是江泽民同志在首都青年纪念五四报告会上的讲话。

命以及党的知识分子工作问题。

一、在新的历史条件下继承和发扬爱国主义传统

在我国历史上,爱国主义从来就是动员和鼓舞人民团结奋斗的一面旗帜,是各族人民共同的精神支柱,在维护祖国统一和民族团结、抵御外来侵略和推动社会进步中,发挥了重大作用。在爱国主义精神激励下,我们的国家和民族自强不息,具有伟大的凝聚力和生命力。

爱国主义是一个历史范畴,在社会发展的不同阶段、不同时期有不同的具体内容。我们所讲的爱国主义,作为一种体现人民群众对自己祖国深厚感情的崇高精神,是同促进历史发展密切联系在一起的,是同维护国家独立和广大人民的根本利益密切联系在一起的。在新民主主义革命时期,爱国主义主要表现为致力于推翻帝国主义、封建主义、官僚资本主义反动统治的斗争,把黑暗的旧中国改造成为光明的新中国。在现阶段,爱国主义主要表现为献身于建设和保卫社会主义现代化事业,献身于促进祖国统一事业。邓小平同志指出:"中国人民有自己的民族自尊心和自豪感,以热爱祖国、贡献全部力量建设社会主义祖国为最大光荣,以损害社会主义祖国利益、尊严和荣誉为最大耻辱。"〔1〕这是对我国现阶段爱国主义特征的精辟概括。

在当代中国,爱国主义和社会主义本质上是统一的。社会主义制度的确立,巩固和发展了新民主主义革命的成果,为

我国社会生产力发展和社会进步提供了可靠的保证和光明的前景,集中体现着国家、民族、人民的根本利益。四十多年来的社会主义建设,已经使我国改变了民生凋敝、满目疮痍的面貌,成为一个初步繁荣昌盛的国家。社会主义是中国人民的历史选择,是中国走向现代化的必由之路。今天,全体社会主义劳动者、拥护社会主义的爱国者都越来越自觉地认识到,只有社会主义能够救中国,只有社会主义能够发展中国。拥护祖国统一的爱国者已经和正在为祖国的统一和强盛作出贡献,而且我们相信,会有越来越多的人成为社会主义的朋友。为了促进国家统一大业,我们提出了"一国两制"方针。我们并不要求所有拥护祖国统一的爱国者都赞同大陆实行的社会主义制度,只要他们赞同"一国两制",我们就要同他们加强团结。

在当代中国,爱国主义和人民民主即社会主义民主本质上也是统一的。世界上只有具体的相对的民主,没有抽象的绝对的民主。民主属于上层建筑。实行什么样的民主,取决于国家和社会制度的性质。社会主义民主与资本主义民主有着根本区别。民主建设是一个过程,它的发展程度,又同一定的经济文化状况相关联。我们党自成立之日起,就为争取人民民主而斗争。现在,我们仍然在为逐步完善社会主义民主法制进行不懈努力。在共产党领导下,人民当家作主,建设和管理自己的国家,这是社会主义民主的核心内容。维护和发展社会主义民主,是爱国主义的重要体现。

国内外敌对势力企图通过和平演变颠覆中国的社会主义制度,剥夺我国人民主宰自己国家命运的权利,使中国变成西方大国的附庸。如果失去了国家主权、民族独立和国家尊严，也就失去了人民民主，并且从根本上失去了人权。一九八九年那些煽动、策划、指挥动乱和反革命暴乱的极少数人，那些叛逃国外的动乱和暴乱分子，不仅反对社会主义制度，而且投靠国外敌对势力，进行危害祖国、反对人民的活动，充分暴露出卖国主义的立场和灵魂。他们连国格、人格都不要了，还有什么资格谈爱国、民主、人权！

在新的历史条件下继承和发扬爱国主义传统，需要广泛深入地进行爱国主义教育。这种教育要从少年儿童抓起。全国人民特别是广大青年，都要认真学习和了解祖国的历史尤其是近代以来的历史。中华民族历史悠久，我们的祖先在这块土地上创造了灿烂的物质文明和精神文明，形成了具有民族特色的文化传统，为人类文明作出了卓越的贡献。但是，长期的封建统治阻碍了我国社会发展。鸦片战争以后，中国又曾受到帝国主义列强的欺凌，人民遭受了巨大灾难，这是近代中国贫穷衰弱的一个重要原因。我国人民从不屈从于任何外力，为了救亡图存、推翻三座大山〔2〕，进行过不屈不挠、前仆后继的斗争，涌现出许多永垂史册的志士仁人和英雄豪杰。一部中国近代、现代史，就是一部中国人民爱国主义的斗争史、创业史。我们要正确认识自己的历史文化，区分精华和糟粕，使中华民族几千年来创造的文明成果，在社会主义现代化建设中获得新的生命，放出新的光彩。

继承和发扬爱国主义精神，要体现在实际行动中。要树立高度的民族自尊、自信、自强精神。要勇于同破坏国家统一、损害民族团结、危害社会主义事业的行为进行坚决斗争。

要自觉地与社会主义现代化建设事业同呼吸、共命运，在自己的岗位上努力学习，辛勤工作，促进安定团结，促进建设和改革。

我们所提倡的爱国主义，决不是狭隘的民族主义。中国的发展和进步，离不开世界各国的文明成果。我们的社会主义现代化建设，需要继承和发扬中华民族的优秀文化传统，也需要学习和吸收世界各国人民包括在资本主义制度下创造的优秀文明成果。这种学习，应该立足于中国实际，立足于增强中华民族自力更生的能力。只有这样，中国人民才能同各国人民一道，在促进世界的和平与发展方面充分发挥自己的作用。

二、知识分子在社会主义现代化建设中的使命

我国社会主义现代化建设，是一项宏伟的艰巨的事业。要以经济建设为中心，坚持四项基本原则，坚持改革开放。要以当代先进的科学文化为杠杆，推动社会生产力发展和社会全面进步。我们要在本世纪末实现国民生产总值再翻一番，到下个世纪中叶，人均国民生产总值达到中等发达国家水平。实现这一目标，需要工人、农民、知识分子共同努力。我们要全心全意依靠工人阶级。知识分子作为工人阶级队伍中主要从事脑力劳动的一部分，在社会主义现代化建设中发挥着不可替代的作用，承担着重大的社会责任。毛泽东同志在新民主主义革命时期说过：“没有知识分子的参加，革命的胜利是

不可能的。”[3]今天，没有知识分子的参加，建设和改革的胜利更是不可能的。

我们需要继续把马克思主义普遍真理同中国实际结合起来，建设有中国特色的社会主义。坚持四项基本原则，坚持改革开放，面临着许多新情况新问题。为此，就要从实际出发，认真学习和研究马克思主义基本理论，深化对国情的认识，不断对人民群众的实践进行理论概括，掌握现代化建设的客观规律。这需要我们的知识分子进行艰辛探索。

我们要在中国条件下把社会主义制度和现代科学技术结合起来，以不断提高劳动生产率，改变经济落后状态，逐步缩小与发达国家的差距。科学技术飞速发展，使它在生产中越来越显示出巨大作用。我们必须努力掌握、推广、运用现代科学技术和管理知识。这一切，没有知识分子特别是科学技术专家的创造性劳动，是完全不能想象的。

我们还面临着建设社会主义精神文明的任务。知识分子作为人类科学文化知识的重要继承者和传播者，作为先进科学技术的重要开拓者，作为美好精神产品的重要创作者，在精神文明建设中是一支骨干力量。我们要提高全民族的思想道德素质和科学文化素质，培育一代又一代有理想、有道德、有文化、有纪律的社会主义新人。在这方面，广大知识分子负有重要职责。

我们要推进社会主义民主法制建设，必须加强民主建设的理论研究，完善民主制度，制定各方面的法律法规，宣传、普及民主知识和法律知识，提高和增强全民族的民主素养和法制观念。知识分子不仅有依法参加管理国家和社会事务的神圣权利，而且在上述各项工作中都需要付出许多心血。

我们要顺利实现建设和改革的任务，必须保证决策的科学性。从中央到地方，在决策的研究、论证、咨询、制定和组织实施中，知识分子的作用都越来越突出。

总之，在现代化建设和改革开放的实践中，我们越加深刻地认识到，同历史上任何时期相比较，中国人民从来没有像今天这样，对自己的知识分子提出如此广泛、如此迫切的要求。我们相信，我国知识分子一定会遵循党的基本路线，努力学习马列主义、毛泽东思想，努力提高专业水平，努力增强民族自豪感，为实现社会主义现代化建设的伟大历史任务贡献全部聪明才智，担负起历史赋予的光荣使命。

中华人民共和国成立以来，我国知识分子队伍迅速壮大。在工业、农业、商业、教育、科技、文化、卫生、国防、外交等各条战线和各级党政机关，在城市、农村特别是工作生活条件艰苦的边疆、山区、沙漠、海洋，在发展社会主义经济、政治、文化事业方面，在管理国家和社会事务方面，在维护祖国尊严和人民安全方面，知识分子都作出了不可磨灭的贡献。如大家知道的，我国原子弹、氢弹、核潜艇、人造卫星的研制，最近长征三号火箭发射亚洲一号卫星的成功，还有南京长江大桥、葛洲坝工程、正负电子对撞机的设计和建设，高温超导的研究，籼型杂交水稻的推广，等等，都凝聚着我国科技人员的智慧和劳动，都是我国人民主要依靠自己的力量获得的巨大成就。在知识分子队伍中，涌现出一批又一批优秀人物。他们有的曾在旧中国饱受磨难，有的是新中国成立后从海外归来的，有的是在社会主义制度下培养起来的。他们真正是祖国的骄傲、民族的脊梁。最近,"奋斗者的足迹"知识分子报告团在北京等地讲演,事迹感人,在广大青年和人民中引起了强烈反响。社会主义现代化建设事业召唤着我国知识分子大显身手。我们希望,广大知识分子继续积极投身到这项伟大事业中去,创造出新的更大的成绩。

工人、农民、知识分子虽然社会分工不同,但都是社会物质财富和精神财富的创造者,需要相互学习、共同提高。我们任何时候都不能忽视知识分子的作用。极少数坚持资产阶级自由化立场的人鼓吹所谓"精英治国",歪曲和挑拨知识分子同广大工人、农民的关系,否定工人阶级及其政党的领导地位,这是要坚决反对的。只有工人、农民、知识分子同心同德、团结一致,才能把我们的事业不断推向前进。

三、中国知识分子成长的正确道路

五四运动以后,先进的知识分子在中国共产党领导下,在长期艰难曲折的斗争中,继承和发扬中国历史上知识分子的优良传统,表现出具有时代特征的崭新精神风貌。

热爱祖国,忠于人民。把祖国和人民的利益摆在首位,为祖国的独立和富强、为人民的解放和幸福贡献毕生精力,以此作为人生的最高价值。

深入实际,深入工农。研究社会,了解国情,理论联系实际,在实践中认识世界、改造世界。植根于工农群众之中,从群众身上汲取营养和智慧,把自己的力量与人民的力量融合在一起。

追求真理，锐意进取。具有为真理献身的精神，顺应历史发展潮流，敢于冲破落后的陈腐的观念，不断有所发现、有所发明、有所创造、有所前进。具有批评和自我批评的精神，坚持真理，修正错误，在改造客观世界的同时自觉改造主观世界。

艰苦奋斗，乐于奉献。在崇高理想鼓舞下，不畏艰险，工作孜孜不倦，业务精益求精。“先天下之忧而忧，后天下之乐而乐”〔4〕，奉献多于索取，甘当无名英雄。

先进知识分子的精神风貌，展示出我国知识分子健康成长的正确道路。这就是，在马列主义、毛泽东思想指导下，与实践相结合，与工农相结合。当代知识分子要履行自己的历史职责，就必须沿着这条道路继续前进，在社会主义现代化建设和改革开放的实践中，丰富和发展先进知识分子的优良传统，把它一代又一代传下去。

现在，青年知识分子在我国知识分子队伍中已占到将近半数，他们已经和即将在各项事业中挑起重担。他们能否健康成长，在很大程度上关系到我们国家和人民的前途。我们的青年知识分子总体上是好的，是可以信赖的。他们中的绝大多数人热爱祖国、热爱人民、热爱社会主义，勤奋好学，积极上进，具有为国家富强而奋斗的真诚愿望，在自己的岗位上作出了可喜的成绩。这是青年知识分子队伍的主流。当然，青年人涉世不深，实践经验较少，不大熟悉中国国情和中国人民奋斗的历史，存在着一些弱点和不足。特别是在一段时间里，我们放松了思想政治工作和优良传统的教育，致使一些青年知识分子不同程度地受到西方资产阶级人生观、价值观的影响，受到民族虚无主义的影响。这些问题，我们相信青年同志能够通过学习和实践、通过总结经验得到解决。这里要特别指出的是，发生这些问题，主要责任不在青年身上，而在我们党工作上的失误。

对待青年知识分子，我们既要热情关怀、大胆使用，又要严格要求、积极引导。要鼓励他们按照祖国的需要考虑个人的发展，把个人的聪明才智汇入人民的历史创造活动，通过勤奋的努力实现远大的理想。要积极创造条件，把广大青年知识分子培养成为又红又专的社会主义事业接班人。各级党委和政府，社会各个方面，都要以高度的责任感，为实现这一战略任务进行不懈努力。

四、进一步做好党的知识分子工作

能不能充分发挥知识分子的积极性和创造性，是我们事业成败的关键之一，也是衡量党的领导水平和领导艺术的一个重要标志。

党的十一届三中全会以来，党中央和邓小平同志十分重视知识分子工作，强调知识分子是工人阶级的一部分，强调尊重知识、尊重人才，提出了一系列正确的方针政策。其中包括：在政治上、业务上信任和依靠知识分子；从优秀知识分子中发展党员、选拔干部；认真坚持为人民服务、为社会主义服务的方向和百花齐放、百家争鸣的方针；积极发展科学文化的国际交流和合作；努力为他们创造必要的工作生活条件；等等。这些方针政策，反映了广大知识分子和广大人民的共同愿望,应该继续坚定不移地贯彻执行。

十年多来,各级党委和政府在加强和改进知识分子工作中作了很大努力,取得了明显成绩。但是,也必须看到,在工作中仍有不少问题。比如,还存在对知识分子重视不够、使用不当甚至压抑人才的现象,对知识分子工作生活方面的困难解决不够。又比如,由于抵制和斗争不力,资产阶级自由化思潮曾在意识形态领域泛滥,在一些知识分子中造成了思想混乱;有些党组织软弱涣散,起不到战斗堡垒作用,致使那里知识分子中的一些思想问题长期得不到解决。这些都影响了一部分知识分子的进步和积极性的发挥。各级领导必须明确,做好知识分子工作是全党的一项重要任务。要采取严肃的态度,认真总结经验教训,进一步加强和改进党的知识分子工作。

我们历来认为,我们的知识分子队伍是一支拥护四项基本原则、拥护改革开放的优秀队伍,是一支能够创造丰功伟业的队伍。在经过去年那场政治风波之后,这个评价还能不能够继续成立呢?党、政府和人民的回答是肯定的。在那场风波中,我国两千多万知识分子绝大多数表现是好的。他们珍惜来之不易的安定团结的政治局面,反对动乱,经受了新的考验。一小部分同志在不明真相的情况下,说了一些错话,办了一些不妥当的事情,认识到了,吸取了教训,就应该欢迎。对认识一时转不过来的一些同志,要继续热情帮助,耐心等待。对犯有严重错误的党员知识分子,要本着治病救人的态度,按照有关规定正确处理。当然,确有极少数人顽固坚持资产阶级自由化立场,依附于海外、国外敌对势力,成为动乱和反革命暴乱的煽动者、策划者和组织者。这些人不能代表知识分子,是知识分子中的败类,也是中华民族的败类。制止动乱、平息暴乱和依法制裁这极少数人,是全国工人、农民、知识分子的共同意志。

应该看到,四项基本原则与资产阶级自由化的对立和斗争是长期的,这是社会主义条件下存在于一定范围的阶级斗争的重要表现。各级党委要把坚持四项基本原则、反对资产阶级自由化的教育,作为思想政治工作的重要任务认真抓好。资产阶级自由化是有特定政治含义的概念。邓小平同志多次指出,资产阶级自由化,就是"崇拜西方资本主义国家的'民主'、'自由',否定社会主义","在我们的国家,搞资产阶级自由化,就是走资本主义道路"〔5〕。他还指出:"我们党的十一届三中全会决定实行开放政策,同时也要求刹住自由化的风,这是相互关联的问题。不刹住这股风,就不能实行开放政策。"〔6〕这里讲得很清楚,资产阶级自由化是对爱国主义、社会主义的反动,是要把中国引向黑暗和倒退。反对资产阶级自由化,绝不是不要改革开放,而正是为了更好地改革开放。进行这种斗争,符合全国各族人民的利益,包括广大知识分子的利益。在斗争中,知识分子是一支重要力量。从理论和实践的结合上批判资产阶级自由化,为建设和改革提供理论根据和创造良好的舆论环境,离不开知识分子的努力。

我们要继续贯彻百花齐放、百家争鸣的方针。"双百"方针与四项基本原则是统一的而不是对立的。要在坚持四项基本原则的前提下,努力发展学术自由和创作自由。要继续提倡不同学术艺术流派、不同学术艺术观点的争鸣,鼓励知识分子研究我国建设和改革的现实问题，研究国外的情况和介绍国外先进的东西，鼓励他们解放思想、畅所欲言，努力创造一种勇于探讨和创新的气氛，增进不同学术艺术观点的相互了解、相互借鉴。实践是检验真理的唯一标准，科学文化领域里的是非，最终要靠实践来评判。要积极开展健康的、充分说理的、富有建设性的批评和自我批评，力戒用行政办法下结论。各级党政领导同志，要不断提高思想水平、政策水平和领导艺术，在实践中创造和总结繁荣科学文化事业的新鲜经验。

要在全社会进一步形成尊重知识、尊重人才的良好风尚，重视知识分子的劳动成果，使之在物质文明和精神文明建设中充分发挥作用，并逐步完善有利于人才脱颖而出的政策和制度。各级党委和政府要继续尽心尽力地改善知识分子的工作生活条件，坚决克服官僚主义和拖拉作风。凡是经过努力可以解决的问题，都必须认真去办，尽快解决，少说空话，多办实事。对于一时难以办到的事情，要实事求是地把困难讲清楚，把建设和改革的前景讲清楚，做好深入细致的思想工作。我们的知识分子是理解和体谅国家当前面临的困难的，而且一定会同全体人民一道，同心同德地克服这些困难。

认真贯彻党的十三届六中全会决定，加强党同知识分子的联系，是做好知识分子工作的关键。各级领导干部都要经常深入到知识分子中去，介绍政治经济形势和党的方针政策，了解情况，倾听意见，诚恳地接受他们对党和政府工作的批评、监督和帮助。要学习老一代革命家的优良作风，以推心置腹、坦诚相见的态度，同知识分子广交朋友。

青年是社会中最富有活力的部分，是我们事业的希望。

二十一世纪是你们的世纪。中国社会主义现代化建设的重任，历史地落在你们的肩上。老一代牺牲奋斗取得的成果，需要你们去巩固和发展。老一代坚持革命斗争方向的英勇精神，需要你们去继承和发扬。社会主义祖国的美好未来，需要你们去创造。青年要勤奋学习，努力实践，不断充实和提高自己。这是党和人民的殷切期望。我们坚信，有广大青年生气勃勃的工作和劳动，有广大工人、农民、知识分子的团结奋斗，我国社会主义现代化建设事业一定有光明的前途。

注 释

〔1〕见邓小平《中国共产党第十二次全国代表大会开幕词》(《邓小平文选》第3卷，人民出版社1993年版，第3页)。

〔2〕这里所说的三座大山，指旧中国压迫中国人民的帝国主义、封建主义、官僚资本主义。

〔3〕见毛泽东《大量吸收知识分子》(《毛泽东选集》第2卷，人民出版社1991年版，第618页)。

〔4〕见北宋范仲淹《岳阳楼记》。

〔5〕见邓小平《搞资产阶级自由化就是走资本主义道路》(《邓小平文选》第3卷，人民出版社1993年版，第123、124页)。

〔6〕见邓小平《搞资产阶级自由化就是走资本主义道路》(《邓小平文选》第3卷，人民出版社1993年版，第124页)。

把我们的社会主义事业发展好*

（一九九〇年九月十一日）

对国际形势如何发展还要观察。世界上各种力量在重新组合，一些基本矛盾没有解决，新的矛盾又不断产生。在美苏关系缓和、东欧局势发生剧变后，世界上确实有不少共产党人对社会主义前途产生怀疑，有的甚至失去信心。还有人看到美苏关系逐步缓和后，认为从此天下太平了。事实证明，这种看法太天真了。实际上，由于苏联地位和作用的削弱，美苏力量平衡被打破，世界更不稳定。伊拉克侵占科威特，美国和西欧一些国家向海湾地区调兵遣将，海湾局势紧张就是一个表现。目前，海湾局势十分复杂，多种矛盾交错。今后世界上还将发生什么事情，现在还难以预料。

当今世界，霸权主义和强权政治有新的表现。七国首脑会议〔1〕早期主要是协调他们之间的经济利益，后来开始向政治方面转化。去年，七国首脑会议讨论支持波兰、匈牙利局势的变化，采取所谓“制裁”中国的行动。今年七月，七国首脑会议发表的政治宣言以所谓“保障民主”为主题，鼓吹推动“世界

---

* 这是江泽民同志在沈阳同朝鲜劳动党中央委员会总书记、朝鲜民主主义人民共和国主席金日成会谈时谈话的要点。

民主化潮流”,力图扩大东欧演变的成果,推动苏联继续变化,对社会主义国家、第三世界国家诱压兼施。一些西方国家正进一步打着“民主”的旗号干涉别国内政,企图将西方的政治经济模式强加给各国。前两天,我会见美国前国务卿基辛格时对他讲,今年是鸦片战争一百五十周年。七国首脑会议成员国有六个曾经参加侵略中国的八国联军。最近,我们在中国革命历史博物馆举办鸦片战争一百五十周年展览,目的就是要教育人民不要忘记这段历史。当今世界形势使大多数第三世界国家处境更加严峻。穷国越来越穷,富国越来越富,国际政治经济秩序中不合理的因素不是减少了,而是增多了。

对国际形势的变化,要辩证地看,既要看到困难和严峻的一面,又要看到有利的一面。中国坚定不移地奉行独立自主的和平外交政策,同时根据形势的变化适时调整,采取一些灵活做法,以争取较长时期的和平国际环境,保证改革开放和现代化建设顺利进行。我们就是要以实际的最好的社会主义建设成果来回答人们对社会主义前途的忧虑。

目前,世界社会主义处于低潮,但并不像有的人说的那样——社会主义已经崩溃。《共产党宣言》发表已有一百四十二年,第一个社会主义国家诞生也有七十三年了。但是,这在人类发展的历史长河中只是很短暂的时间。从英国资产阶级革命算起,资本主义国家已有三百五十年的历史。资产阶级革命是一个剥削阶级取代另一个剥削阶级的统治,但西方资产阶级最终掌握政权也经历了若干次复辟和反复辟。迄今为止,欧洲一些国家还有封建主义的尾巴。社会主义是消灭剥削制度的新型社会制度,只有七十三年的历史,遇到一些挫折和困难，走一些弯路，也难以完全避免。当代世界的很多根本矛盾，在马克思、恩格斯、列宁以及后继者的著作中都作过分析。资本主义并没有解决这些矛盾。只有社会主义才能解决当代世界的根本矛盾。只要社会主义国家集中精力加快经济发展，增强实力，充分显示出社会主义制度的优越性，最终一定能够取得胜利。

同西方国家发展关系，我们始终坚持和平共处五项原则。和平共处五项原则，其中一项就是互不干涉内政。我搞我的社会主义，你搞你的资本主义。我们并不想把我们的社会主义强加给别的国家，但别的国家也别想扭转我们的社会主义航向。我们始终坚持这样一项原则，就是意识形态领域的斗争同国与国的关系既有联系又有区别。我们共产党人在斗争中既要坚持原则又要留有余地。当然，我们决不能因为留有余地而丧失原则。西方某些人甚至想把社会主义在地球上消灭掉，这是绝对办不到的。西方国家不能忽视中国作为社会主义大国在国际上特别是在第三世界中的作用。我们共产党人要坚定信念，还要不断积累经验。我们要承认世界社会主义处在低潮，但我们要顶住，硬着头皮顶住，同时要把我们的社会主义事业发展好。

注　　释

〔**1**〕七国首脑会议，指美国、英国、法国、德国、意大利、日本、加拿大七国的首脑会议。一九七五年，为应付当时严重的世界经济危机，在法国倡议下，美国、英国、法国、联邦德国、意大利、日本六国首脑举行了第一次会议，一九七六年举

行第二次会议时增加了加拿大，形成七国首脑定期会议制度。一九七七年起，欧洲共同体（后改为欧洲联盟）委员会主席也应邀参加会议。早期会议以讨论经济问题为主，一九八〇年起逐步增加了政治议题。一九九一年起，七国首脑会议邀请苏联（后为俄罗斯）总统同与会七国首脑在会后举行会晤。一九九四年起，俄罗斯总统开始参加七国首脑会议政治问题的讨论。一九九七年起，俄罗斯总统以正式与会者身份参加会议，七国首脑会议演变为八国首脑会议。

部队要做到政治合格、军事过硬、作风优良、纪律严明、保障有力*

（一九九〇年十二月一日）

搞好军事工作和提高部队战斗力，与军队完成各项任务的关系是很直接、很紧密的，与国家安危和社会稳定也是息息相关的。军队是搞军事的，军事工作是军队一个最基本的实践活动，是最能体现军队特征的。今后的十年，是我国社会主义事业发展的一个关键时期，能不能保证国民经济持续稳定协调发展，能不能实现国民生产总值再翻一番、人民生活达到小康水平，很重要的就是要有一个安定团结的局面，要有一个安全稳定的内外环境。创造这个环境，一方面要依靠我们的政治、经济、外交工作，另一方面要依靠我们的军队。军事工作做得好坏，关系到国家的安危兴衰，责任十分重大。我们军队的同志，不管是做政治工作的，还是做军事工作的，都要懂得军事工作的重要性，知道肩上担子的分量，自觉从国家安全稳定的根本利益出发，兢兢业业、完全负责地把军事工作做好，把党和国家交给的各项任务完成好。

军队是钢铁长城。要把我们军队搞好，首先要搞好基层。

---

* 这是江泽民同志在全军军事工作会议上讲话的一部分。

过去说“支部建在连上”[1]。部队一定要抓好基层建设。我看部队抓两头很重要，一个是基层连队，一个是领导机关。领导机关要以身作则，雷厉风行，讲究效率。军事机关特别要讲究效率，动作迅速、果断、准确。领导机关抓好了，基层连队抓好了，抓两头带中间，整个部队就能立于不败之地，可以攻无不克、战无不胜。

抓部队建设，最根本的是要把思想政治工作做好。如果哪些地方有思想松散的现象，要及时解决克服。要加强组织纪律性，保证部队集中统一。越是改革开放，越要加强思想政治工作。不能把改革开放与加强思想政治工作看成是矛盾的，它们是辩证统一的。

我们部队的建设要有利于稳定，有利于改革开放。为了治理松散，促进部队稳定，军事工作要重点抓紧抓好部队的管理和训练。严格管理，严格训练，这是毛泽东同志、邓小平同志历来强调的一项重要建军原则。对地方工作来说，不管是企业，不管是农村，都有一个加强管理、提高效率的问题。部队也一样，严格管理搞好了，是出战斗力的。越是管理得好、要求得严，部队的战斗力就越高。这两年，我们的军事工作在法规制度的建立健全、条令条例的贯彻实行、军风军纪的整顿方面，都作了很大努力。如果我们继续抓下去，就会取得很大成绩。我们抓军队管理的中心环节，除了抓基层建设以外，还要把干部抓好。因为什么事情都要通过干部去贯彻，所以要抓干部的责任心、事业心。干部是带头的。干部带好头，战士就会跟着走。要求战士做到的，干部首先要做到。俗话说：“己不正，焉能正人。”“上梁不正下梁歪，中梁不正倒下来。”领导带头、以身作则是十分重要的。总之，解决部队的管理问题，要从教育干部入手，增强干部的责任心和模范带头作用。要强调一级抓一级，一级带一级，一级给一级做好样子。首先从基层抓，连队里有党支部，有连长、指导员、排长，排长底下有班长，这些人在连队都要作出榜样。

军事训练是部队平时培养作风、提高军事素质、增强战斗力的一个主要手段。要把军事训练切实摆在战略位置。不打仗，又不训练，久而久之就会成为“老爷兵”了。因此，要下功夫抓好训练，保证落实。部队训练和不训练大不一样，训练严格和不严格也不一样。多年的经验告诉我们，训练落实抓不好，部队的组织纪律必然松散，思想作风就涣散，消极因素就增多。部队要做到政治合格、军事过硬、作风优良、纪律严明、保障有力，都需要进行严格的军事训练。当然，我们切不可搞单纯军事观点，片面地看待训练。抓好军事训练，不能单靠军事部门，还要靠强有力的思想政治工作。要把军事训练作为部队一项经常性的中心工作来抓好。抓不抓训练、能不能抓好训练，是一名军事领导干部是否有负责态度的表现，也是有没有工作能力的重要表现。必须会管理部队，会组织训练，会做思想政治工作。工作要越抓越实，不能浮在表面。军事训练也好，整个军事工作也好，都应该抓实。只有抓实，才能抓出效果。

注　释

〔1〕“支部建在连上”，是毛泽东确立的建军原则之一。一九二七年九月二

十九日，毛泽东率领工农革命军进驻江西省永新县三湾村，当晚主持召开中共前敌委员会扩大会议，决定对部队进行改编。会议决定：建立党的各级组织和党代表制度，支部建在连上，班排设党小组，连以上设党代表，营、团建立党委，部队由毛泽东为书记的中共前敌委员会统一领导。

关于军事战略方针和国防科技问题*

（一九九一年六月八日、十五日、二十五日）

一

在当前国际形势下，我们不能缺少国防观念这根弦。虽然世界大战一下子打不起来，但这个世界并不太平，局部冲突不断，特别是发生了像海湾战争〔1〕这样的局部战争。要看清国际形势的发展变化。世界社会主义处于低潮，我们必须充分警惕，一定要有这根弦，千万不能麻痹。

今天谈的是电子技术问题。电子技术是领头的，不管是航空，还是导弹等其他有关武器，都与电子技术有关系。在电子技术方面，现在我们同世界先进水平的差距不是越来越小，而是越来越大。我们要看到这个问题，这叫"知彼知己，百战不殆"〔2〕。看到这种差距拉大也不是坏事，说明我们对情况清楚了。我们既不要盲目乐观，又不要因为看到有差距就悲观失望，总要想办法来应对。军委还要从军事科学的角度，研究将来的战争究竟怎样打。在武器装备上也要有"杀手锏"。

---

* 这是江泽民同志在关于海湾战争三次座谈会上讲话的要点。

总的方针，还是要靠自力更生。因为武器装备完全靠买是买不来的，如果把宝押在买外国的，是不行的。

我们既要尊重科学，重视武器，也要看到我们的优势。我们实行积极防御的战略方针，万一打起来，我们既有正规军，又有民兵，谁进来就把谁置于人民战争的汪洋大海之中。中国人是不信邪的。对整个国际形势的看法，对我国情况的分析，要有自信心。

总之，我们不能坐井观天、盲目自满，要采取实事求是的态度，脚踏实地地把国防科技搞上去，使我们能够对付今后可能发生的情况。不管是应对局部战争，还是应对突发事件，我们都要准备好。

二

这次会议，是专门对海湾战争情况作总的研究。会议开得很好。今后开研究性会议，就是要允许大家充分发表意见，要造成这么一种民主空气。有高度的组织纪律性，这是解放军的优良传统，但在发展国防科技这个问题上，在军事科学研究这个问题上，要有民主空气。

这次海湾战争，有很多值得我们深思的东西。实际上，从战争一开始，美国就已经把伊拉克的电磁频谱侦察清楚了。频谱弄清楚了，就可以进行干扰。美国还通过火力侦察，证实是这个频谱，然后进行“软杀伤”，一下子搅得伊拉克通信紊乱，指挥失灵。伊拉克为什么垮得那么快？我看，一个重要原因就是伊拉克的通信系统被打瘫痪了，各种指挥失灵了，飞机也飞不起来了,特别是伊拉克部队的战斗意志垮了。研究海湾战争给我们的启示,既要分析它的电子技术,也要分析其他战略武器,包括空军、海军等各个方面的,同时还要看到战争的性质和战略决策、战略指导对于战争结局的影响。这样才能真正做到知彼知己。

我们的军事战略方针是积极防御。虽然现在我们的经济力量还不是很强大,但要看到,我国社会主义制度是好的,社会主义上层建筑与经济基础是基本相适应的,社会主义制度对发展我国社会生产力起到了很好的促进作用。我们实行积极防御的军事战略方针,从根本上讲,是由我们的社会主义制度、社会主义国家的性质决定的。我们对外不搞侵略,也不去控制别的国家。

海湾战争以后,怎样看待军事技术的作用,是个很重要的问题。我还是那句话,要尊重科学,重视武器,但人是决定的因素。对海湾战争的经验教训,我们既要看到高技术重要性的一面,又要看到根本的决定的因素是人。特别是战争有正义战争和非正义战争的区别,这一点很重要。用古语说,就是"得道者多助,失道者寡助"〔3〕。

在现代战争条件下,绝不能忽视人的因素,不能忽视精神的因素,不能丢掉人民战争这个法宝。这也是积极防御战略的基本点。我在好几次会议上都强调了这个问题。但是,这并不意味着我们可以忽视技术的因素。我们要下大气力发展国防科技,这也是一个重要的战略问题。科技要发展,装备要改善,前提条件是要把经济搞上去。过去有句老话叫"财大气粗",把经济搞上去了,说话就能增加分量,但这绝不是说我们要搞霸权主义。

我们在武器装备上确实落后了一大截，有些原来就存在的差距进一步拉大了。我们看到差距，是要增强我们的紧迫感，而不能泄气。我们既要有紧迫感，又要树立自信心。我国拥有相当雄厚的自然资源，已经有了一定的经济基础，而且我们有优越的制度，有党的领导。就国防科技来说，我们也是有相当的研究力量和基础的。我说这些话的意思是，一定不能泄气，要看到我们的优势。这里，还要讲一讲“两弹一星”。“两弹一星”精神是值得学习的。当年，党中央、毛主席对搞“两弹一星”是下了决心的，作出了正确的战略决策。这是第一条。第二条，搞“两弹一星”是大兵团协同作战。那时，党中央号召干什么，大家就拼命干什么，没有讨价还价。毛主席说过，要大力协同做好这件工作。第三条，所有参加搞“两弹一星”的同志都有那么一股子劲头。当时，大批科技人员一下子就到了边远地区，真是了不起。特别是好多人都是从国外回来的。那种艰苦奋斗、坚韧不拔、苦心钻研、万众一心的精神，是值得我们永远学习的。当然，对科技人员工作生活中的实际问题，我们也要认真解决，努力为他们创造良好的科研条件。今年，国家对一万名有突出贡献的专家发放政府特殊津贴，就是在解决这方面的问题。在住房问题上，也要妥善安排，起码给专家们解决一个看书的地方，这个不能搞平均主义。

究竟怎么进一步赶上去，我讲五点意见。

第一，要结合国情，有所赶有所不赶。我们的差距确实很大，但说一千道一万，还是要从实际出发，从国情出发，有所赶有所不赶，都赶是不可能的。那么，国情是什么呢？要从综合因素来考虑，要把政治、经济、文化、科技以及地理、历史等条件都考虑进去。我们的战略是积极防御，对外不搞霸权，不会侵略别的国家。在发展武器装备的问题上，要考虑到这种战略需求。我们要搞进攻型武器，要有必要的威慑能力，包括核威慑能力，但更要重视发展防御型武器，提高我们的整体防卫能力。总之，还是要结合我们的国情。

第二，要高度重视体制问题。这个问题很复杂。现在，要简单地恢复过去那样一种国防科研体制恐怕也困难。要很好地研究解决这个问题。

第三，要妥善处理国防经费问题。对国防建设，要适当增加投资力度，但也不能一下子投入很多。国防经费增长，必须与国民经济增长相适应。随着国民经济的发展，国防经费的投入也会逐年有所增加。

第四，要坚持自力更生为主的方针。这是毫无疑问的，但不排除引进某些关键技术。当然，国防科技的关键技术不是拿钱就能买得到的。谁卖给你呀！我们不能花钱买一个现代化，特别是在国防科技方面不可能买一个现代化。我们这么大的国家，国民经济必须建立在自力更生的基础上。还有，一定要讲求效益。不管是国防工业，还是民用工业，花的钱不少，效益不高。要说交学费，我们付得够多的了。就拿集成电路来讲，我们是遍地都搞。我当电子工业部部长时，就讲要集中优势兵力打歼灭战，搞规模生产才有效益。有些产品靠手工业、小作坊式的生产，很分散，是不行的。这个问题，说起来人人都知道，但解决起来好像很难，至今也没有从根本上解决。如果全国集中力量，搞一个两微米的集成电路生产线，怎么就搞不上去呢？我就不相信！问题是没有真正集中优势兵力打歼灭战，没有真正把这个办法运用起来。现在，由于分散造成的社会财富浪费是很大的。

第五，要重视技术的可靠性和先进性。要把技术的可靠性与先进性有机结合起来。不可靠，在技术应用上就没有效益。科学技术是第一生产力，这个思想我们应该强调和贯彻。这也是一种科学态度。

最后，我再讲讲思想方法问题。当我们要强调某个问题的时候，稍微把它讲重些、多些，以引起人们注意，这是应该的。但是，作为一个总体来讲，我们想问题要符合辩证法，不能从一个极端跳到另一个极端。比如说，在国民经济建设中，一说集中太多，就一下子来个大分散，甚至连正确的集中也不要了；一说太分散，又来个过分集中。这两种情况都是片面性。在思想方法上，我们要尽可能力求全面，防止片面。我们考虑国防科技发展战略，包括考虑今后的技术发展，都要注意这个问题。

三

今天，我主要针对海湾战争以后我们应该研究的问题，再讲几点看法。

第一，对海湾战争要有一个正确的认识。海湾战争虽然不是世界大战，但规模也是相当大的。今后，像海湾战争这种类型的冲突会不断发生，这是由当今世界的基本矛盾决定的。

我们要始终保持高度警惕。人无远虑，必有近忧。我们要注意研究海湾战争发生的时代背景和历史条件，研究导致这场战争的政治、经济、民族、宗教等多种因素，这样才能更深刻地认识冷战结束后世界军事斗争的新特点。海湾战争是一场比较典型的高技术战争。

第二，要密切注视国际形势的发展变化。现在，国际风云变幻，我们要注重研究。目前，还是要按照邓小平同志讲的，要冷静观察、沉着应付、绝不当头、有所作为。

第三，要认真研究国内的情况。国防建设与国内形势也是分不开的。我们现在就是要坚持社会主义、保持国内稳定。坚持社会主义丝毫不能动摇。目前，世界社会主义虽然处于低潮，但有十一亿多人口、五千多年文明历史的中国坚持社会主义，对世界的和平与发展、对稳住社会主义阵脚的作用很大。我们把社会主义建设搞好了，对世界社会主义是一个贡献。我们要坚持社会主义，防止和平演变。对外要处理好国与国的关系，既要看到国家关系与意识形态有关联，又要看到其中的区别。处理国家关系要坚持和平共处五项原则，要讲辩证法。保持国内稳定，要注意国际敌对势力对我国的渗透。国际敌对势力千方百计对我国也包括对我军搞渗透。军队可不是生活在真空里。对国际敌对势力推行的和平演变战略，我们要始终保持高度警惕，切不可掉以轻心。

第四，要注意效益问题。不仅经济建设要讲效益，国防建设也要讲效益。适当的投入必须有相应的产出。我国经济现在还有一些困难，国防经费投入也很有限，这就要管理好、使用好，在重视效益上做文章。提高经济效益，重要的一点就是把能源、原材料的消耗降下来,这是个很重要的指标。这个指标降下来,就可以大大提高经济效益。电子技术不仅可以提高国防科技水平,而且也可以提高整个国家的技术水平。总之,国民经济要提高效益,国防科技发展也要解决好这个问题。

第五,要通盘考虑国防和军队建设问题。我们的战略方针是积极防御。对这个方针怎么理解?积极防御是攻守结合,不是单纯地守。这是个很重要的战略问题。在武器装备方面,有许多问题要解决。要想一些办法,提高我军的装备水平。我们武器装备落后,现在要赶上人家,要有所赶有所不赶。但是,究竟赶什么,要深入分析研究。再说,部队不是有精简的任务吗?兵不在多而在于精。这里面,一个是体制问题,一个是数量问题。要综合考虑国防科技问题。国家要拿出点钱来发展武器装备,支持国防建设。我有个总的看法,军队还是要"吃皇粮"。军队总是要有保障的,这是我一贯的观点。军队搞一些生产,有些也是必要的。但是,经商这个东西,军队搞不得!军队是人民民主专政的坚强柱石,是捍卫社会主义祖国的钢铁长城。"养兵千日,用兵一时",不"吃皇粮"怎么行!我看全世界都有这么一条经验,如果军队统统经商了,是从来没有好下场的。

第六,要坚持正确的思想方法。正确的思想方法,就是用辩证唯物主义的观点,科学、全面、实事求是地分析和处理问题。许多传统并未过时,今天还是有用的。比如说,思想政治工作,是我们一切工作的生命线,是行之有效的办法。但是,在方式方法上要适应新形势新情况。做好新形势下的思想政治工作，对全党来说是艰巨的，对军队来说也不例外。再比如说，我们强调人是战争的决定因素，但不能不对武器装备有所研究。在看到问题的一个方面时，另一个方面也要照顾到，防止片面性。防止工作上的片面性，需要引进科学方法。矩阵式管理和系统工程的方法，我们都要采用。如果没有矩阵式管理，没有系统工程的方法，还是用过去那种老方法，“躲进小楼成一统”，就不可能有现代化的管理。这不单是对部队讲的，整个国家都有这个问题。军队是一个庞大的系统，管理是复杂的，有纵向的，有横向的，要用矩阵式管理和系统工程的方法去研究这些问题。

注　　释

〔1〕海湾战争，指一九九一年以美国为首的多国部队对伊拉克进行的战争。一九九〇年八月二日，伊拉克出兵侵占科威特；八月八日，正式宣布吞并科威特。伊拉克的行为严重违反国际法，也打破了海湾地区的战略利益格局。联合国安全理事会多次通过决议要求伊拉克立即撤军，苏联、西欧国家、中国和大多数阿拉伯国家也提出多项政治解决方案，均遭伊拉克拒绝。经联合国安全理事会授权，一九九一年一月十七日，以美国为首包括英国、法国、埃及、沙特阿拉伯等三十九国军队的多国部队对伊拉克发动军事打击。多国部队通过三十八天的空袭，削弱了伊拉克的抵抗能力。二月二十四日，多国部队发起地面进攻，迅速突破伊军防御。伊拉克被迫接受停火，宣布从科威特撤军。二月二十八日，战争结束。

〔2〕见《孙子·谋攻》。

〔3〕见《孟子·公孙丑下》。

当代中国共产党人的庄严使命*

（一九九一年七月一日）

回顾七十年党的光辉历史，我们深深感到，今后的责任更加重大。当代中国共产党人的庄严使命是：坚持党的基本路线，团结和带领全国各族人民，沿着建设有中国特色的社会主义的道路，自力更生，艰苦创业，把我国建设成为富强、民主、文明的社会主义现代化国家。当前的任务是，努力实现党的十三届七中全会提出的制定十年规划和“八五”计划的建议和七届全国人大四次会议确定的十年规划和“八五”计划纲要，实现社会主义现代化建设第二步战略目标，为在下个世纪中叶实现第三步战略目标奠定坚实的基础。

实现我们的使命，必须正确认识中国的基本国情。基本国情包括很多方面，我主要讲三点。第一，我们经过几十年努力，虽然取得了经济建设的巨大成就，但新中国经济建设是从旧中国一穷二白的基础上起步的，加上人口众多，人均资源相对短缺，地区发展很不平衡，至今经济技术文化水平还比较低。现阶段我国社会的主要矛盾，是人民日益增长的物质文化需要同落后的社会生产之间的矛盾。第二，阶级斗争已经

---

* 这是江泽民同志在庆祝中国共产党成立七十周年大会上讲话的一部分。

不是我国社会的主要矛盾,但它还将在一定范围内长期存在,并且在一定条件下还可能激化。这种斗争集中表现为资产阶级自由化同四项基本原则的对立,斗争的核心依然是政权问题。这种斗争同国际敌对势力与我们之间的渗透和反渗透、颠覆和反颠覆、和平演变和反和平演变的斗争密切联系、相互交织。第三,社会主义制度已经在中国大地上扎根并初步显示出优越性,但由于它是一个新生的制度,还不成熟、不完善,生产关系和上层建筑中还存在不适应生产力发展的方面和环节,必须通过深化改革来逐步解决这个问题。

中国的基本国情,决定了我国处在社会主义的初级阶段。社会主义的根本任务是发展社会生产力,在初级阶段,我们更要自觉地坚定不移地把这个任务放在中心位置。邓小平同志说:"一个真正的马克思主义政党在执政以后,一定要致力于发展生产力"〔1〕。集中力量发展生产力,把国民经济搞上去,实现社会主义现代化,为社会主义制度的巩固和发展打下更加坚实的物质技术基础,不但是我国长期的根本任务,而且在我国现阶段具有重要的紧迫的意义。

党的十一届三中全会以来,我们党基于对基本国情的正确分析,确立了以经济建设为中心、坚持四项基本原则、坚持改革开放的基本路线。党的十三届七中全会在总结贯彻执行基本路线经验的基础上,又提出了建设有中国特色社会主义的十二条原则〔2〕,标志着我们党对社会主义现代化建设规律的认识更加深刻了。党的基本路线和这十二条原则,总起来说,就是要通过社会主义制度的自我完善和发展,建设有中国特色社会主义的经济、政治、文化,以适应和促进社会生产力不断发展和社会全面进步，实现社会主义现代化。

（一）有中国特色社会主义的经济，必须坚持以生产资料社会主义公有制为主体，允许和鼓励其他经济成分适当发展，既不能脱离生产力发展水平搞单一的公有制，又不能动摇公有制经济的主体地位，不能搞私有化；必须实行以按劳分配为主体、其他分配方式为补充的分配制度，既要克服平均主义，又要防止两极分化，逐步实现全体人民共同富裕；必须建立适应社会主义有计划商品经济发展的、计划经济与市场调节相结合的经济体制和运行机制，在国家法律法规和计划指导下发挥市场调节的积极作用，既要克服过去那种过分集中、管得过多过死的弊端，又不能过于分散和削弱宏观调控。我们应该牢牢把握有中国特色社会主义经济的这些基本要求，并在实践中不断完善各项政策措施，逐步实现国民经济现代化。

以生产资料公有制为基础的社会主义生产关系，能够从根本上克服资本主义生产方式中生产资料私人占有同生产社会化的基本矛盾，保证生产、流通、分配置于社会的自觉调节和控制下，实现经济有计划按比例地合理发展和社会成员共同富裕。动摇了生产资料公有制，就动摇了社会主义的经济基础，必将损害全体人民的根本利益，也就谈不上社会主义了。在我国现阶段，适应生产力的现实水平和进一步发展的要求，首先要巩固和壮大社会主义公有制经济，同时需要个体经济、私营经济以及中外合资、合作企业和外商独资企业的适当发展，作为社会主义公有制经济必要的有益的补充。我们要在实践的过程中，经过深入系统的调查研究，采取适当的措施，逐步使得各种经济成分在整个国民经济中所占的比例和发展范围趋于比较合理。要逐步完善财政、税收、金融、价格、劳动工资、社会保障、工商行政管理等政策，保证公有制经济的主体地位，引导其他经济成分健康发展，发挥其积极作用，限制其消极作用。

这里要特别强调两点。第一，国营大中型企业是社会主义经济的骨干力量，它们的状况如何，对整个国民经济的发展和社会主义制度的巩固，具有决定性意义。必须充分发挥企业党组织的政治核心作用，坚持和完善厂长负责制，全心全意依靠工人阶级，通过深化改革，建立富有生机的国营企业管理体制和运行机制，切实增强国营大中型企业的活力。第二，农业是国民经济的基础。要继续稳定以家庭联产承包为主的责任制，健全和完善统分结合的双层经营体制，积极发展社会化服务体系，逐步壮大集体经济实力，促进农村经济发展。

按劳分配是社会主义的分配原则，是社会主义公有制的实现形式。我们要继续坚持以按劳分配为主体的多种分配方式。当前，在收入分配上既存在平均主义现象，又出现了过分悬殊现象。这种分配不公的问题，挫伤劳动者的积极性，妨碍生产力发展。属于贯彻按劳分配原则中存在的问题，要通过劳动工资制度的逐步改革加以解决。其他分配方式中存在的问题，要通过完善有关政策和法规加以解决。要继续允许和鼓励一部分地区、一部分人通过诚实劳动和合法经营先富起来，又要提倡先富帮后富。我们保护合法收入。对过高收入，要通过税收等形式加以调节。对违法经营牟取暴利的行为，要依法坚决取缔。现在，这些方面的工作做得还不够，必须努力改进。

建立适应社会主义有计划商品经济发展的、计划经济与市场调节相结合的经济体制和运行机制，既要遵循商品经济的一般规律，又要遵循社会主义经济的特有规律。社会主义商品经济以公有制为基础，资本主义商品经济以私有制为基础，两者存在本质区别。计划和市场，作为调节经济的手段，是建立在社会化大生产基础上的商品经济发展所客观需要的，因此在一定范围内运用这些手段，不是区别社会主义经济和资本主义经济的标志。发展社会主义经济，应该从我国实际情况出发，采用那些符合社会化大生产和商品经济发展要求的通用做法，但必须坚持正确的方向，决不能走发展资本主义经济的道路。计划经济要自觉运用价值规律。我们既要充分发挥市场调节的积极作用，改变过去那种忽视市场作用、忽视价值规律的做法，同时要加强和改善国家的计划管理和宏观调控。坚持实行计划经济与市场调节相结合，是一项开创性工作。我们在前几年的改革实践中，已经取得了一定进展，积累了一些经验，也面临着许多新问题，今后要继续探索，进一步寻求结合的具体途径、形式、办法和措施，保证我国经济持续稳定协调发展。

（二）有中国特色社会主义的政治，必须坚持工人阶级领导的、以工农联盟为基础的人民民主专政，不能削弱和放弃人民民主专政；必须坚持和完善人民代表大会制度，不能搞西方那种议会制度；必须坚持和完善中国共产党领导的多党合作和政治协商制度，不能削弱和否定共产党的领导，不能搞西方那种多党制。我们应该牢牢把握有中国特色社会主义政治的这些基本要求，不断加强社会主义民主法制建设，发展安定团结、生动活泼的政治局面，保证人民当家作主和国家长治久安。

人民民主专政，是在人民内部实行民主和对人民的敌人实行专政的结合。在中国共产党领导下，包括工人、农民、知识分子在内的全体人民作为主人管理自己的国家，享受广泛的民主权利，这是我国社会主义民主的核心，也是同资本主义民主的本质区别。我们要继续坚定不移地发展社会主义民主，增强人民的主人翁责任感。人民民主专政实质上即无产阶级专政，它同四项基本原则中的其他三项具有同等重要的地位。我们所以强调人民政权专政职能的重要性，是因为国内阶级斗争还将在一定范围内长期存在，国际上还存在妄图颠覆我国社会主义制度的敌对势力。一九八九年春夏之交的动乱和北京发生的反革命暴乱，就充分证明了这一点。这场惊心动魄的政治风波所提供的历史教训，我们永远不应该忘记。

人民代表大会制度是我国的根本政治制度。人民通过人民代表大会行使国家权力，保障自己当家作主的地位。要进一步坚持和完善人民代表大会的各项制度，加强人民代表大会的立法工作、法律监督和工作监督。要改进和完善选举制度。各级人大代表要密切同人民群众的联系，充分听取和反映群众的意见、要求和呼声。党要在宪法和法律的范围内活动。党的路线方针政策是体现人民利益的，应该经过法定程序和法律形式，使党的主张成为国家意志。要加强党对人大工作的领导。各级党委要支持各级人民代表大会依法行使职权。

中国共产党领导的多党合作和政治协商制度，是我国的一项基本政治制度，是马克思主义政党理论和统一战线学说同我国实际相结合的产物，是我国政治制度的一大特点和优点。中国共产党是领导我们事业的核心力量。没有这个坚强的领导核心，就不可能实现社会主义现代化。在几十年的革命和建设中，我们党同各民主党派建立了长期共存、互相监督、肝胆相照、荣辱与共的亲密关系。各民主党派是参政党，不是在野党，更不是反对党。中国人民政治协商会议是中国共产党领导的统一战线的重要组织形式，应该充分发挥它在我国政治生活中的作用。要继续坚持和完善我国的政党体制和政治协商制度，切实发挥各民主党派和各界爱国人士的参政议政和民主监督作用，以利于更好地坚持和改善共产党的领导，以利于更广泛地联系和团结各阶层群众。那种在我国实行西方多党制的主张，实质上是要取消中国共产党的领导和执政地位。如果那样，人民的政权就要丧失，社会主义制度就要被颠覆，国家就要分裂，人民就要遭殃。全国各族人民决不允许出现这种局面。

统一战线是我们党团结一切可以团结的力量，不断夺取革命和建设胜利的一大法宝。在社会主义现代化建设的过程中，要继续巩固和扩大最广泛的爱国统一战线，调动一切积极因素，共同促进经济社会发展，促进祖国统一大业的完成。

在社会主义政治建设中，要坚持和完善民族区域自治制度，继续贯彻执行党的民族政策，促进民族地区加快经济文化发展，实现各民族共同繁荣进步。要继续贯彻执行党的宗教政策。要巩固和加强民族团结，反对民族分裂，维护祖国统一。

我们要进一步有领导有步骤地推进政治体制改革。努力建立健全一套民主的科学的决策制度和程序，充分走群众路线，广泛听取各方面的意见，做到集思广益。继续推进机构改革，实行精兵简政，提高各级领导机关和职能部门的工作效率，克服官僚主义。充分发挥工会、共青团、妇联等群众团体的作用。加强城乡基层单位的民主建设。进一步健全社会主义法制，加强对群众、特别是各级干部的法制教育，做到有法可依、有法必依、执法必严、违法必究，切实保障人民群众依法管理国家事务、经济和文化事业、社会事务的权利和其他民主权利，保证各项事业在社会主义法制的轨道上健康发展。

（三）有中国特色社会主义的文化，必须以马克思列宁主义、毛泽东思想为指导，不能搞指导思想的多元化；必须坚持为人民服务、为社会主义服务的方向和百花齐放、百家争鸣的方针，繁荣和发展社会主义文化，不允许毒害人民、污染社会和反社会主义的东西泛滥；必须继承和发扬民族优秀文化传统而又充分体现社会主义时代精神，立足本国而又充分吸收世界文化优秀成果，不允许搞民族虚无主义和全盘西化。我们应该牢牢把握有中国特色社会主义文化的这些基本要求，极大地提高全民族的思想道德素质和科学文化素质，促进社会主义物质文明和精神文明的发展。

坚持马克思列宁主义、毛泽东思想的指导地位，是我们立党立国的根本，也是社会主义文化建设的根本，决定着我国文化事业的性质和方向。只有这样，我们的文化建设才能沿着正确的道路健康发展，抵制和消除一切落后的腐朽的思想文化影响,不断创造出先进的健康的社会主义崭新文化,培养出适应社会主义现代化建设需要的有理想、有道德、有文化、有纪律的新人。要坚持进行爱国主义、集体主义、社会主义思想和共产主义理想的教育,进行近代史、现代史教育和国情教育,增强民族自尊、自信、自强的精神,巩固和发展人民内部平等、团结、友爱、互助的社会主义新型关系,移风易俗,使社会主义思想道德蔚然成风。共产党员、共青团员和一切先进分子,必须努力学习和掌握马克思主义的立场、观点、方法,树立共产主义的崇高理想和世界观、人生观,身体力行共产主义道德。我们要保护和发扬一切有利于社会主义现代化建设的积极思想和精神,一切有利于人民团结、社会进步的积极思想和精神。总之,我们要变精神力量为巨大的物质力量,引导亿万人民共同建设有中国特色的社会主义。

我们的文化必须坚持为人民服务、为社会主义服务,充分体现人民的利益和愿望,满足人民不同层次的、多方面的、丰富的、健康的精神需要,激发人民建设社会主义的积极性。百花齐放、百家争鸣,古为今用、洋为中用,是我们党繁荣社会主义科学文化事业的重要方针。我们要在坚持四项基本原则的前提下,努力创造勇于探索和创新的活跃气氛,提倡不同学术观点、艺术流派的争鸣和切磋,提倡同志式的批评和反批评。要鼓励深入研究我国建设和改革的现实问题,鼓励创作更多健康文明、积极向上、为人民大众喜闻乐见的作品。在这些作品中,反映社会主义时代精神应该成为主旋律。中华民族是有悠久历史和优秀文化的伟大民族。我们的文化建设不能割断历史。对民族传统文化要取其精华、去其糟粕,并结合时代的特点加以发展，推陈出新，使它不断发扬光大。我们还必须积极吸收人类所创造的一切优秀文化成果，把它熔铸于有中国特色社会主义的文化之中。只有深深植根于中国大地和依靠人民的力量，面向现代化、面向世界、面向未来，才能创造出无愧于伟大时代的社会主义文化。

文化是广阔的领域。我们要适应现代化建设的要求，大力发展教育、科学、文学艺术、新闻出版、广播影视、卫生、体育、图书馆、博物馆等各项文化事业和开展多种形式的群众文化娱乐活动。要坚持一手抓整顿、一手抓繁荣，活跃理论研究，繁荣文化事业，丰富群众文化生活，持续开展“扫黄”、“除六害”〔3〕斗争。

百年大计，教育为本。教育是社会主义物质文明和精神文明建设极为重要的基础工程。它对提高全体人民的思想道德素质和科学文化素质，对培养一代又一代社会主义事业接班人，具有重大的战略意义。我们必须加强教育工作，大力发展教育事业。

我们党历来重视意识形态工作。这方面工作做得好不好，直接关系社会主义事业的成败。意识形态领域是和平演变和反和平演变斗争的重要领域。资产阶级自由化同四项基本原则的对立和斗争，实质是要不要坚持共产党领导、坚持社会主义道路的政治斗争，但这种政治斗争大量地经常地表现为意识形态领域的思想理论斗争。思想宣传阵地，社会主义思想不去占领，资本主义思想就必然会去占领。各级党委要重视意识形态工作，加强对意识形态工作的领导，牢牢掌握意识形态各部门的领导权。要以充分的说服力、强烈的感染力和坚强的战斗力，长期不懈地进行坚持四项基本原则、反对资产阶级自由化的教育和斗争。在意识形态领域，大量矛盾属于人民内部的思想认识问题，必须严格区分和正确处理两类不同性质的矛盾。各级党委要采取具体措施，支持和组织思想文化工作者深入群众，深入建设和改革的实践，引导他们在社会主义现代化建设的广阔天地里汲取营养、施展才华，成为合格的人类灵魂工程师。

有中国特色社会主义的经济、政治、文化，是有机统一、不可分割的整体。加强这三方面的建设，根本目的是充分调动广大人民群众的积极性、推动社会生产力发展和社会全面进步。在社会主义现代化建设中，我们始终要以经济建设为中心。党和国家的各项工作都必须服从和服务于经济建设这个中心，而不能离开这个中心，更不能干扰这个中心。要像邓小平同志反复告诫我们的那样，除了爆发大规模战争外，全党同志必须贯彻始终地集中力量进行经济建设，一步一步地实现我们的战略目标。我们一定要把这个雄心壮志在全党全社会牢固地树立起来，扭着不放，毫不动摇。经济发展了，综合国力提高了，人民生活不断改善了，国家更加强大了，社会主义制度的巨大优越性就会更加充分地显示出来，我们抵御和平演变的斗争就会有更加坚实深厚的物质文化基础，我们的社会主义制度就会更加立于不败之地。我们要实现国民经济现代化，极大地提高劳动生产率，就必须实现科学技术现代化。要充分认识，科学技术是第一生产力，是推动经济社会发展的强大力量。我们一定要最大限度地发挥科学技术的作用，尊重知识、尊重人才，更加自觉地把经济建设转到依靠科技进步和提高劳动者素质的轨道上来，采取有力措施，把科研成果转化为现实生产力。对于这项重大战略任务，全党同志必须进一步提高认识，狠抓落实。我们是在社会主义制度下发展生产力的。在这个过程中，必须发挥社会主义制度的优越性，高度重视精神对物质、社会意识对社会存在、生产关系对生产力、上层建筑对经济基础、政治对经济的巨大反作用，不能忘记这个辩证唯物主义和历史唯物主义的原理。要记取前几年“一手硬、一手软”的教训，坚持社会主义物质文明和精神文明一起抓的方针，发挥我们党重视思想政治工作的优势，保证有中国特色社会主义的经济、政治、文化协调发展。

建设有中国特色社会主义的经济、政治、文化，必须在坚持四项基本原则的前提下，坚持改革开放的总方针。只有通过改革，社会主义制度的优越性才能更加充分地发挥出来。党的十一届三中全会以来，我们各方面取得的巨大成就，都是同改革开放分不开的。我们已经确定的建设有中国特色社会主义经济、政治、文化的基本要求，要深入贯彻到实际生活中去，使之具体化、制度化，也都需要通过改革来实现。在实现第二步战略目标、并为实现第三步战略目标打下坚实基础的过程中，我们面临大量新问题，都需要用改革的精神来解决。我们的改革，是一个复杂的巨大的系统工程，包括经济、政治、教育、科技、文化体制等各方面的改革，需要相互协调、配套进行。十年规划和“八五”计划纲要中已经确定的各项改革任务，必须认真组织实施，保证胜利完成。恩格斯早就指出：“所谓‘社会主义社会’不是一种一成不变的东西，而应当和任何其他社会制度一样，把它看成是经常变化和改革的社会。”〔4〕

社会主义制度只有在坚持这种自身改革的进程中，才能逐步走向健全、走向完善、走向成熟。我们中国共产党人的历史责任，就是要坚定不移地投身改革的伟大事业，通过改革更好地巩固和发展我国的社会主义制度，为我国经济发展和社会全面进步开辟更加广阔的道路，提供更加强大的动力和保证。我们一定要坚持解放思想、实事求是，破除迷信，一切从实际出发，勇于探索，勇于实践，认真总结经验，使改革开放不断深化和不断扩大，更加富有成效。我们的改革，是社会主义制度的自我完善和发展，是发扬优势、革除弊端、大胆创新的过程。我们的开放，要吸收国外先进技术、科学管理经验和优秀文化成果，引进外资，以增强我国经济社会发展的自力更生能力和在国际社会中的竞争能力。不进行改革，就不可能使社会主义制度继续保持蓬勃生机；在改革中不坚持社会主义方向，就会葬送党和人民七十年奋斗的全部成果。要划清两种改革开放观，即坚持四项基本原则的改革开放，同资产阶级自由化主张的实质上是资本主义化的"改革开放"的根本界限。我们的改革必须从我国实际出发，决不能裹足不前、无所作为，也不能匆忙行事、急于求成。要在党的领导下，依靠广大人民的智慧，有步骤有秩序地向前推进，采取积极而又稳妥的方针，保证国家政治、经济、社会生活的稳定和发展。

我们党领导的人民解放军是人民民主专政的坚强柱石，是捍卫社会主义祖国的钢铁长城，是建设有中国特色社会主义的重要力量。人民解放军始终坚持全心全意为人民服务的宗旨，在巩固国防、抵抗侵略，捍卫人民共和国和社会主义制度，保卫人民的和平劳动和参加国家社会主义建设事业中，发挥了重大作用，建立了不可磨灭的功勋。没有一个人民的军队，便没有人民的一切。在新的形势下，进一步加强国防和军队建设，对于维护国家长治久安，保证社会主义现代化建设顺利进行，具有深远的战略意义。我们要毫不动摇地加强党对军队的绝对领导，始终保持部队高度集中统一。要随着经济的发展和国力的增强，不断提高军队装备的现代化水平。武器是战争的重要的因素，但不是决定的因素。决定的因素是人，是具有高度政治觉悟、高昂士气和掌握现代军事技术的人。我们要进一步加强思想政治工作，加强军事训练，使全军部队做到政治合格、军事过硬、作风优良、纪律严明、保障有力，努力把我军建设成为一支强大的现代化、正规化的革命军队。

建设有中国特色的社会主义，需要争取和平的国际环境。现在，旧的世界格局已经打破，新的格局尚未形成，世界处于新旧格局交替的动荡时期。我们要继续坚持独立自主的和平外交政策，积极发展同一切国家的友好关系，特别是保持和发展同周边国家的睦邻友好关系，加强同第三世界国家的团结合作。在国际事务中，我们永远不谋求霸权，坚决反对任何形式的霸权主义和强权政治，反对使用武力或以武力相威胁，主张通过和平协商解决国际争端，维护世界和平。我们坚决维护中国人民的根本利益，维护国家主权和民族尊严，绝不允许任何人干涉我国内政。我们一贯主张在平等互利的基础上，发展同世界各国的经济技术合作和贸易往来。在处理同外国党的关系上，我们要继续坚持独立自主、完全平等、互相尊重、互不干涉内部事务的原则。我们要同世界各国和各国人民一道，为在和平共处五项原则的基础上建立国际政治经济新秩序，作出积极的贡献。

注　释

〔1〕见邓小平《建设社会主义的物质文明和精神文明》(《邓小平文选》第3卷，人民出版社1993年版，第28页)。

〔2〕建设有中国特色社会主义的十二条原则，是中共十三届七中全会一九九〇年十二月三十日通过的《中共中央关于制定国民经济和社会发展十年规划和"八五"计划的建议》提出的。即：(一)坚持工人阶级领导的以工农联盟为基础的人民民主专政，不断完善人民代表大会制度，不断完善共产党领导的多党合作和政治协商制度，不断巩固和发展最广泛的爱国统一战线，努力加强社会主义民主和社会主义法制建设；(二)坚持把发展社会生产力作为社会主义的根本任务，专心致志地搞好现代化建设，不断提高人民的物质文化生活水平；(三)通过改革不断完善社会主义的经济、政治体制和其他领域的管理体制，充分调动中央、地方、企业和广大劳动人民的主动性、积极性和创造性；(四)采取发展对外经济贸易关系、利用外资和引进先进技术等多种形式，通过举办经济特区、经济开放区和实行必要的特殊政策与灵活措施，不断扩大对外开放；(五)坚持以社会主义公有制为主体的多种经济成分并存的所有制结构，发挥个体经济、私营经济和其他经济成分对公有制经济的有益的补充作用，并对它们加强正确的管理和引导；(六)积极发展社会主义的有计划商品经济，实行计划经济与市场调节相结合，努力促进国民经济持续、稳定、协调发展；(七)实行以按劳分配为主体、其他分配方式为补充的分配制度，允许和支持一部分人、一部分地区通过诚实劳动和合法经营先富起来，鼓励先富起来的帮助未富起来的，以利于全体人民和各个地区逐步实现共同富裕；(八)坚持以马克思列宁主义、毛泽东思想为指导，继承和发扬祖国优秀文化遗产，借鉴和吸收世界上一切优秀文化成果，不断提高全民族的思想道德和科学文化素质，建设社会主义精神文明；(九)建立和发展平等互助、团结合作、共同繁荣的社会主义民族关系，坚持和完善民族区域自治制度，反对民族歧视、民族压迫和民族分裂；(十)按照"一个国家、两种制度"的构想和实践，促进

祖国统一大业的逐步实现；（十一）坚持独立自主的和平外交政策，在和平共处五项原则的基础上发展同一切国家的友好关系，反对霸权主义和强权政治，支持被压迫民族和被压迫人民的正义斗争，维护世界和平和促进人类进步；（十二）坚持共产党的领导，不断改善党的领导制度、领导作风和领导方法，加强党的政治、思想、理论和组织建设，使党始终成为社会主义事业的坚强领导核心。

〔**3**〕“除六害”，指当时开展的集中打击败坏社会风气、危害社会安定的六种犯罪活动的斗争。六种犯罪活动是：卖淫嫖娼，制作、贩卖、传播淫秽物品，拐卖妇女、儿童，私种、吸食、贩运毒品，聚众赌博，利用封建迷信骗财害人。

〔**4**〕见恩格斯《致奥·伯尼克》（《马克思恩格斯选集》第4卷，人民出版社1995年版，第693页）。

进一步学习和发扬鲁迅精神*

（一九九一年九月二十四日）

一百一十年前，鲁迅诞生在浙江绍兴。鲁迅在世的五十多年，中华民族灾难深重，饱经内忧外患，国家面临生死存亡的严重威胁；鲁迅逝世以后的五十多年，中国共产党继续领导各族人民顽强奋斗，取得了反帝反封建的新民主主义革命的胜利和社会主义革命、社会主义建设的胜利，取得了社会主义现代化建设的初步的又是举世瞩目的成就。这一百一十年，是中国历史上民族斗争和阶级斗争空前剧烈、社会发生天翻地覆的根本变革的时期。作为中国人民为求得民族解放和社会解放而进行百折不挠斗争的伟大代表之一，鲁迅是不朽的战士；他的作品和思想，是鼓舞人民从事新的历史创造活动的永具生命力的精神遗产。

鲁迅曾经用“风雨如磐”〔1〕、“寒凝大地”〔2〕、“万家墨面”〔3〕一类沉痛的词句，描绘自己生活的时代。鸦片战争之后，中国逐步沦为半殖民地半封建社会，几乎所有西方资本主义、帝国主义列强，都曾经参与瓜分中国、欺凌盘剥中国人民的罪恶活动。鲁迅十三岁的时候，爆发中日甲午战争，第二年

---

* 这是江泽民同志在鲁迅诞生一百一十周年纪念大会上的讲话。

清政府即签订丧权辱国的《马关条约》。鲁迅十九岁的时候，八国联军攻入北京，烧杀抢掠，无恶不作，第二年清政府和西方十一国签订《辛丑条约》。鲁迅三十四岁的时候，北洋军阀政府和日本签订近于宣告亡国的“二十一条”。鲁迅面对着两个方面的历史事实：一方面，主权丧失，山河破碎，百姓流离，生灵涂炭；另一方面，自太平天国起义以来，维新变法，义和团斗争，辛亥革命，五四运动，特别是国共合作的大革命和大革命失败后共产党人的英勇斗争，中国人民从来没有停止过反抗。鲁迅就是在这种决定中华民族生死存亡的光明与黑暗、前进与倒退、革命与反动的搏斗中，产生出来的思想巨人和伟大的爱国者。

鲁迅的一生，是不断追求进步、追求真理的一生。鲁迅学过采矿学，学过医学，最后拿起了文艺的武器。在他看来，唤起民众精神的觉醒，改造和提高人们的精神境界，是民族解放和社会解放的当务之急。和同时代的其他先进分子一样，他最先把目光投向西方，接受过卢梭〔4〕、孟德斯鸠〔5〕等人的启蒙主义思想，相信过达尔文〔6〕、赫胥黎〔7〕的进化论，也曾经受到叔本华〔8〕、尼采〔9〕的某些影响。经过一次次挫折，特别是通过总结辛亥革命失败的教训，鲁迅终于摆脱彷徨和苦闷，逐渐看出资本主义的世界观和社会政治方案不能救中国。俄国十月革命的胜利，中国无产阶级革命运动的兴起，使他看到希望的曙光。第一次国内革命战争失败，大批共产党员和革命群众惨遭屠杀，全国一片白色恐怖，鲁迅却经过反复观察、反复比较、长期学习、长期思考，在革命处于低潮的时期，挺身加入到无产阶级队伍中来，深信“惟新兴的无产者才有将来”[10]，深信在毛泽东同志为首的中国共产党的身上，寄托着中国和人类的希望。他把马克思主义的世界观、方法论，无产阶级革命精神和坚定立场，同自己对于中国社会的深刻认识和渊博的学识、丰富的斗争经验密切结合起来，为批判旧文化、创建新文化作出了伟大的贡献，成为中国文化革命的主将。在中国共产党领导的抗击国民党反动派军事和文化“围剿”的两条战线斗争中，他是左翼文化队伍的组织者和精神领袖。他的作品的思想深度、历史容量和战斗性，是中国文化史上所少有的；他的作品、思想和人格，在唤起中国人民的觉醒和团结奋斗、增强中华民族的凝聚力、提高民族自信心方面所发挥的巨大作用，所产生的深远影响，是近代中国任何别的作家都无法比拟的。鲁迅精神是中华民族民族精神的结晶。鲁迅虽然没有在组织上加入中国共产党，但他是党的最忠诚的同志和战友，是伟大的共产主义者。毛泽东同志说：“鲁迅是中国文化革命的主将，他不但是伟大的文学家，而且是伟大的思想家和伟大的革命家。鲁迅的骨头是最硬的，他没有丝毫的奴颜和媚骨，这是殖民地半殖民地人民最可宝贵的性格。鲁迅是在文化战线上，代表全民族的大多数，向着敌人冲锋陷阵的最正确、最勇敢、最坚决、最忠实、最热忱的空前的民族英雄。鲁迅的方向，就是中华民族新文化的方向。”[11]鲁迅是中华民族的骄傲。他永远活在中国人民的心中。

鲁迅所诅咒的那个中国人民当奴隶或当奴隶而不得的时代，早已经成为过去，闰土、祥林嫂[12]的后代们早已经成为国家的主人和新生活的建设者。我们蒸蒸日上的社会主义祖国，告别贫穷落后，一天天走向繁荣富强。特别是党的十一届三中全会以后，通过贯彻执行党的以经济建设为中心、坚持四项基本原则、坚持改革开放的基本路线，我国的综合国力大为提高，人民物质文化生活明显改善，社会主义制度在不断完善中进一步巩固。在顺利实现国民经济和社会发展第一步战略目标的基础上，我们正在满怀信心地为实现十年规划和“八五”计划所展示的第二步战略目标而奋斗。我们在革命战争时期需要鲁迅精神，在社会主义现代化建设和改革开放时期同样需要鲁迅精神。前些年，资产阶级自由化泛滥，鲁迅受到一些人的歪曲和贬损。在纠正“一手硬、一手软”的失误和清理资产阶级自由化影响的过程中，我们更加深切地感到继承和发扬鲁迅精神的重大现实意义。鲁迅的作品，是永远给予我们智慧和力量的思想宝库。面对错综复杂的国际形势和艰难繁重的国内建设和改革任务，不仅文化战线的同志要义不容辞地学习鲁迅、宣传鲁迅，而且广大工人、农民、知识分子和各条战线的干部，都要进一步学习和发扬鲁迅精神。

要进一步学习和发扬鲁迅的爱国主义精神。

鲁迅从青年时代起，就立下了“我以我血荐轩辕”〔13〕的宏伟志向。他成为共产主义者之后，便更加自觉地把自己的一切献给民族解放和社会解放事业。他对敌人毫不留情，对祖国和人民怀着真挚的爱。“横眉冷对千夫指，俯首甘为孺子牛”〔14〕这一广为传诵的名句，正是他的爱国主义精神和崇高人格的生动写照。为了使祖国摆脱凌辱、人民得到解放，他一生毫不懈怠地进行战斗，一直站在时代潮流的最前列。彻底的爱国主义精神，使他坚决背叛所出身的封建士大夫阶级，看清中国资产阶级的软弱性、动摇性，坚信只有无产阶级和社会主义才能拯救祖国。中国知识分子“富贵不能淫,贫贱不能移,威武不能屈”〔15〕的崇高气节,中国人民决不甘受外人凌辱、为维护民族尊严而进行英勇斗争的光荣传统,在鲁迅身上得到集中体现,后来又由于共产主义世界观的指导而得到升华,获得了全新的性质和时代内容。他无私无畏,吃的是“草”,挤出的是“奶”〔16〕,是冲锋陷阵的模范,是彻底为人民服务的模范。鲁迅逝世以后,上海人民和全国各地人民为他举行隆重葬礼和悼念活动,上海民众代表在他的灵柩上覆盖了写有“民族魂”三个大字的旗帜。“民族魂”——这正是中国人民对于自己伟大代表的最中肯贴切的评价。

要进一步学习和发扬鲁迅韧的战斗精神。

鲁迅骨头最硬,斗争最坚决。他主张韧的战斗。“韧”就是百折不挠,就是锲而不舍。鲁迅清醒地看到,革命不可能一帆风顺,挫折、失败和牺牲是难以避免的。但是,为了实现民族解放、国家富强的革命目标,“即使艰难,也还要做;愈艰难,就愈要做”〔17〕。鲁迅历来不赞成对革命事业抱浪漫主义的幻想,多次批评那些认为革命“一个斤斗便告成功”〔18〕的人,指出:“倘若一切都四平八稳,势如破竹,便无所谓革命,无所谓战斗”,“革命有血,有污秽,但有婴孩”〔19〕。在革命处于低潮的时候,他一方面与敌人进行毫不妥协的斗争,随时准备牺牲自己的生命;一方面痛斥出卖革命的叛徒,揭露附着于狮子身上的害虫——钻入革命营垒的投机分子,以及在革命受到挫折时竞相忏悔颓唐的“翻着筋斗的革命家”。在革命高涨的时候,他又告诫人们不要头脑发热,要“首先守住营垒”〔20〕。鲁迅岩石般的革命坚定性和韧的战斗精神,来自对于历史发展规律的正确把握，来自同人民群众和先进社会力量的血肉联系。从鲁迅身上，我们可以看到什么是马克思主义的大智大勇，什么是真正的革命者应该具有的高风亮节，什么人是中华民族的筋骨和脊梁。

要进一步学习和发扬鲁迅博采众长、勇于创新的精神。

鲁迅不仅具有坚定的立场，而且具有博大的胸怀和开阔的视野；不仅是中华民族优秀传统的继承者，而且是致力于创新的改革家。他用犀利的笔，鞭笞过损害和背弃祖国利益的洋奴买办，同时又坚决反对国粹主义和故步自封；他对全盘西化的倾向进行了毫不妥协的斗争，又大力主张广泛吸取世界各国的一切长处，赞赏“汉唐气魄”，提倡“拿来主义”。在他的全部文化遗产中，翻译作品约占三分之一。他始终不倦地介绍外国的优秀文学作品和理论著作，并且特别注意反映弱小民族反抗外来侵略和本国压迫的斗争的作品。作为伟大的文学家，他博采古今中外之所长，加以融会贯通，为我所用，根据表现新的生活的需要，创造出许多富有新意、富有独特个性的艺术形象。这种精神不但适用于文艺创作，推而广之，也适用于其他领域。今天，我们在坚持四项基本原则的前提下，必须进一步深化改革、扩大开放。我们要不断扩大同外国的经济技术合作和文化交流，加强同各国人民的友好往来。建设有中国特色社会主义的经济、政治、文化，必须坚持独立自主，也必须在独立自主的基础上积极吸收国外一切有益的养料。在这方面，鲁迅的遗产中有许多东西是能够给我们以深刻启示的。

从爱国主义者到共产主义者，这就是鲁迅的道路，也是中国现代一切先进分子的共同道路。在现代中国,共产主义者是最彻底的爱国主义者,因为共产党人代表了中华民族最广大人民群众根本的长远的利益,因为只有社会主义才能救中国。在民主革命时期,只有共产党才能领导人民进行彻底的反帝反封建斗争;在社会主义革命和建设时期,只有共产党才能领导人民坚决维护民族的独立和尊严,实现国家的繁荣和富强。正是中国共产党人以奋不顾身的精神和大无畏的气魄,领导人民推翻了帝国主义在中国的统治,实现了全国各族人民梦寐以求的民族独立和国家自主的理想,使社会主义中国在世界的东方巍然屹立,在国际风云变幻中岿然不动。

毛泽东同志把鲁迅没有丝毫的奴颜和媚骨,称为殖民地半殖民地人民最可宝贵的性格。应该看到,在我们已经取得民族独立、国家主权,正在集中力量进行社会主义现代化建设的今天,这同样是最可宝贵的性格。国际敌对势力一天也没有停止对我们进行和平演变,资产阶级自由化则是他们进行和平演变的内应力量。这种敌对活动,对我国的独立和主权,对我们的现代化建设和改革开放,已经构成现实威胁。这就是说,和平演变和资产阶级自由化不仅要颠覆我们的社会主义制度,说到底,其根本目的还要剥夺我们的民族独立和国家主权。国内外敌对势力的图谋一旦实现,我们在丧失社会主义革命和建设成果的同时,还会丧失民主革命的成果,中国不但不能走向繁荣富强,还会重新沦为西方大国的附庸。中国共产党和中国各族人民,决不允许出现这样的局面。我们要用鲁迅的光辉典范教育广大干部群众和青少年,铭记祖国备受欺凌的耻辱历史和一代又一代革命者英勇斗争的光荣历史，懂得祖国的今天来之不易，进一步提高民族自尊心和自豪感，坚定社会主义信念，以贡献全部力量推进祖国的社会主义现代化建设为最大光荣，以损害社会主义祖国的利益、尊严和荣誉为最大耻辱。

鲁迅说过，地上本没有路，路是从没路的地方践踏出来的，从只有荆棘的地方开辟出来的。我们建设有中国特色的社会主义，就是开辟一条前人没有走过的新路。经过十多年来的实践，中国共产党和中国人民坚信，这条路是正确的。不管有多少艰难险阻，我们都要坚定不移地走下去。在建设有中国特色社会主义的伟大事业中，脚踏实地，披荆斩棘，兢兢业业，团结奋斗，不断进行探索和创造，这就是对鲁迅最好的纪念。

注 释

〔1〕见鲁迅《自题小像》。原文是："灵台无计逃神矢，风雨如磐暗故园。"（《鲁迅全集》第7卷，人民文学出版社2005年版，第447页）

〔2〕见鲁迅《无题》（一九三二年一月二十三日）。原文是："血沃中原肥劲草，寒凝大地发春华。"（《鲁迅全集》第7卷，人民文学出版社2005年版，第455页）

〔3〕见鲁迅《戌年初夏偶作》。原文是："万家墨面没蒿莱，敢有歌吟动地哀。"（《鲁迅全集》第7卷，人民文学出版社2005年版，第472页）

〔4〕卢梭，即让-雅克·卢梭（一七一二——一七七八），法国启蒙思想家、哲学家、教育学家、文学家。主要著作有《论人类不平等的起源和基础》、《社会契约论》（旧译《民约论》）、《忏悔录》等。

〔5〕孟德斯鸠，即夏尔-路易·德·塞孔达·孟德斯鸠（一六八九——一七五五），法国启蒙思想家、法学家。主要著作有《波斯人信札》、《罗马盛衰原因

论》、《论法的精神》(旧译《法意》)等。

〔6〕达尔文,即查尔斯·罗伯特·达尔文(一八〇九——一八八二),英国博物学家,进化论的奠基人。主要著作有《物种起源》、《动物和植物在家养下的变异》、《人类起源及性的选择》等。

〔7〕赫胥黎,即托马斯·亨利·赫胥黎(一八二五——一八九五),英国博物学家。主要著作有《人在自然界中的地位》、《论有机界现象的起因》、《进化论与伦理学》(旧译《天演论》)等。

〔8〕叔本华,即阿尔图尔·叔本华(一七八八——一八六〇),德国哲学家,唯意志论者。主要著作有《作为意志和表象的世界》、《论处于自然界中的意志》、《伦理学的两个基本问题》等。

〔9〕尼采,即弗里德里希·尼采(一八四四——一九〇〇),德国哲学家,唯意志论和生命哲学主要代表之一。主要著作有《悲剧的诞生》、《查拉斯图拉如是说》、《善恶的彼岸》、《权力意志》等。

〔10〕见鲁迅《〈二心集〉序言》(《鲁迅全集》第4卷,人民文学出版社2005年版,第195页)。

〔11〕见毛泽东《新民主主义论》(《毛泽东选集》第2卷,人民出版社1991年版,第698页)。

〔12〕闰土、祥林嫂,分别是鲁迅在其文学作品《故乡》、《祝福》中塑造的劳苦大众的形象。

〔13〕见鲁迅《自题小像》。原文是:“寄意寒星荃不察,我以我血荐轩辕。”(《鲁迅全集》第7卷,人民文学出版社2005年版,第447页)

〔14〕见鲁迅《自嘲》(《鲁迅全集》第7卷,人民文学出版社2005年版,第151页)。

〔15〕见《孟子·滕文公下》。原文是:“居天下之广居,立天下之正位,行天下之大道,得志与民由之,不得志独行其道,富贵不能淫,贫贱不能移,威武不能屈,此之谓大丈夫。”

〔16〕参见许广平《献词》。原文是:“你曾对我说:‘我好像一只牛,吃的是草,挤出的是牛奶,血。’”(《许广平文集》第2卷,江苏文艺出版社1998年版,第3页)

〔17〕见鲁迅《中国语文的新生》(《鲁迅全集》第6卷,人民文学出版社2005

年版,第119—120页)。

〔**18**〕见鲁迅《〈热风〉随感录四十一》(《鲁迅全集》第1卷,人民文学出版社2005年版,第340页)。

〔**19**〕见鲁迅《〈溃灭〉第二部一至三章译者附记》(《鲁迅全集》第10卷,人民文学出版社2005年版,第372页)。

〔**20**〕见鲁迅《致榴花社》(《鲁迅全集》第12卷,人民文学出版社2005年版,第409页)。

论民族工作*

（一九九二年一月十四日）

党中央、国务院召开的这次中央民族工作会议，是进一步动员全党全国各族人民，加强各民族的大团结，齐心协力地为实现现代化建设第二步战略目标而奋斗的重要会议。开好这次会议，对于做好今后的民族工作，建设有中国特色的社会主义，必将起到重大作用。

一、我国民族工作的巨大成就

民族问题始终是我国革命和建设中的一个重大问题。中国共产党从一成立就非常重视民族问题，积极探索解决民族问题的正确途径。新中国的诞生，开辟了我国各民族历史的新纪元。经过几十年的努力，我们的民族工作取得了巨大成就，积累了丰富经验，为我们继续做好民族工作奠定了坚实的基础。

在旧中国，各族人民备受压迫剥削，少数民族群众尤其灾

* 这是江泽民同志在中央民族工作会议上的讲话，原题为《加强各民族大团结，为建设有中国特色的社会主义携手前进》。

难深重。我们党领导各族人民推翻了帝国主义、封建主义、官僚资本主义三座大山，共同缔造了中华人民共和国，彻底废除了一切民族压迫制度，实现了各民族一律平等。建国初期，在全国范围内进行了大规模的民族调查和识别工作。几十个解放前不被承认和处于无权状态的少数民族，堂堂正正地成为祖国大家庭里平等的一员。我们还取消、更改了旧中国遗留下来的对少数民族带有歧视、侮辱性的地名、族名和其他称谓。各民族的宗教信仰和风俗习惯得到充分尊重。各族人民都享有宪法和法律所规定的民主、自由权利和平等的发展权利，都以高度的政治热情和主人翁精神积极参与管理社会事务，平等地商讨和决定国家大事。

在旧中国，少数民族的经济社会发展长期停滞落后。有的民族仍处在封建农奴制阶段或奴隶制阶段，还有十多个民族保留着浓厚的原始公社制的残余。新中国成立后，我们党根据少数民族广大群众的愿望，经过同各方面协商，从多种社会形态并存的实际情况出发，采取不同的步骤和方式，先后在民族地区进行了民主改革和社会主义改造，解决了少数民族内部的阶级压迫、阶级剥削问题，确立了社会主义制度。许多原来发展程度较低的少数民族，跨越几个社会发展阶段，实现了社会发展的巨大飞跃。这是中华民族发展史上的伟大变革。

我们全面推行了民族区域自治制度。这种制度把国家的集中统一与少数民族聚居地区的区域自治有机结合起来，把政治因素与经济因素有机结合起来，是完全适合我国国情的解决民族问题的基本制度，是我们党和各族人民的一个伟大创举。全国先后建立了五个自治区、三十个自治州、一百二十四个自治县。在少数民族散居地区,还建立了一千二百多个民族乡。一九八四年又颁布实施了《中华人民共和国民族区域自治法》。这对于保障少数民族充分行使当家作主的权利,对于促进民族地区发展、边疆稳定和维护国家统一,发挥了重要作用。

四十多年来特别是改革开放以来,民族地区经济落后的面貌发生了巨大变化。一九九〇年,民族自治地方工农业总产值达到二千二百七十三亿元,比一九五二年增长九点八倍,其中工业总产值增长四十六点三倍;城乡社会商品零售总额达到七百八十一亿元,比一九五二年增长四十三倍。一九九〇年与一九八〇年相比,五个自治区的国民生产总值和国民收入都增长了一点四倍。经过四十多年的建设,民族地区农牧业的落后状况有了明显改变;过去基本上没有现代工业的大多数民族地区,现在已经建成了一大批工业企业,包括许多国家重点项目;能源、交通、通讯等基础设施显著改善;对外开放步伐加快,边境贸易取得了突破性进展。一九九〇年,民族自治地方农牧民人均纯收入达到四百零二元,大部分少数民族群众解决了温饱问题,一部分人已经开始过上比较宽裕的生活。

少数民族和民族地区的教育、科技、文化、卫生、体育等事业有了很大发展。国家根据民族地区的实际情况,大力发展基础教育,在牧区和边远地区举办寄宿、半寄宿制学校。民族地区办起了一批培养少数民族人才的大专院校,全国兴办了十二所民族学院,许多大学开办了民族班,还兴办了一批民族干部学校和职业学校，培养了大批具有大中专学历的少数民族干部和各种建设人才。民族地区科技事业发展很快，科技水平逐步提高，实用科学技术得到较好推广。少数民族的语言文字受到尊重和保护，优秀文化传统得到继承和发扬。全国用少数民族文字出版的报刊杂志已有二百多种。民族地区广播电视覆盖率大大提高。中央人民广播电台和地方广播电台，每天用二十一种少数民族语言广播。民族自治地方医药卫生事业包括民族传统医药有了较大发展，一九九〇年拥有的医疗床位比一九五二年增加了二十三点五倍。民族体育运动蓬勃开展，广大少数民族群众的身体素质有了明显提高。

四十多年来，各族人民同心同德，共同为维护和促进祖国的统一、安定、昌盛作出了巨大贡献。我国各民族的大团结，经受了各种严峻考验。不论是国际上发生什么样的剧变，还是国内出现什么样的风波，我国各民族都是和睦相处、同舟共济、患难与共的，充分体现了中华民族的强大凝聚力。我们可以自豪地说，中国各民族的大团结是稳固的，这是我国经济发展、社会进步、政治稳定的重要保证。

我国民族工作之所以取得如此巨大的成就，最基本的经验，就是我们党始终把马克思主义基本原理同中国民族具体实际相结合，坚持各民族平等、团结、互助的原则，坚持实行民族区域自治制度，在建设社会主义事业中促进各民族共同繁荣，走出了一条具有中国特色的解决民族问题的正确道路。过去的成就和经验是来之不易的。在长期的革命和建设中，毛泽东、周恩来、刘少奇、朱德同志和邓小平同志等老一辈无产阶级革命家，为解决中国的民族问题，建立和发展社会主义民族关系，发展马克思主义民族理论，作出了巨大贡献，给我们创造了宝贵的精神财富。我们要坚定不移地把老一辈无产阶级革命家开创的民族团结进步事业继续推向前进。

二、充分认识民族工作的长期性、复杂性、重要性

我国有五十五个少数民族，人口近一亿，陆地边疆绝大部分地区是少数民族聚居区。民族自治地方地广物博，面积占全国总面积的百分之六十四。全国绝大多数县市都有两个以上民族共居。这是我国的基本国情之一。我们必须从振兴中华民族的高度，从巩固和发展我国社会主义事业的高度，充分认识民族工作的长期性、复杂性、重要性。

大家知道，民族、阶级、国家都有自己产生、发展、消亡的客观规律。随着社会经济文化的发展，各民族互相学习、互相影响，共同因素会不断增多，但民族特点、民族差异将长久存在。只要有民族存在，就有民族问题存在。民族问题既包括民族自身的发展，又包括民族之间，民族与阶级、国家之间等方面的关系。在社会历史发展的长河中，民族问题对过去、现在和未来社会，都具有重大影响。

社会主义时期是各民族发展繁荣的时期，社会主义条件下的民族关系基本上是劳动人民之间的关系，但民族问题依然复杂，民族工作的任务依然繁重。一是各民族政治上的平等实现后，在经济文化发展上的差别依然存在，旧社会在民族问题上的遗毒不是短时期内可以完全消除的。二是各民族的

根本利益是一致的，但在某些具体权益主要是经济权益方面，民族之间仍会发生一些矛盾和纠纷。三是在风俗习惯和语言文字等方面，由于相互了解或尊重不够，也容易造成某些误会和纠纷。四是民族问题在一些地方往往与宗教问题交织在一起，如果对宗教问题处理不慎或不当，也会影响民族关系甚至酿成冲突。五是由于种种原因，有些人有时会做出伤害民族感情、损害民族团结的事，甚至违法犯罪。尤其值得我们警惕的是，国际敌对势力明目张胆地支持我国内部的极少数分裂主义分子，正在加紧对我们进行渗透、破坏、颠覆活动。利用民族问题打开缺口，是国内外敌对势力进行和平演变的重要手段。在这种错综复杂的情况下，我们更应该高度重视民族问题，采取正确的方针政策，认真妥善地加以解决。

历史发展表明：国家统一、民族团结，则政通人和、百业兴旺；国家分裂、民族纷争，则丧权辱国、人民遭殃。中国是这样，外国也是这样。毛泽东同志早就指出："国家的统一，人民的团结，国内各民族的团结，这是我们的事业必定要胜利的基本保证。"〔1〕我们一定要进一步做好民族工作，巩固和发展社会稳定、民族和睦的局面，为我国社会主义现代化建设和改革开放提供强有力的保证。

少数民族和民族地区的经济社会发展，直接关系到我国整个现代化建设目标的顺利实现。民族地区的现代化同全国其他地区的现代化，少数民族的振兴同整个中华民族的振兴，是密不可分、互相促进的。推动各民族发展进步和共同繁荣不仅是个经济问题，而且是个政治问题。我国经济的发展，离不开东部地区，也离不开中西部地区包括民族地区的经济振兴。西部民族地区的多种丰富资源和某些产业,在我国经济发展中占有举足轻重的地位,蕴藏着巨大的发展潜力。加快中西部地区包括民族地区开发建设,已成为我国经济发展的必然走向。生产力的合理布局和地区经济的协调发展,对国家的现代化建设和各民族的团结进步,都具有重大意义。

三、民族工作的主要任务

九十年代是我国社会主义现代化建设的关键时期,也是促进各民族共同进步、共同繁荣的关键时期。各级党委和政府必须密切联系各个少数民族和民族地区的实际,坚定不移地全面贯彻执行党的基本路线,巩固和发展社会主义民族关系,坚持和完善民族区域自治制度,为实现现代化建设第二步战略目标共同奋斗。

(一)加快少数民族和民族地区经济发展,使之逐步与全国的发展相适应。

现阶段,我国的民族问题,比较集中地表现在少数民族和民族地区迫切要求加快经济文化发展。邓小平同志早就说过,不把经济搞好,民族区域自治就是空的。在新的历史时期,搞好民族工作,增强民族团结,核心问题就是要积极创造条件,加快发展少数民族和民族地区的经济文化等各项事业,促进各民族共同繁荣。这既是少数民族和民族地区人民群众的迫切要求,也是我们社会主义民族政策的根本原则。近几年来,我国社会经济发展中的区域协调发展问题,已引起越来越多同志的关心。党中央、国务院对此是重视的,已经对我国的区域政策，特别是对民族地区、革命老区、贫困地区的问题，采取了一系列措施，作出了专门安排。各部门各地方要认真贯彻落实，务必抓出成效。

九十年代，民族地区一定要全面完成十年规划和“八五”计划所确定的各项任务。党和国家对少数民族和民族地区已经实行的各项优惠政策，要继续执行，并根据不断变化的情况及时完善和改进。随着经济的发展和国力的增强，要逐步增加对民族地区的投入，以增强这些地区的自我发展能力。国务院已经决定，“八五”计划期间，对民族自治地方的全民所有制单位固定资产的投资，要高于“六五”、“七五”期间的实际水平。支援不发达地区的发展资金，将有较多增加。有关省、自治区也应该适当增加对所辖少数民族聚居地区的投资。同时，要加强比较发达地区对不发达地区的对口支援，大力开展多层次、多渠道、多形式的横向联系，包括经济合作和教育、科技、文化等方面的智力支援。这是比较发达地区义不容辞的历史责任。有关部门和地方应该在总结以往经验的基础上，加强对这方面工作的组织领导。

少数民族和民族地区要获得较快发展，既需要国家的扶持和比较发达地区的帮助，更需要进一步发扬自力更生、艰苦奋斗的精神，充分发挥和依靠当地各族人民的积极性和创造性，集中力量把经济建设搞上去。要努力改善能源、交通、通讯等基础设施。在改造现有产业、提高效益的前提下，根据国内外市场需要，积极开发资源，优化产业结构、产品结构和企业组织结构，实现良性循环。同时，要继续抓紧做好少数民族和民族地区的扶贫工作，争取尽快解决少数民族贫困群众的脱贫致富问题。

几十年来，为开发民族地区丰富的资源，发展当地经济，国家和民族自治地方已经兴办了一批能源、交通等基础设施和不少门类的工矿企业及其他事业，这对改变当地面貌和促进少数民族发展起了很大作用。但是，也有一部分大中型企业与当地经济和少数民族发展结合不够。今后，要有计划地帮助当地发展工交企业和农副产品供应基地，以带动当地发展和群众致富。在民族地区兴办企业，都要采取切实措施，使少数民族干部和职工在企业中有一定的比例，并对他们加强培养和提高。我们一定要使少数民族从开发当地资源中得到经济实惠，同时注意保护和改善生态环境。

（二）大力发展少数民族和民族地区的社会事业，促进各民族全面进步。

发展教育、科技、文化、卫生、体育等各项社会事业，努力提高少数民族的思想道德素质、科学文化素质和身体素质，抓好社会主义精神文明建设，是发展社会生产力的需要，是各民族共同繁荣的内在要求。

要积极发展民族教育。民族教育是整个教育事业的组成部分，是民族工作的重要方面，应该在教育结构、专业设置、教学内容、学制、办学形式等方面，逐步走出一条适应少数民族和民族地区实际的路子。要努力改善办学条件，办好各级各类民族学校，提高教育质量，为民族地区培养更多经济、技术、管理等方面的专业人才。在通用本民族语言文字的地区，要因地制宜地搞好“双语教学”，并大力推广普通话。

要大力发展科技事业，积极引进人才和先进技术设备，改造传统产业和传统产品，提高经济效益。要建立健全农村牧区的科技推广体系，加强实用科技的普及、培训和示范推广。要在工作条件、生活待遇等方面制定优惠政策，鼓励科技人员在民族地区建功立业。

巩固和扩展社会主义思想文化阵地，是发展少数民族和民族地区文化事业的根本任务。要弘扬各民族的优秀文化传统，同时要加强各民族之间的文化交流，继续搞好民族地区特别是乡村文化活动设施的建设和管理。文化工作者要坚持深入基层为少数民族群众服务。要保障各民族使用和发展本民族语言文字的自由。进一步做好民族语言文字的广播电视和新闻出版工作，不断提高边远民族地区的广播电视覆盖率。

要积极发展医疗卫生事业。逐步改善医疗条件，帮助培养医疗卫生技术人员，建立健全各级医疗、防疫网络，挖掘和发展民族医药，切实改变一些地方缺医少药的状况。要积极开展民族体育活动，增强群众体质。各地要制定和完善适合少数民族实际的计划生育政策，扎实细致地加以贯彻，实行优生优育，并切实做好妇幼保健工作。

（三）坚持改革开放，不断增强少数民族和民族地区的自我发展活力。

改革开放是实现各民族共同繁荣的必由之路。民族地区的改革应该坚持从实际出发，注意吸收外地的好经验，但不能简单地套用。要区别情况，分类指导，快慢得当，慎重稳进。今后凡是与少数民族和民族地区密切相关的重大改革，必须重视各个地方和民族的特殊情况，注意听取当地的意见，先试点后推行。

民族地区要加强同沿海地区的经济联系，加快对外开放的步伐，充分利用各种有利条件，结交新伙伴，开拓新市场。要把扩大陆地边境的对外开放作为我们整个对外开放的重要组成部分，有计划有步骤地加以实施。要选择一些连接国际国内交通干线、条件较好的边境城镇作为对外开放的窗口，发展双边、多边或转口贸易，具备条件的，还应该积极发展出口加工。国家有关部门要努力帮助民族地区引进国外资金、设备、技术，提供必要的优惠和便利。在扩大开放、发展边境贸易和经济技术合作的同时，必须切实加强管理，注意克服消极因素，做到既促进经济发展，又促进睦邻友好，保持边境地区稳定。

（四）坚持和完善民族区域自治制度，全面贯彻落实民族区域自治法。

我们必须建立健全同实施民族区域自治法配套的法规体系和监督机制，使自治法在建设有中国特色的社会主义事业中更好地发挥作用。近几年，党和国家为贯彻实施自治法已先后就牧区建设、扶贫工作、民族贸易和民族特需用品生产供应等重要问题发出指示。最近，国务院又发出关于进一步贯彻实施民族区域自治法若干问题的通知。中央有关部门和各级政府都要制定实施自治法的规定或措施。涉及少数民族和民族地区的政策法规，要体现自治法精神，有助于自治法实施。要抓紧制定自治条例和单行条例。已制定的要总结经验，不断完善。国家和没有自治地方的省市，要制定保障杂居散居少数民族权利的法规。到本世纪末，要形成比较完备的社会主义民族法规体系和监督机制。

完善民族区域自治制度、全面贯彻落实民族区域自治法，关键在于大力培养少数民族干部，加强民族地区干部队伍建设。

四十多年来，成千上万的汉族干部、工人、知识分子、解放军指战员，响应党的号召，到民族地区工作生活，同少数民族群众打成一片，亲密无间。他们奉献青春和力量，为兄弟民族发展和民族地区繁荣进步作出了很大贡献。各族人民对他们是永志不忘的。今后，国家将继续为民族地区培养和输送优秀人才。汉族同志和少数民族同志，要继续发扬互相尊重、互相学习的优良传统，齐心协力，艰苦奋斗，共同为少数民族和民族地区繁荣发展作出更大贡献。

少数民族干部同本民族有着广泛而密切的联系，是我们党做好民族工作的骨干力量。民族干部的状况又是衡量一个民族发展水平的重要标志。现在，少数民族干部已从一九五〇年的一万多名增加到二百零六万名，形成了包括党务、政务、经济、教育、科技、文化、卫生等各方面人才的宏大队伍。这些同志，为我国各民族团结进步和民族地区发展作出了重大贡献，并越来越多地承担起各项工作的重要责任。为适应社会主义现代化建设和改革开放的需要，各级党委要以更大的力量，进一步加强对少数民族干部特别是中高级干部和各种科技、管理人才的培养。既要在数量上有计划地扩大，更要在提高素质、改善结构上下大功夫；既要注意选任一批能在九十年代起骨干作用的干部，更要注意选任一批跨世纪的优秀中青年干部。这是一项事关大局的重要工作，应作出规划，分步实施，作出更显著的成绩，以保证各级领导权始终牢牢掌握在忠于马克思主义的人手里，保证民族团结进步事业不断前进。

（五）进一步加强各民族的大团结，坚决维护祖国统一。

我国历来是一个统一的多民族国家，在漫长的历史发展中，经过长期锤炼，形成了具有强大内聚力的中华民族。把我国各民族维系于一个统一的大家庭中而又世代传承的纽带，主要有三个：一是国家的长期统一；二是各民族相依共存的经济文化联系；三是近代以来各民族在抵御外来侵略和长期革命斗争中结成的休戚与共关系。新中国成立后，确立了各民族平等、团结、互助的社会主义民族关系，并且载入了我国宪法和民族区域自治法。不久前，党的十三届七中全会和七届全国人大四次会议，根据宪法的精神、形势的发展和各族人民的愿望，把建立和发展平等互助、团结合作、共同繁荣的社会主义民族关系，作为建设有中国特色的社会主义的一项重要原则。宪法的上述规定和党的十三届七中全会、七届全国人大四次会议阐述的原则，精神是一致的，就是坚持平等、互助、团结、合作，以促进各民族共同繁荣。

为了加强各民族的大团结，既要反对大民族主义，也要反对地方民族主义。在全国，要注意处理好汉族和少数民族的关系。在民族自治地方，还要注意处理好自治民族和其他民族的关系。处理这方面的问题必须慎重，严格区分两类不同性质的矛盾，贯彻正确处理人民内部矛盾的原则，是什么问题就解决什么问题。对于民族间发生的纠纷，要冷静分析，耐心疏导，及时加以排解。对于个别不听劝阻、蓄意制造事端、触犯法律的，不论出身于哪个民族，都要依法处理。涉及民族关系问题，各民族的干部和共产党员，要严格按照法律和政策办事，发挥模范带头作用，促进民族关系的改善。要继续在全国开展表彰民族团结进步先进集体和先进人物的活动。在多民族居住区，尤其是边疆民族地区，还要注意加强军队同地方政府和少数民族的团结，搞好拥军优属、拥政爱民和军民共建两个文明的活动，表彰在“双拥”、“共建”活动中涌现出来的先进集体和先进人物。

为了维护祖国统一，我们必须同极少数民族分裂主义分子进行坚决斗争。在中国近代史上，民族分裂活动从来都是外国侵略势力策动的，民族分裂主义分子从来都是外国侵略势力割取我国边疆领土的内应力量。他们既背叛了祖国，也出卖了自己的民族，是国家和民族的罪人。我们要依靠各族人民群众，坚决反对和揭露“台独”分裂分子妄图把台湾从我国分割出去的罪恶活动；警惕和反对国际上某些政治势力支持逃亡国外的分裂主义分子，利用“泛伊斯兰主义”〔2〕、“泛突厥主义”〔3〕或打着其他旗号，在我国某些地区煽动分裂的图谋。我在这里着重讲讲西藏的情况。西藏自古以来就是中国的领土。这是无可辩驳的历史事实。西藏和平解放以来，以藏族为主的各族人民在政治、经济、文化等方面享受到了平等的权利，广大农奴当家做了主人。国家不仅在经济上直接对西藏给予了大力帮助，还制定了许多优惠政策，帮助西藏各族人民发展经济文化教育事业，取得了巨大成就。这是不存偏见的人们有目共睹的。但是，极少数分裂主义分子，无视历史和现实，一直没有停止分裂祖国的活动。他们勾结国际敌对势力，披着宗教外衣，打着“民主”、“自由”、“人权”和“民族”的旗号，在国内制造骚乱甚至暴乱，破坏西藏的安定团结；在国外捏造种种虚妄不实之词，欺骗不明真相的人们和国际社会，制造所谓“西藏问题”，并企图使之“国际化”。对他们背叛民族、分裂祖国的行径，包括藏族同胞在内的十一亿多中国各族人民是决不答应的。同时，我在这里还要重申，只要达赖[4]放弃“西藏独立”的主张，停止分裂祖国的活动，我们仍然欢迎他回归祖国。但是，闹独立不行，半独立、变相独立也不行。中央的大门始终是开着的，除了不能谈“西藏独立”问题，其他问题都可以谈。

四、进一步加强党对民族工作的领导

中国共产党是领导我国社会主义事业的核心力量，也是中华民族团结统一的核心力量。为了适应国际形势和国内建设的需要，继续解决好我国的民族问题，必须进一步加强党对民族工作的领导。

加强党对民族工作的领导，首先要坚定不移地全面贯彻执行党的基本路线，坚持实事求是、一切从实际出发，解决好我国的民族问题。在制定和实施具体政策措施时，应该充分注意我国民族众多、发展不平衡的状况和少数民族、民族地区所具有的特殊性。为了提高决策的科学性，应该加强调查研究，了解新情况，研究新问题，及时对现实生活提出的重大实践和理论问题作出尽可能正确的回答。

在各民族干部群众中，要大力加强马克思主义民族观和党的民族政策的教育。我们党运用马列主义、毛泽东思想观察和处理民族问题，在几十年的实践中，形成了一系列基本的观点和政策。这主要是：民族的产生、发展、消亡是一个漫长的历史过程，民族问题将长期存在；社会主义阶段是各民族共同繁荣兴旺的时期，各民族间的共同因素在不断增多，但民族特点、民族差异将继续存在；民族问题是社会总问题的一部分，民族问题只有在解决整个社会问题的过程中才能逐步解决，我国现阶段的民族问题只有在建设社会主义的共同事业中才能逐步解决；各民族不分人口多少、历史长短、发展程度高低，都对祖国的文明作出了贡献，都应该一律平等，应该加强各民族人民的大团结，维护祖国统一；大力发展社会生产力是社会主义时期民族工作的根本任务，各民族要互相帮助，实现共同进步和繁荣；民族区域自治是中国共产党人对马克思主义民族理论的重大贡献，是解决我国民族问题的基本制度；努力造就一支宏大的德才兼备的少数民族干部队伍，是做好民族工作、解决民族问题的关键；民族问题、宗教问题在一些地方往往交织在一起，在处理民族问题时，还要注意全面正确地贯彻落实党的宗教政策。今后，我们还要根据新的情况和经验，对这些基本观点和政策继续加以充实和发展。

处理好民族问题，做好民族工作，是涉及全局的大问题。从中央到地方，各级党委和政府，都要把民族工作切实管起来，健全和完善各级政府的民族工作机构，选派得力干部充实民族工作部门，并注意逐步改善他们的工作条件。各级党委和政府的主要负责同志要亲自过问民族工作，帮助解决实际问题。

要切实抓好少数民族和民族地区党的思想建设、组织建设、作风建设。深入开展爱国主义、集体主义、社会主义思想教育，提高广大党员执行党的基本路线和民族政策的自觉性；不断发展壮大少数民族和民族地区中党的队伍，增强基层党组织的战斗力，把它们建设成为模范执行党的路线方针政策的坚强堡垒和团结各族群众的核心。目前，一些地方基层党组织存在软弱涣散现象，要抓紧帮助它们改变面貌。要教育我们的同志懂得，共产党员特别是党员干部，不论出身于哪个民族，都要牢固树立马克思主义的世界观，通过自己的模范作用，影响和带领本民族和各民族群众，沿着有中国特色的社会主义的道路奋勇前进。

不管国际风云如何变幻，只要全国各族人民在党的领导下，同呼吸、共命运、心连心，团结奋斗，共建现代化大业，社会主义的中国一定会以更加磅礴的气势屹立于世界的东方，中华民族一定会以强健的雄姿跻身于世界先进民族之林。

注　释

〔1〕见毛泽东《关于正确处理人民内部矛盾的问题》(《毛泽东文集》第7卷，人民出版社1999年版，第204页)。

〔2〕“泛伊斯兰主义”，是十九世纪中叶产生于一些伊斯兰教国家的一种社会思潮。起初，政治上主张所有信奉伊斯兰教的国家和民族联合为一个统一国家，共同抵御外来侵略；思想上主张在伊斯兰教的基础上塑造自己的生活方式，抵制无神论和世俗化倾向的影响。进入二十世纪以后，这一思潮被一些伊斯兰教国家的统治者、封建主和宗教势力所利用，成为他们破坏革命运动、煽动民族纷争、进行侵略扩张的工具。第二次世界大战结束后，由于各伊斯兰教国家的独立和民族主义思想的增长，这种思潮逐渐失去号召力。近些年来，我国新疆境内

外极少数民族分裂主义分子和宗教极端主义分子鼓吹这种思潮，妄图破坏祖国统一。

〔3〕“泛突厥主义”，是十九世纪末二十世纪初起源于沙皇俄国境内的鞑靼知识阶层的一种思潮。主张将生活在博斯普鲁斯海峡至阿尔泰山脉之间的突厥语族各民族联合起来，复兴突厥民族。二十世纪初，奥斯曼土耳其统治者接过这一主张，将其发展成为一种民族沙文主义思潮，试图建立以奥斯曼土耳其为核心的突厥大帝国。近些年来，我国新疆极少数民族分裂主义分子同外国反华势力相勾结，鼓吹这种思潮，妄图破坏祖国统一。

〔4〕达赖，这里指达赖喇嘛·丹增嘉措。一九三五年生，青海西宁祁家川(在今青海平安境内)人。一九四〇年二月五日，经国民党政府批准为第十四世达赖喇嘛。原西藏地方宗教和政治领袖之一。一九五一年西藏和平解放后，曾任全国人民代表大会常务委员会副委员长、西藏自治区筹备委员会主任委员等职。一九五九年三月十日，西藏上层反动集团发动武装叛乱；三月十七日，达赖逃往印度。

把干部群众的积极性引导好、保护好、发挥好*

（一九九二年四月四日）

小平同志的重要谈话[1]传达后，举国上下引起了强烈反响，受到广大干部和群众的衷心拥护。全党和全国人民对改革和发展的认识更深化更统一了，大家的劲头很大，积极性大为提高，形势很好。

现在重要的问题，是要善于把干部和群众高涨的劲头和积极性引导好、保护好、发挥好。我赞成人大会上一些代表所说的：必须真抓实干，不鼓虚劲，要鼓实劲，确确实实干出几件大事来。

我认为，关键是要紧紧围绕加快改革开放步伐，促进经济更好更快地上一个新台阶，做出一篇比较系统的大文章。我们要抓紧有利时机，力争实现和保持比较高的发展速度，但务必结合各地区各部门的实际，区分不同情况，具体加以落实。要加紧转换国营企业的经营机制，切实实行政企职责分开，把企业真正推向市场，以利于实现它们从粗放型到集约型的转轨，不断提高经济效益和增强发展活力。还要大力发展第三

---

* 这是江泽民同志写给中共中央政治局常务委员会委员等同志的信。

产业，扩大生产、服务和就业门路，并为精简机构创造有利条件。同时，必须进一步健全宏观调控体系，提高宏观管理效能。总之，要在深化改革上狠下功夫，避免只在扩大投资规模上做文章，以防出现新的重复建设和产品积压。在加快城市经济的改革开放步伐的同时，一定要继续认真落实八中全会决定〔2〕，努力加强农业和农村工作。

除了以上谈到的这些方面以外，看看还要增加哪些必须研究的问题，请李鹏〔3〕同志于近日内主持召开国务院的专门会议，请有关部委的负责同志参加，充分讨论，统一认识，集中大家智慧，提出初步方案。待我访日回来后，争取能尽快提请常委会议和政治局会议讨论。

其他几位常委同志分工负责研究的有关落实小平同志谈话精神的初步方案，也望继续抓紧进行。一俟各个初步方案提出后，即逐一予以讨论。

在全面贯彻落实小平同志重要谈话精神的过程中，思想要解放，胆子要大，而步子要扎实，工作要过细。也就是小平同志常说的胆大心细，实事求是。要力戒形式主义和做表面文章。

改革开放愈深化愈发展，可能遇到的矛盾和问题也会更多更复杂。所以，必须加强党的统一领导，使各项改革开放工作有领导有步骤地顺利进行。特别是一些直接涉及干部和群众的切身利益关系的敏感问题，如机构精简、解决富余劳动力的问题等等，一定要周密筹划，先搞试点，少说多做，慎重实施。古人云："兵马未动，粮草先行。"事前要做好必要的充分准备，而不宜先造声势，以免引起人心浮动，带来不好的后果。

注　释

〔**1**〕这里所说的重要谈话，指邓小平同志一九九二年一月十八日至二月二十一日在武昌、深圳、珠海、上海等地的谈话。这些谈话的要点已收入《邓小平文选》第三卷。

〔**2**〕这个决定，指中共十三届八中全会一九九一年十一月二十九日通过的《中共中央关于进一步加强农业和农村工作的决定》。

〔**3**〕见本卷《在党的十三届四中全会上的讲话》注〔2〕。

关于在我国建立社会主义市场经济体制*

（一九九二年六月九日）

加快经济体制改革的根本任务，就是要尽快建立社会主义的新经济体制。而建立新经济体制的一个关键问题，是要正确认识计划和市场问题及其相互关系，就是要在国家宏观调控下，更加重视和发挥市场在资源配置中的作用。

历史经验说明，商品经济的充分发展是实现社会经济高度发达不可逾越的阶段。充分发展的商品经济，必然离不开充分发育的完善的市场机制。那种认为市场作用多了，就会走上资本主义道路的担心，是没有根据的，也是不正确的。一九九〇年底，邓小平同志就明确指出："我们必须从理论上搞懂，资本主义与社会主义的区分不在于是计划还是市场这样的问题。社会主义也有市场经济，资本主义也有计划控制。资本主义就没有控制，就那么自由？最惠国待遇也是控制嘛！不要以为搞点市场经济就是资本主义道路，没有那么回事。

* 这是江泽民同志在中共中央党校省部级干部进修班上的讲话《深刻领会和全面落实邓小平同志的重要谈话精神，把经济建设和改革开放搞得更快更好》的一部分。

计划和市场都得要。不搞市场，连世界上的信息都不知道，是自甘落后。"[1]邓小平同志在最近的谈话中把这个问题讲得更简明、更深刻了。他说："计划多一点还是市场多一点，不是社会主义与资本主义的本质区别。计划经济不等于社会主义，资本主义也有计划；市场经济不等于资本主义，社会主义也有市场。计划和市场都是经济手段。"[2]

关于"资本主义也有计划"，恩格斯在他晚年就已开始察觉到了这个问题。一八九一年，他在批判德国社会民主党纲领草案时指出，资本主义托拉斯的出现，标志着生产的无计划性没有了。他说，纲领草案中所说的"'根源于资本主义私人生产的本质的无计划性'这一句需要大加修改"[3]。一九一七年四月，列宁也曾经指出，第一次世界大战加速了资本主义向帝国主义发展，一般垄断转变为国家垄断[4]，从而"正直接向它更高的、有计划的形式转变"[5]。列宁又说："关于资本主义问题的提法，不估计到托拉斯的作用，却说'资本主义的特点是无计划性'，那是不能令人满意的。"[6]我引用恩格斯和列宁的这些话，是想引起同志们进一步注意，注意加强对资本主义经济发展变化情况的研究，以利于分清哪些是资本主义的本质特点，哪些不属于资本主义的本质特点。

到了本世纪三十年代，凯恩斯主义[7]出现后，西方资本主义国家加强了对经济生活的干预，也就是明显加强了对经济的宏观控制。凯恩斯强调对全社会进行总需求管理，特别是利用财政政策来调节总需求，这对挽救三十年代西方国家经济的大萧条起了重要作用。此外，凯恩斯主义和后凯恩斯主义[8]还强调通过累进式个人所得税、遗产税和馈赠税进行收入再分配的调节。这表明西方资本主义经济除了各企业内部加强了计划性，在宏观层次上也出现了一定程度的计划调节。

第二次世界大战结束后，尤其是六十年代以来，随着资本主义所固有的矛盾日益加深以及科学技术的迅速发展，一些西方发达国家纷纷制定和实施各种形式的宏观经济计划。例如，日本先后制定了九个经济发展计划，法国也连续制定了十个经济发展计划。这些都说明，不少资本主义国家是很注意对经济活动进行计划控制的。因此，我们同志的思想不能再停留在过去的概念上了，不能把有计划只看成是社会主义独具的特征。当然，社会主义制度下和资本主义制度下运用计划手段的范围和形式是会有些区别的，如同运用市场手段的范围和形式也是会有些区别的一样。

关于"社会主义也有市场"，通过十多年来的改革开放，应该说我们有了更深切的体会。我们把市场机制引入经济生活，给我国社会主义经济增添了生机和活力，对加快经济发展起了显著作用。过去，我们往往只看到市场的自发性方面所带来的一些消极作用，而很少看到市场对激励企业竞争、推动经济发展的积极作用，特别是看不到市场也是一种配置资源的方式，看不到它对优化资源配置所起的促进作用。这显然是一种认识上的片面性。大量事实表明，市场是配置资源和提供激励的有效方式，它通过竞争和价格杠杆把稀缺物资配置到能创造最好效益的环节中去，并给企业带来压力和动力。而且，市场对各种信号的反应也是灵敏迅速的。正因为有这些优点，所以市场对经济发展的积极作用，已为社会主义国家越来越多的人们所认识，过去对市场的片面认识和偏见正在被抛弃。当然,我们强调充分看到市场的优点,并不是说市场是全面的、万能的。市场也有其自身的明显弱点和局限性。例如,市场不可能自动地实现宏观经济总量的稳定和平衡;市场难以对相当一部分公共设施和消费进行调节;在某些社会效益重于经济效益的环节,市场调节不可能达到预期的社会目标;在一些垄断性行业和规模经济显著的行业,市场调节也不可能达到理想的效果。因此,这就要求我们必须发挥计划调节的优势,来弥补和抑制市场调节的这些不足和消极作用,把宏观经济的平衡搞好,以保证整个经济全面发展。在那些市场调节力所不及的若干环节中,也必须利用计划手段来配置资源。同时,还必须利用计划手段来加强社会保障和社会收入再分配的调节,防止两极分化。

党的十一届三中全会以来,我们对计划和市场问题及其相互关系的认识,有一个发展过程。党的十二大时,讲的是计划经济为主、市场调节为辅;党的十二届三中全会通过的《关于经济体制改革的决定》提出了社会主义经济是在公有制基础上的有计划的商品经济的新概念;党的十三大时,提出了社会主义有计划商品经济的体制应该是计划与市场内在统一的体制;党的十三届四中全会以来,提出了建立适应有计划商品经济发展的计划经济与市场调节相结合的经济体制和运行机制。我这里讲的是党的正式文件中的一些提法,至于学术界、理论界在讨论中的不同意见、不同提法就更多了。最近,经过学习邓小平同志的重要谈话,在对计划和市场、建立新经济体制问题的认识上又有了一些新的提法。大体上有这么几种:一是建立计划与市场相结合的社会主义商品经济体制,二是建立社会主义有计划的市场经济体制，三是建立社会主义的市场经济体制。认识的发展变化，包括出现不同意见、不同观点的讨论，这是正常的，说明对客观事物的认识不可能一次完成，特别是对一些重大问题，往往总是要经过反复认识和反复讨论，并通过实践不断总结提高，才能得到比较科学的认识。现在，可以这样讲，经过十多年的摸索和总结国内外经验，我们对建立社会主义的新经济体制在理论上、实践上的认识，已经比较成熟了，在全党也进一步统一了，完全可以进入加快实施的阶段了。

上述这几种提法，究竟哪一种更切合我国的经济实际，更易于为大多数同志所接受，更有利于促进我国经济建设的发展，还可以继续研究，眼下不必忙于作出定论。不过，我想在党的十四大报告中，总得最后确定一种大多数同志都赞同的有关经济体制的比较科学的提法，以利于进一步统一全党同志的认识和行动，以利于加快我国社会主义的新经济体制的建立。我个人的看法，比较倾向于使用“社会主义市场经济体制”这个提法。有计划的商品经济，也就是有计划的市场经济。社会主义经济从一开始就是有计划的，这在人们的脑子里和认识上一直是清楚的，不会因为提法中不出现“有计划”三个字，就发生是不是取消了计划性的疑问。而且，前面已讲到资本主义经济也并不是无计划。所以，我觉得使用“社会主义市场经济体制”是可以为大多数干部群众所接受的。虽然这是我个人的看法，但也与中央一些同志交换过意见，大家基本上是赞成的。当然，这还不是定论。不管党的十四大报告中最后确定哪一种提法，都需要阐明我国社会主义的新经济体制的主要特征。我认为，主要特征应该有这样几个：一是在所有制结构上，坚持以公有制经济为主体，个体经济、私营经济和其他经济成分为补充，多种经济成分共同发展；二是在分配制度上，坚持以按劳分配为主体，其他分配方式为补充，允许和鼓励一部分地区、一部分人先富起来，逐步实现共同富裕，防止两极分化；三是在经济运行机制上，把市场经济和计划经济的长处有机结合起来，充分发挥各自的优势作用，促进资源优化配置，合理调节社会分配。

要加快新经济体制的建立，当前必须抓紧解决好几个关键性问题。

一是转变政府职能，切实实行政企职责分开。政府对社会经济活动的管理职能，主要是统筹规划、掌握政策、组织协调、提供服务和检查监督，运用经济手段、法律手段和必要的行政手段，保证经济总量平衡和重大经济结构与布局的协调。政府部门不得再干预企业的生产、经营、管理等具体事务，一定要使微观经济放开搞活，同时搞好必要的宏观调控。这两者是相辅相成的，不可能孤立地实现。

二是抓紧企业特别是国有大中型企业经营机制的转换，真正推动企业走上市场，使它们成为市场竞争的主体，成为真正的法人实体，真正实现自主经营、自负盈亏、自我发展、自我约束和自担风险，达到责权利相统一。国有大中型企业经营机制转换的过程，实际上也就是进一步探索和选择公有制经济实现形式的过程，这些形式应该是多种多样和正确有效的。这就需要在实践中继续大胆试验，取得成功经验后，就加以实行和推广。国家直接经营形式（一部分重大的关系国计民生的必须由国家垄断的企业)、承包经营形式、股份经营形式、租赁经营形式等,都可以区别不同国有企业的情况,在不同范围内有选择地加以实行,并不断总结经验,使它们逐步完善起来。不管采取哪种经营形式,目的都是把国有企业真正搞活搞好,使它们不断提高竞争能力和增强发展后劲。

三是适应商品经济和价值规律的要求,切实更新计划观念,转变计划管理职能和方式,使计划能够真正反映市场的供求变化。同时,要更多地运用经济政策和经济杠杆引导和调控市场健康发展。

四是大力培育和发展市场,建立统一的完备的社会主义市场。这就要求我们的主管部门和有关方面,必须共同配合,一方面努力建立健全市场体系,在继续发展商品市场特别是生产资料市场的同时,积极培育包括股票和债券等有价证券的金融市场,发展技术市场、劳务市场、信息市场、房地产市场;另一方面努力健全和严格执行市场管理制度,以利于形成和保持良好的市场秩序。

五是加强经济法规和经济运行所必需的其他基础设施建设。既要加强和完善"硬件"的基础设施,如通讯、计算机网络、银行、交通等;又要健全和完善"软件"的基础设施,如规范的会计、审计、统计、税收等,以保证社会经济活动能够有秩序地运行。

注　释

〔1〕见邓小平《善于利用时机解决发展问题》(《邓小平文选》第3卷,人民出

版社 1993 年版，第 364 页）。

〔**2**〕见邓小平《在武昌、深圳、珠海、上海等地的谈话要点》（《邓小平文选》第 3 卷，人民出版社 1993 年版，第 373 页）。

〔**3**〕见恩格斯《一八九一年社会民主党纲领草案批判》。新的译文是："'根源于资本主义私人生产的本质的无计划性'这一句需要大加改进。"（《马克思恩格斯选集》第 4 卷，人民出版社 1995 年版，第 408 页）

〔**4**〕参见列宁《关于目前形势的报告》（《列宁全集》第 29 卷，人民出版社 1985 年版，第 353 页）。

〔**5**〕见列宁《为维护关于目前形势的决议而发表的讲话》。原文是："现在资本主义正直接向它更高的、有计划的形式转变。"（《列宁全集》第 29 卷，人民出版社 1985 年版，第 436 页）

〔**6**〕见列宁《为维护关于目前形势的决议而发表的讲话》（《列宁全集》第 29 卷，人民出版社 1985 年版，第 435—436 页）。

〔**7**〕凯恩斯主义，是以凯恩斯为创始人的经济理论和政策主张。凯恩斯，即约翰·梅纳德·凯恩斯（一八八三——一九四六），英国经济学家。一九二九年至一九三三年资本主义世界经济危机以后，他提出失业和经济危机的原因是有效需求不足的观点，认为只要国家采取适当政策，调节经济，增加有效需求，就可以消除危机，解决失业问题。他主张，国家必须积极干预经济生活，以增加投资，刺激消费。一九三六年，凯恩斯的《就业、利息和货币通论》一书出版，标志着凯恩斯主义形成。凯恩斯的经济理论和政策主张对英美等国的经济政策，对现代改良主义的理论和现代庸俗政治经济学，都有很大影响。

〔**8**〕后凯恩斯主义，即现代凯恩斯主义。一九四六年凯恩斯去世以后，他的追随者坚持凯恩斯的基本思想，并在经济理论和政策主张方面作出了许多补充和调整。凯恩斯追随者由于理论观点、分析方法和政策主张不同而分成了不同流派。其中最主要的是：以英国经济学家琼·罗宾逊为首的新剑桥学派和以美国经济学家萨缪尔森为首的新古典综合派。前者又称"凯恩斯左派"，后者又称"后凯恩斯主流经济学派"。

加快长江三角洲和沿江地区的经济发展*

（一九九二年六月二十七日）

邓小平同志在视察南方的重要谈话中指出，发展比较好的地区就应该比全国平均速度快，比如上海，在人才、技术和管理方面都有明显优势，完全有条件搞得更快一点。这次座谈会就是落实邓小平同志重要谈话和中央政治局全体会议精神的一个实际步骤。我们要充分认识开发开放长江三角洲和沿江地区的战略意义。长江三角洲和沿江地区，是我国经济、科技、文化发达的地区之一。这一地区涉及七省一市[1]，基础设施好，水力资源丰富，农业经济比较发达，工业门类比较齐全，钢铁、汽车、电子、石化、机械等领域都有一大批一流的大型骨干企业，加上城市众多、人才密集、科技力量强等许多有利因素，使得这一地区在全国经济社会发展中占有举足轻重的地位。这一地区将成为继沿海开放地区之后一个开发潜力最大、有可能上得最快的经济发展的先行区。可以这样说，长江三角洲和沿江地区开发开放的快慢，将在很大程度上决

* 这是江泽民同志在国务院召开的长江三角洲及长江沿江地区经济发展规划座谈会上的讲话。

定我国实现第二步战略目标乃至整个社会主义现代化的进程。现在,亚太地区经济发展势头强劲,国际市场竞争激烈。这对我们来说既是机遇,也是挑战,对于扩大我国对外贸易是有利的,当然也会面对更多竞争对手。在这样的国际形势下,我们要不落后于亚太地区其他国家的经济发展,并在增长速度方面超过他们,加快改革开放步伐,抓紧开发以浦东为龙头的长江三角洲和沿江地区,更是刻不容缓。应该认识到,党中央、国务院在继续抓好珠江三角洲开放开发的同时,决定以开发开放浦东为龙头,带动长江三角洲和沿江地区开发开放和经济发展,这是我国经济发展区域布局和扩大对外开放格局的一个重要战略决策。中央各部门和七省一市要齐心协力,确保这一战略决策得到贯彻实施。

加快长江三角洲和沿江地区经济发展,根本动力来自改革开放。这是珠江三角洲八十年代迅速崛起的一条成功经验。七省一市的同志要坚持以邓小平同志建设有中国特色社会主义的理论为指导,深入学习和领会他的重要谈话精神,坚持改革开放的基本方针,学习和借鉴珠江三角洲特别是深圳等经济特区开放开发的经验,进一步解放思想、实事求是,放开手脚,大胆试验。中央将赋予你们必要的权限。中央各个部门要切实转变职能,提高办事效率,努力为地方和基层服务。最近,国家计委正在制定扩大地方和企业的基本建设投资决策权、简化基本建设审批程序的具体规定。七省一市要正确运用中央赋予的权力和政策,从自己的实际出发,创造性地开展工作,加大改革开放的力度,加快新旧体制转换。对国际通用的做法,凡是对发展经济有利的,都可以结合实际大胆采用。转换企业经营机制的关键是落实企业自主权，不仅中央各个部门要放权，省市县也要放权。凡是国家赋予企业的权力，一定要真正落实到企业，切不可变成权力由中央部门向地方部门转移。要积极稳妥地搞好各项配套改革，为企业转换经营机制创造良好的外部条件。深化科技体制改革也应该抓紧。通过改革，充分调动广大知识分子的积极性，加快培养人才，加速科技成果向商品化和现实生产力转化。

长江三角洲和沿江地区的经济开发不可能齐头并进，必须抓住重点，统筹兼顾，搞好联合，发挥整体优势。从整个区域的开发来说，既要始终抓住浦东和三峡工程这两个重点，又要注意充分发挥沿江各省的优势和特点。三峡工程的前期工作要抓紧抓好。当前，要下大气力搞好浦东开发开放，尽快使这个龙头活起来，发挥其对沿江各省的带动和辐射作用。从产业结构调整来说，上海和沿江各大城市要放手发展第三产业，调整提高第二产业，稳步发展第一产业。建设资金应该重点用于交通、能源、通信等基础设施和高新技术产业，努力改善投资环境，发展壮大主导产业和支柱产业，缓解交通、能源紧张的局面。要实行开发和集约并重的方针，走集约经营的路子。充分依靠现有基础，加快加工工业的技术改造，对重点基建和技改的项目一定要确保人力、物力、财力，精心组织，精心施工，以利尽快建成投产，发挥效益，切不可一拥而上。长江三角洲和沿江地区的开发，要作为一个整体统筹规划，联合协作。在这次会上，七省一市的同志都提出了积极建议，表达了大联合的强烈愿望。上海的同志在发言中提出了要打“中华牌”、“世界牌”，走联合开发的路子。江苏的同志在发言中表达了对开发浦东坚决支持、主动服务、迎接辐射、共同发展的态度。浙江的同志在发言中谈到，要本着主动配合、全面合作、优势互补、共同发展的方针，积极加强与沿江地区各省市的联合和合作。其他省市也都有这样的愿望和要求。我看，这是本次座谈会的一个重要收获。有了这样好的思想基础，再经过各方面共同努力，我相信，浦东开发、重点项目建设、跨地区企业集团的组建，以及涉及这一地区开发开放的各项工作，一定能够顺利地富有成效地向前发展。

注 释

〔1〕这里所说的七省一市，指江苏省、浙江省、安徽省、江西省、湖北省、湖南省、四川省和上海市。

加快改革开放和现代化建设步伐，夺取有中国特色社会主义事业的更大胜利*

（一九九二年十月十二日）

同志们：

中国共产党第十四次全国代表大会，在我国加快改革开放和现代化建设的新形势下召开了！现在，我代表十三届中央委员会向大会作报告。

这次大会肩负着重大的历史使命。全党同志和全国各族人民都寄希望于我们这次大会，世界上关心中国的朋友都注视着我们这次大会。我们相信，经过全体代表的共同努力，这次大会一定能开成团结的大会，胜利的大会。

十一届三中全会以来，在邓小平同志建设有中国特色社会主义理论的指导下，我们党和人民锐意改革，努力奋斗，整个国家焕发出了勃勃生机，中华大地发生了历史性的伟大变化。社会生产力获得新的解放。安定团结的政治局面不断巩固。十一亿人民的温饱问题基本解决，正在向小康迈进。我国经济建设上了一个大台阶，人民生活上了一个大台阶，综合

---

* 这是江泽民同志在中国共产党第十四次全国代表大会上的报告。

国力上了一个大台阶。在世界风云急剧变幻的情况下,中国的社会主义制度经受住严峻的考验,显示了强大的生命力。

邓小平同志今年初视察南方的重要谈话,极大地鼓舞了全党同志和全国各族人民。广大干部和群众思想更加解放,精神更加振奋,上下团结一致,到处热气腾腾,进一步展现出中华民族实现伟大理想的壮丽前景。

十三届中央委员会全面分析了当前形势,一致认为,现在国内条件具备,国际环境有利,既有挑战,更有机遇,是我们加快发展的好时机。这次代表大会的任务是:以邓小平同志建设有中国特色社会主义的理论为指导,认真总结十一届三中全会以来十四年的实践经验,确定今后一个时期的战略部署,动员全党同志和全国各族人民,进一步解放思想,把握有利时机,加快改革开放和现代化建设步伐,夺取有中国特色社会主义事业的更大胜利。

一、十四年伟大实践的基本总结

十四年来,我们从事的事业,就是坚持党的基本路线,通过改革开放,解放和发展生产力,建设有中国特色的社会主义。就其引起社会变革的广度和深度来说,是开始了一场新的革命。它的实质和目标,是要从根本上改变束缚我国生产力发展的经济体制,建立充满生机和活力的社会主义新经济体制,同时相应地改革政治体制和其他方面的体制,以实现中国的社会主义现代化。

在我们党的历史上,以毛泽东同志为核心的第一代中央领导集体，领导全党和全国各族人民，经过长期奋斗，夺取了新民主主义革命的胜利，进而建立起社会主义基本制度，解放和发展了生产力，把一百多年来受尽外国侵略欺凌的半殖民地半封建的旧中国，变成了独立的人民当家做主的社会主义新中国。这场中国有史以来最伟大的革命，开辟了中国历史的新纪元。以邓小平同志为核心的第二代中央领导集体，领导全党和全国各族人民开始的又一次伟大革命，是要进一步解放和发展生产力，经过长期奋斗，把中国由不发达的社会主义国家变成富强民主文明的社会主义现代化国家，使社会主义优越性在中国充分体现出来。这场新的革命，是在过去革命取得成功和社会主义建设取得巨大成就的基础上进行的，是在我们党领导下有秩序有步骤地进行的。它不是要改变我们社会主义制度的性质，而是社会主义制度的自我完善和发展。它也不是原有经济体制的细枝末节的修补，而是经济体制的根本性变革。原有经济体制有它的历史由来，起过重要的积极作用，但是随着条件的变化，越来越不适应现代化建设的要求，十四年改革带来的最深刻的变化，就是摆脱了许多思想上和体制上的禁锢，调动起广大人民群众的积极性，拥有十一亿人口的中国正在创造着充满活力的社会主义。

在这次党的全国代表大会上，对十四年来党领导人民进行的伟大实践作一个历史的回顾，对党在实践过程中形成的基本理论、基本路线和一系列战略决策作出郑重的结论，是非常必要的。这对于进一步统一全党思想，坚持党的基本理论和基本路线不动摇，把有中国特色社会主义的伟大事业继续推向前进，具有重大的现实意义和长远意义。

大家都记得,粉碎“四人帮”的胜利从危难中挽救了党和国家,但“文化大革命”遗留下来的政治、思想、组织和经济上的混乱还极其严重。那时要摆脱困境,打开局面,是多么不容易。一九七八年召开的十一届三中全会和全会形成的以邓小平同志为核心的中央领导集体,承担起艰巨的使命,实现了伟大的历史性转折,开创了我国社会主义事业发展的新时期。

我们党在十一届三中全会前后领导和支持了关于实践是检验真理唯一标准的大讨论。这场讨论冲破个人崇拜和“两个凡是”[1]的束缚,重新确立了解放思想、实事求是的思想路线。这是思想路线的拨乱反正。

我们党在十一届三中全会上毅然抛弃“以阶级斗争为纲”这个不适用于社会主义社会的“左”的错误方针,把党和国家的工作中心转移到经济建设上来。这是政治路线的拨乱反正。在确定工作中心转移的同时,作出了实行改革开放的伟大决策,并针对拨乱反正过程中出现的错误思潮,旗帜鲜明地强调必须坚持社会主义道路、坚持人民民主专政、坚持中国共产党的领导、坚持马克思列宁主义毛泽东思想。“一个中心、两个基本点”的思想开始形成,奠定了新时期党的基本路线的基础。

我们党强调必须以正确的组织路线来保证正确的思想路线和政治路线的实现。根据历史转折的新要求,加强党的组织建设,逐步调整和充实各级领导班子,提出干部队伍革命化、年轻化、知识化、专业化的方针,废除干部领导职务实际存在的终身制,实行新老干部的合作与交替。

我们党对重大历史是非作了认真的清理。采取一系列措施，平反冤假错案，落实了有利于增强党的团结和调动一切积极因素的各项政策。十一届六中全会专门作出关于建国以来党的若干历史问题的决议，根本否定了“文化大革命”和“无产阶级专政下继续革命”的理论，同时坚决顶住否定毛泽东同志和毛泽东思想的错误思潮，维护了毛泽东同志的历史地位，肯定了毛泽东思想的指导作用。随着国内局势的发展和国际局势的变化，越来越显示出党作出这个重大决策的勇气和远见。

在拨乱反正基本完成的基础上，一九八二年召开了党的第十二次全国代表大会。这次大会提出“把马克思主义的普遍真理同我国的具体实际结合起来，走自己的道路，建设有中国特色的社会主义”的思想，确定分两步走在本世纪末实现国民生产总值翻两番的目标。随后又提出第三步到下世纪中叶基本实现社会主义现代化的战略。我们党举起了一面引导全国各族人民迈向二十一世纪的伟大旗帜。

新时期最鲜明的特点是改革开放。改革开放从十一届三中全会起步，十二大以后全面展开。它经历了从农村改革到城市改革，从经济体制的改革到各方面体制的改革，从对内搞活到对外开放的波澜壮阔的历史进程。

改革从农村开始，这是符合中国国情的战略决策。实行家庭联产承包，是中国农民的伟大创造。党中央尊重群众愿望，积极支持试验，几年功夫在全国推开。废除人民公社，又不走土地私有化道路，而是实行家庭联产承包为主，统分结合、双层经营，解决了我国社会主义农村体制的重大问题。八亿农民获得对土地的经营自主权，加上基本取消农产品的统购派购，放开大部分农产品价格，从而使农业生产摆脱长期停滞的困境，农村经济向着专业化、商品化、社会化迅速发展，广大城乡人民得到显著实惠，带动了整个改革和建设事业。乡镇企业异军突起，是中国农民的又一个伟大创造。它为农村剩余劳动力从土地上转移出来，为农村致富和逐步实现现代化，为促进工业和整个经济的改革和发展，开辟了一条新路。

适应改革从农村向城市发展的新形势，十二届三中全会通过了关于经济体制改革的决定。这个决定提出我国社会主义经济是公有制基础上的有计划商品经济，突破把计划经济同商品经济对立起来的传统观念，是对马克思主义政治经济学的新发展，为全面经济体制改革提供了新的理论指导。接着，党相继决定对科技体制和教育体制进行改革，并进一步提出政治体制改革的目标和任务。

兴办深圳、珠海、汕头、厦门四个经济特区是对外开放的重大步骤，是利用国外资金、技术、管理经验来发展社会主义经济的崭新试验，取得了很大成就。实践证明，经济特区姓“社”不姓“资”。在兴办经济特区之后，又相继开放沿海十几个城市，在长江三角洲、珠江三角洲、闽东南地区、环渤海地区开辟经济开放区，批准海南建省并成立经济特区。对外开放不断扩大，两亿人口的沿海地带迅速发展，有力地推动了全国的改革开放和经济建设。

改革和建设的顺利进行，需要强有力的思想和政治保证。党提出一系列“两手抓”的战略方针，强调一手抓改革开放，一手抓打击犯罪；一手抓经济建设，一手抓民主法制；一手抓物质文明，一手抓精神文明。十二届六中全会专门作出决议，指出我们的精神文明建设必须是推动社会主义现代化建设的精神文明建设，是促进全面改革和实行对外开放的精神文明建设，是坚持四项基本原则的精神文明建设。党还强调在整个社会主义现代化建设进程中都要进行反对资产阶级自由化的教育和斗争。

一九八七年召开了党的第十三次全国代表大会。这次大会的主要历史功绩，是比较系统地论述了我国社会主义初级阶段的理论，明确概括和全面阐发了党的“一个中心、两个基本点”的基本路线。大会高度评价十一届三中全会以来开始找到建设有中国特色社会主义道路的伟大意义，强调指出，这是马克思主义与中国实践相结合的过程中，继找到中国新民主主义革命道路、实现第一次历史性飞跃之后的第二次历史性飞跃。

十三大以来的五年，是我们沿着有中国特色的社会主义道路继续前进的五年。在国际国内的复杂艰难情况下，党团结和领导全国各族人民，克服种种困难，实现了社会稳定、政治稳定和经济发展。我国经济从一九八四年到一九八八年经历了一个加速发展的飞跃时期，展现了农业和工业、农村和城市、改革和发展相互促进的生动局面，整个国民经济提高到一个新的水平。同时在前进中也出现了一些问题，主要是物价波动大了一点，重复建设比较严重。党决定用一段时间治理经济环境、整顿经济秩序，以利于更好地推进改革和建设。一九八九年春夏之交发生了一场政治风波，党和政府依靠人民，旗帜鲜明地反对动乱，平息在北京发生的反革命暴乱，捍卫了社会主义国家政权，维护了人民的根本利益，保证了改革开放和现代化建设继续前进。与此同时，中央明确宣告，党的基本路线和十三大的决策是正确的，绝不因为发生这场政治风波而动摇。十三届四中全会选出新的中央领导集体。党中央全面坚持党的基本路线，继续抓住经济建设这个中心，努力纠正“一手比较硬，一手比较软”的现象，加强思想政治工作和党的建设工作。在国际局势剧变的情况下，党按照冷静观察、沉着应付的方针，坚持把注意力集中在办好我们自己的事情上，相继作出关于加强廉政建设的决定，关于进一步治理整顿、深化改革的决定，关于加强党同人民群众联系的决定，关于上海浦东开发开放的决策，关于国民经济和社会发展十年规划和“八五”计划的建议，关于搞好国营大中型企业的决定，关于进一步加强农业和农村工作的决定。党在历史关键时刻作出的这些重大决策，是完全正确的。

今年初邓小平同志视察南方发表重要谈话，精辟地分析了当前国际国内形势，科学地总结了十一届三中全会以来党的基本实践和基本经验，明确地回答了这些年来经常困扰和束缚我们思想的许多重大认识问题。谈话强调基本路线要管一百年，动摇不得，要求我们思想更解放一点，改革开放的胆子更大一点，建设的步子更快一点，千万不可丧失时机。今年三月中央政治局召开全体会议，完全赞同邓小平同志的重要谈话，认为谈话不仅对当前的改革和建设，对开好党的十四大，具有十分重要的指导作用，而且对整个社会主义现代化建设事业具有重大而深远的意义。接着，党中央和国务院作出关于加快改革开放和经济发展的一系列决定。以邓小平同志的谈话和今年三月中央政治局全体会议为标志，我国改革开放和现代化建设事业进入了一个新的阶段。

回顾十四年走过的道路，我们在工作中也发生过失误和偏差，现在还面临着很多困难和问题，人民群众还有不少意见和一些不满意的地方。但是总起来说，全党全国人民公认的事实是：这十四年是真正集中力量进行社会主义现代化建设的十四年，是人民生活水平提高最快的十四年，开创了历史的新局面，取得了举世瞩目的成就，党赢得了广大人民群众的拥护。

我们党所以能够取得这样的胜利，根本原因是在十四年的伟大实践中，坚持把马克思主义基本原理同中国具体实际相结合，逐步形成和发展了建设有中国特色社会主义的理论。从《共产党宣言》发表以来一百几十年间，俄国十月革命、中国革命和其他一些国家革命的胜利，证明无产阶级领导人民夺取政权是能够成功的。至于如何建设社会主义，也取得了巨大成就和宝贵经验，但是总的来说还需要很好地探索。近几年国际上发生的急剧变化，使这个问题更加引人深思。中国共产党历来坚持独立自主地进行革命和建设，历来认为中国社会主义的命运归根到底取决于我们自己，取决于党的理论和路线，取决于党同人民的团结奋斗。十四年来，社会主义在中国的新局面和新成就，更使我们从历史的比较和国际的观察中认识到，我们党建设有中国特色社会主义的理论是正确的，是符合最广大人民的利益和要求的。这个理论，第一次比较系统地初步回答了中国这样的经济文化比较落后的国家如何建设社会主义、如何巩固和发展社会主义的一系列基本问题，用新的思想、观点，继承和发展了马克思主义。

建设有中国特色社会主义理论的主要内容是：

在社会主义的发展道路问题上,强调走自己的路,不把书本当教条,不照搬外国模式,以马克思主义为指导,以实践作为检验真理的唯一标准,解放思想,实事求是,尊重群众的首创精神,建设有中国特色的社会主义。

在社会主义的发展阶段问题上,作出了我国还处在社会主义初级阶段的科学论断,强调这是一个至少上百年的很长的历史阶段,制定一切方针政策都必须以这个基本国情为依据,不能脱离实际,超越阶段。

在社会主义的根本任务问题上,指出社会主义的本质是解放生产力,发展生产力,消灭剥削,消除两极分化,最终达到共同富裕。强调现阶段我国社会的主要矛盾是人民日益增长的物质文化需要同落后的社会生产之间的矛盾,必须把发展生产力摆在首要位置,以经济建设为中心,推动社会全面进步。判断各方面工作的是非得失,归根到底,要以是否有利于发展社会主义社会的生产力,是否有利于增强社会主义国家的综合国力,是否有利于提高人民的生活水平为标准。科学技术是第一生产力,经济建设必须依靠科技进步和劳动者素质的提高。

在社会主义的发展动力问题上,强调改革也是一场革命,也是解放生产力,是中国现代化的必由之路,僵化停滞是没有出路的。经济体制改革的目标,是在坚持公有制和按劳分配为主体、其他经济成分和分配方式为补充的基础上,建立和完善社会主义市场经济体制。政治体制改革的目标,是以完善人民代表大会制度、共产党领导的多党合作和政治协商制度为主要内容,发展社会主义民主政治。同经济、政治的改革和发展相适应，以“有理想、有道德、有文化、有纪律”为目标，建设社会主义精神文明。

在社会主义建设的外部条件问题上，指出和平与发展是当代世界两大主题，必须坚持独立自主的和平外交政策，为我国现代化建设争取有利的国际环境。强调实行对外开放是改革和建设必不可少的，应当吸收和利用世界各国包括资本主义发达国家所创造的一切先进文明成果来发展社会主义，封闭只能导致落后。

在社会主义建设的政治保证问题上，强调坚持社会主义道路、坚持人民民主专政、坚持中国共产党的领导、坚持马克思列宁主义毛泽东思想。这四项基本原则是立国之本，是改革开放和现代化建设健康发展的保证，又从改革开放和现代化建设获得新的时代内容。

在社会主义建设的战略步骤问题上，提出基本实现现代化分三步走。在现代化建设的长过程中要抓住时机，争取出现若干个发展速度比较快、效益又比较好的阶段，每隔几年上一个台阶。贫穷不是社会主义，同步富裕又是不可能的，必须允许和鼓励一部分地区一部分人先富起来，以带动越来越多的地区和人们逐步达到共同富裕。

在社会主义的领导力量和依靠力量问题上，强调作为工人阶级先锋队的共产党是社会主义事业的领导核心，党必须适应改革开放和现代化建设的需要，不断改善和加强对各方面工作的领导，改善和加强自身建设。执政党的党风，党同人民群众的联系，是关系党生死存亡的问题。必须依靠广大工人、农民、知识分子，必须依靠各民族人民的团结，必须依靠全体社会主义劳动者、拥护社会主义的爱国者和拥护祖国统一的爱国者的最广泛的统一战线。党领导的人民军队是社会主义祖国的保卫者和建设社会主义的重要力量。

在祖国统一的问题上,提出“一个国家、两种制度”的创造性构想。在一个中国的前提下,国家的主体坚持社会主义制度,香港、澳门、台湾保持原有的资本主义制度长期不变,按照这个原则来推进祖国和平统一大业的完成。

建设有中国特色社会主义的理论还有其他许多内容,还要在研究新情况、解决新问题的过程中,在实践检验中继续丰富、完善和发展。

在建设有中国特色社会主义理论的指导下,我们党形成了社会主义初级阶段的基本路线,这就是:领导和团结全国各族人民,以经济建设为中心,坚持四项基本原则,坚持改革开放,自力更生,艰苦创业,为把我国建设成为富强、民主、文明的社会主义现代化国家而奋斗。“一个中心、两个基本点”,是这条路线的简明概括。同这条路线相适应,我们党还形成了包括经济、政治、科技、教育、文化、军事、外交等各方面的一整套方针政策。这条路线和这些方针政策也都要在实践中继续丰富、完善和发展。

建设有中国特色社会主义的理论,是在和平与发展成为时代主题的历史条件下,在我国改革开放和社会主义现代化建设的实践过程中,在总结我国社会主义胜利和挫折的历史经验并借鉴其他国家社会主义兴衰成败历史经验的基础上,逐步形成和发展起来的。它是马克思列宁主义基本原理与当代中国实际和时代特征相结合的产物,是毛泽东思想的继承和发展，是全党全国人民集体智慧的结晶，是中国共产党和中国人民最可珍贵的精神财富。邓小平同志是我国社会主义改革开放和现代化建设的总设计师。他尊重实践，尊重群众，时刻关注最广大人民的利益和愿望，善于概括群众的经验和创造，敏锐地把握时代发展的脉搏和契机，既继承前人又突破陈规，表现出了开辟社会主义建设新道路的巨大政治勇气和开拓马克思主义新境界的巨大理论勇气，对建设有中国特色社会主义理论的创立做出了历史性的重大贡献。

十四年伟大实践的经验，集中到一点，就是要毫不动摇地坚持以建设有中国特色社会主义理论为指导的党的基本路线。这是我们事业能够经受风险考验，顺利达到目标的最可靠的保证。

坚持党的基本路线不动摇，关键是坚持以经济建设为中心不动摇。社会主义基本制度建立后，由于国内因素和国际影响，阶级斗争还将在一定范围内长期存在，在某种条件下还有可能激化，我们必须清醒地认识和正确地处理这方面的问题。但是，我国社会的主要矛盾已经不是阶级斗争，经济建设已经成为我们的中心任务。除非发生大规模外敌入侵，无论在什么情况下都不能动摇这个中心。在历史上，由于没有能够清醒对待国际国内某些事件，我们有过离开经济建设这个中心的严重教训。这十四年，尽管国际国内发生了这样那样的重大事件，我们都没有动摇这个中心，今后还必须坚定不移地这样做。

坚持党的基本路线不动摇，必须把改革开放同四项基本原则统一起来。有中国特色的社会主义所以具有蓬勃的生命力，就在于它是实行改革开放的社会主义。我们的改革开放所以能够健康发展，就在于它是有利于巩固和发展社会主义的改革开放。坚持四项基本原则，坚持改革开放，都是为了更好地解放和发展生产力。在把握“一个中心、两个基本点”的问题上，在党内特别是领导干部中要警惕右，但主要是防止“左”。右的表现主要是否定四项基本原则，搞资产阶级自由化，甚至制造政治动乱。“左”的表现主要是否定改革开放，认为和平演变的主要危险来自经济领域，甚至用“阶级斗争为纲”的思想影响和冲击经济建设这个中心。右可以葬送社会主义，“左”也可以葬送社会主义。在我们党的历史上，“左”的思想根深蒂固。“左”带有革命色彩，拿大帽子吓唬人，好像越“左”越革命。在建设社会主义的进程中，从一九五七年起的二十年间出现的错误，主要都是“左”。改革开放要探索和开辟新的道路，突破束缚生产力发展的体制和观念，阻力主要来自“左”。现在明确要警惕右但主要是防止“左”，目的在于使全党同志特别是领导干部深刻吸取历史教训，密切结合当前实际，联系自己的思想和工作，提高贯彻执行党的基本路线的自觉性和坚定性，解放思想，同心同德，把经济建设和各项事业搞上去。对思想认识问题和工作实践中的不同意见以至偏差，要实事求是地具体分析，不要随意说成是政治倾向上的“左”或右。

坚持党的基本路线不动摇，必须巩固和发展团结稳定的政治局面。没有政治稳定，社会动荡不安，什么改革开放，什么经济建设，统统搞不成。必须坚持四项基本原则，坚决排除一切导致中国混乱甚至动乱的因素。同时，如果不坚持经济建设为中心，不实行改革开放，没有经济的发展，也不可能有巩固的团结和稳定。基本路线不变，社会政治稳定，有了这两条，我们就能够不断地胜利前进。

二、九十年代改革和建设的主要任务

我们要在九十年代把有中国特色社会主义的伟大事业推向前进，最根本的是坚持党的基本路线，加快改革开放，集中精力把经济建设搞上去。同时，要围绕经济建设这个中心，加强社会主义民主法制和精神文明建设，促进社会全面进步。

我国近代的历史和当今世界的现实都清楚表明，经济落后就会非常被动，就会受制于人。当前国际竞争的实质是以经济和科技实力为基础的综合国力较量。世界上许多国家特别是我们周边的一些国家和地区都在加快发展。如果我国经济发展慢了，社会主义制度的巩固和国家的长治久安都会遇到极大困难。所以，我国经济能不能加快发展，不仅是重大的经济问题，而且是重大的政治问题。

九十年代我国经济的发展速度，原定为国民生产总值平均每年增长百分之六，现在从国际国内形势的发展情况来看，可以更快一些。根据初步测算，增长百分之八到九是可能的，我们应该向这个目标前进。在提高质量、优化结构、增进效益的基础上努力实现这样的发展速度，到本世纪末我国国民经济整体素质和综合国力将迈上一个新的台阶。国民生产总值将超过原定比一九八〇年翻两番的要求。主要工农业产品产量显著增加。产业结构和地区经济布局比较合理。科学技术和管理水平有较大提高，一批骨干企业接近或达到国际先进水平。人民生活由温饱进入小康。建议国务院对“八五”计划做出必要的调整，并着手研究制订“九五”计划。

当前，要紧紧抓住有利时机，加快发展，有条件能搞快一些的就快一些，只要是质量高、效益好、适应国内外市场需求变化的，就应当鼓励发展。要坚持从实际出发，注意量力而行，搞好综合平衡，不要一讲加快发展，就一哄而起，走到过去那种忽视效益，片面追求产值，争相攀比，盲目上新项目，一味扩大基建规模的老路上去。要真抓实干，大胆而又细致地工作，齐心协力办好几件大事，走出一条既有较高速度又有较好效益的国民经济发展路子。

加快我国经济发展，必须进一步解放思想，加快改革开放的步伐，不要被一些姓“社”姓“资”的抽象争论束缚自己的思想和手脚。社会主义要赢得同资本主义相比较的优势，必须大胆吸收和借鉴世界各国包括资本主义发达国家的一切反映现代社会化生产和商品经济一般规律的先进经营方式和管理方法。国外的资金、资源、技术、人才以及作为有益补充的私营经济，都应当而且能够为社会主义所利用。政权在人民手中，又有强大的公有制经济，这样做不会损害社会主义，只会有利于社会主义的发展。

我国经济体制改革确定什么样的目标模式，是关系整个社会主义现代化建设全局的一个重大问题。这个问题的核心，是正确认识和处理计划与市场的关系。传统的观念认为，市场经济是资本主义特有的东西，计划经济才是社会主义经济的基本特征。十一届三中全会以来，随着改革的深入，我们逐步摆脱这种观念，形成新的认识，对推动改革和发展起了重要作用。十二大提出计划经济为主，市场调节为辅；十二届三中全会指出商品经济是社会经济发展不可逾越的阶段，我国社会主义经济是公有制基础上的有计划商品经济；十三大提出社会主义有计划商品经济的体制应该是计划与市场内在统一的体制；十三届四中全会后，提出建立适应有计划商品经济发展的计划经济与市场调节相结合的经济体制和运行机制。特别是邓小平同志今年初重要谈话进一步指出，计划经济不等于社会主义，资本主义也有计划；市场经济不等于资本主义，社会主义也有市场。计划和市场都是经济手段。计划多一点还是市场多一点，不是社会主义与资本主义的本质区别。这个精辟论断，从根本上解除了把计划经济和市场经济看作属于社会基本制度范畴的思想束缚，使我们在计划与市场关系问题上的认识有了新的重大突破。改革开放十多年来，市场范围逐步扩大，大多数商品的价格已经放开，计划直接管理的领域显著缩小，市场对经济活动调节的作用大大增强。实践表明，市场作用发挥比较充分的地方，经济活力就比较强，发展态势也比较好。我国经济要优化结构，提高效益，加快发展，参与国际竞争，就必须继续强化市场机制的作用。实践的发展和认识的深化，要求我们明确提出，我国经济体制改革的目标是建立社会主义市场经济体制，以利于进一步解放和发展生产力。

我们要建立的社会主义市场经济体制，就是要使市场在社会主义国家宏观调控下对资源配置起基础性作用，使经济活动遵循价值规律的要求，适应供求关系的变化；通过价格杠杆和竞争机制的功能,把资源配置到效益较好的环节中去,并给企业以压力和动力,实现优胜劣汰;运用市场对各种经济信号反应比较灵敏的优点,促进生产和需求的及时协调。同时也要看到市场有其自身的弱点和消极方面,必须加强和改善国家对经济的宏观调控。我们要大力发展全国的统一市场,进一步扩大市场的作用,并依据客观规律的要求,运用好经济政策、经济法规、计划指导和必要的行政管理,引导市场健康发展。

社会主义市场经济体制是同社会主义基本制度结合在一起的。在所有制结构上,以公有制包括全民所有制和集体所有制经济为主体,个体经济、私营经济、外资经济为补充,多种经济成分长期共同发展,不同经济成分还可以自愿实行多种形式的联合经营。国有企业、集体企业和其他企业都进入市场,通过平等竞争发挥国有企业的主导作用。在分配制度上,以按劳分配为主体,其他分配方式为补充,兼顾效率与公平。运用包括市场在内的各种调节手段,既鼓励先进,促进效率,合理拉开收入差距,又防止两极分化,逐步实现共同富裕。在宏观调控上,我们社会主义国家能够把人民的当前利益与长远利益、局部利益与整体利益结合起来,更好地发挥计划和市场两种手段的长处。国家计划是宏观调控的重要手段之一。要更新计划观念,改进计划方法,重点是合理确定国民经济和社会发展的战略目标,搞好经济发展预测、总量调控、重大结构与生产力布局规划,集中必要的财力物力进行重点建设,综合运用经济杠杆,促进经济更好更快地发展。

建立和完善社会主义市场经济体制,是一个长期发展的过程，是一项艰巨复杂的社会系统工程。既要做持久的努力，又要有紧迫感；既要坚定方向，又要从实际出发，区别不同情况，积极推进。在建立社会主义市场经济体制的过程中，计划与市场两种手段相结合的范围、程度和形式，在不同时期、不同领域和不同地区可以有所不同。要大胆探索，敢于试验，及时总结经验，促进体制转换的健康进行。建立社会主义市场经济体制，涉及到我国经济基础和上层建筑的许多领域，需要有一系列相应的体制改革和政策调整，必须抓紧制定总体规划，有计划、有步骤地实施。我们相信，社会主义条件下的市场经济，应当也完全可能比资本主义条件下的市场经济运转得更好。

为了加速改革开放，推动经济发展和社会全面进步，必须努力实现十个方面关系全局的主要任务。

第一，围绕社会主义市场经济体制的建立，加快经济改革步伐。

建立社会主义市场经济体制，要认真抓好几个相互联系的重要环节。

一是转换国有企业特别是大中型企业的经营机制，把企业推向市场，增强它们的活力，提高它们的素质。这是建立社会主义市场经济体制的中心环节，是巩固社会主义制度和发挥社会主义优越性的关键所在。通过理顺产权关系，实行政企分开，落实企业自主权，使企业真正成为自主经营、自负盈亏、自我发展、自我约束的法人实体和市场竞争的主体，并承担国有资产保值增值的责任。当前实行的经营承包制应当进一步完善。股份制有利于促进政企分开、转换企业经营机制和积聚社会资金，要积极试点，总结经验，抓紧制定和落实有关法规，使之有秩序地健康发展。鼓励有条件的企业联合、兼并，合理组建企业集团。国有小型企业，有些可以出租或出售给集体或个人经营。

二是加快市场体系的培育。继续大力发展商品市场特别是生产资料市场，积极培育包括债券、股票等有价证券的金融市场，发展技术、劳务、信息和房地产等市场，尽快形成全国统一的开放的市场体系。加强市场制度和法规建设，坚决打破条条块块的分割、封锁和垄断，促进和保护公平竞争。价格改革是市场发育和经济体制改革的关键，应当根据各方面的承受能力，加快改革步伐，积极理顺价格关系，建立起以市场形成价格为主的价格机制。

三是深化分配制度和社会保障制度的改革。统筹兼顾国家、集体、个人三者利益，理顺国家与企业、中央与地方的分配关系，逐步实行利税分流和分税制。加快工资制度改革，逐步建立起符合企业、事业单位和机关各自特点的工资制度与正常的工资增长机制。积极建立待业、养老、医疗等社会保障制度，努力推进城镇住房制度改革。

四是加快政府职能的转变。这是上层建筑适应经济基础和促进经济发展的大问题。不在这方面取得实质性进展，改革难以深化，社会主义市场经济体制难以建立。转变的根本途径是政企分开。凡是国家法令规定属于企业行使的职权，各级政府都不要干预。下放给企业的权利，中央政府部门和地方政府都不得截留。政府的职能，主要是统筹规划，掌握政策，信息引导，组织协调，提供服务和检查监督。进一步改革计划、投资、财政、金融和一些专业部门的管理体制,同时强化审计和经济监督,健全科学的宏观管理体制与方法。合理划分中央与省、自治区、直辖市的经济管理权限,充分发挥中央和地方两个积极性。

第二,进一步扩大对外开放,更多更好地利用国外资金、资源、技术和管理经验。

对外开放的地域要扩大,形成多层次、多渠道、全方位开放的格局。继续办好经济特区、沿海开放城市和沿海经济开放区。扩大开放沿边地区,加快内陆省、自治区对外开放的步伐。以上海浦东开发开放为龙头,进一步开放长江沿岸城市,尽快把上海建成国际经济、金融、贸易中心之一,带动长江三角洲和整个长江流域地区经济的新飞跃。加速广东、福建、海南、环渤海地区的开放和开发。力争经过二十年的努力,使广东及其他有条件的地方成为我国基本实现现代化的地区。

利用外资的领域要拓宽。采取更加灵活的方式,继续完善投资环境,为外商投资经营提供更方便的条件和更充分的法律保障。按照产业政策,积极吸引外商投资,引导外资主要投向基础设施、基础产业和企业的技术改造,投向资金、技术密集型产业,适当投向金融、商业、旅游、房地产等领域。经济技术开发区和高新技术产业开发区的建设,要合理布局,认真办好。

积极开拓国际市场,促进对外贸易多元化,发展外向型经济。扩大出口贸易,改善出口商品结构,提高出口商品的质量和档次,同时适当增加进口,更多地利用国外资源和引进先进技术。深化外贸体制改革,尽快建立适应社会主义市场经济发展的、符合国际贸易规范的新型外贸体制。赋予有条件的企业、科技单位以外贸自营权。积极扩大我国企业的对外投资和跨国经营。

第三，调整和优化产业结构，高度重视农业，加快发展基础工业、基础设施和第三产业。

根据我国经济的现实情况和发展趋向，应当着力提高第一产业即农业的质量，稳步增加产量；继续发展第二产业，积极调整工业结构；大力促进第三产业的兴起。

农业是国民经济的基础，必须坚持把加强农业放在首位，全面振兴农村经济。树立大农业观念，保持粮食、棉花稳定增产，继续调整农业内部结构，积极发展农、林、牧、副、渔各业，努力开发高产优质高效农业。坚持依靠科技、教育兴农，多形式、多渠道增加农业投入，坚持不懈地开展农田水利建设，不断提高农业的集约经营水平和综合生产能力。继续大力发展乡镇企业，特别要扶持和加快中西部地区和少数民族地区乡镇企业的发展。必须全面贯彻十三届八中全会的决定，深化农村经济体制和经营机制的改革。要把家庭联产承包为主的责任制，统分结合的双层经营体制，作为一项基本制度长期稳定下来，并不断充实完善。积极发展多种形式的农业社会化服务体系。从各地实际出发，逐步壮大集体经济实力。抓紧进行农产品价格和农村流通体制的改革，继续强化市场在农村经济中的调节作用。

加快交通、通信、能源、重要原材料和水利等基础设施和基础工业的开发与建设。这是当前加快经济发展的迫切需要，也是增强经济发展后劲的重要条件。集中必要的力量，高质量、高效率地建设一批重点骨干工程，抓紧长江三峡水利枢纽、南水北调、西煤东运新铁路通道、千万吨级钢铁基地等跨世纪特大工程的兴建。加强地质勘探。振兴机械电子、石油化工、汽车制造和建筑业，使它们成为国民经济的支柱产业。不失时机地发展高新技术产业。轻工、纺织等一般加工工业主要通过联合、改组和技术改造，提高素质和水平。高度重视节约能源和原材料，提高资源利用效率。固定资产投资的重点应当放在加强基础设施、基础产业，以及现有企业的技术改造和改建扩建上，尤其要重视老工业基地和大型骨干企业的技术改造。

第三产业的兴旺发达，是现代化经济的一个重要特征。目前我国第三产业在国民生产总值中的比重，大大低于发达国家和许多发展中国家。发展我国商业、金融、保险、旅游、信息、法律和会计审计咨询、居民服务等第三产业，不仅有利于促进市场发育，提高服务的社会化、专业化水平，提高经济效益和效率，方便和丰富人民生活，而且可以广开就业门路，为经济结构调整、企业经营机制转换和政府机构改革创造重要条件。要发挥国家、集体、个人三方面的积极性，加快第三产业的发展，使之在国民生产总值中的比重有明显提高。

第四，加速科技进步，大力发展教育，充分发挥知识分子的作用。

科学技术是第一生产力。振兴经济首先要振兴科技。只有坚定地推进科技进步，才能在激烈的竞争中取得主动。当前，我国经济正面临着加速发展、调整结构、提高效益的重大任务，尤其需要全社会提高科技意识，多方面增加科技投入，真正依靠科技进步。科技工作要面向经济建设主战场,在开发研究、高新技术及其产业、基础性研究这三个方面合理配置力量,确定各自攀登高峰的目标。在世界高科技领域中,中华民族要占有应有的位置。通过深化改革,建立和完善科技与经济有效结合的机制,加速科技成果的商品化和向现实生产力转化。不断完善保护知识产权的制度。认真抓好引进先进技术的消化、吸收和创新。努力提高科技进步在经济增长中所占的含量,促进整个经济由粗放经营向集约经营转变。

科技进步、经济繁荣和社会发展,从根本上说取决于提高劳动者的素质,培养大批人才。我们必须把教育摆在优先发展的战略地位,努力提高全民族的思想道德和科学文化水平,这是实现我国现代化的根本大计。要优化教育结构,大力加强基础教育,积极发展职业教育、成人教育和高等教育,鼓励自学成才。各级政府要增加教育投入。鼓励多渠道、多形式社会集资办学和民间办学,改变国家包办教育的做法。各级各类学校都要全面贯彻党的教育方针,全面提高教育质量。到本世纪末,基本扫除青壮年文盲,基本实现九年制义务教育。进一步改革教育体制、教学内容和教学方法,加强师资队伍的培养和建设,扩大学校办学自主权,促进教育同经济、科技的密切结合。

知识分子是工人阶级中掌握科学文化知识较多的一部分,是先进生产力的开拓者,在改革开放和现代化建设中有着特殊重要的作用。能不能充分发挥广大知识分子的才能,在很大程度上决定着我们民族的盛衰和现代化建设的进程。要努力创造更加有利于知识分子施展聪明才智的良好环境,在全社会进一步形成尊重知识、尊重人才的良好风尚。下决心采取重大政策和措施，积极改善知识分子的工作、学习和生活条件，对有突出贡献的知识分子给予重奖，并形成规范化的奖励制度。我们热情欢迎出国学习人员通过多种方式关心、支持和参加祖国的现代化建设。不论他们过去的政治态度如何，都欢迎回来参加社会主义建设，给予妥善安排，并实行出入自由、来去方便的政策。广大知识分子在社会主义现代化事业中已经做出巨大贡献，今后一定会不辜负国家和人民的厚望与重托，更加振奋精神，做出新的贡献。

第五，充分发挥各地优势，加快地区经济发展，促进全国经济布局合理化。

我国地域广阔，各地条件差异很大，经济发展不平衡。应当在国家统一规划指导下，按照因地制宜、合理分工、各展所长、优势互补、共同发展的原则，促进地区经济合理布局和健康发展。东部沿海地区要大力发展外向型经济，重点发展附加值高、创汇高、技术含量高、能源和原材料消耗低的产业和产品，多利用一些国外资金、资源，求得经济发展的更高速度和更好效益。中部和西部地区资源丰富，沿边地区还有对外开放的地缘优势，发展潜力很大，国家要在统筹规划下给予支持。这些地方应当根据市场经济的要求，加快对内对外开放的步伐，加强基础设施建设，促进资源的开发和利用，努力发展优势产业和产品，有条件的也要积极发展外向型经济，以带动整个经济发展。各地都要从国家整体利益出发，树立全局观念，不应追求自成体系，竭力避免不合理的重复建设和重复引进。积极促进合理交换和联合协作，形成地区之间互惠互利的经济循环新格局。要根据自然地理特点和经济的内在联系,充分发挥中心城市作用,努力发展各具特色的区域经济。

加快少数民族地区经济发展,对于加强民族团结,巩固边防,促进全国经济发展,具有极为重要的意义。贫困地区尽快脱贫致富,是实现第二步战略目标的重要组成部分。对少数民族地区以及革命老根据地、边疆地区和贫困地区,国家要采取有效政策加以扶持,经济比较发达地区要采取多种形式帮助他们加快发展。

第六,积极推进政治体制改革,使社会主义民主和法制建设有一个较大的发展。

同经济体制改革和经济发展相适应,必须按照民主化和法制化紧密结合的要求,积极推进政治体制改革。我们的政治体制改革,目标是建设有中国特色的社会主义民主政治,绝不是搞西方的多党制和议会制。我国宪法规定,中华人民共和国国家机构实行民主集中制的原则。这是我们的一项根本制度。人民民主是社会主义的本质要求和内在属性。没有民主和法制就没有社会主义,就没有社会主义的现代化。我们应当在发展社会主义民主、健全社会主义法制方面取得明显进展,以巩固和发展稳定的社会政治环境,保证经济建设和改革开放的顺利进行。

进一步完善人民代表大会制度,加强人民代表大会及其常委会的立法和监督等职能,更好地发挥人民代表的作用。完善共产党领导的多党合作和政治协商制度,巩固和发展新时期的爱国统一战线,充分发挥人民政协在政治协商和民主监督中的作用。坚持“长期共存、互相监督、肝胆相照、荣辱与共"的方针，加强同民主党派协商议事，支持民主党派和无党派人士在国家机关担任领导职务，进一步巩固我们党同党外人士的联盟。我国是统一的多民族国家，各民族的大团结是维护祖国统一、实现社会主义现代化的重要保证。全面贯彻党的民族政策，坚持和完善民族区域自治制度，坚持平等、互助、团结、合作，以促进各民族的共同繁荣。认真贯彻党的宗教政策、侨务政策，为社会主义现代化建设服务。

决策的科学化、民主化是实行民主集中制的重要环节，是社会主义民主政治建设的重要任务。领导机关和领导干部要认真听取群众意见，充分发挥各类专家和研究咨询机构的作用，加速建立一套民主的科学的决策制度。加强基层民主建设，切实发挥职工代表大会、居民委员会和村民委员会的作用。强化法律监督机关和行政监察机关的职能，重视传播媒介的舆论监督，逐步完善监督机制，使各级国家机关及其工作人员置于有效的监督之下。

高度重视法制建设。加强立法工作，特别是抓紧制订与完善保障改革开放、加强宏观经济管理、规范微观经济行为的法律和法规，这是建立社会主义市场经济体制的迫切要求。要严格执行宪法和法律，加强执法监督，坚决纠正以言代法、以罚代刑等现象，保障人民法院和检察院依法独立进行审判和检察。加强政法部门自身建设，提高人员素质和执法水平。要把民主法制实践和民主法制教育结合起来，不断增强广大干部群众的民主意识和法制观念。

搞好社会治安，是关系广大群众切身利益，保证社会稳定和经济发展的大事。必须采取有力措施，认真改变有些地方治安不好的状况。要强化人民民主专政职能，依靠专门机关和广大群众的紧密结合，坚持综合治理，坚决打击敌对势力和各种刑事犯罪活动，伸张正义，保护人民。

第七，下决心进行行政管理体制和机构改革，切实做到转变职能、理顺关系、精兵简政、提高效率。

机构改革，精兵简政，是政治体制改革的紧迫任务，也是深化经济改革、建立市场经济体制和加快现代化建设的重要条件。目前，党政机构臃肿，层次重叠，许多单位人浮于事，效率低下，脱离群众，障碍企业经营机制的转换，已经到了非改不可的地步。各级党委和政府必须统一认识，按照政企分开和精简、统一、效能的原则，下决心对现行行政管理体制和党政机构进行改革。综合经济部门的工作重点要转到加强宏观调控上来。撤并某些专业经济部门和职能交叉重复或业务相近的机构，大幅度裁减非常设机构。精减机关人员，严格定编定员。机构改革、精兵简政是一项艰巨任务，必须统筹规划，精心组织，上下结合，分步实施，三年内基本完成。要把人员精减同提高工作效率和发展社会生产力结合起来，既改善机关人员结构，提高人员素质，又使大批人才转移到第三产业和其他需要加强的工作岗位上去，成为现代化建设的生力军。

加快人事劳动制度改革，逐步建立健全符合机关、企业和事业单位不同特点的科学的分类管理体制和有效的激励机制。这方面的改革要同机构改革、工资制度改革相结合。尽快推行国家公务员制度。

第八，坚持两手抓，两手都要硬，把社会主义精神文明建设提高到新水平。

改革开放和现代化建设，有力地推动着我国人民解放思想、开阔眼界、面向世界、走向未来，焕发出自强不息、奋力拚搏的精神，同时也对精神文明建设提出了更高要求。物质文明和精神文明都搞好，才是有中国特色的社会主义。精神文明建设必须紧紧围绕经济建设这个中心，为经济建设和改革开放提供强大的精神动力和智力支持。

精神文明重在建设。应当高度重视理论建设，保障学术自由，注重理论联系实际，创造性地开展研究，繁荣哲学社会科学，坚持和发展马克思主义。加强理论队伍建设，重视中青年理论工作者的培养和提高。坚持"为人民服务、为社会主义服务"的方向和"百花齐放、百家争鸣"的方针。积极推进文化体制改革，完善文化事业的有关经济政策，繁荣社会主义文化。要重视社会效益，鼓励创作内容健康向上特别是讴歌改革开放和现代化建设的具有艺术魅力的精神产品。加强新闻、出版、广播、电视和文学艺术等方面的工作。发挥思想政治工作的优势，激发广大群众投身社会主义建设的积极性。在全国各族人民特别是青少年中，进一步加强党的基本路线教育，爱国主义、集体主义和社会主义思想教育，近代史、现代史教育和国情教育，增强民族自尊、自信和自强精神，抵御资本主义和封建主义腐朽思想的侵蚀，树立正确的理想、信念和价值观。各行各业都要重视职业道德建设，逐步形成适合自身特点的职业道德规范，坚决纠正利用职权谋取私利的行业不正之风。加强社会公德教育，大力表彰具有时代精神的模范人物。搞好社区文化、村镇文化、企业文化、校园文化的建设，进一步开展军民共建、警民共建文明单位等群众性活动，把精神文明建设落实到城乡基层。精神文明建设要有相应的物质保障,要通过各种渠道增加投入,并把这方面的设施建设纳入城乡建设总体规划。

社会丑恶现象的滋长蔓延,毒害人们特别是青少年的身心健康,妨碍现代化建设和改革开放,损害社会主义形象,人民对此深恶痛绝。扫除各种丑恶现象,切不可手软,必须长期坚持,抓出成效。

各级党委要认真总结改革开放以来的新经验,加强和改进对精神文明建设的领导。我们要继承和发扬中华民族优良的思想文化传统,吸收人类文明发展的一切优秀成果,在生动丰富的社会主义实践中,创造出人类先进的精神文明。我们要为改革开放和现代化建设创造有利环境,培养一代又一代有理想、有道德、有文化、有纪律的新人。

第九,不断改善人民生活,严格控制人口增长,加强环境保护。

加快改革开放和经济发展,目的都是为了满足人民日益增长的物质文化需要。随着生产发展和社会财富的增加,城乡居民的实际收入、消费水平和生活质量要有明显提高。衣食住行尤其是居住条件,应有较多改善。文化生活更加丰富,体育、卫生事业进一步发展,人民健康水平继续提高。在我们这个占世界人口五分之一的国家里,人民过上小康生活,是一件了不起的大事。同时应当指出,我国底子薄,目前处在实现现代化的创业阶段,需要有更多的资金用于建设,一定要继续发扬艰苦奋斗、勤俭建国的优良传统,提倡崇尚节约的社会风气。

认真执行控制人口增长和加强环境保护的基本国策。计划生育工作决不能放松，必须确保实现既定的人口控制目标，坚持优生优育，提高人口质量。重视研究人口老龄化问题，认真做好这方面的工作。要增强全民族的环境意识，保护和合理利用土地、矿藏、森林、水等自然资源，努力改善生态环境。

第十，加强军队建设，增强国防实力，保障改革开放和经济建设顺利进行。

中国人民解放军是人民民主专政的坚强柱石，是捍卫社会主义祖国的钢铁长城，是建设有中国特色社会主义的重要力量。在当前和今后相当长的时期内，我国社会主义现代化建设仍将在复杂多变的国际环境中进行。必须始终不渝地坚持党对军队的绝对领导，必须按照邓小平同志关于新时期军队建设的思想，走有中国特色的精兵之路，把人民解放军建设成为强大的现代化正规化革命军队，不断增强我国国防实力，为改革开放和经济建设提供坚强有力的安全保证。我国已经裁军百万，今后军队要努力适应现代战争的需要，注重质量建设，全面增强战斗力，更好地担负起保卫国家领土、领空、领海主权和海洋权益，维护祖国统一和安全的神圣使命；同时，要自觉服从国家经济建设的大局，积极支持和参与改革开放和现代化建设，为国家的发展和繁荣贡献力量。军队要努力搞好各项建设和改革，切实把教育训练摆到战略地位，全面提高官兵素质，使全军部队做到政治合格、军事过硬、作风优良、纪律严明、保障有力。重视国防科技研究和国防工业，逐步改善武器装备。各级党组织、政府和全国人民要一如既往地关心国防建设，支持军队完成各项任务。抓好全民国防教育，广泛深入持久地开展拥政爱民、拥军优属活动，发展军政军民相互团结、相互支持的大好局面。做好民兵、预备役工作，不断加强国防后备力量建设。中国人民武装警察部队是保卫社会主义现代化建设的一支重要力量。要继续加强人民武装警察部队和公安、安全等部门的建设，更加有力地维护国家安全和社会稳定。

同志们！改革开放和现代化建设是人民群众的伟大事业。我们要胜利实现九十年代的繁重任务，必须全心全意依靠工人阶级和广大劳动群众，充分发挥全体人民的积极性和创造性。只要我国各族人民紧密团结，奋发图强，我们的社会主义现代化事业就一定会无往而不胜。

三、国际形势和我们的对外政策

在复杂多变的国际形势下，我国对外工作取得了重大成就。我们同周边国家的睦邻友好关系处于建国以来的最好时期，同广大发展中国家的团结合作进一步巩固和加强，同世界各国包括西方发达国家的关系在和平共处五项原则基础上得到了改善和发展。我国的国际影响不断扩大，国际地位不断提高。

当今世界正处在大变动的历史时期。两极格局已经终结，各种力量重新分化组合，世界正朝着多极化方向发展。新格局的形成将是长期的、复杂的过程。在今后一个较长时期内，争取和平的国际环境，避免新的世界大战，是有可能的。同时也要看到，目前国际形势仍然动荡不安。世界各种矛盾在深入发展，不少国家和地区的民族矛盾、领土争端和宗教纷争突出起来，甚至酿成流血冲突和局部战争。国际经济竞争日趋激烈，许多发展中国家经济环境更加恶化，南北差距进一步扩大。

和平与发展仍然是当今世界两大主题。发展需要和平，和平离不开发展。霸权主义、强权政治的存在，始终是解决和平与发展问题的主要障碍。世界的发展也决不能长期建立在广大发展中国家贫穷落后的基础之上。国际形势的剧变和动荡促使世界人民进一步觉醒。具有共同历史遭遇的发展中国家维护独立主权、团结合作的趋势正在加强。世界要和平，国家要发展，社会要进步，经济要繁荣，生活要提高，已成为各国人民的普遍要求。

面对新的国际形势，中国共产党、中国政府和中国人民将继续积极发展对外关系，努力为我国的改革开放和现代化建设争取有利的国际环境，为世界的和平与发展做出自己的贡献。

中国始终不渝地奉行独立自主的和平外交政策。维护我国的独立和主权，促进世界的和平与发展，是中国外交政策的基本目标。在涉及民族利益和国家主权的问题上，我们决不屈服于任何外来压力。中国是维护世界和平的坚定力量。中国不同任何国家或国家集团结盟，不参加任何军事集团。中国永远不称霸，永远不搞扩张，同时反对任何形式的霸权主义、强权政治和侵略扩张行为。中国反对军备竞赛，主张根据公正、合理、全面、均衡的原则，实行有效的裁军和军控。现在世界上有些国家也在谈裁军，但并没有真正裁减他们的尖端武器。在处理国际事务中,我国严格遵守联合国宪章和公认的国际关系准则,坚持实事求是和伸张正义的原则立场。

建立什么样的国际新秩序,是当前国际社会普遍关心的重大问题。根据历史经验和现实状况,我们主张在互相尊重主权和领土完整、互不侵犯、互不干涉内政、平等互利、和平共处等原则的基础上,建立和平、稳定、公正、合理的国际新秩序。这一新秩序包括建立平等互利的国际经济新秩序。世界是多样性的,各个国家之间存在着种种差异。各国人民都有权根据本国的具体情况,选择符合本国国情的社会制度和发展道路。国家无论大小、强弱、贫富,都应当作为国际社会的平等成员参与国际事务。国与国之间理应互相尊重,求同存异,平等相待,友好相处。国与国之间的分歧和争端,应当遵照联合国宪章和国际法准则,通过协商和平解决,不得诉诸武力和武力威胁。霸权主义和强权政治,少数几个国家垄断和操纵国际事务,是行不通的。建立国际新秩序是长期的任务,中国人民将同各国人民一道,为此作出不懈的努力。

中国作为联合国成员国和安理会常任理事国,重视联合国的作用,积极参与联合国事务。我们支持联合国及其安理会在维护世界和平,推进裁军进程,促进全球发展,以及解决国际争端等方面发挥积极的作用。

中国是发展中国家,加强同第三世界国家的团结与合作是我国对外政策的基本立足点,中国将一如既往地同发展中国家在维护各自国家的独立主权上相互支持,在经济、文化方面加强交流。中国已成为不结盟运动〔2〕的观察员,同七十七国集团〔3〕也建立了密切联系,今后将进一步加强同他们的合作。

中国愿意在和平共处五项原则的基础上,同所有国家发展友好合作关系。社会制度和意识形态的差别,不应成为发展国家关系的障碍。在国际交往中,我们绝不把自己的社会制度和意识形态强加于人,同样,也绝不允许别的国家将自己的社会制度和意识形态强加于中国。我们的这个原则立场,是绝不会改变的。

我们坚定不移地实行对外开放,愿意不断加强和扩大同世界各国在平等互利基础上的经济、科技合作,加强在文化、教育、卫生、体育等各个领域的交流。

中国共产党重视同各国政党的关系。现在,中国共产党已经同一百多个国家的许多政党和政治组织建立了不同形式的联系。我们将继续按照独立自主、完全平等、互相尊重、互不干涉内部事务的原则,同各国政党建立和发展友好关系,本着求同存异的精神,增进相互了解和合作。

中华人民共和国的成立,结束了中国各族人民长期受侵略、被压迫、遭凌辱的悲惨历史,人权状况得到了根本改善。人民成为国家的主人,不断创造着自己的新生活。我国的宪法从根本方面保障了人民的各种权利。中国参加了一系列有关人权的国际公约,赞成国际间就人权问题进行平等对话。人权问题说到底是属于一个国家主权范围的事,我们坚决反对利用人权问题干涉别国内政。

历史的经验告诉我们,不管打着什么旗号,只要是侵犯别国的独立主权,干涉别国的内政,以大欺小,以强凌弱,以富压贫,就不得人心。谁的手伸得太长,谁欺压别人,谁就会遭到世界人民的谴责和反对。得道多助,失道寡助,正义的力量终究是不可战胜的。

四、加强党的建设和改善党的领导

党的基本路线要毫不动摇地长期坚持下去,社会主义的改革开放和现代化建设要搞得更好更快,国家要长治久安和繁荣富强,关键在于我们党,在于坚持用邓小平同志建设有中国特色社会主义的理论武装全党。

七十多年来,中国共产党团结和带领全国各族人民,战胜种种艰难险阻,从根本上改变了中国人民的地位、中国历史的方向和中国社会的面貌。十一届三中全会以来,我们党领导人民全面开创了改革开放和现代化建设的新局面。伟大、光荣、正确的中国共产党,不仅能够领导革命取得胜利,而且能够领导改革和建设取得胜利。任何怀疑、削弱、否定党的执政地位和领导作用的观点与做法,都是根本错误和十分有害的。在新的历史时期,党所处的环境和肩负的任务有了很大变化,党的思想、政治、组织、作风建设都面临许多新情况和新问题。我们一定要结合新的实际,遵循党的基本路线,坚持党要管党和从严治党,加强和改进党的建设,努力提高党的执政水平和领导水平,使我们这个久经考验的马克思主义的党,在建设有中国特色社会主义的伟大事业中更好地发挥领导核心作用。

第一,认真学习建设有中国特色社会主义的理论,增强贯彻执行党的基本路线的自觉性和坚定性。

我们党是以马克思列宁主义毛泽东思想作为指导思想的

工人阶级先锋队。马克思主义是深深植根于实践并在实践中不断发展的科学。建设有中国特色社会主义的理论，是马克思主义同中国实际相结合的最新成果，是当代中国的马克思主义，是指引我们实现新的历史任务的强大思想武器。学习马克思列宁主义毛泽东思想，中心内容是学习建设有中国特色社会主义的理论。党员领导干部首先是高级干部要带头学好用好。要认真学习邓小平同志的战略思想和理论观点，认真学习他运用马克思主义立场、观点和方法研究新情况、解决新问题的科学态度和创造精神。学习要联系实际，要精，要管用。通过学习，使广大党员干部坚定社会主义、共产主义信念，不断提高政治素质和解决实际问题的能力，使精神力量变为加快改革开放和现代化建设的巨大物质力量。

解放思想、实事求是，是建设有中国特色社会主义理论的精髓，是保证我们党永葆蓬勃生机的法宝。解放思想同实事求是是统一的，就是要求我们的思想认识符合客观实际，在马克思主义指导下，冲破落后的传统观念和主观偏见的束缚，改变因循守旧、不接受新事物的精神状态。我们决不能停留在对马克思主义的某些原则、某些本本的教条式理解上，或者停留在对社会主义的一些不科学的甚至扭曲的认识上，或者停留在那些超越社会主义初级阶段的不正确的思想上，而必须用辩证唯物主义和历史唯物主义的世界观、方法论去分析和解决问题，使思想适应发展变化的新形势。各级领导机关和领导干部要在改革和建设的实践中，把党的路线方针政策同本地区本部门的具体情况结合起来，勇于探索，大胆试验，及时总结经验，创造性地开展工作。

必须清醒地看到，现代科学技术突飞猛进，社会主义市场经济不断发展，我们不懂得、不熟悉的东西很多。全党同志必须边实践边学习，把坚持学习作为紧迫而又长期的重要任务。不仅要抓紧学习政治，而且要抓紧学习经济，学习先进经营管理，学习现代科学文化，刻苦钻研业务，努力成为本职工作的内行和能手。

第二，加强领导班子建设，培养社会主义事业接班人。

按照干部队伍革命化、年轻化、知识化、专业化的方针和德才兼备的原则，把各级领导班子建设成为忠诚于马克思主义、坚持走有中国特色社会主义道路的坚强领导集体，是保证党的路线的连续性和国家长治久安的根本大计。衡量干部的德和才，主要看在执行党的基本路线中的表现。对坚决执行党的基本路线，有高度革命事业心和为人民服务的强烈责任感，在改革开放和现代化建设中政绩突出、群众信任的干部，要委以重任。对不负责任、不胜任现职甚至以权谋私的干部，要果断地调整下来。对个人主义严重、伸手要官的人，决不能提拔重用。选拔任用干部要发扬民主，走群众路线，严格按规定程序办事，坚决防止和纠正用人问题上的不正之风。选拔大批优秀年轻干部进入各级领导班子，是当前一项紧迫而又重要的任务。要打破论资排辈、求全责备等陈旧观念，放开视野，拓宽渠道。对青年干部要热情爱护，严格要求。重视培养选拔妇女干部和少数民族干部。坚持实行干部交流。认真执行干部离退休制度，继续推进新老干部的交替与合作。要切实从政治上生活上关心离退休干部，使他们老有所为，安度晚年。

社会主义的巩固和发展，需要一代又一代人坚持不懈地努力奋斗。我们的事业任重道远，希望寄托在青年人身上。赢得青年，才能赢得未来。共青团是党的助手和后备军，要充分发挥团结和教育青年的作用。全党、全社会都要关心青少年的健康成长，在改革和建设的实践中努力造就千百万社会主义事业接班人。

在社会主义现代化建设过程中，和平演变与反和平演变的斗争将长期存在，决不能放松警惕。特别是党的高级干部要保持清醒的头脑。

第三，密切党同群众的联系，坚决克服消极腐败现象。

人民群众是我们的力量源泉和胜利之本。十一届三中全会以来，党的基本路线和方针政策符合人民利益，从根本上说党同群众的关系是好的。同时必须看到，当前领导工作中存在的官僚主义、形式主义等不良作风和少数党员干部的违法乱纪行为，严重败坏党的声誉，危害党群关系。每个党员都要牢记，在任何时候、任何情况下，都必须全心全意为人民服务，坚持理论联系实际、密切联系群众和自我批评的优良作风。各级领导机关和领导干部要深入基层，调查研究，体察群众意愿，关心群众疾苦，听取群众批评，精减会议和文件，办实事，求实效，把党的根本宗旨、优良作风和群众路线落实到实际行动中去。加强和改善党对工会、共青团、妇联等群众组织的领导，充分发挥他们作为党联系群众的桥梁和纽带作用。

坚持反腐败斗争，是密切党同人民群众联系的重大问题。要充分认识这个斗争的紧迫性、长期性和艰巨性。在改革开放的整个过程中都要反腐败，把端正党风和加强廉政建设作为一件大事,下决心抓出成效,取信于民。廉洁奉公,勤政为民,要从各级领导机关和领导干部做起。党员领导干部首先是高中级干部,要严以律己,以身作则,教育好子女,并且带头同腐败现象斗争。廉政建设要靠教育,更要靠法制。要切实加强各级党组织和纪律检查机关对党员干部的监督,加强人民群众、各民主党派和无党派人士对我们党的监督,建立健全党内和党外、自上而下和自下而上相结合的监督制度。特别要在执法部门和直接掌握人、财、物的岗位,建立有效防范以权谋私和行业不正之风的约束机制。腐败分子危害党和人民,不论是什么人,都必须依照党纪国法,坚决予以惩处。

第四,加强基层党组织建设,充分发挥党员的先锋模范作用。

党的基层组织是党的全部工作和战斗力的基础。各级党委要采取得力措施,努力把基层党组织建设成为团结和带领群众进行改革和建设的战斗堡垒。农村要进一步搞好以党支部为核心的村级组织建设。全民所有制企业要充分发挥党组织的政治核心作用,坚持和完善厂长负责制,全心全意依靠工人阶级。在其他各种经济组织中,也要从实际出发,抓紧建立健全党的组织和工作制度。机关、学校、科研院所、街道等基层党组织,都要根据自己的特点,加强和改进自身建设。要十分注意把生产第一线的工人、农民、知识分子中的优秀分子吸收到党内来。现在有一部分基层党组织软弱无力,上级党委要派出专门力量帮助整顿。

在新的历史时期,对共产党员的模范作用应该有新的要求。切实加强和改进对党员的教育和管理,提高素质,增强党性，使党员成为坚决贯彻执行党的基本路线，献身改革开放和现代化事业，诚心诚意为人民谋利益，带领群众为经济发展和社会进步做出实绩的先进分子。在全党大力提倡解放思想、改革创新的精神，尊重科学、真抓实干的精神，顾全大局、团结协作的精神，谦虚谨慎、崇尚先进的精神，艰苦奋斗、无私奉献的精神，把共产党人的先进性在社会主义物质文明和精神文明建设中充分发挥出来。

第五，坚持和健全民主集中制，维护党的团结和统一。

现代化建设和改革开放是极其宏伟艰巨的事业。只有实行民主基础上的集中和集中指导下的民主相结合，才能充分发挥各级党组织和广大党员的积极性创造性，集中全党智慧，保证党的决策的正确和有效实施，增强党的纪律和战斗力，使我们的事业顺利前进。要进一步发扬党内民主，加强制度建设，切实保障各级党组织和党员的民主权利。疏通和拓宽党内民主渠道，使党员的意见、建议、批评能够及时准确地反映上来。在党内生活中发扬讲真话不讲假话、言行一致的优良作风，支持和保护党员依据党章规定的权利发表意见。对侵犯党员民主权利，压制党员批评，进行打击报复或诬告陷害的人和事，要认真查处。各级党委必须坚持和健全集体领导制度。个人有不同意见，允许保留，但必须服从和执行集体的决定。坚持党员个人服从党的组织、少数服从多数、下级组织服从上级组织、全党各级组织和全体党员服从党的全国代表大会和中央委员会的组织原则。反对自由主义，反对无组织无纪律、有令不行、有禁不止、各行其是的行为。加强党的纪律和纪律检查工作。党员在党的纪律面前人人平等，任何人违犯党的纪律，都必须给以应有的处理。我们的目标，仍然是努力造成又有集中又有民主，又有纪律又有自由，又有统一意志、又有个人心情舒畅、生动活泼，那样一种政治局面。

党的团结是党的生命。在加快改革开放和现代化建设的关键时期，尤其需要全党同志在基本路线的基础上加强团结。每个党员特别是领导干部，都要自觉维护党的团结和中央的权威，在思想上政治上同中央保持一致。决不允许有任何破坏和分裂党的行为存在。从中央到地方各级党委，都要认真实行党的生活会制度。领导班子内部，要树立互相信任、互相支持、互相谅解和批评与自我批评的良好风气，齐心协力地做好工作。各级领导干部要带头做坚持原则、严守纪律、维护大局、加强团结的模范。全党朝气蓬勃，团结奋斗，我们的事业就有了胜利的保证。

为了加强党的建设和改善党的领导，十三届中央委员会提出了《中国共产党章程（修正案）》，请代表大会审议。修正案把建设有中国特色社会主义的理论和党的基本路线的内容写进党章，这对于统一全党的思想和行动，坚持沿着有中国特色社会主义的道路前进，具有十分重要的意义。

中央顾问委员会成立十年来，协助党中央为维护党的团结和社会稳定，推进改革开放和现代化建设，做了大量卓有成效的工作，为党、国家和人民建立了新的历史性功绩。中央顾问委员会向这次代表大会建议，从十四大起不再设立中央顾问委员会。

同志们！完成祖国统一大业，是中华民族的根本利益所在，是全中国人民包括台湾同胞、港澳同胞和海外侨胞的共同愿望。我们坚定不移地按照“和平统一、一国两制”的方针，积极促进祖国统一。我国政府将继续加强与英国、葡萄牙两国政府的合作，使香港和澳门平稳过渡，保持长期稳定和繁荣。台湾是中国神圣领土不可分割的一部分。我们坚决反对任何形式的“两个中国”、“一中一台”或“一国两府”，坚决反对任何旨在制造“台湾独立”的企图和行动。我们将继续促进两岸直接通邮、通航、通商，推动两岸人民的往来和各个领域的交流合作，特别是大力发展两岸经济合作，共同振兴民族经济。我们再次重申，中国共产党愿意同中国国民党尽早接触，以便创造条件，就正式结束两岸敌对状态、逐步实现和平统一进行谈判。在商谈中，可以吸收两岸其他政党、团体和各界有代表性的人士参加。在一个中国的前提下，什么问题都可以谈，包括就两岸正式谈判的方式问题同台湾方面进行讨论，找到双方都认为合适的办法。希望台湾当局顺应民心，消除阻挠祖国统一的人为障碍，使两岸关系有一个新的发展。

同志们！社会主义是人类历史上全新的社会制度，它必然代替资本主义，这是社会历史发展的总趋势。任何新兴社会制度的产生、巩固和发展，必然是充满牺牲奋斗，交织着成功和失败的曲折过程。共产党人和人民群众一定会从中经受锻炼，汲取经验教训，促使社会主义向着更加健康的方向发展。在我国，经过全党同志、全国各族人民团结奋斗，社会主义事业欣欣向荣。中国是拥有十一亿人口的大国，中国共产党是拥有五千万党员的大党。有中国特色的社会主义事业蓬勃发展，必将对世界社会主义事业和人类进步事业做出重大贡献。

从现在起到下个世纪中叶,对于祖国的繁荣昌盛和社会主义事业的兴旺发达,是很重要很宝贵的时期。我们的担子重,责任大。在九十年代,我们要初步建立起新的经济体制,实现达到小康水平的第二步发展目标。再经过二十年的努力,到建党一百周年的时候,我们将在各方面形成一整套更加成熟更加定型的制度。在这样的基础上,到下世纪中叶建国一百周年的时候,就能够达到第三步发展目标,基本实现社会主义现代化。全党同志和全国各族人民,在党中央领导下更加紧密地团结起来,同呼吸、共命运、心连心,高举建设有中国特色社会主义的伟大旗帜,朝着宏伟的目标奋勇前进!

注　释

〔**1**〕见本卷《理论工作要面向实际》注〔2〕。

〔**2**〕不结盟运动,是在冷战的国际背景下,一些国家(主要是亚非拉国家)为避免卷入美苏两大集团对抗、在国际事务中发挥独立作用而发起的运动。一九六一年九月,在南斯拉夫、阿拉伯联合共和国、印度、印度尼西亚等国倡议下,第一次不结盟国家首脑会议在南斯拉夫贝尔格莱德举行,二十五个国家出席会议,不结盟运动正式形成。该运动奉行独立、自主和非集团的宗旨,支持民族解放运动,反对帝国主义、殖民主义、种族主义,反对霸权主义和强权政治,呼吁加强团结,发展南南合作,建立一个和平、公正、民主的国际新秩序。不结盟运动现有一百一十多个成员国,均为发展中国家。通常每三年召开一次首脑会议,就国际形势、地区冲突等问题进行讨论,协调立场,并通过文件。中国重视发展和加强同不结盟运动的关系,支持不结盟国家的合理主张和正义事业,自一九九二年九月起成为不结盟运动的观察员国。

〔**3**〕七十七国集团,是发展中国家为维护自身权益、改变不合理的国际经济秩序而组成的国际组织。一九六四年三月二十三日至六月十六日,第一届联合

国贸易和发展会议在瑞士日内瓦举行。六月十五日，与会的七十七个发展中国家和地区发表联合宣言，提出要加强相互接触和磋商，在贸易和经济方面确立共同目标，制定联合行动纲领，采取集体谈判策略，加强发展中国家的谈判地位，促进建立国际经济新秩序。从此，这些国家和地区作为一个集团参加联合国贸易和发展会议的谈判。此后，集团成员不断增加，现有成员一百三十多个，但七十七国集团的名称一直沿用下来。中国自一九八一年起以特邀来宾的身份参加该集团部长级会议及磋商。

不断创新，与时俱进*

（一九九二年十月十九日）

毫不动摇地坚持党的基本路线，关键是始终不渝地坚持以经济建设为中心。能不能始终抓住这个中心，是对我们十四届中央委员会每一个成员的考验。十四年来，国际上出现这样那样的风浪，国内也不是风平浪静。但是，邓小平同志以他丰富的历史经验和政治智慧，总是冷静而又正确地处理国际国内的问题，从而保证我们党和国家的工作始终没有离开经济建设这个中心。天下的事情错综复杂，又常常风云变幻，不可能什么事都预料到，今后还可能发生这样那样的问题。我们的方针仍然是冷静观察、沉着应付。“任凭风浪起，稳坐钓鱼船。”要按照实际情况，有什么问题解决什么问题。无论解决什么问题，都不能影响经济建设这个中心，都要为集中力量把经济建设搞上去创造更有利的条件。这一条要成为我们不可动摇的原则。

今年初以来，在邓小平同志视察南方的重要谈话和中央政治局全体会议精神鼓舞和指引下，全国出现了加快改革开放和经济建设的好势头。我们要努力保持和发展这个好势

---

* 这是江泽民同志在中共十四届一中全会上讲话的一部分。

头。符合十四大精神的事，要放手去干，大胆去干。在这个过程中，也要注意研究和解决一些深层次的问题和新出现的问题。比如，重复建设，盲目上新项目、铺新摊子，片面追求产值和指标，不注重提高质量和效益。这些毛病长期困扰我们的经济生活，如果得不到妥善解决，加快改革开放和经济发展的好势头就难以持久。我们要继续在改革上下功夫，通过改革来推动经济发展。现在已经明确提出要建立社会主义市场经济体制。这就要求我们在思想认识、管理制度、领导方法等方面都必须相应地来一个很大的转变。过去有许多做法和经验已经不适用了，要根据新的实践要求，重新学习，不断创新，与时俱进。

我们必须处理好坚持四项基本原则和坚持改革开放的关系，处理好物质文明建设和精神文明建设的关系，切实做到两手抓、两手都要硬。这同样是对我们十四届中央委员会每一个成员的考验。无论是坚持四项基本原则，还是坚持改革开放，以及开展其他各项工作，都要围绕经济建设这个中心来进行，都要自觉服从和服务于这个中心。在这方面，我们有过成功的经验，也有过失误的教训。没有各方面的工作来保证和服务，经济建设的中心地位就很难巩固住。比如说，如果社会秩序、社会治安状况不好，人民群众缺乏安全感，怎么能集中精力搞经济建设呢？今后，凡是发现哪一个环节薄弱，或者出了问题，就要当机立断，组织力量抓紧解决。我们的各项工作，只要是推进经济建设和社会全面进步的，就要理直气壮地去做。

高度重视农业、农村、农民问题*

（一九九二年十二月二十五日）

这次出来主要是研究农业和农村问题。中央对这个问题一直是重视的。党的十三届四中全会后不久，中央就召开了农村工作座谈会。去年底，党的十三届八中全会专门就进一步加强农业和农村工作作出了决定。党的十四大刚开过一个多月，中央又把农业摆上重要议程，作为贯彻十四大精神的第一件大事来抓。为什么呢？一是因为农业和农村工作的地位和作用太重要了，二是因为当前农业和农村发展中出现了一些新情况新问题，需要引起全党重视。

在调查和座谈中，大家都有这样一个共识，就是当前农业和农村发展总的形势是好的，同时也确实存在不少突出问题。对这些问题，我们必须有清醒的足够的认识，决不能疏忽大意。只要全党同志高度重视，上下结合，群策群力，存在的问题是完全可以解决的，农村经济迈上一个新台阶的前景是光明的。

---

* 这是江泽民同志在武汉主持召开安徽、江西、河南、湖北、湖南、四川六省农业和农村工作座谈会时的讲话。

一、牢固树立农业是基础的思想，切实加强农业和农村工作

我国是一个人口众多的大国，百分之七十三的人口居住在农村。在我国历史上，有许多说明农业重要性的话。比如，民以食为天；手中有粮，心中不慌；丰衣足食，安民之基。农业不断发展，农民积极性高涨，大家都有饭吃，国家和社会的事情就好办多了。这是我们治国安邦的一条基本经验。

农业是国民经济的基础，农村稳定是整个社会稳定的基础，农民问题始终是我国革命、建设、改革的根本问题。这是我们党从长期实践中确立的处理农业、农村、农民问题的重要指导思想。各级党委和全党同志，主管农业和农村工作的部门以及其他部门，在任何时候任何情况下都千万不能忘记这个重要指导思想，必须坚持不懈地把它贯穿于我国社会主义现代化建设的全过程，决不能有丝毫动摇。我相信，到了下个世纪中叶，我国基本实现现代化以后，经过长期的实践教育，那时这个指导思想在干部群众的脑子里就会更牢固了。

农业是基础的思想，是马克思主义基本原理，也符合我国的基本国情。马克思说过，人们只有在解决了吃穿住行以后，才有可能干其他事情。解决最基本的生活资料，是人们从事其他社会事业和创造性劳动的前提和基础。农业发展的根本任务就是不断向人们提供基本生活资料。我国人口多、耕地少，用占世界百分之七的耕地养活占世界百分之二十二的人

口，这在世界所有国家中是独一无二的。我国人民的吃饭问题，不能靠任何别的国家来解决，一是靠人家靠不住，谁也解决不了这个大问题；二是即使能够解决，也会受制于人。至于我们为了调剂粮食品种和其他需要，每年进口和出口一部分粮食，那是另一回事情。在我国，主要农产品特别是粮食，始终是一种战略性的特殊商品，直接关系到人民和国家的安危。完全可以这样说，没有农业的牢固基础，就不可能有我国的自立；没有农业的积累和支持，就不可能有我国工业的发展；没有农村的全面进步，就不可能有我国社会的全面进步；没有农村的稳定，就不可能有我国整个社会的稳定；没有农民的小康，就不可能有全国人民的小康；没有农业的现代化，就不可能有整个国民经济的现代化。总之，农业在我国经济社会发展中的基础地位和战略作用，永远忽视不得，只能加强，不能削弱。

我们在中央工作的同志，经常思考和研究一些经济上的重大问题，首先就是农业问题。对我国农业问题，必须有一个全面的实事求是的认识。改革开放十四年来，农业和农村发展确实很快，成绩巨大。但是，对农业和农村经济的实力，对农民群众的富裕程度和承受能力，切不可估计过高，一定要看到地区之间、农户之间存在的差别。没有差别，没有矛盾，就不成其为社会，不成其为世界。总的说来，我国农业的物质技术基础还是相当脆弱的，而且随着人口的增长和人民生活水平的提高，农业负荷一年比一年加重，必须加倍扶持。在农业丰收时，出现某些农产品供大于求、卖出困难的现象，这是在消费水平不高、产品结构不适应、流通渠道不畅、加工转化能力不强、储备调节容量不够的复杂情况下产生的，属于暂时性不平衡，而不是农产品真正过剩了。在相当长时期内，我们都不能说粮食已经多了，吃不完了，农业已经过关了。不但九十年代不能说这个话，而且下个世纪的前五十年也不能轻易说这个话。我国现在人均粮食占有量还不到四百公斤，即使到本世纪末，全国粮食总产量达到五千亿公斤，按那时十三亿人口计算，人均仍然不到四百公斤。这不仅远远低于经济发达国家，而且比有些发展中国家也低不少。一九九〇年，法国人均占有粮食达到一千一百二十一公斤，加拿大达到二千一百八十公斤，美国达到一千二百九十九公斤，土耳其也达到六百三十七公斤，都比我们高得多。我国将来基本实现现代化以后，农业的基础地位也不会变，农业问题仍然很重要。长期以来，我们党对农业是非常重视的，一再强调农业是国民经济的基础，粮食是基础的基础。现在和今后，仍然要使这个思想深入人心，做到家喻户晓。党的报刊和其他舆论工具要大力加强这方面的宣传，各级党委要经常对干部群众进行这方面的教育。

历史事实告诉我们，什么时候我们党把农民问题解决得好，采取的政策正确，保护了农民的利益，调动了他们的积极性、主动性、创造性，工农联盟就巩固，革命、建设、改革就顺利进行、蓬勃发展。民主革命时期，我们党长期战斗在农村，主要依靠广大农民的积极参与和大力支持，走农村包围城市的道路，才最终取得了新民主主义革命的胜利。今天，我们进行改革开放和社会主义现代化建设，更加需要农民的广泛参与和支持，更加需要充分发挥农民的积极性、主动性、创造性，更加需要不断巩固和发展工农联盟。否则,要取得改革开放和社会主义现代化建设的胜利是不可能的。十四年来新的伟大实践充分说明了这一点。

历史事实告诉我们,什么时候农业和农村工作抓得紧,农业和农村经济形势好,整个国民经济就稳定协调地向前发展,国家和人民的日子就比较好过。党的十一届三中全会以后,农村实行家庭联产承包为主的责任制,进一步解放了农村生产力,农业和农村经济获得了前所未有的发展。正因为有了农业和农村经济的大发展,才促进整个国民经济上了一个大台阶;正因为农村改革取得了巨大成功,才推动了整个经济改革全面进行、深入发展。

历史事实还告诉我们,什么时候忽视了农民利益,什么时候农业和农村工作放松了,农业和农村经济形势不好,国民经济全局就不稳定甚至陷入困境,国家和人民的日子就不太好过。农业和农村经济形势好的时候,思想上往往容易忽视,工作上往往容易松懈。这个问题应该引起重视。为什么容易发生这种问题呢?从思想方法来说,往往是犯了形而上学的片面性的毛病,对好的方面看到的多,对问题的方面注意不够。不警惕好形势下可能会潜伏新的矛盾和问题,一种倾向可能会掩盖另一种倾向。这样的历史教训很值得我们记取。全党同志特别是高中级干部都应从中吸取教益,引以为戒。

当前,在农业和农村工作问题上,中央认为,有必要向各级党政领导干部和全党同志及时打个招呼,也可以说需要敲一下警钟。全党上下一定要记取忽视农业必然带来严重后果的历史教训，千万不能好了疮疤忘了痛。一定要进一步警醒起来、行动起来，坚持按照党的十四大和十三届八中全会精神，切实重视和加强农业，切实重视和加强农村工作。

为什么现在要强调这一点呢？主要是基于以下几种情况。一是在农业连续几年丰收和改革开放的新形势下，有些地方出现了忽视农业、对农业掉以轻心的苗头。二是在加快经济发展步伐的情况下，有相当一些地方的党政领导干部把主要精力放在抓城市经济上，不是说城市的工业、第三产业不要花精力去抓，它们都很重要，积极去抓是对的，而是说相比之下，用在抓农业上的精力有些减弱了，农村工作有些放松了，农村基层干部和农民群众对此反映强烈。三是当前农村中普遍存在着一些损害农民利益、影响和挫伤农民生产积极性的突出问题，如果不认真加以解决，农业生产就有滑坡的危险。四是一些制约农业发展的因素不仅现在存在着，而且今后一个长时期内还会存在下去。例如，全国人口每年净增一千五百万至一千六百万，耕地每年至少减少四百万亩，等等。这些情况在短时期内是难以改变的，对于农业发展产生的制约作用不可低估。

考虑到以上这些情况，中央认为，从现在起，各级党委和政府应该立即加强对农业和农村工作的调查研究，进一步弄清情况、统一认识，抓紧解决农民群众迫切要求解决、经过努力又能够解决的一些重要问题，把农民的积极性特别是种粮种田的积极性引导好、保护好、发挥好，力争到本世纪末使我国农业和农村经济再上一个新台阶。

二、切实保护农民利益，调动农民生产积极性

今年又是一个丰收年，是一九八九年以来连续第四个丰收年。全国各种农产品供应充裕，库存较多，市场繁荣，农业和农村经济总的形势确实很好。同时，从各地的反映和调查材料中，我们也注意到农村出现了一些必须解决的问题。现在，农民最盼望的是党和政府支持他们进一步搞活农村经营，引导他们进入社会主义市场经济的新天地，尽快脱贫致富，达到小康水平；最担心的是有些农村政策和支农措施不落实、打折扣；最不满意的是四面八方把手伸向农村，挤农业、挖农民，损害他们的经济利益，挫伤他们的积极性。情况基本上是清楚的，关键是要上下结合，果断地采取措施解决存在的问题。如果见事迟、动手晚，就会陷于被动，甚至会造成难以挽回的损失。这样的教训，我们过去不是没有。

我们召开这个农业和农村工作座谈会，中心意思就是：在加快改革开放的新形势下，在我国农村经济活跃、农业连年丰收的好形势下，在我国经济体制逐步向社会主义市场经济体制转变的重要时刻，一定要全面正确地估量农业和农村工作，认真总结经验，继续发挥优势，充分正视存在的困难和问题，及时果断地采取正确对策，把已经出现的问题和可能产生的问题解决在初始阶段，从而牢牢掌握领导农村工作的主动权。

对当前农业和农村工作中必须解决的紧迫问题，中央正在研究具体措施和办法，我今天只从方向上、原则上提出一些

看法。

第一，农产品特别是粮食卖出难、价格低、“打白条”现象严重。这是农民最为不满的事，因为这些问题直接影响他们的收入，影响他们眼前的生活安排和即将到来的春耕生产。中央有关部门和地方各级政府一定要同心协力，千方百计确保最迟在春节以前尽早把欠付农民出售粮棉的价款全部兑现到农民手中。在商品粮集中产区，农民还确有余粮需要出售的，要增加一批专储粮指标，尽快按保护价收购上来。

第二，应该给予农民的有些优惠措施不到位、不落实，农民得不到实惠。凡属收购合同定购粮所应给予农民的优惠，包括“三挂钩”[1]物资，各级政府和有关部门一定要坚持按合同执行，保证交付到农民手中，不允许打折扣和拖欠，更不允许截留和挪用。在粮食购销放开以后，要本着照顾粮农利益，照顾商品粮集中产区、粮食调出地区财政困难的原则，及早确定一个合理可行的办法，予以公布和实施。

第三，巧立名目加重农民负担的不正之风相当盛行，引起农民群众强烈不满。我们对农业历来实行轻赋税的政策，目前农业税实际税负只占农业收入的百分之二点九。至于村提留、乡统筹，国家规定应在占上年农民人均纯收入的百分之五以内。此外，对于农民承包土地、出义务工，都有明确规定。现在的问题是，在不少地区，这些规定没有得到严格遵守和执行。在农民完成各项规定义务之外，普遍发生了超额征收税费，巧立名目乱集资、乱摊派、乱罚款，以及五花八门的所谓达标活动，农民已不堪重负。因此，必须重申：中央有关部门和地方各级政府一定要坚决把关，严格执行国家的政策规定，任何单位都不得以任何名义增加农民负担，切实把村提留、乡统筹控制在占上年农民人均纯收入的百分之五以内。即使是兴办农村公益事业，凡是要农民出资、投劳的，也必须坚持两条原则，一是量力而行，二是群众自愿。凡是国务院规定需要审批的，必须报请省级以上政府批准后才能施行。希望中央有关部门和各省区市党政主要领导同志，于近期内负责对农民负担问题进行全面检查，并清理本部门本地区的有关文件，凡是不符合中央规定的一律撤销。对那些有令不行、有禁不止的行为和违法乱纪者，要坚决按法律和党纪政纪严肃处理。

第四，有些地方形成了搞开发区、搞房地产的热潮。这些地方的同志大都用心是好的，想快一点把当地经济搞上去，但忘记了解放思想要与实事求是相统一。不是说开发区、房地产都不可以搞，而是说一定要从实际需要和实际可能出发，不能不顾条件一哄而起。一哄而起的搞法，是不符合邓小平同志视察南方的重要谈话和党的十四大精神的，也是不符合经济发展的客观规律的。如果不抓紧妥善解决，不仅难以为继，而且必然会给经济生活带来许多不良后果。比如说，现在已经看到这种情况，一些地方由于开发区上得过多，建设资金很难落实，怎么办呢？就采取各种方式搞计划外集资，大大超过了承受能力，影响了银行存款的正常增长，从而也加剧了农副产品收购资金的筹集和供应的困难。这就是不良后果之一。八十年代初，我曾参与了创办经济特区的筹备工作。为了解国外搞经济特区和开发区的情况、办法和经验，曾走访了世界上许多国家，历时近五十天。国外搞经济开发区不仅很慎重，而且筹划工作做得很细，不是像我们现在有些地方的那种搞法。搞开发区,至少要具备这样一些条件和程序:一是必须要有可行性研究;二是要有投资建设项目;三是要有总体规划;四是要逐步推进,不可能一锹挖出一口井。据国家土地管理局对二十四个省区市的调查,今年一月至九月,批建的开发区有一千九百五十一个,规划占地一万五千三百平方公里,折合近二千三百多万亩,其中百分之八十以上是交通、水源条件好的耕地。现在,在国家严格控制占用耕地的情况下,每年至少还要减少四百万亩耕地。如果圈地占地失控,势必严重削弱农业的根本依托。此风绝不可长!国家对占用耕地是有严格审批规定的。这个问题要赶快进行专题研究,重新作出严格控制占用耕地的决定,明令施行。

上述几个问题,不仅直接关系到农民的切身利益,而且直接关系到农业生产全局能不能稳定、农民生产情绪能不能稳住,应该引起全党同志高度重视。各级党委和政府必须当机立断,采取切实措施及时解决,切不可因为一些具体问题而互相扯皮、互相推诿、迁延不决。

此外,还有几个关系农业发展后劲和农民长远利益的重要问题,也需要我们认真进行通盘研究,并尽快形成解决问题的实施方案。

一是保证农业投入持续稳定增加的问题。同志们就这个问题提出了不少意见、要求和建议,我回去后将向中央政治局常委会和中央政治局汇报,建议国务院在长期规划和年度计划中积极予以考虑和安排。在农业法起草中,对这个问题已有考虑。在农业法审议通过后,还要制定一系列具体实施办法和保障措施。

二是缩小工农业产品价格剪刀差的问题。工农业产品价格剪刀差进一步扩大,这个问题牵涉面广,情况复杂。我国经济体制正处于从计划经济体制向社会主义市场经济体制转变的初始阶段,我们的宏观指导、宏观调控一时还跟不上,不少经济改革措施还不配套,致使工农业之间产生了不少新的矛盾。我们一要采取一些应急措施,加以缓解;二要努力从工农业提高效益、降低成本,搞活城乡交流,调整价格体系等多方面采取措施,逐步解决。

三是保护粮农棉农和粮棉主产区经济利益的问题。粮棉主产区,长期担负着向全国各地特别是大中城市提供粮食、肉类以及棉花等工业原料的重任,作出了重大贡献,而经济利益却历来不高。这不利于调动这些地区广大农民的生产积极性,也不利于粮棉等大宗农产品持续稳定增产。如果粮棉主产区生产发生萎缩,经济陷入困境,不仅会影响当地农民群众的切身利益,而且会影响全国人民的利益。因此,国家对这些地区应该采取必要的扶持、优惠、保护政策。同时,粮棉主产区和主销区原则上要实行利益共享、风险共担。要加紧研究一套从生产到购、销、存、运的宏观指导和宏观调控方案。

总之,农业形势越好,我们越要保持清醒的头脑,越要善于见微知著、防微杜渐,敏锐地观察和发现新情况新苗头,并及时果断地予以处理,不断增强农村工作的预见性、把握主动权。农业是基础产业,又是社会效益大而经济效益差的比较脆弱的产业,对这个产业千万不可掉以轻心。邓小平同志早就告诫过我们,九十年代经济如果出问题,很可能出在农业上;如果农业出了问题,多少年缓不过来,经济社会发展的全局就要受到严重影响。这是邓小平同志积多年经验之谈，语重心长。各级党委和全党同志一定要牢牢记住，加倍努力工作，多为农民办实事，真正保护好农民的利益，保护好农民的生产积极性，保证农业和农村经济持续发展。

根据预测，明年农业生产特别是粮食生产有可能出现播种面积大幅度减少、投入也减少的不利情况。各地一定要充分注意，着眼于大局，努力做好各方面的工作，把握好农业产业结构和产品结构调整的方向和幅度，抓紧从现在起到春节前后这一段时间，把广大农民春耕生产的积极性调动起来，把种子、农用生产资料供应及各项生产条件安排得好一些。抓好春耕春播这一环，对明年全年农业发展具有关键性意义，对整个国民经济发展也具有重要意义。希望大家同心协力，继续为稳定发展粮棉生产、为全面发展农村经济作出新的贡献。

三、积极发展社会主义市场经济，不断增强宏观调控能力

党的十四大提出了建立社会主义市场经济体制的改革目标。积极探索在农村建立社会主义市场经济体制的具体路子，进一步解放和发展农村生产力，是我国广大农民奔向小康、农业走向现代化的必由之路，是党在农村工作中面临的新的重大课题。

在农村发展社会主义市场经济，总的讲，必须坚持以市场为导向，充分利用农村人力、土地等各种资源，农、林、牧、副、渔全面发展，第一、第二、第三产业综合经营，科、贸、工、农相

结合，以星罗棋布的新型集镇为依托，努力形成大农业、大流通、大市场的新格局，提高农业的整体经济效益和综合生产能力，走出一条建设有中国特色社会主义新农村的路子。这也是我国农村改革走向新阶段的标志。

第一，必须解决好农产品价格政策问题。这是深化农村改革的关键。总的方向应该是放开价格，放开经营，确立市场形成价格的机制，理顺价格关系，体现价值规律的作用和要求，促进农产品发展和产品结构改变，使市场竞争机制、激励机制能够有效发挥作用。经过十四年的改革开放，农副产品价格绝大部分已经放开。目前只剩下粮食（四种主粮：大米、小麦、玉米和主产区的大豆）、棉花、油料、糖料等少数几个品种的价格尚未放开。价格改革，要认真贯彻积极稳步的方针。粮食价格，将根据统一政策、分类指导、分省决策、逐步推进的原则在全国陆续放开。食油，在今冬和明年将要全部放开。棉花，国务院已经确定在几个主产省建立市场和试点。价格放开、经营放开以后，应该注意地区差价、季节差价、品种差价，使价格真正起到促进生产、引导消费的积极作用。

第二，必须加快农业向高产优质高效的方向发展。农业生产什么，要根据市场需求来安排。要注意调整农业结构，改进品种，提高质量。特别是要注意与科技相结合，开发一项科技成果，往往就会带动一大片地方或产业的繁荣，使效益大幅度提高。比如，秸秆综合利用，氨化饲料养牛，对发展生产、增加农民收入、保护环境，收效都很显著。在调整农业结构的过程中，要高度重视提高粮棉等主要产品的产量，以保持供需总量平衡，防止大起大落。

第三，必须坚持不懈地发展乡镇企业。发展乡镇企业要与建立社会主义新型集镇结合起来。这是具有战略意义的大事。中国有八亿多农民，如果农村剩余劳动力都向城市流动，城市根本吃不消。改革开放以来，各地大力发展乡镇企业，吸纳了大量农村剩余劳动力。这是我国农民群众一个新的伟大创造，是解决农村剩余劳动力出路的一条重要途径，对于保持农村和整个社会的稳定具有重大意义。通过向农业和农村经济的深度、广度进军，通过发展乡镇企业和农村第三产业，就地消化农村剩余劳动力。这项原则要长期坚持，不能动摇。发展乡镇企业应该注意与建设新型集镇结合起来，适当集中，上水平，上台阶，使新型集镇成为当地农村的经济中心、文化中心，并成为商品集散地。

第四，必须充分发挥流通领域的作用。形成多渠道、少环节、开放式、高效率的商品流通网络，是解决农产品卖难、运难的重要途径。要支持和鼓励农民参与商品流通，使之成为流通领域的一支重要力量。对个体商贩、私营商业主，也要发挥他们的积极作用。在农村的国有粮食企业和合作社商业，要发挥好作为农村流通主渠道的作用，适应改革开放的新形势，积极转变经营机制，并发展同农民和个体商贩等的经济联系，加强经济合作，疏通流通渠道，使城乡货畅其流。在农产品放开经营中，对粮食等关系国计民生的重要商品，主渠道的作用一定不能削弱，粮食服务体系不能打乱。“没有主渠道不稳，没有多渠道不活”，这是多年经验的总结。

第五，必须加强宏观调控。放开价格，放开经营，不是放任自流，撒手不管。社会主义市场经济是在国家宏观指导下发展的,是以公有制为主体的。在建立健全市场机制、放开经营的过程中,必须加强宏观调控。认为搞社会主义市场经济就是一切自由放任,想干什么就干什么,毫无制约,这种看法是一种误解,是不正确的。资本主义市场经济也有政府干预,也有宏观调控。在当今世界上,百分之百完全自由的市场经济是没有的。我们在放开价格、放开农产品市场后,必须努力健全国家宏观调控体系。这种宏观调控体系,应该是能够自觉运用价值规律,运用国家掌握的经济杠杆和经济实力,对市场运行实行强有力的正确有效的指导、引导、调控的体系,应该是能够对全社会的经济行为、市场活动都有调控能力的体系。特别是对粮食、棉花、油料、糖料等主要农产品,一定要科学调控。除了运用税收、信贷、财政等经济杠杆进行调控外,还要注意抓好以下几项制度建设。

一是要建立重要农产品储备制度。特别是要建立粮食、棉花等储备制度。这里,我着重讲一下粮食储备。我国自古以来就有储粮备荒的传统。汉代以后,历代兴盛之时都设有"常平仓"〔2〕,进行丰歉调节。我国人口多,自然灾害频繁,储备粮食以应付突然事件,是为上策。从一九九〇年开始,我国建立了国家专项粮食储备制度,目前已有了几百亿斤专项储备粮,这是宝贵资源,不能看成包袱。去年南方发生大水灾时,专项储备粮发挥了重要作用,只动用了九十亿斤,就顺利渡过了灾荒。今后,要进一步改进和完善专项粮食储备制度。总的目标是建立以国家储备为中心的三级储备体系。中央要储粮,地方(包括省地县)和农民都要储粮。要探索建立一种有效机制,让地方和农民、乡、村都搞一些储备。粮价低时多储一点，粮价高时抛售一点。有了这种储备体系，有了有力的吞吐功能，就可以平抑粮价，稳定市场，防止粮价暴涨暴跌。这是增强宏观调控能力的重要物质手段。

二是要建立粮食等重要农产品的仓储运输体系。这是一个系统工程。全国要有一个总体规划，在粮食主产区和主销区之间的交通枢纽，在具有战略意义的地方，改造和新建一大批骨干仓库和运输设施，使之能存得进、调得出。国家粮食储备库要继续抓紧建设好。要在全国形成一个布局合理、调度灵活、管理科学的粮食仓储运输体系，使之与专项粮食储备制度相衔接，遇到各种特殊情况都能调度自如。要建立现代化的信息网络，使国家有关部门及时掌握粮食的情况，及时指挥。这件事也要制定一个总体方案，不要停留在口头上，重在落实，而且要年年抓，经过几年努力，就可以收到成效。有了一套健全的粮食仓储运输体系，国有粮食企业的主渠道作用也就有了保证，国家宏观调控的能力就会得到很大加强。

三是要建立多层次的农产品市场体系。发展农村经济，调整农业结构，必须同市场建设相结合。培育市场机制，健全农产品市场体系，能够为农民提供正确的信息，引导农民面向市场搞好生产。在商品集散地，要建立农副产品零售和批零兼营的初级市场，让农民生产出产品后在市场上卖得掉、销得出。除了初级市场外，还要发展区域性批发市场，可以进行现货交易，也可以有重点地发展中期、远期交货的合同交易。国家准备在上海、郑州两地试办粮食等农产品期货市场，以提供价格信息，避免价格风险。需要强调指出的是，期货市场只能由国家试办，不能一哄而上。各类市场都要向规范化、法制化的方向发展，使各种经济成分各种经营主体进行公开、平等、公正的竞争。

四是要逐步实行风险基金或调节基金制度。建立保障机制，才能有效对付风险，进行调节。在价格上涨时，可以以较低价格出售；在价格下跌时，又可以按保护价进行收购。这种机制应该尽早建立起来。重要的是先起步，以后逐步发展、逐步完善。

此外，计划调节的手段也很重要，不能削弱，更不能取消。问题是要切实革除过去计划体制中存在的弊端，努力更新计划观念，改进计划管理和运用计划的方法，使之适应实际需要。像粮食、棉花、油料、糖料等重要商品，即使放开后，也必须有计划指导和调控。

在农村发展社会主义市场经济，充分发挥市场机制的作用，是一个长期的过程，需要坚持不懈地进行努力。当前，要抓住有利时机，迈开步伐，打好基础。这方面还会遇到许多新问题，各级党委和全党同志要按照党的十四大精神努力去探索、去改进、去完善。

四、加强和改进党对农村工作的领导，推动农村全面发展

落实党在农村的各项政策，搞好农业和农村工作，关键是要全面加强和改进党对农村工作的领导。

第一，各级党委必须把农业放在各项经济工作的首位。这个指导思想要长期坚持、毫不动摇。抓农业的精力绝不能

减弱，农村工作必须抓紧抓实。这一点也要长期坚持、毫不动摇。领导班子的成员可以更替、可以变化，但这个指导思想和做法不能变，一定要一班一班人、一代一代人干下去。老同志要在这方面给新进领导班子的同志起好传帮带的作用。

第二，各级党委必须始终把农业和农村工作摆上重要议事日程，经常讨论农业和农村工作中的重大问题，并及时作出决策。地县两级党委必须坚持把工作重心和主要精力放在抓农业和农村工作上。中央从总书记做起，地方从省区市党委书记做起，一直到地县，各级党委主要负责同志都要亲自抓农业。对农村改革、发展、稳定中的重大问题，各级第一把手要亲自调查研究，提出对策，安排部署，检查督促。各地农村自然条件和经济文化发展水平很不平衡，存在这样那样的差别，做工作一定要从实际出发，实行分类指导。

第三，鉴于目前有些地方的领导干部放松、减少甚至转移了抓农业和农村工作的精力，希望各级党委在近期内认真检查一次，一级检查一级，看看本地区抓农业和农村工作精力够不够，工作紧不紧，方法对不对，作风实不实，是不是把农业和农村工作确实摆到了应有的位置，是不是真正想方设法解决农民反映迫切的一些问题。通过检查，认真总结经验，好的加以肯定和表扬，不好的给予批评和帮助，力求从领导分工、领导方法、领导作风上来一个大的改进。

第四，切实加强农村基层党组织建设，努力发挥农村党员、干部的先锋模范作用。这是加强党对农村工作领导的基础工作。特别是对于那些长期不起作用、处于软弱涣散和瘫痪半瘫痪状态的乡村党组织，上级党组织一定要下大气力指导和帮助它们进行整顿。对于经过整顿仍无起色的乡村党组织，县委应该下决心从县级机关中选派一些得力的干部下去，充实和加强这些党组织的领导力量。一些地方的经验说明，采取这种办法，既可以较快地改变后进党组织的工作面貌，又可以锻炼和提高干部。

第五，农村基层干部是党的重要力量和重要财富，肩负的任务很繁重、工作很辛苦，上级党组织一定要热忱关心和爱护他们。在工作上，既要严格要求，引导和帮助他们坚持实事求是的科学态度，如实反映情况，教育和鼓励他们克勤克俭、任劳任怨，公道正派地为群众办事情；又要加强指导和支持，帮助他们排忧解难。要采取多种形式组织他们进行学习、接受培训，不断提高他们的思想政策水平、科学技术水平和组织领导能力，使他们能够适应形势发展的要求，在深化农村改革、发展农村经济、带领农民群众走共同富裕的道路中发挥更大作用。

第六，县以上党政领导机关，要经常分批抽调干部深入农村，调查研究，了解情况，倾听意见，提供信息，发现先进典型，帮助做好工作。这不仅有利于加强农村工作，有利于加强党同农民群众的联系，也有利于改进领导机关的工作作风。这是党在领导农村工作中行之有效的一种做法，在改革开放的新形势下，仍要长期坚持，并形成制度。

第七，从中央到地方，无论是主管农业和农村工作的部门，还是其他部门，都要在党的统一领导下协同一致，大力支援农业，真心实意为农民服务，想农民之所想，急农民之所急，坚决反对一切损农、伤农、坑农的行为。在制止和纠正巧立名目加重农民负担的问题上，要形成有效的监督管理办法，中央负责管住中央的部门，省级党委负责管住各自的部门。县委作为最后一道监督闸门，对于任何伸向农村的不合理的收费、罚款、达标和摊派，要敢于据理顶住。

第八，各级党委要始终坚持两手抓、两手都要硬。在领导农村工作的过程中，既要大力加强农村社会主义物质文明建设，又要重视和加强农村社会主义精神文明建设；既要坚持改革开放，又要依法严厉打击各种经济犯罪和刑事犯罪活动，扫除各种丑恶现象，努力消除各种消极腐朽东西的影响，维护好农村社会治安，保障农民群众生产生活的安全。要真正做到既促进农村经济繁荣，又促进农村社会全面进步和稳定。在新的时期，教育和提高农民的任务仍然很繁重。越是搞改革开放和社会主义市场经济，越要重视对农民特别是青年农民进行爱国主义、集体主义、社会主义思想教育。农村的思想文化阵地，先进的正确的思想和优良社会风尚不去占领，落后的错误的思想和不良社会风气就必然会去占领。这个问题，各级党委务必高度注意。

只要我们全面加强和改进党对农村工作的领导，只要把党在农村的各项政策真正落实到基层，只要及时发现和妥善解决农村发展中的问题，只要各级领导干部诚心诚意为农民谋利益，认真倾听农民呼声，充分信任和依靠农民，我们就一定能够克服前进道路上的各种困难和问题，农业和农村工作的形势就会越来越好。经过若干代人持续不断努力，建设有中国特色社会主义现代化新农村的宏伟目标就一定能够胜利实现。

注　释

〔**1**〕“三挂钩”,指当时实行的合同定购粮食与供应平价化肥、柴油和发放预购定金相挂钩的政策。

〔**2**〕“常平仓”,指汉代以后官府为调节粮价、储粮备荒而设置的粮仓。谷贱时增价买入,谷贵时减价卖出。所储粮食既用作调节丰歉,也用作赈济灾民。

国际形势和军事战略方针*

（一九九三年一月十三日）

这次军委扩大会议，是党的十四大之后新的中央军事委员会召开的一次非常重要的会议。这次会议主要是学习贯彻党的十四大精神和邓小平同志关于新时期军队建设的思想，研究在新的国际形势下我们需要确定的军事战略方针，同时部署今年军队的工作。关于军事战略方针问题，党的十四大之后，军委、总部多次进行了研究。今天，我代表军委来讲一讲。

一、关于国际形势

当今世界正处于大变动的历史时期。总的看来，目前国际形势对我国发展是有利的。首先，在今后一个较长时期内，争取和平的国际环境，避免新的世界大战，是有可能的。这是一个非常重要的战略判断，是我们集中精力进行经济建设的大前提。大家知道，战争与和平的矛盾及其相互转化，取决于战争与和平两种力量的对比及消长。早在七十年代后期至八

* 这是江泽民同志在中央军委扩大会议上讲话的主要部分。

十年代中期，邓小平同志就以战略家的远见卓识，创造性地运用马克思主义的立场、观点、方法，准确划清了战争与和平两种力量的界限，并通过对这两种力量矛盾运动的辩证考察，科学地预见到国际形势的发展趋势，指出霸权主义是当代战争的总根源，提出了战争的危险虽然存在，但如果工作做得好，战争是可以延缓的著名论断。当时，邓小平同志作出这个论断总的依据就是“世界和平力量的增长超过战争力量的增长”[1]。同时，他还精辟地阐明了在制止战争、维护和平的努力中依靠谁、团结谁、反对谁的问题。现在，回过头来看，邓小平同志确实是高瞻远瞩。随着苏联解体、两极格局的终结，邓小平同志的这个基本估计，可以看得更清楚了。世界正朝着多极化方向发展，国际上相互制衡的因素增多，和平力量进一步增长。

其次，在新格局的形成过程中，世界各种矛盾都在深入发展，各种力量正在重新分化组合，各种重大战略关系也在调整变化。由于资本主义经济政治发展不平衡的规律继续起作用，西方国家内部及相互之间的矛盾日趋暴露和上升，内外难题不断增加。这就为我们在国际斗争中运筹帷幄、纵横捭阖，创造了许多新的机会。只要我们善于把握好一些大的战略关系，善于利用一些重要矛盾，就能够灵活应付、举措自如，适应国际局势的发展，进一步提高我国的国际地位。

再次，与世界其他地区相比，亚太地区形势保持了相对稳定，各国的经济联系和合作日趋紧密，原有的热点问题已经或正在实现政治解决。我国周边安全环境不断得到改善，同周边国家的睦邻友好关系处于建国以来最好的时期。

以上这些条件和因素，为我们集中精力发展国民经济提供了一个比较好的外部环境。正如邓小平同志所指出的，国际环境有利，国内条件具备，是我们加快发展的好时机。我们一定要珍惜和抓住当前的有利时机，进一步解放思想、实事求是，团结奋进、真抓实干，加快改革开放和现代化建设的步伐，争取建设有中国特色社会主义事业的新胜利。

在看到国际形势对我们有利的一面时，也要看到对我们不利甚至严峻的一面，切不可轻视国际形势中的动荡因素。特别是我们党和军队的高级干部，对此应该有清醒的认识。必须看到，当今世界并不安宁，世界各国人民长期关注并为之奋斗的和平与发展这两大问题，一个也没有解决。邓小平同志深刻指出："我希望冷战结束，但现在我感到失望。可能是一个冷战结束了，另外两个冷战又已经开始。"〔2〕国际形势的发展，证明了邓小平同志的预见是完全正确的。目前，世界社会主义处于低潮，国际敌对势力对社会主义国家加紧了渗透、颠覆活动。对此，我们要保持警惕，决不可掉以轻心。霸权主义和强权政治已成为世界和平与发展的主要障碍。过去一直被美苏对抗掩盖下的一些民族矛盾、宗教纷争和领土争端也日益突出起来，不断酿成流血冲突和局部战争，并有蔓延之势。国际军事斗争也很复杂，虽然军控和裁军谈判取得了一些进展，但军备竞赛正向高新技术领域转移，这将对国际和亚太地区军事斗争形势产生不可低估的影响。

虽然新的世界大战和针对我国的全面战争在较长时期内打不起来，但诱发局部战争、武装冲突和国内局部社会动乱的因素仍然存在。虽然以经济和科技实力为基础的综合国力竞争成为国际斗争的主导方面，但军事手段仍然起重要作用。虽然祖国统一大业的工作不断取得进展，但也出现了一些新的复杂因素。在这样一个风云变幻、错综复杂的国际环境里，我们必须善于全面地而不是片面地、发展地而不是静止地、联系地而不是孤立地去观察和思考问题，从而在纷繁复杂的形势中把握住本质的东西，抓住主要矛盾和矛盾的主要方面，实事求是地对我们可能面临的威胁的性质、程度和方式作出准确的判断。

总之，我们要充分估计有利因素，抓住难得的时机，加强对外工作和对外交往，扩大我国在国际社会的回旋余地，增强处理国际事务的主动权，为国内发展创造更好的外部条件，以利于我们加快改革开放和现代化建设的步伐，集中力量把国民经济搞上去，不断提高我国的综合国力。这是保证国家长治久安、巩固和发展建设有中国特色社会主义事业的根本所在。同时，我们又要清醒地正视不利因素，加强研究，精心筹划，正确决策，扎实工作，力争变不利为有利，做到有备无患。不能因为国际形势有利于我们的东西不少，就盲目乐观，麻痹大意，放松必要的警惕；也不能因为还存在不利于我们的东西，就把国际形势看得过于严重，盲目紧张，好像兵临城下、草木皆兵了，甚至因此而动摇集中力量搞经济建设的决心。这些显然都是不正确的，也是不符合客观实际的。可以这样说，当前国际形势对我们有利的一面还是主要的。只要我们坚持按照邓小平同志所说的，冷静观察、沉着应付、绝不当头、有所作为，抓住国际形势对发展我国经济有利的机遇，一心一意把国内的事情办好，我们就能从容应对各种复杂局面，始终立于不败之地。

通观我国的安全环境，可以看出，不论是政治问题还是经济问题，不论是外部军事威胁还是完成祖国统一的障碍问题和国内不稳定因素，大都直接或间接地同霸权主义和强权政治有关，大都可以看到霸权主义和强权政治的影子。对此，我们在战略上必须深谋远虑。对损害我们民族利益和国家主权的行为要坚决进行斗争。当然，斗争的方法要灵活掌握。

二、关于军事战略方针

一个国家，一个民族，要生存和发展，要在激烈竞争的国际环境中站稳脚跟，就不能没有正确的军事战略方针。在当前复杂多变的国际形势下，为了掌握战略主动，我们必须确立正确的军事战略方针。

建国以来，我军一直实行积极防御的军事战略方针。在新的历史条件下，究竟应该实行什么样的军事战略方针呢？我们认为，还是要继续坚持实行积极防御的军事战略方针。现在，继续实行积极防御的军事战略方针，是继承我军的传统，也符合我们的国情、军情，有利于在政治上、外交上保持主动。同时，随着形势的发展变化，应该适时赋予积极防御的军事战略方针以新的内容。

根据当前国际形势和军事斗争形势的发展变化，以及我们的国情、军情，军委认为，今后一个时期我们实行积极防御的军事战略方针，应该充分体现以下这样一些主要精神。

第一，必须坚持以毛泽东军事思想、邓小平同志关于新时期军队建设的思想为根本指导。

这是新形势下实行积极防御的军事战略方针的理论基石和思想基础。毛泽东军事思想,是马克思主义军事学说同中国革命军事斗争实践相结合的产物,是集古今中外优秀军事思想之大成的军事科学体系。我军光辉的历史告诉我们,毛泽东军事思想是我军的立军之本和制胜法宝。邓小平同志是我国社会主义改革开放和现代化建设的总设计师,也是新时期我军建设和改革的总设计师。他在设计整个国家改革开放和经济建设的同时,还规划了新时期军队建设的蓝图。七十年代以来,他创造性地运用马克思主义的立场、观点、方法,以敏锐的战略眼光、求实的科学态度和伟大的胆略,对当今世界的战争与和平问题、积极防御的战略方针问题、进行现代条件下的人民战争问题等,作了一系列科学论述,系统地提出了新时期军队建设的目标、任务和方针原则,回答了建设有中国特色的现代化、正规化的革命军队的一系列重大问题。针对近几年的国际风云变幻,邓小平同志提出了冷静观察、沉着应付、绝不当头、有所作为的重要方针,为我们党和国家制定新的政策和策略提供了依据,同时也为加强军队建设和提高军事斗争指导艺术指明了方向。邓小平同志关于新时期军队建设的思想,作为建设有中国特色社会主义理论的重要组成部分,创造性地继承和发展了毛泽东军事思想,不仅揭示了新时期军队建设和军事斗争的基本规律,而且为我们提供了正确认识和解决新时期军队建设和军事斗争问题的立场、观点、方法。这是十几年来我军所以能够在保卫国家安全和加强革命化、现代化、正规化建设中取得巨大成就的根本原因。实践证明，坚持以邓小平同志关于新时期军队建设的思想为指导，是我军建设沿着正确的方向不断发展、夺取新的更大胜利的重要保证。

在新的形势下，继续实行积极防御的军事战略方针，最根本的是要坚持以邓小平同志关于新时期军队建设的思想为指导，扎扎实实建设军队，确保我军永远沿着建设有中国特色的现代化、正规化的革命军队的道路走下去，确保我军在错综复杂的斗争中不断从胜利走向胜利。全军同志尤其是高级干部要努力学习和深刻领会邓小平同志的战略思想和理论观点，在军队建设和军事斗争中认认真真地贯彻落实。同时，还要努力学习邓小平同志运用马克思主义的立场、观点、方法，研究和解决军队建设、军事斗争问题的科学态度和创造精神，解放思想、实事求是，及时妥善地处理军队建设和军事斗争面临的新问题，不断提高我军的战斗力，努力把我军建设成为政治合格、军事过硬、作风优良、纪律严明、保障有力的现代化、正规化的革命军队。

第二，必须服从和服务于国家的发展战略。

军事战略方针从来是为实现国家战略目标服务的。党的十一届三中全会以来，在邓小平同志指导下，我们党制定了“一个中心、两个基本点”的基本路线，形成了建设有中国特色社会主义理论。党的十四大全面总结了改革开放十四年的基本经验，确定了我国今后一个时期发展的战略部署。我们要在九十年代初步建立起社会主义市场经济体制，实现全国人民生活达到小康水平的第二步发展目标；到建党一百周年的时候，在各方面形成一整套更加成熟更加定型的制度；到下世纪中叶建国一百周年的时候，达到第三步发展目标，基本实现社会主义现代化。这是关系国家和民族根本利益的大局，全党全军全国都要服从和服务于这个大局，为实现国家的宏伟目标努力奋斗。在新的形势下，我们实行积极防御的军事战略方针，就是要在复杂多变的国际环境中，坚持从国家的大局出发，精心指导军队建设和军事斗争，与政治、外交密切协调，充分发挥我军在保卫国家安全、维护祖国统一和社会稳定、支援社会主义现代化建设中的重要作用，为改革开放和经济发展提供坚强有力的安全保证，使军队建设和军事斗争更好地为实现国家的战略目标服务。

第三，必须把未来军事斗争准备的基点放在打赢可能发生的现代技术特别是高技术条件下的局部战争上。

进入八十年代以来，世界范围的高技术竞争日趋激烈。现在，各国都在调整自己的发展战略，把发展现代技术尤其是高技术作为增强综合国力和国防实力的关键措施，力争掌握战略主动。海湾战争〔3〕的事实说明，随着高技术在军事领域的运用，武器的打击精度、作战强度空前提高，突然性、立体性、机动性、快速性和纵深打击的特点十分突出，拥有高技术优势的一方明显地掌握着更多的战场主动权。在当今世界上，一个国家如果不随着经济社会发展努力增强国防实力，提高军队的素质和武器装备水平，在现代技术尤其是高技术条件下的作战能力不强，一旦战争发生，往往陷于被动挨打的地位，国家利益、民族尊严和国际威望就要受到极大损害。正因为如此，现在世界上许多国家都在调整军事战略，以适应国际形势和军事斗争形势发展的需要。

随着世界高技术军备竞赛的发展，今后一旦发生局部战争，一开始就很有可能是高技术对抗。这种可能性，我们不能低估，更不能不估计到。尤其在台湾问题上，如果一旦发生重大“台独”事变，那我们为了维护祖国统一和保卫国家主权，就不能不在军事上对“台独”采取断然措施。当然，如果我们工作做得好，这种对抗是有可能防止和避免的。军事斗争的规律就是这样，你准备好了，它就不敢动。天下风云突变，古已有之。在当今这个世事多变、很不安宁的世界上，尤其为烈，什么复杂的局面都有可能出现。我们的估计和准备宁可复杂一点，宁可多几手，以备万一发生的不测之需。为了国家的长远利益，我们在外交上还是要坚持多做工作，经济上还是要坚持互利合作，而在军事上则应该居安思危，防患于未然，逐步做好必要的应变准备。历史经验证明，军事上准备越充分，战略上越主动，安全越有保证。我们在充分看到形势有利的同时，又看到形势严峻的一面，在坚持以经济建设为中心的前提下，对可能出现的复杂情况做好必要的准备，有利于从根本上保障国家改革开放和经济建设顺利进行。

做好打赢一场现代技术特别是高技术条件下的局部战争的准备，正是为了尽可能防止和避免这种战争，也是确保一旦发生这种战争我们能够夺取胜利的根本性措施。我们在战略指导上，早已从立足于准备早打、大打、打核战争转到了重点准备应付局部战争上来。现在，根据国际形势的发展变化，我们要重点准备应付现代技术特别是高技术条件下的局部战争。这是我军战略指导思想的进一步发展和完善。

准备打赢现代技术特别是高技术条件下的局部战争，这个要求是很高的。当前，我们要达到这个要求还有很多困难，有资金上的困难，也有技术上的困难。但是，客观形势的发展迫使我们要高度重视这个问题。我们应该从长计议，下决心朝这个方向努力。当然，我们不是要一口吃成一个胖子，而是要把打赢现代技术特别是高技术条件下的局部战争作为军事斗争准备的长期目标，在服从国家经济建设大局的前提下，根据国力的可能，逐步有重点地加强建设，特别是首先要加强对国外高技术在军事上运用情况的了解、学习、研究和借鉴。争取通过较长一个时期的努力，使我们的作战思想、国防科技、武器装备、体制编制、教育训练、政治工作和后勤保障等各个方面，适应未来我军在现代技术特别是高技术条件下的作战需要，为未来我们掌握国家安全和发展的战略主动创造更为有利的条件。

毫无疑问，我们在做好打赢现代技术特别是高技术条件下的局部战争的准备时，也要充分估计到我们现实的经济实力和综合国力条件。在短时间内，我们是难以赶上西方发达国家的现代军事技术和装备水平的。要不断鼓舞我军广大干部战士的士气，不断提高他们的思想、政治、纪律和军事素质。即使武器不比别人强，但在精神上、气势上要发挥我们的优势。我们准备打的是保卫国家主权和人民安全的反侵略战争，有天时、地利、人和的条件，有战争正义性的条件，加上一整套适应现代条件下作战的人民战争的战略战术，综合发挥这些优势，就可以弥补武器装备的不足，战胜任何来犯的强敌。就是到了将来，随着我国经济的发展和国力的增强，我们的军事技术和装备水平与先进水平的差距缩小了，我们仍然要坚持人民战争，坚持发扬我军的一系列传统优势，坚持运用马克思主义的历史唯物主义观点，正确处理好人的因素和武器因素的辩证统一关系。这样，我军就能够应付各种复杂的军事斗争局面，始终立于不败之地。

第四，必须实施灵活正确的战略指导。

建国以来，我们历次确定军事战略方针时，曾经提出过很多好的战略指导思想和原则。比如，坚持战略上后发制人，坚持人民战争，立足现有装备战胜敌人，立足复杂困难情况下作战，等等。这些战略指导思想和原则现在仍具有重要指导意义，我们仍要继续坚持。

按照邓小平同志的战略思想和斗争策略，为了保证国家集中精力把国民经济搞上去，我们在外交上要继续奉行独立自主的和平外交政策，积极与世界各国发展国家关系，努力创造良好的国际环境。我们在军事上要严守自卫立场，不侵犯别国主权，不主动惹事。对侵害我国主权和权益的行为，要进行有理、有利、有节的斗争。平时，军队要把遏制战争爆发作为一项十分重要的职能，积极同政治、外交、经济斗争密切配合，努力改善我国的战略环境，减少不安全不稳定因素，努力遏制局部战争和武装冲突的爆发，使国家经济建设免遭战争冲击。只要我国能够在相对安全稳定的环境中加速发展十年、几十年，我们的经济实力、国防实力和综合国力就会大大增强，我国的安全就更有保证，我国的国际地位就会更加巩固和提高，有中国特色社会主义事业就会更加充满生机和活力。

在世界向多极化发展的过程中，国际上各种力量和矛盾的斗争相当尖锐复杂，我们在战略指导上很重要的一个问题，就是要善于利用矛盾，灵活应变，争取主动。在同霸权主义和强权政治的斗争中，我们既坚持原则，又保持灵活，利用一切可能利用的矛盾，扩大我们的回旋余地。对周边国家，我们要按照稳定周边的方针，多做工作，消除疑虑，促进睦邻友好；妥善处理涉外事务，力争以和平协商方式逐步解决某些争端；对一时难以解决的问题，要在稳定现状的前提下，积极创造条件逐步加以解决，不能急于求成。当前和今后一个时期，我们在军事斗争方面的重点是要防止台湾发生重大"台独"事变，防范其危害国家主权和领土完整。军队要积极支持党和政府从政治、经济、文化、科技等各个方面增强对台湾的吸引力和影响力，发挥军事威慑作用，遏制"台独"分裂势力，努力促进和平统一，同时在军事上要认真做好应变准备。

应付现代技术特别是高技术条件下的局部战争，现阶段我们确有困难和短处，但我们也有自己的优势，我们真正的优势还是人民战争。我国良好的地理条件，深厚的战争潜力，相当规模的常备军，有限的核反击力量，丰富的人民战争经验，这些都是我们遏制战争、战胜敌人的基础，也是这么多年来任何强大的敌人都不敢贸然入侵我国的重要因素。这是个了不起的优势，我们在任何时候都不能丢。同时，也必须认识到，现代条件下的局部战争同过去的战争相比已经有了很大不同。如果一旦发生冲突或战争，敌人首先恐怕还是利用精确制导武器、远程作战飞机进行空袭，以及实施相对独立的海战、空战的可能性增大。在这种情况下，我们仍然要坚持实行人民战争，不能有丝毫动摇，因为这是实践反复检验了的克敌制胜的根本法宝。但是，如何结合现代战争的具体实际真正做到充分有效地发挥人民战争的传统优势，问题并不简单，很值得我们深入研究。邓小平同志早在一九七八年就强调，要继承毛泽东军事思想，研究现代条件下的人民战争，发展我国军事科学。现在看，这个问题显得更加重要、更加迫切了。我们一定要根据新的情况，积极发展人民战争的思想，努力从作战思想、作战指挥、力量组合、作战形式、战法运用、武器装备、人员素质、地理环境、战争潜力等多方面，综合寻求在现代技术条件下立足现有装备克敌制胜的办法。只有这样，我们才能扬长避短，打击敌人，夺取胜利。

从现在起，为了适应现代技术特别是高技术条件下的作战需要，我们要积极创造条件，努力改善军队的武器装备。但是，在较长一个时期内，从总体上来说，我们仍要充分准备以劣势装备战胜优势装备的敌人，我们要有这个信心和决心。为此，我们要下功夫加强战略判断和预测，力争料敌在前、知变在先。

战略指导上应把握的思想和原则不仅仅是这些，在新的国际形势和军事斗争形势面前，还有很多问题需要深入研究。

概括起来讲，今后一个时期，积极防御的军事战略方针的基本内容就是：以毛泽东军事思想、邓小平同志关于新时期军队建设的思想为指导，服从和服务于国家发展战略，立足打赢一场可能发生的现代技术特别是高技术条件下的局部战争，加速我军质量建设，努力提高我军应急作战能力，扬长避短，灵活应变，遏制战争，赢得战争，保卫国家领土主权和海洋权益，维护祖国统一和社会稳定，为改革开放和现代化建设提供强有力的安全保证。

这个方针，阐明了我军建设和军事斗争必须坚持的根本指导思想，阐明了我们的军事战略方针与国家发展战略的关系，确定了我军的战略目标和战略任务，确定了我军建设和军事斗争准备的基点，提出了战略指导必须把握的基本思想。

三、关于军队建设和军事斗争准备的几个问题

按照积极防御的军事战略方针，逐步做好打赢现代技术特别是高技术条件下的局部战争的准备，关键是要全面贯彻邓小平同志关于新时期军队建设的思想，发扬人民军队的优良传统，保持老红军本色，大力加强军队的全面建设，不断提高战斗力，努力把我军的革命化、现代化、正规化建设推向新的阶段。

第一，必须把国防科技发展和部队装备建设放在突出地位。我们有信心有能力战胜任何敌人。但是，如果武器装备落后、特别是高技术条件下的对抗能力不强，夺取战场主动权就比较困难，赢得胜利就要付出较大代价。因此，我们必须尊重科学，重视武器的作用。最近，邓小平同志指示，要改善军队的武器装备，提高战斗力。根据邓小平同志的这个指示，我们要狠抓国防科研和装备发展，以增强我军应付现代技术特别是高技术条件下的局部战争的物质基础，使我军尽快拥有几手先进的顶用的制敌手段，切实提高我军的威慑能力和实战能力。同时，我们必须重视改进现有武器装备，提高现有装备的作战效能和配套水平。

第二，必须高度重视全军官兵素质的提高。邓小平同志非常重视这个问题。他反复强调，提高部队素质靠训练，要把教育训练放在战略位置，并作为一个制度问题加以解决，把这个方针具体化。这是邓小平同志积几十年建军治军经验之谈，深刻揭示了和平时期军队建设的规律。我们要全面贯彻落实邓小平同志的这一重要思想。各级领导同志和领导机关必须把主要精力放在教育训练上，坚持不懈，真抓实干，切实提高教育训练质量，努力培养造就一大批具有高度政治觉悟、高昂士气、掌握现代军事技术、懂得现代战争指挥艺术的优秀人才。我们必须看到，这是实现我军现代化、赢得未来战争胜利的根本大计，是走有中国特色的精兵之路、加强我军质量建设非常重要的内涵。当前和今后一个时期，我们要围绕打赢现代技术特别是高技术条件下的局部战争，加强部队训练、院校教学和军事科学研究。要从实战需要出发，进一步改进部队训练，切实提高部队在现代技术特别是高技术条件下的战术技术水平。要突出抓好各级指挥员的训练，把他们培养成为熟练掌握现代战争指挥艺术的治军骨干。要继续加强和完善院校建设，改进教学内容和方法，为我军现代化建设和国防科技发展培养大批合格人才。要着眼于现代技术特别是高技术条件下的局部战争的特点，深入研究和积极探索现代条件下的人民战争的规律，努力探寻现代条件下以劣势装备战胜优势装备之敌的战法，丰富和发展有中国特色的军事理论。我们坚信，有一支训练有素的精兵，有一大批指挥艺术很高的指挥员，有一套灵活机动的战略战术，加上军事技术和装备水平不断提高，我们就能够战无不胜。

第三,必须进一步突出军队建设的重点。要下决心抓好重点部队建设,使之具备较强的作战能力。要适应现代条件下的人民战争的要求,重视和加强国防后备力量建设。总部和国家机关有关部门,要结合国家的体制改革,进一步完善国防动员机制,重点解决未来局部战争中快速动员的问题。

第四,必须切实加强和改进军队的思想政治工作。思想政治工作是我军特有的优势。无论是平时部队建设,还是打赢未来可能发生的现代技术特别是高技术条件下的局部战争,都离不开强有力的思想政治工作。要加强军队各级党组织和领导班子建设,确保党对军队的绝对领导,确保部队高度稳定和集中统一。要经常对部队进行我军根本职能和光荣传统的教育,发扬优良传统,保持老红军本色。要大力开展中国近代史、现代史教育和形势、战备教育,使广大干部战士认清形势,以史为镜,居安思危,牢固树立爱国主义思想和国防观念。要紧紧围绕教育训练这个中心,抓好经常性思想政治工作,激发练兵热情,培养不怕牺牲、勇猛顽强的战斗作风,保证部队在任何艰难困苦的条件下都能保持高昂的斗志,圆满完成党和人民赋予的任务。

第五,必须进一步加强军队的后勤建设。军队强大的战斗力离不开强有力的后勤保障。现代技术条件下的作战,消耗大,技术保障复杂,时效性要求高,对后勤和技术保障依赖更大。我们要充分认识后勤保障的地位和作用,不断加强后勤建设。在供需矛盾一时难以缓解的情况下,要突出保障重点。在保证部队生活不断改善的基础上,集中财力物力,向装备建设、重点部队、重要方向倾斜。要根据现代技术特别是高技术条件下的作战需要，加强后勤和技术保障力量建设，努力形成全方位的支援保障能力，尤其是要提高应急综合保障能力。要适应发展社会主义市场经济的要求，改进物资筹措、供应办法，提高经费和物资使用效益。加强后勤动员工作，逐步形成军民兼容的后勤保障体系。

从现在起到下个世纪中叶，对于祖国的繁荣昌盛和社会主义事业的兴旺发达，对于军队现代化的发展，是很重要很宝贵的时期。全军同志尤其是高级干部，要充分认识自己肩负的神圣而又艰巨的使命。我们一定要按照邓小平同志关于新时期军队建设的思想，在党中央和中央军委领导下，带领全军广大指战员，团结一致，振奋精神，锐意开拓，为把我军建设成为强大的现代化、正规化的革命军队而努力奋斗。

注　释

〔1〕见邓小平《在军委扩大会议上的讲话》（《邓小平文选》第3卷，人民出版社1993年版，第127页）。

〔2〕见邓小平《坚持社会主义，防止和平演变》。原文是："我希望冷战结束，但现在我感到失望。可能是一个冷战结束了，另外两个冷战又已经开始。一个是针对整个南方、第三世界的，另一个是针对社会主义的。"（《邓小平文选》第3卷，人民出版社1993年版，第344页）

〔3〕见本卷《关于军事战略方针和国防科技问题》注〔1〕。

全面正确把握形势，保持国民经济发展的好势头*

（一九九三年三月十七日）

现在，大家普遍关心经济发展和改革问题，尤其关心金融的宏观调控问题。大家对当前的经济形势作了认真分析，对如何管好货币和信贷两个总闸门、保持货币和信贷稳定的问题，提出了很好的意见。看来，对于经济发展和改革中的一些突出问题，确实有必要一个一个地集中研究和解决。只有这样，才能更好地把解放思想与实事求是结合起来，进一步把党的十四大确定的路线方针政策和目标任务贯彻好、落实好，确保经济建设又快又好地发展。

我们强调全面正确地认识和分析形势，就是要注意克服在看待形势问题上的片面性。在肯定成绩的同时，要清醒地看到不良的苗头、倾向和潜伏的问题，以及这些问题发展下去可能造成的严重后果。在研究分析问题的同时，也要看到形势大好这个主流。总之，我们要站在全局的高度，从总体上全面正确地把握形势。这是我们制定和实行正确政策措施的前提。

---

* 这是江泽民同志在中央财经领导小组会议上讲话的要点。

工农业生产是国民经济的根本，要切实下功夫抓好。我们一定要进一步加强农业这个基础，切实解决农业生产比较效益下降、发展后劲不足和农民负担过重等问题，积极引导农民发展商品生产，走向市场经济。农村"打白条"的问题，已经影响到党同农民群众的关系，影响到农民的直接利益，影响到农业基础地位的稳固。这个问题，已存在多年，原因很复杂。春节前后集中抓了一下，效果比较好，但还要研究从根本上解决问题的办法。今年秋季绝对不能再出现"打白条"的问题，请人民银行拿出一个方案，由国务院研究决定。工业要进一步贯彻落实《全民所有制工业企业转换经营机制条例》，在转换企业经营机制、增强竞争活力、提高经济效益方面狠下功夫。要大力发展能源、交通、原材料等基础设施和基础工业，以缓解国民经济发展中的瓶颈制约。要围绕国民经济的这些重点的方面，采取必要的政策措施，加强宏观调控。

必须按计划严格控制固定资产投资和消费基金的增长幅度。除了计划内的重点项目，今年原则上不准再上新的项目。对在建项目，要进行一次认真的排队，按照产业政策和资金、物资的可能，确保建设重点。特别要注意严格控制计划外的项目，鉴于目前项目审批权限下放，要从资金来源上把好关。开发区不能一哄而起，一定要量力而行。去年，各地开发区办得过多，应该认真进行清理，每个省区市应该集中力量办好一两个。对那些没有项目的、准备不充分的、目前还在"晒太阳"的已征耕地，要种上庄稼。各地对开发区的优惠政策，不能违反国家的统一规定。工资和奖金的增加，一定要与经济效益挂钩，其增长幅度不得超过效益的增长。要严格控制社会集团消费过快增长。

要把信贷规模坚决控制住，特别是要加强对贷款规模之外的信用活动的管理。要严格禁止挪用流动资金贷款和金融机构拆借资金进行固定资产投资。各专业银行不准直接参与房地产开发，不准炒买炒卖股票，不准倒卖物资和商品。要把去年那种绕过规模扩大贷款、扩大固定资产投资的漏洞堵住，把直接融资按计划控制住。在目前大多数企业自我约束机制尚未健全的情况下，对企业债券和企业内部股票要严加控制。目前有些地方出现的“储蓄大战”要引起重视，采取必要措施，及早加以制止。银行不但要从严控制信贷规模，而且要按产业政策调整信贷结构，重点支持和保证农业、基础工业、基础设施的建设。

要努力减少货币流通量。银行要改进结算办法，采用适合市场经济要求的多种结算工具，尽量减少现金交易，严格现金管理。这对征管税收和减少现金交易中的营私舞弊将起很大推动作用。要加快经济信息网络建设，尽快制定和采取一些新的办法。还要根据经济发展情况，适当调整利率。

要稳定市场汇率。目前市场汇率过高，外汇结存下降，外债增长加快。这要引起注意，积极加以解决，以免产生不利影响。汇率过高的根本原因是供求问题。缓解的办法，一是控制总需求，控制货币、信贷、固定资产投资和消费基金的过高增长速度；二是要研究改革外汇留成制度，包括由额度留成改为现汇留成和改变留成比例。

要认真解决专业银行的利益驱动问题。我们的银行是高度垄断性行业，它的利润是垄断利润，实行利润留成容易产生为了局部利益而推动贷款扩张的问题。因此，在对银行广大干部职工进行全局观念教育的同时，还要从政策和制度方面加以研究解决。对其他非银行金融机构的利润分配更要加强管理。关于银行实行行员制、取消利润留成的建议，可以同公务员制度改革一道进行安排。

当前，经济生活中的一些突出问题，有深层次原因，要从根本上解决还得依靠深化改革。建立社会主义市场经济体制的确是一项宏大的社会系统工程。理论工作者和实际工作者都在探索。我们要从理论和实践的结合上，研究提出关于建立社会主义市场经济体制的总体规划和具体实施步骤。

从现在来看，有这样几个问题需要抓紧研究。

一是财政、税收体制改革。重点是处理好中央和地方、国家和企业、企业和个人的关系问题。要提高财政收入占国民收入的比重，提高中央财政占整个财政收入的比重。要通过税收杠杆，解决社会分配不公和地区间收入差距拉大的问题。

二是投资体制改革。重点是明确和落实投资责任，管好管住投资规模，按照产业政策调整投资结构，解决低水平重复建设问题，提高投资效益。

三是加强国有资产管理，建立社会保障制度。现在，国有资产流失很严重，要抓紧研究国有资产的有效实现形式，以体现公有制的优越性。建立社会保障制度是深化企业改革的重要条件。要按照国家、企业、职工共同承担的精神，抓紧建立健全待业、养老、医疗和工伤等社会保障制度。

四是金融体制改革。深化金融体制改革势在必行。这方面，我们在前十四年的改革中已经取得不少成绩，但还远不能适应发展社会主义市场经济的需要。现在，国民经济运行和金融体制之间的某些矛盾和问题已经趋于明朗。比如，金融的宏观调控能力较弱，金融市场组织形式相对落后，直接融资方式很不规范，金融机构设置不尽合理。这些问题，如不认真解决，就会影响国家宏观经济政策的贯彻，影响经济体制改革进一步深化和经济健康发展。

深化金融体制改革，要有利于进一步培育和发展社会主义市场经济，有利于同社会主义市场经济体制和运行机制相配套。在这个前提下，要进一步理顺银行的领导体制和管理体制，建立权威的中央银行宏观调控体系，加强中央银行对专业银行的领导；要进一步深化银行内部改革，转换经营机制，建立银行风险机制和约束机制，从根本上改变专业银行吃中央银行"大锅饭"、企业吃银行"大锅饭"的状况；要进一步强化金融的宏观调控能力，特别是要下大气力改进和完善间接调控手段；要进一步健全完善稽核审计制度，建立健全各项金融法规，使各类金融机构依法行事、各司其职，在法制化、规范化的轨道上活动。

深化金融体制改革既要解放思想，又要从实际出发，积极稳妥地进行。金融改革事关整个经济体制改革和国民经济发展，可能会遇到一些从未遇到过的新情况新问题。要大兴调查研究之风，注意研究和剖析经济运行中的一些深层次矛盾和问题，善于因势利导，驾驭全局，掌握金融工作的主动权。

在八届全国人大一次会议上的讲话

（一九九三年三月三十一日）

这次大会选举我担任中华人民共和国主席，我衷心感谢各位代表和全国各族人民对我的信任。国家主席责任重大。我将忠诚地履行宪法赋予的职责，恪尽职守，勤勉工作，不辜负各位代表和全国人民的重托。

杨尚昆[1]同志担任国家主席期间，坚定不移地坚持建设有中国特色社会主义理论和党的基本路线，致力于国家的建设和改革，以其卓有成效的工作，赢得了全国人民的尊敬和国际上的赞誉。我们衷心地向杨尚昆同志表示感谢和敬意！

各位代表，从国际环境和国内条件来说，今后的五年，对于我们国家的繁荣昌盛和社会主义事业的兴旺发达，是很重要很宝贵的时期。胜利地完成本次大会确定的各项任务，我们就能在建立社会主义市场经济体制方面迈出重大步伐，就能提前实现国民生产总值翻两番的目标，就能在社会主义民主法制建设和精神文明建设方面取得重要进展，从而为我国以更加雄健的步伐进入二十一世纪打下良好的基础。

十一届三中全会以来，以邓小平同志为核心的党中央领导集体，领导我国人民开创建设有中国特色社会主义道路，使我们的国家进入蓬勃发展的新时期。我们要实现今后改革开放和现代化建设的繁重任务,最根本的,是要以邓小平同志建设有中国特色社会主义理论和党的基本路线为指导,积极、全面、正确地贯彻落实党的十四大精神,抓住机遇,深化改革,加快发展,集中力量把经济建设搞上去,推动社会全面进步。

我们的社会主义现代化建设还处在艰巨的创业时期。伟大的创业实践,需要有伟大的创业精神来支持和鼓舞。解放思想、实事求是,积极探索、勇于创新,艰苦奋斗、知难而进,学习外国、自强不息,谦虚谨慎、不骄不躁,同心同德、顾全大局,勤俭节约、清正廉洁,励精图治、无私奉献,这些都应该成为新时期我们推进现代化建设所要大加倡导和发扬的创业精神。这些精神的核心和精髓,就是邓小平同志所一再倡导和论述的解放思想、实事求是。各级国家机关和国家工作人员,要在这方面起好表率作用,当好人民的公仆。

"和平统一、一国两制",是我们实现祖国统一大业的坚定方针。我们坚决反对任何形式的"两个中国"、"一中一台"或"一国两府",坚决反对任何制造"台湾独立"的企图和行动,坚决维护国家主权和领土完整。我们将严格执行香港基本法和这次大会通过的澳门基本法,克服困难,排除阻力,努力实现香港、澳门平稳过渡和保持长期稳定繁荣。

我们始终不渝地奉行独立自主的和平外交政策,坚持在和平共处五项原则的基础上,同所有国家保持和发展友好合作关系。在国际交往中,我们绝不强加于人,也绝不允许别的国家干涉我国的内政。我们坚决反对霸权主义和强权政治,继续为建立和平、稳定、公正、合理的国际新秩序,作出不懈的努力。

勤劳、勇敢、智慧的中华民族，曾经对人类文明作出过巨大的贡献。我们要在爱国主义、社会主义的伟大旗帜下，更加紧密地团结起来，抓住有利时机，集中力量发展自己，到本世纪末，使我们的国民经济再上一个新台阶，使占世界人口五分之一的中国人民生活水平进入小康。这是中国历史上的一个伟大壮举，也是二十世纪人类进步的一个辉煌成果。只要我们坚定不移地沿着建设有中国特色社会主义道路奋斗下去，更加美好的未来，必将属于历尽沧桑而自信自立自强的中国人民！

注　释

〔**1**〕杨尚昆（一九〇七——一九九八），四川潼南（今重庆潼南）人。一九二六年加入中国共产党。曾任中共中央候补委员、中央委员、中央政治局委员，中共中央办公厅主任、中央书记处候补书记，全国人民代表大会常务委员会副委员长兼秘书长，中央军事委员会第一副主席等职。一九八八年至一九九三年任中华人民共和国主席。

少年儿童是国家的未来*

（一九九三年五月二十八日）

少年儿童是国家的未来，从小要立下热爱祖国、奋发图强的志向，养成求知不懈、热爱劳动的习惯。

* 这是江泽民同志在六一国际儿童节前夕为少年儿童的题词。

没有调查就没有决策权*

（一九九三年七月五日）

重视调查研究，是我们党的优良传统。坚持理论与实际相结合，由此制定和执行正确的路线方针政策，是我们党领导革命、建设和改革的基本经验。我们党过去领导全国人民走出了一条有中国特色的民主革命和社会主义革命道路，现在又走出了一条有中国特色的社会主义现代化建设道路，最根本的是把马克思主义基本原理同中国具体实际结合起来，运用马克思主义的立场、观点、方法，正确地认识中国国情，创造性地解决革命和建设中的问题。这个结合的过程，始终是以调查研究为前提、为依据的。也就是说，是在调查研究的基础上，实现并不断深化马克思主义基本原理同中国具体实际的结合和统一的。

毛泽东同志为我们党的调查研究优良传统的形成和发展作出了巨大贡献。新民主主义革命时期，在极为艰难的条件下，他进行过大量实地调查，写出了影响深远的《中国社会各阶级的分析》、《湖南农民运动考察报告》以及《寻乌调查》、《兴

* 这是江泽民同志在全国省、自治区、直辖市党委政策研究室主任会议上讲话的一部分。

国调查》等一系列调查报告。他提出了“没有调查，没有发言权”[1]的著名论断。新中国成立后，毛泽东同志仍经常到各地了解实际情况，并亲自组织对一些重大问题进行调查研究。一九五六年，他和党中央其他领导同志一起，用了一个半月的时间，听了三十四个部委的汇报，仔细了解各条战线取得的成绩、存在的问题和工作中的经验教训，在此基础上写出了《论十大关系》这篇重要著作，为探索适合中国情况的社会主义建设道路作出了积极努力。一九六一年，为了克服国民经济遇到的严重困难，为了了解各方面的真实情况、采取正确的政策措施，毛泽东同志亲自组织三个调查组，分别到浙江、湖南、广东进行调查。在此基础上，并根据其他许多调查组的意见，制定了农业六十条[2]，对促进国民经济恢复和发展起了极为重要的作用。

邓小平同志在我国革命、建设和改革的过程中也一贯重视调查研究工作，为党的调查研究优良传统的形成和发展也作出了重大贡献。他指出，实事求是是马列主义的精髓，也是毛泽东思想的精髓。这个著名论断本身就包含和体现了调查研究的重要性。因为离开调查研究，就谈不上理论与实际的结合和统一，也就谈不上实事求是。六十年代初的三年困难时期，邓小平同志为主持制定工业七十条[3]和其他文件，亲自进行了大量卓有成效的调查研究。尤其是在党的十一届三中全会以后，邓小平同志在全党进行拨乱反正、总结历史经验教训的基础上，对一系列关系经济社会发展全局的重大问题进行深入调查研究，为形成建设有中国特色社会主义理论，制定党的“一个中心、两个基本点”的基本路线，作出了巨大贡献。一九九二年春，他不顾八十多岁高龄，亲自到武昌、深圳、珠海、上海等地视察，发表了重要谈话，为加快我国改革开放和经济发展提出了重要指导方针。

总之，无论在调查研究的理论方面，还是在实践方面，毛泽东同志、邓小平同志都是我们学习的楷模。

坚持调查研究，是辩证唯物主义认识论的基本要求，是党保持同人民群众密切联系的重要渠道，也是我们党的一个基本工作方法和领导制度。回顾建党七十多年的历史，什么时候全党从上到下重视调查研究，工作指导方针符合客观实际，党的事业就顺利发展；什么时候忽视调查研究，就会导致主观与客观相脱离，造成工作中的失误，使党和人民的事业遭受损失甚至挫折。因此，加强调查研究不仅是一个工作方法问题，而且是一个关系党和人民的事业得失成败的大问题。

在新的时期，我们肩负着改革开放和现代化建设的历史重任，全党同志首先是各级领导干部更要重视和加强调查研究。尽管我们现在进行调查研究的对象、内容、手段、条件都发生了新的变化，但调查研究在党的决策工作和全部领导工作中的地位和作用，不仅丝毫没有改变，而且更为重要。为了适应改革和发展的需要，调查研究的工作只能全面加强，决不可有任何削弱。建设有中国特色社会主义事业任重道远，在前进中会遇到许多复杂的新情况新问题，需要不断探索和解决。而对任何问题的探索和解决，须臾也离不开调查研究。

当前，在邓小平同志视察南方的重要谈话和党的十四大精神指引下，国民经济保持强劲的发展势头，以建立社会主义市场经济体制为核心的各项改革正在深入进行，各项事业都取得了新的进步。一个抓住机遇、深化改革、促进发展的新局面越来越充分地展现在人们面前。总的形势很好。越是在形势好的情况下,越要头脑清醒、不骄不躁,善于及时发现和解决新的矛盾和问题;越要注意把干部群众的积极性引导好、保护好、发挥好;越要坚持科学的态度和务实的作风,精心指导,过细工作,掌握驾驭经济社会发展全局的主动权。

应该看到,我们在前进中确实存在一些问题,经济工作中有些问题还相当突出,社会治安、精神文明建设、党的建设等方面也有一些不可忽视的问题。对于这些问题的出现,我们既不要惊慌失措,也不能麻痹大意,解决的态度要积极,步子要稳妥。从历史经验看,这些问题如不及时处理或处理得不好,就可能引发一些新的社会问题。最重要的是,要坚定不移地贯彻执行党的基本路线,始终不渝地坚持以经济建设为中心,抓住机遇,加快发展,同时又要扎扎实实,避免损失,力争国民经济隔几年上一个新台阶。发展是硬道理,解决好前进中的问题也是为了更好地保证和促进发展,二者是统一的。只有经济大大发展了,全国的经济实力和综合国力大大增强了,人民生活才能不断改善,国家才能长治久安,我们的腰杆子才能更硬,我们在国际上说话才能更有分量,我们的朋友才能更多。邓小平同志再三强调发展才是硬道理,硬就硬在这里。

我们要不失时机地集中力量把经济建设搞上去,关键在于深化改革。正确解决前进中的矛盾和问题,关键也在于深化改革。因为这些矛盾和问题的产生,从根本上说,是由于新的经济体制尚未确立,各种经济关系尚未完全理顺。我们不能沿用过去计划经济体制那套老办法来解决这些矛盾和问题，那是解决不了也解决不好的，必须加快建立社会主义市场经济体制，努力寻求新的办法来解决。这才是根本出路。

中央正在研究如何加快建立社会主义市场经济体制的问题。现在已组织中央有关部委的负责同志带队下去调查研究，希望各省区市的领导同志，以及政策研究室和其他部门的同志，也要围绕深化经济体制改革和经济社会发展中的重大问题，深入到群众之中，广泛调查研究，特别是要多搞一些典型调查、专题调查、系统调查。总之，为了抓住机遇、深化改革、促进经济又快又好地发展，为了在这种新形势下保证党的决策的科学制定和有效执行，正确解决前进中的问题，全党同志必须在邓小平同志建设有中国特色社会主义理论和党的基本路线指导下，深入各个领域的实际，大兴调查研究之风。

历史经验说明，各种问题的解决都取决于正确的决策，而正确的决策来源于对客观实际的周密调查研究。如果不了解实际情况，凭老经验、想当然、拍脑袋，把自己的主观愿望当作客观现实，就不可能作出正确的决策。因此，越是领导职务高的同志，越要亲自下功夫对重大问题进行调查研究。这是别人无法代替的。没有调查就没有发言权，没有调查就更没有决策权。

在这里，我再一次提议，县以上各级领导同志，尤其是主要负责同志，一定要带头大兴调查研究之风。（一）每年至少抽出一两个月的时间，深入基层调查研究。所谓深入基层，去农村要到村到户，去工厂要到车间到班组，亲自听取群众呼声，了解群众想什么，盼什么，欢迎什么，反对什么。每个领导干部都要在工人、农民、知识分子中交一些知心朋友，经常促膝交谈。这样，在工作指导上才有可能真正做到想群众之所想、急群众之所急，真正切合实际。（二）要对本地区本部门迫切需要解决的重要问题进行系统的调查研究，提出解决问题的正确对策。（三）每个领导干部都应该亲自动手写调查报告。报告中要有自己了解的真实情况，要有自己对问题的见解，要提出解决问题的主张和办法。调查报告要报送同级党委和上一级党委。对有价值的调研报告，还应该及时转发交流。各省区市党委每年要向中央选送一些优秀的调研报告，供中央决策参考。

全党同志特别是各级领导干部，真正把调查研究这一最基础性的工作做深做透了，好处很多，可以使领导机关、领导干部保持同群众、同实际生活的密切联系，有利于防止和减少工作中的官僚主义、形式主义、主观主义；可以使领导干部通过对实际情况的了解，增加共识，减少分歧，有利于统一认识、统一步调；可以为领导机关的决策工作提供充分的第一手材料，有利于作出切合实际的科学分析和判断，形成正确的方针政策；可以及时发现新的问题，包括带倾向性的问题，以便及早采取对策加以解决，减少和避免失误；等等。谋事在人，成事也在人。可以这样说，坚持做好调查研究这篇文章，是我们的谋事之基、成事之道。

注　释

〔1〕见毛泽东《反对本本主义》（《毛泽东选集》第1卷，人民出版社1991年

版，第 109 页）。

〔2〕农业六十条，又称农村人民公社六十条，指中共中央一九六一年三月制定的《农村人民公社工作条例（草案）》，全文共六十条。一九六二年九月二十七日，中共八届十中全会正式通过了《农村人民公社工作条例（修正草案）》。

〔3〕工业七十条，又称国营工业企业七十条，指中共中央一九六一年九月制定的《国营工业企业工作条例（草案）》，全文共七十条。这个条例草案的讨论和试行，对于总结国营工业企业管理工作的经验，贯彻执行当时提出的调整、巩固、充实、提高的方针，促进我国工业的恢复和发展，起到了积极作用。

外交工作要坚定不移地维护国家和民族的最高利益*

（一九九三年七月十二日）

当前，国际形势对我国是有利的。世界多极化趋势继续发展，终将形成多种力量竞争共处的新格局。各种力量共存，既有竞争和矛盾，又有协调和合作，谁也吃不掉谁，谁也压不倒谁。在这种情况下，对我国有利的因素将会不断增多。在战与和的问题上，新的世界大战在一个较长时期内打不起来，离我们较远的地区冲突又不可能把我们卷进去。我国周边环境有了根本性改善，对我们打开多层次、多渠道、全方位开放的格局是有利的。西方发达国家之间的矛盾和冲突刚刚露头，正在深入发展，个别国家已不可能再像过去那样为所欲为，我国外交的回旋余地进一步扩大了。发展问题已成为世界各国关注的中心问题，是国际竞争的主要焦点之一。各种势力调整战略的主要方向是：考虑本国切身利益的因素上升，内向性成分增多，经济安全比重加大，国家战略更加突出地为全球性综合国力竞争服务。世界各国特别是大国正在进行结构性的经济调整，致力于发展高技术。这为我们引进资金、技

* 这是江泽民同志在第八次驻外使节会议上讲话的一部分。

术和先进管理经验提供了有利机会。我们还有可以团结和依靠的、正在进一步觉醒的广大第三世界国家。我国的情况比四年前好多了。放眼全球，世界各国特别是大国都有一本难念的经，我们的经比他们的好念。只要我们牢牢把握住经济建设这个中心，经济和各项事业发展了，国家强大了，无论碰到什么问题都比较容易解决。“任凭风浪起，稳坐钓鱼船。”没有什么大不了的事。我们对前途充满信心。

在今后一个较长时期内，美国仍是我们外交上打交道的主要对手。我们同美国的关系既有相互矛盾、相互排斥的一面，又有互有需要、进行合作的一面。美国在当今世界的地位和作用决定了它是我们国际上打交道的主要对手。冷战结束以后，美国在国内外面临许多困难和挑战，但仍是综合国力最强的国家，经济和军事力量水平都是世界最高的。美国仍是西方的头，日本、西欧尚难以与之平起平坐。中美关系能否稳定，往往影响一大片。美国还是我国主要的出口市场和引进资金、技术以及先进管理经验的重要来源。维护和发展中美关系，对我国具有战略意义。

美国对华政策历来具有两面性。对我国进行和平演变是美国一些人长期的战略目标。本质上，他们不愿看到中国统一、发展和强大，将继续在人权、贸易、军售以及台湾、达赖〔1〕等问题上对我国保持压力。美国在同我国的交往中盛气凌人，摆出霸权主义和强权政治的架势。另一方面，美国出于自身全球战略和实际经济利益的考虑，着眼于我国的巨大市场，又不得不在国际事务中寻求同我国合作，需要同我国保持正常关系，以便发展经贸合作。

如何同美国打交道，是我们外交工作的一个重要课题。简要地说，既要有斗争也要有妥协，既要有斗争的勇气也要有斗争的艺术，要坚持有理、有利、有节，把维护我国的根本利益作为首要目标。当前，克林顿[2]政府在对华政策上显示了一定程度的灵活性，并对改善中美关系做出了一些积极姿态。我们应该抓住有利时机，多做工作，争取中美关系尽早走向稳定，并不断有所改善和发展。同时，该顶的地方仍然要顶，对美国的一些无理做法不能迁就，否则它就会认为你软弱可欺，就会得寸进尺，这样反而影响中美关系的稳定和发展。我们要力争稳定中美关系，以带动中日、中欧以及中国同美国其他盟国关系进一步发展。反过来，也要积极发展同美国盟国的关系，以促进中美关系稳步前进。

广大发展中国家在反对霸权主义和强权政治、维护国家的独立和主权、维护和平和制止战争以及发展民族经济方面同我们有共同语言。我们一直把加强同发展中国家的团结合作作为我国对外政策的基本立足点。广大发展中国家是我们的同盟军。由于当前的国际格局和我国的战略需要，我们有必要同广大第三世界国家结成统一战线。需要指出的是，我们现在所说的“统一战线”，与我们过去使用这个概念时的含义有所不同。这里所说的“统一战线”，不是针对哪一个国家或哪一个国家集团的，也不是要我们出面组织，更不是要我们来当头。这个统一战线，要反对的是霸权主义和强权政治的行为。它不是由谁出面组织的，而是在一定的国际场合、针对一定的问题自然形成的一种联合行动。例如，关于人权问题，我国和广大发展中国家都强烈反对一些西方国家把他们的人权观强加于人的做法，更反对他们利用人权问题干涉别国内政。在最近举行的世界人权大会上，包括我国在内的发展中国家结成联合战线，对他们进行了坚决斗争，使其政治图谋未能如愿以偿。

同发展中国家结成反对霸权主义和强权政治的统一战线，是我国一项重要的外交战略，我们要积极推动和巧妙运用。要注意求同存异，争取在一些关键性问题上团结尽可能多的朋友。对于西方国家之间在某些问题上的立场差异，我们也应该加以利用，争取更多的人站在我们一边。

我国外交工作的根本目标是，进一步巩固和发展有利于我国的和平国际环境特别是和平周边环境，为我国改革开放和经济建设服务，为祖国统一大业服务。其实，归根到底就是一句话，外交工作要坚定不移地维护国家和民族的最高利益。

如何实现这一根本目标呢？我觉得，首先应该辩证地对待和处理好以下几个关系。

关于远和近。从地缘政治经济考虑，离我国远的重大国际问题和地区冲突，我们影响有限，可以相对超脱，但应该坚持伸张正义；而发生在家门口的重大问题，直接涉及我国安全和经济利益，我们应该认真对付，充分而巧妙地发挥我国的影响和作用，最大限度地确保我国的根本利益，维护各有关方面合理的共同利益。

关于利和弊。我们总的原则是趋利避害，争取化弊为利。在国际交往和斗争中，对我们完全有利或利大于弊的事，就要去争取，就可以支持。相反，对我们不利或弊大于利的事，就要尽量避免，就要反对。

关于坚定性和创造性。在对外工作中，中央制定的方针政策要坚定不移地贯彻执行，这不能有半点含糊。同时，在贯彻执行时要结合驻在国以及本部门和本使领馆的实际情况，不能照抄照搬，机械地死板地行事。要提倡和鼓励根据实事求是的原则发挥独创精神，勇于提出新的意见和建议，供中央决策时参考。

关于长远利益和眼前利益。在处理国际关系和进行国际斗争中，也有个长远利益和眼前利益的关系问题。长远利益和眼前利益，两者兼而得之那当然更好。然而，有时眼前利益和长远利益有矛盾，那我们就毫不犹豫地使眼前利益服从长远利益。

关于局部和全局。我国外交是总体外交，外交是高度集中统一的。在中央外交方针政策指引下，无论哪个部门，包括各个外事部门，一定要处理好局部和全局的关系。要增强全局观念，坚持局部服从全局、服务于全局，这是国家和民族的根本利益之所在。要努力做到管而不死、活而不乱。还要看到，外交无小事，外交授权有限。中央的外交方针政策，各部门都要坚决贯彻执行，不能政出多门、各行其是。否则，就有可能出大问题，酿成影响我国声誉的大事。

今天有国务院各部门的同志在座。我们要设身处地想一想各驻外使领馆的困难。现在出国不得了，大小部门都有，省市县乡甚至村都去招商考察，出去的人很多，一批接一批。不少出国考察实际上变成公费旅游，从国内到东南亚，从东南亚到西欧，从西欧到北美。香港夜总会都有“大陆客”，胆子越来越大。这个问题恐怕单纯从外事纪律上很难制止，要从管理制度上解决。我当过多年外事局局长，出国前总要学习。不知现在是否还组织学习？过去总是要把一些出国的经验教训和要注意的问题向大家讲讲的。现在这种出国风、出国热必须刹住。至于有的人公然去夜总会、赌场，到一些色情表演的地方去，灵魂实在是太丑恶了，更应该严肃处理。各地区各部门的领导干部要认真注意这个问题，严格加强管理和教育。

实践证明，我们不仅有一套完整的外交方针政策和战略策略，而且有一支坚强的有战斗力的队伍。没有这样一支队伍，我们外交战线上取得这么巨大的成绩是不可想象的。在复杂多变的国际形势下，外交工作面临更加繁重的任务，同时对外交干部提出了更高的要求。

要勤于学习、善于学习。不仅要学习理论政策，而且要学习经济、法律等方面的知识，提高外语水平。强调学习并不是要大家读死书，而是要结合实际融会贯通，提高工作质量和工作水平，更好地贯彻执行中央的方针政策。

要加强调查研究。当前，国际形势瞬息万变，要及时掌握形势，大力加强对驻在国和地区及世界形势的调研，及时发现新情况新问题，提出对策建议。

要勇于开拓、敢于创新。积极开展外交活动，广交朋友，深交朋友，积极进取，有所作为。

要继承和发扬毛泽东同志、周恩来同志倡导的我国外交队伍的优良传统和作风，处处维护国格，保持民族尊严，出淤泥而不染，艰苦奋斗。当前，国际斗争尖锐复杂，驻外使领馆有的处于战乱地区，人员也有伤亡的问题。我们应该有不怕吃苦、不怕牺牲的精神，要有“人生自古谁无死，留取丹心照汗青”〔3〕这种豪迈的气魄。

注　　释

〔1〕见本卷《论民族工作》注〔4〕。

〔2〕克林顿，即威廉·杰斐逊·克林顿，一九四六年生，美国民主党人。一九九三年至二〇〇一年任美国总统。

〔3〕见南宋文天祥《过零丁洋》。

加强反腐败斗争，推进党风廉政建设*

（一九九三年八月二十一日）

中央纪委这次全会，是个很重要的会议。会议根据中央的意见，将对近期加强反腐败斗争、推进党风建设和廉政建设作出具体部署。党中央、国务院对这次会议很重视。各级党委和政府必须认真贯彻落实会议精神，把反腐败斗争作为一项重大政治任务进一步抓紧抓好，务必在近期内取得明显的阶段性成果。

一、巩固和发展当前好的形势。

在邓小平同志视察南方的重要谈话和党的十四大精神指引下，我国国民经济保持蓬勃发展的势头，围绕建立社会主义市场经济体制的各项改革和对外开放取得新的进展，其他各项事业也取得了新的成绩。总的形势是好的。形势越好，越要头脑清醒，及时发现和解决前进中出现的矛盾和问题。这样才能把广大干部群众的积极性引导好、保护好、发挥好，更好地抓住有利时机，以经济建设为中心，深化改革，加快发展，力争国民经济隔几年再上一个新台阶，促进社会全面进步。

---

* 这是江泽民同志在中共中央纪律检查委员会第二次全体会议上的讲话。

为此，中央在认真分析当前形势的基础上，针对前进中出现的一些突出矛盾和问题，作出了深化改革、加强和改善国民经济宏观调控的决策，同时对加强社会治安综合治理、加强党的自身建设等工作作出了部署。这次中央纪委又召开全会，专门讨论和部署反腐败工作。所有这些，都是为了积极、全面、正确地贯彻落实邓小平同志视察南方的重要谈话和党的十四大精神，巩固和发展好的形势。各级领导干部特别是高级干部，要把中央的总体部署同本地区本部门的实际结合起来，努力做好工作，保证中央决策的贯彻落实。

二、实事求是地估计反腐败斗争的现状。

在这个问题上，要讲两句话。一句是，我们党的路线是正确的，党的主流是好的，大多数党员、干部是廉洁奉公的。十多年来，我国经济的巨大发展和社会的全面进步是广大党员、干部同群众团结奋斗的结果。反腐败斗争也是有成效的。这些都是基本事实。另一句是，在党内、在国家机关中确实存在着腐败现象，有些方面还在滋长蔓延，广大党员、干部和群众深感忧虑，迫切希望采取坚决措施加以解决。我们不能否定党的主流是好的，也不能低估腐败现象的严重性和危害性。腐败现象是侵入党和国家机关健康肌体的病毒。如果我们掉以轻心，任其泛滥，就会葬送我们的党，葬送我们的人民政权，葬送我们的社会主义现代化大业。我们的党、我们的干部、我们的人民，是绝不允许出现这种后果的。我们既要坚持不懈地开展反腐败斗争，又要警惕和防止敌对势力利用这个问题来诋毁党和社会主义。中国共产党是久经考验的有战斗力的伟大的党。中国人民是具有光荣革命传统的伟大的人民。党能够领导人民建立新中国，确立社会主义制度，开创改革开放和现代化建设的新局面，也一定能够依靠自身的力量、依靠人民的支持克服腐败现象。

三、反对腐败是贯彻执行党的基本路线的必然要求，是集中力量把经济建设搞上去的重要保证。

我们要始终遵循邓小平同志建设有中国特色社会主义理论和党的基本路线，牢牢掌握经济建设这个中心，通过改革，坚定不移地发展社会主义市场经济，坚定不移地发展社会主义民主政治，坚定不移地发展社会主义精神文明，把我国建设成为富强民主文明的社会主义现代化国家。各项工作都要围绕经济建设这个中心来开展，为这个中心服务，不能干扰这个中心。开展反腐败斗争，就是保证改革开放和经济建设顺利进行的一项必不可少的重要工作，是社会主义精神文明建设的一个重要方面。如果不坚决克服腐败现象，我们建设有中国特色社会主义事业就不可能取得成功。把反腐败同经济建设对立起来、同改革开放对立起来，认为反腐败会影响经济建设和改革开放，是不对的；在反腐败过程中，不牢牢把握经济建设这个中心，不注意更好地为经济建设和改革开放服务，也是不对的。

四、全党要重新学习邓小平同志关于端正党风、加强廉政建设、反对腐败的论述。

党的十一届三中全会以来，我们党在领导改革开放和现代化建设的过程中，始终重视端正党风、加强廉政建设、反对腐败的工作。在这方面，邓小平同志有一系列重要指示。主要有：

——实现现代化,要有一条坚定不移的、贯彻始终的政治路线,要有一个安定团结的政治局面,要有一支坚持走社会主义道路的、具有专业知识和能力的干部队伍,同时要有一股艰苦奋斗的创业精神,要老老实实地艰苦创业。在经济得到发展、人民生活得到改善后,要告诉人民,包括共产党员在内,应该保持艰苦奋斗的传统。经济好了,更要提倡艰苦奋斗。艰苦朴素的教育今后要抓紧。我们的国家越发展,越要抓艰苦创业。提倡艰苦创业精神,也有助于克服腐败现象。

——我们自从实行对外开放和对内搞活经济两个方面的政策以来,不过一两年时间,就有相当多的干部被腐蚀了。要足够估计到这样的形势。这股风来得很猛。如果我们党不严重注意,不坚决刹住这股风,那么,我们的党和国家确实要发生会不会"改变面貌"的问题。这不是危言耸听。

——经济建设这一手我们搞得相当有成绩,形势喜人,这是我们国家的成功。但风气如果坏下去,经济搞成功又有什么意义?会在另一方面变质,反过来影响整个经济变质,发展下去会形成贪污、盗窃、贿赂横行的世界。

——我们一手抓改革开放,一手抓惩治腐败,这两件事结合起来,对照起来,就可以使我们的政策更加明朗,更能获得人心。要坚持两手抓,一手抓改革开放,一手抓打击各种犯罪活动。这两只手都要硬。打击各种犯罪活动,扫除各种丑恶现象,手软不得。两个文明建设都搞好,这才是有中国特色的社会主义。

——开放、搞活政策延续多久,端正党风的工作就得干多久,纠正不正之风、打击犯罪活动就得干多久,这样才能保证我们开放、搞活政策的正确执行。整个改革开放过程中都要反对腐败。

——为了促进社会风气的进步,首先必须搞好党风。端正党风是端正社会风气的关键。惩治腐败讲过多少次,为什么成效不大,原因可能在党内。我们的一些同志埋头于具体事务,对政治动态不关心,对思想工作不重视,对腐败现象警惕不足,纠正的措施也不得力。中国要出问题,还是出在共产党内。关键是共产党内部要搞好。

——高级干部要带头发扬党的优良传统。为了整顿党风,搞好民风,先要从我们高级干部整起。

——国要有国法,党要有党规党法。党章是最根本的党规党法。没有党规党法,国法就很难保障。各级纪律检查委员会和组织部门的任务不只是处理案件,更重要的是维护党规党法,切实把我们的党风搞好。对于违反党纪的,不管是什么人,都要执行纪律,做到功过分明,赏罚分明,伸张正气,打击邪气。廉政建设,要靠教育,要靠法制。

——我们要善于总结经验,反对腐败,搞廉洁政治。这样,我们前进的步伐会更稳定、更扎实、更快。

邓小平同志上述关于端正党风、加强廉政建设、反对腐败的指示,是建设有中国特色社会主义理论的重要组成部分。全党同志特别是各级领导干部,在学习建设有中国特色社会主义理论的时候,要重新学习邓小平同志的这些指示,深刻领会精神实质,用以武装我们的头脑,指导反腐败工作。

五、正确认识腐败现象产生的社会历史原因。

腐败是一种历史现象。它的主要表现是贪赃枉法、行贿受贿、敲诈勒索、权钱交易、挥霍人民财富、腐化堕落等。这种现象，从本质上说是剥削制度、剥削阶级的产物。在中国历史上虽然也有励精图治的皇帝、清正廉洁的官吏，但历代统治阶级根本不可能解决腐败问题。剥削阶级从本质上是同人民根本对立的，历代王朝的覆灭都是同政权腐败分不开的。

中国共产党是中国工人阶级的先锋队，全心全意为人民服务是我们党的根本宗旨。社会主义的本质，是解放生产力，发展生产力，消灭剥削，消除两极分化，最终达到共同富裕。共产党和社会主义制度，是同任何腐败现象根本不相容的。我们党自成立以来，在领导中国革命和建设的过程中，始终注意加强自身建设，不断同剥削阶级影响和消极腐败现象作斗争，努力保持党的纯洁性，重视加强廉政建设。在延安时期，我们党就领导制定了《陕甘宁边区惩治贪污条例(草案)》。一九四四年，毛主席号召全党学习郭沫若〔1〕总结李自成农民起义失败教训的著名史论《甲申三百年祭》〔2〕，告诫全党“引为鉴戒，不要重犯胜利时骄傲的错误”〔3〕。一九四五年七月，毛主席在同黄炎培〔4〕谈到共产党如何跳出由盛而衰的历史周期率时，提出了依靠民主、依靠人民监督政府以防止消极腐败现象发生的重要思想。在建国前夕召开的党的七届二中全会上，毛主席再一次提醒全党，务必继续保持谦虚、谨慎、不骄、不躁的作风，务必继续保持艰苦奋斗的作风，要警惕资产阶级糖衣炮弹的攻击。建国以后，我们党在扫除旧社会的污泥浊水、保持党和国家机关清正廉洁方面，取得了举世公认的成就。邓小平同志在视察南方的重要谈话中也讲到这一点。他说：“新中国成立以后，只花了三年时间，这些东西就一扫而光。吸鸦片烟、吃白面，世界上谁能消灭得了？国民党办不到，资本主义办不到。事实证明，共产党能够消灭丑恶的东西。”〔5〕这些年，不少地方的经验也证明，只要认真去抓，反腐败斗争就能取得成效。我们党鲜明地提出和坚持进行反腐败斗争，这正是我们党有力量的表现。

我国在社会主义条件下仍然存在腐败现象，有种种复杂的原因。我国是一个封建社会历史很长的国家，封建主义和其他剥削阶级思想的影响将长期存在，总要通过各种形式表现出来。我们实行对外开放，借鉴和利用世界各国包括发达资本主义国家的一切现代文明成果，资本主义腐朽的东西也会趁机钻进来。我们建立社会主义市场经济体制，要经历一个艰难的新旧体制转换过程。在这个过程中，由于制度和机制不健全、不完善，工作中存在一些漏洞和薄弱环节，也会给腐败现象滋生以可乘之机。这些年来，我们有些地方、有些单位对党员、干部的思想政治教育抓得不紧，拜金主义、享乐主义、极端个人主义在一部分党员、干部中滋长，也是腐败现象得以蔓延的一个重要原因。

我们既要看到反腐败斗争是一项长期的艰巨任务，又要有现实的紧迫感，采取有力措施，坚决制止腐败现象蔓延的势头，把突出问题解决好。

六、近期内反对腐败要着重做好的工作。

（一）各级党政领导干部要带头廉洁自律。针对当前出现的新情况新问题，这次会议对党政机关县级以上领导干部提出了廉洁自律的新要求，要严格遵照执行。特别是省部级以上领导干部要起表率作用。各级党委和纪检监察机关要加强督促检查。

（二）集中力量查办一批大案要案。重点查办发生在党政领导机关和司法部门、行政执法部门、经济管理部门工作人员中的案件。

（三）紧紧抓住本地区本部门本单位的突出问题，刹住群众最不满意的几股不正之风，年内要见到明显成效。要在全国范围内集中治理乱收费，特别是国家机关利用职权乱收费。国务院将就此专门作出决定。各级党政机关一律不准经商，已经经商的，必须按规定同原机关彻底脱钩。实行收支两条线，执法部门各种罚没款一律上缴，所需各项经费由各级财政拨款。中央国家机关要通过专项治理解决好几个重点问题。比如，铁路系统要着重治理以车以票谋私，金融、财政系统要围绕“约法三章”〔6〕刹住歪风，农业部门要继续抓好减轻农民负担的工作。其他部门也要从各自的实际出发，什么问题突出就解决什么问题。特别需要强调的是，公检法机关，海关、边检部门，担负着保卫国家利益和人民安全的重大责任，模范遵纪守法，严格依法办事，极为重要，必须认真搞好自身建设。

以上三条，各级党委和政府必须坚决贯彻执行，做到令行禁止。对不听招呼、顶着不办的，要果断处理，绝不能姑息迁就。

七、反腐败斗争必须把握好以下原则。

（一）坚持党的基本路线，紧紧围绕经济建设这个中心，为推进改革、建设和发展服务。

（二）突出重点。这次反腐败，在党政机关进行。重点放在党政领导机关和司法部门、行政执法部门、经济管理部门。

（三）从领导干部做起，首先从高级干部做起，包括领导干部身边工作人员。

（四）严格依法办案。对违法违纪案件，要一查到底，以事实为根据，以法纪为准绳，该撤职的要撤职，该判刑的要判刑，该重判的要重判。照此去做，也有利于挽救一批人，有利于教育广大干部。对于严重干扰、阻碍查案工作的，要坚决处理。

（五）不搞群众运动，不搞人人过关。要鼓励和支持群众举报。群众举报的问题，要由专门机关负责，依法查处。

（六）惩治腐败与扶持正气相结合。在坚决克服腐败现象、惩处腐败分子的同时，要大力宣传和表彰廉洁奉公、勇于同腐败现象作斗争的先进典型，弘扬勤政爱民、艰苦奋斗、乐于奉献的新风尚。对反腐败工作的宣传，请中央宣传部作出专门安排。

总之，要坚持实事求是的原则，正确区分和处理两类不同性质的矛盾，严格掌握政策。态度要坚决，工作要扎实，按照中央的要求认认真真地解决问题，保证这场斗争健康有序地进行。

八、要把反腐败斗争长期坚持下去。

惩治腐败，要作为一个系统工程来抓，标本兼治，综合治理，持之以恒。最基本的，要靠教育、靠法制。要通过学习和教育，提高广大党员、干部的思想政治素质，提高全心全意为人民服务的自觉性，提高抵制剥削阶级思想侵蚀的自觉性，提高模范遵纪守法的自觉性。要抓住最容易产生腐败问题的部位和环节，总结实践经验，严格纪律，建立和完善内部管理制度，建立和完善监督制约机制，建立和完善各项政策法规。对已经制定的法律法规，要严格执行；对需要修改的，要抓紧修改、完善。要根据新的情况，尽快研究制定新的法律法规。

九、各级党委要加强领导。

（一）反腐败斗争是加强党的建设和政权建设的重要工作，必须在党委统一领导下，党政一齐抓，持续不断地抓，主要领导同志亲自负责。党政同心同德，各方面协调一致，形成整体合力。

（二）建立责任制。明确分工，专人负责，一级抓一级，一级带一级。上级对下级要切实加强指导、检查和监督。对问题严重的地方和部门，上级要派人下去帮助处理。

（三）党委要加强对纪检监察工作的领导，充分发挥纪检监察机关的作用，切实支持他们的工作。

反腐败斗争是全党的一项重要工作。这里，我要强调一下，中央纪委和各级纪检监察机关要切实负起责任，包括某些协调责任，把工作做好。我们的纪检监察队伍是一支好的队伍。在端正党风、加强廉政建设和反腐败斗争中，纪检监察机关作为主要职能机构，过去做了大量工作，现在和今后都肩负着重大责任。这次中央纪委全会对纪检监察机关明确提出了以改革的精神加强自身建设的任务，这是很好的，也是很必要的。只有照这样去做，纪检监察机关才能真正提高素质和战斗力，更好地发挥自己的作用。希望同志们在这方面作出更大贡献。

注　释

〔1〕郭沫若(一八九二——一九七八),四川乐山人。当代作家、诗人、历史学家、考古学家、古文字学家、社会活动家。一九二七年加入中国共产党。中华人民共和国成立后,曾任中央人民政府委员、政务院副总理,中共中央委员,全国人民代表大会常务委员会副委员长,中国人民政治协商会议全国委员会副主席,中国科学院院长,中国文学艺术界联合会主席等职。

〔2〕《甲申三百年祭》,是郭沫若一九四四年三月在重庆《新华日报》上发表的纪念农民起义军推翻明王朝三百周年的史论文章。文中说明,一六四四年(农历甲申年)李自成的农民起义军攻入北京推翻明王朝以后,一些首领因为胜利而骄傲起来,生活腐化,进行宗派斗争,以致起义军在进京四十余天后就在明山海关驻军将领吴三桂勾引清兵的联合进攻下退出北京,并于一六四五年最后失败。这篇文章发表后,引起毛泽东高度重视。文章作为整风文件在延安《解放日报》上转载,并且在各解放区印成单行本。

〔3〕见毛泽东《学习和时局》(《毛泽东选集》第3卷,人民出版社1991年版,第948页)。

〔4〕黄炎培(一八七八——一九六五),江苏川沙(今上海浦东新区)人。一九〇五年加入中国同盟会。一九四一年参与发起成立中国民主政团同盟。一九四五年七月访问延安,同年发起成立民主建国会。中华人民共和国成立后,曾任中央人民政府委员、政务院副总理,全国人民代表大会常务委员会副委员长,中国人民政治协商会议全国委员会副主席,中国民主建国会中央委员会主任委员等职。

〔5〕见邓小平《在武昌、深圳、珠海、上海等地的谈话要点》(《邓小平文选》第3卷,人民出版社1993年版,第379页)。

〔6〕这里所说的"约法三章",是一九九三年七月先后召开的全国金融工作会议和全国财政、税务工作会议分别对金融系统和财税系统提出的。金融系统"约法三章"的主要内容是:立即停止和认真清理一切违章拆借,已违章拆出的资金要限期收回;任何金融机构不得擅自或变相提高存贷款利率;立即停止向银行自己兴办的各种经济实体注入信贷资金,银行要与自己兴办的各种经济实体彻

底脱钩。财税系统“约法三章”的主要内容是：严格控制税收减免；严格控制财政赤字，停止银行挂账；财税部门及所属机构，未经人民银行批准，一律不准涉足商业性金融业务，所办公司要限期与财税部门脱钩。

把一个和平繁荣的世界带到二十一世纪*

（一九九三年十一月十九日）

中美关系不仅是双边关系，还应该放在世界范围内，着眼于未来、着眼于二十一世纪来考虑。现在的世界，是一个不安定的、问题很多的世界。二十世纪的最后几年，有远见的、对人类负责的政治家们，如果对世界人民不做点什么事，是向历史交不了账的。

二十世纪上半叶打了两次世界大战。战后几十年没有发生世界大战是值得庆幸的。现在冷战结束了，争取持久的世界和平更有可能了。然而，世界并不太平，不是这里就是那里出现动乱冲突，有时可以不激化的矛盾也激化了。现在的问题是，世界各国领导人要把一个什么样的世界带到二十一世纪。

到本世纪末，我们还有几年时间，还可以做点事。如果二十一世纪来临时，看到的是一个安全的、和平的、稳定的、有利于经济发展的世界，而不是一个乱哄哄的、到处是动乱冲突

* 这是江泽民同志在美国西雅图出席亚太经济合作组织第一次领导人非正式会议期间同美国总统克林顿举行正式会晤时谈话的要点。

的、觉都睡不安稳的世界，那么，人们将会感到我们这些人为世界人民办了一件大好事。

二十世纪中叶出现了核武器，同时也出现了核威慑。这是笼罩在人类头上的一片阴影。但是，直到现在，还没有找到解决问题的办法。中国主张全面禁止使用核武器，首先各核大国都公开承诺不首先使用核武器的义务。这个主张合情合理，也是可以实现的。各方达成协议后，就可以着手解决彻底销毁的问题。这是全人类普遍关心的一个大问题，如能做点事，开个好头，会使下一个世纪的人感到安心。

我们这个地球上有上千个民族、二百多个国家和地区，所处的自然环境不同，社会发展经历各异，形成了多种多样的生活方式、价值观念、宗教信仰和文化传统。各国人民根据各自国情，选择符合本国实际情况的社会制度和发展模式，制定行之有效的法律和政策，是合情合理的，应该受到尊重。世界这样丰富多彩，是件好事，并不是坏事。各国和各种文化应该也可以相互交流、学习借鉴、取长补短，共享人类文明的成果。然而，这只能在各国人民自主自愿的基础上进行。各国人民最了解本国的具体情况，最有资格找到适合本国的发展道路。因此，各国的事务归根到底应该由本国政府和人民自己去管，别人不要干涉。历史经验特别是近百年的历史经验一再告诫人们，强求一种模式的后果是严重的，总会引起对抗、动乱甚至战争，我们应该吸取教训。世界多样性是客观存在，应该正视它、适应它。这就要求各国互相尊重，互不干涉内政，平等相待，求同存异，和平共处，发展合作。只有这样，才有可能维持持久的和平与稳定，为各国共同发展创造必要的国际环境。

中美作为两个有世界影响的大国，在这方面应该成为表率，作出积极贡献。

冷战结束了，但人类长期面临的和平与发展两大主要问题远未解决。各国从本身的体验和他国的教训中越来越深刻地认识到，千条万条，关键是发展经济。这不仅是关乎本国人民切身利益的经济问题，而且是关乎国家长治久安的政治问题，还对国际形势发展具有深远影响。没有经济的发展，就没有人民生活水平的提高，没有民族的强盛，没有国家的稳定，也没有国际的安全和人类的进步。经济是基础。一切政治归根到底都是为经济服务的。一个国家不搞好经济，不致力于改善人民生活，是难以稳定的。一个国家过高估计自己的经济实力，从事过多的超越本身承受能力的事情，也会捉襟见肘、力不从心。当前，世界经济并不景气，这种情况持续下去，不利于世界的和平与发展。现在，中国人民正在集中力量进行经济建设。中国实行改革开放政策，十五年来取得了显著成效。中国的改革开放是不可逆转的。我们将坚持这项政策一百年不变。当今，大家生活在一个互相依存的世界里，经济已超越国界，成为互有影响、利害相关的最重要因素。中国开放自己的大门，愿意同世界各国加强经济合作。我们呼吁各国都采取开放的态度，在平等互利的基础上加强合作，争取共同发展繁荣。中国经济的发展对美国和世界各国的发展都有利。中国广阔的市场有着巨大潜力，欢迎美国企业界扩大投资，加强同中国的经贸往来。对中国采取遏制政策，诉诸经济“制裁”，将会损及美国本身的利益。

在这些重大问题上，中美是有共同利益的。中国不搞军备竞赛，不搞军事集团，不会对美国的安全构成威胁。相反，如果中美增加信任，可以在世界上做些事情。现在，世界上问题成堆，有的小问题在一定条件下也可能失控，诱发大的动乱。世界的走向还不稳定，危险并没有消除。中国做了些事情，也愿意做些事情。然而，有些事情我们没有条件去做。我们对局势没有得到改善也感到很不安。

中美之间存在分歧，这是客观现实。我们认为，中美双方各自关心的一些问题，经过开诚布公的对话，是可以得到解决的。有些一时解决不了，可以求同存异。

美方表示愿意恪守中美三个联合公报〔1〕、执行一个中国政策，我们对此表示赞赏。我们尊重历史和现实，坚持和平统一，愿与台湾当局在一个中国原则下进行商谈，包括谈判名义和形式均可以商量。对于任何关于“两个中国”、“一中一台”的言论和行动，我们都是坚决反对的。我想强调指出的是，如果台湾当局搞“台独”，如果外国干涉势力又插手支持，必将引起台湾海峡局势大乱，我们是绝不会坐视不管的。如果出现这样的情况，对海峡两岸没有好处，对美国没有好处，对亚太地区的和平与稳定也没有好处。

你在最近给我的信中表示，中美两国有“许多共同目标”，“拥有许多共同利益”。美方还表示，“一个强大、稳定、正在现代化和繁荣的中国符合美国的长远国家利益”。我们对此表示赞赏。我们一贯认为，中美关系从来就是建立在共同利益的基础上的。国际形势有了变化，但中美在许多问题上有着共同利益这一点并没有改变。我们主张通过对话，包括通过领导人面对面的对话来解决问题。直接沟通可以避免误导。通过公开宣传和传播媒介来对话，不是好办法。一次会晤并不能解决所有问题。但是，我希望我们两人的会晤能够成为开创中美关系的新开端，使中美关系走上正轨。

我也想坦率地谈谈人权问题。十年前，我曾当过中国电子工业部部长，后来担任有一千二百多万人口的上海市的市长，现在是一个拥有十一亿多人口的国家的主席。这些不同的工作岗位使我深刻地认识到，解决十一亿多人的温饱问题，在中国就是解决了最大的人权问题。解决好这一问题，不仅对中国的稳定，而且对亚洲乃至世界的稳定，都是一个重大贡献。民主、自由、人权都是相对的，每个国家都有不同的解释和理解。正像你所说的那样，有的人要求过分的自由，就会影响他人的自由。归根到底，一个国家总是要根据自己的发展水平、历史背景和文化传统来制定法律。各国应该加强沟通和了解。令人难以理解的是，西方有些人说关心中国的人权问题，但他们关心的总是少数违法犯罪分子，而对十一亿多中国人民的生活不闻不问。我去过西藏。现在藏族群众的生活水平有了很大提高，比当年达赖〔2〕统治时期不知要好多少倍。中国有一句古话，叫“兼听则明，偏信则暗”〔3〕。多听一些，多看一些，就会了解得全面一些。关于同达赖谈判，只要他承认西藏是中国不可分割的一部分，什么问题都可以谈。

我愿向你提一个建议，明年讨论最惠国待遇时，你应该向你们的国会宣布，最惠国待遇不是单方面的给予，更不是一种恩赐，而是对双方都有利的，应该继续下去。

注　释

〔1〕中美三个联合公报，指一九七二年二月二十八日美国总统尼克松访问中国期间中美双方就实现两国关系正常化在上海发表的《联合公报》，一九七八年十二月十六日中美两国政府发表的《中华人民共和国和美利坚合众国关于建立外交关系的联合公报》，一九八二年八月十七日中美两国政府就逐步减少、经过一段时间最后彻底解决美国向台湾出售武器问题发表的《中华人民共和国和美利坚合众国联合公报》。这三个联合公报分别简称为中美上海公报、中美建交公报、中美八一七公报。中美三个联合公报明确并重申"中华人民共和国政府是中国的唯一合法政府"、"只有一个中国，台湾是中国的一部分"、"互相尊重主权和领土完整、互不干涉内政"等基本原则，确立了发展中美关系的政治基础。

〔2〕见本卷《论民族工作》注〔4〕。

〔3〕这是北宋司马光《资治通鉴》卷一百九十二《唐纪八》中记载的唐代政治家魏徵的话。

社会主义前途依然光明*

（一九九三年十一月二十一日、二十二日）

目前，世界处于大变动的历史时期。世界社会主义处于低潮，但这只是整个历史长河中的暂时现象。苏联解体、东欧剧变后，西方国家有人曾经扬言马列主义已经过时，社会主义将在地球上消失。我们认为，社会主义前途依然光明。

第一，社会主义国家依然存在。中国在建设社会主义，古巴在建设社会主义，还有亚洲一些国家在走社会主义道路。许多亚非拉国家仍向往社会主义。当今世界上包括西方国家中，信仰马克思主义、社会主义的仍大有人在。只要中国的旗帜不倒，世界上就有五分之一的人口在坚持社会主义。

第二，苏联解体、东欧剧变，对中国这个社会主义大国没有产生什么大的影响。中国没有参加冷战，没有搞军备竞赛，没有参加军事集团，所以我们的情况比较好。冷战结束，苏联解体，给我们许多启迪。我们非但没有丢掉马列主义旗帜，而且更坚定了坚持马列主义、坚持共产党的领导、坚持走符合自己国情的有中国特色社会主义道路的决心。

---

* 这是江泽民同志访问古巴期间同古巴共产党中央委员会第一书记、古巴国务委员会主席卡斯特罗会谈时谈话的要点。

第三,国际敌对势力企图在中国搞和平演变,这一图谋不会改变,但绝不会得逞。中国人民经过几代人的流血牺牲得出一个结论:只有社会主义才能救中国,只有社会主义才能发展中国。社会主义在中国已深入人心。虽然这几年国际局势发生重大变化,但中国政治稳定,社会安定,经济加速发展,人民生活水平不断提高。这就是鲜明的例证。

第四,资本主义已搞了几百年,社会主义是崭新的事业。如同其他新生事物一样,社会主义从诞生到发展壮大也不会一帆风顺,出现一些曲折是难免的,没有什么可怕,重要的是我们共产党人应该从曲折中吸取教训。我们共产党人坚信马克思主义一定会取得最后胜利,资本主义制度最终要被社会主义制度取代。这是历史发展的必然规律。因此,我们对社会主义前途充满信心。

在国际风云变幻、世界社会主义暂时处于低潮的情况下,我们应该冷静观察、沉着应付。要把社会主义坚持下去,首先就要求得国家、民族的生存和发展。我们应该把马克思主义基本原理同本国具体实际相结合,集中精力把本国的事情做好,特别是要把经济建设搞上去,使人民生活水平不断提高,充分体现社会主义优越性。只有这样,我们才能巩固和发展社会主义,才能立于不败之地。

任何事物在发展过程中都有成功、有失败。失败是成功之母。我们汲取经验教训,就会把事情办得更好。从马克思主义的观点看,历史是人民创造的。中国古人说过,英雄造时势,时势也造英雄。在人民创造历史的同时,不可否认,对历史事件的成功或失败,某些个人起关键作用。总结过去几十年的经验，可以看出，列宁、斯大林和毛泽东同志确实在俄国十月革命后把世界变了样。同时，也应该看到，某些人在一些国家丢掉社会主义事业上也起了关键作用。由此可以看出，一个国家、一个部门选择干部，要看他的实践，看他是否在基层经过斗争的锻炼，是否联系群众。温室里的花朵很容易凋谢。

一些西方国家经常用他们的民主、自由、人权观念和政治制度模式向别国施加影响。我们认为，世界是丰富多彩的，存在着不同的社会形式。一个国家走什么道路，应该由这个国家的人民根据本国的历史传统、经济水平、教育水平等各方面条件自己选择。我们根据中国的条件选择了社会主义道路。民主、自由、人权不是绝对的，都是相对的。关于民主制度，西方往往只宣传他们的多党制。我们搞社会主义市场经济，他们对市场经济表示“赞赏”，因为有生意好做，但反对市场经济前面的社会主义这个定语。西方有些人想让我们在政治体制改革上迈出他们所希望的步子。关于人权问题，对中国来讲，最大的人权是生存权和发展权，最重要的是要解决中国十一亿多人的吃穿问题。随着经济体制改革的深化，我们也在搞政治体制改革，但绝不是搞西方的政治制度模式，而是不断加强适合中国国情的民主法制建设，坚持和完善人民代表大会制度，坚持和完善中国共产党领导的多党合作和政治协商制度。西方一些人推行他们那种多党制的目的，就是要把一些发展中国家纳入他们的发展模式，变成他们的附庸。

在探索和建立社会主义市场经济体制的过程中，既要反对有人固守计划经济体制，又要反对有人想通过市场经济把中国带到资本主义。搞市场经济并不是不要宏观调控，世界上没有百分之百自由的市场经济。要坚持在社会主义条件下运用市场机制发展经济。

改革开放以来，已经在中国消失多年的毒品、娼妓、赌博等问题又出现了，就好比打开窗子会有苍蝇进来一样，关键是不能任其繁殖，而是要把它打死。我们党高度重视反腐败斗争，强调领导干部要以身作则，教育干部为政清廉，同时坚决查办大案要案。根据历史经验，我们开展反腐败斗争不搞运动。斗争要不断进行，又要有阶段性要求。从长远考虑，还要建立薪以养廉的制度。总而言之，既要学习西方发达国家的先进技术和科学管理，又要抵制资本主义腐朽思想的侵蚀。毫无疑问，不可能在一个早上解决这些问题，要进行长期的艰苦工作。

在毛泽东同志诞辰一百周年纪念大会上的讲话

（一九九三年十二月二十六日）

同志们，朋友们：

今天，我们在这里隆重集会，纪念中国共产党、中国人民解放军、中华人民共和国的主要缔造者，中国各族人民的伟大领袖毛泽东同志诞辰一百周年。

在邓小平同志建设有中国特色社会主义理论和党的十四大精神指引下，全党全军全国各族人民，正在坚持不懈地贯彻执行党的基本路线，为把我国建设成为一个富强民主文明的社会主义现代化国家而努力奋斗。社会主义中国政治稳定，经济发展，民族团结，社会进步，一派生机蓬勃。在这样的形势下，纪念毛泽东同志，回顾我们党和国家的历史，我们更加深切地感到，正是以毛泽东同志为核心的党的第一代中央领导集体，为建设一个社会主义现代化的新中国，建立了开创性的、不可磨灭的功勋。

当毛泽东同志等中国共产党的缔造者们登上政治舞台的时候，中华民族正处在帝国主义、封建主义的黑暗统治之下，国家四分五裂，民族备受凌辱，军阀混战不已，人民在苦难中挣扎。鸦片战争以来，救中国，救人民，实现国家的独立、统

一、民主、富强，成为中国各族人民不懈追求的共同理想。先进的中国人奋斗牺牲，前赴后继，写下了可歌可泣的篇章。但是，在中国共产党成立以前，人们所做的种种探索和努力都失败了。帝国主义的侵略打破了中国人照搬西方的迷梦。中华民族仍然苦难深重，找不到解放的出路。

毛泽东同志最伟大的历史功绩，是把马克思列宁主义基本原理同中国具体实际结合起来，领导我们党和人民，找到了一条新民主主义革命的正确道路，完成反帝反封建的任务，结束了中国半殖民地半封建社会的历史，建立了中华人民共和国，确立了社会主义制度。接着，他又从中国实际出发，开始探索社会主义建设的道路。

在旧中国这样的半殖民地半封建的东方大国中，工人阶级人数很少，农民占人口的绝大多数，怎样在共产党领导下，依靠工人阶级和巩固的工农联盟，团结全国各族人民，首先争取民族的解放和国家的独立，确立人民的主人翁地位，然后开辟向社会主义前进的道路，是无产阶级革命史上极其复杂的新课题。毛泽东同志运用马克思列宁主义，深刻分析中国社会形态和各阶级的经济地位及其政治态度，明确了中国革命的性质、对象、任务、动力，提出了通过新民主主义革命走向社会主义的两步走的战略，制定了无产阶级领导的，人民大众的，反对帝国主义、封建主义、官僚资本主义的新民主主义革命总路线，开辟了建立农村根据地、农村包围城市、武装夺取政权的革命道路。毛泽东同志和他的战友们，缔造了一个用马克思列宁主义革命理论和革命风格武装起来的无产阶级政党，一个在党的绝对领导下为人民的解放事业英勇奋战的人民军队，一个团结全民族绝大多数人共同奋斗的统一战线。经过二十八年艰苦卓绝的斗争，终于推翻了压在中国人民头上的三座大山〔1〕，在一九四九年建立了新中国。中国人民从此站起来了。

新中国成立以后，以毛泽东同志为核心的党中央领导全国人民，在迅速医治战争创伤、恢复国民经济的基础上，继续推动中国历史向前发展。党中央按照毛泽东同志的提议，不失时机地提出了逐步实现国家的社会主义工业化，并逐步实现国家对农业、对手工业和对资本主义工商业的社会主义改造的过渡时期总路线。在这条总路线指引下，我国奠定了工业化的初步基础，开辟了一条适合中国国情的社会主义改造道路。根据中国特点，用国家资本主义的形式与和平赎买政策改造资本主义工商业，用逐步过渡的形式改造个体农业和个体手工业，在社会主义改造的过程中，使社会生产力继续得到发展，广大人民生活水平得到提高，这是中国共产党的独特创造。社会主义改造的基本完成，社会主义制度的全面确立，是我国历史上最深刻、最伟大的社会变革，成为新中国一切进步和发展的基础。

社会主义改造基本完成以后，毛泽东同志以苏联的经验为鉴戒，积极探索中国自己的建设社会主义的道路。一九五六年，毛泽东同志发表《论十大关系》，强调我们的基本方针，就是要把国内外一切积极因素调动起来，为社会主义事业服务。一九五七年，毛泽东同志又发表《关于正确处理人民内部矛盾的问题》，指出社会主义社会的基本矛盾仍然是生产关系和生产力之间的矛盾、上层建筑和经济基础之间的矛盾；认为我们的根本任务已经由解放生产力变为在新的生产关系下面保护和发展生产力；提出了严格区分和正确处理两类不同性质的矛盾，团结全国各族人民发展我们的经济、发展我们的文化，建设社会主义强大国家的战略思想。在我们党探索社会主义建设道路的初期，这是两篇具有重要意义的著作。在这两篇著作和其他著作中，毛泽东同志提出了许多关于中国社会主义建设的重要观点，涉及政治、经济、文化、国防、外交等各个方面。尽管在探索中有曲折甚至有严重失误，但是在党和毛泽东同志领导下，我们在建立适合中国国情的社会主义基本制度的基础上，努力寻找适合中国国情的社会主义建设道路，开始全面进行大规模建设，建立起独立的比较完整的工业体系和国民经济体系。从近几年来国际风云的变幻中可以更加清楚、更加深刻地看到，中国共产党在社会主义建设事业中坚持独立自主，不倦地探索适合自己情况的道路，以及由此培养起来的自强自立、不依附于人、不怕鬼、不信邪的精神，对于维护国家主权和民族尊严，巩固和发展社会主义制度，发挥着多么重大的作用！

在党和毛泽东同志领导下，中国社会发生了天翻地覆的变化。中国从一个半殖民地半封建社会，进入到社会主义新时代。一个受帝国主义掠夺和奴役的国家，变成一个享有主权的独立的国家。一个四分五裂的国家，变成一个除台湾等岛屿外实现统一的国家。一个人民备受欺凌压迫的国家，变成一个人民当家作主、享有民主权利的国家。一个经济文化落后的国家，变成一个走向经济繁荣、全面进步的国家。一个在世界上被人们看不起的国家，变成一个受到国际社会普遍尊重的国家。所有这些，都是建立富强民主文明的社会主义现代化国家的基本的经济、政治、文化条件，为我国迈向光明的未来奠定了坚实基础。

以毛泽东同志为主要代表的中国共产党人，根据马克思列宁主义的基本原理，对中国长期革命和建设实践中的一系列经验进行理论概括，形成了适合中国情况的科学指导思想，这就是毛泽东思想。毛泽东同志把马克思列宁主义基本原理同中国具体实际结合起来，使马克思列宁主义在中国深深地扎下了根。毛泽东思想是完整的科学思想体系。它在新民主主义革命，社会主义革命和社会主义建设，革命军队建设、军事战略和国防建设，政策和策略，思想政治工作和文化工作，党的建设等广泛的方面，以独创性的理论，丰富和发展了马克思列宁主义。毛泽东思想的活的灵魂，是贯穿所有这些方面的立场、观点、方法。它们有三个基本方面，这就是实事求是、群众路线、独立自主。实事求是，就是不断地深化对中国国情的认识，研究和把握社会发展的客观规律，找出适合中国情况的革命和建设道路，确定我们党领导人民改造中国、建设中国的战略策略，实现推动历史前进的目标。群众路线，是把马克思列宁主义关于人民群众是历史创造者的原理，系统地运用在党的全部活动中形成的党的根本工作路线。我们党正是一切为了群众，相信群众，依靠群众，集中群众的智慧，把群众的力量组织起来，才战胜种种困难，创造出种种奇迹。独立自主，就是坚定不移地维护民族独立、捍卫国家主权，把立足点放在依靠自己力量的基础上，同时积极争取外援，开展国际经济文化交流，学习外国一切对我们有益的先进事物。毛泽东思想是马克思列宁主义在中国的运用和发展，是中国共产党集体智慧的结晶。毛泽东思想永远是中国共产党人的理论宝库和中华民族的精神支柱，永远是我们建设社会主义现代化国家的行动指南。

中国共产党人从长期奋斗的历史中深切地认识到，我们党所以能够承担起历史的重任，所以能够得到人民拥护和成为领导中国革命和建设事业的核心力量，就是因为我们党经过艰苦斗争的反复锤炼和理论的创造，形成并不断地丰富和发展了毛泽东思想，坚定地把毛泽东思想作为党的指导思想。在中国这样的东方大国里，有了这样一个把马克思列宁主义运用于本国实际、形成自己特点和传统的无产阶级先锋队，革命和建设事业的胜利就有了根本的保证。用毛泽东思想武装起来的中国共产党，是以全心全意为人民服务作为根本宗旨的党，忠心耿耿地为民族、为人民谋利益，决不图任何私利。我们党是善于把远大理想和当前实际任务结合起来的党，坚持辩证唯物主义和历史唯物主义，懂得事物生存和发展的规律，从成立以后就把当时为新民主主义革命而奋斗的目标和未来为社会主义、共产主义而奋斗的目标结合起来，既有革命的远见卓识，又有严格求实的科学态度。我们党是富有自我牺牲精神、艰苦奋斗精神和不屈不挠精神的党，为民族的解放和社会的进步，付出最大牺牲，取得辉煌胜利，由此赢得全民族人民的信赖和拥护。我们党是有自己优良作风的党，坚持理论与实践相结合、密切联系群众和自我批评，具有坚定的信念、旺盛的生命力和坚强的战斗力。我们党是按照民主集中制原则组织起来的党，充分发扬民主，集中全党的智慧和人民的智慧，统一纪律，统一步调，团结和依靠广大人民群众为实现党的路线和任务而奋斗。

毛泽东同志是伟大的马克思主义者，无产阶级革命家、战略家、理论家，是近代以来中国伟大的爱国者和民族英雄。毛泽东同志在艰苦漫长的革命岁月中，表现出一个革命领袖高瞻远瞩的政治远见、坚定不移的革命信念、得心应手的斗争艺术和驾驭全局的领导才能。他是从人民群众中成长起来的伟大领袖，永远属于人民。毛泽东同志的革命精神具有强大的凝聚力，他的伟大品格具有动人的感染力，他的科学思想具有非凡的号召力。他和他的战友们所创造的彪炳史册的丰功伟业，为世界一切正直的人们所尊重。他的革命实践和光辉业绩已经载入史册。他的名字、他的思想和精神永远鼓舞着中国共产党人和各族人民，继续推动着中国历史的前进。毛泽东同志作为一个伟大的历史人物，属于中国，也属于世界。毛泽东同志永远生活在我们中间，我们要认真学习他的科学著作，从中汲取智慧和力量。中国出了个毛泽东，是我们党的骄傲，是我们国家的骄傲，是中华民族的骄傲。我们对毛泽东同志永远怀着深深的尊敬和爱戴之情！

同志们、朋友们！

毛泽东同志和他的亲密战友周恩来、刘少奇、朱德等老一辈无产阶级革命家的相继逝世，曾经使全党同志和全国各族人民陷入深深的悲痛。当时，我们的党和国家还没有从“文化大革命”所造成的深重灾难中摆脱出来。中国社会的发展处在一个历史的重要关头。我们党和我国人民孜孜以求的建设富强民主文明的社会主义现代化国家的事业如何继往开来，成为全党全军全国各族人民关注的焦点。历史把两个相互联系的重大课题摆在中国共产党人面前。这就是：如何评价毛泽东同志和毛泽东思想的历史地位，如何根据国际国内条件的变化和正反两方面的历史经验确立中国社会主义现代化建设的正确道路。在邓小平同志为核心的党的第二代中央领导集体领导下，我们党对这两个历史课题作出了科学的回答。

一九七八年十二月，我们党胜利地召开十一届三中全会，实现在党的历史上具有深远意义的伟大转折。这次全会确定了解放思想、开动脑筋、实事求是、团结一致向前看的指导方针，开始了拨乱反正的工作，果断地停止使用“以阶级斗争为纲”这个同我国社会主义制度全面确立后的社会主要矛盾不相符合的口号，作出了把全党工作重点转移到社会主义现代化建设上来的战略决策，重新确立了马克思主义的思想路线、政治路线、组织路线。

正确地评价毛泽东同志的历史功过、确立毛泽东思想的历史地位，关系到怎样看待党和国家过去几十年奋斗的成就，关系到党的团结、国家的安定，也关系到党和国家未来的发展道路。这是毛泽东同志逝世以后我们党遇到的一个全局性的、紧迫的、至关重要的问题。邓小平同志在领导我们党和国家摆脱“文化大革命”造成的深重灾难、进行指导思想上的拨乱反正中，用极大的精力来解决如何正确评价毛泽东同志和毛泽东思想的问题。他指出，没有毛主席，至少我们中国人民还要在黑暗中摸索更长的时间。毛泽东思想是一个科学体系，必须完整地准确地理解和运用毛泽东思想，来指导我们全党全军全国人民，把我们党的事业、社会主义的事业推向前进。他率先抵制和批评了“两个凡是”〔2〕的错误方针，支持在全党全国范围开展实践是检验真理唯一标准的讨论，领导全党冲破“左”的思想束缚。邓小平同志指出，毛泽东同志的功绩是第一位的，他晚年的错误是第二位的，他的错误是由于违反了他自己正确的东西，他的错误是一个伟大的革命家、一个伟大的马克思主义者所犯的错误。邓小平同志坚决地批评了借口毛泽东同志晚年的错误从根本上否定毛泽东同志、否定毛泽东思想的错误倾向。他说，正是因为我们遵循毛泽东思想，才取得了中国革命的伟大胜利；毛泽东思想这个旗帜丢不得，不坚持毛泽东思想，我们要犯历史性的大错误；确立毛泽东同志的历史地位，坚持和发展毛泽东思想，这是最核心的一条，不仅今天，而且今后，我们都要高举毛泽东思想的旗帜。邓小平同志的这些重要观点，成为由他亲自主持起草并在党的十一届六中全会通过的《关于建国以来党的若干历史问题的决议》的基本思想。这个决议坚持马克思主义，实事求是地、客观公正地总结党的历史经验和评价党的领袖人物，再一次证明，我们党是在政治上、理论上成熟的坚强的马克思主义政党。决议排除了“左”的和右的干扰，统一了全党的思想，加强了全党的团结，激励着全党同志和全国人民满怀信心地去开辟未来。

以邓小平同志为核心的党中央，在正确解决评价毛泽东同志和维护毛泽东思想历史地位这一重大课题的同时，着手解决另一个关系党和国家前途命运的重大课题，这就是继续探索中国实现社会主义现代化的道路。自五十年代以来，我们党就开始进行这一艰巨探索，其间历经磨难，有成功的经验,有失误的教训,曲曲折折,反反复复。在中国历史发展的这个重要阶段,邓小平同志把马克思主义基本原理同中国实际和时代特征结合起来,继承和发展毛泽东思想,以开辟社会主义建设新道路的巨大政治勇气和开拓马克思主义新境界的巨大理论勇气,集中全党全国人民的智慧,创造性地提出了建设有中国特色社会主义的理论。这个理论,科学地回答了什么是社会主义这个首要的基本的理论问题,深刻地揭示出社会主义的本质是解放生产力,发展生产力,消灭剥削,消除两极分化,最终达到共同富裕,第一次比较系统地初步解决了中国这样的经济文化比较落后的国家如何建设社会主义、如何巩固和发展社会主义的一系列基本问题。在这个理论指导下,形成了以经济建设为中心、坚持四项基本原则、坚持改革开放的党在社会主义初级阶段的基本路线,确立了中国实现社会主义现代化的正确道路。这标志着我们党把马克思主义同中国实践结合起来,在成功地找到新民主主义革命道路和确立社会主义制度、实现中国发展的历史性飞跃之后,又一次实现了新的历史性飞跃,在全党全国人民面前展现出走向富强民主文明的社会主义现代化国家的广阔道路和光辉前景。

我们党在七十多年的奋斗历程中,在自己的旗帜上写着马克思列宁主义,写着马克思列宁主义与中国革命的实践之统一的思想——毛泽东思想,现在又写上了当代中国的马克思主义——邓小平同志建设有中国特色社会主义理论。党在理论上的成熟和发展,有力地保证着我们的事业不断地从胜利走向新的胜利。

邓小平同志建设有中国特色社会主义理论,是我们进行改革开放和社会主义现代化建设丰富经验的理论总结，是引导我们继续胜利前进的精神支柱和科学指南。这个理论内容丰富、博大精深，涵盖党和国家工作的各个方面。最近，《邓小平文选》第三卷出版，中央就学习问题专门作出了决定。广大干部特别是领导干部，要系统地学习这一理论，掌握它的精神实质，结合本地区本部门的实际和自己的思想实际，坚持贯彻到各方面的工作中去。

解放思想、实事求是，是建设有中国特色社会主义理论的精髓。邓小平同志指出，实事求是，是无产阶级世界观的基础，是马克思主义的思想基础，是毛泽东思想的根本点。解放思想，就是使思想和实际相符合，使主观和客观相符合，就是实事求是。邓小平同志和毛泽东同志一样，从来反对离开中国社会、中国革命和建设的实际去研究马克思主义。他说，马列主义、毛泽东思想的基本原则，我们任何时候都不能违背，这是毫无疑义的。但是，一定要和实际相结合，要分析研究实际情况，解决实际问题。按照实际情况决定工作方针，这是一切共产党员必须牢牢记住的最基本的思想方法、工作方法。在党的十二大开幕词中，邓小平同志明确指出：中国的事情要按照中国的情况来办，要依靠中国人自己的力量来办。也就是在这篇重要讲话中，邓小平同志第一次向全党全国人民提出了走自己的道路、建设有中国特色的社会主义的光辉思想。中国这样一个发展中的大国，有许多不同于其他国家的国情和发展特点，在实现社会主义现代化的过程中，不能禁锢于教条，也不能照搬别人的模式，必须坚持从本国实际出发，走出一条有中国特色的社会主义建设道路。有了这条道路，谁也动摇不了我们实现自己伟大理想的坚强信念。有了这条道路，我们在社会主义建设问题上就同一切“左”的和右的错误倾向从理论上和实践上彻底划清了界限。邓小平同志始终坚持实事求是，尊重实践，尊重群众的首创精神，热情地支持群众在实践中进行探索和创新，不断地概括群众创造的新经验，据以丰富和发展我们党的理论和政策，为我们树立了光辉的榜样。

进一步解放和发展社会生产力，是建设有中国特色社会主义的根本出发点。毛泽东同志认为革命是为了解放生产力，并把这一思想正确地贯彻于中国新民主主义革命和社会主义革命的全过程。后来的“以阶级斗争为纲”所以是错误的，归根到底是因为社会主义改造基本完成以后，我国社会的主要矛盾已经不是阶级矛盾，而是人民日益增长的物质文化需要同落后的社会生产之间的矛盾。要解决这个矛盾，最根本的是必须集中力量发展社会生产力。邓小平同志总结历史的经验教训，强调地指出，社会主义阶段的最根本任务就是发展生产力，为实现共产主义创造物质基础。这样，就围绕不断解放和发展生产力，把中国共产党从领导人民进行民主革命、社会主义革命到建设社会主义，直到最终实现共产主义的全部社会变革、社会实践活动，历史地贯穿和统一起来了。深刻认识和自觉坚持这个根本观点，我们就能从理论上和实践上牢固地树立建设社会主义必须以经济建设为中心的指导思想，就能真正把是否有利于发展社会主义社会的生产力、是否有利于增强社会主义国家的综合国力、是否有利于提高人民的生活水平，作为判断各方面工作是非得失的标准。十五年来,我们始终以经济建设为中心,建设社会主义物质文明和精神文明,已经取得了举世瞩目的巨大成就。只要我们毫不动摇地继续坚持这样做下去,我们的国家就一定能胜利地实现社会主义现代化。

实行改革开放,是建设有中国特色社会主义最鲜明的特点。毛泽东同志曾经分析我国社会主义制度确立以后,生产关系和生产力、上层建筑和经济基础又相适应又相矛盾的情况,指出社会主义社会的矛盾可以经过社会主义制度本身不断地得到解决。邓小平同志领导我们党找到了解决这种矛盾的正确途径,这就是进行改革开放。他说:“改革是社会主义制度的自我完善,在一定的范围内也发生了某种程度的革命性变革。这是一件大事,表明我们已经开始找到了一条建设有中国特色的社会主义的路子。”〔3〕“二十年的经验尤其是‘文化大革命’的教训告诉我们,不改革不行,不制定新的政治的、经济的、社会的政策不行。十一届三中全会制定了这样的一系列方针政策,走上了新的道路。这些政策概括起来,就是改革和开放。”〔4〕坚持改革开放同坚持四项基本原则,构成了党的基本路线的两个基本点,它们相互贯通、相互依存。在整个改革开放的过程中,必须始终注意坚持四项基本原则。改革作为中国的又一次革命,作为发展社会生产力和实现社会主义现代化的必由之路,作为社会主义制度自我完善和发展的正确途径,是社会主义发展史上从未有过的崭新创造。有了改革开放的基本思想和基本实践,我国社会主义事业就进入了蓬勃发展的新时期。邓小平同志是我国社会主义改革开放和现代化建设的总设计师。改革开放,是他创造性地发展毛泽东思想、发展马克思列宁主义关于建设社会主义理论的最突出贡献。坚持改革开放是决定当代中国发展命运的大政策，是一个伟大的试验，实践已经并将继续证明它是成功的、正确的。只要坚定不移地推进改革开放，就会不断解放和发展社会生产力，就会使中国社会主义事业永远充满生机和活力。

坚持独立自主地发展中国，是建设有中国特色社会主义的立足点。邓小平同志说："归根到底，我们的建设方针还是毛主席过去制定的自力更生为主、争取外援为辅的方针。"〔5〕他强调，独立自主，自力更生，无论过去、现在和将来，都是我们的立足点。中国人民珍惜同其他国家和人民的友谊和合作，更加珍惜自己经过长期奋斗而得来的独立自主权利。任何外国不要指望中国做他们的附庸，不要指望中国会吞下损害我国利益的苦果。我们坚定不移地实行对外开放政策，在平等互利的基础上积极扩大对外交流和合作，吸取一切有利于我国社会主义事业发展的好的东西。同时，我们保持清醒的头脑，决不允许资本主义那些腐朽的思想和生活方式在我国泛滥。中国人民有自己的民族自尊心和自豪感，以热爱祖国、贡献全部力量建设社会主义祖国为最大光荣，以损害社会主义祖国利益、尊严和荣誉为最大耻辱。邓小平同志强调要把国家的主权和安全始终放在第一位，坚决反对霸权主义和强权政治。全党同志一定要努力发扬这种高尚的民族气节，坚定地维护国家主权和民族尊严，把社会主义和爱国主义统一起来，集中力量把自己的事情办好。

邓小平同志指出，十一届三中全会以后，我们就是恢复毛泽东同志的那些正确的东西,就是完整地准确地学习和运用毛泽东思想。基本点还是那些。从许多方面来说,现在我们还是把毛泽东同志已经提出、但没有做的事情做起来,把他反对错了的改正过来,把他没有做好的事情做好。今后相当长的时期,还是做这件事。当然,我们也有发展,而且还要继续发展。事实说明,在对毛泽东思想的运用和发展上,充分表现出邓小平同志的实事求是的科学态度、卓越的政治智慧和马克思主义的创新精神。他不愧为毛泽东同志的忠诚战友,不愧为毛泽东思想的最杰出的继承者和发展者。

邓小平同志建设有中国特色社会主义理论的形成,表明我们党对中国社会主义建设客观规律的认识达到一个新的境界,也表明我们党领导的建设富强民主文明的社会主义现代化国家的实践进入一个新的历史阶段。十多年来,在邓小平同志这个理论和党的基本路线指引下,我们伟大的祖国大踏步地前进了。在国际风云急剧变幻的情况下,中国社会主义事业蓬勃发展和取得巨大成就,使我们越来越认识到,邓小平同志领导全党科学地评价毛泽东同志和维护毛泽东思想的历史地位,全面开创建设有中国特色社会主义道路,具有极其深远的意义。

同志们、朋友们!

毛泽东思想是随着时代发展而发展的科学。邓小平同志建设有中国特色社会主义理论,继承、丰富和发展了毛泽东思想,把毛泽东思想推进到新的高度。坚持沿着这个理论指引的方向阔步前进,经过一代一代人的奋斗,我们就一定能够把中国建设成为富强民主文明的社会主义现代化国家。今后无论发生什么情况，我们都要坚定不移地贯彻执行党的基本路线，一百年不动摇。我们要结合改革和建设的发展任务，结合变化着的客观实际，努力学好马列主义、毛泽东思想，中心内容是学好邓小平同志建设有中国特色社会主义理论，用以武装全党同志和全国人民的思想，用以指导党和国家的各项工作。当前，国际国内形势为我们的发展提供了不可多得的有利时机。我们要抓住机遇，加快改革步伐，扩大对外开放，加强和改善宏观调控，保持国民经济持续、快速、健康发展。在实现社会主义现代化的整个过程中，我们都要始终遵循党的基本理论和基本路线，牢牢把握经济建设这个中心，努力发展社会主义市场经济，发展社会主义民主政治，发展社会主义精神文明，不断地把全面建设有中国特色社会主义的伟大事业推向前进。

我们必须坚定不移地发展社会主义市场经济，推动我国社会生产力迅速发展。党的十四大确定，在九十年代，我们要初步建立起社会主义市场经济体制，实现达到小康水平的第二步发展目标。这就是说，我们在改革和发展两个方面，都要上个新台阶。发展是硬道理。改革和发展是统一的，改革的目的就是促进发展。党的十四届三中全会通过的《关于建立社会主义市场经济体制若干问题的决定》，根据邓小平同志建设有中国特色社会主义理论和党的十四大精神，总结了十五年来改革开放的探索成果和实践经验，设计了建立社会主义市场经济体制的蓝图，是我们深化经济体制改革的行动纲领。社会主义市场经济体制是同社会主义基本制度结合在一起的。建立社会主义市场经济体制，就是要使市场在国家宏观调控下对资源配置起基础性作用。它在所有制结构上、分配制度上、宏观调控上具有鲜明的社会主义特征，因而也具有资本主义不可能有的优势。我们既要坚持和发扬自己的优势，重视自己创造的经验，又要结合中国实际，积极吸收和借鉴西方发达国家利用市场促进社会生产力发展的有益经验，使社会主义制度的优越性和市场在资源配置中的长处都得到充分发挥。我们发展社会主义市场经济的基本目标和任务，就是要使国民经济保持旺盛的生机、活力和后劲，保持经济结构、产业结构的合理和协调，保持积极的发展速度和良好的经济效益的统一，保持生产效率和分配公平的正确结合，同时要保证农业基础地位不断得到巩固，保证国有大中型企业在市场中的竞争能力和在经济发展中的主导作用不断得到加强，保证公有制经济的主体地位和其他经济成分积极发挥其补充作用，保证在生产发展的基础上人民生活日益改善和最终实现共同富裕。我们相信，有人民的全力支持，有党的正确领导，只要我们善于在实践中不断总结经验，就一定能够成功地建立和完善社会主义市场经济体制，一定能够通过这种新的经济体制促进我国社会生产力的不断提高，胜利地到达现代化的彼岸。

我们必须坚持发展社会主义民主，努力建设和完善有中国特色的民主政治。社会主义是人民的事业，是人民群众自觉参加的和实现自己利益的事业。人民是我国社会的主人，也是社会主义事业的主人。人民民主是社会主义的本质要求。这种民主，是实现全体人民利益的民主，是与社会主义法制必然结合在一起、保障有领导有秩序地进行社会主义建设的民主。没有人民民主和统一的法制就没有社会主义，就没有社会主义现代化。我们在实行经济体制改革的同时，必须实行政治体制改革。我国政治体制改革的总的任务和目标是：在坚持和完善人民代表大会制度、中国共产党领导的多党合作和政治协商制度等社会主义政治制度的基础上，通过党和国家领导制度、干部制度的改革和机构改革，通过克服官僚主义、形式主义和提高工作效率，通过建立健全各种形式的责任制和民主决策、民主监督制度，大力发扬社会主义民主，充分调动广大工人、农民、知识分子和各方面的积极性和创造性，以利于维护国家的稳定和加强各民族人民的大团结，以利于巩固党的领导和社会主义制度，以利于发展社会主义社会的生产力。社会主义民主是最广大的人民民主，它同少数人享有的资本主义民主有着本质的不同。我们在建设社会主义民主政治的过程中，必须始终坚定不移地走自己的路。不能搬用西方的那一套政治模式，如果搬用那一套，非乱不可。十几年来，我们在进行政治体制改革、发展社会主义民主方面，已经积累了不少经验。可以坚信，依靠全党全国人民的智慧，我们不仅能够建立和完善充满活力的中国社会主义市场经济体制，而且也完全能够逐步建立和完善具有中国特色的社会主义民主政治体制。

我们必须大力加强社会主义精神文明建设，促进全体人民的思想道德素质和科学文化素质的不断提高。社会主义的优越性，不仅表现在它能够极大地解放和发展社会生产力，创造出高度的物质文明，而且表现在它能够消除资本主义和其他剥削制度所必然产生的种种贪婪和腐败现象，创造出高度的精神文明，保证社会全面进步。坚持两个文明全面发展，坚持两手抓、两手都要硬，这是邓小平同志总结改革和建设的经验得出的一个具有长远指导意义的重要结论。两个文明建设缺少任何一个方面，都不成其为有中国特色的社会主义。发展社会主义精神文明，包括加强思想道德建设和科学文化建设，核心是培养有理想、有道德、有文化、有纪律的一代又一代社会主义建设人才。为了推动全社会精神文明不断进步，保证改革开放和现代化建设顺利进行，在全党全国人民中，必须坚持开展爱国主义、集体主义、社会主义思想的教育，开展马克思主义理论、中国历史和党的优良传统的教育，开展社会公德和职业道德的教育，提倡顾大局、讲风格、助人为乐、无私奉献，培养人民的坚定信念、高尚情操和科学健康文明的生活方式，而绝不允许拜金主义、享乐主义、极端个人主义等腐朽思想腐蚀人们的精神，污染社会风气，败坏社会秩序。在思想文化教育部门和所有从事精神产品的生产或传播的企事业单位，都必须把社会效益摆在首位，在这个前提下讲求经济效益，实现社会效益和经济效益的正确结合，多出好的精神产品，而绝不允许"一切向钱看"的错误倾向冲击和危害社会主义精神文明建设，更不允许这种错误倾向泛滥而不受到批评和制止。同时，我们要继承和发扬优秀的民族文化传统，大力繁荣社会主义的教育、科学、文化事业，这是建设社会主义精神文明的迫切要求，也是保证中华民族振兴和发展、保证整个社会主义现代化事业取得成功的根本大计。加强社会主义精神文明建设，是对全党同志的重要考验。一切忠于有中国特色社会主义事业的共产党员和领导干部，都必须高度重视和认真致力于发展社会主义精神文明,不断把精神文明建设推向前进。

要全面实现社会主义现代化建设的宏伟任务,关键是用邓小平同志建设有中国特色社会主义理论武装全党,把我们党建设得更好。在和平与发展成为世界两大主题、各种挑战和机遇同时存在的新的国际环境中,在经济建设成为各项工作的中心、全面实行改革开放的新的国内环境中,我们必须更加自觉地坚持党的工人阶级先锋队性质、全心全意为人民服务的宗旨和马克思主义的指导地位,更加自觉地坚持民主集中制原则,继承和发扬我们党在几十年奋斗中形成的优良传统和优良作风,把党建设成为领导社会主义现代化建设的坚强核心。坚持和改善党的领导,提高党的执政水平和领导水平,一个重大问题是不断巩固和加强党同人民群众的血肉联系。有了这种联系,我们的改革和建设就有了胜利之本,就有了吸取智慧和力量的最深厚源泉,就有了正确决策、减少和防止失误的可靠保证。必须全面提高各级干部特别是领导干部的素质,按照干部队伍革命化、年轻化、知识化、专业化的方针和德才兼备的原则,把各级领导班子建设成为忠诚于马克思主义、坚持走有中国特色社会主义道路的坚强领导集体,保证党的路线的连续性和国家的长治久安。同时,要通过思想政治教育使广大党员、干部懂得,在社会主义市场经济条件下,坚持正确的理想、信念和价值观,坚持廉洁自律极为重要。经济越是发展,物质生活条件越是改善,共产党员尤其是领导干部就越要发扬艰苦奋斗精神,越要诚心诚意为人民服务。现在,我们正在坚定地开展反腐倡廉工作,得到了广大人民的拥护和支持。共产党员要廉洁奉公，这是党的性质和宗旨所决定的。腐败现象从本质上说是剥削制度、剥削阶级的产物，但如果我们不高度警惕，不坚决清除，就会严重腐蚀党的干部队伍，削弱党的战斗力，危害党群关系，就会祸国害民。反腐倡廉工作是直接影响改革和建设事业成败的大事，一定要抓出成效，长期坚持下去。中国共产党党员要牢牢记住，我们应该而且必须永远成为中国各族人民利益的忠诚的代表者和维护者。

同志们、朋友们！

党和人民奋斗的历史告诉我们，只有社会主义才能救中国和发展中国；只有改革开放才能建设有中国特色的社会主义；只有走有中国特色社会主义道路才能独立自主地建设富强民主文明的社会主义现代化国家。这是当代中国最重要的历史真理。以毛泽东同志为核心的党的第一代中央领导集体和以邓小平同志为核心的党的第二代中央领导集体，领导党和人民为探索和实践这个真理，贡献了全部智慧和精力，建立了伟大的功勋。这个真理，历史地体现在毛泽东思想之中，体现在邓小平同志建设有中国特色社会主义理论之中。我们是清醒的马克思主义者，深知在前进的道路上，还会遇到这样那样的困难、风险和风波。但是，只要我们沿着马克思主义真理开辟的广阔道路奋斗不息，任何困难都可以克服，任何风险和风波都可以渡过，我们就会无往而不胜！

建设富强民主文明的社会主义现代化国家，是毛泽东同志、他的战友们和千百万革命先烈的伟大理想，是一百多年来中国社会发展的必然结论和中华民族的共同愿望。对于毛泽东同志的最好的纪念，就是在建设有中国特色社会主义理论和党的基本路线指引下，把他和老一辈无产阶级革命家所开创的事业继续推向前进。我们这个时代的共产党员、共青团员和一切热爱社会主义、热爱祖国的人们，肩负着神圣的使命和光荣的职责。我们要把邓小平同志设计的宏伟蓝图变为现实，首先在九十年代实现第二步战略目标，为在下个世纪的前五十年实现第三步战略目标、基本实现中国的现代化打下坚实的基础。这个关系中华民族和中国社会主义前途命运的伟大任务一定要实现，也一定能够胜利实现。让我们全党同志和全国各族人民更加紧密地团结起来，抓住机遇，加快发展，改革创新，艰苦奋斗，朝着我们既定的伟大目标奋勇前进！

注　释

〔1〕见本卷《爱国主义和我国知识分子的使命》注〔2〕。

〔2〕见本卷《理论工作要面向实际》注〔2〕。

〔3〕见邓小平《在中国共产党全国代表会议上的讲话》(《邓小平文选》第3卷，人民出版社1993年版，第142页)。

〔4〕见邓小平《要吸收国际的经验》(《邓小平文选》第3卷，人民出版社1993年版，第266页)。

〔5〕见邓小平《答意大利记者奥琳埃娜·法拉奇问》(《邓小平文选》第2卷，人民出版社1994年版，第351页)。

以人民群众为本*

（一九九四年一月一日）

一九九四年，对于我国改革开放和现代化建设是非常关键的一年。全党全国各族人民要更加团结一致，勤勉工作，坚持贯彻党的十四大和十四届三中全会精神，紧紧围绕经济建设这个中心，努力把社会主义市场经济、社会主义民主政治、社会主义精神文明全面推向前进。

在新的一年，我们深化改革的核心内容，就是精心组织好建立社会主义市场经济体制的一系列重大改革措施的出台和实施工作。由于任务艰巨，涉及面广，必然会出现许多新情况新问题甚至一些新困难，因此一定要预作周密准备，选好出台时机，悉心观察进展，及时总结经验，务求实施必胜。要继续拓宽经济发展思路，加强和改善宏观调控，下大气力调整经济结构，实现快速发展和提高经济效益的真正统一。今年的经济工作，不仅要在经济改革上有一个新的重大进展，而且要力争在增强农业后劲和增加农民收入，转换国有企业经营机制和增强活力，提高经济管理水平，保证各项经济活动运行的良好秩序，以及进一步扩大对外开放等各个方面，都有新的进

* 这是江泽民同志在全国政协新年茶话会上讲话的一部分。

步，以保持国民经济持续、快速、健康地向前发展。

在新的一年，我们推进社会主义民主政治建设的一项重要任务，就是要团结和依靠人民群众维护和发展安定团结的政治局面，为改革和发展继续提供良好的社会政治条件。各级领导同志务必牢记邓小平同志关于稳定压倒一切的重要思想，正确认识和处理好改革、发展、稳定的辩证关系，正确认识和处理好两类不同性质的社会矛盾。要依法坚决打击各种犯罪活动，决不能手软。同时，要认真研究新形势下人民内部矛盾的表现形式和发展趋向，特别是要注意在深化改革中由于进一步进行利益格局、利益关系的必要调整而可能引发的新矛盾新问题，千万不可疏忽大意。从长远看，经济的发展和改革的深化，能够使各种利益格局、利益关系更加趋向合理，最终达到全体人民共同富裕的目标。但是，在改革的一定时期内，人们的受益程度存在某些差别是难以避免的。各级领导同志要善于分析和处理各种人民内部矛盾，必须把思想政治工作和其他相应的工作做在前面，做细做实，使群众感到入情入理，感到党和政府是真心诚意维护群众利益、关心群众疾苦的。这样，群众也就会真心诚意拥护我们，积极帮助和配合我们处理好各种矛盾和问题，不断巩固和发展安定团结的大好局面。

在新的一年，我们要大力推进社会主义精神文明建设，力求使全社会精神文明的进步有一个新的突破。这是加快改革和发展、促进社会全面进步的迫切需要，也是全国各族人民的迫切要求和共同愿望。一切事情，都要顺应人民群众的要求和愿望去做，才能取信于民，我们的工作才能步步主动、节节胜利。这个历史真理任何时候都不能忘记。坚持物质文明和精神文明两手抓，是贯穿社会主义现代化建设全过程的重要战略方针。越是大力发展社会主义市场经济，越要切实加强精神文明建设，繁荣教育、科学、文化事业，加强人民正确的思想道德武装，弘扬崇高的民族正气，维护良好的社会秩序和社会风尚。这样才能为物质文明建设提供强大动力和重要保证，才能确保有中国特色社会主义事业全面发展。

我们要实现国家长治久安和繁荣富强，关键在于用邓小平同志建设有中国特色社会主义理论武装全党。要坚持解放思想、实事求是的思想路线，努力加强党的思想建设、组织建设、作风建设，巩固和加强党同人民群众的血肉联系。时代的呼唤，人民的期望，要求我们在新时期必须努力把各级党组织建设得更好，特别是要建设一支能够继承和发扬党的优良传统，能够深入实际、开拓进取、勇于负责、顾全大局、廉洁奉公的干部队伍。各级干部一定要牢记，联系群众，宣传群众，组织群众，团结群众为实现自己的利益而奋斗，这是我们党的根本力量和优势所在，也是我们各项工作的取胜之道。我们衷心希望大家处处以党和人民的利益为重，以人民群众为本，抛弃一切官僚主义、形式主义的不良习气，真正在领导方法和工作方法方面取得新的进步，在全心全意为人民谋利益方面创造出新的气象。

把握好改革、发展、稳定的关系*

（一九九四年五月五日）

今年初，中央确定了全党全国工作的大局，这就是：抓住机遇、深化改革、扩大开放、促进发展、保持稳定。这二十字是经过反复推敲、认真研究后提出的，是指导我们当前和今后的全局工作和正确处理改革、发展、稳定三者关系的重要方针，全党同志和全国各地都要认真贯彻执行。改革是动力，发展是目标，稳定是前提。没有改革，我们就不可能走出一条建设有中国特色社会主义的正确道路，我们的事业就不可能顺利前进；没有发展，我们就不可能实现现代化，也就不可能保持党和国家长治久安；没有稳定，改革和发展都无从进行。各级领导干部在工作中一定要把握好这几个方面的关系。

这几年来，来访的外国领导人以及不少外国经济学家经常提出的一个问题是，中国目前的发展速度能不能保持下去，也就是中国能不能持续发展。我跟他们讲，中国的经验说明，发展经济要做到持续、快速、健康这六个字。就是说，我们的经济发展既要快速，又要持续、健康。这六个字是相辅相成

* 这是江泽民同志在上海市考察工作时的讲话《全面分析和正确估量当前形势，把握好改革、发展和稳定的关系》的一部分。

的，健康正是为了保证快速能够持续下去。所以，我们一再要求各地一定要从实际出发，实事求是。凡是有条件能快的地方就搞快一些，暂时不能快的，不要急于求快，而应该积极创造条件逐步加快发展。当然，发展的实际情况并没有像我们所要求的那样理想。如有些年份的国民生产总值增长速度过高，相应的通货膨胀率也较高。这说明，经济增长速度过快，有可能引发通货膨胀。经济快速增长是好的，但要注意防止出现高的通货膨胀率。这是一个十分敏感的问题，处理得不好，可能造成全局的不稳定，从而会影响改革开放和现代化建设的顺利进行。对于我们存在的通货膨胀问题，外国友好人士很注意，有的还表示担忧。在国内，人民群众特别是收入比较低的群众，也包括一些退休的老干部、老工人在内，大家对通货膨胀也很关心，因为它直接关系群众的实际生活水平。我们应该掌握的原则是，通货膨胀的问题发生了，就要及时地妥善解决。这样才有利于充分调动、保护、发挥群众的积极性，促进经济又快又好地发展。

建立社会主义市场经济体制是有史以来没有过的事情。在世界上，西方国家的市场经济已搞了三百多年，它是跟资本主义基本制度联系在一起的。在社会主义条件下搞市场经济，是一项崭新的创造性事业，由计划经济体制向社会主义市场经济体制转变，没有经验可以借鉴。为了加快新经济体制的建立，今年出台的改革措施和推进的力度都比较大。中央对实施这些重大改革措施的态度是坚定的，工作步骤是慎重的。在具体实施时，要十分注意配套、协调，有的需要经过试验，“摸着石头过河”，充分考虑国家、企业、群众等各方面的承受能力。总之,在深化改革中,要坚持按照邓小平同志所说的两句话去做,胆子要大,步子要稳。这样才能既积极又稳妥,不断开创改革和发展的新局面。

发展社会主义市场经济,需要加强和改善国家宏观调控。加强宏观调控并不是恢复计划经济体制下的那一套管理办法,而是要运用符合市场经济发展要求的经济手段、法律手段和必要的行政手段去实现调控的目标。所以,我再三讲,宏观调控要规范化、法律化、制度化,而不要靠批条子。再靠批条子,我们的经济改革就无法成功。再有,加强和改善宏观调控,必须同加强和改善经济的微观基础紧密结合起来,并相互配套进行。如果忽视微观基础,不仅要影响宏观调控的效果,而且必然影响社会主义市场经济的发展。一句话,没有一个与社会主义市场经济体制相适应的微观基础是不行的,而企业就是市场经济的微观基础。好比打球,既要有打球的运动员,又要有吹哨子的裁判员,运动员与裁判员的职能是不同的,又打球又吹哨子是不行的。我们强调政企分开也是这个道理。一场好的球赛,如果没有好的球员,即便有再好的比赛规则,也没法保证打出一场高水平的球赛。球赛的水平同主力队员、明星队员的表现关系甚大。在社会主义市场经济中,国有企业特别是国有大中型企业就处于“主力队员”、“明星队员”的地位,一定要使它们充满生机和活力,发挥好主导作用。这样,社会主义市场经济体制才能顺利建立和运行起来。我讲这些话,总的意思就是希望大家注意掌握经济生活中的辩证法,防止片面性,防止走极端。不要一讲积极发挥市场在资源配置中的基础性作用,就以为可以不受任何限制,自己想怎么干就怎么干；也不要一讲加强和改善宏观调控，就又转到不适当地强调审批和指令性。这两个方面的片面性都要注意避免。要按照党的十四届三中全会决定，建立全国统一开放的市场体系和以间接手段为主的完善的宏观调控体系，同时进一步转换国有企业经营机制，建立现代企业制度。不把现代企业制度搞好，社会主义市场经济体制就好像建立在沙滩上，那是不稳固的。

振兴民族的希望在教育*

（一九九四年六月十四日）

在我们这样一个有近十二亿人口、资源相对不足、经济文化比较落后的国家，依靠什么来实现社会主义现代化建设的宏伟目标呢？具有决定性意义的一条，就是把经济建设转到依靠科技进步和提高劳动者素质的轨道上来，真正把教育摆在优先发展的战略地位，努力提高全民族的思想道德素质和科学文化素质。这是实现我国现代化的根本大计。党的十四届三中全会再一次向全党郑重指出：社会主义市场经济体制的建立和现代化的实现，最终取决于国民素质的提高和人才的培养。

改革开放以来，全党全社会对教育的重要性和战略地位的认识有了新的提高，涌现出许多在教育改革和发展中取得显著成绩的地区、部门和单位。但是，发展不平衡，一些地区和部门还没有把教育摆到应有的位置。有的同志对工作重点转到经济建设上来是理解的，而对把经济建设转到依靠科技进步和提高劳动者素质的轨道上来这个战略方针则认识不足。有的同志认为“经济要上，教育要让”，“先把经济搞上去，

* 这是江泽民同志在全国教育工作会议上讲话的主要部分。

再来发展教育”,甚至出现了挤占、挪用教育经费上经济项目、盖楼堂馆所和拖欠教师工资的现象;有的同志对坚持两手抓、两手都要硬的方针贯彻不力,社会主义精神文明建设抓得不紧,放松了对青少年的思想政治教育。这些认识和做法,都是同党中央和邓小平同志的要求不相符的,是缺乏远见的、有害的。

各级领导干部必须充分认识,大力发展教育,加快培养社会主义现代化建设人才,提高全民族的思想道德素质和科学文化素质,是贯彻党的基本路线的必然要求,是坚持基本路线一百年不动摇的必然要求。只有把教育搞上去,才能从根本上增强我国的综合国力,才能在激烈的国际竞争中取得战略主动地位。只有培养一代又一代有理想、有道德、有文化、有纪律的献身有中国特色社会主义事业的建设者和接班人,才能保证我国长治久安。在整个社会主义现代化建设的过程中,教育优先发展的战略地位必须始终坚持,不能动摇。如果我们现在不是这样来认识教育问题,就会丧失时机、贻误大事,就要犯历史性错误。

要加快教育改革和发展,必须全面实现党中央、国务院颁布的《中国教育改革和发展纲要》。这不仅是教育部门的大事,也是全党全社会的一件大事。各级党委和政府要切实加强对教育工作的领导,结合本地区的实际情况,制定具体的实施方案,精心筹划,统一部署,组织贯彻落实。主要负责同志要经常深入学校和基层单位,调查研究,指导工作,及时处理重大紧迫的问题。各级党委和政府在研究制订发展规划和年度计划时要保证优先发展教育事业。中央要求,凡是教育战略地位落实得不好的地区和部门，必须进一步提高认识，下决心调整本地区本部门的建设布局和投资结构，确保教育事业优先发展。要把重视人才培养、保证教育投入、为教育办实事，作为各级党政领导干部任期目标责任制的重要内容和政绩考核的重要标准。这一条，组织部门在考核干部时务必注意。一切对党对人民高度负责的领导干部，都应该为本地区教育改革和发展作出努力。关于学校的领导体制，实行党委领导下的校长负责制的高等院校，党委要对重大问题进行讨论并作出决定，同时保证行政领导充分行使职权。试行或实行校长负责制的其他学校和中小学，也要切实发挥党组织的政治核心作用。

落实教育优先发展的战略地位，要求在全党全社会形成和保持尊师重教的良好风气。振兴民族的希望在教育，振兴教育的希望在教师。教师是人类灵魂的工程师。这个职业是崇高而又艰辛的，应该受到全党全社会的尊敬。尊师重教，首先要从各级领导干部做起，高级领导干部更应该起带头作用。要认真贯彻执行《中华人民共和国教师法》，维护教师的合法权益，按照规定保证和提高他们的待遇，为他们创造工作、学习、生活的必要条件。现在，不少省区市党委和政府每年都要为教师办几件实事，这个做法很好，应该大力提倡。各个部门各条战线各行各业都要满腔热情、积极主动地关心和支持教育工作，尊重教师的劳动，使我们中华民族尊师重教的优良传统发扬光大。

各级各类学校都要全面贯彻党的教育方针，坚持社会主义办学方向，努力培养德智体全面发展的“四有”新人。要针对改革和建设过程中出现的新情况新问题，不断加强和改进学校的思想政治工作和政治课教育。要加强对学生进行马克思列宁主义、毛泽东思想基本理论特别是邓小平同志建设有中国特色社会主义理论的教育，加强党的基本路线的教育，加强爱国主义、集体主义、社会主义思想的教育，加强中国近代史、现代史和国情的教育，加强我国优秀文化传统和革命传统的教育。要通过总结经验、改进教学方法，使各级各类学校的政治课上得更好。加强理论教育、思想教育和政治工作的目的，就是要引导和帮助青年学生树立正确的世界观、人生观、价值观，打下科学理论的基础，确立为建设有中国特色社会主义而奋斗的政治方向。这样才能增强青少年抵制错误思潮和拜金主义、享乐主义、极端个人主义等腐朽思想侵蚀的能力。各地区各部门的主要领导同志要经常同师生座谈，作形势报告，这要形成制度。要认真维护学校的教学秩序，促进安定团结。全社会都要关心和保护学生健康成长，共同创造良好的育人环境。

这里，我要特别讲一下教育与生产劳动相结合的问题。这一条已经明确写入《中国教育改革和发展纲要》，是我们教育方针的重要组成部分。教育与生产劳动相结合是坚持社会主义教育方向的一项基本措施。建国后，我们一直实行这一条，方向是对头的，虽然在贯彻执行中也出现过一些问题，但总的是成功的，对青年学生健康成长很有好处。事实证明，如果只是让学生关起门来读书，不参加劳动，不接触社会实践，不了解工人农民是怎样辛勤创造社会财富的，不培养劳动人民感情，是不利于他们健康成长和全面发展的。学生适当参加一些物质生产劳动，应该成为一门必修课，不是可有可无，这一点务必充分认识和高度重视。为了落实教育与生产劳动相结合的原则，要从几个方面做好工作。一是学校要结合自己的实际情况把这件事列入教学计划，统筹安排。二是各级教育部门要进行具体指导和督促检查。三是各级党委和政府要加强领导。四是有关方面要积极支持和配合，为学生参加生产劳动提供必要条件。

我们的基本国情之一，是在经济比较落后的条件下办大教育。我们必须立足于这个实际，深化教育改革，使教育结构和教育体制适应社会主义市场经济发展和社会全面进步的要求。财政再困难，也必须舍得投资把义务教育办好，这是提高全民素质的奠基工程。高等教育要通过改革，进一步提高教育质量和办学效益。要大力发展各种层次的职业教育和成人教育，使大部分人的思想文化素质和职业技能得到提高。调整教育结构的关键环节，是要多办一些各类职业学校，培养大量各种初级、中级人才。这既有利于学生的分流，又能满足当前经济社会发展的多方面需要。各级教育部门和学校的广大教育工作者要进一步解放思想、实事求是，积极探索社会主义市场经济条件下教育的新体制和发展的新路子，努力建设有中国特色的社会主义教育体系。

经济特区要增创新优势，更上一层楼*

（一九九四年六月二十日）

随着全国多层次、多渠道、全方位对外开放新格局的形成和发展，随着原来在经济特区实行的某些优惠政策和灵活措施在内地不少地方逐步推行，并取得显著成效，在经济特区的一些干部群众中出现了特区已经不“特”，特区还要不要“特”、还要不要继续发展的议论。因此，我认为有必要代表党中央、国务院郑重地重申：中央对发展经济特区的决心不变，中央对经济特区的基本政策不变，经济特区在全国改革开放和现代化建设中的历史地位和作用不变。要把发展经济特区贯穿于社会主义现代化建设的整个过程，我国基本实现现代化要搞多久，经济特区就要搞多久。对这一点，不能有任何动摇。就是说，经济特区不仅要继续办下去，而且要办得更好；对经济特区实行的基本政策要坚持下去；经济特区不仅要继续发挥窗口作用、试验作用、排头兵作用，而且要发挥得更充分。那种认为在全国形成全方位对外开放格局的新形势下，经济特区的地位和作用可以削弱甚至可以逐步消失的看法，是不

* 这是江泽民同志考察广东时在深圳讲话的一部分。

对的。

经济特区既然要坚持办下去，要发挥更大作用，毫无疑义特区还要“特”，还要保持它应有的特色。同时，也要认识到，随着全国改革开放的深入、社会主义市场经济体制的建立和现代化建设的发展，经济特区的特色也要相应地随之发展。原来主要靠实行一些优惠政策和灵活措施而形成的经济特区的一些特色，自然要有所变化。今后，经济特区发展所必需的而又有可能实行的一些灵活政策的优势还得有，但保持经济特区优势的立足点和重点不应该再放在这上面了，而主要应该通过深化各项改革，调整经济结构，加强全面管理，提高人员素质，完善投资环境，增进经济效益，健全法制规范，使整体经济水平再上一个台阶。总之，要增创新优势，更上一层楼。通过增创和发挥经济特区的新优势来发展经济特区的新特色。在这一点上，看来还需要有一个观念的更新。当然，在服从和有利于国家宏观调控的前提下，中央和经济特区所在的省将会继续关心和支持经济特区的发展，促进经济特区的改革和建设继续顺利进行。

下面，我想就如何继续办好经济特区提出几点意见。

第一，经济特区要为全国加快建立社会主义市场经济体制和运行机制，继续积极探索和创造更多的经验。

我们已经确定建立社会主义市场经济体制的目标，党的十四届三中全会又为实现这个目标勾画了总体框架。但是，在新经济体制建立的进程中，不可能在所有地区都同时、同步建立起这种体制。深圳、珠海经济特区在这方面已积累了不少成功经验，又有毗邻港澳的良好区位优势，应该进一步大胆试验,加快经济体制的综合配套改革。

具体来说,就是要加快转换国有企业经营机制,建立现代企业制度;加快培育和发展市场体系,重点是发展各类要素市场和中介组织;加快转变政府职能,建立健全宏观经济调控体系;加快建立以按劳分配为主体,效率优先、兼顾公平的收入分配制度和完善社会保障制度;进一步扩大开放,加快参与国际经济合作和同国际经济的必要接轨的步伐。在搞好这些综合配套改革的同时,还必须处理好改革、发展、稳定的关系,使之相互协调、相互促进。

总之,中央希望经济特区在建立社会主义市场经济体制方面走在前面,在全国继续起到深化改革的试验作用。

第二,经济特区要通过深化改革和扩大开放,保持经济又快又好地向前发展。

为此,我认为要着重做好以下几方面的工作。

一是要大力抓好经济结构调整。这可以说是当前经济特区的一项紧迫任务,必须放在重要日程上加紧部署和实施。要遵照邓小平同志“发展高科技,实现产业化”〔1〕的要求,更多地发展高新技术产业。“三来一补”〔2〕技术含量低的劳动密集型产业,原则上不应再在经济特区兴办了,而应逐步向内地梯度转移和发展。经济特区比内地经济发展得早,发展经济的基础和条件比内地好,同时生产和劳动力成本也在上升,所以经济特区的经济应向更高层次发展。沿海比较发达地区也应照此原则去办。劳动密集型产业多在内地兴办,既有利于经济特区和沿海地区加快产业结构升级换代,又有利于带动内地经济发展,有利于减少内地劳动力盲目流动,有利于缩小地区之间的发展差距，一举数得啊！各经济特区要继续下大气力发展外向型经济，关键是要提高水平，以质取胜，狠抓高技术含量、高附加值产品的生产和出口。同时，要积极组建跨国大型企业集团，努力培养懂得国际金融、国际贸易的人才，努力形成和发挥规模经济效益，不断提高企业在国际市场上的竞争能力。还要努力发展同经济特区总体经济水平相适应、为外向型经济服务的第三产业。

二是要下大气力搞好管理工作。经济要发展，管理要加强。管理工作要全面，管理水平要提高。经济、法律、行政、社会的管理水平都要提高。搞现代化建设，没有现代化的管理是不可想象的。要向管理要秩序、要速度、要效益。提高管理水平，关键是要加强学习培训，提高管理人员素质，同时严格管理制度。在实现和加强现代化管理方面，经济特区也应走在全国前列，也应起到排头兵作用。

三是要进一步完善经济特区的投资环境。这既包括完善基础设施的硬环境，也包括完善法律、制度和提高办事效率、服务水平的软环境。投资环境真正完善了，才能大大增强对国外大企业集团来投资的吸引力。

四是要高度重视和加强经济特区建设的总体规划。总体规划不仅必须有，而且要科学，要切实可行。各经济特区在确定自己的建设总体规划时，首先要有全局观念，也就是必须置于国家的总体规划之下。其次要充分考虑自己的实际，比如市场、资源、地缘条件、物质技术基础、人才结构等，还要充分考虑发展的辐射功能。尤其是重大基础设施项目、重要支柱产业项目，更要注重总体协调。规划不仅要有近期的，还要有中长期的。有了科学的总体规划，才能防止、减少建设中的盲目性和损失。有的同志说，有一个科学的总体规划，本身就是财富；总体规划制定好了，就可以迅速转化为新的财富。我看这个话说得好，符合唯物辩证法。

第三，经济特区要为继续发展外引内联，带动和促进全国其他地区共同发展、共同繁荣作出新的贡献。

要坚持经济特区以及沿海比较发达地区同内地的横向联合，在发挥各自优势的基础上，做到分工协作、优势互补。这一点极为重要，对于促进全国统一的社会主义市场经济的发展，对于逐步缩小内地与沿海地区的发展差距、实现共同富裕，对于维护社会稳定和巩固国家统一，具有深远的历史意义。

前些年，一说内联，往往是指内地的资金和人才单方面向经济特区和沿海地区流动。近年来，这一情况正在发生变化，内联变成双向的，经济特区的一些资金和人才也开始向内地流动。我看这是一种好现象。据说深圳去年就有四十多亿元流向内地。经济特区实行外引内联的方针，实践证明是正确的。

在过去十几年中，经济特区的发展更多是借助内地的支援，今后经济特区应该更多地带动和帮助内地经济发展。我们创建经济特区的目的，并不只是为了经济特区本身的发展和现代化，更重大的意义在于要通过经济特区的发展，充分发挥它们对全国其他地区发展的推动作用和辐射功效。这要作为经济特区建设的基本方向和重要原则进一步明确起来。

各经济特区要不断增强引进外资、引进国外先进技术和先进管理经验的本领，不断提高参与国际市场竞争、赚取外汇的本领。不但经济特区自己在利用外资、利用国外先进技术和先进管理经验上要越来越有成效，而且要积极把它们扩散、辐射到内地去。不但经济特区要把自己的产品打入国际市场，而且要联合内地、联系港澳，使更多中国产品进入世界市场。这样，经济特区的本事和力量就会更大起来，贡献也会更大起来。这样，经济特区也会在促进其他地区共同发展、共同繁荣中进一步发展自己。

我希望各经济特区的领导同志，要经常研究加强经济特区和内地经济技术联合的措施和办法，研究如何更好地从人力、物力、财力上扶助内地贫困地区发展，坚持走共同富裕的道路。这对于经济特区和全国经济的发展都是一件很重要和大有可为的事情。

第四，经济特区尤其是深圳、珠海经济特区要继续为香港、澳门的平稳过渡和保持香港、澳门长期繁荣发挥更大的促进作用。

我们对香港、澳门按期恢复行使主权，这是一件举世瞩目的大事情，对国内国外都有重大影响。由于深圳、珠海毗邻香港、澳门，这种特殊的经济地理位置对于促进香港、澳门的稳定和发展具有其他地区不可替代的作用。深圳、珠海经济社会发展得越好，就越会对香港、澳门增强吸引力，就越有利于激发香港、澳门广大同胞的爱国主义热情。

我们对香港、澳门恢复行使主权以后，按照“一国两制”方针，这两个地方是特别行政区，仍然实行资本主义制度，发展资本主义市场经济；深圳、珠海是经济特区，坚持社会主义制度，发展社会主义市场经济。这个大的社会政治界限一定要有，不能含糊。深圳不会也不能成为香港的扩大或延伸，珠海同样不会也不能成为澳门的扩大或延伸。对此，深圳、珠海的同志特别是领导同志的认识一定要清醒。深圳、珠海社会主义市场经济、社会主义民主政治、社会主义精神文明的发展越是显示出强大生命力和优越性，香港、澳门就会越稳定，它们的长期繁荣就会越有保证。相反，如果深圳、珠海经济不能再上新台阶，如果不注意抵制消极腐朽东西的影响，社会秩序、社会风气搞得不好，不仅对香港、澳门的稳定繁荣不利，深圳、珠海也会失去自己的优势。这一点务必充分注意。

第五，要大力加强经济特区的社会主义精神文明建设，加强和改善党对经济特区工作的领导。

邓小平同志在视察南方的重要谈话中特别明确地指出，只有把物质文明建设和精神文明建设都搞好，才是有中国特色的社会主义。就是说，建设有中国特色社会主义，既包括高度的物质文明，又包括高度的精神文明，缺了哪一个，都不成其为有中国特色的社会主义。对于邓小平同志的这个重要思想，大家一定要深刻领会，自觉地坚持两手抓。邓小平同志的这个谈话，是对全国提出的要求，但首先是对经济特区和沿海开放地区提出的要求。

应该看到，这些年来，经济特区和沿海开放地区经济发展很快，物质文明建设形势很喜人。相对而言，精神文明建设，虽然也作了很多努力，也有进步，但存在的问题还不少。比如，权钱交易、畸形高消费、拜金主义思想滋长起来，卖淫嫖娼、吸毒等社会丑恶现象屡禁不止，影响了社会治安、社会秩序、社会风气。当然，这些现象不只是经济特区和沿海开放地区有，内地也有。对此，广大群众是不满意的，应该引起我们高度重视，并采取坚决果断的措施，标本兼治，真正把两个文明建设都搞好，做到互相促进、共同进步。

必须明确，增创新优势，既包括增创经济优势、物质文明优势，也包括增创精神文明优势、思想政治优势、社会全面进步优势。两个文明都要更上一层楼。很明显，一个缺乏安全感的城市，外商也好，外资也好，都是不会愿意来的。要下定决心把精神文明建设这一手比较软的问题真正解决好，应像抓物质文明那样抓精神文明。物质文明抓得好，精神文明抓得不好，不能说是一名合格的领导干部。看一名领导干部的政绩，不仅要看他抓物质文明建设的能力和成果，还要看他抓精神文明建设的能力和成果。在任何时候任何情况下，发展物质文明都不应该以削弱甚至牺牲精神文明建设为代价，而应该积极促进精神文明发展，既满足人民的精神生活需要，又为发展物质文明不断提供精神动力和智力支持。这些都是我们在处理两个文明建设的关系时、在坚持两手抓的工作中应全面把握的重要原则精神。

在新形势下，发展社会主义精神文明，确实难度不小。但是，只要大家思想上真正重视了，发展措施真正配套了，落实工作真正抓紧了，领导与群众真正结合起来了，再难的问题也可以解决，精神文明建设一定能够搞上去。我衷心希望，经济特区不仅要在全国改革开放和经济发展中当好排头兵，同样也要在全国社会主义精神文明建设中当好排头兵。

随着深化改革、扩大开放和发展社会主义市场经济的向前推进，经济特区也面临着许多新矛盾新问题。迫切需要进一步加强和改善党对经济特区工作的领导，迫切需要进一步加强经济特区党的思想、组织、作风建设。关键是要组织经济特区广大党员、干部认真学好邓小平同志关于新时期党的建设的重要论述，不断增强党性和党的观念，牢固树立正确的理想、信念、人生观、价值观，牢固树立全心全意为人民服务的思想，坚决抵制各种消极腐朽东西的侵蚀和影响，以维护党的集中统一领导，真正发挥各级党委的领导核心、政治核心作用，真正发挥基层党组织的战斗堡垒作用，真正发挥广大党员的先锋模范作用。

只要我们遵循邓小平同志的要求，始终坚持两手抓，不断加强和改善党的领导，我们的经济特区就一定能够进一步实现和保持经济繁荣、文化发达、风气优良、社会稳定、富裕文明的昌盛局面。

注　释

〔1〕这是邓小平一九九一年四月二十三日为全国八六三计划工作会议和高新技术产业开发区工作会议的题词（《邓小平年谱（一九七五——一九九七）》下卷，中央文献出版社 2004 年版，第 1329 页）。

〔2〕“三来”，通常指来料加工、来件装配、来样（来图）生产，规范全称是对外加工装配，即由外商提供原材料、零配件、图样，经中方企业加工装配生产，产品交外商返销，中方企业收取工缴费；“一补”，指补偿贸易，即由外商提供或中方企业利用国外出口信贷进口机器、设备和技术，由中方企业进行生产，以返销其产品方式分期偿还外商机器、设备和技术价款或贷款本息的交易形式。

我们对香港前途充满信心*

（一九九四年七月七日）

当前最重要的是，要从总体上对香港前途坚定信心，对港英当局提高警惕。英国原来是个殖民国家，现在要他们从香港退出来，他们愿意吗？不愿意。香港是英国曾经取得的一块肥肉，要他们从口中吐出来，他们愿意吗？不愿意。所以，他们就千方百计对香港一九九七年七月一日回归祖国制造种种障碍。英国的当权者，不管是哪一个政党，在这一点上利益是一致的。五年前，也就是一九八九年十二月，撒切尔夫人〔1〕给我一封信，集中谈的是“民主化”。当时我说，港督一直是集行政、司法等大权于一身，你们现在怎么突然变得这么要“民主”了？我们不反对民主，但民主是要逐步实行的，要与一个地区的发展水平相一致。发达资本主义国家有他们的民主，我们也有我们的民主。我们认为，我们的民主最适合于我们。总之，一九九七年七月一日以前，英国的当权者要在香港问题上制造种种阻力，埋上钉子。对港英当局的政改方案〔2〕，我们已发表声明，重申了我们的立场，不予承认！一九

* 这是江泽民同志会见香港“一国两制”经济研究中心理事访京团时谈话的要点。

九七年，我们要按照香港特别行政区基本法的有关规定，重组立法局、行政局、市政局和区议会。

在香港问题上，我们在几个方面一直是很明确的，这就是“一国两制”是要肯定的，中英联合声明是要肯定的，香港特别行政区基本法是要肯定的，“港人治港”、高度自治是要肯定的。不久前，我到广东、福建考察，在深圳特别讲到，香港和深圳之间的边界线不能动，香港是资本主义的香港，深圳是社会主义的深圳。这条线动了，不是资本主义的香港改变了社会主义的深圳，就是社会主义的深圳改变了资本主义的香港。我们“一国两制”的方针政策是很清楚的。这是个大原则，无论怎么样也不能改变。

一九九七年七月一日以后，要保证香港长期稳定繁荣。如果香港不能稳定繁荣，就会变成“死港”。香港的稳定繁荣，不仅对香港很重要，对内地也很重要。香港的稳定繁荣离不开内地，因为内地有大量的原材料、技术、劳动力，还有广阔的市场。广东、福建发展得很快，同香港也是分不开的，那里有很多工厂是香港企业家投资的。有的虽然不是港资，可也是通过香港引进的。一句话，内地越是稳定繁荣，就越能促进香港发展；反过来说，内地也可以发挥香港的窗口作用。我们应该看到这一点。

凡是有利于香港稳定繁荣的事，都要采取积极步骤予以落实。香港的建设工程，也不能全部让英国人得利。英国人不要只顾自己从香港捞好处，大派福利，还要给港人留下生路，不能“你请客、我付钱”。这是我们的一贯方针。对将来好多事，我们要未雨绸缪。

泡沫经济使日本、美国都栽了大跟头。在房地产市场上，我们不希望香港有太大波动。我们希望香港金融市场的波动尽可能小一点。现在，中国银行参与了一部分发钞，但港英政府对香港的金融稳定责无旁贷，因为一九九七年七月一日以前还是英国人在管治香港。香港一百八十万工作人口没有健全的退休保障，这个问题很大，要合理地予以解决。退休保障涉及雇主、雇员和政府的利益，如何解决，对于保持香港社会稳定很重要。我看英方的意图是在一九九七年七月一日以前把一些明明是政府管的事都放到民间，把政府职能空化了。要教育港人爱国爱港，这一点是起码的。当然，这个任务要逐步完成。

坦率地讲，香港问题在我脑子里占很大位置。我是下了决心一定要解决好这个问题的！香港问题解决不好，对不起子孙后代。一九九七年七月一日香港回归的那一天，我是要去的。

注　释

〔1〕见本卷《香港必须有一个平稳的过渡期》注〔1〕。

〔2〕一九九二年十月，最后一任港英总督彭定康在其首份施政报告中，提出了对香港一九九四年区议会和一九九五年市政局、区域市政局、立法局的产生办法作出重大改变的政改方案。这个政改方案，违反中英联合声明关于中英两国政府在过渡时期内加强磋商和合作的规定，违反中英双方关于香港政治体制发展与香港特别行政区基本法相衔接的原则，违反中英双方已达成的协议和谅解，是“三违反”的方案。主要表现在以下几个方面。

第一，根据中英联合声明规定，为保证一九九七年香港政权顺利交接，在香港过渡时期后半段，中英双方通过中英联合联络小组共同审议为一九九七年顺利过渡所要采取的措施。香港一九九四年区议会和一九九五年市政局、区域市政局、立法局的产生办法，对一九九七年后香港特别行政区政治体制有重大影响。特别是基于一九九〇年中英两国政府通过双方外长交换七封信件所达成的谅解，全国人民代表大会于一九九〇年四月四日通过关于香港特别行政区第一届政府和立法会产生办法的决定，其第六条规定："原香港最后一届立法局的组成如符合本决定和香港特别行政区基本法的有关规定，其议员拥护中华人民共和国香港特别行政区基本法、愿意效忠中华人民共和国香港特别行政区并符合香港特别行政区基本法规定条件者，经香港特别行政区筹备委员会确认，即可成为香港特别行政区第一届立法会议员。"这也就是通常所说的"直通车"安排。英方未经同中方磋商，单方面公布政改方案，直接影响到港英最后一届立法局议员的"直通车"安排，这一处理方式违反了中英联合声明的规定。

第二，政改方案改变了功能团体选举的间接选举性质。港英当局在一九八五年立法局选举中引入功能团体选举制度。该选举制度将香港社会各界依其功能分为工业、商业、金融、劳工、教育、法律、会计等若干组别；部分功能组别以符合法定资格的团体或机构为单位进行投票，部分功能组别则由获得法定专业资格的个人投票，根据本组别获分配的名额选出立法局议员。这种间接选举办法的目的是确保香港财经界和专业界人士能够有代表进入立法局。在香港特别行政区基本法起草过程中，英方将该选举制度推荐给中方，为体现循序渐进、均衡参与的原则，香港特别行政区基本法起草委员会采纳了英方意见，并载入香港特别行政区基本法。但是，政改方案取消了功能团体选举中的团体或机构投票形式，全部采用个人投票，而且将一九九五年立法局选举新增九个功能组别的选民界定范围扩展到香港全部工作人口，从而使功能团体选民人数由一九九一年的不足十万人激增至二百七十万人。这既违反了引入功能团体选举制度的原意，也改变了功能团体选举的间接选举性质，使之成为变相直接选举，违反了与香港特别行政区基本法相衔接的原则，从而导致港英最后一届立法局的组成不符合全国人民代表大会的决定和香港特别行政区基本法的规定。

第三，政改方案提出一九九五年立法局选举委员会"全部或大部分委员由直接选举产生的区议员出任"。而香港特别行政区基本法附件一的第二项规定：选举委员会由工商、金融界，专业界，劳工、社会服务、宗教等界，立法会议员、区域性组织代表、香港地区全国人民代表大会代表、香港地区全国政协委员的代表四部分组成，每部分各占四分之一。政改方案违反了与香港特别行政区基本法相衔接的原则，也直接违反了一九九〇年中英两国政府通过双方外长交换七封信件达成的港英最后一届立法局的组成和产生办法同香港特别行政区第一届立法会一致的谅解。

第四，政改方案提出取消区议会和两个市政局的全部委任议席，违反了香港特别行政区基本法规定的香港民主发展要循序渐进的原则。

这个政改方案，受到中国政府坚决反对和香港居民强烈批评。在这种情况下，英国政府不得不要求同中国政府就香港一九九四年和一九九五年选举安排问题举行谈判。中国政府从实现香港平稳过渡和维护香港稳定繁荣的大局出发，同意同英国政府举行谈判。中英双方就谈判要以中英联合声明、与香港特别行政区基本法相衔接的原则以及过去双方已达成的协议和谅解为基础达成了协议。一九九三年四月至十一月，中英两国政府代表就香港一九九四年和一九九五年选举安排问题举行了十七轮谈判。中方希望会谈能尽快达成协议，以便在中英合作的情况下，实现一九九七年香港平稳过渡和政权顺利交接，并为之作出了不懈努力。但是，英方顽固坚持错误立场，于第十七轮会谈后单方面中断谈判，将双方正在谈判的部分问题提交立法局讨论，直接导致谈判终止。

鉴于英方破坏了原先由双方建立起来的政治体制衔接的桥梁，中方提出，要另起炉灶，以我为主地完成对香港恢复行使主权的各项准备工作。一九九四年八月三十一日，全国人民代表大会常务委员会通过决定，明确指出："港英最后一届立法局、市政局和区域市政局、区议会于一九九七年六月三十日终止。英国政府单方面决定的有关港英最后一届立法局、市政局和区域市政局、区议会的选举安排，违反中英联合声明，不符合《中华人民共和国香港特别行政区基本法》和《全国人民代表大会关于香港特别行政区第一届政府和立法会产生办法的决定》。"会议决定，由香港特别行政区筹备委员会根据《全国人民代表大会关于香港特别行政区第一届政府和立法会产生办法的决定》，负责筹备成立香港特别行政区的有关事宜，规定香港特别行政区第一届立法会的具体产生办法，组建香港特别行政区第一届立法会。

西藏工作要抓好稳定和发展两件大事*

（一九九四年七月二十日）

中央对西藏工作始终是十分关心和重视的，在革命、建设、改革的每一个重要历史阶段都及时作出重要决策。在中央正确领导下，西藏广大干部群众和驻藏部队官兵团结奋斗，使西藏发生了由封建农奴制到社会主义制度的翻天覆地的变化，取得了历史上从未有过的巨大进步。党的十一届三中全会以后，中央两次召开西藏工作座谈会，制定了一系列有利于西藏发展的特殊政策和灵活措施，对促进西藏的改革开放和现代化建设起了重大作用。

我们这次会议是在国际国内的新形势下召开的。会议的主要任务是：以邓小平同志建设有中国特色社会主义理论和党的基本路线为指导，围绕西藏的稳定和发展两件大事，研究新情况，解决新问题，进一步明确加强西藏工作的指导思想，落实维护稳定和加快发展的各项措施，努力开创西藏工作的新局面。

---

* 这是江泽民同志在中共中央、国务院召开的第三次西藏工作座谈会上的讲话，原题为《维护稳定，加快发展，开创西藏工作新局面》。

一、从战略全局的高度充分认识西藏工作的重要性

我国是一个统一的多民族国家，五十六个民族都是中华民族大家庭中平等的一员，所有民族自治地方都是中华人民共和国不可分割的组成部分。西藏自治区是我国边疆民族工作的一个重点地区。做好西藏工作，加强藏族同汉族及其他民族的团结，对增强中华民族的大团结具有重大意义。

西藏是世界屋脊，喜马拉雅山脉是我国西南、西北的天然屏障。西藏占全国面积的八分之一，有近四千公里的边境线，是我国通往南亚的重要门户，是保障国家安全的重要前沿，具有特殊的战略地位。

从经济发展的角度看，我们建设有中国特色社会主义的目标，是要实现全国各地区和各民族人民共同富裕、共同繁荣。由于自然、历史、社会的原因，西藏经济社会发展水平长期处于落后状态。新中国成立以后，尽管西藏各项事业得到举世瞩目的发展，但同全国其他地区相比，仍有相当大的差距。不进一步加快西藏的发展，势必影响西藏的稳定，还要影响全国的发展。加快西藏的发展，最根本的是加快西藏经济发展。经济上去了，其他事情就比较好办了。西藏是全国五大牧区之一，蕴藏着丰富的矿产、水能、地热、旅游资源和独具特色的动植物资源，有着经济发展的潜力。促进西藏经济发展，把潜在的资源优势逐渐变为现实的经济优势，不仅首先会大大造福西藏各族群众，而且对促进我国西部地区乃至全国

的发展将日益发挥重要作用。

从国际政治斗争的角度看，西藏自鸦片战争以来就是外国侵略势力企图瓜分中国、分裂中华民族的一个突破口。他们长期以来与西藏分裂势力相勾结，进行大量阴谋破坏活动，多次煽动所谓“西藏独立”和成立所谓“大藏国”。新中国成立以后，国际敌对势力一直没有放弃这一政治图谋。一九五九年西藏发生的叛乱和达赖〔1〕出逃，就是他们支持的。苏美对峙的两极格局结束后，国际敌对势力继续把所谓“西藏问题”作为西化、分化中国的一张牌。他们一方面公开承认西藏是中国的一部分，但另一方面又在背地里极力支持达赖集团的分裂活动，明目张胆地干涉我国内政。一些国际政治势力对我们的西藏为什么如此“关心”？为什么不惜工本支持达赖集团？根本目的就是企图从战略上遏制中国，把西藏从中国分裂出去，搞乱中国。不管他们有没有这个本事，但这个梦已经做了一百多年。国际敌对势力西化、分化中国的政治图谋和他们支持达赖集团变本加厉进行的分裂活动，是我们全党全国各族人民面临的忧患，或者说隐患。对于他们的这种挑战，我们必须战胜，也能够战胜。挫败他们的图谋，这是我们维护祖国主权、加强民族团结、保障国家安全、保持社会稳定的重要政治任务。

正因为这样，西藏工作在党和国家的全部工作中居于重要战略地位。全党同志特别是各级党委和政府的主要领导干部必须清醒地看到：西藏的稳定，涉及国家的稳定；西藏的发展，涉及国家的发展；西藏的安全，涉及国家的安全。重视西藏工作，实际上就是重视全局工作；支持西藏工作，实际上就是支持全局工作。在这个问题上，我们必须统一思想和提高认识。

二、加强西藏工作的几个重大问题的指导思想

从现在起到本世纪末，是西藏经济社会发展的关键时期。西藏工作要以这次座谈会为契机，在邓小平同志建设有中国特色社会主义理论和党的基本路线指引下，在全国人民支持下，依靠藏族同胞和其他各族群众，抓住机遇，迎接挑战，深化改革，扩大开放，坚持以经济建设为中心，抓好稳定和发展两件大事，确保经济发展，确保社会全面进步和长治久安，确保人民生活水平不断提高。

为了切实做好西藏的各项工作，应该注意总结经验，发扬成绩，弥补不足，引导全区广大干部群众团结一致向前看，同心协力搞好西藏的稳定和发展。

下面，我就加强西藏工作的几个重大问题，着重从指导思想上讲些意见。

第一，发展问题。

加快西藏经济社会发展，关键是要把中央的大政方针与西藏具体实际结合起来。无论经济社会发展还是改革开放，都要从国家大局和西藏实际出发，实事求是。这是做好西藏工作的一项基本原则。

加快发展，要有一个积极的发展速度，否则就会使西藏与其他地方的差距继续拉大。这不利于逐步实现共同富裕、共

同繁荣。但是，发展速度又不能要求过高、操之过急、脱离实际，因为西藏毕竟有许多短期内难以根本改变的制约发展的主客观因素。中央经过研究，认真听取各方面的意见，认为西藏今后一个时期保持百分之十左右的经济增长速度是积极的，经过努力也是可以实现的。

当前和今后一个时期，西藏发展的重点要放在加强农牧业，搞好交通、能源、通讯等基础产业和基础设施上，以利于增强自我发展的活力和后劲。“一江两河”〔2〕的开发要继续抓紧抓好。进藏铁路的论证和勘探工作要继续进行。要立足发挥本地优势，建立切合西藏实际的经济结构和产业结构。提高农牧业水平，开发矿产资源，发展旅游和商贸，兴办以本地资源为主和面向本地市场为主的加工工业，并使它们紧密结合、相互促进，这可能是今后相当长一个时期内适合西藏实际情况的经济结构和产业结构。

在促进西藏经济发展的同时，要特别重视教育、科技、文化、卫生等各项事业的发展，促进社会全面进步。在教育工作中，应该重点加强基础教育，继续办好设在内地的西藏中学和西藏班。在文化工作中，既要注意弘扬藏族的优秀传统文化，又要注意吸收其他民族的优秀文化，使优秀传统文化与现代文化成果结合起来，以利于在西藏更好地发展社会主义新文化。

西藏发展的动力来自深化改革、扩大开放。从经济体制改革的目标来说，西藏和全国其他地方一样，都要建立社会主义市场经济体制。这里，需要强调指出，由于西藏商品经济不发达和其他原因，在实现这一目标的过程中，做准备、打基础要有一段相当长的时间，而且要有一些相应的变通办法和过渡措施。这次会议上，国务院有关部委已经提出在经济体制转变过程中扶持西藏发展的一些特殊政策，请大家研究。

西藏的一切发展，都要着眼于造福西藏各族群众，改善他们的物质文化生活，着眼于促进民族团结、民族进步。邓小平同志说："西藏具有很大的开发潜力。中国的资源很多分布在少数民族地区，包括西藏和新疆。如果这些地区开发起来，前景是很好的。"〔3〕尽管当前和今后西藏发展会有这样那样的困难，但也有很多有利条件。我们应该像邓小平同志指出的那样，看到发展潜力，对实现美好未来树立充分的信心。

第二，稳定问题。

西藏的稳定，是保证西藏各项事业持续发展和人民生活水平逐步提高的前提。没有稳定，一切都谈不上。西藏的稳定，对于全国的改革、发展、稳定也具有重大意义。总的看，西藏的局势是稳定的，各民族干部群众是团结的，军民关系是好的，但也存在一些不稳定因素。不稳定的原因，主要是达赖集团的分裂活动。近年来，达赖集团的分裂活动愈演愈烈，他们积极寻求国际敌对势力的支持，企图搞"西藏问题国际化"，还与逃往国外的新疆、内蒙古的民族分裂主义分子以及"台独"分裂势力加紧勾结。另一方面，他们也加强了在西藏和其他省的藏族地区的破坏活动，私自认定了大批转世活佛，引诱一些僧侣和群众乃至我们的干部到境外培训，然后再派遣回来，还采取各种手法打入我们内部。这就是他们"拉出去、打进来"的策略。他们在鼓吹"非暴力斗争"、"和平进军"的同时，还支持"青年大会党"等准备以暴力推翻中国共产党和社会主义政权。他们已经多次挑起骚乱，还企图扩大事态，把分裂主义活动和骚乱引向农牧区。

由于达赖集团得到国际敌对势力支持，目前这场斗争是一百多年来中国人民同外国侵略势力分裂中国的图谋进行斗争的继续。大家要充分认识这场斗争的长期性和复杂性。我们的态度是，达赖必须放弃“西藏独立”的主张、停止分裂祖国的活动，搞独立不行，搞半独立、变相独立也不行，搞“大藏国”不行，搞“大藏区”也不行，其他一切问题都可以谈。我们与达赖集团斗争的实质，不是信教和不信教、自治和不自治的问题，而是维护祖国统一和反对分裂的问题。各级干部特别是高中级干部，对达赖集团种种主张的实质，对这场斗争的性质，对反分裂斗争的根本原则、方针政策和我们的有利条件，都应该有明确的认识。

西藏各族群众有维护民族团结和祖国统一的光荣传统。西藏广大干部群众是维护团结和稳定的基本力量、基本保证。谁破坏民族团结、制造分裂，谁就必然遭到西藏各族群众和全国人民的坚决反对，谁就必然归于失败，成为千古罪人。

维护西藏稳定，反对分裂，涉及方方面面的工作。我们必须同心协力，把立足点放在做好自己工作的基础上，放在加快西藏经济发展、增强我国国力的基础上。总之，决不能让西藏从祖国分裂出去，也决不能让西藏长期处于落后状态。只有社会主义才能救中国和发展中国，也只有社会主义才能救西藏和发展西藏。

要坚决依法打击西藏境内发生的分裂活动，打击刑事犯罪活动。对突发事件的处理要坚决、果断、及时，把可能发生的动乱消灭在萌芽状态。对国际敌对势力和达赖集团的渗透、颠覆活动要高度警惕，一经发现，必须坚决打击。要注意处理好西藏改革开放过程中出现的社会热点问题，防止被民族分裂主义分子利用。要高度警惕并依法处理极少数坚持反动立场的人进行反攻倒算、打击迫害基层干部的行为。要进一步加强国防建设，保卫边境安全，使我们强大的人民民主专政成为国际敌对势力、分裂主义分子和各种犯罪分子不可逾越的钢铁长城。

第三，民族问题和宗教问题。

西藏是自治民族人口比例最高的自治区，藏传佛教在藏族群众中有很久很深的影响，做好民族工作、宗教工作，对于维护稳定、促进发展有着非常重要的意义。因此，无论从事哪方面的工作，都要高度注意民族问题、宗教问题，关心和支持民族工作、宗教工作，使党的民族政策、宗教政策以及国家的有关法律，在西藏的政治、经济、文化等各项工作中都能得到认真贯彻和体现。

民族区域自治制度是我们党解决我国民族问题的基本制度。西藏和其他民族区域自治地方的长期实践证明，它完全适合我国国情，具有强大生命力。在今后的工作中，必须坚定不移地继续实施这一制度，全面落实民族区域自治法。同时，要抓紧制定实施细则和条例，使民族区域自治制度和法律在实践中得到充实和完善，使藏族和其他少数民族更好地行使管理自己内部事务和参与管理国家事务的权利。需要指出的是，我们所实行的民族区域自治制度，是民族因素与区域因素相结合、政治因素与经济因素相结合，既有利于人民群众当家作主、又有利于维护国家统一的制度。达赖集团鼓吹的所谓"大藏区"、"高度自治",其实质还是要搞独立或半独立,同我们的民族区域自治有本质区别,必须予以彻底揭露和批驳。

随着商品生产的发展和社会主义市场经济体制的建立,藏族内部、藏族同汉族及其他民族之间的交流和合作必然越来越多。藏汉民族以及与其他民族相互帮助、相互依存、共同进步,谁也离不开谁的关系必然日益增强。这是经济社会发展和民族进步的客观需要和必然趋势,我们应该欢迎并促进这种趋势。同时,也要清醒地看到,由于利益关系、文化背景和风俗习惯不同,在交往中也难免会产生这样那样的纠纷和摩擦。对于这些人民内部矛盾,是什么问题就按什么问题处理,不要都拉到民族问题上去。总的原则,是要通过正确处理这些矛盾,达到增强团结、共同发展的目的。决不能用官僚主义的态度去对待,致使矛盾激化,更要严防民族分裂主义分子和封建复辟势力乘机蛊惑利用,浑水摸鱼。

西藏是群众性信仰喇嘛教的地方,存在众多寺院和僧侣。必须全面正确地贯彻党的宗教信仰自由政策,保护正当的宗教活动,同时按照政教分离的原则和政府有关法规,加强对寺院的管理。绝不允许宗教干预行政、司法、教育等政治和社会事务。必须强调指出,共产党员是无神论者,不论出身于哪个民族,都要坚持唯物论和无神论,不应该信教。对于广大信教群众,我们既要保护他们宗教信仰自由的权利,又要加强社会主义思想政治教育和科学文化知识教育,信任和依靠他们搞好各项事业。对于僧侣,也要加强教育和管理。只要爱国家、爱社会主义,就要团结他们,鼓励他们多为群众做好事,多为维护祖国统一和社会主义建设出力。要严防敌对势力利用宗教进行渗透。对于打着"宗教"幌子进行破坏活动的极少数人,要提高警惕,及时予以揭露和依法处理。近几年来,西藏和其他藏区乱建寺庙、乱收喇嘛的现象相当普遍,耗费大量人力、物力、财力,给群众造成沉重负担。这个问题必须引起高度注意。

在民族工作、宗教工作中,既要充分发挥爱国上层人士的作用,同时必须做好广大基层干部群众的工作,下大气力培养壮大积极分子队伍,努力提高他们的思想政治觉悟和工作能力,教育他们既热爱本民族,又热爱其他民族,牢固树立马克思主义民族观,自觉抵制狭隘民族主义的影响。要使他们在维护祖国统一、反对民族分裂和加快各项事业发展的工作中充分发挥带头作用。

第四,对外宣传和对外工作问题。

为了使国际社会增加对中央政府关于西藏的方针政策和西藏发展情况的了解,驳斥国际敌对势力和达赖集团的种种造谣攻击,要大力有效地加强对外宣传工作。要宣传藏族与汉族及其他民族源远流长的亲密关系。有关西藏的对外宣传工作,要掌握重点。要宣传我国是长期统一的多民族国家,维护国家统一是人心所向和各族人民共同利益之所在。就西藏与中央政府的关系来说,长期以来西藏一直处于中央政府直接而有效的管辖之下。从五世达赖开始,"达赖"封号就由中央政府正式册封。十四世达赖的坐床典礼,当时是由国民党政府派人主持进行的。我们要认真研究和科学宣传西藏的历史,说明西藏是中国不可分割的一部分,藏族同胞是中华民族大家庭的一员,西藏各族群众为维护祖国统一、反对民族分裂作出了巨大贡献。尤其要加强对现实的宣传,宣传建国以来特别是党的十一届三中全会以来在党中央领导下西藏的发展变化,宣传藏族、汉族和其他各族群众建设新西藏的丰功伟绩。在对外宣传中,还要揭露民主改革前西藏农奴制社会的落后野蛮,揭露达赖集团的分裂主义实质。对外宣传要积极主动,区别对象,坚持摆事实、讲道理,加强针对性,增强说服力,方式方法可以灵活多样。

国际敌对势力一直处心积虑地打所谓"西藏牌"。我们在联合国和各种国际机构、国际活动中,不仅要对向我们发难的敌对势力进行有理、有利、有节的斗争,而且要向不了解真相的国际友人多做工作。有些国际活动,我们要积极参加,说明我们的观点,争取主动权。

第五,党的建设和政权建设问题。

要保证中央的大政方针在西藏得到全面贯彻落实,首先要抓好党的建设和政权建设。党的建设和政权建设的状况如何,干部队伍素质如何,各级领导班子的水平如何,关系到西藏工作的成败和西藏的安危。

西藏基层党组织和基层政权总的是好的,在改革、发展、稳定中发挥了战斗堡垒作用。但是,也应该看到,目前西藏确有为数不少的基层党组织和基层政权软弱涣散,有些处于瘫痪半瘫痪状态。这是个隐忧。这个问题不解决,一旦有事,基层顶不住,蔓延开来,就要出大乱子。对于基层党组织和基层政权,在调查研究的基础上,该表彰的要表彰,该充实的要充实,该加强的要加强,该整顿的要整顿。最根本的是,要把基层党组织建设好，就要选配一个好书记。应该积极支持基层干部的工作，改善他们的工作生活条件。对已经退下来的基层干部，要经常从政治上、生活上关心他们。

目前，西藏干部有六万多人，其中藏族干部占大多数。这说明西藏和平解放以来，党培养了一大批藏族干部。这是党的民族政策、干部政策的巨大成功。历史已经证明，这支以藏族干部为主，包括汉族干部和其他少数民族干部在内的西藏干部队伍，是经得起考验、完全可以信赖的队伍。从五十年代初期以来，一批汉族干部及其他少数民族干部先后到西藏工作。他们凭着高度的政治觉悟和自我牺牲精神，克服种种困难，忠实执行中央的方针政策，严格遵守纪律，尊重藏族同胞的风俗习惯，为西藏各族群众做了大量好事，同藏族广大干部群众团结一致，为促进民族团结、促进西藏发展作出了历史性贡献。西藏各族群众正是通过他们的言行认识党、了解党、走上社会主义道路的。

毛泽东同志早在建国初期就指出："要彻底解决民族问题，完全孤立民族反动派，没有大批从少数民族出身的共产主义干部，是不可能的。"〔4〕为了推进西藏各项事业发展，要继续大力培养一大批德才兼备的藏族干部，并及时把他们中的优秀分子选拔到各级领导岗位上来，同时还需要继续选调一些汉族干部和其他少数民族干部到西藏工作。这些干部包括党政干部、管理干部和技术干部。要继续坚持以藏族干部为主体，并保持一定数量的汉族干部及其他少数民族干部，注意改善干部队伍结构，提高干部队伍整体素质。这是维护西藏稳定和加快西藏发展的组织保证。邓小平同志说得好："西藏是人口很稀少的地区，地方大得很，单靠二百万藏族同胞去建设是不够的，汉人去帮助他们没有什么坏处。如果以在西藏有多少汉人来判断中国的民族政策和西藏问题，不会得出正确的结论。”“观察少数民族地区主要是看那个地区能不能发展起来。如果在那里的汉人多一点，有利于当地民族经济的发展，这不是坏事。看待这样的问题要着重于实质，而不在于形式。”〔5〕我衷心希望，在西藏工作的干部，不论是藏族还是汉族或其他少数民族的干部，都要继承老一代西藏干部密切联系群众、艰苦奋斗、无私奉献的光荣传统，互相学习，互相支持，全心全意为西藏各族群众服务。加强各民族群众的团结，首先要加强各民族干部的团结。全区县以上中高级干部，在西藏的改革、发展、稳定中肩负着重大责任。大家首先要努力学习马克思列宁主义、毛泽东思想特别是邓小平同志建设有中国特色社会主义理论，树立坚定的马克思主义的世界观、民族观、宗教观，同时要加强学习社会主义市场经济知识和现代科学技术知识。要全面正确地掌握党的基本路线，率领群众坚持以经济建设为中心，把各项事业搞上去。在反分裂斗争中，一定要立场坚定，卓有成效地领导群众同民族分裂主义势力和封建复辟活动进行不懈斗争。在继承和发扬党的优良作风、优良传统方面，应该以身作则，起好带头作用。

三、全国各地方和中央各部门都要大力支援西藏的建设

西藏的稳定和发展，最根本的是要靠西藏广大干部群众

发扬自力更生、艰苦创业的精神，同时也需要全国支援。关心西藏、支援西藏是党和国家的一贯政策，是全国各族人民的共同责任。中央各部委，各省、自治区、直辖市，都要从党的工作全局和经济社会发展的全局，从增强中华民族凝聚力的高度，深刻认识中央关于全国支援西藏的决策的深远意义，从人才、资金、技术、物资等多方面做好支援工作。这件事要坚持不懈地长期做下去。支援是相互的。密切内地与西藏的经济、文化、社会联系，加强对口支援，增强西藏自我发展的活力，是西藏发展的需要，也是全国各地发展的需要。对于支援西藏的汉族干部和其他少数民族干部，首先要做好选拔工作，进行必要的培训，保证思想政治素质和业务素质合格。他们进藏工作期间，派出的地方和单位要关心他们及其家庭的生活。他们援藏回内地后，要切实做好安置工作。只有这样，才能解除他们的后顾之忧。当前，首先要认真抓好中央确定的六十二个建设项目〔6〕的落实工作。这次中央提出援藏项目以后，各地区各部门很重视，表示要克服一切困难，积极完成任务。中央相信，各地区各部门对自己承担的项目，一定能够按质按量完成任务，并负责培训经营管理人员和技术人员，协助西藏做好管理工作，保证收到实效。

这次座谈会是专门研究加强西藏工作的。藏族自治地方，除西藏外，还有十个自治州、两个自治县，分布在青海、四川、甘肃、云南。这些州县的总人口三百八十多万，其中有藏族人口二百五十万。加强这些地方的工作也非常重要。中央对这些州县，一向是很关心、很重视的。希望所在省根据这次座谈会精神，结合自己的实际，切实加强对这些州县工作的领导、支持和帮助。保证和促进这些地方的稳定和发展，主要靠所在省。确有困难的，中央有关部门要给予必要的支持。

西藏工作的基础是好的，继续做好西藏工作的有利条件也很多，有和平解放四十多年来党培养起来的当地民族干部和进藏各族干部以及军队干部，有同党建立了深厚感情、血肉相连的广大翻身农奴和他们的后代，有在爱国统一战线旗帜下团结在党和政府周围的民族、宗教界人士和一切爱国力量，有中央的关心和重视，有全国人民的支援和帮助，等等。中央相信，第三次西藏工作座谈会将会成为西藏工作的新起点，在会议精神鼓舞下，西藏改革、发展、稳定等各方面的工作，必将迈出新的更加有力的步伐。

注　释

〔**1**〕见本卷《论民族工作》注〔4〕。

〔**2**〕“一江两河”，指雅鲁藏布江、拉萨河、年楚河。

〔**3**〕见邓小平《立足民族平等，加快西藏发展》（《邓小平文选》第3卷，人民出版社1993年版，第246页）。

〔**4**〕见毛泽东《大批培养少数民族干部》（《毛泽东文集》第6卷，人民出版社1999年版，第20页）。

〔**5**〕见邓小平《立足民族平等，加快西藏发展》（《邓小平文选》第3卷，人民出版社1993年版，第246—247页）。

〔**6**〕中央确定的六十二个建设项目，指在西藏自治区成立三十周年之际，中共中央、国务院召开的第三次西藏工作座谈会确定的援助西藏建设工程。涉及农牧业、工矿业、水利、能源、交通、通讯、文化、教育、卫生、城市建设等领域。分别由中央十三个部委和全国二十九个省、自治区、直辖市及六个计划单列市承担。二〇〇一年，六十二项援藏工程全部完工，总投资四十八亿六千万元。

推进党的建设新的伟大工程*

（一九九四年九月二十八日）

我们党是拥有五千四百多万党员、在近十二亿人口的大国执政的大党。在新的历史条件下如何把党建设好，是一个崭新的课题，也是非常艰巨的任务。这次全会把党的建设提到新的伟大工程的高度，提出了明确的目标和任务，这就是：要把我们党建设成为用建设有中国特色社会主义理论武装起来、全心全意为人民服务、思想上政治上组织上完全巩固、能够经受住各种风险、始终走在时代前列的马克思主义政党。全党同志要振奋精神，扎实工作，为实现新时期党的建设的目标而努力奋斗。

一九三九年，毛泽东同志根据当时的形势任务和党的状况，在《〈共产党人〉发刊词》中提出，把我们党建设好是一项伟大的工程。以毛泽东同志为核心的第一代中央领导集体，把马克思主义基本原理同中国革命实际结合起来，制定了正确的政治路线，创造性地解决了在半殖民地半封建社会这种特殊的历史条件下建立无产阶级政党的一系列问题。在激烈的革命斗争和残酷的战争环境中，我们党日益发展壮大，成为全

* 这是江泽民同志在中共十四届四中全会上讲话的一部分。

国范围的、广大群众性的马克思主义政党，团结和带领广大人民群众取得了新民主主义革命的胜利，接着又在我国建立起社会主义基本制度并取得社会主义建设的巨大成就，使中国的面貌发生了翻天覆地的变化。这是具有世界意义的伟大成功。

在新的历史时期，我们党肩负着领导全国人民进行改革开放和实现社会主义现代化的伟大任务，这是一场新的革命。我们党要领导和推进这场革命，自身必须坚强有力。围绕党的基本路线加强党的自身建设，始终是以邓小平同志为核心的第二代中央领导集体十分关注的大问题。邓小平同志一再强调，必须“把我们党建设成为有战斗力的马克思主义政党，成为领导全国人民进行社会主义物质文明和精神文明建设的坚强核心”〔1〕。党中央和邓小平同志领导全党开始了党的建设新的伟大工程。对十六年来我们党在自身建设上取得的成就，这次全会通过的《关于加强党的建设几个重大问题的决定》作了充分肯定。

党要走在时代前列，在进行社会主义现代化建设的全过程中始终实施坚强的领导，在广阔深刻的历史性变革中始终坚持工人阶级先锋队性质和全心全意为人民服务的宗旨，在激烈的国际斗争中始终掌握主动权，就必须继续锲而不舍地加强自身建设，把推进新的伟大工程视为自己的神圣责任。这里，我想着重讲一讲以下几个问题。

一、继续抓好用邓小平同志建设有中国特色社会主义理论武装全党这项战略任务。

这是新的伟大工程的基础性建设。邓小平同志建设有中国特色社会主义理论，继承、丰富和发展了马克思列宁主义、毛泽东思想，是我们党进行新的历史创造的科学指南，是我们民族振兴和发展的强大精神支柱。中央在去年十一月专门作出了关于学习《邓小平文选》第三卷的决定，并办了四期省部级主要领导干部理论研讨班。各地区各部门也办了学习班。总的来看，各级干部学习的情况是好的。这次全会提出，要继续组织县以上党政领导干部认真学习马克思列宁主义、毛泽东思想，中心内容是学习和掌握邓小平同志建设有中国特色社会主义理论；同时提出，要用三年时间，在全体党员中有计划有步骤地开展一次建设有中国特色社会主义理论和党章的学习活动。这是提高全党理论水平和思想水平的战略措施。从前一段的经验来看，把理论学习引向深入，要在认真研读邓小平同志的原著、全面系统地把握理论的科学体系上下功夫，在坚持解放思想、实事求是的科学态度和创造精神上下功夫，在运用理论研究解决当前重大问题上下功夫，特别是要搞清楚什么是社会主义、怎样建设和发展社会主义，提高执行党的基本路线的自觉性和坚定性。各级党委要认真总结和推广理论学习的好经验，把这次全会提出的学习任务真正落到实处。

当前，我国正在建立社会主义市场经济体制，这是一个伟大创举。我们必须坚持用邓小平同志建设有中国特色社会主义理论指导实践。对一些基本问题，要十分明确。比如，建立社会主义市场经济体制，根本目的是进一步解放和发展生产力。要始终坚持社会主义公有制为主体，同时允许和鼓励非公有制经济发展，发挥它们有益的补充作用。要允许和鼓励一部分地区、一部分人先富起来，同时要坚持先富带动和帮助末富，最终实现全体人民共同富裕。要坚持两手抓，一手抓物质文明建设，一手抓精神文明建设。在任何时候任何情况下，都不能以牺牲精神文明为代价来换取经济的一时发展，都不能允许毒害人民、污染社会的东西泛滥。在这样一场历史性变革中，人们思想上产生一些疑虑、困惑甚至糊涂认识是难免的。社会上也会出现这样那样有害于我们事业的东西。我们党的高级干部，在事关大局、事关政治方向、事关根本原则的问题上，必须始终保持清醒和坚定。这次全会从政治家的高度对高级干部提出五条严格要求〔2〕，就是着眼于当今中国改革、发展、稳定的大局，着眼于今后国家的长治久安。我们相信，在座的全体中央委员会委员和候补委员，党的高级干部，一定会充分认识自己的历史责任，按照这次全会提出的要求来锻炼自己、提高自己，不辜负党和人民的重托。

二、坚持全心全意为人民服务的宗旨和党的群众路线，继续抓好党风廉政建设。

全心全意为人民服务，是我们党的根本宗旨，是我们党始终得到人民拥护和爱戴的根本原因所在。同过去革命时期相比，现在历史条件变了，社会环境变了，党肩负的任务变了，但党的根本宗旨和优良作风绝不能变。在发展社会主义市场经济的条件下，共产党员仍然要讲理想、讲大局、讲奉献，讲全心全意为人民服务，讲个人利益服从集体利益、局部利益服从全局利益。党员、领导干部要以身作则、率先垂范。共产党员之所以不同于普通群众，领导干部之所以不同于普通党员，很重要的就体现在这些地方。我国是工人阶级领导的、以工农联盟为基础的人民民主专政的社会主义国家，人民是国家的主人。所有干部手中的权力都是人民赋予的，这个权力只能用来为人民谋利益，绝不能用来作为谋取个人和小团体私利的资本。这些道理并不难理解。但是，现在有些党员、干部已经不怎么清楚了，有的甚至掉进了以权谋私的泥坑。因此，这方面的道理，还要经常讲、反复讲，并且要注意从健全制度上解决这方面的问题。

近几年来，中央多次强调必须坚持党的群众路线。群众路线是实现党的思想路线、政治路线、组织路线的根本工作路线，应该贯穿于我们党的全部工作之中。加强党的建设，一个十分重要的问题，就是我们党必须始终保持同人民群众的血肉联系。我们的改革和建设，只有得到人民群众的理解、支持和参与，充分发挥人民群众的积极性和创造性，才能顺利推进；党的领导地位，只有赢得人民群众的信赖和拥护，才能巩固和加强。如果失去人民的支持，我们党就会一事无成，就不能生存。必须高度重视的是，现在我们有些同志群众观念淡漠了，脱离实际、脱离群众的现象在有些地方、有些部门相当严重。要认真纠正这种不良作风。要“下高楼、出深院”，到基层去，到群众中去，特别是到艰苦的地区和困难的单位去，体察民情，了解民意，给群众办实事，为群众排忧解难。各级领导都要关心涉及群众切身利益的问题，注意在改革和建设中可能引发的新矛盾，见微知著，防微杜渐，把问题解决在萌芽状态，解决在基层，解决在当地。

共产党员特别是领导干部，说话办事都应当老老实实，对党负责，对人民负责。一段时间以来，虚报浮夸、弄虚作假、搞形式主义的不正之风在一些地方、一些部门中滋长起来，反映和汇报本地区本部门的工作与实际情况相差甚远，有些统计数字水分很大。凡是出现这种现象的地区和部门，领导一定要高度重视。属于领导工作中不切实际的要求和不正确的导向引起的，领导要主动纠正。属于下面的问题，领导一定要态度鲜明，采取切实有效的措施加以解决。对情节严重的，要严肃查处。

坚持全心全意为人民服务的宗旨，必须加强党风廉政建设，深入开展反腐败斗争。这是人民群众普遍关心的一个突出问题。各级党委必须进一步加强领导，按照中央的部署，把这项工作深入持久地进行下去。搞好这项工作，需要明确几个基本问题，有的过去讲过，这次再强调一下。一是必须围绕经济建设这个中心，坚持两手抓，把反腐败与深化改革、扩大开放、促进发展、保持稳定结合起来。二是既要树立持久作战的思想，又要打好阶段性战役，一步一步把斗争引向深入。三是重点抓党政领导机关、行政执法机关、司法机关和经济管理部门，抓县处级以上领导干部。把这个重点抓住了，抓好了，其他方面的问题就比较容易解决。四是相信和依靠群众，把群众举报和专门机关依法查处结合起来。对群众举报的重大问题要一查到底，直到水落石出。对大案要案要集中力量查办，查清的要依法惩处。对袒护罪犯、阻挠办案的，对打击报复举报人的，要严肃处理，绳之以党纪国法。五是认真纠正行业不正之风，凡是群众反映强烈的问题，一定要下大气力认真去解决。六是坚持标本兼治，综合治理。要根据揭露出来的问题，查找原因，总结教训，堵塞漏洞，健全制度，加强管理。七是领导干部要严于律己，在勤政廉政上作出表率，中央向领导干部提出的各项自律要求，必须不折不扣地做到。这是最基本的。领导干部以身作则，行为端正，才有可能解决好本地区本部门存在的问题。对于国有企业领导干部，也需要提出自律的要求。中央纪委委员这次列席了中央全会，各级纪委要在各级党委领导下，认真履行自己的职责，把党风建设、廉政建设和反腐败斗争切实抓紧抓好，抓出成效。

三、加强党的组织建设，为实现党的政治路线提供有力保证。

从组织上巩固党，为政治路线提供有力的组织保证，是我们党从七十多年艰苦历程中得出的重要经验。思想建设、组织建设、作风建设是相辅相成的。全党要按照中央的整体部署，在认真抓好思想建设、作风建设的同时，切实抓好组织建设。

加强党的组织建设是形势和任务发展的需要，也是我们党自身发展的需要。大家都认为，这次全会提出党的组织建设的三个问题，很及时，很重要。工人阶级政党的思想统一要靠组织统一来保证。这次全会决定提出的加强组织建设的三个问题，正是做到组织统一的很重要的环节。这三个环节紧密联系、不可分割。我们坚持和健全民主集中制，目的就在于在党的基本理论和基本路线指引下，活跃党内生活，激发全党的积极性和创造性，形成统一认识、统一意志、统一行动，坚持正确的东西，克服错误的东西，使党成为更加团结、更有战斗力的整体。我们加强和改进党的基层组织建设，目的就在于健全和发展党的每个细胞，紧密联系广大人民群众，把党的方针政策落到实处，使党提出的各项任务的实现具备更加巩固的基础。我们大力培养选拔德才兼备的领导干部，目的就在于提高党的干部队伍素质，并保证干部队伍的新陈代谢，使党拥有充满活力的领导层。这三个方面的工作做好了，党的组织就会更加坚强、更加巩固，就能够从组织上保证第二步战略目标的实现，使中国更好地迈入二十一世纪。

注重制度建设，是这次全会决定的一个重要指导思想。制度建设更带有根本性、全局性、稳定性和长期性。我们党在七十多年的发展中积累了丰富的建党经验，有着优良的传统和作风，如何发扬光大，如何持之以恒，很重要的工作就是要使之制度化，建立一整套科学严密的组织制度。我们要全面规划、精心设计，在民主集中制、基层党组织建设、干部的培养选拔等方面进一步建立科学的规章制度，形成适应新的历史时期所要求的新机制新规范。

从思想上、政治上、组织上巩固党，要总结我们党胜利和挫折的历史经验，也要借鉴其他国家社会主义兴衰成败的历史经验。最重要的是，要有一条正确的政治路线，始终保持同人民群众的密切联系，团结大家集中力量把国民经济搞上去。这样，我们党就能从思想上、政治上、组织上不断巩固，就能“不管风吹浪打，胜似闲庭信步”〔3〕。

四、精心组织，抓好全会精神的贯彻落实。

全党同志和党外群众对这次全会讨论党的建设寄予厚望。全会产生了一个好文件，现在关键在于落实，必须做大量艰苦细致的工作。这里，我要特别指出，这几年中央作出的决定、决议，多数落实得是好的和比较好的，也有的落实得很不理想。出现这种情况，从领导上来说，主要是重视不够、工作不扎实。从现在起，要重申一条纪律，凡是中央的决定、决议，都要认认真真地贯彻。中央有关部门和上级党委要加强督促检查。这次全会通过的决定，各级党委都要从自己的实际出发，认真制定落实的具体措施，作出工作部署，明确领导责任，做好自己的工作。上级党委也要按照全会决定提出的要求进行考察。中央有关部门特别是中央组织部和中央纪委，要抓紧全会决定提出的有关制度的建立、完善和有关条例的制定。中央宣传部和地方各级宣传部门要配合全会决定的贯彻做好宣传工作。省地县主要领导同志要深入实际、深入基层，及时了解和解决贯彻执行全会决定中存在的问题，取得经验，指导面上的工作。中央也将派人分赴各地进行检查，推动工作。

全会决定提出，我们党必须善于在改革开放的新形势下认识自己、加强自己、提高自己，认真研究和解决自身建设中遇到的新矛盾新问题。这是一个十分重要的指导思想，要认真贯彻到党的思想建设、组织建设、作风建设中去。对于那些不符合建设有中国特色社会主义要求的东西，对于那些不符合新时期党的建设的目标和要求的东西，看准了的，要敢于破除。也就是说，我们要坚持和运用已有的成功经验，又要进行新的创造，从实际出发改进党组织的活动内容、工作方式方法。这样，我们的党就会更加团结、更富有蓬勃的朝气。

注　　释

〔1〕见邓小平《党在组织战线和思想战线上的迫切任务》（《邓小平文选》第3卷，人民出版社1993年版，第39页）。

〔2〕对高级干部的五条严格要求，是中共十四届四中全会一九九四年九月二十八日通过的《中共中央关于加强党的建设几个重大问题的决定》提出的。该决定第十六条指出，高级干部特别是省部以上党政主要领导干部，不仅要努力成为有知识、懂业务、胜任本职工作的内行，而且首先要努力成为忠诚于马克思主义、坚持走有中国特色社会主义道路、会治党治国的政治家，并对他们提出了五条要求：(一)应该具有坚定的政治信念，始终保持清醒的头脑，自觉坚持党的基本理论和基本路线，经得起各种风浪的考验；(二)应该具有开阔的眼界，熟悉国情，了解世界，解放思想，实事求是，务实创新，开拓前进；(三)应该具有宽阔的胸襟，讲党性，顾大局，模范执行民主集中制，公道正派，任人唯贤，善于团结同志一道工作；(四)应该具有较强的领导能力，讲究领导艺术，审时度势，驾驭全局，善于协调各方面的力量；(五)应该具有优良的作风，廉洁勤政，艰苦奋斗，深入实际，调查研究，谦虚谨慎，联系群众，真心诚意为人民谋利益。

〔3〕见毛泽东《水调歌头·游泳》(《毛泽东诗词集》，中央文献出版社1996年版，第95页)。

对亚太经济合作的原则建议*

（一九九四年十一月十五日）

亚太经济合作组织问世五年来，世界风云变幻，多极化趋势加速发展，国际关系处在深刻而复杂的变动之中。世界各国人民都面临着机遇，也面临着挑战。在本世纪剩下的几年里，如何更有效地维护世界和平、促进经济发展，把一个和平、繁荣、美好的世界带入二十一世纪，是当前各国人民正在严肃思考的问题，也是我们这一代领导人肩负的重大历史使命。

应该看到，世界仍然充满着矛盾和冲突，动荡不测因素在增加，一些国家和地区甚至兵连祸结、生灵涂炭。动乱之中岂有发展可言？历史的航船要成功地到达新世纪的彼岸，保持稳定是首要的前提。世界需要稳定，地区需要稳定，国家需要稳定。没有稳定的环境，什么都搞不成，已经取得的成果也会失掉。和平、稳定、发展、合作，是世界人民的呼声。这就要求在这个千差万别、变化迭出的世界上提倡兼容而不是排斥，友好相处而不是欺凌对抗，求同存异而不是强加干涉。东亚这些年经济迅速发展的一个重要原因，就在于维护了稳定，就在

* 这是江泽民同志在印度尼西亚茂物举行的亚太经济合作组织第二次领导人非正式会议上的讲话。

于各国相互尊重，谋求平等互利的经济合作。这才为区域合作奠定了基础，保持了亚太地区经济不断增长的活力。

国家之间的争端，只有通过和平谈判才是解决问题的正确方法。中东和平进程证明了这一点。最近，美朝谈判达成框架协议也是一个例证。我们欢迎这些积极的发展。我们希望在解决国际争端中更多使用和平谈判的办法。

经济优先已成为世界潮流。这是时代进步和历史发展的必然。当前，对每个国家来说，悠悠万事，唯经济发展为大。发展不但关乎各国国计民生、国家长治久安，也关系到世界的和平与安全。经济的确越来越成为当今国际关系中最首要的关键的因素。各国根据平等互利原则，不断加强合作力度和协调，在更大规模上互通有无、取长补短，是促进经济发展、实现共同繁荣的必由之路，也是为维护世界和平奠定重要基础。国际社会尤其要花大气力，使发达国家和发展中国家各自具有的优势相互补充，缩小贫富差距，使世界经济得以持久、均衡、稳定地发展。这并不仅仅是发展中国家的要求，也是发达国家保持经济持续发展的需要。

我们高兴地看到，在世界变化的大潮中，亚太地区形势继续保持了好的势头，政治相对稳定，经济高速发展，贸易增长很快，投资增势旺盛，科技进步日新月异，区域合作潜力巨大。只要我们审时度势，共同努力，顺应时代潮流，面向亚太地区的现实，区域经济发展和合作就大有可为。

中国古代哲学家孟子说过："夫物之不齐，物之情也。"〔1〕自然界如此，人类社会也是如此。亚太经济合作组织成员，从北半球到南半球，从亚洲、大洋洲到南北美洲，有历史悠久的文明古国，也有现代崛起的工业国家；有主权国家，也有地区经济；有的领土横贯大陆，有的是浩瀚大洋中的岛屿；有经济发展水平居世界领先地位者，也有正在努力建设基础设施者；人口多至近十二亿，少至几十万；人均国民生产总值高至每年两万多美元，低至每年数百美元；历史、文化、宗教、习俗也大不相同。这就决定了亚太地区存在着多种政治、经济制度和观念形态，构成了多姿多彩的画面。面对这种多样性，强求一律是不符合实际的。兼容并包，互相借鉴，才有利于共同发展、共同进步。

当今世界又是一个相互依存的世界。现代技术缩短了地域上的距离。人类面对的许多挑战往往超越国界的限制。经济关系、贸易交流、科技发展、环境保护、人口控制、减灾救灾、禁绝毒品、预防犯罪、防止核扩散和防治艾滋病等诸多方面，都是全球性问题，是相互依存的，无一不需要开展合作，需要有共同遵守的规范。八十年代以来，亚太地区内各成员之间的贸易往来、市场开发、资金流动、产业转移、科技交流、信息流通显著增加，相互联系日益紧密。

既有多样性，又相互依存，是亚太地区的现实。多样性产生互补性，相互依存带来相互合作的需要。承认这样的现实，把它转化为我们的优势，亚太经济合作就会生机勃勃，就有日益广阔的前景。基于这一考虑，回顾去年西雅图会议以来的新发展，我愿对亚太经济合作的未来提出如下五项原则建议。

（一）相互尊重、协商一致。处在不同经济发展阶段、实行不同社会制度的各成员应该相互尊重、和睦相处。对于亚太经济合作的走向、重点、进度等重大问题，要提倡多商量、多探讨，在协商一致的基础上作出决定。

（二）循序渐进、稳步发展。由于各成员之间经济水平有很大差别，政治地位不同，发展的轻重缓急不相一致，合作要务实稳妥，逐步深入。尤其在酝酿重大举措时，要勤于思、慎于行，有计划、有步骤、分阶段实施，以求实效。

（三）相互开放、不搞排他。首先，各成员要实行相互开放，不搞歧视。发生分歧时不要动辄树起壁垒。其次，在深化地区经济合作的同时，要扩大同地区外的交流和合作，以博采世界之所长。

（四）广泛合作、互利互惠。合作的思路可以再放开一些，合作的领域可以进一步拓宽。不仅要继续重视贸易和投资等问题，而且本地区发展中成员普遍关心的消除贫困、技术转让、基础设施建设和人力资源开发等问题也应该成为合作的重点。

（五）缩小差距、共同繁荣。亚太地区二十亿人口中，人均国民生产总值每年在一千美元以下的还有十五亿人。区域经济合作不仅要考虑开放市场和贸易自由化问题，更要考虑发展中成员的需要，帮助他们克服种种制约，缩小他们同发达成员的差距，实现共同繁荣。特别是发达成员也应该对发展中成员的产品开放自己的市场。十多亿人脱贫致富，对于亚太地区拓展贸易市场、增加投资机会、推动科技进步、深入经济合作，将产生不可估量的积极影响。

亚太区域贸易自由化的问题已经引起区域内外的广泛关注。放眼未来，各成员进一步减少壁垒、开放市场、扩大贸易往来，是经济相互依存所带来的客观需要，也有利于发挥各自优势，加强互补性，保持亚太区域经济增长的势头。因此，我们赞成把贸易和投资自由化作为一个长远目标，赞成制定适当的实施时间表，也赞成本次会议就这些问题达成意向性协议。我们认为，贸易自由化应该以非歧视性原则为基础。同时，应该立足于亚太区域多样性的实际情况。在这样一个经济发展水平有很大差异的地区，整个进程和做法显然要有别于经济普遍比较发达的地方，应该循序渐进、分阶段实施。对于经济发展水平不同的成员，可以制定不同的大体上实现贸易自由化的时间表；不同的领域也可以采取不同的进度和做法。如果对发展水平和实际条件不加区别，要求所有成员、所有领域同步进行，是不现实的，并且不符合公平竞争的精神。归根结底，贸易自由化是一种手段，我们的目的是要实现亚太地区共同发展繁荣。

中国经济的发展离不开世界和亚太经济的发展，世界和亚太经济的发展也得益于中国经济的发展繁荣。一个稳定繁荣的中国，是维护世界和平和亚太地区稳定的坚定力量。中国人民带给亚太地区和世界各国人民的信息是和平、友好、合作、发展。让我们携起手来，共创亚太经济合作组织和亚太新世纪的美好明天。

注　释

〔1〕见《孟子·滕文公上》。

为促进祖国统一大业的完成而继续奋斗*

（一九九五年一月三十日）

全国各族人民刚刚欢度了一九九五年元旦，又迎来了乙亥年春节。在这中华民族的传统节日来临之际，在京的台湾同胞和有关人士欢聚一堂，共话两岸关系前景和祖国和平统一大业，是一件很有意义的事。借此机会，我谨代表中共中央、国务院，向两千一百万台湾同胞祝贺新年，祝愿台湾同胞新春快乐，万事如意！

台湾是中国不可分割的一部分。一百年前，一八九五年四月十七日，日本帝国主义以战争的手段逼迫腐败的清朝政府签订了丧权辱国的《马关条约》，强行攫取了台湾与澎湖列岛，使台湾人民在日本殖民统治下生活了半个世纪之久。中国人民永远不会忘记这屈辱的一页。五十年前，中国人民同世界人民一道战胜了日本帝国主义，一九四五年十月二十五日，台湾与澎湖列岛重归中国版图，台湾同胞从此摆脱了殖民统治的枷锁。但是，由于众所周知的原因，一九四九年以后，

* 这是江泽民同志在中共中央台湾工作办公室、国务院台湾事务办公室等单位举办的新春茶话会上的讲话。

台湾又与祖国大陆处于分离状态。实现祖国的完全统一,促进中华民族的全面振兴,仍然是所有中国人的神圣使命和崇高目标。

一九七九年一月,全国人民代表大会常务委员会发表《告台湾同胞书》以来,我们制定了"和平统一、一国两制"的基本方针和一系列对台政策。邓小平同志是中国改革开放的总设计师,也是"一个国家、两种制度"伟大构想的创造者。邓小平同志高瞻远瞩,实事求是,提出了一系列具有鲜明时代特色的解决台湾问题的重要论断和思想,确立了实现祖国和平统一的指导方针。

邓小平同志指出,问题的核心是祖国统一,凡是中华民族子孙,都希望中国能统一,分裂状况是违背民族意志的。只有一个中国,台湾是中国的一部分。不能允许有什么"两个中国"或"一中一台",坚决反对"台湾独立"。解决台湾问题无非有两种方式,一种是和平的方式,一种是非和平的方式。用什么方式解决台湾问题,完全是中国的内政,决不允许外国干涉。我们坚持用和平的方式,通过谈判实现和平统一;同时我们不能承诺根本不使用武力,如果承诺了这一点,只能使和平统一成为不可能,只能导致最终用武力解决问题。统一以后实行"一国两制",国家的主体坚持社会主义制度,台湾保持原有的制度。"不是我吃掉你,也不是你吃掉我。"[1]统一后,台湾的社会经济制度不变,生活方式不变,台湾同外国的民间关系不变,包括外国在台湾的投资及民间交往不变。台湾作为特别行政区有高度的自治权,拥有立法权和司法权(包括终审权),可以有自己的军队,党、政、军等系统都由自己管理。中央政府不派军队、行政人员驻台，而且在中央政府里还要给台湾留出名额。

十几年来，在“和平统一、一国两制”的基本方针指引下，经过海峡两岸同胞、港澳同胞和海外侨胞的共同努力，两岸人员往来以及科技、文化、学术、体育等各领域的交流蓬勃发展。两岸经济相互促进、互补互利的局面正初步形成。早日实现两岸直接“三通”，不仅是广大台胞、特别是台湾工商业者的强烈呼声，而且成为台湾未来经济发展的实际需要。两岸事务性商谈已取得进展，“汪辜会谈”〔2〕标志着两岸关系迈出了历史性的重要一步。

但是，值得所有中国人警惕的是，近年来台湾岛内分离倾向有所发展，“台独”活动趋于猖獗。某些外国势力进一步插手台湾问题，干涉中国内政。这些活动不仅阻碍着中国和平统一的进程，而且威胁着亚太地区的和平、稳定和发展。

当前，国际形势仍然复杂多变，但总的趋势是走向缓和。世界各国都在制定面向未来的经济战略，把增强综合国力作为首要任务，以求在下一世纪到来时能在世界上占有自己的位置。我们感到高兴的是，海峡两岸的经济都在向前发展。一九九七年、一九九九年，我国将相继恢复对香港和澳门行使主权，这将是全国各族人民包括台湾同胞的一件大喜事。中华民族历尽沧桑，饱经磨难，现在是完成祖国统一大业、实现全面振兴的时候了。这对台湾是个机会，对整个中华民族也是个机会。在这里，我愿就现阶段发展两岸关系、推进祖国和平统一进程的若干重要问题提出如下看法和主张。

（一）坚持一个中国的原则，是实现和平统一的基础和前提。中国的主权和领土决不容许分割。任何制造“台湾独立”的言论和行动，都应坚决反对；主张“分裂分治”、“阶段性两个中国”等等，违背一个中国的原则，也应坚决反对。

（二）对于台湾同外国发展民间性经济文化关系，我们不持异议。在一个中国的原则下，并依据有关国际组织的章程，台湾已经以“中国台北”名义参加亚洲开发银行、亚太经济合作会议等经济性国际组织。但是，我们反对台湾以搞“两个中国”、“一中一台”为目的的所谓“扩大国际生存空间”的活动。一切爱国的台湾同胞和有识之士都会认识到，进行这类活动并不能解决问题，反而会使“台独”势力更加肆无忌惮地破坏和平统一的进程。只有实现和平统一后，台湾同胞才能与全国各族人民一道，真正充分地共享伟大祖国在国际上的尊严与荣誉。

（三）进行海峡两岸和平统一谈判，是我们的一贯主张。在和平统一谈判的过程中，可以吸收两岸各党派、团体有代表性的人士参加。我在一九九二年十月中国共产党第十四次全国代表大会的报告中说：“在一个中国的前提下，什么问题都可以谈，包括就两岸正式谈判的方式问题同台湾方面进行讨论，找到双方都认为合适的办法。”我们所说的“在一个中国的前提下，什么问题都可以谈”，当然也包括台湾当局关心的各种问题。我们曾经多次建议双方就“正式结束两岸敌对状态、逐步实现和平统一”进行谈判。在此，我再次郑重建议举行这项谈判，并且提议，作为第一步，双方可先就“在一个中国的原则下，正式结束两岸敌对状态”进行谈判，并达成协议。在此基础上，共同承担义务，维护中国的主权和领土完整，并对今后两岸关系的发展进行规划。至于政治谈判的名义、地点、方式等问题，只要早日进行平等协商，总可找出双方都可以接受的解决办法。

（四）努力实现和平统一，中国人不打中国人。我们不承诺放弃使用武力，决不是针对台湾同胞，而是针对外国势力干涉中国统一和搞"台湾独立"的图谋的。我们完全相信台湾同胞、港澳同胞和海外侨胞理解我们的这一原则立场。

（五）面向二十一世纪世界经济的发展，要大力发展两岸经济交流与合作，以利于两岸经济共同繁荣，造福整个中华民族。我们主张不以政治分歧去影响、干扰两岸经济合作。我们将继续长期执行鼓励台商投资的政策，贯彻《中华人民共和国台湾同胞投资保护法》。不论在什么情况下，我们都将切实维护台商的一切正当权益。要继续加强两岸同胞的相互往来和交流，增进了解和互信。两岸直接通邮、通航、通商，是两岸经济发展和各方面交往的客观需要，也是两岸同胞利益之所在，完全应当采取实际步骤加速实现直接"三通"。要促进两岸事务性商谈。我们赞成在互惠互利的基础上，商谈并且签订保护台商投资权益的民间性协议。

（六）中华各族儿女共同创造的五千年灿烂文化，始终是维系全体中国人的精神纽带，也是实现和平统一的一个重要基础。两岸同胞要共同继承和发扬中华文化的优秀传统。

（七）两千一百万台湾同胞，不论是台湾省籍还是其他省籍，都是中国人，都是骨肉同胞、手足兄弟。要充分尊重台湾同胞的生活方式和当家作主的愿望，保护台湾同胞一切正当权益。我们党和政府各有关部门，包括驻外机构，要加强与台湾同胞的联系，倾听他们的意见和要求，关心、照顾他们的利益，尽可能帮助他们解决困难。我们希望台湾岛内社会安定、经济发展、生活富裕；也希望台湾各党派以理性、前瞻和建设性的态度推动两岸关系发展。我们欢迎台湾各党派、各界人士，同我们交换有关两岸关系与和平统一的意见，也欢迎他们前来参观、访问。凡是为中国统一作出贡献的各方面人士，历史将永远铭记他们的功绩。

（八）我们欢迎台湾当局的领导人以适当身份前来访问；我们也愿意接受台湾方面的邀请，前往台湾。可以共商国是，也可以先就某些问题交换意见，就是相互走走看看，也是有益的。中国人的事我们自己办，不需要借助任何国际场合。海峡咫尺，殷殷相望，总要有来有往，不能“老死不相往来”。

港澳同胞、海外侨胞为促进两岸关系、祖国统一和中华民族振兴，作出了许多努力，功不可没。我们希望广大港澳同胞、海外侨胞进一步为发展两岸关系、统一祖国和振兴中华作出新的贡献。

早日完成祖国统一，是中国各族人民的共同心愿。无限期地拖延统一，是所有爱国同胞不愿意看到的。中华民族伟大的革命先行者孙中山先生曾经说过：“‘统一’是中国全体国民的希望。能够统一，全国人民便享福；不能统一，便要受害。”〔3〕我们呼吁所有中国人团结起来，高举爱国主义的伟大旗帜，坚持统一，反对分裂，全力推动两岸关系的发展，促进祖国统一大业的完成。中华民族现代发展进程中这光辉灿烂的一天，一定会到来。

注　释

〔1〕见邓小平《中国大陆和台湾和平统一的设想》(《邓小平文选》第3卷,人民出版社1993年版,第30页)。

〔2〕"汪辜会谈",指海峡两岸关系协会会长汪道涵与台湾海峡交流基金会董事长辜振甫一九九三年四月二十七日至二十九日在新加坡举行的会谈。这是海峡两岸授权的民间机构最高负责人的首次会晤,也是四十余年来,两岸高层人士的首次公开接触商谈,标志着海峡两岸关系发展迈出了历史性的重要一步。双方就两岸经济、科技、文化交流合作和两会会务等问题交换了意见,正式签署了《汪辜会谈共同协议》等四项协议,为两岸人员往来和经济、科技、文化等领域的交流创造了积极气氛,推进了两岸谈判进程。

〔3〕见孙中山《在神户与日本新闻记者的谈话》(《孙中山全集》第11卷,中华书局1986年版,第373页)。

实施科教兴国战略*

（一九九五年五月二十六日）

一九七八年，党中央召开了具有深远历史意义的全国科学大会，拨乱反正，确立了科技工作的正确指导思想，唤来了科技的春天。邓小平同志在这次大会上，提出了科学技术是生产力、知识分子是工人阶级一部分、四个现代化关键是科学技术的现代化等著名论断。后来，他又进一步指出："科学技术是第一生产力。"[1]一九八五年，党中央发布了关于科学技术体制改革的决定，开始了科技体制的全面改革。经过十几年改革和发展的成功实践，我国科技工作发生了历史性变化，科技实力和水平显著提高，战略重点已转向国民经济建设，为经济发展和社会进步作出了突出贡献。在这里，我代表党中央、国务院向全国科技工作者表示崇高的敬意！

最近，党中央、国务院在科学分析经济、科技发展趋势和国内外形势的基础上，集中各地区各部门和党内外许多同志的智慧，作出了关于加速科学技术进步的决定。这是确保实现我国现代化建设"三步走"战略目标的又一重大战略决策。召开这次大会的主要目的，就是为了动员全党全国各族人民，

* 这是江泽民同志在全国科学技术大会上的讲话。

全面落实邓小平同志科学技术是第一生产力的思想，认真贯彻决定的精神，在全国形成实施科教兴国战略的热潮，进一步解放和发展科技生产力，积极促进经济建设转到依靠科技进步和提高劳动者素质的轨道。

一、全面落实科学技术是第一生产力的思想

邓小平同志建设有中国特色社会主义理论，强调社会主义的根本任务是解放和发展社会生产力。邓小平同志正是从这一高度，通过对当代社会生产力发展规律的科学认识和时代特征的准确把握，提出了科学技术是第一生产力的英明论断。邓小平同志对科学技术的社会功能、地位与作用、发展方向、基本任务、战略重点、体制改革、对外开放、人才培养等进行了全面科学的论述，形成了我国新时期科技工作的指导思想。科学技术是第一生产力的论断，是他的科技思想的精髓，是建设有中国特色社会主义理论的重要组成部分，是对马克思主义科技学说和生产力理论的创造性发展。

马克思主义认为，生产力的不断解放和发展，是人类社会进步的根本动力。社会主义制度的优越性，最终体现为生产力比在其他制度下的更快发展。我国社会主义建设在经济、科技、文化十分落后的基础上起步，要在较短时间内达到经济发达国家经过几百年历程达到的生产力发展水平，后来居上，更须集中力量，大力发展和广泛应用科学技术，充分发挥科技生产力在经济社会发展中的巨大推动作用。这是我们建成社

会主义现代化强国、屹立于世界先进民族之林的历史性使命。

社会主义制度的优越性，应该也完全能够在加快科技生产力发展方面显著地体现出来。五六十年代，在我国艰难创业的岁月里，我们通过调动科技工作者及广大人民群众的积极性和创造性，集中有限的财力物力，建立了一批骨干科研机构，取得初步建立比较完整的工业体系的巨大成就，取得“两弹一星”等辉煌成果。我们仅用十几年的时间，走完了发达国家几十年的路程，大大增强了综合国力和国防实力，其中科学技术起到了关键性作用。党的十一届三中全会实现党的工作重点转移以来，我国经济社会发展的巨大成就，同科学技术的贡献是分不开的。只要坚定地把科技工作摆在重要位置，我们必将在加速国民经济发展、增强综合国力和提高人民生活水平方面，取得更加辉煌的成就。我们坚信，在邓小平同志建设有中国特色社会主义理论和党的基本路线指引下，将社会主义制度的优越性、社会主义市场经济体制对生产力发展的巨大推动作用，与科学技术的威力有机结合起来，就一定能够顺利实现我国社会主义现代化建设的宏伟目标。

当前，无论是从国际环境还是从国内条件来看，全面落实科学技术是第一生产力的思想，都是我国社会主义现代化建设中一项十分艰巨和紧迫的战略任务。和平与发展是当今世界的主流。世界科技革命正在形成新的高潮，又一个科技和经济大发展的新时代正在来临。世界许多国家特别是大国，都在加紧调整科技和经济战略，增强以经济和科技实力为基础的综合国力，国际竞争越来越激烈。从国内形势看，建立社会主义市场经济体制的各项改革措施顺利实施，国民经济持续、快速、健康发展，民族团结，社会稳定，各项事业蓬勃发展。同时要看到，我国目前的整体技术水平和经济实力同发达国家相比还有很大差距。以粗放经营为主的经济增长方式尚未根本改观，产品结构、产业结构不合理等经济发展中的一些深层次问题还有待解决，发展农业、搞好国有大中型企业、提高经济效益等任务十分艰巨。人口、自然资源、生态环境等对经济持续发展的压力在增大。立足现实国情，抓住发展机遇，迎接严峻挑战，确保实现我国“三步走”战略目标，是我们必须认真研究解决的重大战略问题。真正把科技进步作为加速经济社会发展的强大动力，是完成这一战略任务的关键。

党中央、国务院决定在全国实施科教兴国战略，是总结历史经验和根据我国现实情况作出的重大部署。没有强大的科技实力，就没有社会主义现代化。科教兴国，是指全面落实科学技术是第一生产力的思想，坚持教育为本，把科技和教育摆在经济社会发展的重要位置，增强国家的科技实力及向现实生产力转化的能力，提高全民族的科技文化素质，把经济建设转到依靠科技进步和提高劳动者素质的轨道上来，加速实现国家繁荣强盛。这是顺利实现“三步走”战略目标的正确抉择。实施科教兴国战略，必将大大提高我国经济发展的质量和水平，使生产力有一个新的解放和更大的发展。

二、加速科技进步需要把握的几个重要问题

科技事业是建设有中国特色社会主义伟大事业的重要组

成部分。我们要立足自己的国情,借鉴国外的成功经验,探索一条具有中国特色的科技进步道路。根据当代世界经济、科技发展的趋势和我国现代化建设的要求,总结改革开放以来科技进步的实践经验,需要进一步明确关系科技工作全局的几个重大问题。

第一,关于科技与经济的结合。党中央、国务院进一步明确我国科技工作的基本方针是:坚持科学技术是第一生产力的思想,经济建设必须依靠科学技术,科学技术工作必须面向经济建设,努力攀登科学技术高峰。这一方针的核心是科技与经济的密切结合。坚持科技工作的基本方针,促进科技与经济的结合,符合党的基本路线,也符合当今世界科技、经济发展的趋势。

经济建设必须坚定地依靠科技进步,才能蓬勃而持续地发展,也才能为科技发展提供坚实的物质基础。建立社会主义市场经济体制,为经济建设依靠科技进步提供了良好机制和广阔天地。在这种情况下,科技工作必须更加自觉地面向经济建设,把促进经济发展作为中心任务和首要目标。

要正确处理面向经济建设和提高科技水平的关系。面向经济建设是方向,提高科技水平、攀登科技高峰是要求。依靠科技进步促进经济发展,要求科技自身水平的不断提高。我们要始终遵循面向经济建设这一大方向,坚持从我国经济建设的实际出发,努力做到邓小平同志所说的那样,搞科技,越高越好,越新越好。

如何促进科技与经济的有机结合,是我国经济和科技体制改革需要着力解决的根本问题。科技与经济的结合,体现在科技和经济活动的各个方面。要从目标任务的确立、规划计划的制定、政策措施的实施等多方面加强科技与经济的结合，统筹兼顾，突出重点。经济发展要以科技进步作为主要推动力；科技发展要围绕经济发展目标，为经济发展提供强有力的支撑和保障。要深化经济体制和科技体制改革，在国家宏观调控下，充分发挥市场机制促进科技与经济结合的重要作用。正如邓小平同志指出的："新的经济体制，应该是有利于技术进步的体制。新的科技体制，应该是有利于经济发展的体制。"〔2〕在深化改革中，要形成科研机构、高等院校与企业相结合、研究开发与生产相结合的机制，推动科研院所面向市场，进入大型企业集团。在企业内部，要实行科研、设计、生产的有机结合，提高企业技术开发水平。从根本上讲，科技与经济的结合要靠体制来保证。要把建立技术创新机制作为建立社会主义市场经济体制的一个重要目标，特别要把建立健全企业的技术创新体系作为建立现代企业制度的重要内容和搞好国有大中型企业的关键环节。通过改革，建立起适应社会主义市场经济体制和科技自身发展规律的新型科技体制。

第二，关于近期目标与长远目标的结合。目前，我国经济还不发达，技术、经济水平不高，发展也很不平衡。科学技术作为推动经济社会发展的关键因素，首先要为解决经济社会发展的热点、难点、重点问题作出贡献；同时，为保持经济社会持续发展，科学技术又要超前于经济社会发展，进行研究开发，为未来的发展提供动力、储备后劲。因此，要根据世界经济、科技发展的趋势和我国国情，立足当前，着眼未来，坚持近期目标与长远目标相结合，合理部署科技发展工作。

科技工作要始终把经济建设作为主战场，把攻克国民经济发展中迫切需要解决的关键问题作为主要任务。当前，要采取有力措施，大力加强农业科技工作，把它摆在整个科技工作的重要位置，强化科技成果的转化，积极推广包括高技术在内的先进实用技术，满足农业登上新台阶的技术需求。要加快传统产业的技术改造，提高产品的技术含量和市场竞争力，提高工业增长质量和效益，促进产业结构优化升级。特别要重视用现代技术武装基础产业和支柱产业，加速实现经济社会管理的信息化、自动化、智能化。要十分重视解决环境保护、资源合理开发利用、减灾防灾、人口控制、人民健康等社会发展领域的科技问题，为改善生态环境、提高人民的生活质量和健康水平作出贡献，促进经济社会持续协调发展。

基础性研究和高技术研究，是推进我国二十一世纪现代化建设的动力源泉。要目光远大，筹划未来，针对下世纪影响我国经济社会发展的重大问题，加强基础性研究和高技术研究开发。要把为未来经济发展提供科技动力和成果储备，作为基础性研究工作的主要任务。要确定有限目标，突出重点，有所赶有所不赶，才能有所作为。要经过科学论证，选择一批有基础和优势、国力可以保证、能跃居世界前沿、一旦突破对国民经济和社会发展有重大带动作用的课题，在全国组织专门队伍，集中力量，大力协同，重点攻关。高技术及其产业的发展，对增强我国经济实力、提高综合国力和提高劳动生产率起着关键作用。要努力发展高科技，实现产业化，把高技术产业作为我国优先发展的产业，尽快建设一批对国民经济发展举足轻重、规模较大的高技术产业，使我国在世界高科技及其产业领域占有一席之地。

第三，关于自主研究开发与引进国外先进技术的结合。扩大对外开放，加强国际科技交流和合作，积极引进国外先进技术，博采众长，为我所用，是加快我国技术升级和经济发展的有效途径。这项基本政策要长期坚持下去。

技术转让和保护知识产权，已成为当今国际经济技术合作关系中的重要问题。我们现在技术上还比较落后，应该努力学习和借鉴别国的长处，即使我们实现了现代化，也还是要不断向其他国家学习，取长补短。科学技术，总是要同世界各国如切如磋、如琢如磨，才能取得更快更大的进步。同时，我们也必须清醒地认识到，世界上有些最先进的技术是买不来的。当代世界科技进步日新月异，技术更替不断加速。今天称得上先进的技术，不久就有可能变为落后的。创新是一个民族进步的灵魂，是一个国家兴旺发达的不竭动力。如果自主创新能力上不去，一味靠技术引进，就永远难以摆脱技术落后的局面。一个没有创新能力的民族，难以屹立于世界先进民族之林。作为一个独立自主的社会主义大国，我们必须在科技方面掌握自己的命运。我国已经具有一定的科技实力和基础，具备相当的自主创新能力。我们必须在学习、引进国外先进技术的同时，坚持不懈地着力提高国家的自主研究开发能力。

要对引进国外先进技术与国内自主研究开发工作统筹规划，做到有机结合。要避免盲目引进和重复引进。能够自主研究开发的，就要以国内开发为主。特别是花钱多的重大技术项目的引进，一定要经过严密的科学论证和审定，认真倾听科技专家们的意见。要注重引进关键技术，借鉴有关的新原理新方法以及先进技术开发、管理的经验。要不断提高我们自己的研究开发能力，提高创新能力，使我国跻身国际科技发展的先进行列。我们要努力奋斗，达到这个战略目标。

第四，关于市场机制与宏观管理的结合。现代科技与经济关系密切，但科技毕竟并不完全等同于经济，还有其自身的规律。在社会主义市场经济体制下，市场机制和宏观管理都是科技进步不可缺少的手段。对于我们这样一个发展中的大国，正确运用这两种手段，并使之有机结合，对加速科技进步和经济发展十分重要。党中央提出的“稳住一头，放开一片”的科技体制改革方针，体现了这两种手段结合的内在规律。

同经济建设密切相关的技术开发、成果推广等活动，要以市场机制为主。要使企业逐步成为技术开发和成果转化的主体。在目前市场机制尚不健全的情况下，科技成果的商品化、产业化工作，还需政府在各方面给予必要的政策扶持。要以政府投入为主，稳住少数重点科研院所和高等学校的科研机构，从事有关国家整体利益和长远利益的基础性研究、应用研究、高技术研究、社会公益性研究和重大科技攻关活动。切不可以为搞社会主义市场经济，就可忽视政府在领导科技进步中的作用。目前，许多科研项目存在“小而全”的问题，要切实加以解决。要发挥社会主义制度能够集中力量办大事的优势，通过宏观指导适当集中财力物力，组织优势力量，大力协同，攻克一批对发展国民经济、增强综合国力和提高劳动生产率起关键作用的重大科技课题。东部地区要继续依靠科技进步提高技术水平,同时采取有力措施支持中西部地区加大科技进步的力度,促进中西部地区发展。

要按照“稳住一头,放开一片”方针的要求,积极稳妥地调整科技队伍结构,认真做好分流工作。不进行科技系统的结构调整、人才分流,就不能充分发挥现有科技队伍的作用,既不利于科技与经济的结合,也不利于基础性研究的稳定。当前科研机构设置重复、力量分散、科技与经济脱节的状况,必须下决心改变。各级政府组织制定的各项科技计划及其实施的方式也要改革。要引入市场机制和竞争机制,实行科学管理。重大课题的立项,要考虑市场的需求,广泛征求科学家、专家的意见,进行科学论证。

第五,关于自然科学与社会科学的结合。科学当然包括社会科学。自然科学是人类认识和改造自然的科学。社会科学是人类认识和改造社会、促进社会进步的科学。

当代科学技术的发展,使得自然科学、技术与社会科学相互影响、渗透,联系愈来愈紧密,由此产生的综合学科、交叉学科层出不穷,社会经济和科技已经形成一个复杂的大系统。自然科学的发展丰富了社会科学理论。马克思主义的科学世界观、方法论,对自然科学研究有重要指导作用。我们提倡社会科学工作者注意学习自然科学知识,自然科学工作者注意学习社会科学知识,学习马克思主义理论特别是邓小平同志建设有中国特色社会主义理论。我们要在实现中国社会主义现代化的伟大事业中,加强自然科学与社会科学的紧密结合,深刻认识并掌握当今经济社会发展的内在规律,运用科学的理论和方法去指导实践。

三、培养造就大批德才兼备的科技人才

科学技术人员是新的生产力的重要开拓者和科技知识的重要传播者，是社会主义现代化建设的骨干力量。实施科教兴国战略，关键是人才。人类生产及社会服务自动化、信息化、智能化水平正在不断提高，许多繁重、重复的体力劳动正在被各种自动化机械和计算机所取代，对劳动者知识和技术水平的要求越来越高。大大提高我国劳动者中科技人才的比例，提高劳动者队伍的整体素质，对于我国社会主义现代化建设事业具有重大意义。

我国科技队伍已经拥有一千八百万人。四十多年来，在党的领导下，这支队伍艰苦奋斗、顽强拼搏、无私奉献，为社会主义建设建立了卓著的功勋。祖国和人民感谢他们。同时，必须看到，目前我国科技人员的数量和整体水平还不适应社会主义现代化建设的要求。加速培养优秀科技人才是一项十分紧迫的战略任务。我们要充分发挥现有科技人员的重要作用，创造人尽其才、才尽其用的社会环境，不断改善他们的工作生活条件，充分调动他们的积极性和创造性。要认真实施《中国教育改革和发展纲要》，大力发展教育事业，根据科技发展的趋势和我国现代化建设的要求，深化教育体制改革，培养造就千百万年轻一代科学技术人才，建设一支跨世纪的宏大科技队伍。科研机构要把人才培养作为与研究开发工作同等重要的任务。要重视跨世纪青年学术带头人和技术带头人的

培养，努力创造青年优秀科技人才特别是拔尖人才脱颖而出的环境和条件，委派他们在关键岗位承担重任，使他们在实践中健康成长。老一辈科技工作者为国家科技事业发展和人才培养呕心沥血，功昭后人。今后要继续从科技事业兴旺发达的大局出发，举贤荐能，把优秀青年科技人才推向第一线，支持他们大胆工作、开拓创新。

要积极创造条件，热忱欢迎留居海外的科技人员回国工作，或以各种形式为祖国现代化建设服务。我们不但要大力培养各类科学技术人才，还要注重培养善于进行现代经营管理的各类专家。要十分重视从工人、农民和其他劳动者中选拔培养科技人才及各类专业技术能手。通过社会各界的努力，形成中华民族的浩浩荡荡的科技队伍，向新科技革命进军，向社会主义现代化进军！

培养造就科技人才要注重德才兼备。广大科技工作者肩负着科教兴国的伟大历史使命，要为社会主义物质文明和精神文明建设贡献自己的全部力量。要坚持党的基本路线，大力弘扬爱国主义精神、求实创新精神、拼搏奉献精神、团结协作精神。这四种精神，是我国数代科技工作者崇高品质的结晶，也是科技事业繁荣的重要保证，要作为科技界精神文明建设的重要内容，发扬光大。

爱国主义是一面光辉旗帜，是我国广大知识分子的光荣传统。它激励着一代代科技工作者为祖国的强盛和人民的幸福而奋斗。爱国主义有着鲜明的时代特征。在今天，我们讲爱国就是要爱社会主义祖国，拥护中国共产党的领导，把个人的理想和事业融汇于祖国社会主义现代化建设的伟大事业中。求实是科学之本，创新是科技发展的生命力所在。科学研究来不得半点虚假，必须以求实的态度，尊重客观规律，探索真理，开拓创新。拼搏奉献是所有科技工作者必须具备的品德。科技工作是一项艰苦的创造性劳动。科技工作者要树立雄心壮志，坚韧不拔，艰苦奋斗，不懈探索，勇攀高峰。以知识造福于人民，是科技工作者的光荣责任。团结协作是现代社会化生产条件下科学技术研究活动的内在要求。在科学技术工作中，既要倡导学术上百花齐放、百家争鸣，又要提倡相互尊重，团结合作，取长补短，发挥集体优势，协同攻关。

在加强科技队伍建设的同时，必须高度重视提高全民族的科技文化水平。贫穷不是社会主义，愚昧更不是社会主义。要认真贯彻《中共中央、国务院关于加强科学技术普及工作的若干意见》，在广大人民群众中大力普及科技知识。要继续办好义务教育和各种职业教育。通过各种新闻舆论工具和其他有效形式，促进社会主义精神文明建设，用科学战胜封建迷信和愚昧落后。要使尊重知识、尊重人才在全社会蔚然成风，形成学科技、用科技的新风尚。

四、加强党对科技工作的领导

党的领导是实施科教兴国战略的政治保证。抓好科技进步的关键在于各级党委和政府。各级党委和政府要认真贯彻《中共中央、国务院关于加速科学技术进步的决定》，结合本地区本部门的实际，把抓科技进步作为重大任务，摆到重要议事日程，制定切实可行的措施。中央要求党政第一把手都要亲自抓第一生产力。要始终坚持把科技进步摆在经济社会发展的重要位置，多渠道增加对科技和教育的投入。在制定和实施国民经济和社会发展计划及相关政策中，真正把科教兴国战略落到实处。各级科技工作的主管部门，要通过搞好自身的改革进一步转变职能，加强和改进对科技工作的指导和协调，不断推动我国科学技术的进步。

我国改革开放和社会主义现代化建设的发展，迫切要求各级领导干部提高理论水平和知识水平，增强领导能力。各级领导干部要认真学习马列主义、毛泽东思想、邓小平同志建设有中国特色社会主义理论。随着改革开放和社会主义现代化建设的不断深入，各种新情况新问题将会层出不穷，这就更需要正确运用建设有中国特色社会主义理论指导我们的实践。同时，还要学习现代科技知识，学习社会主义市场经济知识，学习法律知识。只有不断更新和丰富知识，才能不断开阔视野。不仅从书本上学习，更要注重在实践中学习。一名领导干部不可能全面了解当代科技的所有知识，这就要经常向科学家、专家虚心请教。重要决策要广泛听取专家的意见和建议，认真进行科学论证。要把决策的科学化、民主化作为实施民主集中制的重要内容。

各级领导干部要高瞻远瞩，统揽全局，把握时代发展的潮流。这里，我要强调，一定要努力学习马克思主义的辩证唯物主义和历史唯物主义，树立科学的世界观。离开了科学的世界观，我们的决策、我们的事业就丧失了坚实的哲学基础。科学的思维、科学的态度、科学的方法，其本质就是解放思想、实事求是。邓小平同志善于运用科学思维和方法，坚持解放思想、实事求是，为我们树立了光辉的典范。我们要以邓小平同志为榜样，坚持解放思想、实事求是的思想路线，在尊重科学规律、继承前人理论和经验的基础上，勇于创新，不断在实践中认识真理、发展真理。

再过五年，我们将跨入二十一世纪。数代先烈志士为之奋斗追求的中国的现代化，将在新的世纪实现。党中央、国务院号召全党全国人民，全面落实邓小平同志科学技术是第一生产力的思想，投身于实施科教兴国战略的伟大事业，加速全社会的科技进步，为胜利实现我国现代化建设的第二步和第三步战略目标而努力奋斗。

注　释

〔**1**〕见邓小平《科学技术是第一生产力》(《邓小平文选》第3卷，人民出版社1993年版，第274页)。

〔**2**〕见邓小平《改革科技体制是为了解放生产力》(《邓小平文选》第3卷，人民出版社1993年版，第108页)。

走出一条具有中国特色的国有企业改革道路*

（一九九五年六月二十六日）

五月我到了上海、江苏、浙江，六月我又到了辽宁、吉林、黑龙江，前后考察了近五十家企业，召集了十多次座谈会、汇报会，主要听取省市和企业的意见，研究进一步推进企业特别是国有大中型企业改革和发展的问题。

党中央、国务院确定，国有企业改革是今年经济体制改革的重点。各省、自治区、直辖市都在结合实际认真贯彻党中央、国务院的这一重大决策，企业改革有了新的进展。不少企业通过深化改革，转换经营机制，加强内部管理，进一步调动广大职工的积极性，企业的活力和市场竞争能力得到增强。一批大型企业集团正在形成，并初步显示出优势。总之，企业改革和发展的形势是好的。为了积极推进企业特别是国有大中型企业改革，从这次考察和了解的情况看，当前要着重注意把握好以下几点。

---

* 这是江泽民同志在长春主持召开企业座谈会时的讲话《坚定信心，明确任务，积极推进国有企业改革》的主要内容。《人民日报》发表时，吸收了一九九五年五月二十二日在上海主持召开企业座谈会时讲话的部分内容。

一、进一步坚定搞好国有企业的决心和信心

多年来改革和发展的经验告诉我们，任何时候都必须抓好两个大头，一是要加强农业基础地位，一是要搞好国有大中型企业。这也是两个重点。农业是国民经济和社会发展的基础，是关系到十几亿人吃饭的大事，必须靠我们自己解决。国有大中型企业是国民经济的支柱。搞好国有大中型企业，对增强我国经济实力，提高人民生活水平，保持社会稳定，建设有中国特色的社会主义，具有十分重要的意义。我国经济体制改革的目标是建立社会主义市场经济体制，而不是搞资本主义市场经济，重要的是要使国有经济和整个公有制经济在市场竞争中不断发展壮大，始终保持公有制经济在国民经济中的主体地位，充分发挥国有经济的主导作用。如果失去公有制经济的主体地位和国有经济的主导作用，也就不可能建设有中国特色的社会主义。所以，搞好国有企业特别是国有大中型企业，既是关系到整个国民经济发展的重大经济问题，也是关系到社会主义制度命运的重大政治问题。

我们还必须看到，世界正经历着深刻变化。在国际关系中，经济因素的作用不断加强，以经济和科技实力为基础的综合国力竞争，越来越成为决定一个国家国际地位的主导因素。我们要在激烈的国际竞争中占据有利地位，关键是要提高科技水平，增强经济实力。这首先取决于公有制经济特别是国有大中型企业的发展壮大。因此，我们必须进一步坚定搞好

国有企业的决心，就是说，在建立社会主义市场经济体制的过程中，国有经济和整个公有制经济只能搞好，只能加强，而决不能削弱；只能使它们形成新的优势，而决不能使它们失去优势。我们要下定这个决心，不能有丝毫动摇。要抓住本世纪最后五年这个十分关键的时期，通过不断探索，走出搞好国有企业的路子。

在邓小平同志建设有中国特色社会主义理论和党的基本路线指导下，党的十四大系统总结了十多年改革开放和经济建设的实践经验，确立了建立社会主义市场经济体制的改革目标。党的十四届三中全会进一步明确了国有企业改革的方向是建立现代企业制度。去年，党中央、国务院采取了一系列政策措施，包括成功推出完善宏观经济管理体制改革的几项重大举措〔1〕，为深化国有企业改革创造了条件。通过十几年的改革，从总体上说，国有企业面貌发生了较大变化，企业活力得到增强，而且涌现出一批搞得比较好、在国内外市场上享有声誉的国有大中型企业，培养造就了一批素质比较高的国有企业管理者和经营者。同时，在搞好国有大中型企业方面还积累了一定的实践经验。总之，我们完全有条件把国有企业搞好，我们对此充满信心。

当然，目前还有一些国有企业在市场竞争中面临着不少困难和问题。其原因是多方面的，情况比较复杂。但是，有一点可以肯定，部分国有企业缺少活力，不是由于所有制问题，而是由于企业机制问题、外部环境问题和历史遗留问题，这些问题是完全可以通过深化改革逐步加以解决的。

全党同志特别是各级负责同志，一定要全面正确地分析当前国有企业的状况，认清搞好国有大中型企业的重要性和紧迫性。既要充分看到国有企业的优势和改革取得的成效，坚定搞好国有企业的信心，又要正视国有企业存在的困难和问题，清醒地认识国有企业改革的艰巨性和长期性，从而扎扎实实、锲而不舍地下苦功夫解决这些困难和问题。这样，我们就能积极稳妥地指导和推进企业改革工作，完成搞好国有企业改革这个历史赋予我们的重任。

二、全面准确地理解现代企业制度的基本特征

党的十四届三中全会通过的《关于建立社会主义市场经济体制若干问题的决定》指出："建立现代企业制度，是发展社会化大生产和市场经济的必然要求，是我国国有企业改革的方向。"同时，把现代企业制度的基本特征概括为"产权清晰、权责明确、政企分开、管理科学"。这四句话是相互联系的统一整体，缺一不可，不能只强调某一方面而忽略其他方面，必须全面准确地领会和贯彻。建立现代企业制度，是十几年来经济体制改革特别是企业改革的经验总结和理论发展，我们一定要坚持这个改革方向，认真组织好试点工作。

从这一段的实践情况看，大家对现代企业制度的内容以及建立现代企业制度意义的认识逐步加深。过去在计划经济体制下，国有企业的生产经营活动主要依据政府的行政指令和计划来安排，没有经营自主权，也不承担盈亏责任，造成企

业吃国家的"大锅饭"、职工吃企业的"大锅饭",企业缺乏活力,国有经济整体效益受到影响。建立现代企业制度就是要从根本上解决这个问题,使国有企业转换经营机制,成为法人实体和市场主体,做到自主经营、自负盈亏、自我发展、自我约束。

建立现代企业制度是企业改革的重大探索,我们还缺乏经验,需要选择一批企业进行试点。国务院确定了一百家试点企业,各地也选择了一批试点企业,目的是使这些企业的改革先行一步,争取在一些改革的重点和难点方面取得突破,为进一步深化企业改革提供经验和办法。在这个探索过程中有些不同看法是正常的,重要的是要大胆去试、大胆去闯,并在实践中及时发现问题、总结经验,使改革不断深入。国有企业的情况千差万别,要坚持从实际出发,不要搞一阵风、一刀切、一个模式。不同地区、不同企业,改革的侧重点可以有所区别。从最近的调查情况看,各地从实际情况出发,提出了企业改革的思路和安排,试点工作正在逐步推开。我们在组织好现代企业制度试点的同时,还要搞好面上的企业改革工作,加强企业内部管理,转换企业经营机制,切实做到政企分开,强化国有资产管理和监督,健全社会保障制度,为建立现代企业制度做好各项基础性工作。

三、在深化企业改革中发展壮大公有制经济

坚持以公有制为主体、多种经济成分共同发展,是建设有

中国特色社会主义的一个重大方针。要通过深化改革、加快转换企业经营机制,增强国有企业、集体所有制企业的市场竞争能力,保持公有制经济在国民经济中的主体地位,发挥国有经济在国民经济中的主导作用。在积极促进公有制经济发展的同时,鼓励个体、私营、外资等其他经济成分发展,作为公有制经济的补充,以充分有效地调动各方面的积极性,促进生产力发展。从总体上看,公有制的主体地位和国有经济的主导作用,主要体现在国家所有和集体所有的资产在社会总资产中占优势,体现在国有经济控制国家的经济命脉,体现在国有经济对国民经济发展的导向作用。改革开放十七年来,国有经济和其他所有制经济都有很大发展,但国有经济始终控制着国家的经济命脉。在电力、石油天然气、石油加工、冶金、交通运输和大型成套设备制造业、化工等关系国计民生的重要行业中,国有经济都占绝对的支配地位。特别是金融、通信、铁路、航空等属于国家经济命脉的领域,更是掌握在国家手里。一九九三年,我国独立核算的国有大中型工业企业有一万四千二百家,占全部工业企业总数的百分之三点二,但上缴国家利税占百分之五十四。今后几年,国有经济在有些行业中的比重可能会有些变化,但国有经济只要在国民经济重要和关键的行业、领域中占支配地位,国有经济就会发挥主导作用。只有坚持以公有制为主体、多种经济成分共同发展的方针,才能充分调动社会各方面的积极性、使我们的经济建设和社会各项事业协调发展,才能体现效益原则、实现社会公平、促进共同富裕,才能保持社会稳定,也才能成功地建设有中国特色的社会主义。

四、把深化企业改革同加强企业管理结合起来，同促进发展、提高经济增长质量结合起来

深化企业改革同加强企业管理，是相互促进、相辅相成、互为保证的关系。在深化企业改革的过程中必须强化企业管理，为深化改革创造条件，保证改革成果的巩固和发展。加强与社会主义市场经济相适应的企业内部管理离不开深化改革，企业管理包含着丰富的改革内容，企业管理改革是企业改革的一个重要组成部分。我们在坚持那些行之有效的管理制度、管理办法的同时，要努力按照社会主义市场经济发展的要求，赋予企业管理以新的内容、方式和手段，实现科学管理。所以，必须把深化企业改革与加强企业管理有机结合起来，而不要把两者割裂开来。改革促进管理，为科学管理提供条件，但它不能代替具体的管理制度、管理事务；管理加强了，又可以促进企业各项改革顺利进行，这种辩证统一关系必须处理好。当前，一些企业管理不严，纪律松弛，浪费严重，缺乏监督和自我约束机制。有的只强调扩大企业经营自主权，而忽视转换企业经营机制、完善内部管理和接受国家宏观调控的要求。因此，在改革中进一步强化企业管理尤为必要。通过加强管理来提高企业效益有很大潜力。我们要下功夫练内功，向管理要质量，向管理要市场，向管理要效益。

我们还要把深化改革与促进发展、提高经济增长质量结合起来，以企业改革促进经济发展，提高经济增长质量。当

前，要注意抓好四个方面的工作。一是要集中力量抓好一批大型企业。一个国家经济的发展、工业化的实现、经济整体素质的提高，主要依靠大型企业和企业集团。有了一批大型企业和企业集团，就能有效带动一大批中小型企业健康发展，对危困企业的调整余地也就大了。同时，要加快国有中小型企业改革，转换企业经营机制，建立和形成为大企业配套服务、从事专业化生产经营的企业群体。对一般国有小型企业，要进一步放开放活，有的可以实行兼并、联合或租赁，有的可以改组为股份合作制，也可以出售。最近，国务院正在研究抓好一千家国有大型企业的工作，使其发挥经济发展的骨干作用。这样就能重点支持一批关系国计民生、具有经济规模、处于行业排头兵地位的优势企业。这对于巩固公有制的主体地位、发挥国有经济的主导作用，有着十分重要的意义。二是要推动国有资产合理流动，引导国有资产向高效益的领域转移，以利于更有效地实现国有资产保值增值。对现有低水平、分散、重复的企业结构，要通过兼并、联合，进行结构调整，优化资源配置，实现规模经济效益。三是今后国家投资新建的企业，一开始就要按现代企业制度的要求进行规范，从事生产经营活动，参与市场竞争。如果我们把改革与发展很好地结合起来，就能盘活国有资产的存量，用好国有资产的增量，充分发挥国有经济的主导作用，在发展社会主义市场经济的条件下形成国有企业的新优势。四是在深化企业改革中，要加强企业的技术开发和技术改造，形成企业的技术创新机制，提高产品的档次和质量，增强企业的市场竞争能力。

在考察和座谈中，很多企业都谈到深化国有企业改革，要同企业改组、技术改造和加强企业管理结合起来，也就是现在常说的“三改一加强”。这是一个好的思路，应注意在实践中不断总结经验，取得成效，坚持下去。

五、认真抓好各项配套改革

深化国有企业改革，建立现代企业制度，是一个复杂的系统工程。目前企业存在的困难和矛盾，有些是企业本身的问题，有些是国民经济中深层次问题的反映。所以，既要转换企业经营机制，还要进一步抓好宏观经济管理体制改革和各项配套改革，为解决当前企业面临的困难和问题创造条件。

通过这一段的考察和调研，我感到，当前深化企业改革，进行现代企业制度试点，要重点解决好这样几个问题：一是要抓紧解决政企不分的问题；二是要加强国有资产管理和监督；三是要尽快建立社会保障体系；四是要解决好企业负担过重的问题。

政企分开是当前深化企业改革的重要内容。改革开放十七年来，政府机构的设置经过了几次调整，但还没有完全摆脱计划经济管理的体制。政府职能不转变，政企就难以分开，政府就会干预企业的生产经营活动，企业或者只能按政府行政意志办事，或者躺在政府身上不承担责任，很难适应市场经济的要求。解决政企不分的问题，必须适应建立社会主义市场经济体制的需要，按照政府的社会经济管理职能和国有资产所有者职能分开的原则，积极探索国有资产管理和经营的合理形式和途径，从制度上规范政府和企业的行为。要按照政企分开和精简、统一、效能的原则，继续并尽早完成政府机构改革。政府经济管理部门要切实转变职能，专业经济部门要逐步减少，综合经济部门要做好综合协调工作，同时加强政府的社会管理职能，保证国民经济正常运行和良好的社会秩序。企业根据市场信息和国家宏观经济政策的导向，自主经营、自负盈亏。

国有资产流失是一个突出问题，主要是国有资产管理、监督和经营工作没有跟上。国有资产属于国家，这是清楚的。但是，在实践中并没有解决对国有资产保值增值无人负责的问题，国有资产的权益没有得到很好保障。因此，必须按照党的十四届三中全会通过的决定关于国有资产所有权及管理体制的要求，加强国有资产管理、监督和经营，杜绝国有资产流失，实现国有资产保值增值。

企业人员可以流动，长期亏损、资不抵债的企业可以破产。这是企业在市场经济条件下优胜劣汰的表现，也是搞活国有企业的重要条件。企业富余人员分流和破产企业职工再就业的问题，政府和企业要通过开辟再就业渠道，比如兴办第三产业等办法，尽可能予以妥善解决，而不能简单地把这些人推向社会。还要转变就业观念，建立和完善劳动力市场，形成人员合理流动的机制。同时，加快建立多层次的社会保障体系，特别是抓紧建立和完善养老、失业、医疗保险制度。这对于深化企业改革、保持社会稳定、顺利建立社会主义市场经济体制，具有重大意义。最近，国务院已就这方面的工作作了安排部署，各地要加强领导，抓好试点，认真组织落实。

国有企业特别是国有大中型企业资本金和债务的比例不

合理、负债率过高，这是多年来各种复杂因素造成的。有的是由于在企业发展过程中没有补充资本金，有的是由于建立企业时资本金比重过低，有的甚至没有资本金。企业资产负债率不合理，不仅会影响企业发展，还会影响对企业作出公正的评价。办企业就要投入一定的资本，不能搞无本生意。今后建立新的国有企业，必须有相应的资本金，否则就不能开办企业。资本金比例要根据企业所处的行业、发展的阶段、经营的需要合理确定。对目前企业资本金比例低、债务负担重的问题，我们不能回避。要把它作为深化国有企业改革的一个重要问题，在分清债务的性质和情况后，按国家有关规定，有领导有步骤地妥善处理。解决这个问题，主要靠企业努力提高效益，"自我补充、自我造血"。要眼睛向内，不能光等国家来解决。不能形成任何形式的"赖债风"，要防止债务一风吹。当然，各级政府也要给予适当支持，如合理处理原来一些财政拨款改为贷款的项目、将这部分贷款改为国家投资的问题。在这次考察中，我看到不少企业在实践中摸索出多渠道集聚财力、实现国有企业增资减债的办法。如上海概括为"六个一块"，即：主体多元吸一块，存量盘活调一块，债权转股权换一块，兼并破产活一块，企业发展增一块，政府扶持补一块。江苏、浙江的集体所有制企业，在发展过程中，注意用自有资金补充资本金，资产负债率较合理，自我发展能力较强。我看这些办法不错，当然还要进一步补充和完善。这些办法，是重在建立企业增加资本金的新机制，而不是简单地抹掉企业的历史债务负担。如果企业没有建立起增加资本金的机制，而是简单地抹掉企业债务，这就必然会发生抹掉老债务、过一时期又会出现新债务的情况，资产负债率还是降不下来。

六、深化企业改革，要全心全意依靠工人阶级，要加强企业领导班子建设

全心全意依靠工人阶级，这是由我们党和国家的性质、工人阶级的历史地位和作用所决定的。工人阶级是我们国家的领导阶级，是先进生产力和生产关系的代表，是建设和改革以及维护社会稳定的最基本的力量。我们党所领导的改革开放和经济建设必须全心全意依靠工人阶级，在任何时候任何情况下都不能动摇。在深化国有企业改革、建立现代企业制度的过程中，也必须坚持这一点。实践证明，没有广大工人群众支持，企业改革是不可能成功的。全心全意依靠工人阶级，就是要在政治上保证职工群众的主人翁地位，调动广大职工的积极性和创造性，增强企业的凝聚力和向心力；就是要加强民主管理，听取群众意见，在制度上保证职工了解和参与企业的经营管理，实现职工群众对企业领导的有效监督；就是要加强职工队伍建设，提高职工整体素质，用邓小平同志建设有中国特色社会主义理论和社会主义市场经济的基本知识武装广大职工，加强对广大职工的爱国主义、集体主义、社会主义教育；就是要依法保护职工的合法权益，不断改善生产环境和条件，关心广大职工的生活和福利，目前要更加关心一些困难行业、企业的职工生活。党委和工会组织都要学会做过细的思想政治工作，及时化解职工内部矛盾，增强团结，提高战斗力。在

企业进行改组的过程中，要多兼并、少破产，具备破产条件、必须破产的企业可依法破产，而更多企业应走兼并的路子。要注意做好待业人员再就业工作，保持社会稳定。

随着国有企业改革的深入，企业厂长、经理的地位和作用显得更加重要。很多事例表明，在大体相同的外部条件下，企业改革和发展成功与否，与企业厂长、经理的素质高低、能力大小有着极大关系。一个政治思想素质好、具有开拓精神、善于决策、精于管理的厂长或经理，能使一个企业由弱变强，由小变大，由亏损变盈利。所以，要十分重视培养人才，加强企业领导班子建设。有了一个好的领导班子，才能全心全意依靠工人阶级，调动一切可以调动的积极因素；有了一个好的领导班子，才能有一个好的企业机制，生产好的产品，提高企业的市场竞争能力，搞好企业。这里也要指出，企业扩大了自主权以后，企业领导人要珍惜和用好权力，在进行企业重大决策时，必须主动接受国家宏观调控，自觉接受职工群众监督，实现决策的科学化、民主化，防止一个人说了算。要按照建立现代企业制度的要求，建立起企业的决策、执行和监督体系，形成有效的内部监督和自我约束机制。

七、进一步加强对企业改革的领导

深化企业改革，转换企业经营机制，建立现代企业制度，是在建立社会主义市场经济体制的过程中非常重要而又非常艰巨的一项任务，各级党委和政府必须十分重视，加强领导。

第一，要加强学习。我们肩负着建设社会主义现代化和建立社会主义市场经济体制的伟大任务，面临着不断发展变化的形势和层出不穷的新情况新问题。我们不懂得、不熟悉的东西很多，必须刻苦学习，不断增长知识和领导才干。首先要学好邓小平同志建设有中国特色社会主义理论，学习党的十四大精神和党的十四届三中、四中全会决定。同时，要学习有关社会主义市场经济、科学技术、经营管理的新知识，并从实际出发，创造性地开展工作。这样，才能担当起领导的重任。

第二，要把深化企业改革、推进现代企业制度试点工作摆到各级领导的重要议事日程上来。根据实际情况，制定总体方案。目前，各省、自治区、直辖市对企业改革都有些打算和安排，在这个基础上还应该进一步从总体上作出部署，有领导有秩序地大力推进这项工作。要及时研究和解决企业改革过程中出现的矛盾和问题。省、自治区、直辖市主要领导同志要亲自抓这件事。

第三，深入实际，扎实工作。深化企业改革，建立现代企业制度，任务十分繁重，我们还缺乏经验，也没有现成的经验可供遵循，只能在实践中不断学习、探索和创造。因此，我们每个领导干部都要深入到企业中去，做细致的调查研究，掌握企业改革的第一手材料，尊重群众的首创精神，及时总结经验，正确指导企业改革，使现代企业制度试点在一些重点和难点问题上能取得突破。

第四，各部门要密切配合，加强协调。深化企业改革涉及到各个方面，有关部门都应当把推进企业改革作为自身的重要工作，从全局出发，积极主动地帮助企业解决在改革中遇到的困难和问题。部门之间要加强协调，按照党的十四大精神和党的十四届三中全会决定的要求，统一思想，统一认识，齐心协力地推进企业改革。

党的十四届三中全会已经开过两年了，国有企业改革，现代企业制度的试点工作，正在逐步推进。要进一步解放思想、实事求是，大胆试验，不断总结，更加积极地推进企业改革，力争取得重大进展。我们相信，在邓小平同志建设有中国特色社会主义理论和党的基本路线指引下，以“三个有利于”〔2〕作为判断改革和各方面工作是非得失的标准，扎扎实实进行工作，我们一定能走出一条具有中国特色的国有企业改革的道路。

注　释

〔1〕这里所说的几项重大举措，指财税、金融、外贸、外汇体制改革。一九九四年六月八日，国务院批转国家经济体制改革委员会《关于一九九四年经济体制改革实施要点》。这个要点根据《中共中央关于建立社会主义市场经济体制若干问题的决定》、《国务院关于实行分税制财政管理体制的决定》、《国务院关于金融体制改革的决定》、《国务院关于进一步深化对外贸易体制改革的决定》等文件的部署，提出一九九四年经济体制改革的重点之一是加快财税、金融、外贸、外汇体制改革，以初步确立新型宏观调控体系的基础构架。

〔2〕“三个有利于”，指判断各方面工作是非得失的标准，应该主要看是否有利于发展社会主义社会的生产力、有利于增强社会主义国家的综合国力、有利于提高人民的生活水平。这是邓小平首先提出的。参见邓小平《在武昌、深圳、珠海、上海等地的谈话要点》（《邓小平文选》第3卷，人民出版社1993年版，第372页）。

领导干部一定要讲政治*

（一九九五年九月二十七日）

建国前夕，毛泽东同志就提醒全党同志警惕资产阶级糖衣炮弹的攻击。进城后，我们党成为执政党，绝大多数同志经受住了考验，但也出了刘青山、张子善〔1〕这样的人。改革开放开始不久，邓小平同志就向全党打招呼，指出：不过一两年时间，就有相当多的干部被腐蚀了。这股风来得很猛。如果我们党不严重注意，不坚决刹住这股风，那么，我们的党和国家确实要发生会不会“改变面貌”的问题。这不是危言耸听。邓小平同志这些话讲得很及时、很深刻。我们的大多数干部是好的，但也有一些干部，包括有的高级干部，把中央和邓小平同志的告诫当耳旁风，不注意学习和改造自己，结果走上腐化堕落的道路。前车之鉴，希望大家务必引以为戒。在反腐败问题上，今后的任务仍然很艰巨，决不能有丝毫松懈。各级党委和政府要围绕经济建设这个中心，坚持两手抓，把反腐败斗争与做好改革、发展、稳定的工作结合起来。各级党政主要领导同志要对本地区本部门的反腐败斗争负总责，首先把领导班子管好，一级抓一级，层层抓落实。对严重违纪违法问

* 这是江泽民同志在中共十四届五中全会召集人会议上讲话的一部分。

题，都要一查到底。要立一条规矩：哪里有严重问题不查处，就追究哪里领导的责任。

各级领导干部尤其是高级干部务必带头加强党性锻炼，在改造客观世界的同时努力改造主观世界，严于律己，防微杜渐。党员领导干部不论职务高低、党龄长短，如果放弃世界观的改造，背离为人民服务的宗旨，把党和人民赋予的权力作为谋取私利的手段，就会身败名裂。因此，一定要解决好世界观、人生观问题。我们党员领导干部，首先是高级干部，应该思想境界更高一些，坚持党的事业第一，坚持人民的利益第一，为国家、为民族奋不顾身地工作。有了这样的精神支柱，站得就高了，眼界就宽了，心胸就开阔了，对个人的名利待遇等，就能够正确处理。只有这样，人生才有意义，生活才充实。领导干部首先要堂堂正正做人。做什么人？建议大家重读毛泽东同志的《纪念白求恩》。毛泽东同志要求共产党员学习白求恩〔2〕同志毫无自私自利之心的精神，做一个高尚的人，一个纯粹的人，一个有道德的人，一个脱离了低级趣味的人，一个有益于人民的人。在发展社会主义市场经济的条件下，社会环境和战争年代大不一样了，毛泽东同志的这些话是不是过时了？没有过时，应该说更有现实性。各级领导同志更应该自重、自省、自警、自励，在各方面以身作则，树立好的榜样。要求别人做的，自己首先做到；禁止别人做的，自己坚决不做。有些事情群众能做，我们领导干部不能做。比如，夜总会、高级舞厅等高消费娱乐场所，我看我们领导干部还是不要去，要有这个自觉性。

各级党组织对领导干部要严格要求、严格管理、严格监督。现在,有的干部职务升了,权力大了,对自己的要求却放松了;权力一大,直接监督他的人少了,利用他、为他抬轿子的人多了。如果自己不警惕,组织上又不及时教育和监督,就很容易出问题,甚至出大问题。因此,为了爱护干部,党组织要抓好对干部的经常教育、管理、监督。要加强党内监督,健全对领导干部自下而上、自上而下以及党委内部的监督制度,同时要拓宽党内外监督渠道,发挥群众监督和舆论监督的作用。各级党委不仅要管好干部的选拔任用,而且要管好干部的思想和作风。发现干部有了缺点、毛病,要及时指出,进行帮助,把问题消除在萌芽状态。每个领导干部特别是主要领导干部,要模范遵守党内各项规矩,参加组织生活,开展批评和自我批评,自觉接受党组织和群众的监督。我们的党员、干部,无论职位高低,无论从事何种工作,在党的纪律面前一律平等。在我们党内,决不允许存在超越于党组织和党的纪律之上、不接受监督的特殊人物。

我在这里还要强调一个问题。我们的高级干部,首先是省委书记、省长和部长,中央委员和中央政治局委员,一定要讲政治。我这里所说的政治,包括政治方向、政治立场、政治观点、政治纪律、政治鉴别力、政治敏锐性。在政治问题上,一定要头脑清醒。这个问题,邓小平同志早就提醒过我们。一九八三年,他在党的十二届二中全会讲话中就指出,中央和地方各级党委要把加强整个思想战线的工作郑重地提到重要议事日程,强调"在工作重心转到经济建设以后,全党要研究如何适应新的条件,加强党的思想工作,防止埋头经济工作、忽视思想工作的倾向”[3]。一九八五年,他在党的全国代表会议上讲话时,又要求全党同志认真学习马克思主义理论,“防止一些同志,特别是一些新上来的中青年同志在日益复杂的斗争中迷失方向”[4]。一九八六年,他在天津视察时又说:“改革,现代化科学技术,加上我们讲政治,威力就大多了。到什么时候都得讲政治”[5]。邓小平同志是无产阶级大政治家,他最善于从政治上判断形势、分析问题,是我们学习的榜样。我们搞现代化建设,中心任务是发展经济,但必须有政治保证,不讲政治、不讲政治纪律不行。这一点对高级干部尤其重要。西方敌对势力要西化、分化我们,要把他们那套“民主”、“自由”强加给我们,李登辉[6]要搞“台独”,我们不讲政治行吗?不警惕、不斗争行吗?树欲静而风不止,这是不以人们的意志为转移的。党的十四届四中全会提出高级干部要成为马克思主义政治家。这一点非常重要,但有些同志还没有重视起来。我们的高级干部,绝大多数政治上是好的,是同中央保持一致的。但是,有的干部也确实存在邓小平同志所说的在日益复杂的斗争中迷失方向的问题。我们讲加强政治纪律,最基本的就是要遵守党章,按党章的规定去做。对党章的各项规定,所有党员都要遵守,高级干部更应该带头遵守。比如,党员义务第一条规定,党员要认真学习马克思列宁主义、毛泽东思想、邓小平同志建设有中国特色社会主义理论。你如果不学习,怎么当好领导,怎么提高思想政治水平,怎么把握政治方向,怎么提高政治辨别力?

注　释

〔1〕刘青山，一九三一年加入中国共产党，建国初期任中共天津地委书记。张子善，一九三三年加入中国共产党，建国初期任中共天津地委副书记、天津专区专员。他们在任职期间，利用职权盗用飞机场建筑款、治河款，克扣干部家属救济粮、地方粮、民工供应粮，并骗取银行贷款，将这些款项以机关生产名义违法经营，获取暴利，从中大量贪污，进行贿赂，任意挥霍。一九五一年十一月，中共中央华北局报请中央批准，依法将刘青山、张子善逮捕；十二月将他们开除出党。一九五二年二月，刘青山、张子善被河北省人民法院临时法庭判处死刑。

〔2〕白求恩，即诺尔曼·白求恩（一八九〇——一九三九），加拿大共产党党员，外科医生。一九三七年中国人民抗日战争全面爆发，他率领加拿大、美国医疗队，于一九三八年初来中国，三月底到达延安，不久赴晋察冀边区。他的牺牲精神、工作热忱、责任心，均称模范。由于在一次为伤员施行急救手术时受感染，一九三九年十一月十二日在河北省唐县逝世。一九三九年十二月二十一日，毛泽东撰写《纪念白求恩》一文，赞扬他毫不利己专门利人的精神。

〔3〕见邓小平《党在组织战线和思想战线上的迫切任务》（《邓小平文选》第3卷，人民出版社1993年版，第48页）。

〔4〕见邓小平《在中国共产党全国代表会议上的讲话》（《邓小平文选》第3卷，人民出版社1993年版，第147页）。

〔5〕见邓小平《视察天津时的谈话》（《邓小平文选》第3卷，人民出版社1993年版，第166页）。

〔6〕李登辉，一九二三年生，台湾台北县人，祖籍福建永定。一九八八年至二〇〇〇年任中国国民党主席、台湾当局"总统"。他背离一个中国原则，进行制造"两个中国"、"一中一台"的分裂祖国的活动，支持纵容"台独"分裂势力，一九九九年七月公然抛出将台湾海峡两岸关系歪曲为"国家与国家，至少是特殊的国与国的关系"的"两国论"分裂主张。二〇〇〇年下台后，继续鼓吹"台湾建国"，大肆进行"台独"分裂活动，成为极端"台独"分裂势力的总代表。二〇〇一年，被中国国民党开除党籍。

正确处理社会主义现代化建设中的若干重大关系*

（一九九五年九月二十八日）

在推进社会主义现代化建设的过程中，必须处理好各种关系，特别是若干带有全局性的重大关系。正确处理这些重大关系要贯彻一个总的思想，就是以邓小平建设有中国特色社会主义理论和党的基本路线为指导，针对社会主义市场经济条件下搞现代化建设所遇到的涉及全局的新矛盾新问题，明确我们应该坚持的原则。目的是在总结历史经验的基础上，努力把握客观规律，统一全党认识，团结全国各族人民，调动一切积极因素，加快社会主义现代化建设。

一、改革、发展、稳定的关系

实现今后十五年的奋斗目标和战略任务，必须牢牢把握抓住机遇、深化改革、扩大开放、促进发展、保持稳定的大局，正确处理好改革、发展、稳定三者关系。实践表明，三者关系处理得当，就能总揽全局，保证经济社会顺利发展；处理不当，

---

* 这是江泽民同志在中共十四届五中全会上讲话的一部分。

就会吃苦头，付出代价。

改革、发展、稳定三者存在着不可分割的内在联系。发展是硬道理。中国解决所有问题的关键要靠自己的发展。增强综合国力，改善人民生活；巩固和完善社会主义制度，保持稳定局面；顶住霸权主义和强权政治的压力，维护国家主权和独立；从根本上摆脱经济落后状况，跻身于世界现代化国家之林，都离不开发展。今后十五年我们有充分条件继续实现经济较快增长，必须抓住机遇，珍惜机遇，用好机遇，加快发展。改革是经济社会发展的强大动力，是为了进一步解放和发展生产力。十七年经济建设的巨大成就是在改革中实现的。实现未来十五年的奋斗目标，关键仍在于深化改革。改革是社会主义制度的自我完善和发展。它的决定性作用不仅在于解决当前经济社会发展中的一些重大问题，推进社会生产力的解放和发展，还要为下世纪我国经济持续发展和国家长治久安打下坚实的基础。稳定是发展和改革的前提，发展和改革必须要有稳定的政治和社会环境，这是我们付出了代价才取得的共识。当前正处于经济体制转轨时期，人们思想观念的转变需要一个过程，各方面利益关系变动较大，各种矛盾可能会比较突出，保持稳定更具有重大的现实意义。没有稳定的政治和社会环境，一切无从谈起，多么好的规划、方案都将难以实现。

我们要善于统观全局，精心谋划，从整体上把握改革、发展、稳定之间的内在关系，做到相互协调、相互促进。要把加快改革和发展的紧迫感同科学求实的精神很好地结合起来，充分考虑经济社会各方面的有利条件和可能出现的困难，做到在政治和社会稳定中推进改革和发展，在改革和发展的推进中实现政治和社会长期稳定。

二、速度和效益的关系

我国现代化建设必须遵循速度和效益相统一的原则，正确处理好两者的关系。我们是发展中国家，要实现现代化，缩小与发达国家的差距，关键在于要走出一条既有较高速度又有较好效益的国民经济发展路子。多年来的经验表明，我们讲发展，难就难在把速度和效益有机结合起来。问题往往出在偏重数量扩张，单纯追求增长速度，而忽视经济质量，效益不理想，整体素质不高。这是我们今后经济工作中需要认真解决的一个关键问题。

正确处理速度和效益的关系，必须更新发展思路，实现经济增长方式从粗放型向集约型转变。这种转变的基本要求是，从主要依靠增加投入、铺新摊子、追求数量，转到主要依靠科技进步和提高劳动者素质上来，转到以经济效益为中心的轨道上来。这一思想，早在改革开放之初就已明确提出，虽然取得了一定进展，但总体效果还不明显。其原因是复杂的、多方面的，最主要的是经济体制和运行机制的问题。因此，全党要提高对转变经济增长方式重大意义的认识，通过深化改革，加快建立有利于提高经济效益的社会主义市场经济体制和运行机制。同时，从法制建设、政策实施、规划制定等多方面采取综合配套措施，切实把提高经济效益作为经济工作的中心。

转变经济增长方式，要重视科技和教育，认真实施科教兴国战略,实现科技、教育与经济的紧密结合。科学技术是第一生产力,经济建设必须依靠科学技术,科学技术工作必须面向经济建设,始终把经济建设作为主战场,把攻克国民经济发展中迫切需要解决的关键问题作为主要任务,努力攀登科学技术高峰,提高科技创新能力。教育是基础,关系民族振兴、经济发展和社会全面进步。教育工作必须面向现代化、面向世界、面向未来,提高国民素质,为社会主义现代化事业培养大批跨世纪的优秀人才。

三、经济建设和人口、资源、环境的关系

在现代化建设中,必须把实现可持续发展作为一个重大战略。要把控制人口、节约资源、保护环境放到重要位置,使人口增长与社会生产力发展相适应,使经济建设与资源、环境相协调,实现良性循环。

必须坚定不移地执行计划生育的基本国策,严格控制人口数量增长,大力提高人口质量。我国人口基数大,今后十五年还将增加近两亿人口,这对农业发展、人民生活水平提高和整个经济建设提出了更高的要求,也增大了就业压力。随着企业劳动生产率的不断提高,必须妥善处理好提高劳动生产率与安排富余人员的关系,要广开就业门路,不能把矛盾推向社会。要积极发展乡镇企业和小城镇,加强农业综合开发,引导农业剩余劳动力合理转移和有序流动。

我国耕地、水和矿产等重要资源的人均占有量都比较低。今后,随着人口的增加和经济的发展,对资源总量的需求更

多，环境保护的难度更大。必须切实保护资源和环境，不仅要安排好当前的发展，还要为子孙后代着想，决不能吃祖宗饭、断子孙路，走浪费资源和先污染、后治理的路子。要根据我国国情，选择有利于节约资源和保护环境的产业结构和消费方式。坚持资源开发和节约并举，克服各种浪费现象。综合利用资源，加强污染治理。

四、第一、第二、第三产业的关系

随着经济的发展，产业结构必然不断优化升级，逐步形成同社会生产力水平相适应的第一、第二、第三产业的合理结构。这是各国经济发展的普遍趋势，我国也不例外。处理好第一、第二、第三产业的关系，既有利于经济协调发展，也有利于社会稳定。改革开放以来，我国第一、第二、第三产业都有很大发展。当前的主要问题是，农业基础薄弱，工业素质不高，第三产业发展滞后，第一、第二、第三产业的关系还不协调。今后，必须大力加强第一产业，调整提高第二产业，积极发展第三产业。

加强农业是国民经济发展的首要问题。我国农业不仅要为十多亿人口提供粮食和其他农产品，而且要为第二、第三产业提供重要原材料和广阔市场。加强农业也就是支持工业和第三产业，为农业作贡献也就是为国民经济作贡献。制定计划首先安排好农业，研究政策优先考虑农业。“九五”期间力争粮食生产能力达到一个新水平，并切实解决农村七千万人口脱贫问题，使农民生活达到小康水平。二〇一〇年农业综合生产能力、农村经济和农民收入水平要再上一个新台阶。发展农业，要稳定和完善党在农村的各项基本政策，进一步深化农村改革，多方增加农业投入，发挥科教兴农作用。要积极探索促进农业发展的新思路新办法。各级党委和政府要切实加强对农业的指导、组织和服务工作，建立健全农业社会化服务体系，引导第二、第三产业加强对农业的支持，形成以工补农、以工建农、以工带农的机制。

目前，我国主要工业产品的人均占有水平还不高，国民经济各部门的发展还需要工业提供大量先进技术装备。工业发展的潜力很大，仍然是我国整个经济发展的主要带动力，要调整结构，继续加强基础工业，大力振兴支柱产业，提高素质和水平。第三产业兴旺发达，是现代经济的一个重要特征。发展第三产业，不仅有利于缓解资金、资源供求矛盾和就业压力，优化产业结构，而且有利于提高整个经济的效益，促进市场发育。目前，我国第三产业的比重偏低，需要逐步提高，使之与第一、第二产业的发展相适应，形成合理的规模和结构。要加强对第三产业的规范和管理，重点发展为社会生产和广大群众基本生活服务的行业，规范和发展金融业，引导房地产业健康发展。要吸取国内外经验教训，防止产生泡沫经济。

五、东部地区和中西部地区的关系

改革开放十七年来，东部地区和中西部地区经济都取得了历史上前所未有的大发展。东部地区由于有较好的经济基础和有利的地理环境，加上国家政策上的一些支持，发展比中西部地区更快一些。对于东部地区和中西部地区经济发展中出现的差距扩大问题,必须认真对待,正确处理。

要以邓小平同志关于让一部分地区一部分人先富起来、逐步实现共同富裕的战略思想来统一全党的认识。实现共同富裕是社会主义的根本原则和本质特征,绝不能动摇。要用历史的辩证的观点认识和处理地区差距问题。一是要看到各个地区发展不平衡是一个长期的历史的现象。二是要高度重视和采取有效措施正确解决地区差距问题。三是解决地区差距问题需要一个过程。应该把缩小地区差距作为一条长期坚持的重要方针。

解决地区发展差距,坚持区域经济协调发展,是今后改革和发展的一项战略任务。从"九五"计划开始,要更加重视支持中西部地区经济发展,逐步加大解决地区差距继续扩大趋势的力度,积极朝着缩小差距的方向努力。中西部地区要适应发展市场经济的要求,加快改革开放步伐,充分发挥资源优势,积极发展优势产业和产品,使资源优势逐步变为经济优势。这次全会已作出了部署,提出了包括中央财政转移支付、优先安排资源开发和基础设施建设项目、鼓励到中西部地区投资、理顺资源性产品价格体系等措施。东部地区要继续充分利用有利条件,进一步增强经济活力,在深化改革、转变经济增长方式、提高经济素质和效益方面迈出更大步伐。中央对五个经济特区和上海浦东新区的基本政策不变,在发展社会主义市场经济的过程中,有些具体办法要有所调整和完善。要把五个经济特区和浦东新区办得更好。进一步发挥经济特区、沿海开放城市和开放地带在改革和发展中的示范、辐射、带动作用。同时，东部地区要通过多种形式帮助中西部欠发达地区和民族地区发展经济，促进地区经济协调发展。

六、市场机制和宏观调控的关系

充分发挥市场机制的作用和加强宏观调控，都是建立社会主义市场经济体制的基本要求，两者缺一不可，绝不能把它们割裂开来，甚至对立起来。单纯强调这一面、轻视或者忽视另一面，都不利于改革和发展大业。必须认识到，我国社会主义市场经济体制是同社会主义基本制度结合在一起的，既可以发挥市场经济的优势，又可以发挥社会主义制度的优越性，在处理市场机制和宏观调控、当前发展和长远发展、效率和公平等关系方面，应该比西方国家做得更好、更有成效。

要使我国经济富有活力和效率，必须充分发挥市场机制的作用，这是改革开放以来所积累的重要经验。目前，我国市场发育还不成熟，必须加快市场体系的培育和发展。凡是应当由市场调节的经济活动，要进一步放开放活，激发经济活力。特别是竞争性产业，应主要由市场配置资源。基础性产业也要引入市场竞争机制。同时要看到，市场也存在着自发性、盲目性、滞后性的一面，国家必须对市场活动加以正确指导和调控。我国是发展中的大国，又处在经济体制转轨、产业结构升级和经济快速发展的时期，加强和改善宏观调控尤为重要。要加快健全和完善宏观调控体系，主要运用经济、法律的手段，并辅之以必要的行政手段，抑制通货膨胀，实现经济总量平衡和结构优化。经验证明，微观经济越放开，市场化的进程越快,要求宏观调控越有力和灵活有效。加强和改善宏观调控,要有必要的集中和相应的手段。

充分发挥市场机制的作用和加强宏观调控,都要求加快政府职能转变。关键是要实行政企分开,继续进行行政管理体制和机构的改革。目前,政府机构的设置同发展社会主义市场经济不相适应,要加快改革步伐。

七、公有制经济和其他经济成分的关系

以公有制经济为主体、多种经济成分共同发展,是我们必须长期坚持的方针。它是由我国社会主义制度和现阶段生产力发展水平决定的。实践证明,只有坚持这条方针,才能使我国经济充满生机和活力,促进社会生产力迅速发展。

坚持公有制的主体地位,是社会主义的一项根本原则,也是我国社会主义市场经济的基本标志。在整个改革开放和现代化建设的过程中,我们都要坚持这项原则。只有确保公有制经济的主体地位,才能防止两极分化,实现共同富裕。任何动摇、放弃公有制主体地位的做法,都会脱离社会主义的方向。坚持公有制的主体地位,重要的是要把握好以下几个方面:一是在社会总资产中要保持国家所有和集体所有的资产占优势,二是国有经济在关系国民经济命脉的重要部门和关键领域占支配地位,三是国有经济对整个经济发展起主导作用,四是公有制经济特别是国有企业要适应社会主义市场经济发展的要求不断发展壮大自己。当然,公有制经济在整个经济中应占主体地位是就全国来说的,有的地方、有的产业可

以有所差别。要研究制定国有经济的发展战略和布局，按照建立现代企业制度的目标积极推进国有企业改革，集中力量抓好国有大型企业，对一般国有小型企业进一步放开放活。所有国有企业都要加强内部管理，做好基础性工作。城乡集体经济是公有制经济的重要组成部分，具有广阔的前途，要大力发展。集体企业也要不断深化改革，创造条件，积极建立现代企业制度。

在积极促进国有经济和集体经济发展的同时，允许和鼓励个体、私营、外资等非公有制经济发展，并正确引导、加强监督、依法管理，使它们成为社会主义经济的必要补充。国家对各类企业一视同仁，为各种所有制经济平等参与市场竞争创造良好的环境和条件。

八、收入分配中国家、企业和个人的关系

在收入分配中，必须坚持按劳分配为主体、多种分配方式并存的原则，体现效率优先、兼顾公平，把国家、企业、个人三者的利益结合起来。十多年来，通过经济体制改革和分配政策调整，实行允许和鼓励一部分地区、一部分人通过诚实劳动和合法经营先富起来的政策，激发了企业和劳动者的积极性。但是，也出现了一些需要引起注意的突出问题，主要是国民收入分配过分向个人倾斜，国家所得的比重过低；部分社会成员之间收入差距悬殊。

我们想问题、办事情的出发点和落脚点，始终要考虑人民

群众的根本利益。要正确处理积累和消费的关系。进行现代化建设，国家必须有一定积累，才能集中力量办大事。多年来，财政收入占国民生产总值的比重和中央财政收入占全国财政收入的比重逐年下降，国家财政困难增加，赤字不断扩大。因此，随着经济的发展，必须逐步提高“两个比重”。同时，要努力节约开支，把开源与节流结合起来。企业也要有一定的积累，才能扩大再生产，增强发展后劲。近些年来，出现了国有资产流失的问题。要搞好国有资产管理、监督和经营，加快企业管理者和经营者队伍的建设，形成有利于国有资产保值增值的机制和制度。务必在全社会继续发扬艰苦奋斗的优良传统，提倡勤俭，崇尚节约，防止和纠正脱离经济发展水平的高消费。

在社会主义初级阶段，社会成员之间收入存在一定程度的差距，是难以避免的。但是，如果差距悬殊，而且任其扩大，就会造成多方面的严重后果。我们必须坚持允许和鼓励一部分地区一部分人先富起来、最终实现共同富裕的政策。要在发展经济的基础上，逐步增加城乡居民收入。同时，要把调节个人收入分配、防止两极分化，作为全局性的大事来抓。要区分不同情况，采取有针对性的措施，保护合法收入，取缔非法收入，调节过高收入，保障低收入者的基本生活。

九、扩大对外开放和坚持自力更生的关系

在自力更生的基础上扩大对外开放，是我们必须长期坚

持的方针。邓小平同志指出:“对外开放具有重要意义,任何一个国家要发展,孤立起来,闭关自守是不可能的,不加强国际交往,不引进发达国家的先进经验、先进科学技术和资金,是不可能的。”[1]我国实行对外开放以来,改变了过去封闭半封闭状态,提高了经济技术水平,对加快现代化建设发挥了巨大作用。我们必须坚定不移地进一步扩大对外开放。同时要看到,在发展对外经济关系中也存在着一些问题。要认真总结经验,以国家的法律和政策为依据,正确引导,加强管理,维护国家的根本利益,把对外开放工作做得更好。

我们这样大的社会主义国家搞现代化建设,必须处理好扩大对外开放和坚持自力更生的关系,把立足点放在依靠自己力量的基础上。要引进先进技术,但必须把引进和开发、创新结合起来,形成自己的优势;要利用国外资金,但同时更要重视自己的积累。这样才能争取时间,加快缩小与发达国家的差距。独立自主不是闭关自守,自力更生不是盲目排外。讲独立自主、自力更生,绝不是要闭关锁国、关起门来搞建设,而是要把对外开放提高到一个新的更高水平。

十、中央和地方的关系

我们党历来十分重视处理好中央和地方的关系。充分发挥中央和地方两个积极性,是国家政治生活和经济生活中的一个重要原则问题,直接关系到国家的统一、民族的团结和全国经济的协调发展。我们国家大、人口多,情况复杂,各地经济发展不平衡。赋予地方必要权力,让地方有更多因地制宜的灵活性，发挥地方发展经济的积极性和创造性，有利于增强整个经济的生机和活力。同时，全国经济是一个有机的整体，中央必须制定和实施全国性法律和方针政策，才能保证总量平衡和结构优化，维护全国市场的统一，促进国民经济有序运行和协调发展。

改革开放以来，实行权力下放，地方积极性得到充分发挥，有力地推动了改革和发展。这是一条重要经验，应当充分加以肯定。但是，在这个过程中，也出现了一些新的矛盾和问题。有的地方和部门过多地考虑本地区本部门的局部利益，贯彻执行中央的方针政策不力，甚至出现了“上有政策、下有对策”，有令不行、有禁不止的现象；应当由中央集中的则集中不够，某些方面存在过于分散的现象。我们既不允许存在损害国家全局利益的地方利益，也不允许存在损害国家全局利益的部门利益。在新形势下，必须更好地坚持发挥中央和地方两个积极性的方针。总的原则应该是：既要有体现全局利益的统一性，又要有统一指导下兼顾局部利益的灵活性；既要有维护国家宏观调控权的集中，又要在集中指导下赋予地方必要的权力。当前，应该抓紧合理划分中央和地方经济管理权限，明确各自的事权、财权和决策权，做到权力和责任相统一，并力求规范化、法制化。必须加强中央的统一领导，维护中央权威。宏观调控权必须集中在中央，中央在制定政策时要充分考虑地方合理的利益和要求，地方要自觉服从和顾全大局，正确运用国家赋予的必要权力，调节好本地区的经济活动。只有把中央和地方两个积极性都发挥好，才能使国民经济既生机勃勃又持续健康地向前发展。

十一、国防建设和经济建设的关系

国防现代化是我国社会主义现代化的重要组成部分，加强国防建设是国家安全和经济发展的基本保证。我们加强国防建设完全是为了自卫，同时也将增强维护世界和平的力量。党的十一届三中全会以后，邓小平同志根据国际形势的变化，高瞻远瞩地提出了国防建设必须转变指导思想，由立足于临战状态转到和平时期的正规化、现代化建设上来。国防建设和军队建设必须以经济建设为依托，服从国家经济建设的大局。国民经济发展了，才能为国防现代化提供必要的物质技术基础。国家要根据需要和可能，支持和加强国防建设。

国防建设要贯彻积极防御的战略方针，走有中国特色的精兵之路。把握新时期国防建设和军队建设的特点，增强我军在现代技术特别是高技术条件下的防卫和应急作战能力，着重提高军队素质，增强整体效能。要加强国防科研，提高部队装备现代化水平。按照发展社会主义市场经济的要求，坚持军民结合、平战结合，建立和完善国防工业运行机制，提高军民兼容程度，增强平战转换能力，走出一条符合我国国情并反映时代特征的国防现代化建设道路。

十二、物质文明建设和精神文明建设的关系

我们进行现代化建设，无疑要致力于发展生产力，把物质

文明建设好。同时，必须把社会主义精神文明建设提到更加突出的地位。要把物质文明建设和精神文明建设作为统一的奋斗目标，始终不渝地坚持两手抓、两手都要硬。任何情况下，都不能以牺牲精神文明为代价去换取经济的一时发展。

改革开放以来，政治经济形势很好，精神文明建设也取得了很大进展。但是，还存在一些亟待解决的问题，思想政治工作薄弱，拜金主义、享乐主义抬头，一些地方社会治安情况不好，一些腐败、丑恶现象又重新滋生蔓延。这些问题应该引起我们高度重视，采取切实有力的措施加以解决。

社会主义精神文明建设要以马克思列宁主义、毛泽东思想、邓小平建设有中国特色社会主义理论为指导，大力发扬党的优良传统，弘扬中华民族的优秀思想文化，加强爱国主义、集体主义、社会主义思想教育，培育有理想、有道德、有文化、有纪律的社会主义公民，吸收世界文明的一切优秀成果，提高全民族的思想道德素质和科学文化素质。要积极探索在社会主义市场经济的条件下搞好精神文明建设的新思路新办法，逐步形成有利于社会主义现代化建设的舆论力量、价值观念、道德规范和文化条件。精神文明建设要同经济发展战略相适应，纳入国民经济和社会发展的总体规划。

这十二个关系是在改革和发展的新形势下带有全局性的重大问题。随着实践的发展，认识会不断深化，还会出现新的矛盾和问题，各方面关系也会发生变化，所采取的方针政策也必然会有所调整。希望全党同志特别是高级干部都来研究这些重大问题，解放思想、实事求是，加强调查研究，集中群众智慧，提高领导水平，找出解决办法，把我国现代化建设更好地推向前进。

注　释

〔1〕见邓小平《政治上发展民主，经济上实行改革》（《邓小平文选》第3卷，人民出版社1993年版，第117页）。

让我们共同缔造一个更美好的世界*

（一九九五年十月二十四日）

主席先生：

饱经沧桑的二十世纪仅剩下几个春秋，人类即将跨入充满希望的二十一世纪。在这临近世纪之交的时刻，各国领导人从四面八方来到这里，纪念当代具有普遍性、权威性的政府间国际组织——联合国成立五十周年，是很有意义的。我们可以利用这个机会，站在更高的立足点上，回顾过去，展望未来，共同探讨如何实现联合国所肩负的崇高使命。

五十年前，正当世界反法西斯战争取得伟大胜利之时，联合国诞生了。这是国际关系史上的重大事件。在本世纪上半叶，不到三十年就爆发了两次世界大战，给人类带来空前的浩劫和惨痛的教训。联合国宪章的制定和联合国组织的创建，适应了时代进步的客观需要，体现了各国人民渴求消除战争劫难的强烈愿望，反映了人类要求建立一个和平、平等、合作、繁荣的新世界的美好理想。

---

* 这是江泽民同志在美国纽约联合国总部举行的联合国成立五十周年特别纪念会议上的讲话。

战后五十年间,世界发生翻天覆地的变化。时而波澜壮阔,令人振奋;时而风雨如磐,惊心动魄。

在战争浩劫中空前觉醒的各国人民,强烈要求掌握自己的命运。争取民族解放和社会进步的斗争如火如荼。数十亿人民挣脱殖民主义枷锁,一百多个国家获得民族独立。广大发展中国家作为新兴的力量登上国际政治舞台,在世界事务中发挥着不可忽视的重要作用。社会生产力迅速发展,科学技术日新月异,世界经济达到了前所未有的规模和水平。维护和平的力量和制约战争的因素不断增长。人类赢得了半个世纪的和平,社会取得了巨大进步。

但是,战后世界并不是一个和谐安宁的世界。东西冷战对峙,南北矛盾加深,地区冲突不断,核军备竞赛轮番升级,世界人民仍然生活在动荡不安和核武器威胁的阴影之中。冷战结束后,虽然总的说来国际局势趋于缓和,但霸权主义和强权政治依然存在,领土、民族、宗教、资源等因素引发的武装冲突和局部战争连绵出现。不公正不合理的国际政治经济旧秩序没有得到改变,发展中国家仍有亿万人民处于贫困状态。人类的生存和发展面临着一系列严峻挑战。

联合国是反映国际风云变幻的一面镜子。五十年来,世界政治格局几经演变,联合国也走过了一条不平坦的道路。

联合国依靠广大会员国共同努力,为缓解地区冲突,消除殖民主义,推动裁减军备,促进世界的和平、合作和发展,做了许多有益的工作和积极的贡献。广大会员国对秘书长关于《和平纲领》和《发展纲领》的报告展开的热烈讨论,表明各国人民期望联合国为和平与发展的崇高事业发挥更积极有效的作用。今天,联合国在世界上的地位和影响,是其他国际组织或国家集团所不能替代的。但是,联合国也遭受过不少挫折和失败。有的大国曾经利用联合国的旗号推行他们的政治意志,他们之间的争夺往往使联合国陷于无所作为的困境。广大发展中国家的意志和权益,在联合国长期未能得到充分尊重。这是人们不能满意的。

中国古代思想家孔子说:“四十而不惑,五十而知天命”〔1〕。一个人有了几十年的生活经历,就可以更好地理解世事之变迁,更坚定地去实现自己的志向和理想。今天,在庆祝联合国五十诞辰之际,人们自然更加殷切地希望联合国遵循宪章的宗旨和原则,倾听各国人民的呼声,跟上时代的步伐,以新的面貌来迎接新的世纪。

世界的发展变化昭示人们:人民是历史的创造者和推动者。历史洪流回旋跌宕,奔腾不息,人类社会走向进步的趋势不可阻挡。任何国家,自恃强大,迷信武力,谋求霸权,推行扩张政策,注定要失败。制造借口侵犯他国主权,干涉他国内政,终将自食其果。不顾当代世界丰富多彩的客观实际,企图把自己的社会制度、发展模式和价值观念强加于人,动辄以孤立、制裁相威胁,这种霸道行为只能以损人开始、以害己告终。凭借不公正不合理的国际经济秩序,把自己的发展建立在他国贫困落后的基础上,是不得人心的。企图包揽世界事务,主宰别国人民命运的做法,越来越行不通了。总之,一切违背时代潮流、违反各国人民根本利益的行径,必然要受到抵制和反对。

半个世纪的经验和教训,联合国宪章的宗旨和原则,和平与发展的时代主题,向我们提出庄严而迫切的要求。

我们要创造安全可靠、长期稳定的国际和平环境。和平是世界人民的第一需要，没有和平，任何建设事业都无从谈起。国家之间的争端，要通过谈判、协商的方式和平解决，不应诉诸武力或以武力相威胁。联合国的维和行动必须严格遵循联合国宪章的有关规定，不能成为变相干预内政，更不能卷入冲突、成为战争的一方，而且要量力而行。要全面禁止、彻底销毁核武器及其他大规模杀伤性武器，裁减少数国家的庞大武库，遏制和消除可能导致战争的诸多因素，保障各国和各地区的安全。

我们要恪守以主权平等和互不干涉内政为核心的国际关系准则。联合国的创始者们五十年前在宪章中所确定的这些原则，今天更具强大生命力和现实意义。世界上所有主权国家，不分大小、强弱、贫富，都是国际社会的平等一员。无论发达国家还是发展中国家，都拥有平等参与国际事务的权利。互相尊重主权和领土完整、互不侵犯、互不干涉内政、平等互利、和平共处等项原则，应该成为各国共同遵守的国际关系准则。国家主权神圣不可侵犯，任何国家都没有干预他国内部事务、把自己的意志强加于人的特权。有的大国常常打着“民主”、“自由”、“人权”的幌子，侵犯别国主权，干涉别国内政，破坏别国的统一和民族团结，这是当今世界不安宁的一个主要原因。现在应该是消除以大欺小、以强凌弱、以富压贫的现象，书写国际关系史新篇章的时候了。

我们要建立互利互补、共同发展的新型国际经济关系。随着国家之间联系的日益紧密，经济上的相互依存和优势互补也越发明显。任何国家都不能置身于国际社会之外，不能脱离世界大市场。经济生活的国际化，要求各国在科技、经济、金融、贸易等领域开展广泛的交流和合作，实行相互开放，摒弃贸易保护主义和贸易歧视政策。长期的殖民主义统治和不公正不合理的国际经济秩序，造成许多第三世界国家的贫困落后状态。消除贫困，是当代世界的重大课题。发达国家应该从提供资金、减免债务、转让技术、平等贸易等方面，支持和帮助发展中国家振兴经济，提高人民生活水平，这也符合发达国家的长远利益。各国经济共同增长和普遍繁荣，是人类努力的方向。

我们要造成自主选择、求同存异的国际和谐局面。世界上约有二百个国家，无论是社会制度、价值观念、发展程度，还是历史传统、宗教信仰、文化背景，都存在着差异。根据本国国情和自己的意愿选择社会制度和发展道路，是各国人民的主权，别人无权干涉。每个国家和民族都有自己的特点和长处，大家只有彼此尊重、求同存异、和睦相处、互相促进，才能创造百花争妍、万紫千红的世界。没有多样化，就不成其为世界；没有多样化，也不成其为联合国。不承认、不尊重世界多样性，企图建立清一色的一统天下，是必定要碰壁的。

我们要共同对付人类生存和发展面临的挑战。我们大家生活在同一个星球上。生态环境恶化、贫困失业、人口膨胀、疾病流行、毒品泛滥、国际犯罪活动猖獗，以及妇女儿童权益得不到保障，等等，都是事关人类生存和发展的全球性问题。发达国家对其在工业化、现代化过程中造成的生态环境恶化是欠了债的，理所当然地应对环境保护作出更大贡献。这些全球性问题的逐步解决，不仅要靠各国自身的努力，还需要国际上的相互配合和密切合作。

我们认为,各国人民所期待建立的国际政治经济新秩序,应该包括上述内容。联合国应当也能够在这方面发挥自己独特的重要作用。可以说,实现这样的新秩序,是我们所要共同缔造的更美好世界的主要标志。

主席先生!

中国是国际大家庭的一员。中国离不开世界。中国的改革开放和现代化建设,需要一个长期的国际和平环境,需要同各国发展友好合作关系。世界也需要中国。世界的和平与发展,需要中国的稳定和繁荣。

中国是一个历史悠久、人口众多的国家,创造了灿烂的古代文明,对人类作出了重大贡献。十九世纪中叶以后,中国逐步变成贫穷落后的半殖民地半封建社会。中国人民为了捍卫国家的独立、主权和统一,实现民族振兴,进行了长期不屈不挠的斗争,终于在一九四九年建立了中华人民共和国。现在,中国人民正在沿着建设有中国特色社会主义道路阔步前进,正在集中精力发展经济,提高自己的生活水平。中国人民热爱和平,渴望发展,愿意同世界各国人民发展友好合作关系,坚持奉行独立自主的和平外交政策。中国发展和强大起来,也绝不谋求霸权,绝不会对任何国家构成威胁,而且中国作为维护世界和平与稳定的重要力量,必将对人类作出更大贡献。如果占世界人口五分之一的中国不发展,长期贫困落后下去,那就会给亚太地区乃至世界的和平与稳定带来严重影响。

世界上只有一个中国,台湾是中国领土不可分割的一部分。中华人民共和国政府是中国的唯一合法政府,是中国在联合国的唯一代表。海峡两岸实现和平统一，是包括台湾同胞在内的全体中国人民的坚定意志和决心，是不可阻挡的历史潮流。具有几千年爱国主义传统的中国人民，完全有能力、有办法、有信心排除任何干扰，完成祖国统一大业。

中国是旧金山制宪会议的发起国之一，也是会议的四主席之一，对联合国的诞生作出过重要贡献。中国作为联合国创始成员国和安理会常任理事国，一贯恪守联合国宪章的宗旨和原则，认真履行自己的国际责任和义务。中国希望联合国在国际事务中进一步发挥积极有效的作用。我们主张本着公平、合理、充分协商的精神，经过认真酝酿和讨论，对联合国进行必要的适当的改革。这种改革，应该有利于实现联合国宪章的宗旨和原则，有利于完成时代赋予联合国的繁重任务，有利于体现地区均衡原则，有利于增强第三世界国家在联合国的地位和作用。

主席先生！

我们这一代政治家，对世界和平、发展与进步事业肩负着继往开来的历史使命，任重而道远。历史既公正，又无情。我们绝不能辜负世界人民的殷切期望。让我们携起手来，为迎接新世纪的到来，为缔造一个更美好的世界而共同努力！

谢谢大家。

注 释

〔1〕见《论语·为政》。原文是："吾十有五而志于学，三十而立，四十而不惑，五十而知天命，六十而耳顺，七十而从心所欲不逾矩。"

讲学习，讲政治，讲正气*

（一九九五年十一月八日）

现在，有些地方、部门和社会领域出现一些消极混乱现象，而且往往得不到及时纠正，虽然有多方面的原因，但根本的一条是由于那里的党政领导不力，甚至放弃领导。这种状况必须引起我们高度重视。

要加强领导，首先必须加强对干部特别是领导干部的教育，努力提高他们的素质、责任感和工作水平。改革开放和现代化建设越深入，越要加强对干部的教育。这是摆在全党面前的一项严重任务。陈希同问题和王宝森案件[1]以及一些类似问题的发生，深刻地说明了这一点。在党的建设中，必须把教育干部摆在突出的位置，作为关键的一环来抓。

根据当前干部队伍的状况和存在的问题，在对干部进行教育当中，要强调讲学习，讲政治，讲正气。全国都应这样做，北京市更要起带头作用。

讲学习，历来十分重要。我们这个国家和民族，自古以来就以重视学习、讲究学问之道而著称于世。我国历史上出现了许多有作为的政治家、志士仁人和著名学者，他们的建树都

---

* 这是江泽民同志在北京市考察工作时讲话的一部分。

是同勤于学习、具有丰富的知识分不开的。今天，你不学习马克思列宁主义、毛泽东思想、邓小平建设有中国特色社会主义理论，不学习历史知识、经济知识和其他科学文化知识，你的思想理论水平和精神境界怎么提高，怎么能防止发生错误和失误？自我改造也是一种重要的学习。周恩来同志说过，领导干部要活到老，学到老，改造到老。面对改革开放这场深刻而伟大的历史变革，你不在改造客观世界的同时努力改造主观世界，怎么能够当好领导，又怎么能够始终经受住权力、金钱、美色的考验？

知识在不断更新，我们各级领导干部更应自觉地加紧学习，争取掌握更多的现代科学文化知识。昨天晚上，我们去参观"八五"国防科技预研成果展览，里面的许多东西，包括一些专用术语，如果不学习、不请教，就看不大懂。什么叫现代战争？海湾战争〔2〕可以说给我们上了一课。如果我们不掌握现代科技知识、军事知识，怎么能懂得高技术条件下的现代战争？军事方面是如此，经济、文化等方面也是如此，知识的海洋太浩瀚了。所以，大家都要学习、学习、再学习。应该学会毛泽东同志所提倡的"挤"和"钻"的精神，先挤出时间来学习，然后再钻研进去。没有一股自觉的挤劲和钻劲，是学不好的。我再三讲，我们的领导干部，应该少搞一点卡拉OK，少搞一点应酬活动，多搞一点学习。自己掌握的知识多了，学问多了，精神境界也就会高起来。

讲政治，对共产党人来说任何时候都要坚持。我在党的十四届五中全会上强调，领导干部特别是高级干部一定要讲政治。这也是针对当前党内一些干部的现状而言的，是有的放矢的。现在，有些领导干部脑子里政治这根弦可以说比较松了，有的甚至到了是非不辨、美丑不分的地步。有的同志产生了一种误解，以为坚持以经济建设为中心，就可以不注意政治了。这完全不符合邓小平同志的思想和中央的要求。邓小平同志在改革开放之初就明确提出，搞经济建设、搞现代化建设，必须有政治保证。坚持四项基本原则，警惕西方敌对势力西化、分化我国的政治图谋，反对李登辉〔3〕和达赖〔4〕分裂祖国的行为，抵制封建主义、资本主义腐朽思想文化的侵蚀，都是政治。同外国人做生意，要坚持维护国家利益和民族利益，这既是一种经济要求，也是一种政治要求。不讲这些，我们的改革开放和经济建设就不可能顺利进行，就不可能保证建设有中国特色社会主义事业的成功。总之，对于邓小平同志所说的什么时候都得讲政治，大家一定要加深理解、自觉遵循。

讲正气，是中华民族也是我们党的一个优良传统。古语所说的“我善养吾浩然之气”〔5〕，“一点浩然气，千里快哉风”〔6〕，等等，都是讲一个人必须树立正气，必须有正义感。有了一腔浩然正气，才能无所畏惧地前进，才能不屈不挠地为国家、为社会建功立业。文天祥〔7〕专门写过一篇《正气歌》，他在《过零丁洋》中写下的“人生自古谁无死，留取丹心照汗青”，以及顾炎武〔8〕的“天下兴亡，匹夫有责”，等等，为什么会成为千古传诵的名句，就是因为充满着高昂激越的爱国正气。我们党的宗旨是全心全意为人民服务，这就是全党同志首先是各级领导干部必须坚持树立和发扬的最大的正气。大大发扬这种正气，以权谋私和拜金主义、享乐主义、极端个人主义的邪气就滋长不起来。要教育干部自觉地树立正气，坚决同歪风邪气作斗争。

注　释

〔1〕陈希同，曾任中共中央政治局委员、中共北京市委书记、北京市市长等职。王宝森，曾任中共北京市委常委、北京市副市长等职。王宝森在任职期间，滥用职权，大肆侵吞、挥霍、挪用公款，腐化堕落，一九九五年四月四日畏罪自杀；同年七月四日，中共中央纪律检查委员会决定开除其党籍。陈希同在任职期间，利用职务之便，收受、侵吞大量贵重物品；腐化堕落，大量挥霍公款；利用职权支持亲属和身边工作人员等经商，谋取非法利益；严重失职，对王宝森违法犯罪活动负有重大责任。一九九五年四月，陈希同因王宝森案件引咎辞职；同年九月，中共十四届五中全会决定撤销其中央政治局委员、中央委员的职务。一九九七年八月二十九日，中共中央纪律检查委员会决定并报中央批准，开除其党籍。一九九八年七月三十一日，北京市高级人民法院以贪污罪和玩忽职守罪判处其有期徒刑十六年。

〔2〕见本卷《关于军事战略方针和国防科技问题》注〔1〕。

〔3〕见本卷《领导干部一定要讲政治》注〔6〕。

〔4〕见本卷《论民族工作》注〔4〕。

〔5〕见《孟子·公孙丑上》。

〔6〕见北宋苏轼《水调歌头·黄州快哉亭赠张偓佺》。

〔7〕文天祥（一二三六——一二八三），南宋吉州庐陵（今江西吉安）人。南宋大臣、文学家。南宋末年任右丞相兼枢密使，坚持抗元斗争，被俘后拒绝投降，英勇就义。

〔8〕顾炎武（一六一三——一六八二），生于明代，苏州昆山（今江苏昆山）人。明清之际思想家。“天下兴亡，匹夫有责”一句，参见顾炎武《日知录》卷十三《正始》。原文是：“保天下者，匹夫之贱，与有责焉耳矣。”

坚持党对军队的绝对领导*

（一九九五年十二月十七日）

去年军委扩大会议上，我曾强调要把思想政治建设摆在全军各项建设的首位，提出要着重抓好“四个教育”〔1〕。最近召开的党的十四届五中全会，一个重要精神，就是要求全党同志首先是高级干部一定要讲政治。加强思想政治建设和讲政治是一致的。中国人民解放军是中国各族人民的子弟兵。没有一个人民的军队，便没有人民的一切。中国人民解放军又是执行党的政治任务的武装集团，它以党的宗旨为宗旨，以党的目标为目标。新民主主义革命时期，我军执行的政治任务是通过武装斗争推翻三座大山〔2〕、建立新中国，就是毛泽东同志讲的“枪杆子里面出政权”〔3〕。新中国成立以后，我军执行的政治任务是维护祖国统一，保障国家安全和社会稳定，保卫和参加社会主义建设事业，也就是用枪杆子巩固政权、捍卫社会主义江山。总之，我军是人民民主专政的坚强柱石，是捍卫社会主义祖国的钢铁长城，也是体现我们党和国家政治优势的重要力量。我军在国家生活中的这种特殊的职能和地位，决定了讲政治是我军优良传统的精髓和军队建设的灵魂。

* 这是江泽民同志在中央军委扩大会议上讲话的一部分。

因此,任何时候都必须把思想政治建设摆在首位,任何时候在讲政治的问题上都必须有更高的要求和更高的自觉性。

讲政治,要贯彻到军队各项工作中去。根据我军建设的实际,要特别强调以下几个问题。

首先,最根本的是保证党对军队的绝对领导。这一点在新的历史时期尤为重要。毛泽东同志作为我军的主要缔造者,为确立党对军队的绝对领导作出了巨大的历史性贡献。他在三湾改编时提出“支部建在连上”〔4〕这一建军原则,把党的组织建立在基层,从而使党得以切实掌握部队。他主持起草的古田会议决议,提出了党对军队领导的根本原则、措施和方法,明确规定党不仅要管党员、管政治工作,而且要管军事、管打仗。毛泽东同志还从政治原则的高度明确了党同军队的关系,鲜明地提出:“我们的原则是党指挥枪,而决不容许枪指挥党。”〔5〕毛泽东同志创立的党对军队的绝对领导的理论及其一整套制度,对于消除一切旧式军队的影响,把我军这支以农民为主要成分的军队建设成为新型的无产阶级军队,起到了决定性作用。邓小平同志历来十分重视军队在国家政治生活特别是维护国家稳定中的重要作用,他从来都是从政治上思考和处理军队问题的。这也是邓小平同志新时期军队建设思想最显著的特色。邓小平同志指出,我们国家所以稳定,军队没有脱离党的领导的轨道,这很重要。他强调,党要管军队,军队任何时候都要听党中央的话,选人也要选听党的话的人,军队不能打自己的旗帜。最近,军委决定将邓小平同志一九九二年十月六日的重要指示传达到全军师以上干部。邓小平同志在这一重要指示中深刻总结了军队建设的历史经验,揭示了坚持党对军队的绝对领导的重大现实意义,从政治的高度阐明了新时期军队建设带根本性的问题:一是军队要保持团结一致,不能容许宗派主义和山头主义存在;二是要保持老红军本色;三是要选拔培养好接班人。邓小平同志的指示高瞻远瞩,寓意深远,是他对军队的政治交待。全军师以上干部要反复学习,不断加深理解,坚决贯彻执行。

近几年来,军委狠抓了军队党的建设,军队中各级党组织较好地发挥了领导核心作用和战斗堡垒作用,部队思想政治建设得到了加强。我军在政治上是合格的,党中央是完全信赖的。同时,必须看到,西方敌对势力为实现其西化、分化我国的政治图谋,正在伺机对我军进行渗透和破坏,他们鼓吹的“军队非党化”、“军队非政治化”那一套,就是妄图改变我军的性质,使我军脱离党的领导。军队的同志特别是高中级干部,对此必须高度警惕,始终保持政治上的清醒和坚定。

关于讲政治,我在党的十四届五中全会上讲了六个方面,即政治方向、政治立场、政治观点、政治纪律、政治鉴别力、政治敏锐性。对军队来说,解决好这六个方面的问题,最根本的就是要保证党对军队的绝对领导,保证人民军队的性质。在坚持党对军队的绝对领导这个问题上必须旗帜鲜明、态度坚定。如果在这个问题上含含糊糊,甚至自行其是,那是绝对不能允许的。一定要在全军牢固树立党对军队的绝对领导的观念,保证枪杆子永远掌握在忠于党的可靠的人手里,保证我军在任何时候任何情况下都同党中央在政治上保持一致,模范地贯彻执行党的路线方针政策,一切行动听从党中央和中央军委指挥,不折不扣地执行党中央和中央军委的决策和指示。

严守政治纪律是坚持党对军队的绝对领导的保证。毛泽东同志在总结我党我军同张国焘〔6〕分裂党、分裂红军的阴谋作斗争的经验时，深刻阐明了维护党的纪律的极端重要性，指出必须以党的纪律来保证党指挥枪这一原则的贯彻执行，并重申党的纪律是个人服从组织，少数服从多数，下级服从上级，全党服从中央。邓小平同志非常重视军队的政治纪律问题，指出："我们这个军队，历来强调一切行动听指挥，强调自觉遵守革命纪律。不这样，我们能够战胜比我们强大得多的敌人吗？能够保证党对军队的绝对领导、贯彻执行党的路线和政策吗？能够加速我军革命化现代化建设吗？"〔7〕他一再强调军队要防止和克服宗派主义和山头主义的影响，指出："我们的传统是军队听党的话，不能搞小集团，不能搞小圈子"〔8〕，"小圈子那个东西害死人呐！很多失误就从这里出来，错误就从这里犯起"〔9〕。部队里边如果搞团团伙伙，搞任人唯亲，就会内耗纷起、人心涣散，军队的集中统一就会受到破坏，甚至会丧失战斗力。因此，必须严格政治纪律，任何人都不得违反。遵守政治纪律就要反对自由主义。现在有一种不好的现象，就是有的同志热衷于打听人事上的消息，上至军委、总部，下至本单位，甚至传播海外媒体散布的谣言。对这种不良现象，我们高级干部要特别注意，一经发现，务必坚决制止。大家要相信党、相信群众，一门心思抓工作，不要为个人升迁去留等分心走神，更不要沾染上世故圆滑、看风使舵的坏习气。

第二，必须加强思想政治教育。没有思想上的过硬，就没有政治上的过硬。落实军队讲政治的要求，必须狠抓思想政治教育。我们要把爱国奉献教育、革命人生观教育、尊干爱兵教育、艰苦奋斗教育，搞得一年比一年更深入、更有成效。通过坚持不懈的教育，使广大干部战士特别是各级领导干部不断提高马克思主义理论水平，提高思想政治素质，提高辨别是与非、善与恶、美与丑、荣与辱的能力，筑牢拒腐防变的思想防线。在对外开放和经济体制转变的过程中，各种错误思想倾向不可避免地会对部队产生冲击，各种腐朽思想文化对干部战士的侵蚀也不可低估。在这种情况下，在重大原则问题上注意分清是非界限，具有很重要的现实意义。比如，马克思主义同反马克思主义的界限，社会主义公有制为主体、多种经济成分共同发展同私有化的界限，社会主义民主同西方议会民主的界限，辩证唯物主义同唯心主义形而上学的界限，社会主义思想同封建主义、资本主义腐朽思想的界限，学习西方先进东西同崇洋媚外的界限，文明健康生活方式同消极颓废生活方式的界限，等等。划清这些基本界限，才能使我们的同志保持政治上的坚定和思想道德上的纯洁，才能保证党和军队的优良传统和优良作风发扬光大，才能保证全党全军全国人民团结一致，不断夺取建设有中国特色社会主义事业的新胜利。军队的思想政治教育一定要适应改革开放和军队革命化、现代化、正规化建设的新形势，紧密联系干部战士的思想实际，加强针对性、系统性、创造性。军队各级领导干部的思想境界应该更高一些，一切要以党和人民的利益为重，以军队建设事业为重，带头实践全心全意为人民服务的宗旨，兢兢业业地履行自己的职责。针对新形势下出现的新情况新问题，要特别重视对高中级干部的严格要求、严格教育、严格管理、严格监督。总政治部根据军委指示，起草了《关于加强军队高中级干部教育管理的意见》，这次军委扩大会议讨论后将正式下发，全军高中级干部要坚决贯彻执行。

第三，必须搞好军政军民关系和官兵关系，加强军政军民团结和军队内部团结。拥政爱民是我军的光荣传统，良好的军政军民关系是部队建设顺利进行的重要保证。军委、总部和各大单位党委历来十分重视这个问题。毛泽东同志在延安时期就讲过，从根本上说，政治问题主要是对人民的态度问题、同人民群众的关系问题。他指出："兵民是胜利之本。"〔10〕建国以后，他又指出："军民团结如一人，试看天下谁能敌。"〔11〕不断加强军政军民团结和军队内部团结，是军队政治建设的一项重要任务。我们的军政军民关系和官兵关系总的是好的，但在新形势下也出现了一些新情况新问题。要对官兵加强拥政爱民、遵纪守法的教育，处处体现我军文明之师的良好形象。各级领导机关和领导干部要切实负起责任，管好部队。对于严重失职的领导干部，要给予必要的纪律处分。地方各级党政机关要关心和支持部队建设，教育广大干部群众尊重军队和军人，自觉维护军队的形象和军人的合法权益，对非法侵害军人权益的行为要依法惩处。国务院有关部门和各级地方政府，制定涉及军队的政策规定，应当有利于部队战备、训练和减轻部队社会负担。军地双方都要珍惜军政军民团结，共同维护安定团结的政治局面。在官兵关系上，上级要多关心下级，干部要多关心士兵，努力帮助基层解决训练、生活中的困难，坚决杜绝侵占战士利益和打骂、体罚战士的现象。

第四，必须加强各级领导班子建设。军队各级领导班子是战斗指挥部，在军队建设中起着枢纽作用。党的基本路线和大政方针，党中央和中央军委的决策和指示，能否全面贯彻落实，首先取决于各级领导班子的工作。这几年，军队各级领导班子特别是军以上领导班子的建设，总的情况是比较好的。但是，少数领导班子对自身建设抓得不紧，有的执行军委、总部的指示和规定不坚决，有的民主集中制坚持得不好，党内生活缺少原则性，因而发生了一些本应避免的问题。例如，关于各级干部的住房标准，军委、总部早已明文规定，但有的单位仍然我行我素，“集体犯规”，以党委会或办公会的名义作出超标准建造、装修住房的决定。尤为严重的是，有的单位发生了严重违纪问题，主要领导提议向上级隐瞒，党委竟然作出隐情不报的决定。领导班子处于这样丧失原则和软弱涣散的状态，能够保证部队建设顺利进行吗？能够保证工作的正确方向吗？当前，对各级领导班子提出讲政治的要求，这是从大局出发的，是从爱护干部出发的。如果不重视这个问题，就会犯极大的错误。搞好领导班子建设，首先各级领导干部要认真学习马克思列宁主义、毛泽东思想、邓小平建设有中国特色社会主义理论，用科学理论武装自己的头脑和指导各项工作。坚持和健全民主集中制，对领导班子是一个极为重要的问题。民主集中制是我们党和国家的一项根本制度，也是坚持党对军队的绝对领导的重要保证。加强民主集中制，必须坚持和完善集体领导和个人分工负责相结合的制度，既要强调军政主官对部队工作负主要责任，也要防止主官个人说了算、个人凌驾于组织之上。凡属部队建设中的重大问题，必须经过党委充分酝酿和讨论，由党委集体决定。部队各级军政主官应该成为坚持民主集中制的表率，能够虚怀若谷、集纳群言。领导班子中的其他成员都应该以对党的事业高度负责的精神，切实履行自己的职责，敢于坚持真理、秉公直言。要切实加强对各级领导班子的监督，包括上级对下级的监督，班子成员的相互监督，纪委、审计部门和群众的监督。还要特别重视掌握和运用批评和自我批评这个马克思主义的武器。今年上半年，各大单位党委常委民主生活会的质量有了明显提高，党组织内部批评和自我批评开展起来了，高级干部相互谈心也有明显进步。不足之处是，有些同志自我批评触及思想深处不够，相互批评还缺乏思想交锋。批评和自我批评以及谈心活动，对于分清是非、增强团结、克服缺点、改进工作、防止失误，都很有益处，是加强领导班子建设的好办法，应该坚持下去。

注　释

〔1〕“四个教育”，指爱国奉献教育、革命人生观教育、尊干爱兵教育、艰苦奋斗教育。

〔2〕见本卷《爱国主义和我国知识分子的使命》注〔2〕。

〔3〕见毛泽东《战争和战略问题》（《毛泽东选集》第2卷，人民出版社1991年版，第547页）。

〔4〕见本卷《部队要做到政治合格、军事过硬、作风优良、纪律严明、保障有力》注〔1〕。

〔5〕见毛泽东《战争和战略问题》（《毛泽东选集》第2卷，人民出版社1991年版，第547页）。

〔6〕张国焘（一八九七——一九七九），江西萍乡人。一九二一年参加中国共产党第一次全国代表大会。曾任中共中央委员、中央政治局委员、中央政治局

常务委员会委员，中共鄂豫皖中央分局书记兼鄂豫皖革命军事委员会主席，西北革命军事委员会主席等职。一九三五年六月红军第一、第四方面军在四川懋功（今小金）地区会师后，任中华苏维埃共和国中央革命军事委员会副主席、红军总政治委员。他反对中央关于红军北上的决定，进行分裂党和红军的活动，另立中央。一九三六年六月，被迫取消第二中央。一九三八年四月，借参加祭黄帝陵之机离开陕甘宁边区，经西安逃往武汉，投入国民党特务集团，随即被开除出党。

〔7〕见邓小平《在中央军委全体会议上的讲话》（《邓小平文选》第 2 卷，人民出版社 1994 年版，第 81—82 页）。

〔8〕见邓小平《改革开放政策稳定，中国大有希望》（《邓小平文选》第 3 卷，人民出版社 1993 年版，第 317 页）。

〔9〕见邓小平《组成一个实行改革的有希望的领导集体》（《邓小平文选》第 3 卷，人民出版社 1993 年版，第 301 页）。

〔10〕见毛泽东《论持久战》（《毛泽东选集》第 2 卷，人民出版社 1991 年版，第 477 页）。

〔11〕见毛泽东《八连颂》（《毛泽东诗词集》，中央文献出版社 1996 年版，第 210 页）。

宣传思想战线的主要任务*

（一九九六年一月二十四日）

宣传思想工作在全党工作中具有特殊重要的地位和作用。党的理论和路线方针政策，国家的法律法规，都要通过宣传思想工作灌输到群众中去。宣传思想工作部门担负着宣传群众、动员群众、教育群众、提高群众的责任。我们要集中精力把经济建设搞上去，促进社会全面进步，需要宣传思想工作提供有力的保证。只有全党全国人民目标明确、思想统一、精神振奋、行动一致，建设有中国特色社会主义事业才能顺利前进。

我们要充分看到在新的历史时期宣传思想工作的重要性、艰巨性、复杂性。要把党的基本理论、基本路线和方针政策贯彻到各项工作中去，任务还很繁重。在对外开放和发展社会主义市场经济的条件下，宣传思想工作将长期面临十分复杂的局面。实行改革开放政策，国门打开了，就会出现一些新的情况。如何积极吸收世界优秀文明成果，同时有效地抵御国际敌对势力对我国进行西化、分化的政治图谋，帮助人们满怀信心地建设有中国特色的社会主义；如何充分发挥市场

* 这是江泽民同志在全国宣传部长会议上讲话的主要部分。

机制的积极作用，同时有效地防止拜金主义、享乐主义、极端个人主义的滋长蔓延，帮助人们树立社会主义的理想、信念和道德风尚，这是一个重大的历史课题。全党都要认真对待、认真研究、认真解决，而宣传思想战线负有特别重要的责任。在一九九四年召开的全国宣传思想工作会议上，我提出宣传思想战线要以科学的理论武装人，以正确的舆论引导人，以高尚的精神塑造人，以优秀的作品鼓舞人。这四句话，大家都赞同，认为它概括了宣传思想战线的主要任务，并努力照此去做了。现在要考虑的是，如何把这四句话进一步贯彻落实到各项工作中去。

一、关于以科学的理论武装人

我们正在从事伟大的开创性事业，只有用马克思列宁主义、毛泽东思想特别是邓小平建设有中国特色社会主义理论武装起来，才能不断取得成功。十多年来，我们改革和建设的伟大成就，就是在党的基本理论和基本路线指引下取得的。应该看到，我们的现代化建设是在一种复杂的国际环境中进行的。我们既面临着良好的历史机遇，也面临着严峻的挑战。西方大国经济、科技领先，控制国际市场，推行霸权主义和强权政治，国际敌对势力千方百计对我国进行渗透、颠覆活动。在国内，我们又处在一个继往开来的关键时期，在前进中面临的许多复杂的新矛盾新问题，需要正确处理。我们要继续开拓前进，取得新的胜利，必须进一步提高全党坚持党的基本理论和基本路线的自觉性和坚定性。我们党的领导干部特别是高级干部，只有具备较高的马克思主义理论水平，才能够驾驭全局，掌握改革和建设的主动权，抓住机遇，加快发展；才能够在变幻的国际形势中保持清醒的头脑，在任何风浪中站稳脚跟。

以科学的理论武装人，就是全党同志首先是各级领导干部，必须坚持不懈地学习马克思列宁主义、毛泽东思想特别是邓小平建设有中国特色社会主义理论。要通过学习，努力掌握解放思想、实事求是这个精髓，提高运用马克思主义基本原理解决改革开放和现代化建设中各种实际问题的能力。学习理论，一要挤时间，二要钻进去。我希望各级领导干部增强学习理论的自觉性，在这方面起带头作用。

《马克思恩格斯选集》、《列宁选集》、《毛泽东选集》和《邓小平文选》这几部书，选得比较精，我是摆在案头经常翻阅的，希望省部级以上领导干部也经常学习，这很有好处。我这里没有叫大家背教条的意思。我们党从来主张，要努力学习和掌握马克思主义的立场、观点、方法并用以解决实际问题。现在出现的许多新情况新问题，在马列著作中找不到现成答案，因为那个时期没有这些情况和问题。理论家要对尚未出现的社会现象进行预言是有困难的，要求百分之百的准确是不可能的。比方说，马克思在《〈政治经济学批判〉序言》中指出："无论哪一个社会形态，在它所能容纳的全部生产力发挥出来以前，是决不会灭亡的；而新的更高的生产关系，在它的物质存在条件在旧社会的胎胞里成熟以前，是决不会出现的。"马克思的这一论点，可以帮助我们理解为什么资本主义至今没有完全消亡。但是，马克思未能预见到在帝国主义的薄弱环节俄国爆发了十月革命，诞生了苏联。所以，列宁发展了马克思主义。现在，苏联解体了，世界社会主义受到严重挫折。而在我们中国，因为有邓小平同志把马克思主义同当代中国实际和时代特征相结合创立的建设有中国特色社会主义理论，有久经考验的马克思主义政党和党的正确的路线方针政策，有人民群众的支持，社会主义不仅保持住了，而且发展了。这就可以看出邓小平建设有中国特色社会主义理论的威力。人民是创造历史的动力，而领导者代表人民的利益，站在时代发展的前列，对历史的航向、国家的命运发挥着重要作用。因此，领导干部要认真学习马克思主义著作，真正担负起时代赋予的重任。在加强理论学习的同时，也要看一点历史名著。比如，狄更斯〔1〕的《双城记》，我十五岁时读过这本书，现在再来读，感受就不一样了。那时是看小说，现在是借以理解历史。最完整地描绘法国大革命的，还是狄更斯的《双城记》，比雨果〔2〕的《九三年》还要完整。总之，希望我们省、自治区、直辖市的领导同志努力提高理论水平和知识水平。

最近，中央强调一个重要精神，就是领导干部一定要讲政治。为什么要强调这个问题？就是为了使全党更加坚定不移、更加全面正确地贯彻执行邓小平建设有中国特色社会主义理论和党的基本路线，把我国改革开放和现代化建设搞得更好。经济是基础。我们坚持以经济建设为中心，这是绝对不能动摇的。但是，没有强有力的政治保证，经济建设是搞不好的。讲政治，核心是坚持正确的政治方向、政治立场。我们搞的现代化是社会主义现代化，我们搞的市场经济是社会主义市场经济。在这些根本问题上，中央历来是十分明确的。

现在,我们有些干部埋头于事务,很少考虑政治方向、政治立场问题,缺乏应有的政治辨别力、政治敏锐性。问题的症结就在于不讲政治,头脑里缺乏马克思主义和社会主义的政治。解决这些问题,最根本的是要认真学习和掌握马克思主义理论,落实以科学的理论武装人的任务。有了坚实的理论基础,有了理论上的坚定,政治上才能坚定,才能过得硬。也就是说,理论坚定是政治坚定的基础。讲政治,绝不是简单重复一些政治口号,而是要紧密联系实际,把党的基本理论、基本路线、基本方针和基本政治原则贯彻落实到各项工作中去,继续推进建设有中国特色社会主义事业。各级领导干部一定要努力提高政治素质,在原则问题上一定要旗帜鲜明。要注意分清一些基本界限。比如,马克思主义同反马克思主义的界限,社会主义公有制为主体、多种经济成分共同发展同私有化的界限,社会主义民主同西方议会民主的界限,辩证唯物主义同唯心主义形而上学的界限,社会主义思想同封建主义、资本主义腐朽思想的界限,学习西方先进东西同崇洋媚外的界限,文明健康生活方式同消极颓废生活方式的界限,等等。在这样一些重大问题上,我们领导干部不能是非不辨、美丑不分,不能对那些同党的主张背道而驰的言论听之任之,不能让那些同党的宗旨和纪律不相容的歪风邪气滋长起来。

以科学的理论武装人,还有一个重要方面,就是要引导广大党员、干部树立正确的世界观、人生观、价值观。面对改革开放和现代化建设这场深刻而伟大的历史变革,全党同志必须在改造客观世界的同时努力改造主观世界,坚定社会主义、共产主义的理想信念,坚持全心全意为人民服务的宗旨,发扬为人民利益甘于奉献的精神。这样，我们的党组织才能增强凝聚力和战斗力，我们的党员、干部才能经得起各种风浪的考验，经得起权力、金钱、美色的考验。我看一些人栽跟头、犯错误、出问题，大都出在这六个字上。我们的干部要经得起考验，一个重要办法，就是要认真学习，加强修养，树立正确的世界观、人生观、价值观，真正为人民服务，为我们的事业献身。江苏有句俗语：家有黄金数吨，一日不过三顿。陆放翁〔3〕有两句诗："利欲驱人万火牛，江湖浪迹一沙鸥。"前一句描绘陷入功名利禄使人丑恶的现象，后一句劝人把功名利禄看得淡一些。郑板桥〔4〕的一首《道情》，也很值得那些功名利禄思想重的人读一读："老书生，白屋中，说黄虞，道古风；许多后辈高科中。门前仆从雄如虎，陌上旌旗去似龙，一朝势落成春梦。倒不如蓬门僻巷，教几个小小蒙童。"当然，对古人的这些话，要从积极的意义去理解。任何人总有退出历史舞台的那一天。借用一句话，要"安全着陆"、"软着陆"。功名利禄思想太重了，没有什么好处，使自己不得自由。人应该有高尚的灵魂。

二、关于以正确的舆论引导人

舆论十分重要，千万不能忽视。在这方面，我们有成功的历史经验，也有过沉痛的教训。在一九八九年那场政治风波中，舆论引导上发生的严重失误，给全党同志上了深刻的一课。坚持正确的舆论导向，首先要把握好报刊、通讯社、广播电台、电视台、出版社的宣传方向，把这些阵地牢牢地掌握在我们党手里，掌握在马克思主义者手里。这几年，中央宣传部在这方面做了大量工作，建立了一套宏观管理制度，新闻舆论导向是正确的。这里，我再强调三点。

一是要激励人民。用正确的舆论引导人，最根本的是，动员全党同志和全国各族人民为实现党的基本路线而奋斗，为实现人民群众的根本利益而奋斗，坚定不移地推进建设有中国特色社会主义事业。我们的一切宣传，都要有利于党的团结和人民群众的团结，有利于人们奋发向上。

二是要服务大局。正确处理改革、发展、稳定三者的关系，更好地为全党全国工作大局服务，是新闻舆论工作需要十分重视和认真研究的问题。在宣传党的基本理论、基本路线和方针政策上要全面准确。在事关人民利益、党的原则、国家安全、民族团结、对外关系等重大问题上，宣传报道一定要符合中央的精神。报刊、通讯社、广播电台、电视台、出版社，都要把促进改革、推动发展、维护稳定作为自己工作的准则和目标。

三是要加强管理。坚持正确的舆论导向，要靠宣传思想工作部门各单位共同努力，不断提高工作水平，同时还要加强宏观管理。这是近些年来创造的一条重要经验。要按照马克思主义新闻观，按照为人民服务、为社会主义服务、为全党全国工作大局服务的要求，加强对舆论宣传的指导、监督和管理。在这方面，领导干部思想一定要统一。我们要不断总结在新的形势下加强舆论宣传管理的经验。要不断提高新闻宣传的质量，使之更加为人民群众所喜闻乐见。

中央宣传部报告中提出，新闻、出版业要治散治滥。中央政治局常委讨论时认为，这个意见很好。现在，全国广播电台、电视台、报刊都是数以千计，有的甚至近万。这么大的数量，这么分散，世界罕见。我听说每年都有一场“报刊发行大战”。一些地方不重视订阅《人民日报》，不转播中央人民广播电台和中央电视台的重要节目。有些报纸和杂志竞相登载格调不高的东西。出现这种情况的原因很多，其中一条，就是只考虑部门利益、地方利益、小团体利益。这个问题，请中央宣传部、广播电影电视部、新闻出版署尽快拿出治理办法来。当然，治散治滥，单靠宣传思想工作部门是不够的，各级党委和政府都要积极支持，加强领导。

三、关于以高尚的精神塑造人

要在我们这样一个经济文化比较落后的国家实现社会主义现代化，如果没有一批又一批、一代又一代用高尚精神武装起来的先进分子，如果没有这些先进分子团结和带领广大群众共同奋斗，是不可能成功的。我们说的高尚精神，就是指我们党的崇高理想和信念、优良传统和作风，包括中华民族几千年形成、发展起来的优秀文化传统和美德。

毛泽东同志、邓小平同志都讲过，人是要有一点精神的。这里，我们重温一下邓小平同志在改革开放之初的一段重要论述。邓小平同志说：“要教育全党同志发扬大公无私、服从大局、艰苦奋斗、廉洁奉公的精神，坚持共产主义思想和共产主义道德。我们要建设的社会主义国家，不但要有高度的物质文明，而且要有高度的精神文明。所谓精神文明，不但是指教育、科学、文化(这是完全必要的),而且是指共产主义的思想、理想、信念、道德、纪律,革命的立场和原则,人与人的同志式关系,等等。学习和培养这些革命精神,并不需要多么好的物质条件,也不需要多么高的教育程度。我们不是靠马克思主义的科学理论和上述的革命精神参加革命到现在吗?从延安到新中国,除了靠正确的政治方向以外,不是靠这些宝贵的革命精神吸引了全国人民和国外友好人士吗?没有这种精神文明,没有共产主义思想,没有共产主义道德,怎么能建设社会主义?党和政府愈是实行各项经济改革和对外开放的政策,党员尤其是党的高级负责干部,就愈要高度重视、愈要身体力行共产主义思想和共产主义道德。否则,我们自己在精神上解除了武装,还怎么能教育青年,还怎么能领导国家和人民建设社会主义!”[5]邓小平同志还联系新时期的实际,概括出党在长期革命斗争中形成的五种精神:革命和拼命精神,严守纪律和自我牺牲精神,大公无私和先人后己精神,压倒一切敌人、压倒一切困难的精神,坚持革命乐观主义、排除万难去争取胜利的精神。他说:“如果一个共产党员没有这些精神,就决不能算是一个合格的共产党员。不但如此,我们还要大声疾呼和以身作则地把这些精神推广到全体人民、全体青少年中间去,使之成为中华人民共和国的精神文明的主要支柱,为世界上一切要求革命、要求进步的人们所向往,也为世界上许多精神空虚、思想苦闷的人们所羡慕。”[6]

现在,我们广大干部群众的精神风貌,总的是好的。但是,也要看到,党内和社会上确实存在消极现象,有些地方还相当严重。这些虽然是支流,但必须高度重视。有的党员、干部把为人民服务挂在嘴上，却沉溺于歌厅舞场，热衷于吃喝玩乐，肆意挥霍国家钱财。有的为了表功，弄虚作假，谎报成绩。有的串门子，拉关系，跑官要官。这些虽然是少数人所为，但严重败坏党的声誉，严重影响社会风气，同我们提倡的高尚精神是背道而驰的。这也反映出这些人所在的党组织软弱涣散，放弃了对党员、干部的思想教育。我们讲以高尚的精神塑造人，首先要弘扬党的正气。党是整个社会的表率，党的各级领导同志又是全党的表率。要促进社会风气进步，必须搞好党风。各级领导同志必须以身作则，不能搞"两张皮"，对别人讲马克思主义，而自己却搞那些乌七八糟、见不得人的事。加强党的建设，要把加强党内的思想教育特别是对领导干部的严格要求、严格管理、严格监督，放在突出地位。身教重于言教。越是改革开放，越要加强党内的教育，越要发扬党的高尚精神和优良传统。在这方面，宣传思想工作部门要注意抓典型。这几年，大力宣传孔繁森、张鸣岐、李润五等先进人物，收到很好的效果。我们要继续宣传各条战线涌现出来的优秀党员、优秀干部和劳动模范，同时要加强舆论监督，适当选择一些搞歪风邪气的典型，给他们曝曝光，有的还要绳之以法。要深入进行爱国主义、集体主义、社会主义的宣传教育，把我们党一贯倡导的高尚精神，灌输到广大干部群众的思想和行动中去。

现在，宣扬腐朽、低级趣味、封建迷信的东西时有出现，一些有殖民文化色彩的东西也时有出现。有的饭店叫什么"帝王酒家"，有的商店叫什么"花花公子商店"，还有什么"贵族学校"、"贵族医院"，等等。国外有个刊物就叫《花花公子》，内容很下流，有教养的人都不看，而我们有人竟然拿它当招牌。有的广告宣扬什么“皇家气派”、“公爵品味”，有的商品刻意追求洋名称、洋招牌，为人家做义务宣传。有的出版物的名称、封面、内容，低级庸俗，社会反应很不好。这些东西多了，在人们眼前晃来晃去，潜移默化，会把人们的思想观念引向哪里？这个问题，各级党委和政府都要重视，工商行政管理部门要管，新闻出版单位也要管。中央宣传部提出，宣传文化单位要做到“六要六不要”〔7〕，其中有一条就讲不要见利忘义，我看讲得好，要落实到工作中去。

四、关于以优秀的作品鼓舞人

宣传文化工作能不能团结人民、鼓舞人民，很大程度上要看有没有一大批好的精神产品。没有优秀作品，就没有正确导向。优秀作品是一个国家、一个时代精神文化水平的集中反映，对精神产品生产具有重要的影响和示范作用。文学史上有许多东西是昙花一现的，但像狄更斯的《双城记》、托尔斯泰〔8〕的《战争与和平》以及米切尔〔9〕的《飘》这些世界名著，现在人们还在看。我们也有《红楼梦》、《三国演义》、《水浒传》这样一些古典名著。凡是真实反映一个历史时代的、文学性高的、内涵丰富的作品，就是不朽的。我们的文艺工作者，要在这方面下功夫。希望我们的小说、戏剧、诗歌、散文、电影、电视、音乐、美术等，在新时期都有优秀的代表作品出现。像《义勇军进行曲》、《黄河大合唱》、《团结就是力量》、《歌唱祖国》这些优秀歌曲，鼓舞和教育了几代人，都是传世之作。我们说的优秀作品，应该是这样的作品。近年来，各级宣传文化部门和广大宣传文化工作者积极努力，创作和演出了一批弘扬主旋律、受到人民群众喜爱的好作品。比如，去年举行的纪念抗日战争暨世界反法西斯战争胜利五十周年的《光明赞》文艺晚会、纪念国歌创作六十周年音乐会，思想性和艺术性都是好的，使人深受鼓舞。

树立正确的创作思想，是出好作品的关键。宣传文化部门要切实加强对创作思想的引导。首先要解决好为谁服务的问题。工人、农民、知识分子是我国社会主义现代化建设的主体力量，他们的劳动实践、工作实践是我国社会生活的主流。我们的精神产品应该着力去反映他们从事改革开放和现代化建设的生动实践，反映他们创造美好生活的聪明才智和精神风貌，为他们创作和生产更多更好的精神食粮。这是宣传文化工作者的神圣职责。我们还要看到，一个民族只有在努力发展经济的同时，保持和发扬自己的民族文化特色，才能真正自立于世界民族之林。我们能不能继承和发扬中华民族的优秀文化传统，吸收世界各国的优秀文化成果，建设有中国特色社会主义的文化，这是事关中华民族振兴的大问题，事关建设有中国特色社会主义事业取得全面胜利的大问题。在这方面，我们的理论、新闻、文艺、出版工作者担负着特殊重要的使命。我们应该从这样的高度来对待自己的工作，审视自己的作品，对社会负责，对人民负责，对后代负责。

我们希望广大宣传文化工作者经常学习毛泽东同志《在延安文艺座谈会上的讲话》和邓小平同志《在中国文学艺术工作者第四次代表大会上的祝词》。在文艺创作中要坚持“二为”方向和“双百”方针，努力形成一种大胆探索、积极创新的良好气氛，同时还要积极开展健康的文艺评论。欧洲文艺复兴时期，文艺创作很活跃，文艺评论也很活跃。俄国十九世纪产生了一批有世界影响的作家，也产生了车尔尼雪夫斯基〔10〕、别林斯基〔11〕、杜勃罗留波夫〔12〕这样的有权威的大评论家。我们的文艺评论，要提倡说理，对优秀作品应该褒扬，对不健康的东西也应该批评。在开展文艺评论中，既不能庸俗捧场，也不能乱扣帽子，更不能把正确的批评说成是打棍子。如果那样，我们就没有文艺评论了。总之，我们的文艺评论要提倡相互切磋、共同提高。在这里，我提出一个建议，为了搞好我们的创作、表演，可以经常开一些座谈会，听听工人、农民、知识分子、解放军指战员的意见，听听民主党派和社会各界的意见。希望广大宣传文化工作者走出去、走下去，深入生活、深入群众，从人民群众改革和建设的伟大实践中汲取丰富的思想营养，创作出无愧于时代的优秀作品。

我们要一手抓繁荣，一手抓管理。最近，报上登的苏州市一位母亲的信，反映了广大群众的心声。《人民日报》那篇《警惕“电脑犯罪”》的短评〔13〕写得也很好。这位母亲的信，读了以后，催人泪下。政治局常委们谈起这件事，都感到心情沉重。一个十六岁的孩子，本来是个好青年，家长寄予厚望，为了让他学电脑技术，拿出家中所有存款买了电脑，结果受到黄色光盘的毒害。我们全党同志都有责任教育好青少年。如果对这样的事无动于衷、麻木不仁，怎么得了！我们一定要加强文化市场管理。对那些毒害群众、毒化社会空气的精神垃圾，要坚决取缔，决不能手软。要坚持“扫黄打非”，促进文化市场健康发展。

在发展社会主义市场经济的条件下，处理好社会效益和经济效益的关系，是精神产品生产的一个很重要的问题。要进一步研究宣传文化领域的有关政策特别是文化经济政策。要善于运用市场机制增强文化企事业单位的活力，同时要形成有利于把社会效益放在首位的环境和条件。现在，这个问题还没有解决好。不少干部群众反映，我们有些革命历史纪念馆、博物馆等重要爱国主义教育基地，也去搞"创收"，办什么家具展销、服装展销等等。对这种现象，群众意见很大。为解决这个问题，我看有一条应该研究，就是要确定一批有重大影响、把社会效益作为唯一准则的单位和项目，由各级政府提供经费保证。这个钱不能省。可以由中央提供一些，地方也提供一些，逐步解决非盈利的公益性文化单位经费困难的问题。

注　释

〔1〕狄更斯，即查尔斯·狄更斯（一八一二——一八七〇），英国作家。主要作品除长篇小说《双城记》外，还有长篇小说《大卫·科波菲尔》、《荒凉山庄》、《艰难时世》等。

〔2〕雨果，即维克托·马里·雨果（一八〇二——一八八五），法国作家。主要作品除长篇小说《九三年》外，还有长篇小说《巴黎圣母院》、《悲惨世界》和诗作《历代传说集》等。

〔3〕陆放翁，即陆游（一一二五——一二一〇），生于北宋，越州山阴（今浙江绍兴）人。南宋诗人。本文引语见陆游《秋思》。

〔4〕郑板桥，即郑燮（一六九三——一七六五），清代江苏兴化（今江苏兴化）

人。清代书画家、文学家。

〔5〕见邓小平《贯彻调整方针,保证安定团结》(《邓小平文选》第2卷,人民出版社1994年版,第367页)。

〔6〕见邓小平《贯彻调整方针,保证安定团结》(《邓小平文选》第2卷,人民出版社1994年版,第368页)。

〔7〕这里所说的"六要六不要",是一九九四年一月召开的全国宣传思想工作会议提出的。即:要帮忙,不要添乱;要唱响主旋律,不要搞"噪音";要注意社会效益,不要见利忘义;要遵守宣传纪律,不要各行其是;要"聚焦",不要"散光";要狠抓落实,不要搞花架子。

〔8〕托尔斯泰,即列夫·尼古拉耶维奇·托尔斯泰(一八二八——一九一〇),俄国作家。主要著作除长篇小说《战争与和平》外,还有长篇小说《安娜·卡列尼娜》、《复活》和论著《艺术论》等。

〔9〕米切尔,即玛格丽特·米切尔(一九〇〇——一九四九),美国女作家。主要作品为长篇小说《飘》。

〔10〕车尔尼雪夫斯基,即尼古拉·加夫里洛维奇·车尔尼雪夫斯基(一八二八——一八八九),俄国革命民主主义者,哲学家、文艺评论家、作家。主要著作有论著《艺术与现实的美学关系》、《哲学中的人本主义原理》、《资本和劳动》和长篇小说《怎么办?》等。

〔11〕别林斯基,即维萨里昂·格里戈里耶维奇·别林斯基(一八一一——一八四八),俄国革命民主主义者,哲学家、文艺评论家。主要著作有《文学的幻想》、《智慧的痛苦》、《评唯物主义理论哲学研究指南》、《给果戈理的信》等。

〔12〕杜勃罗留波夫,即尼古拉·亚历山德罗维奇·杜勃罗留波夫(一八三六——一八六一),俄国革命民主主义者,文艺评论家、哲学家。主要著作有《俄国文学发展中人民性渗透的程度》、《黑暗的王国》、《真正的白天什么时候到来?》等。

〔13〕这篇短评发表于一九九五年十二月十八日《人民日报》。

坚持依法治国*

（一九九六年二月八日）

加强社会主义法制建设，依法治国，是邓小平建设有中国特色社会主义理论的重要组成部分，是我们党和政府管理国家和社会事务的重要方针。实行和坚持依法治国，就是使国家各项工作逐步走上法制化的轨道，实现国家政治生活、经济生活、社会生活的法制化、规范化；就是广大人民群众在党的领导下，依照宪法和法律的规定，通过各种途径和形式，管理国家事务，管理经济和文化事业，管理社会事务；就是逐步实现社会主义民主的制度化、法律化。实行和坚持依法治国，对于推动经济持续、快速、健康发展和社会全面进步，保障国家长治久安，具有十分重要的意义。

人类历史即将进入二十一世纪。党的十四届五中全会提出了我国到二〇一〇年的跨世纪发展蓝图。到那时，我国社会主义市场经济体制将达到比较完善的程度。世界经济的实践证明，一个比较成熟的市场经济，必然要求并具有比较完备的法制。市场经营活动的运行、市场秩序的维系、国家对经济活动的宏观调控和管理，以及生产、交换、分配、消费等各个环

* 这是江泽民同志在中共中央举办的法制讲座上的讲话。

节，都需要法律的引导和规范；在国际经济交往中，也需要按照国际惯例和国与国之间约定的规则办事。这些都是市场经济的内在要求。我们要实现经济体制和经济增长方式的根本性转变，也必须按照市场的一般规则和我们的国情，健全和完善法制，全面建立社会主义市场经济和集约型经济所必需的法律体系。

经济在发展，社会在前进，新情况新问题会不断出现，解决问题的新经验也会不断产生。正因为如此，我们的法制建设也必然是一个不断深化、加强、健全、完善的过程，不可能毕其功于一役。有了新情况、新问题、新经验，经过研究和总结，就要适时地制定新的有关法律法规。这样才能避免新问题出来后，仍然用老办法去处理，陷于很不规范、也很难从容行事的被动局面。还有一个重要问题需要引起我们注意，就是为了保障各种基本法律法规顺利实施，必须在积累实践经验的基础上，搞出实施的具体条例来。没有这种条例，基本法律法规的贯彻落实就会遇到许多困难。

加强社会主义法制建设，坚持依法治国，一项重要任务是不断提高广大干部群众的法律意识和法制观念。思想是行动的先导。干部依法决策、依法行政是依法治国的重要环节。公民自觉守法、依法维护国家利益和自身权益是依法治国的重要基础。广大干部群众法律水平的高低，直接影响着依法治国的进程。实践经验说明，法律不健全，制度上有严重漏洞，坏人就会乘机横行，好人也无法充分做好事。实践经验还说明，如果人们的法律意识和法制观念淡薄，思想政治素质低，再好的法律和制度也会因为得不到遵守而不起作用，甚至会形同虚设。因此,加强社会主义法制建设必须同时从两个方面着手,既要加强立法工作,不断健全和完善法制;又要加强普法教育,不断提高干部群众遵守法律、依法办事的素质和自觉性。二者缺一不可,任何时候都不可偏废。我们在搞好立法工作的同时,必须坚持不懈地做好法制宣传教育工作,力争在“三五”普法期间即二○○○年前,使广大干部群众的法律素质有一个新的提高。

一种观念的树立,一种意识的培养,需要一个相当长的过程。要充分认识法制宣传教育的长期性和艰巨性,并逐步使之制度化、规范化。特别是各级领导干部务必加强对法律和法学知识的学习,努力掌握和提高运用法律手段管理经济社会事务的本领,以自身的实际行动带动广大干部群众,在全社会形成学法、用法的良好风气,为坚持依法治国打下坚实的思想基础。

依法治国是社会进步、社会文明的一个重要标志,是我们建设社会主义现代化国家的必然要求。经过全党全社会共同努力,随着社会主义民主法制建设的日益加强,随着社会主义市场经济体制的建立和完善,我们党和政府依法治国的水平必将不断提高。

关于讲政治*

（一九九六年三月三日）

讲政治，对于一个马克思主义政党来说，不是什么新问题。从我们的老祖宗马克思、恩格斯、列宁到毛泽东同志、邓小平同志，可以说是一以贯之的。这也是我们党的优良传统。为什么现在要强调一下这个问题呢？目的是希望全党更加坚定不移、更加全面正确地贯彻执行邓小平建设有中国特色社会主义理论和党的基本路线，把我国改革开放和现代化建设搞得更好。

党的十一届三中全会确定以经济建设为中心。这是我们党在深刻总结历史经验基础上作出的战略决策，实践已经充分证明这个决策是完全正确的。经济是基础，解决中国的所有问题，归根到底要靠经济的发展。从这个意义上说，集中力量把经济搞上去，实现中国的现代化，本身就是最大的政治。所以，无论形势发生怎样的变化，除了发生大规模的外敌入侵，坚持以经济建设为中心，这一条是绝对不能动摇的。在坚持经济建设这个中心的同时，必须坚持四项基本原则、坚持改

---

* 这是江泽民同志在参加八届全国人大四次会议、全国政协八届四次会议的党员负责同志会议上讲话的一部分。

革开放这两个基本点。这也是实践充分证明了的客观真理。坚持这两个基本点,都是为了保证和促进经济建设这个中心任务和社会主义现代化目标的顺利实现。我国改革开放搞得很成功,要继续坚定不移地把它搞得更好,以不断增强经济社会发展的活力。四项基本原则是保证经济建设和改革开放最根本的政治条件。坚持党的基本路线一百年不动摇,包括坚持一个中心和两个基本点都不能动摇。如果认为以经济建设为中心,就可以忽视其他方面的工作,或者认为经济搞上去了,其他事业就会自然而然地上去,那就不对了。这样的想法和做法都是不符合实际的,都是片面和有害的。我们一定要学会辩证地认识和处理改革、发展、稳定的关系,经济同政治的关系,物质文明同精神文明的关系,生产力同生产关系、经济基础同上层建筑的关系。

社会主义现代化建设是我们当前最大的政治,因为它代表着人民的最大的利益、最根本的利益。这是邓小平同志在改革开放之初就提出来并讲得很清楚的。搞经济建设、搞现代化建设,必须有政治保证。这也是邓小平同志在改革开放之初就提出来并讲得很清楚的。一九八六年,他在视察天津时又强调:“改革,现代化科学技术,加上我们讲政治,威力就大多了。到什么时候都得讲政治”〔1〕。这个思想十分重要。中央最近强调讲政治,就是要把邓小平同志的这个思想坚持贯彻好。我们要求领导干部讲政治,绝不会影响经济的发展,更没有任何意思要去以政治代替经济。恰恰相反,这是为了创造更加充分的政治条件和提供更强有力的政治保证,确保全国人民一心一意地把经济建设更好更快地搞上去。我们讲政治，绝不是像境外一些报刊歪曲的那样，中国又要回到过去搞什么“以阶级斗争为纲”，搞什么“左”的那一套了，更不是也绝不会去搞什么运动。他们制造这样的舆论是别有用心的，我们的同志要警惕，不要上当。有这样的担心和疑虑是毫无必要的，也没有任何根据。我们讲政治，也绝不是简单重复一些政治口号，不是搞空头政治，而是像邓小平同志早就讲过的那样，要使政治同经济、政治同各项业务紧密结合在一起，保证经济工作和其他各项工作沿着正确的方向更好更有秩序地进行。

我们讲的政治，是马克思主义的政治，是建设有中国特色社会主义的政治。我在党的十四届五中全会上讲过，讲政治包括政治方向、政治立场、政治观点、政治纪律、政治鉴别力、政治敏锐性。政治是经济的集中表现，是为经济服务的。这是马克思主义基本原理。没有离开政治的经济，也没有离开经济的政治。没有强有力的政治保证，经济建设是搞不好的。只有讲政治，才能保证把党的基本理论、基本路线、基本方针和各项政策，把国家的法律法规贯彻到经济建设和各项工作中去，防止和排除各种错误思想、错误倾向的干扰，保持正确的发展方向。只有讲政治，才能动员、鼓舞和团结全国各族人民，为实现党和国家确定的经济建设和社会发展的宏伟目标而共同努力奋斗。只有讲政治，才能正确认识和处理两类不同性质的社会矛盾，有力地打击国内外敌对势力的破坏活动和各种形式的犯罪活动，为经济发展创造良好的社会政治环境。只有讲政治，才能妥善处理各种利益关系，最大限度地调动各方面的积极性，并把各方面的积极性引导好、保护好、发挥好。只有讲政治，才能使广大干部特别是各级领导干部提高思想政治素质，增强总揽和驾驭全局的能力，从而提高领导经济建设和现代化建设的水平。只有讲政治，才能坚持党的全心全意为人民服务的宗旨，保证党的坚强团结、党同人民的坚强团结，保持党同人民群众的血肉联系。总之，坚持讲政治，是党的基本理论和基本路线的必然要求，是建设有中国特色社会主义伟大事业的必然要求。

注　释

〔1〕见邓小平《视察天津时的谈话》(《邓小平文选》第3卷，人民出版社1993年版，第166页)。

坚定不移地贯彻计划生育的基本国策*

（一九九六年三月十日）

这次会议是党中央、国务院召开的第六次计划生育工作座谈会。从一九九一年以来，每年“两会”期间中央都召开一次这样的会议，这对于动员全党全国人民搞好计划生育工作，实现既定的人口控制目标，起了重要作用。

一、从可持续发展的战略高度认识人口问题的重要性。

党的十四届五中全会提出，在我国现代化建设中，必须把实现可持续发展作为一项重大战略方针。可持续发展，就是既要考虑当前发展的需要，又要考虑未来发展的需要，不要以牺牲后代人的利益为代价来满足当代人的利益。实现可持续发展，是人类社会发展的必然要求，已经成为世界许多国家关注的一个重大问题。中国是世界上人口最多的发展中国家，这个问题更具有紧迫性。

人口问题是关系全局的重大问题。中国是一个有十几亿人口的大国，这是我们考虑经济社会发展问题的一个基本出发点。邓小平同志曾经讲过，我们的人口政策是带有战略性

---

* 这是江泽民同志在中央计划生育工作座谈会上的讲话。

的大政策。要实现可持续发展，首先必须合理控制人口规模。如果人口盲目膨胀，与社会生产力发展不相适应，不仅难以满足当代人的生活需要，而且势必破坏资源和环境，危及后代人的生存和发展。我们应该懂得，人口和经济建设的关系非常密切，控制好人口规模，就可以减轻人口过多对经济建设的压力，提高人均国民生产总值的水平；反之，经济建设成果的增长就会被盲目增长的人口抵消掉，我们就很难在日趋激烈的国际竞争中取得主动。我们要居安思危，充分考虑中华民族的长远利益。

我国人口多，人均资源相对不足。这是制约我国经济社会发展的一个重要因素。中国人口占世界总人口的百分之二十一，耕地面积只占世界耕地总面积的百分之七，而且人口还在增加，耕地还在不断减少，"八五"期间的前四年平均每年减少耕地五百万亩。现在，全国人均耕地只有一点五九亩，四分之一的省人均耕地不到一亩。我国粮食产量虽然稳步增长，但人均占有量却有所减少。由于人口不断增加，加上人民生活改善对粮食转化产品需求的增加，要保持现有的粮食消费水平，"九五"期间每年平均要增加二百亿斤粮食，增产幅度要比前十年提高一倍左右。这是一项相当艰巨的任务。人口增长对环境的影响也不能低估。这些都要求我们把控制人口、节约资源、保护环境放到重要位置，为子孙后代创造可持续发展的良好环境。

良好的人口环境，是指适度的人口总量、优良的人口素质、合理的人口结构。良好的人口环境，将促进人口与经济、社会、环境、资源的协调发展和可持续发展。我们一方面要利用经济社会发展、教育普及、科学技术进步等有利条件，抓好计划生育工作；另一方面要通过抓好计划生育工作，促进经济发展和社会进步，促进教育普及和人口素质提高。

在这里，我要强调一下优生问题。这是关系中华民族兴旺发达的大事。优生是全面提高人口素质的前提条件，是我国人口政策不可分割的重要内容。只有出生的孩子都是比较健康的、聪明的，我们民族和国家的未来发展才有希望。计划生育部门、卫生部门以及其他有关部门要认真研究优生问题，广泛宣传优生科普知识，切实解决影响优生的各种实际问题，真正把优生工作抓起来。

二、充分认识计划生育工作的长期性和艰巨性，坚定不移地抓出更大成效。

“八五”期间，我国计划生育工作取得显著成绩，人口过快增长的势头得到了有效控制。这是全党全国人民包括计划生育战线全体同志共同努力的结果。

在肯定成绩的同时，必须看到人口形势仍然不容乐观，计划生育仍是一项长期的艰巨的任务。我国人口基数太大，尽管我们实行严格控制人口增长的政策，但“九五”期间平均每年净增人口仍将在一千三百万以上。由于传统观念的影响和现实的经济社会原因，农民的生育意愿与生育政策的要求还有一定距离。地区之间计划生育工作的发展也不平衡，中西部贫困、边远地区的计划生育工作难度更大。许多农村基层特别是村一级的计划生育工作比较薄弱，有的处于放任自流的状态。人口统计瞒报漏报的现象严重。城市计划生育工作也出现了不少新情况新问题，流动人口的计划生育工作亟待加强。总之，目前较低的人口出生率还很不稳定，工作稍有放松，就可能回升。因此，各级领导必须充分认识计划生育工作的长期性和艰巨性，坚定不移地贯彻执行计划生育这一基本国策，认真落实以宣传教育为主、避孕为主、经常工作为主的工作方针，决不能因为计划生育工作成绩显著就盲目乐观、麻痹松懈。

到二〇〇〇年，在我国人口将比一九八〇年增长三亿左右的情况下，我们要实现人均国民生产总值比一九八〇年翻两番的目标。这一目标能否实现，一方面取决于经济发展，另一方面取决于人口控制。这两个方面缺一不可。到二〇〇〇年，我国人口要控制在十三亿以内，二〇一〇年要控制在十四亿以内。这是实现今后十五年奋斗目标的一个重要条件。我们一定要本着对人民负责、对未来负责、对子孙后代负责的态度，继续抓好计划生育工作，确保实现人口控制的目标。对计划生育工作，各级党政第一把手必须坚持亲自抓、负总责，这是从多年实践中总结出来的一条重要经验。各级领导干部要认真贯彻落实《中国计划生育工作纲要》〔1〕，不断深化对人口问题的认识，正确处理人口问题与经济工作以及其他工作的关系，更加自觉、扎实、持久地抓好计划生育工作。各级党委和政府要组织协调有关部门和群众团体对人口控制方面存在的问题实行综合治理，逐步增加计划生育事业的经费投入，落实各项政策措施，稳定和加强各级计划生育机构。宣传部门要继续协调有关部门广泛深入地开展人口和计划生育宣传工作，加强正确的舆论导向。公安等有关部门要加强户籍管理和流动人口的计划生育管理。组织部门要把人口和计划生育工作的情况列为对领导干部的考核内容和考核标准，并建立相应的奖惩制度。农村基层计划生育工作要做到机构、人员、报酬三落实。

三、坚持党的群众路线，搞好计划生育“三结合”，综合治理人口控制方面存在的问题。

在我国广大农村，把计划生育与发展经济、帮助农民勤劳致富奔小康、建设文明幸福家庭结合起来，是干部群众在实践中的一个创造，是计划生育工作的一项重大改革，也是党的群众路线在计划生育工作中的体现。“少生快富奔小康”的口号，深受广大农民群众拥护。通过推广“三结合”，为妇女参与生产劳动、增加收入创造了条件，因而有利于提高妇女地位，对进一步实现男女平等、促进生育观的转变具有深远意义。各级党委和政府要充分认识“三结合”的意义，协调和组织有关部门推动“三结合”不断向前发展。

中国计划生育协会已经成立十五年。现在，遍布全国城乡的各级计划生育协会，已成为动员和组织广大群众参与计划生育工作的重要力量。各级党委和政府要重视发挥计划生育协会以及工会、共青团、妇联等群众团体在计划生育工作中的作用，支持他们发挥各自的优势，创造性地开展工作。

今年是“九五”计划的开局之年，也是完成“九五”人口计划的奠基之年。各级领导干部要团结和带领群众坚定不移地贯彻执行计划生育这一基本国策，控制人口数量，提高人口素质，为到二〇〇〇年将我国人口控制在十三亿以内、为全面实现社会主义现代化建设第二步战略目标而努力奋斗。

注　　释

〔1〕这里指国务院一九九五年一月十四日批转的国家计划生育委员会制定的《中国计划生育工作纲要(一九九五——二〇〇〇年)》。

为中非世代友好建立新的历史丰碑*

（一九九六年五月十三日）

今天，我很高兴有机会同在座的各位朋友见面。我要向你们，并通过你们，向非洲各国政府和人民，转达中国政府和人民的亲切问候和良好祝愿。

我和我的同事们一踏上美丽的非洲大陆，就置身于亲切、热情、友好的氛围之中。中国古语说："相知无远近，万里尚为邻。"[1]中非虽然远隔千山万水，但我们的心是靠得很近的。

中国和非洲，都是人类文明发达最早的地区之一。两个古老文明早在大约两千年前就曾有过交汇。公元八世纪，中国同非洲的贸易往来和文化交流进入了迅速发展的时期。十五世纪，中国明代著名航海家郑和[2]曾来到非洲东海岸。中非人民友好交往源远流长，从来没有发生过冲突。

中国和非洲，有过类似的历史遭遇，曾经饱受殖民主义和外来侵略造成的深重灾难。我们在争取民族独立和解放的长期斗争中，始终是相互同情、相互支持的。我们不会忘记，当

---

* 这是江泽民同志访问非洲期间在埃塞俄比亚的斯亚贝巴非洲统一组织总部的演讲。

年埃塞俄比亚人民抗击意大利侵略的英勇斗争和非洲人民为打败德意日法西斯所作出的重大贡献,曾经给予中国人民的抗日斗争很大鼓舞和支持。

中国和非洲,在第二次世界大战结束后,都揭开了自己历史发展的光辉篇章。随着中华人民共和国诞生和一系列非洲国家挣脱殖民主义统治宣布独立,中非关系进入全面发展的新时期。我国老一辈领导人和非洲民族解放运动的先驱们,携手奠定了中非友好合作关系的坚实基础。毛泽东主席说:"所有非洲的朋友,都受到中国人民的欢迎。我们同所有非洲国家人民的关系都是好的,不管是独立的或没有独立正在斗争中的人民。"[3]在近四十年间,中国领导人多次访问非洲,足迹遍及几十个非洲国家;有四十多个非洲国家的一百多位领导人访问过中国。双方高层领导人的频繁交往,使中非友好合作关系不断发展,结下了累累硕果。

我这次访问非洲的目的,一是向非洲人民学习,增进了解,加深友谊;二是向非洲各国政府和人民表明,同广大非洲国家世代友好是中国政府始终如一的基本方针和中国人民永久的心愿;三是在新形势下同非洲朋友们探讨共同关心的问题,进一步发展中非的传统友谊和合作关系。

纵观国际形势,随着冷战的结束,世界发生了复杂而深刻的巨大变化。当前,国际局势总体走向缓和,多极化趋势进一步发展。世界要和平,国家要稳定,经济要发展,社会要进步,成为当今世界的主旋律。占世界人口大多数的发展中国家在政治崛起的同时,经济增长总体速度加快,在世界经济总量中的比重正在增大。发展中国家要求对国际事务有更大的发言权。他们是维护世界和平、推动建立公正合理的国际政治经济新秩序的主力军。但是,霸权主义和强权政治依然存在,世界并不太平,贫国与富国的差距还在扩大,人类生存和发展的条件受到种种威胁。总之,国际形势的发展变化,对于我们既有机遇、又有挑战。

环顾非洲大陆,冷战结束后国际形势巨变给非洲造成的强烈冲击已经基本过去。我们高兴地看到,多数国家政局趋向稳定。新南非的诞生标志着非洲政治解放使命的完成。区域合作迈出重要步伐,联合自强的要求和趋势在增长。许多国家都在努力探索适合本国国情的政治模式和发展道路。非洲正在步入一个求和平、求稳定、求发展的历史新时期。非洲有五十三个国家,在不结盟运动〔4〕中约占半数,在联合国成员国中占了近三分之一,始终是维护世界和平与稳定的重要力量。非洲地域辽阔,自然资源丰富,有着巨大的经济发展潜力。全球的和平离不开非洲的稳定,世界的繁荣离不开非洲的发展。由于非洲数百年来遭受殖民主义者的盘剥,经济基础薄弱;由于旧时代遗留下来的不公正不合理的国际经济秩序还没有得到根本改变,非洲发展的外部条件存在诸多不利因素,目前非洲经济总体上仍比较困难,非洲的发展任重而道远。但我相信,自强不息、勇于进取的非洲各国人民一定能克服困难,加快发展步伐,走向充满希望的未来。

三十多年来,非洲统一组织〔5〕始终是非洲人民团结的象征,为非洲的政治解放和经济发展进行了不懈努力。在新形势下,非洲统一组织在实现非洲和平稳定、维护非洲团结、推动非洲经济发展和一体化等方面,将发挥更加重要的作用。

中国政府和人民一向支持非洲统一组织的工作，并愿在今后进一步加强同非洲统一组织的团结合作。

在快要过去的二十世纪中，中国人民在中国共产党领导下做了两件大事：前半个世纪，经过艰苦卓绝的斗争，取得了新民主主义革命的划时代的胜利，建立了新中国；后半个世纪，在建设有中国特色社会主义、走向繁荣富强的道路上迈出了决定性步伐。当前，中国政府和人民面临着三项主要任务：进行现代化建设、完成祖国统一、维护世界和平。我们将继续坚定不移地奉行独立自主的和平外交政策，坚持以经济建设为中心，坚持改革开放。到二〇〇〇年，我们将在人口比一九八〇年增长三亿左右的情况下，实现人均国民生产总值比一九八〇年翻两番，人民生活达到小康，初步建立社会主义市场经济体制；到二〇一〇年，我们还要实现国民生产总值比二〇〇〇年翻一番。在今后三年左右的时间里，中国政府将对香港和澳门恢复行使主权。这雄辩地表明，中国人民完全有能力、有办法、有信心排除任何干扰，完成祖国统一大业。

中国的改革开放政策和新的经济社会发展规划，是根据我国国情和时代特征而制定的，目的是要进一步解放和发展生产力，提高人民生活水平，增强我国的综合国力。根据我们的切身经验，要保证经济持续、快速、健康发展，必须十分重视和正确处理改革、发展、稳定的关系。改革是经济社会发展的强大动力，稳定是改革和发展的重要前提条件。没有政治的稳定、民族的团结、社会的安宁，改革就难以顺利进行，经济也难以迅速发展。还要处理好扩大对外开放和坚持自力更生的关系，在自力更生的基础上积极促进区域经济合作和广泛的国际经贸交流，并把引进先进技术和开发、创新结合起来，形成自己的技术优势，在利用外资的同时重视自己的积累，以加快缩小与发达国家的差距。同时，我们把科教兴国、计划生育、保护环境作为基本国策，实施可持续发展战略，促进社会全面进步。

中国的发展，为中非友好合作提供了更有利的条件，开辟了更广阔的前景。值此世纪交替的历史时刻，我郑重地代表中国政府和人民宣布：中国愿在和平共处五项原则的基础上，巩固和发展同非洲各国面向二十一世纪的长期稳定、全面合作的国家关系。让我们共同努力，为中非世代友好建立新的历史丰碑。为此，我愿提出以下几点建议和意见。

（一）真诚友好，彼此成为可以信赖的"全天候"朋友。中国和非洲，历史上有过相似的遭遇，今天又面临着共同的任务。非洲需要中国，中国也需要非洲。中非友谊基础深厚、世代相传，经得起历史的考验。它绝不会由于时间的流逝、世事的变迁和国际格局的转换而改变。

（二）平等相待，相互尊重主权，互不干涉内政。中国将一如既往地尊重非洲国家的民族特点、宗教信仰和文化传统，尊重非洲国家根据本国国情自主选择政治制度和发展道路；支持非洲国家维护国家独立、主权和尊严的正义斗争，支持非洲国家为维护国内稳定和团结、振兴民族经济、促进社会进步所作的努力。对于非洲国家之间的分歧和争端，我们一向主张和支持非洲国家排除外来干涉，通过和平协商加以解决。

（三）互利互惠，谋求共同发展。中国坚定不移地支持非洲国家发展经济的努力，继续提供力所能及、不附加任何政治条件的政府援助;双方积极配合,通过合资、合作等方式振兴中国提供的传统援助项目;鼓励双方企业合作,特别要推动有一定实力的中国企业、公司到非洲开展不同规模、领域广泛、形式多样的互利合作,在合作中坚持守约、保质、重义等原则;拓宽贸易渠道,增加从非洲的进口,以促进中非贸易均衡、迅速发展。

(四)加强磋商,在国际事务中密切合作。中国同非洲国家在联合国和其他国际场合长期以来保持着荣辱与共、相互支持的合作传统,为维护世界和平、争取发展中国家的合法权益作出了积极贡献。中非领导人要加强交往。中国将坚定不移地为非洲国家主持公道、伸张正义;主张非洲国家应平等地参与国际事务;呼吁国际社会认真听取非洲的声音;希望联合国及有关国际机构尊重非洲国家和非洲统一组织的意见;要求国际社会特别是发达国家切实帮助非洲减轻债务负担,改善非洲发展的外部条件,以利于整个国际经济和贸易持续增长。中非友好合作的发展,将为南南合作和国际合作树立一个良好的榜样。

(五)面向未来,创造一个更加美好的世界。中非携起手来,同世界上一切爱好和平的国家和人民一道,顺应历史的潮流,响应时代的呼唤,为早日建立以和平共处五项原则为基础的、公正合理的国际政治经济新秩序,为推进世界和平、发展与进步的崇高事业,作出重大贡献。

一个多月前,中国政府不带任何条件、没有任何保留地签署了《非洲无核武器区条约》有关议定书。这体现了中国对非洲正义行动的一贯支持和对非洲人民的真诚友谊。中国一贯主张全面禁止和彻底销毁核武器，并高度重视和积极参加关于全面禁止核试验条约的谈判，争取今年内达成一个好的条约。中国愿同非洲国家和一切爱好和平的国家一道，为推动核裁军，为在全世界实现全面禁止和彻底销毁核武器的最终目标，继续作出不懈努力。

回首过去的一百年，非洲人民浴血奋战，进行了如火如荼的独立解放斗争，六亿多非洲人民已经赢得了伟大的政治解放，五十三个独立国家屹立在非洲大地上，实现了非洲社会进步的历史性跨越。过去的一百年作为非洲的“解放世纪”已载入史册。

展望下个世纪的一百年，非洲各国依靠自身努力和国际社会帮助，必将能够逐步实现经济腾飞，继续完成非洲社会进步的另一个历史性跨越。未来的一百年将会成为非洲的“发展世纪”而写入新的历史篇章。

可以预言，一个团结、稳定、繁荣的新非洲，不仅意味着赢得政治解放的非洲人民也获得经济解放，而且必将对世界的和平与发展、人类的文明与进步作出巨大贡献。

我们有着难以忘怀的昨天，中非在长期共同斗争中凝成的伟大友谊已经镌刻在世界发展的史册上，铭记在中国人民和非洲人民的心坎中。我们有着绚丽多彩的今天，中非友谊在中非人民精心养护下繁花似锦。我们还拥有生机盎然的明天，时代的车轮必将推动中非友谊进入一个新的阶段。作为世界上最大的发展中国家的中国，愿同世界上最大的发展中大陆非洲一道，风雨同舟，休戚与共，满怀信心地迈向二十一世纪。

注释

〔**1**〕见唐代张九龄《送韦城李少府》。

〔**2**〕郑和(一三七一——一四三三),明代云南昆阳(今云南晋宁)人。明代航海家。明初入宫,后任内官监太监。一四〇五年至一四三三年间,先后七次率领庞大船队出使亚非诸国,遍访东南亚、印度洋及红海沿岸的三十多个国家和地区,曾远达非洲东海岸和伊斯兰教圣地麦加,史称郑和下西洋(明代称今文莱以西海域为西洋)。郑和的远航促进了中国与亚非国家的经济文化交流。

〔**3**〕见毛泽东《所有非洲国家人民都是我们的朋友》(《毛泽东文集》第8卷,人民出版社1999年版,第317页)。

〔**4**〕见本卷《加快改革开放和现代化建设步伐,夺取有中国特色社会主义事业的更大胜利》注〔2〕。

〔**5**〕非洲统一组织,是由非洲独立国家组成的区域性组织。一九六三年五月二十五日,非洲三十一个国家在埃塞俄比亚的斯亚贝巴通过《非洲统一组织宪章》后宣布成立。该组织的宗旨是:促进非洲国家的统一和团结,加强协调非洲国家为提高生活水平所作的努力,捍卫非洲国家的独立、主权和领土完整,从非洲根除一切形式的殖民主义,促进国际合作。一九九九年九月九日至十日,非洲统一组织在利比亚苏尔特举行第四届特别首脑会议,决定成立非洲联盟,以加快非洲国家政治经济一体化的进程。二〇〇二年七月八日,来自五十二个成员国的领导人和代表出席在南非德班举行的非洲统一组织最后一届首脑会议,九日举行非洲联盟成立仪式和非洲联盟第一届首脑会议,完成由非洲统一组织向非洲联盟的过渡。

保护环境，实施可持续发展战略*

（一九九六年七月十六日）

环境保护很重要，是关系我国长远发展的全局性战略问题。在社会主义现代化建设中，必须把贯彻实施可持续发展战略始终作为一件大事来抓。可持续发展的思想最早源于环境保护，现在已成为世界许多国家指导经济社会发展的总体战略。经济发展，必须与人口、资源、环境统筹考虑，不仅要安排好当前的发展，还要为子孙后代着想，为未来的发展创造更好的条件，决不能走浪费资源和先污染后治理的路子，更不能吃祖宗饭、断子孙路。

我国人口众多，人均资源相对短缺，科技水平不高，经济技术基础比较薄弱，保护生态环境面临的任务很艰巨。因此，在经济社会发展中，我们必须努力做到投资少、消耗资源少，而经济社会效益高、环境保护好。如果在发展中不注意环境保护，等到生态环境破坏了以后再来治理和恢复，那就要付出更沉重的代价，甚至造成不可弥补的损失。

从我国实际出发，在实施可持续发展战略中，我们要努力做好以下几方面的工作：一是坚持节水、节地、节能、节材、节

* 这是江泽民同志在第四次全国环境保护会议上的讲话。

粮以及节约其他各种资源，农业要高产、优质、高效、低耗，工业要讲质量、讲低耗、讲效益，第三产业与第一、第二产业要协调发展；二是继续控制人口增长，全面提高人口素质；三是消费结构要合理，消费方式要有利于环境和资源保护，决不能搞脱离生产力发展水平、浪费资源的高消费；四是加强环境保护的宣传教育，增强干部群众自觉保护生态环境的意识；五是坚决遏制和扭转一些地方资源受到破坏、生态环境恶化的趋势。

有些同志忽视环保工作，认为先把经济搞上去了再说，环境保护可暂时放在一边。这种认识是不对的、有害的。世界发展中一个严重的教训，就是许多经济发达国家走了一条严重浪费资源、先污染后治理的路子，结果造成了对世界资源和生态环境的严重损害。我们决不能走这样的路子。我们的经济社会发展，应该是建立在产业结构优化和经济、社会、环境相协调基础上的发展。客观事实说明，那种以盲目扩大投资规模、乱铺摊子为基础的经济增长，其增长速度越快，资源浪费就越大，环境污染和生态破坏就越严重，发展的持续能力也就越低。这是不可取的。我多次讲过，有条件的地方可以发展得快一点。但是，千万要注意，在加快发展中决不能以浪费资源和牺牲环境为代价。任何地方的经济发展都要注重提高质量和效益，注重优化结构，都要坚持以生态环境良性循环为基础，这样的发展才是健康的、可持续的。

控制人口增长，保护生态环境，是全党全国人民必须长期坚持的基本国策。党的十四届五中全会明确提出实现经济体制和经济增长方式的根本性转变，实施科教兴国战略和可持续发展战略，这都为我们在发展中保护好生态环境提供了可靠的保障。

历史经验告诉我们，为了确保环境安全，必须实行污染物排放总量的控制。“九五”期间，我国经济计划安排以年平均百分之八左右的速度增长，我们确定的环保目标是到二〇〇〇年力争使环境污染和生态破坏加剧的趋势得到基本控制，部分城市和地区环境质量有所改善。这是一项艰巨任务，我们必须努力完成。为此，首先要加强城乡环境管理。但是，最根本的是依靠经济体制和经济增长方式的转变，通过速度与效益的有机结合，将单位国民生产总值的污染排放量和资源生态损耗量降下来。经济决策对环境影响极大。要从宏观管理入手，建立环境和发展综合决策的机制。制定重大经济社会发展政策，规划重要资源开发和确定重要项目，必须从促进发展与保护环境相统一的角度审议利弊，并提出相应对策。这样才能从源头上防止环境污染和生态破坏。同时，各行各业和社会各个方面都要加强环境保护、环境管理，大家齐心协力，真抓实干，确保污染物排放总量的控制目标顺利实现。

我国环境保护工作已经有了较大进展，既要肯定已有的成绩，又要清醒地看到目前我国环境形势还相当严峻。城市环境污染仍在加剧，并向农村地区蔓延，生态破坏的范围在扩大。必须认识到，保护环境的实质就是保护生产力，这方面的工作要继续加强。环境意识和环境质量如何，是衡量一个国家和民族的文明程度的一个重要标志。现在，环境问题已涉及国际政治、经济、贸易和文化等众多领域。我们愿为保护全球环境作出积极贡献，但不能承诺与我国发展水平不相适应的义务。理所当然，发达国家应该在这方面多负责任，我们坚决反对某些发达国家搞所谓“环保外交”，借环境问题干涉别国内政。我们扩大开放、引进外资，需要抓好环境保护工作，改善投资环境，同时也要注意防止国外有些人把污染严重的项目甚至“洋垃圾”往我国转移，切不可贪图眼前的局部利益而危害国家和民族的全局利益，危害子孙后代。

环境问题直接关系到人民群众的正常生活和身心健康。如果环境保护搞不好，人民群众的生活条件就会受到影响，甚至会造成一些疾病流传。对于已经产生的严重危害人民群众正常生活和身心健康的环境污染，必须抓紧治理。“九五”期间要有重点地安排一些环境整治项目，解决重点区域、流域和各地突出的环境问题，确保一些城市和地区环境质量有所好转。

各级党委和政府要把环境保护工作摆上重要议事日程，每年要听取环保工作的汇报，及时研究和解决出现的问题。这要成为一项制度。要为环保部门严格执法创造良好条件，建立健全的行之有效的环保监督管理机制。各级领导干部要带头遵守有关环境保护的法律法规，并为环保部门严格执法撑腰。各级党委和政府都应该从维护中华民族的全局利益和长远利益出发，严格把好环保关。要把实施科教兴国战略与可持续发展战略紧密结合起来。环境保护方面的许多问题需要依靠科技进步、人们素质提高来解决。衡量各级领导干部的政绩，应该包括环保方面的内容。经济搞上去了，环境也保护好了，人民群众就会更加满意，更加支持党和政府的工作。

企业是环境保护的一支重要力量。所有企业都要遵纪守法、文明生产,树立良好的企业形象。广大干部群众都要提高环境意识,积极参与环境保护。还要充分发挥环保宣传教育和社会舆论监督的作用。我们相信,只要全党全社会都来关心和支持环境保护,我国环保事业就大有希望。

总之,环境保护是一项崇高的事业,是“积德”的事业,功在当代,利在千秋,从事这项工作是很光荣的。希望环保战线的同志们再接再厉,把工作做得更好,争取更大的成绩。

做好经济发展风险的防范工作*

（一九九六年八月六日）

今年初，中央财经领导小组提出要进行我国经济发展风险预测和对策研究。半年多来，有关部门和研究机构对这项工作很重视，做了大量调查研究工作。这两天，我们听取了财政部、人民银行、国家计委、劳动部四个部门关于财政、金融、外债和劳动就业方面情况的汇报，以后还要安排一些部门汇报。下面，我讲几点意见。

一、充分认识搞好经济发展风险预测和对策研究的重要性。

进行经济风险防范研究，是新形势下的一项重要任务。提出经济风险防范问题，是为了保证国家经济安全。这项工作主要是从宏观、全局和长远战略的高度，观察、预测、分析我国经济发展可能遇到的风险，并提出相应对策。这是一项具有重大现实意义和深远意义的工作，直接关系到顺利推进我国改革开放和现代化建设，关系到在对外开放的条件下确保我国经济自主、自立乃至国家的主权和安全，关系到维护国家、民族和人民的根本利益。

---

* 这是江泽民同志在中央财经领导小组会议上的讲话。

党的十一届三中全会以来，我国改革开放和社会主义现代化建设取得了重大的历史性成就。特别是“八五”期间，改革开放取得突破性进展，现代化建设开创新的局面。这是国内外有目共睹的，必须充分肯定我们的成绩。同时，也必须看到，改革开放和现代化建设是前无古人的全新事业，目前正处在十分重要的时期，面临着复杂的国内外形势。从国内来看，经济体制和经济增长方式正处在转变时期，经济发展中一些难度较大的深层次矛盾有待进一步解决。从国际上看，随着经济全球化和区域经济一体化趋势的发展，国际经济竞争愈来愈激烈，我国经济与世界经济的交往和联系越来越频繁，面临的风险可能加大。种种迹象表明，国际敌对势力不甘心我国强大，他们除了在政治上会继续处心积虑地对我国实施西化、分化的政治战略之外，还会在经济上采取种种遏制和控制手段。在这种国内外情况下推进改革开放和现代化建设，必然会有这样那样的风险。对此，我们必须始终保持清醒的头脑，并预为谋之。

世界上许多国家都十分重视国家经济安全，防范经济风险。据了解，美国国家经济安全工作原先一直由国家安全委员会下设的经济安全小组负责，克林顿[1]上台后设立了国家经济委员会和总统经济顾问委员会，统一负责国家经济安全工作。日本从七十年代末起即实行以经济安全为中心的综合安全保障战略来维护国家安全，建立综合安全保障阁僚会议制度；一九八六年，日本国会通过了《安全保障会议设置法》，以立法形式确保国家安全战略的实施。今年四月，俄罗斯也制定了国家经济安全战略，明确提出维护国家经济安全的主要原则、重点领域和政策措施。看来，我们这么多人口的大国，在发展社会主义市场经济和对外开放的情况下进行现代化建设，更需要注意经济风险的防范。

邓小平同志多次讲过，改革开放和现代化建设会遇到风险和困难，包括我们自己还会犯错误。同时，他强调胆子要大，不怕冒一点风险，不然就搞不成四个现代化。他还指出："我们要把工作的基点放在出现较大的风险上，准备好对策。这样，即使出现了大的风险，天也不会塌下来。"〔2〕我们要敢于正视风险，正确对待风险，以积极的态度防范风险。对于我们的工作要有信心，充分看到有利条件，但不能盲目乐观。要鼓励各方面大胆探索，同时注意分析可能出现的风险，防止出现大的损失。

古人云："凡事预则立，不预则废。"〔3〕"远虑者安，无虑者危。"〔4〕我们只有站得高一些，看得远一些，对前进中可能出现的经济风险作出科学预测和正确判断，才能防患于未然，永远立于不败之地。否则，一旦遇到风险和不测，就会陷于被动，造成危害和损失。还要看到，经济风险不仅是经济领域的问题，而且往往会直接影响社会政治稳定。因此，我们要从政治高度来对待经济风险问题。

我们进行经济发展风险预测和对策研究，根本出发点和目的在于坚持党的"一个中心、两个基本点"的基本路线和抓住机遇、深化改革、扩大开放、促进发展、保持稳定的基本方针，更好地推进改革开放和现代化建设，提高驾驭经济工作全局的能力，在前进中学会应付各种风险，很好地保护自己，进一步发展壮大自己，维护国家、民族和人民的根本利益。现在，我们在确定改革开放和经济建设的某些政策时，有时还显得决心不大，该限制或禁止的，该鼓励或放开的，都不能及时决策或予以明确，其中一个重要原因是我们对问题和风险因素缺乏深刻认识和透彻分析。通过经济发展风险预测和对策研究，立足现实，着眼长远，及时总结经验，找出问题的症结，有助于重大政策的正确决定，有助于防微杜渐、趋利避害，也有助于增强贯彻执行党的路线方针政策的自觉性和坚定性，避免片面性和盲目性。

二、我国经济发展中需要认真研究和防范的一些风险问题。

我国经济发展中确实存在着一些值得重视和研究的关系全局的突出矛盾和问题。对这些矛盾和问题，必须认真对待，否则就会形成某些风险和隐患。这里，主要列举以下几个方面的问题。

（一）财政和金融方面。改革开放以来特别是近几年来，我国财税、金融、外汇体制改革取得了重大进展，对加强和改善宏观调控、推动整个改革开放和经济建设发挥了积极的重要作用。但是，多年来国家财力分散，财政收入增长滞后于经济增长，国家财政收入占国民生产总值的比重和中央财政收入占全部财政收入的比重下降，收支矛盾逐年突出，赤字规模不断扩大，债务负担越来越重。这种趋势在今后一个时期还难以根本改变。财政困难影响政府各项开支，国家拿不出必要的财力充实国有资本，宏观调控缺乏应有的财力。这样发展下去，不仅政府应尽的职能无法有效履行，而且国有经济的主导地位也缺乏必要的资金保证。从长远看，这个问题将会直接影响社会主义制度经济基础的巩固和国家政权的稳定。金融是现代经济的重要组成部分。在发展社会主义市场经济的条件下，金融的作用越来越大。但是，目前有的国有商业银行资产质量差，不良贷款数额大，有些非银行金融机构资不抵债。如果这些问题继续发展下去，就有可能出现银行支付危机，甚至发生系统性、区域性金融风波，造成人民币贬值，引发严重通货膨胀。近年来，国际金融市场动荡不定，重大金融危机事件迭出，很值得我们警觉。必须进一步采取切实有效的措施，努力振兴国家财政，防止金融领域出现大的风险。

（二）外债和外资方面。借用国外贷款和吸收外商直接投资，是我国对外开放的重要内容。改革开放以来，我国利用国外贷款和吸收外商投资取得了很大成绩，弥补了国内建设资金的不足，提高了技术和管理水平，增加了劳动就业。同时，也出现了需要引起高度重视的问题。尽管目前我国各主要外债指标还在国际公认的安全线之内，但不少国外贷款项目效益令人担忧，偿债形势不容乐观。外商直接投资也出现了新的矛盾和问题。例如，一些国外企业企图控制一些重要行业和关键产品的市场，某些高利润行业和名牌产品市场有被外商大量挤占的趋势，个别外商蓄意炒卖国有企业。这些现象任其发展下去，就会使处于体制转换时期的国有企业更加困难，而且有可能影响到我国经济的自主性。毫无疑问，我们必须坚定不移地执行对外开放的基本国策，继续积极借用国外贷款和吸收外商投资。但是，我们必须认真总结经验，把这方面工作做得更好。对于国外贷款，借、用、还要统筹考虑，做到借之有道、用之有效、还之有信。对于外商投资，至关重要的是我们在思想上、行动上要防止片面性，既要充分看到利用外资的积极作用，又要清醒地看到外商投资可能带来的一些负面影响。特别是对一些想垄断我国市场、控制我国经济命脉和关键领域的企图，必须保持高度警惕。我们要从继续积极、合理、有效地利用外资，正确引导和管理外商投资活动，努力增强国有企业竞争力等方面，采取相应的有力对策。哪些领域、行业允许和放宽外商进入，哪些领域、行业允许外商进入但需要作出某些限制，哪些领域、行业不允许外商进入，都要作出明确具体的规定，各行业各部门各地区都必须认真执行。经过几十年的努力，我们已建成独立的比较完整的工业体系和国民经济体系。这是我国坚持独立自主和实现社会主义现代化的基础。经验证明，没有经济上的独立，政治上的独立就没有可靠保证。在这方面，一些发展中国家的教训非常深刻。

（三）劳动就业和劳动力流动方面。我国有十二亿多人口，劳动力资源增长快，城乡就业压力大。改革开放以来，随着经济的发展，全社会吸纳了大量劳动力就业。但是，当前和今后一个时期，劳动就业的矛盾仍相当尖锐。目前，城镇登记的失业人员已达五百二十万，停产、半停产企业职工六百六十多万，隐性失业和就业不充分人员多达二千二百万，还有一亿三千万农村剩余劳动力需要转移。可以说，深化经济体制改革，转变经济增长方式，一个最棘手的难题，就是妥善安置劳动力。现在，流动就业的农民工多达六千万人，相当部分又流向大中城市，增加了社会管理的难度。目前，一些地方社会治安情况不好、犯罪问题严重，与就业不充分和人口盲目流动有很大关系。世界上许多国家都把解决就业问题作为经济社会发展的重要目标，我国尤其要高度重视解决好这个问题。我们的着眼点要放在充分发挥劳动力资源丰富的有利条件上，将就业压力转化为经济发展的动力。同时，要十分审慎地解决好失业人员安置和劳动力流动的问题，特别是要搞好国有企业富余人员分流和农村剩余劳动力就地就近多渠道转移，引导城乡富余劳动力合理有序流动。

（四）收入分配和地区差距方面。这个问题直接关系到人民群众的切身利益，关系到经济发展和社会稳定。改革开放以来，全国城乡人民生活水平普遍提高，各个地区经济都有很大发展。同时，也出现了一些突出矛盾和问题。主要是一部分社会成员之间、不同地区之间收入差距明显扩大，特别是某些垄断性行业中个人收入增长过快，矛盾突出。地区经济发展差距扩大，已引起国内外广泛关注。必须看到，贫富差距扩大不仅是个经济问题，也是个政治问题。一些发展中国家的经验证明，社会成员之间、地区之间贫富差距过大，就会引发民族矛盾、地区矛盾、阶级矛盾以及中央和地方的矛盾，就会出大乱子。因此，收入分配差距和地区差距扩大的问题，必须引起我们高度重视。我们要继续坚持贯彻允许和鼓励一部分地区、一部分人先富起来，先富带动和帮助未富，逐步实现共同富裕的政策，鼓励大家开动脑筋发展经济。同时，要把调节个人收入分配、缩小地区经济差距作为关系全局的大事来抓，认真处理好经济发展中的各种社会关系和矛盾。

此外，农业和国有企业面临的一些矛盾和困难也相当突出。在农业方面，一是粮食供求问题。我国人口多，并且还在不断增长，粮食需求量巨大，粮食供给的任务相当艰巨。这确实是一个值得研究和认真对待的重大战略问题。二是水利问题。多年来江河治理欠账太多，水利设施脆弱，抗灾能力严重不足。每年汛期发生水灾，都给人民生命财产造成很大危害，损失巨大。必须下大决心，切实增加政府和集体的投入，用多种形式组织农民投工投劳，加快江河治理和水利设施建设。国有企业方面，最突出的问题是，相当多的企业不适应社会主义市场经济的发展和国内外市场的变化，经营机制转换和改组、改造步伐缓慢，管理松弛，缺乏竞争力，造成市场占有率下降，经济效益滑坡，生产经营困难。同时，一些企业国有资产以各种形式严重流失。不认真解决好这些问题，国有企业改革不取得实质性进展和应有成效，国有经济的主导地位就会受到削弱，建立社会主义市场经济体制的改革就难以真正取得成功，也就会危及社会主义制度的巩固和发展。因此，在整个经济工作中，必须始终牢牢抓住加强农业基础地位和搞好国有企业这两件大事。

以上改革和发展中的问题和风险因素，其产生原因是多方面的，有些是长期积累起来的，有些是在新形势下出现的；有些是在经济体制转变的过程中一时难以完全避免的，有些则是由于缺乏经验造成的。我们要全面辩证地分析和认识问题。应该看到，许多矛盾和问题，往往都有积少成多、由小到大、从量变到质变的形成过程。我们要见微知著、居安思危、未雨绸缪，避免临渴掘井。只要我们思想重视、措施有力，及时妥善解决出现的矛盾和问题，就能够比较好地防范和化解各类经济风险。

三、切实做好经济发展风险的预测和防范工作。

解决经济发展中的突出矛盾和问题，从根本上说，还是要坚持解放思想、实事求是，扎扎实实推进改革开放，既快又好地发展经济，统筹考虑和正确处理改革、发展、稳定的关系。只有这样，才能有效缓解矛盾，化解风险因素，增强抵御风险能力。从预防经济风险来说，需要认真抓好以下几方面的工作。

（一）加强经济发展风险的监测和预测。综合经济部门和其他有关部门都应该组织力量认真研究改革和发展中的风险因素，包括近期的和中长期的。对可能形成的和潜在的经济风险，要提出各类风险的警界线和标准参数，对经济风险发展趋势作出正确估计，及时作出预警预报。要按照标本兼治的原则，组织力量研究制定我国近期和中长期经济安全战略，以指导和协调全国性和地方性经济风险的防范工作。

（二）抓紧制定化解和抗御经济风险的对策。要深入研究提出解决各类矛盾和问题的政策措施；进一步整顿财政、金融、投资、分配、流通等方面的秩序，严厉打击各种经济犯罪活动；加快社会主义市场经济法律体系建设，使经济运行规范化、制度化；研究提出防范风险的不同预案，以应对各种不测。必须切实加大解决已显露的突出矛盾和问题的力度，化解风险性因素。

（三）进一步完善宏观调控体系。建立全国有效的经济调节系统，增强宏观调控的实力和手段。有计划有目的地增加某些重要战略资源和商品的储备。加强统一指挥、统一调度，增强应变能力，以迅速有效地应付突发事件。

（四）分工负责，通力合作。各地区各部门要按照领导分工和部门职能切实负起责任来，建立明确、严格的工作责任制。哪一个地方、哪一个部门出了大的问题，就要追究哪个地方、哪个部门的领导责任。由于各方面经济因素是密切相关和十分复杂的，需要各方面齐心协力、紧密配合，共同做好各类经济风险的转化、分散和化解工作。

这次听取几个部门关于经济发展风险预测和对策研究的汇报，只是一个开端。过去，我们比较重视半年、一年的短期经济形势分析，这是很重要的。今后，还应该重视中长期经济发展趋势的研究。中央财经领导小组和国务院要加强这方面的工作，中央财经领导小组办公室和国家计委等综合经济部门要多注意研究这方面的问题。我们要把研究、决策、执行很好地结合起来，不断提高领导经济工作和驾驭经济全局的能力和水平，保证我国改革开放和现代化建设持续健康发展，顺利实现既定的奋斗目标。

注　释

〔1〕见本卷《外交工作要坚定不移地维护国家和民族的最高利益》注〔2〕。

〔2〕见邓小平《要吸收国际的经验》（《邓小平文选》第3卷，人民出版社1993年版，第267页）。

〔3〕见《礼记·中庸》。

〔4〕见《诸葛亮集·便宜十六策·阴察》。

为实现八七扶贫攻坚计划而奋斗*

（一九九六年九月二十三日）

党中央、国务院召开这次扶贫开发工作会议，目的是进一步统一全党的认识，动员全社会力量，加大扶贫开发的力度，坚决实现国家八七扶贫攻坚计划[1]。会前，中央政治局常委和中央政治局专门作了研究。根据中央研究的精神，我讲以下几个问题。

一、进一步统一思想，下定决心，坚决如期实现八七扶贫攻坚计划

到本世纪末基本解决我国农村贫困人口温饱问题，这是党中央、国务院既定的战略目标。为了实现这个目标，各级党委和政府及其扶贫开发机构做了大量工作，社会各界给予了大力支持，贫困地区干部群众进行了不懈努力。从一九七八年到一九九五年，全国农村贫困人口从二亿五千万人减少到六千五百万人，由占世界贫困人口的四分之一降低到二十分

---

* 这是江泽民同志在中央扶贫开发工作会议上的讲话，原题为《全党全社会动员起来，为实现八七扶贫攻坚计划而奋斗》。

之一，这是一个巨大的历史性成就。这充分证明了我国社会主义制度的优越性，证明了我们党的基本路线的正确。

同时，我们也要清醒地看到，实现本世纪末基本解决贫困人口温饱问题的目标，任务还非常艰巨，时间也非常紧迫，扶贫工作已进入最后的攻坚阶段。现在剩下的贫困人口，人均纯收入全部在温饱线以下，其中有少部分处于极端贫困状态。这些贫困人口，主要集中在深山区、石山区、荒漠区、高寒山区、黄土高原区、地方病高发区和水库移民区，地域偏远，交通闭塞，生态环境恶化，经济发展缓慢。解决这部分人的脱贫问题，是扶贫工作中难啃的硬骨头。近几年，虽然扶贫投入越来越多，但贫困人口减少速度越来越慢。近三年来，共解决了一千多万人的温饱问题，平均每年解决几百万人。如果按照这样的进度，将有近一半贫困人口的温饱问题要留到下个世纪解决。这说明，实现八七扶贫攻坚计划，面临的形势是相当严峻的。此外，全国农村还有两千多万人刚刚解决温饱问题，收入低而不稳，巩固温饱的任务也很艰巨。

中央认为，今后五年不管扶贫任务多么艰巨，时间多么紧迫，都要下决心打赢这场攻坚战，啃下这块硬骨头。到本世纪末基本解决贫困人口温饱问题的目标绝不能动摇。所谓打赢攻坚战，就是说，除了少数丧失劳动能力的残疾人和鳏寡孤独等需要民政救济的贫困人口，以及不可抗拒的自然灾害造成的贫困人口，基本上都要解决温饱问题。中央为什么要下这样的决心？

第一，这是我们党的宗旨和社会主义的性质决定的。我们党的宗旨是全心全意为人民服务。我们搞社会主义，是要解放和发展生产力，消灭剥削和贫穷，最终实现全体人民共同富裕。贫穷不是社会主义。一部分人富起来、一部分人长期贫困，也不是社会主义。鼓励一部分地区、一部分人先富起来，先富带动和帮助未富，最终实现共同富裕，是我们既定的政策。这个政策不能变。我在西南、西北一些地方看到，有些农户家徒四壁，连玉米糊糊都喝不饱，有的吃盐、喝水都相当困难。看到这些，心里很不安！古代有的政治家尚且讲“意莫高于爱民，行莫厚于乐民”〔2〕，我们作为共产党人，看到群众生活如此困苦，更应寝不安席、食不甘味！到本世纪末，建国半个多世纪了，如果还有几千万人吃不饱饭，无论如何是说不过去的。在全国五百九十二个贫困县中，有一百零五个县是革命老区县。老区人民为建立新中国作出了巨大贡献和牺牲，如果到那时还不能帮助群众摆脱贫困，我们将愧对革命先烈，愧对老区人民。

第二，这是我们面临的历史任务决定的。党的十四届五中全会和八届全国人大四次会议确定，到本世纪末，人均国民生产总值要比一九八〇年翻两番，要基本消除贫困现象，人民生活达到小康水平。实现这些目标，才能全面完成现代化建设第二步战略部署，并为下个世纪的更大发展奠定坚实基础。现在看来，实现这些目标，一定要抓好农业这个基础，抓好扶贫这项难度较大的工作。实现小康目标，不仅要看全国的人均收入，还要看是否基本消除了贫困现象。这就必须促进各个地区经济协调发展。如果不能基本消除贫困现象，进一步拉大地区发展差距，就会影响全国小康目标的实现，影响整个社会主义现代化建设的进程。应该肯定，改革开放以来，东部地区和中西部地区的经济都取得了前所未有的发展。东部地区发展得更快一些，对整个国民经济发展起了积极的带动作用。但是，也应该看到，东部地区和中西部地区的发展差距在不断扩大。这种趋势发展下去，不仅不利于资源优化配置和生产力合理布局，而且不利于社会稳定和国家振兴。邓小平同志提出，让一部分有条件的地区先发展起来，然后，在不削弱发达地区活力的前提下，先发展起来的地区支持贫困地区。党的十四届五中全会根据邓小平同志的构想，提出了坚持区域经济协调发展、逐步缩小地区发展差距的战略方针，决定从"九五"时期开始，更加重视支持中西部地区经济发展，逐步加大工作力度，积极朝着缩小地区发展差距的方向努力。实施这一战略方针，必须切实解决贫困地区群众的温饱问题。这是逐步缩小地区发展差距、促进区域经济协调发展、实现本世纪末经济社会发展奋斗目标的一场大的战役。

第三，这是维护改革、发展、稳定的大局决定的。在一些贫困地区，由于群众生活非常困苦，潜伏着不少不稳定因素。如果社会秩序稳不住，就谈不上改革和发展。我们下去调查时看到，有些农村农民生活很困难，村里又没有集体经济收入，不能帮助农民解决实际问题，村级组织在群众中就没有威信。有的地方非法宗教势力乘虚而入，与我们争夺基层政权。如果这些贫困地区特别是民族地区和边疆地区的贫困问题长期得不到解决，势必影响民族团结、边疆巩固，也会影响整个社会的稳定。在这个问题上，我们要有忧患意识。所以，加快贫困地区发展步伐，不仅是一个经济问题，而且是关系到国家长治久安的政治问题，是治国安邦的一件大事。我们必须从战略的全局的高度，充分认识打好扶贫攻坚战的重大政治、经济、社会意义。

实现本世纪末的扶贫攻坚目标，尽管难度很大，但也有不少有利因素，经过努力是完全可以做到的。一是党和国家对扶贫工作高度重视，采取了一系列政策措施。贫困地区干部群众对摆脱贫困有着强烈的愿望。把党和政府的政策措施与群众的积极性结合起来，就会产生巨大力量。二是随着国民经济的发展和国家实力的增强，可以更多地增加扶贫投入，帮助贫困地区开发建设。目前，中央的扶贫投入已增加到一百多亿元，从明年开始，还将有较大幅度的增加。由于贫困人口逐年减少，可以更集中地使用扶贫资金，加大对最贫困地方投入的力度。三是全社会扶贫济困的积极性越来越高。从党政机关到社会团体，从大中城市到经济发达地区，帮助贫困地区开发建设的规模越来越大，形式越来越多，作用越来越明显。四是经过十几年来的扶贫开发，贫困地区有了一定的自我发展能力，在实践中创造了许多成功经验，找到了一些行之有效的路子。前几天，我沿京九线考察了大别山和赣南革命老区，看到这些地区农村面貌发生了很大变化，多数群众的温饱问题初步得到解决。他们的主要经验，一条是加强农田水利基本建设，努力改善农业生产条件和生态环境；一条是不放松粮食生产，积极发展多种经营。他们取得的成绩，使我们增强了信心，看到了希望。能不能如期完成扶贫攻坚的任务，关键在于决心、在于工作、在于落实。只要全党统一认识、统一意志，下最大的决心，上下结合，各方面协调行动，充分动员全社会力量，采取更加得力的措施，就一定能够实现既定的战略目标。

二、坚持开发式扶贫的方针，增强贫困地区自我发展能力

由救济式扶贫转向开发式扶贫，是扶贫工作的重大改革，也是扶贫工作的一个基本方针。多年的实践证明，贯彻这个方针，把贫困地区干部群众的自身努力同国家的扶持结合起来，开发当地资源，发展商品生产，改善生产条件，增强自我积累、自我发展的能力，这是摆脱贫困的根本出路。从这几年的经验看，贯彻这个方针，要着重抓好以下几方面的工作。

第一，要把农业生产尤其是粮食生产搞上去。这是解决群众温饱问题的迫切需要，也是发展各项事业的基础。贫困地区一定要把粮食生产放在第一位。稳定和扩大粮食种植面积，集中力量改造中低产田，努力提高粮食单产，提高粮食人均占有量，尽快解决群众吃饭问题。在此基础上，充分利用当地资源，面向市场需求，积极发展以种养业为主的多种经营，发展以农副产品加工业为主的乡镇企业，增加农民收入。从一些地方的实践看，发展多种经营潜力很大。家家户户都能干，是增加收入最现实、最可靠的途径。一个村抓住一两个优势项目，一两年就可以收到明显成效。有些贫困地区耕地少，但山场面积大，发展养殖业和林果业大有可为。养一头肉牛，一般可收入几百元；养一只羊，可收入几十元；种一亩果树或蔬菜可收入几千元。随着种养业的发展，要因地制宜地发展农副产品加工业，实现多次增值增利，提高农业综合效益。贫

困地区发展一般性工业项目，由于交通、技术、人才等条件的限制，效果不一定好。弄得不好，不仅占用了宝贵的扶贫资金，还会背上沉重的债务包袱。发展农副产品加工业，搞种养加一条龙、贸工农一体化，不仅可以较好地发挥当地资源和劳动力优势，而且可以通过龙头企业把千家万户的分散经营联结起来，提高对农户社会化服务的程度，增强农户抵御市场风险的能力，逐步形成有地方特色的支柱产业。各地实践证明，发展贸工农一体化经营，既是转变农村经济体制的重要内容，也是转变农业增长方式的有效途径。发达地区要走这条路子，贫困地区市场经济发展滞后、经营方式落后，更要解放思想，从自己的实际出发，坚定不移地走这条路子。

第二，下苦功夫，花大气力，改变生产条件，改善生态环境。贫困人口绝大多数分布在自然环境恶劣的地区，林木稀少，干旱缺水，土地贫瘠，风沙肆虐，水土流失严重，生态环境恶化。这些贫困地区多处在大江大河上游，每降暴雨，泥沙俱下，造成下游河湖淤积，洪涝灾害防不胜防。因此，贫困地区大搞农田基本建设，大搞种树种草、治水改土，不仅是脱贫的根本大计，也是关系中下游地区经济可持续发展的大事，是关系子孙后代生存和发展的大事。所有贫困地区的党政领导干部都要横下一条心，充分发动群众，坚持不懈地大干苦干，一个流域一个流域地统一规划，山水林田路综合治理，经过若干年的努力，使生产条件和生态环境有一个大的变化。农田基本建设要大中小并举，在国家有计划地兴建大型水利工程的同时，要充分发挥农村劳动力多的优势，大搞小型水土工程。这些小工程，投资少，见效快，只要动员群众投资投劳，国家适当扶持,就能干起来。现在,有些地方山在那里荒着,劳动力在那里闲着,要迅速改变这种情况,把这些宝贵资源充分利用起来。在农田基本建设中,不同地方要抓住不同重点。在干旱缺水的地方,要千方百计蓄水、保水、节水。我在甘肃定西看到,山坡地修成水平梯田,一次降雨三四十毫米,可以做到水不下山。有些农户修水窖积蓄雨水,效果也很好。在植被稀少、风沙严重的地方,要大搞造林绿化。据史书记载,我国西部许多地方秦汉时期曾是森林茂密之地,由于垦荒、战乱等多种原因,植被破坏殆尽。植被越差,降雨越少,陷入生态的恶性循环。从长远看,这些地区必须大搞造林种草,增加植被,涵养水源,这样才能从根本上解决干旱缺水问题,不然就永远难以摆脱靠天吃饭的被动境地。要把造林种草、绿化荒山作为利在当代、恩泽子孙的伟大事业,一年接一年、一代接一代干下去。

第三,积极推广各种实用技术,推动科技进步。贫困地区经济落后的一个重要原因是科技落后,生产经营粗放。不少在其他地方早已普及的实用技术,在一些贫困地区由于技术力量薄弱、资金缺乏,还没有推开。从各地的经验看,贫困地区无论种植业、养殖业、加工业,只要把现有的实用技术推广开,都可以大幅度增加产量、提高效益,有效解决群众的温饱问题。比如,西部一些高寒山区,推广地膜覆盖玉米技术,每亩可增产三四百斤、增收二三百元,一户搞二亩地就可以解决吃饭问题,被群众称为“温饱工程”。因此,贫困地区要下功夫抓好技术推广工作。每个地方都要选择几项增产增收显著、群众欢迎、容易掌握的实用技术,大力加以推广,真正送到农民手中、应用于生产实践。当地党政领导同志和下乡扶贫的干部都要认真学习这些技术，亲自到田间地头抓好面向农民的示范和推广工作。同时，要健全科技推广网络，加强对农民的技术培训，做到每个村有几个科技示范户。抓技术推广和培训需要花些钱。这是效益最好的投入。财政再紧张，也要保证技术推广和培训的经费。

三、更广泛更深入地动员全社会力量参与扶贫

帮助贫困地区群众解决温饱问题，是党和政府的重要任务，也是全社会的共同责任。广泛动员全社会力量参与扶贫，是扶贫工作的一个重要方针。坚持这个方针，不仅可以加快脱贫进度，而且有利于发扬良好的社会风尚。中华民族有扶贫济困的优良传统。近几年来，社会各界开展了多种形式的扶贫济困活动，取得了明显成效。我们要把这种优良传统进一步发扬起来。现在，社会上有一种很不好的风气，就是大吃大喝、挥霍浪费，一桌饭吃掉的就相当于一个贫困户一年的口粮。这种奢侈之风，是社会主义事业的腐蚀剂。我们要深入进行国情教育，提倡艰苦奋斗、勤俭办一切事业的精神，克服奢侈浪费的不良风气，激发全社会扶贫济困的热忱，把扶贫活动更广泛更深入地开展起来。

全社会扶贫，党政机关要带头。各级党政机关都要充分发挥自己的职能作用，帮助贫困地区搞好开发和建设。有些地方开展电力扶贫、交通扶贫、水利扶贫等活动，这些做法很

好，要认真总结推广。同时，要搞好定点扶贫工作。近几年，中央和地方党政机关确定扶贫联系县，派遣工作组，深入到贫困乡村进行具体帮助，不仅帮助贫困地区解决了一些实际问题，而且密切了党政机关同人民群众的联系，很受群众欢迎。这种做法要长期坚持下去，并要加大工作力度。现在，不少党政机关人浮于事，要多抽一些人参加扶贫工作。各部门要有一名负责同志经常下去检查指导。在工作中要重实效，不要图形式，扎扎实实为群众办一些实事。

发达地区对口支援贫困地区，是动员全社会力量扶贫的重要举措。党中央、国务院确定，京、津、沪三个直辖市，沿海六个经济比较发达的省，四个计划单列市，分别对口帮扶西部十个省区〔3〕。这是逐步缩小东西部发展差距、促进区域经济协调发展的一项战略性举措。各经济发达省市要把对口帮扶工作作为一项政治任务，主要领导同志亲自抓，切实抓出成效。要把帮扶任务落实到县（区）、落实到企业，明确目标任务，并作为考核工作的一个重要内容，不达到目标不脱钩。发达地区的市县负责同志要定期到帮扶县，研究制定帮扶措施。要选派优秀干部帮助贫困地区开发资源、培训人才、发展支柱产业。贫困地区要充分发挥主观能动性，主动搞好对口协作。应该看到，发达地区有较多优势，贫困地区也有自己的优势，通过对口帮扶，可以做到东西互助、优势互补。

近年来，民主党派、社会团体、科研单位、大专院校、人民解放军、武警部队及社会其他各界积极开展多种形式的扶贫帮困活动，如希望工程、智力支边、文化扶贫等，搞得很有成效。要进一步加强组织工作，把这类活动更广泛地开展起来。

我在前年的扶贫开发工作会议上曾倡议发动大中城市和发达地区向贫困地区捐衣捐被。最近，我在贫困地区看到，很多贫困户不但缺衣少被，就连孩子上学用的书包和文具都买不起，而在城市和发达地区，这些东西很宽裕，稍旧一点就不用了，可以捐献给贫困地区，群众也有这个积极性。关键在于做好动员和组织工作，而且要持之以恒地做下去。

四、依靠贫困地区干部群众，坚持不懈地苦干实干

贫困地区要改变面貌，需要国家的扶持和社会各界的帮助，但从根本上说，还要依靠当地干部群众发扬自力更生、艰苦奋斗的精神，坚持不懈地苦干实干，自强不息，艰苦创业。这样，外部的支持才能真正发挥作用。这几年，我到过的贫困地区，有的地方自然条件恶劣，群众生活很苦，经过七八年努力，贫困面貌发生了很大变化。我看主要原因就是有一股子干劲。领导班子苦干，干部队伍苦干，广大群众苦干，一年接着一年干，一届接着一届干，干出了一个新天地。这几年，脱贫工作所以取得很大成绩，同贫困地区干部的努力是分不开的。相反，有的地方十几年过去了，山河面貌依旧，群众贫困依旧，一个主要原因就是领导班子不能带头苦干，说空话多，办实事少。干部不带头苦干，再好的发展规划也不能见诸实效。所以，贫困地区要改变面貌，必须发扬苦干实干精神。我们常讲的使命感、责任感、紧迫感，都要体现在苦干实干之中。是否具有苦干实干精神，是我们共产党人革命意志是否坚强

的实际检验，也是能否真心实意为人民服务的具体体现。到本世纪末基本解决贫困人口温饱问题，是历史赋予我们的伟大使命，是贫困地区群众的殷切期望。在贫困地区工作的同志，要时刻不忘党的重托和群众的期待，奋发图强，励精图治，为实现既定的战略目标奉献全部力量。

县是扶贫攻坚的基本指挥单位。发动群众苦干实干，关键是选拔和配备好贫困县的领导班子，尤其是选配好书记、县长。对于在任的县委书记、县长，具有强烈的事业心、责任心，能够带领群众苦干实干、完成扶贫攻坚任务的，要给以鼓励和支持；对于缺乏事业心、责任心，缺乏苦干实干精神，再留下去就会贻误时机的，要坚决调整。要选配一批政治素质好、事业心强、干劲大的同志，充实县级领导班子。班子确定后，要基本保持稳定，“一套马车拉到底”。在贫困县工作，真正把情况吃透，摸索出脱贫的路子，并组织实施，干出成效，没有几年的工夫是不行的。有的贫困县十年换七八任书记、县长，怎能改变贫困面貌呢？在贫困县当书记、县长，比其他县条件艰苦得多，工作难度大得多。对于无私奉献、埋头苦干、带领群众胜利完成扶贫攻坚任务的县委书记、县长，要大力表彰，提拔重用。对乡镇党委书记、乡镇长的选拔使用，也要这样做。我们在干部使用上，一定要重政绩、重民意，把群众真正拥护的干部选拔上来，并支持他们大胆放手地工作。贫困县的中心任务是解决群众温饱问题。各项工作都要围绕和服务于这个中心，而不能影响和干扰这个中心。在我们要办的事情中，还有什么比群众吃上饭、喝上水更重要！在贫困县，一切与脱贫无关的检查、评比、达标活动，都要坚决停止。贫困县尤其要精简机构，减轻群众负担，在不突破总编制的前提下，机构如何设置，工作如何安排，由县委自主决定，上级有关部门不要随意干涉。

扶贫攻坚最终要靠基层组织带领群众苦干实干。大量事实证明，基层党组织坚强有力，才能把群众充分动员和组织起来，焕发出巨大力量，有效改变贫困面貌。近几年，贫困地区基层组织建设取得了一定成效，但目前还有相当一部分贫困村班子散、集体空、秩序乱，村里无人管事、无钱办事、无章理事。这个问题不解决，一切都无从谈起。现在，有些农村封建迷信抬头，偷盗赌博盛行，社会治安混乱，一个重要原因是基层党组织不起作用。因此，无论是打好扶贫攻坚战，还是推进农村两个文明建设，都要从基层组织建设抓起。各地区要把扶贫和党建工作紧密结合起来，按照中央关于加强农村基层组织建设的部署和要求，下功夫建设好贫困村的基层组织。建设一个好班子，选准一条好路子，建立一套好机制。坚持党的十一届三中全会以来党在农村的各项政策，稳定和完善以家庭联产承包为主的责任制和统分结合的双层经营体制，既充分发挥家庭承包经营的积极性，又发挥集体统一经营的优越性，为农户提供更多服务，帮助农民脱贫致富。这一点在贫困地区尤为重要，不能动摇。村级组织建设的关键是抓好两条，一条是建设一个好支部，一条是发展集体经济，真正做到有人管事、有钱办事。村里没有一点集体经济收入，办一点事就要向群众敛钱，党支部很难有凝聚力和号召力。要通过开发当地资源，兴办集体企业，不断增加集体收入。对特困村，各级财政要尽可能挤出一些钱来，用于村级主要干部的补贴。

抓好村级组织建设，靠一般号召不行，必须组织力量，深入下去，做艰苦细致的工作。尤其是领导同志更应该这样做。现在，每个县都有二三十名县级领导干部，如果每人直接抓几个村，加起来就是几十个村，连续抓几年，就可使全县村级组织发生大的变化。

五、进一步加强对扶贫开发工作的领导，层层实行责任制

能否打胜扶贫攻坚战，关键是把扶贫工作放在什么位置，投入多大力度，党政第一把手是不是真抓实干，能不能把各方面力量组织起来，形成强大合力。因此，中央确定，扶贫攻坚要层层实行党政第一把手负责制。每个省区，每个地市县，现在有多少没有解决温饱问题的贫困人口，今后五年每年解决多少，要有具体的年度计划。扶贫计划确定以后，每年要进行检查。每个地方扶贫攻坚计划能不能如期实现，由当地党委和政府负责，首先由党政第一把手负责。真正实行责任制，首先必须增强责任心。

第一，各级党政第一把手要亲自组织指挥本地区的扶贫攻坚战。省委书记、省长，地市委书记、专员、市长，县委书记、县长，都要亲自调查研究、安排部署、组织协调、督促检查。各级党政第一把手以及有关部门的第一把手，每人都要选择几个最贫困的村，蹲上几天，察看贫困状况，倾听群众呼声，研究脱贫路子，并切实付诸实施，取得直接的领导经验。要根据扶贫开发的需要，组织各方面力量，各负其责，协同作战。要层

层检查落实，及时了解扶贫计划实施情况，扶贫措施落实得怎样，资金到位多少，不落实的障碍在哪里，真正抓住问题的症结，认真加以解决。检查不能只是听汇报，而要深入到贫困村、贫困户实地考察。对领导得力、工作扎实、成效显著的，要及时表彰鼓励。对工作飘浮、进展迟缓的，要进行批评教育。

第二，各级党政机关要组织大批干部到贫困村具体帮助。这不仅是打好扶贫攻坚战的需要，也是培养锻炼干部、改进机关作风的需要。凡是坚持这样做的，都取得了很好的效果。现在，有些机关干部很少下去，对群众的实际情况特别是对贫困地区、贫困户的情况缺乏了解，对群众的感情越来越淡漠。群众找上门来办事，不仅不去热情帮助，甚至利用手里的职权索拿卡要。这些都严重脱离了群众。中央决定，要把组织党政机关干部下乡扶贫，作为一项制度长期坚持下去。组织人事部门要认真组织实施。下去的干部，要同群众同甘共苦，做艰苦细致的工作，帮助村里搞好班子建设，开辟致富门路，解决群众最关心的热点难点问题，在实践中经受锻炼和考验。

第三，把扶贫攻坚的任务和措施落实到贫困村、贫困户。这是实行扶贫工作责任制的基本要求。能否实现贫困地区的脱贫目标，取决于能否解决贫困村、贫困户的问题。因此，这场扶贫攻坚战必须一个村一个村地打，一户一户地帮。要确保重点，不能把有限的资金到处撒胡椒面。要以贫困村为重点，以贫困户为对象，把扶贫任务分解到村，把扶贫措施落实到户，做到真扶贫、扶真贫。

全国扶贫工作已进入决定性的攻坚阶段。希望全党进一步动员起来，全社会进一步动员起来，全体贫困地区的干部群众进一步动员起来，形成扶贫攻坚的强大合力，去夺取扶贫攻坚的胜利。我们相信，在邓小平建设有中国特色社会主义理论和党的基本路线指引下，经过全党全国各族人民共同努力，我们一定能够完成既定的扶贫攻坚任务。

注 释

〔1〕一九九四年四月十五日，国务院印发《国家八七扶贫攻坚计划》。这一计划提出，从一九九四年到二〇〇〇年，集中人力、物力、财力，动员社会各界力量，力争用七年左右的时间，基本解决当时全国农村八千万贫困人口的温饱问题。

〔2〕见《晏子春秋·内篇问下》。

〔3〕这里所说的沿海六个经济比较发达的省是：广东省、江苏省、浙江省、山东省、辽宁省、福建省；四个计划单列市是：深圳市、青岛市、大连市、宁波市；西部十个省区是：内蒙古自治区、甘肃省、云南省、广西壮族自治区、陕西省、四川省、新疆维吾尔自治区、青海省、宁夏回族自治区、贵州省。中共中央、国务院于一九九六年十月二十三日颁布《关于尽快解决农村贫困人口温饱问题的决定》，确定沿海发达省市对口帮扶西部贫困省区的具体安排，即：北京帮内蒙古，天津帮甘肃，上海帮云南，广东帮广西，江苏帮陕西，浙江帮四川，山东帮新疆，辽宁帮青海，福建帮宁夏，深圳、青岛、大连、宁波帮贵州。扶持西藏和支援三峡的工作，按中央原有的安排，继续执行。一九九七年设立重庆直辖市后，国务院扶贫开发领导小组于二〇〇二年一月确定，由珠海、厦门帮重庆。

舆论导向正确是党和人民之福*

（一九九六年九月二十六日）

今天,我想和同志们着重谈谈舆论导向问题。在全国宣传思想工作会议上,我曾经讲过四句话:以科学的理论武装人,以正确的舆论引导人,以高尚的精神塑造人,以优秀的作品鼓舞人。宣传思想工作部门和单位,要把最好的东西奉献给人民,用最好的东西去武装人、引导人、塑造人、鼓舞人。新闻单位在这四个方面都可以发挥重要作用,尤其在以正确的舆论引导人方面负有重大而光荣的使命。

大家知道,经济基础决定上层建筑,上层建筑对经济基础又有巨大的反作用,这是马克思主义的一个基本观点。新闻舆论,作为上层建筑、意识形态的一个重要组成部分,由于其自身的特点和优势,同社会政治、经济、文化生活的各个领域都有密切的联系,都会产生广泛而深刻的影响。在新闻传播手段还不够发达的时代是如此,在新闻传播手段越来越现代化的今天更是如此。

历史经验反复证明,舆论导向正确与否,对于我们党的成长和壮大,对于人民政权的建立和巩固,对于人民的团结和国

---

* 这是江泽民同志视察人民日报社时讲话的主要部分。

家的繁荣富强，具有重要作用。舆论导向正确，是党和人民之福；舆论导向错误，是党和人民之祸。党的新闻事业与党休戚与共，是党的生命的一部分。可以说，舆论工作就是思想政治工作，是党和国家的前途命运所系的工作。因此，我们党一贯强调，要把新闻舆论的领导权牢牢掌握在忠于马克思主义、忠于党、忠于人民的人手里；新闻舆论单位一定要把坚定正确的政治方向放在一切工作的首位，坚持正确的舆论导向；新闻舆论工作要紧紧围绕经济建设这个中心，服从和服务于全党全国工作的大局。这在任何时候都不能模糊、不能动摇。

我们党的老一代革命家都非常重视新闻工作。毛泽东同志曾经指出："一张省报，对于全省工作，全体人民，有极大的组织、鼓舞、激励、批判、推动的作用。"〔1〕省报是如此，作为党中央机关报的《人民日报》更是如此。在改革开放新的历史条件下，邓小平同志也指出："要使我们党的报刊成为全国安定团结的思想上的中心。"〔2〕我们要深刻领会这些指示的精神，用以指导我们的新闻工作。

全国各族人民正在为实现国民经济和社会发展"九五"计划和二〇一〇年远景目标纲要所确定的宏伟蓝图而奋斗，开局不错，总的形势是好的。但是，在前进道路上，还有很多困难和问题有待克服和解决。敌对势力没有也不会放弃对我国实施西化、分化的政治图谋。我们要有清醒的头脑，抓住机遇，深化改革，扩大开放，促进国民经济稳定、持续发展和社会全面进步，坚决维护安定团结的政治局面。要居安思危，顺利的时候要有防范风险之备。

《人民日报》办得如何，对全国的报纸和整个新闻界有重大的示范作用、导向作用。因此，同样是实行舆论引导，人民日报社的同志就显得担子格外重、责任格外大。在这方面，人民日报社积累了丰富的经验，也有过深刻的教训。经验和教训总结了，都是宝贵的财富，都不应该忘记。希望《人民日报》旗帜鲜明地坚持党性原则，坚持以邓小平建设有中国特色社会主义理论和党的基本路线为指导，不管在什么时候什么情况下，都要在思想上、政治上同党中央保持高度一致，弘扬爱国主义、集体主义、社会主义的主旋律，热情歌颂人民群众在改革和建设中的奋斗业绩，鼓舞人民群众为振兴中华而艰苦奋斗。同时，对消极腐败现象也要进行批评和揭露，发挥舆论监督作用。报社的同志要有大局意识、全局观念，坚持政治家办报，正确处理改革、发展、稳定的关系，登什么，不登什么，怎么登，都要从全局出发，从党和人民的整体利益出发。在坚持正确的舆论导向的前提下，要讲求宣传艺术，提高引导水平，努力使自己的宣传报道更加贴近生活、贴近读者，使广大读者喜闻乐见。

新闻事业能不能办好，关键在有没有一支高素质的新闻队伍。我们要通过加强思想政治工作，把广大新闻工作者的积极性、主动性、创造性充分调动起来。各新闻单位要加强协调，形成强大合力，在两个文明建设中发挥更大作用。近几年来，中央宣传部门和新闻界在形成合力方面进行了积极探索，积累了有益经验，希望加以总结提高，以便做得更好。

邓小平同志提出："思想战线上的战士，都应当是人类灵魂工程师。"〔3〕人类灵魂工程师是一种很高的评价，是一项很高的要求，要真正做得好，是很不容易的。教育者必须先受教育。为了更好地担负起以正确的舆论引导人的任务，新闻工作者，特别是共产党员和领导干部，必须努力提高自己的思想政治素质和业务素质。新闻战线的同志特别是中青年同志，既要志存高远，又要脚踏实地，在打好思想政治和业务根底上，老老实实地下一番真功夫、苦功夫。

要打好理论、路线根底。要坚持马克思列宁主义、毛泽东思想、邓小平建设有中国特色社会主义理论，坚持党的基本路线，用以指导自己的思想和工作。理论、路线根底打好了，不管情况多么复杂、形势怎样变化，都会保持坚定正确的政治立场和政治方向。

要打好政策、法律、纪律根底。要牢牢掌握中央的方针政策，牢牢掌握国家法律法规，严守新闻工作纪律。新闻工作是政治性、政策性极强的工作，新闻工作者如果对党的方针政策和国家法律法规不懂不熟悉，那就宣传不好，甚至出现误导，给党和人民的事业带来不应有的损失。

要打好群众观点根底。新闻工作、党报工作，说到底，也是群众工作，是我们党联系群众的重要纽带。密切联系群众，是新闻工作者的必修课和基本功。大家要牢固树立群众观点，同广大人民群众同呼吸、共命运，善于做调查研究工作，紧扣时代的脉搏，倾听群众的心声，多写出反映改革开放和社会主义现代化建设的好作品来。

要打好知识根底。知识就是力量。首先要努力掌握与自己的业务工作直接有关的知识，同时还要博览群书，哲学、政治、经济、法律、历史、文学等方面的书籍都应读一些，科技知识也应尽可能多学一些。希望我们的新闻队伍中多出一些既懂政治、学识又渊博的编辑、记者、评论员。

要打好新闻业务根底。新闻工作，无论编辑、采访，都需要有业务能力，特别是要有很好的文学修养。现在，报纸上刊登的许多报道，主题好，内容好，语言也很精彩，使人在受教育的同时，也得到美的享受。但是，也有一部分新闻作品不讲究辞章文采，文字干巴巴的，翻来覆去老是那么几句套话；也有的哗众取宠，乱造概念，词句离奇，使人看不懂，这种不良文风应加以纠正。要大力提倡新闻工作者苦练基本功。

在新的历史时期，仍要坚持发扬党的新闻工作的优良作风。一是敬业的作风，热爱党的新闻事业，献身党的新闻事业。二是实事求是的作风，报实情，讲真话。三是艰苦奋斗的作风，不怕苦，不怕累，有时还要不怕危险、不怕牺牲。四是清正廉洁的作风，自觉抵制拜金主义、享乐主义、极端个人主义思想的侵蚀，恪守职业道德，坚决反对搞有偿新闻。五是严谨细致的作风，一丝不苟，精益求精，严防差错。六是勇于创新的作风，新闻事业是常干常新的事业，是有着广阔的驰骋空间的事业，在坚持党的新闻工作的基本方针和原则的前提下，新闻工作者应当不断开拓新的报道领域，不断探索新的报道形式，不断采用新的报道手法，不断写出富有新意的优秀作品。

注　　释

〔1〕见毛泽东《给刘建勋、韦国清的信》(《毛泽东文集》第7卷，人民出版社1999年版，第338页)。

〔2〕见邓小平《目前的形势和任务》(《邓小平文选》第2卷，人民出版社1994

年版,第 255 页)。

〔**3**〕见邓小平《党在组织战线和思想战线上的迫切任务》(《邓小平文选》第 3 卷,人民出版社 1993 年版,第 40 页)。

努力开创社会主义精神文明建设的新局面*

（一九九六年十月十日）

这次中央全会是一次很重要的会议。会议集中全党同志的智慧，听取和吸收党外人士和专家学者的意见，制定了《关于加强社会主义精神文明建设若干重要问题的决议》。这个决议确定了新形势下加强精神文明建设的指导思想、目标任务、基本方针和重要措施，是指导今后精神文明建设的纲领性文件。全会以后，大家要努力把决议的精神变为全党全国人民的实际行动，开创社会主义精神文明建设的新局面。

一、关于加强精神文明建设的重要性和紧迫性

党的十四大以来，我们为落实大会确定的各项任务，展开了多方面的工作。党的十四届三中、四中全会，分别就建立社会主义市场经济体制和加强党的建设作出了重要决定。党的十四届五中全会，确定了今后十五年我国经济社会发展的宏

* 这是江泽民同志在中共十四届六中全会上讲话的一部分。

伟蓝图。中央还对加强农业，搞好国有企业，推进民主法制建设，发展教育、科学、文化，加强宣传思想工作，开展反腐倡廉和严打斗争，以及国防、外交工作等，作出了部署。全国改革开放正在深入发展，国民经济和其他各项事业保持良好发展势头，总的形势是好的。形势越是比较好，我们越要头脑清醒，越要兢兢业业地工作，及时发现和解决新矛盾新问题，更加踏实地前进。

这次六中全会从全面实现跨世纪宏伟目标的要求出发，专门研究精神文明建设的若干重要问题。全会总结十多年来的经验，分析当前国际国内形势，强调在把物质文明建设搞得更好的同时，把社会主义精神文明建设提到更加突出的地位。这是改革开放和现代化建设进一步发展的需要，是全党全国各族人民的迫切要求，是继续全面、正确、积极地贯彻邓小平建设有中国特色社会主义理论和党的基本路线的战略性部署。

党的十一届三中全会和全会形成的以邓小平同志为核心的中央领导集体，把党和国家的工作重心转到经济建设上来，作出改革开放的重大决策，开创了我国社会主义事业的新时期。十多年来，邓小平同志要求全党始终不渝地坚持党的基本路线，扭住经济建设这个中心不放，带领广大群众一心一意、聚精会神、集中力量把国民经济搞上去，不管遇到什么问题和干扰，都坚定不移地推进改革开放和现代化建设。与此同时，邓小平同志一直非常关注和重视社会主义精神文明建设，提出了一系列重要思想。决议对此作了很好的概括。

邓小平同志关于精神文明建设的思想，是建设有中国特色社会主义理论体系的重要组成部分。坚持两个文明一起抓、两手都要硬，是他一贯强调的基本方针。深刻领会邓小平同志关于精神文明建设的思想，对于我们全面贯彻党的基本路线，加强社会主义精神文明建设和思想战线的工作，搞好改革开放和现代化建设，具有深远的指导意义。从邓小平同志的重要指示中，从十多年来改革和建设的实践经验中，我们应该得到一些什么重要启示呢？

第一，社会主义的根本任务是发展生产力。物质文明建设是一切社会事业发展的基础，经济建设在现代化建设中必须始终处于中心地位。经济建设、物质文明建设不是孤立的，而是同其他社会事业的发展紧密联系、互相促进的。

第二，社会主义社会是全面发展、全面进步的社会。社会主义现代化建设事业是物质文明和精神文明协调发展、相辅相成的事业，缺少任何一个方面，都不成其为有中国特色的社会主义。

第三，社会主义精神文明是社会主义社会的重要特征。建设高度的社会主义精神文明是社会主义现代化的重要目标。精神文明对物质文明建设起巨大推动作用，并且保证它的正确发展方向。

第四，社会主义精神文明建设的根本任务是培养有理想、有道德、有文化、有纪律的社会主义公民。要引导广大干部群众树立崇高的理想和正确的世界观、人生观、价值观。

第五，在实现社会主义现代化的整个过程中，要始终坚持解放思想、实事求是，始终坚持党的基本路线不动摇。

第六，处理物质文明和精神文明的关系，处理四项基本原则和改革开放的关系，处理改革、发展、稳定的关系，必须始终注意把握它们的内在联系，增强全面性，克服片面性，防止顾此失彼，防止从一种偏向走到另一种偏向。

党的十三届四中全会以来，遵照邓小平同志的重要指示，总结过去的经验教训，中央作出了一系列决策部署，大力加强社会主义精神文明建设。总的说来，全国精神文明建设出现了积极、健康、向上的发展态势，取得了新的成绩和进步。决议对此作了充分肯定。

关于新形势下加强精神文明建设的重要性、紧迫性、长期性，决议进行了很好的阐述。决议特别指出，在坚持以经济建设为中心的前提下如何做到两手抓，在建立社会主义市场经济体制和扩大对外开放的条件下如何搞好精神文明建设，是我们面临的历史性课题。解决好这个课题，是对全党同志的重要考验。

我们确定建立社会主义市场经济体制，是党和人民经过长期艰苦探索取得的重大改革成果。它有利于进一步解放和发展社会生产力，为经济建设和社会发展注入强大的活力，也有利于促进社会主义精神文明建设达到新的水平。同时要看到，市场的缺陷和消极因素也会反映到人们的思想意识和人与人的关系上来，容易诱发拜金主义、享乐主义、极端个人主义。加强社会主义精神文明建设，促进社会主义市场经济体制的建立和完善，对经济的发展，对党风、社会风气的好转和整个社会的进步，都具有全局性意义。我们需要在实践中不断总结经验，处理好发展社会主义市场经济和发展社会主义精神文明的关系。

实行改革开放是我们的基本国策。同世界各国进行广泛的经济、贸易、科学、技术、教育、文化交流，对我们进行社会主义现代化建设具有重大作用。要继续排除各种干扰，坚定不移地搞改革开放，这一点绝不能动摇。我们把大门打开了，好的东西进来了，一些不好的东西也会进来，敌对势力也会趁机做文章。西方国家一直没有放松在思想、政治、文化、宗教等方面对我们施加影响和进行渗透。东欧剧变、苏联解体以后，国际敌对势力自以为得计，声称他们对社会主义国家的和平演变战略取得了决定性胜利，妄言社会主义国家将很快在地球上消失，加紧对中国实施西化、分化的政治战略。

所谓西化，就是企图在政治上用西方的多党制和议会制取代中国共产党的领导地位和人民民主专政的国家制度，在经济上用资本主义私有制取代社会主义公有制，在思想文化上用资本主义意识形态取代社会主义意识形态。所谓分化，就是利用一切手段和各种机会，企图分裂我们的党、我们的民族和我们的国家，使我国重新陷入旧中国那种四分五裂、一盘散沙的状态。总之，他们的目的，就像邓小平同志指出的，是要把社会主义的中国变成"完全西方附庸化的资产阶级共和国"[1]。面对敌对势力的这种图谋，我们在社会主义现代化建设的整个过程中，要始终注意防止和反对资产阶级自由化。

我这样讲，是不是把问题估计得严重了呢？不是，实际情况就是如此。是不是因此就要把大门关起来，不搞对外开放了呢？也不是。不论遇到什么风险，对外开放我们是要坚定不移地搞下去的。不这样，中国的发展就没有希望。需要注意的是，在对外开放的过程中，在同西方国家的各种交往中，我们的同志脑子里一定要有根弦，一定要做到像邓小平同志说的那样：朋友还要交，但心中要有数。

总之，为了全面推进我国社会主义现代化建设，为了使中华民族以更加昂扬的姿态迈入新的世纪，全党同志必须按照党的基本路线的要求，团结和带领全国各族人民，在集中力量搞好经济建设、大力发展社会生产力的同时，切实加强社会主义精神文明建设。如果忽视精神文明建设，贻误现代化建设的全局，我们就会犯历史性错误。

这次全会考虑到，关于科学、教育事业的发展，中央已作出了专门部署，因此主要是讨论思想、道德和文化建设。这决不是说科学、教育不重要。科学、教育是精神文明建设的重要组成部分，而且对思想、道德、文化的发展也起着重要促进作用。我们加强社会主义精神文明建设，必须思想、道德、教育、科学、文化一起抓。

二、关于正确认识物质文明和精神文明的关系

许多同志都在考虑这样一个问题：邓小平同志对两个文明一起抓、两手都要硬作过那么多的指示，一再批评“一手硬、一手软”的现象，这几年中央又一再要求从各方面加强社会主义精神文明建设，为什么有的领导干部至今仍然重视不够、执行不力呢？为什么有些地方和部门至今还没有从根本上扭转“一手硬、一手软”的现象，有的甚至还以牺牲精神文明去求一时一地的“经济效益”呢？这有多方面的原因。我看很重要的

一条是在思想上没有解决问题，对两个文明的关系缺乏全面理解，对精神文明建设的重要性认识不足。必须指出，对两个文明的关系认识得正确不正确、处理得好不好，是一个关系我们事业成败的全局性问题。

物质文明和精神文明，是人类社会实践的两种相互联系的伟大成果，是社会生产和社会生活的两个密切相关的组成部分。一方面，精神文明的发展，要有一定的物质条件，经济建设搞好了，生产力发达了，就会给精神文明建设提供更充实的物质基础；另一方面，又不能简单地把精神文明看作是物质文明的派生物和附属品，精神文明有它的相对独立性。那种认为只要物质条件好了，精神文明自然而然地就会好起来，而物质条件差，精神文明就不可能搞好的观点，是不正确的，也不符合历史发展的事实。实践证明，两个文明紧密联系而又有各自的发展规律，它们互为条件、互为目的。物质文明为精神文明的发展提供物质条件和实践经验，精神文明又为物质文明的发展提供精神动力和智力支持。我们必须全面把握两个文明建设的辩证关系，遵循精神文明自身的发展规律，自觉加强精神文明建设，不断提高精神文明的水平。

社会文明既包括物质文明也包括精神文明，缺少任何一个方面，社会就是畸形的，也不可能健康地向前发展。我们在社会主义现代化建设的整个过程中，必须始终重视物质文明的发展，牢牢把握经济建设这个中心，努力把国民经济搞上去。这是实现民族振兴和国家富强的基础，是任何时候都不能动摇的。同时，我们必须始终重视社会主义精神文明的发展，重视思想、道德、教育、科学、文化建设。这是促进经济社会全面进步的重要保证，也是任何时候都不能动摇的。社会主义社会是人类社会发展的崭新阶段，只有物质文明和精神文明都高度发达起来，社会主义所具有的区别于其他一切社会的巨大优越性才能充分体现出来。邓小平同志所以反复强调必须两个文明一起抓、两手都要硬，根本道理就在这里。

回顾我们党几十年的历史，可以看到，革命的理想和精神，对推动中国革命和建设的发展有多么大的作用。我们党成立之初，只有几十名党员，经过几十年奋斗，不断发展壮大，领导人民取得中国革命和建设的胜利，这到底靠什么？靠的是找到了马克思列宁主义，使中国人民在精神上从被动转为主动；靠的是把马克思列宁主义基本原理同中国具体实际相结合，认识和掌握中国社会历史发展的客观规律，克服各种错误倾向，形成正确的理论和路线方针政策；靠的是用革命的理想和精神教育和武装广大工人、农民、知识分子，团结和鼓舞他们为实现自己的根本利益而奋斗。七十多年来，我们党领导全国人民进行革命、建设和改革的整个过程，实质上就是不断认识世界、改造世界的过程，就是不断改造客观物质世界也不断改造主观精神世界的过程。

党的十一届三中全会以后，邓小平同志反复强调，要用革命的理想和精神教育干部和人民。他说，如果我们自己在精神上解除了武装，还怎么能领导国家和人民建设社会主义！他重申毛泽东同志关于人是要有一点精神的思想，要求在正确的政治方向指导下大力弘扬党在长期革命斗争中形成的五种精神，这就是革命和拼命精神，严守纪律和自我牺牲精神，大公无私和先人后己精神，压倒一切敌人、压倒一切困难的精神，坚持革命乐观主义、排除万难去争取胜利的精神。他说："如果一个共产党员没有这些精神，就决不能算是一个合格的共产党员。不但如此，我们还要大声疾呼和以身作则地把这些精神推广到全体人民、全体青少年中间去，使之成为中华人民共和国的精神文明的主要支柱，为世界上一切要求革命、要求进步的人们所向往，也为世界上许多精神空虚、思想苦闷的人们所羡慕。"〔2〕

在我们这样一个有十二亿多人口的大国，要实现社会主义现代化，任重而道远。在前进道路上，我们要不断创造新的业绩，必然会遇到许多困难和风险。全党同志、广大干部特别是各级领导干部，都必须加强政治责任感，带头发扬我们党的优良传统和革命精神。这是我们开拓前进、克服困难、战胜风险的重要条件。如果只讲金钱、只讲物质利益，而不讲理想、不讲精神动力，干部群众就会失去共同的奋斗目标，失去凝聚力，失去前进的创造力。

各级干部要注意学习哲学，努力掌握辩证唯物主义和历史唯物主义的基本观点，真正从理论上提高对物质文明和精神文明关系的认识，真正了解和熟悉我们党领导革命和建设的历史经验，增强两个文明一起抓的自觉性和坚定性。

三、关于精神文明建设的指导思想

在当代中国，建设社会主义精神文明，必须始终坚持以马克思列宁主义、毛泽东思想、邓小平建设有中国特色社会主义理论为指导。毛泽东思想是马克思列宁主义基本原理同中国具体实际相结合的产物，是马克思列宁主义在中国的运用和发展。邓小平建设有中国特色社会主义理论，是毛泽东思想在新的历史条件下的继承和发展，是当代中国发展了的马克思主义，是我们党新时期各项工作的根本指针和中华民族振兴的强大精神支柱。马克思列宁主义、毛泽东思想、邓小平建设有中国特色社会主义理论一脉相承，是统一的科学体系。我们强调精神文明建设必须坚持以马克思列宁主义、毛泽东思想、邓小平建设有中国特色社会主义理论为指导，因为只有这样，才能保证精神文明建设的正确方向。

马克思列宁主义、毛泽东思想、邓小平建设有中国特色社会主义理论，是通过积极吸收人类社会包括资本主义社会创造的一切科学的进步的思想文化成果，认真总结党和人民在革命、建设和改革实践中的新经验新创造，而不断得到充实、丰富和发展的。同时，也是在克服各种错误思想包括封建主义思想、资本主义思想的过程中，不断巩固和加强自己的指导地位的。邓小平同志指出："世界形势日新月异，特别是现代科学技术发展很快。现在的一年抵得上过去古老社会几十年、上百年甚至更长的时间。不以新的思想、观点去继承、发展马克思主义，不是真正的马克思主义者。"〔3〕

全党同志特别是各级领导干部要经常关注思想理论领域的情况，积极做好正确的引导工作，这不只是思想理论部门的事。这些年来，思想理论战线的工作是有成绩的，在宣传邓小平建设有中国特色社会主义理论和党的基本路线、用这一理论和路线武装广大干部群众方面，在坚持正确的舆论导向、努力弘扬主旋律、繁荣社会主义文化方面，都取得了显著成效。

同时，大家也注意到，这些年来，社会上也出现了一些违反党的基本理论和基本路线的错误观点。对事关政治是非的问题，决不能掉以轻心、等闲视之，必须旗帜鲜明、分清是非。这次全会的决议强调要划清一些基本是非界限，就是针对社会上出现了的错误东西提出来的，目的是更好地用马克思列宁主义、毛泽东思想、邓小平建设有中国特色社会主义理论武装广大干部群众。全国的报刊、通讯社、广播电台、电视台、出版社等，都要坚持正确的舆论导向，注意把好关，加强正面教育、正面引导，增强广大干部群众明辨是非的能力。

要在全党造成一种学习理论、研究理论的浓厚空气，不断提高广大干部的理论素质。各级领导干部工作很繁忙，但一定要挤出时间来学习马列著作和毛泽东同志的著作，特别是学习邓小平同志的著作，熟悉和掌握马克思主义基本原理，善于运用马克思主义的立场、观点、方法分析实际情况、指导工作。实践是检验真理的唯一标准。希望同志们坚持理论联系实际，勇于在实践中探索，勇于追求真理、发展真理，把马克思主义理论不断推向前进。

我们要在总结改革开放和现代化建设实践经验的基础上，努力加强马克思主义的哲学、经济学、政治学、法学、历史学、文艺学、新闻学、社会学、伦理学、教育学、管理科学等学科建设，这是党的思想理论建设的一项重要任务，是巩固和发展社会主义意识形态的一项重要任务。

关于道德建设和文化建设，决议提出了明确的要求。对这两个方面的问题，这里我不多讲了，只强调两点。一是社会主义道德建设最重要的是要抓住为人民服务这个核心，在全社会坚持倡导为人民服务的精神，倡导社会主义的集体主义精神，倡导个人利益服从国家利益、局部利益服从整体利益、眼前利益服从长远利益。共产党员要带头身体力行社会主义、共产主义道德，为在人民中倡导这些道德真正起到表率作用。二是文化建设最重要的是要抓方向、抓队伍建设。各项文化事业都要坚持为人民服务、为社会主义服务的方向，坚持百花齐放、百家争鸣的方针。要积极引导文艺工作者深入群众、深入实际，了解和体验改革开放和现代化建设的火热生活，树立正确的创作思想。这样才能培养造就一支好的队伍，产生一大批无愧于时代的作品，实现以优秀的作品鼓舞人的光荣任务。在抓好繁荣的同时，还要抓好管理，促进文化市场健康发展。

四、关于加强爱国主义教育

爱国主义教育是精神文明建设的一个重要内容。加强爱国主义教育，要贯穿社会主义现代化建设的整个过程。

我们的祖国是一个统一的多民族的伟大国家。五千多年来，中华民族在这块土地上劳动和生活，各族人民相互团结、相互学习，用自己的勤劳和智慧共同开发了祖国的大好河山，创造了灿烂的中华文明，涌现出许多伟大的思想家、政治家、军事家、科学家、文学家、艺术家。中华文明不仅对东方产生了深远的影响，而且为整个人类文明作出了不可磨灭的贡献。中国人民从来不在侵略者面前低头，有着酷爱自由、追求进步、维护民族尊严和国家主权的光荣传统。对外来侵略者无比痛恨，对卖国求荣的民族败类无比鄙视，对爱国志士无比崇敬，这已经成为我们宝贵的民族性格。

我们的祖国在近代曾经长期遭受外国列强的侵略和欺凌。许多爱国志士和全国各族人民为了救亡图存，进行了艰难的探索和前仆后继、不屈不挠的斗争。中国共产党的成立，成为这种斗争从失败转向胜利的历史性标志。我们党运用马克思主义观察国家和民族的命运，指出了民族复兴、国家富强的正确方向和道路，团结和吸引一切爱国者共同奋斗。我们党继承和发扬中华民族的优良传统，在争取民族独立、维护国家主权的斗争中，付出了最大的牺牲，作出了最大的贡献，赢得了全国各族人民的衷心爱戴和拥护。中国共产党人，是最坚定、最彻底的爱国者。中国共产党的爱国主义，是中华民族、中国人民爱国主义的最高风范。

我们的祖国进入社会主义社会以后，全国各族人民团结奋斗，在很短的时间内建立起独立的比较完整的工业体系和国民经济体系，创造了旧中国不可想象的人间奇迹。在新的历史时期，我们沿着建设有中国特色社会主义道路胜利前进，国民经济和各项事业取得了举世瞩目的巨大成就。我国人民从切身体验中越来越认识到，只有社会主义才能救中国，只有社会主义才能发展中国，爱国主义与社会主义是统一的。在改革开放和现代化建设中，各条战线涌现出许多为国争光、创造了光辉业绩的英雄模范人物，使中华民族的爱国主义传统焕发出新的光彩。

为了把我们的事业继续推向前进，必须在全国人民特别是青少年中进一步加强爱国主义教育。我们坚持的爱国主义同狭隘的民族主义是有本质区别的。要使我们的人民懂得，坚持对外开放，认真学习世界各民族的长处，积极引进先进的科学技术和经营管理经验，增强我们自力更生的能力，加快祖国的发展，这本身就是爱国主义的重要内容。同时，在面临霸权主义和强权政治挑战的情况下，又要始终注意教育广大干部群众把国家的主权和安全放在第一位，自觉维护国家的统一、民族的团结、人民的利益。现在，有的人只看到我国与西方发达国家在物质生产和生活水平上的差距，就以为一切都是外国的好，对外国盲目崇拜，对祖国妄自菲薄。有的人甚至为了个人的私利，不惜丧失国格、人格，不惜损害国家和民族的利益。历史上遗留下来的殖民文化的影响，也在一些地方沉渣泛起。这必须引起我们高度注意。

总之，要通过各种生动活泼的形式，广泛、深入、持久地加强爱国主义教育和宣传，增强全国人民的民族自尊心和自豪感，在全社会进一步发扬以热爱祖国、贡献全部力量建设社会主义祖国为最大光荣，以损害社会主义祖国利益、尊严和荣誉为最大耻辱的良好风尚。要使我们的人民既珍惜同各国人民的友谊和合作，又珍惜几代人流血牺牲赢得的民族独立和国家主权。要使我们的青年了解祖国的悠久历史和灿烂文化，了解我们党和人民的光辉业绩和优良传统，满怀信心地投身于祖国社会主义现代化建设的伟大洪流。我们的党员、干部要带头发扬浩然正气，保持民族气节，自觉维护国家尊严和民族利益。一句话，要把全国各族人民的爱国主义热忱，转化为推动改革开放和现代化建设、振兴中华的强大力量。

五、关于加强党对精神文明建设的领导

为了贯彻落实好这次全会通过的决议，各级党委必须以对党和人民高度负责的态度切实加强领导。

加强党的领导，首先要加强党的思想政治领导。精神文明工作，说到底是做人的工作。邓小平同志早在一九八〇年就指出："从原则上说，各级党组织应该把大量日常行政工作、业务工作，尽可能交给政府、业务部门承担，党的领导机关除了掌握方针政策和决定重要干部的使用以外，要腾出主要的时间和精力来做思想政治工作，做人的工作，做群众工作。如果一时还不能完全做到这一点，至少也必须把思想政治工作放在重要地位上，否则党的领导既不可能改善，也不可能加强。"〔4〕邓小平同志的这个思想极为重要，是我们各级党委加强精神文明建设和做好各项工作必须遵循的指导原则。现在，有些同志整天埋头具体事务，见物不见人，忽视做人的工作和做思想政治工作的领导责任。这种状况必须从根本上加以扭转。各级党委、特别是主要领导同志一定要充分认识到，做好人的工作，做好思想政治工作，是在现代化建设实践中把两个文明建设统一起来的中心环节。

加强党对精神文明建设的领导，必须抓好队伍建设。精神文明建设是群众性的事业，没有群众广泛参与，是不可能搞好的。同时，一定要有一支专门从事精神文明建设的高素质的宏大队伍。这支队伍包括宣传工作者、思想政治工作者、教育工作者、文化艺术工作者、新闻出版工作者、哲学社会科学

工作者、科技工作者等。这些同志在精神文明建设中负有重要使命，起着骨干作用。我们已经有一支可以信赖的好队伍，他们对精神文明的发展作出了重要贡献。要按照政治强、业务精、作风正的要求，继续全面加强队伍建设，进一步提高队伍素质。精神文明建设的重要阵地必须牢牢掌握在党手里。宣传文化教育部门和党报党刊、通讯社、广播电台、电视台、出版社的工作状况如何，影响极大，一定要把这些部门的领导班子选配好，严格要求，严格管理。对那些坚持真理、勇于负责、作风正派的同志要多鼓励、多支持。对那些不注意政治方向、不负责任、作风不正的，要批评教育，问题严重的要从领导岗位上撤下来。

大家一致认为，这次全会通过的决议是个好文件。能不能落实，全国人民都在看着我们党，首先看着我们在座的同志。这几年，我们党作出了一系列工作部署，总的落实得比较好，但有的落实得还不好。有些明明可以解决的问题，也没有得到解决，群众有这样那样的意见。这反映出我们有些领导干部存在官僚主义、形式主义，工作飘浮，好讲空话，有的甚至弄虚作假、欺上瞒下。这些不良作风，如果任其滋长，对党和人民的事业危害很大。我们一定要坚持发扬理论联系实际、密切联系群众、批评和自我批评的作风，发扬艰苦奋斗、勤俭办一切事业的作风，发扬诚心诚意为人民谋利益的作风。各级干部都要做老实人、说老实话、办老实事。

为了保证决议的落实，要在各级党委统一领导下，党政主要领导亲自抓，党政各部门和工会、共青团、妇联等人民团体齐抓共管，形成合力。为了共同的目标，大家都要各负其责、勇挑重担，决不允许互相推诿、互相扯皮。在精神文明建设中，还要十分重视民主党派的作用。决议提出的各项任务，中央各有关部门和各地方要尽快研究，拿出贯彻落实的具体办法和措施。精神文明建设没有一定的资金和物质投入是不行的，随着经济的发展，要逐步增加这方面的投入。国务院对此已经发了文件，各地区各部门务必认真落实。在贯彻实施决议的过程中，要一级抓一级。上级要加强对下级的督促检查，对于出现的问题要及时研究解决，不断取得新的经验。

注　　释

〔1〕见邓小平《在接见首都戒严部队军以上干部时的讲话》(《邓小平文选》第3卷，人民出版社1993年版，第303页)。

〔2〕见邓小平《贯彻调整方针，保证安定团结》(《邓小平文选》第2卷，人民出版社1994年版，第368页)。

〔3〕见邓小平《结束过去，开辟未来》(《邓小平文选》第3卷，人民出版社1993年版，第291—292页)。

〔4〕见邓小平《贯彻调整方针，保证安定团结》(《邓小平文选》第2卷，人民出版社1994年版，第365页)。

把长征精神一代一代传下去*

（一九九六年十月二十二日）

今天，我们在这里隆重集会，纪念中国工农红军长征胜利六十周年。

首先，我代表中共中央、国务院、中央军委和全国各族人民，向领导红军创造这一历史伟业的老一辈无产阶级革命家，向在长征中浴血奋战的红军指战员，向当年全力支援红军长征的各族人民特别是各革命根据地的人民，向在座的和所有健在的功勋卓著的红军老战士，致以最崇高的敬意！

六十年前，中国工农红军第一、第二、第四方面军，经过艰苦卓绝的万里长征，在会宁和将台堡胜利会师，宣告国民党反动派消灭共产党和红军的图谋彻底失败，宣告中国共产党和红军肩负民族希望胜利实现了北上抗日的战略转移。

长征，是历史上无与伦比的革命壮举，是中国共产党及其领导的工农红军创造的人间奇迹，是中华民族一部惊天动地的英雄史诗。长征将永远铭刻在中国革命的丰碑上。

我提议，全体起立，为在长征途中和在各地革命斗争中英勇牺牲的革命烈士默哀！

---

* 这是江泽民同志在纪念红军长征胜利六十周年大会上的讲话。

红军长征是在当时国内外局势发生重大变化的情况下进行的。一九三一年九一八事变后，日本帝国主义强占我东北三省，虎视眈眈地窥视整个中国，中华民族到了最危险的时刻。中国共产党以民族大义为重，向全国发出了武装反抗日本侵略者的号召，提出停止内战、建立全民族抗日统一战线的主张，广泛动员和组织抗日救亡运动。然而，国民党蒋介石置民族危亡于不顾，顽固坚持所谓"攘外必先安内"的反动政策，调集数十万大军，于一九三三年九月对中央红军发动第五次"围剿"。由于党内"左"倾冒险主义的错误领导，第五次反"围剿"失败。一九三四年十月，中共中央和红一方面军被迫撤离中央革命根据地，开始了艰苦的长征和北上抗日的战略转移。此后，红二十五军，红四方面军，红二、六军团即后来的红二方面军，也相继撤出鄂豫皖、川陕、湘鄂川黔等根据地，踏上了长征的征途。

在长征路上，国民党蒋介石纠集主要军力围追堵截，妄图置中国共产党和红军于死地。英雄的红军在毛泽东等同志领导和指挥下，以非凡的智慧和勇气，运用灵活机动的战略战术，四渡赤水河，巧渡金沙江，强渡大渡河，飞夺泸定桥，转战乌蒙山，激战嘉陵江，血战独树镇，在川黔滇鄂豫陕甘广大地区调动敌人，击退上百万穷凶极恶的追兵阻敌，征服空气稀薄的冰山雪岭，穿越渺无人烟的沼泽草地，纵横十余省，长驱二万五千里，终于取得了长征的胜利。

主力红军长征后，留在长江南北的红军队伍和游击队，在极端困难的条件下，紧紧依靠人民群众，坚持游击战争。创建陕甘和陕北革命根据地的西北地区红军，同先期到达陕北的红二十五军一起，打破了敌人的重兵“围剿”，为党中央把革命的大本营安置在西北创造了条件。转战于白山黑水之间的东北抗日联军，坚持在国民党统治区进行地下斗争的党组织，以及党领导的各方面力量，都进行了艰苦卓绝的斗争。他们都为长征的胜利作出了不可磨灭的贡献。

长征，是革命与反革命两种力量、光明与黑暗两种命运的一场大搏斗，是中国共产党和中国革命事业从挫折走向胜利的伟大转折点。

长征的胜利，庄严地向全世界宣告，以马克思主义理论武装的、深深植根于中国各族人民之中的中国共产党及其领导下的人民军队，是不可战胜的。

长征的胜利，宣传了党的主张，撒下了革命的火种，扩大了党和红军的影响。长征的英雄事迹，极大地振奋了全国人民的斗志，也震惊了世界。

长征的胜利，实现了我们党北上抗日的战略方针，红军主力转移到抗日的前进阵地，为建立抗日民族统一战线，为红军担负起抗日战争的中坚力量的使命，奠定了坚实的基础。

长征的胜利，保存和锻炼了革命力量。经过长征考验的共产党员和红军将士，是我们党和军队最可宝贵的财富，许多同志后来成为治党治军治国的骨干。

长征的胜利，最具有深远意义的是，确立了毛泽东同志在红军和党中央的领导地位，开始形成以毛泽东同志为核心的第一代中央领导集体，这是我们党和革命事业转危为安、不断打开新局面的最重要的保证。

今天，我们纪念红军长征的胜利，既是为了缅怀红军的光辉业绩，也是为了记取长征的历史经验，发扬长征的革命精神，把老一辈革命家开创的伟大事业继续推向前进。当年长征，物质极其匮乏，甚至连基本的生存条件都不具备，但红军将士战胜了难以想象的艰难险阻，终于实现了自己的战略目标。他们靠的是什么？靠的是中国共产党的正确领导，靠的是全党全军的坚强团结和军民之间的大团结，靠的是红军战士压倒一切敌人而不被任何敌人所压倒、征服一切困难而不被任何困难所征服的英雄气概和革命精神。

长征途中，我们党举行的具有划时代意义的遵义会议，总结了第五次反“围剿”失败和长征初期遭受严重挫折的教训，结束了“左”倾冒险主义在党内的统治，确立了毛泽东同志的领导地位。我们党首先是中央领导集体开始自觉地认识到，只有把马克思列宁主义基本原理同中国具体实际结合起来，独立自主地解决中国革命的重大问题，才能把革命事业引向胜利。这是我们党在理论上、政治上走向成熟的重要标志。中国革命的发展从此打开了新局面。中国新民主主义革命的实践，社会主义革命和建设的实践，改革开放和社会主义现代化建设的实践，都反复和充分证明了一个历史真理：坚持马克思主义基本原理同中国具体实际相结合，始终是制定正确的路线方针政策，创造性地走自己的路，使党和人民的事业不断取得胜利的最根本的思想基础。

长征途中，在以毛泽东同志为核心的党中央领导下，克服了王明〔1〕的“左”倾宗派主义，粉碎了张国焘〔2〕分裂党、分裂红军的图谋，全党全军和军民之间实现了革命大团结。在同强大的敌人和恶劣的自然条件的殊死搏斗中，各路红军互相支援，密切配合；红军将士政治上同心同德、生活上互相帮助，在困难和危急的时刻，总是把方便和生的希望让给别人，把困难和死的危险留给自己，用鲜血和生命谱写了团结战斗的光辉篇章。红军十分重视军民团结和民族团结，所到之处，坚持宣传群众、组织群众、武装群众，严格遵守群众纪律，赢得了各族人民的拥护和支持。坚强的团结保证了长征的胜利。今天，我们要继续发扬这种伟大的团结精神，不断增强全党全军在党的基本理论和基本路线基础上的团结，不断促进全体人民和一切爱国力量的大团结，使之成为实现社会主义现代化和民族振兴的巨大力量。

长征途中，红军所经历的艰难困苦是世所罕见的。但是，千难万险压不倒红军将士。没有气吞山河、勇往直前的革命英雄主义和革命乐观主义，长征的胜利是不可想象的。伟大的长征给党和人民留下了伟大的长征精神。这种精神，就是把全国人民和中华民族的根本利益看得高于一切，坚定革命的理想和信念，坚信正义事业必然胜利的精神；就是为了救国救民，不怕任何艰难险阻，不惜付出一切牺牲的精神；就是坚持独立自主，实事求是，一切从实际出发的精神；就是顾全大局、严守纪律、紧密团结的精神；就是紧紧依靠人民群众，同人民群众生死相依、患难与共，艰苦奋斗的精神。长征精神，是中华民族百折不挠、自强不息的民族精神的最高体现，是保证我们革命和建设事业从胜利走向胜利的强大精神力量。

当前，我国各族人民在党的领导下，正在为把祖国建设成为富强民主文明的社会主义现代化国家而团结奋斗。实现这个宏伟目标，任重而道远。这是新的伟大长征。我们党已经形成了邓小平建设有中国特色社会主义理论，确定了现阶段的基本路线和一系列方针政策，制定了“三步走”发展战略和跨世纪的宏伟蓝图。现在的关键是，要在实践中全面正确地贯彻执行，要为取得新长征的胜利付出巨大而艰辛的努力。

早在建国前夕，毛泽东同志就告诫我们：“夺取全国胜利，这只是万里长征走完了第一步。”“中国的革命是伟大的，但革命以后的路程更长，工作更伟大，更艰苦。这一点现在就必须向党内讲明白，务必使同志们继续地保持谦虚、谨慎、不骄、不躁的作风，务必使同志们继续地保持艰苦奋斗的作风。”〔3〕改革开放以来，邓小平同志也多次指出：“中国搞四个现代化，要老老实实地艰苦创业。我们穷，底子薄，教育、科学、文化都落后，这就决定了我们还要有一个艰苦奋斗的过程。”〔4〕“艰苦朴素的教育今后要抓紧，一直要抓六十至七十年。我们的国家越发展，越要抓艰苦创业。”〔5〕那种认为现在物质条件改善了、不再需要艰苦奋斗的想法，是完全不对的。我们党现在所处的环境和肩负的任务与红军长征和革命战争时期不同。当时我们处在战争环境之中，主要任务是推翻压在中国人民头上的三座大山〔6〕，实现民族独立和人民解放。现在，我们处在和平环境之中，主要任务是以经济建设为中心，大力发展社会生产力和促进社会全面进步，实现国家富强和民族振兴。我们今日为之奋斗的建设事业，是老一辈革命家开创的革命事业的继续。实现中国现代化的宏伟目标，我们还有很长的路要走，任何时候都不能涣散革命意志、懈怠奋斗精神。在中国这样一个大国，彻底改变历史上遗留下来的贫穷落后的面貌是异常艰巨复杂的任务。在实现社会主义现代化的道路上，不可避免地会遇到各种困难和风险，需要我们不断发扬长征精神、发扬党的艰苦奋斗的传统。

我们要把长征精神作为加强社会主义精神文明建设的重要动力，作为在全体人民特别是青少年中进行理想信念和思想道德教育的重要内容。各级领导干部要始终以革命先辈为榜样，时刻牢记全心全意为人民服务的宗旨，坚持和发扬理论联系实际、密切联系群众、批评和自我批评的革命作风，在改造客观世界的同时自觉改造主观世界，大公无私，清正廉洁，吃苦在前，享受在后。我们要把长征精神一代一代传下去，激励和鼓舞全国人民奋发图强，开拓前进，在建设有中国特色社会主义的新长征道路上不断夺取新的胜利。

注　释

〔1〕王明，即陈绍禹（一九○四——一九七四），安徽六安金家寨（今安徽金寨）人。一九二五年加入中国共产党。曾任中共中央委员、中央政治局委员、中央政治局常务委员会委员，中共驻共产国际代表，中共中央长江局书记等职。是一九三一年一月至一九三五年一月中国共产党内"左"倾教条主义错误的主要代表。抗日战争初期，又犯了右倾错误。

〔2〕见本卷《坚持党对军队的绝对领导》注〔6〕。

〔3〕见毛泽东《在中国共产党第七届中央委员会第二次全体会议上的报告》（《毛泽东选集》第4卷，人民出版社1991年版，第1438—1439页）。

〔4〕见邓小平《目前的形势和任务》（《邓小平文选》第2卷，人民出版社1994年版，第257页）。

〔5〕见邓小平《在接见首都戒严部队军以上干部时的讲话》（《邓小平文选》第3卷，人民出版社1993年版，第306页）。

〔6〕见本卷《爱国主义和我国知识分子的使命》注〔2〕。

纪念孙中山*

（一九九六年十一月十二日）

今天，我们在这里召开隆重的大会，纪念孙中山先生诞辰一百三十周年。

孙中山先生是杰出的爱国主义者和民族英雄，是中国民主革命的伟大先行者。他在我国各族人民和一切爱国人士中享有崇高的威望。

孙中山先生代表着一个时代。他生活在十九世纪后半叶和二十世纪初叶的中国。那个时候，在帝国主义列强的侵略欺凌和封建势力的腐朽统治之下，中国已沦为半殖民地半封建社会。从青年时代起，孙中山就怀着满腔悲愤，以炙热的爱国激情投身革命。他大声疾呼“亟拯斯民于水火，切扶大厦之将倾”〔1〕，在人民大众中进行了艰苦的革命宣传和组织发动工作。他高举民主革命的旗帜，同资产阶级改良派、保皇派进行了不妥协的斗争。他广泛联合革命力量，发动多次武装起义，终于在辛亥革命时期，领导人民推翻清王朝，结束了在中国延续两千多年的封建帝制。这是孙中山先生的一个伟大历史功绩。

---

* 这是江泽民同志在孙中山先生诞辰一百三十周年纪念大会上的讲话。

受俄国十月革命胜利的鼓舞和启发，在五四运动和中国共产党成立之后，孙中山先生认识到，中国共产党及其领导的声势浩大的工农运动是革命的坚定力量。他在我们党的帮助下，把旧三民主义发展为新三民主义，实行联俄、联共、扶助农工的三大政策，实现国共合作，把反帝反封建的民主革命推向前进。毛泽东同志称赞孙中山先生制定的新三民主义和统一战线政策，是他“对于中华民族最伟大的贡献”〔2〕。

孙中山先生毕生为民族独立、国家富强、民主自由、人民幸福而奋斗。今天，缅怀孙中山先生为中国民主革命事业所建立的历史功勋，缅怀他为改造中国而鞠躬尽瘁的光辉一生，我们心中充满着深深的崇敬之情。

中国共产党人从来就是孙中山革命事业的坚定支持者、合作者和继承者。孙中山先生也把中国共产党人看作自己的好朋友。孙中山先生逝世后，中国共产党人继承他的遗志，团结和领导全国各族人民和一切爱国力量，进行了艰苦卓绝的斗争，付出了巨大牺牲，终于完成了他没有完成的民主革命，并把这个革命发展为社会主义革命，从根本上改变了中华民族的命运，使中国的面貌发生了翻天覆地的变化。我们可以告慰孙中山先生的是，他一生追求的振兴中华的目标，他所憧憬的一个现代化中国的美景，正在一步步地变成活生生的现实，而且在许多方面远远超出了他的设想。

孙中山先生给中华民族和中国人民留下许多宝贵的精神遗产，特别是他的爱国思想、革命意志和进取精神，值得我们永远学习、继承和发扬。

在中国处于内忧外患、贫困落后境地之时，孙中山第一个喊出了“振兴中华”[3]的响亮口号。他明确提出“建设是革命的唯一目的”，并在《建国方略》等著作中擘画了建设现代工业、交通和农业的蓝图，显示了对未来中国发展的卓越见解和宏伟气魄。他认为，要赶超西方经济发达国家，应该实行“开放主义”[4]，“要学外国的长处”[5]，同时强调“发展之权，操之在我则存，操之在人则亡”[6]。他坚决主张维护国家主权和统一，反对一切分裂祖国的行为，指出：“‘统一’是中国全体国民的希望。能够统一，全国人民便享福；不能统一，便要受害。”[7]孙中山先生这种伟大的爱国主义精神和思想，对正在为建设社会主义现代化国家而奋斗的中国人民，对一切有志于实现祖国富强、完成祖国统一的海内外同胞，仍然有着巨大的启迪、教育和鼓舞作用。

孙中山先生“致力国民革命凡四十年”[8]，任何外来威胁、内部分裂和暂时失败，都不能动摇他的革命意志。他所说的“吾志所向，一往无前，愈挫愈奋，再接再厉”[9]，正是他革命一生的真实写照。今天，我们要把祖国建设成为富强民主文明的社会主义现代化国家，同样需要继承和发扬孙中山先生这种不畏艰险、不屈不挠的革命精神。

孙中山先生一生追求真理，不断进步。任何伟大人物，都不可能不受到历史的局限，孙中山先生也有他的局限性。但他善于从实践中学习，包括从失败的教训中学习，从不停止探索前进的步伐，因而能够“适乎世界之潮流，合乎人群之需要”[10]，成为中国民主革命的伟大先驱。在人类即将迈入新世纪的今天，在我们党领导全国人民从事改革开放和现代化建设的伟大事业中，尤其需要认真学习和大力提倡孙中山先生这种与时俱进的可贵精神。

七十二年前，孙中山先生曾经说过："中国如果强盛起来，我们不但是要恢复民族的地位，还要对于世界负一个大责任。"〔11〕四十年前，毛泽东同志在纪念孙中山先生诞辰九十周年时指出："中国应当对于人类有较大的贡献。"〔12〕改革开放以来，邓小平同志也指出，中国要为全人类作出更大的贡献。这充分表达了我们中华民族的远大志向和博大胸怀。

现在，我国各族人民在邓小平建设有中国特色社会主义理论和党的基本路线指引下，正在把社会主义现代化事业不断推向前进。我们的国家日益强盛，我们的社会日益进步。我们真诚希望，全国各族人民进一步团结起来，海峡两岸、海内外一切敬仰孙中山先生的爱国者进一步团结起来，为实现祖国的繁荣富强，为完成祖国统一大业，为维护世界和平、促进共同发展，为使中华民族对人类作出更大贡献而努力奋斗！

注　释

〔1〕见孙中山《兴中会章程》（《孙中山选集》，人民出版社 1981 年版，第 14 页）。

〔2〕见毛泽东《在纪念孙中山逝世十三周年及追悼抗敌阵亡将士大会上的讲话》（《毛泽东文集》第 2 卷，人民出版社 1993 年版，第 111 页）。

〔3〕一八九四年，孙中山在檀香山成立兴中会时制订的《兴中会章程》正式提出了"振兴中华"的口号。见孙中山《兴中会章程》（《孙中山选集》，人民出版社 1981 年版，第 14 页）。

〔4〕见孙中山《在上海中华实业联合会欢迎会的演说》（《孙中山全集》第 2 卷，中华书局 1982 年版，第 340 页）。

〔5〕见孙中山《三民主义》(《孙中山选集》,人民出版社 1981 年版,第 690 页)。

〔6〕见孙中山《建国方略》(《孙中山选集》,人民出版社 1981 年版,第 212 页)。

〔7〕见孙中山《在神户与日本新闻记者的谈话》(《孙中山全集》第 11 卷,中华书局 1986 年版,第 373 页)。

〔8〕见孙中山《遗嘱》(《孙中山选集》,人民出版社 1981 年版,第 994 页)。

〔9〕见孙中山《建国方略》(《孙中山选集》,人民出版社 1981 年版,第 115 页)。

〔10〕见孙中山《建国方略》(《孙中山选集》,人民出版社 1981 年版,第 191 页)。

〔11〕见孙中山《三民主义》(《孙中山选集》,人民出版社 1981 年版,第 691 页)。

〔12〕见毛泽东《纪念孙中山先生》(《毛泽东文集》第 7 卷,人民出版社 1999 年版,第 157 页)。

卫生工作要为人民健康服务*

（一九九六年十二月九日）

这次会议，是建国以来由党中央、国务院召开的第一次全国卫生工作会议，是一次重要的会议。这次会议主要是总结建国以来我国卫生事业所取得的成就和经验，讨论和修改关于卫生改革和发展的决定稿，共商深化卫生事业改革、加快卫生事业发展的大计，促进卫生事业更好地造福于人民，为社会主义现代化建设事业作出更大贡献。

一、关于卫生事业在我国经济社会发展中的地位和作用。

卫生事业是造福于人民的事业。卫生工作一定要坚持群众观点，坚持全心全意为人民服务的根本宗旨。我们党和政府历来十分关心人民群众的健康问题，把它作为一件大事来抓。早在革命战争年代，卫生事业就被放在重要地位。一九三三年，毛泽东同志在《长冈乡调查》一文中就指出："发动广大群众的卫生运动，减少疾病以至消灭疾病，是每个乡苏维埃的责任。"〔1〕新中国成立以后，在党和政府领导下，实行卫生工作者与广大群众相结合，开展群众性爱国卫生运动，建立了城乡卫生服务网络，消灭或基本控制了严重危害人民健康的

---

* 这是江泽民同志在全国卫生工作会议上讲话的主要部分。

一些传染病和地方病，使我国卫生工作面貌发生了历史性变化。大批卫生工作者下厂下乡，奔赴边远山区和疫区，救治病人，传播卫生知识，出现了许多在群众中广为传颂的动人事迹，形成了我国社会主义卫生工作的优良传统和作风。

改革开放以来，卫生战线做了大量工作，积累了很多新鲜经验。这次，我们进一步明确了新时期卫生工作的指导方针，这就是：以农村为重点，预防为主，中西医并重，依靠科技教育，动员全社会参与，为人民健康服务，为社会主义现代化建设服务。这一方针的核心，就是卫生工作要为人民健康服务，为社会主义现代化建设服务。这是党和政府对卫生事业改革和发展的基本要求，也是卫生工作必须坚持的正确方向。

我国社会主义现代化建设事业，是以经济建设为中心的社会全面发展、全面进步的事业。卫生事业关系到经济发展和社会稳定的全局，在国民经济和社会发展中具有独特的地位，发挥着不可缺少、不可替代的作用。国家的富强和民族的进步，包含着人民健康素质的提高。在全国实现人人享有卫生保健，不断增进人民健康，提高全民族健康素质，是经济社会发展和精神文明建设的重要目标，是人民生活达到小康水平的重要标志，也是促进经济发展和社会进步的重要保障。应当看到，目前仍有一些地方和部门的领导同志对发展卫生事业的重要性重视不够。要通过召开这次会议，进一步提高对卫生事业重要地位和作用的认识，把卫生工作做得更好。

二、关于建设有中国特色的社会主义卫生事业。

我国卫生事业必须从中国实际出发，具有中国特色。我们进行卫生改革，必须以马克思列宁主义、毛泽东思想、邓小平建设有中国特色社会主义理论为指导，坚持党的基本路线，总结建国以来尤其是改革开放以来卫生事业发展的实践经验，借鉴国外的有益经验，适应现代化建设的要求，走出一条有中国特色的社会主义卫生事业发展之路。

各级党委和政府要把卫生工作纳入经济社会发展的总体规划，列入重要议事日程，增加对卫生事业的投入，切实保证卫生事业与经济社会协调发展。卫生事业是社会公益性事业，政府对卫生事业实行一定的福利政策，卫生事业的改革和发展要始终坚持以社会效益为最高原则。卫生改革的目的在于增强卫生事业的活力，充分调动卫生机构和卫生工作者的积极性，不断提高服务的质量和效率，更好地为人民健康服务，为社会主义现代化建设服务。当前，要加快卫生管理体制、卫生服务体系和卫生机构运行机制改革的步伐，积极推进城镇职工医疗保障制度改革。

建设有中国特色的社会主义卫生事业，要着重抓好以下几项工作。

第一，重点加强农村卫生工作。毛泽东同志早就指出："把医疗卫生工作的重点放到农村去。"〔2〕我国农村人口占总人口的绝大多数，农村医疗卫生基础薄弱，比较落后。只有切实搞好农村卫生工作，才能使我国卫生状况在整体上有一个大的改观。经过几十年来的不断努力，三级医疗预防保健网在广大农村有了一定基础，乡村医生队伍已有一定规模，初级卫生保健工作取得了较大进展，农村人口的健康水平不断提高。但是，从全国情况来看，农村医疗卫生工作基础薄弱的状况仍未根本改变，一部分农民因贫困而看不起病，一部分农民因病致贫、因病返贫，疾病已成为农民脱贫致富的重要制约因素。城乡之间以及不同地区之间医疗卫生条件和人民健康水平差距有进一步拉大的趋势。这是一个十分值得重视、需要认真研究解决的问题。

做好农村卫生工作，保护和增进农民健康，是各级党委和政府义不容辞的责任。农村卫生工作对于深化农村改革，对于推进农村经济社会全面协调发展，对于加强农村物质文明和精神文明建设，具有十分重要的意义。特别是在贫困地区，要把扶贫开发和卫生工作结合起来。现在，许多农村发展合作医疗，深得民心，人民群众把它称为“民心工程”和“德政”。看来，加强农村卫生工作，关键是发展和完善农村合作医疗制度。这是长期实践经验的总结，符合我国国情，符合农民愿望。要进一步统一认识，加强领导，积极稳妥地把这件事情办好。

第二，以预防保健工作为主。预防为主是建国以来卫生工作的一条重要经验。六十年代初，我们就已经消灭了天花病，比全球范围内消灭天花病提前了十几年。九十年代，我们又将消灭脊髓灰质炎等一些严重危害群众特别是儿童健康的疾病。由于成功地实施了儿童计划免疫接种，我国数亿儿童的健康得到不同程度的保障。这都是坚持预防为主方针的成果。预防保健费用低、效果好，要坚持把预防保健摆在卫生工作的优先地位。要继续增强预防为主的意识，认真落实各项预防保健措施。过去我们已经消灭的传染病和地方病，现在有的在一些地方又死灰复燃甚至蔓延起来，还出现了一些新的危害很大的传染病。这要引起高度重视，集中力量加以预防和控制。

第三，中西医并重，发展中医药。党和政府历来既重视现代医药又重视我国传统医药。中医药是中华民族优秀传统文化的瑰宝。经过广大中医药工作者勤奋工作，我国中医药事业有了很大发展。各级党委和政府要继续加强对中医药事业的领导。要正确处理继承和创新的关系，既要认真继承中医药的特色和优势，又要勇于创新，积极利用现代科学技术，促进中医药理论和实践的发展，实现中医药现代化，更好地保护和增进人民健康。中西医工作者要加强团结、相互学习、相互补充，促进中西医结合。

第四，依靠科技进步，提高专业技术水平。医疗卫生是科技密集型行业。防治各种疾病，提高医疗卫生服务的质量，都离不开医学科技的发展和医学人才的培养。必须牢固树立依靠科技进步发展卫生事业的思想。在医学科技领域，要针对严重危害我国人民健康的疾病，在关键性应用研究、医学基础性研究、高技术研究等方面，突出重点，集中力量攻关，力求有所突破。我国有一批长期献身于医学科学事业的杰出人才。要鼓励他们树立赶超世界医学科技先进水平的雄心壮志，为祖国和人类医学的进步作出积极贡献。要重视通过科技成果的普及应用，尤其是在基层和农村推广适宜科技成果，不断促进我国医疗、预防、保健整体服务水平的提高。

卫生队伍的思想业务素质，直接关系到为人民健康服务的质量。要采取有效措施搞好医学教育，包括继续教育，建立和完善培养人才并充分发挥他们作用的机制，建设一支适应国情和社会需要、多层次、结构合理的卫生专业技术队伍。要大力鼓励卫生工作者刻苦钻研，在技术上精益求精。特别要面向二十一世纪，抓好学术和技术带头人以及卫生管理人才的培养。各级政府和有关部门要关心和切实改善广大卫生工作者的工作、学习和生活条件，充分调动他们的积极性。

第五，开展爱国卫生运动，动员全社会参与。随着社会的发展和科技的进步，人类对危害自身健康因素的认识逐渐加深，卫生事业的内涵也不断丰富扩大。影响人类健康的因素很多，特别是生活环境、公共卫生以及吸烟、酗酒等不良习惯对人体健康的影响，已经引起社会广泛关注。对这些因素的控制和改善，单靠卫生部门的工作是不够的。因此，各部门都要关心卫生和健康问题，在全社会树立"大卫生"的观念。开展群众性爱国卫生运动是我国社会主义卫生事业的一个创造，对于改善城乡环境卫生、提高人民卫生知识和健康的水平，发挥了重要作用。这一优良传统，要继承和发扬下去。要继续把创建卫生城市、普及八亿多农民健康教育行动以及农村改水改厕，作为卫生工作的重点，积极加以推进，把这项工作同创建文明城市、文明村镇活动结合起来。要在群众中继续开展健康教育，提高健康意识和自我保健能力，通过普及医学卫生知识，教育和引导群众养成良好的卫生习惯，倡导健康文明的生活方式。总之，要通过政府倡导、部门协调、社会支持、个人参与，从各方面努力，把卫生工作做得更好，进一步提高全民健康素质。

三、努力建设一支高素质的卫生工作队伍。

我国卫生工作队伍已经拥有五百多万人。建国以来，在党和政府领导下，这支队伍为提高人民健康水平作出了巨大贡献，形成了优良的医风医德传统。同时，我们还必须看到，目前我国卫生队伍的整体素质和水平还不能适应社会主义现代化建设的要求。在发展社会主义市场经济的条件下，做好卫生工作有许多有利因素，但也不可避免地会受到消极方面的影响。卫生工作者的职业道德面临着新的考验。广大卫生工作者如何自觉抵制不正之风的侵蚀，增强全心全意为人民服务的观念，是当前必须进一步解决好的问题。

首先要重点抓好卫生机构领导班子的思想、组织、作风建设，加强对卫生战线党员的教育和管理，通过发挥共产党员的模范作用，在广大卫生工作者中加强职业道德建设，发扬救死扶伤、忠于职守，爱岗敬业、满腔热情，开拓进取、精益求精，乐于奉献、文明行医的行业风尚。古人说，无德不成医。卫生工作者，一举一动关系着病人的健康和生命安全，一言一行影响着卫生工作者的社会形象。要大力表彰先进典型，教育广大卫生工作者学习白求恩〔3〕和白求恩式的好医生，树立高尚的医德、廉洁的医风。最近，卫生部提出改进医院服务工作的十条要求〔4〕。我看很好，要认真落实。

对人民负责是我们党的神圣职责。发展卫生事业，是党和政府为人民服务根本宗旨的具体体现。各级党委和政府、全体卫生战线的同志们要认真贯彻《中共中央、国务院关于卫生改革与发展的决定》，再接再厉，为进一步提高人民群众的健康水平作出更大的成绩。

注　释

〔1〕见毛泽东《长冈乡调查》(《毛泽东文集》第1卷,人民出版社1993年版,第310页)。

〔2〕见毛泽东《关于医疗卫生工作的重点问题》(《建国以来毛泽东文稿》第11册,中央文献出版社1996年版,第387页)。

〔3〕见本卷《领导干部一定要讲政治》注〔2〕。

〔4〕一九九六年十一月,卫生部为贯彻中共十四届六中全会通过的《中共中央关于加强社会主义精神文明建设若干重要问题的决议》的精神,提高医疗机构的文明服务水平,适应群众医疗服务需求,把"为人民服务、树行业新风"落到实处,提出了"以病人为中心,优质服务,树医疗行业新风"的十条具体要求。主要内容包括:医院一切工作要以病人为中心,为患者提供优质服务;合理检查、合理用药、努力减轻患者的负担;不发生乱收费的现象;不购进、使用伪劣、过期药品;等等。

以改革创新的精神迎接世界军事发展的挑战*

（一九九六年十二月十四日）

当前，高新技术正在世界范围内迅猛发展。比如，以微电子技术、电子计算机技术、人工智能技术、通信技术为基础的信息技术，以遗传工程为代表的生物技术，以复合材料、耐高温材料为代表的新材料技术，以及新能源技术和空间技术等，发展都很快。就微电子技术来说，在短短二十几年间就走过了大规模、超大规模、特大规模集成时代，现在已经进入了吉规模集成时代。也就是说，在一张普通邮票大小（三百五十平方毫米）的硅片上可以集成几亿个元件。电子计算机已经发展到第五代。上个月，日本在美国展出了每秒运算速度达六千亿次的计算机，这是目前世界上运算速度最快的机型。高新技术的广泛应用，正在深刻改变着世界社会经济的面貌，也正在深刻改变着军事斗争的面貌，引发了军事领域一系列革命性变化。武器装备呈现出信息化、智能化、一体化的趋势，各种武器装备联结为一个有机体系，远程攻击能力大大增强，打击精度空前提高，杀伤力成倍增长。战争形态、作战样式也

* 这是江泽民同志在中央军委扩大会议上讲话的一部分。

随之出现了一些新的特征，全纵深作战、非线式作战有可能成为高技术条件下战争的基本交战方式。过去我们讲陆、海、空一体，现在已经是陆、海、空、天一体了，特别是争夺信息优势、取得制信息权将成为作战的重心之一。军队的组织结构也处在重大调整改革之中，作战部队高度合成，趋于小型化、轻型化、多样化，指挥体制纵向层次减少，更加灵便、高效。同这种发展趋势相适应，世界各主要国家纷纷加快军队现代化建设的步伐，形成了以高技术质量建设为主要标志的竞争新态势。照此态势看，到二〇一〇年左右，世界一些主要国家和地区的军队建设质量可能会出现新的飞跃。

世界军事发展的强劲势头，对我军质量建设和军事斗争准备提出了严峻挑战。海湾战争〔1〕以后，经过几年酝酿，我们于一九九三年初制定了新时期军事战略方针，把军事斗争准备的基点放在打赢现代技术特别是高技术条件下的局部战争上。在这个战略方针指导下，去年又提出实现我军由数量规模型向质量效能型、由人力密集型向科技密集型转变。这些都是完全正确的。

在这里，我要郑重地向同志们提出，全军各项建设和一切工作，包括军事训练、政治工作、后勤保障、国防科研等，都要在新时期军事战略方针指导和统揽下，立足于打赢未来现代技术特别是高技术条件下的局部战争，周密规划，全面部署，深入展开。也就是说，全军各项建设和一切工作，都要服从和服务于这一战略方针的需要，都要为确保这一战略方针的胜利实施做好各方面的充分准备。全军各个部队、各级领导机关和广大指战员，必须迅速掀起并形成一个广泛、深入、持久地学习现代科技特别是高技术知识的热潮。要把这个学习同学习马克思列宁主义、毛泽东思想、邓小平建设有中国特色社会主义理论，同学习毛泽东军事思想、邓小平新时期军队建设思想紧密结合起来。在学习中一定要发扬“挤”和“钻”的精神，一定要下大功夫、苦功夫、硬功夫，相互切磋、相互竞赛，看谁学得多、学得好。理论学习和业务学习真正搞好了，思想境界就会提高，团结就会加强，工作就会打开新局面，各种消极现象和歪风邪气就滋长不起来。总之，学与不学，学得好与不好，效果是大不一样的。因此，我反复强调要学习、学习、再学习。如果大家都有了正确思想理论的武装，有了现代科技特别是高技术知识的武装，我军革命化、现代化、正规化建设就有了根本保障，我军的建设质量和战斗力就会大大提高起来。

现在，我军在武器装备、情报侦察、通信联络、指挥控制、联合作战、后勤保障等一些基本方面，与西方发达国家军队存在较大差距。邓小平同志早就指出，我们军队打现代化战争的能力不够，各级干部指挥现代化战争的能力也不够。这个问题到现在还没有根本解决。因此，迎接世界军事发展的挑战，是我们无法回避的历史责任。摆在全军同志面前的一项重要任务，就是要充分利用较长时期内大仗打不起来和国内经济快速发展的有利条件，大力推进我军质量建设。

首先，要从我军实际出发，面向世界，着眼未来，努力发展我们的军事理论。先进的军事理论，历来是军队建设得以健康发展的必要条件，是战争的重要制胜因素。当代军事领域的深刻变革，推动着军事理论的发展和创新。现在，世界各国都重视军事理论研究，军事理论领域出现了十分活跃的局面。

关于未来军队和未来战争，或者叫做二十一世纪军队和二十一世纪战争的新学说新观点层出不穷，酝酿着重大理论突破。这些年来，我们在军事理论研究方面取得了一些可喜的成果。但是，应该看到，我们的军事理论研究特别是对高技术战争的研究还很不深入、很不系统，有分量的东西还不多。有些同志只看到武器装备等“硬件”方面的落后，而往往忽略军事理论这一重要“软件”方面的差距，对发展军事理论的重要性认识不足，缺乏紧迫感。这个认识问题不解决，将来是要吃大亏的。我军在长期军事实践中，形成了以毛泽东军事思想、邓小平新时期军队建设思想为代表的具有中国特色的军事科学理论，它本质上是一个随着实践发展而不断发展的军事思想体系，因而具有强大生命力。我们必须坚持以毛泽东军事思想、邓小平新时期军队建设思想为指导，紧密结合世界军事发展和我军建设实践，解放思想，大胆探索，勇于创新，把我们的军事理论研究提高到一个新水平。要注重理论研究的超前性、实用性、综合性，着重研究世界军事发展趋势，探索高技术战争的特点和规律；研究立足我军现有装备克敌制胜的战略战术，特别要加强研究高技术条件下的人民战争的战略思想和作战方法；研究我军建设和改革中的重大现实问题，寻求解决新形势下的矛盾和问题的思路、办法，为军队建设和军事斗争准备服务。

第二，迎接世界军事发展的挑战，要千方百计把我军的武器装备搞上去。这些年来，我军武器装备虽然有了很大改进，但从总体上看，与世界发达国家军队武器装备的水平还有很大差距。由于国家财力紧张，能拿出来用于武器装备发展的经费还有限。关键是要把有限的经费使用好，确实用于必需、用之得当，以利于发挥出最大效益。我看，还是要坚持科研先行，跟踪世界高技术的发展；坚持缩短战线、突出重点，集中人力、物力、财力办大事；坚持自力更生为主，有选择地引进关键的装备和技术。这里，一个重要问题，就是要理顺武器装备的科研、生产、购置和维修等方面的体制。体制不顺，浪费了资金，延误了时间，这是我们长期以来没有解决好的老问题。理顺体制不是一天两天的事，在现行体制下，能否搞得更好一点，减少损失，提高效益，关键在管理。我们在经济上有个口号，就是向管理要效益。在国防科研和生产上，我们也要向管理要效益。同样的人力、物力、财力，管理得好，就会事半功倍；管理得不好，就会事倍功半。科学管理，是兴国之道，也是兴军之道。过去，周恩来、邓小平和聂荣臻〔2〕同志经常强调要加强国防科研和生产的管理。多年来，国防科技战线的领导干部、专家、试验部队和广大职工，发扬自力更生、艰苦奋斗、无私奉献的精神，扎实工作，严谨细致，为我国国防事业和军队建设作出了突出贡献。我们要继续发扬这些优良传统，加强管理，确保质量。质量问题非常重要，特别是尖端的东西，不讲质量，一个小零件出问题就不得了。出一次大事故，就损失成百上千万元甚至上亿元。我们国家穷，损失不起呀！总之，管理要天天抓，质量要天天讲，一刻也不能放松。要加强军工企业的质量监督，严把质量关。装备发到部队后，一定要维护好。

第三，从当前世界军事发展的动向看，我军体制编制不合理的问题也比较突出，体制编制调整改革要继续积极稳妥地进行。我们以往的体制编制调整改革，有许多成功的经验，也有不成功的教训。有些方面之所以改来改去而效果老是不明显，很重要的一个原因，就是论证不够，或者改革方向没有错、但配套工作没有跟上去。当然，改革是一个不断探索、不断完善的过程，出现某些失误在所难免，我们要尽可能地论证充分一些、决策科学一些，以减少失误。在进行总体设计时，要正确认识和处理继承优良传统和发展创新的关系、借鉴外军经验和坚持我军特色的关系、军队调整改革和国家整个改革的关系、深化改革和保持部队稳定的关系。总的说来，就是要紧紧围绕建设一支强大的现代化、正规化的革命军队这个总目标，朝着规模适度、结构合理、指挥灵便的方向努力，要体现精兵、合成、高效的原则，要有利于加强集中统一领导，有利于军队的教育训练和管理，有利于未来作战的需要。要把重点放在结构调整和指挥体制改革上，增强部队联合作战、机动作战和执行多种任务的能力。各级领导干部和领导机关，必须以对党和军队高度负责的精神，从大局出发，坚持局部利益服从整体利益，正确对待本单位本系统的调整精简，正确对待个人的进退去留，坚决执行军委的决策。

第四，军事理论研究的成果、武器装备的发展和体制编制调整改革，最终都要通过训练才能形成现实战斗力。因此，必须坚持把教育训练摆在战略地位。在一个相当长时期内，我军武器装备整体上还是由少量先进技术装备和大量一般技术装备构成。立足于以现有装备战胜高技术装备的强敌，这是我军军事训练的基本出发点。我们常讲，要增强立足于现有装备克敌制胜的信心。信心从哪里来呢？归根到底是要通过训练提高战术技术水平，找到对付高技术对手的办法。各级党委和军政主官要以主要精力抓好军事训练，确保军事训练任务落到实处。要把训练任务的落实情况和训练质量的高低，作为检验一级党委、一名领导干部水平和政绩的重要标志。要贯彻训战一致的原则，着眼于提高部队的整体作战能力，从难、从严、从实战需要出发摔打部队，防止和纠正消极保安全的做法。训练中出一些事故是难免的，我们要尽可能减少事故的发生，但不能因此降低训练难度。今年的东南沿海演习是成功的，扬了国威，壮了军威，也是对我军训练水平和作战能力一次很好的检验。要认真总结经验，发扬成绩，克服不足，进一步提高我军的训练质量。迎接世界新军事发展的挑战，关键在人才。没有一大批高素质人才，就无法掌握新的武器装备，无法创造和运用新的战法，也就不可能赢得未来战争的胜利。人才培养是长期任务，又是当务之急。高新技术装备一下子搞不上去，但人才培养要先行。宁肯让人才等装备，也不能让装备等人才。要通过强化部队训练和院校训练，加大人才培养的力度，特别是要培养大批懂得高技术知识的指挥人才。

注　释

〔1〕见本卷《关于军事战略方针和国防科技问题》注〔1〕。

〔2〕聂荣臻（一八九九——一九九二），四川江津（今重庆江津）人。一九二三年加入中国共产党。曾任中共中央委员、中央政治局委员、中央军事委员会副主席，全国人民代表大会常务委员会副委员长等职。一九五六年起任国务院副总理，一九五八年后曾兼任国防部国防科学技术委员会主任、国家科学技术委员会主任，长期主管科学技术和尖端武器研制的工作。

确立和完善公有制为主体、多种所有制经济共同发展的基本经济制度*

（一九九七年一月十七日）

公有制为主体、多种所有制经济共同发展，是我国社会主义初级阶段的一项基本经济制度。通过改革不断完善和发展这项制度，是经济体制改革的一项重大任务。

（一）坚持公有制为主体、多种所有制经济共同发展，是党通过长期实践总结出来的基本经验，应该确立为我国社会主义初级阶段的一项基本经济制度，任何情况下也不能动摇。确立这项基本经济制度是由两个方面决定的：一是我国实行社会主义制度，必须坚持公有制为主体；二是我国处在社会主义初级阶段，必须发展多种所有制经济。在坚持公有制为主体的前提下，一切符合"三个有利于"〔1〕的所有制形式都应当用来为社会主义服务。

（二）改革是社会主义制度的自我完善和发展。改革就是改变那些不利于生产力解放、不适应生产力发展的生产关系

* 这是江泽民同志在中国共产党第十五次全国代表大会文件起草组会议上讲话的要点。

和上层建筑。完善公有制为主体、多种所有制经济共同发展的基本经济制度,深化国有企业改革,是经济体制改革的中心环节,关系到社会主义市场经济的成败。

(三)在新形势下,要全面认识公有制经济的含义。从资产总量上看,公有制经济不仅包括传统意义上的国有经济和集体经济,同时应该包括混合经济中的国有成分和集体所有制成分。从资产形态上看,公有制不仅包括单一形态的国有经济和集体经济,同时应该包括国有成分和集体所有制成分可以对其资产进行控制的股份制经济和股份合作制经济。改革开放以来,不仅国有经济和集体经济有了明显的壮大和发展,混合经济中的公有制经济同样有了明显的壮大和发展。这是改革取得的成果。

(四)建国以后很长一段时间,由于政策的偏差,我们曾几次在所有制结构关系问题上出现冒进、而后又作政策调整的情况。实践证明,这种调整,看起来是“退”,实际上是一种“进”,是必要的,是发展生产力的需要。党的十一届三中全会以来,我们党全面总结研究所有制结构关系,制定以公有制为主体、多种经济成分共同发展的方针,真正走出了一条正确的路子,消除了由于所有制结构关系不合理造成的生产力羁绊,大大解放和发展了生产力。全党应该深刻认识和汲取这个重大经验教训。

(五)对公有制的主体作用,党的十四届三中全会通过的《关于建立社会主义市场经济体制若干问题的决定》提出了三点要求、一点灵活。三点要求,即:第一,国家和集体所有的资产在社会总资产中占优势;第二,国有经济控制国民经济命脉;第三,国有经济对经济发展起主导作用。一点灵活,即:有的地方、有的产业在上述三点要求上,可以有所差别,有一定灵活性。国家和集体所有的资产占优势,在现阶段就是不仅要保持量的优势,更应注重质的影响,国有经济主导作用主要应该体现在控制力上。

(六)要从战略上解决国有经济布局问题。涉及国民经济命脉和具有全局影响的行业和企业,国有经济必须成为主体。这既是国家经济稳定发展的需要,也是国家经济安全的需要。但是,对非国民经济命脉和不具有全局影响的方面,通过资产重组和结构调整,国有经济可以适当收缩,把国有资产和资金转移到国家更需要、更重要的方面去,有的还可以投入到与其他经济成分的联合经营中去。

(七)公有制经济要寻找能够极大促进生产力发展的实现形式。公有制的实现形式可以多样化,这是中央早已明确的。在这个问题上,目前的认识和理论障碍主要是两个:一是搞股份制是不是搞私有化,一是股份合作制是公有制还是私有制。

(八)不能笼统地把股份制归结为私有或公有。马克思、恩格斯、列宁有三个理论观点值得我们重视:一是股份制是社会化大生产发展的需要;二是股份制是与私人资本相对立的,是对私人资本的扬弃,是一种社会资本;三是垄断资本的金融寡头可以通过金融手段,利用股份制控制比自身大几倍、几十倍的股份资本。

因此,可以认为:第一,股份制是一种现代经济发展的企业组织形式或资本组织形式,资本主义可以用,社会主义同样可以用;第二,股份制形式有利于所有权和经营权的分离,有利于提高企业的或资本运作的效率和竞争水平；第三，股份公司的所有制性质，关键看控股权掌握在谁手中。在社会主义条件下，在公有制为主体的基础上，国家可以通过金融等手段以及公股掺入，控制股份公司。

（九）股份合作制是一种新的公有性所有制。目前，我国城乡广泛出现了劳动者的劳动联合和资本联合为主的股份合作制经济，这是我国经济发展实践中出现的新事物，应该以积极态度予以支持。股份合作制不是私有制，是一种新出现的所有制形式，具有明显的社会性、公有性。要鼓励个别资本通过股份合作制实现投资社会化。这对整个生产力的发展是有利的。

（十）完善所有制结构是一个重大而又敏感的涉及经济制度的变革，要有领导有步骤地进行，既要积极又要稳妥，避免一哄而起。要鼓励试验，随时总结经验，注意引导，重点是抓好规范。同时，改革的进行要遵循客观经济规律，发挥市场机制作用，通过结构改组来实现，避免用行政办法拔苗助长。

注　　释

〔1〕见本卷《走出一条具有中国特色的国有企业改革道路》注〔2〕。

大力发扬艰苦奋斗精神*

（一九九七年一月二十九日）

党的十一届三中全会以来，党中央和邓小平同志一直强调，领导干部必须艰苦奋斗，密切联系群众，崇尚节俭，厉行节约，反对铺张浪费。但是，这个问题没有引起普遍重视，许多地方和部门抓得不够，以至奢侈浪费成风。奢侈浪费既是消极颓废的表现，也是腐败问题得以产生和蔓延的温床。如果现在再不引起大家高度重视，不坚决加以整治，后果不堪设想。

我国人口多、底子薄，人均资源少，综合国力还不强，在前进道路上面临不少困难和新的问题，而且还面临发达国家经济、科技占优势的压力。我们要实现社会主义现代化，赶上发达国家的水平，必须艰苦奋斗几十年乃至更长时间。现在，全国还有五千八百万农村人口没有解决温饱问题，要保证全国农村贫困人口稳定地脱贫致富，任务十分艰巨；还有相当一部分国有企业生产经营困难，经济效益不好，全国大概有几百万职工不能按时足额领到工资，下岗待业人员增多。面对这些

---

* 这是江泽民同志在中共中央纪律检查委员会第八次全体会议上讲话的一部分。

情况，我们各级领导机关、领导同志和广大干部更应该自觉发扬艰苦奋斗、勤俭节约的精神，没有任何理由铺张浪费、挥霍国家和人民的钱财。早在改革开放之初，邓小平同志多次用革命战争年代和六十年代初期克服困难的经验来教育全党同志和各级干部。他说："为什么过去很困难的局面我们都能渡过？根本的问题是我们的干部、党员同人民群众一块苦。"〔1〕历史不能简单地类比，但在这一点上是共同的，就是不管是艰苦的环境，还是生活条件比较好一点，我们的干部、党员都要跟群众同甘共苦，同呼吸、共命运。这是绝对不可更改的。我们不提倡平均主义，但总要时时刻刻想到群众。当前，形势总的是好的，但在前进中还存在困难和风险，广大党员、干部首先是领导干部要头脑清醒，始终保持艰苦奋斗的优良作风，不脱离群众，时刻把群众的安危冷暖放在心上。这样，无论遇到什么困难和风险都是可以克服的。这几年，每当遇到自然灾害，军队的同志、县市的领导同志都跑到第一线，跟群众一起抢险救灾。这个时候，许多老大爷、老大娘很自然地对比旧社会的情景，感到共产党确实是热爱人民的。春节快要到了，各级领导同志要到困难企业和贫困地区去，看望慰问工人、农民和知识分子。领导干部在任何情况下都要密切联系群众，努力帮助人民群众解决生产生活中的实际问题。千万不要忘记群众，千万不要脱离群众。只要我们真心实意同人民群众打成一片，同人民群众一块艰苦奋斗，我们的事业就会不断从胜利走向新的胜利。

党的性质和肩负的历史使命，决定了我们艰苦奋斗的本色。实现党的崇高理想需要经过长时间的奋斗，广大党员、干部无论在什么情况下都要发扬艰苦奋斗精神，永不停步地前进。这里，我想重温一下毛泽东同志在党的七届二中全会上曾经讲过的话："因为胜利，党内的骄傲情绪，以功臣自居的情绪，停顿起来不求进步的情绪，贪图享乐不愿再过艰苦生活的情绪，可能生长。"他还说："敌人的武力是不能征服我们的，这点已经得到证明了。资产阶级的捧场则可能征服我们队伍中的意志薄弱者。可能有这样一些共产党人，他们是不曾被拿枪的敌人征服过的，他们在这些敌人面前不愧英雄的称号；但是经不起人们用糖衣裹着的炮弹的攻击，他们在糖弹面前要打败仗。"〔2〕这些年出现的一些现象表明，在党员、干部队伍中，确有相当一部分意志薄弱者，他们在改革开放和现代化建设取得的巨大成就面前，头脑变得不清醒了。这个教训是深刻的。毛泽东同志还曾多次要求全党同志和各级干部必须坚持勤俭建国的方针。他指出："要使我国富强起来，需要几十年艰苦奋斗的时间，其中包括执行厉行节约、反对浪费这样一个勤俭建国的方针。"〔3〕可见，建国前、建国初期，毛泽东同志就再三强调这个问题。改革开放以来，邓小平同志也反复提醒全党："中国搞四个现代化，要老老实实地艰苦创业。"〔4〕"艰苦朴素的教育今后要抓紧，一直要抓六十至七十年。我们的国家越发展，越要抓艰苦创业。"〔5〕一九八九年，他还进一步指出，十年来，"我们最大的失误是在教育方面，思想政治工作薄弱了"，"在经济得到可喜发展、人民生活水平得到改善的情况下，没有告诉人民，包括共产党员在内，应该保持艰苦奋斗的传统。坚持这个传统，才能抗住腐败现象"〔6〕。毛泽东同志、邓小平同志关于勤俭建国、艰苦奋斗的谆谆教诲，应该成为我们每一个同志的座右铭。

中华民族历来以勤劳节俭、不怕艰苦著称于世。不少华侨在海外创业，开始的时候也相当艰苦啊，外文也不懂得，但是靠中华民族这种艰苦创业的精神、勤劳节俭的精神，经过若干年的努力，终于把业创起来了。我们的古人早就讲："艰难困苦，玉汝于成。"[7]"忧劳兴国，逸豫亡身。"[8]"生于忧患，死于安乐。"[9]这些古人的格言，今天读起来仍然使人深受教育。对我们的同志，要进行这个教育。中国共产党是马克思主义真理的坚定实践者，也是中华民族优良传统的真正继承者。在领导我国革命和建设的长期斗争当中，我们党一直保持着艰苦奋斗、自强不息的精神风貌，历尽艰险、饱受磨难而不坠革命之志，这是夺取一个又一个胜利的重要原因。老一辈无产阶级革命家，千千万万革命先烈，都是艰苦奋斗的光辉典范。方志敏[10]同志在敌人牢狱里面写下的《死！——共产主义的殉道者的记述》中有这么一段话："为着阶级和民族的解放，为着党的事业的成功，我毫不希罕那华丽的大厦，却宁愿居住在卑陋潮湿的茅棚；不希罕美味的西餐大菜，宁愿吞嚼刺口的苞粟和菜根；不希罕舒服柔软的钢丝床，宁愿睡在猪栏狗窠似的住所！……一切难于忍受的生活，我都能忍受下去！这些都不能丝毫动摇我的决心，相反的，是更加磨炼我的意志！我能舍弃一切，但是不能舍弃党，舍弃阶级，舍弃革命事业。"这是何等坚定的革命信念！何等高尚的精神情操！我讲这一段话，绝不是说要大家去过方志敏所说的那样一种生活，而是说我们每个同志都要有这样一种精神，这样一种浩然正气。

物质贫乏不是社会主义，精神空虚也不是社会主义。社会主义不仅要使人民物质生活丰富，而且要使人民精神生活充实。有些党员、干部包括有些领导干部，追求和模仿西方腐朽的生活方式，信奉拜金主义、享乐主义，这是很危险的。现在，就是在西方国家，有些政治家和有识之士对享乐主义泛滥、思想堕落、精神颓废之类的“西方社会病”也深感忧虑。美国有一本书，叫《西方社会病》。书中指出，西方自由的理论基础就是享乐主义思想，即生活的目的就是追求感官上的享受。西方社会日益糜烂的享乐主义和自我中心主义，已造成无数的社会罪恶和大量的经济损失。作者认为，一个国家要强盛，必须在物质上、精神上都先进；一个国家在精神上挨饿，那么，迟早在物质上也要挨饿。日本一位教授写的《清贫思想》一书认为，被金钱欲、物欲、占有欲所支配是很危险的，现在需要重新宣传清贫思想，以消除人们在精神上的贫困。我们是共产党人，是马克思主义者，对包括拜金主义、享乐主义在内的“西方社会病”，更应该有鲜明的批判态度，更应该自觉加以抵制和防范。我们建设有中国特色的社会主义，不但要有高度的物质文明，而且要有高度的精神文明。在对外开放中，我们要积极借鉴西方发达国家对我国有用的东西，但又要注意防止把腐朽当神奇、把痈疽当宝贝。为了实现我们的理想，在学习别人好的东西的同时，必须坚持发扬自己的优势。要在全党全社会大力提倡高尚的社会主义思想道德和发扬中华民族的优良传统，以艰苦奋斗、勤俭朴素为荣，以铺张浪费、奢侈挥霍为耻。对于共产党员和各级干部来说，这也是对政治立场、政治观点、政治鉴别力的一种考验。各级党组织都要严格党内生活，积极开展批评和自我批评。在用人问题上，要坚持原则，要十分注意有没有艰苦奋斗、自觉奉献的精神和品德。害怕艰苦、追求享受、奢侈浪费的干部不能重用。领导干部不仅要管好自己，还要管好配偶子女和身边工作人员。这个问题，中央过去作过规定，纪检监察机关要加强督促检查，发现问题要坚决纠正。

我们要在全国形成艰苦奋斗的良好风气，首先党内要大兴艰苦朴素、勤俭节约之风。严格控制各级党政机关新盖办公楼，大力精简会议。可开可不开的会一律不开，把会议经费大幅度压缩下来。名目繁多的纪念会、研讨会、新闻发布会，要严加控制，减少到最低程度。各种会议要一律禁止赠送礼品和所谓的纪念品。总之，在各个方面，都要注意精打细算、厉行节约。这样做，既可倡导节俭之风，又可把省下来的钱用到迫切需要的地方去；既具有重要的政治意义，又具有重要的经济意义。只要我们各级领导机关和领导干部下定决心，以身作则，坚持数年，我看党的艰苦奋斗、勤俭办一切事业的优良作风，就一定能够在全党全社会进一步发扬光大起来。

对于共产党员和各级领导干部来说，保持和发扬艰苦奋斗精神，说到底是牢固树立和坚持马克思主义的世界观、人生观问题。只有从根本上解决世界观、人生观问题，牢固树立群众观点，党的艰苦奋斗的好传统才能在自己的思想上、作风上真正扎根。这就要求广大党员和各级领导干部必须刻苦学习马克思列宁主义、毛泽东思想、邓小平建设有中国特色社会主义理论，紧密结合发展着的社会实践，不断认真改造主观世界，使自己真正具有高尚的精神境界。有些干部不认真学习理论，这绝不是合格的干部。学理论不联系实际，不注意解决世界观、人生观方面的问题，也难以收到好的效果。各级干部都要牢记，自己是人民的公仆，一切工作都是为了群众，也必须依靠群众才能做好。要恭恭敬敬地向人民群众学习，学习人民群众的优良品质和优良作风，学习中华民族的优良传统和党的优良传统。我们党的一大长处和优势，就是把树立马克思主义的世界观、人生观同坚持和发扬中华民族的优良传统有机结合起来，讲求共产党员个人的思想品德修养。刘少奇同志写了一本《论共产党员的修养》，就曾专门讲过这个问题。革命战争年代，党员、干部要讲个人的修养；党执政了，搞改革开放和现代化建设，党员、干部同样要讲个人的修养。这个问题，我认为现在大有重申和强调的必要。

一些党员、干部犯错误，包括以权谋私、违法乱纪，同思想上懒惰、不注意学习、不注意修养是密切相关的。不加强学习，不注意修养，思想境界低下，就会浑浑噩噩，分不清哪些东西是好的，哪些东西是不好的，哪些是应该倡导的，哪些是应该抵制的，在自己的脑子里就没有正确的是非界限、政治界限。在这种状况下，还能不犯错误？在改革开放的新形势下，有些党员、干部放松了自己的学习、修养和改造，头脑里中华民族的优良传统和党的优良传统少了，而个人主义的东西多了，受腐朽思想的影响多了，对什么是真善美、什么是假恶丑已分辨不清了。在这种情况下，还有不迷失方向、走到邪路上去的？现实生活中，这样的沉痛教训已不少了。还有的党员、干部，由于不注意学习，理论水平、政治水平低，因而也就不能正确地理解和对待改革开放，正确地理解和对待中央关于现代化建设的一系列方针政策，产生了这样那样的片面认识，甚至是误解和曲解。比如，让一部分地区、一部分人通过诚实劳动和合法经营先富起来，最终达到共同富裕，是党在现阶段一项很重要的政策。这是邓小平建设有中国特色社会主义理论一个很重要的内容。而我们有些干部首先想的不是如何让群众先富起来，而是如何让自己和自己的亲属先富起来，为达到此目的，不惜采取不正当的以权谋私的手段。这就把这项重要政策理解歪了，走到邪路上去了。共产党员、领导干部应该有吃苦在前、享受在后的自觉性和高尚情操。宋代范仲淹〔11〕写的《岳阳楼记》还讲"先天下之忧而忧，后天下之乐而乐"嘛！如果不这样，我们怎么能在群众中发挥先锋模范作用呢？总之，不讲学习，不讲修养，思想懒惰，随波逐流，是产生错误、滋长奢侈浪费等不正之风的一个重要原因。所以，中央反复强调，全党同志和各级领导干部，一定要学习、学习、再学习。

还有一点，我想在这里再强调一下，就是关于开展批评和自我批评的问题。这是我们党的优良传统，是我们党的三大作风之一。许多干部犯错误，总是有个从量变到质变的过程，开始往往有个缺口，但由于没有批评，任其自流，日积月累，最后铸成大错。千里之堤，溃于蚁穴。特别让我感到痛心的是，有的人表现一直是好的，快要离休退休了，本来可以功成名就、很好地安度幸福的晚年生活，最后却搞得自己身败名裂。这个问题发生的原因之一，是平时缺乏批评和自我批评。领导干部之间，有问题要当面讲、会上讲，党内决不允许那种两面派作风，口是心非，当面一套，背后一套，当面好好好，背后一大堆不同意见。小洞不补，大洞吃苦。问题一天一天地积累起来，最后就成了大问题。错误在萌芽状态时，及时指出来就容易克服。所以，我再三提醒大家，要注意发扬批评和自我批评的优良传统，这一点我们要坚持下去。

注　释

〔1〕见邓小平《高级干部要带头发扬党的优良传统》(《邓小平文选》第2卷，人民出版社1994年版，第217页)。

〔2〕见毛泽东《在中国共产党第七届中央委员会第二次全体会议上的报告》(《毛泽东选集》第4卷，人民出版社1991年版，第1438页)。

〔3〕见毛泽东《关于正确处理人民内部矛盾的问题》(《毛泽东文集》第7卷，人民出版社1999年版，第240页)。

〔4〕见邓小平《目前的形势和任务》(《邓小平文选》第2卷，人民出版社1994年版，第257页)。

〔5〕见邓小平《在接见首都戒严部队军以上干部时的讲话》(《邓小平文选》第3卷，人民出版社1993年版，第306页)。

〔6〕见邓小平《保持艰苦奋斗的传统》(《邓小平文选》第3卷，人民出版社1993年版，第290页)。

〔7〕参见《张载集·正蒙·乾称》。原文是："富贵福泽，将厚吾之生也；贫贱忧戚，庸玉汝于成也。"

〔8〕见北宋欧阳修《新五代史》卷三十七《伶官传》。原文是："忧劳可以兴国，逸豫可以亡身，自然之理也。"

〔9〕见《孟子·告子下》。原文是："入则无法家拂士，出则无敌国外患者，国恒亡。然后知生于忧患而死于安乐也。"

〔10〕方志敏(一八九九——一九三五)，江西弋阳人。一九二四年加入中国共产党。曾任中共中央委员、中共闽浙赣省委书记、闽浙赣省苏维埃政府主席、红军第十军团军政委员会主席等职。赣东北革命根据地和红军第十军的主要创建人。一九二八年至一九三三年，领导起义农民坚持游击战争。一九三四年十

一月，率领红军第十军团北上执行抗日先遣队的任务。一九三五年一月，在同国民党军队作战中被捕。在狱中写下了《可爱的中国》、《死！——共产主义的殉道者的记述》、《清贫》等著作。一九三五年八月六日，在南昌英勇就义。

〔11〕范仲淹（九八九——一〇五二），北宋苏州吴县（今江苏苏州）人。北宋政治家、文学家。曾任参知政事等职。

在邓小平同志追悼大会上的悼词

（一九九七年二月二十五日）

同志们，朋友们：

今天，我们在首都人民大会堂隆重举行追悼大会，极其沉痛地悼念敬爱的邓小平同志。我国辽阔疆域各个地方的工厂、农村、商店、学校、连队、机关、街道的广大人民群众，此时此刻，也都同我们一道，缅怀邓小平同志的丰功伟绩和崇高风范，寄托我们的哀思。

几天来，全国各族人民，包括香港同胞、澳门同胞、台湾同胞以及海外侨胞，为中国失去了邓小平这样一位伟大人物，感到无限悲痛。世界人民，各国领导人和各方面国际朋友，也为世界失去了邓小平这样一位伟大人物，表示深切哀悼。

中国人民爱戴邓小平同志，感谢邓小平同志，哀悼邓小平同志，怀念邓小平同志，是因为他把毕生心血和精力都献给了中国人民，他为中华民族的独立和解放、为中国的社会主义现代化事业建立了不朽的功勋。他七十多年波澜壮阔的革命生涯，是同中国共产党的创建和发展，中国人民军队的创建和发展，中华人民共和国的创建和发展，紧密联系在一起的。他是人民共和国的开国元勋，建国以后成为中国共产党以毛泽东同志为核心的第一代中央领导集体的重要成员。党的十一届三中全会以后，他成为中国共产党第二代中央领导集体的核心，领导我们开辟了建设有中国特色社会主义的新道路。在这条道路上，国民经济迅速发展起来，综合国力愈益强盛起来，人民生活逐步富裕起来，社会主义显示出前所未有的生机和活力。邓小平同志这样说过：如果没有毛泽东同志，我们中国人民至少还要在黑暗中摸索更长的时间。我们今天同样应当说，如果没有邓小平同志，中国人民就不可能有今天的新生活，中国就不可能有今天改革开放的新局面和社会主义现代化的光明前景。

邓小平同志是全党全军全国各族人民公认的享有崇高威望的卓越领导人，伟大的马克思主义者，伟大的无产阶级革命家、政治家、军事家、外交家，久经考验的共产主义战士，中国社会主义改革开放和现代化建设的总设计师，建设有中国特色社会主义理论的创立者。

在中国共产党历史上，党领导中国人民进行了一场把半殖民地半封建的旧中国变成社会主义新中国的伟大革命，十一届三中全会以来又领导人民开始了一场新的革命，要把中国由不发达的社会主义国家变成富强民主文明的社会主义现代化国家。在这两次伟大革命的进程中，实现了马克思主义同中国实际相结合的两次历史性飞跃，形成了两大理论成果，这就是毛泽东思想和邓小平建设有中国特色社会主义理论。两次伟大革命，两次历史性飞跃，造就了两个伟大人物，这就是毛泽东同志和作为毛泽东同志的战友、事业继承者的邓小平同志。

在旧中国这样一个半殖民地半封建的东方大国，共产党人要领导革命取得胜利,没有现成的答案,必须在实践中开辟自己的道路。这是一条武装斗争的道路,是一条在农村建立革命根据地、以农村包围城市、最后夺取全国政权的道路。这条道路,是毛泽东同志领导我们党开辟出来的。邓小平同志坚定地走这条道路,在广西发动武装起义,创建红军和革命根据地。他到中央革命根据地后,由于拥护毛泽东同志的正确路线,被当时党内"左"倾领导者撤职,这是他政治生涯中的第一次挫折。在长征途中,他参加了标志着党的历史伟大转折的遵义会议。在抗日战争和解放战争中,他和刘伯承〔1〕同志一起统率部队,总是处在战略全局中的关键位置,处在同敌人针锋相对斗争的最前线,坚决执行毛泽东同志的重大战略决策,不畏艰险,勇挑重担。他先后任一二九师政治委员和中共中央北方局太行分局书记,代理北方局书记,主持八路军总部的工作,开辟和领导华北敌后抗日根据地。在党的第七次全国代表大会上,被选为中央委员。国内战争爆发后,他先后任晋冀鲁豫军区政治委员、中共中央中原局第一书记、中原野战军政治委员,同刘伯承同志一起率领大军,以大无畏的英雄气概,从内线作战转向外线作战,强渡黄河,千里跃进大别山,揭开了人民解放战争全国性战略进攻的序幕。在战略决战阶段,担任统一指挥中原野战军、华东野战军的总前委书记和中共中央华东局第一书记,同这两个野战军的领导同志一起,领导了三大战役中规模最大的淮海战役,领导了渡江战役,解放南京、上海及东南诸省,宣告国民党反动统治的覆灭。然后又率部进军大西南,参加领导了和平解放西藏,完成中国大陆的解放。邓小平同志为新中国的诞生,建立了赫赫战功。

中华人民共和国成立后，我们党面临着怎样从新民主主义向社会主义过渡，以及探索一条在经济文化比较落后的条件下建设社会主义道路的任务。邓小平同志从西南调到北京参加中央领导工作，先后担任政务院副总理、党中央秘书长和国务院副总理，在七届五中全会上增选为政治局委员。他在党的第八次全国代表大会上作关于修改党章的报告，提出和深刻论述了党在执政条件下加强自身建设的任务。在八届一中全会上，他当选为中共中央政治局常委、总书记。在他担任总书记的十年间，为社会主义制度的建立和社会主义建设的展开，为探索适合中国情况的建设社会主义的道路，为总结经验，纠正失误，调整政策，克服主要由于“左”的错误而出现的三年经济困难，担负起繁重的任务，提出了许多正确主张，进行了卓有成效的工作。

“文化大革命”是社会主义时期我们党历史上的严重错误，邓小平同志受到错误批判和斗争，被剥夺一切职务，在他的政治生涯中，又一次受到严重挫折。林彪反革命政变阴谋被粉碎后，邓小平同志复出，一九七五年担任中共中央副主席、国务院副总理、中央军委副主席、中国人民解放军总参谋长，主持党、国家和军队的日常工作。他力挽狂澜，强调要敢字当头，横下一条心，对“文化大革命”以来所造成的严重混乱局面，大刀阔斧地进行整顿。他为了党和人民的利益，置个人荣辱安危于度外，冒着再一次被打倒的风险，同“四人帮”进行了坚决的斗争。这次整顿实质上是后来改革的实验，反映了广大干部群众的愿望，代表了党的正确领导，在短时间内就取得显著成效。由于整顿的深入势必系统地纠正“文化大革命”

的错误，邓小平同志又被指责为搞“右倾翻案风”，再度被错误地撤销一切职务，这是他政治生涯中的第三次严重挫折。但是，整顿的业绩和他在整顿中表现出来的风骨，赢得了党心、军心、民心，为粉碎“四人帮”准备了广泛的群众基础。

粉碎“四人帮”、结束“文化大革命”后，中国面临着重大历史关头，就是能否扭转“文化大革命”十年内乱造成的严重局势，从困难中重新奋起，为中国社会主义发展开辟新的道路。在广大党员和人民的迫切要求下，邓小平同志恢复了原来担任的职务。在决定恢复他职务的中央全会上，他这样讲：我出来工作，可以有两种态度，一个是做官，一个是做点工作。我想，谁叫你当共产党人呢。既然当了，就不能够做官，不能够有私心杂念，不能够有别的选择。邓小平同志以他的远见卓识、丰富的政治经验和高超的领导艺术，在千头万绪中抓住决定性环节，从端正思想路线入手进行拨乱反正。他强调实事求是是毛泽东思想的精髓，反对“两个凡是”〔2〕的错误观点，支持开展真理标准问题的讨论，为党的十一届三中全会的召开作了思想准备。

党的十一届三中全会，在邓小平同志领导下，重新确立解放思想、实事求是的思想路线，确定把党和国家工作的中心转移到经济建设上来，作出实行改革开放的决策，随后又旗帜鲜明地强调必须坚持四项基本原则。党的“一个中心、两个基本点”的基本路线开始形成。这次全会，标志着建国以来党和国家历史的伟大转折，开辟了改革开放和集中力量进行社会主义现代化建设的历史新时期。经过这次全会，邓小平同志成为党的第二代中央领导集体的核心。

邓小平同志领导我们党总结建国以来的历史经验，以巨大的政治勇气和理论勇气，坚持科学地评价毛泽东同志的历史地位和毛泽东思想的科学体系，根本否定了“文化大革命”的错误实践和理论，同时坚决顶住否定毛泽东同志和毛泽东思想的错误思潮。随着国内局势的发展和国际局势的变化，越来越显示出这个重大决策的魄力和远见。

在党的第十二次全国代表大会上，邓小平同志提出“把马克思主义的普遍真理同我国的具体实际结合起来，走自己的道路，建设有中国特色的社会主义”〔3〕。这是总结我们长期历史经验得出的基本结论，成为新时期指明我们前进方向的基本口号。党的第十三次全国代表大会，根据邓小平同志的思想，系统地论述了社会主义初级阶段的理论，完整地概括了党在社会主义初级阶段的基本路线。

邓小平同志领导我们制定了分三步走基本实现现代化的发展战略，并且确定了改革开放的全面部署。他大力支持和推动了以家庭联产承包责任制为主的农村改革，热情赞扬了乡镇企业的异军突起。他最早提出了社会主义也可以搞市场经济的思想，推进以城市为中心的全面经济体制改革，为我们开辟了一条把社会主义同市场经济结合起来，以更好地解放和发展生产力的新道路。他倡议和推动了沿海经济特区的兴办，沿海城市的开放，上海浦东新区的开发开放，逐步形成全面对外开放的格局。他十分关心中西部地区和贫困地区的经济发展和人民生活，要求把解决这方面问题逐步提到更加重要的位置上来。他提出科学技术是第一生产力的新论断，提倡尊重知识、尊重人才，重视发展教育和科学、文化事业。他还反复强调,要高度重视和热情支持改革开放中群众的创造,认真总结和积极推广群众的经验。新时期以来,在以邓小平同志为核心的党中央领导下,我们国家经历了从农村改革到城市改革,从经济体制的改革到各方面体制的改革,从对内搞活到对外开放,社会主义物质文明和精神文明建设一起抓的伟大历史进程。中国的生产力得到突飞猛进的发展,人民生活得到很大的提高,国家面貌发生深刻变化,广大群众衷心拥护。

八十年代末九十年代初,国内国际发生政治风波,我们党面临着又一个重大历史关头。党和政府在邓小平同志和其他老同志坚决有力的支持下,依靠人民,旗帜鲜明地坚持四项基本原则,维护国家的独立、尊严、安全和稳定,同时毫不动摇地坚持经济建设这个中心,坚持改革开放。由于党和政府坚定清醒的立场,由于改革开放和社会主义现代化建设的成就深入人心,我们经受住了严峻考验,我们的事业继续沿着党的十一届三中全会确定的道路蓬勃发展。

邓小平同志早就主张废除干部领导职务终身制。他本人几次恳切地表达了退休的愿望。党的十三大同意他只留任中央军事委员会主席。党的十三届五中全会又同意他辞去中央军事委员会主席的职务。邓小平同志为第二代中央领导集体向新的中央领导集体顺利过渡,保持党和国家的稳定,创造了充分的条件,发挥了决定性的作用。

从领导岗位退下来的邓小平同志,仍然以高度的历史责任感,关注着改革开放和现代化建设事业。一九九二年初他视察南方发表重要谈话,科学地总结了十一届三中全会以来党的基本实践和基本经验，从理论上深刻地回答了长期困扰和束缚人们思想的许多重大认识问题，不仅对开好党的第十四次全国代表大会具有重要指导作用，而且对整个社会主义现代化建设事业具有深远意义。以邓小平同志南方谈话和十四大为标志，中国社会主义改革开放和现代化建设进入新阶段。八十九岁高龄的邓小平同志，亲自主持编辑并逐篇审定《邓小平文选》第三卷。《邓小平文选》第三卷和第二卷，汇集了邓小平同志在形成和发展建设有中国特色社会主义理论中富有独创性的重要著作。

邓小平同志留给我们的最可宝贵的财富，就是他创立的建设有中国特色社会主义理论和在这个理论指导下制订的党在社会主义初级阶段的基本路线。邓小平建设有中国特色社会主义理论，是在和平与发展成为时代主题的历史条件下，在我国改革开放和社会主义现代化建设的实践过程中，在总结我国社会主义胜利和挫折的历史经验并借鉴其他社会主义国家兴衰成败历史经验的基础上，逐步形成和发展起来的。从世界范围来说，无产阶级领导人民取得政权以后如何建设社会主义，是一个需要很好总结和探索的重大历史性课题。社会主义在中国的新局面和新成就，使我们从历史的比较和国际的观察中认识到，邓小平建设有中国特色社会主义理论是正确的。这个理论，科学地把握社会主义的本质，第一次比较系统地初步回答了中国这样的经济文化比较落后的国家如何建设社会主义、如何巩固和发展社会主义的一系列基本问题。它是马克思列宁主义基本原理与当代中国实际和时代特征相结合的产物，是毛泽东思想的继承和发展，是当代中国的马克思主义。它是全党全国人民集体智慧的结晶,是中国共产党的指导思想和中华民族的精神支柱。

邓小平同志不仅以他创立的光辉的革命理论指引着我们,而且以他在长期革命实践中锤炼出来的鲜明的革命风格感召着我们。他的崇高品格和风范,体现在他全部革命实践活动中,体现在他"三落三起"的经历和他勇敢地开拓中国社会主义发展新道路的进程中。当他受到错误打击、处于逆境的时候,他从不消沉,总是无私无畏,不屈不挠,沉着坚韧,对党对人民无限坚贞,对我们事业的未来抱乐观主义。他总是由此更加深刻地思索中国革命的经验教训和根本规律问题,发愤要有新的更大作为。正因为这样,他才能顺应历史和时势的要求,在经历逆境之后重新起来担当重任。特别是他在"文化大革命"中的起落,更引起他对什么是社会主义、怎样建设社会主义的深刻反思,从而使他在党的十一届三中全会以后,毅然决然地领导全党全国人民开拓建设有中国特色社会主义的新道路。在开拓新道路的进程中,他尊重实践,敏锐把握时代发展的脉搏和契机,既继承前人又突破陈规,既借鉴世界经验又不照搬别国模式,总是从中国的现实和当代世界发展的特点出发去总结新经验,创造新办法。他尊重群众,时刻关注最广大人民的利益和愿望,总是把是否有利于发展社会主义社会的生产力、是否有利于增强社会主义国家的综合国力、是否有利于提高人民的生活水平作为制订路线、方针、政策的出发点和归宿。他目光远大,胸襟开阔,总是从大局着眼来观察和处理各种重大问题。他崇尚实干,行动果断,在关键时刻作出重大决策更是表现出非凡的胆略和勇气。他的风范同他的事业和思想一道，永远铭记在我们心中。

邓小平同志的逝世，对我党我军我国各族人民是不可估量的损失。中央号召全党全军全国各族人民，化悲痛为力量，继承邓小平同志的遗志，以更加努力地做好各方面工作的实际行动，来表达我们的悼念。

邓小平同志创立的建设有中国特色社会主义理论和在这个理论指导下制订的党的基本路线，是我们必须遵循的行动指南。在跨越世纪的新征途上，更高地举起邓小平建设有中国特色社会主义理论的伟大旗帜，更好地贯彻执行党的基本路线，是我们党中央领导集体坚定不移的决心和信念，也是全党全军全国各族人民的共识和愿望。我们一定要更加自觉地用这个理论武装头脑，统一认识，同心同德，开拓创新，战胜前进道路上的一切困难，排除各种错误倾向的干扰，在任何情况下坚持党的基本路线不动摇。

经济建设是我们全党全国各项工作的中心。确立以经济建设为中心，是邓小平同志领导我们实现的最根本的拨乱反正。我们一定要按照邓小平同志的教导，牢牢地把握这个中心，一切工作都要服从和服务于这个中心。发展才是硬道理。抓住机遇，发展自己，关键是发展经济。必须集中一切力量和智慧，艰苦奋斗，勤俭建国，把经济发展转到依靠科技进步和提高劳动者素质的轨道上来，在国民经济持续、快速、健康发展的基础上，促进社会全面进步。

改革是中国实现社会主义现代化的必由之路。邓小平同志为我们的全面改革进行了总体设计。我们一定要按照邓小平同志的教导，把深化改革作为扫除生产力发展的障碍、进一步推进整个事业的关键。在社会主义公有制为主体、多种经济成分共同发展的基础上建立社会主义市场经济体制，是前人从来没有做过的伟大创举。必须在已经取得的成就基础上，把经济体制的改革坚持深入下去，与此相适应，把政治体制和其他方面体制的改革坚持深入下去。

对外开放是中国实现社会主义现代化的必要条件。邓小平同志一贯强调，现在的世界是开放的世界，中国的发展离不开世界，必须在坚持自力更生的基础上实行对外开放。我们一定要按照邓小平同志的教导，清醒地估量世界的发展，勇敢地迎接严峻的挑战，坚持对外开放的基本国策，发展全方位、多层次的开放格局，努力提高对外开放水平，广泛吸收和借鉴世界各国包括资本主义发达国家创造的一切先进文明成果，积极参与国际经济技术合作和竞争。

人民民主专政的国家政权是我们事业健康发展的政治保证。邓小平同志始终关注人民政权的巩固和发展。我们一定要按照邓小平同志的教导，坚持工人阶级的领导，巩固工农联盟，发展包括各民主党派的最广泛的爱国统一战线，加强全国各民族人民的大团结，发扬社会主义民主，健全社会主义法制，依法治国，不断发展安定团结、生动活泼的政治局面。

中国人民解放军是国家的柱石。邓小平同志的军事生涯，在他光辉一生中占有重要的位置。作为中央军委主席，他为新时期军队和国防建设指明了方向和道路。我们一定要按照邓小平同志的教导，在集中力量进行经济建设的大局之下，加强军队革命化、现代化、正规化建设，走有中国特色的精兵之路，使我们的军队在维护国家主权和安全，保卫和参加社会主义建设方面，不断作出新贡献。

物质文明和精神文明都搞好，才是有中国特色的社会主义。邓小平同志一贯强调两大文明一起抓、两手都要硬，在集中力量进行经济建设、实行社会主义市场经济和对外开放的条件下，尤其不能忽视精神文明建设。我们一定要按照邓小平同志的教导，以有理想、有道德、有文化、有纪律为目标，努力提高全民族的思想道德素质和科学文化素质，不断发展马克思主义为指导的，立足本国而又面向世界的，继承优良传统而又体现时代要求的社会主义精神文明。

祖国的完全统一是全中华民族的共同心愿。用“一国两制”方式实现和平统一，是邓小平同志的伟大创造。我们一定要按照邓小平同志的教导，努力实现祖国统一的目标。根据中英、中葡协议，香港即将回归祖国，澳门将在一九九九年回归祖国。台湾问题也终将得到解决，祖国的完全统一必定会实现。

集中力量进行社会主义现代化建设，需要和平的国际环境。邓小平同志科学地观察国际形势的变化，领导我们重新确定国际战略，调整对日、对美、对苏关系，发展同周边国家和第三世界国家的友好关系，打开新时期对外关系的新局面。我们一定要按照邓小平同志的教导，坚持独立自主的和平外交政策，在和平共处五项原则的基础上积极发展同世界各国的友好关系，为维护世界和平，促进世界发展，反对霸权主义和强权政治，建立国际政治新秩序和国际经济新秩序，作出自己的努力。

中国共产党是领导建设有中国特色社会主义事业的核心力量。邓小平同志一贯教导我们，我们全部事业的成败，关键在党。我们一定要按照邓小平同志的教导，坚持和维护党的团结和统一，更加自觉地团结在党中央周围，不断加强党的思想建设、组织建设、作风建设，加强反腐败斗争，把我们党建设成为用建设有中国特色社会主义理论武装起来、全心全意为人民服务、思想上政治上组织上完全巩固、能够经受住各种风险、始终走在时代前列的马克思主义政党。

同志们、朋友们！十四大以来，党中央高举邓小平建设有中国特色社会主义理论的伟大旗帜，领导全党全军全国各族人民，全面贯彻执行党的基本路线，抓住机遇、深化改革、扩大开放、促进发展、保持稳定，在以经济建设为中心的同时，坚持物质文明和精神文明建设两手抓，实现了国民经济持续、快速、健康发展，提前达到邓小平同志为我们确定的“三步走”发展战略中的第二步战略目标，制订和开始执行国民经济和社会发展的“九五”计划和二〇一〇年远景规划。现在，正在为迎接党的十五大的召开，努力做好各方面的工作。

邓小平同志和我们永别了。他的英名、业绩、思想、风范将永载史册，世世代代铭刻在人民的心中。在党中央坚强领导下，全党全军全国各族人民一定能够继承邓小平同志的遗志，坚定不移，满怀信心，把邓小平同志开创的建设有中国特色社会主义伟大事业推向前进，把我国建设成为富强民主文明的社会主义现代化国家。

邓小平同志永垂不朽！

注 释

〔**1**〕刘伯承(一八九二——一九八六),四川开县(今重庆开县)人。一九二六年加入中国共产党。曾任中共中央委员、中央政治局委员、中央军事委员会副主席,全国人民代表大会常务委员会副委员长等职。在抗日战争和解放战争中,作为军事指挥员与担任政治委员的邓小平长期共同战斗,先后担任八路军第一二九师师长,人民解放军晋冀鲁豫野战军、中原野战军、第二野战军司令员等职,参加领导和指挥了创建晋冀豫等抗日根据地、挺进大别山地区、淮海战役、渡江战役和解放大西南。

〔**2**〕见本卷《理论工作要面向实际》注〔2〕。

〔**3**〕见邓小平《中国共产党第十二次全国代表大会开幕词》(《邓小平文选》第3卷,人民出版社1993年版,第3页)。

加强社会主义民主法制建设*

（一九九七年二月二十七日）

发展社会主义民主，健全社会主义法制，对于发挥人民群众的积极性和创造性，保护广大人民群众的权益，保证改革开放和现代化建设顺利进行，保证国家长治久安，具有重大意义。加强社会主义民主法制建设，是我们建设有中国特色社会主义理论和实践的重要组成部分。邓小平同志对此十分重视，曾作过一系列重要指示。十多年来，我们遵循邓小平同志的指示，大力推进社会主义民主法制建设，取得了重大成就，积累了不少新的经验，为我们继续推进民主法制建设奠定了良好的基础。这里，我想着重就三个问题谈点意见。

第一，发展社会主义民主，同坚持党的群众观点和群众路线在本质上是一致的。人民群众是历史的创造者，是我们国家的主人。共产党执政，就是要领导和支持广大人民群众当家作主。离开一切为了群众、一切依靠群众的群众观点和群众路线，也就谈不上社会主义民主。我们在发展社会主义民主、坚持在各项工作中贯彻党的群众观点和群众路线方面，总

* 这是江泽民同志在参加八届全国人大五次会议、全国政协八届五次会议的党员负责同志会议上讲话的一部分。

的是做得好的。但是，必须看到，在一些领导干部中，还存在着一些同社会主义民主的要求、同党的群众观点和群众路线的要求不相符合的东西，需要认真加以克服。比如，这些年来，在一些地方和部门中，官僚主义、形式主义和衙门作风有所滋长。一些领导干部不倾听群众呼声，不关心群众疾苦；有的领导干部满脑子个人名利思想，拉关系，找门路，跑官要官，把人民利益完全抛在脑后；有的领导干部作风霸道，独断专行，什么事都要一个人说了算，别人的意见根本听不进去；等等。这些都是同社会主义民主的要求、同党的群众观点和群众路线的要求背道而驰的。我们发展社会主义民主，必须始终着眼于把人民群众管理国家事务、管理经济和文化事业、管理社会事务的权利努力落到实处，必须始终着眼于一切为了群众、一切依靠群众，最大限度地调动和发挥人民群众的积极性和创造性。从基层来说，很重要的一条，就是要扩大基层民主，确保群众参与基层政权和经济、文化、社会事务的民主管理、民主监督。邓小平同志把扩大基层民主、充分调动基层和人民群众的积极性作为政治体制改革的一项重要任务。这对于我们做好基层的各项工作是非常重要的。改革开放以后，我们实行厂长、经理负责制，这是企业管理体制的一项重要改革。许多企业在实行厂长、经理负责制后，既充分发挥了厂长、经理在企业经营管理和生产指挥中的职能，又很重视发挥职工代表大会和职工群众参与民主管理、民主监督的作用。但是，也有一些企业忽视职工代表大会的作用，忽视广大职工的民主权利。要通过改革，按照现代企业制度的要求，建立科学的企业领导体制和组织管理制度，以保证企业经营者依法行使职权，保障职工的合法权益。总之，我们要继续探索更多新途径新办法，以利更好地贯彻党的群众路线，更充分有效地调动和发挥人民群众的积极性和创造性，增强人民群众的主人翁精神，推动社会主义民主不断向前发展。

第二，加强社会主义法制建设，要同加强思想道德文化建设紧密结合起来。法律规范人们的行为，可以强制性地惩罚违法行为，但不能代替解决人们思想、道德的问题。人们思想上、道德上存在的问题，要通过深入细致的思想教育、道德教育和文化教育来解决。法制建设包括立法工作、执法工作、司法工作和法制教育工作，这几个方面的工作是相辅相成的，都很重要，缺一不可。只有把它们都搞好了，法制建设才算搞好了。无论立法、执法、司法和守法，都是通过人来做的。因此，人们的思想道德文化素质如何，对于法制建设的成效是至关重要的。如果人们的思想道德文化素质差，再好的法律法规制定出来了，也会因为得不到正确的执行和遵守而变成发挥不了作用的一纸空文。这个道理，邓小平同志早就阐述得很清楚了。他说："法制观念与人们的文化素质有关。现在这么多青年人犯罪，无法无天，没有顾忌，一个原因是文化素质太低。所以，加强法制重要的是要进行教育，根本问题是教育人。"〔1〕一个社会治理得好不好，既同法制完备程度有很大关系，也同人们的思想道德文化素质有很大关系。我国历史上历来就有德刑相辅、儒法并用的思想，从中可以得到有益的启发。总之，法是他律，德是自律，需要二者并用。在社会秩序的维系、社会风气的治理中，法制建设是很重要的一手，思想道德文化建设也是很重要的一手。这两手也必须同时抓、两手都要硬，而不可偏废。这两手都抓好了，社会秩序、社会风气的治理水平就会大大提高，社会上的歪风邪气和消极现象就会大大减少。

第三，要始终注意维护国家法制的统一性和严肃性。这个问题，无论在立法工作还是在执法工作、司法工作中都要加以注意。依法治国是新的历史条件下党领导人民建设和治理国家的基本方略。在我们这样大的国家进行改革和建设，只有各地区各部门都严格按照国家法律法规办事，我们才能步调一致地前进。如果各行其是，对国家法律法规，符合自己利益的就执行，不符合的就不执行，或者打折扣，甚至加以曲解，那就会贻误和损害党和国家的工作，就会干扰正常的经济、政治、社会生活秩序，就可能出乱子。应该肯定，各级领导机关和领导干部的法律意识在不断提高，依法办事能力也在不断增强，这是各方面工作取得成绩的一个重要原因。但是，在法制建设中还存在一些问题，尤其是对执法、司法中出现的地方保护主义、部门保护主义现象，必须高度重视。全党同志都应该明确，维护宪法尊严和保证宪法实施，维护国家政令和法制统一，是一个重大政治原则问题。国家法律，是党的主张和人民意志相统一的体现，一经制定并付诸实施，各地区各部门必须一律遵照执行。在制定本地区本部门的法规规章时，必须与宪法和法律相符合，而不得相抵触、相违背。任何地方任何部门都没有超越宪法和法律的特权。任何人都不得借口维护本地区本部门的利益而推卸应承担的义务和责任，规避应受的约束和监督。各级干部特别是领导干部都要从自身做起，带头维护国家的政令和法制统一，自觉反对和防止地方保护主义、部门保护主义。

注　释

〔1〕见邓小平《在全体人民中树立法制观念》(《邓小平文选》第3卷,人民出版社1993年版,第163页)。

残疾人事业是崇高的事业*

（一九九七年五月一日）

六年前，表彰了吴运铎、张海迪等一批自强模范，我曾与部分代表座谈，记忆犹新。最近，又看了反映这次表彰的自强模范和助残先进事迹的书稿《自强之歌》，深为感动。这是一曲自强不息、团结友爱的精神文明之歌，具有鲜明的时代特征。

我们正处在改革开放和民族振兴的伟大时代。把我国建设成富强民主文明的社会主义现代化国家，是时代赋予我们的重任。实现这一宏伟目标，需要崇高的理想、坚定的信念和自强不息的奋斗精神。

人总是要有一点精神的。残疾人自强模范，以热爱祖国的情怀、百折不挠的毅力、顽强拼搏的精神，超越种种不幸，克服常人难以想象的困难，创造了可歌可泣的业绩。从他们身上，可以感受到一种巨大的精神力量。这种精神，就是自尊、自信、自强的民族精神。这种精神，是求生存、图发展的一种志气，一种自信力，是我们民族的灵魂。

---

* 这是江泽民同志为《自强之歌》一书所作的序言，原题为《发扬民族精神和良好社会风尚，积极推进残疾人事业》。

正是靠这种精神，我们的祖先创造了灿烂辉煌的古代文明。正是靠这种精神，我们的前辈推翻三座大山[1]，建立了新中国。我们要实现祖国富强和民族昌盛，仍然要发扬光大这种民族精神。

我们建设有中国特色社会主义伟大事业，是以经济建设为中心、全面发展的事业。人，既有物质的需求，又有精神的需求。在我们的社会里，人们在追求物质生活和精神生活进步的过程中，需要有平等友爱的人际关系和团结互助的社会环境。

助残先进集体和个人，他们理解、尊重、关心、帮助残疾人的事迹，平凡而伟大。最感人的是他们高尚的道德情操。这种道德，不是以个人为中心，而是心中有他人，心中有集体，心中有国家。

道德的力量是巨大的。经济的繁荣、社会的进步、人类的文明，需要道德的发展和完善。作为人，要讲人道；作为社会的一员，要有集体意识和团结意识；作为公民，要热爱自己的祖国；作为共产党人，还应有更高的标准。发展社会主义市场经济，要求加强民主和法制建设，也要求加强思想道德建设和科学文化建设。要坚持为人民服务的宗旨，坚持进行爱国主义、集体主义、社会主义教育，坚持发扬团结互助、平等友爱、共同前进的社会风尚。

自有人类，就有残疾人。残疾，是人类发展进程中不可避免要付出的一种社会代价。我国现有六千多万残疾人，涉及全国近五分之一的家庭。关系到这么多人的重要社会问题，必须解决好，而不能回避。

残疾人，有人的尊严和权利，有参与社会生活的愿望和能力。历史和现实表明，他们同样是社会财富的创造者。因此，残疾人的问题也是关系到充分实现公民权利和生产力解放的问题，必须始终重视，而不容忽视。

人道主义，是处理人与人之间关系的一个道德规范。人权保障，是国家的责任。对残疾人这个社会脆弱群体给予帮助，是社会文明进步的标志。我们共产党人是以人类解放为最高宗旨，我们的社会主义国家是以实现全体人民的富裕幸福为建设的根本目的，更应尊重残疾人的公民权利和人格尊严，保护其不受侵害。同时，对这个特殊而困难的群体还应给予特别扶助，通过发展残疾人事业，使他们的权利得到更好的实现，使他们以平等的地位和均等的机会，参与社会生活和国家建设，共享社会物质文化的成果。

我们党和政府历来关心残疾人。近十年来，为了残疾人的生存和发展，国家颁布了残疾人保障法，制定实施残疾人事业的三个五年计划，完善了各级残疾人组织，并响应《关于残疾人的世界行动纲领》，参与“联合国残疾人十年（一九八三——一九九二年）”、“亚太残疾人十年（一九九三——二〇〇二年）”行动，取得了举世瞩目的成就。全国各地的残疾人参与机会在增多，参与范围在扩大，自身素质也在提高，他们的生活状况进一步改善。从这个方面，也有力地表明了我国人权保障的广泛性、公平性、真实性，体现了我国社会主义制度的优越性。

残疾人事业是崇高的事业，是我们社会主义事业的一部分。我国是个发展中国家，由于历史原因和生产力水平的制约，残疾人事业还滞后于经济社会发展。各级党委和政府要高度重视这一事业，给予更多的关心和支持。全社会要继续发扬扶残助残的良好风尚，为残疾人送去更多的温暖。

我殷切地希望广大残疾人以自强模范为榜样，热爱生活，继续投身改革开放和现代化建设的伟大实践，同全国人民一道，共创更加美好的未来。

注　释

〔1〕见本卷《爱国主义和我国知识分子的使命》注〔2〕。

中国人民解放军驻香港部队进驻香港特别行政区的命令

（一九九七年六月三十日）

中国人民解放军驻香港部队全体官兵：

根据中华人民共和国宪法赋予中国人民解放军的使命，依照《中华人民共和国香港特别行政区基本法》、《中华人民共和国香港特别行政区驻军法》有关规定，命令你们进驻中华人民共和国香港特别行政区，于一九九七年七月一日零时开始履行香港防务职责。

我国政府对香港恢复行使主权，是实现“一国两制”、完成祖国统一的一个重要里程碑。中国人民解放军驻香港部队担负香港特别行政区的防务，是中国政府对香港恢复行使主权的重要标志，任务神圣，责任重大。你们进驻香港后，要坚持人民解放军全心全意为人民服务的宗旨，发扬优良传统，忠实履行职责，遵纪守法，依法治军，把部队建设成“政治合格、军事过硬、作风优良、纪律严明、保障有力”的威武之师和文明之师，为维护祖国的主权和领土完整，保持香港长期繁荣稳定作出积极的贡献。

中华人民共和国中央军事委员会主席　江 泽 民

一九九七年六月三十日

在中英两国政府举行的香港交接仪式上的讲话

（一九九七年七月一日）

查尔斯王子，
布莱尔首相，
尊敬的各位嘉宾，
女士们，先生们：

中华人民共和国国旗和中华人民共和国香港特别行政区区旗，已在香港庄严升起。此时此刻，世界各国人民都把目光投向香港。根据中英关于香港问题的联合声明，两国政府如期举行了香港交接仪式，宣告中国对香港恢复行使主权。中华人民共和国香港特别行政区正式成立。这是中华民族的盛事，也是世界和平与正义事业的胜利。

一九九七年七月一日这一天，将作为值得人们永远纪念的日子载入史册。经历了百年沧桑的香港回归祖国，标志着香港同胞从此成为祖国这块土地上的真正主人，香港的发展从此进入一个崭新的时代。

历史将会记住提出“一国两制”创造性构想的邓小平先生。我们正是按照“一国两制”伟大构想指明的方向，通过外交谈判成功地解决了香港问题，终于实现了香港回归祖国。

值此庄严的时刻,我向中英两国所有为解决香港问题作出贡献的人士,向世界上所有关心和支持香港回归的人们,表示感谢!

值此庄严的时刻,我向回到祖国怀抱的六百多万香港同胞,表示亲切问候和良好祝愿!

香港回归后,中国政府将坚定不移地执行"一国两制"、"港人治港"、高度自治的基本方针,保持香港原有的社会、经济制度和生活方式不变,法律基本不变。

香港回归后,中央人民政府负责管理香港的外交事务和防务。香港特别行政区依据基本法享有行政管理权、立法权、独立的司法权和终审权。香港居民依法享有各项权利和自由。香港特别行政区将循序渐进地发展适合香港实际情况的民主制度。

香港回归后,将继续保持自由港的地位,继续发挥国际金融、贸易、航运中心的作用,继续同各国各地区及有关国际组织发展经济文化关系。所有国家和地区在香港的正当经济利益将受到法律保护。

我希望,世界上一切在香港有投资与贸易利益的国家和地区,继续为促进香港的繁荣稳定作出努力。

香港同胞具有光荣的爱国主义传统。香港今日的繁荣,归根到底是香港同胞创造的,也是同祖国内地的发展和支持分不开的。我相信,有全国人民作坚强后盾,香港特别行政区政府和香港同胞一定能够管理和建设好香港,保持香港长期繁荣稳定,创造香港更加美好的未来。

谢谢各位。

在中华人民共和国香港特别行政区成立庆典上的讲话

（一九九七年七月一日）

女士们，先生们，同胞们：

今天，中英两国政府举行了香港交接仪式，庄严宣告中国政府对香港恢复行使主权。中华人民共和国香港特别行政区正式成立。这是对香港、对全国以至对世界都具有重要意义和深远影响的重大事件。今天是香港同胞的盛大节日，也是全体中国人民和中华民族的盛大节日。

在这个庄严的历史时刻，我代表中央人民政府和全国各族人民，对香港回归祖国和香港特别行政区成立，表示热烈的祝贺！向回到祖国大家庭的六百多万香港同胞，表示亲切的问候！向为香港回归作出贡献的港澳台同胞、海外侨胞和一切拥护祖国统一的爱国人士，表示感谢！向所有关心和支持香港回归的国际朋友，表示谢意！我还要代表中国政府，向出席这次庆典的各国嘉宾和朋友们，表示欢迎！

香港回归祖国，是彪炳中华民族史册的千秋功业。香港同胞从此成为香港的真正主人，香港历史从此揭开了崭新的篇章。

自古以来，我们的先人就在香港这块土地上劳动、生活和繁衍。从秦代到清代道光年间，中国一直对香港实行管辖，行使主权。十九世纪中叶，英国两次发动鸦片战争，迫使腐败无能的清政府签订《南京条约》和《北京条约》，一八九八年又迫使清政府签订《展拓香港界址专条》，从而侵占了整个香港地区。香港虽然被长期同祖国割离开来，但祖国人民与香港同胞血肉相连的民族之情始终没有被割断，祖国人民与香港同胞同甘苦共命运的民族之义始终没有被割断。中国人民从来不承认一切不平等条约，从来没有忘记香港被侵占的这一国耻，也从来没有停止为维护国家主权和争取自身解放而进行的不屈不挠的斗争。

斗转星移，沧桑巨变。天安门广场升起的第一面五星红旗，宣告中国实现了民族独立和人民解放，走上了社会主义的发展道路。改革开放又带来了中华民族振兴的崭新局面，大大提高了中国的国际地位。正是在这样的历史条件和时代背景下，香港终于回到了祖国怀抱。

在举国上下欢庆香港回归的日子里，我们以崇敬的心情深切怀念不久前辞世的邓小平先生。他以伟大政治家的非凡智慧提出"一个国家、两种制度"的创造性构想，为我们通过外交谈判解决香港问题和保持香港长期繁荣稳定，指明了正确的方向。

在我国政府对香港恢复行使主权后，在国家主体坚持实行社会主义制度的条件下，香港继续实行资本主义制度，保持原有的社会、经济制度不变，生活方式不变，法律基本不变。

香港作为中华人民共和国的特别行政区，享有基本法赋予的高度自治权，包括行政管理权、立法权、独立的司法权和终审权。中央人民政府依法管理香港特别行政区的外交事务和防务。我们对今天宣誓就职的香港特别行政区行政长官董建华先生表示诚挚的祝贺，我们对他领导的特别行政区政府充分信任和完全支持。香港特别行政区基本法，不仅香港要遵守，中央各部门和各省、自治区、直辖市也都要遵守。中央各部门和任何地方，都不会也不允许干预香港特别行政区依据基本法规定自行管理的事务。

香港回归祖国后，原有的法律绝大多数予以保留，香港居民依法享有各项权利和自由，在法律面前人人平等。《公民权利和政治权利国际公约》、《经济、社会及文化权利国际公约》和国际劳工公约适用于香港的有关规定继续有效，通过香港特别行政区法律予以实施。逐步完善适合香港实际情况的民主制度，是香港社会政治稳定的重要保障。香港将根据基本法的规定循序渐进地发展民主，最终达到特别行政区行政长官和立法会由普选产生的目标。

香港回归祖国后，将继续保持其自由港地位和国际金融、贸易、航运中心的地位，继续同世界各国各地区以及有关国际组织保持和发展经济文化关系，使这个国际经济大都市始终具有生机勃勃的发展活力。香港特别行政区依法保护私有财产权，依法自行制定经济、贸易、金融货币、教育、科技、文化和体育政策，保持财政独立，实行独立的税收制度，作为单独的关税地区。世界各国各地区在香港的经贸活动和投资利益都将受到法律保护。

这些方针政策，是中央人民政府为了维护香港同胞的切身利益和中华民族的根本利益而深思熟虑地提出来的。坚持这些方针政策，于香港有益，于全国有益，于世界有益，因而是没有任何理由去改变的。我在这里重申，“一国两制”、“港人治港”、高度自治，五十年不变，这是一项长期的基本方针。

香港今日的成就，归根到底是香港同胞创造出来的。香港同胞的开拓进取和艰苦创业精神深受世人钦佩。香港同胞一定会进一步发扬这种可贵的精神，创造香港的美好未来。邓小平先生说得好：“香港人是能治理好香港的，要有这个自信心。”〔1〕

香港今日的成就，是与祖国的发展和内地人民的支持分不开的。新中国成立后，中国政府一贯支持香港的社会稳定和经济发展。内地实行改革开放以来，香港从祖国得到更为强劲的支持和依托。香港作为我国同世界各国进行经济、科技、文化交流的重要桥梁而获得巨大利益。今后随着祖国现代化建设的不断推进，香港与内地的经济联系将更为密切，其桥梁作用将更为增强，从而为香港经济增长提供新的更大的动力。

香港今日的成就，也还有其他多种因素的作用。优越的地理位置，全面开放的自由港政策，比较完备的法制，素质较高的公务员队伍，有效的经济管理和市政管理，这些都为香港的经济发展提供了有利条件。香港回归后，这些条件将会继续发挥积极作用。

香港同胞有着光荣的爱国主义传统。无论是在争取民族解放的斗争中，还是在实现祖国现代化的进程中，香港同胞都作出了重要贡献。香港同胞一定会进一步激发爱国爱港的热忱，把保持香港长期繁荣稳定，维护国家和民族的根本利益当作自己的最大光荣。

在香港生活着许多外国人,有些已经以香港为家,香港今后仍将是他们安居乐业的家园。未来的香港,无分种族,无分肤色,人人都有平等竞争的机会,人人都享有法律保障的各种权利与自由。

中英两国政府通过谈判解决了香港问题,为国际社会提供了一个和平解决国家之间的历史遗留问题的范例。在这里,我要向所有为香港平稳过渡作出贡献的英国朝野人士表示感谢。我们相信,香港问题的成功解决,将使中英两国人民的友谊进一步得到发展。

改革开放和现代化建设的伟大实践,使我们国家的经济和社会生活发生巨大变化。这一切成就的取得,最根本的是由于我们成功地走上了建设有中国特色社会主义道路。我们将坚定不移地坚持以经济建设为中心,继续深化改革,扩大对外开放,推进社会全面进步。我们将坚定不移地按照“一国两制”方针继续推进祖国的和平统一,确保澳门顺利回归,并最终解决台湾问题。我们将坚定不移地坚持独立自主的和平外交政策,同各国人民一道,为维护世界和平、促进共同发展,为推动建立一个和平稳定、公正合理的国际新秩序而积极贡献力量。

二十一世纪的到来已经进入倒计时的进程。我们国家的发展正处在重要的历史时期。包括香港同胞、澳门同胞、台湾同胞和海外侨胞在内的全体中国人民团结起来,一切拥护祖国统一、关心祖国建设的爱国人士团结起来,齐心协力,只争朝夕,紧跟时代前进的步伐,为实现祖国的完全统一和中华民族的全面振兴而共同奋斗！

谢谢各位。

注　释

〔1〕见邓小平《一个国家，两种制度》(《邓小平文选》第3卷，人民出版社1993年版，第60页)。

再造一个山川秀美的西北地区*

（一九九七年八月五日）

看了这个调查报告，感到很高兴。陕北地区治理水土流失，改善生态环境的措施和经验是好的。

我国是一个有几千年历史的文明古国。包括甘肃、陕西在内的黄河流域，是我们中华民族的主要发祥地。陕西曾经是周、秦、汉、唐等十三个王朝的建都之地，在古代历史上相当长的时间内，陕西、甘肃等西北地区，曾经是植被良好的繁荣富庶之地，所谓“山林川谷美，天材之利多”〔1〕就是古来描绘陕西一带的自然风物的。司马光〔2〕的《资治通鉴》中描述盛唐时期陕、甘的发展情景是“闾阎相望，桑麻翳野，天下称富庶者无如陇右”。后来由于历经战乱的破坏，加上自然灾害和滥砍滥伐造成的损失，导致了陕、甘等西北地区的严重沙化、荒漠化，经济文化的发展也因此受到极大制约。

历史遗留下来的这种恶劣的生态环境，要靠我们发挥社会主义制度的优越性，发扬艰苦创业的精神，齐心协力地大抓植树造林，绿化荒漠，建设生态农业去加以根本的改观。经过

* 这是江泽民同志在《关于陕北地区治理水土流失，建设生态农业的调查报告》上的批示。

一代一代人长期地、持续地奋斗，再造一个山川秀美的西北地区，应该是可以实现的。

注　释

〔1〕见《荀子·强国》。

〔2〕司马光（一〇一九——一〇八六），北宋陕州夏县（今山西夏县）人。北宋大臣、史学家。曾任尚书左仆射兼门下侍郎等职。编撰有战国至五代的编年体通史《资治通鉴》。

全世界无产者，联合起来！

江泽民文选

第二卷

人民出版社

图书在版编目(CIP)数据

江泽民文选　第二卷/江泽民著.
-北京:人民出版社,2006.8
ISBN 7-01-005675-7

Ⅰ.江…　Ⅱ.江…　Ⅲ.江泽民-选集　Ⅳ.D2-0

中国版本图书馆CIP数据核字(2006)第079436号

江　泽　民　文　选

JIANG ZEMIN WENXUAN

第　二　卷

人民出版社 出版发行
(100706　北京朝阳门内大街166号)

北京中科印刷有限公司印刷　新华书店经销

2006年8月第1版　2006年8月北京第1次印刷
开本:787毫米×1092毫米　1/32　印张:18.75
字数:397千　印数:00,001—43,000册

ISBN 7-01-005675-7　定价:30.00元

邮购地址 100706　北京朝阳门内大街166号
人民东方图书销售中心　电话(010)65250042　65289539

出　版　说　明

《江泽民文选》第二卷收入的是江泽民同志在一九九七年九月十二日至二〇〇〇年二月一日这段时间内的重要著作，共有报告、讲话、谈话、文章、信件、批语等五十九篇，很大一部分是第一次公开发表。

曾经公开发表过的著作，这次编入本卷时，又作了少量的文字订正。为了便于读者阅读，编辑时作了必要的注释，附在篇末。

在编辑本书时，作者逐篇审定了全部文稿。

中共中央文献编辑委员会

二〇〇六年六月

目 录

高举邓小平理论伟大旗帜，把建设有中国特色社会主义事业全面推向二十一世纪*

（一九九七年九月十二日）

同志们：

现在，我代表第十四届中央委员会向大会作报告。

中国共产党第十五次全国代表大会是一次极为重要的大会，是在世纪之交，承前启后，继往开来，保证全党继承邓小平同志遗志，坚定不移地沿着十一届三中全会以来正确路线胜利前进的大会。

大会的主题是：高举邓小平理论伟大旗帜，把建设有中国特色社会主义事业全面推向二十一世纪。

旗帜问题至关紧要。旗帜就是方向，旗帜就是形象。坚持十一届三中全会以来的路线不动摇，就是高举邓小平理论的旗帜不动摇。邓小平同志逝世后，全党在这个问题上尤其要有高度的自觉性和坚定性。

把我们的事业全面推向二十一世纪，就是要抓住机遇而不可丧失机遇，开拓进取而不可因循守旧，围绕经济建设这个

* 这是江泽民同志在中国共产党第十五次全国代表大会上的报告。

中心，经济体制改革要有新的突破，政治体制改革要继续深入，精神文明建设要切实加强，各个方面相互配合，实现经济发展和社会全面进步。

确定这样的主题，是时代的要求，人民的愿望。

一、世纪之交的回顾和展望

在二十世纪即将过去的时候，举行党的全国代表大会，大家有一种共同的认识：我们党对中华民族的命运担负着崇高的历史责任。

从一九〇〇年八国联军占领北京，中华民族蒙受巨大屈辱，国家濒临灭亡边缘，到二〇〇〇年中国在社会主义基础上进入小康，大踏步走向繁荣富强，是中国发生翻天覆地变化的一百年。

鸦片战争后，中国成为半殖民地半封建国家。中华民族面对着两大历史任务：一个是求得民族独立和人民解放；一个是实现国家繁荣富强和人民共同富裕。前一任务是为后一任务扫清障碍，创造必要的前提。

一个世纪以来，中国人民在前进道路上经历了三次历史性的巨大变化，产生了三位站在时代前列的伟大人物：孙中山、毛泽东、邓小平。

第一次是辛亥革命，推翻统治中国几千年的君主专制制度。这是孙中山领导的。他首先喊出“振兴中华”[1]的口号，开创了完全意义上的近代民族民主革命。辛亥革命未能改变旧中国的社会性质和人民的悲惨境遇，但为中国的进步打开了闸门，使反动统治秩序再也无法稳定下来。

第二次是中华人民共和国的成立和社会主义制度的建立。这是中国共产党成立后，在以毛泽东为核心的第一代领导集体的领导下完成的。经过北伐、土地革命、抗日战争和解放战争，推翻了帝国主义、封建主义、官僚资本主义三座大山，中国人民从此站起来了，并且从新民主主义走上社会主义道路，取得建设社会主义的巨大成就。这是中国从古未有的人民革命的大胜利，也是社会主义和民族解放的具有世界意义的大胜利。

第三次是改革开放，为实现社会主义现代化而奋斗。这是在以邓小平为核心的第二代领导集体的领导下开始的新的革命。在建国以来革命和建设成就的基础上，我们党总结历史经验和教训，成功地走出了一条建设有中国特色社会主义的新道路。社会主义在中国显示的蓬勃生机和活力，为全世界所瞩目。

百年巨变得出的结论是：只有中国共产党才能领导中国人民取得民族独立、人民解放和社会主义的胜利，才能开创建设有中国特色社会主义的道路，实现民族振兴、国家富强和人民幸福。

在新世纪将要到来的时刻，我们面对着严峻的挑战，更面对着前所未有的有利条件和大好机遇。必须清醒地看到：国际竞争日趋激烈，经济、科技上同发达国家的差距给我们很大压力，我们自身还有许多困难。同时必须充分地看到：第一，和平与发展已成为当今时代的主题，世界格局正在走向多极化，争取较长时期的国际和平环境是可能的。世界范围内科技革命突飞猛进，经济继续增长。这为我们提供了有利的外部条件。第二，建国后特别是近二十年来我国已经形成可观的综合国力，改革开放为现代化建设创造了良好的体制条件，开辟了广阔的市场需求和资金来源，亿万人民新的创造活力进一步发挥出来。第三，更重要的是，我们党确立起已被实践证明是正确的建设有中国特色社会主义的基本理论和基本路线。这些都是今天拥有而过去不曾或不完全具备的条件。

能否抓住机遇，历来是关系革命和建设兴衰成败的大问题。过去我们抓住了重要历史机遇，也丧失过某些机遇。现在全党一定要高度自觉，牢牢抓住世纪之交的历史机遇，迈出新的步伐。

展望下世纪，我们的目标是，第一个十年实现国民生产总值比二〇〇〇年翻一番，使人民的小康生活更加宽裕，形成比较完善的社会主义市场经济体制；再经过十年的努力，到建党一百年时，使国民经济更加发展，各项制度更加完善；到世纪中叶建国一百年时，基本实现现代化，建成富强民主文明的社会主义国家。正如邓小平所说："现在，我们国内条件具备，国际环境有利，再加上发挥社会主义制度能够集中力量办大事的优势，在今后的现代化建设长过程中，出现若干个发展速度比较快、效益比较好的阶段，是必要的，也是能够办到的。我们就是要有这个雄心壮志！"〔2〕

二、过去五年的工作

一九九二年邓小平南方谈话和党的十四大以来的五年，

是很不寻常的五年。这是我们党领导全国各族人民，经受住八十年代末九十年代初国际国内政治风波的严峻考验，继续沿着有中国特色社会主义道路阔步前进的五年；是进一步解放思想，开拓进取，改革开放和现代化建设事业进入新阶段的五年；是在建立社会主义市场经济体制的深刻变革进程中，妥善处理改革、发展、稳定的关系，在各个领域取得巨大成就的五年；也是在世界格局的剧烈变动中，我国国际地位显著提高的五年。

党的十四大作出三项具有深远意义的决策：一是抓住机遇，加快发展；二是明确我国经济体制改革的目标是建立社会主义市场经济体制；三是确立邓小平建设有中国特色社会主义理论在全党的指导地位。为贯彻十四大精神，中央先后召开七次全会，分别就建立社会主义市场经济体制、加强党的建设、制定国民经济和社会发展“九五”计划和二〇一〇年远景目标、加强社会主义精神文明建设等一系列关系全局的重大问题，作出了规划和部署。五年来全党工作的突出特点是，全面贯彻党的基本理论和基本路线，认真实施十四大的重要决策，提出并牢牢把握“抓住机遇、深化改革、扩大开放、促进发展、保持稳定”的基本方针，物质文明和精神文明建设全面推进。我国的社会生产力、综合国力和人民生活水平，又上了一个新的台阶。

五年来，经济发展取得显著成绩。从一九九二年到一九九六年，国内生产总值年均增长百分之十二点一，既实现了经济快速增长，又有效抑制了通货膨胀，避免了大起大落。经济结构调整取得明显进展。农业得到加强，粮食等农产品稳定增长。水利、交通、通信等基础设施和钢铁、能源等基础工业迅速发展。东部地区经济快速增长，中西部地区经济发展加快。“八五”计划胜利完成，“九五”计划的实施有了良好开端。

改革开放取得新的突破。按照建立社会主义市场经济体制的要求，大步推进了财政、税收、金融、外贸、外汇、计划、投资、价格、流通、住房和社会保障等体制改革，市场在资源配置中的基础性作用明显增强，宏观调控体系的框架初步建立。国有企业改革在试点基础上积极推进。以公有制为主体、多种经济成分共同发展的格局进一步展开。对外经济、技术合作与交流继续扩大，对外贸易和利用外资大幅度增长，国家外汇储备显著增加。

精神文明建设迈出新的步伐。科技、教育、文化、卫生、体育和计划生育等各项社会事业取得可喜成绩。宣传舆论工作和思想道德建设进一步加强。社会主义民主和法制建设取得重大进展，制定了一系列适应社会主义市场经济发展的法律和法规，加强了执法和司法工作。爱国统一战线发展壮大，各民族的大团结进一步巩固和发展。团结稳定的社会政治局面为改革和发展提供了重要保证。

国防现代化建设取得新的进展。军队战斗力进一步提高。在保卫国家安全、维护祖国统一和参加国家经济建设、完成抢险救灾等任务中，人民军队作出了重要贡献。

人民生活水平显著提高。城镇居民人均生活费收入年均实际增长百分之七点二，农村居民人均纯收入年均实际增长百分之五点七，是增长最快的时期之一。市场商品丰富，人民的衣食住用行条件明显改善。城乡居民储蓄大幅度增长。全国农村贫困人口减少了三千二百万。

五年来，我们为实现祖国和平统一做了大量卓有成效的工作。我国政府恢复对香港行使主权，洗雪了中华民族的百年屈辱，可以告慰无数的革命先烈和前辈。这是每个中国人都感到欢欣鼓舞的盛事，也受到国际社会的普遍赞扬。

我们坚定不移地贯彻独立自主的和平外交政策，进一步改善了我国改革开放和现代化建设的外部环境。我国的国际影响日益扩大。

我们大力加强了党的建设。全党学习邓小平建设有中国特色社会主义理论逐步深入。领导班子建设和干部队伍建设取得新进展，大批优秀年轻干部走上领导岗位。党风廉政建设和反腐败斗争的力度加大，取得了阶段性成果。基层组织建设得到加强，广大共产党员发挥了先锋模范作用。党内生活向制度化、规范化迈出新的步伐。

我们清醒地看到，在前进道路上还有不少矛盾和困难，工作中也有缺点和不足。主要是：国民经济整体素质和效益不高，经济结构不合理的矛盾仍然比较突出，特别是部分国有企业活力不强；党风、政风、社会风气和社会治安的状况人民群众还不满意，贪污腐化、奢侈浪费等现象仍在蔓延滋长，官僚主义、形式主义、弄虚作假的问题较为严重；收入分配关系尚未理顺，地区发展差距还明显存在，城乡部分群众生活比较困难；人口增长、经济发展给资源和环境带来巨大的压力等等。我们要高度重视存在的问题，扎扎实实地加以解决。

回顾五年的工作，总的看这是改革和发展都比较好的时期。我们党的领导集体顺利实现了新老交替，保持了路线、方针、政策的连续性和全国社会政治稳定的局面，妥善处理了国内和对外关系中的一系列重大问题，巩固和发展了十一届三中全会以来的大好形势，全国人民高兴，也获得国际舆论的普遍好评。五年的实践证明，党的十四大作出的决策是正确的，我们党具有在国内外复杂形势下驾驭局势的能力。五年来的成就，是全党和全国人民团结奋斗的结果。这为今后继续前进打下了更为坚实的基础，积累了十分宝贵的新鲜经验，必将极大地鼓舞我们以更大的信心和热情去夺取新的胜利。

三、邓小平理论的历史地位和指导意义

在社会主义改革开放和现代化建设的新时期，在跨越世纪的新征途上，一定要高举邓小平理论的伟大旗帜，用邓小平理论来指导我们整个事业和各项工作。这是党从历史和现实中得出的不可动摇的结论。

中国共产党是非常重视理论指导的党。中国人民找到了马克思列宁主义，中国革命的面貌为之一新。马克思列宁主义同中国实际相结合有两次历史性飞跃，产生了两大理论成果。第一次飞跃的理论成果是被实践证明了的关于中国革命和建设的正确的理论原则和经验总结，它的主要创立者是毛泽东，我们党把它称为毛泽东思想。第二次飞跃的理论成果是建设有中国特色社会主义理论，它的主要创立者是邓小平，我们党把它称为邓小平理论。这两大理论成果都是党和人民实践经验和集体智慧的结晶。

党从诞生之日起，就把马克思列宁主义确立为自己的指

导思想。经过遵义会议和延安整风，党的七大又把马克思列宁主义的理论与中国革命的实践之统一的思想——毛泽东思想，确立为党的指导思想。这是总结建党二十四年经验作出的历史性决策。现在，在十一届三中全会和十二大、十三大、特别是十四大的基础上，中央建议十五大在党章中把邓小平理论确立为党的指导思想，明确规定：中国共产党以马克思列宁主义、毛泽东思想、邓小平理论作为自己的行动指南。这是我们党经过近二十年改革开放和社会主义现代化建设的成功实践作出的历史性决策。作出这个决策，表明中央领导集体和全党把邓小平开创的建设有中国特色社会主义事业全面推向新世纪的决心和信念，也反映了全国人民的共识和心愿。

实践证明，作为毛泽东思想的继承和发展的邓小平理论，是指导中国人民在改革开放中胜利实现社会主义现代化的正确理论。在当代中国，只有把马克思主义同当代中国实践和时代特征结合起来的邓小平理论，而没有别的理论能够解决社会主义的前途和命运问题。邓小平理论是当代中国的马克思主义，是马克思主义在中国发展的新阶段。

邓小平理论之所以能够成为马克思主义在中国发展的新阶段，是因为：

第一，邓小平理论坚持解放思想、实事求是，在新的实践基础上继承前人又突破陈规，开拓了马克思主义的新境界。实事求是是马克思列宁主义的精髓，是毛泽东思想的精髓，也是邓小平理论的精髓。一九七八年邓小平《解放思想，实事求是，团结一致向前看》这篇讲话，是在“文化大革命”结束以后，中国面临向何处去的重大历史关头，冲破“两个凡是”〔3〕的禁锢，开辟新时期新道路、开创建设有中国特色社会主义新理论的宣言书。一九九二年邓小平南方谈话，是在国际国内政治风波严峻考验的重大历史关头，坚持十一届三中全会以来的理论和路线，深刻回答长期束缚人们思想的许多重大认识问题，把改革开放和现代化建设推进到新阶段的又一个解放思想、实事求是的宣言书。在走向新世纪的新形势下，面对许多我们从来没有遇到过的艰巨课题，邓小平理论要求我们增强和提高解放思想、实事求是的坚定性和自觉性，一切以是否有利于发展社会主义社会的生产力、有利于增强社会主义国家的综合国力、有利于提高人民的生活水平这“三个有利于”为根本判断标准，不断开拓我们事业的新局面。

第二，邓小平理论坚持科学社会主义理论和实践的基本成果，抓住“什么是社会主义、怎样建设社会主义”这个根本问题，深刻地揭示社会主义的本质，把对社会主义的认识提高到新的科学水平。新时期的思想解放，关键就是在这个问题上的思想解放。我国社会主义在改革开放前所经历的曲折和失误，改革开放以来在前进中遇到的一些困惑，归根到底都在于对这个问题没有完全搞清楚。拨乱反正，全面改革，从以阶级斗争为纲到以经济建设为中心，从封闭半封闭到改革开放，从计划经济到社会主义市场经济，近二十年的历史性转变，就是逐渐搞清楚这个根本问题的进程。这个进程，还将在今后的实践中继续下去。

第三，邓小平理论坚持用马克思主义的宽广眼界观察世界，对当今时代特征和总体国际形势，对世界上其他社会主义国家的成败，发展中国家谋求发展的得失，发达国家发展的态势和矛盾，进行正确分析，作出了新的科学判断。世界变化很大很快，特别是日新月异的科学技术进步深刻地改变了并将继续改变当代经济社会生活和世界面貌，任何国家的马克思主义者都不能不认真对待。邓小平理论正是根据这种形势，确定我们党的路线和国际战略，要求我们用新的观点来认识、继承和发展马克思主义，强调只有这样才是真正的马克思主义，墨守成规只能导致落后甚至失败。这是邓小平理论鲜明的时代精神。

第四，总起来说，邓小平理论形成了新的建设有中国特色社会主义理论的科学体系。它是在和平与发展成为时代主题的历史条件下，在我国改革开放和现代化建设的实践中，在总结我国社会主义胜利和挫折的历史经验并借鉴其他社会主义国家兴衰成败历史经验的基础上，逐步形成和发展起来的。它第一次比较系统地初步回答了中国社会主义的发展道路、发展阶段、根本任务、发展动力、外部条件、政治保证、战略步骤、党的领导和依靠力量以及祖国统一等一系列基本问题，指导我们党制定了在社会主义初级阶段的基本路线。它是贯通哲学、政治经济学、科学社会主义等领域，涵盖经济、政治、科技、教育、文化、民族、军事、外交、统一战线、党的建设等方面比较完备的科学体系，又是需要从各方面进一步丰富发展的科学体系。

邓小平是伟大的马克思主义者。他为中华民族的独立和解放，为中国社会主义制度的建立，为中国改革开放和现代化建设，建立了不朽的功勋。他把毕生心血都献给了中国人民，一切以人民的利益为出发点和归宿。他对党、对人民、对马克思主义的最大贡献，他留给我们的珍贵遗产，就是邓小平理论。这个理论，集中体现在十一届三中全会以来邓小平著作以及党和国家的重要文献中。

马克思主义是科学，它始终严格地以客观事实为根据。而实际生活总是在不停的变动中，这种变动的剧烈和深刻，近一百多年来达到了前人难以想象的程度。因此，马克思主义必定随着时代、实践和科学的发展而不断发展，不可能一成不变。对待马克思主义，有个学风问题：究竟是从本本出发，还是用马克思主义的立场观点方法来研究和解决中国的现实问题。毛泽东在延安整风时就强调："应确立以研究中国革命实际问题为中心，以马克思列宁主义基本原则为指导的方针，废除静止地孤立地研究马克思列宁主义的方法。"〔4〕现在提出用邓小平理论武装全党，提出学习马克思列宁主义、毛泽东思想，中心内容是学习建设有中国特色社会主义理论，就是发扬这个优良传统。马克思列宁主义、毛泽东思想一定不能丢，丢了就丧失根本。同时一定要以我国改革开放和现代化建设的实际问题、以我们正在做的事情为中心，着眼于马克思主义理论的运用，着眼于对实际问题的理论思考，着眼于新的实践和新的发展。离开本国实际和时代发展来谈马克思主义，没有意义。静止地孤立地研究马克思主义，把马克思主义同它在现实生活中的生动发展割裂开来、对立起来，没有出路。在当代中国，马克思列宁主义、毛泽东思想、邓小平理论，是一脉相承的统一的科学体系。坚持邓小平理论，就是真正坚持马克思列宁主义、毛泽东思想；高举邓小平理论的旗帜，就是真正高举马克思列宁主义、毛泽东思想的旗帜。

四、社会主义初级阶段的基本路线和纲领

十一届三中全会以来，党正确地分析国情，作出我国还处于社会主义初级阶段的科学论断。我们讲一切从实际出发，最大的实际就是中国现在处于并将长时期处于社会主义初级阶段。我们讲要搞清楚“什么是社会主义、怎样建设社会主义”，就必须搞清楚什么是初级阶段的社会主义，在初级阶段怎样建设社会主义。十一届三中全会前我们在建设社会主义中出现失误的根本原因之一，就在于提出的一些任务和政策超越了社会主义初级阶段。近二十年改革开放和现代化建设取得成功的根本原因之一，就是克服了那些超越阶段的错误观念和政策，又抵制了抛弃社会主义基本制度的错误主张。这样做，没有离开社会主义，而是在脚踏实地建设社会主义，使社会主义在中国真正活跃和兴旺起来，广大人民从切身感受中更加拥护社会主义。

这次大会进一步强调这个问题，是因为：面对改革攻坚和开创新局面的艰巨任务，我们解决种种矛盾，澄清种种疑惑，认识为什么必须实行现在这样的路线和政策而不能实行别样的路线和政策，关键还在于对所处社会主义初级阶段的基本国情要有统一认识和准确把握。

社会主义是共产主义的初级阶段，而中国又处在社会主义的初级阶段，就是不发达的阶段。在我们这样的东方大国，经过新民主主义走上社会主义道路，这是伟大的胜利。但是，

我国进入社会主义的时候，就生产力发展水平来说，还远远落后于发达国家。这就决定了必须在社会主义条件下经历一个相当长的初级阶段，去实现工业化和经济的社会化、市场化、现代化。这是不可逾越的历史阶段。

在党的纲领中明确提出社会主义初级阶段的科学概念，这在马克思主义历史上是第一次。邓小平在谈到建设初级阶段的社会主义时特别强调："我们现在所干的事业是一项新事业，马克思没有讲过，我们的前人没有做过，其他社会主义国家也没有干过，所以，没有现成的经验可学。我们只能在干中学，在实践中摸索。"〔5〕这就是说，在中国，真要建设社会主义，那就只能一切从社会主义初级阶段的实际出发，而不能从主观愿望出发，不能从这样那样的外国模式出发，不能从对马克思主义著作中个别论断的教条式理解和附加到马克思主义名下的某些错误论点出发。

社会主义初级阶段，是逐步摆脱不发达状态，基本实现社会主义现代化的历史阶段；是由农业人口占很大比重、主要依靠手工劳动的农业国，逐步转变为非农业人口占多数、包含现代农业和现代服务业的工业化国家的历史阶段；是由自然经济半自然经济占很大比重，逐步转变为经济市场化程度较高的历史阶段；是由文盲半文盲人口占很大比重、科技教育文化落后，逐步转变为科技教育文化比较发达的历史阶段；是由贫困人口占很大比重、人民生活水平比较低，逐步转变为全体人民比较富裕的历史阶段；是由地区经济文化很不平衡，通过有先有后的发展，逐步缩小差距的历史阶段；是通过改革和探索，建立和完善比较成熟的充满活力的社会主义市场经济体制、社会主义民主政治体制和其他方面体制的历史阶段;是广大人民牢固树立建设有中国特色社会主义共同理想,自强不息,锐意进取,艰苦奋斗,勤俭建国,在建设物质文明的同时努力建设精神文明的历史阶段;是逐步缩小同世界先进水平的差距,在社会主义基础上实现中华民族伟大复兴的历史阶段。这样的历史进程,至少需要一百年时间。至于巩固和发展社会主义制度,那还需要更长得多的时间,需要几代人、十几代人,甚至几十代人坚持不懈地努力奋斗。

从五十年代中期我国进入社会主义初级阶段开始到现在,经过四十多年特别是近二十年的发展,我国生产力有了很大提高,各项事业有了很大进步。然而总的说来,人口多、底子薄,地区发展不平衡,生产力不发达的状况没有根本改变;社会主义制度还不完善,社会主义市场经济体制还不成熟,社会主义民主法制还不够健全,封建主义、资本主义腐朽思想和小生产习惯势力在社会上还有广泛影响。我国社会主义社会仍然处在初级阶段。

社会主义的根本任务是发展社会生产力。在社会主义初级阶段,尤其要把集中力量发展社会生产力摆在首要地位。我国经济、政治、文化和社会生活各方面存在着种种矛盾,阶级矛盾由于国际国内因素还将在一定范围内长期存在,但社会的主要矛盾是人民日益增长的物质文化需要同落后的社会生产之间的矛盾,这个主要矛盾贯穿我国社会主义初级阶段的整个过程和社会生活的各个方面。这就决定了我们必须把经济建设作为全党全国工作的中心,各项工作都要服从和服务于这个中心。只有牢牢抓住这个主要矛盾和工作中心,才能清醒地观察和把握社会矛盾的全局，有效地促进各种社会矛盾的解决。发展是硬道理，中国解决所有问题的关键在于依靠自己的发展。

在社会主义初级阶段，围绕发展社会生产力这个根本任务，要把改革作为推进建设有中国特色社会主义事业各项工作的动力。改革是全面改革，是在坚持社会主义基本制度的前提下，自觉调整生产关系和上层建筑的各个方面和环节，来适应初级阶段生产力发展水平和实现现代化的历史要求。把社会主义同市场经济结合起来，是一个伟大创举。这就需要积极探索，大胆试验，尊重群众的首创精神；需要深化改革，解决体制转变中的深层次矛盾和关键问题；需要扩大开放，吸收和借鉴世界各国包括资本主义发达国家的先进技术和管理经验。

在社会主义初级阶段，正确处理改革、发展同稳定的关系，保持稳定的政治环境和社会秩序，具有极端重要的意义。没有稳定，什么事也干不成。必须坚持党的领导和人民民主专政，坚持物质文明和精神文明两手抓、两手都要硬的方针，排除一切破坏稳定的因素，反对资产阶级自由化，警惕国际国内敌对势力的渗透、颠覆和分裂活动。必须把改革的力度、发展的速度和社会可以承受的程度统一起来，在社会政治稳定中推进改革、发展，在改革、发展中实现社会政治稳定。

在把我们的事业全面推向二十一世纪的历史时刻，必须郑重指出：全党要毫不动摇地坚持党在社会主义初级阶段的基本路线，把以经济建设为中心同四项基本原则、改革开放这两个基本点统一于建设有中国特色社会主义的伟大实践。这是近二十年来我们党最可宝贵的经验,是我们事业胜利前进最可靠的保证。要警惕右,但主要是防止"左",保持清醒头脑,克服各种干扰,坚持邓小平理论和基本路线不动摇。根据这个理论和基本路线,围绕建设富强民主文明的社会主义现代化国家的目标,进一步明确什么是社会主义初级阶段有中国特色社会主义的经济、政治和文化,怎样建设这样的经济、政治和文化,是必要的。

——建设有中国特色社会主义的经济,就是在社会主义条件下发展市场经济,不断解放和发展生产力。这就要坚持和完善社会主义公有制为主体、多种所有制经济共同发展的基本经济制度;坚持和完善社会主义市场经济体制,使市场在国家宏观调控下对资源配置起基础性作用;坚持和完善按劳分配为主体的多种分配方式,允许一部分地区一部分人先富起来,带动和帮助后富,逐步走向共同富裕;坚持和完善对外开放,积极参与国际经济合作和竞争。保证国民经济持续快速健康发展,人民共享经济繁荣成果。

——建设有中国特色社会主义的政治,就是在中国共产党领导下,在人民当家作主的基础上,依法治国,发展社会主义民主政治。这就要坚持和完善工人阶级领导的、以工农联盟为基础的人民民主专政;坚持和完善人民代表大会制度和共产党领导的多党合作、政治协商制度以及民族区域自治制度;发展民主,健全法制,建设社会主义法治国家。实现社会安定,政府廉洁高效,全国各族人民团结和睦,生动活泼的政治局面。

——建设有中国特色社会主义的文化,就是以马克思主义为指导，以培育有理想、有道德、有文化、有纪律的公民为目标，发展面向现代化、面向世界、面向未来的，民族的科学的大众的社会主义文化。这就要坚持用邓小平理论武装全党，教育人民；努力提高全民族的思想道德素质和教育科学文化水平；坚持为人民服务、为社会主义服务的方向和百花齐放、百家争鸣的方针，重在建设，繁荣学术和文艺。建设立足中国现实、继承历史文化优秀传统、吸取外国文化有益成果的社会主义精神文明。

上述建设有中国特色社会主义的经济、政治、文化的基本目标和基本政策，有机统一，不可分割，构成党在社会主义初级阶段的基本纲领。这个纲领，是邓小平理论的重要内容，是党的基本路线在经济、政治、文化等方面的展开，是这些年来最主要经验的总结。

五、经济体制改革和经济发展战略

从现在起到下世纪的前十年，是我国实现第二步战略目标、向第三步战略目标迈进的关键时期。我们要积极推进经济体制和经济增长方式的根本转变，努力实现“九五”计划和二〇一〇年远景目标，为下世纪中叶基本实现现代化打下坚实基础。在这个时期，建立比较完善的社会主义市场经济体制，保持国民经济持续快速健康发展，是必须解决好的两大课题。要坚持社会主义市场经济的改革方向，使改革在一些重大方面取得新的突破，并在优化经济结构、发展科学技术和提高对外开放水平等方面取得重大进展，真正走出一条速度较快、效益较好、整体素质不断提高的经济协调发展的路子。

（一）调整和完善所有制结构。公有制为主体、多种所有制经济共同发展，是我国社会主义初级阶段的一项基本经济制度。这一制度的确立，是由社会主义性质和初级阶段国情决定的：第一，我国是社会主义国家，必须坚持公有制作为社会主义经济制度的基础；第二，我国处在社会主义初级阶段，需要在公有制为主体的条件下发展多种所有制经济；第三，一切符合"三个有利于"的所有制形式都可以而且应该用来为社会主义服务。

十一届三中全会以来，我们党认真总结以往在所有制问题上的经验教训，制定以公有制为主体、多种经济成分共同发展的方针，逐步消除所有制结构不合理对生产力的羁绊，出现了公有制实现形式多样化和多种经济成分共同发展的局面。继续调整和完善所有制结构，进一步解放和发展生产力，是经济体制改革的重大任务。

要全面认识公有制经济的含义。公有制经济不仅包括国有经济和集体经济，还包括混合所有制经济中的国有成分和集体成分。公有制的主体地位主要体现在：公有资产在社会总资产中占优势；国有经济控制国民经济命脉，对经济发展起主导作用。这是就全国而言，有的地方、有的产业可以有所差别。公有资产占优势，要有量的优势，更要注重质的提高。国有经济起主导作用，主要体现在控制力上。要从战略上调整国有经济布局。对关系国民经济命脉的重要行业和关键领域，国有经济必须占支配地位。在其他领域，可以通过资产重组和结构调整，以加强重点，提高国有资产的整体质量。只要坚持公有制为主体，国家控制国民经济命脉，国有经济的控制力和竞争力得到增强，在这个前提下，国有经济比重减少一些，不会影响我国的社会主义性质。

集体所有制经济是公有制经济的重要组成部分。集体经济可以体现共同致富原则，可以广泛吸收社会分散资金，缓解就业压力，增加公共积累和国家税收。要支持、鼓励和帮助城乡多种形式集体经济的发展。这对发挥公有制经济的主体作用意义重大。

公有制实现形式可以而且应当多样化。一切反映社会化生产规律的经营方式和组织形式都可以大胆利用。要努力寻找能够极大促进生产力发展的公有制实现形式。股份制是现代企业的一种资本组织形式，有利于所有权和经营权的分离，有利于提高企业和资本的运作效率，资本主义可以用，社会主义也可以用。不能笼统地说股份制是公有还是私有，关键看控股权掌握在谁手中。国家和集体控股，具有明显的公有性，有利于扩大公有资本的支配范围，增强公有制的主体作用。目前城乡大量出现的多种多样的股份合作制经济，是改革中的新事物，要支持和引导，不断总结经验，使之逐步完善。劳动者的劳动联合和劳动者的资本联合为主的集体经济，尤其要提倡和鼓励。

非公有制经济是我国社会主义市场经济的重要组成部分。对个体、私营等非公有制经济要继续鼓励、引导，使之健康发展。这对满足人们多样化的需要，增加就业，促进国民经济的发展有重要作用。

要健全财产法律制度，依法保护各类企业的合法权益和公平竞争，并对它们进行监督管理。

（二）加快推进国有企业改革。国有企业是我国国民经济的支柱。搞好国有企业改革，对建立社会主义市场经济体制和巩固社会主义制度，具有极为重要的意义。

建立现代企业制度是国有企业改革的方向。要按照“产权清晰、权责明确、政企分开、管理科学”的要求，对国有大中型企业实行规范的公司制改革，使企业成为适应市场的法人实体和竞争主体。进一步明确国家和企业的权利和责任。国家按投入企业的资本额享有所有者权益，对企业的债务承担有限责任；企业依法自主经营，自负盈亏。政府不能直接干预企业经营活动，企业也不能不受所有者约束，损害所有者权益。要采取多种方式，包括直接融资，充实企业资本金。培育和发展多元化投资主体，推动政企分开和企业转换经营机制。

把国有企业改革同改组、改造、加强管理结合起来。要着眼于搞好整个国有经济，抓好大的，放活小的，对国有企业实施战略性改组。以资本为纽带，通过市场形成具有较强竞争力的跨地区、跨行业、跨所有制和跨国经营的大企业集团。采取改组、联合、兼并、租赁、承包经营和股份合作制、出售等形式，加快放开搞活国有小型企业的步伐。要推进企业技术进步，鼓励、引导企业和社会的资金投向技术改造，形成面向市场的新产品开发和技术创新机制。要加强科学管理，探索符合市场经济规律和我国国情的企业领导体制和组织管理制度，建立决策、执行和监督体系，形成有效的激励和制约机制。要建设好企业领导班子，发挥企业党组织的政治核心作用，坚持全心全意依靠工人阶级的方针。

实行鼓励兼并、规范破产、下岗分流、减员增效和再就业工程，形成企业优胜劣汰的竞争机制。随着企业改革深化、技术进步和经济结构调整，人员流动和职工下岗是难以避免的。这会给一部分职工带来暂时的困难，但从根本上说，有利于经济发展，符合工人阶级的长远利益。党和政府要采取积极措施，依靠社会各方面的力量，关心和安排好下岗职工的生活，搞好职业培训，拓宽就业门路，推进再就业工程。广大职工要转变就业观念，提高自身素质，努力适应改革和发展的新要求。

积极推进各项配套改革。建立有效的国有资产管理、监督和营运机制，保证国有资产的保值增值，防止国有资产流失。建立社会保障体系，实行社会统筹和个人账户相结合的养老、医疗保险制度，完善失业保险和社会救济制度，提供最基本的社会保障。建立城镇住房公积金，加快改革住房制度。

深化国有企业改革，是全党重要而艰巨的任务。要坚定信心，勇于探索，大胆实践，力争到本世纪末大多数国有大中型骨干企业初步建立现代企业制度，经营状况明显改善，开创国有企业改革和发展的新局面。

（三）完善分配结构和分配方式。坚持按劳分配为主体、多种分配方式并存的制度。把按劳分配和按生产要素分配结合起来，坚持效率优先、兼顾公平，有利于优化资源配置，促进经济发展，保持社会稳定。依法保护合法收入，允许和鼓励一部分人通过诚实劳动和合法经营先富起来，允许和鼓励资本、技术等生产要素参与收益分配。取缔非法收入，对侵吞公有财产和用偷税逃税、权钱交易等非法手段牟取利益的，坚决依法惩处。整顿不合理收入,对凭借行业垄断和某些特殊条件获得个人额外收入的,必须纠正。调节过高收入,完善个人所得税制,开征遗产税等新税种。规范收入分配,使收入差距趋向合理,防止两极分化。

集中财力,振兴国家财政,是保证经济社会各项事业发展的重要条件。要正确处理国家、企业、个人之间和中央与地方之间的分配关系,逐步提高财政收入占国民生产总值的比重和中央财政收入占全国财政收入的比重,并适应所有制结构变化和政府职能转变,调整财政收支结构,建立稳固、平衡的国家财政。

(四)充分发挥市场机制作用,健全宏观调控体系。要加快国民经济市场化进程。继续发展各类市场,着重发展资本、劳动力、技术等生产要素市场,完善生产要素价格形成机制。改革流通体制,健全市场规则,加强市场管理,清除市场障碍,打破地区封锁、部门垄断,尽快建成统一开放、竞争有序的市场体系,进一步发挥市场对资源配置的基础性作用。

宏观调控的主要任务,是保持经济总量平衡,抑制通货膨胀,促进重大经济结构优化,实现经济稳定增长。宏观调控主要运用经济手段和法律手段。要深化金融、财政、计划体制改革,完善宏观调控手段和协调机制。实施适度从紧的财政政策和货币政策,注意掌握调控力度。依法加强对金融机构和金融市场包括证券市场的监管,规范和维护金融秩序,有效防范和化解金融风险。

(五)加强农业基础地位,调整和优化经济结构。要根据我国经济发展状况,充分考虑世界科学技术加快发展和国际经济结构加速重组的趋势，着眼于全面提高国民经济整体素质和效益，增强综合国力和国际竞争力，对经济结构进行战略性调整。这是国民经济发展的迫切要求和长期任务。总的原则是：以市场为导向，使社会生产适应国内外市场需求的变化；依靠科技进步，促进产业结构优化；发挥各地优势，推动区域经济协调发展；转变经济增长方式，改变高投入、低产出，高消耗、低效益的状况。

坚持把农业放在经济工作的首位，稳定党在农村的基本政策，深化农村改革，确保农业和农村经济发展、农民收入增加。要多渠道增加投入，加强农业基础设施建设，不断改善生产条件。大力推进科教兴农，发展高产、优质、高效农业和节水农业。积极发展农业产业化经营，形成生产、加工、销售有机结合和相互促进的机制，推进农业向商品化、专业化、现代化转变。综合发展农林牧副渔各业，继续发展乡镇企业，形成合理的产业结构。搞好小城镇规划建设。长期稳定以家庭联产承包为主的责任制，完善统分结合的双层经营体制，逐步壮大集体经济实力。改革粮棉购销体制，实行合理的价格政策。建立健全农业社会化服务体系、农产品市场体系和国家对农业的支持、保护体系。要尊重农民的生产经营自主权，保护农民的合法权益，切实减轻农民负担，使广大农民从党在农村的各项政策和工作中得到实惠。

改造和提高传统产业，发展新兴产业和高技术产业，推进国民经济信息化。继续加强基础设施和基础工业，加大调整、改造加工工业的力度，振兴支柱产业，积极培育新的经济增长点。把开发新技术、新产品、新产业同开拓市场结合起来，把发展技术密集型产业和劳动密集型产业结合起来。鼓励和引导第三产业加快发展。

促进地区经济合理布局和协调发展。东部地区要充分利用有利条件，在推进改革开放中实现更高水平的发展，有条件的地方要率先基本实现现代化。中西部地区要加快改革开放和开发，发挥资源优势，发展优势产业。国家要加大对中西部地区的支持力度，优先安排基础设施和资源开发项目，逐步实行规范的财政转移支付制度，鼓励国内外投资者到中西部投资。进一步发展东部地区同中西部地区多种形式的联合和合作。更加重视和积极帮助少数民族地区发展经济。从多方面努力，逐步缩小地区发展差距。各地要从实际出发，发展各具特色的经济，加快老工业基地的改造，发挥中心城市的作用，进一步引导形成跨地区的经济区域和重点产业带。加快改革投融资体制，完善国家产业政策，切实解决"大而全"、"小而全"和不合理重复建设问题。

（六）实施科教兴国战略和可持续发展战略。科学技术是第一生产力，科技进步是经济发展的决定性因素。要充分估量未来科学技术特别是高技术发展对综合国力、社会经济结构和人民生活的巨大影响，把加速科技进步放在经济社会发展的关键地位，使经济建设真正转到依靠科技进步和提高劳动者素质的轨道上来。要从国家长远发展需要出发，制订中长期科学发展规划，统观全局，突出重点，有所为、有所不为，加强基础性研究和高技术研究，加快实现高技术产业化。强化应用技术的开发和推广，促进科技成果向现实生产力转化，集中力量解决经济社会发展的重大和关键技术问题。有重点有选择地引进先进技术，增强自主创新能力。我国是发展中国家，应该更加重视运用最新技术成果，实现技术发展的跨越。

深化科技和教育体制改革，促进科技、教育同经济的结合。充分发挥市场和社会需求对科技进步的导向和推动作用，支持和鼓励企业从事科研、开发和技术改造，使企业成为科研开发和投入的主体。有条件的科研机构和大专院校要以不同形式进入企业或同企业合作，走产学研结合的道路，解决科技和教育体制上存在的条块分割、力量分散的问题。鼓励创新、竞争和合作。实施保护知识产权制度。人才是科技进步和经济社会发展最重要的资源，要建立一整套有利于人才培养和使用的激励机制。积极引进国外智力。鼓励留学人员回国工作或以适当方式为祖国服务。

我国是人口众多、资源相对不足的国家，在现代化建设中必须实施可持续发展战略。坚持计划生育和保护环境的基本国策，正确处理经济发展同人口、资源、环境的关系。资源开发和节约并举，把节约放在首位，提高资源利用效率。统筹规划国土资源开发和整治，严格执行土地、水、森林、矿产、海洋等资源管理和保护的法律。实施资源有偿使用制度。加强对环境污染的治理，植树种草，搞好水土保持，防治荒漠化，改善生态环境。控制人口增长，提高人口素质，重视人口老龄化问题。

（七）努力提高对外开放水平。对外开放是一项长期的基本国策。面对经济、科技全球化趋势，我们要以更加积极的姿态走向世界，完善全方位、多层次、宽领域的对外开放格局，发展开放型经济，增强国际竞争力，促进经济结构优化和国民经济素质提高。

以提高效益为中心，努力扩大商品和服务的对外贸易，优化进出口结构。坚持以质取胜和市场多元化战略，积极开拓国际市场。进一步降低关税总水平，鼓励引进先进技术和关键设备。深化对外经济贸易体制改革，完善代理制，扩大企业外贸经营权，形成平等竞争的政策环境。积极参与区域经济合作和全球多边贸易体系。

积极合理有效地利用外资。有步骤地推进服务业的对外开放。依法保护外商投资企业的权益，实行国民待遇，加强引导和监管。鼓励能够发挥我国比较优势的对外投资。更好地利用国内国外两个市场、两种资源。完善和实施涉外经济贸易的法律法规。正确处理对外开放同独立自主、自力更生的关系，维护国家经济安全。

进一步办好经济特区、上海浦东新区。鼓励这些地区在体制创新、产业升级、扩大开放等方面继续走在前面，发挥对全国的示范、辐射、带动作用。

（八）不断改善人民生活。提高人民生活水平，是改革开放和发展经济的根本目的。在经济发展的基础上，使全国人民过上小康生活，并逐步向更高的水平前进。努力增加城乡居民实际收入，拓宽消费领域，引导合理消费。在改善物质生活的同时，充实精神生活，美化生活环境，提高生活质量。特别要改善居住、卫生、交通和通信条件，扩大服务性消费。逐步增加公共设施和社会福利设施。提高教育和医疗保健水平。实行保障城镇困难居民基本生活的政策。国家从多方面采取措施，加大扶贫攻坚力度，到本世纪末基本解决农村贫困人口的温饱问题。

同志们！我们提出的经济改革和发展的目标和任务，反映了人民的根本利益，要依靠人民的积极性和创造精神，依靠人民的艰苦奋斗来实现。只要我们坚持正确的政策，把各方面的积极性引导好、保护好、发挥好，就一定能够在我国成功地建立起社会主义市场经济体制，实现国民经济持续快速健康发展。

六、政治体制改革和民主法制建设

我国经济体制改革的深入和社会主义现代化建设跨越世纪的发展，要求我们在坚持四项基本原则的前提下，继续推进政治体制改革，进一步扩大社会主义民主，健全社会主义法制，依法治国，建设社会主义法治国家。

发展社会主义民主政治，是我们党始终不渝的奋斗目标。没有民主就没有社会主义，就没有社会主义现代化。社会主义民主的本质是人民当家作主。国家一切权力属于人民。我国实行的人民民主专政的国体和人民代表大会制度的政体是人民奋斗的成果和历史的选择，必须坚持和完善这个根本政治制度，不照搬西方政治制度的模式，这对于坚持党的领导和社会主义制度、实现人民民主具有决定意义。

发展民主必须同健全法制紧密结合，实行依法治国。依法治国，就是广大人民群众在党的领导下，依照宪法和法律规定，通过各种途径和形式管理国家事务，管理经济文化事业，管理社会事务,保证国家各项工作都依法进行,逐步实现社会主义民主的制度化、法律化,使这种制度和法律不因领导人的改变而改变,不因领导人看法和注意力的改变而改变。依法治国,是党领导人民治理国家的基本方略,是发展社会主义市场经济的客观需要,是社会文明进步的重要标志,是国家长治久安的重要保障。党领导人民制定宪法和法律,并在宪法和法律范围内活动。依法治国把坚持党的领导、发扬人民民主和严格依法办事统一起来,从制度和法律上保证党的基本路线和基本方针的贯彻实施,保证党始终发挥总揽全局、协调各方的领导核心作用。

推进政治体制改革,必须有利于增强党和国家的活力,保持和发挥社会主义制度的特点和优势,维护国家统一、民族团结和社会稳定,充分发挥人民群众的积极性,促进生产力发展和社会进步。当前和今后一段时间,政治体制改革的主要任务是:发展民主,加强法制,实行政企分开、精简机构,完善民主监督制度,维护安定团结。

(一)健全民主制度。共产党执政就是领导和支持人民掌握管理国家的权力,实行民主选举、民主决策、民主管理和民主监督,保证人民依法享有广泛的权利和自由,尊重和保障人权。发展社会主义民主,制度更带有根本性、全局性、稳定性和长期性。坚持和完善人民代表大会制度,保证人民代表大会及其常委会依法履行国家权力机关的职能,加强立法和监督工作,密切人民代表同人民的联系。要把改革和发展的重大决策同立法结合起来。逐步形成深入了解民情、充分反映民意、广泛集中民智的决策机制,推进决策科学化、民主化，提高决策水平和工作效率。坚持和完善共产党领导的多党合作和政治协商制度。坚持"长期共存、互相监督、肝胆相照、荣辱与共"的方针，加强同民主党派合作共事，巩固我们党同党外人士的联盟。继续推进人民政协政治协商、民主监督、参政议政的规范化、制度化，使之成为党团结各界的重要渠道。巩固和发展广泛的爱国统一战线。全面贯彻党的民族政策，坚持和完善民族区域自治制度，切实加强民族工作，巩固和发展平等、团结、互助的社会主义民族关系，促进各民族共同繁荣进步。认真贯彻党的宗教政策、侨务政策。工会、共青团、妇联等群众团体要在管理国家和社会事务中发挥民主参与和民主监督作用，成为党联系广大人民群众的桥梁和纽带。

扩大基层民主，保证人民群众直接行使民主权利，依法管理自己的事情，创造自己的幸福生活，是社会主义民主最广泛的实践。城乡基层政权机关和基层群众性自治组织，都要健全民主选举制度，实行政务和财务公开，让群众参与讨论和决定基层公共事务和公益事业，对干部实行民主监督。坚持和完善以职工代表大会为基本形式的企事业民主管理制度，组织职工参与改革和管理，维护职工合法权益。坚决纠正压制民主、强迫命令等错误行为。

（二）加强法制建设。坚持有法可依、有法必依、执法必严、违法必究，是党和国家事业顺利发展的必然要求。加强立法工作，提高立法质量，到二〇一〇年形成有中国特色社会主义法律体系。维护宪法和法律的尊严，坚持法律面前人人平等，任何人、任何组织都没有超越法律的特权。一切政府机关都必须依法行政,切实保障公民权利,实行执法责任制和评议考核制。推进司法改革,从制度上保证司法机关依法独立公正地行使审判权和检察权,建立冤案、错案责任追究制度。加强执法和司法队伍建设。深入开展普法教育,增强全民的法律意识,着重提高领导干部的法制观念和依法办事能力。法制建设同精神文明建设必须紧密结合,同步推进。

(三)推进机构改革。机构庞大,人员臃肿,政企不分,官僚主义严重,直接阻碍改革的深入和经济的发展,影响党和群众的关系。这个问题亟待解决,必须通盘考虑,组织专门力量,抓紧制定方案,积极推进。要按照社会主义市场经济的要求,转变政府职能,实现政企分开,把企业生产经营管理的权力切实交给企业;根据精简、统一、效能的原则进行机构改革,建立办事高效、运转协调、行为规范的行政管理体系,提高为人民服务水平;把综合经济部门改组为宏观调控部门,调整和减少专业经济部门,加强执法监管部门,培育和发展社会中介组织。深化行政体制改革,实现国家机构组织、职能、编制、工作程序的法定化,严格控制机构膨胀,坚决裁减冗员。深化人事制度改革,引入竞争激励机制,完善公务员制度,建设一支高素质的专业化国家行政管理干部队伍。

(四)完善民主监督制度。我们的权力是人民赋予的,一切干部都是人民的公仆,必须受到人民和法律的监督。要深化改革,完善监督法制,建立健全依法行使权力的制约机制。坚持公平、公正、公开的原则,直接涉及群众切身利益的部门要实行公开办事制度。把党内监督、法律监督、群众监督结合起来,发挥舆论监督的作用。加强对宪法和法律实施的监督,维护国家法制统一。加强对党和国家方针政策贯彻的监督，保证政令畅通。加强对各级干部特别是领导干部的监督，防止滥用权力，严惩执法犯法、贪赃枉法。

（五）维护安定团结。随着改革开放的深入和经济关系的调整，经济和社会生活中的各种矛盾，出现了不少新情况和新变化，其中一些涉及群众切身利益的矛盾比较突出。各级党委和政府必须认真负责、满腔热情地解决人民群众生活和工作中的实际问题。对人民内部矛盾，要深入实际，调查研究，做好思想政治工作，区别不同情况，正确运用经济、行政和法律等手段加以处理，防止矛盾激化。

搞好社会治安，是关系人民群众生命财产安全和改革、发展、稳定的大事。要加强政法工作，依法严厉打击各种犯罪活动，坚决扫除黄赌毒等社会丑恶现象。加强社会治安综合治理，打防结合，预防为主，加强教育和管理，落实责任制，创造良好的社会治安环境。

建设社会主义民主政治，是逐步发展的历史过程，需要从我国的国情出发，在党的领导下有步骤、有秩序地推进。社会主义愈发展，民主也愈发展。我们要在实践中积极探索规律，不断推进有中国特色社会主义民主政治的发展，使它在二十一世纪展现出更加蓬勃的生命力。

七、有中国特色社会主义的文化建设

有中国特色社会主义的文化，就其主要内容来说，同改革开放以来我们一贯倡导的社会主义精神文明是一致的。文化相对于经济、政治而言。精神文明相对于物质文明而言。只有经济、政治、文化协调发展，只有两个文明都搞好，才是有中国特色社会主义。

社会主义现代化应该有繁荣的经济，也应该有繁荣的文化。我国现代化建设的进程，在很大程度上取决于国民素质的提高和人才资源的开发。面对科学技术迅猛发展和综合国力剧烈竞争，面对世界范围各种思想文化相互激荡，面对小康社会人民群众日益增长的文化需求，全党必须从社会主义事业兴旺发达和民族振兴的高度，充分认识文化建设的重要性和紧迫性。

有中国特色社会主义的文化，是凝聚和激励全国各族人民的重要力量，是综合国力的重要标志。它渊源于中华民族五千年文明史，又植根于有中国特色社会主义的实践，具有鲜明的时代特点；它反映我国社会主义经济和政治的基本特征，又对经济和政治的发展起巨大促进作用。建设有中国特色社会主义，必须着力提高全民族的思想道德素质和科学文化素质，为经济发展和社会全面进步提供强大的精神动力和智力支持，培育适应社会主义现代化要求的一代又一代有理想、有道德、有文化、有纪律的公民。这是我国文化建设长期而艰巨的任务。

在全社会形成共同理想和精神支柱，是有中国特色社会主义文化建设的根本。要始终不渝地用邓小平理论教育干部和群众。深入持久地开展以为人民服务为核心、集体主义为原则的社会主义道德教育，加强民主法制教育和纪律教育，引导人们树立正确的世界观、人生观、价值观。大力弘扬爱国主义、集体主义、社会主义和艰苦创业精神。提倡共产主义思想道德，同时把先进性要求和广泛性要求结合起来，鼓励一切有利于国家统一、民族团结、经济发展、社会进步的思想道德。发扬社会主义的人道主义精神。青少年是祖国的未来、民族的希望，要十分重视青少年思想道德建设。

发展教育和科学，是文化建设的基础工程。培养同现代化要求相适应的数以亿计高素质的劳动者和数以千万计的专门人才，发挥我国巨大人力资源的优势，关系二十一世纪社会主义事业的全局。要切实把教育摆在优先发展的战略地位。尊师重教，加强师资队伍建设。发挥各方面的积极性，大力普及九年义务教育、扫除青壮年文盲，积极发展各种形式的职业教育和成人教育，稳步发展高等教育。优化教育结构，加快高等教育管理体制改革步伐，合理配置教育资源，提高教学质量和办学效益。认真贯彻党的教育方针，重视受教育者素质的提高，培养德智体等全面发展的社会主义事业的建设者和接班人。努力提高科技水平，普及科技知识，引导人们树立科学精神，掌握科学方法，鼓励创造发明。消除愚昧，反对封建迷信活动。积极发展哲学社会科学，这对于坚持马克思主义在我国意识形态领域的指导地位，对于探索有中国特色社会主义的发展规律，增强我们认识世界、改造世界的能力，有着重要意义。

发展文学艺术、新闻出版、广播影视等事业，是文化建设的重要内容。新闻宣传必须坚持党性原则，坚持实事求是，把握正确的舆论导向。对新闻出版业要加强管理，优化结构，提高质量。深化文化体制改革，落实和完善文化经济政策。坚持为人民服务、为社会主义服务的方向，贯彻百花齐放、百家争鸣的方针，弘扬主旋律，提倡多样化，创作出更多思想性和艺术性统一的优秀作品。

营造良好的文化环境，是提高社会文明程度、推进改革开放和现代化建设的重要条件。要深入持久地开展群众性精神文明创建活动，大力倡导社会公德、职业道德和家庭美德。一手抓繁荣，一手抓管理，促进文化市场健康发展。加强文化基础设施建设。重视科学、历史、文化的遗产和革命文物的保护。积极推进卫生体育事业的改革和发展。提倡健康文明的生活方式，不断提高群众精神文化生活的质量。

我国文化的发展，不能离开人类文明的共同成果。要坚持以我为主、为我所用的原则，开展多种形式的对外文化交流，博采各国文化之长，向世界展示中国文化建设的成就。坚决抵制各种腐朽思想文化的侵蚀。

知识分子是工人阶级的一部分，在现代化建设中起着重要作用。要认真贯彻党的知识分子政策，充分发挥他们的积极性和创造性。知识分子要加强学习，提高自己，努力成为先进思想的传播者、科学技术的开拓者、“四有”公民的培育者和优秀精神产品的生产者，同广大工人、农民一起，为中华民族的振兴建功立业。

中国文化有着辉煌的历史。在社会主义现代化建设的伟大实践中，我们一定会创造出更加绚丽多彩的有中国特色社会主义的文化，对人类文明作出应有的贡献。

同志们！在讲了经济、政治和文化任务之后，这里要专门讲一讲国防和军队建设。加强国防和军队建设，是国家安全和现代化建设的基本保证。邓小平新时期军队建设思想，是对毛泽东军事思想的继承和发展，是我军建设和国防建设的科学指南。要按照政治合格、军事过硬、作风优良、纪律严明、保障有力的总要求，积极推进军队的建设和改革，把人民解放军的革命化、现代化、正规化建设提高到一个新水平。我军在七十年的光辉历程中，所以能够经受住各种考验，不断发展壮大，最根本的是靠党的坚强领导。在新的历史条件下，军队必须始终不渝地坚持党的绝对领导，在思想上、政治上同党中央保持一致，一切行动听从党中央指挥，坚持人民军队的性质和宗旨。贯彻积极防御的军事战略方针，加强质量建设，走有中国特色的精兵之路。从严治军，大力加强思想政治建设，发扬我军优良传统，在精神文明建设方面走在全社会前列。适应世界军事领域的深刻变化，加强教育训练，提高现代技术特别是高技术条件下的防卫作战能力。在八十年代裁减军队员额一百万的基础上，我国将在今后三年内再裁减军队员额五十万。要重视科技强军，加强国防科技研究，建立和完善与社会主义市场经济体制相适应的国防工业运行机制，逐步更新武器装备。军队要服从和服务于国家经济建设大局，勤俭建军，积极支持和参加国家经济建设。各级党组织、政府和人民群众要关心、支持国防和军队建设。加强国防教育，增强全民国防观念。要深入持久地开展拥政爱民、拥军优属工作，进一步巩固军政、军民团结。加强民兵、预备役部队建设，完善国防动员体制。继续加强中国人民武装警察部队和公安、国家安全等部门的建设。

八、推进祖国和平统一

实现祖国完全统一,是海内外全体中国人的共同心愿。中国共产党人把完成祖国和平统一大业作为自己的历史重任,并为此进行了长期不懈的努力。邓小平“一国两制”的科学构想,有力地推动了祖国和平统一的进程。

香港回归祖国,标志着“一国两制”构想的巨大成功,标志着中国人民在完成祖国统一大业的道路上迈出了重要一步。香港回归后,“一国两制”、“港人治港”、高度自治的方针得到切实贯彻执行,保持了繁荣稳定的局面。事实必将证明,香港特别行政区政府和香港同胞一定能够依照香港特别行政区基本法治理好香港。

澳门将于一九九九年回到祖国怀抱,这是中华民族的又一盛事。澳门回归的各项准备工作正在积极有序地进行。澳门完全可以实现平稳过渡、顺利交接,并保持长期发展和稳定。

“一国两制”构想是邓小平理论的重要组成部分。其基本内容是在祖国统一的前提下,国家的主体坚持社会主义制度,同时在台湾、香港、澳门保持原有的资本主义制度和生活方式长期不变。这一构想,既体现了实现祖国统一、维护国家主权的原则性,又充分考虑台湾、香港、澳门的历史和现实,体现了高度的灵活性,是推进祖国和平统一大业的基本方针。实行“一国两制”,有利于祖国统一和民族振兴,有利于世界的和平与发展。

在“和平统一、一国两制”的基本方针和各项政策的推动下，海峡两岸关系有了很大发展。香港顺利回归并保持长期繁荣稳定，必将为解决台湾问题创造有利的条件。但是，台湾岛内分裂倾向的发展和某些外国反华势力的干涉，严重地阻碍着和平统一的进程，理所当然地遭到包括台湾同胞在内的中国人民的坚决反对。

要坚持“和平统一、一国两制”的基本方针和发展两岸关系、推进祖国和平统一进程的八项主张〔6〕。要坚持一个中国的原则，反对分裂，反对“台独”，反对制造“两个中国”、“一中一台”，反对外国势力干涉，绝不允许任何势力以任何方式改变台湾是中国一部分的地位。要努力用和平方式实现统一，但不能承诺放弃使用武力，这决不是针对台湾同胞，而是针对外国势力干涉中国统一和搞“台湾独立”图谋的。要大力发展两岸经济交流与合作，加速实现两岸直接通邮、通航、通商，继续加强两岸人员往来和科技、文化等各个领域的交流。我们寄希望于具有光荣爱国主义传统的台湾同胞。除了极少数顽固坚持“台独”立场的人以外，欢迎台湾各党派、各界人士同我们交换有关两岸关系与和平统一的意见。

我们再次郑重呼吁：作为第一步，海峡两岸可先就“在一个中国的原则下，正式结束两岸敌对状态”进行谈判，并达成协议；在此基础上，共同承担义务，维护中国的主权和领土完整，并对今后两岸关系的发展进行规划。希望台湾当局认真回应我们的建议和主张，及早同我们进行政治谈判。在一个中国的前提下，什么问题都可以谈。只要是有利于祖国统一的意见和建议，都可以提出来。祖国统一的问题，应当由两岸中国人自己解决。

台湾的前途系于祖国统一，分裂是绝对没有出路的。我们完全有决心、有能力最终解决台湾问题。不管在实现祖国完全统一的道路上还有多少艰难险阻，海峡两岸全体中国人和所有中华儿女，从中华民族的根本利益出发，携手共进，祖国的完全统一和民族的全面振兴，一定能够实现。

九、国际形势和对外政策

当前国际形势总体上继续趋向缓和。和平与发展是当今时代的主题。多极化趋势在全球或地区范围内，在政治、经济等领域都有新的发展，世界上各种力量出现新的分化和组合。大国之间的关系经历着重大而又深刻的调整。各种区域性、洲际性的合作组织空前活跃。广大发展中国家的总体实力在增强。多极化趋势的发展有利于世界的和平、稳定和繁荣。各国人民要求平等相待、友好相处的呼声日益高涨。要和平、求合作、促发展已经成为时代的主流。维护世界和平的因素正在不断增长。在相当长的时期内，避免新的世界大战是可能的，争取一个良好的国际和平环境和周边环境是可以实现的。

但是，冷战思维依然存在，霸权主义和强权政治仍然是威胁世界和平与稳定的主要根源。扩大军事集团、加强军事同盟，无助于维护和平、保障安全。不公正、不合理的国际经济旧秩序还在损害着发展中国家的利益。贫富差距不断扩大。利用“人权”等问题干涉他国内政的现象还很严重。因民族、宗教、领土等因素而引发的局部冲突时起时伏。世界仍不安宁。

要坚持邓小平的外交思想，始终不渝地奉行独立自主的和平外交政策。对于一切国际事务，我们都要从中国人民和世界人民的根本利益出发，根据事情本身的是非曲直，决定自己的立场和政策，不屈从于任何外来压力，不同任何大国或国家集团结盟，不搞军事集团，不参加军备竞赛，不进行军事扩张。

要反对霸权主义，维护世界和平。国与国之间应通过协商和平解决彼此的纠纷和争端，不应诉诸武力或以武力相威胁，不能以任何借口干涉他国内政，更不能恃强凌弱，侵略、欺负和颠覆别的国家。我们不把自己的社会制度和意识形态强加于人，也决不允许别国把他们的社会制度和意识形态强加于我们。

要致力于推动建立公正合理的国际政治经济新秩序。这种国际新秩序是以和平共处五项原则为基础的，符合联合国宪章的宗旨和原则，反映了和平与发展的时代潮流。

要尊重世界的多样性。当今世界是丰富多彩的。各国都有权选择符合本国国情的社会制度、发展战略和生活方式。各国的事情要由各国人民自己作主，国际上的事情要由大家商量解决。

要坚持睦邻友好。这是我国的一贯主张，决不会改变。对我国同邻国之间存在的争议问题，应该着眼于维护和平与稳定的大局，通过友好协商和谈判解决。一时解决不了的，可以暂时搁置，求同存异。

要进一步加强同第三世界国家的团结与合作。发展中国家维护国家独立、实现经济发展的根本目标是一致的。中国将一如既往，同广大发展中国家在各个方面相互支持，密切配合，共同维护正当权益。

要在和平共处五项原则的基础上，继续改善和发展同发达国家的关系。国与国之间应超越社会制度和意识形态的差异，相互尊重，友好相处。要寻求共同利益的汇合点，扩大互利合作，共同对付人类生存和发展所面临的挑战。对彼此之间的分歧，要坚持对话，不搞对抗，从双方长远利益以及世界和平与发展的大局出发，妥善加以解决，反对动辄进行制裁或以制裁相威胁。

要坚持平等互利的原则，同世界各国和地区广泛开展贸易往来、经济技术合作和科学文化交流，促进共同发展。

要积极参与多边外交活动，充分发挥我国在联合国以及其他国际组织中的作用。

要坚持在独立自主、完全平等、互相尊重、互不干涉内部事务原则的基础上，同一切愿与我党交往的各国政党发展新型的党际交流和合作关系，促进国家关系的发展。

中国是维护世界和平和地区稳定的坚定力量。我们进行社会主义现代化建设，需要一个长期的和平国际环境特别是良好的周边环境。中国的发展不会对任何国家构成威胁。今后中国发达起来了，也永远不称霸。中国人民曾经长期遭受列强侵略、压迫和欺凌，永远不会把这种痛苦加之于人。

世界的前途是光明的，道路是曲折的。中国人民愿意同世界各国人民一道，为促进和平与发展的崇高事业，为开创人类更加美好的未来，作出不懈的努力。

十、面向新世纪的中国共产党

高举邓小平理论伟大旗帜，实现这次大会确定的任务，把我们的事业全面推向二十一世纪，关键在于坚持、加强和改善党的领导，进一步把党建设好。

中国共产党是全国各族人民的领导核心。党的领导地位是由党的工人阶级先锋队性质决定的，是经过长期斗争考验形成的。在中国，从来没有任何一个政治组织像我们党这样集中了那么多先进分子，组织得那么严密和广泛，为中华民族作出了那么多牺牲，同人民保持着密切的联系，在前进中善于总结经验、郑重对待自己的失误，以形成并坚持正确的理论和路线。历史把重大责任赋予我们党，人民对我们党寄予厚望。党领导人民在二十世纪写下了光辉篇章，也一定能在二十一世纪写下新的光辉篇章。

党的领导和党的建设，历来是同党的历史任务，同党为实现这些任务而确立的理论和路线联系在一起的。以毛泽东为核心的第一代领导集体，以马克思列宁主义为指导，联系党的政治路线，成功地实施党的建设的伟大工程，建设了一支领导人民夺取新民主主义革命胜利、建立社会主义制度的工人阶级先锋队。以邓小平为核心的第二代领导集体，把马克思列宁主义、毛泽东思想创造性地运用于当代中国，围绕在改革开放和现代化建设条件下建设一个什么样的党、怎样建设党的问题，开创了党的建设新的伟大工程。面向新世纪，党中央领导全党正在继续推进这个新的伟大工程，就是要把党建设成为用邓小平理论武装起来、全心全意为人民服务、思想上政治上组织上完全巩固、能够经受住各种风险、始终走在时代前列、领导全国人民建设有中国特色社会主义的马克思主义政党。全党要按照新的伟大工程的总目标，从思想上、组织上、作风上全面加强党的建设，不断提高领导水平和执政水平，不断增强拒腐防变的能力，以新的面貌和更强大的战斗力，带领人民完成新的历史任务。

加强党的思想建设，根本的是坚定不移地用邓小平理论武装全党，充分发挥党的思想政治优势。邓小平理论为我们党认识世界和改造世界提供了新的强大思想武器。全党要重视学习，善于学习，兴起一个学习马列主义、毛泽东思想特别是邓小平理论的新高潮。高举邓小平理论伟大旗帜，各级领导干部尤其是几百名中央委员、几千名省部级干部负有特殊重要的责任，首先要带头学好邓小平理论，完整、准确地把握理论的科学体系，从总体上领会理论的基本观点和基本精神，又从各自工作的领域对理论的有关内容进行系统钻研和理解。继续在县级以上领导干部中深入进行以讲学习、讲政治、讲正气为主要内容的党性党风教育。在全党造成认真学习的风气，民主讨论的风气，积极探索的风气，求真务实的风气。坚持理论联系实际，学以致用，提高马克思主义的理论水平，提高解决实际问题的能力，在改造客观世界的同时改造主观世界。

加强党的组织建设，根本的是把党建设成坚强的领导核心，充分发挥党的组织优势。我们党有五千八百万党员，有三百四十万个基层党组织，在马克思主义指导下按照民主集中制组成统一的整体，为实现共同的目标而奋斗，这是巨大的组织优势。在改革开放和发展社会主义市场经济的条件下，民主集中制不仅不能削弱，而且必须完善和发展。要进一步发扬民主，保障党员的民主权利，疏通和拓宽党内民主渠道，充分发挥全党的积极性和创造性；要维护中央权威，在思想上、政治上同中央保持一致，保证党的路线和中央的决策顺利贯彻执行；要完善党的代表大会制度，健全各级党委集体领导和个人分工负责相结合的制度，更好地发挥地方党委在同级各种组织中的领导核心作用。领导干部要带头遵守民主集中制的各项规定，维护大局，严守纪律，防止个人专断和各自为政，反对有令不行、有禁不止。按照革命化、年轻化、知识化、专业化方针，建设一支适应社会主义现代化建设需要的高素质干部队伍，是我们的事业不断取得成功的关键。要以思想政治建设为重点，把各级领导班子建设成为坚决贯彻党的基本理论和基本路线、全心全意为人民服务、具有领导现代化建设能力、团结坚强的领导集体。加快干部制度改革步伐，扩大民主、完善考核、推进交流、加强监督，使优秀人才脱颖而出，尤其要在干部能上能下方面取得明显进展。选拔干部，必须全面贯彻德才兼备原则，坚持任人唯贤，反对任人唯亲，防止和纠正用人上的不正之风。要把群众公认是坚决执行党的路线、实绩突出、清正廉洁的干部及时选拔到领导岗位上来。那些背离党的路线的人，那些贪图私利、弄虚作假、跑官要官的人，决不能进入领导班子。培养和选拔大批能够跨世纪担当重任的优秀年轻干部，是一项战略任务，必须抓紧做好。要重视培养和选拔妇女干部、少数民族干部和非党干部。完善干部离退休制度，更好地从政治上关心、生活上照顾老干部，发挥他们的作用。党的基层组织是党的全部工作和战斗力的基础。加强和改进党的基层组织建设，要围绕党的基本路线，为党的中心任务服务；用改革的精神研究新情况新问题，改进工作方法、工作作风和活动方式；认真做好对党员的教育、管理和监督，增强解决自身矛盾的能力。党的基层组织都要从各自的特点出发，认真履行党章规定的职责，努力成为贯彻党的路线方针政策、团结和带领群众完成本单位任务的坚强战斗堡垒。

加强党的作风建设，根本的是坚持全心全意为人民服务的宗旨，充分发挥党密切联系群众的优势。党在长期斗争中形成的理论联系实际、密切联系群众、批评和自我批评的优良作风，是党的性质和宗旨的体现，一定要结合新的实践在全党发扬光大。我们党来自人民，植根于人民，服务于人民。建设有中国特色社会主义全部工作的出发点和落脚点，就是全心全意为人民谋利益。共产党员要倾听群众呼声，关心群众疾苦，为群众办实事、办好事。党的干部特别是领导干部，必须认真执行党的路线方针政策，决不能有任何偏离；必须正确行使人民赋予的权力，决不能以权谋私；必须把对上级负责和对群众负责统一起来，决不能把二者割裂开来、对立起来；必须在工作中坚持群众路线，深入实际调查研究，决不能搞官僚主义、形式主义、强迫命令。一切为了群众，一切相信群众，一切依靠群众，我们党就能获得取之不尽的力量源泉。

反对腐败是关系党和国家生死存亡的严重政治斗争。我们党是任何敌人都压不倒、摧不垮的。堡垒最容易从内部攻破，绝不能自己毁掉自己。如果腐败得不到有效惩治，党就会丧失人民群众的信任和支持。在整个改革开放过程中都要反对腐败，警钟长鸣。既要树立持久作战的思想，又要一个一个地打好阶段性战役。要继续抓好领导干部廉洁自律、查处大案要案、纠正部门和行业不正之风的工作。各级党委务必做到旗帜鲜明，态度坚定，工作锲而不舍。坚持标本兼治，教育是基础，法制是保证，监督是关键。通过深化改革，不断铲除腐败现象滋生蔓延的土壤。党委统一领导，党政齐抓共管，纪委组织协调，部门各负其责，依靠群众的支持和参与，坚决遏制腐败现象。领导干部首先是高级干部要以身作则，模范地遵纪守法，自觉接受监督，抵制腐朽思想的侵蚀，做艰苦奋斗、廉洁奉公的表率，带领群众坚决同腐败现象作斗争。要把反腐败斗争同纯洁党的组织结合起来，在党内决不允许腐败分子有藏身之地。

从严治党，是保持党的先进性和纯洁性，增强党的凝聚力和战斗力的保证。我们现在的努力是朝着最终实现共产主义的最高纲领前进的，忘记远大目标，不是合格的共产党员；不为实现党在社会主义初级阶段的纲领努力奋斗，同样不是合格的共产党员。在新的历史条件下，共产党员保持先进性，要体现时代的要求，做到：胸怀共产主义远大理想，带头执行党和国家现阶段的各项政策，勇于开拓，积极进取，不怕困难，不怕挫折；诚心诚意为人民谋利益，吃苦在前，享受在后，克己奉公，多作贡献；刻苦学习马克思主义理论，增强辨别是非的能力，掌握做好本职工作的知识和本领，努力创造一流的成绩；

在危急的时刻挺身而出，维护国家和人民的利益，坚决同危害人民、危害社会、危害国家的行为作斗争。各级党委要坚持党要管党的原则，把从严治党的方针贯彻到党的建设的各项工作中去，坚决改变党内存在的纪律松弛和软弱涣散的现象。这就要严格按党章办事，按党的制度和规定办事；就要对党员特别是领导干部严格要求，严格管理，严格监督；就要在党内生活中讲党性，讲原则，开展积极的思想斗争，弘扬正气，反对歪风；就要严格按照党章规定的标准发展党员，严肃处置不合格党员；就要严格执行党的纪律，坚持在纪律面前人人平等。全党纪律严明，朝气蓬勃，我们党就能够从胜利走向新的胜利。

同志们！从这次大会到十六大，将是我们经受新的考验、夺取新的胜利的五年；将是用新的实绩显示我们党能够继承邓小平同志遗志，肩负起人民的希望，打开事业新局面的五年；将是全面完成“九五”计划，为实现二〇一〇年远景目标奠定基础的五年。现在完全可以有把握地说，我们党在改革开放初期提出的本世纪末达到小康的目标，能够如期实现。在中国这样一个十多亿人口的国度里，进入和建设小康社会，是一件有伟大意义的事情。这将为国家长治久安打下新的基础，为更加有力地推进社会主义现代化创造新的起点。

我们这次大会的灵魂，就是高举邓小平理论的伟大旗帜。十五大无疑将以这一点为标志载入史册。我们已经走出了一条光明大道，但前面的路并不都是平坦的，还会有各种困难和风险，包括可以预料的和难以预料的，来自国内的和来自国外的，经济生活中的和社会政治生活中的。无论什么困难和风险，都不能动摇我们对邓小平理论的坚定信念，而只会使我们更加自觉地运用这个理论去克服困难，战胜风险，胜利前进。坚持邓小平理论，在实践中继续丰富和创造性地发展这个理论，这是党中央领导集体和全党同志的庄严历史责任。

我们这次大会的任务，就是动员全党和全国各族人民团结奋斗，全面推进建设有中国特色社会主义的伟大事业。团结就是大局，团结就是力量。首先是党的团结，全党各级组织都要加强团结，同时要加强党同各民主党派、各方面朋友的亲密合作，加强党同广大群众的紧密联系，巩固和发展全国人民的大团结。这个团结，是建立在中华民族实现全面振兴的共同利益基础之上的，是建立在建设有中国特色社会主义的共同理想基础之上的。全党同志和全国各族人民不断维护和加强这种团结，我们的事业就无往而不胜。

让我们高举邓小平理论伟大旗帜，紧密团结在党中央周围，同心同德，不屈不挠，艰苦奋斗，把建设有中国特色社会主义伟大事业全面推向二十一世纪！

注 释

〔1〕一八九四年，孙中山在檀香山成立兴中会时制订的《兴中会章程》正式提出了“振兴中华”的口号。见孙中山《兴中会章程》(《孙中山选集》，人民出版社1981年版，第14页)。

〔2〕见邓小平《在武昌、深圳、珠海、上海等地的谈话要点》(《邓小平文选》第3卷，人民出版社1993年版，第377页)。

〔3〕“两个凡是”，指一九七七年二月七日《人民日报》、《红旗》杂志、《解放军报》社论《学好文件抓住纲》中提出的“凡是毛主席作出的决策，我们都坚决维护，

凡是毛主席的指示，我们都始终不渝地遵循”。

〔4〕见毛泽东《改造我们的学习》(《毛泽东选集》第 3 卷，人民出版社 1991 年版，第 802 页)。

〔5〕见邓小平《十三大的两个特点》(《邓小平文选》第 3 卷，人民出版社 1993 年版，第 258—259 页)。

〔6〕见本书第一卷《为促进祖国统一大业的完成而继续奋斗》。

在自宫欢迎仪式上的讲话

（一九九七年十月二十九日）

总统先生，
克林顿夫人，
女士们，先生们：

我感谢克林顿总统的邀请，怀着愉快的心情对美国进行国事访问。我要借此机会，向伟大的美国人民转达十二亿中国人民的诚挚问候和良好祝愿。

十八年前，邓小平先生在这里郑重宣告：中美关系史上的一个新时代开始了。今天，我受中国人民的重托访问贵国，是为了增进了解、扩大共识、发展合作、共创未来，推动中美关系进入新的发展阶段。

二十一世纪即将来临，世界各国人民都期待着新世纪成为一个充满希望的世纪，我们这个星球成为人类和平、安宁、繁荣的家园。

中美两国都是世界上具有重要影响的国家。在新的国际形势下，中美之间的共同利益，不是在减少，而是在增加；合作潜力，不是在缩小，而是在扩大。在事关全人类生存和发展的重大问题上，两国有着广泛的共同利益，肩负着共同的责任。世界各国人民和有识之士，都在关注着中美关系发展的进程。

我们要站在历史的高度，用战略的眼光，审视和处理两国关系。在过去的四分之一世纪里，中美双方制定的三个联合公报〔1〕，使我们得以扩大众多领域的交流和合作，妥善地处理两国之间的分歧。我相信，只要继续恪守三个联合公报确立的原则，中美关系就会稳定健康地向前发展。

我希望，中美两国关系的发展，能够对世界上不同历史文化、不同社会制度、不同发展水平的国家相互尊重、和平共处、共同发展，起到积极的推动作用。

让我们两国人民携起手来，同世界各国人民一道，为开创一个和平、稳定、繁荣的新世纪而共同努力。

请允许我再次衷心感谢总统先生对我们的热情欢迎。

注　　释

〔1〕中美双方制定的三个联合公报，指一九七二年二月二十八日美国总统尼克松访问中国期间中美双方就实现两国关系正常化在上海发表的《联合公报》，一九七八年十二月十六日中美两国政府发表的《中华人民共和国和美利坚合众国关于建立外交关系的联合公报》，一九八二年八月十七日中美两国政府就逐步减少、经过一段时间最后彻底解决美国向台湾出售武器问题发表的《中华人民共和国和美利坚合众国联合公报》。这三个联合公报分别简称为中美上海公报、中美建交公报、中美八一七公报。中美三个联合公报明确并重申“中华人民共和国政府是中国的唯一合法政府”、“只有一个中国，台湾是中国的一部分”、“互相尊重主权和领土完整、互不干涉内政”等基本原则，确立了发展中美关系的政治基础。

充分保障人民依法享受人权*

（一九九七年十月——一九九九年十月）

一

重视人的尊严和价值是中华民族的传统美德。我国古代先哲提出的“天地之间，莫贵于人”[1]、“仁者莫大于爱人”[2]的思想，在社会中有着深厚的影响。今天，我国人民享受的人权保障是过去从来没有的。中国是一个有十二亿多人口的发展中国家，这一国情决定了在中国生存权和发展权是最基本、最重要的人权。不首先解决温饱问题，其他一切权利都难以实现。近二十年来，中国的贫困人口减少了近两亿，为人民更好地享有各项权利创造了必要的物质条件。

人权问题具有普遍性意义。从世界上存在众多国家这个现实出发，人权的实现要依靠各个国家努力才行。因此，从根本上讲，人权是一个国家主权范围内的问题；人权是历史的产物，它的充分实现是同每个国家经济文化水平相联系的逐渐

* 这是江泽民同志一九九七年十月至一九九九年十月的四篇文稿中有关人权问题内容的节录。

发展的过程；集体人权与个人人权，经济、社会、文化权利与公民、政治权利，是不可分割的。中国政府依法保护人权，反对一切侵犯公民合法权利的行为，并为此进行了不懈努力。中国已加入十七个国际人权公约，最近又签署了《经济、社会及文化权利国际公约》。各国对人权问题的看法有分歧，应进行对话，而不应搞对抗。我们愿意同其他国家加强交流和合作，共同促进世界人权事业。

中国政府一贯依照宪法保障各民族的权利和利益。我们在少数民族聚居的地方实行区域自治。各民族都有使用和发展自己语言文字的自由，有保持和改革自己风俗习惯的自由。我国公民有宗教信仰自由。中国各民族之间的平等、团结、互助关系不断加强，各民族共同发展、共同繁荣的进程正在加快。

这里，我想着重指出，社会主义制度在中国的建立和发展，使得有些少数民族实现了社会发展阶段的跨越。例如，一九五九年民主改革之前，西藏处于带有浓厚奴隶制色彩的封建农奴制社会，实行政教合一的制度，广大农奴隶属农奴主，根本谈不上享有任何人权。我们实行民主改革，用和平方法使百万农奴翻身解放。这同美国历史上解放黑奴相类似，都属于伟大的社会变革和社会进步。这样的历史进步是不可能倒退的。在中央政府和全国各地支持下，今日之西藏，人民安居乐业，建设蒸蒸日上。

（一九九七年十月三十日访问美国期间在美中协会等六团体举行的午餐会上的演讲）

二

五十年前通过的《世界人权宣言》，是联合国关于人权问题的第一个专门性文件，对于指导国际人权理论与实践的发展、推动世界人权事业的进步，发挥了积极的作用。《世界人权宣言》的历史贡献，就是唤起了世界人民对人权理想的追求。第二次世界大战后，世界人民更加蓬勃地开展反对帝国主义、殖民主义、种族主义的伟大斗争，上百个原殖民地、附属国赢得了独立，十几亿人获得了民族解放，从而为实现人类的人权和基本自由开辟了广阔的前景。占世界人口四分之一的中华民族的独立和解放，是这一历史进步潮流中最具世界意义的成果。

中华人民共和国成立以来特别是改革开放以来，中国政府和人民将人权的普遍性原则和中国的具体国情结合起来，在促进和保护人权方面作出了巨大的努力，取得了举世瞩目的成就。中国已经加入十七个国际人权公约，去年和今年又签署了《经济、社会及文化权利国际公约》及《公民权利和政治权利国际公约》。我们要继续加强民主法制建设，依法治国，建设社会主义法治国家，进一步推进我国人权事业，充分保障人民依法享受人权和民主自由权利。

（一九九八年十二月十日就《世界人权宣言》发表五十周年纪念会召开致中国人权研究会的贺信）

三

只要世界上还存在不同的国家，只要我们这个星球上的人民还生活在不同的国度里，人权问题就始终属于一个国家的内部事务。任何一个国家的人权事业，不管这个国家是大是小、是强是弱，都应由本国政府依靠自己的人民自主去解决。这是一项基本原则。除了这个国家要求联合国予以帮助外，任何其他国家和国际组织都无权进行干预。各国都有义务根据联合国宪章的宗旨和原则，遵照国际人权文书，并结合本国的国情和有关法律，促进和保护本国人民的人权和基本自由。中国政府和人民不赞成以“人道主义危机”为借口任意干涉一个国家的内政，更反对在未经联合国安理会授权的情况下以武力进行所谓“人道主义干预”。解决当前国际社会面临的问题包括地区冲突，仍应遵循联合国宪章的宗旨和原则以及其他公认的国际关系准则，互相尊重主权和领土完整，互不干涉内政，和平解决国际争端。这些原则绝没有过时，在当前形势下，不但不应被削弱，反而应得到更加切实的遵循。

（一九九九年十月十八日访问法国前夕接受法国《费加罗报》社论委员会主席阿兰·佩雷菲特书面采访的答问）

四

中华民族历来尊重人的尊严和价值。还在遥远的古代，我们的先人就已提出“民为贵”〔3〕的思想，认为“天生万物，唯人为贵”〔4〕。一切社会的发展和进步，都取决于人的发展和进步，取决于人的尊严的维护和价值的发挥。中国共产党领导人民进行革命、建设、改革，就是要实现全中国人民广泛的自由、民主、人权。今天中国所焕发出来的巨大活力，是中国人民拥有广泛自由、民主的生动写照。中国在公元一世纪人口就已达到过六千万左右，众多人口的衣食住行，几千年来一直是中国历代政府所要解决的首要人权问题。今天的中国是一个有十二亿多人口的发展中大国，仍然必须首先保障最广大人民的生存权和发展权，不然，其他一切权利都无从谈起。中国确保十二亿多人的生存权和发展权，这是对世界人权进步事业的重大贡献。集体人权与个人人权，经济、社会、文化权利与公民、政治权利紧密结合和协调发展，这适合中国国情因而是中国人权事业发展的必然道路。中国集中力量发展经济，促进社会全面进步，坚持发展社会主义民主，建设社会主义法治国家，都是为了促进中国人民的人权事业。中国积极参加国际人权领域的活动，在平等和互相尊重的基础上与国际社会就人权问题开展了富有成效的对话和合作，为推进世界人权进步事业作出了积极贡献。

（一九九九年十月二十二日访问英国期间在剑桥大学的演讲）

注　释

〔1〕见《孙膑兵法·月战》。原文是：“间于天地之间，莫贵于人。”

〔2〕见《大戴礼记·主言》。原文是:“仁者莫大于爱人,知者莫大于知贤,政者莫大于官贤。有土之君修此三者,则四海之内拱而俟,然后可以征。”

〔3〕见《孟子·尽心下》。原文是:“民为贵,社稷次之,君为轻。”

〔4〕见《列子·天瑞》。其中记载孔子和鼓琴而歌的荣启期的对话:“孔子问曰:‘先生所以乐,何也?’对曰:‘吾乐甚多。天生万物,唯人为贵。而吾得为人,是一乐也。’”

增进相互了解，加强友好合作*

（一九九七年十一月一日）

我感谢陆登庭校长的邀请，使我有机会在这美好的金秋时节，来到你们这座美国古老而又现代化的学府。

哈佛建校三百六十年来，培养出许多杰出的政治家、科学家、文学家和企业家，曾出过六位美国总统、三十多位诺贝尔奖获得者。先有哈佛，后有美利坚合众国，这说明了哈佛在美国历史上的地位。

哈佛是最早接受中国留学生的美国大学之一。中国教育界、科学界、文化界一直同哈佛大学保持着学术交流。哈佛为增进中美两国人民的相互了解作出了有益的贡献。

相互了解，是发展国与国关系的前提。惟有相互了解，才能增进信任、加强合作。中美建交以来，我们两国人民的相互交流和了解在逐渐扩大和加深，但还不够。为了推动中美关系的发展，中国需要进一步了解美国，美国也需要进一步了解中国。

要了解中国，可以有很多视角。现实中国是历史中国的发展。中国是一个有五千多年文明历史的国家，从历史文化

---

* 这是江泽民同志访问美国期间在哈佛大学的演讲。

来了解和认识中国，是一个重要的视角。

记得我在高中读书时，老师给我们讲微积分，第一课就是讲《庄子》中的“一尺之捶，日取其半，万世不竭”[1]，很形象地使我建立起极限的概念。这表明中国古人就已认识到事物的发展变化是无限的，也说明我们的先人对自然界的认识已达到相当的水平。早在公元前二千五百多年，中国人就开始了仰观天文、俯察地理的活动，逐渐形成了天人合一的宇宙观。中国历史上产生了许多杰出的哲学家、思想家、政治家、军事家、科学家和文学艺术家，留下了浩如烟海的文化典籍。春秋战国时期出现的百家争鸣局面和老子、孔子等诸子百家的学说，在世界思想史上占有重要地位。古代中国在天文历法、地学、数学、农学、医学和人文科学的许多领域，都作出过独特的贡献。殷商时期的甲骨文中就有日月之食的记载。从秦代到清末的二千一百多年间，哈雷彗星出现二十七次，中国都有记录。汉代张衡发明了测定地震方位的地动仪和制作了演示日月星辰的浑天仪。先秦的数学家提出了勾股定理。南北朝的祖冲之算出圆周率为 3.1415926。中国的丝织、制瓷、冶金、造船技术很早就达到世界的先进水平。明代朱载堉首创十二平均律，后来被认定为世界通行的标准音调。中国的医药学在世界上独树一帜。特别是中国的造纸术、火药、印刷术、指南针四大发明，曾经改变了世界的面貌。直到十五世纪以前，中国的科学技术在世界上保持了千年的领先地位。中国人的这些发明创造，体现了人与自然协调发展、科学精神与道德理想相结合的理性光辉。

中国的历史文化始终处于发展进步之中。它是通过各种学科、各种学派的相互砥砺、相互渗透而发展的，也是通过同世界各国的相互交流、相互学习而进步的。中国人早就懂得兼取众长、以为己善的道理。汉唐时期，既是经济繁荣的盛世，也是中外交流的盛世。张骞[2]出使西域，开拓举世闻名的丝绸之路。玄奘[3]万里取经，带回南亚国家的古老文化。明代郑和[4]七下西洋，把中华文化传向远方的国度。但是，后来特别是清代晚期，封建统治者实行闭关锁国政策，阻碍了中国的进步和中外交流。鸦片战争以来，一代又一代先进的中国人，为了振兴中华，努力向西方国家学习先进的科学思想和文明成果，并同中国实际相结合，推动了中国社会的变革和发展。今天，正在为实现现代化而奋斗的中国人民，把对外开放作为一项基本国策，同世界各国进行广泛的交流和合作，开创了中国历史上崭新的开放局面。

阳光包含七种色彩，世界也是异彩纷呈。每个国家、每个民族都有自己的历史文化传统，都有自己的长处和优势，应该相互尊重、相互学习、取长补短、共同进步。

中国在自己发展的长河中，形成了优良的历史文化传统。这些传统，随着时代变迁和社会进步获得扬弃和发展，对今天中国人的价值观念、生活方式和中国的发展道路具有深刻影响。这里，我想就以下一些方面谈些看法，希望有助于诸位对中国的了解。

一是团结统一的传统。中华民族是由五十六个民族组成的大家庭。从遥远的古代起，我国各族人民就建立了紧密的政治经济文化联系，共同开发了祖国的河山，两千多年前就形成了幅员广阔的统一国家。悠久的中华文化，成为维系民族团结和国家统一的牢固纽带。团结统一，深深印在中国人的民族意识中。中国历史上虽曾出现过暂时的分裂现象，但民族团结和国家统一始终是中华民族历史的主流，是中国发展进步的重要保障。新中国的成立，标志着中华民族实现了空前的大团结。各民族之间建立了平等、团结、互助的新型关系。各民族人民依法享有各项权利和自由。在少数民族聚居的地方实行了区域自治。民族地区的经济社会获得不断发展。所有这些，为巩固国家统一奠定了坚实的政治基础。

二是独立自主的传统。我们的先人历来把独立自主视为立国之本。中国作为人类文明发祥地之一，在几千年的历史进程中，文化传统始终没有中断。近代中国虽屡遭列强欺凌，国势衰败，但经过全民族的百年抗争，又以巨人的姿态重新站立起来。这充分说明，中国人独立自主的民族精神具有坚不可摧的力量。今天，我们在探索自己的发展道路时，坚持从中国国情出发，来解决如何进行经济、政治、文化建设的问题，而不照搬别国的模式。在处理国际事务中，我们采取独立自主的立场和政策。中国人民珍惜同各国人民的友谊和合作，也珍惜自己经过长期奋斗而得来的独立自主权利。

三是爱好和平的传统。我国先秦思想家就提出了“亲仁善邻，国之宝也”〔5〕的思想，反映了自古以来中国人民就希望天下太平、同各国人民友好相处。今天，专心致志进行现代化建设的中国人民，更需要有一个长期的和平国际环境和良好的周边环境。我国的对外政策，是以和平为宗旨的。我们坚持在和平共处五项原则特别是在互相尊重、平等互利、互不干涉内政的原则基础上，同世界各国建立和发展友好合作关系。

我们绝不会把自己曾经遭受欺凌的苦难加之于人。中国的发展和进步,不会对任何人构成威胁。将来中国富强起来了,也永远不称霸。中国始终是维护世界和平与地区稳定的坚定力量。

四是自强不息的传统。我们的先哲通过观察宇宙万物的变动不居,提出了“天行健,君子以自强不息”[6]的思想,成为激励中国人民变革创新、努力奋斗的精神力量。中国古代文明的发展,是中华民族艰苦奋斗、自强不息的结果。近百年来,为了摆脱半殖民地半封建的历史境遇,中国人民进行了艰苦卓绝、奋发图强的斗争。中国民主革命的先行者孙中山首先提出“振兴中华”[7]的口号,他领导的辛亥革命,推翻了在中国延续几千年的君主专制制度。在毛泽东思想指引下,中国共产党领导中国人民实现了民族独立和人民解放,并把中国建设成为初步繁荣昌盛的社会主义国家。今天,在邓小平理论指引下,我国人民坚定不移地实行改革开放,在现代化建设中取得举世瞩目的成就。中国进入了百年来发展最快最好的历史时期。

改革开放,是中华民族自强不息和变革创新精神在当代的集中体现和创造性发展。我们把改革开放叫做社会主义改革开放,因为它是中国社会主义制度的自我完善和发展。近二十年的实践已充分证明,我们进行改革开放的方向是正确的,信念是坚定的,步骤是稳妥的,方式是渐进的,取得的成就是巨大的。虽然在前进中也遇到这样那样的困难和风险,但我们都顺利地解决了,不仅没有引起大的社会震动,而且极大地解放和发展了社会生产力,保持了社会稳定和全面进步。

现在，我们正在满怀信心地全面推进改革。在经济上，要加快建立社会主义市场经济体制，实现工业化和经济的社会化、市场化、现代化；在政治上，要努力发展社会主义民主政治，依法治国，建设社会主义法治国家，保证人民充分行使管理国家和社会事务的权力；在文化上，要积极建设面向现代化、面向世界、面向未来的，民族的科学的大众的社会主义文化，实施科教兴国战略，不断提高全民族的思想道德素质和科学文化素质。总起来说，就是要把中国建成富强民主文明的现代化国家。

中国作为疆域辽阔、人口众多、历史悠久的国家，应该对人类有较大贡献。中国人民所以要进行百年不屈不挠的斗争，所以要实行一次又一次的伟大变革、实现国家的繁荣富强，所以要加强民族团结、完成祖国统一大业，所以要促进世界和平与发展的崇高事业，归根到底就是为了一个目标：实现中华民族的伟大复兴，争取对人类作出新的更大的贡献。

总之，今天中国所选择的社会制度和发展道路，实行的内外政策，确定的下个世纪的奋斗目标，既有现实的根据，又有历史的渊源；既符合人类历史发展的趋势和时代潮流，又具有中华民族自己的特色；既符合中国人民的根本利益，又有利于世界的和平、稳定、繁荣、进步。掌握这一点，乃是了解和认识中国现状和未来的关键。

中美两国人民的友好交往，已有二百多年历史。一七八四年，美国商船“中国皇后号”远航到中国。一八四七年，中国最早的一批留美学生容闳等人赴美求学。许多中国人参加了美国的建设事业，不少美国人同情和帮助过中国的民族解放事业。他们的动人事迹，我们永远记在心中。

中国人民一向钦佩美国人民的求实精神和创造精神。昨天，我参观了国际商用机器公司、美国电话电报公司和贝尔实验室，领略了当代科技发展的前沿成就。科学技术的突飞猛进，越来越深刻地影响着世界政治经济的格局和人们的社会生活。坚持变革创新，理想就会变为现实。我们在扩大开放、实现现代化的进程中，重视学习和吸收美国人民创造的一切优秀文化成果。

中美两国人民的友好合作对世界具有重大影响。美国是最发达的资本主义国家，中国是最大的发展中国家。十二亿多人口的中国保持稳定和加快发展，对促进亚太地区和世界的稳定和发展，具有极其重要的意义。中国拥有广大的市场和发展需求，美国拥有先进的科学技术和巨大的物质力量，两国有着很强的经济互补性。中国的潜在市场同国外的先进技术和资金优势结合起来，就能形成众多的发展机遇和强大的发展活力。中国和美国，在事关人类生存和发展的许多重大问题上，如维护世界和平与安全、防止大规模杀伤性武器扩散、保护人类生存环境、打击国际犯罪等，有着广泛的共同利益，肩负着共同责任。这些都是中美两国发展友好合作的重要基础。我们应该牢牢把握中美关系的大局，妥善解决分歧，不断朝着增进了解、扩大共识、发展合作、共创未来的目标前进。

这次访问期间，我同克林顿总统就中美关系的未来发展，深入交换了意见，达成了广泛共识。双方同意，为了促进世界和平与发展的崇高事业，中美应该加强合作，努力建立面向二十一世纪的建设性的战略伙伴关系。这标志着中美关系进入了一个新的发展阶段。

哈佛大学一向重视对中国的研究。贵校已故的费正清教授，就是毕生从事中国历史文化研究的知名学者。为了有助于研究中国的历史和现实，我愿向贵校赠送一套新出版的《毛泽东评点二十四史》。二十四史是记载中国几千年历史的重要典籍。毛泽东先生一生对二十四史做过许多评点和批注，为认识中国的历史和吸取历史经验留下了丰富的思想遗产。我高兴地得知，陆登庭校长将于明年访华。我期待在北京与你再次见面。

我很欣赏哈佛校门上的一段话："为增长智慧走进来，为服务祖国和同胞走出去。"中国青年也把"胸怀祖国、服务人民"作为自己的座右铭。我希望中美两国青年在建设各自国家、促进世界和平与发展的事业中，加深了解，互相学习，增进友谊，为创造美好的未来而努力奋斗。

注　　释

〔1〕见《庄子·天下》。

〔2〕张骞（？——前一一四），西汉汉中成固（今陕西城固东）人。西汉大臣，曾任大行等职。为相约西域（汉代对玉门关、阳关以西地区统称西域）各民族共同抵御匈奴，先后于公元前一三九年（一说为公元前一三八年）、公元前一一九年两次奉命出使西域，远达今中亚地区，密切了中原与西域的关系，促进了丝绸之路的开辟。

〔3〕玄奘（六〇〇或六〇二——六六四），通称三藏法师，俗称唐僧，生于隋代，洛州缑氏（今河南偃师缑氏镇）人。唐代高僧，佛教经典翻译家、唯识宗创始

人之一。十三岁出家，后遍访名师，因感诸师所说不一，难得定论，决意西行取经。六二九年（一说为六二七年）前往今印度等地研习佛教典籍，六四五年回到长安。后译出佛经七十五部，共一千三百三十五卷，并根据西行见闻写成《大唐西域记》一书。

〔**4**〕郑和（一三七一——一四三三），明代云南昆阳（今云南晋宁）人。明代航海家。明初入宫，后任内官监太监。一四〇五年至一四三三年间，先后七次率领庞大船队出使亚非诸国，遍访东南亚、印度洋及红海沿岸的三十多个国家和地区，曾远达非洲东海岸和伊斯兰教圣地麦加，史称郑和下西洋（明代称今文莱以西海域为西洋）。郑和的远航促进了中国与亚非国家的经济文化交流。

〔**5**〕见《左传·隐公六年》。

〔**6**〕见《周易·乾卦》。

〔**7**〕见本卷《高举邓小平理论伟大旗帜，把建设有中国特色社会主义事业全面推向二十一世纪》注〔1〕。

把三峡工程建成世界一流工程*

（一九九七年十一月八日）

今天，举世瞩目的三峡水利枢纽工程胜利实现了大江截流，这是我国现代化建设的一件大事，也是人类改造和利用自然史上的一个壮举。这必将给正在满怀信心地进行改革开放和现代化建设的全国各族人民以巨大鼓舞。

七十多年前，我国民主主义革命的伟大先行者孙中山先生，就曾提出利用三峡水力和电力资源的设想〔1〕。新中国成立后，毛泽东同志、邓小平同志和其他老一辈无产阶级革命家，为兴建三峡工程倾注了大量心血。我国几代科学家，为三峡工程付出了辛勤劳动和智慧。改革开放以来，我国经济快速发展，综合国力大大增强，为建设这一史无前例的世纪工程提供了充分的条件。多少代中国人开发和利用三峡资源的梦想，今日正在变为现实。这再次生动地说明，社会主义制度具有能够集中力量办大事的优越性。

自古以来，中华民族就进行了征服、开发、利用自然的壮阔历史活动。精卫填海、愚公移山的传说，大禹治水的故事，表达了远古时代中国人民改造自然、人定胜天的顽强奋斗精

* 这是江泽民同志在三峡工程大江截流仪式上的讲话。

神。两千多年前建成的都江堰和隋代开凿的大运河等水利工程，对我国经济社会发展起到了重要作用。今天，我们在长江三峡兴建这一世界上规模最大、综合效益最广泛的水利水电工程，将对我国国民经济发展起到重大促进作用。它是一项造福今人、泽被子孙的千秋功业。它体现了中华民族艰苦创业、自强不息的伟大精神，展示了中国人民在改革开放中改天换地、创造未来的宏伟气魄。

大江截流成功，标志着三峡水利枢纽一期工程顺利完成，并转入二期工程施工。参加建设的各个单位，要切实加强管理，保证工程质量，继续搞好科研攻关和试验，确保二〇〇三年实现首批机组发电。在三峡工程建设中，要坚持按社会主义市场经济规律办事，同时大力发扬社会主义团结协作精神；坚持独立自主、自力更生的方针，同时积极开展国际交流和合作。既要调动外国投资企业的积极性、利用它们的资金技术优势，更要充分发挥我国企业的各种优势和潜力，使它们为三峡工程作出更多贡献，并促使它们的发展水平得到新的提高。

做好移民工作，是关系三峡工程进展和成功的关键。移民百万，是一项艰巨细致的工作。库区各级党委和政府要总结和发扬已经取得的好经验，自始至终地把这一工作做好。要坚持开发性移民的方针，抓住三峡工程兴建带来的发展机遇，正确处理搬迁和发展的关系，切实安置好移民群众的生产生活，引导他们走上致富的道路。中央各有关部门和有关省市，要继续做好对口支援工作。可以坚信，随着三峡工程的建成，这一地区将会成为经济繁荣、环境优美、人民安居乐业的新型经济区。

在三峡工程建设中，保护好流域的生态环境极为重要。库区两岸、特别是长江上游地区，一定要大力植树造林，加强综合治理，不断改善生态环境，防止水土流失。这是确保库区和整个长江流域长治久安和可持续发展的重要前提条件，是功在当代、利在千秋的大事，务必年复一年地抓紧抓好，任何时候都不能疏忽和懈怠。总之，要统筹兼顾、着眼长远、科学规划，采取切实可行的措施，努力实现经济、社会和生态环境协调发展。

长江流域是中华文明的发祥地之一，在库区留有丰富灿烂的文化遗产。要按照重点保护、重点发掘的原则，认真做好库区文物保护工作。

参加三峡工程建设和在库区工作的各级领导干部，要发扬无私奉献、廉洁奉公的精神，带领广大群众艰苦奋斗、开拓进取，把三峡工程建成世界上一流的水利水电工程，同时培养造就一大批优秀人才。

建设好三峡工程，是我们的重大历史责任，也是我们的无上光荣。让我们在党的十五大精神指引下，高举邓小平理论伟大旗帜，团结奋斗，为推进三峡工程建设，为实现社会主义现代化和振兴中华的伟大事业，作出新的更大的贡献。

注　释

〔1〕孙中山在一九一七年至一九一九年写成的《建国方略》中提出："自宜昌而上，入峡行，约一百英里而达四川之低地"，"改良此上游一段，当以水闸堰其水，使舟得溯流以行，而又可资其水力"（《孙中山选集》，人民出版社 1981 年版，

第 265 页）。一九二四年，孙中山在广州国立高等师范学校发表的演讲《三民主义》中又说："又象扬子江上游夔峡的水力，更是很大。有人考察由宜昌到万县一带的水力，可以发生三千余万匹马力的电力，象这样大的电力，比现在各国所发生的电力都要大得多"（《孙中山选集》，人民出版社 1981 年版，第 852 页）。

深化金融改革，防范金融风险*

（一九九七年十一月十九日）

金融在现代经济中具有极其重要的地位和作用。邓小平同志曾精辟地指出："金融很重要，是现代经济的核心。金融搞好了，一着棋活，全盘皆活。"〔1〕改革开放以来，随着我国社会主义市场经济不断发展，金融活动日益广泛地渗透到社会经济生活的各个方面，金融系统掌握着巨大的经济资源，金融在调节经济中发挥着越来越大的作用。进一步做好金融工作，保证金融安全、高效、稳健运行，是国民经济持续快速健康发展的基本条件。如果金融不稳定，势必影响经济社会稳定，妨碍整个改革和发展的进程。因此，我们要比以往任何时候都更加重视金融工作，把金融改革和发展搞得更好。

通观全局，进一步深化金融改革和整顿金融秩序、防范和化解金融风险，是当前和今后一个时期搞好改革、发展、稳定的关键。深化经济体制改革，离不开金融。我们要进一步调整和完善所有制结构，探索公有制多种有效实现形式，加快国有企业改革步伐，推动国民经济市场化进程，需要建立多类

* 这是江泽民同志在全国金融工作会议上的讲话《统一思想认识，切实加强领导，做好深化金融改革和防范金融风险工作》的主要部分。

型、多层次的金融机构体系，培育和发展金融市场特别是资本市场。促进经济发展，也离不开金融。我们要从战略上调整和优化经济结构，提高经济整体素质和效益，保证国民经济既快又好地发展，必须深化金融改革，充分发挥金融融通资金、引导资金流向和中介服务的重要功能。在推进改革和发展中保持社会稳定，同样必须加强金融工作。金融涉及千家万户和方方面面，如果不能保证存款的支付或者发生严重通货膨胀，金融市场出现动荡，就会影响社会稳定。为此，需要整顿金融秩序，健全金融调控体系，强化金融监管，确保金融安全、高效、稳健运行。前几年，有效治理通货膨胀是搞好改革、发展、稳定的关键。现在，物价涨幅已大幅度下降，而金融风险问题日益突出，正确解决金融领域的问题，就成为搞好改革、发展、稳定的关键。总之，在新的形势下，我们只有把金融工作做得更好，才能够使改革、发展、稳定相互促进、相互统一，顺利实现党的十五大提出的改革开放和现代化建设的各项任务。

中央作出进一步深化金融改革和整顿金融秩序、防范和化解金融风险的部署，是审时度势、见微知著、把握大局、因势利导的重要决策。当前，国民经济持续快速健康发展，宏观环境比较宽松。社会各个方面对加大改革力度、从根本上解决经济和金融领域的深层次矛盾都有迫切的愿望和要求。这些都是很有利的条件。我们必须坚定决心、增强信心、知难而进、勇于创新，充分利用当前的有利时机和条件，扎扎实实工作，努力如期完成《中共中央、国务院关于深化金融改革，整顿金融秩序，防范金融风险的通知》提出的各项重要任务。

（一）按照建立社会主义市场经济体制的要求，加快和深化金融改革，切实把银行办成真正的银行。党的十五大提出，要坚持社会主义市场经济的改革方向，使改革在一些重大方面取得新的突破。金融体制改革是经济体制改革的重要组成部分。深化金融体制改革的重要任务，是把银行办成真正的银行。改革开放以来，邓小平同志多次明确指出，要把银行真正办成银行。一九八六年，他强调："金融改革的步子要迈大一些。要把银行真正办成银行。我们过去的银行是货币发行公司，是金库，不是真正的银行。"〔2〕经过多年来的努力特别是近几年的改革，我国的银行管理体制和运行机制已发生了很大变化，中国人民银行开始行使中央银行的职能，国家专业银行正逐步向商业银行转变。但是，总的看来，现在离把银行办成真正的银行的要求还有相当大的差距。在我国金融体系中，人民银行居于金融宏观调控和金融监管的地位〔3〕，国有银行处于主体地位，发挥着主导作用。只有进一步深化改革，把银行办成真正的银行，我国的现代金融体系才能真正确立。

这次对银行、证券等金融机构管理体制的改革，对金融系统党的领导体制的完善，是我国金融体制的根本性改革和制度创新。这些改革的根本出发点和主要目的，在于使人民银行能够更好地依法履行中央银行的职能和职责，在于使国有商业银行健全统一法人制度，并加快商业化进程。归根到底，就是要把银行办成真正的银行。这种改革，借鉴了国外银行、证券等金融机构管理体制的经验，考虑了我国的现实国情，符合建立社会主义市场经济体制的要求。充分发挥中央和地方两个积极性，是我们党历来坚持的一条重要方针。这次深化金融改革，也必须贯彻这一重要方针。改革现有的银行、证券管理体制，建立新的金融体系，既反映了市场经济规律和金融运行的内在要求，又充分考虑了发挥中央和地方两个积极性。在健全国有银行、证券相对集中统一管理体制的同时，强调为地方经济发展和广大中小企业发展提供多方面的金融服务。要健全多类型、多层次的金融机构体系，加快地方性银行和其他金融机构建设，并要积极稳步地发展资本市场，适当扩大直接融资的渠道和比重。这样做，不仅有利于维护国家宏观调控权的集中，更好地贯彻实施全国性的金融方针政策，而且有利于促进地方经济和地方金融健康发展。

把银行办成真正的银行，核心问题是要正确认识和处理政府、企业和银行的关系。应该看到，现在金融风险因素加大，很大程度上是由行政干预和社会信用紊乱造成的。中国人民银行法明确规定，中国人民银行及其分支机构依法独立履行职能职责。地方各级党委、政府和各部门应该遵守这一法律规定。现在的突出问题是，有些地方政府把所在地人民银行分支机构当成自己的下属单位，下达筹集资金和批设金融机构的任务；要求分支行行长参加与中央银行职能职责无关的各种会议和活动，分散了他们加强金融监管的精力。这种现象要坚决改变。必须指出，在社会主义市场经济条件下，商业银行是经营货币这种特殊商品的独立法人企业，与政府的关系是政企关系，应该按照政企分开的原则处理政府和商业银行的关系。地方各级党委、政府和各部门要充分尊重银行的经营自主权。银行和企业之间是信用关系。各级党政干部和企业必须明白这样一个起码的常识和道理：银行资金来源主要是老百姓储蓄存款，是必须还本而且是要付息的。如果认为银行是国有的，就不考虑偿还，这是完全错误的，也是绝对不能允许的。要坚决纠正目前普遍存在的任意干涉国有银行正常经营活动的现象。要在法律上明确，所有企业都不能以任何形式悬空和逃废银行债务。总之，要通过深化改革，建立符合社会主义市场经济规律的新型的政府和银行关系、银行和企业关系。

（二）切实加强金融法制建设，依法规范和维护社会主义市场经济的金融秩序。依法治国，是发展社会主义市场经济的客观需要，也是实现国家长治久安的重要保障。依法治理金融，是贯彻依法治国基本方略的重要方面。健全金融法制，严肃金融法纪，是建立良好的金融秩序，保证金融安全、高效、稳健运行的根本要求。当前，金融秩序混乱、金融隐患和风险因素加大的重要原因，是金融法制不健全，有法不依、执法不严、违法不究的现象相当普遍地存在；金融包括证券，监管体系和内控机制不完善，管理混乱，纪律松弛，一些规章制度形同虚设。不依规矩，难成方圆。不强化金融法治，就难以建立符合社会主义市场经济要求的金融秩序。囿于局部的眼前的利益，容许甚至放纵乱设金融机构、乱办金融业务、乱集资，无异于埋下金融风险的祸根。因此，必须强化金融法治和金融监管，依法整顿和维护金融秩序，把一切金融活动纳入规范化、法治化的轨道。要切实加大执法力度，依法严厉打击各种金融违法犯罪活动。各地要抓紧审理一批典型案件，公开处理，对金融违法犯罪分子形成强大威慑，以严肃金融法纪。

目前，国际金融市场游资充斥，金融投机活动猖獗，金融危机迭出。我们既要继续积极稳步地扩大金融对外开放，又必须高度警惕和十分重视防范涉外金融风险，防止国际游资、金融投机活动和利率汇率波动对我国包括证券在内的金融市场造成冲击。

（三）积极推进两个根本性转变，为金融良性循环创造好的经济环境。经济决定金融，金融是经济的综合反映。近二十年来，经济体制的深刻变革，国民经济的持续快速增长，极大地推动了我国金融业的迅速发展。但是，政企不分、条块分割等原有计划经济体制的弊端没有根除；经济建设中仍然存在着不顾资金可能、不计投资效益，盲目上项目、铺摊子，经济结构不合理，经济效益低下的现象。这些矛盾和问题都严重阻碍着金融的良性循环。经济领域的许多问题逐渐向金融领域转移，是造成金融风险加大的重要原因。只有大力推进经济体制和经济增长方式的根本性转变，才能为彻底解决金融领域中的问题创造好的经济条件和环境。

为此，要继续实施适度从紧的财政货币政策，保持宏观经济环境的稳定。同时，要加快经济体制改革，特别要深化企业改革，增强企业的活力和效率；改革和建立政企分开的投资体制，积极稳妥地发展资本市场。要加大经济结构调整的力度，严格控制新建项目，坚决避免“大而全”、“小而全”和不合理重复建设现象，显著提高经济增长的质量和效益，防止产生泡沫经济。所有这些，要靠各地区各部门共同努力，扎扎实实做好各方面工作。

经济活动要为金融运行创造好的条件，金融也要更好地为经济发展服务。在深化金融改革和整顿金融秩序、防范和化解金融风险的工作中,银行和所有金融机构都要进一步端正经营思想,拓宽服务领域,提高服务质量。金融在加快自身改革、实现集约经营的同时,要大力支持农业和农村经济发展,支持国有企业改革和发展,支持地方经济发展,支持多种所有制经济发展,推动经济结构调整和优化,促进国民经济持续快速健康发展。

注　释

〔1〕见邓小平《视察上海时的谈话》(《邓小平文选》第3卷,人民出版社1993年版,第366页)。

〔2〕见邓小平《企业改革和金融改革》(《邓小平文选》第3卷,人民出版社1993年版,第193页)。

〔3〕从一九九八年开始,中国人民银行的部分金融监管职能逐步划转其他相关职能部门。一九九八年九月,对证券业的监管职能划转中国证券监督管理委员会。同年十一月,中国保险监督管理委员会成立,统一监督管理全国保险市场。二〇〇三年四月,中国银行业监督管理委员会成立,统一监督管理银行业金融机构、金融资产管理公司、信托投资公司及经国务院银行业监督管理机构批准设立的其他金融机构。目前,按照中国人民银行法赋予的职能,中国人民银行仍承担对银行间同业拆借市场等九类机构和业务的监管职责,并负责维护金融稳定;同时,管理国家外汇管理局,负责对涉及外汇业务的市场、产品、机构及企业和个人的管理。

开展经济合作
是亚太经合组织的使命*

（一九九七年十一月二十五日）

人类即将进入二十一世纪。总结过去，面向未来，我们需要确立顺应时代潮流的合作观念和合作方式。

亚太经济合作组织，是本地区最有影响的经济论坛，也是世界上最具活力的经济合作组织之一。它的运行方式具有自己的基本特点，这就是：充分尊重成员的多样性，承认各成员之间发展水平和发展阶段上的差异及其带来的不同利益和需求；强调灵活性、渐进性、开放性；遵循平等互利、协商一致、求同存异、自主自愿的原则；实行单边行动与集体行动相结合。

实践越来越证明，“亚太经合组织方式”符合本地区的实际，有利于各成员的不同权益和要求得到较好的平衡，有助于发挥各个成员的能力，促进共同发展。坚持这种方式，是亚太经合组织成员加强合作的重要保证。

亚太经合组织的唯一使命，就是开展经济合作，不宜把讨论的范畴扩展到社会、政治、安全等非经济领域。要坚持有所

* 这是江泽民同志在加拿大温哥华举行的亚太经济合作组织第五次领导人非正式会议上的讲话。

为有所不为的原则，专心致志推进经济合作。

贸易和投资自由化对任何成员来说都是相对的、有条件的，需要充分考虑各成员之间的差异和实际情况，坚持自主自愿、互惠互利、协商一致的原则。确定部门优先自由化，也应该坚持由各成员自由选择、自主决定、自愿参加，同时要承认两个时间表[1]的差别，既考虑自身的利益，也考虑各方的利益，以利共同发展。要在平等互利、优势互补的基础上，提倡发达成员以其经济技术优势帮助发展中成员，而不应该损害他们的利益。只有这样，才能既为发达成员、也为发展中成员创造更多的合作机遇。

经济技术合作与贸易和投资自由化是紧密结合的，应该相互促进。当代科学技术迅猛发展，已经成为推动生产力发展最有决定意义的因素，对世界经济社会生活产生了深刻影响。努力加强科技交流、技术合作和技术转让，既有利于发展中成员提高经济技术实力，也有利于发达成员增强经济持续发展的后劲。这不仅可以缩小成员之间的发展差距，也可以有力地推动贸易和投资自由化的进程。为此，我愿提出四点意见。

（一）充分开放技术贸易市场，促进各成员之间的技术合作和技术转让，消除人为的障碍，取消歧视性政策和做法。

（二）采取必要的措施，鼓励和加快高新技术向所有成员特别是发展中成员转移，以利推动发展中成员的经济技术进步。

（三）所有成员都要注重保护知识产权，并促使知识产权制度更加合理化。技术专利保护的时间要适度，转让条件要公平。

（四）建议亚太经合组织制定一项走向二十一世纪的科技产业合作议程。这项议程，既要有目标和原则，又要有切实的措施和步骤；力争市场导向与政府调控相结合，开发研究与成果转化相结合，全面推动与具体合作项目相结合，以求切实启动亚太经济技术合作进程。

最近在东南亚发生的金融风波，波及世界许多地区，引起国际社会普遍关注。从过去和现在国际上发生的金融风波中，我们大家可以得到许多有益的启示。

金融体系正常安全运行，对经济全局的稳定和发展至关重要。为了维护正常的金融秩序、防范金融风险，不仅要有正确的经济发展战略，保持合理的经济结构，而且要健全金融体系，加强金融监管，并根据实际情况，保持外债的适度规模和合理结构，逐步开放资本市场和金融服务。

加强地区和世界的金融合作，维护正常的国际金融秩序，共同防范国际游资过度投机的冲击，创造良好的金融环境，对所有国家都有利。我们对加强亚洲区域金融合作持积极态度，愿意参与有关合作机制的讨论。

由于当前金融市场发生风波，东南亚经济发展遇到了暂时困难。但是，经过总结经验，进行适当调整，东南亚经济的发展活力会进一步显示出来，前景是乐观的，我们对此抱有信心。

一九九三年以来，中国多次自主降低关税，五年间关税降幅达百分之六十。自今年十月一日起，中国的平均关税水平已降至百分之十七。中国政府决定，到二〇〇五年，将工业品的平均关税降至百分之十。中国决定加入《信息技术协议》〔2〕,并就有关事宜开始谈判。我们的这些实际行动,相信将会推动亚太地区经济技术合作与贸易和投资自由化的发展。

最后,我热情欢迎二〇〇一年亚太经济合作组织第九次领导人非正式会议在中国上海召开。我们将为会议做好充分的准备。

注 释

〔1〕这里所说的两个时间表,指亚太经济合作组织发达成员和发展中成员实现贸易和投资自由化的不同时间要求。一九九四年十一月十五日,亚太经济合作组织第二次领导人非正式会议在印度尼西亚茂物通过了《亚太经济合作组织经济领导人共同决心宣言》(简称《茂物宣言》),确立了在亚太地区实现贸易和投资自由化的目标。因亚太经济合作组织成员经济发展水平存在差异,在实现贸易和投资自由化的具体步骤上采取区别对待的方式,制定了两个时间表,即亚太经济合作组织发达成员不迟于二〇一〇年、发展中成员不迟于二〇二〇年实现贸易和投资自由化。

〔2〕《信息技术协议》,指一九九六年十二月十三日二十九个国家和单独关税区在世界贸易组织第一届部长级会议期间达成的《关于信息技术产品贸易的部长宣言》。该协议旨在分阶段将信息技术产品的关税削减至零,于一九九七年四月一日生效。中国在加入世界贸易组织谈判中承诺加入该协议,并自二〇〇二年一月一日起开始实施有关关税减让。二〇〇三年四月二十四日,世界贸易组织扩大信息技术产品贸易委员会第三十五次会议一致通过中国成为该协议的参加方。

实现国防和军队现代化建设跨世纪发展的战略目标*

（一九九七年十二月七日）

实现国防和军队现代化，是全党全国人民十分关心的一件大事。我经常想一个问题，就是在和平时期，在新的历史条件下，我们的眼光应该放得更远一些，要站在战略高度，把国防和军队现代化建设筹划好。党的十五大作出了用下个世纪的前五十年时间分三个阶段基本实现现代化的战略部署[1]。国防和军队现代化建设作为国家现代化建设的重要组成部分，必须与国家经济建设协调发展，既要跟上国内外形势的发展，又不能占用过多经费、影响国家经济建设这个大局。我们要有一个与国家经济发展战略相配套的战略构想，从总体上把握好国防和军队现代化建设的发展进程，量力而行，尽力而为，逐步推进。在现代条件下，军队内部结构十分复杂，军队建设是一个庞大的系统工程，要放在一个较长的历史跨度中去考虑，才能作出比较科学的决策。现在，美国、俄罗斯、日本等国相继制定了二〇一〇年前军队建设的发展计划，并着手研究制定二〇二〇年以后的长期发展计划，努力用大系统的

---

* 这是江泽民同志在中央军委扩大会议上讲话的一部分。

思想指导军队建设，以争取二十一世纪的军事优势地位。我军的现代化建设，也必须有一个长远的总体规划来统领，走一步看一步是不行的。要在党的十五大精神指引下，根据邓小平同志提出的建设一支强大的现代化、正规化的革命军队的总目标，按照政治合格、军事过硬、作风优良、纪律严明、保障有力的总要求，以打赢现代技术特别是高技术条件下的局部战争为基点，认真设计从现在起到下世纪中叶国防和军队现代化建设的发展战略。

我考虑，与国家现代化建设的发展进程基本上相一致，国防和军队现代化建设跨世纪的发展，大体也可以分三步走。

第一步，从现在起到二〇一〇年，用十几年时间，努力实现新时期军事战略方针提出的各项要求，为国防和军队现代化打下坚实基础。主要解决好军队的规模、体制编制和政策制度问题，把军队员额压缩到适度规模，建立起比较科学的体制编制，形成与发展社会主义市场经济相适应的比较配套的政策制度；调整完善国防动员体制；我军人才培养要上一个新台阶；拥有一批性能先进的主战武器装备，形成适应高技术条件下作战的精干有效的武器装备基本体系，具备遂行新时期军事斗争任务的威慑和实战能力。

第二步，二十一世纪的第二个十年，随着国家经济实力的增长和军费的相应增加，加快我军质量建设的步伐，适当加大发展高技术武器装备的力度，完善武器装备体系，全面提高部队素质，进一步优化体制编制，使国防和军队现代化建设有一个较大发展。

第三步，再经过三十年的努力，到二十一世纪中叶，实现国防和军队现代化。

实现国防和军队现代化建设分三步走的战略目标，关键在第一步。在跨世纪的这十几年时间里，我们要保持一定的发展速度，使我们与世界军事大国的差距有所缩小，积蓄力量，为以后的发展做好准备。要在《“九五”期间军队建设计划纲要》的基础上，把二〇一〇年前的军队现代化建设规划好。我们的规划，既要适合自己的国情军情，又要适应世界军事发展的要求，能够有力地推动我军革命化、现代化、正规化建设全面发展。在这个总体设计下，国防科研、装备发展、人才培养、应急机动作战部队建设、后备力量建设等方面，都要有一个较为长期的发展规划。规划定下来之后就要认真执行，军队建设的各种重大举措和各方面工作，都要以它为指导，都要朝着它所确立的方向和目标去努力。

第一，坚定不移地贯彻加强质量建设的方针，走有中国特色的精兵之路。这是总结我军几十年现代化建设实践经验得出的宝贵结论，是实现我军现代化唯一正确的选择。邓小平同志在主持军委工作期间，领导进行了几次较大的调整精简，包括一九八五年裁减军队员额一百万，使我军人员数量减少了一半，重新走上了注重质量建设的精兵之路。随着世界军事的发展，减少数量、提高质量已经成为世界各主要国家军队发展的共同趋势。我们国家大，军队目前的机动能力还比较低，不保持一定的规模也不行。但是，现在看，数量还是多了一些。党的十五大报告提出今后三年内再裁减军队员额五十万，这是党中央和中央军委为加强军队质量建设而采取的一个重大举措。各单位要按照军委的部署，坚决完成调整精简任务。在减少军队员额的同时,要突出抓一抓精简机构和压缩保障规模这个问题。在历次调整精简中,一些部队撤销了,兵员数量减少了,但各类机构、保障设施和物资储备等并没有相应减少,耗费了大量人力、物力、财力,严重制约了用于支撑战斗力提高的经费投入。解决这个问题,要有大的决心,要依据未来军事斗争任务,结合调整精简,该合并的合并,该撤销的撤销,该处理的处理。

加强军队质量建设,更重要的是要培养具有高度政治觉悟和良好军事素质的官兵,发展现代化武器装备,通过科学编组和严格训练实现人与武器的最佳结合,最终达到提高军队战斗力的目的。全军同志特别是高中级领导干部,要进一步加深对质量建设重大意义的认识,把加强质量建设作为实现我军现代化的基本指导方针,摆在更加突出的位置,坚决贯彻到军队各项工作中去。

第二,必须注意突出重点,着力解决最关键的问题。搞国防和军队现代化建设,说到底,是要花大钱的。我们国家的性质,我们的国情,我们的军事战略方针,都决定了我们要走一条有中国特色的国防和军队现代化的路子,不可能也没有必要什么都同西方发达国家去比。你搞你的现代化,我搞我的现代化。这几年,党中央、国务院在处理经济建设和国防建设的关系上,坚持了两头兼顾的方针,尽可能满足国防建设的需要。但是,国家财政现在还很紧张,军费投入只能随着国家经济实力的增长逐步增加。所以,搞军队现代化,一定要分清主次先后、轻重缓急,有所为有所不为。毛泽东同志说过:“没有重点就没有政策。”〔2〕国防科研和武器装备发展,要下决心解决规模大、战线长、力量分散、低水平重复等严重问题。这些问题积累多年,如不加以解决,经费再增加也会事倍功半,军队现代化就没有希望。要切实加强集中统一领导,大力搞好协同,集中力量重点突破一些关键技术,实现较大跨度的技术进步。各军兵种都要把应急机动作战部队建设放在优先地位,加大对应急机动作战部队的经费投入和政策倾斜的力度,争取使这些部队的现代化水平有较快提高,成为应付局部战争和突发事件、完成新时期军事斗争任务的中坚力量。应急机动作战部队应该成为我军现代化建设的先行者和探索者,应该为其他部队的建设和改革提供成功经验。我这里要强调一下,在未来高技术战争中,我们还是要发挥人民战争的威力。人民战争是我们克敌制胜的法宝,什么时候也不能丢。

第三,抓住机遇,积极推进军队改革。党的十一届三中全会以来,军队改革在许多重要方面取得了显著成效,对促进军队建设和军事斗争准备起到了很大作用,对此要充分估价。但是,也要清醒地看到,军队发展中也还存在一些突出矛盾和问题。这些矛盾和问题,影响和制约着军队质量建设,不利于提高部队战斗力,不利于振奋军心士气。深化改革势在必行。尤其是面对世界军事发展的严峻挑战,面对党的十五大以后国家加快经济体制改革步伐的新形势,军队改革显得更为紧迫。我们要利用大仗较长时间打不起来的时机,抓紧搞好军队改革。要在坚持党对军队绝对领导的根本原则和制度、坚持中央军委高度集中统一指挥的前提下,以战斗力为标准,着力解决制约我军质量建设的突出矛盾和问题,建立适应未来军事斗争要求和社会主义市场经济发展要求的领导、指挥、管理、保障体制和运行机制，提高我军建设的整体效益，提高领导和指挥的效能，增强我军的作战能力。

军队改革的基本任务，首先是要进一步调整改革体制编制。过去几次体制编制调整改革，比较好地解决了军队“肿”的问题，精简了机关和部队，但有一些大的体制问题尚未解决，一些重要关系还没有理顺。现行体制编制仍然不适应新形势下军队建设的要求，不适应高技术条件下的局部战争的要求。要以精简五十万员额为契机，好好理一理我军的体制编制。要深入研究高技术战争对军队体制编制的重大影响，深入研究我军现行体制编制的优劣长短，深入研究建国以来我军历次体制编制调整改革的经验教训，深入研究世界主要国家军队体制编制的发展趋势，提出体制编制调整改革的方针原则和总体思路。在调整改革体制编制的同时，要重视抓好政策制度的调整改革。这既是促进体制编制调整改革的需要，也是社会主义市场经济条件下治军的一个重要方面。我军现行的一些政策制度是在计划经济体制下形成的，滞后于社会主义市场经济的发展。这些年，一部分官兵思想不大稳定，部队发生这样那样的问题，有教育管理方面的原因，也有政策制度方面的原因。在发展社会主义市场经济的条件下，如何建立和完善有利于调动官兵积极性的政策制度，增强军队的吸引力和凝聚力，是一个需要积极探索和着力解决的问题。政策制度的调整改革，要以兵役制度、士官制度、干部人事制度、工资福利津贴制度和后勤生活保障社会化等为重点。总部要认真研究和解决政策制度问题。这几年，国防和军事立法取得了很大成绩，要在已有的基础上继续做好建章立制的工作，逐步形成比较完善的国防和军事法规体系。军队改革涵盖军事工作、政治工作、后勤工作等各个方面，要从整体上加以把握，使各个方面改革相互配合、相互促进。改革既要积极推进，又要稳妥可行。各项改革实施的时机和力度，要充分考虑保持军队稳定、保持国家稳定这个大局的需要。

第四，高度重视科学技术进步，加快高素质军事人才的培养。我们是在世界科技革命蓬勃发展的条件下、在世界军事领域正在发生以信息技术为基础和核心的深刻变革的背景下从事军队现代化建设的，现代科学技术特别是高技术的发展，对军队现代化建设产生着巨大的推动作用。这种形势，一方面向我们提出了严峻挑战，如果我们目光短浅、行动迟缓，就会被世界军事发展的潮流远远抛在后面；另一方面也给我们提供了历史性机遇，如果我们方针正确、措施得力，就可以实现军队现代化建设的跨越式发展。要重视军事理论的先导作用，丰富和发展以毛泽东军事思想和邓小平新时期军队建设思想为代表的我国军事科学理论。要贯彻科技强军的方针，把依靠科技进步作为提高军队战斗力的基础。要提高武器装备的科技含量，部队的战备、训练、后勤保障等各个方面都要注重利用现代技术特别是高技术成果。人才是兴军之本，必须把培养造就大批高素质人才作为军队现代化建设的根本大计。我们历来强调，决定战争胜负的是人而不是武器，无论武器装备发展到什么程度，人在战争中的作用始终是第一位的，任何时候都不能见物不见人。如果我们有了高素质人才，又有了先进武器装备，就如虎添翼。要在抓紧部队高技术知识学习和军事训练的同时，下大气力把院校教育搞好。我军院校教育还不完善，人才培养层次偏低，影响干部素质的提高。要建立新型的院校体系，合理确定院校的规模和数量，提高生长军官培训层次，改革教学内容，加大高技术知识、新型武器装备知识、现代军事指挥知识的含量，培养既懂政治又懂军事、既懂指挥管理又懂专业技术的复合型人才。军队生长干部要逐步走开军队自己培养和依托国民教育培养并举的路子，从更大范围选拔培养高素质人才。

这里，我要特别强调的是，我们要有一种高度的历史责任感，有一种昂扬的精神状态。经过建国以来近半个世纪的努力，我们的国防和军队现代化建设取得了伟大成就，但仍然任重而道远。继续推进国防和军队现代化的重任，历史地落在了我们的肩上。要在世界上干成一件事，没有一点精神是不行的。要成就我国国防和军队现代化这样一项伟大事业，更需要发扬艰苦创业、奋发图强的革命精神。回顾五六十年代，我们搞原子弹、氢弹和人造卫星，那时物质技术基础何等薄弱，条件何等艰苦，硬是在很短时间内就拿了下来，表现出一种强烈的革命精神。我们要保持战争年代那么一股劲、那么一股革命热情、那么一种拼命精神，像组织指挥打仗一样，组织指挥国防和军队现代化建设。要坚定不移地贯彻邓小平同志关于以现代化建设为中心的思想，聚精会神地想国防和军队现代化、钻国防和军队现代化、干国防和军队现代化。为着国防和军队现代化，我们大家都要呕心沥血、殚精竭虑。现在，我们的目标已经明确，道路已经开通，虽然还面临着许多困难，但更具有很多今天拥有而过去不曾或不完全具备的有利条件。有邓小平新时期军队建设思想的指引，有党中央的坚强正确领导，有社会主义制度的保证，有全国人民的大力支持，我们完全有信心、有能力、有办法，再用五十年的时间，经过两三代人坚持不懈的努力，到建国一百年的时候，实现国防和军队现代化。

我还要强调一点，在积极推进军队现代化建设和改革的过程中，一刻也不能放松思想政治建设。对于新时期的军队建设，有两个最重要的问题是我始终关注的：一个是在复杂的国际环境中，我军能不能跟上世界军事发展的趋势，打赢未来可能发生的高技术战争；一个是在对外开放和发展社会主义市场经济的条件下，我军能不能保持人民军队的性质、本色、作风，始终成为党绝对领导下的革命军队。对于后一个问题，我已经讲了很多。全军部队围绕这一思想政治建设的根本任务，做了大量卓有成效的工作。但是，这是一个时代性课题，既有现实的紧迫性，又是长期的历史任务，需要我们坚持不懈地作出努力。

注　释

〔1〕见本卷《高举邓小平理论伟大旗帜，把建设有中国特色社会主义事业全面推向二十一世纪》第一部分《世纪之交的回顾和展望》。

〔2〕见毛泽东《在外地巡视期间同沿途各地负责人谈话纪要》（《建国以来毛泽东文稿》第 13 册，中央文献出版社 1998 年版，第 249 页）。

实施“引进来”和“走出去”相结合的开放战略*

（一九九七年十二月二十四日）

利用外资是对外开放的重要内容。改革开放以来特别是近些年来，由于我们积极吸收外来资金，努力学习和借鉴国外先进技术和管理经验，促进了国民经济持续发展，增强了我国的综合国力和国际竞争力。通过摸索和实践，我们已积累了不少利用外资的重要经验，包括把握有利时机、采取多种形式大胆引进外资，坚持利用外资同国内经济发展战略有机结合。

现在，世界经济、科技和综合国力的竞争日趋激烈。近来，东南亚发生的金融风波，波及世界许多地方。我国利用外资工作既面临新的机遇，也遇到新的挑战。我们要更加努力地完善全方位、多层次、宽领域的对外开放格局，把利用外资提高到新的水平。要着眼于提高国民经济的素质和效益，增强综合国力和国际竞争力，坚持贯彻积极合理有效利用外资的方针。要在优化结构、注重质量和效益的基础上，保持外资稳定增长。要积极引导外资投向农业、高新技术产业、基础设施建设，兴办产品出口型项目。要加强对外商投资企业的引

* 这是江泽民同志会见全国外资工作会议代表时的讲话。

导和依法监管，不断改善投资环境。同时，要正确处理对外开放和独立自主、自力更生的关系，切实维护国家经济安全。

在此，我想再讲一个重要问题，就是我们不仅要积极吸引外国企业到中国投资办厂，也要积极引导和组织国内有实力的企业走出去，到国外去投资办厂，利用当地的市场和资源。视野要放开一些，既要看到欧美市场，也要看到广大发展中国家的市场。发展中国家的生产力水平比发达国家低，对产品和技术的要求相对也低一些，但市场十分广阔。在努力扩大商品出口的同时，必须下大气力研究和部署如何走出去搞经济技术合作。“引进来”和“走出去”，是我们对外开放基本国策两个紧密联系、相互促进的方面，缺一不可。这个指导思想一定要明确。现在，国际竞争这样激烈，无论从目前搞活国有企业还是从我国经济的长远发展来看，非这样做不可。这个问题，我从非洲访问回来后就谈过[1]。我们要进一步抓紧这方面的研究、部署和组织实施工作，争取在两三年内取得明显成效。关键是要有领导有步骤地组织和支持一批国有大中型骨干企业走出去，形成开拓国外投资市场的初步规模。这是一个大战略，既是对外开放的重要战略，也是经济发展的重要战略。

从八十年代开始，我们一直在研究如何吸引外资、更好地利用外资的问题。我们对外资工作的认识也是逐步深化的。这次东南亚金融危机，使我们进一步深化了对利用外资工作的认识。良好的金融秩序是扩大对外开放、吸引外资的重要条件。我们的人民币不会贬值，我们能够继续保持对外资的吸引力，主要有以下几条理由。

第一，我国有十二亿多人口的广阔市场，回旋余地很大。我们要注意开发农村市场。要把吸引外资、开展对外贸易和调整经济结构同广大农村市场的需求很好地结合起来。这对扩大我们的回旋空间是很重要的。

第二，我们对金融改革开放采取了非常慎重的态度，是渐进式的。改革开放以来，我们制定了积极吸引外资的政策。对人民币是否可自由兑换也曾经酝酿过，目前已实行了人民币经常项目下的可兑换。我们要坚持一条，资本市场不能随便开放。总之，我们头脑要清醒、警惕性要高。现在，国外舆论普遍评论中国的做法比较稳妥，认为我们对开放的节奏和力度把握得比较恰当。

第三，我们外汇储备充足，目前已近一千四百亿美元，国际支付能力显著增强。取得这样的成绩很不容易，这是我们的实力。充足的外汇储备本身就是很高的信誉。

第四，经过建国以来近五十年的发展，我国整体科技实力雄厚，发展潜力巨大。在世界许多地方，华侨、华人都很有成就，我看这也是我们的一个优势。

第五，我国劳动力的成本相对来说还是低的。同东南亚一些国家相比，虽然他们的货币贬值了，但我们的劳动力费用总体来看还是低的。对扩大出口和吸引外资来说，我们还是有成本优势的。

第六，我国政局稳定。这是很重要、很根本的一条。非洲一些国家，原来就部落林立，现在又一个派系搞一个政党，政局很不稳定。我统计了一下，一九八九年以来，我接待了四十多个国家的首脑，而这些国家大多数程度不同地出现了政局动荡。任何一个国家,如果一天到晚政局不稳,不可能把经济搞上去。兵荒马乱,怎么搞经济?稳定是发展的根本前提。现在,全世界都在注视着我们,认为中国是稳定的。外国投资者看重我们这个大市场,首先就是因为我国社会政治稳定。

总之,只要我们充分发挥以上这些优势,就可以保证我们的对外开放不断扩大。实行对外开放,是邓小平理论的重要组成部分,是实现我国现代化和民族振兴的必由之路。开放也有风险,但只要我们注意及时总结经验,道路就会越走越宽广。希望同志们加强学习,扎实工作,增加工作中的预见性和科学性,防止盲目性和片面性,把对外开放和利用外资的工作搞得更好。

注　释

〔1〕一九九六年五月八日至二十二日,江泽民访问非洲六国。同年七月二十六日,他在河北省唐山市考察工作时明确提出:要加紧研究国有企业如何有重点有组织地走出去,做好利用国际市场和国外资源这篇大文章。广大发展中国家市场十分广阔,发展潜力很大。我们要把眼光放远一些,应着眼于未来、着眼于长远,努力加强同这些国家的经济技术合作,包括利用这些国家的市场和资源搞一些合资、合作经营的项目。

实事求是、脚踏实地地前进*

（一九九八年一月二十四日）

解放思想、实事求是，是我们的思想路线。无论是中国共产党还是各民主党派的同志，大家都要同改革开放和现代化建设的实际保持密切联系，不断使自己的思想认识符合发展着的客观实际，坚持一切从实际出发，这样就能保持开拓前进的创造活力。

中共十五大制定了我国改革开放和现代化建设跨世纪发展的宏伟目标。实现这个目标，不是一件容易的事情，需要付出巨大努力。中共十五大在确定我们的发展目标、指导方针和战略部署时，牢牢坚持了一条，就是生产关系必须与生产力相适应。这是马克思主义的一个基本原理。中共十五大全面论述了我国社会主义初级阶段的问题，指出一切从实际出发，最大的实际就是中国现在处于并将长期处于社会主义初级阶段。我们在制定路线方针政策时，必须以这个最大的实际为根本依据。千里之行，始于足下。美国等西方发达国家已经或正在进入以高新技术产业为主的经济发展阶段，我们现在

* 这是江泽民同志在中共中央召开的党外人士迎春座谈会上讲话的一部分。

高新技术产业还非常少。北京和上海、广州等沿海城市经济发展是比较快，但我国还有发展水平低的广大农村，还有不少贫困地区，中西部地区与东部沿海地区的发展差距还很大。总之，整个生产力的发展水平还比较低，离进入发达阶段还相距很远。不从我国社会主义初级阶段这个实际出发来考虑和筹划各种问题，是行不通的。在座各位都经历了建国以来的发展过程，了解我们在建设社会主义中曾经发生过的失误，都有一个共同的深刻体会，就是生产关系一定要适应生产力的水平和发展要求，否则就会跌跟斗。

我们要有崇高的理想。我们党的最高理想就是实现共产主义。但是，想问题、办事情，不能搞好高骛远的理想化，而要实事求是、脚踏实地地前进。人们追求未来的理想，是古已有之的。古往今来，人们对未来理想社会曾有过种种设想和描绘。拿西方来说，古希腊就有柏拉图〔1〕的《理想国》，后来有托马斯·莫尔〔2〕的《乌托邦》，还有空想社会主义的其他学说。中国古代对理想社会的描述，集中表现为所谓“大同”思想、“大同”世界。这种思想的产生，如果从《礼记》所收的孔子门人作的《礼运》篇算起，时间可能比柏拉图还要早一点。马克思主义揭示了人类社会发展的规律，提出了社会主义必然要代替资本主义的论断，使社会主义思想从空想变为科学。经过社会主义最终实现共产主义，需要经过一个漫长历史时期的艰苦奋斗。建设有中国特色社会主义，也不能急于求成。在我们过去的建设中特别是“大跃进”中曾经搞过的一些事情，就太理想化了，脱离了国情，超越了社会发展阶段，结果吃了苦头。我们吸取了这种历史教训。现在，我们采取的路线方针政策就符合实际了,人民衷心拥护,取得的成绩也很大。

我们制定路线方针政策,推进事业发展,必须坚持马克思主义基本原理同中国具体实际相结合。这是毛泽东同志、邓小平同志历来强调的。最近,我看了一些没有公开发表过的毛泽东同志讲话,深刻体会到他在领导中国革命的过程中是最善于这样做的。没有毛泽东同志,中国革命是不可能这么快取得成功的。这一点必须肯定。他把马克思主义基本原理同中国具体实际相结合,找到了中国革命取得胜利的正确道路。当然,他晚年有失误。为什么会失误?从根本上说,就是离开了他过去一贯倡导的理论与实践相联系、相统一的原则,主观认识脱离了客观实际。邓小平同志最大的功绩,就是成功地把马克思主义基本原理同当代中国具体实际相结合,创立了建设有中国特色社会主义理论,指引我们走上了改革开放和现代化建设的正确道路。今后,我们依然要坚持这样做,坚持理论与实践相结合,在实践中不断加强理论指导,又不断丰富和发展理论。

现在,世界经济、科技发展日新月异,竞争也日趋激烈。各国特别是西方发达国家都在加紧利用现代科学技术来推动经济社会发展。拿美国来说,它的工业只占经济的百分之二十五,农业只占百分之一点六,百分之七十多都是服务业,其中信息业占了很大比重。有人认为,从农业社会到工业社会是一个生产力飞跃发展的大阶段,从工业社会到信息社会又是一个生产力飞跃发展的大阶段。美国等西方发达国家正在从工业化阶段进入信息化阶段。社会主义社会按照自身的规律在发展变化,资本主义社会也在自身的基础上发展变化。

过去认为，社会主义的社会生产是有计划的，资本主义的社会生产就是无计划状态。事情不能这样简单地看。恩格斯在《一八九一年社会民主党纲领草案批判》中就说过，有了支配着和垄断着整个工业部门的托拉斯以后，资本主义生产就不是完全的无计划状态了。过去一直讲，我们共产党是最会做思想工作的，这没有错，这是事实。但是，这并不是说资本主义国家任何思想工作都不做。资产阶级为了维护自己的社会制度，为了缓和社会阶级矛盾，也很注意做意识形态领域的工作，很注意协调与工人阶级的关系。不然，他们就不能维护自己的统治，就不能维持资本主义社会的生产秩序，也不能获得利润。据说，有一位外商到我国来办合资企业，原来那家企业需要裁减人员。这位外商花了三个月时间，与三百多名工人一个一个地谈，问有什么想法、有什么困难。我听了以后很有点感慨。他为什么要坚持一个一个地谈，而且谈了那么长时间？我们有些企业的负责人恐怕也做不到这样。为了维护自身利益的需要，资本主义也在进行自我调整、自我改良，也在发展变化。这些都值得我们研究。

面对新形势新任务，加强学习尤其具有紧迫的重要性。人非生而知之。不知，就要学习，学而后知不足。不学习，怎么能知之？我一直强调，我们的省委书记、省长、部长要多读点书，多学习。不读书，不学习，很多问题就搞不清楚。自己都搞不清楚，如何做领导呢？马克思主义的书要坚持读，各方面知识都要不断学。当今世界是一个开放的世界，我们不可能在一个封闭的环境中建设和发展自己。现代经济的运行特别是国际经济、金融的运行十分复杂，瞬息万变，参与、管理、驾驭的难度都很大。不学习，不实践，就难免发生这样那样的问题。经济也好，政治也好，文化也好，都有不依人的意志为转移的内在规律，我们只有正确地认识和掌握它们，并正确地加以运用，才能顺利推进我们的事业。

注　释

〔1〕柏拉图（前四二七——前三四七），古希腊哲学家。建立了欧洲哲学史上第一个客观唯心主义体系，是古希腊哲学的主要代表人物之一。其《理想国》一书主张，理想的国家应由哲学家担任统治者，理性应在其中占据绝对统治地位。

〔2〕托马斯·莫尔（一四七八——一五三五），文艺复兴时期英国政治家、人文主义者，早期空想社会主义主要代表人物。其《乌托邦》一书，抨击资本原始积累时期的残酷剥削，描绘了他设想的没有私有财产、没有剥削、没有贫困的理想社会。

做好经济工作，增强承受和抵御风险的能力*

（一九九八年二月二十六日）

去年七月以来，东南亚一些国家和韩国相继发生金融危机，日本也出现金融动荡，而且来势迅猛，波及面广，后果严重。面对这场危机，中央冷静分析形势，有针对性地采取了一些重要措施。我国经济社会发展的良好局面继续保持稳定，没有受到大的影响。这是很不容易的，也是一个很大的胜利。

这场金融危机，由于发生在同我国有着密切经济联系的一些周边国家，难免会对我们产生一些影响。我国的出口、利用外资等，都会不同程度地受到影响。我们宣布保持人民币汇率稳定，国际社会都很欢迎，但这是要付出艰苦努力和一定代价的。如何更好地发挥我们的各种优势，认真解决好我们面临的各种新问题，减少和抵消这场金融危机给我们带来的影响，继续推进改革开放和现代化建设，是摆在全党同志面前的一项紧迫任务，也是一次大的考验。

各级领导干部特别是高级干部，在分析和认识这场金融危机及其影响时，要坚持两点论，既要看到它对我国经济发展

---

* 这是江泽民同志在中共十五届二中全会上讲话的一部分。

产生的不利影响,同时又要看到它可能给我国经济发展带来的某种机遇。不利和有利两个方面都看到了,才能采取正确的对策。中央认为,我们总的方针应该是:坚定信心,心中有数,未雨绸缪,沉着应付,埋头苦干,趋利避害。只要按照中央确定的这个方针去做,我们就可以从容应对这场金融危机的冲击。

党的十五大指出,在新世纪将要到来的时刻,我们面对着严峻的挑战,更面对着前所未有的有利条件和大好机遇。这个判断是完全正确的。尽管这场金融危机给我们带来了一些不利因素,但我们拥有继续胜利前进的坚实的经济社会基础和各方面的良好条件。这一点,大家要十分明确,要有坚定的信心。

经过新中国成立以来特别是改革开放二十年的艰苦努力,我们已经具有了比较雄厚的物质技术基础,国民经济长期保持快速增长。我们已经形成了符合我国新时期实际的正确的理论和路线方针政策,走出了一条建设有中国特色社会主义的正确道路。党的十五大对我国跨世纪发展作出了全面战略部署,产生了能够驾驭各种复杂局势的新的中央领导集体。只要全党同志坚定不移地贯彻执行党的基本理论和基本路线,紧紧依靠人民群众,善于根据情况的变化及时调整和完善具体的政策措施,我们就一定能够不断夺取改革开放和现代化建设的新胜利。

亚洲一些国家的金融危机究竟如何发展,在本地区和世界范围内还会产生什么后果,需要继续密切观察。各级领导干部在思想上、工作上应该做好事态进一步严峻化的准备。

有备才能无患。要充分估计各种可能遇到的困难和风险，对各种可能性都应该预作考虑、预为准备。不要以为风波起于国外，我们可以高枕无忧。当然，也不要因为受到这场风波的影响而惊慌失措。

亚洲一些国家的金融危机，向人们提供了深刻的启示和教训。我看至少有三个问题很值得深思。一是，一个国家特别是一个大国的经济发展，必须建立在坚实的物质技术基础和合理的经济结构之上，必须有自己强大的基础产业，否则经不起困难和风险的冲击。二是，现在国与国的经济联系日益紧密，相互影响越来越大，谁也不可能关起门来搞现代化建设，不可能回避经济全球化的趋势和激烈复杂的国际竞争。问题的关键在于，既要敢于又要善于参与这种经济全球化条件下的国际经济技术合作和竞争，既要充分利用其中可以利用的各种有利条件和机遇来发展自己，又要清醒认识和及时防范其中可能带来的各种不利影响和风险，稳步推进对外开放。这一点，对于像我们这样经济技术实力远不如西方发达国家的发展中国家来说尤为重要。如何趋利避害、掌握主动权，始终是摆在我们面前的大问题。三是，经济发展是社会全面进步的基础，但它不是孤立进行的。在集中力量发展经济的过程中，要高度重视民主法制建设和精神文明建设，不断加强反腐倡廉工作。这些方面的工作非常重要，同经济发展有着密切关系，如果做得不好，如果法制不健全、政治腐败、社会风气不良，就会直接影响经济发展的全局。应该说，在这三个问题上，亚洲一些国家发生的这场金融危机进一步向世人敲起了警钟。对这些问题，我们应该结合自己的实际，深入加以研究，并进一步作出工作部署。

应对这场金融危机，最根本的是要做好我们国内的经济工作，以增强我们承受和抵御风险的能力。今年的经济工作，最重要的是要抓紧落实三件事情。第一，在不断提高效益和优化结构的前提下，保持国民经济持续快速健康发展的良好势头。这样，就可以保持财政收支平衡，缓解就业压力，并进一步改善人民生活。为了保持这个良好势头，要努力扩大内需，发挥国内市场的巨大潜力，同时要加快转变经济体制和经济增长方式，加快调整经济结构。第二，千方百计扩大出口，适当增加进口。国家已采取扶持政策，鼓励进出口贸易和吸引外资。各地区各部门应该积极挖掘企业内部潜力，加强管理，加快实施市场多元化战略和以质取胜战略，努力保持和扩大已有的国外市场，并努力开拓新的国外市场。同时，要注重引进先进技术和设备，加快对企业进行技术改造。第三，保持人民币汇率稳定。这不仅关系人民群众的信心和经济社会的稳定，也是对香港金融稳定的有力支持，对亚洲和世界经济稳定也是一个重要贡献。我们外汇储备充足，国内市场广阔，有相当的工业基础，有科技和人才优势，劳动力成本比较低，特别是社会政治稳定，这些都是我们保持人民币汇率稳定的可靠条件。

为了实现上述三个目标，党中央、国务院已经作了部署，要求各地区各部门全面做好以下各项工作：进一步加强农业基础，争取今年农业再取得好收成；增加投入，加强农田水利和铁路、公路、通信、环保等基础设施建设；加快企业技术改造步伐，努力发展高新技术产业；加快城镇住房制度改革，加大普通居民住宅建设力度；促进乡镇企业持续健康发展，重视发挥中小企业的作用；稳定吸收外资规模，合理引导外资投向；保持国际收支平衡，加强外汇管理；搞好增收节支，控制财政赤字；加强金融监管，防范和化解金融风险；抓紧实施再就业工程，努力保持社会稳定。

这里，我想着重强调几点。第一，解决十二亿多人的吃饭问题，始终是我国的首要问题。稳定和加强农业基础，争取农业有好收成，对于保持国民经济持续快速健康发展具有特别重要的意义。如果农业出问题，不仅会影响整个经济发展，而且会影响社会稳定。在当前形势下，全党比任何时候都要更加自觉地重视农业。要稳定党在农村的基本政策，增加农业投入，加强农业科技应用推广，切实减轻农民负担，切实转变干部作风，进一步发展农村的好形势。第二，能否解决好下岗职工的生活和再就业问题，直接关系到国有企业改革的成败。各级党委和政府必须高度重视，满腔热情地关心和安排好下岗职工的生活，依靠各方面力量办好再就业工程，确保中央确定的国有企业改革目标顺利实现。我国人口众多，安排好劳动力就业是一项长期的繁重任务。尤其是在当前国有企业正在深化改革、下岗职工暂时增多的情况下，各级党委和政府更要把扩大就业门路、搞好再就业工作作为头等大事抓紧抓好，不可有丝毫疏忽大意。第三，要努力发展高新技术产业，加快形成我们自己的科技创新体系的步伐。这对于我国二十一世纪的发展至关重要。当今世界上的竞争，核心是知识创新和高新技术的产业化。这项工作如果不抓紧，就会直接影响我们经济发展的后劲和竞争力。因此，必须高度重视科技教育事业，重视人才培养。第四，要加快农村市场开发的步伐。我们有八亿多人口在农村，农村是个广阔的市场，拓展的潜力大得很。眼睛不能老盯在大中城市的市场上，有些产品城市市场饱和了，而农村市场还有很大需求。关键是要鼓励一批企业加紧生产那些农民群众所需要而又买得起的适销对路的产品。这要成为当前和今后相当长时期开拓国内市场的一个重要指导思想。第五，要加快中西部地区开发的步伐。此事方针早已明确，问题是要加快实施进度。要利用当前国有工业企业正在调整和优化结构的有利时机，在进一步提高东部地区发展水平的同时，加强中西部地区基础设施建设和资源开发，并加大引导外资投向中西部地区的力度。这样做，有利于扩大内需、进一步启动生产资料和消费资料市场。第六，在积极扩大出口的同时，要有领导有步骤地组织和支持一批有实力有优势的国有企业走出去，到国外主要是到非洲、中亚、中东、东欧、南美等地投资办厂。既要“引进来”，又要“走出去”，这是我们对外开放基本国策两个紧密联系、相互促进的方面，缺一不可。第七，全党同志首先是各级领导干部要带头坚持艰苦奋斗、勤俭建国的方针。各行各业都要精打细算，节约一切可以节省的开支，以集中更多资金投入国家建设、支持国有企业改革和发展。

同志们要清醒地认识到，国际上不可测的因素很多，发生可以预料和难以预料的种种风险不足为怪。关键在于我们自身是否具有足够的承受和抵御风险的能力。这次金融风波的冲击，我们顶住了。这证明改革开放二十年形成的基础使我们具有相当的承受和抵御风险的能力。但是，必须看到，我们还有许多弱点，这种能力还不够强。我们高举邓小平理论伟大旗帜越是坚定，经济越是持续发展，改革开放越是不断深化，民主法制建设、精神文明建设和反腐倡廉越是得力，这种能力就会越强。总之，坚持改革开放，继续开拓前进，不断增强承受和抵御风险的能力，我们就一定能够立于不败之地。

政府机构改革的目标和原则*

（一九九八年二月二十六日）

党的十五届二中全会通过的国务院机构改革方案，是落实党的十五大作出的战略部署的一项重大举措。中央下了很大决心，在通盘考虑和充分征求意见的基础上，提出了这个改革方案。我认为，这是一个既积极又比较稳妥的方案。

政府机构属于上层建筑，应该适应经济基础的要求。经济基础是在不断发展的，上层建筑也要随之不断调整和完善。这是人类社会发展的一条普遍规律。我们是社会主义国家，要从我国国情和维护广大人民群众的根本利益出发，自觉进行调整和改革，以利把社会主义制度的优越性充分发挥出来。

机构改革，是党和国家领导制度改革的重要任务，也是政治体制改革的重要内容。一九八〇年，邓小平同志在《党和国家领导制度的改革》这篇重要讲话中就尖锐地提出了机构必须改革的问题。一九八二年，他又指出：精简机构是一场革命。如果不搞这场革命，是不可能得到人民赞同的〔1〕。

我国政府机构现有的设置、职能、体制与发展社会主义市场经济的要求不相适应的问题，已十分突出。政企不分，职能

* 这是江泽民同志在中共十五届二中全会上讲话的一部分。

重叠，机构臃肿，人浮于事，效率低下，官僚主义严重，这些问题阻碍社会生产力发展，影响党和群众的关系，也给国家和群众造成了沉重负担，已经到了非改不可的时候了。机构问题不解决，上述弊端不消除，国有企业就很难真正走向市场，社会主义市场经济体制就难以建立起来，改革开放和现代化建设就迈不开更快的步伐，我们在日益激烈的国际竞争中就难以立于不败之地。现在，进行机构改革不但势在必行，而且条件已经具备，时机已经完全成熟，必须坚定不移地搞好。

这次政府机构改革总的目标是，适应经济发展和社会全面进步的要求，建立办事高效、运转协调、行为规范的行政管理体系，完善国家公务员制度，建设高素质、专业化的国家行政干部队伍，提高为人民服务水平。大的原则有四项：一是按照发展社会主义市场经济的要求，转变政府职能，实现政企分开；二是按照精简、统一、效能的原则，调整政府组织结构，实行精兵简政；三是按照权责一致的原则，调整政府部门的职责权限，明确划分部门之间的职能分工；四是按照依法治国、依法行政的要求，加强行政体系的法制建设。

这次政府机构改革工作，要坚持积极稳妥的方针。第一，决心要大。改革方案定下来后，大家都要坚决贯彻执行，不能打折扣，不能消极拖延。第二，工作要细。机构改革涉及大批干部的切身利益，务必做好深入细致的思想政治工作，保持干部队伍思想稳定，确保各项工作不松、不断、不乱。同时，在机构调整的过程中，要严格执行国家财经纪律，坚决杜绝擅自处理甚至转移、私分机关钱物的现象发生，严防国有资产流失。不能化“大公”为“小公”，更不能化公为私。第三，要按照带职分流、定向培训、加强企业、优化结构的要求，千方百计采取各种有效措施，妥善安置分流人员。政府机关中的广大干部在各自的岗位上辛勤工作，为国民经济发展和社会全面进步作出了重要贡献。他们大都具有较高的素质和较强的工作能力，是党和国家的宝贵财富，一定要安排好，使他们继续为改革开放和现代化建设作出新的贡献。

这次改革要涉及相当一些部级负责同志和司局级干部的领导职位和工作岗位的调整。对个人来说，当然是件不小的事，有一个重新安排和适应的问题。同志们大都受过党多年教育，经历了长期实践的考验，有相当高的党性觉悟和全局观念。我相信，大家一定能顾全大局，服从组织安排，正确对待个人领导职位和工作岗位的变动。随着经济体制的转变和领导制度的改革，一些负责同志离开原来的工作岗位，走上新的工作岗位，这是党和人民的事业发展的需要。我国有几千年封建社会的历史，“官本位”意识、等级观念的历史影响很深。我希望大家不要受这些东西的影响，而要以自己的实际行动，为在全社会打破这些陈旧观念，不计个人名利，全心全意为人民服务，起到表率作用。

国务院机构改革后，地方各级政府也将进行机构改革。各地要按照国务院的统一部署，精心组织，积极推进。党的机关、其他国家机关、人民团体等，也要按照精简、统一、效能的原则进行改革，努力提高为人民服务水平。

建国以来，我们曾多次进行政府机构改革，都不同程度地有所收效，但总的说不理想，精简——膨胀——再精简——再膨胀的情况反复出现，一直没有从根本上得到解决。在计划经济体制下，政府直接管理企业的生产经营活动，而且主要是依靠行政手段去管，政企不分，政府包揽的事务过多。这样，即使一时进行了精简，过一段时间机构和人员又很容易重新膨胀起来。现在情况不同了。我们正在加快建立社会主义市场经济体制，企业组织形式和经营方式发生了很大变化，政企分开的方针早已明确。这就为从根本上解决这个“老大难”问题提供了前提条件。现在，我国的经济规模比过去大得多了，各类企业、执法监管机构、社会中介组织和其他社会服务组织都需要充实和加强力量，政府机构改革中分流出来的人员重新安排的余地比过去大得多了。一些同志在离开政府机关后，可以到发展社会主义市场经济所需要的各种新岗位上继续发挥自己的才干，仍然可以大有作为。因此，只要我们统一思想，精心部署，扎实工作，群策群力，完全应该有信心把这次政府机构改革搞好。

注　释

〔1〕参见邓小平《精简机构是一场革命》（《邓小平文选》第2卷，人民出版社1994年版，第396页）。

领导干部要增强政治鉴别力和政治敏锐性*

（一九九八年四月十二日）

政治局、书记处并军委各同志：

两年前，我们曾强调领导干部特别是高级干部要讲政治，现在看来提出这个问题是及时的，但在全党还未引起充分重视和理解，有进一步强调之必要。最近看到的两份材料，再一次说明领导干部加强政治鉴别力和政治敏锐性是极为重要的。

一份材料反映河南南阳市卧龙区一个地方建造“清官祠”，把封建时代的官员和毛泽东、周恩来、刘少奇同志及九位老帅的塑像搞在一起，既有我们一些领导同志题词，又找了台湾当局的人题词。据说我们有的领导同志为表扬一位大夫的医术而写的字，也被放在“清官祠”作为题词了。总之，用搞“清官祠”这样的做法来纪念无产阶级革命家是不对的。难道我们老一代无产阶级革命家的崇高品质，是封建时代的所谓“清官”能够比拟的吗？难道我们共产党人还要搞封建宗法的

* 这是江泽民同志写给中共中央政治局、中央书记处并中央军委各同志的信。

祭祀，还要台湾当局的人捧场，还要借宗教来超度吗？如果这样，我们共产党人的革命究竟革到哪里去了？这就足以说明，我们许多干部头脑中的政治观念十分薄弱，对党的改革开放政策、宗教政策、统战政策十分懵懂。这件事情虽然发生在一个地方，但反映出目前一个带普遍性的问题，就是不考虑政治，是非不分。这很值得我们认真总结教训，举一反三。

另一份材料反映有人暗中策划，企图通过新闻出版等渠道为所谓“六四”十周年“创造气氛”。我一直讲“树欲静而风不止”，就是针对我们面临的国际国内的现实而讲的，不是泛泛而论。一九八九年春夏之交发生的那场政治风波，我们党和政府早已作出了正确的结论，而国际敌对势力和国内一些人总是企图翻案。国内一些人的立场，已经与西方势力站在一起了。这些人打着纪念改革开放二十周年的幌子，意欲兴波助澜，挑拨离间，唯恐天下不乱。今年是十一届三中全会召开二十周年，中央非常重视，早已决定要隆重进行纪念。而他们却诬蔑我们要“淡化十一届三中全会的重大历史意义”。他们还声称“做了长期斗争的思想准备”，甚至提出什么“党的最高权力的程序化转移”问题。难道我们党和国家的领导人不是按照党章和宪法规定的程序产生出来的吗？他们到底要把中国引向何方？我看，他们的根本目的，就是要在我国搞出一点乱子，以图乱中取胜，否定共产党的领导，否定社会主义制度。他们还采用孙悟空钻进铁扇公主肚子中的办法，一些人已经打入我们的内部，已钻到了相当的岗位，准备十年后同我们算账。他们人数不多，但能量不小。这还不值得我们极端注意和高度警惕吗？我们的同志头脑要清醒，而且要站在斗争的前线。当然，同这些人的斗争要讲究方法和策略。我们党历来讲干部要经受考验。过去有战场的考验，现在和平环境中也会遇到各种考验。我们组织部门就很要注意考察各级领导干部在实际斗争中的表现，是勇于斗争呢？还是回避矛盾、患得患失呢？总之，共产党员和领导干部在任何情况下都必须坚持原则，关键时刻要经得起考验。我们要继续高举邓小平理论伟大旗帜，坚持十一届三中全会以来中央的路线方针政策。实践证明，我们是正确的。全党同志特别是高级干部一定要牢记一九八九年政治风波和苏东剧变给世人提供的深刻教训。

大千世界，无奇不有。这类事情总是会有的。关键是我们的领导干部要敏锐地发现问题，正确地加以处理。对于这类事情，既不能熟视无睹，置若罔闻，也不要草木皆兵，惊惶失措，而应见微知著，防微杜渐。通过积极的工作和采取有力的措施，把它们坚决消除在萌芽状态。这就是我们总的方针。风起于青萍之末。有些事情开始时小，但如果麻痹大意，不及时地果断处理和坚决制止，而任其积蓄能量，发展蔓延，就会带来严重的损失。

不要以为西方国家不讲政治，他们讲政治得很。他们的政府、政党、宣传工具、学校、教会等，整天都在向人们灌输他们的价值观念。他们不遗余力地向世界各国输出他们的人权观、民主观、世界观。为什么？也是为了维护和巩固他们的社会制度、意识形态和国家利益。难道在西方允许自由自在、毫无拘束地宣传共产主义的意识形态并组织力量去推翻他们现有的政权吗？

我们党领导着十二亿人口的国家，保持安定团结的政治局面，不断推进改革和建设，不讲政治不行。当然绝不是离开经济建设这个中心去讲政治，我们要讲的是马克思主义的政治，是坚持和保障改革开放和现代化建设的政治，是维护人民群众根本利益的政治。要在全党和全国范围内进一步加强思想政治工作，加强组织工作、管理工作和群众工作，采取正面引导的方针，大力弘扬正气，高扬主旋律，以正压邪。有了坚强的政治保证，改革开放和经济建设才能顺利地进行。

讲政治要具体化，要落实在行动上，要贯彻到各行各业和各项工作中去，不能只喊空头口号。清谈政治，误党误国。党和政府的各级领导干部，无论从事政治工作还是从事经济工作或别的工作，都要做到红与专相结合，都要讲政治，都要向群众做思想政治工作和组织管理工作。善于做引导群众、团结群众的思想政治工作和组织管理工作，是我们党的政治优势，也是根本的工作原则，绝不能丢。丢掉了就要出现混乱，就要吃大苦头。我认为，这个问题全党都要牢牢记住。

关于“清官祠”的问题，现已派人去南阳市调查。待调查的同志返京后，再向中央汇报。

以上意见，请研酌。

江　泽　民

一九九八年四月十二日

推动乡镇企业进一步发展*

（一九九八年四月二十一日）

乡镇企业是我国亿万农民的一个伟大创造，也是党领导改革开放所取得的一项巨大成就。改革开放二十年来，我国乡镇企业异军突起，迅猛发展，已经成为农村经济的主体力量和国民经济的重要组成部分。乡镇企业的发展，对促进国民经济增长和支持农业发展，对增加农民收入和吸纳农村富余劳动力，对壮大农村集体经济实力和支持农村社会事业，都发挥了不可替代的重要作用。目前，乡镇企业面临着一些困难和问题，突出的是效益下降、速度下滑，应该引起我们高度重视。

一、从国民经济和社会发展全局的高度来认识乡镇企业的重要地位和作用。

实现经济增长目标，要充分发挥乡镇企业的作用。在国民经济新增份额中，有很大一块是由乡镇企业创造的。现在，乡镇企业的产值已经占到国内生产总值的四分之一、外贸出口总额的三分之一、农村社会增加值的近三分之二。搞好乡镇企业，对于实现国民经济发展目标至关重要。乡镇企业是

* 这是江泽民同志在江苏省考察乡镇企业时讲话的主要部分。

增加农民收入的重要来源。农民收入增加了，农村市场才能打开。从这个意义上说，搞好乡镇企业，也有利于搞活国有企业，促进整个国民经济进入良性循环。

从农业和农村长远发展看，只有乡镇企业发展起来了，才能增加农业投入，支持农业现代化；也只有大力发展乡镇企业，才能解决农村富余劳动力的问题，增加农民收入，保证农村社会长期稳定。发展乡镇企业是实现农业现代化、实现农村小康的必由之路。江苏农村的发展变化说明，这也是一条成功之路。我国正处在加快向工业化社会过渡的阶段，农村人口这么多，完全靠国家投资、靠城市吸纳来完成国家工业化是不现实的，必须走发展乡镇企业这条路，这是有中国特色的工业化道路。在我们这样一个农村人口占大多数的国家搞现代化，发展乡镇企业是一个重大战略，是一项长期的根本方针。各级领导同志对此一定要有战略眼光。

二、正确认识乡镇企业面临的形势，增强搞好乡镇企业的信心。

要看到，一方面，经过二十年的发展，乡镇企业已经有了很好的基础，有了一支经过工业文明锻炼的乡镇企业职工队伍，有了一大批搞得好的典型，有了一套比较适合市场经济要求的经营机制，更重要的是亿万农民中蕴藏着发展乡镇企业的巨大积极性，这些都是进一步加快乡镇企业发展的有利条件；另一方面，乡镇企业确实面临着一些新情况新问题，不少企业产品没有销路，生产出现滑坡，发展后劲不足。当前，乡镇企业面临的困难和问题，有些是在长期发展的过程中积累下来的，有些是发展市场经济的过程中难以避免的，有些是属于自身素质方面的，要全面分析。乡镇企业有自己的特点和优势，最大的特点是面向市场，最大的优势是机制比较灵活。当然，乡镇企业也有先天不足，主要是技术设备落后、管理比较粗放。在激烈的市场竞争面前，结构不合理、创新能力弱、产品档次低等问题日益暴露出来了，这是目前一些乡镇企业面临困难的主要原因。只要认真分析有利条件，有针对性地解决面临的问题，艰苦创业，不断创新，扬长补短，再造优势，就一定能够开创乡镇企业发展的新局面。这次看的江苏的几家企业，注意保持和发挥机制灵活的优势，重视技术改造、新产品开发和市场开拓，发展快，效益好，很有活力，看了使人感到很振奋。它们的实践说明，乡镇企业是可以搞得好的，是大有希望的。

三、推进两个根本性转变，进一步加快乡镇企业发展。

在市场经济条件下，乡镇企业的发展环境已经发生了很大变化。今后发展乡镇企业，不可能再走低水平重复建设、靠外延扩张的路子，也不可能单纯依靠国家给优惠政策，只能充分发挥自己的优势，走改革开放、体制创新、依靠科技、加强管理的路子，一句话，必须实现两个根本性转变。

第一，深化乡镇企业改革，坚持公有制为主体、多种所有制经济共同发展，充分发挥机制灵活的优势。公有制为主体、多种所有制经济共同发展，是我国社会主义初级阶段的一项基本经济制度。乡镇企业改革和发展要坚持这一基本经济制度。多年来，乡镇企业一直是乡办、村办、联户办、户办，即所谓“四个轮子一起转”，现在又加上股份制、股份合作制等，多种所有制经济共同发展，调动了亿万农民和社会各方面的积极性。要继续调整和完善所有制结构，进一步创造公有制实现形式多样化和多种所有制经济共同发展的局面。乡镇企业改革，要坚持“三个有利于”[1]标准，坚持尊重实践、尊重群众。要鼓励探索，随时注意总结经验。根本目的是增强企业活力，调动投资者、经营者和生产者的积极性，确保集体资产保值增值。对于乡镇企业资产组织形式和经营方式的创新，要从实际出发，因地制宜，不要囿于一种形式。要尊重群众意愿，不能搞行政命令、一刀切。

第二，调整产业、产品结构，提高乡镇企业的质量和效益。要根据市场需要、国家产业政策和当地资源优势，调整优化产业结构，尤其要大力发展农副产品加工业和贸工农一体化的龙头企业，把乡镇企业发展与推进农业产业化经营结合起来。要通过技术改造和新产品开发，生产适销对路的高质量的产品，以质量求生存，靠创新求发展。要以优势企业、优势产品为龙头，打破社区界限、所有制界限，组建企业集团，提高规模效益和市场竞争能力。要引导乡镇企业向小城镇适当集中，不要“村村点火、处处冒烟”。这有利于节约用地、治理污染和提高基础设施利用效率，也有利于促进第三产业发展。中西部地区与东部地区农村发展的差距，主要差在乡镇企业上。要加快中西部地区乡镇企业发展，促进东、中、西合作，引导沿海地区的劳动密集型、资源加工型产业逐步向中西部地区转移。

第三，加快科技进步，加强经营管理，努力提高乡镇企业自身素质。这里，我想着重强调一下乡镇企业技术改造的问题。一些乡镇企业所以具有旺盛的生命力，在激烈的市场竞争中立于不败之地,就在于它们十分重视科技这个第一生产力,不断开发和采用新技术,开发新产品。要加大乡镇企业技术改造的力度,更新设备,改进工艺,调整和优化技术结构,推动企业上规模、上档次、上水平。要引进先进适用技术,提高企业的技术开发和创新能力,大幅度提高产品的科技含量。很多乡镇企业同大专院校、科研院所合作,招贤引才,事半功倍,这种做法值得推广。要鼓励大中专毕业生和城市企业分流出来的技术人员到乡镇企业去发挥作用。对有市场有效益的技术改造项目要给予支持,同时要强化企业管理,有一套科学化、制度化、规范化的东西,向管理要效益。要依靠科技提高资源利用率,节约耕地,保护环境,坚持可持续发展。江苏提出"既要金山银山,又要绿水青山",这是对子孙后代负责。

第四,大力开拓市场,发展外向型经济。乡镇企业没吃过计划饭,原料、资金、产品销路都要靠到市场上去找,过去是个苦恼,现在是个优势。要充分发挥这个优势,积极利用两个市场、两种资源,参与国内国际市场竞争。农村市场容量大,潜力大,乡镇企业"近水楼台先得月",首先要紧紧依靠和抓住农村这个大市场,生产对农民适销对路、价格适宜的产品。谁能够率先打开农村市场,谁就能够获得大发展的广阔天地。还要积极开拓国际市场,发展出口创汇。有条件的企业可以到国外去投资,办一些加工项目,带动产品出口。

第五,加快人才培养,造就一支高素质的乡镇企业管理队伍。企业的竞争,关键是人才的竞争。乡镇企业发展很快,企业管理者素质跟不上,这是当前一些乡镇企业不适应市场竞争的重要原因。要加大人才培养的力度,有一套促进优秀人才脱颖而出的机制，有一套培训人才的办法，有一套激励他们贡献聪明才智的政策。要搞好企业领导班子建设，注意培养一大批吃过苦、在第一线经受过考验又懂得市场经济的企业管理人才。企业领导者要加强学习，发扬艰苦创业的好传统，努力提高自身素质。

四、加强领导，促进乡镇企业持续快速健康发展。

各级党委和政府要把加快乡镇企业发展列入重要工作日程。认真贯彻积极扶持、合理规划、分类指导、依法管理的方针，制定和落实促进乡镇企业发展的政策措施，加强对乡镇企业改革的指导。有关部门要关心乡镇企业的发展，在信贷、出口、市场融资、利用外资、技改项目等方面给予必要的支持。要切实减轻乡镇企业的负担，严格清理税外收费，坚决制止乱集资、乱摊派、乱罚款。乡镇企业要承担农村社会事业开支，承担支农任务，负担已经很重了，不能方方面面都向乡镇企业伸手。

注　　释

〔1〕“三个有利于”，指判断各方面工作是非得失的标准，应该主要看是否有利于发展社会主义社会的生产力、有利于增强社会主义国家的综合国力、有利于提高人民的生活水平。这是邓小平首先提出的。参见邓小平《在武昌、深圳、珠海、上海等地的谈话要点》(《邓小平文选》第3卷，人民出版社1993年版，第372页)。

继承和发扬五四运动的光荣传统*

（一九九八年五月四日）

一百年前，在列强入侵、民族危亡的历史关头，中国发生了戊戌变法。一批爱国志士喊出了兴学图强的口号。北京大学在这种历史背景下应运而生。大家知道，在我们的民族尚未掌握自己命运的情况下，单靠兴学显然难以图强。但是，北京大学和一些高等学府的相继创建，标志着中国现代教育事业的开端，也标志着中国人民带着寻求新知识、挽救民族危亡的强烈愿望进入二十世纪。

在二十世纪的百年中，中华民族的命运发生了历史性转折和巨变。本世纪上半叶，中国人民在中国共产党领导下为实现民族独立和解放，经过百折不挠的斗争，终于胜利地建立了新中国。本世纪下半叶，中国人民在党的领导下又为实现国家的繁荣富强，经过艰辛的探索，终于成功地走上了建设有中国特色社会主义的正确道路。伟大的改革开放和现代化建设事业，正在向世界展示出中华民族全面振兴的灿烂前景。

一个世纪以来，北京大学随着时代的步伐前进，成为享誉中外的著名学府。北京大学有着光荣的革命传统，是新文化

* 这是江泽民同志在庆祝北京大学建校一百周年大会上的讲话。

运动的中心和五四运动的策源地，最早在我国传播马克思主义和科学、民主的思想。中国共产党的主要创始人和一些早期的著名活动家，新文化运动的先驱和一批著名的进步学者，都曾在这里工作或学习过。毛泽东同志在北大工作期间，通过阅读传播马克思主义的著作和具体了解十月革命，思想迅速地朝着马克思主义的方向发展。北京大学作为我国重要的教育学术文化阵地，为祖国培养了一代又一代优秀人才，在社会科学和自然科学领域创造了许多重大成果，为我国的革命、建设、改革事业作出了重要贡献。

鲁迅先生说过："北大是常为新的，改进的运动的先锋，要使中国向着好的，往上的道路走。"〔1〕北大在长期发展和斗争历程中形成的爱国、进步、民主、科学的光荣传统，显示的不断钻研、求实、创新、向上的优良学风，生动地体现了中国人民自强不息、开拓进取的民族精神，也是北大永葆生机的重要动力。这种优良传统和精神动力，要永远发扬光大。

此时此刻，我不由想起了五十多年前在大学里度过的岁月。那时候，中国正处在山河破碎、民不聊生的悲惨境地，中国人民正在进行抵抗外来侵略、推翻反动统治、争取自身解放的斗争。虽然环境十分恶劣，条件十分艰苦，但广大爱国进步的青年发愤学习，追求真理，积极投身人民革命运动的洪流。半个世纪过去了，我在那段生活中学到的科学文化知识、做人的道理和确立的人生理想，至今仍然受用。大学时代，对人的一生会产生深远的影响，希望风华正茂的同学们千万珍惜。

二十一世纪正向我们走来。全国各族人民正在党的领导下，坚定不移地高举邓小平理论伟大旗帜，全面推进建设有中国特色社会主义事业，决心把我们伟大的祖国建设成为富强民主文明的社会主义现代化国家。为了实现这个宏伟目标，我们必须紧紧围绕经济建设这个中心，坚持不懈地实施科教兴国战略。

当今世界，科学技术突飞猛进，知识经济初见端倪，国力竞争日趋激烈。邓小平同志反复教导我们，科学技术是第一生产力；必须尊重知识，尊重人才。他的这些重要思想是我们实施科教兴国战略的理论基础。全党全社会都要高度重视知识创新、人才开发对经济发展和社会进步的重大作用，使科教兴国真正成为全民族的广泛共识和实际行动。

我们的大学应该成为科教兴国的强大生力军。教育应与经济社会发展紧密结合，为现代化建设提供各类人才支持和知识贡献。这是面向二十一世纪教育改革和发展的方向。大家要继续解放思想，深化改革，面向现代化，面向世界，面向未来，在教育和科研战线上努力开创人才培养和知识创新的生机勃勃的新局面。

为了实现现代化，我国要有若干所具有世界先进水平的一流大学。这样的大学，应该是培养造就高素质的创造性人才的摇篮，应该是认识未知世界、探求客观真理、为人类解决面临的重大课题提供科学依据的前沿，应该是知识创新、推动科学技术成果向现实生产力转化的重要力量，应该是民族优秀文化与世界先进文明成果交流借鉴的桥梁。

今天是五四青年节。七十九年前，北京大学的爱国青年发起了具有划时代意义的五四运动。五四运动的精神，最根本的就是中华民族的爱国主义精神。当代中国的广大青年，要继续继承和发扬五四运动的光荣传统，努力担当起振兴中华的历史使命，创造出无愧于时代和人民的业绩。

在这里，我向北大同学和所有高等院校的大学生、向全国各界青年提出几点希望。

希望你们坚持学习科学文化与加强思想修养的统一。首先要刻苦学习，掌握现代科学文化知识。这是成才的重要前提。要学有专长，同时努力拓宽知识面，用人类社会创造的一切优秀文明成果丰富和提高自己。求知与修养相结合，是中华民族的一个优秀文化传统。没有好的思想品德，也不可能把学到的知识真正奉献给祖国和人民，也就难以大有作为。青年时期注重思想修养，陶冶情操，努力树立正确的世界观、人生观、价值观，对自己一生的奋斗和成就将会产生长远而巨大的作用。

希望你们坚持学习书本知识与投身社会实践的统一。要健康成长，不仅要学习书本知识，而且要向社会实践学习，自觉投身于火热的改革开放和现代化建设实践。人民群众的社会实践，是知识常新和发展的源泉，是检验真理的试金石，也是青年锻炼成长的有效途径。青年人要立志到祖国和人民最需要的地方去，到条件艰苦的地方去，磨炼意志，砥砺品格，把学得的知识用于实践，在实践中继续学习提高。艰辛知人生，实践长才干。这是古往今来许多人成就一番事业的经验总结。

希望你们坚持实现自身价值与服务祖国人民的统一。青年人富有遐想和抱负，憧憬着美好的未来。这是青年的特点，也是优点。但需懂得，个人的抱负不可能孤立地实现，只有把它同时代和人民的要求紧密结合起来，用自己的知识和本领为祖国、为人民服务，才能使自身价值得到充分实现。如果脱离时代、脱离人民，必将一事无成。波澜壮阔的改革开放和现代化建设，为全国各族青年展示才华、实现志向，提供了广大的舞台。生长在这样的时代是幸福的。广大青年一定要虚心向革命先辈和人民群众学习，在为祖国的竭诚奉献中焕发出青春的绚丽光彩。

希望你们坚持树立远大理想与进行艰苦奋斗的统一。青年人要有理想，还要有实现理想的坚定信念和脚踏实地、百折不挠的奋斗精神。建设有中国特色社会主义，实现中华民族的振兴，是非常艰巨的事业。我国还处于并将长期处于社会主义初级阶段，在前进道路上必然会遇到许多这样那样的困难和挑战。广大青年一定要深刻认识我们的国情，要有坚韧不拔的充分思想准备，取得成绩时不盲目乐观，遇到困难时不气馁悲观。创业维艰，奋斗以成。历史的胜利和成功，永远属于具有崇高理想、坚定信念的艰苦奋斗的人们。

再经过半个世纪的努力，到建国一百年时，我国的社会主义现代化将会胜利地得到基本实现。到那时，无数志士仁人梦寐以求的振兴中华的理想将变成现实，中国人民将过上中等发达水平的富裕文明生活，中华民族将对人类作出更大贡献。

祖国的未来是无限美好的，青年的未来也是无限美好的。祖国和民族的希望寄托于青年。希望广大青年和全国人民一道，在党的基本理论和基本路线指引下，同心同德，勇于开拓，向着新世纪前进，向着现代化的光辉目标前进，向着中华民族的伟大复兴前进！

注 释

〔1〕见鲁迅《我观北大》（《鲁迅全集》第3卷，人民文学出版社2005年版，第168页）。

新形势下对台工作的任务*

（一九九八年五月十一日）

解决台湾问题，实现祖国的完全统一，是全国各族人民的崇高愿望，是我们党必须完成的重大历史任务。自从中央确立“和平统一、一国两制”的基本方针和有关政策以来，对台工作取得了重大进展，两岸关系和台海局势发生了很大变化。

中央全面分析了台湾问题面临的形势，确定了今后一个时期对台工作的主要目标。这就是：继续遏制“台独”分裂势力和台湾当局在国际上制造“两个中国”、“一中一台”的活动，确保台湾是中国一部分的地位不被改变；推动海峡两岸的经济合作以及香港特别行政区、澳门地区与台湾地区的经济合作有较大发展；高举在一个中国原则下进行政治谈判以正式结束两岸敌对状态的旗帜；争取在实现两岸直接“三通”方面有新的发展；重点做好台湾人民的工作，同时做好台湾各党派和各方面人士的工作。

一、要毫不动摇地坚持一个中国原则。

坚持一个中国原则，是发展两岸关系、实现和平统一的基础和前提，是我们反对任何将台湾分割出去的图谋、反对外国

* 这是江泽民同志在中央对台工作会议上讲话的一部分。

干涉势力插手台湾问题最有力的武器。坚持一个中国原则，是事关国家主权和领土完整的重大原则问题，是绝对不能动摇的。

世界上只有一个中国，台湾是中国不可分割的一部分，中华人民共和国政府是中国的唯一合法政府，是中国在国际上的唯一合法代表。这是我国同一切国家建立和发展外交关系必须坚持的原则。为了促进两岸关系发展和推动和平统一进程，我们提出，在实现统一之前，在处理两岸关系事务中，必须坚持一个中国原则，也就是坚持中国的主权和领土不能分割。这是两岸进行政治谈判的基本前提和政治基础。只要承认中国的主权和领土不容分割，其他问题可以留待以后在两岸谈判中逐步解决。

二、要进一步加强两岸经济文化交流和人员往来，促进早日实现两岸直接“三通”。

从长远来说，加强两岸经济文化交流和人员往来，有利于推进和平统一进程。在对台经济工作方面，要全面贯彻中央有关方针政策，继续对台商投资实行同等优先、适当放宽的政策，继续采取各种有效措施大力吸引台商投资，依法保护台商的正当权益。要充分利用实现两岸直接“三通”已成为台湾经济发展内在需要的有利条件，加速推动实现两岸直接通邮、通航、通商。要团结广大台湾同胞，共同弘扬中华文化的优秀传统。针对“台独”分裂势力进行的活动，要采取得力措施，维护和发展台湾同胞与祖国大陆的各种联系。两岸人员往来，要保持现有规模，争取有所增加。同时，要高度警惕台湾当局的政治渗透。

三、要大力加强做台湾人民工作的力度。

争取台湾民心，是完成祖国统一的重要基础。做好台湾人民的工作，争取和团结广大台湾同胞同我们一道共同实现祖国的完全统一，始终是对台工作的重要目标。我们无论以什么方式实现统一，都要取得台湾同胞的广泛支持，否则就会遇到很大阻力，统一后台湾也难以长治久安。全党同志特别是党的高级干部要充分认识做好这项工作的重大意义。

台湾同胞具有光荣的爱国主义传统。但是，也应看到，由于日本殖民统治特别是“皇民化运动”〔1〕，由于国民党镇压二二八起义〔2〕和对台湾同胞的压制以及长期进行的反共宣传，由于美国坚持干涉台湾问题的政策等复杂的历史和现实原因，在台湾同胞中还不同程度地对统一存有这样那样的疑虑，不少人主张维持现状。我们在做台湾人民工作的时候，要有针对性，要了解台湾同胞的心态和愿望，多做释疑解惑的工作。要从根本上讲清楚一个道理，使台湾同胞明白：台湾离开了祖国，必将被外国干涉势力所控制，陷入风雨飘摇之中。要使他们了解，实现统一并不会改变台湾现行的社会制度、生活方式，他们现有的各种权益将得到切实尊重和维护。要通过我们的努力，争取在台湾社会中逐步形成和壮大遏制“台独”、反对分裂、促进两岸关系发展的力量，争取绝大多数台湾同胞支持按照“和平统一、一国两制”的基本方针实现统一。

总之，做台湾人民的工作，是最具体、最实际也是最有效的工作。这项工作，不仅中央领导同志要做，中央各部委和各省、自治区、直辖市的负责同志都要做；不仅全党同志要做，而且要动员和组织社会各方面力量都来做，不断取得成效。

四、要继续高举两岸政治谈判的旗帜。

我们党一贯主张通过谈判解决台湾问题，而且逐步充实、完善和发展了关于两岸谈判的主张。根据现实情况，第一步可以暂时不谈和平统一，可以先谈在一个中国原则下正式结束两岸敌对状态。通过谈判力争使台湾当局停止分裂活动，停止在国际上制造“两个中国”、“一中一台”的活动，并以统一为目标，对统一前的两岸关系发展作出安排。我们的这个主张，既坚持了和平统一谈判的原则立场，又具有很强的务实性和可操作性，有利于争取广大台湾同胞的支持，争取国际社会的理解。当然，实现两岸政治谈判，还会有艰巨复杂的斗争。

我们要高举政治谈判的旗帜，积极推动两岸政治谈判进程。进行两岸政治谈判，有利于促进两岸经济关系和各项民间交流的发展，实现直接“三通”，以进一步遏制“台独”分裂势力的活动；有利于争取台湾民心和国际舆论。当前，我们可以先争取进行政治谈判的程序性商谈，解决正式谈判的议题、名义、地点等问题。即使一时解决不了，也可以建立谈政治问题的机制，以利于做台湾当局领导人的工作。

五、要坚决反对和遏制“台独”分裂势力在国际上制造“两个中国”的活动。

这些年来，我们的外交工作包括涉台外交取得了全面进展，基本态势是我强台弱，优势在我们一边。台湾当局不可能放弃所谓“务实外交”活动，我们对此要十分警惕。要加强在国际上宣传一个中国原则，揭露“务实外交”损害中国主权和领土完整的本质。要牵制和阻止有关国家同台湾发展实质关系。继续坚决反对美国对台出售武器。继续反对台湾当局企图挤进联合国的活动，也不允许台湾加入只有主权国家才能参加的联合国下属组织和其他政府间国际组织。对台湾当局挖我建交国的行径也要进行坚决斗争，反对“双重承认”。总之，绝不能让“台独”分裂势力得到搞旨在制造“两个中国”、“一中一台”分裂活动的“国际空间”。

注 释

〔1〕“皇民化运动”，是日本殖民者在侵占中国台湾期间妄图消灭台湾同胞民族意识、消灭中国文化影响、强制把台湾同胞奴化为日本帝国“忠臣良民”的运动。一九三七年，日本殖民当局为配合侵华战争，大规模推行所谓“皇民化运动”。其主要做法有：强制普及日语，不准台湾民众日常使用汉语及其地方方言，废止中文报刊。强行要求台湾民众生活方式日本化，强迫改用日式姓名，禁穿中式服装，禁过中国传统节日；封闭中式寺庙，以日本神社崇拜取代台湾民众世代传承的祖先崇拜。强化“皇民”思想教育，强迫台湾学生接受“日本国民训练”，丑化中国，抹灭台湾青年的故国观念，树立对日本天皇的“忠君爱国”思想。加强思想文化领域控制，强迫台湾作家创作、台湾刊物发表“皇民文学”，禁演中国地方传统戏。“皇民化运动”始终遭到台湾同胞的强烈反对和抵制。一九四五年，中国抗日战争胜利，台湾归还中国，“皇民化运动”以失败告终。

〔2〕二二八起义，是台湾同胞反对国民党反动统治的爱国民主运动。抗日战争胜利后，台湾归还中国，台湾同胞欢庆回归祖国。但是，接收台湾的国民党当局对台湾民众实行专制统治，官员贪污腐败，军警横行无忌，加之当时粮食恐慌、物价飞涨、失业严重，激起台湾民众强烈不满。一九四七年二月二十七日，台湾专卖局缉私员和警察在台北行凶殴打小贩，并开枪打死市民一人。二十八日，台北市民举行罢市和请愿游行，提出惩凶、赔偿等要求，随即发展为全省范围的大规模武装起义。起义民众提出进行政治改革、铲除专制和腐败贪污等主张。国民党当局调集军队镇压了这次起义。

创新的关键在人才*

（一九九八年六月一日）

当今世界，以信息技术为主要标志的科技进步日新月异，高新技术成果向现实生产力的转化越来越快，初见端倪的知识经济预示人类的经济社会生活将发生新的巨大变化。世界各国都在抓紧制定面向新世纪的发展战略，争先抢占科技、产业、经济的制高点。面对这个态势，我们必须顺应潮流，乘势而上。

迎接未来科学技术的挑战，最重要的是要坚持创新，勇于创新。我说过，创新是一个民族进步的灵魂，是一个国家兴旺发达的不竭动力。今天我还要说，科技创新已越来越成为当今社会生产力解放和发展的重要基础和标志。中华民族是勤劳智慧的民族，也是富有创新精神的民族。希望两院院士和各条战线上的广大科技工作者，进一步弘扬我们民族的伟大创新精神，加快建立当代中国的科技创新体系，全面增强我们的科技创新能力。这对于实现我国跨世纪发展的宏伟目标，实现中华民族的伟大复兴，是至关重要的。

我所以一再强调科技创新，是从我国现代化建设的需要

---

* 这是江泽民同志会见出席中国科学院第九次院士大会、中国工程院第四次院士大会的部分院士和外籍院士时讲话的主要部分。

和世界科学技术飞速发展的形势考虑的。八十年代初，我在电子工业部担任领导工作。当时，我们梦寐以求的就是搞成中国自己的集成电路，开始搞的是64K和256K。现在，世界上集成电路的制造水平已取得突破性进展。去年我访美时看了贝尔实验室，他们介绍说，线条宽度的制造水平现在已做到了零点二五微米，二〇一〇年至二〇一二年可能达到零点零五微米。科技进步真是永无止境。用数学方式表示，那就是宇宙是无穷大的，而微观世界就是无穷大方分之一。《庄子》里就记录了当时这样的思想："一尺之捶，日取其半，万世不竭。"〔1〕去年我到哈佛大学演讲，就引述了这个话，说明中国远古时代的先人就已认识到事物的发展变化是无限的，说明那时他们对自然界的认识就已达到相当的水平。我在高中二年级学微积分时，老师第一课就给我们讲了《庄子》中的这个思想，很形象地使我建立起极限的概念。当今世界科技发展的事实印证了这一思想。前几年提出信息高速公路，随后又提出知识经济，最近美国副总统戈尔又提出了数字地球的概念。真是日新月异啊！

我国要跟上世界科技进步的步伐，必须千方百计加快知识创新，加快高新技术产业化。而创新的关键在人才，必须有一批又一批优秀年轻人才脱颖而出，必须大量培养年轻的科学家和工程师。我国许多重大科技成果的取得，同老一辈科学家一生的辛勤耕耘是分不开的。同时，在老一辈科学家帮助和带动下，许多年轻科技人才不断成长和成熟起来，并已担当重任，成为推动我国科技进步的中坚力量。这是非常可喜的现象。

纵观世界科学技术发展史，许多科学家的重要发现和发明，都是产生于风华正茂、思维最敏捷的青年时期。这是一条带有普遍性的规律。哥白尼〔2〕提出日心说时是三十八岁。牛顿和莱布尼茨〔3〕发现微积分时分别是二十二岁和二十八岁。我看过牛顿的名著《自然哲学的数学原理》，他写出这本书时才四十三岁。达尔文〔4〕开始环球航行时是二十二岁，后来写出了著名的《物种起源》。爱迪生〔5〕发明留声机时是三十岁，发明电灯时是三十二岁。贝尔〔6〕发明电话时是二十九岁。居里夫人〔7〕发现镭、钍、钋三种元素的放射性时是三十一岁，由此得了诺贝尔奖，后来又由于发现钋、镭并提炼出纯镭，第二次获得诺贝尔奖，时年四十四岁。爱因斯坦〔8〕提出狭义相对论时是二十六岁，提出广义相对论时是三十七岁。爱因斯坦阐述相对论的手稿，现在收藏在以色列的图书馆里，我向以色列总统要了一份复制件。我的德文水平不高，不能完全看懂其中的论述，但从中可以看出手稿是经过了多次修改的。这说明，一个正确思想的形成、一个科学原理的提出，总是要经过反反复复的思考、研究和修订的过程。李政道和杨振宁〔9〕提出弱相互作用中宇称不守恒定律时分别为三十岁和三十四岁。一九五三年，美国生物学家沃森和英国生物学家克里克〔10〕提出脱氧核糖核酸（DNA）分子结构的双螺旋模型时分别是二十五岁和三十七岁。我对科学技术进步是关注的，对科学家们的发明创造，不管是历史上的还是现代的，不管是国内的还是国外的，都希望能有所了解。现在，无论是生物工程还是宇宙科学，无论是宏观世界研究还是微观世界研究，发展变化都很快，新的发明创造层出不穷，天外还有天啊！科技界应该编一些介绍世界著名科学家和各种科学发现、技术创新的书籍，以利于向广大干部群众特别是青年人普及科学技术方面的基本知识。

自然科学是如此，许多杰出的社会科学家和政治家，他们的杰出功业也大都是在年轻时期就基本创立了。《共产党宣言》发表时，马克思是三十岁，恩格斯是二十八岁。《共产党宣言》发表十一年以后，马克思写出了《〈政治经济学批判〉序言》，也不过四十一岁。中国共产党第一次全国代表大会召开时，毛泽东同志是二十八岁；陈独秀〔11〕当选党的中央局书记，是四十二岁，此前他早就是北京大学的著名教授了。新中国成立时，毛泽东同志也只有五十六岁，邓小平同志是四十五岁。再说，我国历史上许多文人学士，也都是在青春韶华之时就已功成名遂。西汉的贾谊〔12〕死时三十二岁，毛泽东同志称赞他的《治安策》是“西汉一代最好的政论”〔13〕。王勃〔14〕写下了千古名篇《滕王阁序》，其中“落霞与孤鹜齐飞，秋水共长天一色”等名句，文采和意境都是杰出的。我读书时，古文老师讲王勃写这篇文章时只有十几岁，那是说得太年轻了。他是在去南方探望父亲途经南昌时作的此文，后在途中溺水身亡，死时才二十七岁。

我今天所以要列举以上这些事例，无非是要说明一个基本道理，就是科学技术的发展，社会各项事业的进步，都要靠不断创新，而创新就要靠人才，特别要靠年轻英才不断涌现出来。

我们的改革开放和现代化建设正在不断向前发展，继续促进干部队伍和各种专业人才队伍的年轻化十分重要。去年，我们召开了党的十五大，在考虑人事安排时，有一个重要的指导思想，就是要努力实现中央领导层的年轻化。这一届中央委员换了一半，新进中委的大都是年轻的和比较年轻的。长江后浪推前浪，世上新人换旧人。李白〔15〕有一篇文章叫《春夜宴从弟桃李园序》，里面说："夫天地者，万物之逆旅也；光阴者，百代之过客也。"李白是个大文学家，但他已意识到了四维空间，X、Y、Z，再加上一个时间。

新陈代谢，不舍昼夜。年轻的总要代替年老的，青出于蓝而胜于蓝。这是自然界和人世间的一般规律。人的思维创造活动的最好年龄，一般是二十几岁到三十几岁。年轻人不但思维敏捷、精力旺盛，而且对知识、经验的积累和掌握也最为快捷，又最少包袱，敢想敢干，再加上其他有利条件，所以新的发现、新的创造出在青年时期居多。当然，大器晚成的事例也有。比如，摩尔根〔16〕创立基因学说的年龄，是在四十九岁至六十岁之间，这可以说属于特殊现象。我们一定要大力培养任用年轻人。这应该成为我们推动科技创新、知识创新和其他各个方面创新工作的重要指导思想。年轻的同志要立志学习、赶上并超过年长的同志，年长的同志则要热情帮助、勉励并真诚提携年轻的同志。我相信，建设有中国特色社会主义的伟大时代，必将是知识不断创新、新事物新业绩不断涌现的时代，必将是百舸争流、人才辈出的时代。

注　释

〔1〕见《庄子·天下》。

〔2〕哥白尼，即尼古拉·哥白尼（一四七三——一五四三），波兰天文学家，

近代天文学的奠基人。在一五一〇年至一五一四年间写成的《从排列顺序论天体的运动理论》一文中提出日心说。

〔3〕牛顿,即艾萨克·牛顿(一六四三——一七二七),英国物理学家、数学家、天文学家,经典力学基础牛顿运动定律的建立者、万有引力定律的发现者。莱布尼茨,即戈特弗里德·威廉·莱布尼茨(一六四六——一七一六),德国自然科学家、数学家、哲学家,数理逻辑的创始人,唯心主义唯理论的主要代表人物之一。一六六五年,牛顿先于莱布尼茨发现微积分,但没有发表。莱布尼茨后来也独立发现微积分。后人把牛顿和莱布尼茨并称为微积分的创始人。

〔4〕达尔文,即查尔斯·罗伯特·达尔文(一八〇九——一八八二),英国博物学家,进化论的奠基人。一八三一年开始历时五年的环球航行,搜集了动植物和地质等方面的大量材料,形成生物进化的概念。一八五九年出版著名的著作《物种起源》,提出以自然选择为基础的进化学说。

〔5〕爱迪生,即托马斯·阿尔瓦·爱迪生(一八四七——一九三一),美国发明家。一八七七年发明留声机,一八七九年发明电灯。个人或合作持有一千多项专利。

〔6〕贝尔,即亚历山大·格雷厄姆·贝尔(一八四七——一九二二),美国发明家。一八七六年发明电话。

〔7〕居里夫人,即玛丽·居里(一八六七——一九三四),法国物理学家、化学家。原籍波兰。一八九八年发现钋、镭两种放射性元素和钍的放射性。因对放射性研究的贡献,与皮埃尔·居里、贝可勒尔共获一九〇三年诺贝尔物理学奖。因发现钋、镭并提炼出纯镭,获一九一一年诺贝尔化学奖。

〔8〕爱因斯坦,即阿尔伯特·爱因斯坦(一八七九——一九五五),物理学家。生于德国,曾入瑞士籍、美国籍。在物理学多个领域均有重大贡献,其中最重要的是在一九〇五年提出狭义相对论,并在此基础上于一九一六年提出广义相对论。因在理论物理学方面的贡献,特别是发现光电效应定律,获一九二一年诺贝尔物理学奖。

〔9〕李政道,一九二六年生,美籍华人理论物理学家。杨振宁,一九二二年生,美籍华人理论物理学家。一九五六年,他们提出弱相互作用中宇称不守恒定律,共获一九五七年诺贝尔物理学奖。

〔10〕沃森,即詹姆斯·杜威·沃森,一九二八年生,美国生物学家。克里克,

即弗朗西斯·哈里·康普顿·克里克(一九一六——二〇〇四),英国生物学家。一九五三年,他们提出脱氧核糖核酸(DNA)分子结构的双螺旋模型学说,与威尔金斯共获一九六二年诺贝尔生理学或医学奖。

〔11〕陈独秀(一八七九——一九四二),安徽怀宁十里铺(在今安徽安庆境内)人。五四新文化运动的主要领导人之一。中国共产党的主要创建人之一。一九二一年七月,在中国共产党第一次全国代表大会上被选为中央局书记。在中国共产党成立后的最初六年中是党的主要领导人。第一次国内革命战争后期,犯了严重的右倾机会主义错误,一九二七年七月被解除中共中央最高领导职务。其后,对革命前途悲观失望,在党内成立小组织,进行反党活动。一九二九年十一月被开除出党。

〔12〕贾谊(前二〇〇——前一六八),西汉洛阳(今河南洛阳东)人。西汉政论家、文学家。

〔13〕见毛泽东《致田家英》(《毛泽东书信选集》,中央文献出版社2003年版,第497页)。

〔14〕王勃(六五〇或六四九——六七六),唐代绛州龙门(今山西河津)人。唐代文学家。

〔15〕李白(七〇一——七六二),祖籍陇西成纪(今甘肃静宁西南),生于唐代绵州昌隆(今四川江油南),一说生于碎叶(唐属安西都护府,今吉尔吉斯斯坦北部托克马克附近)。唐代诗人。

〔16〕摩尔根,即托马斯·亨特·摩尔根(一八六六——一九四五),美国实验胚胎学家、遗传学家。因对遗传学发展的贡献,获一九三三年诺贝尔生理学或医学奖。主要著作有《基因论》、《实验胚胎学》等。

领导干部要在思想、作风建设中作出表率*

（一九九八年六月二日）

领导干部的思想、作风端正不端正，关系十分重大，直接关系党的理论和路线方针政策能不能真正贯彻落实，关系党和人民的事业能不能不断取得新的胜利。因此，思想、作风问题是一个重要的政治问题。

当前，国际形势总的趋向缓和，但要清醒地看到，这里面有顺利的一面，也有曲折的一面。国际社会各种力量的竞争和较量，国与国之间的矛盾和斗争，是不以人们的愿望为转移的。从国内来说，各项改革都在深入发展，现代化建设的任务十分繁重，亚洲金融危机对我们的影响尚未过去，各条战线的工作都要增强紧迫感和责任感。这些都对我们领导干部的思想、作风提出了更高的要求。

任何事物的发展都不可能一帆风顺，干部的成长也是这样。一名干部特别是领导干部，不经过艰难险阻，不经过各种困难和风险的考验，是难以成长和成熟起来的，是难以担当重

* 这是江泽民同志在中共中央举办的第二期中共中央委员和候补委员学习邓小平理论和十五大精神研讨班上讲话的一部分。

任的。这如同开发产品一样，往往要经过多少次反复试验才能投产。革命战争年代，我们领导干部要经受炮火和对敌斗争的考验。和平年代不打仗了，一般没有生与死的考验，但还会遇到其他各种形式的考验，如糖衣炮弹的考验、各种复杂局面和艰苦环境的考验等。从沿海地区调到条件艰苦的西北地区工作，就是一种考验。战争年代，领导干部大都是单身一人，说走就走。现在大都有家小，有些实际问题需要考虑，这同战争年代不一样，不能那样去要求干部。但是，各级领导干部必须以党和人民的事业为重，要勇于到艰苦的地方去工作，要在斗争实践中锻炼成长。这些要求是应该坚持的。组织部门在考核干部时，要看他们是否经受过和能否经受住各种考验，要看他们的工作实绩。而要经受住考验、干出实绩，没有好的思想、好的作风是不行的。在全党的思想、作风建设中，领导干部特别是高级干部应该作出表率。

第一，各级领导干部必须在思想上、政治上同党中央保持高度一致。这种高度一致，体现在坚决拥护和贯彻中央的路线方针政策上，体现在自觉维护中央的权威上。党的十五大把邓小平理论确立为党的指导思想，并创造性地运用这一理论对改革开放和现代化建设的发展作出了一系列重大决策。能否全面正确地领会和贯彻邓小平理论，能否全面正确地领会和贯彻党的十五大的决策和部署，这是对各级领导干部是否同中央保持一致的最重要、最实际的检验。如果口头上表示拥护邓小平理论，拥护党的十五大的决策和部署，而实际上却不是那么回事，甚至另行其道，完全走了样，这种口是而心非的作风是同党的言行一致、表里如一的优良作风不相容的。

还有很重要的一点，看一名领导干部是否同中央保持一致，要看他能否结合自己所在地区所在部门的实际创造性地开展工作，使中央的决策和部署真正落到实处。我国幅员辽阔，各地情况千差万别。比如，江苏、浙江、广东、上海等沿海地区，历来就是鱼米之乡，现在经济比较发达；而中西部特别是西部一些地区，至今条件仍很艰苦，群众还比较贫困。在不同地区不同部门做领导工作，对中央的精神只会照本宣科是不行的，必须善于结合本地区本部门的具体实际加以贯彻落实，既体现出中央的统一决策和部署的基本要求，又显示出本地区本部门的具体特色。只有这样，才能把党的方针政策真正变成群众自觉的实际行动，从而不断开创改革和建设的新局面。领导干部讲政治，首先必须同中央保持高度一致。政治上强不强，最重要的就是要看这一条。

第二，各级领导干部必须善于动员和组织群众一道奋斗。领导干部对党和人民的事业负有重要领导责任。所谓领导，最根本的就是要把党的理论和路线方针政策贯彻到群众之中，为群众所掌握，从而实现对群众的领导。而离开对群众艰苦细致的思想工作、宣传工作、组织工作，就不可能把群众真正动员和组织起来，实现对群众的领导也就会成为一句空话。所以，衡量一名领导干部是否称职，不能仅仅看本人的工作是否积极，那样就把标准降低到一般干部的水平了，更重要的是要看他能否把广大群众动员和组织起来，把各个方面的智慧和力量凝聚起来，最大限度地调动和发挥广大群众的积极性、主动性、创造性，团结他们为实现国家的经济社会发展目标而共同努力。我们许多老一辈无产阶级革命家很善于做群众的思想工作、宣传工作、组织工作，很善于把握群众的脉搏，很善于团结和鼓舞群众为人民的利益而奋斗，因而成为群众的卓越领导者。这是很值得我们现在的领导干部学习的。有些领导干部习惯于坐在机关里发号施令，工作中存在官僚主义、命令主义、形式主义，引起群众反感，工作也就不可能做好。这样的领导作风必须改变。总之，是否善于和能否坚持做好对群众的思想动员、组织团结工作，既是对各级领导干部的领导能力、领导水平的一个重要检验，也是对他们的思想、作风的一个重要检验。

第三，各级领导干部必须坚持贯彻党的民主集中制原则，学会多谋善断。这一点对各级领导班子的主要负责人来说尤为重要。能否按照民主集中制原则，果断、正确地作出工作决策，也是衡量领导干部的思想、作风如何的一个十分重要的方面。去年以来，我一直强调各级领导班子要坚持做到四句话：集体领导、民主集中、个别酝酿、会议决定。我以为，这四句话体现了民主集中制原则的基本精神和基本要求。

各级领导班子要完成自己担负的繁重任务，必须形成和实行有效的决策机制。对于符合党的路线方针政策和中央要求的事情，看准了的，就要果断决策、雷厉风行，绝不可优柔寡断、延误时机。我们的古人早就懂得多谋善断的道理，也懂得当断不断、反受其乱的害处。成都的武侯祠里有一副对联，下联是“不审势即宽严皆误，后来治蜀要深思”〔1〕。各级领导干部特别是高级干部，应该善于审时度势、果断决策。无论做什么工作都要抓住机遇而不能丧失机遇，否则就会丧失开拓前进的主动权。从我们党领导人民进行革命战争取得胜利的实践乃至世界历史上的一些著名战役中都可以看出，抓住时机和战机，决战决胜，是非常重要的。

当然，果断决策绝不是盲目决策。在决断前要谨慎周密地加以论证，广泛听取各方面的意见，集中干部群众的智慧，为果断决策提供正确依据和可靠基础。这也就是多谋的过程。多谋和善断是辩证统一的。如果不征求或根本听不进大家的意见，只是凭个人或少数几个人拍脑袋决定问题，这样的决断就可能变成武断。如果关键时刻不当机立断，犹犹豫豫，延误了时机，那样就变成了优柔寡断。这都是违背民主集中制原则和多谋善断要求的。各级领导干部在工作中，应该努力学会既能多谋又能善断。从领导干部和领导班子的决策工作来说，贯彻执行党的民主集中制的过程，也就是多谋善断的过程。也可以说，坚持执行民主集中制原则，是实现多谋善断的可靠基础和重要保证。

第四，各级领导干部必须眼界开阔、心胸宽广，淡泊个人名利。当前，强调这个问题有着特殊的意义。党的十五大前后，各级党政领导班子进行了调整，一大批干部走上新的重要工作岗位。新的领导职责，要求同志们更加自觉、更加努力地加强自我修养，在思想上、作风上不断有新的进步。眼界开阔，心胸宽广，对于领导干部来说极为重要。中国古语中有雅量这个词，就是倡导人们特别是从政为官的人，要有容人容事的大气量。我们共产党人是为人民服务的，党的各级领导干部应该具有心胸宽广的雅量，这样才能善于吸收各种丰富的知识和经验，善于听取各方面的意见，也才能使自己不断长本事、长智慧。凡是有利于改进工作、有利于党和人民事业的意见，包括反对自己的意见，都要诚心诚意地倾听。如果心胸狭隘，容不得人，容不得不同意见，就会自己把自己封闭起来，不仅思想难以进步、工作难以做好，而且还有严重脱离群众、成为孤家寡人的危险。我说的雅量，当然是坚持党的原则前提下的雅量。在涉及党的重大原则的问题上，决不能含糊和让步。要做到心胸宽广，就要在实践中加强学习和修养。思想境界提高了，心胸才能宽广，也才能淡泊个人名利，站得高、看得远。

一个人如果斤斤计较个人名利，为名所累，为利所束，可以肯定地说，他心胸宽不了，精神境界高不了，也不可能有远大的理想。战争年代参加革命的许多同志，大家的动机和理想都很明确。抗日战争时期，就是要团结一致把日本侵略者赶出中国。解放战争时期，就是要团结一致推翻国民党蒋介石的反动统治，建立新中国。他们英勇斗争，随时都有牺牲的可能，但从不考虑个人安危、个人名利，谁也没去想一定要得到什么东西，要当一个什么官。这种为国家、为民族、为人民的大无畏献身精神，使我们共产党人赢得了最广大人民的衷心拥护。共产党员要为国家、为民族、为人民去争名争利。这样的名和利，不仅要争，而且争得越多越好。但个人名利，万万争不得。

在党的十二大上，我被选为中央委员，事先自己一点不知道，组织上谁也没有告诉我是中委候选人。这是很正常的，因为这是组织上安排的事，个人不应该考虑和过问。中央把我从电子工业部调到上海当市长，正式决定前也没有人向我透风。我讲这些是要强调，我们党历来有一个好传统，就是一名干部做什么工作、担任什么领导职务，要由组织决定，而干部本人不要去考虑自己的名利地位，不要去想自己干了多少年就要当个什么官、谋个什么位置。这个好传统一定要发扬下去。当然，组织上应该根据党的干部政策和干部本人的德才表现，看工作实绩，看实践考验，特别是看关键时刻是否经得起考验，全面慎重地把每一名干部使用好。

第五，各级领导干部必须谦虚谨慎、戒骄戒躁，对党和人民的事业高度负责。这是关系工作好坏和我们事业成败的一个很重大的思想作风问题。每个领导干部，无论在哪个工作岗位上、在哪个领导班子中，都应该处理好个人与集体、个人与组织的关系。工作作出了成绩，功劳再大，也不能骄傲。没有党的正确路线方针政策指引，没有领导班子其他成员配合，没有广大干部群众支持和共同奋斗，没有各个方面的条件，个人本领再高，也成不了什么大事。所以，任何时候都要虚怀若谷，而不能居功自傲，更不能把自己作出的成绩作为向组织伸手的资本。一切归功于党、归功于人民、归功于集体，历来是我们党的优良传统和作风。

以上讲的是如何对待自己的工作成绩和功劳，这是一个方面。另一方面，如果工作中发生失误、出了问题，作为领导干部要敢于承担责任。这两个方面是相通的。一个居功自傲的人，也不可能是敢于承担责任的人。不敢承担责任，甚至诿过于人，谁还敢与你共事？各级领导干部必须时刻牢记自己所肩负的工作使命，对党对人民高度负责。自己所分工的工作一定要做好，应该履行的义务一定要认真履行，应该承担的责任一定要自觉承担。任何推诿、扯皮、敷衍塞责，都是不允许的。

领导干部还要有敢于坚持真理的精神,有敢于同一切违背党的路线方针政策的错误言行作斗争的精神。这也是对党和人民的事业高度负责的必然要求。如果不坚持党的原则,不分是非,在国家和人民的利益受到损害时,不是挺身而出坚决维护,而是怕这怕那,听之任之,那就是极不负责的表现,就是十分错误的。

第六,各级领导干部必须坚持走群众路线,始终与群众同甘共苦。一切为了群众,一切依靠群众,从群众中来,到群众中去,这条群众路线是我们的事业不断取得胜利的重要法宝,也是我们党始终保持生机和活力的重要源泉。坚持党的这一根本工作路线,是对各级领导干部思想、作风的一个根本要求。所有领导干部都要经常深入群众、深入实际,认真调查研究,认真倾听群众的呼声、要求和意见,努力把群众创造的经验总结出来,努力找到解决问题的有效办法,并依靠群众加以解决。越是困难的地方,越是矛盾集中的地方,领导干部越是要经常到那里去。一九九一年,我到安徽去察看灾情,看到广大党员、干部和人民子弟兵冲在抗洪救灾的最前面,表现得非常勇敢。正因为这样,那里的党组织在群众中的威信、救灾部队在人民群众中的威信高得很。在这种危急关头,不敢上的人也有,但只是极个别的,绝大多数干部表现是好的。领导干部把群众的安危冷暖时刻放在心上,同群众打成一片,为群众排忧解难,许多问题就容易解决,任何困难都能够克服。我讲过几次,有的地方由领导同志带头,组织干部到困难企业、到贫困农村地区去,与那里的职工群众、农民群众共同奋斗,这既有利于帮助群众克服生产生活上遇到的困难，又有利于干部自己锻炼成长。这个经验很值得提倡。

我在这里要特别强调，绝不能一边是一些国有企业由于遇到暂时困难有职工群众下岗，而一边却是有些干部沉湎于酒绿灯红。领导干部来自群众，是为群众工作和服务的，如果脱离群众，不关心群众疾苦，做官当老爷，甚至做出种种违背群众意愿、损害群众利益的事情来，那就从根本上丧失了当领导干部的资格。越是在群众有困难的时候，领导干部越是要体贴群众，与群众同甘共苦、共渡难关。如果不是这样去做，而是对群众的困难熟视无睹、漠然处之，那就会严重败坏党和政府的形象，发展下去是很危险的。我讲这些话，绝不是无的放矢。我不时看到反映这种情况的一些材料，心情是很沉重的。存在这种问题的地方和部门，务必坚决纠正。对问题严重的干部，一定要严肃批评和处理。

第七，各级领导干部必须坚持不懈地学习、学习、再学习。加强学习的问题，我所以对领导干部和全党同志反复倡导和强调，是因为它太重要了，关系党和国家工作全局，关系改革和建设事业的长远发展。自觉、刻苦地学习，不断吸取新知识新经验，也是领导干部保持好的思想、好的作风的前提条件。当今世界，一些发达国家正在向知识经济前进。知识在经济发展和社会进步中的作用，比以往任何一个历史时代都重要千百倍。从学习的角度来说，当今时代，是要求人们必须终身学习的时代。在这种世界大势之下，领导干部如果不更加奋发地学习，不努力用科学的理论武装自己，不努力掌握先进的科学技术知识，不善于实现知识的不断更新，就必定会落后，就不可能肩负起党和人民交给自己的历史任务。这应该成为每个领导干部非常清醒和自觉的认识。在领导干部的学习方面，除了加强理论学习，还要加强对党的历史、对中国历史的学习，加强对经济、政治、法律、科技、文化等各方面知识的学习。年轻干部风华正茂，处在最佳的学习年龄，尤其要刻苦学习。各级领导干部的学习水平不断得到提高，党和国家的事业就能够更好地向前发展。

我已年逾古稀，仍愿意在坚持学习上与大家共勉。昨天晚上，我在看一本爱因斯坦[2]的传记。有一份读书报发表了记者采访杨振宁[3]的文章，杨振宁讲有一本《爱因斯坦传》是值得一读的好书。我就请人找来一本。书中有这样一段：一次，爱因斯坦正在散步，突然停下来说，现在看到的月亮是不是月亮的存在？这大概就属于相对论的思想，因为月光达到地球是需要时间的。这说明爱因斯坦在散步时，脑子里还在思考他钻研的重大问题。学习与思考应该紧密结合。孔子讲："学而不思则罔，思而不学则殆。"[4]各级领导干部特别是高级干部，脑子里一定要想些大事，要经常装着一些大问题，不断在学习中思考、在思考中学习，经常同干部群众一起研究讨论，寻找解决这些大问题的措施和办法。

第八，各级领导干部和领导班子必须加强团结，同危害团结的行为作斗争。我们经常唱《团结就是力量》这首歌，它表达了一条颠扑不破的真理。各级领导干部和领导班子一定要成为团结的模范。大家要做到相互信任、相互支持、相互补充、相互帮助，而决不能相互拆台。领导成员之间最忌讳的，就是有人不但不去维护团结，反而挑拨离间、两面三刀，专门在班子里面搅和。所有领导班子都要反对和防止这样的现象。我在前面强调领导干部要虚怀若谷,虚怀若谷是有原则的,而不是无原则的。对干部群众出于良好愿望和动机提出的各种意见,包括很尖锐的意见,领导干部都要听得进去。但是,如果有人居心不良、造谣生事,则应另当别论,那不仅不能听,还要坚决进行斗争,不能让他们的行为破坏我们的团结。海外有些报刊经常搞出一些挑拨离间、无中生有的东西,我多次讲过,对此类东西应该持一种见怪不怪、其怪自败的态度。但是,有的人往往不辨真假,信以为真,甚至加以散布,让人家牵着鼻子走。有的人整天不干正事,专门造谣诽谤,写份材料用复印机一复印,到处发送。看起来好像各个方面都有反映,其实谣源就是他一个人。对我们内部、对干部队伍中出现的这样的害群之马,一定要严厉查处,不能放任不管、姑息养奸。对搞挑拨离间、当面一套背后一套的人,大家务必保持警惕,绝不能让这种人钻到领导岗位上来。如果让他们得势,就会误党误国误民。在我们党的历史上,在苏联党的历史上,都有这方面的深刻教训,大家要牢牢记取。

我今天讲的这八个方面,都是我们党历来对领导干部在思想上、作风上的一些基本要求,都是党的优良传统和作风的重要组成部分。过去我们搞革命,推翻三座大山〔5〕,建立新中国,离不开这些优良传统和作风。今天我们搞改革开放,搞社会主义现代化建设,也离不开这些优良传统和作风。希望各级领导干部在邓小平理论和党的基本路线指引下,紧密结合自己的工作实际,努力把党的优良传统和作风坚持下去,并不断发扬光大。

注　释

〔1〕武侯，即三国时期蜀汉丞相诸葛亮。此联为近代学者、诗人赵藩撰写，上联是“能攻心则反侧自消，从古知兵非好战”。

〔2〕见本卷《创新的关键在人才》注〔8〕。

〔3〕见本卷《创新的关键在人才》注〔9〕。

〔4〕见《论语·为政》。

〔5〕这里所说的三座大山，指旧中国压迫中国人民的帝国主义、封建主义、官僚资本主义。

解决台湾问题的原则和立场*

（一九九八年六月二十七日）

刚才，我与你就中美关系和其他共同关心的问题广泛深入地交换了意见，达成了重要共识。现在，我想与你专门谈谈台湾问题。

如你所知，在我们的历次会谈会晤中，台湾问题一直是讨论的主要问题，因为这是中美关系中最重要、最敏感的核心问题。中美三个联合公报〔1〕和《中美联合声明》为正确处理台湾问题确立了明确的指导原则。美国在中美三个联合公报中承认：中华人民共和国政府是中国的唯一合法政府，只有一个中国，台湾是中国的一部分。去年十月我访美时，双方发表了《中美联合声明》。美方在声明中重申坚持一个中国的政策，遵守中美三个联合公报的原则。美国还承诺不支持"台湾独立"，不支持"两个中国"、"一中一台"，不支持台湾加入任何必须由主权国家才能参加的国际组织。我们重视并赞赏美方的上述承诺。

中美关系是在美国民主党卡特〔2〕总统当政时期实现正常化的。中美关系发展到今天，来之不易。卡特总统具有政

* 这是江泽民同志同美国总统克林顿会谈时谈话的一部分。

治家的战略眼光，作出美国与台湾断交、废约和从台湾撤军的决定，中美签署了建交公报，两国实现了关系正常化。然而，台湾问题在中美之间一直未能得到彻底解决，成为中美关系发展中的主要障碍。回顾历史，台湾问题作为中国的内政，本来早在新中国成立之初就可以得到解决。一九五〇年一月，杜鲁门〔3〕总统也曾公开宣布台湾问题是中国的内政，但后来由于朝鲜战争〔4〕爆发，美国第七舰队开进台湾海峡，情况起了变化。台湾问题至今没能解决，与美方很有关系。当然，有些日本人也在垂涎台湾，这一点中国人民心里也是清楚的。现在的问题在于，美方虽然已明确表示不支持"台独"，但在中国统一问题上态度却是模糊的。中国统一问题是中国的内政，应该由两岸中国人自己来解决。我们希望美国在中国统一问题上采取明确支持的立场。

完成祖国统一，是全体中国人民包括台湾同胞以及海外侨胞的共同愿望。香港回归已近一年，明年澳门也将回归祖国，对中国人民来说剩下的就是台湾问题了。台湾问题和香港问题、澳门问题不一样。后两个问题都是外国侵略中国的产物，而台湾问题则是中国内战遗留下来的一个问题。我们处理台湾问题的政策比对香港、澳门还要宽。我们解决台湾问题的基本方针是"和平统一、一国两制"。实现统一后，海峡两岸两种制度长期共存、共同发展，谁也不吃掉谁。台湾现行的社会制度、生活方式、同外国的经济文化关系都不会改变。诸如私人财产、房屋、土地、企业所有权、合法继承权、华侨和外国人投资等，一律受法律保护。台湾将享有高度自治权，包括拥有在台湾的行政管理权、立法权、独立的司法权和终审权；台湾还可以保留自己的军队，大陆不派军队也不派行政人员去，而台湾的代表人士还可以出任中央政府的领导职务，参与对全国事务的管理。一句话，台湾享有的自治程度将超过香港、澳门。我们愿与台湾当局进行和平谈判，以和平方式实现国家统一。在一个中国的前提下，什么问题都可以谈。

目前，我们正在积极促进两岸人员往来和经济文化交流，争取两岸直接“三通”，推动两岸进行政治谈判。保持海峡两岸局势稳定和促进两岸关系发展的关键，是双方进行政治谈判。我们已多次呼吁，作为第一步，可先谈在一个中国原则下正式结束两岸敌对状态，暂不谈统一问题。我们的态度是积极的，做法也是灵活的。台湾当局过去曾表示过同意进行政治谈判，但后来又出尔反尔，实际上是回避和阻挠谈判。台湾问题老是拖下去，对美国也没有好处。台湾当局拖延政治谈判，有两个原因，一是他们当中有人在搞“台独”，二是他们从美方的一些言行中受到鼓舞，在贵国国会中就有人一直在支持“台独”。早在五十年代，美国就有人把台湾看成是美国的“不沉的航空母舰”。把台湾看成是自己的“不沉的航空母舰”这个话，最早是日本人说的。遗憾的是，现在美国还有人持这种看法。把台湾看成是美国的“不沉的航空母舰”，这是对中国主权的严重侵犯，是对中国内政的严重干涉。中国是一定要完成统一的，台湾迟早要回到祖国怀抱。这是大势所趋，人心所向，不可阻挡。

这里，我想说明，我们主张用和平方式实现统一，并为此作出了巨大努力，但我们不能承诺放弃使用武力。原因很清楚，台湾岛内还有一股搞“台独”的分裂势力。如果我们承诺放弃使用武力，“台独”分裂势力就会更加猖獗，和平统一就会成为一句空话。

中美在台湾问题上的分歧，不是现在才产生的，而是历史遗留下来的。中国有一句古话，解铃还须系铃人。台湾问题马上解决有困难，但不解决是不行的，早解决比晚解决好。否则，中美关系难以稳定。应该从中美两国人民的共同利益出发，像当年两国领导人打开中美关系大门和实现两国关系正常化一样，采取高瞻远瞩的态度和切实的行动，至少应该给未来解决这个问题创造一个光明的前景。在这个问题上，我们应该而且也能够有所作为。坦率地讲，台湾问题不可能一直拖下去，要有一个时间表。

对中美关系和美国的自身利益来说，中国早日实现统一的好处是显而易见的。这将消除中美关系中的主要障碍，确保两国关系稳定健康地发展，有利于保持亚太地区的和平与稳定。台湾问题解决后，美国在台湾的经济利益不会受到任何损害，而且会得到更好的保护。美国与台湾现有经济文化关系和人员往来不会受到任何影响，而且会更好地发展。总之，这符合美国的长远利益。相反，如果美方在中国完成统一的问题上态度不明朗，台湾岛内的分裂势力就会在“台独”道路上越走越远，这个问题就会激化，甚至引发冲突，后果将是十分严重的。我想，我们双方都不愿意看到这种局面。我希望，美国政府权衡利弊，明确表示支持中国统一。支持中国统一，是中美三个联合公报的应有之义。美国既然明确表示恪守三个联合公报，遵守自己在台湾问题上的承诺，那么支持中国完成统一应该是顺理成章的。

我们正处在世纪之交的重要历史时刻。持续近半个世纪的冷战已成为过去，世界局势正在发生深刻而急剧的变化，和平与发展已成为当今时代的主题。时代在前进，人类在进步。那种坚持以意识形态划分世界、处理国家关系的思维和做法是落后的、危险的。世界是丰富多彩的，存在着各种不同的文化、意识形态、社会制度，强求一种模式是行不通的。大国应该站在推动历史前进和人类进步事业的高度，摒弃冷战思维，努力寻求和扩大国家之间的共同利益，加强对话和合作，促进共同发展。这对实现新世纪的和平、稳定、发展至关重要。中美作为世界上两个有影响的大国，应该在这方面成为表率，作出积极贡献。

早在一九九三年我们在西雅图首次会晤时，我就提出，我们应该把一个安全的、和平的、稳定的、有利于经济发展的世界带到二十一世纪。你当时作出了积极反应。我去年访问贵国时，我们双方同意共同致力于建立中美建设性的战略伙伴关系。我希望，美方从中美两国人民的长远利益出发，采取切实行动消除台湾问题这一影响中美关系改善和发展的主要障碍。

注　释

〔1〕见本卷《在白宫欢迎仪式上的讲话》注〔1〕。

〔2〕卡特，即詹姆斯·厄尔·卡特，一九二四年生，美国民主党人。一九七七年至一九八一年任美国总统。在其总统任内，中美两国政府于一九七八年十二月十六日发表《中华人民共和国和美利坚合众国关于建立外交关系的联合公报》，宣布两国自一九七九年一月一日起互相承认并建立外交关系。美国在公报

中承认“中华人民共和国政府是中国的唯一合法政府”,承认“只有一个中国,台湾是中国的一部分”。同时,美国政府宣布与台湾结束“外交关系”,终止美台“共同防御条约”,从台湾撤出美国军队。中美建交后,卡特于一九七九年四月十日签署生效《与台湾关系法》。该法案违反中美两国建交原则和美方承诺,是对中国内政的公然干涉。

〔3〕杜鲁门,即哈里·杜鲁门(一八八四——一九七二),美国民主党人。一九四五年至一九五三年任美国总统。一九五〇年一月五日,杜鲁门发表声明,表示根据《开罗宣言》等国际协定,美国承认中国对台湾行使主权,“美国对台湾或中国其他领土从无掠夺的野心。现在美国无意在台湾获取特别权利或特权或建立军事基地。美国亦不拟使用武装部队干预其现在的局势”。同年六月二十七日,杜鲁门发表声明,借口朝鲜战争爆发,声称“共产党部队的占领台湾,将直接威胁太平洋地区的安全”,命令美国海军第七舰队“阻止对台湾的任何进攻”。

〔4〕朝鲜战争,原为朝鲜半岛南北双方的战争,后因美国的武装干涉扩大为一场多国参与的局部战争。一九五〇年六月二十五日,朝鲜半岛南北双方爆发内战。美国随即进行武装干涉,同时派海空军侵入中国领土台湾、封锁台湾海峡。同年十月初,美军越过朝鲜南北双方原来的分界线“三八线”大举北犯。在美军进逼中国边界、不断轰炸扫射中国东北边境城镇和村庄、严重威胁中国安全的情况下,中国人民组成中国人民志愿军赴朝鲜与朝鲜人民军共同作战。经过三年浴血奋战,中朝军队打退了美军的进攻,迫使美军于一九五三年七月二十七日在朝鲜停战协定上签字。朝鲜战争结束后,美国于一九五四年十二月二日同台湾当局签署所谓“共同防御条约”,美军长期留驻台湾,阻挠中国统一。

加强新疆各民族团结，坚决维护祖国统一*

（一九九八年七月九日）

加强各民族团结，保持社会政治稳定，不仅关系新疆经济社会的顺利发展，也关系整个西北地区的稳定和发展，关系全国改革开放和现代化建设的大局。必须高举民族团结和祖国统一的旗帜，坚定不移地做好维护新疆稳定的工作。

历史一再证明，民族团结是国家发展兴盛、人民安居乐业的重要保证。反之，如果发生分裂动乱，就会给国家、给民族、给人民带来巨大灾难。冷战结束以后，世界上不少国家由于陷入民族纷争，最终导致国家分裂，人民流离失所。这样的惨痛教训，我们应该引以为鉴。

要维护和加强新疆各民族的大团结，就必须旗帜鲜明地反对民族分裂主义。反对民族分裂，维护祖国统一，是国家最高利益之所在，也是新疆各族群众的根本利益之所在。全区各族干部特别是各级党政主要负责同志，不管是来自哪个民族的，都是党和国家的干部，都必须把反对民族分裂主义作为自己义不容辞的神圣职责。只要是破坏民族团结和祖国统一

* 这是江泽民同志在新疆维吾尔自治区考察工作时讲话的一部分。

的活动，不管是什么人搞的，不管策划和参与这种活动的人是来自哪个民族的，大家都要团结起来，坚决加以反对，依法严厉打击，绝不能手软。在这样的重大问题上，不能有半点含糊，不能有任何退让。这也是对全区各级干部的重要考验。领导干部不仅自己要旗帜鲜明，而且要充分发动和组织各族群众，对民族分裂主义分子形成一种“老鼠过街，人人喊打”的局面。

民族分裂主义势力的存在和发展，是不以我们的意志为转移的。他们在新疆地区的活动，既有由来已久的历史原因，也有现实的复杂国际背景。国际敌对势力不愿意看到中国的统一和发展壮大，他们同我国境内外民族分裂主义分子勾结起来，互相呼应，对我国施行西化、分化的政治图谋。利用民族问题、宗教问题制造事端，加紧在边疆民族地区进行分裂和颠覆我国的活动，是当前他们向我们进攻的一个重要策略。而新疆地区是他们选择的一个主要攻击目标。近年来，在国际敌对势力支持下，境内外民族分裂主义分子在新疆制造了一连串的骚乱和暴力恐怖事件，给全区社会稳定和各族群众生命财产安全造成了严重危害，在国内其他地区也造成了不良影响。

新疆地区反对民族分裂的斗争，是一项长期而艰巨的任务。全区各族干部务必保持高度警惕，不可有丝毫麻痹。维护新疆地区稳定，要做大量艰苦细致的工作，关键是要全面正确地贯彻执行党的民族政策、宗教政策，加强对各族群众进行宣传教育，用正确的思想和党的方针政策武装广大群众。群众是真正的铜墙铁壁。新疆各族广大群众是拥护党的领导、拥护社会主义制度的，是维护民族团结、热爱祖国大家庭的，真正搞分裂活动的只是极少数人。只要全区各族群众进一步提高认识，团结一致同敌对势力作斗争，民族分裂势力就会失去存在的条件，就会陷入孤立和失败。下面，我想强调三个问题。

第一，要坚信党的民族政策是正确的，坚持用马克思主义民族观教育各族干部群众。一九九〇年我来新疆考察工作时，就讲过这个问题。新中国成立后，我们党就实行了各民族一律平等的政策，反对任何民族压迫和民族歧视，对各少数民族聚居的地方实行民族区域自治，在各民族之间建立和不断发展平等、团结、互助的社会主义新型民族关系。正确的民族政策，是各族人民保持坚强团结的重要基础和保证。我们党的民族政策，是马克思主义关于民族的基本理论同我国民族具体实际相结合的产物，是马克思主义民族观在我国的具体体现。现在，我国五十六个民族正沿着建设有中国特色社会主义道路，向着共同发展、共同繁荣的目标阔步前进。由于历史的原因，民族地区的经济发展水平相对落后。建国以后特别是改革开放以来，新疆各族干部群众艰苦创业，经济不断发展，各项社会事业不断进步。这也是党的民族政策的胜利。可以坚信，在党的领导下，在祖国大家庭中，新疆各族群众坚持走社会主义道路，坚持同全国人民团结奋斗，必将有一个更加光明灿烂的前途。

纵观中国几千年的历史，新中国的民族政策是最好的。与世界上其他国家相比，我们的民族政策也是最成功的。我们要坚持按照马克思主义民族观来观察和处理民族问题，继续全面正确地贯彻执行党的民族政策。一定要在各族干部群众的头脑中牢固树立这样一个观念，就是我国五十六个民族都是中华民族大家庭中平等的一员，汉族离不开少数民族，少数民族离不开汉族，各少数民族之间也相互离不开。就像你们说的那样："天山雪松根连根，各族人民心连心。"各族人民要始终同呼吸、共命运、心连心，共同为建设有中国特色社会主义事业而奋斗。

第二，要坚信党的宗教政策是正确的，坚持用马克思主义宗教观教育全区各族干部群众。这个问题，一九九〇年我来新疆时也讲过。我国宪法规定，公民有宗教信仰自由。就是说，公民可以信仰宗教，也可以不信仰宗教，既有信仰这种宗教的自由，也有信仰那种宗教的自由。我国宗教坚持实行独立自主自办教会的原则，不允许任何外国宗教势力进行干涉。我们坚持政教分离的原则，无论哪一种宗教都没有超越国家宪法和法律的特权，都不允许干预行政、司法、教育等国家职能的实施。国家保护正常的宗教活动。公民不论信仰或不信仰宗教，都享有宪法和法律规定的各项权利，同时也必须履行宪法和法律规定的各项义务。热爱祖国，拥护社会主义制度，拥护中国共产党的领导，这是对每一个中国公民的基本要求。任何人，不管是信教的公民还是不信教的公民，都不能以任何借口反对中国共产党的领导和社会主义制度、危害国家安全。实践已经充分证明，我们党的宗教政策是完全正确的，是马克思主义关于宗教的基本理论同我国宗教具体实际相结合的产物，是马克思主义宗教观在我国的具体体现。正确的宗教政策既保护宗教信徒信仰宗教的自由和正常的宗教活动，又促进信教和不信教公民互相理解、和睦相处，为维护民族团结、社会稳定、祖国统一和发展经济文化而共同努力。

我们要大力加强马克思主义宗教观的学习和教育。马克思、恩格斯在《德意志意识形态》、《路德维希·费尔巴哈和德国古典哲学的终结》、《反杜林论》等著作中，对宗教问题进行了深刻论述。毛泽东同志、邓小平同志也有许多深刻论述。马克思主义认为，一切宗教都不过是支配着人们日常生活的外部力量在人们头脑中的幻想的反映，人间的力量采取了超人间的力量的形式，首先是自然力量获得了这样的反映，后来在不同的民族那里又经历了极为不同和极为复杂的人格化[1]。就是说，由于认识能力的限制，人类最初不能理解自然界的很多现象，如天体运行、刮风下雨和种种自然灾害，也不能把握自己的命运，于是就想象有什么神在主宰着自己的命运。宗教产生后，有一般民众苦于不能摆脱自己悲惨命运而寻找精神寄托的一面，也有被历代统治阶级利用的一面。马克思主义还认为，随着生产力的发展，随着人们对自然界规律和自身命运的认识和把握，宗教观念会减少并最终消失。但这是一个很长的历史过程，需要经济文化发展到相当的水平。我们共产党人，应该学习并坚持历史唯物主义观点，要有宣传马克思主义无神论的勇气，同时坚决执行党的宗教政策，依法做好宗教方面的各项工作。

我们党和国家对宗教工作一直是高度重视的。大家要坚持按照马克思主义宗教观来观察和处理宗教问题，继续全面正确地贯彻执行党的宗教政策。要相信信教群众，团结爱国宗教人士，把宗教活动纳入法制的轨道，积极引导宗教与社会主义社会相适应。同时，要严防一切违反宗教爱国爱教的宗旨、违犯国家法律的行为，严防境内外民族分裂主义分子利用宗教进行政治渗透，搞分裂民族、分裂祖国的破坏活动。一旦出现这种违法活动，就要及时、果断、坚决地依法打击和取缔。

第三，要系统研究和正确宣传新疆发展的历史，包括民族发展和宗教演变的历史。这有利于澄清民族分裂主义势力散布的种种歪曲和杜撰新疆历史包括歪曲和杜撰新疆民族、宗教演变历史的谬论，肃清这些谬论在群众中的影响。尤其是对于他们宣扬的“泛伊斯兰主义”〔2〕、“泛突厥主义”〔3〕以及鼓吹建立所谓“东突厥斯坦”〔4〕等制造民族分裂、破坏祖国统一的错误思潮和政治图谋，必须坚决予以驳斥和揭露。

新疆自古以来就是我国的一部分。在古代，新疆及其周围地区统称西域。早在公元前一〇一年，西汉就在西域设立了地方官吏，管理屯田事务。公元前六十年，西汉又设立西域都护府，统管整个西域地区的军政事务。这标志着新疆地区从那时起已正式成为我国领土的一部分。汉代以来，我国历朝历代都十分重视并实施对西域地区的管辖。鸦片战争以后，列强大肆侵占和掠夺我国领土，英国、沙俄势力乘机入侵了新疆地区。清政府抵御外国入侵势力并收复新疆地区以后，一八八四年建立了新疆省。从总的历史进程看，中央政府一直对新疆地区行使着管辖权。

新疆历来是一个多民族聚居和多种宗教信仰并存的地区。从宗教演变来说，十世纪以前，萨满教〔5〕、祆教〔6〕、佛教、道教、景教〔7〕、摩尼教〔8〕等先后在新疆地区传播，尤以佛教为盛。二世纪以后，佛教在新疆逐步发展起来，并留下了大量艺术作品和遗址。伊斯兰教传入新疆是十世纪的事，当时主要是在喀什一带。到十四世纪中叶，在蒙古汗王推崇下，伊斯兰教在新疆地区广泛传播。

我讲这些情况是要强调，历史事实不能抹杀，也不能歪曲。要通过加强对新疆历史文化的研究，摆事实，讲道理，用正确的历史文化观教育全区各族干部群众，特别是要加强对青少年一代的教育。这应该成为反分裂斗争的一项基础性工作。

总的看，新疆的民族工作做得是好的。坚持民族团结，促进各民族共同进步，始终是新疆民族关系的主流。极少数人搞民族分裂活动，只是一股支流和逆流，他们翻不起什么大浪。我们有邓小平理论和党的基本路线的指引，有把各族人民引向繁荣未来的建设有中国特色社会主义的正确道路，有全国各民族坚如磐石的团结，有人民民主专政强有力的保证，有人民解放军这样维护祖国统一和安全的坚强卫士，任何困难都能克服，任何逆流都能战胜。

注　释

〔1〕参见恩格斯《反杜林论》（《马克思恩格斯选集》第3卷，人民出版社1995年版，第666—667页）。

〔2〕“泛伊斯兰主义”，是十九世纪中叶产生于一些伊斯兰教国家的一种社会思潮。起初，政治上主张所有信奉伊斯兰教的国家和民族联合为一个统一国家，共同抵御外来侵略；思想上主张在伊斯兰教的基础上塑造自己的生活方式，抵制无神论和世俗化倾向的影响。进入二十世纪以后，这一思潮被一些伊斯兰教国家的统治者、封建主和宗教势力所利用，成为他们破坏革命运动、煽动民族

纷争、进行侵略扩张的工具。第二次世界大战结束后，由于各伊斯兰教国家的独立和民族主义思想的增长，这种思潮逐渐失去号召力。近些年来，我国新疆境内外极少数民族分裂主义分子和宗教极端主义分子鼓吹这种思潮，妄图破坏祖国统一。

〔3〕“泛突厥主义”，是十九世纪末二十世纪初起源于沙皇俄国境内的鞑靼知识阶层的一种思潮。主张将生活在博斯普鲁斯海峡至阿尔泰山脉之间的突厥语族各民族联合起来，复兴突厥民族。二十世纪初，奥斯曼土耳其统治者接过这一主张，将其发展成为一种民族沙文主义思潮，试图建立以奥斯曼土耳其为核心的突厥大帝国。近些年来，我国新疆极少数民族分裂主义分子同外国反华势力相勾结，鼓吹这种思潮，妄图破坏祖国统一。

〔4〕“东突厥斯坦”，是近代西方殖民主义者制造的一个名词。古代突厥民族曾在六世纪时建立突厥汗国，疆域曾远达今蒙古国、中亚和中国北部等广大地区，不久便分裂为东西两个汗国，后被唐王朝所灭。六八二年，突厥复兴，建立后突厥汗国。七四四年，回纥（今维吾尔族先民）灭后突厥汗国。突厥后裔逐渐西迁并融入其他民族。中亚近代各民族逐步确立。中世纪的阿拉伯地理学著作，曾将中亚突厥语族各民族生活的锡尔河以北及毗连的东部地区，泛称为“突厥斯坦”（意为“突厥人的地域”）。十九世纪初，西方殖民主义者用这一名词来表述中亚地区及中国新疆塔里木盆地，并将新疆塔里木盆地称为“东突厥斯坦”（又称“中国突厥斯坦”）。二十世纪初，新疆极少数民族分裂主义分子和宗教极端主义分子，同外国侵略势力相勾结，宣扬所谓的“东突厥斯坦独立”，企图把新疆从中国分裂出去。

〔5〕萨满教，是一种晚期原始宗教。因满-通古斯语族各部落称巫师为萨满而得名，形成于原始社会后期。相信万物有灵和灵魂不灭。主要流行于亚洲和欧洲极北部。七世纪前在中国今新疆地区曾受到普遍信仰。

〔6〕祆教，是中国历史上对琐罗亚斯德教的称谓，又称火祆教、火教、拜火教、波斯教，是波斯古代宗教。约公元前六世纪由琐罗亚斯德创立。认为世界有善与恶两种对立的本原在斗争，视火为光明和善的代表，以礼拜“圣火”为主要仪式。公元前四世纪前后传入中国今新疆地区。

〔7〕景教，是中国历史上对最早传入的基督教聂斯脱利派的称谓。五世纪聂斯脱利派与当时作为罗马帝国国教的基督教正统派分裂后，日渐向东传播。

约五六世纪由叙利亚教会教士从波斯传入中国今新疆地区。

〔**8**〕摩尼教，又称明教、明尊教、牟尼教，是波斯古代宗教。三世纪由摩尼创立。在琐罗亚斯德教理论的基础上，吸收基督教、佛教、诺斯替教等的部分思想材料形成自己的教义，认为世界有光明与黑暗两种对立的本原在斗争。约六世纪前后传入中国今新疆地区。

坚决打击走私犯罪活动*

（一九九八年七月十三日）

在全国范围内开展一次反走私联合行动和专项斗争，是党中央、国务院为保障经济健康发展、维护社会稳定和国家安全而作出的一项重要决策。我希望通过这次打击走私工作会议，全党进一步提高认识，加强领导，统一部署，统一行动，确保反走私斗争取得新胜利。

走私这种社会现象，世界各国都有。改革开放以来，中央充分意识到，在实行对外开放的条件下，走私现象会增多，因此很重视并坚持进行反走私工作。一九八〇年，我在国家进出口管理委员会当副主任时，就分管这方面的工作。近二十年来，全国反走私工作取得了明显成绩。但是，要清醒地看到，目前反走私的形势依然十分严峻，不少地方的走私活动范围之广、规模之大、危害之烈，达到前所未有的程度，广大群众意见很大。我内心十分不安。

走私活动是一种严重的犯罪，也引发了严重的腐败行为，极大地影响国家和民族的形象。我一再讲，全党全国各族人民紧密团结，齐心协力地把国内的各项工作和各项事业都搞

* 这是江泽民同志会见全国打击走私工作会议代表时讲话的主要部分。

好，就不怕国际敌对势力的渗透、颠覆，他们就搞不垮我们。但是，如果像走私、腐败这样严重的歪风刹不住，越刮越厉害，那就会出大问题，就会酿成极为严重的社会灾难。

当前，走私活动的一个突出特点是法人走私泛滥，内外勾结走私护私盛行。尤其值得注意的是，军队、武警部队和公安、国家安全、检察等政法部门的一些单位和人员也参与其中，使问题变得更为严重、更为复杂。已经暴露出来的这类案件不少，一个一个都是触目惊心啊！

日益猖獗的走私活动，不仅直接冲击和扰乱市场秩序，危害民族工业和经济安全，使国家和人民的利益蒙受巨大损失，而且毒化社会风气，助长腐败现象，助长一些地方和单位的本位主义、分散主义倾向，破坏中央的政令统一，损害党和政府在人民群众中的声誉。军队、武警部队中一些人员参与走私活动，还严重损害军队、武警部队的形象和战斗力。

现在已到了狠狠打击、彻底惩治的时候了。不能有任何犹豫，必须坚决、迅速地把走私的猖獗势头打下去。这既是一场重大的经济斗争，也是一场严肃的政治斗争。这样的大问题，再不抓紧解决好，后果不堪设想，党、政权、军队就要变质，我们的社会主义国家就可能毁于一旦！那我们怎么对得起毛主席，怎么对得起小平同志，怎么对得起成千上万的革命先烈！

在这次打击走私的斗争中，从中央到地方，都要做到决心大、行动快、措施硬、惩治严。要集中力量查处大案要案。军队、武警部队和公安、国家安全、检察等政法部门，一定要严肃查处下属单位所办的公司和挂靠公司中存在的走私护私问题。对于海关人员中存在的执法犯法、参与走私护私的问题，也必须严肃查处，坚决清除害群之马。

对中央作出的部署，各级党委和政府都要听从指挥，切实遵行。不听中央的，听谁的！如果有人胆大妄为，我行我素，另搞一套，一切后果由他自己负，勿谓言之不预！打击犯罪活动，打击歪风邪气，要讲法制、讲原则，绝不能讲情面、讲关系。现在有一种很坏的风气，就是说情成风。一个案子刚刚揭露出来，还没有查，就有各式各样的人出来打招呼，有的还是执法部门的上级机关。你说的什么情？你为什么人说情？这样下去，还有什么党纪国法！不论案件涉及什么单位、什么部门、什么人，都要排除干扰，一查到底，依法惩处。任何单位和个人都不能当走私分子的后台，不准支持、纵容、包庇走私。

同志们都记得，解放初期，天津地区出了刘青山、张子善〔1〕腐化堕落的案件。毛主席“挥泪斩马谡”，杀了这两个人，教育了全党干部，并在人民群众中树立了共产党人铁面无私、执法如山的崇高形象。现在，我们打击走私和其他犯罪活动，也要抓住典型的重大案件，狠狠打击。对于犯罪分子，该关的要关，该判的要判，该杀的要杀，绝不能手软。那些大案要案的首恶分子，不坚决杀掉，群众能答应吗？杀一才能儆百！不这样，不足以平民愤，不足以刹住歪风，不足以树立正气。当然，不是以言代法，而是要依法从严惩处。坚决依照党纪国法办事，这是党和国家的最高原则。

各级领导干部特别是高级干部，一定要带头做遵纪守法的表率。当了领导干部，还要搞庸俗关系学？绝对不能搞！有些人，当面说得头头是道、冠冕堂皇，背后做的却是另外一个样子。这叫什么作风？我最反对言行不符、表里不一的两面派行为。

坚持中国共产党的领导，坚持人民民主专政，任何时候都不能动摇。社会上的走私活动和腐败现象，已经侵蚀到我们人民民主专政的要害机关里来了。这个问题还不应该万分警惕吗？人民民主专政一定要搞好，这里面出了问题，是要亡党亡国的！军队是人民民主专政的坚强柱石，政法机关是人民民主专政的专门机关。它们是党和人民手中掌握的枪杆子、刀把子。这个枪杆子、刀把子如果不起作用了，或者丢掉了，我们党和国家还能安然无恙、长治久安吗？邓小平同志一再强调，四项基本原则必须坚持，人民民主专政绝不能丢，也绝不能削弱。这是非常重要的。人民民主专政是干什么用的？它的主要作用就是惩治形形色色的犯罪分子，惩治一切危害国家、危害社会、危害人民利益的敌对势力和破坏分子的嘛！

打击走私，海关、边防、工商行政管理等执法部门要切实负起责任，同时要广泛发动群众和依靠群众，加强群众的监督和举报。一切犯罪分子、腐败分子最害怕的是人民群众。群众的眼睛是雪亮的。人身上有没有病变，要照一照X光，有病变X光一照就查出来了。群众的眼睛就是政治上的X光，什么乌七八糟的东西都逃不过去。所以，我们党对于惩治犯罪活动历来有一个重要方针，就是专门机关与群众路线相结合。只要把人民群众真正发动起来，一切走私分子、其他犯罪分子和腐败分子就没有藏身之地了。不搞运动是对的，但打击犯罪活动和社会丑恶现象，没有一点声势也不行。

为了尽快刹住走私的歪风，缉私体制需要进一步改革和完善。中央已经决定，要组建国家缉私警察队伍，实行海关和公安双重垂直领导、以海关领导为主的体制，专司打击走私犯罪活动。实行这样的反走私管理体制，有利于及时有效地打击走私活动。各有关部门和地方都要认真贯彻执行。

走私活动各省区市都存在，但问题的程度不一样，东南沿海地区的省份大概要严重一些。改革开放以来，东南沿海地区经济发展很快，为全国改革开放和现代化建设作出了重要贡献。但是，近些年来，走私活动愈演愈烈。有些人为了本地区本部门的利益，置国家的全局利益于不顾，置党纪国法于不顾，公然参与或支持、庇护走私活动，逃避了国家关税，自己的“小金库”得了利，心里还美滋滋的。你给国民经济带来多少危害，给国家和人民的利益造成多大损失，还有什么可美的？搞不正当的地方利益、部门利益，而且为了保住自己那个“小金库”，又去搞地方保护主义、部门保护主义，这样搞下去贻害无穷！“小金库”这个东西害死人，它像迷魂药一样，已经使一些人走到了是非不分、香臭不辨、与犯罪分子同流合污的地步，这还不危险啊？我劝搞这个东西的人赶快省悟，千万不要因小失大。否则，既害了国家和人民，也会把自己搞得身败名裂。

我们实行对外开放，要引进国外的先进技术和管理经验，也要适当引进一些国外产品。但是，如果大量走私物品进来，民族工业就会受到严重冲击，甚至难以生存，就会造成许多职工下岗待业。如果有人再执迷不悟，把国家和人民的利益置诸脑后，以身试法，那他绝对逃不脱党纪国法的惩罚。

军队、武警部队和政法机关必须停止一切经商活动。我一直主张军队要“吃皇粮”。公安、国家安全、检察、法院等政法机关也要“吃皇粮”。军队为改善干部战士的生活，搞一些补给性生产，如办一些农场、养猪养鸡场，种一些菜，这是完全可以的。但是，再也不能去搞以盈利为目的的经营性公司。

当前，总的形势很好。全国上下安定团结，各项改革进一步深化。尽管受到亚洲金融危机的冲击，但国民经济仍保持较快的发展速度，人民币汇率稳定。这种好的形势来之不易，是全党全国各族人民齐心协力、共同奋斗的结果。国家的统一、稳定和强大，是我们解决国内各种矛盾和问题的根本前提和基础。没有国家的统一和稳定，就没有各省区市的稳定和发展。当然，各省区市的稳定和发展，又都会为国家的稳定和发展作出重要贡献。所以，我们一定要正确处理中央和地方的关系，正确处理局部利益和整体利益的关系。

我在上海当市长时，一直坚持一个原则，就是到中央开会有时要讲一点“上海话”，反映上海的具体困难，但在上海我要讲“北京话”，一再告诫上海的党政干部，上海是全国人民的上海，是中央领导下的上海，应该对国家、对其他地区多作贡献。上海能够对国家、对其他地区作出贡献，也是全国人民支持的结果。任何地方的发展，都离不开国家和全国人民的支持。离开国家发展的大局，哪有地方的发展？因此，不能只考虑地方的局部利益和眼前利益，而不顾国家的整体利益和长远利益，更不允许为了地方利益去损害国家利益。这是一个很严肃的政治问题。

中央一直强调，领导干部要讲学习、讲政治、讲正气。这次“三讲”中为什么又把学习放在最前面？因为学习是前提和基础。领导干部特别是高级干部，一定要多读点书，多学习一些知识，还要多加强党性锻炼和思想修养，否则，政治水平提不高，正气也难以发扬起来。我已年逾古稀，但每天还坚持看书、看材料，学习新的科技知识，学习经济、法律、历史和国际政治等方面的知识。只有不断充实和提高自己，才能跟上形势的发展，跟上世界日新月异的变化。不学习，是做不好工作的。不讲政治，不提高思想政治水平，就站不高、看不远，就容易陷入眼前和局部的利益中出不来，甚至做出不符合党的原则的事情来。不讲正气，胸中没有共产党人的浩然正气，就抵御不了酒绿灯红的诱惑和糖衣炮弹的袭击，就可能成为腐败活动的俘虏。我这样讲，是有事实依据的。一些人犯错误和腐败堕落的教训，不就充分说明了这一点吗？

亚洲金融危机来势很猛，我们顶住了。现在还不能说这场危机已经过去，事态仍在发展，它造成的影响和冲击对我们形成了很大压力。但是，只要全党上下、全国上下团结一致，把农业基础打牢，把国有企业搞好，把各项改革继续向前推进，同时深入开展打击走私、打击经济犯罪和反腐败斗争，就一定能够更好地抵御各种可能出现的风险。反之，如果自己搞不好，一旦国际上再起什么大的风浪，那就会经受不起，就会有发生危机甚至垮掉的危险。

有的同志劝我，现在管大事就行了，小事不要管了，超脱一些。我也希望这样。这么大一个国家，十二亿人民，肩膀上责任重啊！有些事看似很具体，但涉及全局，非抓住解决不可。反走私是这样，解决国有企业下岗职工的基本生活费也是这样，看似很具体，分散开来，好像是一件一件小事，但总起来看，都是关系国家稳定和发展全局的大事，必须抓住不放。所以，中央要专门召开会议来解决这些问题。前一段时间，我的日程安排得很紧，从新疆回来后，也没有得到很好休息。为什么能这样坚持，我想人的精神是非常重要的。一九八九年我到中央工作时，曾经向邓小平同志表示，为了党和人民的事业，我一定鞠躬尽瘁、死而后已。我一直是抱着这个态度工作的。

今天，我脸上没有笑容，有些忧虑，有些着急，说起话来比较激动。有些话说得也很尖锐，可能会有所震动。我想过了，震动一下有好处，可以使一些同志警醒起来、振奋起来，有利于大家齐心协力地去解决前进中存在的困难和问题，继续发展好的形势。希望大家迅速行动起来，上下一心，团结一致，真刀真枪地打击走私、打击经济犯罪和腐败现象，排除各种干扰和障碍，保证改革开放和现代化建设顺利发展。

注　　释

〔**1**〕刘青山，一九三一年加入中国共产党，建国初期任中共天津地委书记。张子善，一九三三年加入中国共产党，建国初期任中共天津地委副书记、天津专区专员。他们在任职期间，利用职权盗用飞机场建筑款、治河款，克扣干部家属救济粮、地方粮、民工供应粮，并骗取银行贷款，将这些款项以机关生产名义违法经营，获取暴利，从中大量贪污，进行贿赂，任意挥霍。一九五一年十一月，中共中央华北局报请中央批准，依法将刘青山、张子善逮捕；十二月将他们开除出党。一九五二年二月，刘青山、张子善被河北省人民法院临时法庭判处死刑。

忆厉恩虞同志*

（一九九八年七月十七日）

六月六日，我参观了公安部举办的禁毒展览，看到了毒品对青年人的毒害和给多少个家庭以及社会带来的危害，了解了全国各地为禁毒进行的大量工作和取得的成绩。

我回想起抗日战争时期，在日伪统治下的南京，中共地下党组织曾经领导爱国进步学生发动过一场轰轰烈烈的清毒运动[1]，也自然回忆起那场运动的领导人厉恩虞[2]同志。

那场清毒运动发生在一九四三年冬。当时，我与恩虞同志同在南京中央大学读书。他念外国文学系，已是高班四年级的学生。我进大学不久，是电机系的低班学生。这时，我们相互还不认识。我作为一个积极要求进步的学生参加了那场运动。在一个非常寒冷的夜晚，我们几千学生高呼禁毒口号，游行到夫子庙一带，冲砸了所有的鸦片烟馆，把醉生梦死的吸毒者揪了出来，其中不少是敌伪官员，还抄出了大量鸦片、毒品和烟具。我们在国民大会堂广场前焚烧收缴的鸦片、毒品和烟具，同学们围着熊熊的篝火，齐声高唱《毕业歌》："同学们！大家起来！担负起天下的兴亡！听吧！满耳是大众的嗟

---

* 这是江泽民同志在《南京党史》杂志一九九八年第五期上发表的文章。

伤;看吧!一年年国土的沦丧。我们是要选择战还是降?我们要做主人去拼死在疆场……”在我们后面,日本宪兵队持枪列队,虎视眈眈地对着我们。大家悲愤满腔,情绪激昂,毫无畏惧。其情其景,大长了中国人民的志气,也唤起了群众的觉醒。那个时刻,我不禁想起了鸦片战争的历史,想起了九一八事变和七七事变,想起了中国人民仍然生活在日本侵略者的铁蹄之下,心情十分激动。记得恩虞同志当场发表了一篇慷慨激昂的演说,深深打动大家的心灵,令人久久不能忘怀。当时,我对为什么能在日伪统治下开展这样的运动并不了解,后来知道是由于我们地下党组织巧妙地利用了日伪机构的内部矛盾。

抗战胜利后,我到上海交大读书,一直未与恩虞同志见过面。一九四六年冬,我的入党介绍人王嘉猷同志找到我,说恩虞同志从苏北根据地来,要在上海隐蔽一段时间,希望能在我姨妈家住下。他讲明我只照顾他的生活,不负责同他进行工作上的联系。后来,有位“老徐”同志来同他联系。直到解放初,我才知道这位“老徐”就是贺崇寅同志,当时任上海总工会秘书处长。那时,我是穷学生,但我尽可能在生活上接济恩虞同志。大学生有联合国救济总署发放的一些物资,如面包、牛奶粉和罐头等,我常带点回来给他。有时,他就在我姨妈家吃饭。他给姨妈的儿子福宝辅导功课。后经我介绍,他在青年会职工业余学校也兼点课。我深深记得,他博览群书,记忆力特别强,有相当的马列主义理论水平。由于他在清毒运动中的声望,我们不少进步同学都与他有接触,他在我们中间是老大哥。这些同学在那次运动以后都陆续加入了中国共产党。一九四八年十一月,他撤退回苏北根据地,我到车站为他送行。到根据地后，他改名叫陈震东。

后来我们天各一方，忙于自己的工作，直至五十年代末才又相见。我默默之中感到他心情并不愉快。起初我以为他有什么家庭问题，后来知道是因为过去的一段经历受到误解。尽管他内心深处是痛苦的，但他从未在我面前发过牢骚，总是显得很乐观，并始终勤勤恳恳地工作着。他的党性是很强的。我根据自己较长时间同他相处的了解，政治上是信任他的。对他的生活和健康，我和贺崇寅同志也一直很关心。一九七七年，他患了晚期肺癌，我曾写信安慰他，鼓励他同病魔作斗争。他不幸于一九七八年六月二十七日过早地逝世了，时年五十九岁。恩虞同志过世后，我们对他的家属继续予以关心。

在几十年的革命过程中，有多少无名英雄为革命贡献了一切。由于一些复杂的历史原因，他们中有的人甚至临死还背了包袱。我们活着的人只能对他们怀着深深的敬意。当年为革命奋斗的人们从不计较个人的得失，为了完成党交给的任务、做好党的工作，不顾个人安危，也不怕受到委屈。即使受了委屈，也始终对党和人民的事业抱着坚定的信念。这就是我们共产党人的崇高思想境界。现在，南京市委已为恩虞同志作了正确的政治结论。这是我们党坚持邓小平同志倡导的实事求是的思想路线，对为党和人民作出贡献的老同志们采取的十分负责的态度，也是对历史采取的十分负责的态度。

注　释

〔1〕清毒运动，是一场由中国共产党南京地下组织领导、学生进步团体具体

组织、反对日本侵略者用鸦片毒害中国人民的学生爱国运动。抗日战争时期，日本侵略者把大量鸦片贩卖到中国，从中攫取巨额钱财充作侵华日军的部分军费。中国共产党领导下的南京中央大学秘密外围组织“青年救国社”成员厉恩虞等人，在征得党组织同意后，发动青年学生在南京开展一场反对鸦片毒害的禁烟运动。一九四三年十二月十七日，南京中央大学等大中学校的数千名学生到烟馆最集中的南京夫子庙地区宣传禁烟，捣毁烟馆、赌场，收缴烟具、赌具，开始了轰轰烈烈的清毒运动。这场运动持续到次年四月，其他许多城市也发生了捣毁烟馆、赌场的学生爱国运动。

〔2〕厉恩虞（一九一九——一九七八），又名陈震东，江苏南京人。一九四〇年，考入南京中央大学。一九四一年，参加中国共产党在南京中央大学的秘密外围组织“青年救国社”，从事抗日爱国活动。一九四三年底，根据党的指示，参与领导广大师生开展声势浩大的清毒运动，并担任“首都”（即南京）学生清毒总会会长。一九四四年至一九四五年间，参加党的秘密外围组织“抗日内援会”，并经党组织同意打入敌特组织内部。一九四五年十二月，加入中国共产党。一九四六年，受党组织委派到上海从事地下工作。建国以后，曾任南京市第七中学校长、南京日报社编委、南京市教育局教研室副主任等职。其奉命打入敌特组织一事，一度受到误解。一九九八年，中共南京市委组织部复查后对此作出结论，指出对他的这一段经历应予充分肯定。

军队必须停止一切经商活动*

（一九九八年七月二十一日）

党中央、国务院决定在全国范围内开展一次大规模的反走私联合行动和专项斗争，这是为保障经济健康发展，维护社会稳定和国家安全利益，加强党的建设、政权建设和军队建设而作出的一项重大决策。全军各部队必须按照中央的要求，进一步提高认识，加强领导，统一部署，统一行动，严厉打击军队中存在的走私活动。

打击走私，是打击经济犯罪和反腐败斗争的一个重要组成部分。这些年来，反走私工作取得了不小的成绩，但这方面的形势依然严峻。目前，走私活动在不少地方严重存在，范围之广、规模之大、危害之烈，达到前所未有的程度。突出问题是法人走私、内外勾结。军队、武警部队和公安、国家安全、检察等政法部门的一些单位和人员也参与其中，这就更增加了走私活动的严重性和反走私斗争的复杂性。革命战争年代，我们党和军队派往白区〔1〕工作的同志入污泥而不染，是“白皮红心”。现在，有些人却变成了“红皮白心”、“红皮黑心”。

---

* 这是江泽民同志在中央军委常务会议上讲话的一部分。

深入开展打击走私犯罪活动，不仅是一场重大的经济斗争，也是一场严肃的政治斗争，必须坚决和雷厉风行地进行。不达到预期目的，决不收兵！

军队要做好反腐倡廉工作，加强反走私斗争。我一再强调这个问题，不是泛泛而论，而是有针对性的。在对外开放和发展社会主义市场经济的历史条件下，一些人受拜金主义、享乐主义、极端个人主义等腐朽思想的影响，经不起考验，甚至蜕化变质，堕入腐败和犯罪的泥坑。

我军是党绝对领导下的人民军队，历来具有一不怕苦、二不怕死的革命精神。在革命战争年代，全军将士出生入死、浴血奋战，建立了不朽的历史功绩。在和平时期，我军许多官兵常年驻守在高原、沙漠、严寒地区，克服各种困难，坚定地保卫祖国的边防。我军积极支援和参加国家现代化建设，积极完成党和国家交给的抢险救灾等急难险重任务，作出了有目共睹的重大贡献。党和人民是高度信赖我们这支军队的。

对于军队打击走私、打击经济犯罪和反腐败斗争的形势，全军同志特别是各级领导干部应该有一个清醒的正确的认识。要全面地看问题，作出实事求是的估计。要看到军队内部确有少数单位和人员参与走私活动，看到其危害和影响的严重性，当然也不能估计过头了。同时，要看到军队在参与和支持全国各地反走私斗争中所发挥的重要作用。

我军是人民民主专政的坚强柱石，是捍卫社会主义祖国的钢铁长城。而一些人身为军人，却无视我军的崇高历史使命和神圣职责，公然参与经济犯罪，参与走私护私，同地方上的经济犯罪分子、走私分子沆瀣一气，同流合污。他们的行为严重背离了我军的性质和宗旨，严重损害了我军的声誉。如果我们不坚决、果断、彻底地解决这个问题，任其发展下去，确实有一个坚强柱石会不会毁掉、钢铁长城会不会倒塌的问题。这绝不是危言耸听！

大家必须从维护改革发展稳定大局的高度，从加强军队建设的高度，从保证党和国家长治久安、人民军队永不变质的高度，充分认识深入开展反走私、反腐败斗争的重要性和紧迫性。

全军各部队必须认真贯彻落实中央关于打击走私工作的重大部署，必须迅速行动起来，进行一次全面的清理，重点查处走私护私的大案要案，坚决清除害群之马。在全国反走私联合行动和专项斗争中，军队要走在前列，为全社会树立榜样。一定要通过反走私、反腐败的实际行动，挽回少数单位和人员给军队造成的恶劣的社会影响，从根本上防止走私和其他经济犯罪活动的发生。

军队是拿枪杆子的。如果军队中有人搞违法活动，参与走私护私，地方上确实很难办。你有枪有炮，又打着军队的招牌，谁敢阻拦你？因此，对于军队中存在的问题，军队必须自觉加以解决，并主动支持和配合地方有关部门的工作。对参与走私护私的军队人员，不管是谁，不管涉及哪个机关，都必须依照党纪军纪和国法从快从严查处。对大案要案的首要分子，依照法律，该杀的必须杀掉，绝不能手软。

对于经济犯罪和腐败现象，我们已斗争了多年，为什么这些歪风老刹不住，有的还变本加厉，这是什么原因？从工作上来检查，一个重要原因就是我们有些同志心太慈、手太软。对于这样的坏人坏事，心慈手软不得。我们心慈手软，犯罪分子就会更加猖獗起来。不采取严厉措施，不用重典，是绝对不行的。群众已经很有意见了，我们不能失信于民。我们的人民民主专政是干什么用的？它的主要作用就是要惩治形形色色的犯罪分子，惩治一切危害国家、危害社会、危害人民利益的敌对势力和破坏分子的嘛！

军队是国家和人民的武装力量，不能成为哪一家哪一个人的家丁，不能成为什么人牟取不义之财的保镖。不然，我们的军队就不成其为党领导下的人民军队，就会带来灾难性后果。第三世界一些国家发生动乱，有的就是由于军队产生严重腐败，引起民众强烈不满。这些国外的教训，我们也应引以为鉴。

为了从根本上防止消极腐败现象，进一步推进全军的党风廉政建设，中央已下定决心作出一个重大决策，这就是军队、武警部队必须"吃皇粮"，必须彻底停止一切经商活动。我到中央工作以后一直是这个主张。

大量事实已充分说明，军队搞经营性商业活动，弊端很多。主要有：一是容易分散军队干部和机关的精力，影响军队的建设；二是容易与民争利、与地方争利，造成军队和地方的矛盾，影响军政军民关系；三是容易使商品交换原则渗入到军队的政治生活中来，影响和侵蚀干部战士的思想作风，滋生腐败现象。总之，会严重损害我军的形象和战斗力。军队中走私案件和其他经济犯罪案件所以不断发生，搞经商活动是一个重要根子。实际上，经商办公司，也赚不了多少钱，解决不了军队经费不足的问题。军队再也不能经商了，否则人民民主专政的柱石会垮掉，社会主义的红色江山会变色。

军队“吃皇粮”，就是军费由国家来保证，待遇还可以适当高一些。不仅军队、武警部队要全部“吃皇粮”，公安、国家安全、检察、法院等政法机关也要全部“吃皇粮”。这些机关履行职能所需的经费也由国家来保证。随着国民经济的发展，随着国家经济实力和综合国力的增强，完全有条件做到这一点。我已经同国务院的领导同志商量过了，一定要妥善安排，保证军费落实到位。

这次要下决心使经营性企业与军队彻底脱钩。军队还有一些保障性企业和福利性企业。保障性企业，如被服厂等，主要是供给部队的，应继续保留并把它们办得更好。福利性企业，尤其是边疆、艰苦地区的这类企业，对于解决部队干部家属的就业问题起到了积极作用，也应继续保留并把它们办得更好。部队为改善干部战士的生活，办一些农场、养猪养鸡场，也是必要的。这个我们过去一直在搞，今后还要继续搞并把它们搞得更好。

军委要尽快制定方案，切实保证把目前军队掌握的经营性企业的资产完整地交到国家手中。在贯彻落实的过程中，要严防转移资产，严防销毁账目，严防订攻守同盟，严防有人外逃。违者，要依照党纪军纪和国法从严惩处。

军队、武警部队和政法机关彻底停止经商活动，此事重大而复杂。为了抓好这项工作，必须加强领导。中央决定成立领导小组。

军队在战争时期的任务就是打仗，在和平时期的任务就是“养兵”，所谓“养兵千日，用兵一时”。全军各部队要集中精力一边养好兵，一边履行好巩固国防、保卫祖国、保卫人民和平劳动、参加国家建设的职责。

在战争时期的紧张军事生活中，广大官兵的革命意志和革命精神容易饱满振奋。在那样艰苦的环境中，大家经受的磨炼和考验都很大。一旦不打仗了，意志和精神往往容易松懈下来，而且容易滋生贪图享受的思想。所以，在和平时期，军队要格外加强教育、加强训练、加强管理。如果不严格教育、严格训练、严格管理，就会出问题，甚至有垮掉的危险。

古今中外，一些战功累累的军队最后被奢靡腐败搞垮的，屡见不鲜。“八旗兵”〔2〕，开始是很能打仗的，但清王朝建立以后，由于无所事事，养尊处优，奢侈之风盛行，不到一百年时间，就完全丧失了战斗力，成为不能打仗的“老爷兵”。这一点在平定吴三桂〔3〕等人的三藩之乱中，就充分显露了出来。这种历史教训，我们不应忘记。

早在全国解放前夕，我军即将开进大城市时，毛主席就很有远见地向全党全军发出了告诫。他在党的七届二中全会上指出：我们很快就要在全国胜利了。因为胜利，党内的骄傲情绪，以功臣自居的情绪，停顿起来不求进步的情绪，贪图享乐不愿再过艰苦生活的情绪，可能生长。可能有这样一些共产党人，他们是不曾被拿枪的敌人征服过的，他们在这些敌人面前不愧英雄的称号；但是经不起人们用糖衣裹着的炮弹的攻击，他们在糖弹面前要打败仗。我们必须预防这种情况。毛主席的这段话，今天读来，是多么发人深省啊！

全军同志必须始终发扬艰苦奋斗的优良作风。高级干部更要在这方面率先垂范。坚持艰苦奋斗，是我军思想政治建设的一个基本要求，也是确保我军永不变质的一个重要条件。

对于艰苦奋斗的重大意义，一九五六年，毛主席曾作过一段很深刻、很精辟的论述，虽然比较长，我这里还是要念一下。毛主席说："我是历来主张军队要艰苦奋斗，要成为模范的。一九四九年在这个地方开会的时候，我们有一位将军主张军队要增加薪水，有许多同志赞成，我就反对。他举的例子是资本家吃饭五个碗，解放军吃饭是盐水加一点酸菜，他说这不行。我说这恰恰是好事。你是五个碗，我们吃酸菜。这个酸菜里面就出政治，就出模范。解放军得人心就是这个酸菜，当然，还有别的。现在部队的伙食改善了，已经比专吃酸菜有所不同了。但根本的是我们要提倡艰苦奋斗，艰苦奋斗是我们的政治本色。锦州那个地方出苹果，辽西战役的时候，正是秋天，老百姓家里很多苹果，我们战士一个都不去拿。我看了那个消息很感动。在这个问题上，战士们自觉地认为：不吃是很高尚的，而吃了是很卑鄙的，因为这是人民的苹果。我们的纪律就建筑在这个自觉性上边。这是我们党的领导和教育的结果。人是要有一点精神的，无产阶级的革命精神就是由这里头出来的。"〔4〕革命战争时期，艰苦奋斗可以出政治，出战斗力，出红色江山；和平建设时期，艰苦奋斗可以保政治本色，保战斗力，保红色江山。

我们党领导人民进行改革开放和社会主义现代化建设，大力发展社会生产力，不断增强国家的经济实力和综合国力，根本目的就是要把国家搞富强，让人民过上富裕的生活。国家富强了，全体人民共同富裕了，任何国外敌对势力也颠覆不了我们，任何国内破坏势力也动摇不了我们，党和国家就会稳如泰山、长治久安。改革开放以来，我们的经济社会发展取得了伟大成就，这要归功于邓小平理论和党的基本路线的正确指导，归功于全党全军全国各族人民的共同奋斗。我国仍然是一个发展中国家，人口多、底子薄、生产力不发达仍是基本国情，全国人民要继续艰苦奋斗。军队要继续做艰苦奋斗的模范。当然，党和国家应该认真考虑军队建设的需要，为军队现代化建设提供必要的保障和条件。

一九八〇年，邓小平同志曾经发出一个重要号召："在长期革命战争中，我们在正确的政治方向指导下，从分析实际情况出发，发扬革命和拚命精神，严守纪律和自我牺牲精神，大公无私和先人后己精神，压倒一切敌人、压倒一切困难的精神，坚持革命乐观主义、排除万难去争取胜利的精神，取得了伟大的胜利。搞社会主义建设，实现四个现代化，同样要在党中央的正确领导下，大大发扬这些精神。如果一个共产党员没有这些精神，就决不能算是一个合格的共产党员。不但如此，我们还要大声疾呼和以身作则地把这些精神推广到全体人民、全体青少年中间去，使之成为中华人民共和国的精神文明的主要支柱，为世界上一切要求革命、要求进步的人们所向往，也为世界上许多精神空虚、思想苦闷的人们所羡慕。"〔5〕

我希望，全军同志特别是各级领导干部一定要牢记邓小平同志的号召，坚持发扬他倡导的"五种革命精神"，永远保持人民军队的政治本色。

注　释

〔1〕白区，这里泛指我国国内革命战争时期国民党统治区域。

〔2〕“八旗兵”，是清王朝在满族八旗制度基础上建立的骨干军事力量。一六〇一年（明万历二十九年），清太祖努尔哈赤创立兵制，以黄、白、红、蓝旗帜为标志建立四旗，后增建镶黄（黄旗红缘）、镶白（白旗红缘）、镶红（红旗白缘）、镶蓝（蓝旗红缘）四旗，构成“八旗满洲”。清太宗皇太极又将降附的蒙古人、汉人编为“八旗蒙古”、“八旗汉军”，与“八旗满洲”共同构成清代“八旗”的整体。早期“八旗”是满族的社会组织和军事组织形式，凡满族成员分隶“八旗”，平时生产，战时打仗。清军入关后，“八旗”逐步演变为纯粹的军事组织，但在行政制度上与州县系统并存。“八旗”成员除做官、当兵外，不能自营生计，坐领钱粮，逐渐养成游惰习气，“八旗兵”的战斗力日益下降。清代末年，八旗制度逐渐解体。

〔3〕吴三桂（一六一二——一六七八），生于明代，扬州高邮（今江苏高邮）人，世居辽东（治所在今辽宁辽阳）。明末任宁远总兵，后献山海关降清，受封平西王，率军镇压陕西、四川等地农民起义军，进攻南明云贵地区。消灭南明政权后，奉命镇守云南，与受封平南王镇守广东的尚可喜、受封靖南王镇守福建的耿继茂并称为“三藩”。“三藩”拥兵自重，逐渐形成割据势力，其中吴三桂势力最大。一六七三年，清政府为加强统一，下令撤藩。吴三桂举兵叛乱，自称周王，相继攻陷四川、湖南等地。耿精忠（耿继茂之子）、尚之信（尚可喜之子）以及广西、陕西等地督抚也随之反叛。史称三藩之乱。在清政府分化、打击下，耿精忠、尚之信等相继败降。一六七八年，吴三桂在衡阳（今湖南衡阳）称帝，国号大周，不久病死，其孙吴世璠继位。一六八一年，吴世璠兵败自杀，三藩之乱被平定。在平定三藩之乱的战争中，原为清军主力的“八旗兵”养尊处优、怠惰厌战，战斗力大大丧失，主要依靠由汉人组成的“绿营兵”（以使用绿旗而得名）作战。

〔4〕见毛泽东《艰苦奋斗是我们的政治本色》（《毛泽东文集》第7卷，人民出版社1999年版，第162页）。

〔5〕见邓小平《贯彻调整方针，保证安定团结》（《邓小平文选》第2卷，人民出版社1994年版，第367—368页）。

领导干部要带头树立好的家风*

（一九九八年七月二十一日）

领导干部特别是高级干部，一定要管住管好自己的配偶子女，带头树立好的家风。这个问题，我已讲过多次，今天再讲一次，以期引起大家进一步重视。家庭是社会的基本细胞，千千万万家庭家风很好，就会促进全社会形成良好的风气。各级领导干部的家风很好，就会带动和促进广大党员、干部和群众保持良好的家风。

领导干部手中的权力，都是人民赋予的，都必须用来为人民谋利益，而切不可把它当作为自己和家庭成员谋取私利的手段。领导干部既要管住自己，又要管住管好自己的配偶子女。应该处处以国家和人民的利益为重，处处按照党的思想、政治、组织原则办事，千万不能搞封建社会那种“一人得道，鸡犬升天”。

即使在封建社会里，一些比较正直的有见识的官吏，为了封建统治阶级的整体利益，为了社会的稳定和发展，也有为官比较清廉、生活比较俭朴的。唐太宗时期有一个大臣叫岑文本〔1〕，有人劝他给自己的家庭置点产业。岑文本说了一段

---

* 这是江泽民同志在中央军委常务会议上讲话的一部分。

话，大意是这样的：我本是一介布衣，起自民间，当年我徒步进入京城长安之时，没有想过要做大官，能做一个秘书郎、一个县令就于愿足矣。后来，朝廷重用我，位至宰相。我所得到的薪俸已经够多的了，我时常为此感到惶恐，还要置什么产业呢？一个封建官僚尚能有这样的自律，我们是共产党人，是立党为公、为国家为民族为人民的利益而工作的，还有什么个人名利不能淡泊呢？

注重家庭教育，是中华民族的一个优良传统。这方面，我们的先人留下了许多好的思想和做法。在《三字经》、《增广贤文》以及《颜氏家训》等家教家风典籍中，都有不少脍炙人口的格言，至今仍不失其教育意义。历史上，由于教子不严，导致子女给社会造成严重危害的例子是很多的。

党政军各级领导干部特别是高级干部，都要加强对子女的教育。这是一个具有重要政治影响的问题。领导干部的子女在社会上的言行举止，群众是非常关注的，一一看在眼里。这也是很正常的。群众是要通过观察他们的言行来进一步观察我们领导干部的形象。他们中有人违法乱纪，就会直接影响和损害我们党、政府、军队的声誉。毛主席、小平同志从党和国家长治久安考虑，十分强调高级干部要教育好和管好自己的子女。

民主革命时期，参加革命的主体力量是工农群众。由于毛泽东、周恩来、刘少奇、朱德、邓小平等同志为代表的先进知识分子坚持与工农相结合，并善于把马克思主义基本原理同中国具体实际相结合，成为我们党的主要领导人；由于广大工农干部在革命实践中经过党的教育和自身努力，不断提高马克思主义理论水平和文化知识水平，才保证中国革命取得了胜利。在极为艰苦的革命战争年代，党和军队的许多干部谈不上过正常的家庭生活，大都与子女天各一方。新中国成立后，我们党成为执政党，生活安定了，许多领导干部的子女都来到身边，教育好和管好子女的问题也就突出起来了。由于历史的原因，相当一部分领导干部对共产党人应该如何治家，缺乏研究和思想准备，缺乏知识和经验。由于历史上封建官场中的“封妻荫子”之类的腐朽思想，农民和其他小生产者治家中的一些落后办法，在社会生活中有着广泛的潜移默化的影响，我们有些领导干部自觉不自觉地受到一些沾染。正是针对这种情况，毛主席、小平同志十分重视这个问题。现在，我们的干部成分已有很大变化，知识水平已有很大提高，但在新的历史条件下和新的社会环境里，如何有针对性地加强对子女的教育和管理，仍然具有很强的现实尖锐性和紧迫性，千万不可忽视。

现在，年轻一代生活的条件和环境与过去大不相同了。有些孩子长大后，确实也很难管。但是，作为父母，再难也得管，不能不管。领导干部特别是高级干部对待子女，一要加强政治、思想、道德教育，提出严格要求，防止他们利用自己的职权和影响胡作非为；二要细心明察，发现问题的苗头，就要及时加以制止和纠正；三要不徇私情，对他们的违纪违法行为要及时向组织报告，决不袒护。

一个人的一生要经受很多考验，什么时候经受不住时代的考验，什么时候就要落伍。

在革命战争年代，干部经受的考验，有在战场上的，也有在敌人监狱里的，概括起来主要是生与死的考验。

在和平建设年代，一般说来，生与死的考验已不是主要的了，但干部面临的其他考验多得很，有艰苦环境和风险的考验，有执政的考验，有改革开放的考验，有市场经济的考验，有权力、金钱、美色的考验，概括起来主要是公与私的考验。

入党、参军、当干部、做领导工作，究竟是抱着什么动机和目的，是为了党、国家、民族、人民，还是为了自己个人、家庭，也就是为公还是为私，这是经常要遇到的考验。这里所说的“私”不是指正当的个人利益。正当的个人利益，任何时候党和国家都是保障和维护的。但是，极端自私自利的那个“私”，绝对不能要。公与私的考验，是与生俱在的。能不能一辈子经得起这个考验，这个问题尖锐地摆在每个共产党员、每个军人、每个干部特别是领导干部面前。要解决好这个问题，就必须始终加强理论学习，加强思想修养，加强实践锻炼，就必须在改造客观世界的同时始终注意改造自己的主观世界，真正牢固地树立正确的世界观、人生观、价值观。有了正确的世界观、人生观、价值观，有了高尚的精神境界和道德情操，就一定能够经得起公与私的考验，就什么香风也刮不倒，什么糖弹也击不中。

注　释

〔1〕岑文本（五九五——六四五），生于隋代，南阳新野（今河南新野）人。唐朝大臣，曾任中书令等职。本文所转述岑文本的一段话出自《旧唐书》卷七十《岑

文本传》。有关内容是:"又有劝其营产业者,文本叹曰:'南方一布衣,徒步入关,畴昔之望,不过秘书郎、一县令耳。而无汗马之劳,徒以文墨致位中书令,斯亦极矣。荷俸禄之重,为惧已多,何得更言产业乎?'言者叹息而退。"

根据本国国情
确定建设社会主义的道路*

（一九九八年七月二十一日）

中国现在搞的是有中国特色社会主义。你三十多年前来过中国。后来，中国发生了“文化大革命”，一搞就是十年。我们党已经对“文化大革命”作出了评价。一九七八年，我们党召开了具有重大历史意义的十一届三中全会，从此我国进入了改革开放和社会主义现代化建设新的历史时期。我们坚持把马克思主义基本原理同中国具体实际相结合，逐步形成了一套建设有中国特色社会主义理论，也就是邓小平理论。我们在实践中走出了一条建设有中国特色社会主义道路，国家面貌发生了很大变化。国际上有人认为我们是搞资本主义，或者说我们是走“第三条道路”。这些说法都是不正确的。我们坚定地走社会主义道路，我们搞的是有中国特色社会主义。

什么是有中国特色社会主义？或者说，什么是邓小平理论？简单地说，就是在坚持社会主义基本制度的基础上，在实践中探索回答在中国这样一个经济文化比较落后的国家里怎

---

* 这是江泽民同志会见日本共产党中央政治局委员长不破哲三率领的日本共产党代表团时谈话的一部分。

样建设和巩固社会主义。在社会主义的发展道路问题上，我们强调以马克思主义为指导，根据中国国情走自己的路。在社会主义的发展阶段问题上，我们提出我国还处在社会主义初级阶段。在社会主义的根本任务问题上，我们提出社会主义的本质是解放和发展生产力，要坚持以经济建设为中心，推动社会全面进步。在社会主义的发展动力问题上，我们强调改革也是一场革命，是中国实现现代化的必由之路。在社会主义建设的政治保证问题上，我们强调坚持社会主义道路，坚持人民民主专政，坚持中国共产党的领导，坚持马克思列宁主义、毛泽东思想。去年二月，邓小平同志逝世。九月，我们党召开了具有历史意义的第十五次全国代表大会，把邓小平理论确立为我们党的指导思想，制定了中国跨世纪的发展战略。由于我们坚持走建设有中国特色社会主义道路，中国的事情办得越来越好。去年下半年以来，亚洲一些国家发生金融危机，虽然我们受到了很大的压力和挑战，但我们顶住了这次冲击。尽管前进道路上还会遇到困难和问题，但我们有信心有能力克服困难，把中国的事情办得更好。我们对中国的未来充满信心。

东欧剧变、苏联解体，世界社会主义受到严重挫折。但依我看，目前最困难的时期已经基本过去。由于世界形势和时代特征的变化，基于对历史经验教训的思考，也需要对世界社会主义的一些重大问题进行新的探索和回答。

第一，社会主义是人类历史上全新的社会制度，最终一定能够代替资本主义。但是，社会主义的产生、巩固、发展是交织着成功和失败的长期历史过程。我相信，各国的共产党和人民一定会从挫折中得到锻炼、吸取教训，推动社会主义事业向更健康的方向和更高水平发展。

第二，马克思主义是科学，要随着时代、实践和科学的发展而发展，不能停滞。近一百多年来，现实生活的变动达到了前人难以想象的程度。真正的马克思主义者应该在马克思主义基本原理指导下，结合当今世界发展的新情况新特点，在为实现社会主义理想的奋斗中不断创新和发展。

第三，马克思主义必须同各国实际相结合，着眼于对实际问题的理论思考，着眼于新的实践和新的发展。离开本国实际和时代发展谈马克思主义，是没有意义的。

第四，世界各国情况千差万别，实现社会主义的道路和模式可以是多种多样的。各国共产党人可以在完全平等和互相尊重的基础上进行交流和探索，不存在“中心”，不能搞无谓的意识形态争论，不要对别人的探索和实践指手画脚，更不能把自己的观点和模式强加于人。

第五，要正确认识当代资本主义的发展变化，清醒地估计到发达资本主义国家在相当长的历史时期内仍将保持较旺盛的生产力，社会主义取代资本主义将是一个长期而复杂的历史过程，速胜是不可能的。社会主义国家要处理好同资本主义国家的关系，不断发展自己。

当前的国际形势和我们的外交工作*

（一九九八年八月二十八日）

关于世界多极化和经济全球化

对当前国际形势的发展趋势，我想着重讲两个问题，这就是大家密切关注的世界多极化和经济全球化。

冷战结束后，两极格局解体，世界各种力量此消彼长，进行新的分化组合。美国成为唯一的超级大国。欧盟、日本、俄罗斯、中国几大力量也相对突出。广大发展中国家整体实力增强。各种区域性、洲际性、全球性组织空前活跃。这些事实表明，世界格局正在加速朝着多极化方向发展。

但是，也要充分看到，当前世界各种力量的实力对比是很不平衡的。美国企图构筑单极世界，由它一家来主宰国际事务。尽管受到各方牵制，但在相当长的时间内，美国仍将在政治、经济、科技、军事等方面保持显著优势。最近几年，美国的经济强势不仅没有下降，反而得到重振，重新恢复了世界最大出口国和竞争力最强的地位。欧盟整体实力不断扩大，随着

* 这是江泽民同志在第九次驻外使节会议上讲话的一部分。

一体化进程的深入和欧元的启动，在经济方面日益成为美国的强大竞争对手，政治上与美国闹独立的意识也在增强。但是，欧盟内部矛盾不少，还没有形成共同的外交和防务政策。日本是仅次于美国的经济大国，但经济多年低迷不振，想做政治大国也受到多方牵制。俄罗斯在军事和科技方面仍拥有相当的实力和优势，但目前经济状况不是很好。广大发展中国家的经济技术水平，同发达国家相比还存在很大差距。总之，在可预见的将来，单极和多极的矛盾将更加突出，多极化趋势将在美国一个超级大国同其他几大力量的并存和竞争中逐步向前发展。世界新格局的最终形成，还有一个相当长的演变过程。

在多极化趋势的发展过程中，大国关系调整进入一个引人注目的新阶段。近些年来，各国领导人频繁接触，首脑会晤形成机制。大国之间建立了各种内涵不同的战略关系、伙伴关系，出现了既相互合作又相互竞争、既相互借重又相互制约、既有协调又有摩擦的新局面。大国关系的这种调整，有出于各自战略考虑的一面，但在行动和步骤上多属策略性质，没有形成集团对抗。这是一个很重要的特点。尽管目前大国关系仍具有某些不确定性，但要求协调和合作是主要倾向，这有利于国际局势继续趋向缓和。

二十世纪的世界格局和大国关系，曾经历过几次重大变动。本世纪之初，欧洲列强为了重新分割世界，形成德国、奥匈帝国、意大利等国参加的同盟国和英国、法国、俄国等国参加的协约国两大集团的对抗，导致了第一次世界大战的爆发。这次大战结束后，确立了凡尔赛—华盛顿体系，形成英法美日几个战胜国主宰国际事务的局面。三十年代，随着德意日轴心国的崛起，凡尔赛—华盛顿体系被打破。德意日法西斯为实现其征服世界的野心，发动了第二次世界大战。大战期间，美苏英确立了划分势力范围的雅尔塔体系，战后形成了延续四十多年的美苏两大军事集团冷战对峙的格局。这几次世界格局的形成和演变有一个鲜明的特点，就是国际局势和大国关系都处于相当紧张和尖锐对峙的态势。

当前的多极化趋势，是在冷战结束、国际局势趋向缓和、世界和平力量不断增长的情况下出现的。它反映了国际关系的深刻变化和时代的进步。这种多极化趋势在各个层次和领域的进一步发展，有利于削弱、抑制霸权主义和强权政治，有利于推动建立公正合理的国际政治经济新秩序，从而有利于争取把一个和平、稳定、繁荣的世界带入新的世纪。

但是，由于各方利益和追求不同，多极化趋势不可避免地给国际关系特别是大国关系带来新的错综复杂的因素。这值得我们认真加以研究和注意。

中国作为一个社会主义国家和世界上最大的发展中国家，在多极化进程中所处的地位和发挥的作用，与西方大国迥然不同。美国和其他西方大国，虽然相互存在着这样那样的矛盾和争斗，但这些国家中的一些人在不希望社会主义中国发展壮大这一点上是一致的。他们不会放弃对我国进行西化、分化的政治图谋。不管是采取“遏制政策”还是所谓“接触政策”，万变不离其宗，目的都是企图改变我国的社会主义制度，最终将我国纳入西方资本主义体系。这种斗争是长期的、复杂的。对此，我们要始终保持清醒的头脑，切不可丧失警惕。有些周边大国也以不同方式对我国进行牵制。我们要善于处理好同各大国的关系，尽可能地趋利避害，寻求扩大同各方的利益汇合点，加强同这些国家的政治对话、经济合作和科技交流。同时，要善于在他们之间进行纵横捭阖的周旋，推动多极化趋势和大国关系调整朝着有利于我国现代化建设和完成祖国统一大业，有利于维护世界和平、促进共同发展的方向发展。

在国际经济领域中，一个引起人们普遍关注的趋势，就是经济全球化。

经济全球化一个最基本的特征，就是商品、技术、信息、特别是资本在全球范围内自由流动和配置，造成一种包括发达国家和发展中国家在内的各国经济你中有我、我中有你的相互交织的复杂局面。出现这种全球化趋势不是偶然的。一是世界局势总体上趋向缓和，各国都把发展经济作为首要任务，积极走向国际市场，相互的协调和竞争不断加强。二是以信息科技、生命科技为主要标志的新科技革命有力地推动了世界经济的发展，空前加深了各国的经济联系。三是全球和地区贸易和投资自由化进程加快。特别是国际金融市场加速扩展，金融工具不断创新，资金交易的规模和速度前所未有。西方发达国家的金融资产总额已达到三十多万亿美元，全球外汇市场日成交量达到一万五千亿美元，年成交量达到四百万亿至五百万亿美元。四是跨国公司的规模不断扩大，成为经济全球化的主要载体。跨国公司已有五万三千多家，它们控制了全世界生产的百分之四十，贸易的百分之五十至百分之六十，技术贸易的百分之六十至百分之七十，对外直接投资的百分之七十，技术专利的百分之八十。一些发展中国家的主要产业甚至整个经济命脉，已经被发达国家的跨国公司所控制。

经济全球化，是由发达资本主义国家首先推动起来的，而且他们在其中一直起着主导作用。因此，目前的这种经济全球化，一方面是社会生产力和科学技术发展的表现，一方面又是资本主义生产方式和资本主义市场经济在全球范围内的延伸。这是现代资本主义发展中出现的一个新现象。

早在一百五十年前，马克思、恩格斯在《共产党宣言》中就指出："资产阶级在它的不到一百年的阶级统治中所创造的生产力，比过去一切世代创造的全部生产力还要多，还要大。"并指出："不断扩大产品销路的需要，驱使资产阶级奔走于全球各地。它必须到处落户，到处开发，到处建立联系。""由于开拓了世界市场，使一切国家的生产和消费都成为世界性的了。""过去那种地方的和民族的自给自足和闭关自守状态，被各民族的各方面的互相往来和各方面的互相依赖所代替了。"一个半世纪以来的历史发展，证实了马克思、恩格斯的科学论断和预见。在本世纪，资本主义经历了一系列危机，包括给国际社会造成剧烈震荡的严重经济危机和给人类带来空前浩劫的两次世界大战。由此，美国等西方资本主义国家在一定程度上调整了生产关系和其他关系，并借鉴社会主义国家的某些政策措施，使社会阶级矛盾有所缓解。特别是以信息科技、生命科技为主要标志的高新技术的发展，给资本主义国家的经济增长提供了新的推动力，使他们的社会生产力有新的发展，也使他们主导的世界市场在广度和深度上空前扩大。这表明，资本主义社会形态所能容纳的生产力仍然具有相当的发展余地和空间。马克思在《〈政治经济学批判〉序言》中指出："无论哪一个社会形态，在它所能容纳的全部生产力发挥出来以前，是决不会灭亡的"。从人类社会的发展趋势看，社会主义是比资本主义更高更先进的社会形态，在世界范围内社会主义取代资本主义是人类进步的必然归宿。但这是一个复杂而漫长的历史过程。对此，我们应该有一个实事求是的认识。

经济全球化趋势，是在国际政治经济旧秩序没有根本改变的情况下形成和发展的。西方发达国家在资金、技术、人才、管理以及贸易、投资、金融等各个方面都占有优势，因而他们是经济全球化的最大受益者。广大发展中国家的经济技术水平相对落后，总体上处于不利地位。他们不仅面临着发达国家经济技术占优势的巨大压力，而且国家主权和经济安全也受到挑战。最近，在经济全球化背景下爆发的亚洲金融危机，给一些发展中国家造成巨大损失，就是一个突出的实例。大量事实表明，经济全球化趋势的发展，使南北之间也就是发展中国家和发达国家之间的发展差距、贫富悬殊进一步扩大，在发达国家内部，财富也愈来愈向少数寡头集中。越来越多的发展中国家的领导人和有识之士，对于经济全球化产生的风险日益警觉起来，他们把维护自己国家的经济安全放在突出位置，要求建立公正合理的国际政治经济新秩序的呼声也日益强烈起来。

我国是一个发展中的社会主义国家。经济全球化对我国的发展有利也有弊。一方面，它有利于我们吸引外资，弥补国内建设资金的不足；有利于我们引进先进技术设备，实现技术发展的跨越；有利于我们学习先进管理经验，培养高素质管理人才；有利于我们发挥比较优势，开拓国际市场。另一方面，也要看到，我国经济总体素质还不高，国际竞争能力还比较弱，经济全球化不可避免地会给我们带来不利的因素和风险。前年和去年达成的《信息技术协议》〔1〕、《基础电信协议》〔2〕和《金融服务协议》〔3〕，对我们压力就比较大。国际金融自由化的发展也会加大我国的金融风险。目前国际经济的“游戏规则”，虽然其中有符合社会化大生产的一面，但总体上是在西方国家主导下制定的，加之国际经济和金融组织都控制在美国等发达国家手里，他们总要利用这些优势，推行经济霸权主义，谋取最大利益。

经济全球化作为世界经济发展的客观趋势，是不以人们的意志为转移的，任何国家也回避不了。当今世界是一个开放的世界，谁也不可能孤立于世界之外去发展自己的经济。我们要坚定不移地实行对外开放政策，适应经济全球化趋势，积极参与国际经济合作和竞争，充分利用经济全球化带来的各种有利条件和机遇。不能看到有风险、有不利因素，就因噎废食，不敢参与进去。同时，又要对经济全球化带来的风险保持清醒的认识，坚持独立自主，加强防范工作，增强抵御和化解能力，以切实维护我国的经济安全，更好地发展壮大自己。

世界多极化和经济全球化的趋势都在发展，还会出现许多新情况新问题，比如，知识经济正在兴起，并初见端倪。对于已经出现的情况和问题，我们也不能说完全看清楚了，研究透了，所以必须进一步密切注视和深入研究。

综观世纪之交的国际形势，总的讲，机遇大于挑战，希望多于困难，有利条件胜于不利因素。大家一定要认清形势发展的主流，把握机遇，急起直追，力争使我国在下个世纪的国际竞争中处于更加主动有利的地位。

关于进一步开创外交工作的新局面

在世纪之交的重要历史时期，我们要坚定不移地贯彻邓小平外交思想，始终不渝地奉行独立自主的和平外交政策，认真落实党的十五大精神，进一步开创外交工作的新局面，努力为实现我国社会主义现代化建设的战略目标营造一个更为良好的周边环境和国际环境。

首先，要继续长期坚持冷静观察、沉着应付、绝不当头、有所作为的战略方针。要韬光养晦，收敛锋芒，保存自己，徐图发展。我国国情与国际力量对比决定了我们必须这样做。在直接涉及国家的主权、安全和利益，涉及发展中国家的正当权益，涉及世界和平与地区稳定，涉及建立公正合理的国际政治经济新秩序等问题上，我们必须旗帜鲜明，坚持原则，进行卓有成效的工作和必要的斗争。随着我国国际地位的提高，我们所承担的国际责任也越来越大，国际社会特别是广大发展中国家也希望我们这样做。我国作为最大的发展中国家，应该发挥自己应有的作用。绝不当头、有所作为，是一个辩证的统一体，关键是要善于把握形势、抓住时机。

第二，要处理好同世界各大国的关系，努力推进多极化趋势的发展。中美关系关乎我国外交全局,关乎我国政治、经济和国家安全的战略利益。这些年来,中美关系经历了许多曲折。一九八九年十一月和十二月,美国前国务卿基辛格和总统国家安全事务助理斯考克罗夫特先后访华,邓小平同志会见他们时都提出了关于恢复中美关系的一揽子方案。这个方案最终就是实现我对美国进行国事访问。当时得到了美方的认同,但后来美国变卦了。因为不久东欧发生剧变,美国有人寄希望于我们"变"。一九九一年,我国华东地区发生严重水灾,美国有人认定我们要"乱"。这年十二月,苏联解体,美国有人认为我们要"垮"。美国一九九二年向台湾出售 F－16 战斗机,一九九五年允许台湾当局领导人访美,美国有人对所谓"邓后的中国"作了种种猜测,加大了对我们的压力,企图把我们压"倒"。但是,中国没有"变"、没有"乱"、没有"垮"、没有"倒",而是形势越来越好,更加发展壮大起来。美国从其战略利益出发,不得不调整对华政策。我同克林顿〔4〕从一九九三年西雅图见面开始,进行了多次会晤,反复做工作。在台湾问题上,我们显示了维护国家主权和领土完整的坚强决心,两次在台湾海峡进行军事演习,震动了美国朝野。一九九五年十月,我同克林顿在纽约会晤时,他明确告诉我,美国对中国的政策,不是孤立,不是遏制,也不是对抗,而是全面接触。一九九六年十一月,我同克林顿达成共识。中美两国元首于一九九七年和一九九八年相互进行国事访问,扭转了一九八九年以来中美关系的严重困难局面,中美关系进入了一个新阶段。但要看到,美国对华政策仍具有两面性。美国反华势力演变中国的图谋不会改变,把台湾看成是美国的"不沉的航空母舰”也不会改变。今后,我们要继续以两手对两手,既坚持原则又不失灵活,既合作又斗争,以斗争促进合作,推动中美关系进一步改善和发展。发展我们同欧洲的关系很重要。要继续加强对西欧的工作,改善同欧盟的政治关系,推动我国同欧洲经济技术合作进一步发展。

第三,要处理好与周边国家的关系。近些年来,我国的周边环境得到很大改善。继续加强对周边国家的工作,坚持睦邻友好,保持良好的周边环境,对我们的发展至关重要。

日本、俄罗斯是世界大国,也是我们的重要邻国。维护中日友好,对我们稳定周边和发展经济有利。目前,日本正处在十字路口,政治力量仍在分化改组,经济问题不少,短期内难以好转。日本军国主义者非常残忍,在日本侵略军的屠刀下,中国死伤人数达三千五百万。战后日本军国主义未得到彻底清算。在日本国内,满脑子军国主义思想的还有人在。对这个问题,我们必须警钟长鸣。日本曾经侵占台湾五十年。把台湾看成是自己的“不沉的航空母舰”,就是日本人首先提出来的,后来美国有些人继承了日本人的衣钵。对日本,台湾问题要谈深谈透,历史问题要始终强调,而且永远要谈。在亚洲金融危机发生后,日本有些人采取不负责任的态度,企图把自身的经济困难转嫁给他人,引起许多国家不满。在这个问题上,要对日本施加影响,要求它承担责任。中俄关系总体上是好的。我们要继续做工作,保持中俄关系发展的良好势头。印度也是我国的重要邻国,从长远看,中印关系要搞好。一九九六年我访问印度后,两国关系有所改善。

我们已经同东盟达成一致,共同致力于建设面向二十一世纪的睦邻互信伙伴关系。亚洲金融危机发生后，东盟对我国发挥的积极作用是肯定和赞扬的。东盟一些国家同我们在南海问题上还存在争端，这几年经过我们做工作，南海局势基本保持平稳。我们要继续坚持睦邻友好，加强同东盟在地区事务上的合作和协调。朝鲜半岛的和平与稳定，关系我国东北边陲的安宁。我们要继续在朝鲜半岛问题上发挥积极作用。

第四，要进一步加强同广大发展中国家的团结合作。中央召开驻拉美和非洲使节会议以来，我们对发展中国家的工作取得了新的进展。我和中央其他几位同志先后访问了拉美和非洲，做了一些工作。近年来，我一直强调要十分重视非洲的工作，不仅政治上要重视，在开展经济合作方面也要重视，各有关部门都应该积极支持。我们必须以长远的战略眼光看待同广大发展中国家的关系。富朋友要交，穷朋友也要交，关键时刻往往穷朋友更靠得住。在发展同大国关系的同时，加强同发展中国家的合作，对我们来说更加重要。这项工作只能加强，不能削弱。我提出为非洲国家培养一些人才，此事正在落实。今后要适当增加一些同发展中国家的高层往来，推进双方的经贸合作。在国际事务中，我们要继续同广大发展中国家相互配合、相互支持，共同维护发展中国家的正当权益。

第五，要积极参与多边外交活动。当前，多边外交十分活跃，联合国以及其他国际组织的作用在不断提高。在世界多极化和经济全球化的趋势不断发展的新形势下，各大国都以地区组织为依托发展自己，都力图通过多边场合得到在双边关系中得不到的东西。对这一情况，我们要多加重视，注意因势利导、趋利避害。

第六，要坚决维护我国的主权、领土完整和民族尊严，努力推进祖国统一大业。随着香港回归和澳门问题即将解决，台湾问题更加突出地摆在我们面前。我们要有紧迫感和使命感，进一步搞好涉台外交工作。要认真研究国际形势变化给解决台湾问题可能带来的各种影响，对支持“台独”分裂势力的外国反华势力进行更加有力的斗争，为早日解决台湾问题、实现祖国的完全统一创造良好的外部环境。我们还应该高度警惕国外敌对势力包括民族分裂主义势力、宗教极端主义势力对我国进行的渗透，坚决排除一切破坏我国稳定的外部干扰。

注　释

〔1〕见本卷《开展经济合作是亚太经合组织的使命》注〔2〕。

〔2〕《基础电信协议》，指一九九七年四月十五日世界贸易组织成员达成的《〈服务贸易总协定〉第四议定书》及其所附减让表。主要内容是，世界贸易组织成员就基础电信业务（包括电话、电传、电报、传真、固定和移动卫星系统、移动数据服务、无线寻呼）和增值电信业务（在线数据处理、在线数据存储及调用、电子数据交换、电子邮件和语音信箱）承诺不同程度的市场开放水平。该协议于一九九八年二月五日生效。

〔3〕《金融服务协议》，指一九九七年十二月十二日世界贸易组织成员达成的《〈服务贸易总协定〉第五议定书》及其所附减让表。主要内容是，世界贸易组织成员就银行、保险、证券以及有关的辅助服务承诺不同程度的市场开放水平。该协议于一九九九年三月一日生效。

〔4〕克林顿，即威廉·杰斐逊·克林顿，一九四六年生，美国民主党人。一九九三年至二〇〇一年任美国总统。

开创农业和农村工作新局面*

（一九九八年九月二十五日）

今年是党的十一届三中全会召开二十周年，也是农村改革二十周年。安徽是大包干[1]的发源地，所以我这个时候来安徽看一看，就农业和农村问题做一些调查研究。

当前，全党全国人民正在贯彻落实党的十五大提出的各项战略部署，全面推进改革开放和社会主义现代化建设。实现跨世纪发展的目标，难度最大而又非完成不可的一项任务，就是保持农业和农村经济持续稳定增长。我国的基本国情决定了，抓住农村这个大头，就有了把握经济社会发展全局的主动权。面对亚洲金融危机的挑战，我们必须更加重视和加强农业，把农村经济搞上去，这样才能保持经济社会的稳定，才能增加发展的回旋余地。因此，中央十分关注农业和农村问题。

一、认真总结并牢牢记取农村改革的基本经验

以党的十一届三中全会为标志，中国进入了一个波澜壮

* 这是江泽民同志在安徽省考察工作时的讲话，原题为《全面推进农村改革，开创我国农业和农村工作新局面》。

阔的改革开放的新时期。改革率先从农村突破，进而推动城市和整个经济体制的全面改革，这是中国改革成功的路子。改革从农村开始不是偶然的，是由我国的基本国情和当时农村的困境决定的。十年浩劫使国民经济到了崩溃的边缘，农村的问题尤为突出，当时有二亿五千万人吃不饱肚子，吃饭问题成为最紧迫的大事，不改革已经没有出路了。党的十一届三中全会重新确立了解放思想、实事求是的思想路线，把全党的工作重心转到经济建设上来，为农村改革提供了思想前提，创造了政治环境。因此，农村改革的发生和发展就是必然的了。

二十年来，在党的领导下，农村发生了一系列深刻的变革：突破了高度集中的人民公社体制，实行以家庭联产承包为基础、统分结合的双层经营体制；突破了以粮为纲的单一结构，发展多种经营和乡镇企业，全面活跃农村经济；突破了统购统销制度，面向市场，搞活农产品流通；突破了单一集体经济的所有制结构，形成了公有制为主体、多种所有制经济共同发展的格局。经过改革，初步构筑了适应发展社会主义市场经济要求的新体制框架，极大地解放和发展了生产力，给农村带来了翻天覆地的历史性变化。一是农业综合生产能力大幅度提高，结束了主要农产品长期短缺的历史。粮食年总产量二十年间增加了四千多亿斤，十二亿多中国人吃饭的问题已经基本解决。二是农村产业结构和劳动力就业结构进行了重大调整，乡镇企业异军突起，转移了一亿三千万农业富余劳动力，农村开始了史无前例的工业化进程。三是农民生活显著改善，全国农村从总体上进入了由温饱向小康迈进的阶段。

四是在农村经济快速发展的基础上，农村各项社会事业也取得了明显进步，农民的思想观念和精神面貌发生了积极变化。

农村改革的成功是邓小平理论的伟大胜利。邓小平同志关于农业、农村、农民问题的一系列论述，关于农村改革发展稳定的一系列论述，给农村改革指明了方向。在每一个关键的时候，都是邓小平同志旗帜鲜明地支持和推动改革。农村改革的历程说明，只有坚持以邓小平理论为指导，解放思想、实事求是，才能冲破旧的观念和僵化体制的束缚，进行建设有中国特色社会主义的新探索。可以说，没有邓小平理论，就不可能进行农村改革，也不可能有现在这样一整套党在农村的基本政策，更不可能有今天的巨大成就。认真总结这二十年的宝贵经验，对于全党更加自觉地高举邓小平理论伟大旗帜，坚定不移地贯彻党的十一届三中全会以来的路线方针政策，进一步深化农村改革，实现农业和农村跨世纪发展的宏伟目标，具有重大意义。

第一，必须把调动农民的积极性作为制定农村政策的首要出发点。农民的积极性是发展农业和农村经济的根本。建国以来的历史经验证明，什么时候农民有积极性，农业就快速发展；什么时候挫伤了农民的积极性，农业就停滞甚至萎缩。党的十一届三中全会提出，确定农业政策和农村经济政策的首要出发点，是充分发挥我国亿万农民的积极性，必须在经济上充分关心农民的物质利益，在政治上切实保障他们的民主权利；并且提出，我们一切政策是否符合发展生产力的需要，就是要看这种政策能否调动农民的积极性。这是我们花了很大代价才认识到的真理。农村改革之所以获得巨大成功，就是坚持了这个正确的出发点。家庭承包经营之所以能够起到这么大的作用，就是给了农民自主权，使农民得到了实惠。在农村开展任何一项工作、实行任何一项政策，都必须首先考虑，是有利于调动还是会挫伤农民的积极性，是维护还是会损害农民的物质利益和民主权利，是解放和发展还是会阻碍农村生产力。这是我们制定农村政策必须坚持的基本准则，也是检验政策是否正确的根本标准。

第二，必须尊重农民的首创精神。人民是创造历史的真正动力。包产到户、乡镇企业和村民自治，都是在党的领导下我国亿万农民的伟大创造。邓小平同志讲："我们改革开放的成功，不是靠本本，而是靠实践，靠实事求是。农村搞家庭联产承包，这个发明权是农民的。农村改革中的好多东西，都是基层创造出来，我们把它拿来加工提高作为全国的指导。"〔2〕"乡镇企业容纳了百分之五十的农村剩余劳动力。那不是我们领导出的主意，而是基层农业单位和农民自己创造的。"〔3〕邓小平同志这些论断概括了农村改革的实际情况。我们党坚持自己的根本工作路线，一切为了群众，一切依靠群众，从群众中来，到群众中去，及时总结广大农民的实践经验，形成正确的政策，用于指导和推进改革。农村每一项重大政策出台，都建立在基层和农民群众实践创造的基础上，因而具有充分的实践依据和深厚的群众基础。依靠群众推进改革，这是一条重要经验。

第三，必须大胆探索农村公有制的有效实现形式，不断完善农村所有制结构。生产关系必须适应生产力发展的要求。农村改革实质上就是调整束缚生产力发展的生产关系。我们党领导的土地改革,曾经极大地解放了农村生产力。人民公社"一大二公",又长期压抑了农民的积极性。农村改革以后,我们在集体经济内部,实行土地集体所有、家庭承包经营,使所有权与使用权分离,建立了以家庭承包经营为基础、统一经营和分散经营相结合的双层经营体制。同时,鼓励和引导农民发展个体经济、私营经济和股份合作制经济,实行公有制为主体、多种所有制经济共同发展。这就在新的历史条件下理顺了农村最基本的生产关系,使整个农村经济空前活跃起来。实践证明,改革中形成的农村基本经济制度和经营制度,符合我国社会主义初级阶段农村的实际,能够极大地促进农村生产力发展,要长期坚持不变。

第四,必须坚持农村改革的市场取向。建立社会主义市场经济体制是我国经济体制改革的目标。农村改革实际上从一开始就是朝着这个方向走的。搞家庭承包,确立了农户自主经营、自负盈亏的市场主体地位。农民有了自主权,就要按照市场需求调整产业结构,发展商品生产,这就必然带来分工分业,促进生产要素合理流动。顺应农村经济发展的客观要求,我们及时改革农产品购销体制,鼓励农民进入流通领域,培育农产品市场和生产要素市场,从而为农村经济注入了新的生机和活力,使农村经济摆脱了自然经济的局限和计划经济的束缚,逐步走上了社会主义市场经济的轨道。坚持市场取向,不断深化改革,对于加快农业现代化具有长远的根本性的意义。

二、按照建立社会主义市场经济体制的方向继续推进农村改革

农村改革已经取得了巨大成就，但还远没有完成，深化农村改革的任务仍然很艰巨。党的十五大提出了从经济、政治、文化等各个方面把我们的事业全面推向二十一世纪的目标和任务，并且提出从现在起到下世纪的前十年必须解决好两大课题，即建立比较完善的社会主义市场经济体制，保持国民经济持续快速健康发展。这也为农村改革和发展指明了方向。要根据党的十五大精神，按照建立社会主义市场经济体制的目标，坚定不移地把农村改革引向深入。

深化农村改革，首先必须长期稳定以家庭承包经营为基础的双层经营体制。这是党的农村政策的基石，任何时候都不能动摇。农业以家庭经营为基础，是农业生产的规律决定的，也是生产关系一定要适应生产力发展要求的规律决定的。高级社以后，农民一直要求搞家庭经营，开始是拉马退社，受到批判后就精心种自留地。人民公社时期想尽了办法，搞定额管理、评工记分、小段包工，都不灵。直到改革后搞了包产到户、包干到户，农民才满意，农业才增产。过去很长时期把农民搞包产到户的要求当作资本主义自发倾向，现在看来是不对的。从实践看，家庭承包经营再加上社会化服务，能够容纳不同水平的农业生产力，既适应传统农业，也适应现代农业，具有广泛的适应性和旺盛的生命力，不存在生产力水平提高以后就要改变家庭承包经营的问题。我们是社会主义国

家，当然不能搞土地私有制，我们实行的是土地集体所有基础上的家庭承包经营。一条是不搞土地私有，一条是不改变家庭承包经营，这就是有中国特色社会主义的农业。要把这个道理讲清楚，使各级干部真正理解为什么以家庭承包经营为基础的双层经营体制必须长期坚持，使广大农民彻底消除将来还可能回到“一大二公”的顾虑。

稳定家庭承包经营，核心是要稳定土地承包关系。土地是农业最基本的生产资料，也是农民最可靠的社会保障。长期稳定农村土地承包关系，既是发展农业生产力的客观要求，也是稳定农村社会的一项带根本性的措施。中央关于土地承包的政策是非常明确的，就是承包期再延长三十年不变。而且三十年以后也没有必要再变。但是，为什么中央的政策在有些地方不落实呢？主要还是思想认识问题。有些同志至今仍把家庭承包经营排除在集体经济之外，没有认识到把集体的土地承包到户、实行双层经营，本身就是农村集体经济最有效的实现形式。一些地方收回农民的承包地，多留机动地，搞高价发包，不论动机如何，都违反了党的政策，是错误的。如果把家庭承包经营这个基础动摇了，集体经济就失去了根基。农村集体经济组织要管理好集体资产，组织好生产服务和集体资源开发，协调好利益关系，增强为农户服务的功能。壮大集体经济实力，要探索新的形式和路子，再也不能搞那种剥夺农民利益、归大堆的所谓“集体经济”了。少数确实具备条件的地方，可以在提高农业集约化程度的基础上，发展多种形式的土地适度规模经营，但也要群众自愿。

深化农村经济体制改革，总的目标是建立以家庭承包经营为基础，以农业社会化服务体系、农产品市场体系和国家对农业的支持保护体系为支撑，适应发展社会主义市场经济要求的农村经济体制。在整个社会主义初级阶段，必须始终把加快发展生产力作为农村工作的中心，一切政策都要有利于增强农村经济活力。当前和今后一个时期，要着重抓好以下几方面的工作。一是进一步完善农村所有制结构。我国社会主义初级阶段不发达的特征，在农村表现得尤为突出。完善农村所有制结构，要从农村实际出发，可以放得更开一些。在发展壮大集体经济的同时，采取更灵活、更有效的政策措施，鼓励和引导农村非公有制经济有更大发展。二是在稳定和完善双层经营体制的基础上，促进农村土地、资金、技术、劳动力等生产要素合理流动和优化组合，发展多种形式的联合和合作。三是支持农民发展各类专业服务组织，同时转变政府农业经济、技术部门的职能，建立国家、集体、农民及其合作组织相结合的农业社会化服务体系。四是深化农产品流通体制改革，逐步形成国家宏观调控下主要由市场形成价格的新机制，建立统一、开放、竞争、有序的农产品市场体系。五是改革农村投融资体制，增加对农业的投入，完善粮食储备调节、风险基金和保护价收购制度，建立农业保险制度，加快国家对农业的支持和保护体系建设。六是改革和规范农村税费制度，探索减轻农民负担的治本之策。深化农村改革是一篇大文章，我这里只是点一点题。希望各地按照中央的统一部署，从当地实际出发，继续大胆探索和实践。

经济体制改革需要同政治体制改革相互配合、相互促进。扩大农村基层民主，保证农民直接行使民主权利，是社会主义民主在农村最广泛的实践，也是充分发挥农民积极性、促进农村两个文明建设、确保农村长治久安的一件带根本性的大事。要在农村基层实行民主选举、民主决策、民主管理、民主监督。当前，重点要抓好村级民主制度建设，依法健全三项制度：一是村民委员会的直接选举制度，让农民群众选举自己满意的人管理村务。二是村民议事制度，村里的大事，尤其是与家家户户切身利益密切相关的事情，都要经村民大会或村民选出的代表讨论，不能由少数人说了算。三是村务公开制度，凡是群众关注的问题，都要定期向村民公开，接受群众监督。扩大农村基层民主，必须坚持党的领导，必须坚持依法办事，把握住了这两条就能够有领导、有秩序、有步骤地进行。乡镇政府也要切实转变职能，精简机构和人员。现在农民负担重，一个主要原因就是靠农民负担供养的人员太多。“养民之道，必以省官为先务”〔4〕。乡镇机构改革，要认真研究解决这个问题。

改革的目的是促进社会生产力的发展。农业发展从长远看最重要的，一是水的问题，一是科技问题。要认真总结经验教训，结合今年水灾之后的重建工作，切实抓好农业基本建设。一手抓水利设施、防洪工程等建设，一手抓植树种草、治理水土流失等生态环境建设，提高农业抗御自然灾害的能力。同时，下功夫解决北方农业干旱缺水的问题，大力发展节水灌溉，提高水资源的利用率。要坚持科教兴农的方针。邓小平同志指出：“将来农业问题的出路，最终要由生物工程来解决，要靠尖端技术。”〔5〕现在，一些发达国家已经把基因育种工程、互联网、卫星定位系统等高新技术运用于农业。我们必须有紧迫感，尽快迎头赶上。要切实抓好农业科研攻关、先进适用技术推广和农民科技培训，使农业增长真正转到依靠科技进步和提高劳动者素质的轨道上来。

增加农民收入是一个带有全局性的问题，不仅直接关系到农村实现小康，还直接关系到开拓农村市场、扩大国内需求、带动工业和整个国民经济增长，从长远看还可能影响农产品的供给。现在，农民收入增长缓慢的问题越来越突出，必须引起高度重视。要引导农民根据市场需求调整和优化产业结构，发展高产优质高效农业，发展贸工农一体化的农业产业化经营，提高农业综合效益。要继续大力发展乡镇企业，发展小城镇，使它们在带动农业发展、增加农民收入方面发挥更大作用。要广泛开辟农村就业空间，向农业生产的广度和深度进军，同时合理有序地转移农业富余劳动力。现在，国家增加投入，搞基础设施建设，要多搞点以工代赈，多用点农民工，让农民多得点劳务收入。继续抓好扶贫开发工作，促进地区经济协调发展，最终实现共同富裕。

三、尊重实践、尊重群众，提高领导农村工作的水平

实践的观点、群众的观点，是马克思主义的基本观点。我们党之所以有力量，我们的工作之所以有成绩，总的来说就是两条：一条是靠实事求是，一条是靠群众路线。我今天所以再次强调这个问题，因为它关系到加强和改善党对农村工作的领导，关系到正确对待农民、做好新时期的农民工作。坚持以邓小平理论为指导，尊重实践，尊重群众，这是过去二十年我

们在领导农村改革的实践中获得的根本经验，也是今后推进农村改革、做好农村工作必须遵循的原则。

第一，正确对待农村中出现的新事物，尊重农民的创造和选择。农村改革和发展中有许多新情况新问题，需要我们去研究和解决。光坐在上面拍脑袋不行，要依靠群众在实践中去摸索、去创造。领导者的责任就是要善于发现基层和群众的创造，总结提高，加以推广。包产到户这一对农村改革发展产生重大影响的新事物，就是农民创造出来的。当时，不少同志还心有余悸，思想不通，社会上也有很多人不理解。邓小平同志高瞻远瞩地从这件事看到了中国农村改革的方向，满腔热情地给予支持。他说："农村政策放宽以后，一些适宜搞包产到户的地方搞了包产到户，效果很好，变化很快。安徽肥西县绝大多数生产队搞了包产到户，增产幅度很大。'凤阳花鼓'中唱的那个凤阳县，绝大多数生产队搞了大包干，也是一年翻身，改变面貌。"〔6〕在邓小平同志支持下，我们党制定了明确的政策，家庭承包迅速推向全国。当时，万里同志在安徽当省委书记，他肯定和支持安徽农民搞包产到户的做法。如果在议论纷纷中，我们领导干部没有胆识，不出来支持，反而加以否定，包产到户就出不来。实际上，五十年代末六十年代初，包产到户在安徽和其他一些地方的农村就在冒，但都被作为资本主义和右倾思想压下去了。这个教训极为深刻。正确对待农村改革和发展中出现的新事物，要坚持两条：一是，鼓励试，允许看，不争论。这是邓小平同志发明的好办法，是个高明的办法。一时看不准的事情，不要急于下结论，看一段再说。要帮助群众总结提高，加以引导。对的就坚持，不对的改正就是了。二是，坚持“三个有利于”[7]的判断标准。对基层的一些做法，对群众中涌现出来的新东西，鼓励与否，支持与否，根本的要看是否有利于发展农村生产力，农民有没有积极性。符合这个标准的，就要给以鼓励和支持。

第二，在农村办任何事情都要从实际出发，尊重农民意愿。我国农村生产力还比较落后，农民生活还不富裕，地区发展差别很大。我们做各项工作，都必须考虑到农村的现状，而不能脱离实际，都必须因地制宜、分类指导，而不能搞一刀切。现在，农村工作中脱离实际、脱离群众的东西还不少。有些地方调整农业结构，不讲因地制宜，不问市场需求，从主观愿望出发，强迫农民种这种那，造成了不应有的损失。有些地方搞各种名目的达标升级，超越当地经济发展水平和农民的承受能力，条件不具备还搞高指标，增加农民负担，引起农民不满。股份合作制是搞活乡镇企业的一种好形式，应该积极稳妥地实行，但不是唯一的形式。有些地方采取搞运动的办法推行股份合作制，强迫员工入股，结果把好事办坏了。这些问题怎么出来的？根本原因是脱离实际、脱离群众。开展农村工作要把中央的方针和本地的实际结合起来，把需要和可能结合起来，把工作热情和科学精神结合起来。必须看到，农民已经成为自主经营、自负盈亏的市场主体。我们今天的工作对象与革命战争年代、计划经济时期已经有了很大不同。各级干部要切实转变作风，学会在市场经济条件下同农民打交道。要充分尊重农民的生产经营自主权、财产所有权，尊重农民的民主权利。要同农民商量办事，善于用说服的方法、示范的方法、服务的方法推动农村工作。办好事，办实事，也要量力而行，也要尊重群众，不能搞强迫命令，否则农民就不满意、不高兴、不赞成、不答应。这个道理，做农村工作的同志都应该懂得。

第三，凡是实践证明是正确的、农民拥护的政策就不要变。我们党在二十年农村改革实践中形成了一整套基本政策。实践证明，这些政策符合农村实际，符合农民意愿，符合农村生产力发展要求，必须保持稳定性和连续性。政策和策略是党的生命，是群众利益的集中体现。我们讲加强党对农村工作的领导，最重要的就是把党的方针政策贯彻落实好。现在，有些做农村工作的同志，对党的农村政策不甚了了，一些群众都明白的政策我们一些干部还不清楚。有些同志政策观念不强，执行政策随意性很大，不是按照党的政策办事，而是按自己的好恶办事。这种状况必须改变。要在农村干部中进行一次党的基本政策的再学习、再教育。要把是否熟悉党的农村政策，严格按照政策办事，并且能够创造性地开展工作，作为衡量一名农村干部合格与否的基本标准。各级党委特别是县委，要把开展对农村干部的政策培训作为一件大事来抓。

第四，学习新知识，研究新情况，解决新问题。今天，我们是在市场经济条件下、在复杂的国际经济环境中做农业和农村工作，作为领导干部，必须有新的知识结构，必须有开阔的国际眼光。当今世界经济正在发生深刻变化，特别是经济全球化和知识经济发展的趋势，应该引起我们密切关注。这次亚洲金融危机对整个亚洲乃至世界经济产生了严重冲击，说明一个国家、一个地区的发展受国际经济大环境的影响越来越直接。我们研究农村改革发展问题，不能脱离全国宏观经济的发展，不能脱离世界经济的潮流，不能就农业论农业。这也是解放思想、实事求是。比如，研究农村问题，就要考虑合理调整城乡经济结构、建立城乡统一的大市场问题，因为农村改革发展走到今天，已经超出了农村的范围。再比如，我国农业人均资源不足，尤其要重视智力资源的开发利用，这就要考虑知识经济对农业现代化的意义。又比如，亚洲金融危机对我国农产品进出口也有很大影响，这就要考虑如何进一步搞好农业对外开放，还要考虑进一步开拓国内的农村市场。这样一些问题，是我们在改革初期没有遇到的。所以，做农村工作的同志，必须打开视野，加强学习，加强调查研究。不仅要了解传统农业知识，还要了解现代农业知识；不仅要了解农村经济，还要了解整个国民经济；不仅要了解本地区本部门经济发展的状况，还要了解全国经济形势乃至世界经济趋势。这样，才能增强工作的自觉性，掌握领导的主动权。

农村工作要始终坚持两手抓、两手都要硬，这是我们党领导农村工作的一条基本方针。必须大力加强农村精神文明建设、民主法制建设和基层组织建设。只有两个文明都搞好，经济社会协调发展，才是有中国特色社会主义新农村。

党管农村工作，是我们的一个传统，也是一项重大原则。建设有中国特色社会主义新农村，必须加强和改善党的领导，充分发挥农村基层党组织的领导核心作用。这是做好农村工作、巩固基层政权的政治保证。在这个问题上，任何时候都不能有丝毫含糊。省、地（市）、县委主要负责同志要亲自抓农村工作。各级党委和政府要牢固树立以农业为基础的思想，把农村工作摆在重要地位，按照党的十五大的战略部署，努力开创我国农业和农村工作的新局面。

注 释

〔1〕大包干，指包干到户，是家庭联产承包责任制的一种形式。农户承包集体的土地，与集体签订承包合同，农户按合同规定在完成国家征购任务和交足集体提留后，其余的产品全部归自己所有。

〔2〕见邓小平《在武昌、深圳、珠海、上海等地的谈话要点》（《邓小平文选》第3卷，人民出版社1993年版，第382页）。

〔3〕见邓小平《一切从社会主义初级阶段的实际出发》（《邓小平文选》第3卷，人民出版社1993年版，第252页）。

〔4〕参见清代唐甄《潜书·省官》。原文是："官多，则禄不得不薄；禄薄，则侵上而虐下，为盗臣，为民贼。故养民之道，必以省官为先务焉。"

〔5〕见邓小平《科学技术是第一生产力》（《邓小平文选》第3卷，人民出版社1993年版，第275页）。

〔6〕见邓小平《关于农村政策问题》（《邓小平文选》第2卷，人民出版社1994年版，第315页）。

〔7〕见本卷《推动乡镇企业进一步发展》注〔1〕。

在全国抗洪抢险总结表彰大会上的讲话

（一九九八年九月二十八日）

在过去的几个月里，中国人民同历史上罕见的大洪水展开了一场波澜壮阔的斗争，表现出了气吞山河的英雄气概。现在，这场斗争已取得了全面胜利。这是中国人民创造的又一个举世瞩目的伟大业绩。

今天，我们隆重召开全国抗洪抢险总结表彰大会，就是要总结这次抗洪斗争取得的重要经验和重大成果，表彰在抗洪军民中涌现出来的先进集体和英雄模范人物以及各条战线为抗洪抢险作出突出贡献的同志，号召全国各族人民学习他们的先进事迹，把改革开放和现代化建设更好地推向前进。

现在，我代表党中央、国务院和中央军委，代表全党全军全国各族人民，向战斗在抗洪抢险第一线的广大干部群众，人民解放军指战员、武警官兵和公安干警，科技工作者、医疗卫生工作者和新闻工作者，以及所有在第一线参加斗争的同志们，致以崇高的敬意！向大力支持抗洪救灾的全国各条战线的广大干部群众、各民主党派和全国工商联以及无党派人士、各人民团体，向积极为灾区提供援助的香港特别行政区各界人士和澳门同胞、台湾同胞，海外侨胞和华人，表示衷心的感谢！

在这次抗洪期间，许多国家的领导人、政府、政党、社会团体和驻华使馆，联合国有关组织和一些国际机构、外资企业以及国际友好人士，以不同方式对我们表示了同情和支持，我代表中国政府，向他们致以诚挚的谢意！

此时此刻，我们特别要向为夺取这次抗洪抢险胜利而英勇献身的烈士们，向在这次洪灾中不幸遇难的同胞们，表示深切的思念和沉痛的哀悼！

我提议，大家起立，为他们默哀。

今年入汛以来，由于气候异常，全国大部分地区降雨明显偏多，部分地区出现持续性强降雨，雨量成倍增加，致使一些地方遭受严重洪涝灾害。长江发生继一九五四年以来又一次全流域性大洪水，先后出现八次洪峰，宜昌以下三百六十公里江段和洞庭湖、鄱阳湖的水位，长时间超过历史最高纪录，沙市江段曾出现四十五点二二米的高水位。嫩江、松花江发生超历史纪录的特大洪水，先后出现三次洪峰。珠江流域的西江和福建闽江也一度发生大洪水。湖北、湖南、江西、安徽、江苏、黑龙江、吉林、内蒙古等省区沿江沿湖的众多城市和广大农村，经济社会发展和人民生命财产安全都受到洪水的严重威胁。

坚决战胜这场洪水，是保护人民生命财产安全、保卫改革开放和现代化建设成果的一场重大斗争，也是对中国人民与天奋斗的勇气、信心、力量的一场严峻考验。

在党中央领导下，全党全军全国人民紧急行动起来，特别是受灾省区的广大干部群众同前来支援的解放军指战员、武警官兵一起，团结奋战，力挽狂澜，同洪水进行了惊心动魄的殊死搏斗。终于确保了大江、大河、大湖干堤的安全，确保了重要城市和主要交通干线的安全，确保了人民生命财产的安全，使这场特大自然灾害的损失减少到最小程度。这是一个了不起的巨大成绩。

我们的人民，我们的人民军队，我们的广大党员、干部，以自己的英勇行动书写了中华民族发展史上新的壮丽篇章，这将作为人类战胜自然灾害的一个壮举载入史册。当代中国人民战胜自然灾害以及各种艰难险阻的勇气和力量，是世所罕见的！

这次抗洪抢险的胜利，正以其巨大的力量，激励和鼓舞灾区人民排除万难去恢复生产、重建家园，激励和鼓舞全国人民更加奋发地去实现跨世纪发展的战略任务。它的伟大意义和深远影响，必将贯穿于我们建设有中国特色社会主义事业的全部历史过程。

在整个抗洪抢险中，党中央高度关注灾区群众的生命安全和切身利益，直接指挥这场斗争，始终与抗洪军民心心相连、同舟共济。入汛以来，中央就一直密切注视气候的变化和江河的汛情，及时对全国抗洪工作进行了周密部署。根据受到洪水威胁地区的实际情况，中央明确提出了严防死守，确保长江大堤安全、确保重要城市安全、确保人民生命安全的战略方针，作出了大规模动用人民解放军投入抗洪抢险、军民协同作战的重大决策。在抗洪抢险最危急的时刻，中央审时度势，正确判断，发出总动员令，要求广大军民坚定信心，坚持坚持再坚持，直到取得最后的胜利。国家防汛抗旱总指挥部坚决贯彻党中央、国务院的决策，充分准备，全面部署，果断指挥，科学调度，争取了防汛抗洪的主动。这些重大方针决策和部署，指导和保证了抗洪抢险工作的顺利进行。

受灾省区的各级党委和政府，认真贯彻执行党中央、国务院的方针和决策，加强对抗洪抢险的领导，全力以赴做好动员和组织工作。在危急时刻和生死关头，各级领导干部纷纷奔赴现场，同广大军民一道顽强奋战。基层党组织充分发挥政治核心和战斗堡垒作用，共产党员、共青团员充分发挥先锋模范作用，他们身先士卒，以身作则，冲锋在前，撤退在后，在群众中树立了良好的榜样。

人民解放军和武警部队坚决响应党和人民的召唤，出动三十余万官兵投入抗洪抢险斗争。他们发扬一不怕苦、二不怕死的革命精神和不怕疲劳、连续作战的作风，起到了中流砥柱的作用。从坚守荆江大堤到抢堵九江决口，从会战武汉三镇到防守洞庭湖区，从保卫大庆油田到决战哈尔滨，哪里最危险，哪里任务最艰巨，哪里就有人民子弟兵。从将军到士兵，人人奋勇争先，用血肉之躯铸起了冲不垮的坚强大堤。有的干部战士献出了宝贵的生命。公安干警积极投入抗洪抢险，不畏艰苦，维护了灾区社会秩序的稳定。人民解放军指战员、武警官兵为党和人民建立了新的历史功勋。

人民群众是夺取抗洪抢险胜利的主力军和真正英雄。在受到洪水威胁和袭击的各个地区，人民群众在惊涛骇浪面前没有惊惶失措，在失去家园和亲人的时刻没有悲观消沉，他们忍着悲痛更加斗志昂扬地迎战洪水。儿子牺牲了，父亲冲上来；丈夫殉职了，妻子顶上去。他们舍小家保大家，舍局部保全局，表现出很高的思想觉悟和高尚的情操。水利、气象、水文等方面的科技工作者夜以继日地工作，发挥了重要的技术指导作用；来自祖国四面八方的医疗卫生工作者深入抗洪前线防疫治病，保证了抗洪军民的身体健康；新闻工作者及时报道党中央、国务院的指示精神，不畏艰险、深入一线积极宣传抗洪军民的英雄事迹，弘扬正气，鼓舞斗志；通讯、铁路、交通和其他战线的同志都把支持抗洪抢险当作首要任务，大力协同，在各自的岗位上作出了重要贡献。全国人民心系灾区、情系灾区，发扬中华民族团结友爱、互助互济的优良传统，无私地大力支持第一线军民。从白发苍苍的老人到系着红领巾的孩子，从工人、农民、知识分子到各级干部，十二亿人民团结得像一个人。中国大地上涌动起全民族同心同德、团结战斗的澎湃热潮，展现出全民族万众一心战胜洪涝灾害的壮丽画卷。

"沧海横流，方显出英雄本色。"〔1〕我们的党员、干部以自己的实际行动说明，他们无愧于共产党员的光荣称号，无愧于人民公仆的光荣称号。我们的军队以自己的实际行动说明，他们是党和人民完全可以信赖的革命队伍，是保卫国家安全和人民利益的钢铁长城，是保卫改革开放和现代化事业的坚强柱石，是新时期最可爱的人。我们的群众以自己的实际行动说明，中国人民具有团结一致、顽强拼搏的光荣传统，中华民族有着巨大的凝聚力，是任何困难任何风险都压不垮的。

我们进行改革开放，发展社会主义市场经济，一些人曾经提出疑问：在新的历史条件下，在社会利益多样化的情况下，中华民族会不会丢掉自己的光荣传统？中国人民还有没有强大的凝聚力？中国共产党和人民解放军还能不能保持自己的性质和宗旨？这次抗洪斗争的胜利，以无可辩驳的事实再一次回答了这个问题。中国共产党坚持全心全意为人民服务的宗旨没有变，人民解放军坚持党绝对领导下的革命队伍的政治本色没有变，中国人民坚持自己民族的优良传统的精神没有变。不仅现在没有变，将来也不会变，而且永远不能变。有这样的党，这样的军队，这样的人民，就可以创造出人间的奇迹。

艰苦卓绝的斗争，生死与共的考验，风雨同舟的经历，使党同人民群众的血肉联系、军队同人民群众的鱼水之情空前加强，全民族的大团结空前巩固。这种思想政治财富极为宝贵，我们要百倍珍惜，永远保持下去。

这次抗洪胜利再一次说明，要战胜前进道路上的各种困难和风险，实现国家富强、民族振兴和人民幸福，必须坚持中国共产党的领导。中国共产党是工人阶级的先锋队，以马克思列宁主义、毛泽东思想、邓小平理论武装自己，坚持国家和人民的利益高于一切，忠诚地为民族为人民谋利益。来自于人民，扎根于人民，服务于人民，这是我们党能够制定正确的路线，最广泛地动员和组织人民去不断夺取胜利的根本原因。正因为这样，中国共产党得到了全国人民的衷心拥护，在全国人民中享有崇高的威望和强大的号召力。有了中国共产党这个领导核心，中国人民的组织程度前所未有地加强和提高起来，从而也大大加强和提高了改造社会、开发自然的创造伟力。这些年来，我们党团结和带领全国人民战胜一个又一个新的困难，取得了一个又一个新的成功。八十年代末九十年代初，我们顶住国际国内政治风波的冲击，捍卫建设有中国特色社会主义伟大事业，成功地经受住了一场政治风险的重大考验。去年以来，我们采取有效措施沉着应对亚洲金融危机的冲击，继续推进改革开放和现代化建设，成功地经受住了一场经济风险的重大考验。这次我们又抵御特大洪水的冲击，继续保持全国社会安定和经济发展的大局，成功地经受住了一场自然灾害风险的重大考验。我们的发展前途是光明的，但前进的道路是不平坦的，今后还会遇到这样那样的风险。全国人民共同奋斗，坚持中国共产党的领导，就完全能够从容应对征途上的各种复杂局面，战胜各种可能出现的艰难险阻。

这次抗洪胜利再一次说明，我国社会主义制度具有巨大的优越性，能够集中力量办大事，动员和组织全国人民不断创造伟大的业绩。在我国社会主义制度下，人民是国家的主人，具有强烈的主人翁责任感和奉献精神，他们之间没有根本的利害冲突。凡是符合国家和人民根本利益的事业，都必然会得到他们的衷心拥护和自觉支持。这是我国社会主义制度的显著政治优势。在这次抗洪斗争中，全国各地区各部门发扬一方有难、八方支援和全国一盘棋的大团结大协作精神，做到了局部利益服从整体利益、眼前利益服从长远利益，集聚了气势磅礴的力量。坚持发挥我国社会主义制度的优越性，就一定能够加快改革开放和现代化建设的步伐，胜利实现中华民族的伟大复兴。

这次抗洪胜利再一次说明，人民，只有人民，才是创造历史的真正动力，人民是我们事业发展取之不尽的力量源泉。正是因为紧紧依靠人民，我们的党和国家才能够不断书写革命、建设、改革的伟大史诗。同以往所有的历史性胜利一样，这次抗洪抢险的胜利，归根到底是人民力量的胜利。中国人民再一次显示出同甘共苦、同舟共济的宝贵精神，再一次展现出自力更生、自强不息的豪迈气概。每一个华夏子孙都为此感到无比骄傲、无上光荣。全中国人民坚持团结，把集体的智慧和力量最大限度地集中起来，最充分地发挥出来，就一定能够继续创造出无愧于历史和时代的伟业。胜利永远属于勤劳勇敢的中国人民。

这次抗洪胜利再一次说明，要增强我国的综合国力，增强抵御各种风险的能力，必须坚定不移地贯彻执行党在社会主义初级阶段的基本路线。近二十年来，我们始终不渝地以经济建设为中心，坚持四项基本原则，坚持改革开放，促进物质文明和社会主义精神文明协调发展，经济建设和社会进步全面跃上新的台阶，社会生产力、综合国力和人民生活水平显著提高。我们的国家已经拥有比较强大的物质技术力量，我们的人民焕发出更加意气风发、朝气蓬勃的精神力量。在这次抗洪抢险中，我们打了一场漂亮的硬仗。这样的硬仗，离开必胜的勇气和顽强的斗争，离开科学技术的进步，离开综合国力的提高，是打不了的。没有经过长期努力建设和发展起来的物质基础，没有水利、气象、水文等方面取得的技术进步，要夺取这样的胜利是难以想象的。这次抗洪斗争的胜利，是我们坚持改革开放和现代化建设的伟大胜利。坚持改革开放，不断扩大对外交流和合作，认真学习和吸取人类文明的一切优秀成果，学习和吸取国外一切有利于我国经济发展和社会进步的有益经验，是我们加快实现社会主义现代化的必由之路。

在同洪水的搏斗中，我们的民族和人民展示出了一种十分崇高的精神。这就是万众一心、众志成城，不怕困难、顽强拼搏，坚韧不拔、敢于胜利的伟大抗洪精神。

万众一心、众志成城，体现了中国人民的强大凝聚力。从千里长堤到首都北京，从大江南北到长城内外，从沿海省市到边疆民族地区，前方后方步调一致，举国上下齐心协力，中华儿女的力量集结在一起。越是在我国革命、建设、改革的每一个重大关头，全国人民就越是充分显示出这种非凡的凝聚力。有了这种凝聚力，我们就能始终立于不败之地。

不怕困难、顽强拼搏，体现了中国人民的革命英雄主义气概。浊浪排空，惊涛击岸，每个人的世界观、人生观、价值观都面临着严峻考验。这是生死系于一念的时刻，更是英雄辈出的时刻。在这场伟大斗争中，涌现出了许许多多奋不顾身、舍生忘死的英雄人物。高建成、吴良珠、胡继成、王占成、李长志、杨晓飞、陈申桃、包石头、宋波、董光琳、罗典苏、马殿圣等同志，就是他们的杰出代表。一个英雄倒下去，千万个英雄站起来。这种慷慨赴难、视死如归的大无畏气概，天地为之动容，世人为之赞叹。有了这种革命英雄主义的鼓舞，中国人民就能始终坚强地屹立于世界民族之林。

坚韧不拔、敢于胜利，体现了中国人民的坚强意志和必胜信念。广大军民誓与洪水决一死战，迎着困难和危险勇敢前进，战胜了一次又一次洪峰，始终牢牢挺立在滔滔洪水的前面。洪水涨一尺，斗志高一丈。越是情况危急，广大军民越是不屈不挠，表现出超人的勇气和惊人的毅力。有了这种勇气和毅力形成的雷霆万钧之势，还有什么艰难险阻不能克服！

一个民族，一个国家，如果没有自己的精神支柱，就等于没有灵魂,就会失去凝聚力和生命力。有没有高昂的民族精神,是衡量一个国家综合国力强弱的一个重要尺度。综合国力,主要是经济实力、科技实力,这种物质力量是基础,但也离不开民族精神、民族凝聚力,精神力量也是综合国力的重要组成部分。按照马克思主义的唯物辩证法观点,在一定条件下,精神可以变物质,精神的力量可以转化为物质的力量。强大的精神力量不仅可以促进物质技术力量的发展,而且可以使一定的物质技术力量发挥出更好更大的作用。中华民族有着自己的伟大民族精神。这个民族精神,积千年之精华,博大精深,根深蒂固,是中华民族生命机体中不可分割的重要成分。中华民族在五千多年的发展中,历经磨难而信念愈坚,饱尝艰辛而斗志更强,开发建设了祖国的大好河山,创造了灿烂的中华文明,为人类文明进步作出了不可磨灭的贡献。

抗洪精神,是爱国主义、集体主义、社会主义精神的大发扬,是社会主义精神文明的大发扬,是我们党和军队的光荣传统和优良作风的大发扬,是中华民族的民族精神在当代中国的集中体现和新的发展。

抗洪精神,同我们党一贯倡导的革命精神和新时期的创业精神一样,都是我国人民的宝贵精神财富。我们世世代代都要继承和弘扬这些精神,激励我们的广大干部群众不断从胜利走向新的胜利。

当前,全党全国各族人民正在全面贯彻落实党的十五大精神,推进改革开放和现代化建设,努力完成今年改革和经济社会发展的任务。抗洪抢险的胜利,为进一步做好这些工作提供了强有力的推动。全党同志和全国人民都要发扬伟大的抗洪精神，积极工作，开拓前进，努力解决前进中存在的问题，满怀信心地去实现今年改革发展的目标。

受灾地区首先要抓紧做好救灾和恢复生产、重建家园的工作。受灾地区的各级党委和政府要把这项工作作为首要任务来抓，坚持从实际出发，在科学论证的基础上制订全面规划，做到生产和生活统筹、治标和治本结合、当前和长远兼顾，全面做好救灾工作，努力完成恢复生产、重建家园的任务。

要满腔热情地关心受灾群众的生活，时时处处为他们着想。当前的紧迫任务是保证受灾群众能够安全过冬。尽快恢复和发展生产，并全力搞好卫生防疫工作、确保大灾之后不出现大疫，是取得救灾工作最后胜利的关键。要组织群众抢修水毁农田，尽快恢复种植业、畜牧业和水产养殖业，把农业的损失减少到最低限度。尽快恢复电力、通讯、交通等基础设施。在工业生产的恢复中，要注意适应市场需求，结合调整结构，争取有新的提高。要综合考虑各方面的因素，统筹安排，使受灾群众早日重建美好的家园。

全国各地都要大力支持受灾地区的恢复重建工作。灾区广大干部群众要继续发扬抗洪抢险的那么一股劲、那么一股革命热情、那么一种拼命精神，自力更生，艰苦奋斗，用自己的智慧和力量，实现灾区的经济发展和社会进步更上一层楼。

洪涝灾害历来是中华民族的心腹之患，必须引起全党全国高度重视。这次洪灾造成了严重的损失，我们付出了很大的代价。自然灾害是件坏事，但通过同它的斗争，人们可以加深对自然规律的认识和把握，从中得出有益的结论，从而更加科学地利用自然为自己的生活和社会发展服务。这就是人与自然关系的辩证法。

我们要认真总结这次防汛抗洪的新鲜经验，进一步深化对提高防范自然灾害的能力、更好地推进经济社会发展这个重大问题的认识，作出更科学合理的规划和部署。这项工作很重要，必须抓紧进行。

一百多年前，恩格斯就指出，人类可以通过改变自然来使自然界为自己的目的服务，来支配自然界，但我们每走一步都要记住，人类统治自然界决不是站在自然界之外的，人类对自然界的全部统治力量，就在于能够认识和正确运用自然规律〔2〕。恩格斯这番话讲清了人类应该如何正确处理同自然界的关系。历史的事实说明，人们认识自然规律，并不总是即时即刻就能全面把握它的。规律性的东西往往要通过现象的不断往复才能更明确地被人们认知。过去没有认识的东西，今天可以被认识，今天没有认识的东西，将来可以被认识。问题是我们要善于做这项工作，自觉去认识和正确把握自然规律，学会按自然规律办事，以利把我们的经济建设和其他社会事业搞得更好，实现经济建设和生态环境协调发展。

新中国成立以来，党和国家始终重视防范和抵御自然灾害的工作，组织和领导人民兴修水利，对江河湖泊进行大规模的治理，大力开展植树造林和水土保持工作，坚持不懈地修建防洪防涝设施。在这次抗洪抢险中，我们在这些方面长期积累的工作成果就发挥了重要作用。但是，从总体上看，我国抗御洪涝灾害的能力还不高，在水利建设和综合治理方面还存在不少亟待解决的问题。洪涝灾害频频威胁着沿江沿湖人民生命财产安全，这很值得我们进一步深深思考。今年发生这么大的洪水，主要原因是气候异常、降雨集中，也就是说，主要是天灾造成的。当然，我们也要充分正视生态破坏严重、江湖淤积、水利设施薄弱等存在的问题，认真总结经验教训，切实加以改进，使我们的防范抗御能力得到新的提高，以利更有效地减轻自然灾害的危害。加强水利建设，要坚持全面规划、统筹兼顾、标本兼治、综合治理的原则，实行兴利除害结合，开源节流并重，防洪抗旱并举。中央对进一步做好生态保护和水利建设提出了总的要求，国务院已进行了具体部署，各地区各部门要结合自己的实际，抓紧安排，确保落实。重点是要切实改善生态环境，治理江河湖泊，加强防洪设施和水利设施建设。总之，要通过综合治理，从根本上提高我国防洪抗灾的能力。

在即将过去的二十世纪里，中国人民在中国共产党领导下，经过团结奋斗，从根本上掌握了自己的历史命运，创造了前所未有的光辉业绩。在即将到来的新世纪里，中国人民在中国共产党领导下，将继续高举邓小平理论伟大旗帜，沿着建设有中国特色社会主义的伟大道路奋勇前进，实现祖国的现代化，实现中华民族的全面振兴，争取为人类作出新的更大的贡献！

注　释

〔1〕见郭沫若《满江红·一九六三年元旦书怀》(《郭沫若全集·文学编》第 4 卷，人民文学出版社 1984 年版，第 119 页)。

〔2〕参见恩格斯《自然辩证法》(《马克思恩格斯选集》第 4 卷，人民出版社 1995 年版，第 383—384 页)。

在新西伯利亚科学城的演讲

（一九九八年十一月二十四日）

久闻新西伯利亚有座科学城。百闻不如一见，你们的科研实力和研究气氛，给我留下深刻印象。我曾长期在科技部门工作，可以说我们是同行，同行相见，倍感亲切。

俄罗斯是世界科技大国，俄罗斯科学家为人类文明进步作出了卓越的贡献。罗蒙诺索夫〔1〕、门捷列夫〔2〕、巴甫洛夫〔3〕、齐奥尔科夫斯基〔4〕、波波夫〔5〕等，都是世界科技史上的光辉名字。现在，俄罗斯在许多关键科技领域仍居世界先进行列。

新西伯利亚科学城，是一个著名的实力雄厚的科学基地。在数学、物理、生物、化学等基础学科领域，在能源综合利用、环境保护、核技术等应用领域，你们都取得了大量世界水平的科研成果，涌现出了像拉夫连季耶夫〔6〕、坎托罗维奇〔7〕、杜比宁〔8〕等一批享誉世界的科学家。一座一百七十万人口的城市，拥有约一百个各类研究所、二十所高校、数万名科研人员，这在全世界也是少见的。

人类文明的进程越来越深刻地证明，科学技术是第一生产力，是经济发展和社会进步的重要推动力量。人类在认识和利用自然方面取得的每一项重大成就，莫不与科学技术的发展密切相关。人类的智慧无有穷尽。科学技术作为这种智慧的一座光芒四射的灯塔，经过无数科学家的艰辛努力，正在不断透过层层叠嶂照耀到更高的群峰之上。

二十世纪是科学技术空前辉煌和科学理性充分发展的世纪，人类创造了历史上最为巨大的科学成就和物质财富。本世纪前期相对论和量子论的诞生，五十年代半导体技术的突破和脱氧核糖核酸双螺旋结构的发现，引发了世界科学技术的迅猛发展。本世纪中叶以来，原子能技术、空间技术、微电子和信息技术、生物工程技术、新材料研究等都取得了重大进展，极大地提高了人类对自然和社会的认识能力。知识经济已初见端倪，新兴产业层出不穷。人类正在经历一场全球性的科学技术革命。

现在，世界科技发展又出现了一些重大的新的方向。物质科学的研究重点转向极端条件下的物性和相互作用，为创造新材料、新能源和清洁高效的工艺提供了新的基础知识；以分子生物学为核心的生物工程技术酝酿着新的重大突破，为农业、医药和人类健康开辟了全新的前景；信息技术向最广泛的应用领域进军，同科技、经济、文化相结合形成了新的产业；认知科学、心理学和行为科学的进展，为科技教育和经济社会发展带来了新的推动；宇宙科学大大深化了人们对宇宙起源和演化的认识，为了解物质结构和相互作用提供了新的统一图景；地球科学愈来愈趋向综合化，为人类探索、保护、合理利用资源和生态环境增加了新的能力。科学技术发展的交叉性、前沿性、多样性，科技知识空前快速的生产、传播和转化，推动了经济社会的巨大进步，使人类文明显示出光明灿烂的前程。

新科技革命，给各国人民带来了难得的发展机遇，也带来了严峻的挑战。一个国家，一个民族，如果不紧紧跟上科技进步的时代潮流，不结合本国发展的实际努力提高科学技术水平，就会落后，就会陷入极为被动的境地。

要迎接科学技术突飞猛进和知识经济迅速兴起的挑战，最重要的是坚持创新。创新是一个民族进步的灵魂，是一个国家兴旺发达的不竭动力。创新的关键在人才，人才的成长靠教育。教育水平提高了，科技进步和经济发展才有后劲。科学技术实力和国民教育水平，始终是衡量综合国力和社会文明程度的重要标志，也是每个国家走向繁荣昌盛的两个不可缺少的飞轮。

中国是世界文明的发源地之一，中国的教育和科学都有过辉煌的历史。以著名的四大发明——造纸术、火药、印刷术、指南针为标志的中国古代科学技术，曾经极大地影响人类文明发展的进程，深刻地改变了世界文明的面貌。

新中国成立以后，特别是改革开放二十年来，中国政府一直高度重视发展科技和教育事业。邓小平同志提出的科学技术是第一生产力的著名论断，正在成为中国发展的一个重要指导思想。我们在规划现代化建设蓝图时，把科教兴国战略和可持续发展战略放在十分突出的位置。最近，我们又决定，由中国科学院率先进行建设国家知识创新体系的试点工程，就是要从下个世纪中国发展的战略需要和世界科学前沿的前景出发，明确新的科技目标，调整现有的运行机制，力争取得更多更大的科技创新成就，真正搞出中国的创新体系来。在二十一世纪里，我们将实现科学和教育的腾飞，使中国的现代化建设始终沿着依靠科技进步和提高劳动者素质的轨道不断前进。

中国十分重视加强同国际科技界、教育界的交流和合作，积极学习和借鉴世界各国发展科学和教育事业的有益经验。中国同俄罗斯的科技交流和合作正在顺利发展，这是令人高兴的。西伯利亚科学中心同中国的很多科研院所建立了友好合作关系，新西伯利亚核物理所、催化所等同中国的有关单位开展了卓有成效的合作。俄罗斯科技实力雄厚，发展潜力巨大。俄罗斯科学界目前遇到的困难是暂时的，经过努力是完全可以克服的。中国的科技实力也在日益增强，科技市场十分广阔。中俄两国的科技合作有着远大的前景。我这次来访特意请中国科学院院长路甬祥院士参加代表团，请允许我介绍他同你们认识。

发展科学研究，推动技术进步，就是要加深对客观世界的认识，就是要科学地利用、改造和保护自然，为人类的生产生活创造更加良好的条件。我衷心希望两国科研部门建立更多的联系，取得更大的合作成果，造福于两国人民，造福于世界人民。

中俄两国都是对世界有着重要影响的大国。现在，我们两国友好合作关系发展得很好。这符合两国人民的根本利益，也有利于世界的和平与发展。这次我同叶利钦总统就中俄关系的跨世纪发展进行了规划。我们一致认为，在新的世纪，中俄两国应该继续恪守不结盟、不对抗、不针对第三国的原则，应该坚持平等信任、互利合作、携手并进，共同迎接人类生存和发展所面临的种种挑战，共同为促进世界的和平、安宁、繁荣而奋斗。

中俄关系史告诉我们，我们两大邻国注定要友好相处，要相互理解和尊重，相互支持对方的稳定和发展，体谅对方的特点和关切。中国愿在平等互利的基础上与俄罗斯永做好邻居、好朋友、好伙伴，以促进共同繁荣。这是我们两国发展面向二十一世纪的战略协作伙伴关系的最基本、最重要的内涵。

中国坚定不移地奉行独立自主的和平外交政策，一贯主张通过对话和友好协商处理国与国之间的分歧。中国的发展和进步，不会对任何人构成威胁。将来中国富强起来了，也永远不称霸。这是我们矢志不渝的基本国策。

中国人民和俄罗斯人民，都是勤劳智慧、富有创新精神的伟大人民。我们两国都有重视教育和科学的优良传统。我相信，在未来的世纪里，我们两国人民一定会为世界科技的发展作出更大贡献。衷心祝愿在座的各位科学家、各位朋友在科学研究这一崇高事业中取得新的成就！祝愿你们身体健康、生活幸福！

注　释

〔1〕罗蒙诺索夫，即米哈伊尔·瓦西里耶维奇·罗蒙诺索夫（一七一一——一七六五），俄国科学家、诗人、语言学家，物质及能量守恒定律的提出者。

〔2〕门捷列夫，即德米特里·伊万诺维奇·门捷列夫（一八三四——一九〇七），俄国化学家，化学元素周期律的发现者之一，并据此预见了一些尚未发现的元素。

〔3〕巴甫洛夫，即伊万·彼得罗维奇·巴甫洛夫（一八四九——一九三六），

苏联生理学家，条件反射学说的创立者。因在消化生理研究方面的贡献，获一九〇四年诺贝尔生理学或医学奖。

〔4〕齐奥尔科夫斯基，即康斯坦丁·爱德华多维奇·齐奥尔科夫斯基（一八五七——一九三五），苏联航空和航天科学家，现代火箭理论奠基人，齐奥尔科夫斯基公式（即在不考虑空气动力和地球引力的理想情况下，计算火箭在发动机工作期间获得速度增量的公式）、液体燃料火箭原理图、多级火箭结构的提出者。

〔5〕波波夫，即亚历山大·斯捷潘诺维奇·波波夫（一八五九——一九〇六），俄国物理学家。从电磁波的研究中，制成无线电通信方面可供应用的设备。

〔6〕拉夫连季耶夫，即米哈伊尔·阿列克谢耶维奇·拉夫连季耶夫（一九〇〇——一九八〇），苏联数学家、力学家。在函数论、微分方程论、连续介质力学（积聚作用的流体动力理论）和应用物理（爆炸和脉冲过程物理学）方面创立了新流派，为苏联飞机制造作出了贡献。

〔7〕坎托罗维奇，即列昂尼德·维塔利耶维奇·坎托罗维奇（一九一二——一九八六），苏联数学家、经济学家。他提出的线性程序理论与模型被认为是现代经济学的基础之一。因在资源最佳配置理论研究方面的贡献，与美国库普曼斯共获一九七五年诺贝尔经济学奖。

〔8〕杜比宁，即尼古拉·彼得罗维奇·杜比宁（一九〇七——一九九八），苏联遗传学家。在基因材料和基因结构研究方面有突出贡献，发现遗传因子的可分裂性，第一次提出环境中的放射性因素对遗传的影响。

发展中日关系必须正确处理历史问题和台湾问题*

（一九九八年十一月二十六日）

在历史问题和台湾问题上，有人认为已谈论得很多了，但我认为，这两个问题越谈，对中日关系发展越有好处。历史问题和台湾问题实际上伴随了本世纪中日关系的整个历史过程，不能回避，也无法回避。二十一世纪即将来临，我们都希望构筑面向新世纪的友好关系，不愿看到历史问题和台湾问题始终干扰两国关系发展。我们谈这两个问题，并不是要再去算历史旧账，而是希望通过认真回顾和总结历史，从中汲取有益的教训，以使我们能够正确对待和妥善处理这两个问题，更好地开辟两国关系的未来。

一、关于历史问题。

纵观中日两国两千年的关系史，友好和合作是主流。但是，近代以来，日本军国主义分子多次发动了给中国人民带来深重灾难的侵略战争。坦率地讲，在列强中，日本是给中国带来灾难最重的国家。尽管如此，但从中国老一辈领导人毛泽

---

* 这是江泽民同志访问日本期间同日本首相小渊惠三会谈时谈话的一部分。

东主席、周恩来总理那个时候起，我们就主张侵略战争的责任应该由日本军国主义分子来负，广大日本人民同样也是受害者。中国政府还一直在全国范围内长期、耐心地教育我们的人民，要树立正确的历史观，要看到日本人民同样也是受害者，应该同他们和睦相处，发展世代友好关系。这一既定政策，过去没有变化过，今后也不会变化。

毛泽东主席、周恩来总理制定上述政策，是在历史问题上采取向前看的态度，但前提是必须正视和承认历史。对此，日本政府是清楚的。这也是《中日联合声明》〔1〕和《中日和平友好条约》〔2〕的重要政治基础之一。回顾中日邦交正常化二十六年来的历程，不能不遗憾地指出，日本国内不断有人在历史问题上制造事端。近年来，日本内阁成员参拜靖国神社、歪曲历史，日本右翼势力炮制吹捧甲级战犯的影片、把日本军国主义分子制造的南京大屠杀说成是虚构的事件。这些接连发生的事情都极大地伤害了战争受害国人民包括中国人民的感情，干扰了中日关系的正常发展。中方从维护历史真相和中日关系政治基础的大局出发，不能不作出必要的反应。事实表明，中日之间围绕历史问题发生的纠葛，每一次都是日方一些势力挑起的。

凡事总有个比较。通过比较，可以从中得到一些启示。德国为防止重犯历史错误，战后在国内对纳粹分子进行了彻底清算，对外承认侵略，不回避责任。前些年，德国还专门以立法手段规定不得否认纳粹罪行，规定对否定奥斯维辛集中营大屠杀史实者最高可判处五年监禁。德国联邦宪法法院也曾作出判决，裁定散布否认纳粹罪行论调不属于言论自由范围。德国对历史问题的态度，赢得了周边国家和国际社会的谅解和信任，为战后德国同欧洲以及世界各国重建并发展关系奠定了重要政治基础。日本军国主义的横行曾给中日两国人民带来灾难，也使中日传统友好关系遭到严重损害。军国主义是中日两国人民的共同敌人，是完全违背人类和平与进步事业的历史逆流，两国人民应该共同予以坚决反对。为什么战后日本清算军国主义不像德国那样彻底？我认为，美国是有责任的。我向美国总统克林顿也讲过这一观点。当时占领日本的美军统帅是麦克阿瑟〔3〕，他让蒋介石利用大战犯冈村宁次〔4〕打共产党。我当时在上海从事中国共产党的地下工作，我们上街游行，口号就是反对美帝扶植日本军国主义。日本政府在历史问题上采取明确的态度，首先对日本继续坚持和平发展道路有利，也将赢得包括中国在内的周边国家的谅解和信任，并且有助于日本在地区和国际事务中进一步发挥积极作用。

我们注意到日本政府近年来多次在历史问题上表明态度。一九九五年，村山富市〔5〕首相代表日本政府首次公开承认了侵略并对受害国表示深刻反省和道歉。日本领导人也一再表示决不允许在日本复活军国主义，不走军事大国道路。我们对此是给予积极评价的。但是，我们难以理解的是，与此同时，日本国内仍然不断发出与此相悖的言论，而且都是出自负有责任的政治家和高级官员。日方多次说明，日本信奉言论自由。问题是，为什么反对和抵制他们的言论并不强烈？恕我直言，恐怕是日本政府在引导国民尤其是教育后代正确了解和认识历史方面做得还不够，致使他们对过去那段不幸历史知之甚少。即使知道一些，也只知道日本是世界上唯一受到原子弹轰炸的国家，是受害者，却很少知道日本军国主义是加害者的一面。解铃还须系铃人。要解决好历史问题，关键在日本自身。我们希望日本政府能够认真总结一下这方面的经验教训，逐渐在日本国内形成正确的历史观。这样，才能真正遏制和孤立那股否认和歪曲历史的势力。反之，如果继续听之任之，则后果十分堪忧。

小渊惠三首相是中国人民的老朋友，所以我今天讲得很坦率。这代表了中国人民的感情，是一个受到侵略之苦的邻国对日本的友好忠告。现在正处于世纪之交，我们双方有责任在总结历史经验教训的基础上，真正携起手来，加强合作，加强信任，共创亚洲的未来，共同维护世界和平与人类进步的事业。

二、关于台湾问题。

维护国家统一和领土完整，是每一个主权国家的神圣权利。解决台湾问题，实现祖国的完全统一，是中华民族的夙愿。台湾之所以未能与大陆统一，既有国内因素，也有国际因素。就国际因素而言，主要是由于美国插手中国内政，同时从历史和现实看，也有一定的日本因素。正因为如此，台湾问题长期以来成为中美关系和中日关系中极为敏感的政治原则问题。

从历史上看，在台湾问题上，日本是有负于中华民族的。一八九四年，日本通过甲午战争武力侵占台湾，并进行了长达五十年的殖民统治。一九四五年八月，日本接受《波茨坦公告》〔6〕，宣布无条件投降。众所周知，《波茨坦公告》第八条规定《开罗宣言》〔7〕之条件必将实施，而《开罗宣言》则规定须将日本所窃取的中国领土台湾及澎湖列岛等归还中国。应该说，台湾的归属已经确定，这是客观历史事实。之后，虽然由于中国内战的原因，台湾与大陆处于目前的分离状态，但两岸间的问题已完全是中国的内政。台湾是中国领土不可分割的一部分，这是不可改变的事实。

日本政府在《中日联合声明》中明确承认，中华人民共和国政府是中国的唯一合法政府，充分理解和尊重中国政府关于台湾是中华人民共和国领土不可分割的一部分的立场，并坚持遵循《波茨坦公告》第八条的立场。一九七八年缔结的《中日和平友好条约》又确认了《中日联合声明》的各项原则。这不仅进一步从政治上、法律上解决了台湾地位问题，而且为正确处理涉台问题确立了明确的指导原则。

中日邦交正常化以来，日本在台湾问题上采取了较为谨慎的态度，并根据双方达成的有关谅解，同台湾维持了民间和地区性往来。近年来，日本领导人还多次表示，不支持"台独"，不支持"两个中国"、"一中一台"，台湾无权加入任何必须由主权国家才能参加的国际组织，等等。对此，我们给予积极评价。但是，日本国内在台湾问题上仍存在一些错误认识，主要表现在以下几个方面：在台湾地位问题上，日本国内经常有人曲解《中日联合声明》有关条款，认为日方在声明中只是表示了"充分理解和尊重"，不等于承认中国政府的立场。还有人说，日本只是放弃了台湾，无权表明台湾归属于谁。联想到"台独"分裂势力最早就是在日本开展活动的历史，我们不能不对此动向感到关注。在日台关系上，日本一些亲台势力对现状不满，还与台湾当局遥相呼应，总想突破现有日台关系框架。在日美防卫合作指针问题上，日本国内还有人重提作为冷战产物的所谓“远东条款”〔8〕，试图将台湾列入日美安全合作范围之中。

台湾问题事关中国的领土主权和统一大业，牵动十二亿中国人民的感情。我们希望日方切实尊重中国政府关于台湾问题的立场，恪守自己在《中日联合声明》中就台湾问题作出的郑重承诺，妥善处理好台湾问题。最近，日本国内有人说，美国总统克林顿访华向中方承诺了“三不支持”〔9〕，中方也将要日方作出同样承诺。坦率地讲，日本作何承诺虽很重要，但中国政府和人民看得更重的则是日本在台湾问题上实际准备扮演什么角色。

关于日美安全合作问题，我们关注的最大焦点是涉台问题。日美安全合作无论直接或间接地把台湾列入其中，都是对中国领土主权的侵犯和对中国内政的干涉，中国政府和人民对此坚决反对。日本如果将台湾列入同美国的安全合作范围，这将意味着日本有可能在军事上卷入台湾事务，是一种具有极大潜在危险的倾向。中国领导人曾多次对此表示关注。我们注意到日本政府和领导人多次表示，日美安全合作不针对包括中国在内的特定第三国，日本坚持根据《中日联合声明》和《中日和平友好条约》处理涉台问题。希望日方务必信守承诺，慎重行事。

注　释

〔1〕《中日联合声明》，中日两国政府于一九七二年九月二十九日在北京签

署。声明宣布:自本声明公布之日起,中日两国之间迄今为止的不正常状态宣告结束。日本方面痛感日本国过去由于战争给中国人民造成的重大损害的责任,表示深刻的反省。日本国政府承认中华人民共和国政府是中国的唯一合法政府。中华人民共和国政府重申,台湾是中华人民共和国领土不可分割的一部分。日本国政府充分理解和尊重中国政府的这一立场,并坚持遵循《波茨坦公告》第八条的立场。中日两国政府决定自一九七二年九月二十九日起建立外交关系。中华人民共和国政府宣布,为了中日两国人民的友好,放弃对日本国的战争赔偿要求。

〔2〕《中日和平友好条约》,中日两国于一九七八年八月十二日在北京签订。条约确认:中日两国政府一九七二年九月二十九日在北京发表的联合声明是两国间和平友好关系的基础,联合声明所表明的各项原则应予严格遵守。条约规定:缔约双方应在和平共处五项原则的基础上,发展两国间持久的和平友好关系;缔约双方确认,在相互关系中,用和平手段解决一切争端,而不诉诸武力和武力威胁;任何一方都不应在亚太地区或其他任何地区谋求霸权,并反对任何其他国家或国家集团建立这种霸权的努力;缔约双方将本着睦邻友好的精神,为进一步发展两国之间的经济关系和文化关系,促进两国人民的往来而努力。一九七八年十月二十三日,时任中国国务院副总理的邓小平在日本东京出席《中日和平友好条约》批准书互换仪式,条约正式生效。

〔3〕麦克阿瑟,即道格拉斯·麦克阿瑟(一八八〇——一九六四),美国职业军人。一九四五年至一九五一年任驻日本盟军最高司令,执行美国单独占领日本的任务。一九四七年兼任美军远东司令部总司令。一九五一年被解除职务。

〔4〕冈村宁次(一八八四——一九六六),侵华日军将领。曾任日军第十一军、华北方面军、第六方面军司令官和中国派遣军总司令官等职,在中国实行极其残酷的烧光、杀光、抢光的"三光"政策,是日本军国主义侵略中国战争中罪大恶极的日本战犯。在一九四五年十二月延安公布的日本战犯名单中,被列为首要战争罪犯。在人民解放战争期间,曾充当蒋介石的秘密军事顾问,为蒋介石策划向解放区进攻。一九四九年一月被国民党政府宣判"无罪",释放回国。

〔5〕村山富市,一九二四年生,日本社会党人。一九九四年至一九九六年任日本首相。一九九五年八月十五日,村山富市就第二次世界大战结束五十周年发表"内阁总理大臣谈话",代表日本政府正式表示:"我国在不远的过去的一段

时期，因殖民地统治和侵略，给许多国家，尤其是亚洲各国的人们造成了巨大的损害和痛苦。我们谦虚地接受这一历史事实，在这里再次表示痛切的反省和由衷的道歉。”同日，他在书面答复中国《人民日报》记者提问时，又就日本在殖民统治和侵略战争中对中国人民造成的巨大损害和痛苦，向中国人民表示衷心道歉。

〔6〕《波茨坦公告》，即中国、美国、英国三国在波茨坦会议期间发表的《促令日本投降之波茨坦公告》。一九四五年七月十七日至八月二日，苏联、美国、英国三国首脑和外长在德国柏林西南的波茨坦举行会议，讨论战后德国和欧洲的重大问题，以及对日作战问题。会议期间，中国、美国、英国三国于七月二十六日发表《波茨坦公告》。主要内容是：盟军对日作战，直至其停止抵抗为止；日本政府应立即宣布无条件投降；日本军国主义必须永远铲除；日本军队必须完全解除武装；日本的军事工业必须拆除；日本的战犯必须交付审判，阻止日本人民民主的所有障碍必须消除；《开罗宣言》必须实施，即日本必须放弃前所掠取的土地，如中国的满洲、台湾、澎湖列岛等，日本的主权限于本州、北海道、九州、四国和盟国所决定的其他小岛之内；同盟国军队占领日本直到日本民主政府建立以后为止。同年八月八日，苏联对日本宣战后，也签字于该公告。

〔7〕《开罗宣言》，指中国、美国、英国三国首脑在开罗会议后发表的宣言。一九四三年十一月二十二日至二十六日，中国、美国、英国三国首脑在埃及开罗举行会议，商讨联合对日作战计划及击败日本后如何处置日本等问题。会后，于同年十二月一日发表了《开罗宣言》。主要内容是：中国、美国、英国三国对日作战的目的在于，制止和惩罚日本的侵略；剥夺日本自一九一四年第一次世界大战开始以后在太平洋所夺得的或占领的一切岛屿，把日本所窃取于中国的领土如满洲、台湾、澎湖列岛等归还中国；把日本从它用暴力或贪欲所攫取的所有土地上驱逐出去；使朝鲜自由独立；坚持日本无条件投降。

〔8〕“远东条款”，指《日美共同合作和安全条约》中涉及远东地区的条款。一九五一年九月八日，日本和美国签订《日美安全条约》，其中第一条规定，驻日美军除保证“日本免受外来武装进攻”外，还应“维持远东的国际和平与安全”。一九六〇年一月十九日，日美重新修订上述条约，签订《日美共同合作和安全条约》，其中第六条规定，为维护日本的安全以及维持远东的国际和平与安全，美军可以使用在日本的设施和地区。同年，日本政府将所谓“远东”范围具体解释为，包括菲律宾以北、日本及周边地区以及韩国、台湾地区。对于《日美共同合作和

安全条约》涉及台湾地区，中国政府历来坚决反对。一九七二年中日邦交正常化后，当时的日本外相大平正芳在国会答辩时称，台湾问题基本上属于中国国内问题，日本将考虑日中友好关系，慎重对待“远东条款”涉台问题。

〔9〕“三不支持”，指美国不支持“台湾独立”，不支持“两个中国”、“一中一台”，不支持台湾加入任何必须由主权国家才能参加的国际组织。一九九八年六月二十五日至七月三日，美国总统克林顿访华期间与中国国家主席江泽民会谈时表述了这一政策，并在上海与市民座谈时重申这一承诺。

二十年来我们党的主要历史经验*

（一九九八年十二月十八日）

党的十一届三中全会召开二十年来，我们党在领导改革开放和社会主义现代化建设中积累了丰富的经验，认真总结并结合实践的发展充分运用这些经验，对于把我们的事业继续推向前进具有重大意义。二十年来的主要历史经验，可以概括为十一个方面。

一、必须坚持党的马克思主义思想路线。

我们党在十一届三中全会上重新确立的思想路线是，一切从实际出发，理论联系实际，实事求是，在实践中检验真理和发展真理。这条思想路线，贯穿于二十年来我国改革开放和经济社会发展的全过程。我们党在理论和实践上的每一步前进，改革和建设的每一步发展，都是坚持党的思想路线，解放思想、实事求是的结果。

当今中国还处于并将长期处于社会主义初级阶段。我们党用了三十年的时间，经过正反两方面经验的比较，才开始认识了这个当今中国最大也是最重要的实际。从而也为我们正

* 这是江泽民同志在纪念中共十一届三中全会召开二十周年大会上讲话的一部分。

确认识什么是社会主义、怎样建设社会主义这个根本问题，深刻揭示社会主义的本质，把对社会主义的认识提高到新的科学水平，奠定了重要基础。一切从实际出发，最根本的就是一切都要从社会主义初级阶段这个最大的实际出发。我们的全部理论和实践活动只有符合这个实际，才能取得胜利。建国以后的前三十年，我们在建设社会主义的理论上和实践中发生的一些严重失误，归根到底都是由于脱离了这个实际；而十一届三中全会以来这二十年，我们在建设社会主义的理论上和实践中取得的巨大成功，归根到底都是由于符合了这个实际。解放思想、实事求是，最重要的就是要在坚持社会主义基本制度的前提下，把过去那些不符合社会主义初级阶段实际的方针政策，那些对马克思主义、社会主义原则的教条式的理解和认识，坚决纠正过来，并从这些不正确的政策和思想束缚中彻底摆脱出来，使我们的理论和路线方针政策真正符合社会主义初级阶段的发展要求，真正符合马克思主义、社会主义的基本原理。这就是十一届三中全会重新确立党的马克思主义思想路线的重大意义之所在。

实践是永无止境的，认识真理不是一次完成的。一切从实际出发，解放思想、实事求是，也要一以贯之。我们必须始终坚持以我国改革开放和现代化建设的实际问题、以我们正在做的事情为中心，着眼于马克思主义理论的运用，着眼于对实际问题的理论思考，着眼于新的实践和新的发展，勇于开拓前进；必须尊重亿万人民群众的实践，坚持用实践来检验、丰富、完善我们的理论和路线方针政策；必须不断认识和统一把握社会主义初级阶段的基本国情和经济、政治、文化等方面的基本特点，既要防止和克服超越阶段的错误做法，又要防止和反对否定社会主义基本制度的错误主张；必须坚持把大胆探索的勇气与科学求实的精神统一起来，遵循实践、认识、再实践、再认识的认识规律，使主观认识符合客观实际，使理论随着实践的进展和时代的前进而发展。这些都是十一届三中全会以来，我们在坚持贯彻党的马克思主义思想路线上取得的重要认识成果。

二、必须全面、正确、积极地贯彻执行党在社会主义初级阶段的基本路线。

党在社会主义初级阶段的基本路线是，领导和团结全国各族人民，以经济建设为中心，坚持四项基本原则，坚持改革开放，自力更生，艰苦创业，为把我国建设成为富强、民主、文明的社会主义现代化国家而奋斗。这条基本路线成为建设有中国特色社会主义理论和实践的总纲。二十年来，我们党所以能够领导和团结全国人民，经受住困难和风险的考验，保持社会政治稳定和经济快速发展，最根本的就是坚决排除各种干扰，坚定不移地贯彻执行党的基本路线。

实践表明，坚持党的基本路线，最重要的是要全面理解和正确处理一个中心、两个基本点的关系。经济建设和四项基本原则、改革开放，是相互贯通、相互依存、不可分割的统一整体。我们的经济建设，是以四项基本原则为政治保证、以改革开放为强大动力的；我们的改革开放，是以进一步解放和发展生产力、巩固和发展社会主义制度为目的的；我们的四项基本原则，是保证改革开放和经济建设沿着正确的方向前进，同时又从新的实践中不断吸取新的经验来丰富和发展的。离开经济建设这个中心任务，社会主义社会的一切发展和进步就会失去物质基础；离开四项基本原则和改革开放，经济建设就会迷失方向和丧失动力。这就是一个中心、两个基本点的辩证统一关系。坚持基本路线一百年不动摇，包括坚持一个中心和两个基本点都不能动摇。全面把握党的基本路线的全部内容，把经济建设这个中心同四项基本原则、改革开放这两个基本点，统一于建设有中国特色社会主义的伟大实践，贯穿于现代化建设的整个过程，我们就会不断从胜利走向胜利。

三、必须把集中力量发展社会生产力摆在首要地位。

生产力是社会发展的最终决定力量。社会主义的根本任务是发展生产力。我们是在旧中国经济文化极端落后的半殖民地半封建社会的基地上，经过新民主主义而建立社会主义制度的。我国社会主义社会的主要矛盾，始终是人民日益增长的物质文化需要同落后的社会生产之间的矛盾。这就要求我们必须更加重视和始终坚持发展生产力。如果生产力不发展，社会主义制度的巩固和国家的长治久安就会遇到极大的困难，社会主义优越性就会丧失最根本的经济源泉。无论遇到什么情况，都不能动摇和影响经济建设这个中心。

在现代化建设的过程中，要正确处理生产力和生产关系之间的矛盾，使生产关系适应生产力水平，并随着生产力发展的需要自觉调整生产关系。要善于抓住一切机遇，利用各种有利条件来发展生产力。我们讲发展，必须是速度与效益相统一的发展，必须是与人口、资源、环境相协调的可持续发展。科学技术是第一生产力，教育是经济社会发展之本，要面向现代化、面向世界、面向未来，坚持实施科教兴国战略，努力把经济建设转到依靠科技进步和提高劳动者素质的轨道上来。人是生产力中最活跃的因素。发展生产力，既要见物又要见人，既要重视物质生产水平的提高又要重视人的素质的提高。判断我们各项工作的是非得失，归根到底，要以是否有利于发展社会主义社会的生产力，是否有利于增强社会主义国家的综合国力，是否有利于提高人民的生活水平为标准。这些都是十一届三中全会以来的实践已充分说明的在发展生产力中应该掌握的重要原则。

四、必须坚定不移地推进改革开放。

十一届三中全会以来的历史雄辩地证明，实行改革开放是社会主义中国的强国之路，是决定当代中国命运的历史性决策。完全可以这样说，改革开放是新时期中国最鲜明的特征。没有改革开放，就没有建设有中国特色社会主义。

我们的改革，是社会主义制度的自我完善和发展，是在坚持社会主义基本制度的前提下，自觉调整和改革生产关系同生产力、上层建筑同经济基础不相适应的方面和环节，促进生产力发展和各项事业全面进步，目的是更好地实现最广大人民群众的利益。这种改革是史无前例的全新的事情，没有现成的经验可循。必须鼓励大胆探索、勇于创新，在实践中积累经验，对的就坚持，不对的赶快改，新问题出来抓紧解决。同时，要坚持从实际出发，先易后难，由浅入深，循序渐进，避免发生大的社会震荡。坚持城市改革和农村改革相结合，经济体制改革和政治体制改革以及其他改革相结合，坚持对内改革和对外开放相结合，使之相互推动、相得益彰。正因为这样，我国的改革取得了丰硕成果。

历史的事实已充分说明,中国的发展离不开世界,关起门来搞建设是不能成功的。实行对外开放,是符合当今时代特征和世界经济技术发展规律要求的、加快我国现代化建设的必然选择,是我们必须长期坚持的一项基本国策。在我们这样一个人口众多的发展中的社会主义大国,任何时候都不能依靠别人搞建设,必须始终把独立自主、自力更生作为自己发展的根本基点,必须把立足国内、扩大国内需求作为经济发展的长期战略方针,同时又必须打开大门搞建设,必须大胆吸收和利用国外的资金、先进技术和一切进步的东西,大胆吸收和借鉴当今世界各国包括资本主义发达国家一切反映现代化社会化生产规律的先进经营方式、管理方法,把坚持弘扬我们民族的优秀传统文化同积极学习人类社会创造的一切文明成果结合起来,把开拓国内市场、利用国内资源同开拓国际市场、利用国外资源结合起来,把对内搞活同对外开放结合起来,这样就能不断为我国社会主义现代化建设提供强大动力。在对外开放的过程中,必须始终注意维护国家的主权和经济社会安全,注意防范和化解国际风险的冲击,防范和抵制各种腐朽思想和生活方式的侵袭。在世界多极化和经济全球化的趋势日益加强的今天,我们要进一步完善有关政策,继续坚定不移地扩大对外开放,不断丰富对外开放的形式和内容,不断提高对外开放的质量和水平。

五、必须建立和完善适应生产力发展要求的经济制度和经济体制。

十一届三中全会以来,我们通过改革,实行了社会主义公有制为主体、多种所有制经济共同发展的所有制结构,实行了按劳分配为主体、多种分配方式并存的分配制度，这是科学社会主义的基本经济原理在当代中国的创造性运用。我们努力消除过去由于所有制结构和分配制度上存在的不合理而造成的对生产力的羁绊，从而进一步解放和发展了生产力。我国是社会主义国家，必须坚持公有制为主体。同时，必须坚持多种所有制经济共同发展，积极鼓励和引导非公有制经济健康发展。不能只强调前者而不讲后者，也不能只强调后者而不讲前者，否则都会脱离社会主义初级阶段的实际，都不利于生产力的发展。公有制是我国社会主义经济制度的基础，非公有制经济是我国社会主义市场经济的重要组成部分。离开公有制为主体，就不成其为社会主义经济。发展充满活力的社会主义市场经济，既要努力增强公有制经济的实力，又要充分发挥非公有制经济的积极作用。

公有制为主体、多种所有制经济共同发展，决定了我们必须实行按劳分配为主体的多种分配方式。要把按劳分配、劳动所得，同允许和鼓励资本、技术等生产要素参与收益分配结合起来，坚持效率优先、兼顾公平。平均主义不是社会主义，两极分化也不是社会主义。允许和鼓励一部分地区、一部分人通过诚实劳动和合法经营先富起来，带动和帮助其他地区和其他群众，最终达到全国各地区普遍繁荣和全体人民共同富裕，这是我们必须长期坚持的一项大政策。它符合经济发展客观规律的要求，是社会主义优越性在经济上的重要体现。

实践已经证明，我国原有的高度集中的计划经济体制已不再适应现实生产力发展的需要，必须建立新的社会主义市场经济体制，充分发挥市场在国家宏观调控下对资源配置的基础性作用。市场机制和宏观调控,都是社会主义市场经济体制的重要内容,二者是统一的,不能把它们割裂开来、对立起来。既要充分发挥市场的积极作用,使经济活动遵循价值规律,适应供求变化,体现竞争原则,又要努力加强和完善宏观调控,克服市场自身存在的某些缺陷,促进经济总量平衡和结构优化,保持国民经济持续快速健康发展。在我国建立社会主义市场经济体制,是十一届三中全会以来我们总结国内外社会主义建设的经验教训、经过艰辛探索而取得的一个极为重要的改革成果。多年来争论不清的关于计划和市场的关系,从此在认识上、实践上取得了重大的突破性进展。这是我们党对马克思主义的社会主义经济理论一个崭新的创造性发展。

六、必须坚持建设有中国特色社会主义民主政治。

我国是工人阶级领导的、以工农联盟为基础的人民民主专政的社会主义国家。人民代表大会制度和中国共产党领导的多党合作、政治协商制度以及民族区域自治制度,适合中国国情,鲜明地体现了有中国特色社会主义民主政治的本质和特点,具有自己的优势和强大生命力。任何时候都决不能动摇、削弱和丢掉这些制度,绝不能照搬西方政治制度的模式。只有坚持和完善我国社会主义政治制度,才能始终保持国家统一、民族团结、社会稳定和经济发展。

世界上的民主,都是具体的、相对的,而不是抽象的、绝对的。任何一种民主的本质、内容和形式,都是由本国的社会制度所决定的,并且都是随着本国经济文化的发展而发展的。我们的社会主义民主,是全国各族人民享有的最广大的民主,它的本质就是人民当家作主。共产党执政,就是领导和支持人民掌握和行使管理国家的权力，实行民主选举、民主决策、民主管理、民主监督，保证人民依法享有广泛的权利和自由，尊重和保护人权。民主总是同法制结合在一起的，什么样的民主就由什么样的法制来体现和保障。社会主义民主是同社会主义法制相结合的。依法治国，建设社会主义法治国家，是党领导人民治理国家的基本方略。要努力实现社会主义民主的制度化、法律化，使这种制度和法律不因领导人的改变而改变，不因领导人看法和注意力的改变而改变。党通过国家权力机关制定宪法和法律，并自觉在宪法和法律范围内活动，以实现党对国家的领导同依法治国的统一，保证党始终发挥总揽全局、协调各方的领导核心作用。

积极稳妥地推进政治体制改革，是我国社会主义政治制度自我完善和发展的内在要求，也是我们党总结历史和现实经验作出的重要决策。我们进行的政治体制改革，就是在党的领导下，发展人民民主，健全国家法制，改革政府机构，改革领导制度和干部制度，努力建设有中国特色社会主义民主政治。政治体制改革要同经济体制改革和经济文化发展相适应，有步骤有秩序地向前推进。经过二十年的实践和摸索，我们确定了政治体制改革的目标和任务，并积累了重要经验，有中国特色社会主义民主政治在不断发展和完善中必将愈来愈充分地显示出巨大的优越性。

七、必须坚持物质文明和精神文明的共同进步。

社会主义社会作为人类历史上崭新的社会形态，是以经济建设为重点的全面发展、全面进步的社会。经济、政治、文化协调发展，两个文明都搞好，才是有中国特色社会主义。没有经济的发展，社会发展和精神文明建设就没有物质基础；没有社会的发展和精神文明的进步，物质文明建设就没有动力，经济发展目标就难以实现。任何时候都不能以牺牲精神文明为代价换取经济的一时发展。我们党明确提出一系列“两手抓”的方针，就是为了既实现经济持续发展，又实现社会全面进步，完整地体现和发挥社会主义制度的优越性。

坚持全面发展、全面进步的目标，要求在搞好物质文明建设的同时，把社会主义精神文明建设提到突出地位。要切实加强思想道德建设，努力发展教育、科技、文化，以科学的理论武装人，以正确的舆论引导人，以高尚的精神塑造人，以优秀的作品鼓舞人，培育有理想、有道德、有文化、有纪律的公民，提高全民族的思想道德素质和科学文化素质。坚持在全社会提倡社会主义、共产主义道德，大力弘扬爱国主义精神、集体主义精神、为人民服务和勇于奉献的精神，同时把先进性要求同广泛性要求结合起来，鼓励一切有利于国家统一、民族团结、经济发展、社会进步的思想道德，使广大干部群众不仅具有共同的理想和奋斗目标，而且保持强大的凝聚力和丰富的创造力。

八、必须维护和保持安定团结的社会政治局面。

改革是一场深刻的社会变革，必然要求进行利益调整、体制转换和观念更新。因此，要始终正确把握改革发展稳定的关系。发展是硬道理，解决中国所有问题的关键要靠自己的发展。改革是发展的动力，是我们走向现代化的必由之路。稳定是改革和发展的基本前提，没有稳定什么事情也办不成。实践证明，我们党确定的抓住机遇、深化改革、扩大开放、促进发展、保持稳定的基本方针是完全正确的。要始终遵循这个方针，根据不同时期的具体情况，统观全局，精心谋划，把改革的力度、发展的速度和社会可承受的程度协调统一起来，在社会政治稳定中推进改革发展，在改革发展中保持社会稳定和国家长治久安。

我们要善于审视新情况新变化，正确把握和处理经济社会生活中出现的各种矛盾。在改革开放和发展社会主义市场经济的过程中，人民内部矛盾会明显增多，有的还会日益突出起来，这是新时期一个需要认真研究和正确解决的重要政治课题。必须结合新的历史条件，大力加强和改进对人民群众的思想政治工作，同时积极运用经济、行政和法律等手段，及时妥善地处理人民内部矛盾，防止矛盾激化而影响社会稳定和人民团结。必须严厉打击破坏社会秩序、市场秩序和危害社会安定的各种犯罪活动，加强社会治安综合治理，创造良好的社会治安环境。要始终警惕国际国内敌对势力的渗透、颠覆和分裂活动。任何破坏我国安定团结的政治局面的行为，都是违背中国人民的意志和根本利益的，不论这些破坏社会安定的因素来自哪里，我们都必须坚持四项基本原则，旗帜鲜明地加以反对，并坚决把它们消除在萌芽状态。

九、必须为我国改革开放和社会主义现代化建设争取一个长期的和平国际环境。

我们进行改革开放和现代化建设，需要一个和平的国际环境。我们对外工作的首要任务，就是争取和平，为社会主义现代化建设服务。要实事求是地判断国际形势，恰当处理对外关系，以利抓住机遇、集中力量加快国内经济和其他事业的发展。要坚持独立自主的和平外交政策，始终把国家的主权和安全放在第一位。坚持在和平共处五项原则的基础上建立和发展同所有国家的友好合作关系。坚持睦邻友好政策，积极发展同邻国的关系，争取良好的周边环境。始终把发展和加强同第三世界即发展中国家的友好合作关系作为我国外交工作的立足点。进一步改善和发展同大国的关系，彼此相互尊重、求同存异、平等相待、互利合作。通过对话，协商解决国与国之间存在的分歧和争端。对于一切国际事务，都要从中国人民和世界人民的根本利益出发，根据事情本身的是非曲直来决定自己的立场，不屈从于任何外来压力，不同任何大国或国家集团结盟，不搞军事集团。我们一贯认为，世界是丰富多彩的，各种文化的并存和互补，是促进世界发展和进步的重要条件。历史文化和经济社会制度的差异，不应该成为相互疏远和对抗的理由，而应该成为相互合作、共同发展的动力。要坚持反对霸权主义，维护世界和平，努力推动建立公正合理的国际政治经济新秩序。坚持按照独立自主、完全平等、互相尊重、互不干涉内部事务的原则发展同外国政党的关系。坚持按照冷静观察、沉着应付、绝不当头、有所作为的战略方针处理国际事务，以利抓住时机发展自己，把国内的事情办好，争取对人类进步与和平事业作出更大贡献。这些都是十一届三中全会以来我们对外工作坚持的重要方针政策，也是我们对外工作的重要经验。实践已经证明都是正确的。

十、必须把实现和维护最广大人民群众的利益作为改革和建设的根本出发点。

人民是我们国家的主人，是决定我国前途命运的根本力量。党的全部任务和责任，就是为人民谋利益，团结和带领人民群众为实现自己的根本利益而奋斗。在任何时候任何情况下，党的一切工作和方针政策，都要以是否符合最广大人民群众的利益为最高衡量标准。这是我们观察和处理问题的一个根本原则。二十年来，我们党领导人民进行改革和建设的各项工作，都是努力按照这个根本原则去做的，并且创造了新鲜经验。

建设有中国特色社会主义事业，是亿万人民群众广泛参与的创造性事业。必须始终坚持党的群众路线，一切为了群众，一切依靠群众，从群众中来，到群众中去，尊重人民群众的创造，倾听人民群众的呼声，反映人民群众的意愿，集中人民群众的智慧和力量去发展我们的各项事业。在整个改革开放和现代化建设的过程中，都要努力使工人、农民、知识分子和其他群众共同享受到经济社会发展的成果。改革越深化，越要正确认识和处理各种利益关系，把个人利益与集体利益、局部利益与整体利益、当前利益与长远利益正确地统一和结合起来，把最广大人民群众的切身利益实现好、维护好、发展好，把他们的积极性引导好、保护好、发挥好。只有这样，我们的改革和建设才能始终获得最广泛、最可靠的群众基础和力量源泉。

十一、必须坚持、加强和改善党的领导。

坚持、加强和改善党的领导，是我们的事业胜利前进的根本保证。要把十几亿人的思想和力量统一和凝聚起来，共同建设有中国特色社会主义，没有中国共产党的统一领导是不可设想的。二十年来的实践告诉我们，在新的历史条件下，党必须认真研究自身建设中遇到的新情况新问题，善于学习和提高，善于改进和加强领导。要坚持党要管党、从严治党，以改革的精神从思想上、组织上、作风上全面推进党的建设，始终坚持党的工人阶级先锋队性质、马克思主义的指导地位和全心全意为人民服务的宗旨，坚持发扬党的优良传统和作风，并体现时代要求。这样才能不断提高党的领导水平和执政水平，不断增强党的战斗力和拒腐防变的能力。

提高干部队伍的素质特别是思想政治素质，使广大干部经得起执政和改革开放的考验，关系我国社会主义现代化建设的全局，是党的建设一项重大而紧迫的任务。党员、干部特别是各级领导干部，必须始终把党和人民的利益摆在第一位，尽职尽责地做好工作。二十年来改革和建设的历程说明，面对新时期的艰巨任务和可能遇到的风险，严重的问题在于教育干部。必须加强党风廉政建设，使广大干部在新的形势下始终保持清正廉洁。必须努力造就一支由党政干部、企业经营管理干部、科学技术干部、教育文化干部和其他战线干部组成的高素质干部队伍，特别要把各级领导班子建设好，从组织上保证党的路线方针政策的正确贯彻执行。必须深化干部制度改革，努力形成公开、平等、竞争、择优的用人环境，建立和完善能上能下、充满活力、促进优秀人才脱颖而出的用人机制。各级领导干部德才兼备，各类优秀人才特别是年轻优秀人才层出不穷，讲学习、讲政治、讲正气蔚然成风，我们党和国家事业的航船就能不断乘风破浪地驶向前方。

二十年的历史经验归结到一点，就是把马克思主义基本原理同中国具体实际相结合，走自己的路，建设有中国特色社会主义。二十年的历史经验，是极为宝贵的财富，全党同志一定要十分珍惜。

二十年的历史经验告诉我们，邓小平理论是指导中国人民胜利实现社会主义现代化的伟大理论。在当代中国，只有把马克思主义同当代中国实践和时代特征结合起来的邓小平理论，而没有别的理论能够解决社会主义的前途命运问题。邓小平理论是当代中国的马克思主义，是毛泽东思想的继承和发展，是马克思主义在中国发展的新阶段。全党同志必须高举邓小平理论伟大旗帜不动摇，坚持把邓小平理论作为我们观察世界、发展自己的强大思想武器，在实践中不断学习和运用这一理论，丰富和创造性地发展这一理论。这是我们在前进道路上战胜一切困难、排除一切干扰、经受住一切风险考验的最可靠的保证。

二十年来我们取得了伟大胜利，但同我们的远大目标相比，没有任何理由自满。应该清醒地看到，我们的经济文化还不发达，综合国力和竞争能力还不强；党和国家的工作中也还存在缺点和不足，人民群众还有不少不满意的地方。在今后的前进道路上，我们还会遇到这样那样的困难和风险。全党同志一定要更加兢兢业业地工作，永远不辜负人民的期望。

走出一条投入较少、效益较高的军队现代化建设的路子*

（一九九八年十二月二十五日）

今年七月，党中央作出军队和武警部队“吃皇粮”、一律停止经商活动的重大决策。这一决策，得到了全军广大指战员和全国广大人民群众的拥护和支持。几个月来，全军按照党中央、国务院和中央军委的统一部署，对军队企业进行全面清理，完成了经营性企业的撤销和移交工作。应该说行动是迅速的，体现了我军雷厉风行的作风。许多事实表明，一支军队如果长期进行赢利性经商活动，就会严重损害军队的凝聚力和战斗力，也会严重损害军队的社会形象。军队、武警部队停止经商活动这项工作，对于保持我军的人民军队性质和保证社会主义江山永不变色，对于巩固和加强军政军民团结、促进军队的党风廉政建设，具有十分重要的意义。这项决策的深远影响，将会随着军队建设的发展看得越来越清楚。军队停止经商活动后，国家一定要增加军费，保证军队建设不受影响，保证部队的生活水平不下降。

我国军费开支同世界主要国家相比，无论从绝对数看还

---

* 这是江泽民同志在中央军委扩大会议上讲话的一部分。

是从占国内生产总值的比重看，都是低的。一九九八年，国家直接用于军队建设的经费，大约相当于美国军费的二十分之一，相当于英国、法国、日本各自军费的三分之一。我们用比较少的经费，维持了一支世界上规模较大、素质较高的军队，并不断有所发展，这是很了不起的。世界上也只有中国共产党领导的人民军队能够做到这一点。我军的现代化建设任重道远。目前，我军以机械化为基本特征的军队现代化的任务还没有完成，又面临着机械化战争正在向信息化战争转变的世界军事发展趋势的严峻挑战。下个世纪的前五十年，我军必须完成向机械化和信息化转变的历史任务，实现“三步走”的战略目标〔1〕。当前和今后一个时期，由于国家财力所限，军费还不可能有较多增长，但逐步增长是不会间断的。我们实现军队现代化的决心决不会动摇，步子也决不能放慢。改革开放和社会主义市场经济的发展，必然会给军队现代化建设创造更多更充分的有利条件。只要我们善于运用这些有利条件，把手中的军费切实管好用好，就一定能够走出一条投入较少、效益较高的军队现代化建设的路子来。这个问题，需要大家继续用心研究。我这里强调几点。

第一，发扬艰苦奋斗精神，坚持勤俭建军方针。毛泽东同志在红军时期就提出一个著名的口号：“节省每一个铜板为着战争和革命事业”〔2〕。在革命战争年代，我们靠艰苦奋斗、勤俭节约，战胜各种困难和敌人，夺取了全国解放的胜利。新中国成立以后，我们也是靠艰苦奋斗、勤俭节约，在经济技术条件并不充裕的情况下，把我军建设成为一支诸军兵种合成的军队。今天，我们所拥有的物质条件比过去特别是战争年代要好得多，但不管条件怎样变化，艰苦奋斗精神、勤俭建军方针不能丢。我国还处于并将长期处于社会主义初级阶段，根本改变生产力不发达的状况，还需要进行长期的艰巨努力。改革和建设的任务都很繁重，国家要花钱的地方很多。我们军队的同志必须自觉体谅国家的难处，长期树立过紧日子的思想，大兴艰苦奋斗之风，勤俭办一切事业。从军委、总部起，各级领导和机关都要带头艰苦奋斗、勤俭建军，一切都要精打细算、厉行节约，尽量减少不必要的开支，为全军指战员树立好的榜样。要把贯彻勤俭建军方针同党风廉政建设结合起来，坚决反对奢侈浪费。经费的使用要向作战部队倾斜，向边海防和艰苦地区部队倾斜，向基层倾斜。

第二，加强集中统一管理，提高军费使用的整体效益。军队现代化建设，应该借鉴和运用反映社会化大生产规律的科学管理的手段和方式。我军的后勤保障体制，长期是三军自成体系，条块分割，机构重叠；武器装备建设的管理体制也是多头、分散、分段，形不成合力。今年上半年，军委作出建立三军联勤体制和成立总装备部的决定，对我军后勤保障体制和装备管理体制进行重大改革。实行三军联勤体制，有利于优化保障结构，理顺保障关系，统筹人力、物力、财力。总后勤部要加强对联勤的研究和指导，各单位要从大局出发，坚决克服分散主义和本位主义，确保联勤体制规范有序地运行。总装备部的成立，实现了我军武器装备建设的集中统一领导，为我军武器装备建设实行全系统、全寿命管理创造了条件，有利于对武器装备建设进行总体规划和设计，按照缩短战线、突出重点的原则，科学安排经费的投入，从而可以提高各项武器装备建设经费的整体使用效益。总装备部要积极适应新的管理体制，边调整边建设，尽快建立符合武器装备建设规律、反映社会主义市场经济要求、与新的管理体制相适应的政策法规制度和运行机制。

第三，逐步减轻军队办社会的负担，扩大社会化保障的范围。长期以来，军队后勤承担了过多的社会性保障职能，在许多方面自我封闭、自成体系，摊子搞得很大。许多机关大院成了“小社会”，几乎无所不包、无所不管。这些年，部队几经精简整编，总员额不断减少，而服务保障人员却减得不多。这种保障模式，过去曾发挥过重要作用。现在发展社会主义市场经济，社会分工专业化程度日益加强，社会提供的服务保障功能日趋完善，这种模式就很不适应了。军队后勤保障特别是生活保障必须社会化。这方面改革要加快进度、加大力度。可以考虑先从军队高级领导机关和大中城市的军队院校、科研机构、医院等单位开始实施，然后总结经验，逐步推开。随着军队生活保障社会化程度的提高，一些与军事职能没有多大关系的保障机构可以逐步剥离，有间接关系的也可以相应压缩。军队需要的保障机构要很精干、很充实，同时保障水平要有明显提高。

第四，依靠国家经济、科技发展，推动军队的基础设施建设和科技创新。国防经济和社会经济、军用技术和民用技术应该相互兼容、相互促进。军队建设必须与国家经济建设紧密结合，特别是与国家新兴技术产业紧密结合，充分利用国家经济、科技成果和市场资源，以收到事半功倍的效果。光纤工程建设，我们采取军民合建的办法，几年时间就使军队的通信条件得到显著改善。这样大规模的基本建设，单靠军队自己是搞不起的。依托国家和社会的发展，依托市场，许多军队独自难以办到的事情就能够办到。比如，我们可以通过国家的经济社会发展计划，把军事设施建设同地方基础设施建设结合起来，在铁路、公路、机场、码头等大型基本建设中贯彻军事要求。这样就可以大量减少军费投入。国防科研也可以加入国家科技创新体系，把一些基础项目纳入国家科技战略和发展规划，既可以实现成果共享，又能够推动军用技术和民用技术相互转化。军官的学历教育、通用人才培养，都可以依托国民教育。要加强这方面的政策制度研究，促进军队建设更好地与国家经济建设紧密结合，相得益彰。

第五，加强战略规划的指导作用，集中力量抓好一批战略性基础工程建设。我们应该把有限的经费，集中投放到对军队现代化建设全局具有重大影响的战略性基础工程上。六七十年代，我们克服各种困难，成功地搞出了“两弹一星”，从而打破了美苏的核垄断、核讹诈，使我国成为世界上少数拥有核武器的国家之一，而且促进形成了一批高新技术产业，带动了国家整个科学技术的发展。毛主席、周总理当年看得是非常远的。如果当时不搞“两弹一星”，我国在世界上就不可能拥有今天这样的地位，我们国家安全的形势也会大不相同。今天，我们仍然要有这样的战略眼光，要想到未来，想到二十一世纪的国家安全保障和军事威慑力量。我们需要发展和建设的东西很多，都搞没有可能也没有必要，目前我们没有这样充足的经济物质条件。要抓住几个真正具有决定性意义的项目，尽快形成我们自己的高技术武器装备的“杀手锏”。不然，在二十一世纪世界的激烈竞争中就没有我国的应有位置，我们就很难迎接未来的军事挑战，我们在维护国家的独立、主权和安全上就会处于被动境地和遇到极大困难。必须深刻了解现代战争的特点和世界军事发展的趋势，按照“三步走”的战略目标，确定我们中长期发展的战略重点。战略性基础工程一旦确定，就要集中一切所能集中的人力、物力、财力，形成拳头，力争在较短时间内抓出成果。总之，既要全面部署，又要真正突出战略重点。

注 释

〔1〕见本卷《实现国防和军队现代化建设跨世纪发展的战略目标》。

〔2〕见毛泽东《我们的经济政策》(《毛泽东选集》第1卷，人民出版社1991年版，第134页)。

二十年来军队建设的历史经验*

（一九九八年十二月二十五日）

党的十一届三中全会召开已经二十年了。二十年来，我们党团结和带领全国各族人民，在邓小平理论和党的基本路线指引下，团结一心，艰苦奋斗，进行改革开放和社会主义现代化建设，取得了丰硕的成果和丰富的经验。在这二十年中，我军的革命化、现代化、正规化建设不断向前推进，战斗力提高到一个新的水平，为保卫祖国和建设祖国，为促进世界和平的崇高事业，作出了重大贡献。

党的十一届三中全会以后，邓小平同志领导我军进行全面整顿，拨乱反正，消除“文化大革命”中林彪、“四人帮”对军队干扰破坏的影响，恢复和发扬我军的优良传统，从而使我军建设走上了正确轨道。

邓小平同志着眼于国际大势和国家大局，着眼于我军新时期的历史使命，提出了建设一支强大的现代化、正规化的革命军队的总目标，确定了加强军队建设的一系列方针原则，开创了有中国特色的精兵之路。我军实现了军队建设指导思想的战略性转变，即由准备“早打、大打、打核战争”转到和平时

* 这是江泽民同志在中央军委扩大会议上讲话的一部分。

期建设的轨道上来，摆脱多年来在临战状态下进行应急式建设的被动局面，在服从和服务于国家经济建设的前提下，有计划有步骤地进行现代化建设。一九八五年，我军进行体制编制的重大调整改革，裁减员额一百万，朝着精兵、合成、高效的方向迈出重要一步。一九九三年初，根据世界战略格局走向多极化和世界军事领域发生革命性变革的新形势，我们制定了新时期军事战略方针。这是积极防御战略思想的重大发展，也是军队建设指导思想战略性转变的深化。我们用这个方针统揽全军各项建设，贯彻科技强军战略，以改革创新的精神推动我军由数量规模型向质量效能型、由人力密集型向科技密集型转变。我们积极探索新形势下治军和军事斗争准备的特点和规律，全军政治工作、军事工作、后勤工作、装备工作有了新的改进和加强，广大指战员的思想政治素质、军事技术素质、科学文化素质有了很大提高。

二十年来，我军经受住了各种严峻考验，包括经受住了国际国内政治风波、对外开放和发展社会主义市场经济的考验，始终保持坚定正确的政治方向，保持人民军队的性质和宗旨，保持部队高度稳定和集中统一。我军胜利完成了边境自卫还击作战、一九九五年七月至一九九六年三月的一系列联合军事演习、一九九七年七月一日进驻香港特别行政区、一九九八年抗洪抢险以及维护社会稳定等重大军事斗争和急难险重任务，为改革开放和社会主义现代化建设提供了坚强的安全保障。事实充分证明，我军不愧为党绝对领导下的人民军队，政治上是合格的，关键时刻是过得硬的，是党和人民完全可以信赖的。

二十年来，我们在军队建设实践中，正确把握和处理了若干具有全局意义的重大问题，使我们对新时期军队建设规律的认识达到一个新的水平。回顾改革开放二十年来我军的发展历程，认真总结历史经验，对于进一步推进我军建设，实现国防和军队现代化跨世纪发展的宏伟目标，具有重要意义。这些历史经验，主要体现在正确认识和处理以下七个方面的关系上。

一、关于战争与和平的关系。

过去很长一个时期内，由于受到来自外部的封锁、包围和敌视，我们面临着军事、政治的严重威胁，抓紧防范战争危险的准备是正确的。但是，我们的认识也有偏离实际的地方，判定新的世界大战不可避免，而且迫在眉睫。党的十一届三中全会以后，我们党对国际形势作出实事求是的判断，提出和平与发展是当今时代的两大课题，世界和平力量的增长超过战争力量的增长，较长时期内避免新的世界大战是可能的。这个新的科学判断，为党和国家工作重点的转移，也为军队建设指导思想实行战略性转变，奠定了重要基础。八十年代末九十年代初，两极格局终结，世界局势发生巨大而深刻的变化。党中央经过冷静观察和科学分析，确认国际形势缓和的大趋势不会逆转，争取一个良好的国际环境和周边环境仍然是可以实现的，必须坚定不移地进行改革开放，继续加快现代化建设的步伐，集中力量发展自己。同时，也明确指出，霸权主义和强权政治依然存在，领土、民族、宗教矛盾错综复杂，世界一些地区发生局部战争和武装冲突不可避免。我们要坚决维护祖国统一和领土主权的完整，对战争的危险必须保持充分的警惕，绝不能有任何麻痹思想。要从长计议，有计划有步骤地进行军队现代化建设，同时要抓紧做好军事斗争准备，把两者正确地结合和统一起来。

二、关于国防建设与经济建设的关系。

把经济建设搞上去和建立强大的国防，是我国现代化建设的两大战略任务。从根本上说，这两大战略任务是统一的，但需要结合我国社会主义初级阶段的国情正确地把握和处理。经过二十年的实践，我们在这个问题上形成了十分重要的认识。一是必须坚持以经济建设为中心，国防建设必须服从国家经济建设的大局。保持经济持续发展，大大增强国家经济实力，是解决包括国防现代化在内的所有问题的基础，也是我们提高国际竞争力、顶住霸权主义和强权政治的压力、维护国家独立和主权的关键所在。国防建设要紧密配合这个大局，而不能妨碍和影响这个大局。二是必须在集中力量进行经济建设的同时努力加强国防建设，使国防建设在国家财力增加的基础上不断有所发展。国防现代化是我国社会主义现代化事业的重要组成部分，一个巩固的国防是经济发展和国家安全的基本保障。如果不随着经济的发展而努力加强国防建设，提高军队武器装备的现代化水平，一旦发生战争，我们就可能陷于被动，就难以有效维护国家安全。国防建设和军事斗争准备，必须能够确保国家的利益和安全。三是必须形成国防建设和经济建设相互促进、协调发展的机制。国防建设不仅要服从而且要服务于经济建设，军队要为国家经济建设积极贡献力量，通用性较强的军事设施要实行军民合用，国防科技工业要能军能民。国家在经济建设特别是基础设施建设中，要充分考虑国防和军队的需求，做到既促进经济发展又增强国防能力。

三、关于革命化、现代化、正规化建设的关系。

我军是党绝对领导下执行革命政治任务的武装集团，我军的性质不同于任何资本主义国家的军队，我军的现代化也不同于资本主义国家军队的现代化。必须把革命化建设放在第一位，这决定着我军现代化的性质和方向，同时为实现我军现代化提供强大精神动力。要大力加强思想政治建设，始终坚持党对军队绝对领导的根本原则，始终保持人民军队的性质、宗旨、本色。当前，我军建设面临的一个主要矛盾，是现代化水平与现代战争需要还不相适应。提高我军的战斗力，主要任务是解决现代化问题。因此，我军建设必须坚持以现代化为中心，军队的全部工作都要围绕现代化来展开。正规化建设是现代化建设的必然要求，从一定意义上讲，没有军队的正规化，就没有军队的现代化。正规化建设的一项重要任务，就是把革命化、现代化建设的基本成果和经验，用法规和条令条例的形式确定下来，使军队各项建设都有明确的规范，做到依法治军、从严治军。要按照政治合格、军事过硬、作风优良、纪律严明、保障有力的总要求，加强军队的全面建设，使革命化、现代化、正规化建设的目标贯彻到军队各项工作中去。革命化、现代化、正规化建设相互联系、相互促进，不能把它们割裂开来、对立起来，必须统一考虑、全面推进。

四、关于军队数量与质量的关系。

正确处理数量与质量的关系，对军队建设至关重要。我国幅员辽阔、地形复杂，由于装备性能比较落后，机动能力比较低，军队需要保持一定的规模。但是，如果规模过大，又会影响军队的现代化建设。随着世界科学技术日新月异的进步，以及由此带来的世界军事变革的加速发展和武器系统效能的空前提高，加强我军质量建设显得愈来愈重要、愈来愈紧迫。军队质量在现代战争中具有决定性意义。我们必须把加强质量建设作为实现我军现代化的基本指导方针，摆在更加突出的位置。加强质量建设的关键，是实施科技强军战略，提高军队现代化建设各个方面的科学技术含量，增强现代技术特别是高技术条件下的防卫作战能力。

五、关于常备军与国防后备力量的关系。

紧紧依靠最广大人民群众，是我军最深厚的力量源泉。无论武器装备如何发展，战争形态如何变化，人民战争都是我们克敌制胜的法宝。我们要结合新的历史条件和新的实践，坚持和创造性地发展人民战争的思想。按照人民战争的战略思想，必须实行精干的常备军与强大的国防后备力量相结合，在加强军队建设的同时高度重视国防后备力量建设，做到平时少养兵、战时多出兵。新形势下的国防后备力量建设，要适应未来军事斗争的特点和发展社会主义市场经济的要求，注重提高质量，完善组织体制及相关的政策制度。预备役部队和民兵要保持适度规模、优化结构，提高快速动员能力和训练水平，真正做到召之即来、来之能战。同时，要按照军民结合、平战结合、寓军于民的方针，进一步调整和完善国防动员体制，提高国防动员能力。

六、关于继承优良传统与改革创新的关系。

历史事实充分说明，改革是我军发展的强大动力，也是我军建设取得重大成就的基本原因。我军在长期实践中形成和发展起来的优良传统,集中体现了我军的特色和优势,是保持我军性质和战斗力的根本保证。丢掉了这些优良传统,我军就会变质。在新的历史条件下,我军建设的任务和面临的环境发生了深刻变化,这就要求我们必须在坚持优良传统的基础上大胆改革创新,使优良传统在新的实践中获得发展。这样,我军才能始终保持旺盛的生机和活力,才能永远立于不败之地。二十年来,我们坚持以提高战斗力为根本标准,进行了一系列改革,取得重大突破,提高了军队建设的整体效益,增强了我军的作战能力。要立足长远,进一步完善军队体制编制,解决军队领导指挥体制、军队结构和官兵比例等方面存在的问题。同时,要通过深化改革,努力使我军形成一套适应社会主义市场经济发展要求的政策制度,以利更好地调动和发挥全军各方面的积极性。

七、关于学习外军有益经验与保持我军特色的关系。

当今世界,任何一支军队,如果关起门来搞建设,拒绝学习国外先进的东西,是不可能实现现代化的。我军进行现代化建设,必须面向世界,跟上世界军事变革和发展的潮流,积极借鉴各国军队特别是发达国家军队现代化建设的有益经验,有选择地引进先进的技术装备和管理方法。我军是党绝对领导下的人民军队,必须始终保持自己的政治本色和政治优势,绝不能照搬外军的治军原则。各国国情不同,我们也绝不能照抄外军现代化建设的模式。对于外军一些好的经验和做法,也不能简单地拿来,而应该结合我军实际加以消化、吸收、创新,坚持走有中国特色的军队现代化建设之路。

二十年来我军建设和改革的成就和经验，都是在邓小平新时期军队建设思想指导下取得的。邓小平新时期军队建设思想，是毛泽东军事思想的继承和发展，是我军革命化、现代化、正规化建设的科学指南，必须毫不动摇地坚持下去。时代在前进，实践在发展。在我们前面还有许多未知的领域，前进道路上还会遇到许多新的困难和挑战。今后的路具体怎么走，要靠我们以邓小平理论为指导去继续探索。全军同志要坚持一切从实际出发，解放思想、实事求是，运用马克思主义的立场、观点、方法，去研究新情况、解决新问题、积累新经验，在新的实践中进一步丰富和发展邓小平新时期军队建设思想。

二十年来我军建设所以能够获得巨大进步，关键在于我们始终高度重视建设一支忠于党、忠于人民的干部队伍。我们按照干部队伍革命化、年轻化、知识化、专业化的方针和德才兼备的原则，比较顺利地完成了干部队伍的新老合作和交替，为军队革命化、现代化、正规化建设奠定了重要基础。各级干部为党的事业无私奉献，兢兢业业地工作，成为军队建设的中坚和脊梁。为了实现国防和军队现代化建设跨世纪发展的战略目标，确保人民军队永不变色，保证我军建设不断向前发展，必须进一步加强我军干部队伍建设，提高各级领导干部的思想政治素质、军事技术素质、科学文化素质，特别是要抓紧培养选拔一大批德才兼备的优秀年轻干部，使我军干部队伍更加具有活力、更加朝气蓬勃。

论加强和改进学习*

（一九九九年一月十一日）

领导干部集中一段时间，结合总结工作中的经验教训，系统学习一个方面的知识，认真讨论交流，对提高领导水平和驾驭全局的能力，很有好处。

我们在座的同志，包括各省区市和各个部门的负责同志，中央政治局委员和中央政治局常委，以及全党同志，都乘坐在驶向邓小平同志指引的建设有中国特色社会主义这个伟大目标的航船上。这艘航船上，各人都有自己的位置和责任，大家都要各司其职、各负其责，齐心协力、同舟共济，使我们这艘航船能够乘风破浪地前进。

今天，我就加强全党同志特别是各级领导干部的学习问题讲点意见。

一、加强学习是实现党的十五大确定的跨世纪发展目标的必然要求

这些年来，中央一直强调全党要加强学习，形成勤奋学习

* 这是江泽民同志在中共中央举办的省部级主要领导干部金融研究班上的讲话。

的良好风气。经过大家共同努力，我们在学习马克思列宁主义、毛泽东思想、邓小平理论方面取得了显著成效，在其他方面的学习上也有很大进步。各级领导干部的思想理论水平和知识水平、领导和驾驭工作全局的能力明显提高了。但是，从我们面临的形势、肩负的任务和干部队伍的状况看，我们做得还不够，甚至还很不够，必须继续努力，使全党的学习达到新的水平。

我们面临的形势是什么呢？从国际上看，和平与发展依然是当今时代的两大主题，但发生了新的变化。世界多极化和经济全球化的趋势深入发展，科学技术突飞猛进，正在深刻地改变国际政治经济格局。我们面临着发达国家经济、科技占优势的压力。不公正不合理的国际政治经济旧秩序没有根本改变。霸权主义和强权政治依然存在。社会主义在世界上处于低潮，国际敌对势力始终没有放弃西化、分化我国的政治图谋。我们维护国家安全的内容更加广泛深刻，促进经济发展的任务也更加艰巨。如何更好地抓住机遇发展自己，特别是发展经济，同时应对好严峻挑战，在快速变化的国际局势和激烈的国际竞争中始终立于不败之地，仍然是我们必须继续解决好的重大课题。

从国内来看，我们坚持邓小平理论和党的基本路线，不断推进改革开放，综合国力和人民生活水平有了很大提高。我们党经受住来自政治、经济方面和自然界的各种风险的考验，努力克服前进道路上遇到的种种困难，并积累了丰富的经验。党的基本理论、基本路线、基本纲领得到了人民的衷心拥护。这一切，大大加强了我们发展社会主义事业的物质基础和思想基础。另一方面，我们面临的新情况新问题仍然很多，工作中还有缺点和不足。努力改进我们的工作，使之更好地符合实际，符合人民群众的意愿和要求，也仍然是我们必须继续解决好的重大课题。

我们党肩负的任务是伟大而艰巨的，这个任务就是团结和带领全国各族人民到下个世纪中叶基本实现社会主义现代化。我们进入了跨世纪发展的关键时期。我国现在处于并将长期处于社会主义初级阶段，人口众多、生产力不发达是最基本的国情。改革越深化，越需要我们妥善解决长期积累下来的一些深层次矛盾，不能回避，绕也绕不过去。未来我们遇到的困难可能更为严峻。人口、资源、环境对我们发展的压力也会越来越大。我们只能知难而进、勇往直前，而绝不能退却，也没有退路。

我们党现在有六千一百多万党员，队伍很壮大。各级领导层跨世纪的新老交替和合作取得了明显进展。目前，我们干部队伍总的状况是好的。但是，面对新形势新任务和层出不穷的新情况新知识，有些干部不很适应，有的干部甚至很不适应。主要表现为，理论素养和知识水平不适应，工作作风和工作方法不适应，思想境界和精神状态不适应。近年来走上各级领导岗位的中青年干部，相当一部分同志对建党以来和建国以来的历史不很熟悉甚至很不熟悉，有的同志对改革开放以来的历史也不太熟悉，迫切需要提高和丰富自己。按照干部队伍革命化、年轻化、知识化、专业化的方针，全面提高各级干部特别是领导干部的素质，依然是十分紧迫的工作。

形势、任务和干部队伍的状况，都要求全党同志必须进一步加强学习。我们党历来是一个重视学习、善于学习的党。在每一个重大转折的时期，面对新形势新任务，中央都要号召全党同志加强学习。而每次这样的学习热潮，都会推动我们的事业出现大变化、大发展。这是我们党的一条重要历史经验。毛泽东同志、邓小平同志都非常重视全党特别是各级领导干部的学习，反复加以强调，作过许多重要论述。一九四一年，为了夺取抗日战争的胜利和加强党的团结，毛泽东同志发表了题为《改造我们的学习》的讲话，提出改造全党的学习方法和学习制度的任务，要求全党加强对马克思列宁主义的学习，注重研究现状，注重研究历史，注重马克思列宁主义的应用。一九四九年，全国解放前夕，毛泽东同志又一次发出加强学习的号召。他要求军队干部应当全体学会接收城市和管理城市，善于领导工人和组织工会，善于动员和组织青年，善于团结和训练新区的干部，善于管理工业和商业，善于管理学校、报纸、通讯社和广播电台，善于处理外交事务，善于处理各民主党派、人民团体的问题，善于调剂城市和乡村的关系，解决粮食、煤炭和其他必需品的问题，善于处理金融和财政问题〔1〕。改革开放刚刚开始，邓小平同志在著名讲话《解放思想，实事求是，团结一致向前看》中就指出，实现现代化是一场深刻的伟大的革命，全党同志一定要善于学习，善于重新学习。我们事业的发展，同全党的学习状况是密切相关的。

在二十世纪即将结束的时候，回顾一下近代和现代的历史，很有好处，从中可以得到借鉴和教益。十八世纪末，也就是历史上所说的“康乾盛世”结束时，虽然封建主义制度已经弊端百出，但中国在当时的世界上还是很有地位的大国和强国。从一六六一年康熙即位到一七九九年乾隆去世，这一百三十八年间，西方世界发生了巨大的历史性变化。资产阶级革命、工业革命和科技革命，使西方国家的生产力迅速发展起来，西方资产阶级开始为争夺市场和原料产地奔走于全世界。而中国的封建统治者却根本不了解外部世界的巨变和进步，闭关锁国，固步自封，夜郎自大，拒绝学习先进知识，美其名曰“不贵奇巧”。在这种政策下，中国快速地落后了。同中国一水之隔的日本，在十九世纪下半叶进行了明治维新，跟上世界发展的潮流，却迅速发展起来。经过鸦片战争的失败，到十九世纪末，中国沦入任人宰割的半殖民地半封建的境地，中华民族处于危亡的关头。二十世纪，经过中国共产党人和全国人民艰苦奋斗，上半叶，我们经过新民主主义建立了社会主义的新中国，从而彻底结束了半殖民地半封建的屈辱历史；下半叶，我们经过艰辛的探索，终于成功地走上了建设有中国特色社会主义的伟大道路。现在，人类又到了一个新的世纪之交，尽管世界社会主义处于低潮，但中国的社会主义事业充满生机和活力。一百年来，中国的命运所以发生这样大的变化，很重要的一个原因就是中国人民从失败的逆境中奋起抗争，睁开眼睛看世界，寻求科学的理论、先进的知识和救国救民的道路。中国共产党人学习和掌握了马克思主义基本原理，并把它同中国具体实际相结合，领导人民实现了革命、建设、改革的伟大变革。历史给我们揭示了一条千真万确的真理：我们党要领导全国人民实现中华民族的伟大复兴，必须始终坚持学习，并把学到的科学理论和先进知识用于中国实际，不断推动经济持续发展和社会全面进步。

在人类即将进入二十一世纪的历史时刻，我们党作为世界上最大的社会主义发展中国家的执政党，必须正确分析和把握形势，继续坚持把马克思主义基本原理同中国具体实际紧密结合起来，全面加强和改进全党的学习。这是我们党永葆生机和活力的一个重要保证。我们党的执政地位不是从天上掉下来的，而是由于我们党集中了一大批先进分子，并在长期的奋斗中为祖国和人民作出了巨大牺牲、建立了伟大业绩，人民才充分信任和拥护我们。如果我们不能通过新的学习和实践不断提高自己，就会落后于时代，就有失去执政资格、失去人民信任和拥护的危险。这并不是危言耸听。

近几年来，中央一再强调，领导干部要讲学习、讲政治、讲正气。“三讲”中为什么要把学习摆在第一位呢？因为它是个前提和基础。只有把学习搞好了，掌握的理论知识和科学文化知识多了，政治认识和精神境界提高了，讲政治才讲得起来，正气才能树立和发扬起来。

全党同志首先是党的高级干部，必须以对党、对人民、对历史高度负责的态度来加强学习。

二、坚持用马克思主义理论指导实践和用各种知识来丰富提高自己

我们从事的事业是宏伟的、波澜壮阔的，我们的学习也应该是全面的、系统的。不但要坚持用马克思列宁主义、毛泽东思想特别是邓小平理论武装全党，同时要努力用人类社会创造的一切知识来丰富和提高自己。做一名合格的政治领导

者，哲学、政治学、经济学、法学、历史学、文学和科学技术等方面的知识都要学，特别要注重学习反映当代世界政治、经济、文化新发展的各种新知识，努力使自己的思想水平和知识水平适应时代前进的需要。关于学习的内容、方法、要求，中央已多次讲过了，希望大家认真贯彻落实。下面，我着重讲一讲四个方面的学习。

（一）关于学习理论。

思想理论素质是领导素质的灵魂。认真、刻苦、全面地学习马克思列宁主义、毛泽东思想特别是邓小平理论，对提高全党的思想政治水平和执政能力是极为重要的，必须摆在学习的首位。全党政治思想上的统一、政治信念上的坚定，是全党组织上、行动上的统一和具有强大凝聚力、战斗力的前提和基础。而这种政治思想上的统一、政治信念上的坚定，只能建立在全党同志自觉用马克思主义理论武装思想的基础之上。

毛泽东同志曾引用过列宁的一句话："没有革命的理论，就不会有革命的运动。"〔2〕他主张，一切有相当研究能力的共产党员，都要研究马克思列宁主义的理论，干部应当着重研究，中央委员和高级干部尤其应当加紧研究。他还热切地希望我们党有一百个至二百个系统地而不是零碎地、实际地而不是空洞地学会了马克思列宁主义的同志〔3〕。这个任务，今天依然很现实地摆在我们面前。高级干部特别是省部以上党政主要领导干部应该努力成为忠诚于马克思主义、坚持走有中国特色社会主义道路、会治党治国的政治家。

世界上第一个社会主义国家苏联已经解体，东欧一些社会主义国家也发生了剧变，世界社会主义遭到了严重挫折。

在这种客观情势下，加上西方敌对势力在意识形态方面的刻意宣传，“马克思主义过时了”的论调重又鼓噪起来。这是我们在思想理论战线上面临的一个很大挑战。核心问题是：马克思主义究竟还有没有现实指导性？马克思、恩格斯指出的人类解放的道路还是不是科学？马克思主义是在深刻总结历史运动规律的基础上形成的，其基本原理是放之四海而皆准的。随着时代的发展和历史条件的变化，一些具体论述可能会过时，不再适用，但世界历史的发展轨迹并没有超出马克思主义所揭示的基本规律。马克思主义不是静止的封闭的教条，而是在实践中接受检验、不断发展的理论体系。马克思主义的强大生命力就在这里。邓小平理论把马克思主义同当代中国实践和时代特征结合起来，继承和发展毛泽东思想，是当代中国的马克思主义，是马克思主义在中国发展的新阶段，为我们开辟了社会主义事业发展的新时期新道路，从而使社会主义在中国继续蓬勃发展。

我们正在进行的建设有中国特色社会主义的伟大实践，必将不断产生丰富的新鲜经验。我们不仅要在实践中善于坚持和创造性地运用邓小平理论，而且要善于通过总结从中提炼出符合规律的认识和结论，继续丰富和发展邓小平理论。这是全党同志的庄严历史责任。

这里，我要强调一个问题：我们学习理论，关键是要学会运用马克思主义的立场、观点、方法来观察和解决问题，提高辩证思维的能力，防止形而上学和片面性。这就要求我们必须认真学习和掌握马克思主义哲学的基本原理。马克思主义哲学是全部马克思主义理论的思想基础，也是马克思主义的立场、观点、方法的思想基础。事物的发展是复杂的、充满着矛盾的运动。如果不观察矛盾发展中对立统一的方面及其活动过程，简单地下结论、作决策，就容易出现偏差和失误。一些同志身上存在的形而上学的思想方法，已经到了相当严重的地步。比如，看形势，或者只看到成绩和有利的一面，忽视存在的困难和问题，盲目乐观；或者只看到困难和问题的一面，看不到成绩和发展的一面，盲目悲观。再比如，不能正确地坚持两手抓、两手都要硬的方针，或者离开经济建设这个中心去空谈奋斗理想，或者忽视精神文明建设，甚至不惜以牺牲精神文明为代价换得经济的一时发展。还比如，不能全面审视改革和发展的全局，不能妥善处理数量和质量、速度和效益、规模和结构、开发和环保等关系，造成重复建设、资源浪费和环境恶化等问题。又比如，不能全面理解党的方针政策，并结合实际采取多种形式搞活国有小企业，而是以偏概全，简单地一卖了之。还有的同志，不能正确分析和处理新时期的人民内部矛盾和社会矛盾，使本来可以化解的问题激化了。有的地方的农村存在乱收费、乱罚款、乱摊派现象，而且因此逼死了人，群众有意见，还出动警力。这些现象，必然会给工作带来损失和隐患，会给党和人民的事业造成难以弥补的损害。大家必须重视马克思主义哲学的学习，真正学会去粗取精、去伪存真、由此及彼、由表及里的本领，以利减少工作中的盲目性、片面性、表面性、机械性，增强原则性、系统性、预见性、创造性。

（二）关于学习现代经济知识。

建立社会主义市场经济体制，这是前无古人的，没有先例可循,只有靠我们在实践中不断摸索和开拓。在社会主义制度下发展市场经济,实现经济体制和经济增长方式的根本性转变,实施科教兴国战略和可持续发展战略,保持国民经济持续快速健康发展,我们需要学习的东西和提高的方面很多。

现代经济知识,内容很多。我们应该结合自己的工作,有重点地进行学习。首先要学习和掌握好邓小平理论,认真总结我国社会主义现代化建设特别是改革开放的经验。还要学习关于社会主义市场经济和现代金融、现代管理等方面的知识,这是各级领导干部必须掌握的基本经济知识。

事非经过不知难。我们确立经济体制改革的目标为建立社会主义市场经济体制,是来之不易的。建国初期,我们对如何建设社会主义认识上不那么清楚,也没有经验。我们急需组织经济建设,迅速恢复受到长期战争破坏的经济。一开始,我们全盘学习了苏联的计划经济体制。在当时的条件下,我们运用这个体制促进了我国经济快速发展,全面建立了我国的工业基础。随着我国经济社会的发展,这种体制的弊端逐渐突出出来。党的十一届三中全会以后,我们不断进行探索,到党的十四大最后确定建立社会主义市场经济体制的改革目标。实现由计划经济体制向社会主义市场经济体制这个转变,很不容易。

一九八九年那场政治风波以后,国际局势开始急剧变化。东欧一些社会主义国家像多米诺骨牌一样地垮了,后来世界上第一个社会主义国家苏联也解体了。一九九〇年后,还发生了海湾战争〔4〕。从一九八八年开始,我国国民经济进入治理经济环境和整顿经济秩序的时期。由于采取了一些治理措施，经济增长速度明显回落，从一九八八年的百分之十一点三下降到一九八九年的百分之四点一和一九九〇年的百分之三点八。经济结构性矛盾依然十分突出，财政也困难。一九九一年，淮河发了大水。在这样的情况下，中央的工作精力主要集中在应对国际上出现的这种复杂局面、维护社会政治稳定和治理整顿经济上。我们面对上述国际背景，一九九〇年和一九九一年也召开了一系列专题座谈会，研究加快经济发展和改革开放的重大问题。

一九九二年春，邓小平同志视察南方发表重要谈话，从理论上深刻回答了长期困扰和束缚人们思想的许多重大认识问题，进一步指明了我国改革和发展的方向，明确了以“三个有利于”〔5〕作为判断是非的根本标准，提出发展才是硬道理，要求全国上下坚持以经济建设为中心，看准了的，就大胆地试，大胆地闯。邓小平同志很善于抓住时机。他的这篇谈话，对振奋人心、调动各个方面的积极性起了很大推动作用。

邓小平同志发表重要谈话后，全国人民热情高涨，经济建设呈现出新气象。一九九二年，经济增长速度达到百分之十四点二，一些经济发展中的矛盾在实践中逐步得到缓解和解决。我们深化改革、扩大开放，促进了政治稳定、经济繁荣、综合国力增强的局面，有力地打破了一些西方国家对我们搞的所谓“制裁”，我国的国际地位得到新的提高。

一九九二年六月九日，党的十四大召开之前，我到中央党校作过一个报告，提出了建立社会主义市场经济体制的问题〔6〕。六月十二日，我去向小平同志汇报。他听了以后说赞成这个提法，并说：我怕在这个关头引起争论，引起争论不合算。实际上我们是在这样做。我讲过深圳有个四分之一和四分之三的问题，四分之三就是社会主义的，深圳就是社会主义的市场经济。不搞市场经济，没有竞争，没有比较，连科学技术都发展不起来。产品总是落后，也影响到消费，影响到对外贸易和出口。我对小平同志说，提出建立社会主义市场经济体制，根据就是他关于社会主义也有市场、资本主义也有计划，计划多一点还是市场多一点，不是社会主义与资本主义的本质区别的思想。我在党校的讲话没有公开发表，正在征求各地的意见。小平同志说，可以先发内部文件，反映好的话，就可以讲。这样十四大也就有一个主题了。后来，各省区市都同意这个提法。党的十四大正式确定了我国经济体制改革的目标是建立社会主义市场经济体制。

在我们加快发展的过程中，一度出现了房地产热、开发区热以及乱集资、乱拆借、乱设金融机构等问题，投资规模过度扩大，物价上涨过快，影响了国民经济持续快速健康发展。一九九二年四月四日，我在去日本访问前夕，给中央政治局常委等同志写了一封信〔7〕，提出要善于把干部和群众的积极性引导好、保护好、发挥好，在全面贯彻落实小平同志重要谈话精神的过程中，思想要解放，胆子要大，而步子要扎实，工作要过细；要抓紧有利时机，力争实现和保持比较高的发展速度，但务必结合各地区各部门的实际，区分不同情况，具体加以落实；要在深化改革上狠下功夫，避免只在扩大投资规模上做文章，以防出现新的重复建设和产品积压。一九九二年十二月，为了解决当时农业和农村工作中存在的一些突出问题，在武汉召开了会议〔8〕。一九九三年四月，中央又召集省委书记、省长会议，讨论解决乱集资、乱拆借、房地产热和开发区热的问题。五月十九日，我给国务院有关领导同志写信，提出要抓紧时机解决当前经济工作中存在的一些问题，否则解决问题的重要时机会稍纵即逝；倘若问题积累，势必酿成大祸。五月、六月、八月、九月，我们分四片开了各省区市的工作会议，研究继续推进投资、财税、金融体制方面的改革，提出通过深化改革解决深层次经济问题。六月二十二日，我向小平同志汇报了当时的经济形势，建议加强宏观调控，突出抓金融工作。他非常支持，指出："什么时候政府都要管住金融。在资本主义国家，金融多半是私人的钱，损失不损失，别人不关心。社会主义国家不同，损失的是国家的。货币贬值，通货膨胀，人民受损失。辛辛苦苦攒几个钱，想提高一点生活水平，结果从金融这个口子里流出去了。西方世界也经常议论这个问题，但他们与我们体制不同。我们要警惕。钱，不要从金融这个口子里白白流走了。人民币不能贬值太多，市场物价要控制住。"六月二十四日，党中央、国务院颁布了关于当前经济情况和加强宏观调控的十六条措施〔9〕，提出为了保持经济发展的好势头，真正抓住机遇、珍惜机遇、用好机遇，必须下决心解决经济中的突出问题。根据经济社会发展的实际情况，中央及时制定各项改革和发展的方针政策，正确处理改革发展稳定的关系，使经济建设和社会进步保持了稳定发展的局面。去年，我们能够在复杂的国际经济环境和不断加剧的亚洲金融危机中取得主动，保持国民经济发展的好势头，同邓小平同志南方谈话以来确立起来的一系列正确方针政策和实现的良好经济形势是密切相关的。

我回顾一下这段历史是要说明，邓小平同志确立的改革开放的新政策，他视察南方的重要谈话，我们要充分肯定，不能有丝毫动摇。前几年一些地方和部门经济建设中发生的一些问题，是由于没有全面、正确、积极地贯彻执行邓小平理论，在工作中出现了偏差。对出现的问题，要坚决把它们处理和解决好。我们三十一个省区市是一个整体，哪里出问题都是要影响大局的啊！中央和各地区各部门都要各就各位，政治上高度负责，正确处理整体与局部、长远与眼前、国家与个人的关系。发生什么问题，不要相互埋怨，也不要推诿自己应负的责任。应该在中央统一领导下，大家同心同德，群策群力，承前启后，继往开来，把我们的工作做得更好。

在刚刚过去的一年里，对我们发展经济影响最大的事情，一是爆发于亚洲一些国家并波及世界经济的严重金融危机，二是我国发生的严重洪涝灾害。通过观察和分析这两件事情，我们可以得出一些深刻认识。

金融是现代经济的核心。金融搞好了，一着棋活，全盘皆活。如果金融搞乱了，那就会一着棋死，全盘皆输。这次金融危机虽然发生在国外，但给我们上了关于现代金融最生动、最深刻的一课。东南亚一些国家发生金融危机的原因和教训，我们应该深刻地加以认识并引为鉴戒。

从全局上看，我国金融形势是可以保持稳定的。我国金融工作是有成绩的，金融在促进经济增长和调控国民经济运行中发挥着重要作用。一九九四年以后，中央每年听取一次金融工作的汇报。一九九六年以来，中央多次研究经济安全和防范金融风险的问题。一九九七年初，中央就部署深化金融改革，整顿金融秩序，防范和化解金融风险。十一月，中央召开了全国金融工作会议，继续推进金融体制改革。这些都为我们有效应对亚洲金融危机做了重要准备。亚洲金融危机发生后，中央又制定了正确的方针和措施。这些措施，保证了人民币币值稳定和外汇储备增长，促进了经济继续发展。目前，金融体制改革正在深入进行，但距离建立与社会主义市场经济体制相适应的新的金融体制目标，还有很大差距。金融领域存在的问题仍然不少，甚至潜伏着一些危险的隐患。金融违规、金融犯罪现象，严重干扰和危害市场经济的正常秩序和国家的经济安全。我们能够看到这些问题，说明我们是清醒的。中央早就指出了这些问题，并一直在采取措施加以解决。各个地区由于经济发展水平不同，在金融领域遇到的问题也不尽相同，应该有针对性地采取措施加以处理。只要大家统一认识、坚定信心，按照中央的要求加紧防范和化解金融风险的工作，努力深化金融体制改革，存在的问题都是能够得到解决的。

目前国际金融的发展趋势，要引起我们高度注意。突出的特点是：金融衍生产品层出不穷，交易形式不断翻新，国际游资急剧扩张，特别是现代信息技术的应用使国际金融市场资金流动加速度进行，加上现存国际金融体制又有许多不合理不健全的地方，从而使金融运行的风险性明显增大，金融危机的隐蔽性、突发性、扩散性更为突出。国际游资特别是一些对冲基金的过度投机，是可以对国际和各国金融运行发生重大影响的一个因素。一些国际金融投机商，专门利用一些国家经济体制和政策上的缺陷发动攻击，翻手为云，覆手为雨，给一些国家和地区的经济造成重大损害，甚至危及其主权和安全。对此，我们必须提高警惕。今年一月一日正式启动的欧元，对国际金融和我国的金融安全会产生什么影响，要深入加以研究。

对这样一个迅速发展变化、又交织着经济的政治的复杂因素的国际金融市场，我们了解得还不多，应对的办法也不多。即使是西方一些老练的金融家，也穷于应付。美国一些不可一世、到处兴风作浪的对冲基金，这次也都蒙受了惨重的损失。可以说，现代国际金融市场还有不少必然王国尚未被人们认识，所以运用起来还很不自由，还存在相当大的盲目性。世界各国都在继续探索之中。谁能够学得多一些、看得深一些，谁就能够尽早掌握驾驭现代金融的主动权。

建设有中国特色社会主义金融事业，是一个大课题。新中国成立以前，我们党一直主要在农村地区开展武装斗争，对城市中的金融活动，大部分干部是不熟悉的。全国解放以后，我国金融事业有很大发展，为社会主义建设作出了重要贡献。但是，在很长一段时期内，我们实行的是高度集中的计划经济体制，国家银行的主要职能是出纳和会计。今天，在发展社会主义市场经济的条件下，金融机构的种类和规模必然会日益增多和扩大，职能和作用也会发生深刻变化，旧的计划经济体制下管理金融的一套办法很多不管用了。我们进行金融改革的目标，就是要建立同发展社会主义市场经济相适应的新的金融体制，使金融更好地为经济社会发展服务。这方面，我们还是新手，经验不多。希望大家结合实际工作继续加强学习，共同促进有中国特色社会主义金融事业健康发展。

从跨世纪发展的战略高度看，全党必须进一步提高对水的问题的认识。我在全国政协新年茶话会上的讲话中已提出了这个问题〔10〕。新年伊始，就讲这个问题，是希望引起全党同志特别是各级领导干部高度注意。水是人类生存的生命线，也是农业和整个经济建设的生命线。我们一直说两句话，一句是洪涝灾害历来是中华民族的心腹大患，一句是水资源短缺越来越成为我国农业和经济社会发展的制约因素。这已为历史和现实的事实所充分证明。实现我国的长远发展，必须下大气力解决水的问题。对于水患的问题，经过去年的抗洪斗争，全党全国上下的认识大大深化了。中央和各地都作出了部署，现在的关键是加紧落实。防范水患，是一项长期工作，要坚持不懈地抓下去。对于全国一些地区干旱缺水的问题，也必须引起我们高度重视。我国历史上，旱灾就十分频繁。现在，我国西北和北方一些地区缺水的问题已经非常严重，制约了这些地区的经济社会发展。如果不能尽快得到缓解，还会出现更严重的后果。缺水的危害性绝不亚于水患。没有水，人都不能生存，还谈什么开发和发展?! 解决我国一些地区水资源严重短缺的问题，要尽快提上议事日程。总的要求是开源节流并举，以节水为主。一要广泛采取节水措施，特别要大力发展节水农业；二要从长计议、全面考虑、科学选比、周密计划，适时进行重大水利工程建设。水的问题，又同整个生态环境的状况紧密联系着。防止环境恶化，也是摆在我们面前一个十分紧迫的问题。我们要坚持不懈地增强全党全民族的环境意识，实施可持续发展战略，加强对环境污染的治理，植树种草，搞好水土保持，防止荒漠化，改善生态环境，努力为中华民族的发展创造一个美好的环境。

搞现代化，离不开科学管理。我国社会主义市场经济体制正在建立当中，一些同志的思想观念还没有转变过来，还没有掌握适应发展市场经济要求的新的管理方法。盲目投资、疏于管理的现象还很严重，不少项目从投资之日起便注定了亏损的局面。这种现象至今不止，究其原因，就是自觉不自觉地还在沿袭计划经济时期分配资源的投资办法。虽然搞项目也推行了可行性研究制度，但往往流于形式，变成"可批性研究"。这种状况应该尽快加以改变。一些企业没有真正形成科学管理机制，经营管理粗放。这是这些企业经营不善、长期亏损的根本原因。最近，国务院对一些国有大中型企业进行稽查，揭露出来的问题触目惊心啊！这类问题，很多就是管理不严、监督不严造成的。解决这些问题，根本的是要靠深化改革、完善制度、加强科学管理。企业的董事会、监事会、总经理、党组织和职工代表大会的关系，必须用严格的制度来规范，各有各的职能和作用，都要保证发挥好，谁都不能违反制度。各种项目的投资和建设，要实行严格的成本—效益分析和可行性论证，开工后要加强监管，保质保量。党政领导干部要懂得，办企业必须有一定比例的资本金，切不可只靠贷款。要了解我们从计划经济转变到社会主义市场经济的过程中，建设项目从拨改贷到贷改投的历史过程。要弄清楚股金和贷款两种不同的概念。党政领导干部也应该学一点会计知识，学会简单地分析资产负债表。一个企业生产经营的过程，集中反映在一张资产负债表上。通过对企业资产负债表的分析，可以找出企业经营管理中存在的问题，从而可以更好地提出改善经营管理的措施。总之，各方面的具体管理制度都是很要紧的，都必须健全规范、严格执行，万万不可疏忽。

还有一个现象也必须引起我们高度注意。现在，很多案子法院明明判了，但迟迟不能执行。有的跨地区跨部门的案子，司法部门根本就没有办法处理。很重要的一个原因就是地方保护主义、部门保护主义在作祟。这样怎么得了！国家没有统一的法制秩序，非乱不可。各级领导干部都要坚决贯彻依法治国的基本方略，坚决依法办事，坚决克服地方保护主义、部门保护主义。

实践说明，一个好的制度的建立和完善，是要通过相关的各种具体体制来实现和保证的。整体是由局部组成的，局部搞不好，整体怎么会好呢？各个方面都要尽快建立和实施一套科学严密的管理制度，再也不能搞大而化之的管理了。

（三）关于学习科技知识。

科学技术是第一生产力。当今时代，科技进步对一个国家的经济社会发展越来越具有决定性作用。我们必须坚定不移地实施科教兴国战略，真正把加快科技进步放在经济社会发展的关键地位，尽快形成自己的科技创新体系，着力促进科技成果切实转化为现实生产力。这是一项十分紧迫的工作。如果我们不努力提高自己的科技知识素养，不充分了解当今世界科技进步的趋势，要做好这方面的领导工作是很困难的。

马克思、恩格斯、列宁和毛泽东同志、邓小平同志，都十分重视科学技术。他们总是敏锐地捕捉住每一项重大科技发现的社会意义，从而丰富和完善自己的理论体系，揭示社会发展和进步的方向。科学技术的每一次重大突破，都会引起生产力的深刻变革和人类文明的巨大进步。一八四八年，马克思、恩格斯在《共产党宣言》中指出，资产阶级在它的不到一百年的阶级统治中所创造的生产力，比过去一切世代创造的全部生产力还要多，还要大。主要原因就是当时科学技术取得了一系列新的突破。一百五十年过去了，世界科技发生了前所未有的变化。本世纪，人类在科技方面取得的新发现新发明，以及由它们催生出来的新产业新产品，更是日新月异。特别是本世纪中叶以来，原子能技术、空间技术、微电子和信息技术、生物工程技术、新材料研究等的重大进展，极大地提高了人类对自然和社会的认识能力，极大地推动了生产力的发展。当前，人类正在经历一场全球性的科学技术革命。物质科学研究、生物工程技术、信息技术、宇宙科学、地球科学等都在迅速发展，科技知识空前快速地生产、传播、转化。一九九八年，世界科技发展又取得了许多新的成果。科技领域的革命性变革，不仅通过推动生产力发展有力地作用于人们的生产生活方式，而且必将深刻地影响下个世纪的世界政治、经济、文化、军事格局。对此，我们要有足够的估计。

去年十一月访问俄罗斯时，我在新西伯利亚科学城发表了一篇关于科学技术的演讲〔11〕，在美国和其他一些国家引起了广泛注意和较大反响。国外报纸还发表了不少评论。为什么会引起他们如此的注意呢？无非是两方面的原因，一是关注中国和俄罗斯加强科学技术方面的合作，二是关注中国科教兴国战略的实施带来的历史影响。

我们学习科技知识，首先是要通过这种学习把握世界发展的大势，加强做好工作的紧迫感和责任感。西方资本主义国家称强世界几百年，一个重要原因就是他们首先掌握和运用了先进科学技术，在经济上、军事上对其他国家形成了压倒性优势。中国在近代以后之所以屡屡遭受西方列强的侵略和蹂躏，除了腐朽的政治统治这个原因，经济技术落后是一个重要原因。这个历史教训，我们永远不要忘记。如果我们不紧紧跟上科技进步的时代潮流，不下大气力努力提高我国的科学技术水平，就会落后。一旦发生什么事情，就会陷入被动挨打的境地。这一点，我们高级干部在思想上必须十分清醒。

当前，一些发达国家的经济正在朝着主要依靠知识创新和知识的创造性应用的方向发展。这个趋势，必须引起我们密切注意。我国已有一些高新技术产业，但大量的还是一般意义上的工业经济，甚至还有分量不少的自然经济。在这种情况下，我们学习知识经济，是否为时过早了呢？当然不是。对于一切代表未来经济发展和科技进步方向的事物，我们都要及时加以把握。我们应该发挥我国社会主义制度的优越性，结合实际需要，有选择有重点地集中力量开发和运用最新技术成果，实现技术发展的跨越，在世界高新技术前沿占有一席之地。不这样做，我国同发达国家之间的差距就难以缩小，而且会越拉越大。

实践证明，即使是整体科技水平相对落后的国家，也有可能在某些领域、某些环节取得突破。六七十年代，我们成功地搞出“两弹一星”，极大地提高了我国的国际地位。有资料说，在过去的五六年里，印度软件业一直保持每年百分之五十以上的增长率，远远高于世界软件业百分之二十的年增长速度。一九九一年，印度软件出口额不到一亿四千万美元，而一九九八年已达到十八亿美元。在全球按客户要求设计的软件开发市场中，印度已占据百分之十六点七的市场份额，成为世界上仅次于美国的第二大软件出口国。很多发展中国家都认识到了发展科技对本国经济社会发展的重大意义，纷纷采取措施加以推进。马来西亚虽然遭到金融危机的严重冲击，仍准备加快建立自己的科学城。美国《新闻周刊》不久前发表了一篇文章，在谈到美国已拥有硅谷等多座各种各样的科学技术城以后，认为在当今世界上，各个国家都应该建设自己的科学技术城，都应该拥有自己的高技术研究和开发中心，这是关系国家安全的重大问题；如果不这么做，就是对自己国家未来的发展和安全不负责任。这是讲得有道理的。

现在，新科技新知识层出不穷，即使是学自然科学的，如果不学习，很快就会跟不上了。作为领导干部，如果对现代科技一窍不通、兴味索然，又怎么能重视和领导好科技工作呢？像“水变油”、“永动机”这类违反科学常识的笑话，星相占卦、烧香拜佛这类迷信活动，在我们的少数同志中竟然还颇有市场。连基本的科学精神都没有，怎么谈得上推动科技进步呢?！所以，学习科技知识要坚持不懈，破除封建迷信和消除各种伪科学、反科学现象也要坚持不懈。科技创新和转化的工作进一步抓好了，我国经济社会发展就能具备更强大的后劲。

（四）关于学习历史。

我们党历来强调用唯物辩证的观点、发展的观点看待历史和现实。毛泽东同志指出：“学习我们的历史遗产，用马克思主义的方法给以批判的总结，是我们学习的另一任务。”[12]我们党的老一辈无产阶级革命家，很善于从历史中总结经验教训，以把握好中国社会的特点，正确制定指导中国革命、建设、改革的理论和路线方针政策。要取得改革开放和现代化建设的成功，我们不仅应该懂得中国的今天，而且还应该懂得中国的昨天和前天。这有助于我们开阔视野，鉴往知来。可以这样说，一名领导干部不善于从历史中吸取营养，不可能成为高明的领导者；一个政党不善于从总结历史中认识和把握社会发展的规律，不可能成为顺应历史潮流的自觉的政党；一个民族不善于从历史中继承和发展本民族与世界其他民族创造的优秀文明成果，就不可能屹立于世界民族之林。

我国历史悠久，与古代埃及、古代巴比伦、古代印度并称为世界四大文明古国。其他三个地方的古代文明后来都中断了，唯有中华文明五千多年来一脉相承、从未中断，一直延续到今天。中华民族经历了种种磨难和曲折，但始终没有被打散。二十世纪，中国人民为改变自己的命运顽强奋斗，在前进道路上经历了辛亥革命、建立新中国和社会主义制度、实行改革开放三次历史性的巨大变化，产生了孙中山、毛泽东、邓小平三位站在时代前列的伟大人物。这充分说明，我们这个民族具有强大的凝聚力和生命力。中华民族波澜壮阔的历史，是我们十分宝贵的财富。把握了历史，我们就可以更好地开辟未来。我们基本实现现代化的目标，还要再进行五十年的努力。至于巩固和发展社会主义制度，还需要我们几代人、十几代人，甚至几十代人坚持不懈地努力奋斗。全党同志一定要认真学习中华民族的全部历史，特别是中国人民近代以来为民族独立和自身解放而艰苦斗争的历史，从中获得继往开来的强大精神动力。

我国的历史文化博大而多彩。从春秋战国时期的诸子百家学说到孙中山先生的学说，从楚辞、汉赋、乐府、唐诗、宋词到元曲等文学艺术遗产，以四大发明为杰出代表的中国古代科学技术，从大禹治水以来中华民族改造和利用自然、建设家园的历程，我国各族人民在长期生存和发展斗争中形成的光荣传统，如此等等，丰富地蕴涵着中华民族创造的治国思想、艺术情趣和文化传统。历史遗产中，有精华也有糟粕，我们不能不加鉴别地统统继承下来。这不是学习历史的正确方法。我们要坚持马克思主义的立场、观点、方法，坚持古为今用、推陈出新，在新的历史条件下运用和发展民族文化的精华，为社会主义现代化建设服务。

一个人的一生，要接受家庭教育、学校教育、社会教育，这些教育都很重要，对于自己世界观、人生观、价值观的形成和巩固都会起重要作用。在所有这些教育中，都应该重视和贯穿历史的学习。不了解、不懂得祖国的历史文化，爱国主义观念和民族精神是很难自觉、牢固地树立起来的。这是大量事实已充分证明了的一条重要的社会经验和人生经验。大中小学和各级党校、干部学校，以及我们在自学中，都应该重视中国历史、地理、文学的学习，任何时候都不能轻视这些学习。

我国几千年历史演进的一个重要成果，就是形成了我们统一的多民族国家。了解中华民族相互融合的悠久历史和勇敢维护民族独立自主的光荣传统，这是我们各级领导干部坚定地维护祖国统一、在涉及我国主权和安全的一些重大问题的国际斗争中牢牢掌握斗争主动权的重要思想条件。比如，在反对达赖[13]集团分裂祖国的斗争中，如果大家都了解西藏在七百多年前的元代就正式归入我国版图的史实，了解我国历代中央政府对藏传佛教的管理制度和藏传佛教的宗教仪轨与历史定制，了解近代以来帝国主义侵占西藏的种种图谋，了解民主改革前西藏实行的封建农奴制度的残酷和黑暗，就可以更深刻地揭露达赖分裂祖国的真实面目，更有力地同达赖集团以及各种支持达赖集团的势力进行斗争。这几年，我经常向西方国家的一些政要讲有关西藏的历史，用事实说明西藏历史上就是我国主权管辖下的一个地方，以及西藏民主改革特别是改革开放以来发生的巨大变化。又比如，在台湾问题上，如果大家都了解台湾自古以来就属于中国的历史，了解日本侵占我国台湾五十年并推行"皇民化运动"[14]的统治历史，了解第二次世界大战结束后台湾回归祖国的历史，了解美国干涉中国内政、支持国民党蒋介石和台湾当局的历史，就会更加清楚地看到围绕台湾问题斗争的复杂性和艰巨性，更好地开展维护祖国主权和领土完整的斗争。我只举上面两个例子。实际上，许多方面的问题，只要我们比较深入地了解了它们的来龙去脉，就可以处理得更主动、更有成效。

外国的历史知识也要学。无论是处理国内改革和建设的一些工作，还是处理对外开放、对外交往中的一些事务，我们都应该具有世界眼光。这种世界眼光，不仅应该具有现实的广度，而且应该具有历史的深度。只有从历史方面更好地了解外部世界，我们才能把自己内部的工作和对外的工作做得更好。

三、进一步端正学风，努力把全党的学习提高到一个新的水平

加强学习，树立一个好的学风很重要。这里，我提五点要求。

一是要坚持以研究中国的实际问题为中心。学习不应该是经院式的，而要有的放矢、学以致用。毛泽东同志曾经要求全党确立以研究中国革命实际问题为中心、以马克思列宁主义基本原则为指导的方针，废除静止地孤立地研究马克思列宁主义的方法。这是我们搞好学习必须始终坚持的指导思想。我们要以我国改革开放和现代化建设的实际问题、以我们正在做的事情为中心，着眼于马克思主义理论的运用，着眼于对实际问题的理论思考，着眼于新的实践和新的发展。我们要坚持解放思想、实事求是的思想路线，系统周密地研究中国改革和建设的实际问题，决不能满足于一知半解，而要不断研究新情况、解决新问题，勇敢地开拓理论和实践的新境界。

我提出若干问题，希望大家结合自己的学习和工作进行思考。比如，如何使国有企业加快建立现代企业制度，更好地发挥它们在社会主义市场经济中的主导作用；在扩大对外开放的条件下，如何确保我国金融稳健运营；在经济全球化趋势进一步加强的情况下，如何处理好既要积极参与国际经济合作和竞争，又要善于维护国家的独立、安全和利益的关系；如何适应以信息科技、生命科技为主要标志的现代科学技术的发展，加快我国高新技术产业的发展和科技创新体系的形成；

如何进一步采取有效措施，解决好农民增产又增收和开拓农村市场的问题；如何正确处理把依靠国内市场作为发展经济的基本立足点和积极利用国际市场、国外资源的关系；如何加快中西部地区的发展步伐，实现区域经济协调发展；如何全面认识和正确处理新时期的人民内部矛盾，促进社会政治稳定。这些都是对我们实现跨世纪发展目标有直接影响的课题，希望全党同志开动脑筋，在实践中不断寻找解决它们的正确答案，以利推动我国改革开放和现代化建设更好地向前发展。

二是要坚持理论联系实际。在新的历史时期，坚持理论和实践的统一，就是要紧密结合改革和建设的实际，通过理论学习提高自己，更好地进行实践，再在实践中进一步丰富和发展理论。我们不仅要向书本学习，而且要向实践学习。我们党领导人民进行革命、建设、改革的历史，是一部蕴涵和体现马克思列宁主义、毛泽东思想、邓小平理论的活生生的教科书。我们刚刚总结了改革开放二十年的丰富经验，目的就是要运用这些宝贵经验来教育全党同志，使大家更加坚定自觉地坚持党的基本理论、基本路线、基本纲领。在长期的实践中，我们有过教训，也付出过惨痛的代价。这也要牢牢记取。一个政党，一个民族，如果不善于从自己发展的正反两方面经验中学习，就没有希望。

改革开放和社会主义现代化建设是一个大课堂，人民群众是这个课堂上最高明的老师。向实践学习，首先就要向广大人民群众学习，甘当他们的小学生。要善于总结和提高人民群众创造的新鲜经验，不断改进我们的工作。领导干部特别是年轻干部，应该勇于在实践中接受锻炼，经受考验，增长才干。不经受各种艰难困苦和尖锐复杂斗争的锻炼和考验，干部是很难成熟起来的。要与群众同甘共苦，群策群力克服困难，把党的路线方针政策落实下去。一名干部在政治上、工作上是否合格，不仅要看学习得怎样，而且要看能不能在实践中创造性地贯彻落实中央的路线方针政策，能不能在困难的环境中团结和带领群众坚韧不拔地打开工作局面。

三是要坚持在改造客观世界的同时努力改造我们的主观世界。改造客观世界和改造主观世界，始终是我们共产党人的两项重要任务。这两项任务是统一的。在改造客观世界的进程中，我们的主观世界可以得到磨炼和提高。我们的主观世界不断得到改造，就可以推动我们更好地改造客观世界。改造主观世界，关键是要牢固地树立正确的世界观、人生观、价值观，牢固地树立为党和人民的事业不懈奋斗的信念。在对外开放和发展社会主义市场经济的条件下，一些干部经不住权力、金钱、美色等的考验，跌入违法犯罪的腐败泥潭，一个重要原因就是放松了对自己主观世界的改造。勤于学习，善于学习，不仅有利于把我们的思想认识和行动建立在科学的基础之上，而且有利于陶冶革命情操、提高精神境界。

我们所以强调要不断改造主观世界，就是要使全党始终保持一种坚韧不拔、奋发有为的良好精神状态。庸俗的人生哲学，对群众疾苦置若罔闻、麻木不仁的态度，都是同我们党的性质和宗旨格格不入的，必须坚决反对和杜绝。我们做工作，必须有对党和人民高度负责的精神。不负责任，得过且过，敷衍了事，是要出大事的。最近，云南昆禄公路“豆腐渣工程”的暴露、辽宁沈四高速公路青洋河大桥的塌陷、重庆綦江县人行桥因粗制滥造而垮塌等，看了材料以后令人震惊。中央决定扩大投入，加强基础设施建设，以扩大内需，带动国民经济增长，这是一个重大决策。各项工程一定要加强监管，确保工程质量，不然后患无穷。

全党同志首先是各级领导干部，都要始终保持开拓进取的旺盛斗志和高度负责的工作态度，都要坚持说老实话、办老实事、做老实人，都要始终诚心诚意为人民谋利益。“富贵不能淫，贫贱不能移，威武不能屈”〔15〕、“业精于勤，荒于嬉；行成于思，毁于随”〔16〕、“先天下之忧而忧，后天下之乐而乐”〔17〕、“天下兴亡，匹夫有责”〔18〕等等，都是古人留下的很有价值的思想。古人尚懂得“修身齐家治国平天下”〔19〕、“吾日三省吾身”〔20〕的道理，我们共产党人更应该自觉加强对自己主观世界的改造。

四是要坚持学习一般知识和学习专门知识的统一。改革开放和现代化建设是一个宏伟而复杂的系统工程，各方面工作必须相互协调、相互配合，顾此失彼、畸轻畸重，就不会取得最终的成功。塑造一个人头像，眼睛、鼻子、嘴巴、耳朵、眉毛都要成比例。如果不成比例，各个部位雕琢得再好也没有用。哪怕一个部位没有安排好，也会破坏整体的平衡和美感。我打这个比方的意思是，我们做工作，必须做到统筹兼顾。古人说：“不谋全局者，不足谋一域。”〔21〕说的就是这个道理。一名干部在一个地区或部门担任领导职务，特别是党政第一把手，没有多方面的基本知识，就不能很好地观察和把握工作全局。讲政治，很重要的一条，就是要讲全局、懂全局、谋全局。这对于各级党政第一把手来说极为重要。没有全局，就没有方向。因此，大家应该不断扩大自己的知识面，增强全局观念和工作上的全面性和系统性，减少和避免片面性。

另一方面，各级领导干部也要努力成为本职工作的行家里手。现在，无论领导什么工作，没有一定的专业知识是不能胜任的。管金融的不懂金融，管水利的不懂水利，管工业的不懂工业，怎么能管好呢？这个道理是很明白的。干部“四化”标准中有一条就是专业化，在加强革命化、年轻化、知识化的同时，努力加强干部的专业化素质和能力，是今后干部队伍建设要继续着力抓好的一项工作。

五是要坚持在研究中国特点的基础上借鉴外国的有益知识和经验。深入研究中国的特点，切实解决中国的问题，这是我们学习的基本立足点。离开了这一点，我们的学习就没有意义。同时，我们也必须积极学习和借鉴世界各国人民创造的一切优秀文明成果，包括吸收和借鉴西方发达国家创造的符合社会化大生产规律的经营和管理方法。我们党历来重视学习外国的先进知识。马克思列宁主义，就是我们从外国学来的。我们学来了以后，又把它同我国具体实际相结合，找到了适合国情的革命、建设、改革的正确道路。我们要研究中国的政治、经济、文化、军事，也要研究外国的政治、经济、文化、军事。发展现代科学技术，管理市场经济，操作现代金融，在一些具体方面我们需要向西方发达国家学习和借鉴。他们毕竟搞的时间比较长，积累了一些有用的知识和经验。当然，学习外国，必须坚持为我所用的方针，进行认真鉴别。对什么东西可以学，什么东西不能学，要做到心里有数。对可以学的东西，也要结合自己的实际消化吸收，不能囫囵吞枣、生搬硬套，更不能邯郸学步、失其故步。

实现跨世纪发展的宏伟目标，从长远看，关键在一大批年轻干部的健康成长。年轻干部要尽快成长起来，没有任何捷径可走，只有勤奋学习，深入实际，努力吸收各种知识营养，经受艰苦锻炼。不仅党的高级干部要加强学习，各级干部和全党同志都要加强学习。还要通过我们以身作则的实际行动，努力把勤奋好学的风气推广到全社会去。我们未来的领导干部和建设人才，要从现在的青少年一代中产生。因此，通过全党加强学习，带动广大青少年刻苦学习，是关系我们党和国家的事业兴旺发达、后继有人的一件大事。全党都要做这项工作，高级干部更要带头做。全社会的学习风气大大加强了，中华民族就大有希望。

我今天讲的话，归结到一点，就是希望大家学习、学习、再学习，实践、实践、再实践。

注　释

〔1〕参见毛泽东《把军队变为工作队》（《毛泽东选集》第4卷，人民出版社1991年版，第1405—1406页）。

〔2〕这是毛泽东在《实践论》等著作中引述的话。出自列宁《俄国社会民主党人的任务》（《列宁全集》第2卷，人民出版社1984年版，第443页），并见列宁《怎么办？》第一部分《教条主义和“批评自由”》（《列宁全集》第6卷，人民出版社1986年版，第23页）。

〔3〕参见毛泽东《中国共产党在民族战争中的地位》（《毛泽东选集》第2卷，人民出版社1991年版，第532—533页）。

〔4〕海湾战争，指一九九一年以美国为首的多国部队对伊拉克进行的战争。

一九九〇年八月二日，伊拉克出兵侵占科威特；八月八日，正式宣布吞并科威特。伊拉克的行为严重违反国际法，也打破了海湾地区的战略利益格局。联合国安全理事会多次通过决议要求伊拉克立即撤军，苏联、西欧国家、中国和大多数阿拉伯国家也提出多项政治解决方案，均遭伊拉克拒绝。经联合国安全理事会授权，一九九一年一月十七日，以美国为首包括英国、法国、埃及、沙特阿拉伯等三十九国军队的多国部队对伊拉克发动军事打击。多国部队通过三十八天的空袭，削弱了伊拉克的抵抗能力。二月二十四日，多国部队发起地面进攻，迅速突破伊军防御。伊拉克被迫接受停火，宣布从科威特撤军。二月二十八日，战争结束。

〔**5**〕见本卷《推动乡镇企业进一步发展》注〔1〕。

〔**6**〕见本书第一卷《关于在我国建立社会主义市场经济体制》。

〔**7**〕即本书第一卷《把干部群众的积极性引导好、保护好、发挥好》。

〔**8**〕指一九九二年十二月江泽民在武汉主持召开的安徽、江西、河南、湖北、湖南、四川六省农业和农村工作座谈会。江泽民在会上发表的讲话，见本书第一卷《高度重视农业、农村、农民问题》。

〔**9**〕这十六条措施，是中共中央、国务院针对当时经济生活中存在的问题而采取的加强和改善宏观调控的措施。中共中央、国务院于一九九三年六月二十四日颁布《关于当前经济情况和加强宏观调控的意见》，提出了加强宏观调控的十六条措施：(一)严格控制货币发行，稳定金融形势；(二)坚决纠正违章拆借资金；(三)灵活运用利率杠杆，大力增加储蓄存款；(四)坚决制止各种乱集资；(五)严格控制信贷总规模；(六)专业银行要保证对储蓄存款的支付；(七)加快金融改革步伐，强化中央银行的金融宏观调控能力；(八)投资体制改革要与金融体制改革相结合；(九)限期完成国库券发行任务；(十)进一步完善有价证券发行和规范市场管理；(十一)改进外汇管理办法，稳定外汇市场价格；(十二)加强房地产市场的宏观管理，促进房地产业的健康发展；(十三)强化税收征管，堵住减免税漏洞；(十四)对在建项目进行审核排队，严格控制新开工项目；(十五)积极稳妥地推进物价改革，抑制物价总水平过快上涨；(十六)严格控制社会集团购买力的过快增长。

〔**10**〕一九九九年一月一日，江泽民在全国政协新年茶话会上的讲话中指出："水是人类生存的生命线，也是农业和整个经济建设的生命线。我们必须高度重

视水的问题。”“一方面洪涝灾害历来是中华民族的心腹大患，另一方面水资源短缺越来越成为我国农业和经济社会发展的制约因素。我们要在全民族中大力增强保护和合理利用水资源的意识，把兴修水利作为保证实现我国跨世纪发展目标的一项重大战略措施来抓。”“从长计议、全面考虑、科学选比、周密计划，适时进行关系国计民生的重大水利工程建设，并坚持不懈地搞好节约用水和防治水资源污染的工作，努力开创我国治水事业的新局面。”

〔11〕即本卷《在新西伯利亚科学城的演讲》。

〔12〕见毛泽东《中国共产党在民族战争中的地位》(《毛泽东选集》第 2 卷，人民出版社 1991 年版，第 533 页)。

〔13〕达赖，这里指达赖喇嘛·丹增嘉措。一九三五年生，青海西宁祁家川(在今青海平安境内)人。一九四〇年二月五日，经国民党政府批准为第十四世达赖喇嘛。原西藏地方宗教和政治领袖之一。一九五一年西藏和平解放后，曾任全国人民代表大会常务委员会副委员长、西藏自治区筹备委员会主任委员等职。一九五九年三月十日，西藏上层反动集团发动武装叛乱；三月十七日，达赖逃往印度。

〔14〕见本卷《新形势下对台工作的任务》注〔1〕。

〔15〕见《孟子·滕文公下》。原文是：“居天下之广居，立天下之正位，行天下之大道，得志与民由之，不得志独行其道，富贵不能淫，贫贱不能移，威武不能屈，此之谓大丈夫。”

〔16〕见唐代韩愈《进学解》。

〔17〕见北宋范仲淹《岳阳楼记》。

〔18〕参见明末清初顾炎武《日知录》卷十三《正始》。原文是：“保天下者，匹夫之贱，与有责焉耳矣。”

〔19〕参见《礼记·大学》。原文是：“身修而后家齐，家齐而后国治，国治而后天下平。”后人多引作“修身齐家治国平天下”。

〔20〕见《论语·学而》。原文是：“吾日三省吾身：为人谋而不忠乎？与朋友交而不信乎？传不习乎？”

〔21〕见陈澹然《寤言》卷二《迁都建藩议》。原文是：“自古不谋万世者，不足谋一时；不谋全局者，不足谋一域。”

建立适应时代需要的新安全观*

（一九九九年三月二十六日）

设立在日内瓦莱蒙湖畔的裁军谈判会议，是当今国际上唯一的多边裁军谈判机构。它对维护世界和平与安全起着不可或缺的作用。你们各位从事的是一项崇高而艰巨的工作。

回首二十世纪，世界曾经遭受过空前的战争浩劫，各国人民为争取和维护世界和平进行了不懈奋斗。两次世界大战和延续四十余年的冷战，给人类带来的创伤和教训是惨痛而深刻的。冷战结束后，国际形势发生了重大而深刻的变化。世界多极化和经济全球化的趋势深入发展，总体上有利于国际局势的缓和、有利于世界的和平与发展。

世纪之交，是我们总结历史的经验教训、展望未来、构筑持久和平的良好时机。全面审视当前的世界现实，应该看到，冷战思维依然存在，霸权主义和强权政治时有表现。强化军事同盟的倾向有所抬头，新的“炮舰政策”正在肆虐，地区性冲突此起彼伏。前天，发生了对科索沃和南斯拉夫其他地区的空中打击和武力干涉〔1〕。我当即表达了我的深切忧虑和不

* 这是江泽民同志访问瑞士期间在日内瓦裁军谈判会议上的讲话，原题为《推动裁军进程，维护国际安全》。

安，呼吁立即停止武力行动，使科索沃问题重新回到政治解决的轨道上来。在此，我郑重重申，对科索沃和南斯拉夫其他地区的军事行动违背了国际关系准则，不利于巴尔干地区的和平。国际社会应该共同努力，尽快化解这场危机。

关于裁减军备问题，我不能不遗憾地指出，军事强国掌握的高精尖武器，不但一件没有裁减，反而还在发展，防止核扩散的国际努力受到严峻挑战。在这种情况下，如何推动裁军进程，维护国际安全，不能不成为世界各国共同关注的一个重大而紧迫的问题。

历史告诉我们，以军事联盟为基础、以加强军备为手段的旧安全观，无助于保障国际安全，更不能营造世界的持久和平。这就要求必须建立适应时代需要的新安全观，并积极探索维护和平与安全的新途径。

我们认为，新安全观的核心，应该是互信、互利、平等、协作。各国互相尊重主权和领土完整、互不侵犯、互不干涉内政、平等互利、和平共处五项原则以及其他公认的国际关系准则，是维护和平的政治基础。互利合作、共同繁荣，是维护和平的经济保障。建立在平等基础上的对话、协商和谈判，是解决争端、维护和平的正确途径。只有建立新安全观和公正合理的国际新秩序，才能从根本上促进裁军进程健康发展，使世界和平与国际安全得到保障。

裁军的目的在于增进安全，而安全必须是各国的普遍安全。国家无论大小、强弱、贫富，都有享受安全的平等权利。如果广大发展中国家得不到安全，整个世界也就不可能安宁。裁军不应该成为强国控制弱国的工具，更不应该成为少数国家优化军备、进而谋求单方面安全优势的手段。只裁别人的，不裁自己的，边裁边扩，甚至为了所谓“自身安全”而牺牲他国安全；或者只要求别国严格履约，自己却将国内法凌驾于国际法之上为所欲为。这种搞双重标准的做法是对国际裁军努力的嘲弄，有悖于裁军的根本宗旨和目标。

历史经验表明，无节制地扩充军备必然影响经济发展，也无助于维护和平与安全。裁军应该同时为各国特别是广大发展中国家的经济发展节省更多的资源，创造更好的条件。判断一项裁军条约的好坏，一个重要标准就是看它是否有利于促进各国特别是广大发展中国家的经济发展，是否有利于加强国际科学技术合作。如果裁军措施以牺牲大多数国家的经济、科技发展为代价，那就不可能得到国际社会的普遍支持，也不会有长久的生命力。

裁军不是少数国家的特权，所有国家都有平等参与的权利。多边裁军条约是各国普遍参与谈判的结果，是国际社会共同意志的反映。少数国家之间的某些出口控制机制，无论从公正性还是从普遍性来讲，均不能同多边国际条约相提并论。在多边条约达成以后继续保持集团性安排，甚至将其凌驾于多边条约之上，其结果只能削弱多边条约的权威性和普遍性，进而影响国际裁军事业健康发展。因此，应该大力加强联合国裁军机构的作用，以多边条约逐步取代集团性安排。

半个多世纪以来，核武器像一把高悬在人类头上的达摩克利斯剑，时刻威胁着人类的生存。冷战的结束并没有宣告核武器的消亡。美俄核裁军经历了短暂的进展之后陷入僵局。《全面禁止核试验条约》缔结后，新的核试验还在发生。

上述情况清楚地表明,在当前和今后相当长一段时期内,防止核武器扩散、推动核裁军仍是国际社会面临的重要任务。完成这一任务有赖于国际社会坚持不懈地共同努力。我们认为,在现阶段,应该着重在以下几个方面取得进展。

第一,作为拥有世界上最庞大核武库的国家,美俄在核裁军问题上负有更大责任。两国应该切实履行已达成的核裁军条约,并在此基础上继续大幅度裁减各自的核武库。这将为其他核国家参加多边核裁军进程创造条件。

第二,《不扩散核武器条约》是国际核不扩散体制的基础,也是核裁军进程取得进展的前提条件。这项条约必须得到全面切实的遵守,否则就会对核裁军和不扩散的国际努力造成严重损害。没有参加《不扩散核武器条约》的国家应该尽早参加,使这项条约具有真正的普遍性。

防止扩散核武器和全面彻底消除核武器这两件事,是相辅相成的。全面彻底消除核武器是我们为之奋斗的目标,防止扩散核武器是实现这一目标的有效手段和必要阶段。正是基于这样的认识,中国支持《不扩散核武器条约》的无限期延长。这一条约的无限期延长,绝不意味着核国家拥有永远保留核武器的特权。恰恰相反,核国家应该忠实履行核裁军的义务,以实际行动推动全面彻底核裁军早日实现。

第三,核武器国家应该尽早以具有法律约束力的方式无条件地承诺,既不首先使用核武器,也不对无核武器国家使用核武器。中国自拥有核武器的第一天起就公开宣布,在任何时候任何情况下都不首先使用核武器,后来又明确保证不对无核武器国家使用或威胁使用核武器。广大无核武器国家既已明确放弃发展核武器，就理应获得免遭核武器威胁的权利。冷战已经结束，核武器国家之间的关系也已得到改善，相互承诺不首先使用核武器的条件已经成熟。中国愿意积极推动就上述问题尽早达成国际法律文书。

第四，要努力推动《全面禁止核试验条约》按照条约规定尽早生效。不久前发生的新的核试验，使《全面禁止核试验条约》尽早生效显得更加紧迫。中国作为首批签署条约的国家，将继续为促成这项条约的尽早生效作出贡献。中国政府将于近期正式提请全国人民代表大会批准该条约。

第五，要尽早谈判缔结具有普遍性的可核查的禁止生产武器用裂变材料公约。该公约一旦缔结，将成为《全面禁止核试验条约》之后又一个推动核裁军和防止核扩散的重要成果。在座各位正在为该公约的谈判而努力工作，我祝你们取得成功。

第六，要在上述各项基础之上谈判缔结全面禁止核武器公约。鉴于生物武器和化学武器这两类大规模毁灭性武器已被全面禁止，没有理由不全面禁止和彻底销毁更具有毁灭性的核武器。要达到这个目标，需要的只是坚定的政治意愿。

消除核武器，从根本上免除核战争的危险，是世界各国人民的共同心愿，也是中国政府和人民坚定不移的奋斗目标。让我们为最终实现无核武器的世界而共同努力。

核裁军的进展，离不开全球的战略平衡和稳定。研制、部署和扩散先进的反导系统，修改甚至退出已达成的维系全球战略平衡的军控条约，势必对国际安全和稳定产生广泛的消极影响，在新的领域引发新一轮军备竞赛，从而严重阻碍或抵消国际核裁军和防止核扩散的努力。国际社会对此应予以严重关注，并采取必要的措施制止这一危险事态的发展。

中华民族是爱好和平的民族。万国宫里陈列的中国赠送给联合国的北京天坛祈年殿挂毯，就表达了中国人民企盼普天之下风调雨顺、国泰民安的愿望。要和平、求稳定、谋合作、促发展，是一切爱好和平的国家和人民的共同主张。我们居住的这个星球，应该成为各国人民和睦相处、安居乐业的家园。我们要牢记两次世界大战的惨痛教训，为维护世界和平与国际安全而坚持奋斗。

中国唐代大诗人李白写过这样两句诗："长风破浪会有时，直挂云帆济沧海。"〔2〕我相信，有全世界人民的共同努力，有各国政治家的真诚意愿，有在座各位的艰苦工作，裁军事业必将克服重重阻力，不断取得进展。世界的明天将会更加美好。

注　释

〔1〕指一九九九年三月至六月以美国为首的北约对南斯拉夫联盟共和国的战争，又称科索沃战争。根据南联盟法律规定，科索沃是南联盟塞尔维亚共和国的一个自治省。该省的阿尔巴尼亚族人和塞尔维亚族人长期存在民族矛盾、宗教矛盾。二十世纪末，科索沃的阿尔巴尼亚族独立愿望上升，与南联盟政府发生武装冲突。一九九九年三月二十四日，以美国为首的北约打着"人权高于主权"的旗号，以维护科索沃的阿尔巴尼亚族人权为由武装干涉南联盟内部事务，科索沃战争爆发。战争期间，北约对南联盟境内军事和民用目标进行了七十八天狂轰滥炸，还用导弹袭击了中国驻南联盟大使馆。六月九日，南联盟政府被迫与北

约签署了将军警撤出科索沃的协议。六月十二日，以北约为主导的多国部队进驻科索沃实行军事保护。

〔2〕见唐代李白《行路难三首(其一)》。

一个新的信号*

（一九九九年四月二十五日）

今天的事件，值得我们深思。人不知、鬼不晓，突然在党和国家权力中心的大门口周围聚集了一万多人，围了整整一天。其组织纪律之严密，信息传递之迅速，实属罕见。可是，我们的有关部门事先竟毫无察觉，而从互联网上就能迅速找到“法轮功”在各地的组织联络系统，这还不发人深省吗？信息技术的迅速发展，给我们提出了新的课题。我们各个机关配置的电脑不在少数，是否有人注意到这些重要的社会动向呢？如果注意了，为何又没有任何反映呢？这些问题都需要认真加以研究。此事发生后，西方媒体立即作了报道并加以煽动性渲染。究竟同海外、同西方有无联系，幕后有无“高手”在策划指挥？这是一个新的信号，必须引起我们的高度重视。敏感期已经来临，必须尽快采取得力措施，严防类似事件的发生。

这次事件，是一九八九年那场政治风波以来在北京地区发生的群体性事件中人数最多的一次。我多次强调要防微杜

---

* 这是江泽民同志写给中共中央政治局常务委员会委员及其他有关领导同志的信。

渐，对重大事件要加强请示汇报。一九九二年以来，“法轮功”的活动就不断引起争议。对这种已形成为全国性组织，涉及相当多党员、干部、知识分子、军人和工人、农民的社会群体，却迟迟没有引起我们的警觉。我为此深感内疚。前两天，天津发生了“法轮功”人员围堵一个杂志编辑部的事件。在此之前，其他地方也已出现过“法轮功”人员围堵机关、静坐的事件。也没有引起有关地方、部门的高度重视，没有密切观察他们进一步的动向。从这个事件中引出的经验教训，有关地方、部门要认真总结，举一反三。

这次事件的发生，也说明了我们一些地方和部门的思想政治工作和群众工作软弱无力到了什么程度！必须坚持用正确的世界观、人生观、价值观教育广大干部群众。难道我们共产党人所具有的马克思主义理论，所信奉的唯物论、无神论，还战胜不了“法轮功”所宣扬的那一套东西吗？果真是那样，岂不成了天大的笑话！我们的各级领导干部特别是高级干部该清醒了！

同仇敌忾，团结御侮*

（一九九九年五月八日、九日、十一日）

一

今天清早，我得知以美国为首的北约用导弹袭击我国驻南联盟大使馆[1]、造成我人员伤亡和馆舍毁坏的消息，感到很震惊、很愤慨。这件事非同小可，十分紧急。如何正确应对和处理，对我们党和国家工作全局，对国际局势，都会产生重大影响。

自古以来，两国交战不斩来使。一个国家特别是一个非交战国家的使馆遭到轰炸，在全世界有没有？袭击一个主权国家的驻外使馆，是对这个国家主权的严重侵犯，是公然践踏外交关系公约和国际关系基本准则的罪恶行径。

首先要判断一下，他们是不是有意打的？大使馆旁边有没有别的军事设施？他们打的不是一枚，而是多枚导弹，从不同方向打到大使馆。美国和其他北约国家肯定会百般辩解，

* 这是江泽民同志在中共中央政治局常务委员会会议上关于以美国为首的北约用导弹袭击我国驻南斯拉夫联盟共和国大使馆问题的三次讲话的要点。

但不论他们怎么说,这都是以美国为首的北约悍然发动侵略战争导致的恶果。我们要进行全面周密的思考和部署。必须采取严正态度,对这种野蛮暴行进行最严厉的谴责。必须义正词严地向以美国为首的北约表明:中国人民是不可侮的!中华民族是不可欺的!

刚才,大家都发表了意见,我看先决定以下五条:第一,发表我国政府声明,严厉谴责以美国为首的北约袭击我国驻南联盟大使馆、粗暴侵犯中国主权的野蛮暴行,要求北约必须对此承担全部责任。第二,由外交部紧急召见美国驻华大使,提出最强烈的抗议。第三,要求联合国安理会召开紧急会议讨论这一事件,强烈地表明我国政府和人民对这一野蛮行径的原则立场和严正态度。第四,向在这次袭击事件中不幸牺牲的同志〔2〕表示沉痛悼念,采取一切措施抢救伤员,立即派专机前往贝尔格莱德接回我有关人员。第五,要引导好群众对以美国为首的北约的暴行的抗议活动。

我国驻南联盟大使馆遭到导弹袭击这个消息公布以后,在全国人民中必然引起强烈反应,大家的爱国热情必然高涨起来。以美国为首的北约的暴行,对全党全国各族人民都是一个极大的警醒和教育。我们一定要正确处理好这件事。对群众抗议北约暴行的正义声音和行动,各级党委和政府要支持,并切实加强领导。各地区各部门都要立即行动起来,主动做好工作。

我们从一开始就坚决反对以美国为首的北约武力攻击南联盟、企图把自己的意志强加给南联盟人民的霸道行径。这个鲜明的立场必须坚定地加以坚持。我们希望南联盟照顾各民族的合法利益,但反对北约干涉南联盟内政,反对动武。北约没有经过联合国授权就对一个主权国家动武,是不合法的,是侵略行径。我们的态度是一贯的。解决国际争端,不能用战争的办法,而应该用和平谈判的方法。这是一个大原则,应该得到国际社会普遍遵循。

以美国为首的北约袭击我国驻南联盟大使馆,从国际大背景看,绝不是偶然的,切不可天真。我们坚持伸张国际正义,美国一些人是很不舒服的,他们表面上不露出来,骨子里对我们恨得要死。我们的记者传播了反对他们干涉南联盟内政、揭露他们搞霸权主义和强权政治的正义声音,大量报道了无辜平民伤亡的事实。美国人说我们发表的是一边倒的意见,没发表他们的看法。你们以武力侵略一个主权国家,有什么权利指责我们?!在这次导弹袭击中,我们三名记者不幸牺牲。必须对以美国为首的北约进行强烈谴责。还要继续密切注视,看他们采取什么态度,保留我们进一步采取行动的权利。

无论发生什么事,有一条我们必须始终不渝地坚持,就是要加紧把我们自己的工作做好,大大增强我国的经济实力、国防实力、民族凝聚力。从现在的形势看,国防建设必须进一步抓紧。我们爱好和平、维护和平,但总要准备有那么一天人家会搞到我们头上来,有备才能无患啊!经济建设是中心,国防建设也要不断加强。不然,一旦发生战争,我们就不能有效保卫经济建设的成果和祖国的安全。如果没有当年毛主席、周总理领导我们在非常困难的条件下搞出的原子弹、氢弹和人造卫星,我们不会有今天这样安全的局面,恐怕早就挨打了。

在这个世界上，最后还是要拼实力的。我们要卧薪尝胆，一定要争这口气！

二

从昨天上午我们召开中央政治局常委会议到现在，中央对这次事件的处理是果断的，采取的措施是有力的，各地区各部门正在迅速贯彻。一个抗议以美国为首的北约的暴行的强大政治声势正在形成。这充分显示了我们党、国家、人民的强大力量。

第一，全国各地学生和群众纷纷抗议以美国为首的北约对我国驻南联盟大使馆进行导弹袭击的野蛮行径，对牺牲的烈士表示哀悼，义愤填膺，群情激昂。对广大学生和群众这种爱国主义的行动，要充分肯定，予以支持。

第二，在这样的时刻，要十分注意保持社会稳定，各项改革和建设工作要继续有条不紊地进行。广大学生和群众的爱国义愤正在以各种形式表达出来，这股伟大的爱国热情将会转化为举国上下更加团结一致、共图祖国富强的强大动力。从我们各级党委和政府的工作来说，要注意加强领导和引导。要向学生和群众讲清楚，抗议活动应该依法进行，斗争要坚持有理、有利、有节的原则。我们既要表现出全民族同仇敌忾的气势和力量，也要向世界表明我们中华民族泱泱大国的文明形象。所有抗议活动，都要文明理智，有秩序，要防止出现过激行为。要告诉大家，发生过激行为，不利于我们反对以美国为首的北约的暴行的斗争全局，也不是有战斗力的表现，对保持社会稳定也没有好处。特别要警惕和防止敌对分子、敌对势力浑水摸鱼，制造混乱。发现这样的动向，必须迅速、坚决地依法加以处置。

第三，这次北约袭击我国驻南联盟大使馆，美国是打头的，北约其他主要国家也难逃干系。我们进行斗争应该有重点、分主次，火力要集中。要看到，北约内部并不是铁板一块，在武力干涉南联盟的问题上也有些不同声音。我们要善于利用矛盾，区别对待。从整个世界来说，我们要争取一切可以争取的力量，团结一切可以团结的力量，特别是要团结广大发展中国家，以壮大国际上反对霸权主义和强权政治的力量。这方面的工作，今后要进一步加强。

第四，邓小平同志告诫我们，要冷静观察、沉着应付。这个思想非常重要。邓小平同志全面审视了现阶段国际力量的对比，全面考虑了我们抓紧时间完成现代化建设这个中心任务的要求，也是全面估量了通过集中力量发展生产力和增强综合国力最终在国际斗争中获得更大主动权的需要。经过二十年的改革开放，我们已经有了新的更大的发展。但是，在经济力量、科技力量、国防力量的对比上，我们同美国和其他西方大国还有很大差距，同时又面临霸权主义和强权政治的压力。在这种情况下，我们必须坚持冷静观察、沉着应付的方针，以争取赢得更多时间，抓住一切机会，集中力量加快发展自己。我们的国力大大增强了，在这个世界上我国的安全就有了根本保障。对北约袭击我国驻南联盟大使馆这件事，我们必须进行严肃的政治斗争，但仍然要坚持以两手对两手的斗争策略。同美国的交道还要继续打。在我国加入世界贸易组织的问题上，对于他们提出的苛刻无理的要求，我们绝不能让步，要坚决顶回去。维护国家和民族的利益是我们的根本原则。中国再过十年不参加世界贸易组织就活不下去了？不会的，活得可能会更好！不是谈了十三年了吗？再来个十三年，我们也照样发展下去！我看要有这个决心。有了这个决心，气就壮了。一句话，我们决不做软骨头。即使晚加入一点，也丝毫不会影响我们实行改革开放的政策，对我们的外贸也不会有什么大的影响。我们依法保护在华进行正常工作的外国人，欢迎一切来华的投资经商者。我们提倡弘扬爱国主义，同时也要教育和引导群众警惕有些居心不良的人借机煽动排外情绪。我们要继续执行对外开放的基本国策。在国际上争取团结的人越多越好，以利共同反对霸权主义和强权政治，共同致力于促进世界和平与发展的事业。

第五，各级领导要坚守岗位，切实承担起维护社会稳定的责任。大家都要化义愤为力量，促进学习和工作。全国各个行业各个领域的同志都要进一步做好本职工作。只有坚持埋头苦干、卧薪尝胆，把我国的经济实力搞上去，把我们的国防实力搞上去，大大增强我们的民族凝聚力，我们才能永远立于不败之地。

三

以美国为首的北约用导弹袭击我国驻南联盟大使馆，是世界外交史上一起空前严重的事件，也是当前国际关系中一场十分复杂的斗争。不能想象这场斗争在一个短时期内就可以全部解决。美国人肯定还会继续百般狡辩,要手腕。这一点我们要清醒。我们要立场坚定,必须要求以美国为首的北约承担全部责任,首先要满足我们已经提出的四点严正要求[3]。同时,要继续坚持保留采取进一步行动的权利。要根据美国的态度和整个事态的发展,进行有理、有利、有节的斗争。

这次全国人民同仇敌忾的抗议行动,再一次向世人表明,我们的人民是团结御侮的,是不可战胜的。历史经验告诉我们,群众充分发动起来以后,必须加强领导和引导工作。邓小平同志说过,不论发生了什么事情,只要不是大规模的外敌入侵,我们都要紧紧扭住经济建设这个中心不放。全党全国上下都要埋头苦干、卧薪尝胆,一定要把我国的社会生产力、综合国力、国际竞争力搞上去,这是我们的根本任务。我们国家发展了、昌盛了、强大了,就能在国际斗争中赢得更大主动权,就能立于不败之地。

各级党委和政府都必须按照中央的要求做好工作。稳定是压倒一切的,继续保持稳定的局面要坚定不移。国际敌对势力就是巴不得我们乱,好在乱中实现他们西化、分化中国的政治图谋。要使干部群众都懂得,中国绝对不能乱。如果乱了,已经取得的改革和建设成果保不住,宏伟的目标也会成为泡影,那就会造成自己毁了自己的历史悲剧和民族灾难。要按照中央既定的各种重大部署,动员和依靠广大干部群众自觉维护安定团结的大好局面。讲稳定,这是最大的大局。

注 释

〔1〕一九九九年三月二十四日,以美国为首的北约武装干涉南斯拉夫联盟共和国内部事务,发动了科索沃战争。五月七日二十三时四十五分(北京时间五月八日五时四十五分),从美国本土空军基地起飞的美军战略轰炸机用五枚导弹从不同角度袭击了中国驻南联盟大使馆,导致我三名新闻记者牺牲,二十多名使馆人员受伤,馆舍严重毁坏。事件发生后,中国政府向以美国为首的北约提出四点严正要求:(一)公开正式向中国政府、中国人民和中国受害者家属道歉;(二)对北约导弹袭击中国驻南斯拉夫联盟共和国大使馆事件进行全面彻底的调查;(三)迅速公布调查的详细结果;(四)严惩肇事者。在中国人民强烈抗议和中国政府严正交涉下,美国政府作出公开正式道歉并赔偿,但始终坚持"误炸"的说法,未能对事件真相作出令人信服的解释。

〔2〕在这次袭击事件中不幸牺牲的同志是:新华社贝尔格莱德分社记者邵云环和光明日报社驻南联盟记者许杏虎、朱颖。

〔3〕参见本文注〔1〕。

教育必须以提高国民素质为根本宗旨*

（一九九九年六月十五日）

在当今世界上，综合国力竞争越来越表现为经济实力、国防实力、民族凝聚力的竞争。无论就其中哪一个方面实力的增强来说，教育都具有基础性地位。

现在，科学技术在经济、国防和社会发展中的作用日益重要和突出，知识更新和转化为现实生产力的速度日益加快。如果说过去国际军事政治斗争的背后，主要表现为直接争夺工业化必需的资源和商品、资本输出的市场，那么，当今的国际经济、科技竞争，越来越围绕人才和知识的竞争展开。发展的优势蕴藏于知识和科技之中，社会财富日益向拥有知识和科技优势的国家和地区聚集，谁在知识和科技创新上占优势，谁就在发展上占据主导地位。这种发展格局，对于第三世界广大国家来说，既提供了利用高技术和先进知识超越传统发展模式的有利机遇，又提出了前所未有的严峻挑战。中国作为发展中的社会主义国家，能不能及时抓住这种机遇，不断增强自己的综合国力和国际竞争力，有效战胜各种挑战，这是一

* 这是江泽民同志在第三次全国教育工作会议上讲话的主要部分。

个关系我们党、国家、民族前途命运的重大考验。

我国人口多、底子薄，教育和科技水平同西方发达国家相比还有很大差距。我们要在下个世纪中叶基本实现现代化，必须继续从我国实际出发，坚持改革开放，立足于自力更生，坚定不移地相信中国人民的创造力，走出一条与传统工业化国家不同的具有中国特色的经济发展路子。亚洲金融危机的深刻教训，值得我们充分注意。一度被国际社会看好的一些新兴国家的经济在这场危机中严重倒退，说明发展中国家如果过分依赖西方发达国家，如果仅仅靠利用自己的廉价劳动力、消耗自然资源、依赖外国现成的技术产品来发展经济，而不是努力提高本民族的科技文化素质和本国的知识创新、技术创新能力，那就会在国际经济竞争格局中处于被动和依附的地位，就必然进一步拉大同发达国家的发展差距。

改革开放二十年来，我国经济建设和科技进步都取得了巨大成就。但是，也要清醒地看到，我国经济增长方式还没有根本转变，沉重的人口负担还没有转化为人力资源优势。事实越来越证明，劳动力素质和科技创新能力不高，已经成为制约我国经济发展和国际竞争能力增强的一个主要因素。中央全面分析国际国内发展的大势，认为必须坚定不移地实施科教兴国战略，大力提高全民族的思想道德素质和科学文化素质，提高知识创新、技术创新能力，密切教育与经济、科技的结合，加快实现经济体制和经济增长方式的根本性转变。这是全面推进我国现代化事业的必然选择，也是中华民族自立于世界民族之林的根本保证。在发展科技方面，我们已积累了成功研制“两弹一星”等重要经验，这是我们的宝贵财富。在新的条件下，我们要坚持运用和不断丰富、发展这些经验。

教育是知识创新、传播和应用的主要基地，也是培育创新精神和创新人才的重要摇篮。无论在培养高素质劳动者和专业人才方面，还是在提高创新能力和提供知识创新、技术创新成果方面，教育都具有独特的重要意义。在这里，我还要特别提醒同志们，必须高度重视教育在增强民族凝聚力方面的重大作用。去年，严重洪涝灾害发生以后，灾区人民的生命财产面临巨大威胁，我们党领导和组织成千上万的军民协同作战，顽强拼搏，取得了抗洪斗争的伟大胜利，并形成了伟大的抗洪精神。在这场斗争中，党和国家正确决策，各级组织努力工作，共产党员冲锋在前，全体军民齐心协力。这是对我们全党和干部队伍战斗力的考验，也是对我们整个民族凝聚力的考验。在这样一种巨大的民族凝聚力面前，任何艰险和敌人都可以战胜。这再一次证明，只有用马列主义、毛泽东思想、邓小平理论武装起来的中国共产党，只有这样的党领导的坚信社会主义事业的中国人民，才能如此众志成城，成为永不可摧的铜墙铁壁。同志们可以想一想，这种民族凝聚力来自何处？来自中华民族的优良传统，来自我们共产党人的崇高理想和社会主义制度的优越性，来自爱国主义、集体主义、社会主义和马克思主义教育。正确的世界观、人生观、价值观的确立，民族优良传统的发扬，共同理想和精神支柱的形成和巩固，科学文化水平的提高，都离不开教育工作，而这些都是我们民族凝聚力的重要基础和内容。我们的各级各类教育机构，我们的全体教育工作者，对增强包括民族凝聚力在内的综合国力，承担着庄严的职责。

必须看到，面对当前国际国内的新形势，我们的教育思想、教育体制和结构、教育内容和方法，同社会主义现代化建设发展的需要不相适应的矛盾已经和正在日益显露出来。十年前，邓小平同志曾经尖锐指出："十年来我们的最大失误是在教育方面，对青年的政治思想教育抓得不够，教育发展不够。"[1]这是邓小平同志针对当时情况讲的。各级党委和政府，整个教育战线的同志们，对教育工作中存在的问题和不足，都应该保持清醒的认识。思想政治教育，在各级各类学校都要摆在重要地位，任何时候都不能放松和削弱。要说素质，思想政治素质是最重要的素质。不断增强学生和群众的爱国主义、集体主义、社会主义思想，是素质教育的灵魂。我在今年初中央举办的金融研究班上的讲话[2]中，曾经强调了一个问题，就是对干部群众和学生必须认真进行中国历史、地理、文学知识和政治知识的教育。没有这些知识的武装，人们的爱国主义、集体主义、社会主义思想是难以确立起来的。在学校中，对数学、物理、化学、外语等知识的教育要重视，对上面讲的这些知识的教育也要重视。如果轻视思想政治教育、历史知识教育和人格培养，那就会产生很大的片面性，而这种片面性往往会影响人一生的轨迹。这一点，请教育战线的领导者、管理者和广大教师千万加以注意。我们必须全面贯彻党的教育方针，坚持教育为社会主义现代化建设服务、为人民服务，坚持教育与社会实践相结合，以提高国民素质为根本宗旨，以培养学生的创新精神和实践能力为重点，努力造就有理想、有道德、有文化、有纪律的，德育、智育、体育、美育等全面发展的社会主义事业建设者和接班人。

普及九年义务教育，满足基本学习需要和提高劳动者整体素质，要作为教育工作的首要目标，努力提高绝大多数人的教育水准。对于不能进入高等教育行列进行学习的城乡学生和其他群众，应该通过大办各级各类职业技术学校，广泛吸收他们学习和掌握一门或几门生产技术和管理、服务方面的技能，而不要使未能进入高等学校学习的普通中学生只具有一般的语文和数理化知识。如果能学到一门或几门实用的专业技能，就拓宽了他们立业创业之路，对农村和城市的发展和稳定将会起到重要推动作用。因此，努力办好各级各类职业技术教育，是一篇大文章。现在，中等职业技术教育虽然已经有了发展，但总体来说，还刚刚开始做。各地区各部门要狠狠抓它十年、二十年，必会大见成效。在大力抓好九年义务教育、普通高中教育和各种中等职业技术教育的同时，要根据需要和可能，采取多种形式积极发展高等教育特别是社区性高等职业教育，扩大现有普通高校和成人高校的招生规模，尽可能满足人民群众接受高等教育的要求。也可以动员社会力量办一点民办高校，作为现有高校的补充。兴办一所新的大学很不容易，但只要政府有关部门加强管理和引导，制定相应的政策措施，合理配置资源，经过一段时间的努力，是可以逐步办好的。各级政府要为受教育者提供尽可能公平的教育机会，尤其要重视解决处境不利地区和人群的教育问题，增加对贫困地区和贫穷家庭的教育资助。特别是要高度重视发展农村教育事业。我国十二亿多人口中，八亿多在农村。广大农村人口能否接受良好的教育，是一个直接关系到农村实现小康和现代化的大问题。各级政府都要确保农村教育的投入，并不断加大投入的力度。国务院要继续对贫困地区发展农村义务教育给以必要的资助。各级各类教育都要把全面推进素质教育、提高受教育者的全面素质，作为教育工作的战略重点。既要重视和不断加强、改进文化知识教育，又要重视和不断加强、改进思想道德教育。通过思想道德教育，增强受教育者的思想政治素质和社会责任感，培养敬业爱岗和服务质量意识，养成既讲竞争进取、又讲团结合作的风气。还要努力普及科学技术教育，提高全民的科技水平，为推广应用实用技术、发展高新技术提供人力基础。

中华民族是富有创造精神和创新能力的伟大民族。古代中国人曾以四大发明等众多科技创造闻名于世，对世界文明的发展作出过重大贡献。今天，面对世界科技飞速发展的挑战，我们必须把增强民族创新能力提到关系中华民族兴衰存亡的高度来认识。教育在培育民族创新精神和培养创造性人才方面，肩负着特殊的使命。每一所学校，都要爱护和培养学生的好奇心、求知欲，帮助学生自主学习、独立思考，保护学生的探索精神、创新思维，营造崇尚真知、追求真理的氛围，为学生的禀赋和潜能的充分开发创造一种宽松的环境。这就要求我们必须转变那种妨碍学生创新精神和创新能力发展的教育观念、教育模式，特别是由教师单向灌输知识，以考试分数作为衡量教育成果的唯一标准，以及过于划一呆板的教育教学制度。学校的校长和教师在精心培育人才方面负有特殊的责任，既要严格要求，又要平等待人，更要善于发现和开发蕴藏在学生身上的潜在的创造性品质。教师和学生要相互学习、相互切磋、相互启发、相互激励。这也是我们中华民族古已有之的教学相长的优良传统。高等学校要在培养大批各类专业人才的同时，努力为优秀人才脱颖而出创造条件，尤其是要下功夫造就一批真正能站在世界科学技术前沿的学术带头人和尖子人才，以带动和促进民族科技水平和创新能力的提高。这不仅是教育界的责任，也是全党全社会的战略性任务。在出人才的问题上，要鼓励和支持冒尖，鼓励和支持当领头雁，鼓励和支持一马当先。这不是提倡搞个人英雄主义，而是合乎人才成长规律的必然要求。学得好的影响和带动学得不太好的，水平高的影响和带动水平比较低的，这样就可以促进共同进步和提高。必须坚决克服用一个模子来培养人才的倾向。不准别人脱颖而出，谁一冒尖、一先进，就孤立人家，把人家挤压下去，以为这样大家都公平了、舒服了，殊不知这是扼杀优秀人才、否定先进事物的极其错误的行为。如果让这种现象泛滥作祟，还谈什么创新精神，我们的国家和民族还有什么希望?!

事实已经充分说明，象牙塔式的教育，不能适应当今时代的需要。教育与经济、科技、社会实践越来越紧密的结合，正在成为推动科技进步和经济社会发展的重要力量。在我国社会主义初级阶段，教育作为经济、政治、文化建设的基础工程，不仅要为现代化建设提供人才和智力储备，而且要直接参与各方面的建设事业，为推动各项建设事业作出贡献。这就要求必须改变脱离社会实际的教育思想和教育模式，通过经济体制、科技体制和教育体制的配套改革，尽快建立教育与经济、科技密切结合的新机制。职业教育和成人教育，都要把教育培训同技术革新和实用技术的推广结合起来，以利提高工农业生产的技术水平。高等教育要积极面向经济建设主战场，研究解决经济社会发展中的重大理论和实践问题，促进科技成果向现实生产力转化，成为知识创新、技术创新和高新技术产业化的重要方面军。要通过教育管理体制的改革，扩大地方政府对于教育的统筹权和管理权限，推进区域教育综合改革，使教育更好地为区域经济社会发展服务。要帮助受教育者培养创业意识和创业能力。通过教育部门的努力，培养出越来越多不同行业的创业者，就可以为社会创造更多就业机会，对维护社会稳定和繁荣各项事业就会发挥重大作用。

终身学习是当今社会发展的必然趋势。一次性的学校教育，已经不能满足人们不断更新知识的需要。我们要逐步建立和完善有利于终身学习的教育制度。学校要进一步向社会开放，发挥学历教育、非学历教育、继续教育和职业技术培训教育等多种功能。普通教育、职业教育、成人教育和高等教育要加强相互衔接和沟通，为学习者提供多种多次受教育的机会。要以远程教育网络为依托，形成覆盖全国城乡的开放教育系统，为各类社会成员提供多层次、多样化的教育服务。中华民族具有崇尚教育的优良传统，二十一世纪的中国应该成为人人皆学之邦。

国运兴衰，系于教育；教育振兴，全民有责。全党同志和全国各族人民都要从实现祖国富强和民族振兴的高度，继续关心和支持我国教育事业的发展。在国家办好教育事业的同时，还要调动社会各方面力量来兴办和扶持教育事业，特别是各级各类职业技术教育。总之，要把落实教育优先发展的战略地位，真正化为全民族的广泛共识和全社会的实际行动，为繁荣我国教育事业提供深厚的群众基础和社会合力。

有远见、成熟、合格的领导,必然是重视教育的领导。各级党委和政府都要将教育纳入战略发展重点和现代化建设的整体布局之中,切实把教育作为先导性、全局性、基础性的知识产业和关键的基础设施,摆到优先发展的战略重点地位。各级党政领导干部都要抓好教育工作,坚持在制定经济社会发展规划时保证教育优先的适度超前发展,坚持在安排各级财政预算时实现教育经费的三个增长〔3〕。宁可其他方面的事情放慢一点,也要提高教育支出在财政支出中的比例,为教育优先发展提供物质保证。要提高资金使用效益,建立健全监督机制,保证教育经费用在该用的地方,坚决反对和防止浪费。

各级党委和政府要经常关心和帮助解决教育工作中遇到的困难和问题。建立健全目标管理责任制,层层明确目标和责任。要把教育工作的实绩特别是素质教育的实绩,列为各级党政干部政绩考核和上级对下级考绩以及选拔干部的重要内容。要建立领导干部联系学校的制度。各级领导特别是主要负责同志,都应该有联系的学校,深入了解情况,倾听师生意见,亲自调查和处理存在的问题,抓典型,抓试点,推进学校的改革和管理。还要建立检查和奖惩制度。对于贡献显著、成绩突出的人员,中央和地方政府应该给予表彰和奖励;对于违犯教育法律法规和规章的,特别是挪用教育经费、损害教师合法权益的,必须坚决依法查处。

高素质的教师队伍,是高质量教育的一个基本条件。教师是人类灵魂的工程师。在我国,人民教师是社会主义精神文明的传播者和建设者。我们要坚持继承中华民族的优良传统，在全社会大力弘扬尊师重教的良好风尚。各级党政领导要为教师多办实事，切实保障教师的合法权益，努力改善教师的待遇。同时，要采取有效措施，大力加强教师队伍建设，不断优化队伍结构和提高队伍素质。一些地方、一些学校教师队伍过大，对其中那些学业上、思想政治上都不合格的人，必须果断地调整出去；对于其知识水平满足不了教学需要的，要及时加以培训和提高。教育者必先受教育，不但要学专业知识、科学文化知识，还要学政治知识、实践知识，以不断丰富和提高教师教书育人的水平。教师是学生增长知识和思想进步的导师，一言一行都会对学生产生影响，一定要在思想政治上、道德品质上、学识学风上全面以身作则，自觉率先垂范，这样才能真正为人师表。教师之间、系科之间、学校之间应该加强交流和学习；不同的学派和学术观点，可以自由讨论和争论，目的都是取长补短、共同提高。切不可文人相轻、学科相轻、学派相轻，那样对我们办好教育事业是不利的，不符合我们党领导的人民教育的光荣传统。

全社会都要对我们的下一代负责。人才培养和青少年成长，不仅需要各级各类学校的努力，而且需要良好的社会环境。要加强社会综合治理和文化建设，坚决抵制各种封建迷信、腐朽思想文化对青少年的毒害；必须加强社区建设，积极创造有利于青少年健康成长的家庭、邻里和学校的环境。文化艺术部门和大众传播媒介，必须以内容健康向上、具有艺术魅力的精神产品教育青少年。总之，全党全社会要共同努力营造文明健康的学习环境。

注　释

〔1〕见邓小平《中国不允许乱》(《邓小平文选》第3卷,人民出版社1993年版,第287页)。

〔2〕即本卷《论加强和改进学习》。

〔3〕教育经费的三个增长,指各级人民政府教育财政拨款的增长应当高于财政经常性收入的增长,并使按在校学生人数平均的教育费用逐步增长,保证教师工资和学生人均公用经费逐步增长。

不失时机地实施西部大开发战略*

（一九九九年六月十七日）

逐步缩小地区之间的发展差距，实现全国经济社会协调发展，最终达到全体人民共同富裕，是社会主义的本质要求，也是关系我国跨世纪发展全局的一个重大问题。中央对中西部地区的改革和发展是高度重视的，强调要把逐步缩小中西部地区同东部地区的发展差距作为一条长期坚持的重要方针，并采取了一系列政策措施促进中西部地区发展。在中央和其他地区支持下，中西部地区广大干部群众自力更生、团结奋斗，改革和建设取得了很大成就。

八十年代，当改革开放和现代化建设全面展开以后，邓小平同志对全国经济的协调发展就进行过深刻考虑，提出了“两个大局”〔1〕的思想。一个大局，就是东部沿海地区加快对外开放，使之较快地先发展起来，中西部地区要顾全这个大局。另一个大局，就是当发展到一定时期，比如本世纪末全国达到小康水平时，就要拿出更多力量帮助中西部地区加快发展，东部沿海地区也要服从这个大局。我国地域辽阔，人口众多，生

* 这是江泽民同志在西安主持召开西北地区国有企业改革和发展座谈会时讲话的一部分。

产力不发达，要在一个时期实现同步富裕、同等富裕是不现实的，必然会有的先富、有的后富。我理解，邓小平同志提出通过一部分地区、一部分人先富起来，然后逐步达到共同富裕，还不是终点。到了一个比较高的水平时，先进地区一定还要往前走。平衡是相对的，不平衡是绝对的，这是事物发展的客观规律。在发展战略布局上，必须有全盘的构想。邓小平同志的这个战略设想是，根据生产力发展水平和各方面条件，东部地区先加快发展，然后带动和支持中西部地区发展，最终实现全国各地区共同繁荣、共同富裕。实践证明，这是完全正确的。

现在，我们正处在世纪之交，应该向全党全国人民明确提出，必须不失时机地加快中西部地区发展，特别是要抓紧研究实施西部地区〔2〕大开发。今年三月，在“两会”党员负责同志会议上，我就谈到西部地区大开发的问题。我说，西部地区迟早是要大开发的，不开发，我们怎么实现全国的现代化？中国怎么能成为经济强国？美国当年如果不开发西部，它能发展到今天这个样子？实施西部地区大开发，是全国发展的一个大战略、大思路。对此，全党全国上下要提高和统一认识，同时要精心研究、统筹规划，科学地提出大开发的政策、办法、实施步骤和组织形式等。六月九日，在中央扶贫开发工作会议上，我又讲了这个问题。我说，加快中西部地区发展步伐的条件已经基本具备，时机已经成熟。我们如果看不到这些条件，不抓住这个时机，不把该做的事情努力做好，就会犯历史性错误。从现在起，这要作为党和国家一项重大战略任务，摆到更加突出的位置。

世界上许多国家内地区的发展都有不平衡的现象，都不同程度地存在发展差距。就拿最发达的国家美国来说，原来它的东部和西部的差距就很大。在十九世纪上半叶，美国的西部曾经出现过三次拓荒高潮，也就是著名的“西进运动”。二十世纪三十年代到六十年代，美国又致力于南部和中西部接合部的开发，掀起了美国历史上对落后地区的第二次开发高潮，从而使南部地区经济也发达起来，成为所谓的“阳光地带”。世界上不少发展中国家也在努力缩小国内地区间的发展差距。例如，文明古国埃及，经过长期研究和准备，正在启动一个大开发的“世纪工程”。他们决心经过几代人的努力，通过建造调水工程、改造沙漠，再造四亿亩土地，形成四十座新的城市和经济开发区。埃及总统穆巴拉克把它称为“埃及民族的新诗篇”。我们作为一个社会主义的发展中大国，更应该有开发不发达地区的雄心壮志。

改革开放以来，沿海发达地区运用自身较好的经济基础、优越的地理位置和国家支持的政策，经济社会发展已经积累了相当的实力。现在，加快中西部地区开发的时机已经到来。中西部地区范围很大，如何加快开发，要有通盘考虑。我所以用“西部大开发”，就是说，不是小打小闹，而是在过去发展的基础上经过周密规划和精心组织，迈开更大的开发步伐，形成全面推进的新局面。实施西部大开发，对于推进全国的改革和建设，对于国家的长治久安，具有重大的经济意义和社会政治意义。

加快西部地区经济发展，是保持国民经济持续快速健康发展的必然要求，也是实现我国现代化建设第三步战略目标的必然要求。经过二十年的改革和发展，我国社会生产力上了一个大台阶，过去长期困扰我们的商品短缺状况有了根本改变。东部地区的进一步发展，越来越受到市场、资源、环境等各方面的制约，相当一部分资金、技术、人才资源需要寻找新的发展空间。特别是在当前国际市场竞争日趋激烈的情况下，我们必须抓紧研究、部署和尽快启动西部大开发这项世纪工程。西部地域广大，自然资源丰富，有巨大的发展潜力，也是一个巨大的潜在市场。加快发展西部地区，可以促进各种资源合理配置和流动，为国民经济发展提供广阔的空间和巨大的推动力量。只要战略对头，方法得当，西部大开发一定能够顺利实现。

在古代历史上，西部地区的自然环境曾经有过比较良好的时期。唐代诗人王维曾经写道："渭城朝雨浥轻尘，客舍青青柳色新。劝君更尽一杯酒，西出阳关无故人。"〔3〕这首诗描绘的就是当时西北的自然风光。但是，由于千百年来多少次战乱、多少次自然灾害和各种人为的原因，西部地区自然环境不断恶化，特别是水资源短缺，水土流失严重，生态环境越来越恶劣，荒漠化年复一年地加剧，并不断向东推进。这不仅对西部地区而且对其他地区的经济社会发展也带来不利影响。因为连人的生存都发生严重困难，经济发展和社会进步就更谈不上了。因此，改善生态环境，是西部地区开发建设必须首先研究解决的一个重大课题。加快开发西部地区，就可以集中和调动全国更多力量投入到这项关系中华民族发展前途的宏大事业中去。搞水的搞水，种草的种草，栽树的栽树，修路的修路，那就会很快呈现出一派生机盎然的景象。如果不从现在起努力使生态环境有一个明显改善，在西部地区实现可持续发展战略就会落空，而且我们中华民族的生存和发展条件也将受到越来越严重的威胁。

西部地区少数民族聚居比较集中，又地处边疆。加快西部地区发展，对于保持西部地区政治和社会稳定、促进民族团结和保障边疆安全具有重大意义。维护民族地区稳定，很重要的一条就是要不断加快这些地区的经济发展和社会进步。经济发展了，社会进步了，各民族共同富裕了，就会进一步巩固和发展平等、团结、互助的社会主义民族关系，大大增强整个中华民族的凝聚力。保持民族地区稳定和巩固祖国边防，也就具有了更加强大的物质基础和思想政治基础。

实施西部大开发，是一项振兴中华的宏伟战略任务。实现了这个宏图大略，其经济、文化、政治、军事、社会的深远意义，是难以估量的。全党同志和全国上下必须提高和统一认识。没有西部地区的稳定就没有全国的稳定，没有西部地区的小康就没有全国的小康，没有西部地区的现代化就不能说实现了全国的现代化。

在发展社会主义市场经济的条件下，加快开发西部地区，要有新的思路。要适应建立社会主义市场经济体制的要求和新的对外开放环境，充分考虑国内外市场需求的新变化，用市场经济的办法，按客观经济规律办事。国家要加强宏观调控，研究提出符合实际的政策措施。中央当然要给予大力支持，要拿出过去开办经济特区那样的气魄来搞。要按照有所为有所不为的方针，统筹安排，有计划有步骤地进行开发，防止刮风，防止一哄而起。西部大开发，并不是说西部每个地方都齐头并进，要有重点。在编制下一个五年计划时，要把实施西部大开发作为一个重要方针。

西部地区经过五十年特别是改革开放二十年来的建设，积累了相当的物质技术基础，但交通、通信等基础设施薄弱，文化、教育、卫生等社会事业发展相对滞后，国有企业经营困难等问题仍然相当突出。必须充分考虑各种有利和不利的因素，充分调动广大干部群众和各个方面的积极性。我看，总的原则是：把加快西部地区经济社会发展同保持社会政治稳定、加强民族团结结合起来，把西部地区发展同实现全国第三步发展战略目标结合起来，在国家财力稳定增长的前提下，通过转移支付，逐步加大对西部地区的支持力度；在充分调动西部地区自身积极性的基础上，通过政策引导，吸引国内外资金、技术、人才等投入西部开发，有目标、分阶段地推进西部地区人口、资源、环境与经济社会协调发展。开发西部地区应该是全面的，要把水资源的开发和有效利用放在突出位置。生态环境建设、科学教育普及、实用技术推广、特色旅游开发、交通通信设施建设等方面，都要统筹规划。

目前，国家已经采取的支持西部地区发展的措施要继续落实好，包括优先安排基础设施建设项目，加快技术改造和产品结构调整，在企业增资减债、下岗分流、完善社会保障制度方面给予更多支持，加大对中西部地区财政转移支付的力度。

加快开发西部地区是一个巨大的系统工程，也是一项空前艰难的历史任务。既要有紧迫感，抓紧研究方案、步骤和政策措施，又要做好长期奋斗的思想准备。西部各地区广大干部群众要抓住这个历史机遇，坚持发扬自力更生、艰苦奋斗的光荣传统，利用自己的比较优势，创造新的业绩。我们要下决心通过几十年乃至整个下世纪的艰苦努力，建设一个经济繁荣、社会进步、生活安定、民族团结、山川秀美的西部地区。经过我们一代又一代人持续不懈的奋斗，使从唐代安史之乱〔4〕以后一千二百年来逐渐衰落的西部地区，从生态环境到经济、文化、社会发展来一个天翻地覆的根本改变，来一个旧貌换新颜。这将是中华民族发展史上一项惊天动地的伟业，也将是世界开发史上一个空前的壮举！

注　释

〔1〕“两个大局”，是邓小平提出的一个重要思想。一九八八年九月十二日，邓小平在听取关于价格和工资改革初步方案汇报时指出：“沿海地区要加快对外开放，使这个拥有两亿人口的广大地带较快地先发展起来，从而带动内地更好地发展，这是一个事关大局的问题。内地要顾全这个大局。反过来，发展到一定的时候，又要求沿海拿出更多力量来帮助内地发展，这也是个大局。那时沿海也要服从这个大局。”见邓小平《中央要有权威》（《邓小平文选》第3卷，人民出版社1993年版，第277—278页）。

〔2〕西部地区，在地理概念上指中国西北地区的陕西、甘肃、宁夏、青海、新疆五省区和西南地区的重庆、四川、贵州、云南、西藏五省区市。中央作出西部大开发的决策后，国务院于二〇〇〇年十月二十六日发出《关于实施西部大开发若干政策措施的通知》，明确了西部开发的政策适用范围包括西北、西南地区的十个省区市，还包括内蒙古和广西。国务院还先后批准，对湖南湘西土家族苗族自治州、湖北恩施土家族苗族自治州、吉林延边朝鲜族自治州等地区，在实际工作中比照有关政策措施予以照顾。

〔3〕见唐代王维《送元二使安西》。

〔4〕安史之乱，指唐代安禄山、史思明发动的叛乱。七五五年，唐平卢、范阳、河东三镇（其治所分别在今辽宁义县东南、北京西南、山西太原西南，辖境相

当于今辽宁西部、河北北部、北京、山西北部一带）节度使安禄山以讨伐右相杨国忠为名起兵叛乱。七五六年，在洛阳（今河南洛阳）称帝，国号燕。同年，攻破唐都长安（今陕西西安）。安禄山死后，其部将史思明再次发动叛乱，直至七六三年才被平定。安史之乱历时七年多，对社会生产造成严重破坏。唐王朝从此由盛而衰，出现藩镇割据的局面。

让黄河为中华民族造福*

（一九九九年六月二十一日）

治理开发黄河，对国家经济社会发展具有重大战略意义。我到中央工作这十年来，先后多次察看过黄河。从黄河上游算起，一九九三年，我到了青海的龙羊峡；一九九二年，我看了兰州市郊的黄河段；一九九一年，我到宁夏考察工作，看了青铜峡；一九九〇年，我到内蒙古考察工作，察看了巴彦淖尔盟磴口县的三盛公水利枢纽工程和黄河灌区；一九九四年春节前，我到山西考察工作，看了运城地区的黄河段；一九九一年，我在河南看了小浪底坝址，然后从郑州到开封沿黄河看了一些险工和险段；一九九六年，我又看了小浪底水利枢纽建设工地。这次来，主要目的是沿黄河进行一次调研。从壶口开始，我已经看了黄河陕西、山西段和河南段的一些情况，接下来还要去济南，然后到东营的黄河入海口看看。刚才，听了河南、山东以及黄河水利委员会关于黄河情况的介绍。新中国成立以来，在党和政府领导下，经过沿黄地区广大干部群众和水利部门不懈努力，黄河的防洪、水资源管理、生态环境建设取得

* 这是江泽民同志在郑州主持召开黄河治理开发工作座谈会时讲话的主要部分。

了很大成绩。同时，黄河治理开发也面临着一些新情况新问题，应该引起我们高度重视。

黄河在我国历史发展和现代化建设中占有十分重要的地位

黄河是中华民族生存和发展的一个伟大摇篮。几千年来，黄河流域是我们中华民族进行文明创造的重要基地。黄河奔腾向前、百折不挠的气势，是我们民族自强不息、蓬勃向上精神的生动写照。

黄河流域，历史上同幼发拉底河和底格里斯河流域、尼罗河流域、恒河流域齐名，是世界上著名的四大文明古国的发祥地之一。远古时期，黄河流域气候湿润，水源丰富，土地肥沃，是我国经济文化发展最早的一个地区。黄河流域作为我国历代政治、经济、文化发展的中心地带的时间长达三千多年，全国七大古都有四座在黄河流域。

我们的先人在这里创造了灿烂的文化。从《诗经》到唐诗宋词，从《史记》到《资治通鉴》，许多不朽的辞章典籍，是在黄河地区诞生的，为中华文化增添了不朽的光彩。黄河引出了无数的优美诗篇，如王之涣〔1〕的“白日依山尽，黄河入海流。欲穷千里目，更上一层楼”；刘禹锡〔2〕的“九曲黄河万里沙，浪淘风簸自天涯”；李白〔3〕的“黄河之水天上来，奔流到海不复回”、“黄河落天走东海，万里写入胸怀间”；等等。这些诗句千古流传，至今仍洋溢着强烈的艺术魅力。以四大发明为代表的我国古代大量重要科技成果，充分显示了中国人民的聪明才智，而它们都与黄河地区的文明进步分不开。这些举世瞩目的科技文化成就，不仅是中华文明宝库中的瑰宝，而且对人类文明发展作出了不可磨灭的贡献。

我不由想起了我国著名音乐家冼星海[4]的优秀作品《黄河大合唱》，“风在吼，马在叫，黄河在咆哮，黄河在咆哮……”。这首作于抗日战争时期的歌曲，表达了中华民族万众一心、共御外侮的英雄气概，体现了中国人民自强不息、蓬勃向上的伟大精神，至今仍在鼓舞着我们。新中国成立后，围绕党领导人民治理开发黄河的壮举，也产生了不少脍炙人口的作品，如贺敬之[5]的诗《三门峡——梳妆台》、冰心[6]的散文《奇迹的三门峡市》、郭小川[7]的诗《三门峡》等。

黄河又是一条桀骜不驯、多灾多难的河流，曾被称为“中国之忧患”。关于黄河洪水灾害，史不绝书。从先秦到国民党统治时期的二千五百多年内，黄河下游共决溢一千五百多次，大的改道二十六次。三年两决口，百年一次大改道。元代诗人萨都剌在《吴桥县古河塘》中就写道：“古来黄河身，而今作耕地。都邑变通津，沧海化为尘。”频繁的决口改道，给两岸群众带来了深重灾难。七朝古都开封，历史上曾六次被黄河水淹没。《清明上河图》描绘的那个繁华的东京汴梁[8]，如今就湮埋在九米黄土之下。一九三八年，蒋介石下令炸开花园口黄河大堤[9]，是中国近代史上最严重的一次人为水患，洪水波及四十四个县市，淹死八十九万人，一千二百五十多万人受灾，情景十分悲惨。

治理黄河，历来是中华民族安民兴邦的大事。中华民族为此作出了顽强的努力。历代统治者出于维护其政治统治的需要，也都注意对黄河的治理。传说中的大禹治水，家喻户晓。西汉时期的汉武帝，曾征发数万人，亲自指挥堵塞黄河决口。清朝康熙皇帝把与黄河有关的河务、漕运作为施政朝纲的头等大事，还钻研水利理论，亲赴黄河从事实地调查。林则徐〔10〕是著名的民族英雄，也是一名治水专家。虎门销烟后，他被流放伊犁。途中，黄河在开封决口，道光皇帝让他“戴罪”帮助堵复。他赶到开封，率众修筑大堤，在柳园口合龙。他写下了“苟利国家生死以，岂因祸福避趋之”〔11〕的名句。千百年来治理黄河的真正英雄，是勤劳勇敢、不屈不挠的人民群众。由于生产力发展水平和社会制度的制约，在漫长的历史时期内，两岸人民盼望黄河除害兴利的美好愿望难以实现。

一九四六年，中国共产党在战火硝烟中就领导解放区人民开始治理黄河。新中国成立以后，党和国家对治理开发黄河始终极为重视，把它作为国家的一件大事列入重要议事日程。一九五二年，新中国成立后毛主席第一次外出视察，就是看黄河，并发出了要把黄河的事情办好的伟大号召。改革开放以来，党和国家把治理开发黄河放在国家发展战略的突出位置，即使在经济调整时期，对黄河治理投入也给予了应有的安排。党的十四届五中全会通过《关于制定国民经济和社会发展“九五”计划和二〇一〇年远景目标的建议》，以及党的十五届三中全会通过《关于农业和农村工作若干重大问题的决定》，系统提出了水利建设的方针和任务。一九九八年，党中央、国务院颁发《关于灾后重建、整治江湖、兴修水利的若干意见》，对长江、黄河等大江、大河、大湖的治理作出了全面部署，制定了具体政策，大幅度增加了投入。

在我们党和政府领导下，黄河流域广大干部群众艰苦奋斗、顽强拼搏、团结治水，取得了前所未有的巨大成就，古老的黄河焕发了新的生机。黄河五十年伏秋大汛岁岁安澜，这本身就是一件很了不起的事情。据统计，建国以来黄河大堤完成了十三亿八千万立方米各类土石方量，相当于建造起了十三座万里长城。黄河水利、水电资源也得到了很大程度的开发利用，全流域农田灌溉面积发展到一亿多亩，流域的工业农业不断发展，城乡人民生活水平逐步提高。黄河干流建成了重要的水电能源基地。黄土高原地区开展了大规模水土流失治理，为群众脱贫致富创造了条件，改善了当地的生态环境，减少了入黄泥沙。这些成就，是我国历史上任何一个朝代都无法比拟的。这充分表明，在中国共产党正确领导下，坚持发挥社会主义制度的巨大优越性，中国人民就能够不断创造出人间奇迹。

二十一世纪即将到来，我们必须抓紧思考这样一个问题，即如何从战略的高度进一步把黄河的事情办好。

必须从战略的高度认识和推进黄河治理开发

黄河是我国西北、华北地区最重要的河流，流经青海、四川、甘肃、宁夏、内蒙古、陕西、山西、河南、山东九个省区，人口近四亿。就黄河流域来说，面积达七十九万平方公里，人口一亿多，耕地近一亿九千万亩，一九九七年农业产值达一千五百亿元，工业产值达到六千多亿元。黄河流域有丰富的矿产资源特别是石油、煤炭、铁矿和有色金属。黄河流域又是我国重要的粮棉生产基地。治理好黄河水害，利用好黄河水资源，建设好黄河生态环境，对黄河流域乃至全国经济社会持续发展，对实现我国现代化建设跨世纪发展的宏伟蓝图，具有十分重大的战略意义。

长期以来，黄河存在着洪水威胁、水土流失和泥沙淤积等严重问题。近年来，又出现了缺水断流加剧和水污染严重等新问题。黄河河情特殊，问题复杂，归结起来，突出问题有三个。（一）黄河洪水威胁依然是我们国家的一个心腹之患。黄河下游已成为地上悬河，下游保护区地处黄淮海大平原，人口密集，有许多重要的铁路、公路干线和城市工矿企业。黄河一旦决口泛滥，将会造成人民生命财产的巨大损失，改革和建设成果将毁于一旦，并将导致生态环境严重恶化。目前，下游河道淤积严重还没有得到有效控制，防洪体系还不完善，不能达到防御大洪水的要求。（二）水资源出现供需失衡，工农业生产、城市生活、生态环境用水之间的矛盾日益尖锐。九十年代以来，黄河下游频繁断流，严重困扰了有关地区群众的生产生活。断流的原因是多方面的，主要是用水量急剧增加和对用水缺乏统一管理。（三）黄土高原是我国水土流失最严重、生态环境最脆弱的地区之一。经过长期治理，取得了一定成效，但力度还很不够，边治理、边破坏的现象在一些地方还相当严重，水土流失还在扩展。严重的水土流失不仅阻碍了黄土高原地区人民群众脱贫致富的步伐，也加剧了黄河下游河道淤积，加重了洪水威胁。黄河水污染的问题也日益突出，严重影响沿黄各地人民群众的生产生活。

这些问题如不能得到有效遏制和治理，将会对流域经济社会发展产生严重的负面影响。为此，必须深入调查，加强研究，积极探索新形势新情况下治理开发黄河的路子。总的原则是：黄河治理开发要兼顾防洪、水资源合理利用、生态环境建设三个方面，把治理开发与环境保护和资源持续利用紧密结合起来，坚持兴利除害结合，开源节流并重，防洪抗旱并举；坚持涵养水源、节约用水、防止水污染相结合；坚持以改善生态环境为根本，以节水为关键，进行综合治理；坚持从长计议、全面考虑、科学选比、周密计划，合理安排水利工程建设。要制定黄河治理开发的近期目标和中长期目标，全面部署，重点规划，统筹安排，分步推进，以实现经济建设与人口、资源、环境协调发展。

第一，关于防洪问题。解决黄河洪水问题，既要有紧迫感和使命感，又要充分估计它的长期性和复杂性。要在认真总结经验的基础上，制定治理方略，运用现代科学技术，建立和完善防洪安全保障体系，加强堤防建设、河道整治、水土保持、水库与滞洪区安全建设等措施。力争到下世纪中叶，基本解除洪水威胁，谋求黄河长治久安。

第二，关于水资源问题。随着黄河流域经济社会的发展和人口的增长，黄河水资源短缺的问题将会越来越突出。比如，现在河南省水资源人均占有量只有四百吨，仅为全国人均占有量的六分之一。人无远虑，必有近忧。要从战略上采取措施，坚持经济效益、社会效益、生态效益的统一，保证黄河流域以及沿黄地区经济社会不断发展对水资源的要求。缓解黄河水资源供需矛盾，必须坚持开源、节流、保护三者并重，综合运用经济、技术、行政的措施。当前，要把节约用水作为一项紧迫的首要任务抓紧抓好。关键是要大力发展节水农业，改变大面积漫灌这种粗放式的耕作方法，实现农业的集约式发展。工业等其他事业的举办，也要坚持贯彻节水的方针。中西部地区一些地方发展缓慢，贫困人口多，一个主要原因就是缺水。解决了水的问题，这些地方必定能够实现更快更大的发展。这对增进民族团结、巩固边防具有十分重大的意义。要加强流域水资源统一管理和保护，实行全河水量统一调度。为从根本上缓解我国北方地区严重缺水的局面，兴建南水北调工程是必要的，要在科学选比、周密计划的基础上，抓紧制定合理的切实可行的方案。

第三，关于生态环境问题。生态环境建设，是关系黄河流域经济社会可持续发展的重大问题。几十年的经验证明，必须把水土保持作为改善农业生产条件、改善生态环境和治理黄河的一项根本措施，持之以恒地抓紧抓好。生态工程建设要与国土整治、综合开发、区域经济发展相结合。黄河上中游的水土保持，是一项十分广泛而复杂的任务。要充分发挥我国社会主义制度能够集中力量办大事的优越性，调动各方面的积极因素，采取工程、生物和耕作措施，进行综合治理。经过几代人长期不懈的艰苦奋斗，黄土高原地区的生态环境一定能够得到显著改善。

黄河治理开发，要高度重视运用科学技术特别是高新技术。这是搞好黄河治理开发的一个关键环节。当今世界科技进步突飞猛进，我们必须把握住这个大趋势。对国际上治理开发大江大河的先进科学技术，应该积极研究，并结合实际加以借鉴和应用。黄河有自己的显著特点，因此必须按照黄河的实际情况研究和应用先进科技手段。这次，我在黄河水利科学研究院北郊实验基地看的小浪底水库运用方式模型试验，就是一种新的探索。对黄河防洪、水资源利用、生态环境建设有重大影响的关键科技问题，要重点攻关，力争取得新的突破，为治理开发黄河提供有力的科技支撑。

黄河治理开发，要注重全河统筹。要坚持依法治水，研究制定有关法规，依法调整和规范黄河治理开发和管理工作中各方面的关系，统一规划、统一管理水资源，严格监督执法，逐步建立符合中国国情、适应二十一世纪治理开发要求的新型流域管理体制。中央和地方都要加大黄河治理开发的投入，形成多元化的投入机制。国家有关部门、流域各省区都要从大局出发，立足长远，着眼当前，加强研究，做好规划，以强烈的使命感和责任感，切实做好各方面的工作。

黄河治理开发是一项伟大而艰巨的长期任务。希望大家在党中央坚强领导下，继续艰苦奋斗，不懈努力，让古老的黄河焕发青春，更好地为中华民族造福！

注 释

〔1〕王之涣（六八八——七四二），唐代并州晋阳（今山西太原西南）人。唐代诗人。本文引语见王之涣《登鹳雀楼》。

〔2〕刘禹锡（七七二——八四二），唐代洛阳（今河南洛阳）人。唐代文学家、哲学家。本文引语见刘禹锡《浪淘沙九首（其一）》。

〔3〕李白（七〇一——七六二），祖籍陇西成纪（今甘肃静宁西南），生于唐代绵州昌隆（今四川江油南），一说生于碎叶（唐属安西都护府，今吉尔吉斯斯坦北

部托克马克附近)。唐代诗人。本文引语分别见李白《将进酒》和《赠裴十四》。

〔4〕冼星海(一九〇五——一九四五),祖籍广东番禺(今广东广州),生于澳门。现代音乐家。

〔5〕贺敬之,一九二四年生,山东峄县(今山东枣庄)人。当代诗人、剧作家。

〔6〕冰心(一九〇〇——一九九九),原名谢婉莹,福建长乐人。当代作家。

〔7〕郭小川(一九一九——一九七六),原名郭恩大,河北丰宁人。当代诗人。

〔8〕汴梁,旧时对开封府的别称。今河南开封。战国时魏国建都于此,称为大梁,简称梁。唐代在此置汴州,简称汴。后世合称为汴梁。五代时后梁建都于此,改汴州为开封府。以后,后晋、后汉、后周及北宋均建都开封,号称东京,又称汴京。北宋画家张择端创作《清明上河图》,描绘北宋京城开封汴河两岸清明时节的景象,反映了当时的社会生活。

〔9〕一九三八年五月,日本侵略军攻占徐州,随即沿陇海路西进。六月初,蒋介石下令炸开郑州以北花园口黄河大堤,以黄河之水阻止日军西犯,也给人民造成空前灾难。决口之后,黄水漫流,留下了一片连年灾荒的黄泛区。抗日战争胜利后,国民党政府为配合其发动全面内战的需要,决定堵死黄河花园口决口,使黄河东归故道,企图分割并淹没解放区。中国共产党为此与国民党政府进行多次谈判,争取时间组织解放区军民抢修黄河故道两岸的大堤和搬迁故道中的居民,最终于一九四七年三月堵口前完成了复堤和迁移工作。

〔10〕林则徐(一七八五——一八五〇),清代福建侯官(今福建福州)人。清代政治家。任东河河道总督时曾尽力修治黄河。后任江苏巡抚,又兴修白茆、浏河等水利。一八三八年在湖广总督任内,严禁鸦片,成效卓著;同年十二月受命为钦差大臣,前往广东查禁鸦片,数月间缴获英美等国烟贩鸦片二百三十多万斤,于一八三九年六月在虎门海滩当众销毁。鸦片战争爆发后,在广东指挥军队严密设防,坚决抵抗,使英军在广东无法得逞。后受诬害被革职,充军新疆。

〔11〕见清代林则徐《赴戍登程口占示家人》。

“三讲”教育是加强党的建设的新探索*

（一九九九年六月二十八日）

今天，我们在这里就全国正在开展的“三讲”教育进行座谈，以纪念中国共产党成立七十八周年，这是很有意义的。

我们党走过了七十八年的奋斗历程，团结和带领全国各族人民取得了革命、建设、改革的伟大成就，赢得了全国各族人民的衷心拥护。我们党所以能够发展成为今天这样一个拥有六千多万党员的坚强的马克思主义的执政党，所以能够战胜一切艰难险阻、不断开创新的事业境界，很重要的一条历史经验，就是我们始终坚持在马克思主义指导下，结合我国的具体实际和不同历史时期的形势，围绕党的中心工作，在带领群众进行伟大实践的过程中，坚持不懈地加强党的思想建设、政治建设、组织建设、作风建设。毛泽东同志把党的建设确定为我们党克敌制胜、发展壮大的主要法宝之一。七十多年来，我们党坚持贯彻这条重要历史经验，保持党的工人阶级先锋队性质，党的战斗力不断增强，领导水平不断提高。

在和平建设时期，如何加强党的建设，是我们党执政后始

---

* 这是江泽民同志在纪念中国共产党成立七十八周年座谈会上的讲话。

终面临的一个重大课题。革命战争年代，战火的洗礼和恶劣的环境，是每一个共产党人经常面对的严峻考验。能不能为党和人民的事业赴汤蹈火，抛头颅、洒鲜血，是对广大党员和领导干部党性的最好检验。我们党为赢得民族独立和人民解放，作出了最大牺牲，经受住了这个考验。和平建设时期，党的中心工作是进行经济建设，环境改变了，生活条件也逐渐改善，生死考验也有，但毕竟不像战争年代那样经常发生。在这样新的历史条件下，党的建设的内容、形式和特点，必然同战争年代有很大不同。新中国成立以后，我们党为此进行了不懈的努力和新的探索，也积累了不少新的经验。虽然发生过一些失误甚至严重曲折，但总的来说，我们逐渐形成了和平建设时期加强党的建设的一系列行之有效的措施和办法。这些，都要继续发扬光大。党的十一届三中全会以后，邓小平同志率领我们党认真总结正反两方面的历史经验，为探索在改革开放和现代化建设的新时期加强党的建设的路子，取得了重大成果。这个过程还没有结束，还需要全党继续探索和实践。

中央决定在全国县级以上党政领导班子和领导干部中，集中一段时间，以整风的精神深入开展"三讲"教育，解决好党性党风方面存在的突出问题，是我们党为加强自身建设而进行的一个新的创造性探索。这是在新的历史条件下保持党的先进性和纯洁性，提高领导水平和执政水平，增强拒腐防变和抵御风险能力的需要；是从思想上、政治上、组织上、作风上全面推进党的建设，提高干部队伍素质的需要；是我们党团结和带领人民按照党的十五大的战略部署，全面推进建设有中国特色社会主义伟大事业的需要。切实搞好“三讲”教育，其意义和影响将是重大而深远的。

这次“三讲”教育，是当前党的建设的重中之重。按照中央的要求，各地区各部门的“三讲”教育正在分期分批地展开。总的看，前一段，绝大多数地方和单位指导思想明确，工作认真扎实，进行得比较健康和顺利，收到了比较明显的成效，也积累了一些好的经验。许多同志反映，党的领导干部集中一段时间，联系实际学习马列主义、毛泽东思想特别是邓小平理论，把改造客观世界同改造主观世界结合起来，认真总结工作实践和党性锻炼中的经验教训，这是多年来少有的；省部级领导干部带头，认真查摆自己在党性党风方面存在的突出问题，从世界观、人生观、价值观的高度进行剖析，这也是多年来少有的；充分发扬民主，坚持走群众路线，广泛听取各方面意见，严肃认真地开展批评和自我批评，这同样是多年来少有的。

现在，“三讲”教育发展的形势是好的。各级党委首先是主要领导干部，要进一步坚定信心，再接再厉，认真贯彻中央的部署，始终以高度的责任感、严肃的态度和饱满的热情，把“三讲”教育继续引向深入。

讲学习、讲政治、讲正气，三者是紧密相连和相互统一的，核心是讲政治。一个政党，就是围绕自己的政治纲领、按照自己的政治路线、为实现自己的政治目标而组织起来的政治集团。不讲政治，离开了自己的政治纲领、政治路线、政治目标，也就不成其为一个政党了。我们党是马克思主义政党，必须坚持讲马克思主义的政治，讲建设有中国特色社会主义的政治，讲实现、维护、发展人民群众利益的政治。全党同志特别是领导干部，必须坚定正确的政治方向、政治立场、政治观点，严守政治纪律，增强政治敏锐性和政治鉴别力，保证全党在思想上、政治上、组织上高度统一。只有这样，我们才能在前进道路上始终保持清醒的头脑、科学的认识、坚定的信念，才能经受住各种困难和风险的考验，完成改革和建设的各项任务。

讲政治是具体的，而不是抽象的。领导干部讲政治，最重要的就是要通过自己的实践，把讲政治的要求落实到推动建设有中国特色社会主义的经济、政治、文化等各个方面，体现在自己的日常工作和学习上，贯彻到党内生活里去。这里我强调以下几点。

第一，要坚定正确的理想信念。我们共产党人的根本政治信仰是社会主义和共产主义，世界观是马克思主义的辩证唯物主义和历史唯物主义，这是任何时候都丝毫不能动摇的。一个党员特别是领导干部，如果在思想上动摇了这些根本的东西，也就动摇了共产党人的根本政治立场，就必然会偏离正确的政治方向。中央要求“三讲”教育把坚定理想信念作为必须解决的第一个问题，是有针对性的。在这方面，一些同志身上确实存在着不可忽视的问题。例如，有的同志对社会主义经过长期发展最终必然战胜资本主义，对建设有中国特色社会主义的前途，认识上产生了这样那样的动摇；有的革命意志衰退，思想空虚，沉湎于花天酒地，或从封建迷信和其他消极行为中寻求精神寄托；有的私欲膨胀，在拜金主义面前随波逐流，以至利用职权攫取国家资产，为自己留所谓的“后路”。种种情况说明，我们必须不断对党员、干部加强理想教育和信念教育，加强辩证唯物主义和历史唯物主义教育，推动全党同志真正把理想信念牢固地建立在马克思主义的科学基础上。要适应国际国内新的形势，适应社会经济、政治、文化生活的新变化，积极寻找新的措施和办法，创造新的经验，保证党在建设有中国特色社会主义的伟大而艰巨的实践中真正加强思想政治工作、组织工作、宣传工作、群众工作，使马克思主义始终牢固地占领思想政治阵地，使各种唯心论、非马克思主义和反马克思主义的东西没有可乘之机。思想政治工作的实践说明，我们的阵地如果无产阶级思想不去占领，非无产阶级思想就必然会去占领。我们必须充分注意和记取这种历史的经验教训。

第二，要善于从政治上正确认识和判断形势。我们党领导的社会主义现代化事业，是一项十分艰巨的、不断发展的事业，又是在复杂多变的国际环境中进行的。如果不善于从政治的高度、从全局和战略的高度来认识我国经济社会发展的状况，认识当今国际局势变化对我国产生的影响，审时度势，正确决策，就难以把握正确的前进方向，也难以贯彻落实党的基本理论、基本路线、基本纲领。正确分析和认识形势，才能把握好现代化建设的大好局面同前进中出现的暂时困难和问题的关系，认清事物的本质与现象、主流与支流，坚定推进工作的信心；才能把握好改革发展稳定的关系，统筹兼顾地处理好各方面的工作，促进经济社会全面发展；才能把握好国际形势总体趋向缓和同美国等西方国家搞霸权主义和强权政治的关系，努力为我国现代化建设创造一个良好的国际环境，更好地维护我国的安全和利益。最近一段时间，中央在处理以美国为首的北约武装干涉南联盟事务〔1〕、用导弹袭击我国驻南联盟大使馆〔2〕的问题时，就始终注意从国际国内的大势来加以审视和考虑，制定和执行了正确的方针和对策。总之，无论看待国际形势还是国内形势，都要坚持马克思主义的辩证观点。形势好的时候，要看到存在的问题，及时求得解决，不盲目乐观；遇到困难和挫折的时候，要看到光明，坚定胜利的信心，知难而进，不悲观失望；面临挑战的时候，要冷静思考，沉着应对，妥善处理，不头脑发热。

第三，要在路线方针政策上始终保持政治上的清醒和坚定。政治是经济的集中表现，是为经济服务的。列宁指出：“一个阶级如果不从政治上正确地看问题，就不能维持它的统治，因而也就不能完成它的生产任务。”〔3〕我们搞社会主义现代化建设，中心任务是发展经济，必须牢牢抓住，绝对不能动摇。经济发展需要有坚强的政治保证和充分的政治条件，否则经济建设也搞不好。经济工作和其他各项业务工作中都有政治。党的十五大提出要积极探索能够进一步解放生产力的公有制实现形式，允许搞股份制和股份合作制，国外有些人就以为中国要搞私有化了，而我们有的同志也产生了类似的错误认识，结果在一些地方的工作中出现了某些偏差。经过新中国成立以来五十年的发展，我们的国有资产已达八万多亿元，这是属于全国人民的财产，是我国社会主义制度的重要经济基础。如果头脑不清醒，随意地加以处理，比如不加区分、不加限制地把国有资产大量量化到个人，并最终集中到了少数人手中，那样我们的国有资产就有被掏空的危险，我们的社会主义制度就会失去经济基础。那时，中国将会是一个什么样的局面？我们靠什么来坚持社会主义制度？靠什么来巩固人民政权？靠什么来保证实现全体人民共同富裕？所以，正确认识和坚持公有制为主体、多种所有制经济共同发展的基本经济制度，正确认识和处理公有制经济同非公有制经济的关系，既是一个重大经济问题，也是关系党和国家前途命运的重大政治问题。我讲这么一个问题，是要说明，领导干部特别是高级干部，必须善于从政治上观察和处理问题，绝不能单纯地就经济论经济，就业务谈业务。否则，不仅工作不可能做好，而且会给党和人民的事业带来损失。希望各级领导干部自觉从政治的高度来认识和把握自己从事的工作，保证我们的各项工作更好地沿着正确的方向发展。

第四，要自觉坚持党的民主集中制原则。民主集中制是我们党和国家的根本组织制度和领导制度，也是最重要的组织纪律和政治纪律。一些领导班子不和谐、不团结，原因是多方面的，但带共性的一条就是民主集中制执行得不好。有的主要领导干部喜欢个人说了算，把集体讨论当形式。有的领导干部全局意识差，对集体决定合意的执行，不合意的就不执行。这种现象，妨碍领导集体形成整体合力，也会带来政治上的不良影响。我一直讲，领导班子要坚持集体领导、民主集中、个别酝酿、会议决定。主要领导既要有魄力，善于在发扬民主的基础上果断拍板决策，又要尊重别人的意见，善于集思广益，实行正确的集中。每个领导成员都要按照集体决定和分工切实履行自己的职责，同时又要关心全局，积极参与集体决策。重大问题决策、重要人事任免，都必须坚持民主集中制，坚持集体讨论，会议决定，严格按照规则和程序办事。领导成员，要互相信任，互相支持，互相补充，互相谅解；遇到意见分歧，要坦诚相见、及时沟通，不要当面不说、背后乱说，不要斤斤计较个人的恩怨得失。这样就可以避免或减少影响团结的问题发生，即使有了矛盾也容易解决。解决党内矛盾，要坚持运用批评和自我批评的武器，这是我们党的一个优良传统和优良作风，也是在新的历史条件下增强党的团结、健全党内生活、帮助同志进步所必需的。对错误的东西听之任之，不进行必要的思想斗争，讲私情而不讲党性，讲关系而不讲原则，回避矛盾，一团和气，是非不分，危害极大。对违背党的路线方针政策的重大原则问题，对违反党的宗旨和纪律的错误行为，要敢于批评，敢于斗争。领导干部要广纳善言，闻过则喜，这对自己的进步和提高大有好处，对提高党的凝聚力和战斗力也大有好处。

第五，要全心全意为人民谋利益。我们共产党人全部工作的出发点和归宿，都是为人民谋利益。这是我们的立党之本、执政之基。政治问题主要是对人民群众的态度问题，同人民群众的关系问题。人民是历史的创造者，群众是真正的英雄。这些话，都是毛泽东同志早就说过的，我曾多次加以引用和强调。领导干部要同群众保持密切联系，真正同群众打成一片，想群众之所想、急群众之所急，以群众赞成不赞成、高兴不高兴作为自己的行为准则。否则，就有被群众抛弃的危险。对群众提出和反映的问题，必须满腔热情地加以处理，切实帮助群众解决生产生活中的实际困难，绝不能漠然置之，更不能粗暴地对待群众，激化矛盾。全心全意为人民谋利益，不能挂在嘴上，不能搞“虚功”，而是要实实在在为群众办事，要从群众最关心、最迫切需要解决的实际问题入手开展工作，把我们党的根本宗旨切实落实到各项工作中，落实到广大人民群众身上。

总之，党员、干部特别是领导干部，不论在哪个领域、哪条战线工作，都要讲政治。中央提出，高级干部首先要努力成为忠诚于马克思主义、坚持走有中国特色社会主义道路、会治党治国的政治家〔4〕。提高干部队伍素质，关键是要提高马克思主义政治素质。没有这个政治的灵魂，就会迷失方向，就不可能成为一个清醒的合格的党的领导干部，就不可能成为一个清醒的合格的有中国特色社会主义事业的建设者和领导者。高级干部，一定要按照中央的要求，努力加强学习和实践，努力使自己成为党所要求的善于治党治国的政治家。其他领导干部也要用这样的要求来锻炼和提高自己。我们党有了一大批在新的历史时期、在改革开放和发展社会主义市场经济的社会环境中、在复杂的国际斗争形势下会治党治国的政治家，由这样的政治家来办经济、办文化、办军事、办外交、办现代化建设的各项工作，建设有中国特色社会主义伟大事业就一定能够不断从胜利走向新的胜利。

讲政治，必须坚持讲学习。领导干部的马克思主义理论基础扎实了，各方面知识丰富了，才能全面地认识和把握各种复杂的矛盾和问题，敏锐地识别各种错误的观点和思潮，科学地制定各项政策措施，也才能在各种复杂的局势中坚持正确的政治方向。一句话，只有讲学习，才能更好地讲政治。学习，首先是学习理论。理论建设是党的建设的根本，理论素质是领导干部思想政治素质的灵魂。加强马克思主义理论学习，仍然是摆在全党面前的一项紧迫而重大的任务，必须持之以恒地加以推进。同时，还应该广泛学习经济、政治、法律、科技、历史、文化等方面的知识，学习国际政治和国际经济方面的知识。优秀的文学艺术作品，对提高人的思想境界和品德修养很有好处，也应该熟悉和了解。人类创造的知识是浩瀚的，全部都学也不可能，应该结合自己的知识状况和工作实际，合理制定学习计划，逐步积累和深入。人不是生而知之的，知识、才干、经验都要在工作实践和刻苦学习中获得。学习，不仅要从书本上学，而且要在实践中学；不仅要在总结成功的经验中获得提高，而且要在汲取失败的教训中获得进步。这是我们党的实事求是的思想路线所要求的，也是理论联系实际的马克思主义学风所要求的。

讲政治，必然要体现在讲正气上。讲正气，就是要坚持和发扬共产党人的政治本色和革命气节。中央一直强调，全党同志特别是领导干部一定要树立和保持共产党人的高尚情操和革命气节。这历来是我们党团结奋斗、夺取胜利的强大精神力量。一个革命政党，必须有一股浩然正气，这样全党才能具有强大精神支柱，才能充满生机和活力。这些年来，一些领导干部在权力、金钱、美色面前，经不起考验，蜕化变质，跌入了腐败的泥坑。一个重要原因，就是这些人放松了世界观的改造，丧失了共产党人的革命气节。我们中华民族历来崇尚名节。孟子说的“富贵不能淫，贫贱不能移，威武不能屈”〔5〕，以及其他许多格言名句，都表达了我们民族对坚贞气节的追求。我们共产党人，应该继承和发扬中华民族的优秀文化传统，应该在马克思主义的思想基础上，培养和弘扬高尚的人格品质。保持革命气节，就要做到无论在何种情况下都忠诚于党和人民的事业，不改变革命的初衷，不丧失必胜的信心；不怕鬼，不信邪，坚持真理，维护党的原则，旗帜鲜明地同各种错误思想、不良倾向和邪恶势力作斗争；坚持廉洁奉公，艰苦奋斗，在拜金主义、享乐主义、极端个人主义和灯红酒绿的侵蚀和影响面前，一尘不染，正气凛然。在全党同志特别是领导干部中大力加强革命气节教育，是新形势下一项重要的思想政治建设。大家都要在改革开放和现代化建设的实践中，自觉进行党性锻炼，自觉加强思想政治修养，在解决世界观、人生观、价值观问题上下功夫，在实践中不断坚定自己的信仰、志向，锤炼自己的意志、品质，真正养成共产党人的高风亮节。

改革开放以来，党所处的国内外环境、肩负的历史任务以及党员、干部队伍的构成情况，已经和正在发生很大变化。社会经济成分和组织形式的多样化，社会成员对物质利益和其他利益要求呈现出的种种差异，这些都不可避免地会反映到党内、反映到领导干部队伍中来。这是党的建设面临的过去没有遇到过的新情况新问题。这次"三讲"教育，就是我们党为加强领导班子建设、提高干部队伍素质、解决新形势下党性党风方面存在的突出问题而采取的一项重大举措。

现在，第一批省部级单位领导班子和领导干部的"三讲"教育即将告一段落，巩固和扩大教育成果、落实整改措施的工作还不少，各省区市所属地市厅局和各部委司处级干部的"三讲"教育也正在或即将展开。第二批省部级单位领导班子和领导干部的“三讲”教育很快就要开始。各地区各部门党委（党组）要加强领导，主要负责同志要切实履行第一责任人的责任，一级抓一级，一级带一级，都要坚持高标准、严要求，不能松劲，不能降低要求和标准，不能走过场。中央巡视组要继续发挥好指导和帮助的作用。要在总结和发扬第一批“三讲”教育单位取得的经验的基础上，把以后各级各批的“三讲”教育搞得更好。“三讲”教育的时间毕竟是有限的，而讲学习、讲政治、讲正气则是长期任务，应该成为全党同志尤其是领导干部经常的自觉行动。

我们正处在世纪之交的重要历史关头，肩负着跨世纪发展的伟大而艰巨的任务。我们一定要通过这次“三讲”教育，进一步提高全党的理论水平和政治水平，提高领导干部正确把握形势、驾驭复杂局面的能力，进一步增强党的凝聚力和战斗力，更好地带领全国各族人民把建设有中国特色社会主义事业全面推向前进。

注 释

〔1〕见本卷《建立适应时代需要的新安全观》注〔1〕。

〔2〕见本卷《同仇敌忾，团结御侮》注〔1〕。

〔3〕见列宁《再论工会、目前局势及托洛茨基同志和布哈林同志的错误》（《列宁选集》第4卷，人民出版社1995年版，第408页）。

〔4〕中共十四届四中全会一九九四年九月二十八日通过的《中共中央关于加强党的建设几个重大问题的决定》提出：高级干部特别是省部以上党政主要领导干部，不仅要努力成为有知识、懂业务、胜任本职工作的内行，而且首先要努力成为忠诚于马克思主义、坚持走有中国特色社会主义道路、会治党治国的政

治家。

〔5〕见《孟子·滕文公下》。原文是:“居天下之广居,立天下之正位,行天下之大道,得志与民由之,不得志独行其道,富贵不能淫,贫贱不能移,威武不能屈,此之谓大丈夫。”

从战略高度加强同第三世界的团结合作*

（一九九九年八月四日）

第二次世界大战以后，特别是五六十年代，反对帝国主义、殖民主义的民族解放运动风起云涌，不结盟运动〔1〕、七十七国集团〔2〕等组织十分活跃、影响很大，出现了尼赫鲁〔3〕、纳赛尔〔4〕、铁托〔5〕、苏加诺〔6〕、恩克鲁玛〔7〕、尼雷尔〔8〕等一批具有世界影响的领袖人物。殖民体系的瓦解和第三世界的崛起，是第二次世界大战结束以来国际关系最重大的发展变化之一。冷战结束以后，西方加紧对第三世界实施西化、分化的政治战略，打着"民主"、"自由"、"人权"的幌子，强迫发展中国家实行西方式多党制。受西方发动的所谓"民主化"浪潮的冲击，许多国家政局动荡，经济发展受阻，由民族、宗教、领土争端等问题引起的冲突增多。这是吞服不顾国情照搬西方政治制度的模式这剂"政治毒药"的结果。我出访过不少发展中国家，也接待过许多来访的发展中国家领导人，总的感觉是，一些国家虽然取得了政治独立，但经济命脉仍掌握在别人手里。

---

* 这是江泽民同志在中央有关部门召开的一次外事工作会议上讲话的一部分。

发展中国家由于经济、科技落后，在经济全球化过程中整体上处于不利地位，与发达国家的贫富差距进一步拉大。亚洲金融危机使亚洲经济高速增长的势头受挫，中东、非洲、拉美的经济发展也受到相当大的影响。现在，由于一些发展中国家经济困难，政治上倾向西方，整个发展中国家内部正在出现新的分化改组，难以形成强大合力。但是，发展中国家也有所觉醒。不久前召开的第三十五届非洲统一组织首脑会议发表《阿尔及尔宣言》，明确指出殖民主义是非洲动荡、落后的总根源，重申在主权问题上所有国家一律平等，再次肯定了尊重主权和领土完整、不干涉内政、不诉诸武力或以武力相威胁、和平解决国际争端等国际关系准则，强调不能把人权问题政治化、联合国作用不可替代，认识到目前的经济全球化给非洲带来了不少负面影响，表达了非洲国家对建立公正合理的国际政治经济新秩序的强烈愿望。

加强同第三世界国家的团结合作，是我国对外政策的基本立足点。第三世界国家大多数是原来的殖民地、半殖民地，在获得政治独立以后，经济上仍未独立，属于发展中国家。我国一贯重视对第三世界国家的工作，支持这些国家的民族解放运动和发展民族经济的正义事业，并提供了大量援助。七十年代，毛泽东同志提出了关于三个世界划分〔9〕的战略思想，高度评价第三世界的战略地位和作用，明确指出中国属于第三世界。一九七四年，邓小平同志出席联合国大会第六届特别会议时，向国际社会全面介绍了这一战略思想。改革开放后，邓小平同志根据形势变化，适时对我国外交政策作了相应调整，强调要全面加强对第三世界国家的工作，高度重视南南合作。他说:“第二次世界大战以后,国际政治中积极的因素是第三世界的兴起。”〔10〕一九八二年一月一日,他会见阿尔及利亚政府代表团时指出:南南合作是新提法,这个提法很好,应该给发明者一枚勋章。南南合作是国际关系中一个重要问题,是历史发展的方向〔11〕。我国同第三世界国家的根本利益一致,有着共同的历史遭遇,面临着维护民族独立、发展经济的共同任务。大多数发展中国家重视我国的地位,看好我国的发展前景,愿意学习和借鉴我国的经验,要求加强对华友好合作。我国同这些国家的合作前景非常广阔。第三世界国家是我国在国际事务中的主要依靠力量。与第三世界国家在国际事务中相互同情和支持,是我国巨大的政治优势。中国是由第三世界的穷朋友抬进联合国的。我国连续八次在联合国人权会议上挫败一些西方国家提出的反华提案,也主要是靠第三世界国家的支持。

现在,第三世界虽然面临不少困难,但仍然是国际舞台上的一支重要力量。第三世界国家地大物博,人口众多,具有巨大的发展潜力。他们占联合国成员国的绝大多数,是霸权主义和强权政治、不公正不合理的国际政治经济旧秩序的最大受害者,是反对霸权主义、维护世界和平、推动建立公正合理的国际政治经济新秩序的主力军。我们必须从战略高度,从我国外交全局和国家整体利益出发,思考怎样加强同第三世界国家的合作问题,进一步提高对第三世界国家工作重要性的认识。现在情况有所变化。有些国家与我国有所疏远,一些新的领导人对我国不够了解,对我国感情也不像以前那么深了。这种现象应该引起我们重视。加强对第三世界国家的工作，要有一些新的思路，要有长远规划，并制定出切实可行的具体措施，加以落实。我们绝不当头，但对发展中国家的工作必须加强，必须有所作为。

注 释

〔1〕不结盟运动，是在冷战的国际背景下，一些国家（主要是亚非拉国家）为避免卷入美苏两大集团对抗、在国际事务中发挥独立作用而发起的运动。一九六一年九月，在南斯拉夫、阿拉伯联合共和国、印度、印度尼西亚等国倡议下，第一次不结盟国家首脑会议在南斯拉夫贝尔格莱德举行，二十五个国家出席会议，不结盟运动正式形成。该运动奉行独立、自主和非集团的宗旨，支持民族解放运动，反对帝国主义、殖民主义、种族主义，反对霸权主义和强权政治，呼吁加强团结，发展南南合作，建立一个和平、公正、民主的国际新秩序。不结盟运动现有一百一十多个成员国，均为发展中国家。通常每三年召开一次首脑会议，就国际形势、地区冲突等问题进行讨论，协调立场，并通过文件。中国重视发展和加强同不结盟运动的关系，支持不结盟国家的合理主张和正义事业，自一九九二年九月起成为不结盟运动的观察员国。

〔2〕七十七国集团，是发展中国家为维护自身权益、改变不合理的国际经济秩序而组成的国际组织。一九六四年三月二十三日至六月十六日，第一届联合国贸易和发展会议在瑞士日内瓦举行。六月十五日，与会的七十七个发展中国家和地区发表联合宣言，提出要加强相互接触和磋商，在贸易和经济方面确立共同目标，制定联合行动纲领，采取集体谈判策略，加强发展中国家的谈判地位，促进建立国际经济新秩序。从此，这些国家和地区作为一个集团参加联合国贸易和发展会议的谈判。此后，集团成员不断增加，现有成员一百三十多个，但七十七国集团的名称一直沿用下来。中国自一九八一年起以特邀来宾的身份参加该集团部长级会议及磋商。

〔3〕尼赫鲁，即贾瓦哈拉尔·尼赫鲁（一八八九——一九六四），一九四七年至一九六四年任印度总理。

〔4〕纳赛尔，即加麦尔·阿卜杜勒·纳赛尔（一九一八——一九七〇），一九

五六年至一九五八年任埃及总统，一九五八年至一九七〇年任阿拉伯联合共和国（一九五八年由埃及和叙利亚合并建立，一九六一年叙利亚退出）总统。

〔5〕铁托，即约瑟普·布罗兹·铁托（一八九二——一九八〇），一九五三年至一九八〇年任南斯拉夫总统。

〔6〕苏加诺，即艾哈迈德·苏加诺（一九〇一——一九七〇），一九四五年至一九六七年任印度尼西亚总统。

〔7〕恩克鲁玛，即克瓦米·恩克鲁玛（一九〇九——一九七二），一九六〇年至一九六六年任加纳总统。

〔8〕尼雷尔，即朱利叶斯·坎巴拉吉·尼雷尔（一九二二——一九九九），一九六四年至一九八五年任坦桑尼亚总统。

〔9〕一九七四年二月二十二日，毛泽东会见赞比亚总统卡翁达时提出了划分三个世界的观点。按照这个观点，第一世界，指美国和苏联两个拥有最强的军事和经济力量、在世界范围推行霸权主义的超级大国；第三世界，指亚洲、非洲、拉丁美洲和其他地区的发展中国家；第二世界，指处于这两者之间的发达国家。参见毛泽东《关于三个世界划分问题》（《毛泽东文集》第 8 卷，人民出版社 1999 年版，第 441—442 页）。

〔10〕见邓小平《中国的对外政策》（《邓小平文选》第 2 卷，人民出版社 1994 年版，第 416 页）。

〔11〕这段话出自邓小平一九八二年一月一日会见以财政部部长穆罕默德·哈吉·亚拉为团长的阿尔及利亚政府代表团时的谈话（《邓小平年谱（一九七五——一九九七）》下卷，中央文献出版社 2004 年版，第 796 页）。

关于国有企业改革和发展*

（一九九九年八月十二日）

今年以来，我先后到西南、中南、西北和华东地区就国有企业改革和发展进行调研，并主持召开了座谈会[1]。这次，我们在大连召开东北和华北地区国有企业改革和发展座谈会，八省区市党委和有关企业的负责同志都谈了很好的意见。

从现在起到下世纪的前十年，是我国改革和发展的关键时期。在这个时期，要建立比较完善的社会主义市场经济体制，保持国民经济持续快速健康发展。要解决好这两大课题，必须不失时机地推进国有企业改革和发展，使国有企业改革取得突破性进展。这是实现我国现代化建设跨世纪发展宏伟目标的必然要求，也是不断保持和促进我国改革发展稳定的大局的必然要求。

---

* 这是江泽民同志在大连主持召开东北和华北地区国有企业改革和发展座谈会时的讲话《坚定信心，深化改革，开创国有企业发展的新局面》的主要部分。

一、坚定不移地推进国有企业改革和发展

国有企业在国家经济社会发展中始终处于十分重要的地位。新中国成立五十年来，国有企业和广大工人阶级，为我国形成独立的比较完整的工业体系和国民经济体系，增强经济实力和综合国力，巩固和加强国防，促进社会全面进步，提高人民生活水平，作出了重大的历史性贡献。

党的十一届三中全会以来，在邓小平理论指引下，我们党开辟了建设有中国特色社会主义的新道路。我们坚持解放思想、实事求是，既坚定不移地改革旧体制的弊端，为国有企业和整个经济的发展提供新的动力，又充分考虑到国有企业稳定发展对整个国民经济发展的重大意义，采取循序渐进的方式，逐步深化国有企业改革，迈出了前所未有的重大步伐。经过二十多年改革开放的伟大实践，国有企业的管理体制和经营机制发生了深刻变化，国有经济布局和结构的调整取得进展，国有独资、控股和参股等多种实现形式的发展扩大了国有经济的控制力，一批国有及国有控股企业在改革中焕发出新的生机，在市场竞争中不断成长壮大。

从一九七八年到一九九八年的二十年间，国有及国有控股工业总产值年均增长百分之八，资产总额年均增长百分之十五，上缴税金年均增长百分之十点一。金融、铁路、电信、航空、石油、电力等关键领域基本都掌握在国有企业手中；能源、交通、邮电等基础部门和冶金、石化、化工、汽车、机械、电子等

重要原材料行业和支柱产业，国有经济占支配地位。我国钢、煤、化肥等重要工业产品产量跃居世界首位，发电量和原油、化纤产量等位居世界前列，都是以国有及国有控股企业为主生产的。国有企业仍然是国家财政收入的主要来源，目前上缴利税占财政收入的比重达百分之五十五，有力地支持着国家的改革和建设。在多种所有制经济共同发展的格局下，国有经济总体实力进一步增强，在国民经济中继续发挥主导作用，始终控制着国民经济命脉。可以说，我国社会主义工业化和现代化建设的一切重要成就，我国具有今天这样比较雄厚的综合国力和重要的国际地位，我国经济能够在激烈的国际竞争中持续稳步发展，都同国有企业发挥的巨大作用分不开。

同时，也要清醒地看到，现在国有企业改革处于攻坚阶段，发展处于关键时期。在发展社会主义市场经济的广泛而深刻的变革中，国有企业改革和发展，都面临着一些亟待解决的深层次矛盾和问题：一些企业经营机制不活，生产经营面临困境，经济效益下降，负债率过高，富余人员较多，社会负担沉重，部分职工生活比较困难。造成这些矛盾和问题的原因是多方面的，必须进行全面的科学的分析。传统计划经济体制的深刻影响不是短期可以克服的，解决历史遗留下来的诸多矛盾也需要一个过程，长期不合理重复建设造成生产能力大量过剩是许多企业陷入困境的重要原因之一，一些多年开采的矿山资源枯竭导致企业陷入困难，适应国内外市场的重大变化调整产业结构和企业组织结构要经历一个艰苦的过程。总的看，这些都是前进和发展中的问题。我们既要高度重视，又要坚定信心，采取切实有效的措施，努力加以解决。

我们正处在世纪之交的重要历史时刻。和平与发展仍是当今时代的主题，世界格局正在朝着多极化方向发展，但霸权主义和强权政治依然存在，并有新的表现。现代科技进步日新月异，全球范围的产业和经济结构调整加快进行。综合国力竞争，越来越成为决定一个国家前途命运的主导因素。我们既面临着难得的发展机遇，也面临着严峻的挑战。我们只有不断增强经济实力、国防实力、民族凝聚力，才能在日趋激烈的国际竞争中立于不败之地，才能切实维护我们的国家主权和民族尊严。

发展社会主义社会的生产力，推进国家的工业化和现代化，必须发挥国有企业特别是大中型企业的支柱作用。我国过去那种商品供应短缺的状况已经改变，某些方面出现了一定程度的生产力过剩、结构性供大于求的情况。另一方面，在信息产业、重大工业技术设备、重要基础设施设备、环境保护等领域的一些高精尖产品，传统产业中一些有特殊要求的产品，我们还生产不了，大量依赖进口。在高技术含量、高附加值产品的国际贸易中，我国所占的份额还很低。八亿多人口的农村市场的巨大潜力还有待进一步开发。我们一定要敏锐地把握国内外经济发展和科技进步的新趋势，抓住机遇，迎难而上，切实转变经济增长方式，大力开拓新的发展空间，增强国有经济实力，使之更好地发挥主导作用。

建立社会主义市场经济体制，使公有制与市场经济有机结合起来，必须抓住国有企业改革这个经济体制改革的中心环节。建立和完善社会主义市场经济体制，基础在于企业，最重要的是使国有企业形成适应发展社会主义市场经济要求的管理体制和经营机制。我们一定要以“三个有利于”[2]为根本标准，努力探索能够极大促进生产力发展的公有制实现形式，大胆利用反映社会化生产规律、符合市场经济要求的各种经营方式和组织形式，建立现代企业制度，不断增强企业的科技开发能力、市场竞争能力和抗御风险能力。

工人阶级是我国的领导阶级，是促进社会安定团结的中坚力量，必须始终注意维护和发展工人阶级和广大人民群众的利益。通过深化企业改革，促进经济发展，使广大职工生活水平不断提高，这是工人阶级的长远利益和根本利益之所在。我们一定要正确处理改革发展稳定的关系，使改革的力度、发展的速度同社会可承受的程度相适应，实现改革发展稳定相互协调、相互促进，确保社会稳定和国家长治久安。

搞好国有企业，既是关系国民经济健康运行和长远发展的重大经济问题，也是关系社会主义制度前途命运的重大政治问题。面向二十一世纪，坚定不移地推进国有企业改革和发展，是摆在全党面前的重要任务，也是历史赋予我们这一代人的光荣使命。

二、进一步加快国有企业改革和发展的步伐

在推进国有企业改革和发展的实践中，我们已形成了一系列重要的指导方针，要继续全面贯彻落实。

第一，从战略上调整国有经济布局和改组国有企业。为适应发展社会主义市场经济的要求，从整体上搞好国有经济，

实现资源的合理有效配置，提高国有资产营运效率，必须从战略上调整国有经济布局，对国有企业实施战略性改组。要坚持有进有退，有所为有所不为。国有经济在关系国民经济命脉的重要行业和关键领域必须占支配地位。其他行业和领域，可以通过资产重组和结构调整，集中力量，加强重点，提高国有资产的整体素质。国有经济对经济发展的主导作用，既要通过国有独资企业来实现，更要积极发展股份制，探索通过国有控股和参股企业来实现。国有经济的结构调整，要积极吸收和利用非国有的社会资本，以放大国有资本的功能，提高国有经济的控制力、影响力、带动力。要继续实行“抓大放小”的方针。国家在关系国民经济命脉的重要行业和关键领域，要重点培育和抓好一批国有及国有控股的大型企业和企业集团，发挥这些大企业在资本运营、技术开发、开拓国内外市场等方面的优势，成为经济结构调整和企业重组的重要力量，成为参与国际市场竞争的骨干。要放开搞活国有中小企业，重视发挥国有和其他所有制中小企业的重要作用，注重扶持科技型中小企业的发展。继续采取改组、联合、兼并、租赁、承包经营和股份合作制、出售等多种形式，放开搞活国有小型企业。无论采取哪种形式，都必须从实际出发，听取群众意见，规范操作，注重实效。

第二，坚持建立现代企业制度的改革方向。国有企业建立现代企业制度，是实现公有制与市场经济相结合的有效途径，是整个经济体制改革的关键环节。把这项工作抓好了，有利于形成社会主义市场经济的微观基础。对产权清晰、权责明确、政企分开、管理科学，要全面理解、全面贯彻。各级政府必须转变职能，进行机构改革，改变政府直接管理企业、承担无限责任和企业多方面依赖政府的状况。公司制是现代企业制度的一种有效组织形式。要积极推进国有大中型企业进行规范的公司制改革。我国的国有资产，是全体人民的共同财富，不仅要管好用好，而且要使其保值和不断增值。国家对其出资兴办和拥有股权的企业，通过出资人代表或机构行使所有者职能，按出资额享有所有者权益。出资人要到位，要有人或有机构对国有资本负责。企业依法自主经营、自负盈亏、照章纳税，对所有者的资产净值承担保值增值的责任。极少数必须由国家垄断经营的企业成立国有独资公司；一般企业应该建立有多元投资主体的公司，其中重要的由国家控股。国有独资公司也要尽可能由多家国有企业共同持股。要完善对国有大型企业、企业集团和控股公司实行国有资本授权经营的做法。允许和鼓励地方试点，不断总结经验，探索建立和完善国有资产管理的具体形式。要继续探索通过完善监事会，从体制上、机制上加强对国有资产的有效监督，确保国有资产及其权益不受侵犯。

公司法人治理结构是现代公司制的核心。要按照公司法，明确股东会、董事会、监事会、经理层的职责，使之各负其责、协调运转、有效制衡。目前，绝大多数国有控股公司都既有股东会、董事会、监事会，又有党委会、工会、职工代表大会，可考虑采取双向进入的办法，处理好它们之间的关系。在国有及国有控股公司中，党委负责人和职工代表可按照法定程序进入董事会，还可按法定程序进入监事会；董事长、监事会负责人和总经理可按党章和有关规定进入党委会；党委书记和董事长可由一人兼任。通过这些措施，形成公司对重大问题的统一决策机制。

第三，大力加强和改善企业管理。管理是企业永恒的主题。从严治理企业，是企业振兴的必由之路。加强企业发展战略的管理，关键是要根据不断变化的市场要求，抓住发展战略、技术创新战略、市场营销战略这些重要环节。当前，国内外市场竞争日趋激烈，不确定因素增多，这就要求企业必须高度重视科学决策和风险管理，使企业能够经受住市场变化的冲击，有效规避风险。没有规矩，不成方圆。企业经营管理的各个环节各个方面都应该建立和完善规章制度。有了制度，照章办事，严明奖惩，管理才能严得起来，效率才能真正提高。要坚持质量第一，采用先进标准，搞好全员全过程的质量管理，全面提高产品、工程和服务的质量。

现代科学技术的发展，为加强企业管理提供了全新的条件。要重视和广泛采用现代管理技术、方法、手段来加强管理。在建设国有企业的长期实践中，我们积累了许多行之有效的管理经验，不能丢掉，要结合新的实践，赋予其新的内涵，使之在新形势下继续发挥积极作用。对先进企业在改革和发展中取得的新鲜经验，要注意总结、提高、推广。同时，要积极引进国外智力和借鉴国外企业现代管理方法。通过把我们管理企业的历史经验与新鲜经验结合起来，把我们创造的行之有效的企业管理方法与国外企业的先进管理方法结合起来，探索和形成一整套有中国特色的现代企业科学管理制度，不断实现管理创新。

要强化基础工作，狠抓企业管理的薄弱环节，突出抓好成本管理、财务管理和质量管理。企业的财务、会计、统计等方面的工作，要统一标准、规范操作，做到准确、及时反映企业经营状况。企业生产经营中存在的各种漏洞，往往是企业经营不善、效益下降的大患，要通过切实改革和加强经济核算，加以堵塞。要把加强管理和反腐倡廉结合起来，加强对企业经济活动的审计和监督，坚决纠正做假账、违反财经纪律、营私舞弊等现象。企业要增强法律意识和信用观念，依法经营管理。

第四，切实解决国有企业的突出困难和问题。对制约企业发展、导致企业陷入困境的突出困难和问题，各级党委、政府和中央有关部门必须高度重视，进一步采取措施，着力加以解决。增加银行核销呆坏账准备金用于国有大中型企业的兼并破产和资产重组，利用国内外资本市场筹集资金，增加国有资产的流动性等措施，对企业增资减债很有作用，要继续加大力度。从今年起，国家准备结合国有银行集中处理不良资产的改革，通过成立金融资产管理公司等形式，将债务沉重又符合条件的部分重点国有企业的银行债权转为股权，降低企业负债。这是支持大多数国有大中型企业实现改革和脱困的三年目标的重要举措。各有关方面要齐心协力、抓紧落实。操作时要遵循市场经济原则，严格执行有关规定，防止一哄而起、逃废银行债务和国有资产流失。企业在进行债转股的同时，要切实转换经营机制，练好内功。

下岗分流、减员增效和实施再就业工程，是解决国有企业富余人员的重要举措。企业要切实把减员与增效有机结合起来，降低成本，提高效益，增强竞争力。各级党委和政府必须满腔热情地关心下岗职工的生活和再就业。这是一个重大政治责任，一定要千方百计做好。国有企业改革和发展搞得好不好，不仅要看企业是否减亏增盈，还要看对下岗职工思想上、生活上的关心和再就业工作是否切实抓紧并认真做好了。中央已决定提高国有企业下岗职工的基本生活保障、失业保险和城市居民最低生活保障的水平。对财政困难的老工业基地和中西部地区，中央财政将给予适当补助。

企业办社会是国有企业的一个沉重负担，要区分不同情况逐步加以解决。各级政府要给予积极支持。改善企业外部环境，对推进国有企业改革和发展十分重要，也要注意全面抓紧抓好。要进一步对外开放，千方百计扩大出口，积极有效地利用外资，有计划有步骤地发展在国外的经济技术合作，为国有企业利用两个市场、两种资源创造条件。要继续严格执法，加强执法监督，严厉打击走私、制售假冒伪劣商品等犯罪行为和侵犯企业合法权益的各种违法行为。

第五，加快推进技术进步和产业升级。创新是一个民族进步的灵魂，是一个国家兴旺发达的不竭动力。当今国际经济竞争的核心，是知识创新、技术创新和高技术产业化。国有企业老企业多，相当一部分企业设备和技术老化，要摆脱困境，拓展新的发展空间，必须坚持贯彻科学技术是第一生产力的重要思想，抓住技术进步和产业升级这个关键环节。国有企业加快发展，不能搞简单的数量扩张，必须是有质量有效益的发展。否则，国有企业难以具有发展后劲，我们也难以保持国民经济持续快速健康发展。要坚持以市场为导向，用先进技术改造传统产业，增加品种，改进质量，提高效益，同时要大力向新兴产业和高技术产业进军，努力掌握核心技术，占领技术制高点。要在一些重要高新技术行业和关键领域形成一批骨干企业，在国际经济分工格局中占据有利地位。要引进、消化、吸收国外先进技术，更要增强自主创新能力，鼓励有自主知识产权的技术开发项目和高技术产业化项目。切实形成以企业为中心的技术创新体系，不仅可以使企业获得持续发展的动力，而且可以为全社会的技术进步带来巨大推动。企业要加强技术开发力量和加大资金投入，大型企业都要建立技术开发中心，做到新产品生产一代、储备一代、开发一代。党中央、国务院最近将就加强技术创新、发展高科技、实现产业化作一个重要决定〔3〕，并要召开全国性会议进行部署。各地区各部门和国有企业要认真贯彻落实中央的这个决定，不懈努力，推动国有企业在技术创新上不断迈出新的更大的步伐。

我国是发展中国家，传统产业有广阔的市场需求，能够发挥我国劳动力充裕的优势，在国际市场上有竞争力，要给予充分重视。今年和今后若干年要适当增加财政资金，用于国有企业技术改造的贷款贴息，集中力量对重点行业、重点企业、重点产品进行技术改造投入，并向老工业基地倾斜。要明确目标，选准技术改造项目，精心组织实施，引导资金投向有市场有效益的项目，防止出现新的不合理重复建设，防止形成新的不良资产和亏损企业。

第六，建设高素质的经营管理者队伍。国有企业的经营管理者队伍，总体上是好的。他们带领广大职工在激烈的市场竞争中奋力拼搏、锐意进取，为企业改革和发展作出了重要贡献。有没有好的领导班子和负责人，对企业的发展具有决定性意义。必须进一步建设一支思想政治素质好、善于经营管理、熟悉本行业务、遵纪守法、廉洁自律的经营管理者队伍。要深化国有企业人事制度改革,把坚持党管干部的原则、组织考核推荐和引入市场机制、公开向社会招聘结合起来,进一步研究和完善对国有企业领导人员管理的具体办法,努力营造使他们健康成长、脱颖而出的社会环境。建立健全国有企业经营管理者的激励机制和约束机制,把物质鼓励与精神鼓励结合起来,提倡奉献精神。要完善对国有企业经营管理者的监督机制,建立企业决策失误的追究制度,实行企业领导人员任期的经济责任审计。

三、加强党对国有企业改革和发展工作的领导

坚持党的领导,是一项基本政治原则,也是我们搞好各项事业的根本政治保证。越是国际形势风云变幻,越是改革和发展的任务艰巨繁重,越是要加强党的领导。各级党委要站在国有企业改革和发展的前列,切实加强领导,保证中央重大决策和部署的贯彻落实。

第一,要正确分析和认识形势,坚定不移地把国有企业改革和发展推向前进。当前,国有企业改革和发展的形势总的是好的。今年上半年,全国工业生产持续稳定增长,主要经济效益指标已走出低谷,呈现恢复性上升态势。国有及国有控股工业企业的扭亏增盈工作取得较大进展,全国实现工业增加值同比增长百分之九点四,企业利润增长百分之七十一,上

缴税金增加较多，亏损企业亏损额明显减少。纺织行业作为中央确定的国有企业改革和脱困的突破口，经过一年半的艰苦工作，压锭、减员、减亏取得了突破性进展，今年六月当月实现了整体转亏为盈。石油、化工、机械、电子、轻工等多数行业也出现了增利、扭亏或减亏的好势头。这说明，中央确定的国有企业改革的大政方针和去年以来提出的一系列扩大内需的政策措施是正确的。只要我们坚韧不拔地贯彻落实，充分发挥国有企业在存量资产、技术装备基础、综合配套能力和职工干部队伍等方面的有利条件，国有企业改革和发展的目标是完全可以实现的。

中央针对当前国际环境的发展变化和我国经济稳定发展的要求，决定进一步加强宏观调控，继续加大实施积极财政政策的力度，努力发挥货币政策的作用，并采取了一系列重要措施。落实好这些政策措施，可以有效地拉动需求，促进经济增长，也有利于国有企业改革和发展。中央决定采取的加强技术创新、债转股、压缩过剩生产能力、关闭“五小”企业〔4〕、增加技改贷款贴息、扩大企业直接融资等重要举措，更是从解决国有企业的突出困难和问题出发的，是针对性很强的措施。把这些措施贯彻落实好，对实现大多数国有大中型企业改革和脱困的三年目标、推动国有企业的长远发展，将会产生重要作用。

党的十五大和十五届一中全会提出了大多数国有大中型企业改革和脱困的三年目标。推进国有企业改革和发展，首先要尽最大努力实现这一目标，再在这个基础上继续前进。各地区各行业的情况不同，发展也不平衡，一定要从实际出发，着力抓好重点行业和重点企业，把解决企业当前的突出问题与长远发展结合起来。东部地区条件较好，要率先实现这个目标。中西部地区和老工业基地要加快国有经济布局和企业组织结构的调整，全力解决当前面临的突出问题，并为今后的改革和发展打下坚实基础。

第二，要全面贯彻落实党的方针政策，牢牢把握国有企业改革的正确方向。推进国有企业改革和发展，必须始终坚持公有制为主体、多种所有制经济共同发展的基本经济制度。这是由我国的社会主义性质和初级阶段的国情决定的。离开了建设有中国特色社会主义的正确道路，不仅国有企业不可能搞好，而且我国改革发展稳定的大局都难以保持。公有制经济是国家引导、推动、调控经济社会发展的重要力量，也是实现广大人民群众根本利益的重要保证。我们推进国有企业改革和发展，说到底，就是要在发展社会主义市场经济的条件下使国有经济不断发展壮大，增强国有经济的主导作用和控制力。这一点，在我们的指导思想上必须十分明确。我们要积极开拓，勇于进取，但决不搞私有化。这是一条大原则，决不能有丝毫动摇。要坚持党管干部的原则，中央和地方党委对关系国家安全和经济命脉的国有重要骨干企业的领导班子要加强管理。非公有制经济是社会主义市场经济的重要组成部分，要继续鼓励、引导，使之健康发展。我们走建设有中国特色社会主义道路，是总结国内外一些国家发展的经验教训、从我国的历史条件和实际情况出发而作出的正确选择。改革开放二十年来，我国经济持续增长，社会政治稳定，人民生活水平不断提高，根本原因就是我们既坚持了社会主义道路，又通过改革使社会主义充满新的生机和活力。实践证明，我们改革的路子是正确的、成功的。这条道路，我们要坚定不移地走下去。

第三，要进一步加强企业党组织建设，充分发挥它们在企业中的政治核心作用。企业党组织要认真贯彻党的基本路线和方针政策，围绕生产经营开展工作，为实现党的任务和企业改革和发展服务，参与企业重大问题决策，支持股东会、董事会和经理(厂长)依法行使职权。要全心全意依靠职工群众，切实尊重职工的主人翁地位，充分发挥职工群众的积极性、主动性、创造性，发挥工会和职工代表大会在民主决策、民主管理、民主监督中的作用。企业思想政治工作和精神文明建设很重要，要切实加强领导，坚持用邓小平理论和党的基本路线武装广大职工，加强对职工的教育，不断提高职工的思想道德素质和科学文化素质，努力建设“四有”职工队伍。要不断改进企业党组织在新的历史条件下的活动方式和工作内容。只要善于把我们党的政治优势同市场机制结合起来，调动一切积极因素，形成合力，就一定能使国有企业焕发新的生机和活力。

第四，要坚持不懈地加强学习，深入企业改革和发展的第一线调查研究。现在，改革和发展的任务很重，新情况新问题层出不穷，全党同志特别是领导干部都要进一步加强学习和调查研究。各级领导干部和国有企业负责人要不断了解和掌握新知识，不断开阔自己的视野，着力提高创新能力、分析解决问题能力和科学决策能力，及时解决在改革和发展中遇到的各种突出矛盾和问题。要认真学习马列主义、毛泽东思想特别是邓小平理论，不断提高理论思维能力，努力掌握正确的世界观和科学的方法论。不仅要向书本学习，而且要向实践学习。各级干部特别是领导干部都要深入实际，调查研究，努力认识和掌握经济工作和国有企业改革和发展中带规律性的东西。大家都坚持这样做了，我们的工作就一定能够不断提高水平，做得更好。

总之，我们既要充分认识推进国有企业改革的重要性和紧迫性，又要看到这项工作的长期性和艰巨性。有邓小平理论和党的基本路线的指导；有二十年来改革的丰富经验，有比过去更加雄厚的综合国力和物质技术基础，有广大职工群众的积极参与，只要全党全国上下坚定信心，统一认识，锐意改革，真抓实干，就一定能够开创国有企业改革和发展的新局面。

注　　释

〔1〕一九九九年一月至六月，江泽民先后到内蒙古、四川、湖北、陕西、山东等省区就国有企业改革和发展进行调研，分别在成都、武汉、西安、青岛主持召开四次国有企业改革和发展座谈会，并发表重要讲话。

〔2〕见本卷《推动乡镇企业进一步发展》注〔1〕。

〔3〕这个决定，指中共中央、国务院一九九九年八月二十日颁布的《关于加强技术创新，发展高科技，实现产业化的决定》。八月二十三日，中共中央、国务院召开全国技术创新大会，部署贯彻落实这个决定。

〔4〕“五小”企业，指技术落后、浪费资源、产品质量低劣、污染环境、不符合安全生产条件的小炼油厂、小火电厂、小钢铁厂、小玻璃厂、小水泥厂。

加强技术创新*

(一九九九年八月二十三日)

全面实施科教兴国战略,加速全社会的科技进步,关键是要加强和不断推进知识创新、技术创新。我曾经说过,创新是一个民族进步的灵魂,是一个国家兴旺发达的不竭动力。科技创新越来越成为当今社会生产力解放和发展的重要基础和标志,越来越决定着一个国家、一个民族的发展进程。如果不能创新,一个民族就难以兴盛,难以屹立于世界民族之林。对这个问题,不仅各级领导干部要有很强的政治意识,而且要使全社会都树立这样的意识。

经过新中国成立以来半个世纪的艰苦奋斗,我国的物质技术实力有了很大发展,但总的来说,我国仍然处于并将长期处于社会主义初级阶段,人口多、底子薄,人均资源不足,生产力相对不发达,仍是我们的基本国情。在这样的基础上,再用五十年的时间到下个世纪中叶基本实现现代化,任务仍然很艰巨。我们必须把以科技创新为先导促进生产力发展的质的飞跃,摆在经济建设的首要地位。这要成为一个重要的战略指导思想。

---

* 这是江泽民同志在全国技术创新大会上讲话的一部分。

这次中央提出，要进一步加强技术创新，发展高技术，实现产业化。这是一个系统工程，需要把握的问题很多。大家一定要按照中央的决策和部署加紧工作，统筹兼顾，合理安排。科技创新包括很多方面，其中很重要的一个方面是技术创新。技术创新，主要是企业应用新知识、新技术、新工艺，采用新的生产方式和经营管理模式，提高产品质量，开发新的产品，增强市场竞争能力和抵御风险能力。加强技术创新，不仅对我们搞好国有企业具有重大意义，而且对我们提高整个国民经济的质量和效益、提高全社会的劳动生产率、提高我国的国际竞争力也具有决定性意义。中央突出地提出加强技术创新的问题，就是基于这样的基本考虑。加强技术创新，最根本的是要在全社会真正形成推动技术创新工作的有效机制。在这个过程中，要着重把握好以下几个方面。

第一，充分发挥社会主义制度的政治优势，走出一条具有中国特色的技术创新路子。邓小平同志指出，我国实行社会主义制度，可以集中力量办大事。五六十年代，在物质技术基础薄弱、经济困难、帝国主义封锁的艰难条件下，我们依靠发挥社会主义制度的优势，依靠广大科技人员和全国人民的艰苦创业，在较短的时间内取得了以“两弹一星”的研制成功、大庆油田的勘探和开发等为代表的辉煌科技成就，为捍卫我国的主权和安全，促进国民经济发展，奠定我国的大国地位，作出了不可磨灭的贡献。社会主义制度能够集中力量办大事这个政治优势，应该继续坚持并充分加以运用和发挥。在发展社会主义市场经济的新条件下，我们运用和发挥这一优势的方式方法需要进行一些调整，但坚持运用和发挥这一优势的原则不能动摇。我们要按照有所为有所不为的方针，突出重点，选准一些对推动经济社会发展、维护国家安全、提高生产力和综合国力有重大带动作用的领域，集中力量，大力协同，重点攻关，力求突破。特别要加强基础性、关键性高新技术领域的创新，加速高技术产业尤其是具有战略意义的新兴产业的发展和应用，同时不断提升传统产业。要高度重视加强国防高技术的创新，注重发展军民两用技术，尽快掌握维护国家的主权和安全所需要的新的"杀手锏"。要把社会主义制度的优势同市场经济的优势结合起来，充分发挥市场在资源配置中的基础性作用，通过竞争机制实现资金、人才、技术和经营管理等要素的最佳组合，最大限度地调动全社会一切有利于促进技术创新的积极力量。

第二，坚持面向经济建设，加速科技成果向现实生产力转化。科学的发生和发展，一开始就是由社会生产所决定的。恩格斯在致瓦·博尔吉乌斯的信中曾经深刻指出："社会一旦有技术上的需要，这种需要就会比十所大学更能把科学推向前进。"〔1〕科技进步、技术创新，只有同经济社会发展紧密结合起来，才能具有强大生命力。随着我国农业、工业、国防、环境保护、服务业以及其他各项社会事业的发展和人民生活水平的提高，有大量科技课题亟待研究和解决。我国十二亿多人口拥有的创造活力和巨大市场潜力，不仅对技术创新提出了广泛的要求，而且也为技术创新提供了强大的动力和广阔的舞台。去年以来，中国科学院实施了国家知识创新工程的试点工作，在创新目标、组织机构、人员机制、资源配置等方面进行了力度较大的改革，在应用科技领域推动创新技术与经济建设紧密结合上迈出了新的步伐。三天前，我在大连看了中科院化学物理研究所，这个所就是其中一个试点单位。对实施国家知识创新工程试点中取得的新鲜经验，要把握规律，总结提高，并结合各地实际加以推广。加强科技成果向现实生产力转化的工作，必须把市场和社会需求作为科技工作的主要导向，注重研究、开发和产业化的有机衔接。要营造良好的政策和社会环境，引导和激励大多数科技力量进入经济建设这个主战场，努力适应发展社会主义市场经济的需要。

基础研究和高技术前沿的创新探索，是科技进步的先导和源泉。基础研究和高技术前沿探索中取得的新突破，往往会带来高新技术及其产业的兴起。我们要继续注重加强基础研究和高技术前沿探索，逐步加大这方面的投入。既要支持广大科学家围绕国家确定的目标开展定向基础研究和应用研究与开发，也要热情鼓励一些科学家进行自由探索式的研究。基础研究要坚持有所为有所不为，选准方向，突出重点，鼓励大胆创新。在一些重要领域和前沿，要集中投入力量，组织科学家们勇攀科学高峰，努力占领世界科学前沿的一席之地，为增强我国的持续创新能力奠定更坚实的基础，为人类文明进步作出应有的贡献。

第三，增强自主创新能力，实现技术发展的跨越。我们在进行社会主义现代化建设的过程中，必须努力继承我们先人创造的优秀文明成果和积极吸收人类全部文明的各种优秀成果，认真学习和借鉴世界各国尤其是西方发达国家的先进科技成果，真正做到把社会主义制度的优越性同人类优秀文明成果和先进科技力量结合起来。邓小平同志指出："科学技术本身是没有阶级性的，资本家拿来为资本主义服务，社会主义国家拿来为社会主义服务。”〔2〕帝国主义利用先进科学技术推行霸权主义政策，剥削和侵略第三世界国家。我们掌握先进科学技术，是为了促进经济发展和社会全面进步，捍卫国家的主权和安全，维护和平，实现最大多数人民的利益。要使我国既具有社会主义制度的政治优势，又具有当代科学技术的优势，这样我国经济社会就会以无比强大的动力向前发展。我们在学习国外先进技术时，当然不能跟着别人亦步亦趋，或者一味依赖外国的现成技术，而必须进行我们自己的探索和创造。我国是一个发展中的社会主义大国，在一些战略性、基础性的重大科技项目上，必须依靠自己，必须拥有自主创新能力和自主知识产权。不能靠别人，靠别人是靠不住的。如果在这些方面我们不能尽快取得突破，一味依赖别人，一旦发生什么情况，我们就很难维护国家安全。世界历史上曾经有过许多通过技术创新后来居上的成功范例，我国在一些领域也有这样的范例。现在，我们已具备在一些领域实现技术跨越式发展的基础和条件。关键是要在学习、消化、吸收国外先进技术的同时，加强自主创新，加强人才培育，加强创新基地建设，提高企业创新能力，掌握科技发展的主动权，在更高水平上实现技术发展的跨越。

第四，加强全社会的大力协同，尽快建立和完善技术创新和科技成果向现实生产力转化的配套体系。在发展社会主义市场经济的条件下，怎样加强技术创新，怎样按照经济规律加速科技成果向现实生产力转化，是一个需要继续认真解决的大课题。必须看到，在过去的科技体制中，比较普遍地存在科技与经济脱节，各地区各部门自成体系、分工过细、机构重复、力量分散的状况，这是一个严重弊端。这不仅造成了科研课题重复和资源浪费，而且致使科技成果转化率和对经济社会发展的贡献率较低。经过这些年来的改革，这种状况已有了很大改变，但问题还没有从根本上得到解决，需要进一步改革，彻底革除上述弊端。要按照有利于技术创新和科技成果转化为现实生产力的目标，通过宏观调控和市场配置等手段，打破科研机构之间、企业之间以及科研机构与企业之间的界限，充分发挥各自的优势，搞大协作，形成合力。不能再搞"躲进小楼成一统"，"鸡犬之声相闻，老死不相往来"。"躲进小楼成一统"，自成体系，各立门户、山头，互相分割封闭，造成科技资源配置的很大浪费。这是同社会主义制度和社会主义市场经济的要求相违背的，是同社会化大生产的需要相违背的，也是同科技创新自身的规律相违背的。这种做法，是我国历史上几千年小农经济、小生产的落后生产方式的残余影响在经济、科技领域中的折射和反映。从思想意识来讲，也是历史上小生产者的平均主义思想的残余表现。我们必须从思想上、政治上、经济上认清它的落后性和危害性，必须来个彻底改革，推陈出新。现在，国际上出现了一种称作"虚拟制造"的方式。所谓"虚拟制造"，就是公司按市场需求运用计算机进行产品的开发研制和经营管理，掌握产品的核心软件技术和行销管理，而产品的硬件则通过向社会上的有关企业提出技术、成本和生产进度要求，由它们加以制造，然后由虚拟制造公司加以合成，嵌入核心软件。这样的虚拟制造公司本身基本上没有生产设备和生产线。最近，我在沈阳参观了一家软件开发公司的虚拟制造中心，他们就是这样做的。这种做法，不但可以发挥社会上各种制造企业的技术优势，而且可以使产品为适应市场需求而快速更新换代。改革开放以来，我国科技进步很快，各行各业都形成了新的生产和技术优势。新的科技成果出来后，要注意充分运用有关企业和行业已经形成的制造能力，或者在现有基础上进行补充和加强，迅速形成新的生产力。不要每一项科技成果的投产，都再从头铺新的摊子。这样，可以减少不必要的设备、基础设施等方面的投资，加速产业化的进程，而且一旦需要生产新的产品时，也可以由现有企业通过改造迅速转产，不致造成资源浪费。技术创新和实现产业化，重点要解决两头。一头要加强技术研究和开发能力，一头要加强系统集成、总装、检测和行销服务。原材料、零部件以及中间的加工制造，应该尽可能与现有的企业择优协作，不能再搞重复建设，再搞自成体系的“大而全”、“小而全”。也就是说，要搞哑铃型结构，而不要搞橄榄型结构。大家在这方面一定要解放思想、实事求是，大胆进行探索，以形成符合现代经济发展规律、效益高、反应灵活、充满活力、有利于科技成果向现实生产力转化的合理体系。

第五，积极推进国家知识创新体系建设，为技术创新和科技成果向现实生产力转化提供有效的保障和激励机制。首先要确立企业作为技术创新主体的地位，加强企业技术创新机制的建设，努力提高企业的技术创新能力和科学管理水平。要优化科技力量的布局和科技资源的配置，加强政府、科研机构、大学和企业的有机联系和分工合作，使技术创新成果更快更好地转化为现实生产力，加速高新技术产业发展和传统产业升级。积极鼓励和推动应用型科研机构进入企业、改制成科技企业或科技中介服务机构，充分发挥科研机构和大学在国家知识创新体系中的作用。要加强军民科研体系之间的联系、结合和合作，既要加强军用先进技术向民用转移，又要注重发挥民用科研在科技强军中的重要作用。要坚持公有制为主体、多种所有制经济共同发展的基本经济制度，积极发展和扶持多种所有制、多种组织形式的科技型中小企业，鼓励发展科技中介服务机构。进一步办好国家高新技术产业开发区、大学科技园区，使其真正成为培养和发展高新技术产业的基地。根据国外高新技术产业形成和发展的经验，建立风险投资机制，是促进高新技术发展及其产业化的重要条件。要建立有利于技术创新和科技成果转化为现实生产力的投融资体制。认真贯彻落实绩效优先、按劳分配和兼顾公平的原则，实行技术、管理等生产要素参与分配的原则，使广大科技人员的收入符合其劳动创造的价值和贡献。

第六，努力建设一支宏大的富有创新能力的高素质人才队伍。推动科技进步、技术创新，关键是人才。要充分发挥广大科技人员的积极性、主动性、创造性。一大批青年人才的迅速成长，是科技进步、技术创新的希望所在。青年时代，是最富有创新精神的黄金时代。世界科技发展的一些重大突破，往往是由年轻人搞出来的。要努力为青年人才脱颖而出营造良好的社会环境，让他们充分施展才华，勇于创新，大展宏图。培养人才的基础在教育。要贯彻德智体美等全面发展的方针，按照人才成长的规律和特点，把培养学生的创新意识和开拓精神作为素质教育的重点任务。科研机构也要成为人才培养的基地,纳入国家高级人才培养的教育体系。科研机构和大学要建立开放、流动、竞争、合作的科技人员管理制度,营造生动、活跃、民主的学术氛围,鼓励探索和创新。要在全社会进一步树立和发扬尊重知识、尊重人才、崇尚创新的良好风尚。要积极创造条件,鼓励和吸引留学人员特别是留居海外的科技人才回来创办科技产业。要造就一大批精通科技的经营管理人才。积极鼓励群众性技术发明和革新、技术推广活动。崇高的理想抱负、炽热的爱国热情、坚忍不拔的毅力,是创新成功的必备条件。在广大科技人员特别是青年科技人员中,要大力弘扬爱国主义、集体主义、社会主义思想和求实创新、拼搏奉献精神,使大批德才兼备、品学兼优的科技人才茁壮成长。要大力宣传科技人员勇于创新和艰苦创业的先进事迹。党中央、国务院决定设立国家最高科学技术成就奖,重奖在科技方面卓有成效的优秀科技工作者,其目的就是要鼓励科技创新。

注 释

〔1〕见恩格斯《致瓦·博尔吉乌斯》(《马克思恩格斯选集》第4卷,人民出版社1995年版,第732页)。

〔2〕见邓小平《实现四化,永不称霸》(《邓小平文选》第2卷,人民出版社1994年版,第111页)。

在比什凯克五国元首会晤时的讲话

（一九九九年八月二十五日）

中国、俄罗斯、哈萨克斯坦、吉尔吉斯斯坦、塔吉克斯坦五国元首会晤，从一九九六年的上海会晤以来，是第四次了。三年来，我们五国在加强相互了解和信任、促进睦邻友好、维护地区安全和稳定、推动区域合作等方面，进行了积极的探索，取得了丰硕的成果。本次会晤要签署的五国元首联合声明将向世界进一步宣示，我们五国将继续致力于本地区和世界的安全和稳定，继续开拓相互合作和发展的新途径。

在这世纪之交的重要历史时刻，我们作为各自国家的最高领导人，共同站在历史的高度，站在维护地区和世界和平、促进共同发展的高度，总结过去，展望未来，具有十分重要的意义。

二十世纪，人类创造了光辉灿烂的文明，也经历过惨绝人寰的劫难。冷战结束十年来，国际形势总体上趋于缓和。维护世界和平、促进经济发展，已成为各国人民的共同要求。世界格局走向多极化的进程虽然曲折复杂，但这一发展趋势不可阻挡。现在，各国都把发展经济、提高本国人民生活水平放在首位，相互经济联系不断加强。科技进步日新月异，国际市场日益扩大，生产要素流动加快，为各国发展提供了机遇。对于一切爱好和平的国家和人民来讲，应该说是机遇大于挑战，希望多于困难。

但是，天下还很不太平。霸权主义和强权政治有新的表现。正在抬头的所谓“新干涉主义”，就是霸权主义和强权政治的新的表现，已经引起了国际社会普遍注视和警惕。经济全球化趋势加速发展，使国际竞争空前激烈，金融和经济风险增加。全球范围内特别是南北之间的贫富差距继续拉大，两极分化状况更趋严重。环境保护和可持续发展问题也日益突出。如何趋利避害，抓住机遇发展自己，维护自身的经济安全，越来越成为世界上许多国家特别是发展中国家所要解决的重大课题。加强发展中国家之间的合作即南南合作，对促进广大发展中国家的共同繁荣和经济安全，促进世界的和平、稳定、发展，具有极为重要的意义，符合历史发展的方向。

现实表明，维护公认的国际关系基本准则，特别是互相尊重主权和领土完整、互不侵犯、互不干涉内政、平等互利、和平共处等项原则，维护联合国的权威及其不可替代的作用，推动建立和平稳定、公正合理的国际政治经济新秩序，仍然是一切爱好和平的国家和人民所面临的艰巨任务，也是我们在座各位元首所肩负的共同使命。

中、俄、哈、吉、塔五国面积占欧亚大陆的五分之三，人口占全球的近四分之一。我们五国和睦相处，加强合作，维护本地区的安全和稳定，是对世界和平与发展的重大贡献。近年来，我们通过友好协商，基本上解决了历史遗留下来的边界问题，相互裁减了边境地区的武装力量，建立和增强了相互信任，保障了边境地区的和平与安宁。我们所倡导的不同于冷战思维的新型安全观及其成功实践，在国际上树立了良好的范例。在当前新的形势下，我们有必要进一步加强友好合作。为此，我愿提出以下五点主张。

第一，继续加强在地区安全问题上的合作。通过协商对话，和平解决争端问题，推进亚洲相互协作与信任措施会议进程以及建立中亚无核武器区倡议的实现。

第二，继续打击危及地区安全和稳定的宗教极端势力、民族分裂势力、国际恐怖活动，以及其他各种跨国犯罪活动。五国有关职能部门应该为此逐步建立行之有效的合作机制。

第三，继续推进地区经济的合作和发展。发挥各自的优势和潜力，取长补短，互相借鉴，通过双边和多边渠道，广泛深入地开展经济技术合作特别是能源和高技术领域的合作。

第四，继续推动复兴古老的丝绸之路。积极进行铁路和公路建设，争取尽快建立现代化的交通运输网络，以促进和活跃本地区的经济文化交流。

第五，继续在重大国际问题和联合国事务中加强磋商、对话和协调，共同维护国际正义和各国人民的正当权益。

实践已经证明，我们五国的睦邻友好和互利合作，符合时代潮流，符合五国人民的根本利益。让我们继续共同努力，为促进本地区稳定和繁荣、促进世界和平与发展的崇高事业，作出新的更大的贡献。

共创亚洲和世界的美好未来*

（一九九九年九月三日）

亚洲二十世纪的百年历程，是亚洲人民前赴后继、百折不挠，反抗殖民主义、帝国主义，争取国家独立和民族解放的一部宏伟史诗，也是亚洲人民奋发图强、不断进取，逐步摆脱贫穷落后，崛起于世界民族之林的一幅雄浑画卷。第二次世界大战后，亚洲国家经过艰苦的斗争，终于以独立、平等的姿态走上国际舞台，为亚洲和世界的和平与发展作出了重大贡献。近二十年来，亚洲特别是东亚地区经济快速增长，成为世界上最富有活力的地区之一。亚洲的巨变和兴起，是亚洲人民创造的伟大奇迹，也是二十世纪世界发展和进步的一个重要标志。中国政府一九九七年恢复了对香港行使主权，今年十二月二十日澳门也将回到祖国怀抱。这标志着西方对亚洲进行殖民统治的历史彻底结束。我们为亚洲在二十世纪赢得的历史光荣感到无比自豪！

民族独立，国家统一，是亚洲各国取得伟大发展成就的重要前提。亚洲人民有过备受列强侵略欺凌和国破家亡的经

* 这是江泽民同志访问泰国期间在泰国国家文化中心的演讲《增进睦邻友好，共创光辉未来》的主要部分。

历,因而十分珍视来之不易的民族独立和国家统一。维护民族尊严和国家主权,自主选择本国的社会制度、发展道路和生活方式,不容许任何外来势力干涉内政,是亚洲各国人民的神圣权利,也是亚洲各国走向繁荣昌盛的根本保障。

自信自尊,自立自强,是亚洲人民激励自己变革创新、排除万难的重要精神。正是依靠这种精神,亚洲人民在发展经济和科学文化、建设各自国家的道路上取得了一个又一个胜利。面对亚洲金融危机的冲击,泰国人民喊出"泰人助泰"的响亮口号,齐心协力渡过难关,稳定经济发展。中国人民在去年那场历史罕见的洪涝灾害面前,众志成城,顽强拼搏,取得了抗洪抢险的伟大胜利。这些都是亚洲人民自强不息精神的生动体现。

绝大多数亚洲国家都属于第三世界,过去都有过共同的苦难遭遇,现在都有着共同的发展要求。大家都深知平等相待、互利合作、和睦相处之珍贵。正因为如此,在亚洲的土地上诞生了著名的和平共处五项原则[1]。亚洲各国遵循这些既符合亚洲人民根本利益、又适应时代要求的国际关系准则,为不同社会制度国家的和平共处,为广大发展中国家的友好合作,树立了良好的范例,对国际社会产生了深远的影响。

亚洲的历史经验,对人们规划新世纪的蓝图不乏启示。世界多极化和经济全球化的趋势深入发展,科学技术突飞猛进和知识经济悄然兴起,给亚洲和世界各国的发展和进步带来新的希望,也带来新的挑战。面对即将来临的新世纪,亚洲人民在思考亚洲的未来,也在思考世界的未来。如何抓住机遇,迎接挑战,继续推动建立和平稳定、公正合理的国际政治经济新秩序，努力把一个持久和平、普遍繁荣的新亚洲和新世界带入二十一世纪，是包括中泰两国在内的亚洲及世界各国的政治家和人民共同面临的紧迫课题。

当前，国际局势正在发生深刻变化。冷战结束以来，世界形势总体趋向缓和。各国人民要和平、求稳定、谋发展的呼声日益高涨。但是，天下仍很不太平。霸权主义和强权政治在国际政治、经济和安全领域中依然存在，并有新的表现。一些大国奉行新的“炮舰政策”和新的经济殖民主义，使许多中小国家的主权独立和发展利益遭到严重损害，使世界和平与国际安全受到威胁。为了维护世界和平、促进共同发展，所有国家都必须严格遵循世界反法西斯战争以来所形成的国际关系基本准则，包括和平共处五项原则和联合国宪章的宗旨和原则。任何国家都不能无法无天、肆意违背和践踏这些准则。国家不分大小、强弱、贫富，都是国际社会的平等成员，各国的事情要由各国人民自己作主，国际上的事情要由大家商量解决。这是一切爱好和平的国家和人民的共同意志，也是不可阻挡的历史潮流。

开展国际经济交往，应该坚持平等互利、共同发展。制定国际经济贸易领域的新规则，应该充分反映发展中国家的合理要求，注意保障他们的正当权益，发达国家应该也有能力承担更多义务。任何国家都不得利用自己的优势在经济全球化中谋求特权和损害别国的利益。附加政治条件的经济合作和援助历来不受欢迎，形形色色的贸易保护主义既危害别人，最终也会损害自己。这种历史教训不应忘记。南北经济差距不断拉大的恶性趋势，应该引起高度重视，并采取切实有效的措施逐步加以解决。否则,穷国愈穷,富国愈富,不仅发展中国家的经济发展会受到影响,发达国家也难以实现稳定的经济增长。

维护国际安全,必须彻底摒弃冷战思维,努力把国际社会的持久和平建立在促进各国相互信任和共同利益的新安全观的基础上。应该通过对话增进信任,通过合作谋求安全,相互尊重主权,和平解决争端。

中国和东盟国家都是推动建立国际政治经济新秩序的倡导者。作为山水相连的邻国,作为发展中国家,我们双方的战略共识正在不断增强。睦邻友好,是中国和东盟国家的共同需要。只要坚持友好协商,我们之间没有不能解决的分歧。中国和东盟国家要永远做好邻居、好朋友、好伙伴。在亚洲金融危机中,中国与泰国等东盟国家感同身受,风雨同舟。中国为受到这场金融危机冲击的东盟国家提供了力所能及的援助。中国愿意与东盟有关国家深入探讨维护本地区以及南海和平稳定的原则和方式,坚持通过友好协商和谈判解决存在的分歧。中国尊重东盟建设和平、自由、中立区的努力,尊重和支持东南亚无核武器区条约议定书。中国欢迎东盟经济一体化进程,积极参与澜沧江—湄公河流域合作,高度重视东盟二〇二〇年远景规划和河内行动计划〔2〕,希望深化同东盟在经贸、科技和社会等领域的交流和合作。我始终认为,一个团结、繁荣的东盟,是促进亚洲和平与发展的重要力量。

近年来,中国与东盟的关系得到了全面深入发展。一九九七年,我与东盟各国领导人发表了联合声明,确定建立中国—东盟睦邻互信伙伴关系,这为双方关系的发展指明了方向，构筑了框架。中国还与泰国、越南、马来西亚、文莱等国签署或发表了面向二十一世纪的合作计划，并希望与所有东盟国家都进一步加强互利合作关系。中国与东盟已互为重要的贸易和投资伙伴。可以坚信，在遵循和平共处五项原则的基础上，中国与东盟友好关系的发展有着光明的前景。

注　释

〔1〕一九五三年十二月至一九五四年四月，中国政府代表团和印度政府代表团在北京就两国在中国西藏地方的关系问题举行谈判。一九五三年十二月三十一日，即谈判的第一天，中国总理周恩来接见印度政府代表团，提出了互相尊重主权和领土完整、互不侵犯、互不干涉内政、平等互利、和平共处五项原则。后这五项原则正式写入双方达成的《中印关于中国西藏地方和印度之间的通商和交通协定》的序言中。一九五四年六月，周恩来在访问印度、缅甸期间，先后于六月二十八日和二十九日同印度总理尼赫鲁、缅甸总理吴努发表联合声明，正式倡议将和平共处五项原则作为处理国与国关系的基本准则。

〔2〕河内行动计划，指一九九八年十二月在越南河内召开的第六次东盟首脑会议通过的六年发展计划。该计划旨在缩小东盟内部发展差距，促进东盟一体化，实现东盟二〇二〇年远景规划。内容涉及宏观经济和金融合作、经济一体化、科技和信息技术、社会和文化合作、人力资源、环境保护和可持续发展、地区和平与安全、增强东盟意识、在本地区和国际领域发挥更大作用以及加强机制建设等领域。执行期为一九九九年至二〇〇四年。

人民政协继往开来的方向和使命*

（一九九九年九月二十二日）

今天，我们在这里隆重集会，庆祝中国人民政治协商会议成立五十周年。我代表中共中央，向人民政协表示衷心的祝贺！向共同致力于建设有中国特色社会主义事业的各民主党派、人民团体和各族各界人士，致以崇高的敬意！向拥护祖国统一和民族振兴的香港特别行政区同胞和澳门同胞、台湾同胞以及海外侨胞，表示诚挚的问候！

此时此刻，我们更加深切缅怀毛泽东同志、周恩来同志、邓小平同志、邓颖超同志、李先念同志〔1〕等老一辈人民政协事业的伟大开拓者和卓越领导人。我们将永远铭记所有为人民共和国的建设和人民政协事业的发展作出贡献的人们。

一九四九年九月二十一日至三十日，中国人民政治协商会议第一届全体会议在北平召开。毛泽东同志在开幕词中庄严宣告："占人类总数四分之一的中国人从此站立起来了。"〔2〕这次会议代行全国人民代表大会的职权，通过了具有临时宪法性质的《中国人民政治协商会议共同纲领》和《中国

* 这是江泽民同志在庆祝中国人民政治协商会议成立五十周年大会上的讲话。

人民政治协商会议组织法》、《中华人民共和国中央人民政府组织法》，作出了关于中华人民共和国国都、国旗、国歌、纪年四个重要决议，选出了中国人民政治协商会议全国委员会和中华人民共和国中央人民政府委员会，宣告了中华人民共和国的成立。从此，中国进入了一个崭新的发展时代。

人民政协是中国共产党把马克思列宁主义的统一战线理论同中国具体实践相结合的伟大创造，是中国共产党同各民主党派、人民团体和各族各界爱国人士长期团结奋斗的成果。

近代中国处于半殖民地半封建社会。由于无产阶级的力量相对弱小，为了实现新民主主义革命的任务，中国共产党创造并坚持了无产阶级与农民阶级、小资产阶级、民族资产阶级的统一战线，为革命取得胜利提供了重要保证。各民主党派、人民团体和无党派民主人士拥护共产党的领导，响应共产党召开新政协、建立民主联合政府的号召，共同组建了人民政协。人民政协的成立，标志着中国人民不仅在思想上、政治上而且在组织上形成了坚强的团结，使统一战线组织与人民民主形式有机地结合在一起，成为我国社会主义政治制度的重要组成部分。

新中国成立后，人民政协为恢复和发展我国的国民经济，巩固新生的人民政权，推动各项社会改革，促进社会主义革命和建设，作出了重大贡献。一九五四年，全国人民代表大会召开后，人民政协作为民主协商机构和统一战线组织，继续在国家政治生活中发挥重要作用。一九五六年，在生产资料私有制的社会主义改造基本完成以后，毛泽东同志提出中国共产党要与各民主党派“长期共存、互相监督”的方针，进一步为中国共产党领导的多党合作和政治协商制度奠定了思想政治基础。

中共十一届三中全会以后，我国进入了改革开放和现代化建设的新时期，人民政协也开始了一个新的发展时期。邓小平同志根据新的任务和新的形势，对人民政协的性质、职能、作用、任务、方针和政策提出了一系列新的思想，指明了人民政协的发展方向。邓小平同志在全国政协五届二次会议上的讲话中指出："新时期统一战线和人民政协的任务，就是要调动一切积极因素，努力化消极因素为积极因素，团结一切可以团结的力量，同心同德，群策群力，维护和发展安定团结的政治局面，为把我国建设成为现代化的社会主义强国而奋斗。"〔3〕邓小平同志的这篇重要讲话，是指导新时期统一战线和人民政协工作的纲领性文献。

在邓小平理论指引下，中共中央制定了《关于坚持和完善中国共产党领导的多党合作和政治协商制度的意见》，明确提出中国共产党领导的多党合作和政治协商制度作为我国的一项基本政治制度将长期存在和发展。这项基本政治制度和人民政协的性质、作用载入了我国宪法。中共中央转发的《政协全国委员会关于政治协商、民主监督、参政议政的规定》，对人民政协履行职能的规范化、制度化作了全面阐述。各级政协组织和广大政协委员，围绕推进改革开放、推进现代化建设和推进祖国统一大业的完成，积极建言献策，加强同港澳台同胞和海外侨胞的联系，增进同各国人民的相互了解和交流合作，维护社会安定团结。人民政协在我国社会政治、经济、文化生活中发挥了并将继续发挥重要作用。我国统一战线已发展成为全体社会主义劳动者、拥护社会主义的爱国者和拥护祖国统一的爱国者的最广泛的联盟。人民政协事业经历了自身发展史上又一个好时期。

经过半个世纪的发展，人民政协工作积累了许多宝贵的经验，形成了优良的传统。

在我国社会阶级关系和主要矛盾发生根本变化的历史条件下，在建设社会主义的历史进程中，统一战线仍然是中国共产党的总路线、总政策的重要组成部分，仍然是我们排除万难、夺取胜利的一大法宝。人民政协作为最广泛的爱国统一战线组织，在实现社会主义现代化、维护祖国统一和促进各民族人民团结的伟大事业中，肩负着光荣的历史使命。

中国共产党领导的多党合作，是适合中国国情、具有中国特色的社会主义新型政党制度。在当代中国，共产党处于执政地位，需要始终接受人民群众的监督和批评，当然也需要始终接受一直同自己保持密切合作的各民主党派的监督和批评。我们要坚持中国共产党同民主党派"长期共存、互相监督、肝胆相照、荣辱与共"的方针，充分发挥民主党派的参政党作用，继续加强同民主党派和无党派人士合作共事。

人民政协是我国社会主义民主政治的重要形式。它人才集聚、联系广泛，具有广泛的代表性和包容性，实行以协商讨论和批评建议为主要形式的民主监督，具有自己独特的优势和作用。在我们这个幅员辽阔、人口众多的社会主义国家里，关系国计民生的重大问题，在中国共产党领导下进行广泛协商，体现了民主和集中的统一。坚持并不断完善这种民主形式，是发展社会主义民主政治的必然要求和重要内容。

人民政协始终与人民共和国的成长、与全体人民的奋斗紧密联系在一起，风雨同舟、荣辱与共。这也是它不断发展、充满活力的根本原因。人民政协只有自觉服从和服务于国家改革发展稳定的大局，坚持把自身的工作融入维护祖国统一和实现祖国现代化的宏伟事业之中，才能不断以新的光荣业绩走向未来。

人民政协五十年不平凡的发展历程，可以归结为两大主题：团结和民主。在中国共产党领导下实行团结和民主，是人民政协性质的集中体现，是人民政协产生和发展的历史根据，是人民政协继往开来的方向和使命。这两大主题应该继续贯穿于人民政协的全部工作中。实现紧密团结，发展民主才更有基础；发扬广泛民主，加强团结才更有力量。人民政协要在国家和民族的发展中不负使命，必须继续坚持中国共产党的领导，不断完善自身的组织机制，努力改进工作方法，按照团结和民主的要求履行职能、发挥优势。

经过五十年的建设，我国已经取得了举世瞩目的辉煌成就。一个有五千多年历史的文明古国，一个近代备受列强欺凌的落后国家，已经发生了翻天覆地的巨变。现在，中国作为一个发展中的东方大国，正在由悠久的历史文明走向社会主义的现代文明，正在由旧社会的积贫积弱走向繁荣富强。这是在我们党领导下全体中国人民共同奋斗的结果，也是整个中华民族赢得的历史荣耀。中华民族的伟大复兴光明在望。

当前，国际形势正在发生新的深刻变化，国内改革开放和现代化建设正处在关键时期。我们既面临着难得的发展机遇，也面临着严峻的挑战。面对跨世纪发展的繁重任务，党和人民对政协的要求更高了，人民政协的工作任务更重了。人民政协应该也完全可以在国家发展和民族振兴的事业中发挥更大作用。

第一，希望人民政协继续围绕党和国家的中心任务开展工作，更好地为社会主义现代化建设服务。把经济建设搞上去，实现社会主义现代化，是党和国家的中心任务，也是各个方面和各项工作必须服从的大局。高举邓小平理论伟大旗帜，坚持党在社会主义初级阶段的基本路线、基本纲领、基本方针，全面推进建设有中国特色社会主义事业，实现中华民族的伟大复兴，这是中共十五大确定的宏伟蓝图，也是推动人民政协事业向前发展的强大动力。围绕中心、服务大局，是人民政协履行职能必须遵循的原则，是人民政协工作不断开创新局面的基础。各级人民政协应该充分运用自己的优势，继续为改革和发展献计出力，多提建设性的意见和建议。

第二，希望人民政协坚持发扬民主，在推进有中国特色社会主义民主政治建设中发挥积极作用。发展人民当家作主的社会主义民主，是我们始终不渝的奋斗目标。中共十五大对进一步扩大社会主义民主、健全社会主义法制、建设社会主义法治国家作出了全面部署。发扬统一战线范围内的民主，搞好政治协商、民主监督、参政议政，有利于加强和改善中国共产党的领导，有利于改进政府的工作，有利于领导机关的正确决策，有利于各项方针政策的贯彻落实。人民政协要围绕改革和建设的重大问题倾听各方面的意见，积极参政议政，对宪法、法律的实施和国家机关的工作进行民主监督，进一步推进履行职能的规范化、制度化。各级党委和政府要重视民主党派和无党派人士在政治协商、民主监督中的作用，认真听取他们的意见和建议，把这方面的政治优势充分发挥出来，以利于促进有中国特色社会主义民主政治建设。

第三，希望人民政协积极协助党和政府进一步做好协调关系、化解矛盾的工作，维护社会政治稳定。随着改革开放的深入发展，出现了经济成分和经济利益多样化、社会生活方式多样化、社会组织形式多样化。这些新情况带来了经济结构和社会关系的新变化。对各种人民内部矛盾和其他社会矛盾，必须高度重视并正确处理，以防矛盾激化，影响社会稳定。对于各种社会矛盾，要区分不同情况，通过改革和发展，通过加强思想政治工作，通过综合运用法律、经济、行政、教育等各种手段，妥善加以解决。人民政协作为广泛联系社会各界的重要组织，要在协调关系、化解矛盾方面进一步发挥积极作用。各级人民政协要保持反映社情民意渠道的畅通，加强同社会各界的联系，做好通报情况、沟通思想的工作，努力维护安定团结的社会政治局面。

第四，希望人民政协广泛团结海内外一切热爱祖国的中华儿女，为实现祖国的完全统一和振兴中华共同奋斗。团结是国运昌隆、民族振兴的保证。我们不仅要在建设有中国特色社会主义共同理想的基础上，实现祖国大陆全体社会主义劳动者和拥护社会主义的爱国者的紧密团结，而且要在维护祖国统一和实现民族振兴共同意志的基础上，实现祖国大陆同胞与香港特别行政区同胞和澳门同胞、台湾同胞以及海外侨胞的广泛团结。为了祖国的完全统一和中华民族的全面振兴，团结的人越多越好，团结的面越宽越好。邓小平同志提出的“一国两制”方针，为促进生活在不同社会制度下一切爱国的中国人的团结，为完成祖国统一大业，奠定了坚实基础。按照“一国两制”方针，香港已经回到祖国怀抱，澳门即将回归祖国。台湾问题最终一定会得到解决。祖国的完全统一一定要实现。中国政府和人民绝不允许国家的主权和领土被割裂。人民政协应该充分运用自身的优势，积极促进中华民族的大团结，为早日完成祖国统一大业，为实现中华民族的伟大复兴，作出更大贡献。

坚持中国共产党的领导，是巩固和发展爱国统一战线的根本保证，是我国多党合作成功进行的首要政治前提。统一战线工作是全党的工作，人民政协事业是建设有中国特色社会主义事业的重要组成部分。改革开放越深入，经济建设越发展，越需要加强统一战线和人民政协的工作。坚持和发展最广泛的爱国统一战线，是一项关系国家和社会主义事业兴旺发达的战略任务。各级党委必须充分认识做好人民政协工作的重要意义，继续加强对人民政协工作的领导，支持人民政协履行职能。要认真对待来自人民政协的意见和建议，加强同民主党派、人民团体和党外人士的联系，团结各方面的积极力量为实现党的总目标、总任务服务。各级人民政协党组要加强自身建设，在政协工作中起好政治核心作用，保证党的路线方针政策的贯彻执行。人民政协中的共产党员要发扬党的优良传统和作风，认真贯彻执行党的路线方针政策，真心实意同党外人士交朋友，努力做合作共事的模范、廉洁奉公的模范、发扬民主作风的模范。只有得到包括各民主党派、人民团体和无党派人士在内的广大人民的真心拥护，我们党的领导地位才能不断巩固和加强，党和人民的事业才能蓬勃发展、永葆生机。

二十世纪即将过去，二十一世纪就要到来。让我们高举马克思列宁主义、毛泽东思想、邓小平理论伟大旗帜，坚持和完善中国共产党领导的多党合作和政治协商制度，不断巩固和壮大爱国统一战线，把我国改革和建设的各项事业全面推向新的世纪。我们相信，在建设富强民主文明的社会主义现代化中国的伟大征程中，人民政协一定会作出新的更大的贡献！

注　释

〔1〕毛泽东（一八九三——一九七六），曾任中国人民政治协商会议第一届全国委员会主席，第二、第三、第四届全国委员会名誉主席。周恩来（一八九八——一九七六），曾任中国人民政治协商会议第二、第三、第四届全国委员会主席。邓小平（一九〇四——一九九七），曾任中国人民政治协商会议第五届全国委员会主席。邓颖超（一九〇四——一九九二），曾任中国人民政治协商会议第六届全国委员会主席。李先念（一九〇九——一九九二），曾任中国人民政治协商会议第七届全国委员会主席。

〔2〕见毛泽东《中国人从此站立起来了》（《毛泽东文集》第5卷，人民出版社1996年版，第343页）。

〔3〕见邓小平《新时期的统一战线和人民政协的任务》（《邓小平文选》第2卷，人民出版社1994年版，第187页）。

在庆祝中华人民共和国成立五十周年大会上的讲话

（一九九九年十月一日）

全国同胞们，
同志们，朋友们：

今天，我们在宏伟的天安门广场，隆重庆祝中华人民共和国成立五十周年。这是全国各族人民的盛大节日，也是检阅我们成就和力量的庄严典礼。

我代表党中央、全国人大、国务院、全国政协和中央军委，向一切为祖国的独立、统一、民主、富强建立了功勋的革命先辈和烈士们，表示深切的怀念！向全国各族人民和海内外爱国同胞，致以热烈的节日祝贺！向关心和支持中国发展的外国友人和世界人民，表示诚挚的感谢！

五十年前的今天，毛泽东主席在这里向世界宣告了新中国的诞生。中国人民从此站起来了，中华民族的发展进入了一个崭新的时代。

十五年前的今天，邓小平同志在这里向世界宣告了中国人民正沿着改革开放的道路阔步前进，中国社会主义建设的航船将乘风破浪地驶向现代化的光辉彼岸。

经过五十年特别是改革开放二十年来艰苦卓绝的奋斗，

昔日积贫积弱的中国发生了翻天覆地的历史巨变。勤劳、勇敢、智慧的中国人民在党的领导下，在古老的华夏大地上创造了举世惊叹的人间奇迹。

实践已经充分证明，只有社会主义才能救中国，只有社会主义才能发展中国。实践也充分证明，建设有中国特色社会主义，是实现中国经济繁荣和社会全面进步的康庄大道。

人类又来到一个新的世纪之交和新的千年之交的重要时刻。这是人们回顾过去征程与业绩、展望未来发展与前景的美好时刻。

从上世纪中叶到本世纪中叶，中国人民经过一百年的浴血斗争，终于实现了民族独立和人民解放，根本改变了自己的命运。从本世纪中叶到下世纪中叶，中国人民经过一百年的艰苦创业，将基本实现社会主义现代化。中华民族将以更加强劲的英姿屹立于世界民族之林。

我们伟大的祖国已经走过了五千年的历程。在五千年的历史长河中，中华民族以自己的聪明才智和卓越创造，为世界文明作出了不可磨灭的贡献。在新的千年中，中华民族必将以自己新的灿烂成就，为世界文明作出更大贡献。

我们将继续坚持党的基本理论、基本路线、基本纲领，依靠全国各族人民的力量，在新的世纪里不断谱写建设有中国特色社会主义的新篇章。

我们将继续坚持“和平统一、一国两制”的方针，在实现香港和澳门顺利回归以后，最终完成台湾与祖国大陆的统一。实现祖国的完全统一和维护祖国的安全，是中华民族伟大复兴的根本基础，也是全体中国人民不可动摇的坚强意志。

我们将继续坚持独立自主的和平外交政策，在和平共处五项原则的基础上发展同所有国家的友好合作关系。中国人民始终同广大发展中国家和世界各国人民站在一起，为反对霸权主义和推进世界多极化，推动建立公正合理的国际政治经济新秩序，促进世界和平与发展的崇高事业而不懈努力。

奋斗就会有艰辛，艰辛孕育新的发展。这是一个普遍规律。中国的未来是无限光明的。让我们高举马克思列宁主义、毛泽东思想、邓小平理论伟大旗帜，朝着辉煌的目标奋勇前进！一个富强民主文明的社会主义现代化中国必将出现在世界的东方。

伟大的中华人民共和国万岁！

伟大的中国共产党万岁！

伟大的中国人民万岁！

目前形势和经济工作*

（一九九九年十一月十五日）

这次中央经济工作会议是党的十五届四中全会之后中央召开的一次重要会议。这次会议的主要任务是：贯彻党的十五大和十五届三中、四中全会精神，分析当前的经济形势，总结一九九九年的经济工作，部署二〇〇〇年的经济工作。下面，我讲几点意见。

一、关于国际国内形势

新世纪即将到来，我们正在进行建设有中国特色社会主义事业的新探索。在世纪之交的重要时刻，各国特别是各大国都在加紧确定和调整发展战略，以在下个世纪激烈的国际竞争中取得主动。全党同志特别是党的高级干部，一定要眼界开阔，用马克思主义的立场、观点、方法分析问题，对世界政治经济的大背景、大格局、大趋势有一个全面准确的认识。只有了解天下大势，才能谋好国内大局，集中力量把自己的事情办好。

---

* 这是江泽民同志在中央经济工作会议上的讲话。

当前，世界多极化趋势继续发展，国际形势总体上仍然趋向缓和，和平与发展依然是当今时代的主题。尽管天下仍很不太平，但在较长时期内避免新的世界大战是可能的。多极化格局的最终形成将是一个充满复杂斗争的长期过程，但这一历史方向不可逆转。这是党中央在科学分析当代世界矛盾、全面审视和平力量和战争因素消长的基础上作出的重要判断。

今年以来，世界上发生了不少重大事件。北约推出“战略新概念”，公然对南联盟发动军事打击〔1〕；美日强化军事同盟，决定联合研制战区导弹防御系统；印巴竞相搞核实验，并在克什米尔地区发生武装冲突；朝鲜半岛局势一度激化，美国继续向朝鲜施压；等等。国际局势中不稳定不确定因素明显增加。霸权主义和强权政治有新的表现，直接威胁着世界的和平与稳定。但是，世界上维护和平、反对霸权的各种力量也在发展，特别是广大发展中国家坚决反对霸权主义和强权政治。各国仍把发展经济、提高综合国力放在首位。虽然国际形势风云变幻，但时代的主题并没有改变。我们完全有可能争取一个良好的周边环境和国际环境，继续推进我国的现代化建设。

走向多极化符合世界各国人民的共同意愿和利益。但是，当前国际力量对比严重失衡，美国的经济、军事、科技实力明显优于其他国家，是当今世界超强的一极。美国正在加紧实施其全球战略，鼓吹“新干涉主义”，推行新的“炮舰政策”，到处干预别国内政，甚至采用武力。然而，美国国内矛盾重重，世界和平与进步力量对美国的牵制也在增强，它想独霸世界也力不从心。世界是丰富多彩的,多极化的趋势同多样化的世界是相符合的,只有力量平衡才有利于世界稳定。广大发展中国家主张和支持世界多极化,西方国家内部也不是铁板一块。欧盟一体化进程近年来有了实质性进展,与美国在欧洲安全事务的主导权和政治、经济利益上是有矛盾的。日本在政治、外交、军事上仰美国鼻息,但在经济贸易方面与美国积怨颇多。俄罗斯经济上有求于西方,但在北约东扩、核裁军等问题上与美国、西欧矛盾很深。改革开放以来,我国综合国力大大增强,国际地位明显提高,是维护世界和平与稳定的一支重要力量。国际敌对势力不愿看到中国日益强大,竭力对我国实施西化、分化的政治战略,企图搞垮社会主义中国的战略图谋是不会改变的。对此,我们必须始终保持清醒的认识。

全面分析国际政治形势,我们可以得出一个结论:既然较长时期内世界大战打不起来,我们就应该抓住机遇发展壮大自己,努力增强我国的经济实力、国防实力、民族凝聚力。只要不发生世界大战,不发生大规模外敌入侵,不发生"台独"分裂祖国的重大事件,我们就要紧紧扭住经济建设这个中心,一心一意搞现代化建设。

今年世界经济发展趋好。美国经济持续增长,日本经济有所恢复,欧洲经济有些起色,亚洲金融危机的影响逐渐减弱,遭受冲击的国家经济开始复苏。另一方面,世界经济发展也有不少隐患。美国股市和美元汇率有可能出现波动,经济增长有可能减速。日本经济真正走出低谷尚需时日。受到金融危机冲击的国家经济完全恢复还需要一个过程。这些都会给世界经济发展带来直接影响,不能排除局部地区再次出现动荡和反复的可能。世界经济形势的好转,有利于我国扩大出口和利用外资,但也会加剧国际市场的竞争。我国出口和利用外资的形势仍很严峻。对此,一定要有充分估计,做好应对各种困难的准备。

展望世界经济的发展变化,有三个动向值得我们高度关注。一是世界范围内正在进行经济结构调整。近年来,各国尤其是发达国家的产业结构、产品结构、企业结构发生了重大变化。新兴产业迅猛发展,特别是信息产业的发展,促使传统产业发生变革。新产品层出不穷,高技术产品在社会生产中所占的比重日益提高。西方国家企业购并风潮迭起,大大提高了它们抢占市场、垄断技术、获取超额利润的能力。二是科技进步突飞猛进。电子计算机的应用,信息技术的开发,新材料、新能源、基因工程、航天技术等高新技术的运用,使社会生产方式和生活方式发生了重大变化。知识或智力资源的占有、配置、生产、运用已成为经济发展的重要依托。各国的综合国力竞争将更加倚重于科技进步和知识创新。三是跨国公司的影响力日益增大。跨国公司的迅速扩张,引起了投资方式和国际分工的变化,加速了生产、投资、贸易、金融的全球化,密切了国际经济联系,同时也加剧了国际竞争。经济全球化是一把双刃剑,既给各国的发展提供了新的条件,也不同程度地带来了风险。发达国家在经济全球化的过程中占据明显优势,而广大发展中国家由于经济发展水平较低,利用机遇和防范风险的能力较弱,相对处于不利的地位,如果策略把握不当,其金融、经济就会面临风险和冲击。亚洲金融危机的爆发就充分说明了这一点。

全面分析国际经济形势，我们也可以得出一个结论：经济全球化趋势已经和正在给各国经济发展带来深刻影响，我们既面临着新的发展机遇，也面临着严峻的挑战，一定要增强紧迫感，努力使自己发展得更快更好。

今年是我国对外工作比较活跃也很有成效的一年。中央综观全局，沉着应对，重点运筹大国关系，妥善处理突发事件，大力推动周边外交，继续巩固和发展中国家的关系。第一，妥善处理了中美关系。中美关系关乎我国对外工作全局，必须处理好。近年来，中美关系几经波折，特别是今年五月以美国为首的北约轰炸我国驻南联盟大使馆，严重损害了中美关系。我们同美国进行了针锋相对的斗争，迫使美国公开道歉，并主动提出恢复中美关于中国加入世界贸易组织的双边谈判，正式表态不支持“两国论”[2]和台湾加入联合国的提案。美国对我采取“既接触又遏制”的两手策略，我们也要讲究策略，以两手对两手，以斗争促合作。第二，重点做了欧盟的工作。我们加强了对欧盟国家的工作，取得了积极的成果。与欧盟扩大共识、加强合作，有利于推动多极化进程。第三，进一步密切了与周边和亚太地区国家的关系。在今年的亚太经济合作组织第七次领导人非正式会议上，我们提出了坚持亚太经济合作组织经济论坛性质、加强地区经济技术合作的建议。第四次中国、俄罗斯、哈萨克斯坦、吉尔吉斯斯坦、塔吉克斯坦五国元首会晤，进一步加强了我国与俄罗斯、中亚国家的友好合作。我国还决定派出民事警察参加联合国在东帝汶的维和行动。这些都有利于提高我国在亚太地区事务中的地位和作用，改善周边环境。第四，正确处理了同美国等国家关于我国加入世界贸易组织谈判的问题。这是一个政治性很强的问题。加入世界贸易组织，对我国更好地参与国际经济合作具有积极意义，但也必然要承担相应的义务。中央综合审视当前的国际气候和下个世纪初我们面临的机遇，从政治上、战略上考虑，对中美关于中国加入世界贸易组织的双边谈判制定了一系列正确的方针原则，并灵活掌握谈判的时机和分寸，取得了积极的成果。与美国达成关于中国加入世界贸易组织的双边协议，加快中国进入世界贸易组织的进程，总体上有利于我国的改革开放和经济发展。我们要充分利用加入世界贸易组织的有利条件，进一步扩大对外开放。同时，认真做好各方面工作，加快企业改革和发展，提高企业的竞争能力和抗御风险能力。这些工作，都是中央全面审视世界大势所采取的重要举措。我们要继续坚持独立自主的和平外交政策，坚持对外开放的基本国策，努力为现代化建设争取良好的外部环境。

今年以来，我和中央其他领导同志进行了一系列重要出访。前不久，我对英国、法国、葡萄牙、摩洛哥、阿尔及利亚、沙特阿拉伯六国进行了国事访问。进行这些外交活动，目的都是促进我国同各国的经济技术交流和合作，推动世界朝着多极化方向发展，为开展我国的跨世纪外交打下一个良好的基础。通过这些访问，我感觉到：第一，中国现在受到各国高度重视。我到这些国家去，都受到了隆重热烈的欢迎。这不是对哪一个个人的，而是由于中国经过五十年特别是改革开放二十年的发展，国力大大增强，在抵御亚洲金融危机、战胜严重洪涝灾害以及其他种种困难上表现出了强大能力,在国际事务中独立自主地发挥了重要作用。第二,大多数国家都赞成和倾向于世界多极化,都不愿意看到世界由一国独霸。特别是发展中国家坚决反对“人权高于主权”的论调,反对一些西方国家利用经济全球化谋取私利。有些西方国家的领导人也表示应该促进世界多极化,维护联合国的权威。当然,各国都有自己的利益考虑,目的不完全一样。第三,发展中国家是促进世界和平与发展的重要力量。我在西方国家访问时,往往有一些所谓“民运”分子和“藏独”分子、“台独”分子出来干扰,实际上有些西方国家是眼睁眼闭,给我们施加压力。而在发展中国家,就没有这样的事情。那里的人民对我们十分热情友好。事实越来越充分地证明,发展中国家要实现繁荣和安全,仅仅靠与发达国家合作是不行的,还要靠加强发展中国家之间的合作,加强南南合作。十分注意加强同第三世界国家的团结合作,这是我们处理对外关系的一个大战略。

一九九九年的经济工作,是在比较复杂的国际国内环境中进行的。在这一年里,我们开展了三场大的政治斗争。对美国的斗争,维护了我国的尊严;对“法轮功”邪教组织的斗争,教育了广大党员、干部和群众,排除了干扰;对“台独”分裂活动的斗争,有力地打击了“台独”分裂势力的嚣张气焰。这三场政治斗争的胜利,为我们集中精力抓经济建设创造了好的政治环境。为切实加强党的建设,我们在县级以上党政领导班子和领导干部中开展了“三讲”教育,进一步提高了领导干部贯彻党的基本理论、基本路线、基本纲领的自觉性和坚定性,解决党性党风方面存在的突出问题取得了明显成效。这是当前党建工作的重中之重，对我们党领导人民继续前进具有重要而深远的意义。在经济工作中，我们全面贯彻扩大内需的方针，加强农业基础地位，积极推进国有企业改革，加快教育和科技体制改革的步伐，努力克服亚洲金融危机的影响，促进国民经济较快增长。今年，农业获得较好收成，工业生产增长较快，外贸出口转降为升，财政收入稳定增长，金融运行比较平稳，人民生活继续改善，社会保持稳定。总的看，经济形势继续朝着好的方向发展，年初预期的经济增长目标能够实现。这说明，中央关于经济工作的各项方针政策是完全正确的，国务院各部门和各地区的工作是有成绩的。

当前，经济生活中存在的问题主要是：有效需求不足，就业压力增大，农民收入增长缓慢，结构不合理的矛盾更加突出。对当前经济工作面临的困难和问题，必须进行深入分析。近年来，我国国民经济运行的环境发生了一些深刻变化。一是市场供求格局发生了根本性转变。经过二十年的改革和发展，我国生产力水平有了显著提高，长期商品短缺的状况已基本改变，买方市场初步形成，这是了不起的成绩。同时，也出现了阶段性、结构性剩余，经济发展受市场的约束越来越明显。二是经济体制改革进入了攻坚阶段。经过多年的探索和创造，我们初步确立了社会主义市场经济体制的基本框架，这是经济发展充满生机和活力的源泉。进一步深化改革，特别是攻克国有企业改革这个难关，必然涉及更为复杂、更为深刻的利益调整，消除经济进一步发展的体制性障碍难度越来越大。三是我国对外经济联系日益密切。在不断扩大对外开放、积极利用国际市场和国外资源的同时，世界经济波动对我国经济发展的影响和冲击也越来越直接。我们要深入研究和分析经济生活中出现的新情况新问题，看到这些阶段性变化的客观性和必然性，加深对经济发展规律性的认识，增强工作的自觉性。

近两年来，面对长期积累的深层次矛盾和问题，面对经济发展阶段性变化所提出的挑战，面对国际国内可以预见到的和难以预见到的各种风浪的冲击，我们坚持以邓小平理论和党的十五大精神为指导，制定了一系列推动改革和发展的方针政策，依靠全国广大党员、干部和人民群众共同努力，有力地克服了各种困难，保持了国民经济持续快速健康发展。回顾这两年来的实践，有三条经验值得记取。第一，坚持用发展的办法解决前进中的问题。邓小平同志讲："发展才是硬道理。"〔3〕这始终是我们抓经济工作的基本指导思想。面对经济生活中的困难和问题，我们采取许多切实的措施，保持较快的经济发展速度。同时，又注意汲取曾经有过的经验教训，强调转变经济增长方式，提高经济增长的质量和效益，不搞泡沫和水分。中央明确提出经济增长指标是预测性的、指导性的和可调整的，就是坚持实实在在的发展观点。实践使我们对邓小平同志关于发展思想的理解更深刻了。第二，适应形势变化适时调整宏观经济政策。一九九六年，我们成功实现了国民经济的"软着陆"，为经济健康发展和应对风浪冲击奠定了基础。一九九七年下半年，受亚洲金融危机的影响，经济增长速度下降的压力增大。中央审时度势，及时调整政策，作出了扩大内需等重大决策，并将扩大国内需求、开拓国内市场作为我国国民经济发展的基本立足点和长期战略方针。从一九九八年开始，为保持经济平稳增长，我们实施积极的财政政策，并努力发挥货币政策的作用，综合运用多种手段调控经济运行。既加大基础设施建设投入，又支持企业技术改造；既注重投资启动，又增加居民收入，引导和鼓励消费；既努力扩大国内需求，又坚持对外开放，千方百计开拓国际市场；既不失时机地深化改革，又切实保持社会稳定。随着实践的发展，我们的认识不断深化，政策不断完善，措施不断加强。从成功治理通货膨胀到积极抑制通货紧缩，说明我们党驾驭经济发展全局的能力更加成熟，宏观调控的经验更加丰富和全面了。第三，重点抓好关系国民经济发展全局的大事。中央始终高度重视农业、国有企业、金融、科技、教育。党的十五届三中、四中全会分别对农业和农村工作、国有企业改革和发展问题作出了决定。中央还对深化金融体制改革、防范化解金融风险、加快科技和教育体制改革、推动科技创新和教育发展作出了全面部署。抓住了重点，就抓住了全局，就掌握了经济工作的主动权。

综观国际国内形势，我国经济发展既有重要机遇，也面临着困难和挑战。还是那句话，宁可把困难估计得更充分一些，把工作部署得更周密、做得更扎实一些，尽最大努力争取最好的结果。我国经济发展的有利条件很多，在较长时期内保持经济较快增长仍有很大空间。只要我们认真总结和坚持近年来的成功经验，全面理解并认真贯彻中央的各项方针政策，充分发挥自己的优势，调动一切积极因素，我们就完全有条件、有能力、有信心在迈向新世纪的进军中取得更大成绩。

二、明年经济工作的指导思想和主要任务

二〇〇〇年是世纪之交的一年,也是完成"九五"计划和本世纪末重要奋斗目标的最后一年。做好明年的经济工作,对于实现我国现代化建设第二步战略目标并向第三步战略目标迈进,具有重要意义。

明年经济工作的指导思想和总体要求是:以邓小平理论和党的基本路线为指导,认真贯彻党的十五大和十五届三中、四中全会精神,继续实施中央关于推动改革和发展的一系列政策措施,突出抓好国有企业改革和发展、经济结构调整、科技进步和扩大内需。进一步稳定农业基础地位,着力调整农业和农村经济结构,千方百计增加农民收入。把国有企业改革作为中心环节,积极促进扭亏增盈和建立现代企业制度。继续实行积极的财政政策,进一步发挥货币政策的作用,综合运用税收、价格等宏观调控手段,加强基础设施建设,抓紧技术改造,加快科技创新,努力扩大消费。扩大对外开放,积极增加进出口,提高利用外资水平。完善社会保障体系,重视和加强扶贫工作,进一步改善人民生活。正确处理改革发展稳定的关系,保证国民经济持续快速健康发展,促进社会全面进步,以优异成绩迎接新世纪。

这个指导思想和总体要求,是中央根据当前国际国内形势,把握改革开放和现代化建设全局,着眼于解决经济生活中的突出矛盾,并考虑长期发展提出的,必须深刻领会,全面贯

彻落实。我着重强调五个问题。

（一）继续实施促进经济发展的一系列政策措施，扩大国内需求。

发展是解决我们面临的所有问题的关键。坚持扩大内需的方针、实施积极的财政政策的实质，就是坚持发展。必须看到，我国当前经济运行中的主要问题是有效需求不足，没有一定的实实在在的增长速度，企业会更困难，就业压力会更大，影响社会稳定的问题会更多。这就需要我们通过抓住和解决这个主要矛盾来带动全局。还必须看到，我们是一个发展中国家，基础设施和科技教育水平还比较落后，生活消费水平还比较低，加快建设的任务十分艰巨。我国的发展需要保持一定的速度，当然应该是有效益、没有水分的速度。同时，还要看到，中国有一个十二亿多人口的大市场，具有很大发展潜力，也完全有可能在比较长的时期内保持比较快的增长速度。因此，无论是克服当前经济生活中的实际困难，还是着眼于下世纪的长远发展，我们都有必要也有条件把经济发展建立在主要依靠国内市场的基础上，实行以扩大内需为主的发展方针，实行促进经济持续快速健康发展的经济政策，把握好宏观调控的方向和力度。明年，要继续实行扩大内需的各项政策措施，并把扩大内需与调整经济结构、推动科技进步、促进对外开放结合起来，使经济运行的质量和效益上一个新台阶。

积极的财政政策，是实现扩大内需、促进经济增长的重要政策。实施这一政策，运用财政向银行发债的手段，把居民的储蓄资金转化为建设资金，并发挥货币政策的作用，实际上也运用了货币手段。通过加强基础设施建设，也有效地利用了多年形成的生产能力和比较充裕的物资储备。我们应该完整地理解这一政策的意义，全面发挥其作用。明年要继续实施积极的财政政策，增发建设国债。从当前国内外经济形势看，这是必要的，也是可行的。在投资方向上，要继续以基础设施建设和企业技术改造为重点，同时更加注意使其与结构调整紧密配合，并带动社会投资和启动消费，使财政资金发挥出四两拨千斤的作用。财政投资应该注意保持政策的连续性，着眼于中长期发展，避免出现大的波动。要选好建设和技术改造项目，加强监管，保证工程质量，同时要继续完善财税改革，使其有利于扩大投资和消费。

解决有效需求不足的问题，需要在实行积极的财政政策的同时，进一步发挥货币政策的作用，综合运用各种货币政策工具，适度增加货币供应，加大金融对经济增长的支持力度。现在，金融工作面临两大任务，一是防范金融风险，二是支持经济增长。要把二者紧密结合起来，在促进经济发展中实现金融安全。金融要进一步支持基础设施建设和技术改造，保障有市场有效益企业生产流动资金的需要。做好债转股工作，帮助符合条件的国有大型企业减轻债务负担，促进企业转换机制，同时减少银行不良资产。制定促进不同所有制中小企业加快发展的信贷政策。增加直接融资比重，规范和发展资本市场。继续推进金融改革，增强服务意识，努力提高效益和管理水平。目前，金融风险仍然是影响经济全局稳定的重大隐患。要高度重视防范和化解金融风险，货币、信贷管理任何时候都不能放松。

必须高度重视增加消费对拉动经济增长的巨大作用。大力开拓城乡消费市场，开辟更多消费渠道，当前的重点是启动住房、教育等方面的消费。制定促进消费的政策，对关系群众利益的各项改革，要加强宣传解释工作，引导和改善居民的收支预期。广大农村是我国消费市场的潜力所在，要努力提高农村购买力，为农民提供适销对路的生活用品和农用生产资料，下大气力开拓农村市场。

扩大内需与坚持对外开放不是对立的。千方百计扩大出口，积极有效地利用外资，对于拉动经济增长具有不可忽视的重要作用。要继续积极主动地做好外贸出口工作，采取更加有效的促进出口的政策措施，实施以质取胜和市场多元化的出口战略，把外贸、外资、援外、对外承包工程和劳务合作等对外经济活动结合起来，大力开拓国际市场。同时，要提高先进、适用技术和关键设备在进口中的比重。进一步改善投资环境，拓宽投资领域，加大对跨国公司招商引资的力度，保持和扩大外商投资规模。加强外汇管理，保持国际收支平衡。

（二）大力调整经济结构，促进产业优化升级。

调整和优化经济结构，是促进经济发展、提高经济增长质量和效益的根本性措施。经济结构的每一次升级，都会带动经济发展上一个新台阶，这是经济发展的一条规律。目前经济生活中的问题，根本的是结构不合理，结构调整缓慢。根据我国经济发展的状况，考虑世界科学技术加快发展和国际经济结构加速重组的趋势，必须对我国经济结构进行战略性调整。不把这件事抓好，就难以实现经济体制和经济增长方式的根本性转变，也难以在二十一世纪更趋激烈的国际竞争中占据有利地位，要站在这样的高度认识结构调整的重要性和紧迫性。现在,我们面临着结构调整的有利时机。从国内看,生产能力相对过剩,物资相对充裕,为我们创造了有利条件。从国际上看,世界范围内的结构重组和产业升级,也为我们提供了良好机遇。要把调整经济结构作为明年和今后一个时期经济工作的主要着力点,在发展中加快结构调整,在结构调整中促进发展。

需要指出,当前面临的经济结构调整不是暂时性、局部性调整,而是战略性调整。第一,这种调整,不仅要对低水平的、污染环境和浪费资源的落后生产能力坚决进行压缩,又要加快发展短缺的、技术含量高和有国际竞争力的生产能力,特别要发展高新技术产业。第二,不仅要调整产品结构、产业结构和企业结构,还要对地区和城乡经济结构进行合理调整。第三,不仅要解决当前的市场供求问题,更要提高国民经济整体素质和效益,着眼于长远发展。这件事情做好了,就可以使整个国民经济进入良性循环,使社会生产力水平再上一个新台阶,使我们向着现代化的目标再迈出一大步。这是一项长期任务,不是一年两年就能够完成的,但我们必须有紧迫感,明年应力争有新进展。

继续调整产业结构,使第一、第二、第三产业相互促进、协调发展,是保持国民经济持续快速健康发展要解决好的重大课题。加强第一产业,提高第二产业,发展第三产业,是今后一个时期调整产业结构的基本思路。要进一步稳定和加强农业基础地位。农业丰收,粮食多了,并不等于农业基础已十分牢固了,要注意防止忽视农业的倾向。农业如果出现反复,整个经济工作都会陷入被动。当前,我国农业进入了一个新的发展阶段，要按照高产优质高效的要求，引导农民根据市场需求调整结构。要抓住有利时机，发挥各方面的积极性，继续加强农田水利基本建设和生态环境建设，保护和提高农业综合生产能力。乡镇企业要加快产品、技术和机制创新，注重发展农产品加工，促进农业产业化经营。要加快工业结构调整，促进产业优化升级。近几年，煤炭、纺织、石化、冶金等行业的结构调整取得了初步进展，但“大而全”、“小而全”和低水平重复建设的现象还比较严重，传统产业的改造升级进展不快，工业结构调整异常艰巨。必须加快对老工业基地和传统产业的技术改造，淘汰落后的设备和工艺，压缩过剩的生产能力，积极发展新兴产业和高技术产业，推进国民经济信息化，努力培育新的经济增长点。发展第三产业，有利于繁荣经济、扩大就业、提高人民生活质量，必须高度重视。我国第三产业占国民经济的比重，不仅低于发达国家，甚至还低于许多发展中国家。必须采取有力的政策和扶持措施，加快信息、文化、教育、旅游、社区服务和中介服务的发展。

调整地区经济结构，促进区域经济、城乡经济协调发展，是全面实现现代化的必然要求。东部地区要继续保持发展势头，有条件的地方要率先实现现代化，并带动和帮助中西部地区的经济开发。中西部地区要加快改革开放，发挥比较优势，加快发展步伐。我在今年“两会”党员负责同志会议、西北五省区国有企业改革和发展座谈会等场合，都讲了西部大开发的问题。这里，我想再强调一下这个问题。不失时机地实施西部大开发战略，直接关系到扩大内需、促进经济增长，关系到民族团结、社会稳定和边防巩固，关系到东西部地区协调发展和最终实现共同富裕，具有重要的现实意义和深远的历史意义。邓小平同志在八十年代就明确提出了“两个大局”〔4〕的思想，东部沿海地区加快对外开放，率先发展起来，发展到一定时期，就要帮助中西部地区加快发展。这个思想符合我国经济发展的客观进程和各地区生产力的实际状况，是富有远见的战略思想。中央认为，现在研究实施西部大开发战略，条件基本具备，时机已经成熟。实施这个战略是党中央总揽全局、面向新世纪作出的重大决策。西部地区〔5〕地域广大，资源丰富，有巨大的发展潜力，也有巨大的市场潜力，关键是要制定正确的发展战略和有力的政策措施。要把西部大开发同实现第三步战略目标结合起来，把国家对西部地区的支持同发挥市场机制的作用结合起来，把加快西部地区经济发展同促进社会进步结合起来，把开发同开放结合起来。西部大开发是一项宏大的工程，必须统筹规划，突出重点，有步骤、分阶段地实施。必须紧紧依靠西部地区干部群众的积极性，自强不息，艰苦奋斗。同时，国家要逐步加大对西部地区的投入，并通过政策引导，吸引更多的国内外资金、技术、人才。西部开发要重点抓好交通、通信、能源等基础设施建设，尤其要把水资源的合理开发和有效利用放到突出位置；大力植树种草，有计划有步骤地退耕还林，搞好综合治理，加强生态环境建设；调整产业结构，发展优势产业，促进资源加工增值；优先发展科技教育，着力培养人才，提高劳动者素质，为振兴西部地区奠定好的基础。加快西部地区开发是异常艰巨的事业。我们既要有紧迫感，能办的事情先办，又要做好长期奋斗的思想准备，坚忍不拔，百折不挠，一定要把西部地区建设好。

发展小城镇是一个大战略。城乡差距大，农业人口多，是长期制约我国经济良性循环和社会协调发展的重要因素。加快小城镇建设，不仅有利于转移农业富余劳动力，解决农村经济发展的一系列深层次矛盾，而且有利于启动民间投资、带动最终消费，为下世纪国民经济发展提供广阔的市场空间和持续的增长动力。各地要把小城镇建设纳入经济社会发展规划，制定政策措施，切实加以推动。小城镇建设要合理布局，科学规划，规模适度，注重实效。要注意运用市场机制，更多地发挥民间投资的作用，走出一条在政府引导下主要通过市场机制建设小城镇的路子。要把发展小城镇同发展乡镇企业、发展科技型农业结合起来。经过五年至十年的努力，把一批小城镇建设成为具有一定辐射和带动能力的农村区域经济文化中心，使全国的城镇化水平有明显提高。

（三）加快科技进步，提高技术创新能力。

科技进步和创新是发展生产力的决定性因素，是经济社会发展的主导力量。实施科教兴国战略，推动科技进步和创新，对于提高国民经济整体素质、增强综合国力具有重要意义。目前，我国经济增长中的科技贡献率不高，技术装备比较落后，产品开发创新能力和科技成果转化率低。不少产品由于品种、规格和质量不能满足需要，不得不大量进口。加快科技进步已经成为促进结构调整、实现社会生产力更大发展的迫切任务。

从我国实际出发，加快科技进步，一是要用现代技术改造传统产业，这是实现工业化必然要经历的过程，这项工作我们远没有完成。二是要发展高技术，实现产业化，努力占领科技制高点，这件事我们才刚刚起步。这两方面的任务是当前和今后一个时期科技进步的主攻方向。为此，必须大力开展科技创新，增强自主创新能力。没有创新，就没有发展，没有生命力。企业是技术创新的主体。要鼓励企业跟踪行业技术发展的前沿，引进、消化、吸收国外先进技术，进行自主开发和技术创新，实现技术跨越。要加快老工业基地和传统产业的技术改造步伐，当前重点要落实好国家支持技术改造的政策措施，做好选项、论证和实施工作。要加强重要领域的基础研究和技术开发，重大和关键技术要组织全社会科技力量协同攻关，并力争尽快取得新的突破。

必须贯彻经济建设依靠科学技术、科学技术面向经济建设的方针，继续推进科技体制改革，形成科技与生产紧密结合的机制。大企业和企业集团要建立技术开发中心，实现市场开拓、技术创新和生产经营一体化。科研院所特别是应用开发型科研机构，要以不同形式进入企业、同企业合作或改制为企业，实现产学研相结合，加速科技成果向现实生产力转化。国家要继续增加科技投入，同时引导社会资金参与科技开发，建立和完善发展高新技术产业的风险投资机制，逐步形成多元化的科技投资体制。

推动科技进步和创新，关键是人才。要特别重视培养青年科技人才，为他们的成长和发挥才干创造条件。建立科技人才的激励机制，实行技术、管理等生产要素参与分配，对有突出贡献的科技人才实行重奖，充分发挥他们的积极性和创造性。制定吸引人才的政策，鼓励留学人员和海外科技人才回国工作或以适当方式为祖国服务。支持科技人才领办和创办科技型企业。进一步树立和发扬尊重知识、尊重人才、崇尚创新的良好风尚，形成有利于科技进步和技术创新的社会环境。

（四）深化以国有企业改革为中心环节的经济体制改革。

改革是发展的动力。国有企业是国民经济的支柱。搞好国有企业改革和发展，既是关系经济持续稳定发展的重大经济问题，也是关系巩固社会主义制度的重大政治问题。党的十五届四中全会就推进国有企业改革和发展作出了决定。贯彻落实这次全会精神，实现国有企业改革和发展的三年目标，是明年经济工作的重中之重。各地区各部门要高度重视，结合实际，研究制定落实全会精神的具体措施，明确目标，抓住重点，努力做好全会提出的各项工作。这里，我想再强调两点。

一是要处理好改善企业外部条件和转变企业经营机制的关系。国有企业改革和发展是一个系统工程，需要各方面密切配合，创造必要的外部条件。近年来，国家在减轻企业债务负担、分流企业富余人员、分离企业办社会职能等方面采取了不少措施，要继续认真落实。从企业来说，更需要眼睛向内，着力建立现代企业制度，形成适应市场经济要求的经营机制。国有企业一定要把建立新制度、形成新机制作为重点。如果不在这方面下功夫，即使有了好的外部条件，也发挥不了应有作用，很可能暂时解决了一些问题，过一个时期又产生同样的问题。务必防止出现这种情况。

二是要把握好长远目标和阶段攻坚的关系。国有企业改革是一项长期任务，要有步骤、分阶段地进行，不可能毕其功于一役。中央提出的国有企业改革和发展的三年目标，是阶段性的攻坚战，非常关键，一定要打好。实现这个目标，可以大大增强全党的信心，为实现十年目标奠定基础。建立比较完善的现代企业制度，实现战略性调整和改组，更好地发挥国有经济的主导作用，需要树立长期奋斗的思想，锲而不舍，扎实工作。对贯彻落实党的十五届四中全会精神的情况，明年上半年从中央到地方要组织一次检查。

做好明年经济工作，归根结底，必须深化改革。要用改革统揽全局，抓住国有企业改革这个中心环节，继续推进财政、金融、流通、科技、教育、住房和社会保障等各项改革，把改革贯穿于加快经济发展、促进结构调整、推动科技进步、扩大对外开放等各个方面，朝着建立社会主义市场经济体制的目标不断前进。

（五）进一步改善人民生活。

不断改善人民生活，是扩大有效需求、拉动经济增长的内在要求，是处理好改革发展稳定关系的结合点。改革开放以来，城乡居民的收入普遍有较大幅度提高，人民群众得到了实惠。同时，也要看到，人民生活的总体水平仍然不高，城镇下岗职工生活还比较困难，农民收入水平依然很低，几千万人口尚未解决温饱。在提高人民生活水平方面，还要进行长期的艰苦努力。要在保持经济增长的同时，逐步提高城乡居民特别是中低收入者的实际收入。人民生活水平逐步提高，社会稳定就有了更牢固的基础。

千方百计增加农民收入，是当前农业和农村工作的一项重要任务。全国实现小康，重点和难点都在农村。农村实现小康，关键是要增加农民收入。要从调整优化结构、增加农业投入、扩大以工代赈、促进农产品流通等方面采取综合措施，开辟农民增收的新途径新领域。同时，积极稳妥地推进农村税费改革，实行规范化、法制化管理，从根本上减轻农民负担。明年是实施国家八七扶贫攻坚计划〔6〕的最后一年，要进一步动员社会各方面力量，毫不松懈地加大扶贫开发工作力度，增加扶贫投入，努力完成这项艰巨的历史性任务。

人民生活问题的另一个重点是要关心城镇低收入居民生活。改善这部分人的生活，根本途径是发展经济，扩大就业。各级政府要大力开展就业工作，积极发展多种所有制经济，扶持中小企业，鼓励兴办第三产业，把发展劳动密集型和技术密集型产业结合起来，创造更多就业岗位。加强职业培训，尽力帮助需要就业的失业者获得工作机会。要重视研究收入分配状况，完善政策，运用经济手段、法律手段和必要的行政手段，调节和规范收入分配。

建立和完善社会保障体系，是建立社会主义市场经济体制的重要内容，是顺利推进企业改革和结构调整的必要条件。继续加强以失业、养老和医疗为重点的社会保障体系建设，逐步扩大覆盖面，提高社会保障程度。要多方面筹集资金，在企业改革和重组的过程中，统筹考虑补充社会保障资金，财政也要打足预算。当前，特别要抓好社会保障资金的落实和养老金的发放，做到制度建设到位、资金到账、保障到人。同时，要建立健全城市居民最低生活保障制度。这是保持社会稳定的一项重要措施，必须认真加以落实。

以上我讲的五个方面是密切联系的，直接关系改革发展稳定的大局。各级领导同志要从全局的高度认识这些工作的重要性，统筹安排，扎扎实实做好明年的经济工作。

三、切实加强党的领导，确保完成明年的各项任务

明年，改革发展稳定的任务十分繁重。全党同志特别是各级领导干部，必须全面准确地理解中央的方针政策，用中央精神指导本地区本部门的工作，做到认清形势、明确任务，抓住机遇、开拓进取，坚定信心、团结奋斗。

认清形势、明确任务，就是要面向新世纪，把思想统一到中央关于当前国际国内形势的分析判断以及由此确定的任务和方针政策上来。胸怀全局，头脑清醒，正确把握前进方向，善于把当前任务与长远任务、具体目标与总体目标结合起来。无论形势多么复杂、任务多么繁重，都要始终坚持党的基本理论、基本路线、基本纲领，牢牢把握住经济建设这个中心，坚持四项基本原则和改革开放，坚定不移地实现我们的既定目标。

抓住机遇、开拓进取，就是要深刻领会党的十五大精神的实质，积极主动地利用国际国内一切有利因素和条件，大力推进改革开放，努力开创各项工作的新局面。要增强紧迫感，加快发展壮大自己，关键是发展经济，把综合国力搞上去。坚持以“三个有利于”〔7〕为根本标准，进一步解放思想、实事求是，大胆创新，依靠深化改革和促进发展解决经济社会发展中的深层次矛盾和问题，推动经济体制和经济增长方式的根本性转变。

坚定信心、团结奋斗，就是要坚定建设有中国特色社会主义的理想信念，既要充分估计困难，又要增强必胜的信心，始终保持良好的精神状态和旺盛的革命斗志。要充分发挥政治优势，进一步加强全党特别是各级领导班子的团结，加强全国各族人民的团结，最大限度地调动各方面的积极性，同心同德，埋头苦干。要坚决果断地排除一切干扰，保持社会政治稳定，把各项事业顺利推向前进。

这里，我强调三个问题。

（一）妥善处理各种利益关系，进一步做好稳定工作。

抓好稳定工作，是明年全党的一件大事。保持稳定，归根到底靠深化改革、加快发展，同时必须把握好改革的节奏，积极稳妥地进行。既要在条件具备的情况下不失时机地推进改革，又要考虑到国家、群众和整个社会的承受能力，使改革的力度、发展的速度同社会可承受的程度相适应。出台一项重大决策，要思前想后、缜密论证，充分考虑到对群众的心理预期可能带来的影响，采取相应的配套措施，使群众感到安心、放心，对未来充满信心。这对维护稳定和促进改革发展，都是至关重要的。

处理好改革发展稳定的关系，关键是要始终注意维护人民群众的利益。人民群众是改革发展的主体和动力，也是稳定的力量源泉和深厚基础。只要广大人民群众真心实意拥护改革，我们就一定能够应对各种复杂情况和矛盾，即使出点这样那样的问题也好办。而要赢得群众拥护，最根本的是要把实现和维护最广大人民群众的利益作为我们一切工作的出发点和落脚点，努力使工人、农民、知识分子等基本群众共同享受到改革发展的成果。党的一切方针政策，都要以是否符合最广大人民群众的利益为最高标准，以最广大人民群众满意不满意为根本准则。深化改革必然会带来利益关系的调整。要引导群众正确认识局部利益和整体利益、眼前利益和长远利益的关系。调整国民经济结构，深化国有企业改革，关系千家万户的利益，要向群众讲清楚其必然性和必要性，引导他们积极支持和参与改革。

要充分重视并正确处理新形势下的人民内部矛盾。着重解决好改革中群众关心的突出问题，防止局部问题扩大为全局问题，防止矛盾激化。现在，一些地方的基层群众工作削弱了，许多与群众利益密切相关的事实际上没人管，这种状况必须改变。各级领导干部要深入农村基层、车间班组、街道社区，倾听群众呼声，了解群众要求，体察群众情绪。对涉及群众利益的事，要一件一件去落实。一时解决不了的，也要认真做好说服解释工作。要经常分析本地区本部门本单位的形势，善于发现苗头和倾向性问题，有针对性地制定工作预案，把问题解决在萌芽状态。处理人民内部矛盾要多做思想政治工作，依法化解各种矛盾和纠纷。要妥善处理突发性事件，立足疏导，防止激化。对严重影响社会稳定的群体性事件，必须采取果断措施及时处置。对敌对势力蓄意破坏稳定的各种活动，要提高警惕，依法严厉打击，决不手软。民族地区的稳定关系到国家的长治久安，必须坚持不懈地抓好。保持民族地区稳定，关键是要加快经济发展，落实好民族政策，处理好民族关系。

（二）加大精神文明建设力度，推动经济社会全面进步。

在整个改革开放和现代化建设的过程中，要始终坚持两手抓、两手都要硬的方针。“法轮功”事件再次表明，精神文明建设必须持之以恒地抓。不抓，或者抓而不紧，后果不堪设想。加强精神文明建设，不仅可以为物质文明建设提供思想保证、精神动力和智力支持，也可以满足人民群众日益增长的精神文化需求。随着经济的发展和社会的进步，人民群众在这方面的要求将会越来越高。这些年来，我们对精神文明建设抓得是紧的，取得了明显成绩。全党要继续努力，探索在发展社会主义市场经济的条件下进行精神文明建设的规律，切实加强精神文明建设。要认真贯彻落实党中央前不久下发的《关于加强和改进思想政治工作的若干意见》，切实加强宣传工作和思想教育工作，多做解疑释惑、提高认识的工作，多做宣传引导、耐心说服的工作，多做统一思想、凝聚力量的工作。我国老龄人口比重日益增大，必须重视和做好老龄人口的工作。

实现经济社会协调发展是我国社会主义现代化建设的一个重要指导方针。全面实现跨世纪发展的目标，必须继续推进各项社会事业发展。各级党委和政府的主要领导同志，在经济建设任务十分繁重的情况下，一定要统筹兼顾地抓好教育、科技、文化、卫生、体育、环境保护、计划生育等各项工作，努力促进经济、社会、环境协调发展。

（三）加强党组织自身建设，提高各级干部思想政治素质和领导水平。

这次在全国县级以上党政领导班子和领导干部中进行的“三讲”集中教育，取得了好的成效，要进一步巩固。下一步要把县(市)一级“三讲”集中教育扎扎实实搞好。县一级党政领导班子和领导干部直接面对基层、面对群众,担负着把中央精神落实到基层、带领干部群众进行改革和建设的繁重任务。抓好县(市)一级“三讲”教育,对提高党组织的凝聚力和战斗力具有十分重要的意义。各级党委和政府要按照中央的要求,切切实实加以推进,务求取得实效。“三讲”教育取得的基本经验和重要成果,应该贯彻到党的建设和干部队伍建设的经常性工作中去。

改革开放和社会主义现代化建设是史无前例的创新事业。现在,国际国内形势发展很快,领导干部要从容应对新形势,不断适应新情况,正确认识和解决新问题,就必须坚持学习、学习、再学习。学习应该养成习惯,形成制度。领导干部都要有计划地读点书,都要注重向实践学习,都要勇于在改革开放的现实斗争中经风雨、见世面,不断提高思想理论水平和驾驭全局的能力。要强调真抓实干,扎实工作。各级干部要坚持实事求是,敢于讲真话,反映真实情况。从群众来信反映的情况看,一些地方虚报浮夸和形式主义十分严重,在群众中影响很坏。这个问题,我讲过多次,但一些地方和部门虚报浮夸风仍然屡禁不止,一些人还在乐此不疲,这个现象很值得深思。要彻底解决这个问题,必须从制度和机制上着手。要旗帜鲜明地反对和制止任何形式的弄虚作假,严肃查处弄虚作假的问题。凡是弄虚作假的干部决不能提拔重用,已经提拔的一经发现要坚决撤下来。要坚持不懈地开展党风廉政建设和反腐败斗争,领导干部尤其是第一把手要做好表率。

民主集中制是我们党和国家的根本组织制度和领导制

度，是我们团结一致地前进，避免和纠正错误、减少失误的重要保证，必须一以贯之地贯彻执行。一些单位党内生活不正常，既缺乏民主又缺乏集中，相互掣肘，闹不团结，很大程度上都同民主集中制坚持得不好有关。各级领导干部特别是主要领导干部要带头遵守民主集中制的各项规定，防止个人专断和各自为政。要逐步形成一套建立在民主集中制基础上的科学决策机制。坚持重大问题由集体讨论决定，充分发扬民主，广泛听取各方面意见，审慎决策，尽量减少和避免因决策失误而造成的损失。坚持集体领导和个人分工负责相结合，第一把手要敢于负责，同时充分发挥一班人的积极性、主动性、创造性。处理中央和地方的关系，要坚持发挥中央和地方两个积极性。一方面，要不折不扣地执行中央的路线方针政策，做到令行禁止。另一方面，要发挥地方、基层和群众的创造精神，鼓励从各地实际出发，创造性地开展工作。

为了完成我们党确定的跨世纪发展的任务，最要紧的是抓紧做好干部准备。这是一项战略性任务。各级党委要按照中央的部署，把培养选拔年轻干部摆上重要议事日程，对此要有紧迫感和切实措施。要在解放思想和坚持走群众路线的基础上，制定培养计划，完善选拔制度，把人选好选准。同时，要积极创造有利于年轻干部健康成长的环境，注意把他们放到基层锻炼，放到艰苦环境中摔打，在实践中培养考察。坚持优胜劣汰，确实优秀的要大胆提拔使用。

最后，我简要讲一下关于制定国民经济和社会发展第十个五年计划问题。“十五”计划是进入新世纪后落实我国现代化建设第三步战略部署的第一个五年计划，研究制定好这个规划意义十分重大。要准确把握国际国内形势，紧密围绕我们的战略目标，深入研究发展社会主义市场经济条件下进行现代化建设的一系列重大课题，坚持经济社会协调发展，统筹兼顾、突出重点，立足当前、谋划长远，集中各方面的智慧和力量，高标准、高质量地完成制定工作。

做好经济工作，任务艰巨，责任重大，意义深远。我们要坚持以邓小平理论和党的十五大精神为指导，团结和带领全国各族人民，振奋精神，艰苦奋斗，开拓前进，把建设有中国特色社会主义伟大事业胜利推向新世纪。

注　　释

〔1〕见本卷《建立适应时代需要的新安全观》注〔1〕。

〔2〕“两国论”，是当时的台湾当局领导人李登辉抛出的分裂祖国的谬论。一九九九年七月九日，李登辉在接受“德国之声”记者采访时公然宣称，台湾当局已将两岸关系定位在“国家与国家，至少是特殊的国与国的关系”。“两国论”的政治本质是蓄意分裂中国的主权和领土，妄图把台湾从中国分割出去。“两国论”受到海内外中华儿女强烈谴责，也遭到国际社会反对。

〔3〕见邓小平《在武昌、深圳、珠海、上海等地的谈话要点》(《邓小平文选》第3卷，人民出版社1993年版，第377页)。

〔4〕见本卷《不失时机地实施西部大开发战略》注〔1〕。

〔5〕见本卷《不失时机地实施西部大开发战略》注〔2〕。

〔6〕一九九四年四月十五日，国务院印发《国家八七扶贫攻坚计划》。这一计划提出，从一九九四年到二〇〇〇年，集中人力、物力、财力，动员社会各界力量，力争用七年左右的时间，基本解决当时全国农村八千万贫困人口的温饱问题。

〔7〕见本卷《推动乡镇企业进一步发展》注〔1〕。

十年来军委工作的回顾和总结*

（一九九九年十一月二十四日）

军队团以上领导班子和领导干部的“三讲”教育工作，按照党中央和中央军委的部署，进展顺利，成效明显。

八月三十一日的军委常务会议，对军委开展“三讲”教育作了安排。这段时间，大家进行了认真准备。我委托总政治部听取了各大单位、四总部机关和部分院校领导对军委工作的意见。总的看，我们军委的同志政治上是坚定的，责任感很强，贯彻执行党的路线方针政策很坚决，自身要求比较严，内部也是团结的，对军队建设和改革的领导是得力的。

今天，我们军委同志召开“三讲”会，主要是回顾十年的历程，总结我们做过的工作。既然是总结，成绩要讲，不足也要讲，一是一、二是二，实事求是。彻底的唯物主义者是无所畏惧的，无私方能无畏。我们大家都要有这种精神。

军队建设取得的一切成绩，都应归功于毛泽东军事思想和邓小平新时期军队建设思想，归功于军委集体领导，归功于全军同志的辛勤努力。对存在的不足，我是军委主席，应该负主要责任。讲的过程中，必然会涉及一些具体问题，我的态度

* 这是江泽民同志在中央军委“三讲”会议上讲话的主要部分。

是对事不对人，重在总结经验教训。这样做，对增进相互了解、改进领导工作有好处。我先讲讲，然后每个同志都说一说。

党的十三届五中全会决定我担任军委主席，到现在已整整十年了。我们党和邓小平同志把这个担子交给我，我深感责任重大。十年来，我始终铭记邓小平同志的政治交代，对自己承担的职责从不敢懈怠，对军队建设和军事斗争的重大问题都亲自过问。军队建设取得成绩，我感到欣慰。部队出现这样那样的问题，我感到焦虑，以至夜不能寐。在军队建设上，我最关注的是两大问题：一个是我军能不能跟上世界军事发展的趋势，打赢未来可能发生的高技术战争，切实捍卫祖国的主权、安全和统一；一个是我军能不能始终保持人民军队的性质、本色、作风，永远成为党绝对领导下的革命军队。我对军队的建设，自问还是尽力的。

事非经过不知难。这十年，在我们党和国家的发展史上极不平凡，在我军的发展史上也极不平凡。我军建设所处的国际国内环境发生了深刻变化。

这十年，在经历八十年代末九十年代初东欧剧变和苏联解体、两极格局终结以后，世界向多极化趋势发展，国际形势总的继续走向缓和，但天下仍很不太平。世界上重大突发事件接连不断，地区冲突和局部战争此起彼伏。世界社会主义的发展进程遭受严重挫折，使我们遇到了空前巨大的压力。中国社会主义的红旗能不能扛下去，举世为之关注。国际敌对势力扬言要在世界上埋葬共产主义，预言中国将会步苏联和东欧国家的后尘，很快就会垮台。他们对我国全面施压，公然支持我们国内的反共反社会主义势力和民族分裂主义势力搞破坏、颠覆活动，大有“黑云压城城欲摧”之势。他们加紧对我国进行以西化、分化为目的的各种渗透、破坏活动，不断利用所谓“人权”、“民主”、“宗教”和达赖〔1〕、台湾、经贸、军售等问题挑起事端。我国安全和社会政治稳定面临严重威胁。

这十年，在日新月异的科技进步推动下，世界军事迅猛发展。一九九一年的海湾战争〔2〕表明，现代战争已开始成为高技术战争。世界各主要国家纷纷调整军事战略，加快军队现代化建设，形成了以高技术质量建设为主要标志的军事竞争新态势。我军的现代化建设和军事斗争准备，面临艰巨任务和严峻挑战。如果我们不能抓紧实现军队现代化建设的跨越式发展，就会被世界军事发展的潮流甩在后面，我们在未来可能发生的高技术防卫作战中就会陷入十分被动和困难的境地。

这十年，我国改革开放和现代化建设的发展，给军队建设注入了新的生机和活力，但也带来了一些新情况新问题。这种胜利与困难、进步与落后的多种因素相互交错的社会环境，使部队干部战士的思想、作风、纪律和军队的稳定与建设经受着严峻考验。

总之，十年来，尽管我们面临复杂的国际国内问题和军队建设的繁重任务，但在党中央正确领导下，经过军委同志的辛勤工作、全军广大官兵共同努力，我军经受住了政治斗争、军事斗争、与严重自然灾害斗争的严峻考验，革命化、现代化、正规化建设取得了长足进步，战斗力显著提高，胜利地完成了党和人民赋予的各项任务。

军队建设所以有今天这样的好局面，最根本的是我们始终坚持把邓小平新时期军队建设思想作为军队建设的科学指南。毛主席是我们这支军队的主要缔造者。邓小平同志是新时期我军建设和改革的总设计师，他继承和发展了毛泽东军事思想，形成了新时期军队建设的科学思想。我们这一代人的历史使命，就是在毛主席、小平同志奠定的基础上，把军队建设事业继续推向前进。我在任军委主席后召开的第一次军委扩大会议上就指出，邓小平同志关于新时期军队建设的思想，对今后军队建设有着长远的指导作用，全军要认真学习和贯彻〔3〕。在党的十四大结束后紧接着召开的军委扩大会议上，我们又指出，邓小平同志关于新时期军队建设的思想，是新的历史条件下搞好军队建设的根本依据和指导思想。始终不渝地坚持以毛泽东军事思想和邓小平新时期军队建设思想为指导，是我军革命化、现代化、正规化建设不断发展的可靠保证。总之，这十年来，我们坚持全面、正确、积极地贯彻邓小平同志确定的路线方针政策。当然，在贯彻中也不是一点干扰都没有，但我们坚决排除了干扰，始终沿着邓小平同志指明的方向前进。

一、关于十年来的军委工作

这十年来，军委在军队建设的方向性、全局性问题上，提出了许多重大方针和指导原则，作出了一系列重要决策，部署了一系列重大工作。概括起来说，主要有以下方面。

第一，始终坚持党对军队的绝对领导。我军是执行革命政治任务的武装集团，党对军队的绝对领导是我军永远不变的军魂。毛主席确立了党对军队的绝对领导这一建军的根本原则和一整套制度。他高度概括地把这个原则表述为："我们的原则是党指挥枪，而决不容许枪指挥党。"〔4〕邓小平同志在坚持党对军队的绝对领导问题上历来十分坚定。他指出："军队任何时候都要听中央的话，听党的话，选人也要选听党的话的人。军队不能打自己的旗帜。"〔5〕他在离开军委领导岗位时谆谆告诫我们："我们的军队始终要忠于党，忠于人民，忠于国家，忠于社会主义。"〔6〕党的十四大前夕，他强调，军队选人第一是政治要求，听党的话，是真正的共产党人。

保证党对军队的绝对领导，始终是关系我军性质和宗旨、关系社会主义前途命运、关系国家长治久安的重大问题。因此，这也始终是我军建设和发展的首要问题。对这个根本原则，在任何时候任何情况下，都绝对不允许出现任何怀疑、犹豫和干扰。党的十四大后，军委作出的第一个决定，就是重申发扬老红军传统，坚持党指挥枪的原则，反对山头主义、宗派主义，纠正干部任用上存在的不正之风。这个决定在全军引起强烈反响，一致认为军委做了一件深得人心的事。

坚持党对军队的绝对领导，关键是保证枪杆子掌握在忠于党的人手里。军委在高级干部特别是大军区以上领导干部的选拔使用上，十分重视在政治上严格把关，我和军委其他同志亲自同许多同志谈了话。在这个方面，我们始终抓得很紧，反反复复加以强调，就是考虑到在坚持党对军队的绝对领导这个重大政治问题上绝不能有任何疏忽和闪失，否则后果不堪设想。

由于紧紧抓住坚持党对军队的绝对领导这个问题不放，我军始终同党中央在思想上、政治上保持一致，一切行动听从党中央指挥，抵制住了国内外那种“军队非党化”、“军队非政治化”和“军队国家化”等错误政治观点的影响。历史的事实说明，一个国家的军队掌握在什么人手中，始终是关系这个国家前途命运的重大问题。我们党领导人民打下的红色江山能否永不变色，我国社会主义事业能否兴旺发达，同我们党能否真正牢靠地掌握军队紧密相关。我们党把军队真正掌握住了，国家就出不了什么大的乱子，遇到不管是来自国内还是国外的什么风浪，都比较容易对付。军队的领导干部都是党的干部，必须坚定不移、不折不扣地坚持和维护党的领导，都要自觉把自己置于党的领导之下，都要保证党对军队的绝对领导。对这个问题，军委的同志任何时候都要十分清醒和坚定。

第二，提出关于军队建设的“五句话”总要求。邓小平同志依据国际形势的发展变化和国家发展大局的要求，着眼于我军新时期肩负的历史使命，提出必须把我军建设成为一支强大的现代化、正规化的革命军队。这是我军建设的总目标。如何实现这一总目标，是个全局性、战略性问题。一九九〇年十二月召开的全军军事工作会议提出，全军部队要做到政治合格、军事过硬、作风优良、纪律严明、保障有力〔7〕。一九九一年一月举行的军委扩大会议又将这“五句话”作为军队建设的总要求加以明确。党的十四大、十五大都重申了这个总要求。提出这个总要求，就是要把邓小平同志关于新时期军队建设的总目标加以具体化，贯彻到各项工作中去。

提出这个总要求，最根本的就是要在全军首先是在领导机关和领导干部中，牢固树立和落实全面建设、协调发展的思想。军队建设是一个整体，革命化、现代化、正规化相互联系，密不可分。必须坚持用辩证的观点全面观察和分析问题、部署和推进工作。军队各个方面的工作只有相互配合、相互促进，才能保证军队建设顺利进行；也只有各个方面共同进步，才有军队建设总体水平的提高。如果把军队建设各个方面割裂开来，搞单打一，畸轻畸重，甚至相互掣肘、相互对立，必然会妨碍军队建设。在我军历史上，曾经出现过“单纯军事观点”、“政治可以冲击一切”等错误倾向，造成了严重后果。“五句话”总要求，是要从认识论和方法论上明确全面推进军队建设的指导思想，理顺军队各个方面协同一致的关系。这些年来，军委、总部围绕军队建设的总目标、总要求，通盘筹划和推进部队建设，各方面工作协调得是好的。

第三，确立新时期积极防御的军事战略方针。新中国成立以来，我们的军事战略方针一直是积极防御。这是我们党根据我国社会主义制度的性质和维护国家安全的需要制定的。进入九十年代，我国安全环境和军事斗争任务发生重大变化，我们的军事战略方针必须适应这种变化，否则我军就难以在未来防卫作战中取胜，国防和军队现代化建设也会缺乏科学依据和现实针对性。一九九〇年十二月，全军军事工作会议指出：积极防御的方针应该说是我们的传家宝，要全面系统地学习，要完整准确地理解，要坚定不移地贯彻。同时，随着形势的变化，还应实事求是地继承和发展。经过几年的酝酿，一九九三年初，军委制定了新时期积极防御的军事战略方针，在战略指导上实行重大调整，把军事斗争准备的基点由应付一般条件下的局部战争转到打赢现代技术特别是高技术条件下的局部战争上来。这就明确了新形势下我军军事斗争准备的目标和任务，抓住了我军建设的主要矛盾，正确解决了我军建设和改革的发展方向问题。实践证明，军委作出这一重大战略决策是非常及时和完全正确的。

制定和贯彻新时期军事战略方针，很重要的一条就是实施科技强军战略，依靠科技进步来提高军队的战斗力。海湾战争说明，现代战争正在成为高技术战争，拥有高技术优势的一方明显掌握着战场的主动权，军事技术落后就容易被动挨打。我们做了大量调研工作，我也看到许多材料，并由总参谋部和军事科学院分别召开了海湾战争座谈会和海湾战争研讨会。我们强调，在世界科技进步迅速发展和世界军事领域发生深刻变革的背景下进行我军现代化建设，全军同志特别是领导干部一定要高度重视和充分发挥科学技术的作用，加强军队质量建设。一九九五年，军委明确提出了科技强军战略，其重点是加强国防科研，改善武器装备，提高官兵的科技素质，建立科学的体制编制，提高科技创新能力和科学管理水平，同时提出军队建设要逐步实现由数量规模型向质量效能型、由人力密集型向科技密集型转变。今年十一月召开的全军参谋长会议，对发展具有我军特色的作战思想、加快武器装备建设、解决好诸军兵种联合作战等方面又作了部署，全军各部队要抓紧落实。

为了切实维护祖国的安全和统一，必须建设一支应急机动作战部队。我一九八九年十一月到云南，一九九〇年七月到西藏，八月到新疆，九月到内蒙古，十一月到广西，都视察了部队，不断思考这个问题。一九九〇年十二月，全军军事工作会议确定要加快组建应急机动作战部队。我国地域广大、疆界漫长，单纯依靠部队数量，一步一岗，搞人海战术，养兵再多也不够用。未来高技术局部战争准备时间短，进程很快，初战即具有决定性意义。因此，我军必须拥有一支战斗力很强的快速反应部队。另外，由于国家财力有限，军队现代化建设不可能齐头并进，只能有先有后，分梯次建设。对应急机动作战部队，在武器装备、物资和经费等方面实行重点保障，并进行强化训练。应急机动作战部队建设取得了重大进步，已成为我们应付局部战争和突发事件的拳头。

新时期军事战略方针，贯彻和坚持了人民战争的思想。人民战争是我们克敌制胜的法宝，是我们真正的优势。军委一直强调，在未来高技术战争中，仍然要坚持进行人民战争。无论武器装备如何发展、战争形态如何变化，归根到底，决定战争胜负的因素是人，而不是武器。我们要结合新的历史条件和未来高技术战争的要求，积极发展人民战争的思想，努力创造出一套高技术条件下进行人民战争的战略战术。

我们坚持以新时期军事战略方针统揽军队建设的全局，迎接世界军事发展的挑战，全军的军事训练、政治工作、后勤保障、武器装备建设、战场建设、后备力量建设、国防动员体制建设等正在全面展开，各项规划、计划正在顺利实施。

第四，把思想政治建设摆在全军各项建设的首位。注重并始终坚持从思想上、政治上建设部队，是我们党领导军队的一条根本原则和特有优势。加强思想政治建设，是我军保持人民军队性质和正确发展方向的可靠保证。坚持党对军队的绝对领导，必须首先从思想上、政治上掌握军队。古今中外许多建立过赫赫战功的军队最后垮了，首先就是因为思想防线崩溃了。我们的军队不是生活在真空里。我们建设有中国特色社会主义的社会环境也是很复杂的。在改革开放和发展社会主义市场经济的条件下，在国际国内各种思潮相互激荡的环境中，社会上一些错误思想观念和腐朽生活方式必然会对官兵产生影响。共患难易，共升平难，这是一个带有规律性的历史现象。我军虽然战胜了战争年代的一切艰难困苦，但能否过得了长期相对和平环境这一关，能否过得了对外开放和发展社会主义市场经济这一关，这是个很不简单的新的考验。一系列活生生的事例都给我们的部队敲响了警钟。加强军队思想政治建设，确保官兵政治上的坚定性和思想道德上的纯洁性，这是新时期我军建设必须解决好的一个重大现实问题。一九九四年召开的军委扩大会议明确提出，要把思想政治建设摆在全军各项建设的首位。以后，我又提出领导干部一定要讲政治，而且强调军队讲政治要有更高的标准和要求，在政治上要注意划清一些基本的是非界限。今年七月召开的全军政治工作会议再次强调，要把思想政治建设摆到党、国家和军队工作战略全局的高度来对待，各级领导都要把抓思想政治建设作为首要职责。会议讨论形成的《关于改革开放和发展社会主义市场经济条件下军队思想政治建设若干问题的决定》，党中央已批转印发全党全军。

军委要求必须坚持用邓小平理论武装全军，广泛深入地开展新形势下的爱国奉献、革命人生观、尊干爱兵、艰苦奋斗的教育，引导广大官兵树立正确的世界观、人生观、价值观。军委还特别强调要对广大官兵进行革命气节教育，在全军上下形成和保持共产党人和革命军人的浩然正气。以抵御酒绿灯红的影响为突破口，狠抓了部队思想作风和纪律的教育整顿；以加强党风廉政建设为重点，着力抓了对高中级干部的教育管理，要求全军各级领导努力继承和发扬党和军队的优良传统，保持老红军本色。一九九三年十二月召开的军委扩大会议提出，军队精神文明建设应该走在全社会前列。军委和总政治部下发了文件，全军精神文明建设取得可喜成果。特别是在这次处理和解决“法轮功”邪教组织问题的斗争中，军队态度坚决，行动迅速，措施有力，工作做得不错。这说明，军委的同志在复杂的思想政治斗争面前头脑是清醒的，在重大原则问题上旗帜是鲜明的。当然，在“法轮功”问题上我们也有教训，军队中也有一些人卷了进去。这进一步说明，部队的思想政治建设一刻也不能放松，要持之以恒地抓。我们要认真总结这些经验教训，大力改进和加强全军的思想政治工作。

团结是我军保持和增强凝聚力和战斗力的重要保证。只要搞好党委领导班子团结、官兵团结和军政军民团结，任何艰难困苦、任何强大的敌人都压不垮我们，我军就能无往而不胜。我们始终把搞好军内外团结作为思想政治建设的大事来抓。全军以党的基本理论、基本路线、基本纲领为思想政治基础，消除影响和妨碍团结的各种因素，进一步加强了各方面的团结。各级党委领导班子成员密切合作、相互支持，官兵上下互相爱护、亲密无间。全军各部队发扬了拥政爱民的优良传统，增进了军政军民团结，保持了与人民群众同呼吸、共命运、心连心的鱼水关系。

第五，集中力量发展武器装备。新中国成立以来，经过几代人的努力，我们建立起比较完整的国防科研和军工生产体系。以“两弹一星”为代表的尖端战略武器装备，使我国在世界军事先进科技领域占有重要的一席之地，有力地提高了我国的国际地位和国际影响。我军的武器装备与世界军事强国相比，差距还相当大。我们历来反对唯武器论，但又十分重视科学技术，重视武器装备的作用。武器装备落后，缺少有效的制敌手段，在战争中要取胜就会付出很大代价。因此，必须把国防科研和武器装备建设摆在提高军事实力的突出位置，增强我军打赢高技术战争的物质技术基础。

长期以来，在我们的武器装备建设中存在着多头、分散、分段的现象，严重影响合力的形成和发展。去年三月，我们果断决策成立总装备部。可以肯定地说，加强武器装备建设的集中统一领导，这个方向是正确的，必须毫不动摇地坚持。

我们在“杀手锏”武器装备建设上采取了正确的方针政策。一是集中优势兵力打歼灭战，对重点项目和关键技术，组织各方面力量协同攻关。二是有所为有所不为，有所赶有所不赶。三是坚持自力更生为主，引进为辅。四是重视武器装备体系建设。五是重视质量和效益。这十年，国防科研和武器装备发展是比较快的。最近，我国第一艘试验飞船飞行成功。这是我国航天史上的又一座里程碑，对我国突破载人航天技术具有重大意义，对军队和全国人民都是一个巨大鼓舞。

第六，进行以裁减员额五十万为主要任务的体制编制调整改革。减少数量，提高质量，走有中国特色的精兵之路，是邓小平同志根据世界军事斗争的新趋势提出的一个重要思想。他主持军委工作期间，领导进行了几次较大的调整精简，特别是一九八五年的百万大裁军，使我军朝着精兵、合成、高效的目标迈出了重要一步。我们军委同志一致认为，必须继续坚定不移地贯彻落实邓小平同志关于精兵的思想。在制定军队建设"九五"计划时，军委经过认真分析认为，我军三百万的员额仍然偏多，而且一些重大关系还没有理顺，部队编组不够合理，保障摊子过大，影响了军队建设的整体效益和经费使用效益，因此下决心再精简军队员额五十万。

我们遵循既要精简员额，又要理顺关系、优化结构的指导思想，对我军的领导、指挥体制和后勤保障体制进行了重大改革，对高级领率机关进行了较大幅度的精简，对部队编组进行了重大调整。我们调整改革院校体制，初步实现了规模化办学。这对于提高领导、指挥和管理效率，建立符合现代军事发展规律要求的组织编制体系，推进我军现代化建设，已经并将继续起到重要作用。民兵预备役部队按照减少数量、提高质量的方针，也进行了调整改革，国防后备力量得到新的加强。

一九九五年，我们对武警部队领导管理体制进行了重要调整，决定武警部队由国务院、中央军委双重领导，实行统一领导管理与分级指挥相结合的体制。

我们还加快了政策制度的调整改革。我军现行的不少政策制度是在计划经济体制下形成的，已不适应社会主义市场经济发展的新形势。一九九七年底召开的军委扩大会议，作出了政策制度调整改革的决策。这一决策得到了全军一致拥护。各总部在展开这一工作中已取得了初步成果,要继续抓紧并做得更好。

第七,在全军广泛深入地开展科技练兵活动。军事训练是和平时期军队战斗力生成的基本途径。只有通过严格的军事训练,才能实现人与武器的有机结合,使官兵掌握打仗的本领、增强立足现有装备战胜优势装备之敌的信心,才能在广大官兵中培养英勇顽强的战斗作风和铁的纪律。全军必须坚持把教育训练摆在战略地位,各级领导机关和领导干部必须把主要精力放在教育训练上。一九九〇年十二月,全军军事工作会议就明确提出,要把严格的军事训练作为部队一项经常性的中心工作切实抓好。

军事训练的内容、手段和方法等,是随着武器装备的发展和战争形态、作战样式的演变而发展的。九十年代初以来,全军加强战法研究和训法改革,对提高我军防卫作战能力起到了积极作用。要打赢未来高技术战争,我军军事训练必须贯彻科技强军战略,开展科技练兵,增大训练的科技含量,推动军事训练向更高层次发展。针对我军官兵科学文化水平比较低、领导干部普遍缺乏高技术战争所需知识的问题,军委、总部制定了全军高技术知识学习规划,举办了军以上干部高技术知识培训班,指导和推动全军掀起了学习高技术知识的热潮。全军院校改革教学内容和方法,加大高技术知识的教学内容,努力培养高素质新型军事人才。经过几年的努力,全军官兵特别是各级领导干部的科学文化素质和现代军事技术素质有了较大提高。去年,军委要求全军各级领导机关和领导干部把抓训练的指导思想转到科技兴训上来。科技练兵这件事，要坚持不懈地抓下去，务必尽快使部队应付高技术战争的能力有一个显著提高。

第八，确立依法治军的方针。我军在长期实践中形成了一系列卓有成效的治军方式方法，必须始终加以坚持。同时，我们必须学会运用法律手段从严治军。邓小平同志一直强调要加强军队的法制建设，使军队建设的各个方面有法可依、有章可循。依据邓小平同志的思想，军委将依法治军的要求鲜明地提到了全军面前。从一九八九年十一月到一九九〇年六月，我们颁发了十件军事法规。一九九〇年六月九日颁发的内务条令规定："坚持从严治军、依法治军，实行严格科学的正规管理。"一九九一年军委制定"八五"期间军队建设计划时，明确提出"要坚定不移地贯彻依法治军的方针"。依法治军，就是把党对军队绝对领导的根本原则，把党关于国防建设和武装力量建设的主张，把我军治军的成功经验，用法的形式确定下来，使军队建设规范化、制度化，促进我军的革命化、现代化、正规化建设。

这十年，军委用了很大精力抓军事立法工作，制定和颁布了十二件军事法律、一百二十四件军事法规和两千余件军事规章。国防法、军事设施保护法、香港特别行政区驻军法、澳门特别行政区驻军法、司令部条例、政治工作条例、后勤条例、军事训练条例、武器装备管理工作条例以及新的三大共同条令〔8〕和新一代作战条令等，从不同方面促进了国防和军队建设，保证了军队更好地履行职能。我们已初步建立起与国家法律制度相适应、基本满足国防和军队现代化建设需要的具有中国特色的军事法规体系。

依法治军,贵在严,也难在严。只有坚持按法律法规从严治军,我军才能维护威武之师、文明之师的良好形象,才能有战斗力。军委、总部下大气力解决管理松懈、作风松散、纪律松弛的问题。各级领导干部和领导机关依法治军的观念不断增强,坚持对部队实施规范化、制度化管理,保持了部队正规的战备、训练、工作、生活秩序,提高了我军的正规化水平。

第九,逐步走开投入较少、效益较高的军队现代化建设的路子。我军建设始终是在经费较紧、供需矛盾突出的情况下进行的。我们的军费,无论是绝对额还是占国内生产总值的比重,与世界主要国家相比都是最低的。这么大一支军队,要维持正常运转,还要有所发展,这个家确实难当。关于国防建设与经济建设的关系,根据毛泽东同志、邓小平同志的思想,我们的基本想法是,军队建设必须以国家经济建设为依托,坚持以经济建设为中心,服从国家经济建设的大局,体谅国家的困难;军费要在国民经济发展的基础上逐年有所增加,使部队的武器装备和生活条件逐步得到改善,使国防建设与保障国家安全的需要相适应。在国家的综合实力中,经济实力是最基础的力量,但如果不随着经济的发展及时把一部分经济实力转化为军事实力,不形成与经济实力相协调和与国防建设需要相符合的不断壮大的军事实力,我们就不能有力地保证国家安全。这一点,对于我们这样一个幅员辽阔的社会主义大国来说,始终是十分重要和千万要加以注意的。我在中央多次讲,国家在财政开支上要考虑国防和军队建设发展的实际需要。这些年,国家尽最大努力增加了军费的投入。由于受国家经济实力所限,军费供需矛盾突出的问题不可能在短期内根本解决。钱只有那么多，军队现代化建设不仅要搞，而且步子不能慢，怎么办？我们不能同发达国家比国防投入，必须走一条投入较少、效益较高的具有中国特色的国防和军队现代化建设的路子。我们要充分利用改革开放和现代化建设为军队建设创造的有利条件，逐步形成国防建设与经济建设相互促进、协调发展的机制，把手中的军费管好用好。

勤俭建军的方针，艰苦奋斗的精神，要始终坚持和发扬。这不仅是经济上的考虑，也有重要的政治考虑。军队要树立过紧日子的思想，反对奢侈浪费，领导机关要做好样子，特别是军委、总部首先要带好头。针对一方面经费比较短缺、另一方面浪费惊人的现象，我们强调要加强科学组织、科学管理，向管理要效益。全军部队发扬南泥湾精神，发展农副业生产，自补能力明显增强。在经费使用上，我们坚持突出重点，在保证部队生活不断有所改善的基础上，向重点装备建设、重点部队、重点方向倾斜。这些年，虽然有不少矛盾和困难，后勤保障水平还是在不断提高，部队物质文化生活有了较大改善，解决了一些多年想办而没有办成的大事、难事，特别是边海防部队生活设施综合治理等工作都搞得不错。

随着国家建设的发展，国防经济和社会经济、军用技术和民用技术的相互兼容、相互促进成为可能。国家正在进行大规模的基础设施建设，这为通过民用设施实现军事需求创造了有利条件。军队拓宽思路，在兼容互利上做文章，取得了很好的效益。比如，军民合建国家光纤工程，使军队通信保障能力几年时间就有了大幅度提高。依托国民教育培养生长军官也省了一大笔钱。这些方面还大有可为，要进一步制定有关政策制度，坚持搞下去。

我们对后勤保障体制和保障方式进行了重大改革。我军的后勤保障体制，长期是三军自成体系，条块分割，“大而全”、“小而全”，与现代战争、军队现代化建设和社会主义市场经济的要求明显不相适应，造成的浪费也很大。一九九〇年初，我们就明确指出，今后努力的方向是实行联勤，提高效益。经过多年的改革探索，军委下决心建立三军联勤的保障体制。这是我军后勤向现代化迈出的重要一步。当然，现在的联勤还有一定局限性，还要根据条件继续积极稳妥地推进，最终把三军所有的通用物资和通用勤务保障全部统起来，实现三军保障一体化。这几年，我们逐步推进后勤保障特别是生活保障的社会化，对于减轻军队办社会的包袱意义重大。这个方向一定要坚持，改革的步子还要加快。

第十，坚决果断地停止军队、武警部队的一切经商活动。对军队经商，毛主席、小平同志都是坚决反对的。军队应该“吃皇粮”，不能自己做生意，搞“自我发展”。古今中外，军队经商，没有不腐败的。一九八九年十一月十二日，我在任军委主席后的第一次军委扩大会议上就指出：“军队从总体上来说应该‘吃皇粮’。搞‘自我发展’、‘自我完善’是行不通的，我一直是不赞成的。”“军队不能走自己养自己的道路。如果把精力都放在经商赚钱上，这样下去是非常危险的。”〔9〕紧接着，我在一九八九年十二月十九日听取总政治部领导汇报和一九九〇年一月三日听取总后勤部领导汇报时，又都表明了这个态度。部队搞赢利性经商活动危害很大。一是搞经商势必分散各级领导干部和领导机关的精力，相当数量的干部和部队不务正业，方向偏了，时间一久，军队履行职能的能力就会削弱。二是搞经商势必与民争利、与地方争利，影响军政军民关系，搅乱国家经济秩序。三是搞经商容易滋生腐败，腐蚀干部，败坏部队风气，严重影响我军形象。老实说，早就想一声令下，立即停止部队的一切经商活动。但是，我们处理问题不能不考虑条件和时机。九十年代初的情况是，国家财政非常紧，军队全部"吃皇粮"，一时拿不出那么多钱。同时，军队经商的危害那时还没有充分暴露出来，部队搞经营的积极性高涨，如果急刹车，怕不少同志思想上转不过弯来。因此，不得不采取逐步收缩、整顿的办法。

去年七月，党中央决定在全国范围内集中开展打击走私活动。我们发现军队、武警部队一些单位和个人参与走私活动。经商就是部队不断发生走私案件和其他经济犯罪案件的一个重要根子。这使我们更加强烈地感到，军队经商这个问题已经到了非彻底解决不可的时候了，再这样搞下去，军队就可能变质，甚至会危及社会稳定和国家政权的巩固。中央果断决策，坚决彻底地停止军队、武警部队的一切经商活动。这是从军队的长远建设和国家的大局来考虑的。中央下了决心后，军委同志认识很一致，行动很快，领导得力，工作稳妥，保证了在规定时间内将数千家经营性企业全部撤销或移交地方，比较圆满地实现了党中央和中央军委的决心。军队停止经商，为军队建设卸了一个大包袱，消除了很多隐患，也挽救了一些干部，使各级领导都能够集中精力抓部队建设，还进一步密切了军政军民关系，维护了军队的良好形象。这项决策的重大意义，随着时间的推移将日益显现出来。

第十一，制定和颁发军队基层建设纲要。重视基层建设是我军的优良传统。基层工作搞不好，抓什么都会落空。军队建设最基础的就是搞好基层建设，我们所有工作的落脚点是在基层。党的十四大决定建立社会主义市场经济体制，军委确立新时期军事战略方针，对军队基层建设提出了新的更高的要求。各部队在新的历史条件下加强基层建设的实践中也创造了许多新鲜经验，需要加以总结。一九九三年，军委决定修订军队基层建设纲要，军委常务会议三次研究纲要修订问题，总参谋部、总政治部、总后勤部把修订工作作为部队建设的全局性大事认真对待，于当年底重新颁发试行，一九九五年又正式颁发。新的军队基层建设纲要，要求基层建设实行全面建设、全面进步、全面过硬。这是我军基层建设指导思想上的一个飞跃。我当时写了个批语，强调“务必抓好落实，务必使基层建设有一个全面进步”。

军委、总部对抓军队基层建设纲要的落实很重视，工作比较扎实。从一九九四年开始，每年都召开一次基层建设座谈会，指导各级机关按纲要加强基层建设，抓住关键环节和薄弱部位做工作，抓好经常性思想工作和经常性管理工作。最重要的是下功夫抓了基层党支部建设，提高基层党支部解决自身问题和领导全面工作的能力，充分发挥党支部的战斗堡垒作用和党员的先锋模范作用，促进和带动了基层的全面建设。

我们坚持了一个做法，每次到外地，再忙也要抽时间看看连队，看看基层官兵，直接同他们谈谈心，听听他们的意见，具体了解基层的实际情况。当发现有的基层单位存在着搞庸俗关系、收受战士礼物、侵占战士利益、打骂体罚战士等不良现象后，我们及时给予了严肃批评。我们要求各级机关要多关心基层官兵的切身利益，多为基层雪中送炭，多为基层官兵排忧解难。经过这些年来上上下下共同努力，长期困扰基层的一些难点问题已得到较好解决，许多边防哨所和高原、海岛守备部队都住上了制式营房，吃上了新鲜蔬菜，洗上了热水澡，看上了电视，基层的凝聚力和战斗力得到增强。

第十二，选拔培养优秀年轻干部。按照革命化、年轻化、知识化、专业化的方针和德才兼备的原则，选拔培养大批能够继往开来、担当重任的年轻干部，是确保我军建设后继有人的一项战略任务。邓小平同志一直十分关注这个问题，并身体力行。邓小平同志深谋远虑，提出要在全军范围内选拔一批四十岁到五十岁的人，放到一定的岗位上进行培养。

我们一定要按照邓小平同志的嘱托，做好选拔培养接班人的工作，保持军队干部队伍特别是高层领导班子的年轻化和后继有人。这件事不做好，我们无法向邓小平同志交待。军委在选拔培养优秀年轻干部方面已采取了几个大的举措。经过我们的努力，在高层领导班子年轻化的问题上不断实现着邓小平同志的战略意图。

第十三，制定国防和军队现代化建设"三步走"的发展战略。国防和军队现代化是一个宏大的系统工程，没有几代人的不懈努力不行，没有科学的发展战略也不行。党的十五大作出了下个世纪分三个阶段基本实现现代化的战略部署〔10〕。国防和军队现代化也应该有一个与之相适应的科学的长远发展战略，以利从总体上把握好国防和军队建设与国家经济建设的协调发展。一九九七年底的军委扩大会议，提出了到下个世纪中叶国防和军队现代化建设分三步走的发展战略[11]，明确了国防和军队现代化建设的总体思路。

按照“三步走”发展战略的构想，到二十一世纪中叶，也就是新中国成立一百年时，我们将实现国防和军队现代化。只要我们坚持不懈地按照这个战略构想干下去，这个目标就一定能实现。

第十四，推动全军努力探索改革开放和发展社会主义市场经济条件下治军的特点和规律。九十年代以来，我军建设所处的时代背景和社会环境，不仅与改革开放前有很大不同，就是与八十年代也有很大不同。新形势下军队怎么治？部队如何带？大家都在思考和探索，也做了不少工作，在实践中创造了不少好的经验。但是，也要看到，我们的领导机关和领导干部，有时工作还比较被动。部队在思想政治、作风纪律和内部关系等方面，都还存在不少问题和薄弱环节。问题就出在我们对新形势下军队建设的特点和规律还缺乏深入研究和准确把握，认识上还没有实现从必然王国到自由王国的飞跃，一些工作思路、工作方法和政策措施还不太适应。这就要求我们必须对军队建设面临的新情况新问题，进行全面系统的分析研究，找出规律性的东西，找到实在管用的治军办法和措施，提高治军能力和水平。一九九六年召开的军委扩大会议提出，要在全军开展探索新形势下治军特点和规律的活动。

这个问题提出来后，各级都积极研究探索，取得了重要成果。军委同志也在不断深入思考这个问题。去年底的军委扩大会议对改革开放二十年来军队建设的基本历史经验作了一个总结，指出在军队建设和军队工作中要正确把握和处理好七个方面的关系，就是战争与和平的关系，国防建设与经济建设的关系，革命化、现代化、正规化建设的关系，军队数量与质量的关系，常备军与国防后备力量的关系，继承优良传统与改革创新的关系，以及学习外军有益经验与保持我军特色的关系〔12〕。这七条是我们坚持用邓小平新时期军队建设思想指导实践得出来的，是全军同志集体智慧的结晶，要始终坚持并自觉运用。

探索新形势下治军的特点和规律是一个历史性课题，必须长期坚持下去。要引导部队坚持解放思想、实事求是，既研究军队建设全局性的问题，又分析本单位本部门面临的具体问题，在一些重点难点问题上不断有所深化，并注意运用研究成果指导实践。这项工作真正做好了，各级领导干部的治军本领就会不断提高，军队现代化建设就能更加顺利地开展。

二、关于当前和今后一个时期军队建设的几件大事

当前，我们国家和军队正处在一个关键的发展时期，既面临着难得的历史机遇，也面临着严峻的挑战。虽然天下仍很不太平，我们要保持高度警惕，但在相当长的时期内避免新的世界大战是可能的。我国周边安全环境总体上比较稳定。只要我们战略运筹得当，各方面工作做得好，完全可以继续争取到一个较长时期的比较有利的国际安全环境，来加紧实现我国发展的各项战略目标。

国内总的形势是好的。我们推进改革开放和现代化建设

取得了巨大成就，积累了比较雄厚的物质技术实力，完全能够继续保持国民经济持续快速健康发展。当然，今后前进的道路也不可能一帆风顺。像海湾战争、科索沃战争〔13〕这样的局部战争，亚洲金融危机这样的经济风波，“法轮功”之类的问题，仍有可能出现。

我们必须做好充分的精神和物质准备，随时准备克服和战胜一切可以预见到的和难以预见到的，来自政治领域、经济领域或自然界的各种困难和风险。只要全党坚强团结、军队坚强团结、人民坚强团结，只要我们的经济实力、国防实力、民族凝聚力不断增强，就可以“任凭风浪起，稳坐钓鱼船”。我们要紧紧把握住历史机遇，把国防和军队现代化建设大大向前推进一步。

加快军队发展，关键是抓住关系全局的大事。我一直在思考军队下一步的建设，感到有几件大事，需要全神贯注地抓一抓，需要在集思广益的基础上，从政策措施、实际步骤、力量组织上全面加以推进。

第一，抓紧军事斗争准备。实现祖国的完全统一，是毛主席、小平同志等老一辈无产阶级革命家的遗愿，也是中国各族人民的共同心愿。中央解决台湾问题的基本方针是“和平统一、一国两制”。要实现和平统一，决非易事。台湾当局沿着分裂的道路越走越远。他们积极扩军备战，妄图以武力抗拒统一。我们必须立足于应对复杂局面，切实抓紧抓好军事斗争准备。我们的准备工作做得越充分，军事实力越强大，“台独”分裂势力和外国干涉势力就越不敢轻举妄动，和平统一的可能性就越大。

加强军队现代化建设，总的原则是，整体谋求适度发展，局部争取大幅跃升。这个局部就是重点，就是龙头。军事斗争准备是最现实、最紧迫的任务，抓好它就抓住了重点，抓住了军队现代化建设的龙头。我们应该着眼于打赢未来高技术条件下的局部战争来进行军事准备，必须迅速地最有效地形成我军高技术条件下作战的精锐军事力量。

第二，进一步研究解决军队体制编制问题。军队体制编制调整改革这件事，我们坚持不懈地做了二十几年，取得了很大成绩。但是，体制编制问题是长期积累下来的，解决起来需要一个过程，不可能一蹴而就。对仍然存在的问题，我们也都清楚，主要是官兵比例、机关与部队比例、作战部队与非作战部队比例不合理等。

军队体制编制改革是一件牵动全局、影响长远的大事，必须在确保国家安全和军队稳定的前提下积极稳妥地进行。军队的员额、规模、结构到底搞成什么样子，必须有明确的目标和清晰的思路。要多听听各方面的意见。我国幅员辽阔，军队现代化水平还不高，维护国家安全和社会稳定，需要保持适度规模的常备军。今后，军队体制编制调整改革的重点，要从以精简员额为主转到以优化结构、理顺关系为主上来。

对官兵比例、机关与部队比例、作战部队与非作战部队比例不合理的问题，应该给予足够的重视，积极创造条件，逐步加以解决。干部基数过大特别是中高级干部过多带来许多问题，住房要很多，人头费用很高，每年还要安置大量转业干部，离退休干部也越来越多，国家和军队都不堪重负。总要想想办法，逐步解决这个问题。军队领导机关虽然几经调整，但还是比较臃肿，部门偏多，职能交叉，不仅工作效率不高，还造成上下忙乱。这种状况不改变，很难胜任高技术条件下复杂灵敏的作战指挥要求。一切都要以能不能适应打赢未来高技术条件下的局部战争的要求来衡量，体制编制问题也不例外，经过衡量凡是适应的就坚持并继续完善，不适应的就坚决改、赶快改。在计划经济体制条件下，军队自己办社会，搞了许多坛坛罐罐。现在环境变了，实行保障社会化的条件和时机已经基本成熟，我们应该及时把那些非战斗功能的东西逐步转移到社会去，使军队真正精干起来。总之，军队要自己给自己卸包袱，自己解放自己。只要大思路正确，坚持不懈地稳步推进，军队体制编制就会有很大改观。

第三，高度重视新型军事人才的培养。未来的仗能不能打赢，军队会不会变质，关键是人。没有高素质人才，一切都是空话。军队现代化建设越发展，对高素质新型军事人才需求量就越大。而现在军队人才不但严重短缺，还严重流失。这个矛盾很突出，今后一个时期会更加突出。我们要切实把人才培养作为战略任务，从培训体制、教学内容、政策制度到管理保障机制等方面通盘考虑，加强统筹谋划和宏观指导。高中级干部怎么办，基层干部怎么办，科技干部怎么办，要一项一项地拿出切实可行的方案和对策。院校是培养军事人才的主渠道。必须选思想上、政治上、作风上、领导能力上最强的干部到院校做领导工作。治军必先治校。一定要舍得下本钱、下功夫把军校办好。院校出来的干部还要在实践中经受考验。要把军事人才培养问题突出地好好规划一下，力争“十五”期间使我军的人才状况有明显改观，二〇一〇年前使干部队伍整体素质上一个比较大的台阶。

第四，切实加强各级党委领导班子建设。抓军队建设，首先必须把各级党委领导班子搞坚强，形成部队团结战斗的领导核心。党委班子建设，任何时候都是至关重要的。必须结合新的形势和任务，进一步加强各级党委班子的思想建设、组织建设、作风建设，提高政治素质和领导部队建设的能力。特别是要抓好高级干部的教育管理工作。党要管党，首先要管好高级干部。要保证枪杆子掌握在忠实可靠的人手里，要把部队建设搞上去，关键是抓好这部分人。高级干部处在重要岗位，位高权重，但相对来说受到的制约和监督又比较少，有的基本处在空挡上。对他们特别是大军区一级领导干部的教育管理，军委、总部不抓，很多问题就不好办。现在，对高级干部的教育管理，主要问题是失之于宽、失之于软。依法治军、从严治军，必须从高级干部治起，从高级机关严起。不仅出了问题要严肃查处，经常性教育管理也要跟上。要加强对大单位领导班子的考核，平时下去不能只听工作汇报，关键要掌握他们的思想政治情况，考察他们的工作能力、工作作风和领导水平。总部机关也要好好抓，防止出现“灯下黑”。对总部机关的自身建设要高度重视，尤其对那些管钱、管物、管人的部门，对那些要害部位，更要注意抓好。同时，要更好地贯彻落实军队基层建设纲要，坚持全面建设，把基层建设提高到一个新水平。

还有一个问题，就是军队要努力为国家现代化建设服务。这也是邓小平同志的一个重要思想，他指出：“军队各个方面都和国家建设有关系，都要考虑如何支援和积极参加国家建设。”[14]我们一直强调国防和军队建设必须服从国家经济建设的大局，军队要积极支持和帮助地方发展经济。国家经济建设不断发展，国防和军队建设才能不断具备更好的条件。这些年来，部队在参与建设一些重点工程，与重大自然灾害作斗争，帮助驻地群众发展生产、脱贫致富，培养和输送军地两用人才方面，都作出了不小成绩。还有一些港口、机场、铁路专线、仓库等军事设施给地方或军地联合使用，一些国防科技工业转向平战结合、军民兼容的轨道也迈出了较大步伐。这些今后都要继续坚持下去，而且在积极支援和参加国家经济建设上仍需努力探索新的思路。解放军是一所大学校，许多干部战士在部队经受了思想政治、纪律作风等方面的严格训练，素质是好的和比较好的。每年都有不少干部战士复员转业到地方，这支力量如何更好地加以使用，很值得我们进一步研究。能否考虑有计划有组织地把这支力量投入到比较艰苦地方的经济建设中去，特别是投入到即将实施的西部大开发中去。毛主席当年采取了在西部地区组建生产建设兵团的办法来发展那里的经济，并发挥其维护社会稳定和西部边陲安全的作用。现在情况不同了，应该积极探索发展社会主义市场经济条件下各地区特别是西部地区[15]发展的新办法新方式。中央提出要不失时机地实施西部大开发，这是立足现在、着眼长远的关系国家现代化建设全局的一个重大发展战略。要实施这个战略，就需要动员和组织大批各方面的人才和劳动力投入到这个世纪工程中去。西部地区条件很艰苦，开发和建设的任务很繁重，没有科学的严密的组织，没有一大批经过一定训练和考验的人才，要把西部大开发的工作搞好将是很困难的。可以考虑在每年复员转业的干部战士中组织一些力量，投入到西部大开发中去。只要组织得好，落实相应的政策，安排好生活和工作，不仅有利于加快西部开发，支持国家经济建设，有利于加强军政军民团结，而且有利于拓展干部战士复员转业后的工作出路，促进和保持部队稳定。我提出这个问题，请大家来进行研究。

三、关于进一步改进和加强军委的工作

现在，军队的高层领导结构发生了历史性变化。军队大区一级领导干部都是新中国成立后入伍的，军委成员也有好几位是五六十年代参加工作的。党和人民把我们放到这个岗位上，我们就一定要把老一辈革命家交过来的接力棒顺利地传下去，把军队现代化建设继续推向前进。我们每一位同志，都要有坚定的理想信念，忠诚于党的事业，为国家和人民的利益忘我工作。眼界一定要十分开阔，胸襟一定要十分开阔，时刻关注国际国内发展的大势。要抓紧时间学习，努力提高思想政治水平、知识水平和领导水平，提高领导军队现代化建设和驾驭高技术战争的能力。要以对党、国家和军队前途命运高度负责的精神，更加富有成效地做好工作、带好部队，真正为党和人民掌好兵权。一代人有一代人的历史责任。我们这一届和下一届军委班子的历史责任，就是确保国防和军队现代化建设“三步走”的第一步战略目标如期实现，全面推进军队革命化、现代化、正规化建设。为完成这个历史任务，必须进一步改进和加强我们的工作。

第一，要集中精力研究解决军队建设的重大问题。军队的工作千头万绪，各级领导都要善于抓大事，解决主要矛盾。军委是管全局、管方向的，主要精力要放在抓战略问题、全局指导和宏观决策上。越是高层领导，越要防止事务主义。把大事抓住了、抓好了，就能带动和促进其他问题的解决，全局就活了。这是我们始终要坚持的一个重要工作方法。

领导方式和工作方式要不断改进。大家要善于从繁琐的日常事务中解脱出来。要适当超脱一点，必要时务务虚，大家坐在一起就一些重大问题深入议一议，开阔思路，深化认识。属于部队职权范围内的事，军委、总部不要干预。这样，上下都可以减少许多忙乱，对防止官僚主义、形式主义、事务主义很有好处。

第二，要维护好军委集体的团结。关于维护团结，毛主席、小平同志都有很多重要论述。现在，我们军委是团结的，军委成员相互支持、相互配合也是好的。但是，我还要再强调一下这个问题，因为它太重要了。我们讲的团结，是建立在贯彻执行党的基本理论、基本路线、基本纲领基础之上的团结，也只有这样的团结才是牢固持久的。每一位同志都要像爱护自己的眼睛一样，维护我们这个集体的团结。

讲到领导集体的团结，自然要涉及怎么看待核心的问题。领导我们这么大一个党，治理这么大一个国家，建设这么大一支军队，必须有一个团结统一的核心，这是一条历史规律。邓小平同志讲过："任何一个领导集体都要有一个核心，没有核心的领导是靠不住的。"〔16〕维护核心，就是维护党和人民的根本利益，而不是为了突出哪一个个人。我历来强调，要处理好个人与集体的关系，做工作要依靠大家的智慧，依靠坚强团结，依靠集体领导。核心是在斗争实践中形成的，核心的作用要通过集体领导来实现和发挥，维护核心要通过维护和贯彻党的路线方针政策的效果来体现。

集体领导、民主集中、个别酝酿、会议决定，这既是贯彻民主集中制原则的具体体现，也是领导集体加强团结的重要保证。坚持这样做，就能够更好地求大同、存小异，把大家的意志和智慧统一起来，有效防止自由主义、庸俗关系学那套东西。历史的经验教训说明，用人不公，垒山头，搞宗派，拉小圈子，这些东西害死人，许多不团结的问题就是由此引起的。战争年代，由于环境复杂、干部交流困难等原因，在我们军队内部形成了一些山头，毛主席、小平同志对此都有过专门的论述。现在，情况已经完全不同了，全军是一个统一的整体，干部交流也很频繁，不能再说哪个人来自哪个山头。那样，不利于团结，也不符合事实，还容易被别有用心的人钻空子。用人必须坚持任人唯贤，五湖四海，尊重公论，集体决定。这也是毛主席、小平同志一贯倡导的。不仅自己在这方面要非常谨慎，还要把身边工作人员和家属子女管住管好，不要让他们干预部队的人事问题。

大家一起共事，除了工作之外，还要有同志感情。要相互信任、相互学习、相互支持。只要我们大家都从党的事业和原则出发，再加上讲感情、讲友谊，许多事情就容易想得通，心气就容易顺，工作上就能拧成一股劲。

第三，要以改革创新的精神开拓前进。世界军事科技进步日新月异，军事领域斗争日趋激烈，要求我们必须进一步发扬开拓创新的精神。抱残守缺、不思变革,是要吃大亏的。保守就会落后,落后就要挨打。我军在长期革命斗争中形成了一整套优良传统,这是非常宝贵的,基本的东西任何时候都不能丢。但是,如果不顾形势的发展和历史条件的变化,只是照搬照套过去的一些具体做法,不仅工作打不开局面,也很难站得住脚。当前,影响我们工作指导、制约部队建设发展的一个重要因素,就是有些思想观念和工作思路与新的形势还不很适应。这些年,我到过不少部队,确实感到有许多新情况新问题。比如,二三十年代甚至五六十年代的人,与九十年代的兵之间,在兴趣爱好和考虑问题的方式上已有很大不同。教育管理要取得实效,方法就得改进。还比如,现在信息技术很发达,大众传媒很普及,特别是网络技术发展很快,怎样充分运用先进的科学的新手段,提高作战指挥、训练管理和思想教育的效能,需要研究解决的问题也不少。所有这些问题,都要通过改革加以解决,在创新中寻找更好的方法。

我们要进一步解放思想,按照既定的大政方针创造性地开展工作。军队的改革需要慎重稳妥,有的改革还需要具备必要的客观环境和一定的物质条件。但是,有些条件经过努力是可以创造的,有些问题的解决主要是个思路问题,并不一定花多少钱。在改革上要打主动仗,要有解决棘手问题的勇气和魄力。虽然有些问题是长期积累起来的,解决起来有一个过程,但要下决心动手解决,不能拖延。等到问题积累得更严重了,再来解决就会更难。要迎难而上,需要做而又能够做的事情要切实做好。总之,在治军问题上任务还相当艰巨,大家要进一步努力。

第四，要坚持以雷厉风行、实事求是的作风开展工作。我军历来有雷厉风行、实事求是干工作的优良传统。无论是军事、政治、后勤、装备工作还是科研、教学工作，都要这样去做。我曾经说过，抓而不紧，等于不抓；抓而不实，等于白抓。抓紧，就是要紧紧张张地工作，不松懈拖沓，要夜以继日、夙兴夜寐地去学习、去研究、去决策部署、去检查督促。不抓紧，就会浪费时光、贻误时机。抓实，就是要老老实实、扎扎实实地工作，不能搞形式主义、搞花架子、做表面文章。要说实话、办实事、求实效。我们面临迅速发展变化的国际国内形势，我们肩负伟大而繁重的历史任务，我们要不辜负党和人民对军队的期望，这一切都要求我们必须大力弘扬和始终保持雷厉风行、实事求是的工作作风。

我相信，通过这次"三讲"教育，我们军委领导集体会更加团结统一、更加坚强有力，一定能在领导军队建设和改革中取得新的成绩。

注　　释

〔**1**〕见本卷《论加强和改进学习》注〔13〕。

〔**2**〕见本卷《论加强和改进学习》注〔4〕。

〔**3**〕参见本书第一卷《把军队的建设和改革搞得更好》。

〔**4**〕见毛泽东《战争和战略问题》（《毛泽东选集》第 2 卷，人民出版社 1991 年版，第 547 页）。

〔**5**〕见邓小平《改革开放政策稳定，中国大有希望》（《邓小平文选》第 3 卷，人民出版社 1993 年版，第 317 页）。

〔**6**〕见邓小平《会见参加中央军委扩大会议全体同志时的讲话》（《邓小平文

选》第3卷，人民出版社1993年版，第334页）。

〔7〕见本书第一卷《部队要做到政治合格、军事过硬、作风优良、纪律严明、保障有力》。

〔8〕三大共同条令，指《中国人民解放军纪律条令》、《中国人民解放军内务条令》、《中国人民解放军队列条令》。

〔9〕见本书第一卷《把军队的建设和改革搞得更好》。

〔10〕见本卷《高举邓小平理论伟大旗帜，把建设有中国特色社会主义事业全面推向二十一世纪》第一部分《世纪之交的回顾和展望》。

〔11〕见本卷《实现国防和军队现代化建设跨世纪发展的战略目标》。

〔12〕见本卷《二十年来军队建设的历史经验》。

〔13〕参见本卷《建立适应时代需要的新安全观》注〔1〕。

〔14〕见邓小平《军队要服从整个国家建设大局》（《邓小平文选》第3卷，人民出版社1993年版，第99页）。

〔15〕见本卷《不失时机地实施西部大开发战略》注〔2〕。

〔16〕见邓小平《第三代领导集体的当务之急》（《邓小平文选》第3卷，人民出版社1993年版，第310页）。

在中葡两国政府举行的澳门政权交接仪式上的讲话

（一九九九年十二月二十日）

桑帕约总统，
各位嘉宾，
女士们，先生们：

今夜月明风清，波平如镜。中葡两国政府在这里举行庄严的澳门政权交接仪式，宣告中国政府对澳门恢复行使主权。历史将永远记住这一举世关注的重要时刻。

从这一刻起，澳门的发展进入了一个崭新的时代。我代表中央政府和全国各族人民，向回到祖国怀抱的澳门同胞，表示亲切的问候和良好的祝愿！

从这一刻起，中葡两国人民的友谊和两国的友好合作也将在新的起点上向前发展。中葡双方顺应历史潮流，经过共同努力，实现了澳门的平稳过渡和顺利交接。我向所有为解决澳门问题作出贡献的人士，向世界上一切关心和支持澳门回归的人们，表示衷心的感谢！

中国政府按照邓小平提出的“一国两制”伟大构想，成功地解决了香港、澳门问题，这是中国人民在完成祖国统一的大业中取得的重大进展。“一国两制”在香港、澳门的实践，已经并将继续为我们最终解决台湾问题发挥重要的示范作用。中国政府和人民有信心有能力早日解决台湾问题,实现中国的完全统一。

澳门回归后,中国政府将坚定不移地贯彻执行“一国两制”、“澳人治澳”、高度自治的方针。澳门特别行政区依法享有行政管理权、立法权、独立的司法权和终审权。澳门居民,不分种族和信仰,都是这片土地上的主人,平等地享有法律保障的各项权利和自由。

澳门回归后,将依法保护所有国家和地区在澳门的经济利益。我希望,在澳门有投资和贸易利益的国家与地区,继续为促进澳门的稳定与发展作出努力。

澳门同胞具有光荣的爱国主义传统,始终与祖国人民血脉相连,心心相通。可以坚信,在中央政府和全国各族人民的支持下,澳门特别行政区政府和澳门同胞一定能够把澳门管理好、建设好、发展好。回到祖国怀抱的澳门,必将迎来更加美好的未来!

谢谢各位。

在中华人民共和国澳门特别行政区成立庆祝大会上的讲话

（一九九九年十二月二十日）

女士们，先生们，同胞们：

今天，是澳门同胞和全国各族人民举国同庆的日子。中葡两国政府举行了澳门政权交接仪式，中国政府庄严宣告对澳门恢复行使主权，中华人民共和国澳门特别行政区正式成立。这标志着澳门同胞从此真正成为这块土地上的主人，澳门的发展从此进入了一个崭新的时代。这一中华民族的盛事将永远彪炳史册！

在这个庄严的历史时刻，我代表中央人民政府和全国各族人民，对澳门特别行政区的成立，表示热烈的祝贺！向回到祖国大家庭的澳门同胞，表示亲切的问候！向所有为澳门回归祖国作出贡献的海内外同胞，表示诚挚的感谢！我还要代表中国政府，向一切关心和支持澳门回归的国际朋友，表示谢意！向出席这次庆典的各国嘉宾和朋友们，表示欢迎！

在这个庄严的历史时刻，我们深切怀念邓小平先生。他以伟大的政治气魄和非凡智慧提出的“一国两制”方针，为解决香港、澳门和台湾问题指明了正确的道路。澳门的胜利回归，是继香港回归后中国人民在完成祖国统一大业的道路上树立的又一座历史丰碑。

澳门自古以来就是中国的领土。中国人民为澳门这片祖国神圣领土的回归,进行了不屈不挠的斗争。澳门虽然长期同祖国分离,但骨肉之情、民族之义始终把澳门同胞与祖国人民紧紧连在一起。日益昌盛的社会主义祖国,是推动澳门地位发生划时代转变的根本力量。澳门的回归,也是世界和平与正义事业的伟大胜利。这再一次证明,人类进步的历史潮流是任何力量也不能阻挡的。

中葡两国政府通过谈判解决澳门问题,这一政治决断是符合时代要求的明智之举。在这里,我要向为解决澳门问题作出过努力的葡萄牙朝野人士表示感谢。澳门问题的成功解决,为中葡两国人民的友谊在二十一世纪的发展提供了新的历史起点。

中国政府对澳门恢复行使主权后,澳门将继续实行原有的资本主义制度,保持原有的社会、经济制度不变,生活方式不变,法律基本不变,依法保护私有财产权。澳门作为中华人民共和国的特别行政区,除外交事务和防务由中央人民政府管理外,享有澳门基本法赋予的高度自治权,包括行政管理权、立法权、独立的司法权和终审权。在澳门的葡萄牙后裔居民的利益依法受到保护,他们的习俗和文化传统将受到尊重。在澳门生活着不少外国人,澳门特别行政区仍将是他们安居乐业的家园。未来的澳门,所有居民无分种族、无分肤色,人人都有平等竞争的机会,人人都享有法律保障的各项权利和自由。

中国政府对澳门恢复行使主权后,澳门特别行政区继续作为自由港和单独关税地区，可以用“中国澳门”的名义单独同各国各地区及有关国际组织保持和发展经济关系。澳门特别行政区保持财政独立，实行独立的税收制度，中央政府不在澳门征税。澳门特别行政区依法自行制定经济、贸易、金融货币、教育、医疗卫生、科学技术、文化、宗教等方面的政策，还可根据本地整体利益自行制定旅游娱乐业的政策。世界各国各地区在澳门的经贸活动和投资利益，都将依法受到保护。

中央政府对澳门的方针政策和澳门特别行政区基本法的各项规定，完全符合国家和澳门的根本利益，也符合各国投资者的利益，是澳门长期稳定发展的根本保障。澳门特别行政区基本法是澳门的宪制性法律，也是全国性法律，不仅澳门要遵守，全国上下都要遵守。中央政府各部门和全国各地方，都不会也不允许干预澳门特别行政区依据基本法规定自行管理的事务。

我对今天宣誓就职的澳门特别行政区首任行政长官何厚铧先生表示衷心的祝贺！中央政府充分信任并全力支持行政长官和他所领导的特别行政区政府。

澳门同胞在中国人民争取民族解放的斗争和祖国现代化的建设中，都发挥了重要作用。澳门同胞积极参与过渡时期的各项事务，为澳门顺利回归作出了宝贵的贡献。我们深信，澳门同胞一定会继续发扬爱国爱澳的光荣传统，为保持澳门的长期稳定与发展，为维护国家和民族的根本利益作出新的更大的贡献。

伟大的祖国永远是澳门的坚强后盾。新中国成立以来，祖国内地人民一直关心和支持澳门的稳定与发展，澳门与祖国内地的联系日益密切，澳门回归之后，作为祖国对外联系的重要桥梁和窗口的作用必将不断得到增强。稳定的社会环境，是经济发展和人民安居乐业的基本条件。中央政府将坚决支持特别行政区政府为保持澳门社会稳定而采取的一切必要措施。我相信，有中央政府和祖国十二亿人民的支持，在澳门特别行政区政府领导下，澳门人民一定会更加奋发开拓，自强不息，创造澳门美好的未来。

二十一世纪的曙光已经展露在地平线上。中国政府和人民将继续按照"和平统一、一国两制"的基本方针，完成祖国统一大业。"一国两制"在香港和澳门的成功实践，一定会对早日解决台湾问题起到积极的推动作用。全国各族人民和一切拥护祖国统一、关心祖国建设的爱国人士，更加紧密地团结起来，为把中国建设成为富强民主文明的现代化国家、实现中华民族的伟大复兴而积极贡献力量。未来的世界，应该走向持久和平，实现各个国家的共同发展和普遍繁荣。中国人民愿与各国人民一道，为创造世界美好的明天而不懈奋斗！

谢谢各位。

提高全民族的科学素质*

（一九九九年十二月二十三日）

人类走到了又一个千年之交。

人类的文明进程至少已有六千余年。地球上各个民族共同创造了人类文明的灿烂之花。中华文明同古埃及文明、古巴比伦文明、古印度文明、古希腊文明等一起，是人类文明的发源地。

十五世纪之前，以中华文明为代表的东方文明曾遥遥领先于当时的西方文明。从汉代到明代初期，中国的科学技术在世界上一直领先长达十四个世纪以上。在那个时期，影响世界文明进程的重要发明中，相当部分是中华民族的贡献。

后来，中国逐渐落后了。中国为什么落后？近代从林则徐〔1〕以来许多志士仁人就不断提出和思索这个历史课题，但都没有找到正确的答案。以毛泽东同志、邓小平同志为代表的中国共产党人作出了唯一正确的回答：中国落后，是由于生产力的落后和社会政治的腐朽。西方列强对中国的欺凌，更加剧了中国经济的落后和国家的衰败。而落后就要挨打。所以要进行革命，通过革命从根本上改变旧的生产关系和政治

---

* 这是江泽民同志为《院士科普书系》所作的序。

上层建筑，为解放和发展生产力开辟道路。于是，就有了八十多年前孙中山先生领导的辛亥革命，就有了五十年前我们党领导的新民主主义革命的胜利，以及随后进行的社会主义革命的成功。无论是革命还是我们正在进行的社会主义改革，都是为了解放和发展生产力。

邓小平同志提出的科学技术是第一生产力的著名论断，使我们对科学技术在经济社会发展中的地位和作用的认识有了新的飞跃。我们应该运用这一真理性认识，深刻总结以往科学技术发展的历史经验，把我国科技事业更好地推向前进。中国古代科技有过辉煌的成果，但也有不足，主要是没有形成实验科学传统和完整的学科体系，科学技术没有取得应有的社会地位，更缺乏通过科技促进社会生产力发展的动力和机制。为什么近代科学技术首先在文艺复兴后的欧洲出现而未能在中国出现，这可能是原因之一吧。而且，我国历史上虽然有着伟大而丰富的文明成果和优良的文化传统，但相对说来，全社会的科学精神不足也是一个缺陷。鉴往开来，继承以往的优秀文化，弥补历史的不足，是当代中国人的社会责任。

在新的世纪中，中华民族将实现伟大的复兴。在一个占世界人口五分之一的发展中大国里，再用五十年的时间基本实现现代化，这又是一项惊天动地的伟业。为实现这个光辉的目标，我们应该充分发挥社会主义制度的优越性，坚持不懈地实施科教兴国战略。

科教兴国，全社会都要参与，科学家和教育家更应奋勇当先，在全社会带头弘扬科学精神，传播科学思想，倡导科学方法，普及科学知识。科教兴国也要抓好基本建设。编辑出版高质量的科普图书，就是一项基本建设，对于提高全民族的科学素质，是很有意义的。在《院士科普书系》出版之际，写了上面这些话，是为序。

注　释

〔1〕林则徐（一七八五——一八五〇），清代福建侯官（今福建福州）人。清代政治家。一八三八年在湖广总督任内，严禁鸦片，成效卓著；同年十二月受命为钦差大臣，前往广东查禁鸦片，数月间缴获英美等国烟贩鸦片二百三十多万斤，于一八三九年六月在虎门海滩当众销毁。鸦片战争爆发后，在广东指挥军队严密设防，坚决抵抗，使英军在广东无法得逞。后受诬害被革职，充军新疆。主张“师敌长技以制敌”，注意了解国外情况，组织翻译西文资料，先后辑有《四洲志》、《华事夷言》、《滑达尔各国律例》等，被史学界誉为近代中国“开眼看世界的第一人”。

二〇〇〇年贺词*

（一九九九年十二月三十一日）

女士们，先生们，
同志们，朋友们：

二〇〇〇年到来的钟声，就要鸣响在我们这个星球的寥廓上空。人类文明的发展，即将进入一个新世纪，开启一个新千年。今夜，在世界的东方和西方、南方和北方，各国人民无分民族、无分信仰，都在为这一历史时刻的来临而欢欣鼓舞。

首先，我向全国各族人民和海外侨胞，向世界各国的朋友们，祝贺新年快乐！并致以新世纪新千年的最良好祝愿！

此时此刻，最能引起人们回顾既往，瞻望前程。只有正确地总结历史，才能更好地走向未来。

一千年来，人类历史发生了沧桑巨变。人类文明从古代文明发展到了现代文明。人类社会经过封建社会进入了资本主义社会，并且在一些国家诞生了崭新的社会主义制度。人类的经济活动进到了工业经济时代，并正在转入高新技术产业迅猛发展的时期。人类创造了以往数千年无法比拟的巨大物质和精神财富。人类对世界的认识和改造，突破一个又一

* 这是江泽民同志参加首都各界迎接新世纪和新千年庆祝活动时的讲话。

个必然王国而不断向着自由王国飞跃。

一千年来，人类文明取得的一切成就，都是在推陈出新的社会变革和科技进步中实现的。著名的文艺复兴运动，打破了欧洲中世纪的黑暗神学统治。和平与正义的伟大力量，战胜了各种横行世界的“霸主”及其发动的非正义战争。历时几个世纪的殖民主义体系，终于在本世纪风起云涌的民族解放运动中宣告终结。各国人民的卓越创造和广泛交流，汇成了推动历史前进的浩荡动力。要和平、求发展已成为当今世界的时代潮流。

早在这一千年前，中华民族就以发展了几千年的灿烂文明而著称于世界，并将这种领先地位一直保持到十五世纪。后来，由于生产力发展的迟缓和社会政治的腐朽，中国逐渐落后了，以至于近代陷入了遭受列强欺凌的半殖民地半封建社会的悲惨境地。但是，中华民族没有屈服，而是前仆后继地进行艰苦卓绝的斗争。以毛泽东同志为代表的中国共产党，坚持把马克思主义基本原理同中国具体实际相结合，领导人民经过伟大的革命，终于在本世纪中叶建立了新中国。中国从此进入了建设社会主义的新时代。现在，中国人民沿着邓小平同志开创的改革开放之路正在向现代化的彼岸阔步前进。

进步终究要战胜落后，科学终究要战胜愚昧，正义终究要战胜邪恶，这是历史不断昭示人们的科学真理。世界和平与发展的崇高事业是不可阻挡的。

面对新的世纪之交和千年之交，每个国家有远见的政治家都应从历史的高度思考：未来的世界应该是一个什么样的世界，应该为实现这样一个世界作出什么样的贡献。

我们希望，在未来的世界，各个国家和各个民族能够始终和睦相处、友好合作、共同发展，能够建立起公正合理的国际政治经济新秩序，能够实现持久和平和普遍繁荣，各国人民都能够按照自己的意愿创造并享受美好的生活。世界正在走向多极化，这是历史发展的必然趋势，也是各国人民的共同愿望。中国人民愿同各国人民一道，为反对霸权主义和强权政治、推动多极化进程、创造世界美好的未来而共同奋斗！

我们坚信，在新世纪里，中国人民将坚定不移地沿着建设有中国特色社会主义道路继续前进，中国社会主义制度将经过不断改革而更加巩固和完善，中国的发展将通过各个地区的共同进步达到普遍繁荣，中华民族将在完成祖国统一和建立富强民主文明的社会主义现代化国家的基础上实现伟大的复兴！

治国必先治党，治党务必从严*

（二〇〇〇年一月十四日）

当今世界处在重大而深刻的变动之中，科技进步日新月异，综合国力竞争日趋激烈，我们既面临着难得的发展机遇，也面临着严峻的挑战。我们党正在领导全国各族人民为实现跨世纪发展的宏伟目标而奋斗，改革处于攻坚阶段，发展处于关键时期，研究和解决前进道路上出现的新情况新问题需要我们继续付出艰苦的努力。中国共产党是领导建设有中国特色社会主义伟大事业的核心力量。工农兵学商，党是领导一切的。当今中国的事情办得怎么样，关键取决于我们党，取决于党的思想、作风、纪律、组织状况和战斗能力、领导水平。党的性质、党在国家和社会生活中所处的地位、党肩负的历史使命，要求我们治国必先治党，治党务必从严。治党始终坚强有力，治国必会正确有效。

从严治党，是我们党的优良传统和宝贵经验，也是我们党的一贯方针。坚定不移地贯彻好这个方针，是保持党的先进性和纯洁性、增强党的凝聚力和战斗力的重要保证。党的十

---

* 这是江泽民同志在中共中央纪律检查委员会第四次全体会议上讲话的主要部分。

五大提出了面向新世纪推进党的建设的战略任务，重申了从严治党的方针，并提出了明确的工作要求，这是具有全局意义和长远意义的。全党同志特别是领导干部，必须充分认识它的极端重要性。

改革开放一开始，邓小平同志和我们党就充分估计到，实行改革开放的新政策新环境必然会给党的发展壮大带来新的动力和活力，但也可能对党员、干部队伍带来这样那样的消极影响，因而反复强调要全面加强和改进党的建设。二十年来，我们不仅提出了新时期党的建设的总目标〔1〕，并且围绕不断提高领导水平和执政水平、提高拒腐防变和抵御风险的能力这两大历史性课题，进行了大量工作。一九八九年以来，我们及时总结了当年春夏之交发生的那场政治风波的严重教训，对加强党的建设采取了一系列重要措施，多次强调治党要严，特别是加大了党风廉政建设和反腐败斗争的工作力度，进一步明确了反腐败斗争的指导思想、基本原则、工作格局和领导体制。党的十四大以来，我多次到中央纪委全会讲话。这几年，党的建设取得的成绩总的看是显著的，但党内新发生的问题也不少。这是为什么？各级领导同志应该进行严肃的思考。

我看，党内存在的一些消极腐败现象之所以屡禁不止，有的情况还日趋严重，一个重要原因，就是相当一些地方和单位的党组织和领导者治党不严，对党员、干部特别是领导干部疏于教育、疏于管理、疏于监督。一些地方和单位的领导班子软弱涣散，思想上、政治上不强，不能正确处理发展经济和加强党的建设的关系，“一手硬、一手软”，党不管党的问题没有真正解决。有的领导干部对出现的问题，不仅不能见微知著，而且问题已经比较严重了还麻木不仁，甚至包着、护着，该教育的不教育，该批评的不批评，该查处的不查处。有的搞好人主义和庸俗关系学，面对错误的思想行为缺少正气，尤其是对亲近自己的所谓“熟人”，能为自己办事的所谓“能人”，有点影响的所谓“名人”，处在重要位置上的所谓“要人”，以及所谓“有背景”的人和自己的亲人，即使问题严重，也往往宽容有加，甚至姑息养奸。有的不能正确总结历史教训，把从严治党同“左”的做法混为一谈，以为“严”就是“左”，对错误的东西放弃了批评和斗争。还有的官僚主义严重，做官当老爷，根本不了解群众呼声，饱食终日，无所用心。我谈这些，主要是从党组织和领导干部的角度，对妨碍和影响从严治党的因素做些分析，目的是希望各级党委和领导同志高度重视从严治党，深入思考贯彻这个方针为什么乏力的原因，以便对症下药，排除障碍，坚定态度，把中央关于从严治党的要求真正落到实处。

落实从严治党的方针，不是一时一事的要求，必须全面贯穿于党的思想、政治、组织、作风、纪律和制度建设的各方面工作，切实体现到对各级党组织和广大党员、干部进行教育、管理、监督等各个环节中去。党的十五大明确提出了从严治党的要求，各级党组织一定要认真贯彻落实。这就是要严格按党章办事，按党的制度和规定办事；要对党员特别是领导干部严格要求，严格管理，严格监督；要在党内生活中讲党性，讲原则，开展积极的思想斗争，弘扬正气，反对歪风；要严格按照党章规定的标准发展党员，严肃处置不合格党员；要严格执行党的纪律，坚持在纪律面前人人平等。这五条，相互联系，不可分割，都很重要。各级党组织和全体党员、干部都要认真按照这些要求去做，领导干部更要以身作则、严于律己，起好带头作用。

落实好从严治党的方针，必须坚持党要管党。各级党委都要建立健全抓党的建设的责任制，一级管好一级，一级带动一级，一直抓到支部、抓到党员。各级都要严格实行集体领导和个人分工负责相结合，出了问题要分清责任，不能拿“经过集体讨论决定”等理由来搪塞应负的责任，要按照责任制予以追究。管党的要求落实了，从严治党才有组织保证。

在从严治党中，首先要治理好领导班子和领导干部。大量事实说明，把从严治理领导班子和领导干部这个关键抓住了、抓好了，才能在下级、在基层、在群众中有说服力，才能把从严治党的各项工作做好。关于这个问题，中央已有许多规定和要求，我想再强调四个方面。

第一，对领导干部一定要严格要求、严格教育。关于对领导干部的要求，党章和党的有关规定都是明确的，中央对高级干部还提出了政治家素质的五条要求〔2〕。各级党委要依据这些标准，严格要求和教育领导干部。如果降低了标准，就容易导致要求不严。一旦发现干部中有了不良苗头要及时提醒，认真帮助，出了问题一定要果断、严肃处理。还要针对领导干部中可能出现的问题，早打招呼，把哪些能做、哪些不能做，什么必须坚持、什么必须反对等要求，明白无误地讲清楚，并严加督促。

对领导干部严格要求、严格管理，要同领导干部自觉地严格自律结合起来。内因是事物变化的决定性因素。建立在我们党的党性基础上的严格自律，对每位党员干部的进步和提高起着决定性作用。中央所以反复强调领导干部要讲学习、讲政治、讲正气，要自重、自省、自警、自励，努力提高自身素质，基本道理就在这里。“物必自腐，而后虫生。”〔3〕掌握这种生活哲理，对于各级领导干部增强党性修养的自觉性，十分重要。在新的历史条件下，领导干部面临的诱惑和考验很多，一定要经常打扫头脑中的灰尘，做到警钟长鸣，切不可丧失警惕。

由于长期的和平建设环境和生活条件的改善，不思进取、贪图享乐、骄奢淫逸的思想在一些人身上滋长起来，这是很多问题发生的一个重要原因。我在几年前就说过，领导干部要把执行党的现行政策同坚持党的最高理想和党章对党员领导干部提出的要求统一起来，处理好先富和共同富裕的关系。现在看来，这个问题还没有引起各级领导干部普遍重视和全面正确的理解，有的至今仍存在模糊认识。允许和鼓励一部分地区、一部分人通过诚实劳动和合法经营先富起来，是党和国家的一项大政策，目的是加速经济发展，通过先富带后富，最终达到共同富裕。应该充分认识到，党提出这项政策，是符合经济发展不平衡和事物波浪式前进的规律的，也只有实行这样的政策，才能从根本上打破困扰我们多年、挫伤人们积极性的平均主义，充分调动和发挥广大劳动者的积极性、主动性、创造性。正因为这样，党提出这项政策，首先是面对广大劳动群众的，就是说对处于生产和建设第一线的广大工人、农民、知识分子和同他们一块搞生产、搞建设的基层党员，应该鼓励他们通过诚实劳动和合法经营先富起来。作为党和国家的各级领导干部，不能看到群众和基层党员中有人先富起来就坐不住了，就想自己也先富起来。各级领导干部应该依靠国家给予的工资收入来安排生活。虽然现在绝大多数领导干部工资收入并不高，比较清苦，但必须坚持吃苦在前、享受在后的原则。你是领导干部，就应该有这种觉悟和奉献精神。不能想着在工资收入之外再去捞点什么外快，赚点什么好处。如果领导干部整天都想着自己先富起来，那就不对了，而且很危险。一旦产生了这样的思想，就很容易利用手中掌握的权力去搞以权谋私、权钱交易，必然损害国家和人民的利益。对领导干部来说，不管是革命、建设还是改革时期，吃苦在前、享受在后这项原则不能变。大家一定要正确理解和执行党的富民政策，千方百计帮助群众特别是贫困地区的群众富裕起来。领导干部自己则应该带头吃苦、甘于奉献，要有"先天下之忧而忧，后天下之乐而乐"〔4〕的精神。这样的道理和要求，要向各级领导干部经常讲、反复讲。领导干部的精神境界高了，思想防线真正牢固了，都自觉按照党的原则和要求行事，很多问题就可以防患于未然。

这里，我还想强调一下，领导干部一定要管住管好自己的配偶子女。中国早就有"修身齐家治国平天下"〔5〕的古训。家都治不好，何谈治党治国？这几年，在领导干部中，治家不严，对配偶子女利用自己的地位和权力的影响谋取非法利益视而不见、不闻不问，甚至庇护亲属违法犯罪的人，不是在减少，而是在增加，教训十分深刻。领导干部手中的权力是人民赋予的，只能用来为人民谋利益，绝不能把它当作自己和家庭成员谋取私利的手段。我们是共产党人，决不能搞封建社会那种“封妻荫子”、“一人得道，鸡犬升天”的腐败之道！能不能做到这点，是对每一名领导干部很现实、很严肃的考验。这次中央纪委全会重申领导干部不准利用职权和职务上的影响为配偶子女谋取非法利益等规定，是很必要的，具有很强的现实针对性，各级领导干部都要严格执行。

现在有一种所谓“五十九现象”。在接近退休年龄的领导干部中，有的人感觉到自己快要退下来了，就放松对自己的要求，认为可以抓紧捞一把了，不然就没有机会了，结果走上了违法犯罪的邪路。必须针对这个情况，加紧研究，加强防范。关键还是要教育领导干部特别是高级干部保持革命晚节，不断加强党性锻炼，加强思想政治修养，做到永远忠诚老实、廉洁奉公。共产党人时时刻刻都应该把党和人民的利益放在首位，对个人的名利地位应该看得淡一些。我们来到这个世界上，名位钱财之类，生不带来，死不带去，总要多做些有益于国家、社会、人民的事，这才是人生价值的根本体现。元曲和《红楼梦》中都有“赤条条来去无牵挂”这样的话，我们有什么个人的东西不能割舍啊？我国历史上有许多格言警句和诗词歌赋，都是劝人要奋发向上、淡泊处世，不要为了一点蜗角虚名、蝇头小利而蝇营狗苟地生活。老子就说过：“祸莫大于不知足，咎莫大于欲得。”〔6〕我不是说要大家看破红尘，那是一种消极的生活态度。我们共产党人的哲学是奋斗的哲学，要为党、为国家、为民族、为人民的利益而不懈奋斗。对个人名利，要看得开一些，否则很难经受住改革开放和发展社会主义市场经济这种新的社会环境的考验。

第二，对领导干部的选拔任用一定要严格把关。选贤任能，事关重大。各级党委一定要全面贯彻干部队伍革命化、年轻化、知识化、专业化的方针和德才兼备的原则，防止片面性、简单化；一定要坚持任人唯贤，反对任人唯亲；一定要搞五湖四海，反对以人划线和以地域划线；一定要注重对干部思想政治素质包括道德品质的考察，不要只重才而轻德。尤其要注意充分发扬民主，走好群众路线，坚持群众公认原则，做到多数人不赞成的不提名，未经组织人事部门认真考察的不讨论，集体讨论时多数人不同意提拔任用的不通过。要及时发现和选拔那些真正是政治坚定、实绩突出、清正廉洁、群众拥护，艰苦朴素、实事求是、作风正派、脚踏实地干工作的干部，对其中优秀的要委以重任。对于政治信仰动摇，工作不负责任，热衷于投机钻营、跑官要官、争权夺利、拉帮结伙，以及弄虚作假、虚报浮夸的人，不仅不能提拔，还要严厉批评，问题严重的要坚决查处。要逐级建立健全用人失察责任追究制度，对选拔任用干部违反干部政策、不按规定行事造成失误的，要严肃追究责任。对在干部任用上搞以权谋私、权钱交易、受贿卖官的，一经发现就要抓住不放，坚决查处，严惩不贷。

第三，对领导干部一定要严格监督。从这些年和最近揭露出来的一些大案要案来看，一些领导干部搞权钱交易、权色交易，简直到了利令智昏、利欲熏心、胆大包天、无法无天的地步！据了解，这几年查处的领导干部违纪违法案件，大多数是群众举报或查办其他案件牵带出来而获得线索的，这在很大程度上反映出对领导干部的监督软弱乏力。这里面的突出问题，就是还没有完全形成有效的监督管理制度和机制，越是高级干部越缺少有力的监督和管理。看来，这是干部工作中的一个薄弱环节。在这方面，已有的制度要坚决执行并继续完善，没有的要赶紧建立。这是当务之急。要纠正干部工作中重选拔任用、轻任后监督的现象。不管是谁，有了问题都要严肃对待。要加大监督力度，特别要加强主动监督，把监督的关口往前移，加强事前防范。现在的社会情况和人际关系比过去复杂得多，要有效地监督领导干部确实有难度。但越是有难度，就越要下功夫加强和改进监督工作，努力做到领导干部的权力行使到哪里，领导活动延伸到哪里，党组织的监督就实行到哪里。对领导干部工作时间内的表现要监督，工作时间以外的活动也要注意。各级党委都应该根据形势发展的要求，从不同层次、不同岗位领导活动的特点出发，积极探索对领导干部实施有效监督的途径和办法，努力提高监督水平。

邓小平同志曾经指出，领导干部的情况，上级不是能天天看到的，下级也不是能天天看到的，同级的领导成员之间彼此是最熟悉的[7]。邓小平同志这个思想很深刻，具有很强的现实指导作用。我们有些领导班子缺少正常的相互监督和帮助，一团和气、息事宁人，回避和掩盖矛盾，当好好先生。这些干部实际上已经自觉不自觉地当了庸俗哲学的俘虏。这种状况必须改变。各级领导班子要切实负起责任，在班子成员之间努力保持讲党性、讲原则的同志关系，该提醒的及时提醒，该批评的及时批评，该制止的及时制止。这样做，才是对同志的真心爱护。

第四，对领导干部中发生的违纪违法行为一定要严肃查处。要坚决改变失之于宽、失之于软的现象。越是高级干部，越是名人，他们中发生的违纪违法事件越要严肃查处，因为这些人影响大，违纪犯法的危害大，抓住典型处理了，效果也大。当年，我们党果断处理了刘青山、张子善〔8〕案件，对党员、干部进城后注意反腐倡廉、拒腐防变起了很大的警戒作用。为了保证改革开放和现代化建设顺利进行，为了教育、爱护和警醒广大干部，为了维护法纪的尊严，对敢于无视法纪、违法犯罪的干部，必须用重典。不论是谁，不论职务多高，该受什么处分就给什么处分，该重判的坚决重判，决不手软。否则，腐败之风刹不住，也难以服众。案情重、影响大的典型案件，要把问题和教训讲透，教育大家提高认识、引以为戒。有的可以公之于众，形成强大声势，增强群众信心。各级领导同志对查处干部违纪违法案件，不准说情，更不准袒护和包庇。对瞒案不报、压案不办或设置障碍、阻挠查处的，纪检机关要严肃处理。

我们党是围绕自己的政治纲领、按照自己的政治路线、为实现自己的政治目标而组织起来的马克思主义政党，必须有铁的纪律。全党纪律严明、朝气蓬勃，我们才能无往而不胜。现在，有的党员、干部在报刊书籍和讲坛上，对党的路线方针政策，对中央已经作出决定的重大理论问题和历史结论，公开发表反对意见。有的公然歪曲党的历史，诋毁党的领袖人物和党的优良传统，散布违反马克思主义的错误观点，在干部群众中和意识形态领域造成了恶劣的影响。还有的党员、干部，对党的方针政策和重大决策采取阳奉阴违的态度，合意的才执行，不合意的就不执行。这都是严重违反党的政治纪律的行为，必须引起各级党委和全党同志密切注意和警觉。存在上述问题的人，要认真检查自己的错误，回到正确的立场上来。有关党组织要及时找他们谈话，严肃指出其错误，教育和帮助他们转变思想认识。对于经教育不改、仍继续公开反对党的政治主张、坚持错误立场的，要给予应有的党纪处分。对于境外一些刊物、媒体别有用心制造的政治谣言，领导干部要提高警惕，做到不信不传。近年来，中央纪委加大了查处党员、干部违反政治纪律行为的工作力度，是正确的、必要的。要加紧工作，以事实为依据，以法纪为准绳，查处几件这方面的典型案例，以维护党的政治纪律的严肃性。

注　释

〔1〕新时期党的建设的总目标，是中共十四届四中全会一九九四年九月二十八日通过的《中共中央关于加强党的建设几个重大问题的决定》提出的。当时表述为："把党建设成为用建设有中国特色社会主义理论武装起来、全心全意为人民服务、思想上政治上组织上完全巩固、能够经受住各种风险、始终走在时代前列的马克思主义政党"。一九九七年九月十二日，江泽民在中国共产党第十五次全国代表大会的报告中表述为："要把党建设成为用邓小平理论武装起来、全心全意为人民服务、思想上政治上组织上完全巩固、能够经受住各种风险、始终走在时代前列、领导全国人民建设有中国特色社会主义的马克思主义政党。"

〔2〕对高级干部政治家素质的五条要求，是中共十四届四中全会一九九四年九月二十八日通过的《中共中央关于加强党的建设几个重大问题的决定》提出的。该决定第十六条指出，高级干部特别是省部以上党政主要领导干部，不仅要努力成为有知识、懂业务、胜任本职工作的内行，而且首先要努力成为忠诚于马克思主义、坚持走有中国特色社会主义道路、会治党治国的政治家，并对他们提出了五条要求：(一)应该具有坚定的政治信念，始终保持清醒的头脑，自觉坚持党的基本理论和基本路线，经得起各种风浪的考验；(二)应该具有开阔的眼界，熟悉国情，了解世界，解放思想，实事求是，务实创新，开拓前进；(三)应该具有宽阔的胸襟，讲党性，顾大局，模范执行民主集中制，公道正派，任人唯贤，善于团结

同志一道工作；(四)应该具有较强的领导能力，讲究领导艺术，审时度势，驾驭全局，善于协调各方面的力量；(五)应该具有优良的作风，廉洁勤政，艰苦奋斗，深入实际，调查研究，谦虚谨慎，联系群众，真心诚意为人民谋利益。

〔3〕参见北宋苏轼《论项羽范增》。原文是："物必先腐也，而后虫生之；人必先疑也，而后谗入之。"

〔4〕见北宋范仲淹《岳阳楼记》。

〔5〕参见《礼记·大学》。原文是："身修而后家齐，家齐而后国治，国治而后天下平。"后人多引作"修身齐家治国平天下"。

〔6〕见《老子》第四十六章。

〔7〕参见邓小平《在扩大的中央工作会议上的讲话》(《邓小平文选》第1卷，人民出版社1994年版，第310页)。

〔8〕见本卷《坚决打击走私犯罪活动》注〔1〕。

青年志愿者行动是十分高尚的事业*

（二〇〇〇年一月十六日）

青年志愿者行动，是当代社会主义中国一项十分高尚的事业，体现了中华民族助人为乐和扶贫济困的传统美德，是大有希望的事业。努力进行好这项事业，有利于在全社会树立奉献、友爱、互助、进步的时代新风。希望你们在新的世纪里继续努力，发扬我国青年的光荣传统，不懈奋斗，不断创造，奋勇前进，为实现中华民族的伟大复兴作出新的更大的贡献。

* 这是江泽民同志对青年志愿者来信的批语。

建立稳固、平衡、强大的财政*

（二〇〇〇年一月十九日）

财政，是国家的一项重要职能，是国家政权活动的一个重要方面。财税政策，是国家宏观调控的一个主要手段。财力的强弱，对国家的强盛和安全会产生重大影响。雄厚的财政实力，是一个国家强大、稳定、安全的重要体现，也是推动经济发展和社会进步的重要保证。在我国，建立稳固、平衡、强大的财政，制定和实施正确的财税政策，努力做好财税工作，是我们全面推进改革开放和现代化建设、实现跨世纪发展宏伟目标和中华民族全面振兴的必然要求。

我国是社会主义国家，要推进建设有中国特色社会主义伟大事业，要不断提高全国各族人民的物质文化生活水平，要维护社会稳定和国家的经济、国防安全，必须努力建立强大的国家财政。我们发展社会主义市场经济，一定要充分发挥市场对资源配置的基础性作用。同时，也要看到，我国市场体系还不完善，市场本身又存在一些难以克服的缺陷。因此，我们必须努力健全宏观调控体系，善于正确运用包括预算、税收、

* 这是江泽民同志在中共中央举办的省部级主要领导干部财税专题研讨班上讲话的一部分。

转移支付等在内的财政手段，发挥其在资源配置、收入分配、调控经济、监督管理上的重要职能作用，以促进我国经济健康发展和社会全面进步。

各级干部特别是高中级干部，都要学习财税知识，熟悉财政政策、财政法规和财政业务，牢固树立为人民当家理财的思想，不断提高领导和管理经济工作的本领。

要实现经济体制和经济增长方式的根本性转变，走出一条速度较快、效益较好、整体素质不断提高的经济社会协调发展的路子，必须适应发展社会主义市场经济的要求，进一步深化财税改革，做好财税工作。

第一，财税工作不仅要算经济账，还要算政治账、社会账。毛泽东同志曾经指出："国家的预算是一个重大的问题，里面反映着整个国家的政策，因为它规定政府活动的范围和方向。"〔1〕一九五四年，邓小平同志在任政务院副总理兼财政部部长时也明确指出：财政工作一定要有财有政，切不可有财无政。要懂得数字中有政策，决定数字就是决定政策。数目字内包括轻重缓急，哪个项目该办，哪个项目不该办，这是一个政治性的问题〔2〕。总的看，衡量财税工作做得好不好的根本标准，就是要看是否有利于我国社会主义市场经济的发展和社会主义制度的巩固，是否有利于实现好、维护好、发展好广大人民群众的根本利益，是否有利于维护国家统一和安全、促进民族团结和社会稳定。做好财税工作，不仅要算经济账，同时要算政治账、社会账，不仅要算眼前账，还要算长远账。算经济账还要注意把账算活，就是说不能光算死账，还要算活账。只算死账，财政工作是很难做好的，就可能把它搞死了，就会直接影响财政支出的经济、政治、社会效果,影响经济社会发展,影响财源的扩大和国家财力的增强。

当然,要重视算政治账、社会账,绝不是说不要注重算经济账,不要注重讲求经济效益和效率,而是说要从政治的高度和整个经济社会发展的高度去确定财税工作的总目标、总方向,并依此全面而充分地发挥财税的职能作用,使之更好地服务于国家改革发展稳定的大局。

这里,可以举几个方面的例子来说说。通过规范的财政转移支付促进地区经济协调发展,实施西部大开发战略,对于保持和发展边疆民族地区安定团结的大好局面,对于为全国经济发展提供更丰富的资源和更广阔的市场,对于最终实现全体人民共同富裕,都是十分必要的。做好这项工作,不仅有重大的经济意义,而且有重大的政治意义。国家拿出一部分财政收入来保证国有企业下岗职工的基本生活和再就业,不仅是落实党的全心全意为人民服务的宗旨的要求,也是为改革和建设继续发展创造稳定的社会环境的需要。对于亚非拉的发展中国家,我们与他们发展经济技术合作,有些项目从短期看可能效益不大,有些还需要给点无偿援助。但是,如果我们现在不走出去到这些国家投资办厂,不去加强相互的经济技术合作,等到其他国家完全控制了这些国家的资源和市场,我们再想进去就难了。广大发展中国家是我们在国际上反对霸权主义和强权政治的主要依靠力量,帮助他们开发利用丰富资源和潜在市场,不仅可以促进他们的发展,对我国经济的长远发展也是很有利的。加强对广大发展中国家的工作是一个大战略。不能只喊口号,必须拿出一点本钱来,这也是讲政治的一个重要要求和表现。诸如此类的问题,都应该全面深入地从政治上、战略上加以思考。我们做财税、金融、外贸等各方面经济工作的同志,都要站得高一些,看得远一些,努力算好经济和政治两本账,这样才能为我国经济社会持续发展提供重要保证。

第二,要坚持"一是吃饭,二要建设"的原则。我国还不富裕,人口又很多,在财政支出的安排上,"一是吃饭,二要建设"这项原则,更要自觉地坚持。民以食为天。人总要先解决衣食住行的基本需要,才能干别的事;先要生存,然后才能发展;先要维持人的再生产能力,才能进行社会的再生产。这是马克思主义唯物论最基本的道理。但是,要深刻理解它并坚持贯彻好,并不容易。有些领导干部就常常忘记这个最基本的道理,把本来是用于保障和改善人民生活的钱挪作他用,去搞什么"政绩工程",不知道人是首先要吃饭的,这不是在闹笑话和干蠢事吗?

财政工作必须坚持量力而行、量入为出、勤俭节约、开源节流,有所为有所不为。但是,有些领导干部把财政当作"钱袋子"、"大锅饭",各取所需;有些领导干部热衷于上项目、铺摊子,大兴土木,不顾财力可能,或要求财政担保举债,或挤占、挪用别的专项资金,影响了政府工作正常运转和社会稳定。当前,一些地方拖欠工资的问题十分突出,必须引起各级党委和政府高度注意。据不完全统计,在全国三十一个省区市中,有二十五个存在拖欠县一级公务员工资的问题。截至一九九九年十一月,全国拖欠公务员工资的县达到八百三十八个,占全国县总数的近百分之三十。虽然这是属于县级财政的问题，但不能讲中央财政、省级财政就没有责任。基层公务员工资都得不到保障，其工作积极性势必受到挫伤，就会严重影响基层政权的稳定，而且客观上会导致一些单位和公务员各想各的办法，包括乱收费、乱罚款、吃拿卡要等，助长不正之风，引起干群关系紧张。在这种情况下，怎么能够保证中央的路线方针政策在基层的贯彻落实呢？特别是一些民族地区，基层公务员绝大多数是少数民族同志，如果生活没有保障，工作没有积极性，民族团结和社会稳定又怎么能够得到保证呢？这个问题，今天我们在这里郑重提出来，请各级党委和政府在认真调查研究的基础上，抓紧研究解决的办法。

还有，一些地方和基层党政机关机构膨胀、人员超编严重，也必须引起我们高度重视。一些人违反党和国家的政策，把自己的亲朋好友塞进党政机关，都来吃"财政饭"，结果使当地绝大部分财政资金用在了人头费上。这不仅造成财政入不敷出、坐吃山空，而且导致歪风邪气屡禁不止，加重群众负担，引起群众不满。古人说："生财有大道，生之者众，食之者寡，为之者疾，用之者舒，则财恒足矣。"〔3〕就是说，从事生产的人要多，财政供养的人要少，谋划生产的人要勤奋，用财的人要节俭，财富才会富足。如果事情相反，"生之者寡，食之者众"，必然难以为继。对一些地方和基层党政机关冗员过多的问题，一定要下大气力加以解决。对违反党和国家有关政策规定滥招滥收造成严重后果的，必须依照法纪严肃处理。目前，我国公职人员的数量是三千八百万左右，与总人口的比为一比三十多。这么庞大的公职人员队伍，国家财政不堪重负。我们一定要通过机构改革，坚决精简多余的人员。关键是要通过调整结构、发展经济,为精简出来的公务人员找到新的工作和就业出路,否则精简难以成功。县乡两级机关的富余人员,可以循着农业产业化经营的路子,组织他们去搞各种形式的产前、产中、产后服务,这既可以为千家万户农民提供服务,引导他们走向社会主义市场经济的大市场,提高农民分户经营的水平,增加农民收入,又可以为县乡两级公务人员开辟更为广阔的发挥自己才能的工作途径和生活出路。还可以从中选一些政治素质好、文化水平较高的青年去充实农村基层组织和学校。现在,有不少县乡已经这样做了,要注意总结推广他们的好经验。

第三,要逐步解决"两个比重"的问题。党的十五大根据我国改革和发展的要求,提出了集中财力,振兴国家财政,逐步提高财政收入占国内生产总值的比重、中央财政收入占全国财政收入的比重的目标和任务。目前,我国的这"两个比重",不仅明显低于发达国家的平均水平,也低于许多发展中国家。一九九八年,我国财政收入占国内生产总值的比重为百分之十一点七,中央财政收入占全国财政收入的比重为百分之四十九点五。美国、法国、德国、英国等六个发达国家,财政收入占国内生产总值的比重平均为百分之四十左右,中央财政收入占全国财政收入的比重平均为百分之七十以上。我国有十二亿多人口,幅员辽阔,各地条件千差万别,区域经济发展水平很不平衡。要加快经济社会发展,必须充分发挥中央和地方两个积极性。随着经济的增长,适当增加地方财政是必要的,但从整个国家来看,财力也不能过于分散。保持国民经济的整体发展,维护国家的统一、稳定和安全,中央必须掌握足够数量的经济资源，以利集中财力办一些必须办的大事情。马克思在《哥达纲领批判》中就指出，在未来的社会中，在社会总产品中，应该拿出一部分，用来补偿消耗掉的生产资料的部分和扩大生产的追加部分，保障一般管理费用和学校、保健设施等用来满足共同需要的部分，用来应付不幸事故、自然灾害等的后备基金或保险基金，为丧失劳动能力的人等设立的基金。马克思说的未来社会是指共产主义社会，即使到了那个时候，马克思认为，也还要拿出一部分资源用于社会的管理和发展。经济是财政的基础，经济决定财政，而财政要促进和支持经济发展，促进和支持社会全面进步。各级领导干部都要正确认识和处理好财政和经济的辩证统一关系。我国正处在社会主义初级阶段，社会生产力水平和经济文化水平还不高，经济建设和社会各项事业发展与国家财政供求之间的矛盾将长期存在，不可能一下子就完全解决。提高"两个比重"，要在经济发展的基础上逐步进行，使国家财力能够不断增强起来。我们实施积极的财政政策，加强基础设施建设，支持农业基础建设和生态环境建设，支持经济结构调整，加快高新技术产业发展，改造老工业基地和传统产业，支持地区经济协调发展和实施西部大开发战略，实施科教兴国战略和可持续发展战略，建立社会保障体系，都需要相应增加投入，都需要国家财政支持。我国自然灾害频繁，也需要中央财政掌握相当规模的后备财力。当今世界，天下并不太平。为了维护国家安全和祖国领土完整，我们必须加强国防建设。因此，国家集中尽可能多一些的财力，是完全必要的，而且要有紧迫感。

当前，首先要做好财税秩序的整顿工作，努力把按照国家政策法规规定该集中的财力管好用好。现在，财政秩序还存在一些混乱现象，例如大量资金通过预算外、体制外渠道流失，部门用自收自支等办法参与财政分配，乱收费、乱罚款、搞各种摊派和私设“小金库”等现象相当普遍，有些地方随意越权减免税或搞先征后返。这些现象的存在，不仅影响中央和地方政府的正常财政收入，影响财政宏观调控职能作用的发挥和全国的政令统一，而且也为贪污腐败行为的发生提供了土壤和条件。因此，必须强化财政的分配职能作用，整顿财税秩序，规范政府分配行为，加快税费改革。要通过继续深化财税改革，建立完整统一的财税体系，扩大政府财政收入来源，还要加强财税管理，做到应收尽收，杜绝人为的收入损失，合理安排财政资金，注重使用效益，反对铺张浪费，提倡勤俭节约。这个问题处理好了，国家财政职能就可以更好地发挥作用，还会对党风和社会风气的根本好转、铲除滋生腐败活动的土壤起到积极作用。

第四，坚持依法理财，依法治税。财税法律法规，是规范经济秩序、调节收入分配、实施经济监督的重要法律和制度。我们在预算、税收、国有资产管理、财务、会计等方面，已经制定了一系列法律法规，各地区各部门必须坚决贯彻执行。要严肃国家财经纪律，加强税收执法力度，坚决杜绝财税工作中的违法违纪行为和不规范现象。要加强纳税人的法制观念和依法纳税意识，采取有效措施解决欠税问题，坚决打击各种偷税、骗税和暴力抗税行为。绝不允许搞以言代法、以权代法、越权减免税。同时，要进一步加强财税法制建设，建立完善的运行有序的财税法规体系，真正做到依法行政、依法理财、依法治税。

要规范社会初次分配，提高各项收入的透明度。要继续深化税收改革，加强税收征管工作。完善税制，调整税率。加强对个人过高收入的调节，加大个人所得税征收的力度。限制畸形消费，反对挥霍公款。同时，要把税收政策与支持发展、培养税源结合起来。要注意防止一些地方在征税过程中随意采取一些不适当的做法而影响企业和经济的发展。在现代科技日益发展的情况下，税收征管必须积极采用现代化的科技手段，以利提高税收征管的质量和水平。

财税干部的思想政治素质和业务素质如何，直接关系到国家财税工作的质量和财税政策的落实，也关系到党和国家其他政策措施的落实，因此必须不断加强队伍建设。财税干部要始终坚持正确的政治方向，增强贯彻落实党和国家方针政策的自觉性和坚定性；要牢固树立为人民理财、做人民公仆的观念，求真务实，勤奋工作，一身正气，廉洁奉公；要善于从党和国家的全局出发看待和做好财税工作；要紧密结合国内外形势的发展和财税工作的实际，深入研究财政经济中的重大问题，为各级党政领导决策服务。各级党委和政府要高度重视财税干部队伍建设工作，从思想上、制度上、管理上采取得力措施，努力造就一支政治过硬、业务熟练、作风优良的财税干部队伍。

注　释

〔1〕见毛泽东《有困难，有办法，有希望》(《毛泽东文集》第6卷，人民出版社

1999年版，第24页）。

〔**2**〕参见邓小平《财政工作的六条方针》（《邓小平文选》第1卷，人民出版社1994年版，第193页）。

〔**3**〕见《礼记·大学》。

通报中央政治局常委“三讲”情况的讲话*

（二〇〇〇年一月二十日）

我代表中央政治局常委，向中央政治局通报常委同志进行“三讲”的情况。我的这个讲话稿，在我“三讲”发言的基础上，综合吸收了其他常委同志的发言意见，是集体研究的成果。

中央决定在全国县级以上党政领导班子和领导干部中深入开展“三讲”教育，是新形势下推进党的建设的一个重大举措。实践已经证明，用“三讲”教育的办法，解决党性党风方面存在的突出问题，对提高领导干部的思想政治素质，加强我们党同人民群众的联系，保证改革开放和社会主义现代化建设顺利进行，都具有重要意义。

高级干部在各项工作中都应以身作则，这是我们党的一个优良传统。去年八月三十日的常委会议，决定中央政治局常委进行“三讲”。十月十四日的常委会议，进一步对中央政治局常委“三讲”作出安排。这次常委同志“三讲”，主要是总结十年来的工作，同时要提出和进一步思考今后我国改革发展稳定的一些战略性问题。以自学为主，以个人讲为主，开展

---

* 这是江泽民同志在中共中央政治局会议上的讲话。

批评和自我批评，以自我批评为主，坚持和风细雨，通过总结经验教训，进一步加强和改进我们的领导工作。我们贯彻了开门搞“三讲”的精神，先后召开七个座谈会，听取了各省区市党委和中央直属机关、中央国家机关各部委的负责同志，各民主党派中央、全国工商联的主要领导同志和无党派人士的意见和建议。对这些座谈会的汇总材料，常委同志都进行了认真研究和思考。就中央政治局常委的工作，在这样广泛的范围内听取意见和建议，虚心接受党内党外同志的批评和监督，对常委同志搞好“三讲”是一个积极的推动。

从一九九九年十二月二十二日起，常委同志用五个半天的时间进行了“三讲”。对这次“三讲”，常委同志是高度重视的，进行了认真学习和准备。大家发扬党的理论联系实际、密切联系群众、批评和自我批评的优良作风，认真总结十年来的工作实践和基本经验，认真思考当前和今后改革和发展中的一些重大问题，整个“三讲”进行得既严肃认真、又生动活泼。常委同志都认为，既然是总结，成绩要讲，不足也要讲，一是一、二是二，实事求是，重在总结经验教训。总的看，这次中央政治局常委进行“三讲”是成功的，达到了进一步统一认识、坚定信心、振奋精神、继续前进的预期目的。这对我们进一步做好领导工作，必将起到积极的促进作用。

这次“三讲”，是常委同志之间一次重要的谈心活动和民主生活会，也是互相交换看法和共同研究问题的一次重要行动。大家讲了心里话，亮了思想，言辞恳切，我听了很受启发和鼓舞。通过这种推心置腹、坦诚相见而又和风细雨、与人为善的交谈，取得了增进了解、密切感情，相互学习、取长补短，相互勉励、共同提高的效果。

十年来，我们常委会的组成人员发生了一些变化。有的同志已经工作了十年，有的同志是党的十五大以后担任常委职务的。有的同志退下去了，还有的同志已经过世了。总的看，常委同志政治上是坚定的，有责任感，贯彻执行党的路线方针政策坚决，相互团结，相互支持，对改革和建设的领导是得力的。党的十三届四中全会决定我担任总书记，到现在已十年多了。我们党和邓小平同志把这个担子交给我，我深感责任重大。当时，一九八九年那场政治风波刚刚平息，急需把大局迅速稳定下来，团结和带领全国各族人民继续推进改革开放和现代化建设。在国际上，那时也是“山雨欲来风满楼”，斗争十分激烈。可以说，我们是受命于危难之际。我曾当面向邓小平同志表示，为了党和人民的事业，我一定鞠躬尽瘁、死而后已。十年来，我们始终铭记邓小平同志的政治交代，铭记党和人民的重托，对自己承担的职责从不敢懈怠。我们最关注的是两大问题：一个是不断加强党的建设，巩固我们党的执政地位，使我们党始终成为领导全国人民进行改革开放和社会主义现代化建设的核心力量；一个是坚持“一个中心、两个基本点”的基本路线，加快经济发展和社会全面进步，不断增强我国综合国力，提高人民生活水平，为我国社会主义制度奠定强大的物质文明和精神文明基础。

事非经过不知难。这十年，我们所处的国际国内环境发生了深刻变化，天下很不太平。八十年代末九十年代初，东欧剧变、苏联解体，世界社会主义发生了严重挫折。一些西方国家对我国在政治上施压，在经济上搞所谓“制裁”。我们遇到了空前巨大的压力。国际敌对势力加紧对我国进行以西化、分化为目的的各种渗透、破坏活动，公然支持我们国内的反共反社会主义势力和民族分裂主义势力搞颠覆活动。我们的国家安全和社会政治稳定面临严重威胁。美国等西方大国还提出所谓“人权高于主权”等“新干涉主义”的口号，为他们推行霸权主义和强权政治制造理论依据。他们加紧谋求全球军事优势，推行新的“炮舰政策”。国际上重大突发事件接连不断，地区冲突和局部战争此起彼伏。经过我们的艰苦斗争，美国政府被迫调整对华政策，提出实行“全面接触”。但是，国际敌对势力西化、分化我国的政治图谋没有也不可能改变。同时，世界范围内进行的经济结构调整，高新技术产业的迅猛发展，也加剧了国际经济竞争。从一九九七年下半年开始，亚洲金融危机给我国经济发展带来了不小影响。世界经济波动对我国经济的影响和冲击越来越直接，我们发展经济和维护国家经济安全的任务变得更为艰巨和严峻。去年五月，美国在科索沃战争〔1〕中用导弹袭击我国驻南联盟大使馆〔2〕，严重损害了中美关系。我们进行了坚决斗争，取得重大胜利。

从国内来看，这十年，我们坚持以党的基本理论和基本路线为指导，正确处理改革发展稳定的关系，国民经济持续快速健康发展。党的建设、精神文明建设、民主法制建设等各项事业都取得了新的成绩。我们在前进中遇到了许多新情况新问题。我国经济生活和社会关系发生了深刻变化，社会经济成分、组织形式、就业方式、利益关系和分配方式都多样化了。思想政治领域的情况和斗争也错综复杂。国外一些资产阶级腐朽的东西渗入国内，国内历史上遗留的和现实生活中产生的一些不良现象时有泛起之势。“法轮功”问题的出现就是一个尖锐而现实的例子。我们果断开展了处理“法轮功”邪教组织问题的斗争，消除了一个重大社会政治隐患。国内外敌对势力相互勾结，加紧进行颠覆、破坏活动。“台独”分裂势力加紧进行分裂祖国的活动。达赖〔3〕集团也一直在加紧策划所谓“西藏独立”。新疆地区民族分裂主义势力制造了多起动乱、暴乱和暴力恐怖事件。由于我们进行了针锋相对的斗争，处置得当，有力地打击了这些民族分裂势力的嚣张气焰，挫败了他们的政治图谋。

这十年，我们遇到的严重自然灾害也不少，最严重的就是一九九一年的华东大水和一九九八年长江和嫩江、松花江流域的严重洪涝灾害。全国军民团结一心，顽强拼搏，战胜了这些自然灾害。

十年来，我们走过的道路很不平坦，遇到的关系我国稳定、安全和发展全局的政治、经济、自然风险，可以说是频频发生，我们从容应对，顺利地渡过了这些风险。我们从中经受了考验和锻炼，也增长了见识和经验。总之，这十年，尽管我们面临种种复杂的国际国内问题和改革发展稳定的艰巨任务，但全党全国人民紧密团结、顽强奋斗，夺取了改革开放和现代化建设的新的伟大胜利。

下面，我讲四个问题。

一、关于十年来常委会的工作

这十年，我们在党和国家工作的方向性、全局性问题上，提出了许多重大方针和指导原则，作出了一系列重要决策，部署了一系列重大工作。可以这样说，我们不仅使党的基本理论、基本路线、基本纲领更加深入人心，成为广大干部群众自觉的实际行动，而且也使它们在指导各项工作上更具体化了，从而全面推进了建设有中国特色社会主义事业。常委同志着重从以下一些方面进行了回顾和总结。

（一）确立了邓小平理论在全党的指导地位，坚持党的基本路线不动摇。我们始终坚持用马克思列宁主义、毛泽东思想特别是邓小平理论武装全党，提高了全党同志贯彻党的“一个中心、两个基本点”的基本路线的自觉性和坚定性。

一九八九年六月，党的十三届四中全会就明确提出，我们党已经制定和形成了一条建设有中国特色的社会主义的路线和一系列基本政策，我们必须坚定不移、毫不动摇地全面执行，做到一以贯之。同年九月，我们提出，邓小平同志关于建设有中国特色社会主义的理论，是经过十年实践检验而为亿万人民所认识和接受的科学理论，是指引我们继续前进的旗帜。在党的十三届五中全会上，邓小平同志从党和国家的根本利益出发，辞去中央军委主席的职务。这次全会指出，邓小平同志关于建设有中国特色的社会主义的基本理论，是毛泽东思想在新的历史条件下的继承和发展，是我们党和人民的宝贵精神财富，必须使它今后在我国社会主义现代化建设的伟大进程中发挥重大指导作用。党的十三届七中全会概括了建设有中国特色社会主义的十二条原则〔4〕。一九九一年七月，我们根据邓小平同志的思想，分别论述了有中国特色社会主义的经济、政治、文化的基本特征和主要内容〔5〕。一九九二年十月，党的十四大确立了邓小平同志建设有中国特色社会主义理论在全党的指导地位。我在《邓小平文选》第三卷出版时强调，邓小平建设有中国特色社会主义理论是我们发展社会主义事业的伟大旗帜，是我们民族振兴和发展的强大精神支柱。我们党郑重地把这一理论写到了自己的旗帜上〔6〕。

一九九七年二月，邓小平同志不幸逝世。当时，国内国外、党内党外都很关注我们党和国家的发展方向。我们在悼念邓小平同志时明确提出，邓小平建设有中国特色社会主义理论是当代中国的马克思主义，在跨越世纪的新征途上，更高地举起邓小平建设有中国特色社会主义理论的伟大旗帜，在任何情况下都坚持党的基本路线不动摇，是我们党中央领导集体坚定不移的决心和信念〔7〕。党的十五大高举邓小平理论的旗帜，强调旗帜问题至关紧要，旗帜就是方向，旗帜就是形象，在当代中国，只有把马克思主义同当代中国实践和时代特征结合起来的邓小平理论，而没有别的理论能够解决社会主义的前途命运问题。邓小平理论是马克思主义在中国发展的新阶段。党的十五大提出了“邓小平理论”的表述，并把邓小平理论同马克思列宁主义、毛泽东思想一起作为党的指导思想写入党章，要求全党坚持邓小平理论，在实践中继续丰富和创造性地发展这个理论。

我们坚定不移地贯彻执行以经济建设为中心、坚持四项基本原则、坚持改革开放的基本路线。一九八九年，我们提出，四项基本原则是立国之本，改革开放是强国之路；强调要坚持党的基本路线一百年不动摇，并始终注意处理好“一个中心、两个基本点”的辩证统一关系。我们扭住经济建设这个中心不放，大力推进改革，为经济发展提供强大动力。同时，坚决反对和抵制一切违背四项基本原则的错误言行，有“左”反“左”，有右反右，保证了改革开放和经济建设沿着正确方向前进。一九九一年七月三十一日，我在与党建理论研究班的同志座谈时，有的同志主张一方面抓经济建设，一方面反和平演变。我当时就表示，中心只能有一个，就是以经济建设为中心，不能搞“多中心论”。坚持党的“一个中心、两个基本点”的基本路线，其中坚持四项基本原则已包括反和平演变的要求。要正确处理经济建设与反和平演变的关系。在国际上不要四面出击，到处树敌。人不能伸出两个拳头打人。关键要坚持以经济建设为中心，把我们的经济搞上去，把国内各项工作搞好。反和平演变的工作必须抓紧，但不能搞运动。对干部群众进行这方面的思想政治教育，要注意分层次，有的放矢。为了更好地贯彻邓小平同志的理论和党的基本路线，一九九四年一月，我们提出全党工作的大局是抓住机遇、深化改革、扩大开放、促进发展、保持稳定〔8〕。这二十字方针成为总揽全局的长期指导方针。党的十五大根据邓小平理论，归纳总结党的十一届三中全会以来的方针政策和实践经验，提出了党在社会主义初级阶段的基本纲领，进一步阐明了建设有中国特色社会主义的经济、政治、文化的基本特征和基本要求。

总结十年的历程，我们党和国家所以有今天这样的好局面，最根本的是我们始终坚持把邓小平理论作为党和国家的行动指南，坚持全面、正确、积极地贯彻邓小平同志确定的路线方针政策。邓小平同志是我国社会主义改革开放和现代化建设的总设计师，他为我们指明了党和国家前进的正确方向。我们坚定不移地贯彻执行党的基本路线，坚定不移地坚持一切以“三个有利于”[9]为根本判断标准，解放思想、实事求是，努力开创建设有中国特色社会主义事业的新局面。在改革和建设的征途上，不论遇到什么困难、干扰和风险，我们都要始终不渝地高举邓小平理论伟大旗帜。这是党的十五大的灵魂。

（二）不断推进改革开放，建立和完善适应生产力发展要求的经济制度，确立了社会主义市场经济体制的改革目标。实行改革开放，是邓小平同志提出的建设社会主义的新政策，也是决定当代中国命运的历史性决策。我们始终坚持改革的社会主义方向，始终强调改革是社会主义制度的自我完善和发展，是要在坚持社会主义基本制度的前提下自觉调整和改革生产关系同生产力、上层建筑同经济基础不相适应的方面和环节，促进生产力发展和社会各项事业全面进步。我们既坚持大胆探索，勇于创新，又坚持从实际出发，由浅入深，循序渐进，避免发生大的社会震荡，保持了社会稳定和全面进步。

十年来，我们坚持了以公有制为主体、多种经济成分共同发展的基本方针。一九九一年七月，我们提出，有中国特色社会主义的经济，必须坚持以生产资料社会主义公有制为主体，允许和鼓励其他经济成分适当发展，既不能脱离生产力发展水平搞单一的公有制，又不能动摇公有制经济的主体地位，不能搞私有化。动摇了生产资料公有制，就动摇了社会主义的经济基础，必将损害全体人民的根本利益，也就谈不上社会主义了〔10〕。党的十四大又明确指出，要坚持以公有制包括全民所有制和集体所有制经济为主体，个体经济、私营经济、外资经济为补充，多种经济成分长期共同发展。党的十五大在总结实践经验的基础上科学地确定，社会主义公有制为主体、多种所有制经济共同发展，是我国社会主义初级阶段的一项基本经济制度。阐明我国是社会主义国家，必须坚持公有制作为社会主义经济制度的基础；我国处在社会主义初级阶段，需要在公有制为主体的条件下发展多种所有制经济；一切符合“三个有利于”的所有制形式都可以而且应该用来为社会主义服务。阐明国有经济起主导作用，主要体现在控制力上；要努力寻找能够极大促进生产力发展的公有制实现形式；股份制是现代企业的一种资本组织形式，资本主义可以用，社会主义也可以用，关键看控股权掌握在谁手中。这些理论问题上的重要突破，对建设有中国特色社会主义事业的发展具有深远的指导意义。

根据党的十一届三中全会以来进行经济体制改革的实践经验，根据邓小平同志关于计划和市场都是经济手段的重要思想，我们适时地提出了我国经济体制改革的目标是建立社会主义市场经济体制。一九九二年四月三十日，我们召开政治局常委会议，提出党的十四大在计划与市场的关系上要前进一步，这是关系改革开放和现代化建设全局的一个重大问题。五月二十八日的政治局常委会议正式决定，在党的十四大上要对计划与市场的关系作出新的论述，并决定在中央党校召开干部会议。一九九二年六月九日，我到中央党校作报告，提出了建立社会主义市场经济体制的问题〔11〕，请大家研究和讨论。六月十二日，我向小平同志汇报。小平同志听了以后说，赞成这个提法，如果大家都同意，十四大就以这个为主题。后来，我们征求三十个省区市的意见，大家都同意这个提法。党的十四大就正式确定了建立社会主义市场经济体制的改革目标。

一九九三年，党的十四届三中全会对怎样发展社会主义市场经济进行了总体规划，阐述了社会主义市场经济体制的基本框架。我们按照建立社会主义市场经济体制的要求，深化农村改革，积极推进国有企业改革，加快财政、税收、金融、外贸、外汇、投资、价格、社会保障、住房、科技、教育体制等一系列改革，取得了突破性进展，同时培育和发展社会主义市场体系，健全和完善国家宏观调控体系，加强社会主义市场经济的法律制度建设。通过这一系列改革，使市场在资源配置中的基础性作用明显加强，宏观调控体系进一步健全。

十年来，我们在十分复杂和严峻的国际环境中，毫不动摇地始终坚持对外开放的基本国策。党的十四大和十四届三中全会提出，对外开放的地域要扩大，形成多层次、多渠道、全方位开放的格局，充分利用国际国内两个市场、两种资源，积极推进以质取胜和市场多元化等战略措施。一九九四年，针对经济特区建设上出现的一些思想认识问题，我们明确提出，中央对发展经济特区的决心不变，中央对经济特区的基本政策不变，经济特区在全国改革开放和现代化建设中的历史地位和作用不变。经济特区要增创新优势，更上一层楼〔12〕。党的十五大进一步提出，对外开放是一项长期的基本国策，我们要以更加积极的姿态走向世界，完善全方位、多层次、宽领域的对外开放格局。根据这些重要决策，我们采取了一系列重大举措，大力推进对外开放，扩大开放沿海城市和内陆边境城市、沿江城市和省会城市，开发开放以上海浦东新区为龙头的长江流域开发带，形成了对外开放的新格局，有力地促进了我国经济和其他各项事业的发展。

为了给我国改革和发展创造更为有利的外部条件，我们对加入世界贸易组织进行了长期努力。这既是一个经济问题，也是一个政治问题。一九九三年，我在西雅图同美国总统克林顿会晤时，明确提出了我们处理这个问题的三条原则〔13〕。以后，根据谈判的进程和斗争的需要，我们从政治上、战略上考虑，相继提出了“态度积极、方法灵活、善于磋商、不可天真”和“态度积极、坚持原则、我们不急、水到渠成”等工作方针，根据形势的需要，及时把握谈判的时机和分寸，最后于去年十一月与美国达成了双边协议，为解决我国加入世界贸易组织问题创造了重要条件。

（三）坚持发展是硬道理的指导思想，制定和实施了促进改革和发展的一系列方针政策，保持了经济持续快速健康发展。社会主义的根本任务就是解放和发展生产力。生产力不发展，经济实力不强，国内就稳定不了，在国际上就没有发言权。民富国强，强就强在你发达起来了；民穷国弱，弱就弱在你不发展上。所以，邓小平同志说“发展才是硬道理”〔14〕。这是一个极为重要的指导思想。财大才能气粗，落后就要挨打。任何时候都不能忘记这个基本的历史经验。在我们这样一个十二亿多人口的大国，面对经济文化仍然比较落后的基本国情，面对激烈的国际竞争，如何实现国民经济更快更好地发展，始终是一个十分重大的课题。

一九八九年以后，针对经济生活中出现的问题，我们继续进行治理整顿，取得了成效。这一时期，为了应对国际上东欧剧变、苏联解体后出现的复杂局面，维护我国社会政治稳定，我们花了很大精力。但是，一九九〇年和一九九一年，我们仍抓紧召开了一系列专题座谈会，研究加快经济发展和改革开放的重大问题。我们还针对当时由于固定资产投资欠账过多而挤占企业流动资金的问题，采取从清理固定资产投资缺口造成拖欠这一源头抓起，重点从大型项目清起，解决“三角债”问题。通过这项工作，企业资金紧张状况得到明显缓解，加速了资金周转，提高了经济效益。

一九九二年春，邓小平同志视察南方发表重要谈话，从理论上深刻回答了长期困扰和束缚人们思想的许多重大问题，全国人民热情十分高涨，经济建设呈现出新的气象。在加快发展的过程中，一些地方和部门由于认识上发生了一些偏差，一度出现了房地产热、开发区热以及乱集资、乱拆借、乱设金融机构等问题，投资规模过度扩大，物价上涨过快，影响了国民经济持续快速健康发展。应该说，我们比较快地发现了这种苗头，并及时打了招呼。一九九二年四月四日，我在出访日本前夕，给中央政治局常委等同志写了一封信〔15〕，提出要把干部群众的积极性引导好、保护好、发挥好，抓紧有利时机，力争实现和保持比较高的发展速度，但务必结合各地区各部门的实际，区分不同情况，具体加以落实；要在深化改革上狠下功夫，避免只在扩大投资规模上做文章，以防出现新的重复建设和产品积压。为了加强对经济工作的领导，党的十四大前我们恢复成立了中央财经领导小组。一九九二年十二月，根据中央决定，在武汉召开会议〔16〕，讨论解决当时农业和农村工作中存在的一些突出问题，强调要进一步稳定和加强农业基础地位。一九九三年四月，中央又召集省委书记、省长会议，讨论解决乱集资、乱拆借、房地产热和开发区热的问题。五月十九日，我给国务院有关领导同志写信，提出要抓紧时机解决当前经济工作中存在的一些突出问题，否则解决问题的重要时机会稍纵即逝；倘若问题积累，势必酿成大祸。随后，我们召开了各省区市工作会议，研究继续推进投资、财税、金融体制方面的改革，通过深化改革解决深层次的经济问题。六月二十二日，我向小平同志汇报了当时的经济形势，建议加强宏观调控，突出抓金融工作。小平同志非常支持。六月二十四日，我们颁布了十六条措施〔17〕，下决心解决经济生活中发生的突出问题。经过努力，我们成功地控制了通货膨胀，经济增长仍然保持了较快速度，实现了经济的“软着陆”。这次宏观调控有效避免了经济大起大落，也为后来我们抵御亚洲金融危机的冲击打下了基础。

我回顾一下这段历史是要说明，邓小平同志确立的改革开放的新政策，他在视察南方的重要谈话中阐明的一系列科学的指导思想，我们要始终不渝地贯彻执行，不能有丝毫动摇。至于前些年一些地方和部门在经济建设中发生的一些问题，是属于执行中的具体问题，是由于没有全面、正确、积极地贯彻执行邓小平理论，在工作中出现了偏差。对于这些问题，我们应实事求是地加以总结，从中吸取经验教训，以利把今后的经济工作做得更好。

从领导改革和建设的实践中，我们深深感到正确处理好经济建设和社会发展中的一些基本关系十分重要。一九九五年九月，我们提出全党同志要善于正确处理社会主义现代化建设中十二个方面的重大关系〔18〕。其中最重要、最根本的是正确处理改革发展稳定的关系。改革是一场深刻的社会变革。如何正确把握这种深刻变革，既促进社会发展，又保持社会稳定，是一件关系全局的大事，也是一项重要的领导艺术。我们始终强调，改革是动力，发展是目的，稳定是前提，必须善于把改革的力度、发展的速度和社会可承受的程度统一起来。由于我们始终注意正确处理这三者的关系，较好地实现了在社会政治稳定中推进改革发展，在改革发展中保持社会政治稳定。

一九九七年下半年，亚洲金融危机发生后，我国经济受到不小冲击。我们提出了坚定信心、心中有数、未雨绸缪、沉着应付、埋头苦干、趋利避害的指导方针〔19〕，果断采取扩大国内需求、实行积极的财政政策、加强基础设施建设、保持人民币汇率稳定等重大措施，继续保持经济增长的势头。不断扩大国内需求，开拓国内市场，应该成为我国经济发展的基本立足点和长期战略方针。扩大国内需求，开拓国内市场，是关系我国未来发展全局的重大课题，全党要继续做好这篇大文章。

金融是现代经济的核心。我们对保持金融的稳健运行始终高度重视。一九八九年进行治理整顿和一九九三年加强宏观调控，都在稳定金融方面采取了重大措施。一九九四年以后，中央财经领导小组每年听取一次金融工作的汇报。一九九六年以来，中央多次研究经济安全和防范金融风险的问题。

一九九七年初，中央对深化金融改革、整顿金融秩序、防范和化解金融风险进行重要部署。十一月，中央召开了全国金融工作会议，继续推进金融体制改革。这些都为我们有效应对亚洲金融危机做了重要准备。

十年来，我们坚持用发展的办法解决前进中的问题，适时地提出了一系列促进国民经济持续快速健康发展的重大方针政策和战略措施。我们提出并实施了经济体制和经济增长方式的两个根本性转变。明确指出，经济增长应该讲规模与结构、数量与质量、速度与效益的统一，不是盲目扩大生产能力，经济增长的指标是预测性的、指导性的和可调整的。要着眼于提高国民经济整体素质，增强综合国力和国际竞争力，对经济结构进行战略性调整，促进区域经济合理布局和协调发展。要不断加强农业基础地位，努力改造和提高传统产业，发展高新技术产业，加快发展第三产业，以市场为导向，以科技进步为动力，使生产经营适应国内外市场需求的变化。我们提出并实施了科教兴国战略，明确指出要加快教育的改革和发展，建设国家知识创新体系，增强自主创新能力，实现技术发展的跨越。我们提出并实施了可持续发展战略，明确指出要加强生态环境建设，严格保护耕地，加紧对大江大河的治理，实行生态工程建设同国土整治、产业开发和区域经济发展相结合。根据邓小平同志的思想，我们提出了西部大开发战略，这一战略正在加紧组织论证、规划，将逐步实施。我们对农业、国有企业、金融、科技、教育、社会保障和扶贫开发都作出了重要决定，全面加以推进。

通过十年的探索和实践，我们提高了在复杂的国际国内条件下驾驭经济发展全局的能力，我们对经济进行宏观调控的经验也更加丰富了。

（四）继续推进政治体制改革，扩大社会主义民主，提出了依法治国、建设社会主义法治国家的重要方略。我们遵循邓小平同志的思想，积极推进政治体制改革，努力发展社会主义民主政治。

党的十三届四中全会提出，社会主义民主法制建设要抓紧进行。一九九一年七月，我们对有中国特色社会主义的政治作出了概括，对继续推进政治体制改革提出了要求〔20〕。党的十四大提出，要积极推进政治体制改革，使社会主义民主和法制建设有一个较大的发展。党的十五大提出，要在党的领导下，在人民当家作主的基础上，依法治国，发展有中国特色社会主义民主政治，并对此提出了明确要求。党的十五大把依法治国提到党领导人民治理国家的基本方略的高度，提出建设社会主义法治国家，把坚持党的领导、发扬人民民主和严格依法办事统一起来，从制度和法律上保证党的基本路线和基本方针的贯彻实施，保证党始终发挥总揽全局、协调各方的领导核心作用。

我们始终要求全党同志认识到：第一，改革党和国家的领导制度，总的目的是要有利于巩固社会主义制度和党的领导，有利于在党的领导和社会主义制度下发展生产力，有利于贯彻执行党的十一届三中全会以来所制定的路线方针政策，有利于维护国家统一、民族团结和社会稳定。第二，坚持政治体制改革要与经济体制改革相适应。通过政治体制改革始终保持党和国家的活力，克服官僚主义，提高工作效率，调动基层和工人、农民、知识分子的积极性。第三，必须坚持人民民主专政和人民代表大会的根本政治制度，绝不能照搬西方政治制度的模式。第四，政治体制改革必须在党的领导下有计划、有步骤、有秩序地进行，既要坚定，又要审慎，循序渐进。第五，发展民主必须同健全法制紧密结合。

十年来，我们在政治体制改革方面取得了积极的成果。改进了党的领导方式和执政方式，以党代政、党政不分的现象得到很大改变，党的领导得到了加强和改善。进一步完善了人民代表大会制度，为各级人大代表行使代表职权和履行代表义务提供了法律依据和有力保证，使选举工作更加规范化、制度化。进一步完善了中国共产党领导的多党合作和政治协商制度，各级政协的政治协商、民主监督、参政议政的规范化、制度化建设不断推进，巩固和发展了广泛的爱国统一战线。进一步加强了城乡基层民主建设，在农村广泛开展了以民主选举、民主决策、民主管理、民主监督为主要内容的基层群众性自治活动，城镇居民委员会组织和企事业单位的职工代表大会制度，也得到了健全和加强。社会主义法制建设取得重大进展，形成了有中国特色社会主义法律体系框架，我国政治、经济、社会生活的基本方面已经做到了有法可依。执法、司法、普法和依法治理工作也深入发展。各级政府的职能进一步转变，党政机关精简机构的工作正在进行之中，实施了国家公务员制度。干部制度改革取得了新成绩，对干部选拔开展了民主推荐、公开考试、择优录取，引入了竞争机制。

（五）坚持两手抓、两手都要硬的方针，加强了宣传思想工作和社会主义精神文明建设，推动了社会全面进步。我们始终强调，经济、政治、文化必须协调发展，两个文明都搞好，才是有中国特色社会主义。任何时候都不能以牺牲精神文明为代价换取经济的一时发展。必须坚持两手抓、两手都要硬的方针，既实现经济持续发展，又实现社会全面进步，完整地体现和发挥社会主义制度的优越性。

一九八九年政治风波之后，我们吸取过去由于“一手硬、一手软”导致资产阶级自由化思潮泛滥、酿成大祸的教训，大力加强社会主义精神文明建设，特别是加强和改进思想政治工作。一九九一年七月，我们对发展有中国特色社会主义的文化提出了基本要求，强调必须以马克思列宁主义、毛泽东思想为指导，不能搞指导思想的多元化，要极大地提高全民族的思想道德素质和科学文化素质〔21〕。一九九四年，我们提出了以科学的理论武装人、以正确的舆论引导人、以高尚的精神塑造人、以优秀的作品鼓舞人〔22〕，作为宣传思想战线的主要任务。一九九六年，党的十四届六中全会专门作出加强社会主义精神文明建设的决议。党的十五大进一步指出，建设有中国特色社会主义的文化，就是以马克思主义为指导，以培育有理想、有道德、有文化、有纪律的公民为目标，发展面向现代化、面向世界、面向未来的，民族的科学的大众的社会主义文化，并对此提出了明确的要求。

按照这些重大决策和要求，我们坚持用邓小平理论武装全党，教育人民。在全社会深入进行爱国主义、集体主义、社会主义教育，积极引导人民树立建设有中国特色社会主义共同理想和正确的世界观、人生观、价值观。大力宣传先进典型，普遍开展群众性精神文明创建活动，鼓励一切有利于国家统一、民族团结、经济发展、社会进步的思想道德。我们坚持在广大党员和人民群众中进行艰苦奋斗的教育，号召大家发扬邓小平同志倡导的"五种革命精神"〔23〕，并向干部群众提出了"六十四字"新时期创业精神〔24〕。我们在农村进行了社会主义思想教育。我们提出舆论导向正确是党和人民之福。宣传思想战线要努力宣传党的路线方针政策，牢牢把握正确的舆论导向，始终坚持团结、稳定、鼓劲的方针，加强正面引导，以利广大干部群众更好地统一思想、凝聚力量、坚定信念、振奋精神，为改革开放和现代化建设提供了有力的思想舆论保证。强调要努力弘扬主旋律，提倡多样化，打好主动仗，积极发展文化事业；要一手抓繁荣，一手抓管理，促进文化市场健康发展，坚持不懈地扫除社会丑恶现象。要大力发展教育科技事业，通过各种渠道向人们输送科技文化知识。这些加强精神文明建设的措施，对于广大干部群众树立并巩固共同的理想和奋斗目标，增强凝聚力和创造力，发挥了重要促进作用。

（六）加强民族工作、宗教工作，保持了民族地区的稳定和发展，积极引导宗教与社会主义社会相适应。我们努力巩固和完善民族区域自治制度，认真贯彻党的民族政策、宗教政策，全面加强党的民族工作、宗教工作，强调各族人民要始终同呼吸、共命运、心连心，树立汉族离不开少数民族、少数民族离不开汉族、各少数民族之间也相互离不开的思想，促进各族人民加强团结、相互信任、相互支持、相互帮助，促进民族地区共同发展、共同繁荣。

一九九二年一月，中央民族工作会议提出了九十年代民族工作的主要任务，要求继续巩固和发展平等、团结、互助，共同发展、共同繁荣的社会主义民族关系，坚持和完善民族区域自治制度，加快少数民族和民族地区经济发展和社会进步。一九九四年，第三次西藏工作会议决定，全国对口帮助西藏建设六十二个项目，有力地促进了西藏经济社会发展。一九九六年，我们又决定实行沿海省市对口帮扶民族地区，也取得了很好的成效。去年九月召开的中央民族工作会议，对民族工作跨世纪发展作出了部署，提出在新的历史时期搞好民族工作、增强民族团结的核心问题，就是加快发展民族地区的经济、文化等各项事业。我们不断加强对少数民族干部特别是中高级干部的培养。我们通过加强民族地区的资源开发和基础设施建设，实行中央财政转移支付制度，理顺资源性产品价格，加大扶贫力度，加大民族教育投入等多种措施，有力促进了民族地区的稳定和发展。

我们加强和改进党的宗教工作，妥善处理了在新的国际国内形势下出现的日益复杂的宗教问题，保持了宗教界的稳定。一九九三年，我们向全党同志提出，要全面正确地贯彻执行党的宗教政策，依法加强对宗教事务的管理，积极引导宗教与社会主义社会相适应〔25〕，并进一步确定了宗教工作的一些大的原则。我们始终强调，各级党的领导干部要树立马克思主义宗教观，充分认识做好宗教工作的重要性，学会在处理复杂的宗教事务中增长才干。对宗教界爱国人士，我们提出了政治上团结合作、信仰上互相尊重的原则，巩固和发展了与宗教界的爱国统一战线。

我们高举民族团结的旗帜，坚决打击国内外敌对势力和分裂势力利用民族问题、宗教问题进行政治渗透和分裂中国的活动。我们与达赖集团分裂祖国的活动进行了坚决斗争。一九九五年，我们围绕班禅转世灵童问题，同达赖集团进行了针锋相对的斗争，并取得了重大胜利。随后，我们在藏传佛教寺庙开展爱国主义教育，加强对藏传佛教活佛转世的管理。一九九六年，中央政治局常委会专门研究了维护新疆稳定的问题，明确指出影响新疆稳定的主要危险是民族分裂主义势力和利用宗教进行的非法活动。我们积极做中亚国家领导人的工作，与他们达成了共同反对宗教极端势力的共识，为维护新疆稳定提供了有利条件。我们坚持正确处理宗教方面两类不同性质的矛盾，切实维护法律尊严和人民利益，团结爱国爱教的信教群众，孤立打击极少数利用宗教名义进行违法犯罪的分子，妥善处理了宁夏西吉因教派矛盾引发的群体性械斗事件〔26〕，以及若干因出版物伤害宗教感情等问题引发的突发事件。我们正确处理与梵蒂冈的关系，要求做好新形势下的天主教工作，坚持独立自主自办教会的原则。

（七）坚持“一国两制”方针，顺利实现了香港、澳门回归祖国，在反分裂、反“台独”斗争中取得了重大胜利。实现祖国的完全统一，是毛主席、小平同志等老一辈革命家的遗愿，也是全中国人民的共同意志和愿望。我们按照邓小平同志提出的“一国两制”科学构想，为完成祖国统一大业进行了大量富有成效的工作，取得了重大进展。一九八九年之后，英国在香港回归问题上采取了不合作的态度，制造了种种障碍，我们及时提出“以我为主，两手准备”的方针，经过一系列艰巨工作和斗争，实现了香港顺利回归。现在，香港特别行政区在“一国两制”、“港人治港”、高度自治的方针指引下，保持了繁荣稳定的局面。前不久，我们又顺利对澳门恢复行使主权。“一国两制”方针在香港、澳门问题上的成功实践，对我们最终解决台湾问题将会起到重要示范作用。

在对台问题上，我们作出了一些重大决策和工作部署，有力地捍卫了一个中国原则和台湾作为中国一部分的地位，推动了两岸关系的发展。一九九五年一月，我代表党中央提出了现阶段发展两岸关系、推进祖国和平统一进程的八项主张〔27〕，明确宣示坚持一个中国原则是实现和平统一的基础和前提，提出和平统一谈判可以分阶段进行，第一步先在一个中国原则下正式结束两岸敌对状态。一九九八年六月，我们又提出解决台湾问题要有一个时间表的战略考虑，台湾问题不能无限期地拖延下去。

我们同“台独”分裂势力进行了坚决斗争。一九九五年，台湾当局领导人访美，公然在国际社会制造“两个中国”。我们明确指出，要“丢掉幻想，准备斗争”。中央决定对台湾当局、对美国进行针锋相对的政治和外交斗争，包括在台湾海峡及周围海域组织军事演习。这期间，美国派出两个航母编队进入台湾附近海域，对我国施压。我们不信这个邪，导弹照打，演习照搞。后来，美国航母编队一走了之。这场斗争有力地打击了“台独”分裂势力的嚣张气焰，使大多数台湾同胞进一步认识到“台独”的危害性。为争取台湾民心和国际舆论，党的十五大郑重呼吁进行两岸政治谈判，随后我们又进一步提出进行两岸对话的建议。去年七月，我们针对台湾当局领导人抛出“两国论”〔28〕的恶劣行径，又一次开展了反分裂、反

“台独”的重大斗争，再次向全世界显示了我们维护祖国统一的严正立场和坚强决心。

做好台湾人民的工作，始终是对台工作的重要目标。一九九四年，国务院对台经济工作会议提出了同等优先、适当放宽等一系列措施，以扩大两岸经济交流和合作。一九九五年，中央对台工作会议就进一步做好台湾人民的工作提出了指导思想、工作任务和目标。在我们推动下，两岸人员往来、各项交流和经贸合作取得了重大进展，两岸经济互补互利的局面初步形成。两岸通邮、通航也取得程度不同的一些进展，为促进和平统一奠定了重要基础。

解决台湾问题最主要的障碍，就是美国有些人出于全球战略的考虑，把台湾当作所谓“不沉的航空母舰”，不愿意看到并极力阻挠台湾与中国大陆的统一。这是其对台政策的本质。日本曾经霸占台湾五十年，日本右翼势力也始终怀有重新染指台湾的野心。我们进行军事演习，既是打击“台独”分裂势力，也是打给外国干涉势力看的。同时，我们努力改善和发展中美关系，使解决台湾问题的形势朝着有利于我们的方向发展。经过做工作和进行斗争，美国不得不多次表态坚持一个中国政策，重申对台的“三不支持”〔29〕。当然，也很难改变美国对台政策的本质。

（八）坚持党对军队的绝对领导，提出新时期军事战略方针，全面推进了军队革命化、现代化、正规化建设。我们坚持毛泽东军事思想、邓小平新时期军队建设思想，军队革命化、现代化、正规化建设取得了显著成绩。

坚持党对军队的绝对领导是人民解放军永远不变的军

魂。毛主席指出:“我们的原则是党指挥枪,而决不容许枪指挥党。”〔30〕邓小平同志也说过:“军队任何时候都要听中央的话,听党的话,选人也要选听党的话的人。军队不能打自己的旗帜。”〔31〕党的十四大前夕,邓小平同志给中央政治局写了一封很重要的信,强调军队选人第一是政治要求,听党的话,是真正的共产党人。

在保证党对军队的绝对领导这个根本问题上,我是十分警觉的。比如,曾经有同志提出所谓“党军教育”的问题。这种提法一出来,我马上觉察到,这实际上是把军队同党并列起来了,立即指出这是一个严重的政治错误。我说:从我们党成立和我军建立开始,党的教育和军队的教育从来都是统一的、不可分割的。所以,不能提“党军教育”,而必须提党的教育。由于我们紧紧抓住坚持党对军队的绝对领导这个问题不放,保证了全军各部队始终同党中央在思想上、政治上保持一致,一切行动听从党中央指挥,抵制住了国内外那种“军队非党化”、“军队非政治化”和“军队国家化”等错误政治观点的影响。只要我们党牢牢掌握着枪杆子,国家就出不了什么大乱子,遇到各种风浪都可以对付。

在军队建设上,我们一直按照政治合格、军事过硬、作风优良、纪律严明、保障有力的总要求,全面加强军队革命化、现代化、正规化建设。军委要求各部队必须把思想政治建设摆在各项建设的首位,坚持用邓小平理论武装全军,广泛深入地开展新形势下的爱国奉献、革命人生观、尊干爱兵、艰苦奋斗的教育和革命气节教育,引导广大官兵树立正确的世界观、人生观、价值观,确保官兵政治上的坚定性和思想道德上的纯洁性。军委制定了新时期积极防御的军事战略方针，在战略指导上实行重大调整，把军事斗争准备的基点转到打赢现代技术特别是高技术条件下的局部战争上，明确了新形势下我军军事斗争准备的目标和任务。军委还提出了实施科技强军战略，在全军广泛深入地开展科技练兵活动，依靠科技进步来提高军队的战斗力，同时强调要结合新的历史条件积极发展人民战争的思想。按照有所为有所不为、有所赶有所不赶的方针，集中力量发展我们自己的“杀手锏”武器装备，以增强我军打赢高技术战争的物质技术基础。军队还进行了以裁减员额五十万为主要任务的体制编制调整改革，正在沿着有中国特色的精兵之路和投入较少、效益较高的现代化建设路子前进。果断停止军队、武警部队的一切经商活动，也是一个意义深远的重大决策，为军队建设卸了一个大包袱，消除了很多隐患，进一步密切了军政军民关系，维护了军队的良好形象。军队在进行军事演习，组建驻港部队、驻澳部队和进驻香港、澳门履行防务，参加一九九八年抗洪抢险伟大斗争，进行五十周年国庆阅兵等方面，都圆满完成了任务。现在，按照军委确定的国防和军队现代化建设“三步走”的发展战略〔32〕，全军各部队正在积极推进各项建设。

（九）坚持独立自主的和平外交政策，发展同各国的友好互利合作关系，为我国现代化建设争取了良好的周边环境和国际环境。我们始终坚持独立自主的和平外交政策，坚决贯彻邓小平同志提出的冷静观察、沉着应付、绝不当头、有所作为的战略方针，结合我国外交的新任务，就我国对外关系提出了一系列重要决策，不断开拓外交工作的新局面。

我们坚持邓小平同志对国际形势的基本判断，强调和平与发展仍是当今时代的两大主题，国际形势总体趋向缓和，在相当长时期内避免新的世界大战是可能的，积极为我国现代化建设争取一个较长时期的和平国际环境和良好周边环境。机遇大于挑战，希望多于困难，是国际形势的一个基本特点。我们要求全党同志一定要把握机遇，急起直追，加快发展。同时，我们也要求全党同志清醒地看到，天下仍很不太平，霸权主义和强权政治依然存在并有新的表现，国际敌对势力亡我之心不死，必须保持高度警惕。我们提出，多极化格局总体上有利于世界和平、稳定、繁荣，但最终形成将经历一个长期的发展过程，我们应该积极推动它朝着有利于世界和平与发展的方向发展。我们提出，经济全球化对我国的发展有利也有弊，既要坚定不移地实行对外开放政策，积极参与国际经济合作和竞争，充分利用各种有利条件和机遇，又要对可能遇到的风险保持清醒认识，坚持独立自主，加强防范工作，以切实维护我国的经济安全，更好地发展壮大自己。

我们始终坚持维护国家的独立、主权和尊严。我们不把自己的社会制度和意识形态强加于人，也决不允许别国把他们的社会制度和意识形态强加于我们。对一切国际事务，我们都要从中国人民和世界人民的根本利益出发，根据事情本身的是非曲直，决定自己的立场和政策。在涉及国家利益和国家主权的问题上，我们决不屈服于任何外来压力。我们一直强调世界是丰富多彩的，要尊重世界多样性，各国有权根据本国国情，独立自主地选择自己的社会制度、发展战略和生活方式。国家不分大小、强弱、贫富，都是国际社会的平等成员，任何国家都不应该谋求霸权，推行强权政治。我们提出坚持和平、反对武力，相互尊重、主权平等，自主选择、求同存异，互利合作、共同发展等重要原则，积极推动在和平共处五项原则和公认的国际关系准则的基础上，建立和平稳定、公正合理的国际政治经济新秩序。我们在海湾战争〔33〕、科索沃危机等问题上，主持公道，伸张正义，坚持和平解决争端，反对使用武力，在国际上进一步树立了我们维护世界和平与稳定的良好形象。

开展对西方国家的工作，必须抓住重点进行突破，同时要善于利用西方国家之间的矛盾进行纵横捭阖的斗争。要利用我国的市场优势，调动西方经济界发展对华关系的积极性。坚持以两手对两手，又斗争又合作，以斗争促合作。一九九二年，我在克林顿当选美国总统后不久提出，中美应遵循增加信任、减少麻烦、发展合作、不搞对抗的方针〔34〕。对美国以“人权”、“民主”等为幌子对我国施压，我们针锋相对地进行了斗争。我们在联合国人权会议上八次挫败西方反华提案，有力地维护了国家的尊严。特别是针对美国政府允许台湾当局领导人访美搞制造“两个中国”的活动，我们进行了坚决斗争，震动了美国朝野，迫使美国不得不调整对华政策。一九九七年和一九九八年，中美两国元首成功实现互访，标志着我国同美国及其他西方国家的关系重新回到正常发展的轨道。

这十年中，我们还积极致力于发展以不结盟、不对抗、不针对第三方为主要特征的新型大国关系，先后同美国、俄罗斯、法国、英国、加拿大、日本建立了发展面向二十一世纪双边关系的基本框架。我们提出并贯彻了稳定周边的战略思想，深化同俄罗斯的战略协作伙伴关系，同俄罗斯、哈萨克斯坦、吉尔吉斯斯坦、塔吉克斯坦签署了在边境地区加强军事领域信任的协定和边境裁军协定，建立五国元首会晤机制。我国同哈萨克斯坦解决了边境问题，同俄罗斯的边界问题也基本解决。这对于保持我国西北边陲的稳定和安宁，改善我国的战略安全态势，具有重大意义。我们同越南、朝鲜、老挝和韩国、泰国、柬埔寨、缅甸等国家，继续发展睦邻友好关系。巩固和发展了同巴基斯坦等南亚国家的关系，积极谋求改善同印度的关系。我们坚持主权属我、搁置争议、共同开发的方针，妥善处理领海争端，保持了南海局势的基本稳定。我们加强了同第三世界国家的团结合作，同他们在国际事务中密切磋商和配合，共同维护发展中国家的正当权益。我们在联合国、亚太经济合作组织、亚欧会议、中国—东盟首脑非正式会晤、东亚领导人非正式会晤等多边外交场合，发挥了重要作用。总之，十年来我们的外交工作和外交斗争取得了很大成绩，有力地维护了我国的主权和正当权益，扩大了我国的影响，也为解决人类共同面临的重大问题作出了重要贡献。

（十）明确了新时期党的建设的目标，全面推进党的建设新的伟大工程。要把中国的事情办好，关键在我们党。党的十三届四中全会以来，我们结合新的形势，围绕党的中心工作，对党的建设作出了一系列重要决策和部署。

一九八九年春夏之交，在党和国家面临严峻考验的重大政治斗争中，我们党的队伍、党的组织总的来讲是好的，但也暴露出一些严重问题。不及时把这些问题解决好，不消除党内存在的隐患，党和国家就不可能长治久安。苏联解体、东欧剧变也从反面给我们提出了这个严肃课题。当时,我们在加强党的建设方面,着重抓了这样几个方面的工作。一是抓好清查、清理工作,保证党的队伍的纯洁性。二是坚决同腐败现象和腐败分子作斗争,密切党同人民群众的联系。一九八九年七月,我们制定了关于近期做几件群众关心的事的决定。一九九〇年三月,党的十三届六中全会作出了关于加强党同人民群众联系的决定。三是加强和改善党的领导,发挥各级党组织的政治核心作用。四是按照干部队伍革命化、年轻化、知识化、专业化的方针和德才兼备的原则,加强各级领导班子建设。五是把思想政治建设放在党的建设的突出位置,把那场动乱中搞乱了的一些思想政治观点澄清和纠正过来。

在指导原则上,我们提出,新时期党的建设工作,必须紧紧围绕贯彻党的基本路线来进行,必须联系党的中心任务来开展,必须朝着党的建设总目标来加强。党的十四届四中全会专门讨论了加强党的建设的问题,提出了新时期党的建设的总目标、总要求。这就是:把党建设成为用建设有中国特色社会主义理论武装起来、全心全意为人民服务、思想上政治上组织上完全巩固、能够经受住各种风险、始终走在时代前列的马克思主义政党〔35〕。

为了全面推进党的建设,我们进行了一系列重大部署。我们坚持把加强党的思想理论建设放在首位,大力弘扬马克思主义学风,坚持不懈地用邓小平理论武装全党。我们一直强调领导干部要学习、学习、再学习,不但要把理论学习好,而且要学习政治、现代经济、现代科技、法律、文化、历史等方面的知识，不断提高自己的知识水平和领导能力。我们始终抓住领导班子建设这个关键，大力加强干部队伍建设。强调领导干部要自重、自省、自警、自励，要讲政治，坚持正确的政治方向、政治立场、政治观点，严守党的纪律。我们高度重视培养选拔优秀年轻干部的工作，大批优秀年轻干部已经和正在走上领导岗位。我们不断深化干部人事制度改革，在对干部的选拔、考核、任用、交流、监督等制度的改革上取得了重要进展。经过这十年的努力，各级领导班子的年龄、知识、专业结构有了明显改善，干部队伍素质和领导班子战斗力都有新的提高。我们按照邓小平同志关于领导制度、组织制度问题更带有根本性、全局性、稳定性和长期性的思想，推进以坚持和健全民主集中制为主要内容的制度建设，使党内生活向制度化、规范化迈出新的步伐。我们以农村和企业党的建设为重点，在加强和改进党的基层组织建设、提高党的基层组织的凝聚力和战斗力方面取得了明显进步。从一九九五年开始，用了三年时间对处于软弱涣散和瘫痪状态的农村基层组织进行集中整顿工作。国有企业中党组织的政治核心作用也得到了加强。对高校、街道、机关、科研院所等其他基层党组织的建设，对非公有制经济组织中党的工作，都提出了明确要求，正在加强工作。我们要求全党同志必须经得起执政的考验，经得起改革开放和发展社会主义市场经济的考验，必须坚持一手抓推进改革开放、一手抓惩治腐败，从群众反映强烈的问题入手，深入进行反腐败斗争，并且进一步明确了反腐败斗争的指导思想、基本原则、工作格局和领导体制。经过全党上下共同努力，反腐败斗争保持健康发展的势头，不断取得阶段性成果。在党内已形成了领导干部廉洁自律、查处大案要案、纠正部门和行业不正之风为主要内容的反腐败三项工作格局，形成了党委统一领导、党政齐抓共管、纪委组织协调、部门各负其责、依靠群众支持和参与的反腐败领导体制和工作机制，形成了战略上总体规划、战术上分阶段部署、不断积小胜为大胜的工作路数。我们提出在反腐败中要坚持标本兼治，教育是基础，法制是保证，监督是关键。我们果断地作出了军队、武警部队和政法机关不再从事经商活动和党政机关与所办经营性企业脱钩，实行收支两条线、工程招标、政府采购制度等重大决策，努力从源头上预防和遏制腐败。我们陆续查处了一些高层领导中发生的重大案件。经过十年来全党上下的共同努力和人民群众的支持，通过加强教育、强化监督、健全制度、深化改革四管齐下，党风廉政建设和反腐败斗争取得了明显成果。

总之，这十年来，我们在工作中取得了不小成绩。这些成绩应该归功于毛主席、小平同志等老一辈无产阶级革命家打下的坚实基础，归功于中央的集体领导，归功于全党全国各族人民的辛勤努力。成绩来之不易，经验非常宝贵。坚持和运用好这十年的经验，对于我们党领导的事业跨世纪发展，具有长远的重大意义。在充分肯定成绩的同时，也应该清醒地看到我们工作中存在的缺点和不足。比如，党的基层组织建设、思想政治工作、组织工作、群众工作，在一些地方和部门处于松懈和软弱无力的状态；在处理物质文明建设和精神文明建设的关系上存在的“一手硬、一手软”现象，在一些地方和部门还没有得到完全扭转；一些消极腐败现象在党内和社会上仍严重存在；经济体制改革和经济发展中的一些深层次矛盾和问题尚未找到彻底解决的办法；相当一部分群众的工作生活还面临不小困难；等等。这些问题，不论是什么原因产生的，我是总书记，应该负主要责任。是工作中的缺点，就要坚决克服；是工作中的不足，就要努力弥补；是工作中还没有解决的问题，就要群策群力，千方百计抓紧解决。

对这十年的工作，常委同志都查找了做得不够的地方。常委同志对学习总的是抓得紧的。但是，在学习的广度和深度上，在理论联系实际上，在对工作进行深入的理论思考上，还不同程度地存在不足，有时给开展工作造成一些影响。对可能影响党和国家的根本利益、妨碍改革发展稳定大局的事情，常委同志是十分注意和高度警惕的，也是抓得紧的。“法轮功”问题的出现，给了我们很深刻的教训。前几年，听说过“法轮功”的事情，但没有引起应有的警觉，见事迟了，要引以为戒。在常委会的工作中，大家是坚持党的民主集中制原则的，愿意多听取各方面意见，集思广益，但有时为了抓紧解决问题，听取意见和建议还不够充分。在解决前进中的一些深层次矛盾和工作中的突出困难方面，有时开拓进取精神还不够，广泛听取意见也不够。一些常委同志感到，在思想作风方面有时存在着急躁情绪和主观片面性，在工作方法上有时存在简单生硬的情况，尽管出发点是为了做好工作、提高工作效率，但不利于集思广益、充分发扬民主。为了了解下情，常委同志经常到外地去做调查研究，也了解了不少情况，但由于种种原因，对基层的真实情况，对群众的情绪、要求和愿望，了解还不够全面、深入和具体。我们这么个大国，事情千头万绪，要把各方面的真实情况摸清楚，难度是很大的。在下基层考察工作时，也还存在不符合轻车简从、艰苦奋斗要求的现象。大家都表示，要认真对待这些问题，并切实改正，为了党和人民的事业努力提高自己。

在这次“三讲”中，常委同志还总结和分析了处理一九八九年政治风波的经验教训。

一九八九年春夏之交，我国发生了一场严重政治风波。在邓小平同志和其他老一辈无产阶级革命家一致支持下，我们采取果断措施平息了那场风波，从而保持了中国共产党的领导地位，保持了中国政局和社会的稳定，为改革开放和现代化建设继续发展创造了必要的条件。对那场政治风波发生的原因，邓小平同志分析得非常精辟。他指出，这场风波迟早要来，这是国际的大气候和中国自己的小气候所决定了的。国际大气候就是国际敌对势力对社会主义国家实行和平演变战略，国内原因就是资产阶级自由化泛滥。同时，人民群众对存在的腐败现象深恶痛绝，赞成“反对腐败，打倒官倒”的口号，而对敌对分子的险恶政治用心并不清楚，结果一些人也卷入其中。

一九八九年政治风波所以弄到后来那种严重的地步，问题出在党内。赵紫阳身为总书记犯了分裂党、支持动乱的错误。这是致使这场动乱逐步升级为暴乱的重要原因。堡垒最容易从内部攻破。各种敌对势力总是把希望寄托在我们党的领导内部能出现什么裂缝，把我们党的领导人分为这个派、那个派。这都是别有用心的。党的团结统一特别是中央政治局、中央政治局常委的团结统一，是抵御国际敌对势力西化、分化我国的决定性因素。对一九八九年政治风波，我们始终都持鲜明的态度，毫不含糊。在国际国内各种场合，我们都一致表示，没有对那场政治风波的果断正确处理，就不可能也不会有今天中国的稳定和繁荣。由于中央在这个问题上始终坚持坚定的明确立场，各种敌对势力无机可乘。

常委同志认为，只要我们始终坚持中国共产党的领导，实行正确的路线方针政策，国家经济不断发展，人民生活不断改善，类似一九八九年那样大规模的动乱是可以避免的。全党同志特别是党的高级干部必须始终坚持共产主义理想和社会主义信念，加紧做好经济发展、社会稳定和党的建设等各项工作，这是防止类似一九八九年政治风波这种事件发生的根本保证。但是，绝不能放松警觉。国际敌对势力西化、分化我国的政治图谋并未改变。经过这十年的工作，资产阶级自由化思想的影响已大大缩小，但依然存在，还有一定的市场。毋庸讳言，现在一些人中存在着对共产党的“信任危机”问题。解放初期，全国人民拥护共产党的领导，走社会主义道路的信仰是一致的。但是，由于后来发生了“左”的错误，“文化大革命”又造成了极大的灾难，群众有意见，有些人对共产主义理想和社会主义道路产生了怀疑。在深化改革的进程中，出现了大量新的人民内部矛盾和社会矛盾，如果不能妥善地及时化解，一旦被坏人利用，使之激化，也可能形成新的动乱的起因。对这个问题，党和国家的高层领导和全党同志绝不能掉以轻心，要保持高度警觉，进一步做好各个方面的工作。

二、关于要进一步研究和抓紧解决的几个重大问题

新的世纪即将到来。我国发展正处在关键时期。作为执政党的中央领导集体，我们要始终注意全面分析国际国内形势的变化，全面分析和准确把握我国改革和建设中带全局性、战略性、前瞻性的重大问题，并及时研究制定有力的政策措施，以利把我们的事业不断推向前进。

这次，为搞好常委"三讲"，召开了一系列座谈会，大家提了许多好的意见和建议。常委同志都仔细看过了，还应该逐条认真加以研究，能够落实的要马上落实，需要进一步研讨的要加紧研讨。关键是要抓住关系全局的大事和要事。如果对大事和要事不注意思考或思考不够，抓不住或抓得不紧，就会贻误大局和时机，尽管日常工作忙忙碌碌、辛辛苦苦，那也会有负党和人民的重托与信任。这次"三讲"，常委同志对一些涉及党和国家工作全局的重大问题发表了看法。下面，结合我的一些思考，并综合常委同志的意见概要地讲一讲。

第一，抓紧推进党的思想、组织、作风建设。我们要带领全国人民战胜前进道路上的各种困难和风险，实现宏伟目标，关键要把党建设好。这是毛主席、小平同志一贯强调的，也是我们党从领导人民进行革命、建设、改革的长期实践中得出的一条基本经验。现在，党的建设同新形势新任务不相适应的地方还相当不少，党内在思想上、组织上、作风上存在的不符合甚至违背党和人民利益的突出问题也相当不少。这是千万

不能忽视的。

在发展社会主义市场经济的条件下，我们党如何始终保持工人阶级先锋队性质，更好地代表最广大人民的根本利益，这是我们在新的历史条件下加强党的建设的一个重大理论问题，也是一个重大现实问题。只有正确回答了这个问题，党的建设才能更好地推进。

现在，我们党的党员已达到六千三百多万，这么大一支队伍，要管理好不容易。如果疏于和放松管理，肯定会出问题，甚至出大问题。我们在一九八九年六月就提出，共产党的力量和作用，主要不在于党员的数量，而在于党员的素质。数量和质量是辩证统一的关系。没有数量就没有质量。但是，如果数量过大，不能保持统一的品质，就会影响到质量。我们党的队伍，也有个数量和质量的关系。数量庞大，势必增加管理上的难度。一九四九年，党员数量是四百四十九万，占全国总人口的百分之零点八三，一九九八年底已增加到六千一百多万，占全国总人口的百分之五多。有大量新生力量加入党，当然是好事，但同时要注意加强对党员的教育管理，不断提高全体党员的素质。党的基层组织是我们党的细胞。如果细胞发生了病变，党的整个肌体就不可能健康，最后甚至可能垮掉。我们早就提出，要防止出现基础不牢、地动山摇的现象。当务之急，最重要的是必须从根本上扭转一些党的基层组织软弱涣散的状况。要深入基层，摸清情况，因地制宜，分类指导，关键是要建立健全保证党的基层组织健康发展的制度和机制。如果党的基层组织长期处于松松垮垮、软弱涣散、瘫痪半瘫痪状态，在群众中不起政治核心作用，不起战斗堡垒作用，这样的党组织、党员再多又有什么用呢？而且势必影响党在群众中的作用、声誉和形象。兵贵于精，不能搞银样镴枪头，有名无实，更不能允许滥竽充数的现象存在。首先要把好入口关，严格按照坚持标准、保证质量、改善结构、慎重发展的方针做好发展党员的工作。要坚持从严治党的方针，在抓好教育的同时，对那些确实不符合党员标准的要采取措施，不能再留在党内，这样才能形成党员队伍保持活力的机制。切实管好六千三百多万党员，这是党的建设面临的一个过去没有过的很突出的新问题。党的建设必须从对党的基层组织和每个党员、干部的思想、作风和组织性、纪律性的管理与教育抓起，而且要锲而不舍地抓下去。

我们党正处在整体性新老交替的重要时期，必须不失时机地抓紧对年轻干部的培养锻炼，培养造就数以万计年轻的中高级领导干部，特别是要加紧培养造就一批忠诚于马克思主义、坚持走有中国特色社会主义道路、会治党治国的政治家，确保老一辈无产阶级革命家开创的社会主义事业能够代代相传，确保我国社会主义现代化建设取得最后成功，确保党和国家长治久安。邓小平同志生前对这个问题是十分关注的，反反复复地讲，想得是很深的。现在，这项任务历史地落到了我们这些人身上。我对这个问题想得很多，有时夜不能寐。培养选拔好一大批德才兼备的接班人，关系重大啊！天有不测风云，人有旦夕祸福。长江后浪推前浪，世上新人换旧人。这是客观规律。要保证我们的社会主义江山永不变色，保证党和国家永远兴旺发达，要靠制度、靠法治，而归根到底要靠高素质的能经得起各种考验的人。制度也好，法治也好，都要由人来制定、执行、遵守和维护。所以，从这个根本意义上讲，人是最终的决定因素。各级领导特别是中央政治局常委和政治局的同志们，要十分关注培养选拔年轻干部的工作，还是要寄希望于年轻人。

社会经济成分、组织形式、就业方式、利益关系和分配方式多样化的趋势，今后还会进一步发展。在这种新的历史条件下，如何始终保证全党同志按照党的奋斗目标，维护和加强党的坚强团结和高度统一，是新时期摆在我们面前的一个极为重大而现实的课题。比如，各级党组织和党员干部如何正确处理全局利益和局部利益的关系，不折不扣地贯彻执行中央的路线方针政策；如何加强对流动人口中的党员和进入各类非公有制单位的党员、干部的教育管理，发挥他们的作用；如何发挥好国有企业下岗职工和破产、关闭企业中的党员和党组织的作用，等等。这些都很需要进一步研究，并尽快制定出一套可行的政策措施。

党风廉政建设和反腐败斗争，不仅要坚持不懈地抓下去，而且要不断探索和建立一些真正管用的监督制度和机制。从前些年和最近揭露出来的一些涉及领导干部的大案要案来看，其犯罪情节之恶劣、涉案金额之巨大，都是触目惊心的。他们被金钱、美色的糖衣炮弹给打倒了，搞权钱交易、权色交易，简直到了利令智昏、利欲熏心、胆大包天、无法无天的地步！从制度上来看，最大的一个问题就是没有形成最有效的监督和管理制度，越是高级干部越难以监督和管理。这个难题，必须努力从制度上、机制上加以解决。领导干部不仅要严格要求自己，做到拒腐蚀、永不沾，还要严格教育和管好自己的亲属子女和身边工作人员。在这方面，已有的制度要坚决执行并继续完善，没有的要赶紧建立。这是当务之急。各级领导干部都必须清醒地认识到，党风廉政建设关系到党的生死存亡，任何时候都忽视不得。同时，也要认识到，腐败现象的存在是一个长期的社会历史现象，古今中外许多社会都有，不可能完全消灭干净，但我们必须坚持不懈地与之进行斗争，努力把它减少到最小程度。关键在于：一是，要严格执法，加大监督力度，特别是要加强主动监督，监督的关口要前移，对有些问题要变被动的事后监督为积极的事前防范；要严格执纪执法，加紧查处案件，对腐败分子必须用重典，否则不仅腐败之风刹不住，而且难以服众。二是，领导干部特别是高级干部要以身作则，榜样的力量是无穷的，首先我们中央领导干部要为全党作出表率。三是，要加大治本的力度，不断加强对领导干部的思想政治教育，要结合新情况新问题，努力探索和创造出一套新形势下进行思想政治教育的有效方式方法。同时，要深化改革，不断铲除滋生消极腐败现象的土壤和条件，做到标本兼治、综合治理。这次进行"三讲"教育，大家反映都很好，应该认真总结经验，巩固和扩大成果，并运用到党的建设的经常性工作中去。总之，要努力把我们党建设得更加组织严密、更加行动一致、更加团结有力、更加朝气蓬勃。

第二，抓紧研究解决经济体制改革和经济发展中的重大问题。从现在起到二〇一〇年，我们要建立比较完善的社会主义市场经济体制，保持国民经济持续快速健康发展，必须抓紧解决一些对经济发展具有全局和长远意义的重大战略问题。

我国过去长期商品短缺的状况已基本改变，这是了不起的成就。面对出现的阶段性、结构性剩余和国内市场潜力还远未发挥出来的矛盾，面对大量商品市场需求不足和一些产品特别是关键技术设备大量依靠进口的矛盾，我们必须下大决心解决经济结构不合理等突出问题。否则，要实现新的更大的发展是很困难的。加入世界贸易组织以后，我国经济发展遇到的挑战会更大，必须加紧做好工作。解决这些问题的根本出路，还是在于发展。而发展必须讲求规模与结构、数量与质量、速度与效益的统一，再也不能像过去多次重复出现的那样，盲目地大干快上，盲目地扩大生产能力、搞重复建设。这样违反经济规律、脱离客观实际、脱离人民群众的蠢事再也不能干了。

深入研究和加紧解决我国经济结构调整问题，已成为当务之急。这个任务，如果不抓紧完成，在未来激烈的国际竞争中就会陷于被动。当然，调整经济结构不可能一蹴而就，要有一个过程，应统筹规划，坚持抓它三年五年以至更长时间。常委同志认为，根据我们过去正反两方面的历史经验，并结合研究国际上出现的以强强联合为重要标志的经济结构调整提供的启示，是不是可以把经济结构调整着重放在这样一些方面：一是调整过去重复建设造成的不合理结构；二是调整已经落后和过于分散、形不成规模效益的产业、产品结构；三是调整生产能力已经过剩、没有销路的产业、产品结构；四是运用先进技术和高技术改造、提升传统产业，调整和改造老工业基地的经济结构，使之逐步成为用高新技术武装起来的新式装备工业基地；五是促进区域经济合理布局和协调发展；六是不失时机地有选择地加快高新技术产业发展；七是高度重视发展第三产业，正确处理技术密集型、资金密集型产业同劳动密集型产业的关系，以利于既不断提高劳动生产率，又妥善解决劳动就业问题。总之，要使我们的产业、产品、技术、企业和就业等结构，朝着适应社会化大生产和专业化的方向发展。在调整结构的过程中，要特别注意发挥市场对资源配置的基础性作用，切忌回到计划经济的老方式、老模式上去。过去，不少重复建设就是由计划经济的办法产生的，许多不合理重复建设项目都是用各级领导层层审批的办法搞的。如果再用这类不科学的方法来调整，不仅已经存在的结构不合理问题难以解决，而且还可能形成新的问题，最终导致失去调整的原意。

在全球市场竞争日趋激烈的情况下，要增强我国经济发展的后劲，提高抗御各种风险冲击的能力，保证我国经济的长远发展，必须依靠科技进步和创新，增强自主创新能力，实现技术发展的跨越。要积极推进国家知识创新体系建设，选准一些对推动经济社会发展、维护国家安全、提高生产力和综合国力有重大带动作用的领域，集中力量，大力协同，重点攻关，力求突破。特别要加强基础性、关键性高新技术领域的创新，加速高技术产业尤其是具有战略意义的新兴产业的发展和应用，积极培育新的经济增长点。同时，要加速推动科技成果向现实生产力转化。没有科学严密的管理，就没有现代化。科学管理，不仅包括国家事务和经济、社会、文化事业的管理，也包括各行各业各个部门的管理。我们与发达国家现代化水平的差距，有时并不表现在具体的建设项目上，而是表现在管理水平上。加强和改善全社会管理,必须提上议事日程,真正形成各方面严格科学管理的制度和机制。

我们已经确立了按劳分配为主体的多种分配方式的格局,分配上搞平均主义、吃“大锅饭”现象有了很大克服。但是,分配上还存在一些突出问题,需要尽快加以解决。目前,干部群众对这方面的问题反映比较强烈。存在的突出问题有:(一)国家的收入分配在一些地方和部门出现了向个人过分倾斜的倾向;(二)各级党政机关工作人员的工资虽然规定了统一的标准,但在实际执行中存在着不规范甚至比较混乱的现象;(三)对个体、私营、外资企业从业人员以及其他高收入者的收入调节不力,存在很大漏洞;(四)侵吞公有财产和用偷税漏税、权钱交易等手段获得高额非法收入的现象,在一些地方、部门、行业严重存在。这些问题如不加紧研究解决,不仅会成为一个经济问题,而且会成为一个突出的政治、社会问题。如果各部门各地方各单位都搞自己分配上的“小金库”,部门保护主义、地方保护主义、“上有政策、下有对策”、政令不通以及一些腐败现象就会从中滋生。关于收入分配问题,邓小平同志历来十分重视。他提出要让一部分地区、一部分人先富起来,通过先富带后富,最终实现共同富裕。我国处于并将长期处于社会主义初级阶段,必须坚持和完善社会主义公有制为主体、多种所有制经济共同发展的基本经济制度,这就要求坚持和完善按劳分配为主体、多种分配方式并存的分配制度。一方面,我们要坚持效率优先、兼顾公平,这有利于优化资源配置,促进经济发展,保持社会稳定。另一方面,我们要随着经济的发展,不断改善广大工人、农民、知识分子和干部的生活，逐步实现共同富裕。实行按劳分配为主体，并同按生产要素分配结合起来，必然会在社会成员的收入上产生差别。事物的差别性总是存在的，社会就是在矛盾中发展的。解决收入分配问题，不能再搞分配上的平均主义、吃“大锅饭”，根本的还是要适应发展社会主义市场经济的要求，引入竞争机制，通过积极促进发展来逐步解决问题。同时，采取相应的政策措施，保护合法收入，调节过高收入，取缔非法收入，防止收入分配上的过分悬殊，把广大干部群众的积极性充分调动起来。

我们要采取切实有效的政策措施，发挥各地区的优势和有利条件，促进区域经济协调发展。沿海地区有条件发展得快一点，应该抓住机遇继续加快发展。这对保证和增强国家的财力有利。国家财力不断增强，就可以更好地支持中西部地区发展。沿海地区在加快发展的过程中也要大力支持中西部地区发展。促进区域经济协调发展，也必须注意不能再回到计划经济的老路子上去，而应该充分发挥社会主义市场经济体制的作用。

我国是一个农业大国，必须始终加强和巩固农业基础地位。长期以来，农产品短缺一直是困扰我们的一个重大问题。经过全党全国上下长期努力，我们解决了这个问题，这是一个了不起的成就。全党同志都必须牢固树立一个思想，就是农业丰收、粮食多了，不等于农业基础已经十分巩固了，要注意防止忽视农业的倾向。农业如果出现反复，整个经济工作就会陷入被动。我国有十二亿多人口，什么时候都不能忽视粮食生产。现在，由于供求关系的变化，农产品卖难、农民增收缓慢的问题，成为农业和农村经济发展面临的主要问题。要继续稳定党的农村政策，深化农村改革，着力调整农业和农村经济结构，全面提高农业和农村经济的素质和效益，增加农民收入。抓好农业和农村经济的结构调整，是目前农业和农村工作的中心任务。总的要求是，要在不放松粮食生产的前提下，调整农产品结构，积极发展多种经营，发展乡镇企业，发展农村第三产业，把分散的农户与大市场紧密地连接起来；通过实施科教兴农和发挥市场机制的作用，大力发展高产优质高效农业，发展农产品加工转化，提高农产品质量，扶持农业产业化经营。这方面还有很大潜力。同时，要加强农业和农村基础设施建设，改善农业生产条件和生态环境，稳步提高农业综合生产能力。要抓紧推进农业区域布局的优化，合理调整区域结构，发展特色农业。在生态脆弱地区，要有计划、分步骤地退耕还林、还草、还湖，改善生态环境。开展这项工作要因地制宜，不能搞一刀切。

关于继续推进国有企业改革和发展，实施西部大开发战略，发展小城镇，保证金融稳健运行，加强生态环境建设，中央已经作出了决定，要抓紧贯彻实施。要高度重视水的问题。洪涝灾害历来是中华民族的心腹大患，但水资源短缺也越来越成为我国农业和经济社会发展的制约因素。要加紧解决一些地区水资源严重短缺的问题。总的要求是开源节流并举，以节水为主。要从长计议、全面考虑、科学选比、周密计划，适时进行关系国计民生的重大水利工程建设。生态环境建设是造福中华民族、造福子孙后代的大事，要始终放在战略的高度切实抓好。

切实搞好社会保障体系建设，这既是加快结构调整、深化经济改革的迫切要求，也是维护社会稳定、实现国家长治久安的客观需要。关键是要下决心通过调整财政支出结构等办法，多渠道地筹集社会保障资金。同时，要健全社会保障体系和改革社会保障基金管理体制，建立有中国特色的社会保障制度。

面对经济全球化趋势的发展，我们既要积极参与，又要善于保护自己，努力把不利因素变为有利因素，特别是要把经济命脉和某些关键高新技术的知识产权牢牢掌握在国家手里。要充分考虑加入世界贸易组织以后我国经济面临的新机遇新挑战，研究趋利避害的应对政策措施。要把提高广大企业的竞争力放在突出的重要位置，一个行业一个行业地研究，从产品开发、工艺技术到经营管理，都要有切实有效的改进措施，并抓紧落实。同时，要认真研究在进一步开放的新形势下维护国家金融安全和经济安全的措施和办法，以防不测。

第三，抓紧做好新形势下党的思想政治工作。“法轮功”问题的暴露，给我们上了一堂很深刻的政治教育课。对“法轮功”邪教给我们党、国家、人民造成的损害，绝不能低估。我讲过多次，在意识形态领域，马克思主义、无产阶级的思想不去占领，各种非马克思主义、非无产阶级的思想甚至反马克思主义的思想就会去占领。我们在处理对外关系时，不能以意识形态划线，也不会对别的国家输出我们的意识形态。但是，在我们国内，必须坚持和加强马克思主义在意识形态领域的指导地位。在指导思想上绝不能搞多元化。西方国家就从来不允许马克思主义在他们的意识形态中居于指导地位。在这个大是大非问题上，我们必须清醒，切不可天真。在对外开放和发展社会主义市场经济的条件下，思想政治领域的斗争不仅会长期存在，而且很复杂，有时甚至会是尖锐的。如果我们不切实抓紧这项关系党和国家前途命运的重大工作，就会犯不可饶恕的历史错误。那样，千百万烈士流血牺牲打下的这个红色江山不是没有改变颜色的可能，有一天我们的脑袋掉了都不知道怎么掉的！

我们应该立即组织力量对思想政治领域的现状进行一次全面系统的研究分析。对取得的成绩和经验要充分肯定，对存在的问题要高度重视。一是要找出带倾向性的问题，二是要分析产生这些问题的原因，三是要制定解决问题的措施并加以落实。对于思想政治领域的问题，要从历史和现实、国际和国内、主观和客观等方面全面加以分析和把握，不能简单化，也不能就事论事，要注意总结经验教训。对于违反改革开放政策、违反四项基本原则的错误思想政治观点，一经发现，就要进行批评和纠正，进行积极的思想斗争，切不可听之任之。当然批评时不能武断，要充分摆事实，充分说理，让群众了解它们究竟错在哪里，这样才能消除它们的影响。我提出“法轮功”的兴起和对中国共产党的“信任危机”问题，并要求从“文化大革命”的破坏和改革开放以来我们的工作与环境变化中进行历史的深入分析，就是基于这样的考虑。总之，对思想政治领域问题，要坚持党的十四大以来中央确定的原则，头脑清醒，冷静观察，掌握动态，心中有数，审时度势，慎重处理。对学术问题，要坚持百花齐放、百家争鸣的方针，平等讨论，相互切磋。对涉及政治原则、政治方向的问题，必须旗帜鲜明，分清是非。要严格宣传纪律,不给错误的言论提供传播阵地。

现在,一些党员、干部共产主义理想和社会主义信念模糊甚至动摇;一些领导干部对思想政治工作的重要性认识不够,工作不深入,形式主义、教条主义的东西很多;在事关党的路线方针政策的重大问题上,也还存在一些不协调的声音,个别人甚至公开宣扬私有化,公开在报刊上和书籍中发表歪曲党的历史、诋毁毛主席和党的优良传统的错误文章;还有就是在一些小报小刊和互联网上,小道消息和政治谣言很多,等等。这些问题,我们应该逐一加以研究,制定措施,着力解决。要牢牢把握正确的舆论宣传导向,全面、准确、深入地宣传党的路线方针政策。要加强对宣传思想文化领域的管理,包括切实加强对报刊特别是小报小刊、图书出版、电视电影、网络以及其他传媒阵地的管理。一切宣传和文化工作都要坚持有利于两个文明建设和提高人民群众精神文化生活水平的原则。宣传思想和文化教育部门要组织和引导一大批文艺工作者、科普工作者等,深入社会主义改革开放和现代化建设的第一线,去收集素材、吸取养料,创作出一批高质量的精神产品来,满足人们提高精神文明素质的需要。要扎实深入地开展群众性精神文明创建活动,在全体人民中广泛开展科学世界观、方法论的宣传教育,在全社会形成崇尚科学、反对迷信愚昧、抵制各种歪理邪说的健康氛围,不断提高人民群众的思想道德水平,树立良好的精神风尚。

加强和改进思想政治工作,着力点应该放在基层。要认真调查研究社会各种动态以及群众思想活动的新情况新变化,有针对性地做好思想教育和引导工作。空空泛泛地喊口号，蜻蜓点水，浮光掠影，是不会产生效果的。思想政治工作，内容上一定要贴近群众，善于从群众最关心、与群众切身利益最密切的问题入手，把工作做到群众心坎上。要努力建立一支能够与群众心心相印、整天与群众一起摸爬滚打、又善于做工作的基层思想政治工作队伍。

我们发展社会主义市场经济，建设有中国特色社会主义，除了要确立与之相适应的社会主义法律体系，还必须在全社会形成与之相适应的社会主义思想道德体系。在中国历史上，很多人都主张儒法并用，就是思想教育手段和法制手段并用。法是他律，德是自律。一个社会治理水平的高低，与人们的思想道德素质有密切的关联。孔子就说过："道之以政，齐之以刑，民免而无耻；道之以德，齐之以礼，有耻且格。"〔36〕治理国家是一个复杂的系统工程，必须统筹兼顾、多管齐下。西方发达国家搞的是资本主义市场经济，他们有自己的法律制度来规范市场秩序，也有一套资本主义的市场道德规范。我们发展的是社会主义市场经济，也必须形成社会主义的市场道德规范。

总之，我们党的思想政治工作、宣传工作、组织工作、群众工作，特别是基层组织建设工作，只能加强，不能削弱，必须坚持不懈地进行。同时，必须深入研究新时期思想政治工作应该具备的新特点、新方式、新内容，要真正摸出些带规律性的新东西来。这样，才能有所创造、有所前进。

第四，抓紧做好党的民族工作、宗教工作。当前的国际国内形势，要求我们必须下大气力加强党的民族工作、宗教工作。从目前的情况看，达赖集团的分裂活动严重威胁着我国的安全和统一，境内外民族分裂主义分子在新疆地区猖狂地制造暴力恐怖事件，“台独”、“藏独”、“东突”[37]等分裂势力也加强勾结，兴风作浪。这些必须进一步引起我们高度警惕。对任何打着“民族”、“宗教”的旗号分裂祖国、破坏社会稳定的行为，只要一露头，就要坚决消除在萌芽状态。这是我们维护社会稳定的一条重要经验。同时，要积极促进民族地区经济发展和社会进步，为加强民族团结、维护民族地区稳定打下坚实的物质基础。要加紧培养用马克思主义武装起来、能够坚持正确的民族观和宗教观的少数民族中青年干部。民族团结，是国家发展兴盛、人民安居乐业的重要保证。反之，如果哪个地区发生分裂动乱，就会给整个国家和民族带来巨大灾难。

我们要引导全党同志努力学习和掌握历史唯物主义观点，积极宣传无神论思想，坚持用马克思主义宗教观教育各族群众。要坚决执行党的宗教政策，依法做好宗教方面的各项工作。既要依法保护公民宗教信仰自由，又要坚持实行独立自主自办教会的原则，不允许任何国外宗教势力进行干涉。要坚持政教分离的原则，无论哪一种宗教都没有超越国家宪法和法律的特权，都不允许干预行政、司法、教育等国家职能的实施。要积极引导宗教与社会主义社会相适应。

第五，抓紧研究和实施“走出去”的开放战略。我们常说中国地大物博，但人口这么多，人均资源很有限。我们必须积极开拓国际市场和利用国外资源，以利增加我国经济发展的动力和后劲。

应该充分看到，有计划有步骤地走出去投资办厂，与各国特别是发展中国家搞经济技术合作，这同西部大开发一样，也是关系我国发展全局和前途的重大战略之举。“走出去”和“引进来”，是我们对外开放基本国策两个相辅相成的方面，二者缺一不可。这二十年，我们是以引进来为主，把外国的资金、技术、人才、管理经验等引进来，这是完全必要的。不先引进来，我们的产品、技术、管理水平就难以提高。你想走出去也出不去。现在情况与二十年前不同了，我们的经济水平已大为提高，应该而且也有条件走出去了。只有大胆地积极地走出去，才能弥补我们国内资源和市场的不足；才能把我们的技术、设备、产品带出去，我们也才更有条件引进更新的技术，发展新的产业；才能由小到大逐步形成我们自己的跨国公司，以利更好地参与经济全球化的竞争；也才能更好地促进发展中国家的经济发展，从而增强反对霸权主义和强权政治、维护世界和平的国际力量。在这个问题上，不仅要从我国现在的实际出发，还要着眼于国家长远的发展和安全。所以，无论从哪方面考虑，加强对外合作都是一个大战略，应该不失时机地抓紧部署和实施。

无论是开拓国际市场还是利用国外资源，都要贯彻多元化的方针。开拓欧美市场，难度较大，一方面是由于西方国家采取了许多保护自己市场的措施，另一方面是由于我们的技术水平、产品质量竞争力还不高。尽管如此，我们在这些市场上还是有了一些基础，要继续不断提高我们的产品质量，努力开拓欧美市场。同时，要继续努力开拓亚洲、非洲、拉丁美洲一些发展中国家的市场。这些国家经济发展水平较低，我国的产品和技术对他们还是比较适用的，何况那里市场广阔、资源丰富。应该精心组织我们的企业特别是国有大中型企业到这些国家去开拓市场，发展贸易，开展经济技术合作。对走出去投资办厂，开展贸易活动，必须加强管理。要抓紧制定出一套有关的法律法规和政策措施。还要切实加强对个体户、私营企业到国外投资、做生意的管理。必须严防各种欺诈活动的发生，以免引起国际纠纷、损害国家信誉。

在“人权高于主权”等口号下，西方大国对其他国家的内政横加干涉的倾向越来越明显，我们要进一步加强外交、外事领域各有关方面的配合和协调，既要针锋相对又要讲究策略，与之进行斗争。要深入开展对重大国际问题的前瞻性、预测性研究，提高应对和处理国际重大突发事件的能力，以切实维护我国的根本利益和国家安全。

第六，抓紧早日解决台湾问题的准备工作。现在香港、澳门问题已经解决，解决台湾问题已十分现实地摆在我们面前。对台湾岛内局势，我们要加紧研究，掌握动态，及时反应，争取主动。我们解决台湾问题的基本方针是“和平统一、一国两制”。我们从政治上、战略上考虑，提出了解决台湾问题要有时间表，不能无限期地拖下去。台湾当局领导人抛出“两国论”，是他十年来推行分裂祖国活动的必然结果，是不可能收回的。美国一些人利用台湾问题来牵制我国的战略意图是不会改变的。我们要敦促美国信守坚持一个中国政策、对台湾“三不支持”的承诺。要警惕和阻止美国吸纳台湾加入战区导弹防御系统，向台湾提供更先进的武器装备或帮助台湾制造先进武器装备。要切实加大做台湾人民工作的力度，做好争取台湾民心的工作，这对我们最终解决台湾问题具有重要意义。

现在看来,要实现和平统一不那么容易。“台独”分裂势力沿着分裂的道路越走越远。台湾当局大量购买和研制各种先进武器装备,不惜财力发展军备。台湾当局这么干,就是企图长期抗拒统一,伺机搞“独立”。今年,台湾要举行所谓“总统”选举,美国也要举行总统选举。这两件事,都可能给台湾局势带来一些不确定因素。我们现在就要加强研究,全面分析可能产生的各种问题及其后果,做到未雨绸缪。我们必须立足于应对复杂局面,切实抓紧抓好国防建设。抓紧,就是要有紧迫感,要只争朝夕、夜以继日地干。我们的准备工作做得越充分,国防实力越强大,“台独”分裂分子和外国干涉势力就越不敢轻举妄动,和平统一的可能性就越大,要努力争取不战而屈人之兵的结果。

第七,抓紧做好保持社会政治稳定的工作。保持稳定,保持全党全国各族人民的团结,是我们事业顺利前进的必要前提。只有稳定,才能有计划有步骤地实现我们的奋斗目标。没有稳定,什么事情也办不成,已经取得的成果也会丢失掉。从这个意义讲,稳定是压倒一切的。这是一条基本经验。

应该清醒地看到,目前我们国内还存在许多困难和问题,如果处理不好,就会影响稳定的局面。全党同志首先是各级领导必须居安思危。要重视解决关系人民群众疾苦的各种实际问题,下最大的决心,花最大的气力,切实帮助群众解决困难。对于新形势下的人民内部矛盾,要区别不同情况,做深入细致的工作,采取行之有效的对策,及时化解,避免矛盾激化,特别要防止发生群体性突发事件。要严密防范和严厉打击各种刑事犯罪活动，坚决打击暴力犯罪、团伙犯罪和带黑社会性质的犯罪活动，切实保障人民群众生命财产安全。要组织力量，深入研究新形势下敌对势力进行活动的新特点新手段，掌握阶级斗争还在一定范围内存在的主要表现和规律。近来有一个动向，就是国内外的敌对分子相互勾结，策划所谓“合法组党”，或者打着别的什么旗号搞组党的政治图谋，实际上是想在中国搞出一个与共产党分庭抗礼的反对党，最终推翻共产党的领导和社会主义制度。对他们的这种政治野心，我们要保持高度警惕，一有风吹草动，必须立即制止在萌芽状态，必须坚决彻底地粉碎他们的这种企图，切不可心慈手软。如果让他们搞起来，党无宁日，国无宁日。

三、关于进一步加强中央政治局常委会的工作

关于中央政治局常委会的工作，邓小平同志有过许多重要论述。一九八九年五月三十一日，邓小平同志指出：“我们组成的这个新的领导机构，眼界要非常宽阔，胸襟要非常宽阔，这是对我们第三代领导人最根本的要求。”〔38〕六月十六日，邓小平同志又一次指出：“只要有一个好的政治局，特别是有一个好的常委会，只要它是团结的，努力工作的，能够成为榜样的，就是在艰苦创业反对腐败方面成为榜样的，什么乱子出来都挡得住。”〔39〕党和人民把我们放到这个岗位上，我们就一定要把老一辈革命家交过来的接力棒顺利地传下去。为了完成这个历史任务，必须进一步加强和改进我们常委会和

政治局、书记处的工作。

第一，加强对重大问题的研究和决策能力。中央政治局常委的决策和部署，正确与否，周全与否，对党、对国家、对人民关系极为重大。党和国家的工作千头万绪，我们必须善于抓大事，解决主要矛盾。常委是管全局、管方向的，主要精力要放在抓战略问题、全局指导和宏观决策上。不能事无巨细，眉毛胡子一把抓。把全局性大事抓住了、抓好了，纲举目张，工作就能做得更好。

从以往工作的实践看，要做好这一点，我们必须始终坚持党在社会主义初级阶段的基本理论、基本路线、基本纲领，始终坚持正确处理改革发展稳定的关系，始终把人民的利益放在首位。要继续坚持不懈地加强学习，只有重视学习，才能保持头脑清醒、政治坚定，才能统揽全局、驾驭复杂局面，才能把握发展趋势、跟上时代步伐。这样，我们也才能牢牢把握党和国家工作的正确方向，坚决排除各种干扰，作出正确的决策，人民群众就会更加真心诚意地拥护和支持我们。正确的决策制定出来以后，必须抓好落实。这个问题讲了很多年了，还是不如人意。关键是要形成一套抓落实的有效制度和机制。

我们要不断改进领导方法和工作方法，多思考、多研究关系党和国家大局的事情。人无远虑，必有近忧。今后要适当增加一些务虚的会议，不讨论具体事项，专门就国际国内一些重大的理论问题、现实问题、战略问题务务虚，各抒已见，相互启发，开阔思路，深化认识。也可以不定期地请一些地方和部门的负责同志开专题座谈会。中央要开的会议，必须有实质性主题，可开可不开的会议尽量不开。地方和部门的同志工作都很繁重,要自觉体谅下面的同志。中央部委召集地方的领导同志来开会,一年也应该有一个总的协调。中央发文,包括各部委往下发文和往上报文,也要精简再精简。坚决改变“文山会海”的不正常现象,真正让大家可以集中精力想大事、议大事、抓大事,这样对防止官僚主义、形式主义、事务主义很有好处。这件事,要从中央带头做起。“楚王好细腰,宫中多饿死。”〔40〕还有一个问题,就是现在上上下下的电视、报纸报道我们领导人的活动太多,群众有反映。到外地考察和出国访问,要严格贯彻轻车简从的原则。这件事也要从我们常委带头做起,制定一个办法,尽量简化,比如说在报道的篇幅上做个限制。请大家研究。

第二,坚持民主集中制,维护和加强常委领导集体的团结。古今中外的历史和现实都说明,如果一个国家、一个党的高层领导中发生不团结现象,必然会带来十分严重甚至灾难性后果。处在我们这样位置的同志,必须做到像爱护自己的眼睛一样,爱护和维护我们这个集体的团结,爱护和维护全党的团结。有了我们中央领导集体的团结,有了全党的团结,有了全国各族人民的大团结,我们就什么困难和风险都不怕。当然,我们讲的团结,不是搞无原则的一团和气,而是建立在贯彻执行党的基本理论、基本路线、基本纲领的共同基础之上的团结。

邓小平同志曾经指出:“属于政策、方针的重大问题,国务院也好,全国人大也好,其他方面也好,都要由党员负责干部提到党中央常委会讨论,讨论决定之后再去多方商量,贯彻执行。”〔41〕集体领导、民主集中、个别酝酿、会议决定,这是我们贯彻民主集中制原则的具体体现，大家都要自觉坚持这样做。常委同志都有分管的工作，要敢于负责，该抓的要按照中央的精神坚定不移地抓。凡是重大决策和工作，都应该提交常委会集体讨论，这有利于集中大家的智慧，有利于常委在各自的工作中加强协调。这是维护党的团结和严格政治纪律的需要。在重大问题上，有时出现一点不同认识也难免，这不要紧。一时不能统一的可以再作酝酿，为了党的事业，为了追求真理，总是可以达成一致的。必须马上办的，要按照少数服从多数、个人服从组织的原则，果断地作出决定。只要我们大家都从党的事业和原则出发，就一定能够把工作做得更好。

邓小平同志早就提出，必须使民主制度化、法律化，使这种制度和法律不因领导人的改变而改变，不因领导人的看法和注意力的改变而改变〔42〕。最重要的是，要坚持和完善能够保证党的领导坚强有力和社会主义兴旺发达的一整套制度，并用法律、法规、政策、纪律、教育等各种手段来保障这套制度能够得到严格遵守。这套科学的制度，主要应包括党的领导制度，以及在党的领导下国家各个方面的具体领导制度和保障这种领导制度能够有效运转的法律制度。法律很重要。法律是统治阶级意志的体现。我国社会主义法律制度，是我们党领导人民进行革命、建设、改革实践经验的总结和体现，是我国社会主义制度的重要组成部分。我们的实践十分广阔，并不是也不可能是全部实践活动从一开始都立即反映到法律规范中来，而只能是逐步将各种体现人民共同意志和利益的成熟的实践经验用法律的形式确定下来。在经济社会生活的有关方面，为了进行管理，有时需要国务院先制定一些法规条例，在实践中逐步成熟后，再制定相关法律。中国共产党的领导和社会主义制度，这是我国最根本的制度。各项方针政策、法律法规、纪律规定都应该在遵循这个根本制度的基础上发挥作用。我们的历史责任，最重要的，是要坚持和完善这个根本制度，并把它传下去，代代遵守。只要党和国家各个方面各个部门都始终自觉坚持和维护这个根本制度，就能保证全党全国上下团结一致地向前进。

把我作为第三代中央领导集体的核心，是邓小平同志决定的。邓小平同志讲："任何一个领导集体都要有一个核心，没有核心的领导是靠不住的。"〔43〕邓小平同志的考虑是很深的。领导我们这么大一个党，治理这么大一个国家，建设这么大一支军队，必须有一个团结统一的核心，这是一条历史规律。我从来认为，领导核心不是自封的，需要在斗争实践中来形成、考验和锻炼。我说过，要做好中央的领导工作，一要紧紧依靠全党同志和广大人民群众在斗争实践中积累的经验，二要靠中央的集体领导。我历来强调，要处理好个人与集体的关系，做工作要依靠大家的智慧，依靠相互的坚强团结，依靠集体领导，依靠全党同志群策群力。

第三，要时刻把党和人民的事业放在首位。我们处在全党的领导岗位上，因此都要树立坚定的理想信念，忠诚于党的事业，为国家和人民忘我地学习和工作，为全党作出表率。要做到这一点，坚持以下三条是至关重要的。

一是，我们做工作，思考问题，发表意见，都要时刻把党和人民的事业放在首位。在工作中，任何时候都不能考虑个人的得失。为了新中国的诞生，成千成万的先烈献出了宝贵生命，同他们舍生忘死的精神相比，我们还有什么个人的东西不能割舍呢？我常常引用元代诗人萨都剌的《百字令·登石头城》，其中写道：“歌舞尊前，繁华镜里，暗换青青发。伤心千古，秦淮一片明月。”我们是共产党员，是党的高级干部，更应该懂得自然界和社会的客观规律，做到襟怀坦白，一心为公。至于我们自己，党和人民自有公论。

二是，在任何时候任何情况下，我们的一切工作和言行都要以是否符合最广大人民的根本利益为最高衡量标准。这必须成为我们观察和处理问题的根本原则。毛主席说过：“群众是真正的英雄，而我们自己则往往是幼稚可笑的，不了解这一点，就不能得到起码的知识。”〔44〕我们要善于向群众学习，向实践学习，在人民群众的伟大实践中找到前进的动力和正确决策的依据。我们必须始终牢记，人民是创造历史的动力，群众是真正的英雄。历史唯物主义从来不否认领袖人物在历史发展中的重要作用。但是，领袖人物只有紧紧依靠人民，忠实反映人民的意志和愿望，并自觉投身到人民创造历史的伟大实践中去，才能发挥好自己的作用。我们做任何工作和决策，都要再三考虑是否符合人民群众的利益，如果是符合的就要坚决地干，如果不符合就坚决不能干。这样，才能把我们的工作做得更好，保证党和人民的事业兴旺发达。

三是，工作中要坚持辩证唯物主义和历史唯物主义的全面观点。我们面临的国际环境是错综复杂的，我们承担的改革和建设任务是繁重艰巨的。中国这么大，发展又不平衡，各地情况千差万别。因此，我们做工作和决策，必须充分考虑各个方面的因素和条件，统筹兼顾，全面把握，因地制宜，努力找出最佳、最切实可行的方案。我们时刻都要谦虚谨慎、戒骄戒躁，出台重大方针政策，要多深入调查研究，多听各方面意见，尤其要多听在第一线工作的同志的意见。要允许各地区各部门发表不同意见，也要听得进不同意见。忠言逆耳，良药苦口。批评的意见当然没有赞扬的话好听，但我们必须去听。人家说得对的，确实是我们的缺点和毛病，要闻过则喜，坚决改正。我们大家要相互提醒，共同勉励。处处本着虚怀若谷、老老实实、实事求是的科学态度去工作、去办事，是最靠得住的，是最能作出成绩来的，也是最能得到群众拥护的。

第四，要以改革创新的精神开拓前进。改革开放以来，邓小平同志一直要求全党要解放思想、实事求是，大胆地试，大胆地闯，目的就是要使中国紧紧跟上时代发展的潮流，使中华民族巍然屹立于世界民族之林，使中国在近代蒙受的悲惨遭遇永远不再重演。在前进道路上，不论我们取得什么成绩，也不论遇到什么艰难险阻，都要坚定不移地团结和带领全党全国人民不断开拓前进。

党的十五大报告说："把我们的事业全面推向二十一世纪，就是要抓住机遇而不可丧失机遇，开拓进取而不可因循守旧，围绕经济建设这个中心，经济体制改革要有新的突破，政治体制改革要继续深入，精神文明建设要切实加强，各个方面相互配合，实现经济发展和社会全面进步。"我们常委同志，要继续按照这个要求不断作出新的努力。

形势发展很快，我们需要研究和解决的问题相当不少。所有的问题，都要通过改革加以解决，在创新中寻找更好的办法。要带头在全党反对搞形式主义，反对搞花架子，反对做表面文章，反对一切图虚名、搞虚夸、铺张奢靡、劳民伤财的坏作风，在全党全国大兴说实话、办实事、求实效的优良之风。

四、关于中央政治局常委进行"三讲"的体会和收获

通过这次"三讲"教育，常委同志在思想上取得了很大收获，也有很深的体会。

第一，进一步增强了贯彻执行党的基本理论、基本路线、基本纲领的坚定性。通过这次总结，我们加深了对建设有中国特色社会主义事业的特点和规律的认识。大家一致认为，在今后的工作中，无论发生什么样的风浪，无论遇到什么样的困难，我们贯彻邓小平理论和党的基本路线都要矢志不移、毫不动摇，都要始终牢记我们的总目标、总任务，坚定不移地为实现既定的总目标而不懈奋斗。同时，我们要紧紧依靠全党全国人民，在改革和建设的实践中继续丰富和创造性地发展邓小平理论，把建设有中国特色社会主义事业不断推向前进。

第二，进一步增强了做好领导工作的紧迫感。通过这次"三讲"教育，我们对自己肩负的历史责任有了更深切的认识。近代以来，多少志士仁人为实现振兴中华这个伟大目标进行了可歌可泣的奋斗。我们党领导人民建立和建设了新中国，并通过改革打开了中华民族发展的光明前景。我们这一代人的历史使命，就是在毛主席、小平同志为我们打下的坚实基础上，全面坚持、发展、完善社会主义制度，继续把我国社会主义事业推向前进，并在更进一步的基础上和更新的水平、更高的

台阶上把它交到后人手里。审视当前的国际国内形势，我们既充分看到了各个方面的有利条件，也冷静分析了面临的各种挑战和新情况新问题。形势逼人，新的考验还会不少。要继续推进我们的事业，仍然要做好应对各种复杂局面的精神准备。逆水行舟，不进则退。我们大家都深深感到，必须善于抓住机遇，勇于开拓进取，以百倍的责任感和万分的紧迫感去奋斗。

第三，进一步明确了党和国家领导工作中需要加紧努力的重点工作方向。我们从党和国家的大局出发，进一步提出和思考了今后我国改革发展稳定的一些全局性、战略性问题。这对我们增强领导工作中的原则性、系统性、预见性、创造性，牢牢把握住党和国家工作全局，是很有好处的。对提出的问题，我们已经做了初步思考，还要继续研究，并提出切实可行的解决方案。对能够立即解决的问题，要抓紧制定政策措施予以解决。对必须解决但目前条件还不成熟的问题，要继续深入实际，调查研究，群策群力，尽快找到解决的方案。对涉及党和国家事业长远发展的事项，也要着眼于长远，着眼于未来，着眼于世界发展潮流，协调各方面力量加紧研究，拿出战略思路来。各项改革的推进，要贯彻积极稳妥的原则，充分考虑改革需要具备的客观条件和主观条件是否成熟。但是，也不能坐等条件的成熟，要积极创造条件，同时要善于在现有条件下通过新的思路去解决问题。有些问题是长期积累起来的，解决起来确实很难，但我们要敢于迎难而上，下决心解决棘手的问题。如果拖延下去，会使问题更加严重，那时再来解决就会更难。我们常委同志在领导工作中首先要带好一个头，就是按照中央已经确定的大政方针，带头夙兴夜寐地去学习、去研究、去部署工作、去检查督促。各级领导干部都有了这种精神状态，我们的领导工作一定能做得更好。

第四，进一步巩固和增进了团结，坚定了同心同德、同舟共济地做好工作的信心。这次“三讲”，大家本着对党、对国家、对人民、对自己高度负责的态度，按照共产党员的标准和党对高级干部的要求，严格解剖自己。对各自工作中存在的不足，都严肃认真地做了批评和自我批评，检查和分析了产生不足和问题的原因，提出了今后继续努力的具体意见。我们一直讲，团结不是不讲原则，不是一团和气。只有建立在坚持党的基本理论、基本路线、基本纲领的共同基础之上的团结，建立在坚持党性、人民利益的根本前提之下的团结，才是坚强的、巩固的、牢不可破的。今后，我们要继续发扬党的批评和自我批评的优良传统，发扬相互支持、相互切磋、相互提醒、相互促进的良好工作气氛，以利于把我们的工作做得更好，为全党作出表率。

一九四五年四月，毛主席在党的七大政治报告中指出：“有无认真的自我批评，也是我们和其他政党互相区别的显著的标志之一。我们曾经说过，房子是应该经常打扫的，不打扫就会积满了灰尘；脸是应该经常洗的，不洗也就会灰尘满面。我们同志的思想，我们党的工作，也会沾染灰尘的，也应该打扫和洗涤。‘流水不腐，户枢不蠹’，是说它们在不停的运动中抵抗了微生物或其他生物的侵蚀。对于我们，经常地检讨工作，在检讨中推广民主作风，不惧怕批评和自我批评，实行‘知无不言，言无不尽’，‘言者无罪，闻者足戒’，‘有则改之，无则加勉’这些中国人民的有益的格言，正是抵抗各种政治灰尘和政治微生物侵蚀我们同志的思想和我们党的肌体的唯一有效的方法。”〔45〕中央决定在全国县级以上党政领导班子和领导干部中深入开展“三讲”教育，解决好党性党风方面存在的突出问题，是我们党在新的历史时期为加强自身建设而进行的一个新的创造性探索。从实践来看，这次“三讲”教育是有明显成效的。我们要巩固和扩大“三讲”教育的成果，狠抓整改措施的落实，继续探索在新的历史条件下保持党的先进性和纯洁性、提高党的领导水平和执政水平、增强拒腐防变和抵御风险的能力的有效路子。这对我们党和国家事业的兴旺发达具有重大而深远的意义。

我们相信，通过这次“三讲”教育，中央政治局常委这个领导集体会更加团结统一、更加坚强有力。我们要继续紧紧依靠全党同志和全国各族人民，同心同德，共同努力，勤奋工作，不辱使命。

注 释

〔1〕参见本卷《建立适应时代需要的新安全观》注〔1〕。

〔2〕见本卷《同仇敌忾，团结御侮》注〔1〕。

〔3〕见本卷《论加强和改进学习》注〔13〕。

〔4〕建设有中国特色社会主义的十二条原则，是中共十三届七中全会一九九〇年十二月三十日通过的《中共中央关于制定国民经济和社会发展十年规划和“八五”计划的建议》提出来的。即：(一)坚持工人阶级领导的以工农联盟为基础的人民民主专政，不断完善人民代表大会制度，不断完善共产党领导的多党合作和政治协商制度，不断巩固和发展最广泛的爱国统一战线，努力加强社会主义

民主和社会主义法制建设；（二）坚持把发展社会生产力作为社会主义的根本任务，专心致志地搞好现代化建设，不断提高人民的物质文化生活水平；（三）通过改革不断完善社会主义的经济、政治体制和其他领域的管理体制，充分调动中央、地方、企业和广大劳动人民的主动性、积极性和创造性；（四）采取发展对外经济贸易关系、利用外资和引进先进技术等多种形式，通过举办经济特区、经济开放区和实行必要的特殊政策与灵活措施，不断扩大对外开放；（五）坚持以社会主义公有制为主体的多种经济成分并存的所有制结构，发挥个体经济、私营经济和其他经济成分对公有制经济的有益的补充作用，并对它们加强正确的管理和引导；（六）积极发展社会主义的有计划商品经济，实行计划经济与市场调节相结合，努力促进国民经济持续、稳定、协调发展；（七）实行以按劳分配为主体、其他分配方式为补充的分配制度，允许和支持一部分人、一部分地区通过诚实劳动和合法经营先富起来，鼓励先富起来的帮助未富起来的，以利于全体人民和各个地区逐步实现共同富裕；（八）坚持以马克思列宁主义、毛泽东思想为指导，继承和发扬祖国优秀文化遗产，借鉴和吸收世界上一切优秀文化成果，不断提高全民族的思想道德和科学文化素质，建设社会主义精神文明；（九）建立和发展平等互助、团结合作、共同繁荣的社会主义民族关系，坚持和完善民族区域自治制度，反对民族歧视、民族压迫和民族分裂；（十）按照“一个国家、两种制度”的构想和实践，促进祖国统一大业的逐步实现；（十一）坚持独立自主的和平外交政策，在和平共处五项原则的基础上发展同一切国家的友好关系，反对霸权主义和强权政治，支持被压迫民族和被压迫人民的正义斗争，维护世界和平和促进人类进步；（十二）坚持共产党的领导，不断改善党的领导制度、领导作风和领导方法，加强党的政治、思想、理论和组织建设，使党始终成为社会主义事业的坚强领导核心。

〔5〕见本书第一卷《当代中国共产党人的庄严使命》。

〔6〕参见江泽民《用邓小平同志建设有中国特色社会主义理论武装全党》（江泽民《论党的建设》，中央文献出版社 2001 年版，第 110—111 页）。

〔7〕参见本书第一卷《在邓小平同志追悼大会上的悼词》。

〔8〕见江泽民《在全国宣传思想工作会议上的讲话》（江泽民《论党的建设》，中央文献出版社 2001 年版，第 126 页）。

〔9〕见本卷《推动乡镇企业进一步发展》注〔1〕。

〔10〕参见本书第一卷《当代中国共产党人的庄严使命》。

〔11〕见本书第一卷《关于在我国建立社会主义市场经济体制》。

〔12〕参见本书第一卷《经济特区要增创新优势,更上一层楼》。

〔13〕这三条原则是:第一,关贸总协定是一个国际性组织,如果没有中国这个最大的发展中国家参加是不完整的;第二,中国要参加,毫无疑问是作为发展中国家参加;第三,中国加入这个组织,其权利和义务一定要平衡。

〔14〕见邓小平《在武昌、深圳、珠海、上海等地的谈话要点》(《邓小平文选》第3卷,人民出版社1993年版,第377页)。

〔15〕即本书第一卷《把干部群众的积极性引导好、保护好、发挥好》。

〔16〕见本卷《论加强和改进学习》注〔8〕。

〔17〕见本卷《论加强和改进学习》注〔9〕。

〔18〕见本书第一卷《正确处理社会主义现代化建设中的若干重大关系》。

〔19〕这是江泽民一九九八年二月九日在中央财经领导小组会议上的讲话中提出的应对亚洲金融危机的方针。

〔20〕见本书第一卷《当代中国共产党人的庄严使命》。

〔21〕见本书第一卷《当代中国共产党人的庄严使命》。

〔22〕见江泽民《在全国宣传思想工作会议上的讲话》(江泽民《论党的建设》,中央文献出版社2001年版,第125页)。

〔23〕"五种革命精神",指邓小平提出的"革命和拚命精神,严守纪律和自我牺牲精神,大公无私和先人后己精神,压倒一切敌人、压倒一切困难的精神,坚持革命乐观主义、排除万难去争取胜利的精神"。见邓小平《贯彻调整方针,保证安定团结》(《邓小平文选》第2卷,人民出版社1994年版,第368页)。

〔24〕"六十四字"新时期创业精神,是江泽民一九九三年三月三十一日在第八届全国人民代表大会第一次会议上的讲话中提出的。讲话指出:"解放思想、实事求是,积极探索、勇于创新,艰苦奋斗、知难而进,学习外国、自强不息,谦虚谨慎、不骄不躁,同心同德、顾全大局,勤俭节约、清正廉洁,励精图治、无私奉献,这些都应该成为新时期我们推进现代化建设所要大加倡导和发扬的创业精神。"这篇讲话已收入本书第一卷。

〔25〕这是江泽民一九九三年十一月七日在全国统战工作会议上的讲话中提出的。

〔26〕指宁夏回族自治区西吉县伊斯兰教哲合忍耶教派内部两方因宗教纠纷

而发生的械斗事件。一九九二年五月至一九九三年八月，在少数人的组织策划下，双方建立了非法武装，相互对峙，械斗不断，规模越来越大，导致群众数十人死亡。这一事件引起中央高度重视，明确指示必须高举“维护人民利益、维护法律尊严”的旗帜，采取果断措施依法处理。宁夏回族自治区党委和政府根据中央指示精神，采取措施将事件平息。

〔27〕见本书第一卷《为促进祖国统一大业的完成而继续奋斗》。

〔28〕见本卷《目前形势和经济工作》注〔2〕。

〔29〕见本卷《发展中日关系必须正确处理历史问题和台湾问题》注〔9〕。

〔30〕见毛泽东《战争和战略问题》（《毛泽东选集》第 2 卷，人民出版社 1991 年版，第 547 页）。

〔31〕见邓小平《改革开放政策稳定，中国大有希望》（《邓小平文选》第 3 卷，人民出版社 1993 年版，第 317 页）。

〔32〕见本卷《实现国防和军队现代化建设跨世纪发展的战略目标》。

〔33〕见本卷《论加强和改进学习》注〔4〕。

〔34〕这一方针是江泽民一九九二年十一月三十日会见美国众议员访华团时提出的。

〔35〕一九九七年九月十二日，江泽民在中国共产党第十五次全国代表大会的报告中将新时期党的建设总目标表述为：“要把党建设成为用邓小平理论武装起来、全心全意为人民服务、思想上政治上组织上完全巩固、能够经受住各种风险、始终走在时代前列、领导全国人民建设有中国特色社会主义的马克思主义政党。”

〔36〕见《论语·为政》。

〔37〕“东突”，即“东突厥斯坦”。详见本卷《加强新疆各民族团结，坚决维护祖国统一》注〔4〕。

〔38〕见邓小平《组成一个实行改革的有希望的领导集体》（《邓小平文选》第 3 卷，人民出版社 1993 年版，第 299 页）。

〔39〕见邓小平《第三代领导集体的当务之急》（《邓小平文选》第 3 卷，人民出版社 1993 年版，第 310 页）。

〔40〕见《后汉书》卷二十四《马援传》。原文是：“吴王好剑客，百姓多创瘢；楚王好细腰，宫中多饿死。”

〔**41**〕见邓小平《改革开放政策稳定，中国大有希望》(《邓小平文选》第3卷，人民出版社1993年版，第319页)。

〔**42**〕参见邓小平《解放思想，实事求是，团结一致向前看》(《邓小平文选》第2卷，人民出版社1994年版，第146页)。

〔**43**〕见邓小平《第三代领导集体的当务之急》(《邓小平文选》第3卷，人民出版社1993年版，第310页)。

〔**44**〕见毛泽东《〈农村调查〉的序言和跋》(《毛泽东选集》第3卷，人民出版社1991年版，第790页)。

〔**45**〕见毛泽东《论联合政府》(《毛泽东选集》第3卷，人民出版社1991年版，第1096页)。

正确引导青少年健康成长*

（二〇〇〇年二月一日）

最近，看了两份材料，一份反映浙江省金华市第四中学高二年级一名学生，因忍受不了学习成绩名次和家长的压力，用榔头打死了母亲；另一份反映浙江省温州市永嘉县桥头镇中学两名学生因勒索钱财将一同学乱刀砍死。今天的《光明日报》还报道，河南省安阳市一学生家长，因自己的儿子没有被评上“三好学生”和当上少先队大队长，带人把班主任给打了。这样的材料，以前也看到一些，确实触目惊心，引起了我的深思。正确引导和帮助青少年学生健康成长，使他们能够德智体美全面发展，是一个关系我国教育发展方向的重大问题。我们常委同志和有关方面的负责同志，都要认真思考这个问题，并采取切实有效的措施，加强和改进教育工作。

新中国成立以来，党和政府高度重视发展人民教育，花了很大精力，我国教育事业得到了巨大发展，为社会主义建设培养了大批优秀人才。解放前，我国大约有四亿多人口，百分之八十是文盲，受教育的人数很少。现在，我国人口已经达到十二亿五千多万，在校受教育的人数为二亿四千万。这个成就

* 这是江泽民同志在中共中央政治局常务委员会会议上的讲话。

是了不起的。

教育是一个系统工程，要不断提高教育质量和教育水平，不仅要加强对学生的文化知识教育，而且要切实加强对学生的思想政治教育、品德教育、纪律教育、法制教育。老师作为人类灵魂的工程师，不仅要教好书，还要育好人，各个方面都要为人师表。加强和改进教育工作，不只是学校和教育部门的事，家庭、社会各个方面都要一起来关心和支持。只有加强综合管理，多管齐下，形成一种有利于青少年学生身心健康发展的社会环境，年青一代才能茁壮成长起来。

现在，大多数家庭都是独生子女，生活条件也好了，家长有望子成龙的心情，希望子女能够受到更好的教育，也是自然的。我们的学校、教育部门以及党和国家的其他部门，都要注意做工作，把家长希望子女成才的迫切愿望、教师教书育人的心情和学生学习的积极性，引导到正确的方向上来，全面提高青少年的素质。千万不能由于对这些问题处理不当，引发一些消极的甚至反面的后果来。现在，一些学生负担很重，结果形成了很大心理压力。这不利于青少年学生健康成长。还有一些学校和地方，对学生的知识教育和学校的设施建设抓得比较紧，而对学生的思想品德教育、纪律法制教育，对学生在校外活动的情况，抓得比较松，有些学生在社会上接受了不良影响，有的甚至走上了违法犯罪的道路。这些问题，必须引起各级党委、政府和各级教育部门高度重视，对学生的教育工作特别是思想品德教育、纪律法制教育，校内校外，课内课外，都要抓紧，一点放松不得。

学校和家庭要求、鼓励青少年勤奋学习、刻苦钻研是对的，不经过艰苦的学习和锻炼，年青人是很难成长起来的，但一定要有正确的指导思想和教育方法。古时候，有刺股悬梁、穿壁引光、积雪囊萤、燃糠自照等勤奋好学的故事，主要是要教育青少年树立好学上进的志向。如果方法不对或不适当，也会导致适得其反的结果。这方面的教训不少，要引以为戒。不能整天把青少年禁锢在书本上和屋子里，要让他们参加一些社会实践，打开他们的视野，增长他们的社会经验。学校是培养人才的重要园地，教育是崇高的社会公益事业。在我们国家里，各级各类学校都要认真贯彻执行党的教育方针，坚持教育为社会主义现代化建设服务、教育与社会实践相结合。在实行改革开放和发展社会主义市场经济新的复杂环境里，坚持这样的教育方针是极为重要的。

现在，我国高等教育发展很快，去年高校招生的数量大幅度增加。但是，我们国家人口多，人人都上大学仍是不现实的。也不是只有上了大学，才能成为人才。社会需要的人才是多方面的。“三百六十行，行行出状元。”封建时代，有“万般皆下品，惟有读书高”、“洞房花烛夜，金榜题名时”、“书中自有黄金屋，书中自有颜如玉”的说法。这里面有着封建主义的思想糟粕和经济社会不发展的局限性。今天不能再这样去考虑问题。二十一世纪，我国既需要发展知识密集型产业，也仍然需要发展各种劳动密集型产业，经济建设和社会发展对人才的要求是多样化的。这是我国国情和经济社会全面发展的客观要求。社会主义改革开放和现代化建设，为年青一代的成长提供了广阔的舞台，只要他们有为祖国、为人民贡献青春的志向，满腔热情地投入到建设祖国的伟大事业中去，认真学习和掌握实践知识与技能，把自己的聪明才智奉献给祖国和人民，就一定能够成长为有用之才。在学校接受的还只是基本教育，尽管这个基本教育十分重要，但毕竟不是人生所受教育的全部，做到老、学到老，人才的成长最终要在社会的伟大实践和自身的不断努力中来实现。这个观点，要好好地在全社会进行宣传。

我之所以说教育是一个系统工程，就是说对教育事业，全社会都要来关心和支持。尤其是要加强对青少年学生进行爱国主义、集体主义、社会主义思想教育，帮助他们树立正确的世界观、人生观、价值观。这项工作不仅教育部门要做，宣传思想部门、政法部门以及其他部门都要做，全党全社会都要来做。学校和学生中一定要发扬正气，绝不能让歪风邪气抬头。对学生中发生的不良行为，要加强思想教育；对违法行为，一定要依法严肃处理，千万不能姑息养奸。近期，对于一些学校内和周围社会治安情况不好的状况，要集中治理一下。对于学生中存在的歪风邪气，学校和有关部门必须旗帜鲜明地加以反对，并要加强对学生家长的工作。要经常地在学生中开展纪律法制教育，增强他们的纪律法制观念，使他们懂得遵纪守法的道理。要切实保证学生有一个安静、和谐、健康的学习环境。我国是共产党领导的社会主义国家，这一点是应该做到的，也必须做到。

希望各级党委和政府的领导同志，要高度重视教育和青少年学生的思想工作。坚持以经济建设为中心不能动摇，同时要切实抓好社会主义精神文明建设，否则经济建设最终也搞不上去。总之，抓好教育和青少年学生的思想工作，直接关系到我们实施科教兴国战略能否取得成功,关系到我国社会主义现代化建设能否取得成功。大家都要从这样的高度来认识问题、开展工作。

全 世 界 无 产 者，联 合 起 来！

江泽民文选

第三卷

人民出版社

图书在版编目(CIP)数据

江泽民文选　第三卷/江泽民著.
-北京:人民出版社,2006.8
ISBN 7-01-005676-5

Ⅰ.江…　Ⅱ.江…　Ⅲ.江泽民-选集　Ⅳ.D2-0

中国版本图书馆CIP数据核字(2006)第079435号

江　泽　民　文　选

JIANG ZEMIN WENXUAN

第　三　卷

人民出版社 出版发行
(100706　北京朝阳门内大街166号)

中青印刷厂印刷　新华书店经销

2006年8月第1版　2006年8月北京第1次印刷
开本:787毫米×1092毫米 1/32　印张:19.25
字数:407千　印数:00,001—43,000册

ISBN 7-01-005676-5　定价:31.00元

邮购地址 100706　北京朝阳门内大街166号
人民东方图书销售中心　电话 (010)65250042　65289539

出 版 说 明

《江泽民文选》第三卷收入的是江泽民同志在二〇〇〇年二月二十五日至二〇〇四年九月二十日这段时间内的重要著作，共有报告、讲话、谈话、信件、批示、批语等六十三篇，多数是第一次公开发表。

曾经公开发表过的著作，这次编入本卷时，又作了少量的文字订正。为了便于读者阅读，编辑时作了必要的注释，附在篇末。

在编辑本书时，作者逐篇审定了全部文稿。

中共中央文献编辑委员会

二〇〇六年六月

目 录

在新的历史条件下 更好地做到“三个代表”*

（二〇〇〇年二月二十五日）

要把中国的事情办好，关键取决于我们党，取决于党的思想、组织、作风、纪律状况和战斗力、领导水平。这是毛主席、小平同志一贯强调的，也是我们党在领导人民进行革命、建设、改革的长期实践中得出的一条基本经验。能不能适应新形势新任务的要求，把我们党建设得更加组织严密、更加行动一致、更加团结有力、更加朝气蓬勃，这关系到党和人民事业的兴旺发达和国家的长治久安。

在对外开放和发展社会主义市场经济的条件下，我们党如何始终保持工人阶级先锋队性质，更好地代表最广大人民的利益；在社会经济成分、组织形式、就业方式、利益关系和分配方式多样化的趋势进一步发展的条件下，如何始终保证全党同志按照党的奋斗目标、按照国家和人民的最高利益来行动，维护和加强党的坚强团结和高度统一，这是我们在新的历史条件下加强党的建设的重大理论问题，也是重大现实问题。只有正确回答了这些问题，党的建设才能更好地向前

---

* 这是江泽民同志在广东省考察工作时讲话的一部分。

推进。

在二十世纪里，我们党团结和带领全国各族人民，为实现民族独立、人民解放和国家富强、人民幸福，进行了长期的伟大斗争。我们党作出的杰出贡献，赢得了广大人民的衷心拥护。总结我们党七十多年的历史，可以得出一个重要结论，这就是：我们党所以赢得人民的拥护，是因为我们党在革命、建设、改革的各个历史时期，总是代表着中国先进生产力的发展要求，代表着中国先进文化的前进方向，代表着中国最广大人民的根本利益，并通过制定正确的路线方针政策，为实现国家和人民的根本利益而不懈奋斗。人类又来到一个新的世纪之交和新的千年之交。在新的历史条件下，我们党如何更好地做到这“三个代表”，是一个需要全党同志特别是党的高级干部深刻思考的重大课题。

思考这个问题，要紧密结合国内外形势的变化，紧密结合我国社会生产力最新发展和经济体制深刻变革的实际，紧密结合人民群众对物质文化生活提出的新的发展要求，紧密结合我们党员、干部队伍发生的重大变化。因为我们党是代表先进生产力的发展要求的，所以全党同志的一切奋斗，归根到底都是为了解放和发展生产力，党的一切方针政策都要最终促进生产力的不断发展，促进国家经济实力的不断增强；因为我们党是代表先进文化的前进方向的，所以全党同志必须始终坚持以马克思主义为指导，努力继承和发扬中华民族的一切优秀文化传统，努力学习和吸收外国的一切优秀文化成果，从而不断创造和推进有中国特色社会主义文化，使社会主义物质文明和精神文明协调发展，使社会全面进步；因为我们党是代表最广大人民的根本利益的，所以全党同志的一切工作都是全心全意为人民服务的，都是为了实现好、维护好、发展好人民的利益，任何脱离群众、任何违反群众意愿和危害群众利益的行为都是不允许的。所有共产党员和领导干部，都要深刻认识和牢牢把握这“三个代表”，用以指导自己的思想和行动，这样才能使自己真正成为一名合格的党员、合格的党的领导干部。我今天提出这个问题，请大家从理论上、实践上共同加以研究。

我们党的党员已经达到六千三百多万，这么大的一支队伍，要管理好不容易。现在，党的建设同新形势新任务不相适应的地方还相当不少，党内在思想上、组织上、作风上存在的不符合甚至违背党和人民利益的问题也相当不少。在加强党的建设方面，我们需要研究解决的新情况新问题也不少。比如，各级党组织和党员干部如何正确处理全局利益和局部利益的关系，不折不扣地贯彻执行中央的路线方针政策；如何发挥好国有企业党组织的政治核心作用，推动企业改革和发展；如何加强对党员、干部的教育管理，加强党的基层组织建设，充分发挥好党员、干部的先锋模范作用和党的基层组织的战斗堡垒作用；如何加强对流动人口中的党员和进入各类非公有制单位的党员、干部的教育管理，发挥他们的作用；等等。这些问题很需要进一步研究，并尽快制定出一套可行的政策措施。各级党委都要根据当地党的建设的实际情况，确定一批关系党建工作全局的重要题目，深入进行调查研究，摸清情况，并制定加强工作的措施，把党建工作扎扎实实推向前进。

从中央到地方的各级领导干部特别是党的高中级领导干

部，都要坚持讲学习、讲政治、讲正气，树立正确的世界观、人生观、价值观，坚定共产主义信念，牢记党的全心全意为人民服务的宗旨，密切同人民群众的联系；都要在推进改革开放和现代化建设的实践中不断提高自身素质，坚持做到自重、自省、自警、自励，始终保持振奋的精神状态，为党和人民诚诚恳恳地工作。要坚持从严治党，增强党组织的凝聚力和战斗力，把各级领导班子建设成为政治坚定、团结实干、开拓创新、廉洁为民，能够担当起跨世纪发展历史重任的坚强领导核心。

改革和建设的任务越是繁重，各级领导干部越要牢固树立和大力发扬艰苦奋斗、脚踏实地、埋头苦干的工作作风。这也是我们党对领导干部的一贯要求。坚持脚踏实地的工作作风，就要认真结合本地区本部门本单位的实际贯彻落实党的路线方针政策，就要夙兴夜寐地抓工作、抓落实，就要扎扎实实地解决改革发展稳定和群众生产生活中的具体问题。年轻干部尤其要努力养成这种良好的工作作风。培养造就一大批思想政治素质好、文化知识水平高、领导能力强的年轻干部，是我们面临的一项紧迫而重大的政治任务。长江后浪推前浪，世上新人换旧人。这是客观规律。年轻干部要健康成长，必须在改革开放和现代化建设的实践中经受锻炼，接受考验。不经受艰苦环境和复杂环境的锻炼，不接受关键岗位和艰巨任务的考验，年轻干部是难以成长起来的。现在是和平时期，领导干部要经受的考验与战争年代的不同，但也是多方面的，要经受住这些考验也是很不容易的。有些领导干部不就是由于经受不住权力、金钱、美色的考验而垮掉了吗？有的领导干部不敢抓工作，处处回避矛盾，就是怕得罪人，怕丢选票。抱着这样的想法，是不可能做好工作的。如果某个干部得到的选票很多，但不敢坚持原则，当老好人，这样的干部能说合格吗？现在电视、报纸、电台等媒体对领导活动的报道过多。适当地报道和反映领导的活动是必要的，但要注意，不能为了报道而报道，不能做镜头给上级看、给群众看，否则就是只有哗众取宠之心，而毫无实事求是之意了。对领导干部的表现，党和人民归根到底还是要看他们的工作实绩。所有干部特别是年轻干部思想上必须十分明确，当干部，当领导，都是要为党和人民的利益工作的，都要时刻准备着为党和人民牺牲和贡献自己的一切，这是每个共产党员的光荣。党把你放在哪个岗位上，就要在哪个岗位上兢兢业业地履行职责，真正干出成绩来。决不能老是去琢磨自己怎样升官，怎样出人头地，怎样捞点好处。不然，是做不好工作的，而且是很容易犯错误的。这些年来，一些搞以权谋私的干部、搞“升官术”的干部留下的教训还少吗？大家必须引以为戒。共产党员特别是领导干部都要忠心耿耿、任劳任怨地为党和人民而工作而奋斗，有了这种精神，就一定能够在工作中作出成绩。党和人民也不会忘记你，对你取得的工作成绩一定会有公正评价的。

始终做到“三个代表”是我们党的立党之本、执政之基、力量之源*

（二〇〇〇年五月十四日）

这次到江苏、浙江、上海来，主要是围绕加强新时期党的建设这个题目做些调查研究。我在南京、杭州、上海分别召开座谈会，就加强新时期党的建设听取意见和建议。下面，我联系这次考察中所看到、听到的和最近一段时间所思考的问题，对加强新时期党的建设讲几点意见，请大家共同研究。

一、关于加强新时期党的建设的重要性和紧迫性

这个问题可以说是年年讲，中央逢会都加以强调。为什么？综观国际风云变幻，一些社会主义国家剧变的惨痛教训，西方大国的世界战略，国际敌对势力西化、分化我国的政治图谋，我们党丰富的正反两方面经验和肩负的历史使命，都说明不断加强新时期我们党的建设是极端重要和十分紧迫的。全

* 这是江泽民同志在上海主持召开江苏、浙江、上海党建工作座谈会时的讲话。

党同志特别是高级干部对此的认识必须不断加深和提高。

改革开放以来，我们党在邓小平理论指导下，在领导人民推进社会主义改革开放和现代化建设的进程中，始终把加强党的建设放在关系党和国家工作全局和长治久安的战略地位，确立和坚持新时期党的建设的总目标，不断加以推进，取得的进步是明显的。二十多年来，我们能够在复杂的国际国内形势下站稳脚跟，战胜前进道路上的各种困难和风险，带领全国各族人民不断开创改革和建设的新局面，关键就是我们不断根据形势和任务的发展，努力解决党内出现的新情况新问题，努力推进党的建设。这是一条十分重要的经验。

人类就要进入一个新的世纪。国际形势已经和正在发生广泛而深刻的变化，国内改革和建设出现了许多新情况新特点。我们肩负的任务光荣而艰巨，面临的挑战和困难也是多方面的。我们党要带领全国各族人民实现跨世纪发展的宏伟目标，战胜前进道路上可能出现的各种困难和风险，必须进一步增强凝聚力和战斗力，必须抓紧解决党内存在的突出问题，必须适应新情况不断提高领导水平和执政能力。这样，我们才能在日益复杂的国际国内形势下保证中国现代化建设的航船始终沿着正确的航向前进，在激烈的国际竞争中始终立于不败之地。

和平与发展是当今世界的两大主题，同时这两大课题至今一个也没有解决。霸权主义和强权政治有新的表现，天下仍很不太平。世界正处在向多极化发展的趋势之中，单极和多极的斗争十分激烈，多极格局的最终形成将经历一个曲折漫长的过程。东欧剧变、苏联解体后，中国作为世界上最大的社会主义发展中国家，实际上已成为社会主义的一面旗帜。国际敌对势力把中国视为眼中钉，千方百计想搞垮中国共产党的领导和社会主义制度，一刻也没有停止对我国实施西化、分化的政治战略。最近，在联合国人权会议上，美国挑头，一些西方国家配合，演出了一场闹剧。我们经过坚决的斗争和艰苦的工作，第九次挫败了美国等一些西方国家在人权问题上的反华提案。在这场斗争中，坚决支持我们的都是发展中国家。国际反华势力企图在一些国际组织和国际场合纠集力量同我们进行较量，并以"人权"、"民主"、"宗教"等为借口，插手台湾、达赖[1]等问题，干涉我国内政。美国加紧发展高技术武器装备，发展战区导弹防御系统，强化区域军事合作，售台先进武器装备，目的是为其谋取全球霸权提供军事后盾。国际敌对势力企图西化、分化我国的政治本质绝不会改变，我们同国际敌对势力在渗透和反渗透、遏制和反遏制、分裂和反分裂、颠覆和反颠覆上的斗争，也将是长期的、复杂的，有时甚至是很尖锐的。对此，全党同志首先是高级干部绝不可麻痹大意。

经济全球化的发展，有利于促进技术、资金等生产要素在各国间的流动和配置，但也使各国经济受国际经济运行的影响更加广泛、更加深刻，综合国力竞争也更加激烈。美国等西方发达国家凭借经济、技术、资金等方面的实力和优势，通过控制国际经济、贸易、金融组织来制定符合其利益的"游戏规则"，极力主导经济全球化进程。广大发展中国家总体上实力较弱，在经济全球化进程中处于不利地位，经济发展面临严峻挑战。经过新中国成立五十多年特别是改革开放二十多年的发展，我国综合国力有了大幅度增长，但与西方发达国家相比，还有很大差距，在国际竞争中面临着许多不利因素。随着对外开放的不断扩大，特别是在加入世界贸易组织后，我国经济发展受到的国际影响还会增加，竞争会更加激烈，保持我国经济发展的良好势头、维护国家经济利益和安全，任务将更为艰巨。

以信息科技、生命科技为主要标志的现代科学技术，为生产力和社会的发展开辟了新的广阔前景，对各国政治、经济、军事、科技、文化、社会等领域正在产生并将继续产生深刻影响。西方学者称之为“新经济”的发展，主要是依靠高新技术特别是信息技术的进步。在高新技术推动下，知识成为创造和积累财富的重要要素，促使劳动生产率大幅度提高。美国去年十二月国内生产总值增长百分之七点三，是近十六年来最高的。今年第一季度增幅仍达百分之四点二。美国经济那么大个盘子，增长百分之四到百分之七，绝对量是相当大的。至今年四月，美国经济已持续增长一百零九个月，成为美国历史上最长的增长期。这个现象很值得研究。信息网络化的迅速发展，使各国经济和世界经济的联系更为便捷，相互影响也更为直接，突出表现在网上媒体、网上教育和网上银行、网上交易、网上营销等电子商务的蓬勃发展。美国、英国、德国、日本等发达国家都在纷纷投入巨资，拟订规划，发展信息网络。印度这几年发展信息技术和产业也相当迅速。他们打算利用这方面的人才优势加快发展信息技术，扩大软件出口，积累资金和其他条件，再促进传统产业加快改造和提升，以此来振兴经济。面对世界科技的飞速发展，我们必须增加知识和见识，积极借鉴国外一切好的经验，运用好我们自己的经验，集全党全国的力量，奋起直追，努力赶上世界先进水平。否则，差距还会进一步拉开。

按照党的十五大确定的改革和发展目标，在今后十年中，我们在经济上，要建立比较完善的社会主义市场经济体制，保持国民经济持续快速健康发展；在政治上，要继续推进政治体制改革，进一步扩大社会主义民主，健全社会主义法制，依法治国，建设社会主义法治国家，保持社会政治稳定；在文化上，要继承和发扬中华民族的优秀文化传统，借鉴世界各国的优秀文明成果，建设民族的科学的大众的社会主义文化，努力提高全民族的思想道德素质和科学文化素质。全面完成这些任务，我们具有许多过去没有的有利条件，同时也面临许多新的矛盾和困难。在新的世纪里，我们能不能战胜各种困难和抵御住各种风险，继续把建设有中国特色社会主义事业推向前进，关键取决于我们党，取决于党的思想、组织、作风、纪律状况和战斗力、领导水平。

上个月十二日至二十七日，我访问了以色列、巴勒斯坦、土耳其、希腊、南非，十七日还赴埃及亚历山大市同穆巴拉克总统进行会晤。这些国家大都是发展中国家，希腊虽然是欧洲国家，但在欧盟中是比较弱的。他们都在积极制订面向新世纪的经济社会发展战略，高度重视高新技术发展和产业结构调整。我在以色列、南非看了几家高技术企业，具有相当的水平。巴勒斯坦人民虽然还在为建立自己的国家进行艰苦斗争，但他们对自身经济发展也十分重视，谈了不少设想。这些国家的领导人在会谈中，都把加强与我国的经济技术合作作为重要议题。这都说明,在当今世界上,各国都高度重视本国经济的发展,都看到了科技进步和创新的重大意义。我们在发展,世界也在发展。我们必须继续埋头苦干,加紧做好工作。

这里,我想从历史的角度谈点看法。希腊、小亚细亚以及整个中东地区,在人类文明的历史进程中具有重要地位,在人类古代文明的发展中起到了重要作用。古希腊文明四千多年前就萌发了,在古代社会中曾经达到十分辉煌的状态,被认为是欧洲文明最早的源头。它的鼎盛时期是公元前五世纪到公元前三世纪,相当于中国的春秋末叶和战国时期。古希腊产生了一批世界闻名的思想家、哲学家、艺术家、科学家,如苏格拉底〔2〕、柏拉图〔3〕、亚里士多德〔4〕、欧几里得〔5〕等。古希腊形成的哲学、科学、政治、法律、艺术、军事思想,对西方文明产生了深远的影响。古希腊神话和《荷马史诗》,不仅在文学上具有重要地位,而且包含着人类社会发展的许多深刻道理。早在约三千年前,犹太教就在耶路撒冷地区产生了。约两千年前,那里又产生了基督教。近一千四百年前产生并发展起来的伊斯兰教,与耶路撒冷也有密切关系。土耳其的伊斯坦布尔市,最早是古希腊的移民城市,名为拜占庭,后来成为延续了一千多年的东罗马帝国的首都,叫君士坦丁堡。东罗马帝国的疆域以巴尔干半岛为中心,包括爱琴海诸岛、小亚细亚、亚美尼亚、叙利亚、巴勒斯坦、北非的埃及和利比亚等地区。阿拉伯帝国七世纪兴起,八世纪时其疆域东边扩张到亚洲的葱岭〔6〕地区与唐代的中国接壤,西边曾占领了西班牙,南边达到北非,形成了一个横跨亚欧非的大帝国。十四世纪开始，奥斯曼帝国兴起。到一四五三年，奥斯曼军队攻克君士坦丁堡，将其改名为伊斯坦布尔，东罗马帝国也就是拜占庭帝国灭亡。从此，奥斯曼帝国成了横跨欧亚非的帝国，直到第一次世界大战后才最后解体。我说这些历史，主要是想说明，人类社会的发展进程是十分复杂的。有的国家兴盛起来了，有的国家衰亡下去了。兴盛有其原因，衰亡有其教训。各个民族、各种文化在历史进程中往往交织在一起。今天一些地区的政治、领土、民族、宗教矛盾，大都有着深刻的历史渊源。不了解历史，就不能全面了解这些问题的由来。

历史上许多不可一世的帝国，最后都在历史的运动和人民的反抗中垮台了。中国自古以来也经历了许多朝代更替。奥斯曼帝国曾经十分强大，但西欧国家经过文艺复兴和工业革命快速发展起来，形成了强大的经济技术优势。奥斯曼帝国最后不堪一击、分崩离析，与它在经济技术上的落后有密切关系。十五世纪以前，中国的科学技术在世界上是领先的。但是，当欧洲经济技术迅速发展时，中国却由于封建主义制度和思想的长期束缚而落伍了。近代以来，中国受到西方列强的野蛮侵略和蹂躏。历史反复说明，违背历史规律和人民要求，不紧跟人类社会经济文化和科技进步发展的潮流，一个国家、一个民族不论曾经多么强大，最终也是要落伍的，而落后就会挨打。我曾经引用过唐代诗人杜牧在《阿房宫赋》中写下的一段话。他说："灭六国者，六国也，非秦也。族秦者，秦也，非天下也。嗟乎！使六国各爱其人，则足以拒秦。使秦复爱六国之人，则递三世可至万世而为君，谁得而族灭也？秦人不暇自哀，而后人哀之；后人哀之而不鉴之，亦使后人而复哀后人也。”很值得我们深思啊！

中央提出各级干部特别是领导干部要讲学习、讲政治、讲正气。这“三讲”中，学习是基础，政治是关键。学习好了，政治上强了，正气也就伸张起来了。而学习是无止境的。“活到老，学不了。”而且，学习的知识应该是越多越全面越好。我一直主张要博而后专。当然，每个人有自己的具体条件，不能强求一律，应该结合自己的实际情况进行努力，不能好高骛远。作为一名领导干部特别是高级干部，自然科学和社会科学的基本知识都应该具备。不读点历史，不了解中国历史和外国历史，不知道历史和现实的联系，不掌握中外历史上的成功和失败、经验和教训，怎么治理社会、治理国家啊？怎么处理国际事务啊？怎么讲政治啊？你那个政治是很难讲起来、很难讲好的。比如，境外的新疆民族分裂主义势力把土耳其作为重要活动基地，土耳其一些右翼势力竭力支持他们搞所谓“东突厥斯坦”〔7〕活动。要弄清这一现象，就应该了解一点突厥的历史。突厥最早是在叶尼塞河流域的游牧部落，后来到了阿尔泰山地区。在五八九年隋文帝统一中国前夕，突厥分裂为东西两个部分。唐太宗时期打败了东突厥，到唐高宗时期经过多次征战又打败了西突厥。西突厥的余部有一支向西迁移，到了现在的土耳其境内。土耳其国内的“泛突厥主义”〔8〕势力和新疆民族分裂主义势力就利用这一点勾结起来。其实，在唐王朝对突厥作战时，维吾尔族是配合唐军作战的。很多问题，从历史的角度看，就可以看得更清楚。所以，我始终主张，我们的领导干部特别是高级干部必须读点历史。古人云：“以古为镜，可以知兴替”〔9〕。这个道理是很深刻的。希望大家多学点历史知识，目的就是为了认识历史发展和社会兴亡的规律，更加自觉、更加紧迫地做好我们自己的工作。

怎样使我们党在复杂的国内外形势下始终充满活力，带领全国各族人民推进建设有中国特色社会主义的宏伟事业，实现中华民族的伟大复兴，是我想得最多的一个问题。去年“法轮功”问题暴露出来后，引起了我的深思，提出了“法轮功”的兴起和对中国共产党的“信任危机”问题。最近，具有八十多年历史的国民党在台湾地区的选举中下台，又进一步引起了我的思考。马克思主义的唯物辩证法认为，事物都有一个诞生、发育、成长到逐步消亡的过程，包括国家最后也是要消亡的。当然，这是一个很漫长的历史过程。中国共产党是一九二一年成立的，七十多年来为中华民族的独立和发展，为中国人民的解放和幸福，作出了巨大贡献。然而，如何使我们党始终保持旺盛的生命力，是我们必须认真思考的一个重大课题。今年二月，我在广东考察工作时提出坚持“三个代表”要求，出发点和着眼点就在这里。明年是我们党成立八十周年。我们不仅要隆重庆祝，而且要认真总结党八十年来的历史经验，继往开来，更好地前进。

改革开放以来，我们坚持以邓小平理论和党的基本路线为指导，坚定地推进社会主义改革开放和现代化建设，使社会主义在中国的发展充满了新的活力，大大改善了全国人民的物质文化生活，人民群众真心诚意地拥护我们党。人民群众的拥护和支持，是我们党执政的坚实基础，也是党和国家事业不断发展的强大动力。同时，我们必须清醒地看到，形势在发展，情况在变化。我们党肩负的历史任务、所处的国内外环境以及党的队伍状况，都跟过去大不相同了，由此对党的建设提出了前所未有的新课题新要求。现在，党的建设同新形势新任务不相适应的地方还相当不少，党内在思想上、组织上、作风上存在的不符合甚至违背党的先进性和人民利益的问题也相当不少，在加强党的建设方面我们需要研究的新情况、解决的新问题也相当不少。人无远虑，必有近忧。领导干部特别是高级干部都要认真思考、研究那些涉及党和国家工作大局和长远发展的重大问题。在迈向新世纪的征途上，要解决好诸多复杂矛盾和困难，经受住新的考验和锻炼，继续推进社会主义的伟大事业，都要求我们党必须始终坚持“三个代表”，进一步提高领导水平和执政水平。这个极其重大的问题，已经紧迫地提到了全党面前。只有解决好这个问题，我们党才能永远得到人民的衷心拥护并带领人民不断前进。

二、关于按照“三个代表”要求切实加强党的建设

始终做到“三个代表”，是我们党的立党之本、执政之基、力量之源。按照“三个代表”要求抓党的建设，同新时期党的建设新的伟大工程的总目标、总要求是一致的。推进党的思想建设、政治建设、组织建设、作风建设，都应该贯穿“三个代表”要求。各级党委要全面贯彻党的十五大关于加强党的建设的总体部署，抓住用邓小平理论武装全党这个根本，围绕不断提高领导水平和执政水平、提高拒腐防变和抵御风险的能力这两大历史性课题，全面推进党建工作。

我国处在社会主义初级阶段。坚持和完善社会主义公有制为主体、多种所有制经济共同发展的基本经济制度；坚持和完善社会主义市场经济体制，使市场在国家宏观调控下对资源配置起基础性作用；坚持和完善按劳分配为主体的多种分配方式；深化改革，扩大开放，推进两个根本性转变，这些都是现阶段进一步解放和发展我国社会生产力、调动广大人民群众积极性的必然要求。在新的历史条件下，我国社会生活发生了广泛而深刻的变化，社会经济成分、组织形式、就业方式、利益关系和分配方式多样化的趋势还将进一步发展。这必然会给我国政治、经济、社会、文化生活带来深刻影响，给我们党执政和领导各项事业提出新的更高要求。充分认识和准确把握我国社会已经和正在发生的深刻变化，对加强新时期党的建设具有重大意义。

比如，在计划经济体制下，国家基本上全部承担了城市居民的就业要求，农村人口也全部组织在当时那种集体经济的体制中。党员、群众基本上都在政府直接管理的部门或单位中工作，党的组织和领导主要通过从上到下组织严密的部门和单位来实施。现在，在党政事业机关和国有企业之外，出现了新的经济组织和社会活动领域。很多人在非公有制经济领域中就业，不少人自谋职业。农村实行联产承包责任制，农民和基层组织的关系也与过去不同了。市场经济的发展，使人们在就业和生产经营活动方面的流动性比过去大大增强。在这种情况下，完全依靠过去的方式实施党的领导，显然是不够的。党的领导如何更加切实有效地覆盖社会和市场发展的广泛领域，是一个我们必须认真研究解决的重大问题。

又比如，我国工人、农民和其他社会阶层，在就业、分配等方面出现了多样性。既有在国有企业工作的职工，也有在非公有制企业中工作的职工；既有在技术、知识、资本密集的企业工作的职工，也有在劳动密集的企业工作的职工；还有相当一部分困难企业的职工和下岗职工；既有收入较高的职工，也有收入较低的职工。农村也出现了农民企业家、乡镇企业职工、专业户、进城务工的农民，还有继续在农村务农的农民，部分地区农村仍存在相当数量的贫困人口。我国各族人民的根本利益是一致的，这就是推进建设有中国特色社会主义事业，不断增强我国综合国力，不断改善物质文化生活。但是，由于劳动性质、就业方式、收入分配等条件的变化，不同地区、不同部门、不同职业、不同方面的群众的具体利益又会有这样那样的差别。在这样的情况下，党如何更好地代表全体人民的根本利益和不同社会群体的具体利益，如何按照效率优先、兼顾公平的原则处理好效率和公平的关系，也是一个关系到党的领导能否有效实施的重大问题。

再比如，全国现在有私营企业近一百五十万户，个体工商户三千一百多万户，从业人员八千二百多万人。无论从经济实力上看还是从人数上看，分量都不轻。在公有制为主体、多种所有制经济共同发展的格局下，非公有制企业在活跃城乡经济、满足社会多方面需要、增加就业、促进国民经济发展等方面发挥着重要作用。非公有制经济是我国社会主义市场经济的重要组成部分。我们必须坚持共产党的领导，国有经济必须控制国民经济命脉并对经济发展起主导作用，同时应该积极鼓励和引导非公有制经济健康发展，促进它们在国内外市场竞争中增强竞争力，完善企业管理，提高技术水平和产品档次。而这也给我们提出了一个新的课题，就是如何加强党在这些领域中的领导，切实把这些领域的群众团结和组织在党的周围。

还比如，随着改革的深化和市场经济的发展，物质利益的多样化是不可避免的，群众产生不同的利益要求也是不可避免的。这些利益要求，不仅会在群众的工作生活中表现出来，也会在我们工作的不同领域和部门表现出来。这不仅要求我们党的方针政策更好地保证和满足群众实现自己的合理利益要求，也要求党更好地发挥总揽全局、协调各方的领导核心作用，把全体人民和各方面的积极性充分调动起来，为实现共同的目标而奋斗。

类似这样的问题，还有不少，我这里只举几个例子。希望大家紧密结合实际，加紧进行思考和研究，积极探索新形势下加强党的建设的有效途径和办法。

各级党委要按照中央的部署，全面抓好党的建设的各项工作，特别要把“三个代表”要求贯彻落实到党的基层组织建设的各项工作中去。党的基层组织是党的全部工作和战斗力的基础。我们早就提出了要防止出现基础不牢、地动山摇的情况。加强党的基层组织建设的工作，必须坚持不懈地抓下去，一刻也不能放松。一定要使分布在全国各条战线、直接联系着社会各阶层群众的基层党组织，不仅能够在平时改革发展稳定等工作中发挥积极作用，而且在遇到突发事件、面临各种政治风浪时也能够显示出强大的战斗力。我们国家大，党员队伍大，社会情况复杂，一点问题不出是不可能的。但是，要力争做到少出问题，出了问题能够想办法及时解决。现在，有些地方、有些基层处于放任自流的无组织、无管理、无政府状况，一些问题和怪事出来之前无人警惕和察觉，出来以后也没有人报告和研究，迟迟得不到处理。这就说明，我们党在那里的组织力量、战斗力量是相当薄弱的。这种状况如果任其蔓延发展下去，我们党和政府的工作就会失去群众基础，是极其危险的。

要紧紧围绕推进国有企业改革和发展加强企业党组织建设。我们党是工人阶级的先锋队，全心全意依靠工人阶级是党和国家的一条根本方针。无论现在还是将来，我们党要始终保持自己的工人阶级先锋队性质不变，始终做到“三个代表”，就必须全心全意依靠工人阶级，充分发挥广大职工群众的积极性、主动性、创造性，团结和带领广大职工走在企业发展和国家现代化建设的前列。在国有企业建立现代企业制度的改革中，无论企业资产怎样重组，产权关系怎样变化，内部决策和经营机制怎样调整，党对国有企业和国有控股企业的政治领导，企业党组织的政治核心作用，都必须坚持，不能有任何削弱。把加强党的建设和建立现代企业制度统一起来抓，正是增强企业活力、创建有中国特色现代企业制度的内在要求。企业党组织的活动和党建工作，必须围绕企业改革和生产经营来进行。特别是在企业改革和发展的关键任务上，在生产经营遇到困难时，党组织更要主动发挥战斗堡垒作用。企业党组织的一项重要任务就是做群众工作。破产、关闭的企业，党组织要认真履行职责，站在第一线，宣传党的方针政策，帮助下岗的党员和职工解决生活困难。有的企业在改革中党组织涣散无力、放松群众工作，出现群体性突发事件，领导手足失措，这种教训不能重复。

党的农村基层组织是农村各种组织和各项工作的领导核心。我国农业和农村经济的发展，已进入以主要农产品由长期短缺向阶段性、结构性相对过剩转变为特征的新阶段。县(市)以上党委，要帮助农村基层党组织尽快适应这个新变化，大力提高党支部一班人的素质，增强群众观点和政策观念，掌握市场经济知识和农业科技知识，学会依法行事，认真改进作风。农村基层党组织应该坚决贯彻执行党在农村的基本政策，同时重视扶持农村改革中出现的新事物，积极带领农民群众深化农村改革，调整好农业和农村经济结构，帮助农民增收减负，维护农村社会稳定，加快致富奔小康的步伐。要从当地的实际出发，通过多种形式逐步发展壮大集体经济，这是提高农村基层组织的集体服务功能、增强党对农民群众的凝聚力的需要。有了一定的集体经济实力，村集体能够为农民群众生产经营和运用科技等提供更多服务，村党支部才会在群众中形成更大的凝聚力和号召力。

要抓紧开展非公有制经济组织中党的建设工作。在非公有制企业开展党建工作是一个新领域。近几年来，一些地方积极探索，取得了一定的成效。但总的看，发展很不平衡，明显滞后于形势发展的要求。据不完全统计，目前全国百分之八十三点三的私营企业中没有党员，已建立党组织的仅占企业总数的百分之一点四，相当一部分企业有党员但没有党组织。各级党委特别是主要领导同志的思想认识要跟上客观形势的发展，抓紧在非公有制经济组织中开展党的工作，加强党的建设。这是我们党确立和巩固社会主义初级阶段基本经济制度、引导非公有制经济健康发展的需要，也是加强党同在非公有制企业劳动的广大职工群众的联系、巩固党在新形势下执政的阶级基础和群众基础的需要。凡是已具备条件的非公有制经济组织，都应该建立党组织，并在企业职工中发挥政治核心作用。在非公有制企业开展党建工作，要理直气壮，当然工作要耐心细致。在非公有制企业开展党建工作的目标和方针原则明确后，要抓紧物色、培训、储备一批素质和能力适合在这类企业工作的党员骨干力量。非公有制企业的产权关系，不同于国有企业和集体企业，党组织发挥政治核心作用的途径，党组织的具体设置形式、活动内容、活动方式和工作方法，要根据企业特点来确定，要与生产经营紧密结合，搞好两个文明建设，方法要灵活多样，讲求实效。现在的私营企业主，是在我们党的改革政策和带头致富号召下发展起来的，许多人本来就是劳动者。党组织要按照政策积极做好团结、教育、引导他们的工作，把他们团结在党组织周围，使他们支持在企业中建立党组织，拥护党的各项政策，依法经营企业，关心和保障职工权益，为国家和社会作出贡献。

要切实加强街道社区党的建设。随着改革的深化，原来由党政机关和企事业单位承担的社会服务、社会管理和社会保障功能逐渐分离出来，很多事情要靠街道、居委会来做。一些非公有制企业、社会团体和民办机构在街道社区落户，离退休人员、待业人员、外地务工人员大量进入社区，社区成了各类矛盾反映比较敏感的汇聚地。搞好社区党的建设，实质就是打牢党在城市工作的组织基础和群众基础。社区党的建设是一个新课题。上海等地抓得较早，要认真总结经验。社区党建工作，首先要做到凡是有党员的地方，就有党组织的教育管理；凡是有居民的地方，就有党组织服务群众的工作，就有党员在发挥作用。要从城市社区的特点出发，围绕精神文明建设、群众思想政治工作、社会治安综合治理、社区服务、密切党同群众的联系、提高市民素质和城市文明程度等来积极开展党建工作。

这些年来，在加强党的基层组织建设方面，各地区各部门按照中央的要求，针对出现的新情况新问题，在实践中采取了新的办法和措施，并取得了一定的成效。要注意及时总结经验，不断加以完善。现在，形势发展很快，怎样针对新情况新问题加强党的基层组织建设，是一个需要全党同志积极思考和努力实践的重要课题。必须坚持我们党长期形成的建设基层组织的行之有效的好传统、好经验、好做法，同时又必须以改革的精神研究和解决新问题，坚持在实践中加强，在加强中不断探索新形式、新途径、新方法。这种实践和探索，要遵守党章、党内法规和国家宪法、法律，坚持有利于党始终做到“三个代表”，有利于党组织和党员发挥作用，有利于党保持同人民群众的血肉联系，有利于党更好地带领广大人民推进建设有中国特色社会主义伟大事业。总之，各级党委都要高度重视和精心落实党的基层组织建设工作，高度重视和精心落实基层思想政治工作，切实克服各种各样的形式主义。这方面的工作做好了，党的基层组织充分巩固了，凝聚力和战斗力大大提高了，就可以保证党的各项工作更好地开展。

三、关于把“三个代表”要求贯彻落实到党的全部工作中去

坚持“三个代表”，是我们党的工人阶级先锋队性质、根本宗旨、根本任务的集中体现，是对党的各级组织和全体党员、干部提出的根本要求。全党同志特别是领导干部都要用“三个代表”来指导自己的思想和行动。党的各项工作，都要坚持、体现和贯彻“三个代表”要求。

第一，要坚持把“三个代表”要求落实到坚定正确地执行党的路线方针政策中去。我们党要始终做到“三个代表”，保持自己的先进性，关键取决于党的理论和路线的正确。党的十一届三中全会以来，在邓小平理论指导下，我们党形成了社会主义初级阶段的基本路线、基本纲领，在经济、政治、科技、教育、文化、军事、外交等各个方面制定了一整套方针政策。二十多年的实践充分证明，这些都是正确的，集中体现了当代中国先进生产力的发展要求，体现了中国先进文化的前进方向，体现了中国最广大人民的根本利益。在跨世纪的征程上，全党同志必须继续高举邓小平理论伟大旗帜，坚持党的基本路线、基本纲领、基本方针不动摇，坚定不移地沿着建设有中国特色社会主义道路前进。这些年，全党在贯彻落实党的路线方针政策方面，总的讲做得比较好，取得了不少经验，但也有教训和不足。各级领导干部要进一步加强学习，认真总结正确贯彻党的路线方针政策与全面体现“三个代表”要求有机结合的经验，提高自己的思想理论水平，增强政治敏锐性、政

治鉴别力。要遵循现阶段我国社会生产力和生产关系、经济基础和上层建筑矛盾运动的内在规律行事,切忌任何形式的主观性和片面性,防止出现这样那样的偏差,把工作做得更好。贯彻落实党的路线方针政策,一定要全面,善于把握大局,防止顾此失彼。坚持"一个中心、两个基本点"的基本路线,坚持公有制为主体、多种所有制经济共同发展的基本经济制度,坚持两手抓、两手都要硬的方针等,都要全面落实好。我们任何时候都必须牢记和坚持"三个代表"要求,善于及时识别和排除违反"三个代表"的错误言行的干扰,保证党的路线方针政策顺利贯彻执行。

第二,要坚持把"三个代表"要求落实到党的各项工作中去。每一名领导干部,都要结合自己所在地区和部门的实际,创造性地开展工作,使党的路线方针政策和中央的工作部署真正落到实处。我们党在思想政治上的统一,首先体现在全党坚定、忠诚地执行党的基本路线和总方针、总政策上。事物总是处在矛盾运动和变化之中的。我们要善于根据客观情况的变化,及时察觉和研究前进中的新矛盾新问题,不断从人民群众在实践中创造的新鲜经验中吸取营养,不断改进和完善自己的工作。我们讲要提高领导水平和执政水平,我看这就是一项重要原则。改革开放初期,邓小平同志曾经指出:"一个党,一个国家,一个民族,如果一切从本本出发,思想僵化,迷信盛行,那它就不能前进,它的生机就停止了,就要亡党亡国。""只有解放思想,坚持实事求是,一切从实际出发,理论联系实际,我们的社会主义现代化建设才能顺利进行,我们党的马列主义、毛泽东思想的理论也才能顺利发展。"〔10〕面对当时“文化大革命”结束后的复杂局面，邓小平同志指导我们党充分肯定了毛泽东同志的历史功绩，同时坚决纠正了“以阶级斗争为纲”的错误，提出实行改革开放和现代化建设的新政策，使我们党和国家走上了大踏步向前发展的新道路。邓小平同志结合我国改革和建设的实际，提出了许多对我们党和国家事业发展具有开创意义的思想。他提出：我国还处在社会主义初级阶段，巩固和发展社会主义制度，需要我们几代人、十几代人，甚至几十代人坚持不懈地努力奋斗；在农村实行联产承包责任制；允许和鼓励一部分地区一部分人先富裕起来，先发展起来的地区带动和帮助后发展的地区，最终达到共同富裕；计划和市场都是经济手段，计划多一点还是市场多一点，不是社会主义与资本主义的本质区别；用“一国两制”构想解决台湾问题和香港、澳门问题；等等。现在回过头去看，大家都会深深地体会到，没有邓小平同志领导我们党坚持贯彻解放思想、实事求是的思想路线，坚持改革，锐意创新，就没有今天我们党和国家事业发展的大好局面。马克思、恩格斯、列宁和毛泽东同志，都善于根据实际情况的发展变化，提出新的思想和理论。恩格斯在《一八九一年社会民主党纲领草案批判》一文中，针对资本主义发展到出现了股份公司经营和托拉斯的情况，提出由股份公司经营的资本主义生产已经不再是私人生产，而从股份公司进而来看那支配着和垄断着整个工业部门的托拉斯，那里不仅没有了私人生产，而且也没有了无计划性。马克思在《〈政治经济学批判〉序言》中说，无论哪一个社会形态，在它所能容纳的全部生产力发挥出来以前，是决不会灭亡的；而新的更高的生产关系，在它的物质存在条件在旧社会的胎胞里成熟以前，是决不会出现的。但是，列宁突破了这个论断，提出由于帝国主义经济政治发展不平衡的规律，社会主义革命可以在帝国主义的薄弱环节、在一个国家或几个国家首先获得胜利，并领导十月革命取得了成功。苏联经过七十多年的社会主义建设，却发生了剧变的悲剧，最后解体了、垮台了，这是为什么？其中的原因和教训需要全面深刻地加以总结。总结好了，马克思列宁主义就会有新的发展。马克思列宁主义理论不可能是静止不变的，静止不变就会变成没有生命力的教条。马列主义、毛泽东思想不发展，就不可能有改革开放新政策的产生，就不可能有建设有中国特色社会主义新道路的开辟。我们建设有中国特色社会主义，许多问题没有本本可以找，需要运用马克思主义基本原理在分析和总结新的情况和新的实践中求得解答。死搬教条，不顾实践发展提出的新要求，就不能前进。

我们要坚持理论联系实际，进一步解放思想、实事求是，大胆创新、开拓进取，绝不能因循守旧、固步自封。我们现在遇到的矛盾和问题很多，而且错综复杂、相互交织，但归根到底，是要正确认识和妥善处理新的历史条件下解放和发展社会生产力与调整完善生产关系，根据经济基础的发展自觉改革和完善上层建筑中不相适应部分的问题。这就要求全党同志在贯彻党的理论和路线方针政策时，在从事的各项事业中，都要牢记落实“三个代表”要求，看看我们所采取的措施、所做的工作是不是符合“三个代表”要求，符合的就毫不动摇地坚持，不完全符合、需要调整补充的就积极调整补充，不符合的就勇于实事求是地纠正，以利我们的改革和建设不断向前迈进，充分体现共产党人的先进性和时代精神。

第三，要坚持把“三个代表”要求落实到建设一支高素质的干部队伍中去。我们党要做到“三个代表”，关键在于建设一支能够适应新形势新任务要求的高素质领导干部队伍，特别是要培养选拔好跨世纪担当重任的一批接班人。这件事实在是太重要了。培养选拔优秀年轻干部，现在时机非常重要，必须抓紧做好工作。刚刚结束的全国培养选拔年轻干部工作座谈会对此作出了部署，要抓紧落实。培养选拔年轻干部工作，要贯彻党的政治路线的要求，保证政治路线的贯彻执行。党的干部路线和政策是十分明确的，应该用什么人、不能用什么人也讲得很清楚，要严肃认真地执行。年轻干部要到艰苦的地方去经风雨、见世面。越是勇于到环境艰苦、困难多的地方和岗位去工作的干部，往往越是能够在意志、才能和品德等方面得到锻炼，成长也较快较稳定。那些贪图安逸、不愿到艰苦地方和岗位去工作的人，如果不改，不可委以重任。党和人民的事业需要的人才是多方面的，政治、经济、文化、科技、外交、教育、法律、军事等工作的开展，都需要聚集和造就优秀人才。对各条战线人才的要求标准，总的都是德才兼备，但德和才都不是抽象的。由于工作战线、事业领域的不同，德和才的要求也都应该结合实际加以具体化。在发现人才上要强调不拘一格，在使用人才上要强调用其所长。这都是古往今来选人用人的一些重要经验。人才是一个国家发展最重要的资源。当今世界，争夺人才的竞争异常激烈。美国的经济、科技所以发展得快，很重要的一个原因就是它从全世界网罗了大批人才。我们要有政治远见，及早研究对策，真正把培养使用好各类人才作为党和人民事业兴旺发达的大事来看待、来落实。要下定决心，加大力度，促进干部人事制度改革进一步展开和深化，把坚持党管干部的原则同改进干部管理的方法结合好，努力形成优秀人才脱颖而出、健康成长的机制和一整套办法。

第四，要坚持把“三个代表”要求落实到从严治党中去。我们党已经有六千三百多万党员、五十万县处级以上领导干部。只有首先把党员、干部队伍教育管理好了，党自身巩固和坚强了，才能执好政、治好国，办好社会主义现代化事业。如果治党不严，疏于管理，就相当危险。近几年在一些党员干部包括有的高级干部身上暴露出的严重问题，一再向我们敲了警钟。对从严治党，党的十五大提出了明确要求，今年初我在中央纪委第四次全会上又集中讲了〔11〕。现在看来，最重要的问题在于落实。各级党委要切实负起责任，把从严治党的方针全面贯穿于党的思想、政治、组织、作风、纪律和制度建设的各个方面，切实落实到对各级党组织和广大党员、干部进行教育、管理、监督等各个环节中去。对同志要有必要的宽容，但不能放弃原则。严是爱，宽是害。我们看人，不可能都看得十分准确。就是看准了的人，其思想也会发生变化。有一点必须坚持，就是如果一名干部特别是自己曾经信任和重用过的干部出了问题，绝不能护短。如果明明知道他犯了错误，还觉得如果不保就有失自己的面子，还要去保，那是十分错误的，对党和人民的事业是十分有害的。党的干部不是什么人的私有财产。要坚决克服党内政治生活中存在的好人主义和庸俗作风。这种庸俗思想习气盛行的地方，往往就是那些党组织和领导上政治软弱的地方，就是那些党员干部中出问题多的地方。在这种庸俗的空气中，干部也是很难成长起来的。唐代的韩愈在《原毁》中说：“古之君子，其责己也重以周，其待人也轻以约。重以周，故不怠；轻以约，故人乐为善。”也就是说，作为领导者，首先要对自己严格要求，作出榜样来，不要事事先去责备他人。从严治党，必须严格执行党的制度。邓小平同志曾指出，制度好可以使坏人无法任意横行，制度不好可以使好人无法充分做好事，甚至会走向反面。制度问题更带有根本性、全局性、稳定性和长期性。对党内已经确立的制度要严格执行，同时要根据实践的发展，不断健全各项制度，形成一套从严治党的制度和机制。对领导干部一定要严格要求、严格教育、严格管理、严格监督，经常开展积极健康的批评和自我批评。对干部的教育监督，要小中见大，发现不良苗头及时提醒。要把严格执纪执法和加强思想教育结合起来，建立并完善思想道德建设和党纪国法约束两道防线，努力把党内违纪违法行为和腐败现象逐步减少到最低限度。对党内发生的违纪违法案件，必须严查严处，该用重典的就要用，以取信于民。

这里，我还要强调一个问题。事物的差别性总是存在的。我们国家大，各地条件千差万别，发展是不平衡的。沿海地区发展比较快，各方面条件也比较好。中西部地区条件差一些，虽然也在加快发展，但与沿海比较发达的地区相比有不小差距。沿海地区，有条件的要继续加快发展，努力率先基本实现现代化。同时，沿海地区特别需要在广大干部群众中认真开展致富思源、富而思进的教育，激励他们在改革和建设中不断创造新的业绩，为全国各地的发展不断作出新的贡献。新中国成立以来，中西部地区以及东北老工业基地为国家建设作出了重大贡献，应该支持它们加快发展。实施西部大开发战略，加快中西部地区发展，是中央从二十一世纪我国经济社会发展全局出发作出的战略决策，沿海地区的同志必须充分认识做好这项工作的重大意义，积极帮助和支持中西部地区加快发展。

当前，县（市）一级“三讲”教育和进行“三讲”教育“回头看”的地方和单位，要按照“三个代表”要求，深化思想教育，领导干部要对照检查自己思想、工作、作风上的差距，着力解决影响改革发展稳定和妨碍做到“三个代表”的突出问题，继续巩固和扩大“三讲”教育的成果。

在新的历史条件下，按照“三个代表”要求加强党的建设，既是一项紧迫的现实任务，也是一项长期的历史任务，要贯穿于我们党领导人民进行现代化建设的全过程。加强新时期党的建设，落实“三个代表”要求，首先要进行调研，摸清情况。重视和善于调查研究，是我们党的优良传统。我曾说过，调查研究是我们的谋事之基、成事之道。如果我们不深入了解实际情况，凭一知半解，靠老经验、想当然作决策、指挥工作，没有不失败的。毛泽东同志说过：“人的正确思想是从哪里来的？是从天上掉下来的吗？不是。是自己头脑里固有的吗？不是。人的正确思想，只能从社会实践中来”〔12〕。在改革和建设中，广大党员、干部的实践是丰富多彩、充满活力的。我们党要做到“三个代表”，必须做到能够切实把握并领导他们的实践，始终走在我国经济社会发展的前列。这就要求我们善于抓住问题，摸实情况，掌握有说服力的第一手资料，然后经过科学的提炼、概括、总结，从中找出带规律性的东西，用以指导工作。从现在起，全党上下应该用一年左右的时间，深入基层，深入群众，调查研究，总结实践，为加强新时期党的建设做好基础性工作。在调查研究中，首先要把党员、干部队伍的构成和思想状况，各级党组织的建设和活动开展的情况，党建工作的进展情况以及党建工作面临的新情况新问题等摸清楚，做到心中有数。这是基本功，一定要全面做好。各级党委特别是主要负责同志，都要紧密结合国内外形势的变化，紧密结合我国社会生产力最新发展和经济体制深刻变革的实际，紧密结合人民群众对物质文化生活提出的新的发展要求，紧密结合我们党员、干部队伍发生的重大变化，抓住那些加强和改进党的建设必须研究解决的重大理论和现实问题，进行深入思考和调研，努力从理论和实践的结合上寻找正确解决问题的答案。

注　释

〔**1**〕达赖，这里指达赖喇嘛·丹增嘉措。一九三五年生，青海西宁祁家川(在今青海平安境内)人。一九四〇年二月五日，经国民党政府批准为第十四世达赖喇嘛。原西藏地方宗教和政治领袖之一。一九五一年西藏和平解放后，曾任全国人民代表大会常务委员会副委员长、西藏自治区筹备委员会主任委员等职。一九五九年三月十日，西藏上层反动集团发动武装叛乱；三月十七日，达赖逃往印度。

〔**2**〕苏格拉底(前四六九——前三九九)，古希腊哲学家。在欧洲哲学史上最早提出唯心主义的目的论，是古希腊哲学的主要代表人物之一。其言行大抵

见于其弟子柏拉图的一些对话体著作和另一弟子色诺芬的回忆录。

〔3〕柏拉图(前四二七——前三四七),古希腊哲学家。建立了欧洲哲学史上第一个客观唯心主义体系,是古希腊哲学的主要代表人物之一。有《国家篇》(又译《理想国》)、《法律篇》等对话体著作三十余篇。

〔4〕亚里士多德(前三八四——前三二二),古希腊哲学家、科学家。古希腊哲学的集大成者,欧洲形式逻辑的奠基人。其思想常动摇于唯物主义与唯心主义、辩证法与形而上学之间,最终陷入唯心主义与形而上学。主要著作有《形而上学》、《工具论》、《物理学》、《伦理学》、《政治学》、《诗学》等。

〔5〕欧几里得(约前三三〇——前二七五),古希腊数学家。所著《几何原本》十三卷,是世界上最早公理化的数学著作。

〔6〕葱岭,中国古代对今帕米尔高原及昆仑山、喀喇昆仑山西部诸山的统称。

〔7〕"东突厥斯坦",是近代西方殖民主义者制造的一个名词。古代突厥民族曾在六世纪时建立突厥汗国,疆域曾远达今蒙古国、中亚和中国北部等广大地区,不久便分裂为东西两个汗国,后被唐王朝所灭。六八二年,突厥复兴,建立后突厥汗国。七四四年,回纥(今维吾尔族先民)灭后突厥汗国。突厥后裔逐渐西迁并融入其他民族。中亚近代各民族逐步确立。中世纪的阿拉伯地理学著作,曾将中亚突厥语族各民族生活的锡尔河以北及毗连的东部地区,泛称为"突厥斯坦"(意为"突厥人的地域")。十九世纪初,西方殖民主义者用这一名词来表述中亚地区及中国新疆塔里木盆地,并将新疆塔里木盆地称为"东突厥斯坦"(又称"中国突厥斯坦")。二十世纪初,新疆极少数民族分裂主义分子和宗教极端主义分子,同外国侵略势力相勾结,宣扬所谓的"东突厥斯坦独立",企图把新疆从中国分裂出去。

〔8〕"泛突厥主义",是十九世纪末二十世纪初起源于沙皇俄国境内的鞑靼知识阶层的一种思潮。主张将生活在博斯普鲁斯海峡至阿尔泰山脉之间的突厥语族各民族联合起来,复兴突厥民族。二十世纪初,奥斯曼土耳其统治者接过这一主张,将其发展成为一种民族沙文主义思潮,试图建立以奥斯曼土耳其为核心的突厥大帝国。近些年来,我国新疆极少数民族分裂主义分子同外国反华势力相勾结,鼓吹这种思潮,妄图破坏祖国统一。

〔9〕这是唐代吴兢《贞观政要》卷二《任贤》中记载的唐太宗李世民的话。

〔**10**〕见邓小平《解放思想，实事求是，团结一致向前看》(《邓小平文选》第2卷，人民出版社1994年版，第143页)。

〔**11**〕见本书第二卷《治国必先治党，治党务必从严》。

〔**12**〕见毛泽东《人的正确思想是从哪里来的？》(《毛泽东文集》第8卷，人民出版社1999年版，第320页)。

在全党全社会大力弘扬科学精神和创新精神*

（二〇〇〇年六月五日）

世界科学技术正在发生新的重大突破，以信息科技、生命科技为主要标志的现代科学技术突飞猛进，为世界生产力的发展打开了新的广阔前景。我们既面临着难得的发展机遇，也面临着严峻的挑战。在世界走向多极化、经济日趋全球化的条件下，我们要实现跨世纪发展的战略目标，必须加紧推进科技进步和创新，为社会主义现代化建设不断提供强大的科技支持。这就是我国当代科技工作者的历史使命。我国政治稳定、经济发展，有坚实的物质技术基础，完全有条件有能力去追赶世界科技的先进潮流。如果不加快我国经济、科技事业的发展，努力缩小同世界先进水平的差距，我们就难以在激烈的国际竞争中掌握主动。中国在发展，世界也在发展。时不我待啊！

面对世界经济、科技发展的新形势，我们必须在全国兴起一个科技进步和创新的高潮。我们要抓紧实施科教兴国战略

---

* 这是江泽民同志在中国科学院第十次院士大会、中国工程院第五次院士大会上讲话的主要部分。

和可持续发展战略，抓紧国家创新体系建设，抓紧推进科技创新和知识创新，在加强基础科学研究的同时，特别要加快高新技术的发展和产业化，积极推进科技体制改革，加速科技成果向现实生产力转化，以利大力促进我国的经济建设，提高各行各业的科学技术现代化水平。

经济建设和科技事业的发展，需要党和国家制定正确的方针政策，需要各级党委和政府大力支持，需要广大科技工作者不懈努力，也需要全国各族人民共同参与。在科技事业的发展中，科学家的作用十分重要，但仅仅靠科学家的努力还不够，必须动员全社会力量共同支持和参与，这样才能形成科技发展最深厚的基础。坚持与人民群众的生产实践紧密结合，坚持与经济建设和社会发展的现实要求紧密结合，科学技术才能获得最根本的动力和产生更大的威力。应该形成全国方方面面共同促进科学发展的良好气氛，应该在全党全社会大力弘扬科学精神，普及科学知识，树立科学观念，提倡科学方法。弘扬科学精神更带根本性和基础性。有了科学精神的武装，大家就会更加自觉地学习科学知识，树立科学观念，掌握科学方法。

科学精神的内涵很丰富，最基本的要求是求真务实、开拓创新。弘扬科学精神，就要坚持解放思想、实事求是，勇于面对科技发展和各项工作中的新情况新问题，通过研究和反复实践，不断创新，不断前进；就要热爱科学、崇尚真理，依据科学原理和科学方法进行决策，按照科学规律办事；就要勤于学习、善于思考，努力用科学理论、科学知识以及人类创造的一切优秀文明成果武装自己；就要甘于奉献、攀登高峰，为祖国、为人民贡献一切智慧和力量,敢于战胜前进道路上的任何困难和艰险,始终勇往直前。科学界要大力弘扬科学精神,各条战线各个部门都要大力弘扬科学精神。总之,要使实事求是、探索求知、崇尚真理、勇于创新的精神在全党全社会大大发扬起来。

我多次说过,创新是一个民族进步的灵魂,是一个国家兴旺发达的不竭动力。科学的本质就是创新,要不断有所发现、有所发明。面对世界科技进步日新月异的挑战,面对我国现代化建设提出的巨大科技需求,我们必须开阔眼界,紧跟世界潮流,抓住那些对我国经济、科技、国防、社会发展具有战略性、基础性、关键性作用的重大科技课题,抓紧攻关,自主创新。历史反复证明,推进科技发展,关键是要敢于和善于创新。有没有创新能力,能不能进行创新,是当今世界范围内经济、科技竞争的决定性因素。历史上的科学发现和技术突破,无一不是创新的结果。二十世纪相对论、量子论、基因论、信息论的形成,都是创新思维的成果。正是基于物质科学、生命科学、思维科学等的突破性进展,人类创造了超过以往任何一个时代的科学成就和物质财富。二十一世纪,科技创新将进一步成为经济社会发展的主导力量。形势逼人啊!我们不加紧努力,与世界先进水平的差距就会进一步拉开。掌握前人积累的科技成果,扬弃旧义,创立新知,并传播到社会,延续至后代,不断转化成生产力和社会财富,这是知识传承和发展的通途。关键是要能够在已有的基础上不断进行创新。我们要坚持有所为有所不为的方针,瞄准世界科技发展的前沿,力争在有条件的领域实现突破,力争在基础科学上有所发现、在技术上有所发明，努力实现我国科学技术的跨越式发展。邓小平同志明确指出，中国必须在世界高科技领域占有一席之地〔1〕。希望我国广大科技工作者，牢记自己的历史使命，坚持创新、创新、再创新！

世界总是处在矛盾运动和变化之中的，不可能一成不变。我们的事业在不断前进。我们的政策措施和思想观念、工作方法，必须适应这种变化而不断发展和勇于创新。我们要坚持解放思想、实事求是，一切从实际出发，主观和客观相统一，理论和实践相统一，及时提出适应实践发展要求的方针政策，及时改革生产关系中不适应生产力发展、上层建筑中不适应经济基础发展的环节。这是辩证唯物主义和历史唯物主义最基本的要求，也是马克思主义的科学方法论。马克思、恩格斯、列宁和毛泽东同志、邓小平同志，都善于根据实际情况的发展变化提出新的思想和理论，为我们树立了坚持科学精神、创新精神的光辉典范。马克思主义是最讲科学精神、创新精神的。坚持马克思主义，最重要的就是要坚持马克思主义的科学原理和科学精神、创新精神，善于根据客观情况的变化，及时察觉和研究前进中的新情况新问题，不断从人民群众在实践中创造的新鲜经验中吸取营养，不断改进和完善我们的工作。在前进道路上，绝不能墨守成规，裹足不前。我们提出按照“三个代表”要求加强党的建设，就是要研究新的情况和新的实践，解答建设有中国特色社会主义进程中提出的重大问题，把现代化建设和党的自身建设不断推向前进。

在全党全社会大力倡导和弘扬科学精神、创新精神，是一项十分重要而艰巨的任务。经过长期的努力，我国科技普及工作取得了很大成绩，宣传科学观念和弘扬科学精神正在蔚然成风。由于我国教育、科技、文化还不发达，发展也不平衡，由于长期存在的封建主义文化残余的影响，一些封建愚昧和迷信落后的东西在群众中还有一定的市场，一些新形态的迷信、伪科学时有泛起。一些领导干部在工作中不讲科学甚至违背科学原理和规律行事的现象还不时发生。这说明，在全党全社会弘扬科学精神，还需要我们继续进行努力。有了一些科学知识，不等于就有了坚定的科学精神。科学精神要以马克思主义的科学原理为指导，经过长期的学习和实践磨炼，才能真正树立起来。要坚持不懈地在全体人民中普及科学知识，提倡科学方法，弘扬科学精神，努力形成在全社会学习科学、相信科学、依靠科学的良好气氛。尤其要加强对广大青少年的科学教育，使他们从小就养成科学观念，逐步培养起科学精神。最近，一百多位院士参与了《院士科普书系》的编写工作，已经写出了五十多本书稿，即将陆续出版。这是一项很有意义的工作。作为代表国家最高科技水平的科学家和工程师，两院院士应该努力在科学和工程技术的先进领域里进行发明创造，同时应该为全民族科技文化水平的提高倾注心血。一个国家的科技文化水平，不仅要看其在世界先进水平上的成就，而且要看其全社会的科技文化水平。全社会科技文化水平不断得到提高，就可以为经济、科技事业的发展提供强大的后劲。这是辩证统一的。坚持不懈地弘扬科学精神，是全党也是广大科技工作者义不容辞的责任。一切科技工作者，都应该高举科学的旗帜，坚持唯物主义、反对唯心主义，坚持辩证法、反对形而上学，都应该满腔热情地推进科学普及。各级党委和政府对这方面的工作，要统筹规划，制定措施，扎实推进。

各级领导干部特别是高级干部，要带头学习科学知识，带头弘扬科学精神，带头在工作中运用科学方法。在处理一些涉及科学和工程技术方面的重大问题时，要听取科学家和工程师们的意见和建议，作为决策的依据和参考。现在，世界新知识、新发明、新事物、新产业层出不穷。领导干部不学习、不研究、不思考这些新的变化，就会落后于形势，从而也就很难做好领导工作。领导干部的学习是多方面的，其中对科技知识的学习就是十分重要的方面。马克思、恩格斯、列宁和毛泽东同志、邓小平同志，都十分注重了解和学习科技知识，并善于运用科学技术的新突破来发展和完善理论。一八八三年，马克思逝世的时候，恩格斯曾经写道："没有一个人能像马克思那样，对任何领域的每个科学成就，不管它是否已实际应用，都感到真正的喜悦。但是，他把科学首先看成是历史的有力的杠杆，看成是最高意义上的革命力量。而且他正是把科学当做这种力量来加以利用，在他看来，他所掌握的渊博的知识，特别是有关历史的一切领域的知识，用处就在这里。"〔2〕领导干部，不论是在部门工作还是在地方工作，不论是从事全局工作还是从事局部工作，都必须学习科学知识，贯彻科学精神，讲求科学方法，为群众作出表率。有的领导干部不学习科技知识，或者看了也是装装门面，并没有用科学精神武装自己，反而热衷于封建迷信的东西，烧香拜佛、求签问卜，在群众中造成了恶劣的影响。这样的人，还配当共产党员吗？还配做领导干部吗？对这样一些领导干部，有关部门要加强教育，并责令其改正，坚持不改的要批评和处理。还有的领导干部安于现状，不思进取，对工作敷衍了事，得过且过，缺乏创新精神；有的领导干部口头上科教兴国喊得很响，但迟迟不见落实、不见行动。这些都是不符合党的要求的。各级领导干部都要关注科学技术进步，与科学家交朋友。对科学技术上的发明创造，不管是历史上的还是现时代的，是国内的还是国外的，大家都应该努力去了解。各级领导干部的科学知识丰富起来了，科学精神在头脑中扎根了，我们的各项工作就会做得更好。

关于加紧培养人才的问题，我一九九八年会见出席两院院士大会的部分院士时曾经突出地讲过〔3〕。今天，我还要强调一下这个问题。我们党和国家的兴旺发达和长治久安，需要一大批各行各业的优秀人才。我国科技事业的发展，也需要培养造就一代年轻科技人才。这是一项十分紧迫而重大的战略性任务。现在看得越来越清楚，当今和未来世界的竞争，从根本上说是人才竞争。我国要跟上世界科技进步的步伐，加快科技创新和知识创新，必须有一批又一批的优秀年轻人才脱颖而出。建设有中国特色社会主义的伟大时代，应该是百舸争流、人才辈出的时代。唐代诗人孟浩然写道："人事有代谢，往来成古今。"〔4〕科技进步也好，社会发展也好，总是在昨天超越前天、今天超越昨天、明天又超越今天的历史运动中前进的。这是自然界和人世间的一般规律。要不拘一格地选用年轻人，努力从学习、工作、体制、政策、环境等方面创造条件，让年轻英才不断涌现出来。这应该成为我们推动科技创新、知识创新和其他各方面创新的重要指导思想。年轻人风华正茂，思维敏捷，接受新事物快，富有创造精神，但一定要牢固树立科学精神，刻苦钻研科学知识，一定要有把自己的青春和智慧奉献给祖国和人民的远大志向。这样才能大有作为。年长的同志要热情帮助并真诚提携年轻的同志，鼓励他们赶上和超过自己，不要怕年轻人超过自己。“江山代有才人出”〔5〕。惟有英才不断涌现，我们的事业才能始终充满发展的活力。

注　释

〔1〕参见邓小平《中国必须在世界高科技领域占有一席之地》(《邓小平文选》第3卷，人民出版社1993年版，第279页)。

〔2〕见恩格斯《马克思墓前悼词草稿》，新的译名是《马克思墓前讲话草稿》。新的译文是：“如果什么地方有了新的科学成就，不论能否实际应用，马克思比谁都感到莫大的喜悦。但是，他把科学首先看成是一个伟大的历史杠杆，看成是按最明显的字面意义而言的革命力量。而且他正是在此意义上，并为此目的，运用他所掌握的渊博的知识，特别是有关历史的一切领域的知识。”(《马克思恩格斯全集》第25卷，人民出版社2001年版，第592页)

〔3〕见本书第二卷《创新的关键在人才》。

〔4〕见唐代孟浩然《与诸子登岘山》。

〔5〕见清代赵翼《论诗(其二)》。原文是：“江山代有才人出，各领风骚数百年。”

加紧培养适应新世纪要求的中青年领导干部*

（二〇〇〇年六月九日）

不断培养造就中青年领导干部，始终是我们党的一项战略任务。毛泽东同志、邓小平同志都把这项工作放在关系党的事业兴旺发达和几千万烈士用鲜血换来的红色江山永不变色的高度来认识和强调。全党同志必须认清当前国内外形势的新情况新特点，认清我们党在新的世纪所要完成的繁重任务，认清我们党的建设的实际状况，从而进一步认识到培养造就一大批适应新世纪要求的中青年领导干部的极端重要性和紧迫性。

当前，党的干部队伍又处在一个新老交替的重要时期。党的十一届三中全会以来，我们按照革命化、年轻化、知识化、专业化的要求，采取积极措施，培养选拔了大批优秀年轻干部。我们这一届政治局的同志，基本上都是当年从中央部门和地方上比较年轻的同志中选拔出来的。现在，各部门各地区的领导干部都是在八十年代或九十年代从当时比较年轻的同志中选拔出来的。与二十年前相比，我们干部队伍的平均

* 这是江泽民同志在全国党校工作会议上的讲话。

年龄降下来了，文化程度提上去了，有了很大变化。这几年和今后几年新老干部交替的数量比较大。不仅新中国成立前成长起来的干部，而且“文化大革命”前党培养出来的干部，都将陆续退下来，一大批“文化大革命”后成长起来的年轻干部要走上更重要的领导岗位。这项新老交替的工作一定要做好。邓小平同志曾经深刻地指出：“政治路线确立了，要由人来具体地贯彻执行。由什么样的人来执行，是由赞成党的政治路线的人，还是由不赞成的人，或者是由持中间态度的人来执行，结果不一样。”〔1〕问题的关键是，我们选人要力求选得准，选上来后培养、帮助和监督工作要抓得很紧。选拔培养中青年领导干部的问题，我想得很多。这个问题如果解决得不好，我们就难以向毛泽东同志、邓小平同志和革命先辈们交代，难以向党和人民交代。

一九三八年，毛泽东同志曾经指出：“中国共产党是在一个几万万人的大民族中领导伟大革命斗争的党，没有多数才德兼备的领导干部，是不能完成其历史任务的。”“政治路线确定之后，干部就是决定的因素。因此，有计划地培养大批的新干部，就是我们的战斗任务。”〔2〕现在，我们党在一个有十二亿六千万人口的大国中执政，要在复杂的国内外形势下带领全国各族人民推进艰巨的现代化事业，没有一大批德才兼备的领导干部，肯定是不行的。当今和未来的国际竞争，从根本上说是人才竞争。这种人才竞争是全面的，包括领导人才在内的各个方面、各个层次的人才，都面临着各种竞争和斗争的检验和考验。历史和现实都表明，一个政党，一个国家，能不能不断培养出优秀的领导人才，在很大程度上决定着这个政党、这个国家的兴衰存亡。中国的社会主义事业能不能巩固和发展下去，中国能不能在未来激烈的国际竞争中始终强盛不衰，关键就要看我们党能不能不断培养造就一大批高素质领导人才。如果这个问题解决得不好，我们就难以在新世纪里经受住各种风险的考验，难以实现党和国家既定的奋斗目标。全党同志都要从这样的政治高度来认识培养优秀中青年领导干部的重大意义，紧迫地而不是松懈地、认真地而不是敷衍地按照中央的要求把这项工作抓紧抓好。

今年二月，我在广东考察工作时提出，各级党组织和全党同志都应该按照"三个代表"要求，全面加强和改进党的建设，使我们党永远立于不败之地，永远得到全国各族人民的衷心拥护并带领人民不断前进。我提出这个问题，是经过了长时期思考的。在实行改革开放和发展社会主义市场经济的条件下，建设什么样的党、怎样建设党，是一个重大现实问题，直接关系到我们党和国家的前途命运。党的十四届四中全会和十五大提出的党的建设新的伟大工程，就是回答这个问题的。我们在加强和改进党的建设上已取得了一些新的经验。我感到，我们要坚持毛泽东同志、邓小平同志关于党的建设的理论和一系列重要思想，集中起来最重要的，就是要在思想上、行动上坚持做到这"三个代表"。这是我们党的立党之本、执政之基、力量之源。

希望全党同志特别是高级干部要结合"三个代表"要求，认真回顾我们党的奋斗历程，认真思考我们党在长期实践中取得的正反两方面历史经验，特别要认真思考改革开放以来我们党为什么能够经受住国内外各种风险考验的基本经验，思考怎样解决我们党内存在的问题、更好地带领人民完成跨世纪发展的任务。把这些问题想好了，思路和工作方向都明确了，加强新时期党的建设，培养造就一大批中青年领导干部的工作，就可以做得更好。

我们党是在日益复杂的国内外环境中履行执政职能、制定各项政策和开展各项工作的。我们在前进道路上不可能一帆风顺，必然会遇到来自国内外的各种困难和风险。远的不说，只要看一看党的十五大以来这两年多时间，我们就遇到了亚洲金融危机和严重洪涝灾害的考验，发生了美国悍然轰炸我国驻南联盟大使馆〔3〕、“法轮功”邪教组织聚众闹事、李登辉〔4〕抛出分裂祖国的所谓“两国论”以及主张“台独”的陈水扁〔5〕在台湾地区选举中当选等重大事件。可以说，形势常常是变幻莫测、不以我们的意志为转移的。这些突发事件发生了，我们就要去应对和处理。这些年来，我们积累了一条重要经验：形势越复杂，任务越繁重，斗争越尖锐，我们就越要坚持邓小平理论和党的基本路线、基本纲领、基本方针，坚定不移地集中精力把经济建设搞上去，坚定不移地为实现党在社会主义初级阶段的总目标、总任务而不懈奋斗。不论发生什么事情，这些基本的东西都不能变。这就是我们的主心骨。有了这个主心骨，我们就能“任凭风浪起，稳坐钓鱼船”，真正做到抓住机遇而不丧失机遇，开拓进取而不因循守旧。各级领导干部都要从思想上、理论上牢固地确立这些基本的东西，从而在处理纷繁复杂的问题时有一个主心骨。培养中青年领导干部，必须让他们明确这一点，任何时候都要毫不动摇地坚持这些基本的东西。要注意让中青年领导干部在各种重大斗争中经受风浪的考验。凡是在重大斗争和突发事件中能够保持清醒头脑、站稳脚跟，并组织和带领群众战胜困难的人，就应该予以重用或重点培养。总之，要努力培养出一大批政治上坚定、具有抵御各种风险的能力、善于驾驭复杂局面的优秀年轻干部。

在培养中青年领导干部这项重大任务中，党校应该也完全可以发挥重要作用。党校工作是党的事业的重要组成部分，搞好党校教育对于党和国家的发展具有现实和长远的重要意义。各级党校的工作，都要自觉同党和国家的大局联系起来。各级党校的同志都要从国内外形势的发展和党的建设的实际要求出发，兢兢业业地做好工作，为培养中青年领导干部多作贡献。

建设好我们的党，首先要提高党的各级领导干部的思想政治素质，特别是要努力提高中青年领导干部的思想政治素质，使之成为忠诚于马克思主义、坚持走有中国特色社会主义道路、会治党治国的新一代政治家。广大中青年干部是我们党和国家的希望，代表着我们党和国家的未来。培养中青年领导干部的工作，不仅要抓紧，而且要抓好。在这个问题上，我们一定要十分清醒、十分坚定。

第一，要大力加强中青年领导干部的党性修养，使他们始终坚持全心全意为人民服务的根本宗旨。广大中青年领导干部要通过对党的历史和马克思主义党建理论的系统学习，通过党性党风教育，不断提高自身的政治素质。最重要的是要树立全心全意为人民服务的思想，一辈子始终不渝。党的事业需要中青年干部，当干部总得有一定的岗位和权力，但中青年干部自己不能整天想着当大官，而应该多想想怎么为党和人民干一番事业。有的人整天想着升官，最后发展到跑官、要官、买官，这是根本违背党的宗旨的。这种歪风邪气，必须坚决制止。党和人民殷切希望广大中青年领导干部自觉加强党性修养，要胸有大志，脚踏实地，诚心诚意为人民谋利益；要牢固树立正确的世界观、人生观、价值观，严以律己，以身作则，经得起权力、金钱、美色的考验，坚决抵制各种腐败行为和错误思潮；要坚持发扬民主，密切联系群众，勇于开展批评和自我批评，坚决反对官僚主义、形式主义，做一名党的好干部、人民的好公仆。

第二，要大力拓宽中青年领导干部的视野，使他们善于观察世界大势和正确把握时代要求。我们党在创立的时候，就是由一批先进的知识分子，传播马克思列宁主义，并努力把马克思列宁主义这一最先进的思想同工人阶级这个中国最先进阶级的斗争实践结合起来，代表着中国和世界进步的时代潮流。中国共产党在中国各族人民的心目中，总是社会进步的象征、民族兴盛的希望。党的十一届三中全会以来，我们党在邓小平理论指导下，坚持解放思想、实事求是的思想路线，深刻总结我国和其他国家建设社会主义的历史经验，适应时代进步的潮流，大胆地进行改革开放，以宽广的胸怀学习和借鉴世界各国包括资本主义国家创造的一切进步成果，领导全国人民开创了建设有中国特色社会主义的新局面。在世界社会主义遭受严重挫折的时候，我们党能够继续执政和发展，社会主义在中国能够充满新的生机，这是一个重要原因，也是一条宝贵经验。全党同志特别是中青年领导干部务必加强学习和实践，使自己具有开阔的视野，学会敏锐地观察世界政治、经济、科技、文化等各种变化，始终走在时代发展、改革开放和现代化建设的前列。历史上，不看世界发展的大势，固步自封，作茧自缚，导致国家和民族衰亡的例子比比皆是。例如，清朝从一六四四年到一九一一年共延续了二百六十八年。从一六六二年到一七九五年是史称的“康乾盛世”。在这个时期，中国的经济水平在世界上是领先的。乾隆末年，中国经济总量居世界第一位，人口占世界三分之一，对外贸易长期出超。也正是在这一时期，西方发生了工业革命，科学技术和生产力快速发展。但是，当时的清朝统治者却不看这个世界的大变化，夜郎自大，闭关自守，拒绝学习先进的科学技术。最后，在短短一百多年的时间里，就大大落后于西方国家，直至在西方列强的坚船利炮面前不堪一击。这个历史教训刻骨铭心啊！我们现在这代中青年领导干部是在改革开放的环境中成长起来的，总的说来，具有知识比较广博、视野比较开阔、思想比较活跃等优点。但是，这并不等于就已经对世界发展的大势和时代进步的原因具备了科学的认识，还需要在刻苦学习和工作实践中不断提高。党校在培训中青年领导干部时，要使他们对当代世界经济、政治、科技、法制、军事等有较深刻的了解和把握，努力培育他们的世界眼光，使他们不断增强对世界的了解和分析判断能力。这一点十分重要。

第三，要大力培养中青年领导干部的战略思维能力，使他们善于从实际出发不断研究解决改革发展稳定中的重大问题。我们党高度重视理论学习和研究，就是为了用正确的理论去指导实际问题的解决。坚持理论联系实际，注重研究带全局性的战略问题，是我们党的优良传统。我们现在家大业大，工作头绪多、任务重，面临的问题十分复杂，而且层出不穷。如果我们的领导干部对理论学习不重视，对重大实际问题不进行战略性思考和研讨，是很难做好领导工作的，而且是很危险的。党的十五大号召全党同志，一定要以我国改革开放和现代化建设的实际问题、以我们正在做的事情为中心，着眼于马克思主义理论的运用，着眼于对实际问题的理论思考，着眼于新的实践和新的发展。这项任务十分重要，我们做得还很不够，要大大加强起来。如果我们各级领导干部包括中青年领导干部都能坚持这样做，并不断取得新的成绩，我们党的事业和各项工作就能不断开拓新的境界。党校要按照这个要求来培养中青年领导干部，通过一系列调查研究和战略问题研讨，帮助他们增长研究解决重大现实问题的才干，养成对重大现实问题进行战略思考的能力。

第四，归根到底，要大力提高中青年领导干部的理论素养，使他们真正掌握马克思主义的立场、观点、方法。马克思主义是科学，是我们的思想政治信仰。马克思主义传入中国以来，在同中国实际相结合的过程中实现了两次历史性飞跃，产生了毛泽东思想、邓小平理论两大理论成果。马克思列宁主义、毛泽东思想、邓小平理论是一脉相承的统一的科学体系，是我们党的指导思想。邓小平理论对于解决当代中国社会主义的前途命运问题具有直接的指导意义。经过这几年持续深入开展的理论武装工作，全党对邓小平理论的学习取得了一定的进步，但不能估计过高。现在四十岁上下的年轻干部，一般都接受了马克思主义和党的优良传统的教育，但还不够系统、扎实。他们对中国的历史和现状有不少了解，但还不够深入、广泛。他们也经受了一定的党内生活和社会实践的锻炼，但还不够全面、严格。也就是说，这一代年轻干部，还缺乏马克思主义基本理论的扎实功底，缺乏对中国历史和现实的系统了解，缺乏党内生活和艰苦环境的严格锻炼。缺什么就要补什么。理论知识、历史知识可以通过书本学习来获得，品格、意志的锻炼主要靠在艰苦的实践中去解决。努力提高各级领导干部特别是中青年领导干部的马克思主义理论水平，是党的事业不断开拓前进的必然要求，也是中青年领导干部自身成长的必然要求。党校要始终把马克思列宁主义、毛泽东思想、邓小平理论作为各门课程的理论基础。要重点学习《邓小平文选》，学习党的十一届三中全会以来党和国家的重要文献，同时精读马克思、恩格斯、列宁和毛泽东同志的重要著作。要使领导干部既能够始终坚持并正确运用马克思主义基本原理，又能够不断吸取新经验新思想，不断增强科学精神和创新精神，敢于和善于创造性地开展工作。各级领导干部特别是中青年领导干部都具备了这样的理论素养，我们未来的事业就大有希望了。

全党同志特别是高级干部，要有战略眼光，要有老一辈无产阶级革命家的那种高瞻远瞩和宽阔胸襟，切实把培养造就一大批适应新世纪要求的中青年领导干部这项重大政治任务完成好。作出了党和人民满意的工作业绩，培养了党和人民放心的接班人，我们才算完成了自己的历史使命。这方面的工作，中央已经作出了部署，大家都要认真贯彻落实。这里，我要强调三点。

第一，选人不拘一格，用人用其所长。这是古今中外成功的用人之道。选拔中青年领导干部，要解放思想，坚决破除论资排辈、求全责备、迁就照顾等陈旧落后的观念，不拘一格选人才。选拔干部当然要讲台阶、论资历。必要的台阶和资历是干部积累领导经验所需要的。但是，千万不能搞形式主义、千篇一律，应该是讲台阶而不抠台阶，论资历而不唯资历。如果台阶过细过繁，太看重资历，优秀人才怎么脱颖而出？年轻人肯定有缺点和不足。看人要看大节、看主流、看发展，不能求全责备。有缺点和不足，关键是要帮助他们改正和弥补。改正和弥补了，就好。用人用其所长，就是要扬长避短，善用他的特长，把他放到最适合于发挥他的优势的岗位上。这对干部本人、对党的事业都有好处。用非所长，对干部本人、对党的事业都是一种损失。通才和全才毕竟是少数。但是，我们的高级干部，特别是各地区各部门的主要负责人，是负责全面工作的，他们的知识和才干应该力求全面，既懂自然科学知识，又懂社会科学知识，既有丰富的书本知识，又有丰富的实践经验，这样才能把全面的领导工作担当好。任用干部，要坚持德才兼备的原则。具有坚定的政治立场和信念，具有真才实学和开拓精神，这些都是基本要求。但是，德和才都不是抽象的，而是具体的。衡量一名干部是否符合德才标准，既要看本人素质，更要看工作实绩。我国有十二亿多人口，我们党有六千三百多万党员，各类干部有四千一百多万人，人才肯定是有的，关键看我们的工作做得怎么样。要大力拓宽知人识人渠道，搞五湖四海，走群众路线。我们的原则应该是：坚持任人唯贤，反对任人唯亲；既要德才兼备，又不求全责备；既要坚持标准，又要不拘一格。要不断深化干部人事制度改革，形成干部能上能下的机制，用制度为优秀年轻干部脱颖而出、健康成长创造良好的环境和条件。

第二，中青年领导干部的健康成长，自身努力是内因，党组织培养是外因，内因与外因要紧密结合。培养，在干部的成长过程中有着重要作用。一些好的苗子，如果我们没有及时发现，并有计划地进行培养锻炼，也可能就自生自灭了。对于看准了的、有发展潜力的苗子，一定要精心加以培养。培养不是溺爱，也不能拔苗助长，而是要真正让年轻干部在工作实践中得到艰苦的磨炼，增长才干和胆识。培养有多种方式。理论教育和学习是培养，基层锻炼是培养，使用也是培养，而且是更重要的培养。一名领导干部的思想水平、工作能力和领导才能，需要在领导工作的实践中形成。没有一定的领导岗位这个舞台，领导才能就无法提高，也难以真正考察和识别干部。对那些基本素质具备的中青年干部，要大胆放到相应的领导岗位上去。实践证明，把年轻干部放到一些关键岗位、艰苦环境和情况复杂、矛盾突出、困难较多的地方去培养锻炼，对他们的提高和成熟很有好处。凡是在这些地方和岗位作出实绩的，就继续提拔使用。不愿到困难的地方去，或去了干不出成绩，就不是优秀干部，就不能提拔重用。领导干部必须经受考验。年轻干部如果不知艰苦，不经过摔打，很可能就成为温室里的花朵，是经不起什么风浪的。从积累领导经验的角度讲，使用是最好的培养，是提高和识别干部的最好方法。

第三，我们从事的事业是空前广大的，需要的人才是多方面的。政治、经济、文化、科技、教育、军事、外交等各方面工作，都需要大批高素质的中青年领导干部。无论从事什么工作的干部，政治上必须合格。在这个前提下，还必须具备所从事工作的专长。比如说，加强农业基础地位，推进科技兴农，带领农民群众致富奔小康，就需要善于做新时期农业、农村、农民工作的人才；推进两个根本性转变，推进经济结构的战略性调整，搞好国有企业，就需要熟悉宏观经济、熟悉企业工作、善于驾驭市场的人才；进行对外开放，加入世界贸易组织，把“引进来”和“走出去”有机结合起来，就需要懂得国际经济、了解国际经济法、熟悉国外市场情况的人才；开展外交工作，维护我国的主权、安全和利益，就需要能够坚持党的外交方针政策、善于开展国际交往和斗争的人才；维护祖国统一，反对“台独”，加强做台湾人民的工作，就需要了解台湾情况、熟悉台湾民情又善于开展对台工作的人才；迎接世界新军事变革的挑战，加强军队革命化、现代化、正规化建设，就需要政治思想素质过硬、懂得现代军事的人才；如此等等。总之，党和人民的事业需要的人才是多方面的、全方位的，对不同领域人才的要求及其成长规律也是不同的，做好优秀中青年领导干部的培养选拔工作，要针对不同部门、不同工作的特点来进行。要努力形成各方面人才百舸争流、各显其能的局面。一批批优秀中青年领导干部茁壮成长，才能得到充分发挥，我们的事业才有不断成功的把握。

我以上说的三点，也可以用前人的三句诗来表述：第一句是龚自珍〔6〕的“我劝天公重抖擞，不拘一格降人才”；第二句是郑板桥〔7〕的“千磨万击还坚劲，任尔东西南北风”；第三句是朱熹〔8〕的“等闲识得东风面，万紫千红总是春”。就是说，培养中青年领导干部，一要不拘一格，二要加强磨炼，三要人才辈出。

通过党校和各种类型的干部学校培训干部，是培养和提高干部的重要途径。我们党成立之初，就曾建议和帮助孙中山创办黄埔军校，并提议以国共合作的形式举办农民运动讲习所，为当时的国民革命培养干部。后来，我们党又创办过红军大学、抗日军政大学等，一直到延续至今的党校。党通过这些学校培养了大批治党治国治军的人才。一九四三年八月八日，毛泽东同志在中央党校第二部开学典礼上讲话指出："我们办党校，就是要使我们同志的政治水平和理论水平提高一步，使我们党更加统一。"这次中央制定了《关于面向二十一世纪加强和改进党校工作的决定》，进一步明确党校教育是全国各级党政领导干部培训轮训的主渠道，明确党校要深化教学改革以全面提高领导干部的素质，等等。各级党委要认真贯彻落实这个决定，加强对党校工作的领导，充分发挥好党校在培养中青年领导干部中的作用。

我建议各级党委的主要负责同志，不妨到党校多走走，讲讲课，开开座谈会，参加一些重要问题的研讨。我到中央工作以来，多次到中央党校开会作报告。中央在中央党校举办了多次省部级主要领导同志参加的研讨班，我都同大家进行了座谈并发表了意见。这不仅有利于同大家沟通信息、统一思想，对我自己也是一种学习和提高。各级党委的主要负责同志给大家讲讲课，把自己的经验、想法和思考的问题与大家交流交流，有利于年轻干部的成长。各级党委要帮助党校解决一些实际问题，为加强党校的教师和干部队伍的思想政治业务建设、加强教学手段和基础设施的现代化建设积极创造条件。各级党校都要坚持从严治校，加强教学和学员的管理，不断提高教师的素质和教学质量。

许多同志都反映，脱产到党校学习一段时间很有必要，也很有收获，但在时间安排上，学习和工作难免会存在一些矛盾。解决这个问题，还是要靠各级党委。我们正处在一个重要的历史时期，改革和建设的任务千头万绪，不学习就会落后于时代进步的潮流，也会落后于人民群众。为了做好党的工作，每一名领导干部都必须学习、学习、再学习。各级党委都要从党的事业的大局来考虑干部的学习问题，合理安排好工作和学习的时间，保证中青年领导干部到党校进行脱产培训轮训。干部在党校学习的状况，应该作为干部选拔使用的重要依据，把对干部的培训轮训与对干部的使用结合起来。这一工作，坚持下去，必有好处。

我衷心希望，各级党校不断为党的事业作出新的贡献。

注　释

〔1〕见邓小平《思想路线政治路线的实现要靠组织路线来保证》(《邓小平文选》第 2 卷，人民出版社 1994 年版，第 191 页)。

〔2〕见毛泽东《中国共产党在民族战争中的地位》(《毛泽东选集》第 2 卷，人民出版社 1991 年版，第 526 页)。

〔3〕一九九九年三月二十四日，以美国为首的北约武装干涉南斯拉夫联盟共和国内部事务，发动了科索沃战争。五月七日二十三时四十五分(北京时间五月八日五时四十五分)，从美国本土空军基地起飞的美军战略轰炸机用五枚导弹从不同角度袭击了中国驻南联盟大使馆，导致我三名新闻记者牺牲，二十多名使

馆人员受伤，馆舍严重毁坏。事件发生后，中国政府向以美国为首的北约提出四点严正要求：(一)公开正式向中国政府、中国人民和中国受害者家属道歉；(二)对北约导弹袭击中国驻南斯拉夫联盟共和国大使馆事件进行全面彻底的调查；(三)迅速公布调查的详细结果；(四)严惩肇事者。在中国人民强烈抗议和中国政府严正交涉下，美国政府作出公开正式道歉并赔偿，但始终坚持“误炸”的说法，未能对事件真相作出令人信服的解释。

〔4〕李登辉，一九二三年生，台湾台北县人，祖籍福建永定。一九八八年至二○○○年任中国国民党主席、台湾当局“总统”。他背离一个中国原则，进行制造“两个中国”、“一中一台”的分裂祖国的活动，支持纵容“台独”分裂势力，一九九九年七月公然抛出将台湾海峡两岸关系歪曲为“国家与国家，至少是特殊的国与国的关系”的“两国论”分裂主张。二○○○年下台后，继续鼓吹“台湾建国”，大肆进行“台独”分裂活动，成为极端“台独”分裂势力的总代表。二○○一年，被中国国民党开除党籍。

〔5〕陈水扁，一九五一年生，台湾台南县人，祖籍福建诏安。一九八七年加入民主进步党。二○○○年起任台湾当局“总统”。二○○二年至二○○四年任民主进步党主席。长期进行“台独”分裂活动，坚持“台湾是一个主权独立的国家”的分裂立场，反对一个中国原则，鼓吹“台湾与大陆一边一国”、“中华民国是台湾”等分裂主张，图谋通过“宪政改造”和“公民投票”，制定“台湾新宪法”，使台湾“成为正常、完整的国家”。

〔6〕龚自珍(一七九二——一八四一)，清代浙江仁和(今浙江杭州)人。清代思想家、文学家。本文引语见龚自珍《己亥杂诗(其一二五)》。

〔7〕郑板桥，即郑燮(一六九三——一七六五)，清代江苏兴化(今江苏兴化)人。清代书画家、文学家。本文引语见郑燮《竹石》。

〔8〕朱熹(一一三○——一二○○)，南宋徽州婺源(今江西婺源)人。南宋哲学家、教育家、文学家。本文引语见朱熹《春日》。

扎扎实实搞好
西部大开发这项世纪工程*

（二〇〇〇年六月二十日）

进行西部大开发，加快中西部地区发展，是党中央在国际形势发生新的变化、我国经济进入一个新的发展时期作出的重大决策。从国际环境看，经济全球化趋势加快发展，科技进步日新月异，世界经济正在进行大的结构调整，国际竞争日益激烈。从国内形势看，经过二十多年的改革和发展，我国相继实现了现代化建设的第一步和第二步战略目标。经济增长逐渐由过去的数量扩张型变为质量效益型。同时，也出现了新的矛盾和问题：主要产品产量已基本满足市场需要，需求不足成为制约经济增长的主要矛盾；经济结构、产业结构、城乡结构不合理的问题日益突出，影响着经济效益和竞争能力的提高；农民收入增长缓慢，农业基础需要进一步巩固和加强；区域性生态环境保护任务艰巨，人口、资源、环境的压力日益增大；地区经济发展差距拉开，中西部贫困地区和边远民族地区亟待加快发展。我们要向第三步战略目标不断迈进，必须继

* 这是江泽民同志在兰州主持召开西北地区党建工作和西部开发座谈会时讲话的一部分。

续深化改革，扩大开放，推进两个根本性转变，加快经济结构的战略性调整，增强经济发展的后劲。实施西部大开发，将为二十一世纪我国经济发展开拓新的广阔空间，是保持我国经济持续快速健康发展的重大战略措施。西部大开发创造出的大量投资机遇，将有力地增强对经济增长的拉动；西部地区[1]优势资源的开发和东送，将为中部和东部地区的发展提供有力的支撑；中西部地区人民群众收入水平的提高，将创造巨大的市场需求。加强国内经济联合，进一步促进生产力的合理布局，使东、中、西部地区形成各具特色、优势互补的经济，将大大提高我国的生产社会化水平和经济效益、竞争能力，有利于我们更好地凝聚全国力量参与国际竞争和拓展国际市场。

西北地区是中华民族和中华文明的重要发祥地。西北地区也是古代中华文明与世界文明的重要交汇处。古丝绸之路作为中外经济文化交流的重要渠道，对中华文明和世界文明的发展都曾作出了重要贡献。现在，西部地区人口约占全国的百分之二十三，国土面积约占全国的百分之五十七。有五十个少数民族聚居在西部地区，占我国少数民族总人口的百分之五十。我国的陆地边界，西部地区占了百分之五十七点三。因此，加快西部地区发展，对于我国未来的繁荣昌盛和长治久安，具有极其重大的意义。全党同志和全国人民都要从实现社会主义现代化的战略目标、维护国家统一和稳定、逐步达到社会主义共同富裕和实现中华民族伟大复兴的高度，深刻认识西部大开发确系战略之举，确系百年大计、千秋功业。希望大家抓住机遇、团结奋斗，扎扎实实把西部大开发这项世纪工程搞好。

当前，广大干部群众热情很高，对西部开发、改变现状充满了希望。各级党委和政府一定要把人民群众的积极性引导好、保护好、发挥好，使之成为西部大开发的强大动力。要因势利导，讲求实效，充分认识和运用我们在长期经济建设中取得的有益经验，认真按经济规律和科学规律办事，推动西部大开发有序、快速、高效地展开。

第一，要把西部开发的紧迫感与长期奋斗的思想结合起来。“天下难事，必作于易；天下大事，必作于细。”〔2〕这是成就事业的一条重要经验和一般规律。西部大开发也应该这样去做。西部地区面貌的根本改变，需要许多代人持续努力，不可能毕其功于一役。我们必须充分做好长期艰苦奋斗的思想准备，同时又要有只争朝夕的精神。在整个西部大开发的实施过程中，都要坚持立足当前、着眼长远、量力而行、逐步推进的方针。既要有长远蓝图，又要制定阶段性目标和任务，并使每个阶段的目标相互衔接，稳步前进。力争用五年到十年时间，使西部地区基础设施和生态环境建设有明显进展，加快资源优势向经济优势转化的进程，初步形成具有西部特色的地区经济，使西部与东、中部地区差距扩大的趋势得到控制。总之，要在促进西部地区的经济繁荣、社会进步、民族团结和山川秀美上有一个新的良好开局。

第二，要把突出重点与全面发展结合起来。西部地区幅员辽阔，开发不可能全面铺摊子。要坚持有所为有所不为，搞好科学规划，选准实施重点，集中财力物力解决一些关系西部发展全局的重大问题，以带动西部开发的全局。要切忌大呼隆，切忌一刀切，切忌做表面文章。要选择现有经济基础较好、人口较为密集、沿交通干线和城市枢纽的一些地区，作为开发的重点区域。以线串点，以点带面，依托欧亚大陆桥、长江黄金水道和西南出海通道，促进西陇海经济带、长江上游经济带和南贵昆经济带〔3〕的形成，在这些交通干线上重点发展一批中心城市，带动周围地区发展。要把基础设施、生态环境、特色经济和农业、科技和教育作为重点发展领域。要坚持把水资源的合理开发和有效利用放到突出位置，大力推进农业节水灌溉和工业循环用水。西部地区旅游资源得天独厚，要加快发展步伐。要根据各地实际，通过调整，形成合理的产业结构，重视发展劳动密集型产业，并根据条件和可能发展资金技术密集型产业。在搞好国有企业改革和发展的同时，重视发展非国有企业。

第三，要把经济效益与社会效益结合起来。要根据西部各地的经济优势，选好投资项目，努力提高经济效益，同时在开发和建设中要高度注重社会效益和生态效益。在项目决策时，就要考虑对社会和环境发展的作用。西部地区是保障国家生态安全的要害地区，但目前生态环境十分脆弱。搞好西部地区特别是长江、黄河源头和上游重点区域的生态建设，对于改善全国生态环境、实施可持续发展战略具有重要作用。要加强生态环境保护和建设，实施天然林资源保护工程，绿化荒山荒地，对坡耕地有计划有步骤地退耕还林还草，为实现山川秀美而不懈努力。

第四，要把西部开发与东、中部地区发展结合起来。要继续贯彻邓小平同志“两个大局”〔4〕的战略思想。在加快中西部地区发展的同时,继续发挥东部地区在全国经济发展中的带头作用。东部地区要充分利用有利条件,增创新优势,更上一层楼,有条件的地方应该率先基本实现现代化。现在,东部沿海地区相当一部分劳动力、资金、技术,需要寻找新的发展空间。西部地区幅员辽阔,自然资源丰富,潜在市场巨大。东部地区要积极探索形成与中西部地区互惠互利的合作机制,通过各种方式帮助和支持中西部地区加快发展。要加大东部地区与西部地区对口支援的力度,鼓励东部地区的优势企业到西部地区投资办厂,参与开发。中部地区要充分发挥承东启西的区位优势,加快发展。西部各省区市要加强交流,搞好经济协作和联合建设,以利局部与全局正确结合,充分发挥西部开发的整体优势。要适应发展市场经济的新条件,努力形成我国东、中、西部地区相互支持、相互促进、协调发展的良好格局。

第五,要把发挥市场作用与实施宏观调控结合起来。在发展社会主义市场经济的条件下,资源配置方式、经济运行机制、发展经济的内外环境都发生了很大变化。西部开发要适应这种变化,工作、政策、举措、体制等都要适应市场要求,符合经济规律,发挥市场对资源配置的基础性作用,以保证各种资源充分发挥效益。通过培育市场、规范市场秩序和创造各种条件,吸引资金、技术等生产要素进入西部地区,特别要促使企业成为投资主体。教育、文化、卫生、体育、环境保护等事业,也可以合理引入市场机制。同时,要切实转变政府职能,提高办事效率,加强和改善宏观调控,通过经济、政策、法律等手段,为西部地区经济发展和公平竞争创造良好的环境。西部各省区市还要立足本地实际，发挥自身优势，提高对外开放的水平，把“引进来”和“走出去”很好地结合起来，充分利用国内国外两个市场、两种资源。

第六，要把国家和各方面的支持与自力更生、艰苦奋斗结合起来。西部大开发具有重大的经济意义和政治意义，国家必须予以重点支持。国家要制定支持西部开发的财税、金融、外资外贸、吸引人才和科技教育等方面政策。加大对西部地区财政转移支付的力度，扩大西部地区公共投资规模。国家预算内投资、国债资金、国外优惠贷款继续向中西部地区倾斜。各部门各地区都要积极支持西部地区的开发和建设。西部地区广大干部群众要大力发扬自力更生、艰苦奋斗的精神，把西部开发建立在依靠自己力量的基点上。要引导干部群众认真分析并善于发挥自己的优势，努力提高西部产业、产品的市场竞争力。要在不断开拓创新中，形成地区自我发展的良性机制，走出一条西部开发的新路子。

第七，要把推进经济发展与实现社会全面进步结合起来。在实施西部大开发的整个过程中，都要始终既重视物质文明建设又重视精神文明建设，既重视经济发展又重视社会发展，使物质文明建设和精神文明建设相得益彰、相互促进。要加快发展教育、科学、卫生、体育等各项事业，特别要抓好九年义务教育，全面提高各族群众的思想道德素质和科学文化素质。要发挥民族地区文化资源的优势，弘扬优秀民族文化，积极发展民族文化产业。要教育广大干部群众坚持解放思想、实事求是的思想路线，努力弘扬与发展社会主义市场经济相适应的思想观念，增强改革意识、竞争意识、开放意识，努力学习和运用先进的管理方法，为西部大开发提供思想保证和良好的社会环境。

注　释

〔1〕西部地区，在地理概念上指中国西北地区的陕西、甘肃、宁夏、青海、新疆五省区和西南地区的重庆、四川、贵州、云南、西藏五省区市。中央作出西部大开发的决策后，国务院于二〇〇〇年十月二十六日发出《关于实施西部大开发若干政策措施的通知》，明确了西部开发的政策适用范围包括西北、西南地区的十个省区市，还包括内蒙古和广西。国务院还先后批准，对湖南湘西土家族苗族自治州、湖北恩施土家族苗族自治州、吉林延边朝鲜族自治州等地区，在实际工作中比照有关政策措施予以照顾。

〔2〕见《老子》第六十三章。

〔3〕南贵昆经济带，指南（宁）、贵（阳）、昆（明）经济区，即南宁至贵阳、贵阳至昆明、南宁至昆明铁路沿线区域。

〔4〕"两个大局"，是邓小平提出的一个重要思想。一九八八年九月十二日，邓小平在听取关于价格和工资改革初步方案汇报时指出："沿海地区要加快对外开放，使这个拥有两亿人口的广大地带较快地先发展起来，从而带动内地更好地发展，这是一个事关大局的问题。内地要顾全这个大局。反过来，发展到一定的时候，又要求沿海拿出更多力量来帮助内地发展，这也是个大局。那时沿海也要服从这个大局。"见邓小平《中央要有权威》（《邓小平文选》第 3 卷，人民出版社 1993 年版，第 277—278 页）。

不断根据实践的要求进行创新*

（二〇〇〇年六月二十日）

创新是一个民族进步的灵魂，是一个国家兴旺发达的不竭动力，也是一个政党永葆生机的源泉。最近，我在两院院士大会上特别强调了在全党全社会大力弘扬科学精神的问题，也就是要使实事求是、探索求知、崇尚真理、勇于创新的精神在全党全社会大大发扬起来，推动党和国家的各项工作创造性地向前发展。

创新，包括理论创新、体制创新、科技创新及其他创新。二十多年来，我们党领导人民进行改革开放和现代化建设取得的伟大成就，都是与我们不断进行的理论创新、体制创新、科技创新等分不开的。邓小平理论的形成和发展，就是我们党在新时期坚持理论创新的集中体现和取得的最伟大的成果。其他一切创新都是在这种理论创新的指导下和推动、影响下进行的。现在，面对国际国内的新情况新问题，我们必须继续坚持以马克思列宁主义、毛泽东思想、邓小平理论为指导，坚持党的解放思想、实事求是的思想路线，一切从实际出

* 这是江泽民同志在兰州主持召开西北地区党建工作和西部开发座谈会时讲话的一部分。

发，紧跟时代发展的潮流，不断研究新情况、解决新问题、形成新认识、开辟新境界。

我们进行体制创新，就是要不断完善适应发展社会主义市场经济、全面建设有中国特色社会主义要求的各方面的体制。经过改革开放以来特别是党的十四大以来的不断探索和努力，我们已经初步建立了社会主义市场经济体制的基本框架，要使这种新的经济体制比较完善、比较成熟，还需要解决一系列深层次问题。公有制为主体、多种所有制经济共同发展的格局需要进一步从制度上加以完善，以建立现代企业制度为重点的国有企业改革需要有新的突破，规范的统一的全国市场有待进一步建立和完善，适应加入世界贸易组织要求的经济技术合作和竞争机制、按劳分配和按生产要素分配相结合的分配制度、多层次的社会保障体系、政府的管理体制和运行机制以及党和国家的领导体制等，都需要通过深化改革，进一步健全和完善。我们要继续加强调查研究，适应形势发展和社会主义现代化建设的要求，力争在经济体制和其他体制的创新方面作出新的成绩。

我们进行科技创新，就是要使科学技术成为我国跨世纪发展的强大推动力量。面对世界正在发生的深刻的新科技革命，我们必须抓住那些对我国经济、科技、国防、社会发展具有战略性、基础性、关键性作用的重大科技课题，抓紧攻关，自主创新。坚持有所为有所不为的方针，瞄准世界科技发展的前沿，力争在有条件的领域实现突破，力争在基础科学上有所发现、在技术上有所发明，努力实现我国科学技术的跨越式发展。

我们进行理论创新，就是要使我们党的基本理论在继承的基础上不断吸取新的实践经验、新的思想而向前发展。一九三七年七月，毛泽东同志在《实践论》中指出："通过实践而发现真理，又通过实践而证实真理和发展真理。从感性认识而能动地发展到理性认识，又从理性认识而能动地指导革命实践，改造主观世界和客观世界。实践、认识、再实践、再认识，这种形式，循环往复以至无穷，而实践和认识之每一循环的内容，都比较地进到了高一级的程度。这就是辩证唯物论的全部认识论，这就是辩证唯物论的知行统一观。"坚持马克思主义，最重要的就是要坚持马克思主义的科学原理和科学精神、创新精神，善于根据客观情况的变化，不断从人民群众的实践中吸取营养，不断丰富和发展理论，使理论更好地指导我们的工作。

马克思、恩格斯、列宁和毛泽东同志、邓小平同志，都为我们树立了理论创新的光辉典范。马克思、恩格斯广泛吸取前人的思想材料，深刻总结人类社会发展的客观规律，提出生产力和生产关系的矛盾运动推动人类社会不断前进、最终必然走向共产主义社会的科学结论，勇敢地批判和超越了亚当·斯密〔1〕、李嘉图〔2〕、黑格尔〔3〕、费尔巴哈〔4〕等人的学说，为无产阶级和全人类的解放运动创建了科学的指导思想。以后，他们又根据资本主义发展的新情况和工人运动的新实践，不断作出新的判断和理论解释。恩格斯在《一八九一年社会民主党纲领草案批判》一文中提出，由股份公司经营的资本主义生产已经不再是私人生产，而从股份公司进而来看那支配着和垄断着整个工业部门的托拉斯，那里不仅没有了私人生产,而且也没有了无计划性。按照马克思、恩格斯的设想,社会主义革命将在一些发达资本主义国家同时发生并取得胜利。列宁分析了帝国主义的经济政治特征及其基本矛盾,揭示了帝国主义经济政治发展不平衡的规律,提出社会主义革命可以在帝国主义的薄弱环节、在一个国家或几个国家首先获得胜利,并且领导十月革命取得了胜利。俄国革命基本胜利后,苏维埃俄国曾试图坚持实行没有商品货币关系、平均分配的战时共产主义政策。但是,后来列宁从实践中认识到,"用无产阶级国家直接下命令的办法在一个小农国家里按共产主义原则来调整国家的产品生产和分配"的做法脱离了实际,"现实生活说明我们错了"〔5〕。于是,列宁提出了新经济政策〔6〕,利用商品货币关系恢复和发展经济。毛泽东同志把马克思主义基本原理同中国革命具体实践相结合,创立了新民主主义革命理论,提出走不同于十月革命城市武装起义的由农村包围城市的武装斗争道路,指导中国革命取得了胜利。"文化大革命"结束后,邓小平同志以非凡的理论勇气,指导我们党坚持解放思想、实事求是,充分肯定了毛泽东同志的历史功绩,同时坚决纠正"以阶级斗争为纲"的错误,提出实行改革开放和现代化建设的新理论。邓小平同志结合我国改革和建设的实际,不断进行理论创新,提出的社会主义初级阶段、联产承包责任制、允许和鼓励一部分地区一部分人先富裕起来、建立经济特区、计划和市场都是经济手段、"一国两制"等一系列新思想,都是理论上的卓越创造,都是对马克思列宁主义、毛泽东思想的重大发展。大家可以思考一下,如果没有邓小平同志领导我们党坚持贯彻解放思想、实事求是的思想路线,坚持改革，锐意创新，我们党和国家的事业能有今天这样的大好局面吗？

马克思主义的发展史告诉我们一个深刻的道理：社会实践是不断发展的，我们的思想认识也必须不断前进，不断根据实践的要求进行创新。思想解放、理论创新，是引导社会前进的强大力量。我们始终要坚持以马克思列宁主义、毛泽东思想特别是邓小平理论为指导，这一点丝毫不能动摇。同时，我们也必须根据新的实践不断进行新的探索，不断为实践提出新的理论指导。党的十五大号召全党同志，一定要以我国改革开放和现代化建设的实际问题、以我们正在做的事情为中心，着眼于马克思主义理论的运用，着眼于对实际问题的理论思考，着眼于新的实践和新的发展。党的十五大还提出，坚持邓小平理论，在实践中继续丰富和创造性地发展这个理论，这是党中央领导集体和全党同志的庄严历史责任。全党同志都要把这项任务当作自己的神圣职责，集中全国人民的智慧，共同研究和回答关系我们党和国家事业发展全局的新的重大战略问题，保证我们党始终走在时代发展的前列，真正做到“三个代表”。

注　释

〔1〕亚当·斯密（一七二三——一七九〇），英国经济学家。英国古典政治经济学体系的建立者。主要著作有《国民财富的性质和原因的研究》（旧译《国富论》）、《道德情操论》等。

〔2〕李嘉图，即大卫·李嘉图（一七七二——一八二三），英国经济学家。英国古典政治经济学的完成者。主要著作有《政治经济学及赋税原理》等。

〔3〕黑格尔，即格奥尔格·威廉·弗里德里希·黑格尔（一七七〇——一八三一），德国哲学家。德国古典唯心主义的集大成者，辩证法大师，创立了欧洲哲学史上最庞大的客观唯心主义体系。主要著作有《精神现象学》、《逻辑学》、《哲学全书》、《法哲学原理》等。

〔4〕费尔巴哈，即路德维希·安德烈亚斯·费尔巴哈（一八〇四——一八七二），德国哲学家。德国古典哲学中唯物主义的代表。主要著作有《黑格尔哲学批判》、《基督教的本质》、《未来哲学原理》、《宗教的本质》等。

〔5〕见列宁《十月革命四周年》。原文是："我们计划（说我们计划欠周地设想也许较确切）用无产阶级国家直接下命令的办法在一个小农国家里按共产主义原则来调整国家的产品生产和分配。现实生活说明我们错了。"（《列宁选集》第4卷，人民出版社1995年版，第570页）

〔6〕新经济政策，指苏联从一九二一年由国内战争向和平建设转变时开始实行的向社会主义过渡的经济政策。这一政策代替了十月革命后一度实行的战时共产主义政策。主要内容是：用粮食税代替余粮收集制，大力发展商业，在一定限度内允许私营经济存在，在国营企业中实行经济核算制，取消劳动义务制，并以租让、租赁等形式发展国家资本主义。旨在利用商品货币关系，恢复、发展工业和农业，巩固工农业间的经济联系，逐步建立社会主义的经济基础。一九二九年以后，新经济政策逐步停止执行。一九三六年，苏联正式宣布建成社会主义，标志着这一政策最终结束。

巩固和加强社会主义的经济基础*

（二〇〇〇年六月二十日）

经济基础决定上层建筑，上层建筑又反过来对经济基础发生作用，这是马克思主义的基本原理。古往今来，任何国家政权都是建立在一定的经济基础之上的。在现代国家中，国家政权作为政治上层建筑，包括立法、行政、司法和军队、警察等机关，一定的阶级、一定的政党通过掌握它们来贯彻自己的路线方针政策，进行政治统治和社会治理。任何一个政权，都必须掌握一定的经济和物质力量，都需要有与之相适应的经济基础来提供这种经济和物质力量，否则便不能存在和发生作用。

西方国家在经济上实行资本主义市场经济，其企业和整个经济的组织、运行方式与社会主义国家不同，但西方国家政权通过税收、财政等手段掌握和支配着相当的经济和物质力量，运用法律手段调节和管制着其整个社会的经济生活。一九九八年，美国政府财政收入占到国内生产总值的百分之三十五，达到三万零六百一十亿美元。这一年，美国的军费总额

---

* 这是江泽民同志在兰州主持召开西北地区党建工作和西部开发座谈会时讲话的一部分。

达到二千七百多亿美元。没有这样的经济和物质力量，美国政府就难以进行政治统治和社会治理，也无法实施其内外政策。

在我国，中国共产党是执政党，领导人民行使国家权力。我们社会主义国家政权要有效运行，也必须掌握一定的经济和物质力量。新中国成立以来不断发展壮大的国有经济，是我们社会主义国家政权的重要基础。我国国有经济的发展，不仅对保证国民经济稳定发展、增强综合国力、实现最广大人民的根本利益具有重大意义，而且对巩固和发展社会主义制度、加强全国各族人民的大团结、保证党和国家长治久安具有重大意义。没有国有经济为核心的公有制经济，就没有社会主义的经济基础，也就没有我们共产党执政以及整个社会主义上层建筑的经济基础和强大物质手段。这一点，各级领导干部特别是高级干部必须有清醒的深刻的认识。

正是因为如此，我们一直强调要把国有企业搞好，把国有经济搞好。党的十五届四中全会专门就国有企业改革和发展作出了决定。我们这么重视搞好国有企业，就是要保证国有经济控制国民经济命脉、对经济发展起主导作用，就是要不断巩固和加强我们党执政和我们社会主义国家政权的经济基础。我说过，搞好国有企业改革和发展，不仅是一个重大的经济问题，而且是一个重大的政治问题，其道理就在这里。

党的十五大提出，公有制为主体、多种所有制经济共同发展，是我国社会主义初级阶段的基本经济制度。我们必须坚持社会主义公有制作为社会主义经济制度的基础，同时需要在公有制为主体的条件下发展多种所有制经济，这有利于促进我国经济的发展。社会主义公有制的主体地位绝不能动摇，否则我们党的执政地位和我们社会主义的国家政权就很难巩固和加强。只要坚持公有制为主体，国家控制国民经济命脉，国有经济的控制力和竞争力得到增强，在这个前提下，国有经济比重减少一些，不会影响我国的社会主义性质。这是正确的，也是符合实践发展要求的。当然，所谓比重减少一些，也应该有个限度、有个前提，就是不能影响公有制的主体地位和国有经济的主导作用。影响国计民生的重要大中型企业，必须掌握在国家手中。影响当地经济社会发展的大中型企业，省区市也必须掌握一批。对一般竞争性领域的小型企业，可以按照党的十五大精神，通过改组、联合、兼并、租赁、承包经营和股份合作制、出售等多种办法进一步搞活，但工作一定要全面，不能以偏概全。关键是要坚持建立现代企业制度的方向，深化改革，转换机制，增强国有企业的活力。在发展社会主义市场经济的条件下和国内外市场竞争日益激烈的情况下，搞好国有企业改革和发展，使国有企业始终充满活力，任务是十分艰巨的，绝非一朝一夕之功，需要我们付出巨大努力。在这个问题上，我们一定要有长远的战略眼光。

我一直在思考一个问题，就是如何既能使得我们党永葆生机和活力，确保我们几千万烈士用生命和鲜血换来的红色江山永不变色，又能把我国经济更快更好地搞上去。这个问题，希望大家一起来思考，一起来进行调查研究。中央提出领导干部要讲政治，就是要求领导干部要坚持正确的政治方向，坚持从党和国家的工作大局和长治久安来思考问题、开展工作。总之，希望各级领导干部特别是高级干部，始终注意全面、准确、完整地理解和贯彻落实党的路线方针政策及各项工作部署，把工作做得更好。

在中央思想政治工作会议上的讲话

（二〇〇〇年六月二十八日）

在中国共产党成立七十九周年前夕，中央召开思想政治工作会议，具有重要意义。去年九月，中央下发了十七号文件[1]，就加强和改进思想政治工作作出了部署。这次会议的目的是，进一步认清党的思想政治工作面临的形势，进一步明确思想政治工作在党和国家全局工作中的地位，进一步总结思想政治工作的经验，提出适应新形势新任务加强和改进思想政治工作的要求和措施，动员全党把思想政治工作做得更加有声有色、切实有效。

党的思想政治工作，是经济工作和其他一切工作的生命线，是团结全党全国各族人民实现党和国家各项任务的中心环节，是我们党和社会主义国家的重要政治优势。思想政治工作的这种重要地位，是由我们党的性质和宗旨决定的，已被党的全部历史和全部经验所证明。我们的改革开放和现代化建设，是亿万人民群众自己的事业。人民群众的理想信念、精神状态和人心所向，最终决定建设有中国特色社会主义事业的成败。这些年，中央反复强调，越是发展经济，越是改革开放，越要重视思想政治工作，根本道理就在这里。新形势新任务，以及思想政治工作的现实状况，要求我们必须大力加强和改进党的思想政治工作。这是保证我们党始终做到代表中国先进生产力的发展要求、代表中国先进文化的前进方向、代表中国最广大人民的根本利益的必然要求。加强和改进党的思想政治工作,必须全面贯彻落实“三个代表”要求。这是党团结和带领人民建设有中国特色社会主义的长期战略方针。

一、关于思想政治工作面临的新形势新情况

改革开放以来,党的思想政治工作联系贯彻落实党的基本理论和基本路线、推进建设有中国特色社会主义的实践,取得了新的成绩,积累了新的经验,也经受了新的考验。我们坚持用马克思列宁主义、毛泽东思想特别是邓小平理论武装全党,教育干部和人民;坚持正确的舆论导向,深入进行爱国主义、集体主义、社会主义和艰苦创业精神的教育;广泛开展群众性精神文明创建活动,宣传一大批体现时代精神的先进典型;努力丰富人们的精神文化生活,用优秀的作品激励人民群众;把思想教育同解决人民群众关心的实际问题结合起来,密切党同群众的联系,广泛调动全国各族人民建设有中国特色社会主义的积极性。

总的说来,这二十多年特别是党的十四大以来的思想政治工作,为促进改革发展稳定,为夺取现代化建设的胜利,提供了强大精神动力和重要政治保证。同时,也应该指出,在思想政治工作方面,我们也有过教训,一段时间内曾经发生过邓小平同志批评的抓经济建设一手比较硬、抓思想政治建设一

手比较软的现象。对新时期思想政治工作如何加强和改进，缺乏深入的研究和有效的手段。总结正反两方面的经验，全党同志一定要深刻认识到，在新的历史时期，党的思想政治工作必须从不断变化的实际出发大力加强和改进，而不可有丝毫放松和削弱。

现在有一种反映，就是面对国际国内的新情况新问题，要真正把一些道理向干部群众讲清楚，不那么容易；干部群众接受的信息很丰富也很庞杂，思想十分活跃，要真正把他们的思想统一起来，也不那么容易。对这个问题，首先要从总体上来把握。党的思想政治工作，从根本上说就是做人的工作，做群众的工作，涉及人们的思想、观念、意识等领域，也就是人们的精神生活。马克思指出："物质生活的生产方式制约着整个社会生活、政治生活和精神生活的过程。不是人们的意识决定人们的存在，相反，是人们的社会存在决定人们的意识。"〔2〕要做好新时期的思想政治工作，必须从国际和国内、历史和现实的角度，深刻分析新形势下对广大干部群众的思想活动发生作用的客观环境及其基本特点，正确审视和解决那些影响干部群众思想活动的重大理论问题和实际问题。这方面的问题认识清楚了，处理好了，我们进行新时期的思想政治工作就有了一个根本的比较切合实际的基础。

这里，我想提出几个需要全党同志共同深入研究，从思想上、政治上进一步取得科学认识并作出正确回答的大问题，请大家一起来思考。

第一个问题，关于如何认识社会主义发展的历史进程。马克思主义诞生已有一百五十多年了，建立第一个社会主义国家的十月革命至今有八十多年了，我国社会主义制度的全面确立也有四十多年了。应该说，在这一百五十多年的时间里，社会主义的理论和实践在探索、保证全体人民的政治平等和当家作主，消灭人剥削人的制度，消除两极分化、贫富悬殊，建设新型的思想道德文化等方面，取得了巨大的进步，也积累了丰富的经验。实践证明，社会主义是指引世界上处于剥削制度压迫之下的无产阶级和劳动人民改变自己命运、获得社会解放、建设幸福生活的正确道路。新中国成立以来特别是改革开放以来，我国社会主义建设取得了举世瞩目的伟大成就，综合国力明显增强，人民生活水平不断提高。社会主义在中国蓬勃发展，显示出强大的生命力和创造力。广大人民群众衷心拥护建设有中国特色社会主义事业。这为我们做好思想政治工作奠定了坚实的基础。

然而，也要清醒地看到，从世界历史进程看，社会主义的历史还是短暂的，总的说来还处在实践和发展的初期。还要看到，十月革命以来先后诞生的社会主义国家，基本上都是原来经济、政治、文化落后的国家。彻底改变这种落后的面貌，在建立社会主义基本制度以后需要经历一个漫长的发展过程，其前进途中也不可避免地会遇到许多难以预料和想象的困难和风险，不会是一帆风顺的。邓小平同志说，巩固和发展社会主义制度，还需要一个很长的历史阶段，需要我们几代人、十几代人，甚至几十代人坚持不懈地努力奋斗。他充分估计到了建设和发展社会主义事业的长期性和艰巨性。由于社会主义是一种崭新的社会制度，没有现成的经验可以遵循，对于什么是社会主义、怎样建设社会主义，就需要不断实践、认识、再实践、再认识，在这个过程中就可能发生这样那样的失误以至挫折。

东欧剧变、苏联解体，是世界社会主义遭受的巨大挫折。为什么苏联这样一个发展了七十多年的社会主义国家还会解体呢？一些善良的人们产生了疑问和困惑，对世界社会主义的前途也存在这样那样的忧虑，甚至在我们一些党员、干部中也程度不同地产生了“信仰危机”。这是客观存在，我们不承认、不正视不行。

认真总结苏联解体、东欧剧变的教训，以及我们发生“文化大革命”这样严重曲折的教训，深刻分析它们的原因，可以得出两条结论。一是必须坚持社会主义。西方敌对势力断言社会主义、马克思主义要从世界上灭亡了，这只是他们的梦呓。二是必须进行社会主义改革，探索符合本国实际的社会主义发展道路。实践证明，中国社会主义不仅继续存在，而且通过改革发展得更好了。我们要根据这样的基本认识，来引导广大党员、干部和群众正确理解社会发展的客观规律和社会主义事业的长期性和艰巨性，坚定走建设有中国特色社会主义道路的决心和信心。这是我们党的理论研究和思想政治建设面临并必须解决的一个重大课题。

第二个问题，关于如何认识资本主义发展的历史进程。资本主义的发展，从英国资产阶级革命算起，已有三百六十年的历史了。很多人感到不好解释的一个问题是：马克思、恩格斯早在《共产党宣言》中就宣告，由于资本主义生产的社会化和资本主义私人占有形式这个基本矛盾的运动，资本主义必然灭亡，共产主义必然胜利。列宁在本世纪初期曾经提出，进入帝国主义阶段的资本主义，是垄断的、腐朽的、垂死的资本主义。现在，资本主义不仅没有在世界上消失，而且发达资本主义国家在生产力和科学技术等方面还有新的很大发展。

目前，从经济、科技发展和物质文化生活水平来看，发达资本主义国家比我们这样的发展中社会主义国家要高得多。这也是客观存在，我们不承认、不正视也不行。这种现象的存在，是不是说马克思主义揭示的人类社会发展的基本规律就不成立了呢？当然不是。一八五九年，马克思在《〈政治经济学批判〉序言》中指出："无论哪一个社会形态，在它所能容纳的全部生产力发挥出来以前，是决不会灭亡的；而新的更高的生产关系，在它的物质存在条件在旧社会的胎胞里成熟以前，是决不会出现的。"当今世界，资本主义制度所固有的基本矛盾依然存在，并没有因为西方国家经济、科技的发展而有本质的改变。但是，自从社会主义这个资本主义的对立面在世界上出现，并且显示出巨大的优越性，西方资本主义国家一方面千方百计同社会主义进行斗争，这种斗争尽管形式不断变换，但从未停止过；另一方面，他们为了维护资本主义制度的生存和发展，对资本主义生产关系的某些环节和资本主义经济社会的运行、管理机制作了不少自我调节、改良和改善，包括借鉴社会主义的一些做法，从而使得资本主义生产关系不仅能够容纳现实的生产力，而且生产力还在发展，资本主义统治下的阶级矛盾和社会矛盾也有一定程度的缓和。

具体说来，进入二十世纪特别是第二次世界大战以后，在资本主义制度允许的范围内，他们在税收、福利政策、企业组织结构以及加强国家对经济的干预等方面采取了不少措施，调节并在一定程度上缓解了生产资料私人占有对生产力发展的制约。特别是他们吸收和利用当代科学技术发展的最新成果，为资本主义社会的生产力发展提供了新的空间。还要看到，在旧的国际经济秩序继续存在、新的国际经济秩序还没有建立的条件下，西方发达资本主义国家利用其经济、科技甚至军事优势，在世界市场上获得了巨大利润，这也是他们继续发展的重要条件。

这几年以来，我一直引用恩格斯在《一八九一年社会民主党纲领草案批判》一文中所表达的观点。恩格斯说："由股份公司经营的资本主义生产，已经不再是私人生产，而是由许多人联合负责的生产。如果我们从股份公司进而来看那支配着和垄断着整个工业部门的托拉斯，那么，那里不仅没有了私人生产，而且也没有了无计划性。"这就是说，资本主义在自身发展中是会出现变化的，我们应该正确认识并从理论上说明这些变化。西方资本主义国家进行的自我改良和改善，并没有触动资本主义统治的根基，并没有改变资本主义制度的性质，也没有改变马克思主义关于资本主义的基本原理的真理性。西方国家大力发展新经济，加速推动经济全球化，造成了西方国家的财富不断增加，但这些财富越来越集中在少数人手里，这就不可避免地会加剧资本主义的基本矛盾。但是，也应该看到，西方国家也在采取一些措施和手段来限制过高收入和过度垄断。

任何事物的产生和发展，都有其规律性，不论其发展的具体进程如何，最终都不可能摆脱客观规律。但是，客观规律指向的历史结局，从总体上来说在其整个演化过程终结之前是不可能提前出现的,任何客观规律都是在历史的具体演进中逐渐地、愈来愈深刻地发生作用的。我们应该坚持马克思主义基本原理,注重从理论和实践、历史和现实的广泛结合上,引导广大干部群众正确认识当代资本主义的历史进程。要使大家认识为什么只有社会主义才能救中国、只有社会主义才能发展中国。一方面,绝不能因为资本主义社会在具体演进中产生的一些繁荣现象而否认马克思主义的基本原理和科学论断。另一方面,要加强对当代资本主义自我调节和发展的研究,作出有说服力的理论分析,进一步丰富和发展马克思主义理论。

第三个问题,关于如何认识我国社会主义改革实践过程对人们思想的影响。党的十一届三中全会以来,我们实行改革开放,发展社会主义市场经济,推进两个根本性转变,进一步解放和发展我国社会主义社会的生产力,这场深刻的社会变革,必然会引起人们精神世界的深刻变化。

这一点,我们党在改革开放初期就估计到了。改革开放和现代化建设,带来了经济的快速发展和社会的巨大进步,增强了人们的竞争意识、效率意识、民主法制意识、开拓创新精神,为我们做好思想政治工作创造了更好的物质条件和精神条件。同时,由于社会经济成分、组织形式、就业方式、利益关系和分配方式日益多样化,人们思想活动的独立性、选择性、多变性、差异性明显增加;市场经济活动存在的弱点及其带来的消极影响,反映到人们的思想意识和人与人关系上来,容易诱发自由主义、分散主义和拜金主义、享乐主义、利己主义;人民内部矛盾的内容和表现形式也出现了许多新的情况。我们实行对外开放,有利于人们开阔眼界、增加见识、活跃思想,但国外资产阶级腐朽思想文化也会乘机而入。我国社会长期存在的封建主义残余思想包括封建迷信和愚昧落后的思想观念,在新的历史条件下也会沉渣泛起。社会存在发生的变化,反映到人们的头脑中来,必然引起思想意识的相应变化。

在我们进行改革的过程中,人们思想活跃,各种观念大量涌现,正确的思想和错误的思想相互交织,进步的观念和落后的观念相互影响,这是难以避免的。党的思想政治工作的一项重要任务,就是要引导干部群众分清主流和支流、分清正确和谬误。在当代中国,以马克思主义为指导的正确的进步的思想观念是整个社会思想的主流,这是毫无疑义的。而违反马克思主义的错误的落后的思想观念,尽管是支流,也必须认真对待。如果任其发展,就会造成极大的社会危害。有些错误思潮的滋生蔓延,往往就是始于我们对支流的忽视,最后不得不用很大气力去解决。这方面的教训不可忘记。越是变革时期,越要警惕各种错误思想观念的发生及其给人们带来的消极影响,我们党的思想政治工作越要加强和改进。

第四个问题,关于如何认识当今的国际环境和国际政治斗争带来的影响。世界正在朝着多极化方向发展,经济全球化进程也正在加快,世界科学技术进步更是日新月异。在这种情况下,各种思潮相互交错、相互激荡。这必然会对我国的思想领域、对我们干部群众的思想意识产生影响。这种影响有积极的一面,也有消极的一面。

需要指出的是，从十月革命以来，西方国家就一直不遗余力地对社会主义国家发动各种攻势，其中很重要的就是进行意识形态渗透。东欧剧变、苏联解体，就与西方国家长期进行的意识形态渗透有密切关系。现在，中国是世界上最大的社会主义国家，正在不断发展、日益富强。西方敌对势力加紧以各种手段和方式对我国施行西化、分化的政治战略，企图颠覆中国共产党的领导和中国的社会主义制度。他们的这种政治图谋是绝不会改变的。这些年来，他们不断利用所谓“人权”、“民主”、“自由”、“民族”、“宗教”问题和达赖〔3〕、台湾问题等向我们发难。他们还与流亡在外的所谓“民运”分子和我国境内的敌对分子相勾结，企图联手行动。我们同国内外各种敌对势力在渗透和反渗透、颠覆和反颠覆上的斗争将是长期的、复杂的。这是阶级斗争在我国一定范围内仍然并将长期存在的主要表现。

我们纠正过去一度发生的“以阶级斗争为纲”的错误是完全正确的，但这不等于阶级斗争已不存在了。只要阶级斗争还在一定范围内存在，我们就不能丢弃马克思主义的阶级和阶级分析的观点和方法。这种观点和方法始终是我们观察社会主义同各种敌对势力斗争的复杂政治现象的一把钥匙。在坚持改革开放、加强对外经济文化交流的同时，要十分注意警惕和防范敌对势力的渗透、颠覆活动。这也是我们在新时期加强党的思想政治工作需要深入研究的重要课题。

世界正在发生深刻变化，中国正在进行完善和发展社会主义制度的自我变革。党的思想政治工作面临的形势更复杂了，任务更繁重了，工作更艰巨了。党的思想政治工作绝不是可有可无、无所作为，而是必不可少、大有可为。实践告诉我们，思想政治工作做好了，我们的事业就能更好地发展。在一九九八年抗洪抢险、一九九九年反对以美国为首的北约轰炸我国驻南联盟大使馆〔4〕、反对台湾当局领导人分裂祖国的所谓“两国论”〔5〕、反对“法轮功”邪教组织等斗争中，人民群众都表现出了极高的政治热情和爱国主义精神，形成了强大的声势。反之，如果思想政治工作软弱，抓得不紧，错误思潮泛滥，人们的思想乱了，人心散了，就会产生严重后果。一九八九年那场政治风波的发生就是一个深刻教训。必须清醒地认识到，由于国际国内的复杂因素，我们在思想政治领域有大量工作要做，我国思想政治领域的矛盾和斗争是长期的、复杂的，在一定条件下甚至会是十分尖锐的。因此，思想政治工作在党的全部工作中的地位不能变，各级党组织坚持不懈地抓思想政治工作的任务不能变，不断提高思想政治工作的质量和水平的要求不能变。

党的思想政治工作所以成为经济工作和其他一切工作的生命线，这是由它的职能和作用决定的。只有充分发挥党的思想政治工作这一政治优势，才能保证经济工作和其他一切工作的正确发展方向，才能保证党的路线方针政策落实到各项工作和群众中去，才能及时排除和战胜各种错误东西的干扰，才能巩固和发展全国各族人民共同奋斗的思想政治基础，从而为经济工作和其他一切工作提供强大的动力和保证。对思想政治工作的这种重要作用和重要地位，全党同志特别是各级领导干部必须充分认识。

二、关于加强和改进党的思想政治工作

一九八三年，邓小平同志就提醒全党："在工作重心转到经济建设以后，全党要研究如何适应新的条件，加强党的思想工作，防止埋头经济工作、忽视思想工作的倾向。"[6]我们是辩证唯物主义者，既承认生产力在社会发展中的最终决定作用，毫不动摇地坚持以经济建设为中心，各项工作都要服从和服务于这个中心，无论遇到什么情况都不能动摇和影响这个中心；同时又充分肯定和重视精神对物质、社会意识对社会存在、上层建筑对经济基础、政治对经济的反作用。我们决不能重复过去搞"思想工作万能"、"政治冲击一切"那套思维方式和工作方法，但也决不能把生产力对社会发展起最终决定作用的原理简单化、绝对化、庸俗化。我们要辩证地看待和处理一手抓经济工作、一手抓思想政治工作的相互关系，把两者统一于人民群众认识世界和改造世界、推进改革开放和现代化建设的伟大实践中去，既实现经济持续发展，又实现社会全面进步。

有中国特色社会主义，是物质文明和精神文明协调发展，经济、政治、文化全面推进的社会主义。党的思想政治工作的任务是：以科学的理论武装人，以正确的舆论引导人，以高尚的精神塑造人，以优秀的作品鼓舞人，不断提高全民族的思想道德素质和科学文化素质，努力培养造就有理想、有道德、有文化、有纪律的社会主义公民；发展新型的人际关系，创造良好的社会风尚，充分发挥人民群众的积极性、主动性、创造性，

保证党的路线方针政策和国家的法律法规的贯彻执行，保证改革开放和现代化建设的顺利进行。

面对新形势新情况，要完成上述任务，我们的思想政治工作在继承和发扬优良传统的基础上，必须在内容、形式、方式、方法、手段、机制等方面努力进行创新和改进，特别要在增强时代感和加强针对性、实效性、主动性上下功夫。这要成为我们今后加强和改进思想政治工作的重点。这里，我强调四点。

第一，要紧密结合我国社会主义改革和建设、国际形势发展变化的新实际，加强对马克思主义的研究和宣传，不断增强马克思主义理论的说服力和战斗力。加强和改进思想政治工作，最根本的是坚持和巩固马克思主义在我国意识形态领域的指导地位。这是保证全党全国人民加强团结、始终沿着正确方向前进的根本思想基础。只有坚持以马克思主义为指导，才能正确制定和宣传贯彻党的路线方针政策，才能发展先进思想、克服落后思想。如果放弃马克思主义的指导地位，在指导思想上搞多元化，势必导致人心大乱、天下大乱，给党和国家带来灾难。这是绝不允许的。任何一个社会的思想领域，总是由那个社会的统治阶级的思想占统治地位的。任何一个国家的统治阶级，为了巩固其政治统治，都要竭力维护和发展其占统治地位的意识形态。西方国家从来就不允许马克思主义在他们的意识形态中居于指导地位。西方国家都有一套系统的方法和手段，来对他们的官员、学生、群众、军队灌输资本主义的思想、价值观和政治信条。在这个问题上，他们也是抓得很紧的。

我们坚持马克思主义的指导地位，要特别注意从两个方面加强工作：一是及时总结党和人民在实践中创造的新经验和获得的新认识，有力地回答现实生活提出的、干部群众关心的重大思想理论问题；二是善于运用马克思主义观点同各种错误观点进行积极斗争，帮助广大干部群众树立和坚定正确的思想理论认识。

坚持马克思主义的指导地位，最基础的工作是用马克思列宁主义、毛泽东思想、邓小平理论武装全党，教育人民。要使这种理论武装工作富有成效，必须大力弘扬理论联系实际的学风，敢于和善于分析、回答现实生活中和群众思想上迫切需要解决的问题。理论只有联系实际，正确回答和指导解决实际问题，才能发挥自己的威力和真正掌握群众。马克思主义具有强大生命力的奥秘，就在于它具有与时俱进的理论品质。马克思、恩格斯、列宁和毛泽东同志、邓小平同志，从来都不把理论研究当作书斋里的学问，总是紧密结合现实斗争的需要，努力回答实践不断提出的重大理论问题，从而不断丰富和发展理论。如果把马克思主义变成了一成不变和干巴巴的教条，变成了简单的说教，脱离了群众活生生的实践，那就不会有说服力，也就会丧失生命力。我们必须坚持马克思主义的基本原理和科学精神，坚持解放思想、实事求是，坚持以马克思列宁主义、毛泽东思想、邓小平理论为指导，努力对当前亟需进行理论引导或说明的突出问题，作出科学的、有说服力的、符合实际的解释和说明，充分发挥理论在思想政治工作中的基础性作用。

坚持马克思主义的指导地位，必须坚持唱响主旋律、打好主动仗，科学生动地宣传马克思主义，引导干部群众不断克服和抵制错误、落后、腐朽的思想文化的影响和侵蚀。马克思主义的真理，是在同各种谬误的斗争中确立、发展起来和不断深入人心的。这些年来，社会上一些与马克思主义、社会主义相违背的思想言论时有出现：有的公开鼓吹“全盘西化”，在政治上主张西方式的多党制和议会民主，在经济上主张私有化，在思想文化上主张取消马克思主义的指导地位，在价值观上主张极端个人主义；有的歪曲党和人民的奋斗历史，诋毁马克思主义，煽动对党和政府的不满；有的不负责任，生产格调低下、宣扬色情暴力、迷信颓废的影视作品和书刊；有的对改革开放持怀疑和否定的态度；等等。我们国家这么大，出现这类问题是很难完全避免的。但是，有些问题一再发生，明知故犯，这就需要引起我们高度警觉了。在事关政治方向和根本原则的问题上，我们一定要旗帜鲜明，理直气壮，毫不含糊。对于违反以经济建设为中心、违反四项基本原则、违反改革开放政策的错误思想政治观点，对于反马克思主义的挑战和攻击，必须进行积极的思想斗争，不能听之任之。如果面对错误的思想政治观点，不闻不问，不批评，不斗争，听任它们去搞乱人们的思想、搞乱我们的意识形态，那是极其危险的，势必危害整个国家和社会的安定团结。全党同志特别是党的高级干部和一切从事党的思想政治工作、从事马克思主义研究和宣传的同志，都要牢记这一点。当然，在对错误思想的批评和斗争中，一定要注意充分摆事实、讲道理，以利教育和团结群众。对思想政治领域的问题，要坚持中央确定的原则，头脑清醒，冷静观察，掌握动态，心中有数，审时度势，慎重处理。要加强正面引导，正确区分政治是非和学术问题。对学术问题，要坚持百花齐放、百家争鸣的方针，平等讨论，相互切磋。

第二，要紧密结合干部群众在思想认识和工作生活中产生的新问题，突出加强理想信念教育，不断增强全体人民的凝聚力。理想信念教育，是党的思想政治工作的核心内容。只有在全党同志和全体人民中牢固确立正确的理想信念，才能不断增加凝聚力和战斗力，我们的事业才能不断取得成功。理想信念教育，必须紧密结合干部群众的思想实际，有的放矢，对症下药，不能照本宣科，空喊口号。比如，现在有的人对马克思主义科学真理产生了某种疑惑，对社会主义经过长期发展最终必然战胜资本主义的信念产生了动摇，对建设有中国特色社会主义事业缺乏信心，思想空虚，精神萎靡；有的人沉湎于花天酒地或到封建迷信活动中去寻找精神寄托；有的人在各种诱惑面前随波逐流，极少数党员、干部由于背离正确的理想信念堕落为腐败分子。加强理想信念教育，就要针对这些问题来进行，认真分析产生这些问题的原因，深入细致地开展工作。

要坚持从实际出发，把先进性要求和广泛性要求有机结合起来。最根本的，就是要坚持进行爱国主义、集体主义、社会主义教育，动员全国各族人民为建设有中国特色社会主义事业，为把我国建设成为富强民主文明的社会主义现代化国家而共同奋斗。要使广大人民群众正确认识国家和自己的根本利益，树立正确的世界观、人生观、价值观，把个人的理想融入全体人民的共同理想当中，把个人的奋斗融入为祖国社会主义现代化建设的奋斗当中，坚定对建设有中国特色社会主义的信念、对改革开放和现代化建设的信心、对党和政府的信任。要积极倡导一切有利于国家统一、民族团结、经济发展、社会进步的思想道德。要在全社会加强科学知识、科学方法、科学思想、科学精神的宣传教育，帮助和引导人们划清唯物论和唯心论、无神论和有神论、科学和迷信、文明和愚昧的界限，增强识别和抵制各种唯心主义、封建迷信及伪科学的能力。青少年是我们事业的未来和希望，尤其要抓好对他们的理想信念教育。一切共产党员、共青团员，都要努力学习和掌握马克思主义的立场、观点、方法，树立共产主义的崇高理想。同时，也要认识到，共产主义的最终实现，要经过十分漫长的历史发展过程，重要的是脚踏实地干好我们现在正在建设的有中国特色社会主义事业。在这个问题上必须实事求是，不可做不切实际的宣传。

开展思想政治工作，要注意因地制宜，因人制宜，因事制宜，因时制宜。不同地区、不同部门、不同领域的干部群众，所处的环境、承担的任务、面临的问题不同，其思想活动的特点和要求也会有不同。工人、农民、知识分子、干部、军人、离退休人员等都有自己的特点，千篇一律地做工作，是不会取得好效果的。做工作一定要把握这些特点和要求，有针对性地进行。比如，对经济发展较快、已经达到小康水平的地区，应该大力在干部群众中开展致富思源、富而思进的教育，激励他们更上一层楼；对经济还不发达、生活条件比较艰苦的地区，就要大力在干部群众中开展自力更生、艰苦奋斗的教育，激励他们通过辛勤劳动尽快脱贫致富。广大工人、农民、知识分子、干部是建设社会主义事业的基本力量，思想政治工作必须全面做好。特别是在我们实施重大改革决策时，要进行广泛的宣传和细致的思想工作，以取得群众的理解和支持。要注意经常对干部群众进行形势教育，使他们对现在的政治、经济、社会形势有正确全面的了解。干部特别是高级干部对社会影响大，大学生、硕士生、博士生是国家各方面人才的后备力量，各个领域的知识分子对社会思想文化能够产生重要影响，对他们的思想政治工作尤其要重点做好。流动人口为数庞大，管理起来也比较困难，城市和农村的各级党组织要加强协调，切实做好对他们的管理和思想政治工作，不能留下盲点。下岗职工和离退休人员，困难企业的职工，农村贫困地区的群众，他们在生活上遇到的实际困难比较大，思想情绪容易波动，对他们尤其要深入细致地做好思想政治工作，以确保社会稳定。总之，具体情况具体分析，具体问题具体解决，这是马克思主义活的灵魂，是唯物辩证法的基本要求。党的思想政治工作也应该坚持运用好这个活的灵魂，坚持贯彻好这个基本要求。

第三，要紧密结合发展社会主义市场经济的新要求，努力加强社会主义道德教育，不断提高全体人民的思想道德素质。为了在发展社会主义市场经济的条件下更好地建设有中国特色社会主义，我们必须建立与之相适应的社会主义法律体系，同时也必须在全社会形成与之相适应的社会主义思想道德体系。法律和道德作为上层建筑的组成部分，都是维护社会秩序、规范人们思想和行为的重要手段，它们相互联系、相互补充。法治以其权威性和强制手段规范社会成员的行为，德治以其说服力和劝导力提高社会成员的思想认识和道德觉悟。道德规范和法律规范应该相互结合，统一发挥作用。有了良好的道德素质，就能够使人们自觉地扶正祛邪、扬善惩恶，就有利于形成追求高尚、激励先进的良好社会风气，保证社会主义市场经济的健康发展，促进整个民族素质的提高。努力建设与发展社会主义市场经济相适应的社会主义道德体系，是一项十分重要的工作，必须放在突出位置来抓。社会主义道德建设要以马克思列宁主义、毛泽东思想、邓小平理论为指导，以为人民服务为核心，以集体主义为原则，以爱祖国、爱人民、爱劳动、爱科学、爱社会主义为基本要求，以社会公德、职业道德和家庭美德的建设为落脚点。全党全社会要共同行动，努力把上述内容和要求具体化、规范化，使之成为全国人民普遍认同和自觉遵守的行为规范。

建设社会主义道德体系是一个系统工程，必须坚持正确处理公平和效率的关系，坚持先进性要求和广泛性要求相结合，坚持“三个有利于”〔7〕标准，坚持继承和发扬民族优秀文化传统并积极吸收外来优秀文化成果。要正确认识和处理各种利益关系，把个人利益与集体利益、局部利益与整体利益、当前利益与长远利益正确地统一和结合起来，努力形成把国家和人民的利益放在首位而又充分尊重公民个人合法利益的社会主义义利观。要周密制定和实行适应社会发展要求的道德建设指导规划，把基本道德观念的要求融于有关法律法规和各项具体政策中、融于社会的各项管理中，同时营造良好的社会舆论氛围，广泛开展群众性精神文明创建活动，不断推动社会主义道德体系的形成和完善。

第四，要紧密结合社会精神文化生活的新发展，努力探索出一套行之有效的方式、方法、手段、机制，不断提高思想政治工作的感召力和渗透力。加强和改进思想政治工作，必须讲求方式、方法、手段、机制。坚持用先进思想和科学理论对群众进行教育，是我们党的一个好传统，问题在于要结合新的实际加以运用，特别要研究和探索如何增强这种教育的吸引力和说服力，使群众乐于接受。改革开放以来，我国人民的精神文化生活有了许多新的发展。一是随着物质生活的不断改善，他们对精神文化生活提出了新的要求，他们的心理状况、接受能力、欣赏水平也发生了变化；二是在科学技术不断创新的条件下，人们接受信息、休闲娱乐的方式、方法、手段发生了很大变化，一些新的传播媒体和文化娱乐场所吸引了大量群众；三是随着大量新的经济组织、社会组织的出现，以及社会成员流动的数量、范围、方式的不断扩大和变化，思想政治工作机制不适应的问题十分突出。加强和改进思想政治工作，过去行之有效的好传统、好办法要坚持，更重要的是要适应新情况不断探索新的方式、方法、手段、机制。不创新、不改进，简单地沿用过去老一套的东西是不行的。

开展思想政治工作，要力求做到生动活泼、群众喜闻乐见，切忌形式主义、教条主义，切忌简单生硬。不讲究方式、方法，不分对象、条件、场合，照本宣科，生搬硬套，老生常谈，空话套话连篇，绝对不会有成效。要特别警惕和防止形式主义的东西。毛泽东同志说过，形式主义害死人。搞形式主义，不仅是自欺欺人，而且劳民伤财，对党的事业是十分有害的。思想工作必须讲求春风化雨，润物无声，耐心细致，潜移默化。人民群众中蕴藏着丰富而实际的教育资源，要注意引导群众自己教育自己。对群众在实践中形成和表现出来的好思想、好品德，对基层创造的新鲜经验和好的做法，要及时总结推广。总之，我们应该采用切实有效的方式，通过灵活多样的手段，把党的路线方针政策、社会主义的思想道德观念和法律知识、先进的科学文化知识，广泛地传播到全社会，为广大干部群众所掌握。

信息技术特别是信息网络技术的发展，为我们开展思想政治工作提供了现代化手段，拓展了思想政治工作的空间和渠道。要重视和充分运用信息网络技术，使思想政治工作提高时效性、扩大覆盖面、增强影响力。互联网是开放的，信息庞杂多样，既有大量进步、健康、有益的信息，也有不少反动、迷信、黄色的内容。互联网已经成为思想政治工作一个新的重要阵地。国内外敌对势力正竭力利用它同我们党和政府争夺群众、争夺青年。我们要研究其特点，采取有力措施应对这种挑战。要主动出击，增强我们在网上的正面宣传和影响力。各级领导干部要密切关注和研究信息网络发展的新动向，抓紧学习网络知识，善于利用网络开展工作，努力掌握网上斗争的主动权。

三、关于加强党对思想政治工作的领导

毛泽东同志指出："掌握思想领导是掌握一切领导的第一位。"〔8〕邓小平同志强调："我们说改善党的领导，其中最主要的，就是加强思想政治工作。"〔9〕这些思想极为重要。抓党的建设，首先要抓好党的思想政治建设，因为解决思想政治问题是做好其他各项工作的前提和基础。党的这个优良传统和重

要经验，任何时候都不能丢。

党的思想政治工作本质上是群众工作，是宣传群众、教育群众、引导群众、提高群众的工作，因此必须坚持走群众路线。各级领导干部一定要牢固树立群众观点，带着对人民群众的深厚感情去做思想政治工作，老老实实向人民群众学习，诚心诚意为人民群众服务。

我们加强和改进思想政治工作，归根到底是为社会主义经济基础服务的。要防止和纠正思想政治工作与经济工作脱节的“两张皮”现象，一定要紧密结合经济工作和各项业务工作一道去做，把工作做到人民群众物质生产和精神生产的实际活动中去。现在，群众中的思想和实际问题明显增多，各种矛盾日益突出。我们必须切实了解群众的思想和利益要求，掌握群众情绪，研究群众思想观念的变化。要把做群众思想工作与帮助群众解决实际问题结合起来，既讲道理又办实事，既以理服人又以情感人，在办实事中贯穿思想教育，通过解决现实问题引导群众提高精神境界、增强群众对党和政府的信任。各级党委和政府都要多做得人心、暖人心、稳人心的工作，都要满腔热情地帮助有困难的群众解决实际问题。思想政治工作必须经常做、反复做，持之以恒，坚持不懈。不能等到出了事、群众情绪激化了才去做，“临时抱佛脚”，那是很难做好的。思想政治工作大量涉及的是人民内部矛盾问题。要深入分析人民内部矛盾的新内容新特点和新的表现形式，引导群众正确认识和处理全体人民的共同利益和不同方面群众的特殊利益的关系，耐心细致地解疑释惑，妥善解决人民内部矛盾，使我们的社会既充满活力、又保持安定团结。

思想政治工作是全党的工作，所有党员和领导干部都要做。同时，又必须建设一支政治强、业务精、纪律严、作风正的专兼结合的思想政治工作队伍。广大从事思想政治工作的同志付出了辛勤劳动，功不可没。对这方面的先进人物和先进经验，要予以表扬和宣传。应该看到，面对新形势、新任务、新挑战，我们这支队伍在许多方面还不完全适应。各级党委要关心这支队伍的建设，尤其要关心他们思想政治素质和工作能力的提高。

基层思想政治工作队伍建设，要做到组织落实、人员落实、责任明确、制度健全。要培养选拔一些政治坚定、业务过硬、作风扎实、有较高文化水平的中青年同志，充实基层思想政治工作部门，优化政工干部队伍结构。这要作为一件大事抓紧去做。各级党组织要关心和体贴基层思想政治工作人员，支持他们的工作，主动帮助他们解决实际问题，努力创造思想政治工作岗位光荣、责任重大、社会尊重的良好氛围。思想政治工作要有成效，做思想政治工作的人有没有人格力量很重要。做思想政治工作的同志首先是各级领导干部，要在“立行”和“立言”上多下功夫，努力把人格的力量和真理的力量统一起来。党的思想政治工作，面向全社会，面向广大干部群众，靠一部分人来做是远远不够的，必须全党动手，落实到基层，发动各方面力量共同来做。我们党拥有六千三百多万党员，党员、干部都能积极主动地做思想政治工作，那威力就大了。

党委书记主管思想政治和意识形态工作，这是我们党的一个好传统。各级党委书记都很忙，需要抓的大事确实不少，但是任何情况下都不能放松对思想政治和意识形态工作的领导。不重视、不会做思想政治工作，不可能成为成熟的领导干部。思想政治工作是一门科学，各级领导干部和政工干部都要努力认识和掌握它的基本知识和规律。党的各级组织都要切实承担起做党的思想政治工作的职责。要建立党委统一领导，党政各部门和工会、共青团、妇联等人民团体齐抓共管、各负其责的思想政治工作体制，建立健全思想政治工作责任制。

大量事实证明，思想文化阵地，马克思主义、无产阶级的思想不去占领，各种非马克思主义、非无产阶级的思想甚至反马克思主义的思想就会去占领。从上到下的一切思想文化阵地，包括理论、新闻、出版、报刊、小说、诗歌、音乐、绘画、舞蹈、戏剧、电影、电视、广播、网络等，都应该成为我们宣传科学理论、传播先进文化、塑造美好心灵的阵地，决不能给违反四项基本原则、违反改革开放政策、违反党的方针政策的错误观点，以及危害人民特别是青少年身心健康的东西提供传播渠道。一切社会基层，包括农村、社区、企业、学校、军队和各类人民团体、社会组织等的群众教育、文化、娱乐场所，直接面对群众，其作用和影响不可低估，一定要切切实实地管理好、建设好。思想文化单位生产和传播精神产品，必须把社会效益放在第一位，努力做到社会效益和经济效益的正确结合。各级党委都要增强阵地意识，切实加强对思想文化阵地的领导。每一个思想文化单位的党组织都要认真执行党的方针政策和国家的法律法规，真正做到守土有责。宣传思想和文化教育部门要组织引导理论和文艺工作者深入实际、深入群众，不断创作出贴近现实生活、富于时代气息、讴歌社会进步的高质量的精神产品。

能否掌握思想政治领域的领导权、主动权，首先要看党委自身的马克思主义理论水平及其运用能力。各级党政领导班子的第一把手，尤其要努力加强自己的马克思主义理论功底，提高政治敏锐性、政治鉴别力。领导成员中要注意选配马克思主义理论功底较扎实、熟悉意识形态领域工作的同志。本地区本部门思想政治领域到底存在什么新情况新问题，领导干部心中一定要有数。各级党委特别是主要领导干部都要围绕思想政治领域的重大问题，深入实际进行调查研究，准确地把握社会思想状况和动向，以利加强工作的针对性。

身教重于言教。党的思想政治工作能否做好，很大程度上还取决于我们党的自身建设和各级领导干部的言行表现。群众的眼睛是雪亮的。要求群众做到的，党员、干部首先要做到。如果说一套、做一套，说的大道理都是要求别人的，自己不起模范作用，那说得再好也没有用。我们党内在思想、组织、作风方面还存在不少突出问题，尤其是一些党员、干部中发生的腐败现象，给党的形象带来了严重损害，在群众中造成了十分恶劣的影响。如果出这样的事情多，而又不能及时整治，那样，我们一些地方和部门多年艰苦努力取得的思想政治工作成果就会受到很大影响。中央提出治国必先治党、治党务必从严，有着十分重大的政治意义，全党同志要坚定不移地在工作中加以贯彻。思想政治工作要落实到基层，基层党组织必须有凝聚力和战斗力。目前，各地区各部门都有一些基层党组织程度不同地处于软弱涣散状态，影响了党的思想政治工作的有效开展。这个问题，要继续抓紧解决。“三讲”教育已经取得了显著成绩，干部群众总的反映是好的。这项工作就是最现实的思想政治工作，精心把它做好，对加强党的建设、密切党群关系具有重大意义。大家要按照中央的要求，继续高标准、严要求地抓好“三讲”教育的各项工作。要注意防止和克服自满松劲情绪，再接再厉，力争取得更大成效。总之，全党都要坚持不懈地按照“三个代表”要求加强党的建设，始终发扬党的三大优良作风〔10〕，使党在人民群众中的威望不断加强和提高，为做好党的思想政治工作提供根本保证。

这里，我还想强调一个问题。干部是党的宝贵财富，一定要非常爱惜。关心和爱护干部，是我们党的一个优良传统。不仅要关心干部的思想和工作，而且要关心干部的生活和生理、心理健康。现在工作都很繁重，不少干部超负荷工作，有的还带病工作。这种为党和人民的事业忘我奋斗的精神，令人感佩。干部越是这样工作、奋斗，党的各级组织越要关心和爱护他们，对他们的生活、健康、医疗保健等问题都要注意。有什么问题，要积极主动地帮助解决。这个问题，从中央到地方的各级党组织都要高度重视，采取一些必要的措施加以落实。

最后，我衷心希望，全党同志振奋精神，增强信心，知难而进，共同奋斗，努力开创一个生动活泼、扎实有力、促进党和国家长治久安的思想政治工作新局面。

注　释

〔1〕这里所说的十七号文件,指中共中央一九九九年九月二十九日发出的《关于加强和改进思想政治工作的若干意见》。

〔2〕见马克思《〈政治经济学批判〉序言》(《马克思恩格斯选集》第2卷,人民出版社1995年版,第32页)。

〔3〕见本卷《始终做到"三个代表"是我们党的立党之本、执政之基、力量之源》注〔1〕。

〔4〕见本卷《加紧培养适应新世纪要求的中青年领导干部》注〔3〕。

〔5〕"两国论",是当时的台湾当局领导人李登辉抛出的分裂祖国的谬论。一九九九年七月九日,李登辉在接受"德国之声"记者采访时公然宣称,台湾当局已将两岸关系定位在"国家与国家,至少是特殊的国与国的关系"。"两国论"的政治本质是蓄意分裂中国的主权和领土,妄图把台湾从中国分割出去。"两国论"受到海内外中华儿女强烈谴责,也遭到国际社会反对。

〔6〕见邓小平《党在组织战线和思想战线上的迫切任务》(《邓小平文选》第3卷,人民出版社1993年版,第48页)。

〔7〕"三个有利于",指判断各方面工作是非得失的标准,应该主要看是否有利于发展社会主义社会的生产力、有利于增强社会主义国家的综合国力、有利于提高人民的生活水平。这是邓小平首先提出的。参见邓小平《在武昌、深圳、珠海、上海等地的谈话要点》(《邓小平文选》第3卷,人民出版社1993年版,第372页)。

〔8〕见毛泽东《山东有可能成为战略转移的枢纽》(《毛泽东文集》第2卷,人民出版社1993年版,第435页)。

〔9〕见邓小平《贯彻调整方针,保证安定团结》(《邓小平文选》第2卷,人民出版社1994年版,第365页)。

〔10〕党的三大优良作风,指理论联系实际的作风,密切联系群众的作风,批评和自我批评的作风。这是毛泽东首先提出的。参见毛泽东《论联合政府》(《毛泽东选集》第3卷,人民出版社1991年版,第1094页)。

科学的本质就是创新*

（二〇〇〇年八月五日）

很高兴有机会在北戴河同各位[1]见面。你们是享誉世界的科学家，在各自的研究领域里取得了突出成就。过去，我同你们都见过面，有的见过多次。与你们交谈，使我对当今科学技术发展有了更深入的了解，很有益处。这些年来，你们在促进中国的科学研究、培养中国科技人才特别是年轻科技人才、加强中国科学家与国外同行的交流和合作方面，做了很多工作。我向你们表示衷心的感谢。

关于二十世纪科学技术的发展。二十世纪，科学技术突飞猛进，科学理念进步发展，人类文明取得了前所未有的成就。相对论、量子论、基因论、信息论等科学技术成就的取得，为人类正确认识大自然，为世界生产力的发展和人类社会的进步，提供了新知识和强大动力，打开了广阔的前景，也对人类的政治、经济、文化生活的深刻变革产生了重要影响。最近，人类基因组序列工作框架图的绘就，就是一个了不起的成就。现在，科学技术的发展，在物质科学领域深入到基本粒子世界，在生命科学领域深入到分子水平，在思维科学领域主要

---

* 这是江泽民同志在北戴河会见诺贝尔奖和菲尔兹奖获得者时的谈话。

是数学和脑智科学的进步。这标志着二十世纪人类在科学技术方面取得了辉煌成就，也预示了二十一世纪世界科学技术的发展方向。科学技术作为第一生产力，已经成为经济发展和社会进步最具革命性的推动力量。

关于二十一世纪科学技术的发展。科学技术在二十一世纪必将更深入、更快速地向前发展，必将对人类社会和人自身的发展产生更加深刻的影响。我们应该充分估量未来科学技术对经济社会发展的巨大作用。在二十一世纪，信息科学和生命科学将是最活跃、发展最迅速、影响最广泛的科技领域，生物技术、新材料、先进制造技术、洁净高效能源、航空航天、环境保护领域将不断取得新突破，人类将继续拓展对宇宙空间、海洋、地球深部的研究探索，将更加注重人、自然、社会的协调发展。现代科学技术的进步，开拓了许多过去难以想象的新领域，光子计算机、生物计算机、量子计算机的研究，就是例子。在二十一世纪，科学研究应该更加重视与人类前途命运攸关的全球性问题，尤其要加强跨学科交叉研究，进一步走向极端条件与物质本原、系统综合与统一，进一步加强科学与技术的相互渗透和融合，形成新科学的重要生长点。科学技术没有国界，对宇宙起源、生命本质和物质世界本原的研究，更需要大量人力、物力、财力，超出了一个国家可以支撑的范围。因此，应该大力加强国际科学技术的交流和合作，做到优势互补、成果共享。

关于中国科学技术发展战略。中国是世界上最大的发展中国家，人均资源不足，发展很不平衡，实现现代化的任务很繁重，需要进行长期的艰苦努力。在激烈的国际竞争中，我们面临着优化经济结构、合理利用资源、保护生态环境、促进地区协调发展、提高人口素质、彻底消除贫困等严峻任务。我们正在制定指导中国下个世纪头五年国民经济和社会发展的第十个五年计划。关键是要大力发展中国的科学技术，为经济建设和社会进步提供强大的动力和保障。我们将坚持不懈地贯彻落实科教兴国战略和可持续发展战略，建设和完善国家创新体系，大力培养和积极引进人才，全面提高全民族的科学文化素质，在全社会努力弘扬科学精神，促进科技成果更好地转化为现实生产力。推进科学技术的发展，很重要的一项条件是形成科学研究、技术开发、社会生产和市场需求、社会投入、政府支持之间的良性体制，在全社会形成尊重知识、尊重人才、鼓励创新的文化氛围。在这方面，我们有很多工作要做。我们要继续深化改革，进一步加强科学、技术、生产之间的有机联系，促进科技创新和知识创新。

关于科技创新。科学的本质就是创新。创新是一个民族进步的灵魂，是一个国家兴旺发达的不竭动力。整个人类历史，就是一个不断创新、不断进步的过程。没有创新，就没有人类的进步，就没有人类的未来。当代科学技术的发展，更加雄辩地证明了这一点。对中国来说，大力推进科技创新、实现技术发展的跨越极为重要。我们必须紧跟世界潮流，抓住那些对我国经济、科技、国防、社会发展具有战略性、基础性、关键性作用的重大科技课题，抓紧攻关，自主创新。同时，我们也要积极加强同国际科技界的交流和合作，努力学习和运用世界先进科技成果。

在基础研究和应用研究、技术开发方面，我们的研究力量应该有一个合理的配置。基础研究的成果不但会带来科学技术的突破和社会的进步，促进工程技术科学的发展，而且将拓展和深化人们对客观世界和自身的认识，甚至引起哲学的革命。而工程技术科学的不断发展，也必然对基础研究提出新的要求。中国也要加强基础研究。我们在基础研究和重大科学装置建设上进行了不小的投入，随着国力的增强还要逐步增加投入。但是，中国是发展中国家，搞基础研究必须坚持有所为有所不为的方针。像美国这样的发达国家，应该进行更大的投入开展基础研究。

关于科技伦理问题。科学技术极大地提高了人类控制自然和人自身的能力。但是，科学技术在运用于社会时所遇到的问题也越来越突出。工业的发展带来水体和空气的污染，大规模的开垦和过度放牧造成森林和草原的生态破坏。信息科学和生命科学的发展，提出了涉及人自身尊严、健康、遗传以及生态安全和环境保护等伦理问题。比如，基因工程可能导致基因歧视，网络技术涉及国家安全、企业经营秘密以及个人隐私权的危险，转基因食品的安全性和基因治疗、克隆技术的适用范围等问题，引起了人们高度关注。有的国家利用高技术成果提高自己的军事实力，在世界或地区范围内谋取霸权，干涉他国内政。互联网可以迅速、广泛地传播大量有用的信息，但也存在大量信息垃圾和虚假信息。如何区别网上哪些信息是真实的？哪些信息是被歪曲的？科学技术本身难以做到这一点。在二十一世纪，科技伦理问题将越来越突出。核心问题是，科学技术进步应该服务于全人类，服务于世界和平、发展与进步的崇高事业，而不能危害人类自身。建立和完善高尚的科学伦理，尊重并合理保护知识产权，对科学技术的研究和利用实行符合各国人民共同利益的政策引导，是二十一世纪人们应该注重解决的一个重大问题。

关于缩小世界科技差距问题。我现在的职业是政治，因此总要从政治的角度观察和判断问题。当今世界，人类面临着两大课题，一是和平问题，一是发展问题。这两大课题的解决，都与科学技术发展有密切关系。随着经济全球化趋势的发展和科学技术的突飞猛进，各国都面临着新的机遇，也面临着新的挑战。发展中国家特别是贫困国家面临的挑战更加严峻。这一状况必须引起各国政府共同关注。现在，南北的发展、贫富差距问题越来越突出。发达国家和发展中国家在科技发展水平上存在的严重不平衡，更加重了南北差距。信息技术的发展，促进了信息产业迅速成长，也带动了经济增长。但是，这种增长及其带来的利益主要集中在发达国家。据联合国开发计划署统计，九十年代末，生活在收入最高国家中的世界五分之一的人口，拥有世界国内生产总值的百分之八十六和世界电话线路的百分之七十四，而生活在收入最低国家中的世界五分之一的人口，只拥有世界国内生产总值的百分之一和世界电话线路的百分之一点五。全世界大量贫困人口还没有享受到信息技术发展的实惠。这次八国首脑会议〔2〕通过了《全球信息社会冲绳宪章》，提出国际社会共同努力消除信息差距，值得欢迎。但要真正落实，必须有一套有效的政策措施。科学技术越发展，人们越应该重视并着力解决当今世界富国和穷国之间存在的科技差距问题，推动各国实现共同发展、普遍繁荣。实现这个目标，需要各国政府和人民共同努力，更需要全世界科学家共同努力。总之，我们应该努力用科学技术的成果来免除许多国家和人民所遭受的暴力、愚昧和贫困之苦，增进全人类和平与发展之福。

注　释

〔1〕指美国纽约州立大学石溪分校教授杨振宁、美国哥伦比亚大学教授李政道、美国麻省理工学院教授丁肇中、美国加州理工学院教授马库斯、德国马普学会生物物理研究所教授米歇尔等五位诺贝尔奖获得者，以及美国哈佛大学教授、菲尔兹奖获得者丘成桐。他们都是中国科学院的外籍院士，此次应邀来华参加中国科学院知识创新工程试点工作的咨询座谈。

〔2〕八国首脑会议，由七国首脑会议演变而来。一九七五年，为应付当时严重的世界经济危机，在法国倡议下，美国、英国、法国、联邦德国、意大利、日本六国首脑举行了第一次会议，一九七六年举行第二次会议时增加了加拿大，形成七国首脑定期会议制度。一九七七年起，欧洲共同体（后改为欧洲联盟）委员会主席也应邀参加会议。早期会议以讨论经济问题为主，一九八〇年起逐步增加了政治议题。一九九一年起，七国首脑会议邀请苏联（后为俄罗斯）总统同与会七国首脑在会后举行会晤。一九九四年起，俄罗斯总统开始参加七国首脑会议政治问题的讨论。一九九七年起，俄罗斯总统以正式与会者身份参加会议，八国首脑会议制度形成。二〇〇〇年的八国首脑会议，于七月二十一日至二十三日在日本冲绳举行。

在联合国千年首脑会议上的讲话

（二〇〇〇年九月六日）

主席先生：

当此世纪更替、千年交接之际，世界各国领导人集聚联合国大厦，共同探讨关系人类发展前途的重大问题，以推进世界和平与发展的崇高事业。此时此刻，一切爱好和平和憧憬幸福的人民，都在把关切的目光投向这里。

人类在以往的千年和二十世纪中，经历了惨烈的劫难和灾祸，也进行了伟大的斗争和创造，终于赢得了物质文明和精神文明的辉煌成就。

在二十一世纪和新的千年中，人类必然会遇到难以预料的挑战和考验，也必然会实现新的历史巨变和飞跃。各国人民所期待的持久和平和共同繁荣的前景将是光明的。

延续近半个世纪的冷战已经结束，国际局势总体上趋于缓和，世界多极化和经济全球化的趋势正在迅速发展，以信息科技、生命科技为主要标志的现代科学技术突飞猛进，人类面对着难得的发展机遇。追求和平与发展是世界各国人民的共同愿望，也是我们这个时代的主题。但是，不公正不合理的国际政治经济旧秩序还未得到根本改变，要解决和平与发展这两大战略性问题，建立公正合理的国际政治经济新秩序，仍然任重道远。

现在，许多国家的人民还在遭受战争和动乱的苦难。霸权主义和强权政治仍然存在。由于民族、宗教、领土、资源等因素引发的局部冲突此起彼伏。各种分裂势力、恐怖势力和极端势力给国际社会不断带来危害。环境、毒品、难民等全球性问题日益突出。我们这个星球仍是很不稳定、很不安宁的。

历史和现实都告诉我们：

——各国互相尊重独立和主权，对维护世界和平极为重要。只有遵循互相尊重主权和领土完整、互不侵犯、互不干涉内政、平等互利、和平共处五项原则，严格遵行联合国宪章的宗旨和原则，世界各国才能真正和睦相处。

——营造共同安全是防止冲突和战争的可靠前提。应彻底抛弃冷战思维，建立以互信、互利、平等、协作为核心的新安全观。一切国际争端和地区冲突都应通过和平方式解决。要按照公正、合理、全面、均衡原则，实现有效裁军和军备控制。裁军问题关系国际安全，应由各国共同参与讨论和解决。

——推动国际格局走向多极化，是时代进步的要求，符合各国人民的利益，有利于世界和平与安全。这种多极化格局，不同于历史上大国争霸、瓜分势力范围的局面。各国应是独立自主的，各国的相互合作及各种形式的伙伴关系，不应针对第三方。大国对于维护世界和地区的和平负有重要责任，大国应该尊重小国，强国应该扶持弱国，富国应该帮助穷国。

维护世界和平，是促进共同发展的必要前提；促进共同发展，又是维护世界和平的重要保证。支持和促进广大发展中国家的发展，努力减少和消除贫困，已成为一个紧迫的全球性问题。

许多发展中国家的发展至今仍举步维艰，南北发展差距和贫富悬殊愈来愈大。一边是北方发达国家财富不断积累，一边是南方发展中国家贫困不断加剧。富者愈富，贫者愈贫。现代科学技术和经济全球化趋势的发展，并没有使世界各国都普遍受益，世界发展中的不平衡更趋严重。全世界有十三亿人生活在绝对贫困线以下，日平均生活费用不足一美元。发达国家拥有全球生产总值的百分之八十六和出口市场份额的百分之八十二，而占世界人口绝大多数的发展中国家仅分别拥有百分之十四和百分之十八。这种状况如果不根本改变，就难以避免国际社会的动荡，难以促进各国的共同发展和实现世界的普遍繁荣。

必须充分尊重各国人民自主选择社会制度和发展道路的权利。应在平等的基础上推进南北对话，同时应广泛开展南南合作。第三世界国家只有通过加强南南合作，才能减少经济全球化可能带来的风险，实现自己的繁荣进步。

必须增强发展中国家经济、科技的发展能力。发展中国家的发展，最终要靠不断增强自我发展的能力。国际社会应高度重视并帮助发展中国家形成和提高自我发展的能力，不能只是从发展中国家获得资源、市场和利润。迅速发展的科学技术，成为创造财富的新的重要动力。日益拉大的“数字鸿沟”表明，发达国家和发展中国家在科技水平上存在极大差距，这必然使南北贫富差距进一步拉大。体现人类智慧和创造精神的先进科技，应该在全球范围内用于促进和平与发展，造福各国人民。

必须为广大发展中国家的发展创造良好的外部环境。各国应消除形形色色的贸易保护主义，进一步相互开放市场。应切实减免发展中国家所欠的债务，增加对他们的不附加条件的官方援助。任何国际政治、经济和贸易组织，都应该更多地倾听发展中国家的呼声，维护发展中国家的权益。各国都应遵循平等互利的原则开展经济贸易技术的交流和合作，以共享经济全球化和科技进步的成果。

无论是维护世界和平，还是促进共同发展，都要在国际事务中提倡和贯彻民主原则。

世界上所有的国家，无论大小、强弱、贫富，都是国际社会中平等的一员，都有参与和处理国际事务的权利。各国主权范围内的事情只能由本国政府和人民去管，世界上的事情只能由各国政府和人民共同商量来办。这是处理国际事务的民主原则。在当今时代，世界的命运必须由各国人民共同来掌握。

世界是丰富多彩的。如同宇宙间不能只有一种色彩一样，世界上也不能只有一种文明、一种社会制度、一种发展模式、一种价值观念。各个国家、各个民族都为人类文明的发展作出了贡献。应充分尊重不同民族、不同宗教、不同文明的多样性。世界发展的活力恰恰在于这种多样性的共存。应本着平等、民主的精神，推动各种文明相互交流、相互借鉴，以求共同进步。

人权领域内的对话和合作，必须在尊重国家主权的基础上开展，这是保护和促进人权事业最根本、最有效的途径。只要世界上还存在国界，人们分别在各自的国家中生活，维护国家的独立和主权就是每个国家政府和人民的最高利益。没有主权，也就谈不上人权。

五十五年前，在世界反法西斯战争取得伟大胜利之际，联合国应运而生。半个多世纪以来，依靠广大会员国的支持，联合国为缓解地区冲突，消除旧殖民主义，促进世界和平、合作、发展，做了许多有益的工作。联合国作为世界上最有代表性、最具权威的主权国家间的国际组织，在维护世界和平、促进共同发展、推动建立公正合理的国际政治经济新秩序方面，具有不可替代的作用。展望新世纪，联合国肩负的任务更加艰巨。联合国的积极作用只能加强而不能削弱，联合国的权威必须维护而不能损害。

我们要坚决维护联合国宪章的宗旨和原则，继续发挥联合国及其安理会在处理国际事务、维护世界和平方面的积极作用，确保全体会员国平等参与国际事务的权利。任何国家或国家集团在处理国际事务中，都不应对联合国采取需要时则利用之、不需要时则抛弃之的态度。

联合国应该是各会员国共同协商、民主处理国际事务的场所。联合国及其安理会应顺应历史潮流，按照地域平衡原则，进行必要的合理的改革，体现各会员国特别是广大发展中国家的意志。

中华文明是世界上最古老的文明之一，为人类文明增添了绚丽的光彩。中华人民共和国的建立及其在建设中取得的伟大成就，是对世界和平与发展的巨大贡献。中国人民将坚定不移地沿着建设有中国特色社会主义道路前进，坚定不移地按照“和平统一、一国两制”的基本方针完成祖国的统一大业。一个社会主义现代化的中国必将屹立于世界东方。中国的发展,是对世界和平与发展的贡献。中国人民热爱和平,坚决维护世界的和平与稳定。无论什么时候,中国都永远不称霸。这是中国人民对世界的庄严承诺。

中国始终不渝地奉行独立自主的和平外交政策,坚持在和平共处五项原则的基础上同世界各国建立和发展友好合作关系。中国作为联合国安理会常任理事国,一贯恪守联合国宪章的宗旨和原则,支持联合国在维护世界和平与国际安全以及解决各种全球性问题中发挥不可替代的重要作用。中国将一如既往地履行自己的义务和职责。

联合国的所有会员国和各国的政治家们,共同肩负着时代赋予的重要历史使命,这就是实现世界持久和平、促进各国共同发展和普遍繁荣。

各国人民是有智慧的。今天,人类在科学的宏观方面已推进到一百八十亿光年之遥的宇宙,在科学的微观方面已初步揭示出基因的秘密。尽管世界上还有许多不如人意的地方,但各国人民一定能够不断丰富自己的知识,不断总结自己的实践经验,在处理人和自然、人和社会、民族和民族、国家和国家等关系中将会越来越理智。基于这一认识,我对新世纪新千年世界发展的前景充满着乐观。我深信,世界局势的演变和人类社会的发展,不管还会经历多少艰难曲折,终将走向更高的文明和更全面的进步。

我呼吁:全世界爱好和平、向往进步的国家和人民携起手来,共同推动历史的车轮向着光明的目标前进!

谢谢大家。

国家主权是一国人民充分享受人权的前提和保障*

（二〇〇〇年九月七日）

五十五年前，在旧金山通过的联合国宪章序言中开宗明义地申明，“欲免后世再遭今代人类两度身历惨不堪言之战祸，重申基本人权，人格尊严与价值，以及男女与大小各国平等权利之信念”，从而确立了尊重人权和主权平等的两项基本原则。半个多世纪以来，在宪章的宗旨和原则指导下，众多殖民地国家获得了独立和解放，世界各国促进和保护人权的事业取得了巨大进步。

回首百年，沧桑巨变。在这新世纪新千年之交的历史时刻，国际社会有必要重新审视这两项原则。一方面，充分实现和享受人权是全人类追求的共同理想。促进和保护人权是各国政府的神圣职责。任何国家都有义务遵照国际人权文书，并结合本国国情和有关法律，促进和保护本国人民的人权与基本自由。另一方面，各国主权平等和相互尊重主权、互不干涉内政等原则仍然是现代国际关系的基本准则。国家不分大

---

* 这是江泽民同志在美国纽约联合国总部举行的联合国千年首脑会议分组讨论会上关于人权与主权关系的发言。

小、强弱、贫富，一律平等。维护本国的主权和安全，是每个国家政府和人民的神圣权利。各国人民有权自主选择符合本国国情的社会制度和发展道路，创造自己的生活。

中华民族历来尊重人的尊严和价值。中国同许多发展中国家一样，在近代历史上长期遭受外强入侵和欺凌。中国人民深知，一个国家不能保障自己的主权，就根本谈不上人权。所以，我们特别珍惜中国人民经过长期斗争用鲜血和生命换来的人民解放和国家主权。我相信，这对任何国家都是同样的。今天中国所焕发出的巨大活力，是中国人民拥有广泛自由、民主的生动写照。历史和现实都告诉我们，国家主权是一国人民充分享受人权的前提和保障。这两者不是相互对立的，而是相辅相成的。

世界是丰富多彩的。各国人民走过了不同的历史发展道路，有着不同的经济发展水平、文化背景、社会制度和价值观念，延续着不同的生活方式，这是世界多样性的体现。我们应当承认差异，有差异才能有进步。中国愿同世界各国一道，相互学习，取长补短，携手并进，共同建设新世纪人类和平、繁荣的美好家园。

不要突出宣传领导同志个人*

（二〇〇〇年九月二十八日）

今天，看到有关摄制《江上青》电视连续剧的一些材料，引起了我的深思。我到北京工作以后一直强调，不能因为我担任了现在这样的领导工作，就对与我有关的事情和人物进行过分突出的宣传，更不要去宣传我的家庭。对我的家庭成员和亲属，我历来是严格要求的。我们党早就有过规定，对中央的领导同志，不要突出个人，不要宣传个人。不然，不仅对领导同志个人没有什么好处，对党的事业也没有什么好处，在群众中也会带来不好的影响。这个原则看来还有重申的必要，使全党同志共同遵守。

江上青〔1〕烈士是为党和人民的事业牺牲的，我们应该纪念他。在党领导人民进行革命的伟大斗争中，成千上万的革命烈士英勇牺牲。想到他们，我们就应更加努力地把工作做好，把他们开创的事业不断推向前进。我们都是党的干部，无论担任什么样的领导职务，作出了什么样的工作成绩，都是党和人民培养教育的结果，都应该归功于党。我们纪念革命烈士的最好方式，就是脚踏实地、扎扎实实地把党交给的工作

---

* 这是江泽民同志对一份材料的批语。

做好。

中央这些年来一再强调，对涉及现任中央主要领导同志的书籍、文章、影视作品等，要按照规定的程序严格把关，不能擅自行动。大家都要遵守这个规定。凡涉及中央领导同志的有关作品，要告知有关的领导同志。至于利用这种作品，打着领导同志的旗号，四处拉赞助和广告，就更不对了。希望有关部门加强管理，严格按照中央的规定办事。

注 释

〔1〕江上青（一九一一——一九三九），江苏扬州人。一九二七年加入中国共产主义青年团，一九二九年转为中国共产党党员。曾任中共皖六区专署特别支部书记、中共皖东北特别委员会委员。一九三八年，受党组织派遣，到皖东北地区从事抗日民族统一战线工作，担任国民党政府安徽省第六区行政督察专员公署秘书、第五战区第五游击区司令部政治部主任，推动实现团结抗战，发展党的组织，建立党领导下的抗日武装，参与创建抗日民主根据地。一九三九年，遭反动地主武装杀害。

在新世纪把建设有中国特色社会主义事业继续推向前进*

（二〇〇〇年十月十一日）

这次全会开始时，朱镕基[1]同志就《中共中央关于制定国民经济和社会发展第十个五年计划的建议》作了说明，经过全会认真讨论，一致通过了这个建议，确定了进入新世纪的五年到十年我国发展的奋斗目标、指导方针和重要任务。这次全会是一次明确目标、统一思想、动员全国人民把我国现代化建设推向前进的重要会议。会议开得很好，圆满完成了任务。

下面，我代表中央政治局讲几点意见。

一、关于进入新世纪的发展方针

全会通过的文件，以邓小平理论和党的十五大精神为指导，深刻总结党的十一届三中全会以来我们推进改革开放和现代化建设的实践经验，全面审视世纪之交国际政治、经济、科技发展给我们带来的机遇和挑战，对我国新世纪初的发展作出了重大部署。这次全会确定，“十五”期间，我们要把发展

---

* 这是江泽民同志在中共十五届五中全会上的讲话。

作为主题，把结构调整作为主线，把改革开放和科技进步作为动力，把提高人民生活水平作为根本出发点，全面推动经济发展和社会进步。这是我们在新世纪把建设有中国特色社会主义伟大事业继续推向前进的重要方针。大家要把会议的精神带回去，结合本地区本部门的实际，统一认识，坚定信心，真抓实干，开拓进取，带领广大干部群众不断开创各项工作的新局面。

发展是硬道理，这是我们必须始终坚持的一个战略思想。对这个问题，不仅要从经济上看，而且要从政治上看。二十多年来，我们党的路线方针政策得到全体人民的拥护，我们经得起国际国内各种风浪的考验，我国的国际威望和影响不断提高，都与我国社会生产力的迅速发展、综合国力的显著增强和人民生活的不断改善密切相关。继续解决我国经济社会生活中存在的矛盾，提高我们抵御各种风险的能力，实现第三步战略目标，要靠发展；解决台湾问题，完成祖国统一大业，要靠发展；反对霸权主义和强权政治，履行我们维护世界和平和促进各国共同发展的国际责任，不断增强我国在国际事务中的作用，也要靠发展。还是那句话，财大才能气粗。现在，世界经济、科技发展形势逼人，我们不加快发展，就会落后。抓住机遇，加快发展，在政治上、经济上对我们都很紧要。综合分析国际国内形势，我们完全有条件保持一个较快的发展速度。我们必须坚持扩大内需的方针，用发展的办法解决前进中的问题，及时采取有效的宏观调控，努力使我国经济保持实实在在、没有水分、可持续的发展，使经济、社会、生态环境全面发展。发展必须是物质文明和精神文明的协调发展。要始终坚持两手抓、两手都要硬的方针，大力推进社会主义精神文明建设，不断提高全民族的思想道德素质和科学文化素质，为现代化建设提供强大的思想保证、精神动力和智力支持。

发展要有新思路。实行经济结构的战略性调整，推动两个根本性转变，保持国民经济持续快速健康发展，这就是新世纪之初我国经济发展的大思路。今后五年到十年是我国经济结构调整的重要时期。我国经济发展中的突出矛盾和深层次问题是经济结构不合理，主要表现为产业结构不合理，地区发展不协调，城镇化水平低，工农业生产技术水平落后，国民经济整体素质还不高。这些问题如不加紧解决，就难以提高经济增长的质量，难以增强我国发展的后劲。从国际范围看，各国尤其是发达国家都在加紧进行结构性调整。美国自八十年代以来进行的以信息化为重点的经济结构调整，成为九十年代美国经济持续增长的重要原因。亚洲金融危机迫使有关国家对经济结构进行调整，克服经济结构性缺陷，亚洲一些国家的结构调整已经取得进展。印度经过多年努力，航天、信息特别是软件产业得到较快发展。在这样的形势下，我们必须果断地抓紧进行结构调整，否则就会在激烈的国际竞争中处于劣势。对经济结构的问题，认识早、调整快，就主动；见事迟、调整慢，就被动。我们必须抓紧做好推进农业和农村经济结构调整，加快工业改组改造和结构优化升级，大力发展服务业，实施西部大开发战略、促进地区协调发展等方面的工作。全党同志必须统一思想，下决心干好结构调整这件事，坚持在发展中推进经济结构调整，在经济结构调整中保持快速发展，争取在产业结构、布局结构、所有制结构等方面都取得明显进展。

改革是社会主义实现自我完善和发展的根本途径和动力。从世界历史进程看，社会主义作为一种新的社会制度，还处在实践和发展的初期。邓小平同志说，巩固和发展社会主义制度，需要我们几代人、十几代人，甚至几十代人坚持不懈地努力奋斗。这就给我们不断推进社会主义事业打开了广阔的空间。我们对社会主义的认识，要随着实践的发展不断深化。我们进行改革的根本目的，就是要使生产关系适应生产力的发展，使上层建筑适应经济基础的发展，使我国社会主义社会的各方面都形成比较成熟、比较定型的制度。社会主义制度的自我完善和发展，说到底，是一个体制创新的问题。完善公有制为主体、多种所有制经济共同发展的基本经济制度，完善按劳分配为主体、多种分配方式并存的分配制度，建立社会主义市场经济体制，进行政治体制改革，还有大量工作要做。不改革，不进行体制创新，很多问题的解决就没有出路。二十多年的改革实践，为我们进一步深化改革创造了很好的基础。继续推进改革，难度会更大，工作会更复杂。我们必须拿出一往无前的勇气，在体制创新方面取得重大进展，绝不能有畏难情绪。任何改革都要进行利益关系的调整，不可避免地会触及一部分人的利益。一定要正确处理改革发展稳定的关系，使改革的推进既积极又稳妥。

实现我国跨世纪发展的目标，必须大力依靠科技进步和创新。马克思、恩格斯曾经说过："资产阶级在它的不到一百年的阶级统治中所创造的生产力，比过去一切世代创造的全部生产力还要多，还要大。"〔2〕近一百年全世界所创造的生产力又比以往一切世代创造的全部生产力还要多，还要大。世界生产力快速发展的一个根本原因，在于科学技术日新月异的发展。二十一世纪，世界科学技术和生产力必将发生新的革命性突破。对此，我们必须有充分估计。我们必须抓住新科技革命的机遇，大力推进我国的科技进步和创新，尽力缩小同发达国家在科技发展水平上的差距。这次全会提出加快国民经济和社会信息化，就是我们为推进产业优化升级和实现工业化、现代化而采取的重大举措。当今世界的发展趋势表明，信息化对推动经济社会发展具有重大作用，我们必须高度重视并全力推进，以信息化带动工业化，发挥后发优势，争取实现社会生产力的跨越式发展。推进科技进步，关键要创新。科技创新是提高科技实力的中心环节。没有自主创新，就没有我们在世界科技领域中的位置。科技创新问题，说到底还是人才问题。发达国家正在全球范围内争夺人才。培养不好人才，使用不好人才，留不住人才，吸引不了人才，我们的事业就很难向前发展。我们一方面要进一步发展教育和提高教育质量，加大人才培养的力度；另一方面要建立一套能够发挥社会主义制度集中力量办大事和社会主义市场经济体制这两种优势的创新机制，形成一个拴心留人的环境，培育一个争相创新的氛围，使优秀人才脱颖而出、发挥才干。在这个问题上，大家一定要有紧迫感。各级领导干部要拿出政治家的眼光和气魄，积极支持科技及相关体制的改革，扫除一切阻碍创新的因素，努力开创一个人才辈出并能充分发挥各种人才积极性和创造性的新局面。

不断提高人民生活水平，是我们党一切工作的根本出发点和归宿。人民生活不断改善，就会更加拥护我们党的领导和社会主义制度，更加充满信心地投入改革开放和现代化建设，我们党的执政基础也就能够日益巩固。与发达国家相比，我国人民的生活水平还比较低，贫困人口、下岗职工等相当一部分群众的生活还相当困难，人民对改善生活的期望很强烈。要使十二亿多人都过上小康生活，并逐步过上比较宽裕的小康生活，任务十分艰巨。在整个社会生产和建设发展的基础上，不断使全体人民得到并日益增加看得见的利益，始终是我们中国共产党人的神圣职责。全党同志心中始终都要装着人民群众，关心人民群众，千方百计为他们谋利益，带领他们艰苦奋斗，创造幸福生活。

保持经济持续快速健康发展，切实维护国家经济安全，必须始终高度重视并抓紧解决好粮食安全、水资源和油气资源问题。这是直接关系我国长远发展的战略问题。这个问题，我讲过多次了，今天再强调一下。我国是一个有十二亿多人口的发展中大国，吃饭问题始终是头等大事。十二亿多人吃饭，只有依靠自己，靠谁都靠不住。决不能轻言农业过关了。一定要把农业的基础打牢。发展农业是一项长期的艰巨任务，必须始终把农业放在发展国民经济的首位。今年严重旱灾造成粮食减产，说明我国农业抗御自然灾害的能力还不强，还没有从根本上摆脱靠天吃饭的局面。要不断提高我国农业综合生产能力，高度重视保护和提高粮食生产能力，保护耕地，保护农民的积极性；面向市场、依靠科技，加快农业和农村经济结构调整，提高农业产业化经营的水平，大幅度提高农业的素质和效益。水资源不足，已经成为制约国民经济和社会发展的重要因素。解决这个问题,关键是要加强水资源的节约、保护和科学利用,努力提高水的利用效率。要坚持兴利除害结合,开源节流并重,防洪抗旱并举,下大气力解决洪涝灾害、水资源不足和水污染问题。对北方地区的缺水矛盾,要采取多种方式加以缓解,在搞好节水和水污染防治工作的基础上,加紧南水北调工程的前期工作,尽早开工建设。我国石油后备资源不足,与经济发展和人口增长的需要不相适应,必须未雨绸缪,做到有备无患。从目前世界石油市场急剧变化的情况看,这个问题更需要引起我们高度重视。要稳定东部、发展西部,挖掘东部老油田潜力,加强西部和海上勘探,增加油气资源储备;从战略安全考虑,要"走出去",采取多种形式积极开发利用国外资源,实施进口多元化;合理调整能源结构,充分利用我国丰富的煤炭资源和水能资源,在技术可行和经济合理的前提下研究开发替代石油的能源,多方面采取措施,努力节约石油。这里,我还要强调,要十分重视生态建设和环境保护,经过长期努力,使我国青山常在,绿水长流,资源永续利用。总之,我们必须从中华民族的长远发展考虑,从应付世界上的突发事件考虑,从子孙后代考虑,坚持实施可持续发展战略。

二、关于进入新世纪的主要任务

综观国际国内形势,进入新世纪,继续推进现代化建设,完成祖国统一,维护世界和平与促进共同发展,是我们必须抓好的三大任务。党的建设,是实现这三大任务的根本保证。

邓小平同志在八十年代曾经提出，我们要做的三件大事是加紧经济建设、实现祖国统一和在国际事务中反对霸权主义、维护世界和平。这是邓小平同志深刻审视国际国内形势作出的战略决策。近二十年来，我们在这三个方面都取得了巨大成绩。虽然现在形势和任务都发生了一些变化，但这三件大事仍然是进入新世纪我们必须抓好的主要任务。

在这三大任务中，现代化建设是核心。我国还处于并将长期处于社会主义初级阶段，主要矛盾依然是人民日益增长的物质文化需要同落后的社会生产之间的矛盾。经济建设是党和国家的中心任务。到下个世纪中叶基本实现社会主义现代化，是我们的总目标。大力发展社会生产力，不断增强综合国力，是社会主义的根本任务，也是我们解决国内国际问题最主要的条件。一切决定于我们自己的事情干得好不好。改革开放以来，我们有一条十分重要的经验，就是不论发生什么事情，国际的也好，国内的也好，只要不发生大规模的外敌入侵，都始终扭住经济建设这个中心不放。今后，我们要继续坚定不移地这样做。

我们已经实现了香港、澳门回归。解决台湾问题，更加突出地摆在我们面前。八十年代以来，我们按照"和平统一、一国两制"的基本方针，大力推进两岸经济合作、人员往来和各项交流，坚决反对"台独"，为促进台湾问题的解决进行了不懈努力。但是，也要看到，解决台湾问题仍面临着严峻形势。"台独"分裂势力抛出所谓"两国论"〔3〕，大肆从事分裂祖国的活动，使台湾问题的解决面临许多新的情况，涉台的政治、经济、军事、外交斗争形势也更加复杂。解决台湾问题，必须考虑复杂的国际背景。我们要善于进行政治斗争和外交工作，同时抓紧进行反“台独”军事斗争准备，以促进台湾问题早日解决。能够和平统一，当然最好，但我们决不承诺放弃使用武力。必须下大气力把一些“杀手锏”武器装备搞上去，推进科技强军，切实做好两手准备。这样，无论发生什么情况，我们都主动。

我们进行现代化建设，完成祖国统一大业，都需要和平稳定的国际环境和周边环境。八十年代以来，国际形势发生了深刻变化。总的看，和平与发展仍然是当今时代的主题。我这次到纽约去出席联合国千年首脑会议，一个最深刻的感受就是，促进世界和平与共同发展是各国人民共同的强烈愿望。我们要顺应世界潮流，高举和平的旗帜，高举发展的旗帜，在国际上树立维护和平和致力于共同发展的形象。现在，天下仍很不太平。国际格局总的是朝着多极化方向发展，但不会一帆风顺，会有斗争和曲折。经济全球化趋势继续发展，既会带来机遇，也会带来严峻挑战，以经济和科技实力为基础的综合国力竞争将更加激烈。随着苏联的解体，美国成为世界政治和经济中的超强力量。美国等一些西方国家打着“人道主义”、“人权”的旗号对别国的政治干涉甚至武力侵犯时有发生。霸权主义和强权政治有新的表现。因民族矛盾、宗教矛盾和领土争端而引发的地区冲突此起彼伏。广大发展中国家的发展问题不仅没有解决，与发达国家的差距反而更加扩大。东欧剧变、苏联解体后，世界社会主义遇到了严重曲折，国际敌对势力加紧对我国实施西化、分化的政治战略。对国际形势错综复杂的局面及其对我们有利和不利的方面，大家必须有清醒的全面的认识。我们要坚持冷静观察、沉着应付、绝不当头、有所作为的方针。坚持独立自主的和平外交政策，坚持在国际事务中反对霸权主义和强权政治，伸张正义，为广大发展中国家讲话。这个立场要十分坚定。原则问题上不能软，没有什么可怕的。我们的这种立场和态度，西方国家也是很清楚的，我们越是坚持这样做，他们就越不敢小看我们，越需要同我们打交道。当然，在具体的斗争中，我们要讲求斗争的艺术，要有策略的灵活性，注意有理有节、层次分明、内外有别、内紧外松，以我们的两手对付他们的两手，切实维护我国的安全和利益。

世界发展很快，我们要密切注视世界政治、经济、科技、文化、军事等方面的变化。否则，就难以制定正确的方针政策，也很难做好工作。全党同志一定要用马克思主义的宽广眼界观察世界。所谓宽广的眼界，一是要有历史的深远眼光，一是要有世界的全局眼光。这样来观察问题，我们就能更深刻、更全面地认识当代中国和当今世界，更加清醒、主动地掌握我们自己发展的命运。

中华民族在历史上曾经创造过世界最先进的生产力和最光辉的科技成就，并将这种领先地位一直保持到十五世纪。明代以前世界上主要的发明创造和重大科技成就大约有三百项，其中中国的发明创造占相当大的比例。英国的李约瑟〔4〕博士列举了公元后十五个世纪内中国完成的一百多项重大发明和发现，大部分在文艺复兴前后接二连三地传入欧洲，为欧洲文艺复兴准备了重要物质技术基础。直到十七世纪、十八世纪，欧洲人对中国文明还是十分仰慕的，这从莱布尼茨〔5〕、伏尔泰〔6〕等著名学者的著作中都可以看到。自明代末年起，中国开始落后于西方国家的发展，近代更是陷入了列强欺凌、被动挨打的境地。这一段历史很值得我们深思。

十五世纪以后中国的落后，很重要的一个原因就是中国的封建统治者闭关自守、夜郎自大，对世界科学技术的发展不甚了了，使中华民族痛失历史性发展机遇。从文艺复兴到十八世纪、十九世纪，经过工业革命和科技发展，西方国家生产力迅速发展，形成了在世界上的优势。这个时期大致相当于明代到清代末期。唐、宋、元到明代，中国都经历过开放的时期。郑和〔7〕七下西洋，曾经远达非洲东岸。后来，封建统治者停止出洋，实行“海禁”，中国与其他国家交往的大门被关闭了。从一六六二年到一七九五年是史称的“康乾盛世”。在这个时期，中国的经济水平在世界上仍是领先的。乾隆末年，中国经济总量居世界第一位，人口占世界三分之一，对外贸易长期出超。但是，当时的清朝统治者却不看世界的大变化，拒绝学习国外先进的科学技术。最后，在短短一百多年的时间里，就大大落后于西方国家，直至在西方列强的坚船利炮面前屡屡失败。相反，日本通过明治维新，学习欧美的先进科学技术，走上了富国强兵之路。这段历史告诉我们，中国要发展、要进步、要富强，就必须对外开放，加强与世界各国的经济、科技、文化的交流和合作，吸收和借鉴一切先进的东西。封闭就要落后，落后就要挨打。能否不断了解世界，能否不断学习世界上一切先进的东西，能否不断跟上世界发展的潮流，是关系一个国家、一个民族兴衰成败的大问题。

现在，我们正面对着世界经济、科技前所未有的大发展，也面对着前所未有的激烈的国际竞争。这是一场全球范围的大竞争,任何国家、任何民族都回避不了。在这场竞争中,就如同逆水行舟,不进则退。抓住机遇,开拓进取,奋力在这场大竞争中取得主动,发展壮大我们自己,是我们中国共产党人对国家、对民族、对人民必须肩负起来的历史责任。五十年后,一百年后,历史会对我们这一代人作出评论。全党同志一定要站在时代的前列,紧跟世界发展的潮流,充分发挥党的领导和社会主义制度的优越性,敢于战胜前进道路上的一切艰难险阻,信心百倍、团结一致地为完成进入新世纪的三大任务而努力工作。

三、关于进一步加强党的建设

实现社会主义现代化建设的宏伟目标,完成祖国统一大业,履行维护世界和平与促进共同发展的国际责任,关键在党。我们必须坚持党要管党、从严治党的方针,全面加强党的思想、组织、作风建设,切实解决党内存在的各种问题,使我们党不断提高领导水平和执政能力,不断提高拒腐防变和抵御风险的能力,永葆生机和活力。

今年初,我在广东考察工作时,讲了我们党要始终代表中国先进生产力的发展要求,代表中国先进文化的前进方向,代表中国最广大人民的根本利益。这"三个代表"要求,是根据我们党的性质、宗旨和历史经验、现实需要提出来的,也是为了在新的时期新的实践中更好地全面落实毛泽东思想、邓小平理论关于党的建设的要求提出来的,是我们党的立党之本、执政之基、力量之源，是我们加强新时期党的建设的基本方针。要使全党同志深刻认识和全面正确地把握“三个代表”要求，还有大量工作要做，首先需要从理论和实践的结合上进一步加以研究，进一步进行阐述。全党要围绕这个题目，紧密结合国内外形势的变化，紧密结合我国社会生产力最新发展和经济体制深刻变革的实际，紧密结合人民群众对物质文化生活提出的新的发展要求，紧密结合党员、干部队伍发生的重大变化，调查研究，形成共识，作出回答。我们开展的各项工作，都要贯彻落实“三个代表”要求，看看我们所采取的措施、所做的工作，是不是符合“三个代表”要求，符合的就毫不动摇地坚持，不符合的就勇于实事求是地纠正。

我们党已经拥有六千三百多万党员，这么大的队伍要管理好不容易。党内确实存在一些同党的性质和宗旨不相符的突出问题，如果我们不下最大的决心加以解决，就会带来严重后果。一些腐败案件触目惊心，必须引起全党高度警觉。九十年代以来，一些执政几十年的政党先后下台，有的已经衰亡，其中的根本原因是党的内部出了问题。认真分析这些政党的兴衰，加以借鉴，对我们加强党的建设很有意义。历史和现实都表明，一个政权也好，一个政党也好，其前途命运最终取决于人心向背，不能赢得最广大人民的支持，就必然垮台。现在形势总的是好的，但也面临着不少问题，既有内忧也有外患，切不可掉以轻心。关键是在搞好现代化建设的同时，要全面加强和改进党的建设，努力提高党的凝聚力和战斗力，始终保持党同人民群众的密切联系。这样，我们才能经得起各种风浪的考验，不断把建设有中国特色社会主义事业推向前进。

今天，我想着重讲一下加强党的作风建设问题。党的作风问题，也是党的形象问题。作风不正，形象好不了，必然脱离群众、脱离实际。切不可小看了作风问题。我们要完成现代化建设，必须要有好的作风，否则正确的路线不能得到很好贯彻，党的工作也会受到严重影响。希望全党上下努力改进思想作风、学风、工作作风。

第一，关于思想作风。解放思想、实事求是，是马克思主义活的灵魂，是我们认识新事物、适应新形势、完成新任务的根本思想武器。二十多年我国改革和发展的历程，就是在邓小平理论指导下，全党同志总结以往的历史经验教训，坚持一切从实际出发，解放思想、实事求是，不断探索创新，从而不断推进建设有中国特色社会主义事业的伟大历程。如果没有全党坚持解放思想、实事求是，就不可能有改革开放和现代化建设的一系列新政策，也就不可能有今天这样党和国家事业发展的大好局面。

搞社会主义现代化，发展社会主义市场经济，没有现成的经验和模式，必须在实践中探索和创造。改革开放以来，邓小平同志抓住什么是社会主义、怎样建设社会主义这个根本问题，深刻揭示社会主义的本质，把对社会主义的认识提高到新的水平。在新的历史时期，全党必须继续坚持解放思想、实事求是的思想路线，继续抓住社会主义的本质这个根本问题，大胆探索、实践、创造，这是坚持党的基本路线、建设有中国特色社会主义的思想保证。建设有中国特色社会主义的实践在继续前进，我们对有中国特色社会主义的探索和认识也要不断继续下去，永远不能停滞。解放思想、实事求是的目的，就是使我们党和国家的事业不断适应国情和时代、形势和任务的要求而向前发展，始终兴旺发达。任何安于现状、因循守旧、不思进取、无所作为的思想，都不利于党和国家事业的发展。解放思想和实事求是是统一的，应一以贯之。不解放思想，教条主义盛行，不可能做到实事求是；离开实事求是，脱离实际，脱离亿万群众的创造性实践，不是真正的解放思想。在工作比较顺利的时候，不能头脑发热、忘乎所以，不要提出不切实际的要求。在工作遇到困难的时候，不能灰心丧气、畏首畏尾，要善于在困难的条件下开拓新的局面。全党同志首先是各级领导干部必须始终坚持马克思主义历史的实践的发展的观点，坚持实践是检验真理的唯一标准，发挥历史的主动性和革命的创造性，不断研究和解决新问题。

第二，关于学风。中央反复强调，全党要加强学习，要结合新的实践，学习、学习、再学习。学习是多方面的，首先要加强对马克思主义理论的学习。学习马克思列宁主义、毛泽东思想、邓小平理论，关键是要掌握其理论实质，善于把其基本原理运用于社会主义改革和现代化建设的新实践，并在理论与实践的结合中勇于创新。不能搞教条主义，不能拘泥于一些具体的论述。马克思主义的生命力，就在于它在实践中能够不断创新。马克思主义理论的每一次重大突破，社会主义实践的每一次历史性飞跃，都是马克思主义基本原理同具体实践相结合进行理论创新的结果。马克思、恩格斯、列宁和毛泽东同志、邓小平同志都是理论创新的典范。在建设社会主义的进程中，坚持马克思主义基本原理，最重要的就是要坚持生产关系必须适应生产力发展的论断，通过改革开放不断解放和发展社会生产力，逐步实现全体人民共同富裕。这是历史唯物主义的真谛。理论创新的源泉在实践，实践的主体是人民群众。理论创新，必须尊重人民群众的首创精神，坚持实践标准和“三个有利于”〔8〕标准。不能拿本本去框实践，而是要用实践去发展本本。这是我们树立和发扬好的学风最根本的要求。只有抱着这样的态度，才能把马克思主义的精髓学深学透，把马克思主义的真理用好用活。对马克思主义经典作家著作的学习和运用，不能搞照抄照搬的教条主义、本本主义；对国外包括西方国家东西的学习和借鉴，也要采取分析的实事求是的态度，也不能搞照抄照搬的教条主义、本本主义，一切都要从我国国情出发，从建设有中国特色社会主义的实际出发。

第三，关于工作作风。现在，在工作作风方面存在的问题，群众反映最大的是两个，一是形式主义，二是官僚主义。这必须引起全党上下高度重视，必须痛下决心把这两股歪风刹住，越快越好。我们做工作，需要有一定的形式，没有形式，内容也表现不出来，但不能搞形式主义。搞形式主义，要害是只图虚名，不务实效。比如，有的干部做工作，不去认真领会中央精神，也不去了解下情，习惯于做表面文章、喊口号；有的沉湎于“文山会海”，应酬接待，不能深入基层；有的热衷于沽名钓誉，哗众取宠，应付上级，应付群众；有的搞各种名目的所谓达标活动，形式上热热闹闹，实则劳民伤财；有的只说空话套话，不干实事；有的报喜不报忧，掩盖矛盾和问题，以致酿成恶果。现在发生的一些严重的突发性事件和群体性事件，有些是让人想都想不到的事件，其中一个重要原因是工作不落实、不扎实、不切实。工作部署了,没有抓到底,口号提出来了,没有落实,结果流于形式,浮于表面,没有实效。这种风气如果不纠正,不仅会导致党的路线方针政策无法落实,而且必然会出乱子,甚至出大乱子。官僚主义作风,要害是脱离群众、做官当老爷。在一些地方和部门,有的干部无所用心,有的作威作福、欺压群众,引起了干部群众强烈不满。对官僚主义作风,我们不仅要认识它的危害性,而且要深刻认识它产生的根源。官僚主义,在很大程度上源于我国封建社会形成的"官本位"意识。所谓"官本位",就是以官为本,一切为了做官,有了官位就什么东西都有了,"一人得道,鸡犬升天"。这种"官本位"意识,流传了几千年,至今在我国社会生活中仍然有着很深的影响。一些共产党员和党的领导干部,也自觉不自觉地做了这种"官本位"意识的俘虏,于是跑官要官、买官卖官的现象出来了,弄虚作假、虚报浮夸、骗取荣誉和职位的现象出来了,明哲保身、但求无过、不思进取、一切为了保官的现象出来了,以权谋私的现象出来了。当前,"官本位"意识的要害,就是对党和国家的事业不负责,对民族和人民的利益不负责,只对自己或亲属或小团体负责,其危害极大。因此,对于历史上遗留下来的"官本位"意识,必须狠狠批判和坚决破除。我曾经说过,每一个领导干部都应好好想一想,参加革命是为什么?现在当干部应该做什么?将来身后应该留点什么?这些问题,我们每个领导干部都应该经常想一想。我们共产党人是全心全意为党和国家的事业、为民族和人民的利益而奋斗的,有什么个人的东西不能抛弃呢?

实干兴邦,空谈误国。形式主义、官僚主义作风,对我们党是一大祸害。全党上下,全国上下,必须狠刹形式主义、官僚主义的歪风。各级领导干部必须时时处处坚持重实际、说实话、办实事、求实效,必须大力发扬脚踏实地、埋头苦干的工作作风。大家都要坚定地贯彻中央的路线方针政策,努力结合自己的工作实际创造性地做好工作,想群众之所虑,急群众之所难,谋群众之所求,扎扎实实解决好关系改革发展稳定全局和影响群众生产生活的各种紧迫问题,以改进工作作风的实际行动取信于民。

明年是新世纪的第一年,我们将迎来建党八十周年。我们党从成立以来,为中华民族和中国人民建立了不朽的功勋。要通过广泛深入的教育和宣传,使全体党员和全国各族人民进一步明确,只有在中国共产党领导下,坚持走建设有中国特色社会主义道路,才能发展中国,才能实现中华民族的伟大复兴。同时,要使全体党员、干部进一步明确,我们党要承担起建设有中国特色社会主义的重大使命,带领全国各族人民不断前进,必须按照"三个代表"要求,扎扎实实加强党的建设,全面推进党的建设新的伟大工程。总之,我们要利用纪念建党八十周年的重要时机,回顾历史、总结经验,着眼现实、解决问题,展望未来、增强信心。

注 释

〔1〕朱镕基,一九二八年生,湖南长沙人。当时任中共中央政治局常务委员会委员、国务院总理。

〔2〕见马克思、恩格斯《共产党宣言》(《马克思恩格斯选集》第1卷,人民出

版社 1995 年版，第 277 页)。

〔3〕见本卷《在中央思想政治工作会议上的讲话》注〔5〕。

〔4〕李约瑟(一九〇〇——一九九五)，原名约瑟夫·尼达姆，英国科学家、中国科技史研究专家、胚胎生物化学创始人。著有《中国科学技术史》七卷。

〔5〕莱布尼茨，即戈特弗里德·威廉·莱布尼茨(一六四六——一七一六)，德国自然科学家、数学家、哲学家。数理逻辑的创始人，微积分的创始人之一，唯心主义唯理论的主要代表人物之一。主要著作有《形而上学谈话》、《人类理智新论》、《以理性为基础的自然和神恩的原则》等。

〔6〕伏尔泰(一六九四——一七七八)，法国启蒙思想家、作家、哲学家。主要著作有论著《哲学通信》、《形而上学论》、《哲学辞典》、《风俗论》和哲理小说《老实人》等。

〔7〕郑和(一三七一——一四三三)，明代云南昆阳(今云南晋宁)人。明代航海家。明初入宫，后任内官监太监。一四〇五年至一四三三年间，先后七次率领庞大船队出使亚非诸国，遍访东南亚、印度洋及红海沿岸的三十多个国家和地区，曾远达非洲东海岸和伊斯兰教圣地麦加，史称郑和下西洋(明代称今文莱以西海域为西洋)。郑和的远航促进了中国与亚非国家的经济文化交流。

〔8〕见本卷《在中央思想政治工作会议上的讲话》注〔7〕。

尽快开工修建进藏铁路*

（二〇〇〇年十一月十日）

镕基、锦涛、邦国、家宝[1]同志：

看到傅志寰[2]同志转来的一份关于修建进藏铁路有关情况的材料，引起我的深思。这次讨论“十五”计划时，我们也谈起这个问题。我到中央工作以后，一直在议论这个问题。但过去我对修建这条铁路的综合考虑不够，从经济性方面分析比较多。现在看来，修建进藏铁路，从政治、军事上看是十分必要的，从发展旅游、促进西藏地区与内地的经济文化交流看也是非常有利的。建成后运行初期可能要给一些补贴，但从长远观点看拿出这些钱来是完全值得的。总之，无论从经济发展、政治稳定和国防安全，还是从促进民族团结，更有力地打击达赖[3]集团的民族分裂主义活动考虑，我们都应该下决心尽快开工修建进藏铁路。这是我们进入新世纪应该作出的一个重大决策，一个政治决策，要抓紧考虑。

从铁道部报来的材料分析，综合比较下来，第一个方案[4]比较有利，投资少，工期短，线路不长，且较为平坦。当然对该方案尚存在的一些问题还要进一步做好研究，尤其要

---

* 这是江泽民同志对铁道部关于修建进藏铁路的汇报材料的批示。

加强对冻土地区的工程地质应用性勘探、研究和试验。对青藏高原铁路的运输、管理、维修模式也应该事先有比较完善的预案。

明年要召开第四次西藏工作会议，届时应正式宣布修建进藏铁路，必将对包括西藏广大干部群众在内的全国各族人民带来很大的鼓舞。建议国务院抓紧认真研究一下，总的意向定下来后，责成计委、铁道部尽快完成可行性研究，以便党中央、国务院及时讨论并作出这个战略决策。

江　泽　民

二〇〇〇年十一月十日

注　释

〔1〕镕基，即朱镕基，一九二八年生，湖南长沙人。当时任中共中央政治局常务委员会委员、国务院总理。锦涛，即胡锦涛，一九四二年生，安徽绩溪人。当时任中共中央政治局常务委员会委员、中央书记处书记，中华人民共和国副主席，中央军事委员会副主席。邦国，即吴邦国，一九四一年生，安徽肥东人。当时任中共中央政治局委员、国务院副总理。家宝，即温家宝，一九四二年生，天津人。当时任中共中央政治局委员、中央书记处书记，国务院副总理。

〔2〕傅志寰，一九三八年生，辽宁海城人。当时任中共中央委员，铁道部部长、党组书记。

〔3〕见本卷《始终做到“三个代表”是我们党的立党之本、执政之基、力量之源》注〔1〕。

〔4〕这里所说的第一个方案，指青海格尔木至西藏拉萨段的铁路建设方案。

进一步开创统一战线工作的新局面*

（二〇〇〇年十二月四日）

在新世纪到来的前夕，中央召开全国统战工作会议，这对巩固和发展党的统一战线具有重大意义。这次会议的主要任务是，明确统一战线工作面临的形势和任务，坚持和完善统一战线的方针政策，总结成绩和经验，加强和改善党对统一战线工作的领导，动员全党同志为在新世纪进一步开创统一战线工作的新局面而共同努力。

一、关于统一战线在新世纪党的工作全局中的地位和作用

展望新世纪，和平与发展仍然是时代的主题，世界多极化趋势在曲折中发展，经济全球化趋势加速进行，科技进步突飞猛进，对人类社会发展产生了广泛而深刻的影响。这为我们充分利用世界先进科技成果，加快我国的现代化建设，提供了有利条件。同时，我们也要清醒地看到，霸权主义和强权政治依然存在并有新的表现，全球范围内综合国力的较量和竞争

* 这是江泽民同志在全国统战工作会议上讲话的主要部分。

更加激烈，在西方国家主导经济全球化进程的条件下发展中国家维护国家的主权和安全问题更加突出，建立公正合理的国际政治经济新秩序还要经历一个艰难的过程。特别是西方敌对势力不愿意看到社会主义中国的统一和强大，利用所谓“民主”、“人权”、“民族”、“宗教”等问题，加紧对我国实施西化、分化的政治战略。我们同西方敌对势力在渗透和反渗透、分裂和反分裂、颠覆和反颠覆方面的斗争，将是长期的、复杂的，有时甚至是很激烈的。综合分析国际形势，我们既面临着难得的发展机遇，也面临着严峻的挑战。我们必须抓住机遇，迎接挑战，团结奋斗，开拓前进，坚定不移地去实现社会主义现代化的光辉目标。

中央已经明确，继续推进现代化建设，完成祖国统一，维护世界和平与促进共同发展，是我们党和国家进入新世纪必须抓好的三大任务。统一战线历来是为党的总路线、总任务服务的。统一战线工作的根本任务就是争取人心、凝聚力量，为实现党和国家的宏伟目标而团结奋斗。进入新世纪，党对统一战线的基本要求是：高举爱国主义、社会主义的旗帜，团结一切可以团结的力量，调动一切积极因素，化消极因素为积极因素，为建设有中国特色社会主义的经济、政治、文化服务，为维护安定团结的政治局面服务，为实现祖国的完全统一服务，为维护世界和平与促进共同发展服务。毛泽东同志曾经指出：“有了全民族的统一战线，就有了胜利。我们的势力越大，胜利的把握就越大，这是很硬的道理。”〔1〕在新的世纪里，只有坚持发展我们党领导的最广泛的爱国统一战线，团结全体中华儿女共同奋斗，实现中华民族的伟大复兴才更有成功的把握。

实现社会主义现代化，是全国各族人民的共同理想和奋斗目标。进入新世纪，我国将进入全面建设小康社会、加快推进社会主义现代化的新的发展阶段。到下个世纪中叶基本实现我国的现代化，任务仍十分艰巨繁重。这就需要我们继续巩固和发展最广泛的爱国统一战线，最大限度地加强广大工人、农民、知识分子的团结，加强各民主党派、各人民团体、各民族和各界爱国力量的团结，加强与港澳同胞、台湾同胞和海外侨胞的团结，把各方面的智慧和力量都凝聚起来，把大家的积极性和创造性都发挥出来。坚持以经济建设为中心，聚精会神进行经济建设，推进社会全面进步，需要保持一个稳定的社会环境。没有稳定，一切都无从谈起。在深化改革、加快发展的进程中，各种利益关系相互交织，出现了许多新情况新问题，始终注意正确处理人民内部矛盾对完成我们肩负的历史任务具有重要意义。这就需要我们运用统一战线在社会各界中多做协调关系、化解矛盾、理顺情绪的工作，以减少阻力、增加助力、形成合力，为经济建设创造一个良好的社会政治环境。

发展社会主义民主政治，是建设有中国特色社会主义的重要内容，也是实现现代化目标的重要保证。发展社会主义民主政治，关键在加强社会主义政治制度建设。我们必须坚持并不断完善人民代表大会制度和中国共产党领导的多党合作、政治协商制度以及民族区域自治制度，使广大人民的意志在国家政治和社会生活中得到更充分的体现。人民代表大会制度和中国共产党领导的多党合作、政治协商制度以及民族区域自治制度，体现了统一战线大团结、大联合的宗旨。统一战线的各方面人士参加各级人民代表大会，共同行使国家权力，充分体现了人民当家作主的社会主义民主的本质。各民主党派在中国共产党领导下，积极履行参政议政、民主监督的职能，成为发扬民主的一条重要渠道。在各少数民族聚居地区实行区域自治，既保证了国家的集中统一领导，又保证了少数民族的民主权利。这些都是我国社会主义民主政治的重要特点，也是我们的政治优势，必须坚持和发挥。要进一步发挥统一战线的作用，不断发展社会主义民主，为建设有中国特色社会主义事业提供更广泛的政治动力。

建设有中国特色社会主义文化，为经济发展和社会进步提供强大的思想保证、精神动力和智力支持，关系我国社会主义现代化建设的全局。统一战线汇集了大量知识分子和专家学者，他们在继承和发展中华民族的优秀文化传统、学习和吸收外国的先进科技文化成果、提高全民族的思想道德素质和科学文化素质等方面，发挥着重要作用。统一战线包括了不同阶层、不同群体、不同党派、不同民族、不同信仰、不同所有制的人士，他们思想道德素质和科学文化素质的提高，对加强全社会的精神文明建设有着重要意义。我们必须高举爱国主义、社会主义的旗帜，把先进性要求和广泛性要求结合起来，努力发挥统一战线对推动文化建设的积极作用，同时加强统一战线内部的思想道德建设和科学文化建设，促进全社会共同理想和精神支柱的牢固确立，促进全民族科学文化素质的不断提高。

早日解决台湾问题，实现祖国的完全统一，是中国共产党的庄严使命，也是包括台湾同胞在内的全体中国人民的共同愿望。同解决香港、澳门问题相比，台湾问题更复杂，解决起来难度更大。解决台湾问题，实现祖国的完全统一，需要发挥党的统一战线的优势和作用。我们要通过卓有成效的统一战线工作，最大程度地密切两岸人民的关系，最大范围地团结台湾各族、各界、各阶层一切拥护祖国统一的爱国力量，最大限度地争取台湾民心，为早日解决台湾问题创造条件。

改革开放和现代化建设的实践，对党的统一战线工作提出了新的更高的要求。在新的历史条件下，我们坚持中国共产党的领导和社会主义制度，巩固和发展社会主义民主，多党合作得到加强和扩大，各民主党派、无党派人士和工商联等人民团体在国家政治生活中的积极作用得到进一步发挥。我们坚持公有制为主体、多种所有制经济共同发展的基本经济制度，公有制经济的实力和国有经济对国民经济的主导作用进一步增强，多种经济成分、经营方式、分配方式共同存在和发展，出现了与社会主义市场经济相伴随的新的经济组织和利益群体。我们坚持马克思列宁主义、毛泽东思想、邓小平理论的指导地位，大力推进社会主义精神文明建设，人们的精神文化生活更加丰富多彩，符合时代要求的新的思想观念不断涌现。在国家主体坚持社会主义制度的同时，香港特别行政区、澳门特别行政区按照“一国两制”方针保持原有的资本主义制度和生活方式。这些多样性的存在和发展，符合我国社会主义初级阶段的国情。随着我国社会的发展，爱国统一战线已成为全体社会主义劳动者、拥护社会主义的爱国者和拥护祖国统一的爱国者的最广泛的联盟。现在，统一战线的工作范围包括：各民主党派成员，无党派人士，党外知识分子，少数民族人士，宗教界人士，非公有制经济人士，香港特别行政区同胞、澳门特别行政区同胞，台湾同胞、去台湾人员留在大陆的亲属和回大陆定居的台胞，出国和归国留学人员，海外侨胞和归侨侨眷，原工商业者，起义和投诚的原国民党军政人员等。统一战线工作的重点是社会有关方面的党外代表性人士。我们要适应我国社会主义初级阶段的发展要求，努力巩固和发展最广泛的爱国统一战线，使海内外中华儿女为实现中国的现代化和中华民族的伟大复兴而达到新的团结和联合。

总之，在新世纪，统一战线作为党的一个重要法宝，绝不能丢掉；作为党的一个政治优势，绝不能削弱；作为党的一项长期方针，绝不能动摇。全党同志特别是各级领导干部，都要从战略的高度充分认识统一战线的地位和作用，更加自觉地支持和做好党的统战工作。

二、关于坚持和完善中国共产党领导的多党合作和政治协商制度

确立和实行适合国情的政治制度和政党制度，对一个国家的发展和稳定具有极为重要的意义。中国共产党领导的多党合作和政治协商制度是我国的一项基本政治制度。我们必须充分认识这项基本政治制度的优越性，把它坚持好、完善好、落实好。

中国在辛亥革命后曾一度照搬西方多党制，后来国民党又实行一党专制，结果都失败了。我们党运用马克思主义政

党学说，深刻总结国内外的历史教训，在长期的革命、建设、改革实践中，同和衷共济、安危与共的各民主党派一起，创立和发展了中国共产党领导的多党合作和政治协商制度。这项制度，是中国人民长期奋斗的成果，也是中国人民政治经验和智慧的结晶。我国政党制度的显著特征在于：共产党领导、多党派合作，共产党执政、多党派参政，各民主党派不是在野党和反对党，而是同共产党亲密合作的友党和参政党；共产党和各民主党派在国家重大问题上进行民主协商、科学决策，集中力量办大事；共产党和各民主党派互相监督，促进共产党领导的改善和参政党建设的加强。这既避免了多党竞争、相互倾轧造成的政治动荡，又避免了一党专制、缺少监督导致的种种弊端。我国政党制度的巨大优势就在这里，同国外一党制和多党制的根本区别也在这里。

世界各国的历史传统、经济文化水平和社会制度不同，其政治制度和政党制度也必然不同。世界是丰富多彩的，没有也不可能有一种放之四海而皆准的政治制度模式。衡量中国的政治制度和政党制度，最根本的是要从中国国情出发，从中国革命、建设、改革实践的效果着眼，一是看能否促进社会生产力持续发展和社会全面进步；二是看能否实现和发展人民民主，增强党和国家的活力，保持和发挥社会主义制度的特点和优势；三是看能否保持国家政局稳定和社会安定团结；四是看能否实现和维护最广大人民的根本利益。新中国成立五十多年来，我国社会生产力持续发展，社会主义民主不断发展，人民物质文化生活水平显著提高，保持了国家统一、民族团结、社会安定。这充分说明，中国共产党领导的多党合作和政治协商制度是符合中国国情、经得起实践检验的正确有效的政党制度。离开社会主义中国的国情,不顾中国人民的实践效果,企图照搬西方政治制度的模式来代替我国的政治制度和政党制度,在理论上、政治上是极其错误的,在实践上必然造成灾难性的无法挽回的后果。坚定不移地坚持中国共产党的领导,坚定不移地坚持和完善人民代表大会制度、中国共产党领导的多党合作和政治协商制度,是关系巩固中国社会主义制度、关系全国各族人民根本利益的重大政治原则问题,绝不能有丝毫含糊和动摇。

在同中国共产党长期合作的历史进程中,各民主党派作为具有政治联盟性质的政党,一直具有进步性和广泛性相统一的特点。在新的历史时期也是这样。民主党派的进步性,是同他们积极参加我们党领导的建立新中国和建设新中国,实现中国的独立、统一、民主、富强的历史伟业紧密联系在一起的。现阶段,这种进步性集中体现在各民主党派同我们党通力合作,共同致力于建设有中国特色社会主义事业。民主党派的广泛性,是同其社会基础及自身特点联系在一起的。各民主党派,成员来自不同的社会阶层和群体,负有更多地反映和代表他们所联系的各部分群众的具体利益和要求的责任。民主党派具有的这种进步性和广泛性,就是民主党派长期存在的理由,也是我们实行中国共产党领导的多党合作的基础。

一九八九年十二月,中共中央下发了《关于坚持和完善中国共产党领导的多党合作和政治协商制度的意见》。这些年来,多党合作事业取得了重大进展。但是,我们也要看到,一些地方的工作还存在不足，有的对新时期民主党派的性质和地位缺乏正确认识，有的不能充分发挥民主党派的作用，有的不注意解决民主党派工作生活中的实际问题。这些现象都要积极加以克服。要建立健全配套措施，使多党合作进一步规范化、制度化。各级党委进行重大决策，要同民主党派和无党派人士进行协商。要扩大民主党派的知情范围和参与程度，进一步搞好参政议政。特别是要完善民主监督机制，畅通下情上达的渠道，加大民主监督力度。我们党是执政党，必须自觉倾听人民群众和民主党派的意见，自觉接受人民群众和民主党派的监督，始终保持清醒的头脑，始终兢兢业业工作而不致懈怠。没有监督，就难以有效防止腐败。坚持"长期共存、互相监督、肝胆相照、荣辱与共"的方针，主要是民主党派监督共产党。要鼓励各民主党派当我们的诤友，能够说心里话，敢于讲不同意见。各级党委和领导干部要主动接受民主党派的监督，要闻过则喜，从善如流，特别要听得进逆耳之言，容得下尖锐批评，有则改之，无则加勉。广纳群言，以收众益，这应该成为我们党的各级领导干部的座右铭。

人民政协是中国人民爱国统一战线的组织，是中国共产党领导的多党合作和政治协商的重要机构。充分发挥人民政协政治协商、民主监督、参政议政的重要作用，是坚持和完善中国共产党领导的多党合作和政治协商制度的必然要求。关系国计民生的重大问题，在中国共产党领导下进行广泛协商，充分听取各民主党派、各人民团体和各族各界人士的意见，体现了民主和集中的统一。这对于避免和减少决策失误、保证各项方针政策的贯彻执行，具有重要意义。各级党委要把人民政协的政治协商，作为中国共产党领导的多党合作和政治协商的一个重要形式，作为科学决策的一个重要环节和发扬社会主义民主的一条重要渠道，在工作中认真加以落实。人民政协要紧紧围绕团结和民主两大主题，充分发挥政协委员的积极性和主动性，广泛联系社会各界人士，畅通反映社情民意的渠道，推进履行职能的规范化、制度化，在坚持和完善中国共产党领导的多党合作和政治协商制度中发挥积极作用。

保持宽松稳定、团结和谐的政治环境，是我们在多党合作中的一项重要原则。这有利于各民主党派建言献策，有利于我们党接受来自党外的监督和批评，有利于我们党同党外人士合作共事，形成亲密团结、共同奋斗的政治局面。要正确认识和处理多党合作中出现的有关问题。在建设有中国特色社会主义的共同政治基础上，对民主党派同我们之间的某些差别，要采取求同存异、体谅包容的态度。只要出发点是为了帮助我们党把中国的事情办好，有的意见就是讲错了也不要紧，可以通过实践逐步把思想统一到正确的认识上来。即使个别成员中出现一些不恰当或不正确的思想观点，也不要采取简单生硬的办法，而要进行耐心细致和充分说理的工作。当然，对那些事关政治方向、根本原则的错误观点必须进行批评，及时地、有针对性地加强教育和引导。这样做的目的，是为了团结民主党派广大成员同我们党一道前进。

三、关于统一战线工作的几项重要任务

统一战线工作要适应国内外形势的发展变化，适应进入

新世纪全党工作大局的要求，着重研究和做好以下几方面的重要工作。

关于知识分子的工作。我国知识分子作为工人阶级的一部分，也作为工人阶级中科技文化水平较高的一部分，在改革开放和现代化建设中起着越来越重要的作用。他们的作用发挥得好不好，直接关系我国社会主义现代化事业的成败。当今世界，综合国力竞争说到底就是人才竞争。全面做好知识分子工作，充分发挥广大知识分子的作用，是全党同志和党的所有工作部门的一项重要任务。统一战线汇集了并在工作中联系着为数众多的知识分子和专家学者，更要努力贯彻落实党的知识分子政策，切实做好知识分子的工作。党外知识分子工作是统一战线的一项基础性工作，尤其要重点做好有代表性、有影响的党外知识分子的工作。政治上要充分信任，工作上要放手使用，生活上要关心照顾，充分调动他们的积极性、主动性、创造性，鼓励和支持他们投身知识创新和科技创新，为他们人尽其才、才尽其用创造良好的条件。要通过加强思想政治工作，引导他们将实现个人价值与实现祖国现代化的伟大事业紧密结合起来。在发展社会主义市场经济和对外开放的条件下，知识分子的学习、择业、工作、交流等活动与市场机制日益结合，国际交往和流动也日益增加。要适应这些新情况新变化，进一步落实和完善党的知识分子政策，着重做好培养人才、用好人才、吸引人才的工作。对居住海外、学业有成的出国留学人员，要加强联系，鼓励他们通过多种形式为祖国服务。统战部门要反映情况，掌握政策，协调关系，举荐人才，密切同党外知识分子的联系，充分听取他们的意见和建议，帮助他们在自己的专业领域和社会上发挥更大作用。

关于民族工作、宗教工作。我在七年前的全国统战工作会议上讲过，民族、宗教无小事。国内外的历史和现实都充分证明，没有民族问题、宗教问题的正确解决，就没有国家的团结、稳定、统一。这些年世界上发生的战乱和冲突，大都与民族问题、宗教问题有关。阿富汗、索马里、伊拉克、卢旺达、车臣、科索沃等国家和地区，都因民族问题、宗教问题而陷入长期的动乱。中东地区错综复杂的民族矛盾、宗教矛盾，使巴以之间流血冲突不断、积怨日深，中东和平进程步履维艰。在东欧剧变、苏联解体的过程中，某些民族分裂势力、宗教势力成了国际敌对势力搞垮社会主义的工具。英国、西班牙、法国、加拿大等一些西方国家，也长期受一些民族问题的困扰，不时出现各种事端甚至流血冲突。新中国成立以来，在党的民族政策正确指引下，经过各族广大干部群众艰苦努力，我国民族地区经济发展、政治稳定、社会进步，民族团结更加巩固。从世界范围看，我国民族问题处理得是好的，对此必须有一个十分明确的基本估计。同时，我们也要清醒地认识到我国民族问题的长期性和复杂性，特别是在国际敌对势力以民族问题、宗教问题为突破口加紧对我国进行西化、分化的情况下，我们的民族工作面临着许多新情况新问题，围绕民族问题进行的分裂和反分裂斗争十分尖锐。我们必须继续巩固和发展社会主义民族关系，坚持和完善民族区域自治制度，加快民族地区经济发展、社会进步和群众生活改善，促进各民族共同繁荣。

这里，我要强调一下西部大开发中的民族问题。实施西部大开发，是中央为加快我国现代化建设，为加快民族地区发展、加强民族团结而作出的一项重大战略决策。要把国家对民族地区的开发与这些地区的发展繁荣和少数民族群众的具体利益结合起来,尤其要抓紧解决那些关系群众切身利益的问题,让少数民族和民族地区真正得到实惠。要积极推进民族地区市场机制的建立,不断完善和落实扶持民族地区经济社会发展的政策措施。保护和开发少数民族文化资源,促进少数民族在继承和发展本民族优秀文化的基础上,积极借鉴和吸收其他民族的先进文化,随着时代发展和社会进步不断吸取新知识、树立新观念。要坚持在各民族干部群众中广泛开展马克思主义民族观、党的民族政策的宣传教育。防止发生违反民族政策、伤害民族感情的情况,坚决打击敌对势力和民族分裂主义分子的破坏分裂活动,维护民族地区稳定。

宗教问题具有长期性、复杂性、群众性、民族性、国际性等特点。做好宗教工作,是维护改革发展稳定大局的需要。要进一步巩固和发展我们党同宗教界的爱国统一战线,全面贯彻执行党的宗教政策,保障公民宗教信仰自由,依法管理宗教事务,积极引导宗教与社会主义社会相适应。我们共产党人是唯物论者,不信仰宗教,但尊重宗教存在和发展的客观规律。宗教作为一种社会现象,具有漫长的历史,在社会主义社会也将长期存在。宗教走向最终消亡也必然是一个漫长的历史过程,可能比阶级和国家的消亡还要久远。把人们信仰上的差异等同于政治上的对立,企图用行政手段去限制正常宗教活动或消灭宗教,是错误的,但对宗教中出现的问题采取听之任之、放任自流的态度,同样是错误的。我们倡导的我国宗教应与社会主义社会相适应，包括两方面的含义：一是宗教界人士和信教群众要遵守国家的法律法规和方针政策；二是宗教活动要服从和服务于国家的最高利益和民族的整体利益，宗教界人士要努力挖掘和发扬宗教中的积极因素，为民族团结、社会发展和祖国统一多作贡献。近年来，宗教界在宗教与社会主义社会相适应方面进行了积极的探索，做了不少有益的工作。比如，藏传佛教界进行寺庙爱国主义教育，基督教界开展神学思想建设，天主教界坚持民主办教，等等。我们要支持宗教界坚持独立自主自办教会的方针，坚决抵制境外利用宗教进行政治和思想渗透，坚决打击宗教极端势力；要坚持政教分离的原则，坚决纠正宗教干涉行政、司法、教育的现象，防止宗教封建特权死灰复燃；要支持爱国宗教团体加强自身建设，努力培养新一代爱国宗教人士，将宗教领导权真正掌握在爱国爱教人士手中；要坚持党同宗教界人士政治上团结合作、信仰上互相尊重，以利把宗教界的力量凝聚到建设有中国特色社会主义事业上来。

关于非公有制经济人士的工作。坚持公有制为主体、多种所有制经济共同发展的基本经济制度，是由我国的社会主义性质和初级阶段国情决定的。公有制经济是社会主义市场经济的主体，国有经济在国民经济中起着主导作用。非公有制经济是社会主义市场经济的重要组成部分，它在满足人民多样化的需要、增加就业、促进国民经济发展中起着积极作用。非公有制经济人士，作为一个新的社会群体，已经在我国出现。做好这部分人的工作，对促进经济发展和保持社会稳定是很重要的。在改革开放的进程中，在党的富民政策指引下，通过诚实劳动和合法经营先富起来的个体劳动者和私营企业主，不仅是党和政府的政策允许的，也是光荣的。他们为建设有中国特色社会主义事业贡献了力量，应该受到社会的尊重。对个体、私营等非公有制经济要继续鼓励、引导，使之健康发展，充分发挥积极作用。当然，我们也要看到，非公有制经济人士中也存在缺点、弱点和某些不法行为。我们应本着团结、帮助、引导、教育的方针，着眼于非公有制经济健康发展和非公有制经济人士健康成长，帮助他们树立在党的领导下走建设有中国特色社会主义道路的信念，做到爱国、敬业、守法；在加快自身企业发展的同时，也要开展致富思源、富而思进的活动，帮助更多的人走上富裕之路。近年来，由非公有制经济人士发起的以扶贫开发为宗旨的光彩事业有了很大发展，他们自己从中也受到了教育，要进一步办好。要加强非公有制经济组织中党、团和工会组织的建设，凡是条件具备的企业，都要建立党、团和工会组织。工商联作为统战性、经济性、民间性的人民团体和民间商会，要反映非公有制经济人士的意见，维护他们的合法权益，成为党和政府联系非公有制经济人士的桥梁，成为政府管理非公有制经济的助手。

关于香港、澳门同胞和台湾同胞、海外侨胞的工作。香港、澳门已回归祖国，我们要继续通过加强和改进党的统战工作，进一步团结和联合香港、澳门各界同胞，为促进和保持香港、澳门长期繁荣稳定而共同努力。我们按照"和平统一、一国两制"的基本方针，大力推进两岸经济合作、人员往来和各项交流，坚决反对"台独"、反对分裂，为促进台湾问题的解决进行了不懈努力。民进党上台执政后，解决台湾问题面临着更加严峻复杂的局势。民进党顽固坚持“台独”立场，岛内“台独”势力加紧从事分裂祖国的活动。此外，在台湾民众中也还存在对“和平统一、一国两制”的方针缺乏全面理解的情况。解决台湾问题，实现祖国的完全统一，是大势所趋、人心所向，谁也阻挡不了。台湾问题不能久拖不决，久拖对包括台湾同胞在内的整个中华民族不利，从政治上考虑，总要有个时间表。我们坚持“和平统一、一国两制”的基本方针，力争和平解决，同时决不承诺放弃使用武力。我们更寄希望于台湾人民。要充分调动和发挥统一战线各阶层、各党派、各团体和各界人士的爱国热情，广泛团结和联合大陆同胞、港澳同胞、台湾同胞和海外侨胞，共同反对“台独”、反对分裂，促进祖国早日完成统一。台湾同胞和海外侨胞，只要坚持一个中国原则，拥护祖国统一，不论什么阶层、什么党派、什么团体、什么人，我们都要同他们加强联系，广泛团结，努力形成全体中华儿女共同致力于实现祖国的完全统一的政治局面。海外侨胞作为促进我国改革开放和现代化建设、促进祖国统一的积极力量，有着独特优势，在振兴中华的伟大事业中发挥着重要作用，要加强同他们的联系，尽力做好工作。

四、加强和改善党对统一战线工作的领导

加强和改善党对统一战线工作的领导，是进入新世纪开创统战工作新局面的根本保证。全党同志特别是领导干部要从贯彻“三个代表”要求的高度，发扬党的统战工作的优良传

统，认真总结经验，不断探索创新，进一步提高对统一战线工作的领导水平。

第一，各级党委要高度重视统战工作。统战工作是党的特殊的政治工作和群众工作。切实做好这一工作，是坚持“三个代表”的必然要求。我们党内绝大部分同志对统战工作是重视的，工作是努力的。但是，也要看到，有的同志在思想中仍存在一些模糊认识，认为我们党现在有六千三百多万党员，有五十多年的执政经验，似乎可以不那么重视统战工作了。这种认识是不正确的，对党的事业十分有害，必须加以克服。各级党委要把统战工作作为关系党和国家全局的大事摆上议事日程，精心研究部署，切实加强领导。党政主要领导同志要亲自做统战工作，广交党外朋友，做好思想政治工作。为了加强党委对统一战线工作的领导，省及省以下各级统战部部长，由于工作需要而又有条件的，要由党委常委担任，以便统战部更有效地研究、协调、处理涉及统一战线的重大问题，当好党委的参谋助手。

第二，各级党委要加强对统战工作的统一领导。统战工作涉及许多领域和方面，建立健全精干、统一、高效的统一战线工作机制，有利于加强党对统一战线的集中统一领导，有利于统战系统的协调配合和及时处理统战工作中的重大问题。统战部作为党委主管统一战线工作的职能部门，负有协调、监督、检查本地区统战工作的重要职责。中央统战部要对贯彻落实党在民族、宗教等方面的重要方针政策负责，研究拟定重要政策措施；加强对重大问题的协调处理；协助中央组织部做好这些部门中央管理的干部的推荐工作。各地要按照以上精神，并结合自己的特点，在统战工作方针政策的贯彻落实、重大问题的协调处理、相关干部的管理等方面，建立健全由党委统战部负责协调的机制。各级统战部门要主动同有关单位密切协作。统战系统有关部门要各司其职，共同做好工作。

第三，全党全社会都要支持统战工作。统战工作不仅仅是统战部门的事，必须全党重视，全社会支持，大家共同来做。党的组织部门要把会不会做统战工作作为考核考察领导干部的一个重要依据。党的宣传部门要积极宣传党的统一战线的理论和政策。各级党校要把统一战线的理论和政策列入干部培训的课程。各级人大、政府、政协、司法机关的党组织要搞好同党外人士的合作共事。工会、共青团、妇联等人民团体要结合自身特点开展统战工作。教育、科学、文化、卫生等部门和企业的党组织也要积极做好统战工作。

第四，进一步搞好统战部门的建设。统一战线工作面临的新形势新任务，要求统战部门必须进一步加强自身建设。统战部门的机构改革要符合党和国家机构改革的部署和要求，要有利于加强统战工作。县级统战工作是整个统一战线工作的重要基础，要切实加强。统战工作任务重的高等院校、科研院所和国有大型企业应该加强统战工作。各级党委要选派年富力强、德才兼备、善于团结人的干部担任统战部部长。各级统战干部要全面提高政治、理论、业务素质，尤其要善于求同存异、体谅包容、平等待人、协商办事，努力使自己成为具有坚定的立场、民主的作风、广博的知识、创新的精神，深受党外朋友欢迎的合格的统战干部。

注 释

〔1〕见毛泽东《在西北野战军前委扩大会议上的讲话》(《毛泽东文集》第5卷,人民出版社1996年版,第26页)。

机械化和信息化是我军建设的双重历史任务*

（二〇〇〇年十二月十一日）

再过二十天，人类就要迈入二十一世纪了。回首二十世纪这一百年，可以用这么几句话来形容：国际政治风起云涌，世界经济蓬勃发展，科学技术突飞猛进，进步潮流浩浩荡荡，但东西方较量长期激烈，南北差距日益拉大，战争冲突连绵不断，全球矛盾错综复杂。展望未来，还是两句话：道路曲折，前景光明。

冷战结束以后，国际力量对比的基本形势是：西强东弱，北富南贫。资本主义还在发展，社会主义在世界范围内处于低潮；发达国家在经济、科技、军事等方面占有巨大优势，广大发展中国家在发展进程中还面临许多困难。党中央审时度势，坚持贯彻邓小平同志提出的冷静观察、沉着应付、绝不当头、有所作为的战略策略方针，继续奉行独立自主的和平外交政策，在国际关系中精心运筹，纵横捭阖，利用矛盾，趋利避害，不断改善我国的安全环境，为改革开放和现代化建设争取了良好的外部条件。我国与各大国的关系总体上在稳定中发

* 这是江泽民同志在中央军委扩大会议上讲话的一部分。

展，与广大发展中国家的关系不断推进，与周边国家的睦邻友好合作关系得到加强。我们在国际上坚持原则，伸张正义，推动建立和平稳定、公正合理的国际政治经济新秩序，受到国际社会的好评。

中央已经明确，继续推进现代化建设，完成祖国统一，维护世界和平与促进共同发展，是我们党和国家进入新世纪的三大任务。党的十五届五中全会确定了新世纪初我国发展的奋斗目标、指导方针和重要任务。实现这些任务，与国际环境有密切关系。我们必须站在时代前列，用马克思主义的政治眼光观察世界，正确判断新世纪初期我国安全面临的国际环境，以利抓住机遇，应对挑战，不断开拓前进。总的看，国际形势继续趋向缓和，促进世界和平与共同发展已成为时代潮流，世界大战在一个相当长时期内打不起来。这有利于我们集中精力继续进行经济建设，推进三大任务的完成。同时，也要看到，天下仍很不太平，霸权主义和强权政治仍是世界不安宁的主要根源，影响世界和平与安全的不确定因素还在增加。对于世界局势，我们必须保持全面、清醒的认识。归纳起来，我认为有四个重要因素将长时期对世界和平与安全产生深刻影响。

第一个因素是，世界多极化趋势在曲折中发展，称霸和反霸的斗争将长期存在。这是影响世界和平与安全的一个基本因素。走向多极化是当今世界的一个重要特征。新世纪初期，世界各大力量和地区性强国或国家集团，将在相互交往的过程中，进一步彼此借重、相互牵制、竞争共处。由于世界民主与和平力量的壮大，未来的多极化政治格局，不同于历史上列强争霸的政治局面。这种多极化是与日益发展的经济全球化和科技进步相互结合、相互促进的，它的最终形成将经历一个漫长、曲折、复杂的演进过程。单极和多极的矛盾，称霸和反霸的斗争，将成为二十一世纪相当长一个时期内国际斗争的焦点。

第二个因素是，经济全球化趋势不断加快，在推动生产力发展的同时，也加剧了世界发展不平衡的矛盾。经济全球化是当今世界的一个基本经济特征。随着生产力的发展和科学技术的进步，技术创新、知识应用、贸易投资、金融活动日益国际化，各国经济的相互交流、相互依存日益加深。经济全球化，是社会生产力发展的客观要求和必然结果，有利于生产要素在全球范围内的优化配置，带来了新的发展机遇。当今世界是开放的世界，任何一个国家都不可能完全脱离世界经济而孤立地发展。如果能够加以正确引导和驾驭，经济全球化有利于各国各地区加强经济技术合作，也有利于世界经济发展和国际社会稳定。

我们也应看到，经济全球化是一把双刃剑。现在，经济全球化是西方发达国家主导的。他们经济、科技实力雄厚，掌握着国际经贸组织以及国际经济规则的主导权，在全球化中获益最大，而广大发展中国家总体上处于不利地位。目前的经济全球化进程，正在导致南北差距进一步拉大，一些经济技术条件比较差的发展中国家面临着进一步被边缘化的危险。国际金融市场不稳定因素很多，一旦出现金融震荡，就会对世界各国特别是发展中国家造成强烈冲击。经济全球化不仅加剧着发达国家之间、发展中国家之间、发达国家和发展中国家之间在资金、技术、市场、资源方面的竞争，也加剧着一些国家内部的贫富矛盾，引发社会冲突。总之，一个发展很不平衡的世界，是不可能长期安宁的。

第三个因素是，世界新军事变革和全球性军事战略调整正在深入进行，西方军事干涉主义抬头，冷战结束后一度减弱的军事安全因素又在上升。随着高新技术尤其是信息技术在军事领域的广泛运用，一场新军事变革蓬勃兴起，世界主要国家普遍加强了以高技术为基础的军队现代化建设。发达国家和发展中国家的军事技术形态出现又一轮“时代差”。历史上西方列强以洋枪洋炮对亚非拉国家的大刀长矛的军事技术优势，正在转变为发达国家以信息化军事对发展中国家的机械化半机械化军事的新的军事技术优势。世界军事力量对比出现了新的严重失衡。

当前，世界上一些军事大国都在进行第二次世界大战以来最广泛、最深刻的军事战略调整。各主要国家军事战略调整的实质是，增强军事实力，强化军事力量在维护和扩展国家利益中的职能作用，谋求在世界多极化进程中占据优势地位，争夺在二十一世纪国际社会中的战略主动权。世界军事力量的总体规模虽呈下降趋势，但一些国家特别是西方发达国家军队的质量水平却不断提高。不少国家放缓裁军进程，大幅增加国防预算，加速发展高新技术武器和更新军备。

第四个因素是，许多国家和地区的民族矛盾、宗教矛盾激化，由此引发的武装冲突和局部战争此起彼伏。一九九〇年以来，世界上发生的武装冲突百分之八十起因于民族矛盾、宗教矛盾和领土争端。出现这种现象，有着错综复杂的原因。

随着持续半个世纪的两极格局的瓦解，一些国家和地区的民族分裂势力和宗教极端势力获得了前所未有的活动空间，他们打着民族和宗教"复兴"的旗号走上政治舞台。南北贫富差距日益扩大，部分发展中国家的经济发展停滞、贫困化现象加剧，也给民族分裂势力和宗教极端势力滋长、膨胀提供了条件。一些西方国家，把民族问题、宗教问题作为推行霸权主义和强权政治、干涉他国内政的借口，不断插手和利用民族纠纷、宗教纠纷，纵容和支持民族分裂势力和宗教极端势力，更加剧了民族问题、宗教问题的复杂性。民族分裂势力和宗教极端势力的活动，已危及一些国家的政局稳定甚至主权和领土完整，严重妨碍这些国家的经济发展，并往往引起所在地区的动荡，对国际形势的缓和与稳定构成了威胁。

分析和权衡各方面的因素，进入新世纪，我国的安全环境总体上将继续保持稳定。但是，对影响我国安全形势的不确定因素，特别是有些因素在一定条件下可能突出和尖锐起来的现实，我们绝不能掉以轻心，必须全面审视，正确把握，周密部署，从容应对。

军事斗争准备作为我们军事战略的主要任务，牵动着我军现代化建设的全局。我军现代化水平与打赢现代技术特别是高技术条件下的局部战争的要求不相适应的矛盾仍很突出。可以说，我们抓紧进行军事斗争准备，也就抓住了当前军队建设的主要矛盾。我们要以军事斗争准备为龙头，通过局部跃升推动军队现代化建设的整体发展。只要我们聚精会神、埋头苦干，我军现代化建设就一定会迈上一个新的台阶，一定会胜利实现国防和军队现代化"三步走"战略目标〔1〕的第一步任务，并为下个世纪中叶基本实现国防和军队现代化打下坚实的基础。

第一，要努力完成我军机械化和信息化建设的双重历史任务。本世纪以来，战争的基本形态，是以机器大工业为技术基础的机械化战争，最典型的是两次世界大战。目前，军队的作战方式和作战手段呈现出崭新的面貌，战争形态也在从机械化向信息化转变。武器装备趋向智能化，攻击兵器具有远程打击、精确制导和隐蔽突防能力，各种主要作战平台具有信息传感、目标探测与引导、信息攻击与防护能力。指挥控制趋向自动化，通过 C^4ISR〔2〕系统把战场上各军兵种武器系统、作战平台、保障装备结合成有机的整体，从而构成陆、海、空、天、电磁多维一体的战场。以电子战、计算机网络战为主要内容的信息战开始登上战争舞台。在传统的制海权、制空权以外，又出现了制信息权问题。在高技术战争中，没有制信息权就谈不上制海权、制空权。海湾战争〔3〕以来的高技术局部战争表明，信息技术在现代战争中具有极为重要的作用。高技术战争，是以信息化为主要特征的。新军事变革，实质上是一场军事信息化革命。信息化正在成为军队战斗力的倍增器。正因为如此，发达国家都把信息化作为新世纪军队现代化建设的主要目标。可以预见，信息化战争将成为二十一世纪的主要战争形态。

当前，我军处在机械化任务尚未完成、同时又要努力向信息化过渡的特殊阶段。从新中国成立初期开始，毛泽东同志等老一辈无产阶级革命家就着手进行我军的机械化建设，重点建设海军、空军、二炮部队和陆军中的技术兵种。但是，受国家经济技术发展水平所限，我军现在仍然处于机械化半机械化阶段。至于信息化建设，还只是刚刚起步。经过近十年来的努力，我军指挥自动化建设已取得很大成绩，基本完成了军队信息处理的基础设施建设，军事信息保障条件和重点部队指挥手段已得到明显改善。但是，总的来看，我军指挥自动化水平仍比较低，信息战能力还很弱，必须尽快加以改变。

应该讲，我国的信息技术已达到了相当的水平，在以计算机为代表的不少信息技术领域，都有处于世界领先水平的成果。党的十五届五中全会提出，要大力推进国民经济和社会信息化。这为我军信息化建设提供了有利条件。我们必须乘国家加快国民经济和社会信息化发展之势，在加强军队机械化建设的同时，加快军队信息化建设。如果按部就班地在完成机械化建设任务后再进行信息化建设，就会坐失良机，无法赶上西方发达国家军队发展步伐。当然，如果放弃机械化建设，把建设重点全面转向信息化，也不符合我们的国情、军情，还可能欲速则不达。要致力于武器的电子火控系统和作为战场神经中枢的指挥自动化系统的建设，同时对现有武器装备进行信息化改造，以信息化带动机械化，最大限度地发挥后发优势，努力争取我军现代化的跨越式发展。

第二，要着力构建适应高技术战争要求的现代作战体系。早在一百多年前，恩格斯写过一篇题为《骑兵》的文章，其中引了拿破仑〔4〕说的一段话：两个马木留克兵〔5〕绝对能打赢三个法国兵，一百个法国兵与一百个马木留克兵势均力敌，三百个法国兵大都能战胜三百个马木留克兵，而一千个法国兵则总能打败一千五百个马木留克兵。其原因是法国骑兵有正规的作战组织形式，而马木留克兵没有，法国兵可以通过密切配合提高整体作战能力，打败单个素质优于自己的敌手。这个例子所揭示的组织优化出战斗力的道理，是适用于任何战争形态的。现在，军队的军种有三四个，兵种一二十个，专业多达千把个，因而军队的组织结构问题变得尤其重要。由于信息技术的发展，已经有可能将各种复杂的作战要素、作战单元联结成一个紧密结合、协调运行的作战体系。现代战争不是单个或数个作战力量单元之间的对抗，而是一个作战体系与另一个作战体系的对抗。如果作战体系结构不合理、功能不齐全，单凭几件先进武器是形不成强大的作战能力的。

新时期军事战略方针确立以来，我军现代作战体系建设有了很大进步，整体作战能力有了明显提高，但作战体系建设仍然是我军现代化建设的薄弱环节。我军与西方发达国家军队在现代化方面的差距，不仅是武器装备技术水平低，更重要的是作战体系不适应高技术战争的需要。对此，全军特别是各级领导干部务必有清醒的认识。

除了信息化水平低、缺乏能够把各种作战要素紧密联结起来的必要技术基础，还有一些重要问题影响我军的作战体系建设。一是领导指挥体制还不够完善，联合作战指挥体制没有建立起来。如果诸军兵种在战时联不起来，不能有效地遂行联合作战任务，就根本谈不上形成一个现代作战体系。二是武器装备发展不够配套。现在，我们已经确立了武器装备必须形成一个基本体系的思想，并且有所设计。三是作战力量结构不够合理。我们要继续加强海军、空军、二炮部队建设和各军兵种中的高技术部队建设，以形成足够的力量捍卫国家的主权和尊严。当然，海军、空军、二炮部队也不能盲目地增加规模和数量，而应该走注重质量建设的发展道路。另外，我军军官的数量太大，机关与部队的比例也不适当，机关大、层次多、机构臃肿的问题还没有得到根本解决。各种非作战保障单位也过多。四是后勤保障体制和国防动员体制不够健全。我军已经开始实行以军区为基础、统供与专供相结合的联勤体制，后勤保障社会化方面也有了重要进展，但还要前进，目标是建立三军一体、军民兼容、平战结合的联勤保障体制。国防动员建设这些年有很大进展，但也还要在体制机制上认真解决好战争潜力的动员问题，提高快速动员能力。总之，我们要尽早建立起一个结构合理、功能齐全、反应迅速，能够充分发挥诸军兵种联合作战效能和国家战争潜力的现代作战体系。

第三，要坚持用改革创新的精神搞好我军以现代化为中心的全面建设。经过多年的实践，我们取得了一条十分重要的经验，就是要以现代化为中心加强军队的全面建设，使军队的革命化、现代化、正规化相互促进、协调发展。进入新世纪，我们在加速推进军队现代化的同时，必须大力加强思想政治建设，促进军队的革命化。思想政治建设一定要适应国际国内形势的变化，适应社会生活出现的新情况新问题以及军事斗争准备对部队提出的新要求，坚持用马克思列宁主义、毛泽东思想、邓小平理论武装全军，使广大官兵坚定理想信念，增强走建设有中国特色社会主义道路的自觉性，坚持按照“三个代表”要求把各级党组织和干部队伍搞坚强，确保党对军队的绝对领导，确保部队高度稳定和集中统一，确保我军始终具有旺盛的战斗力，始终保持人民军队的性质、本色、作风。军队的正规化建设也要大力加强，坚持依法治军、从严治军，按条令条例、规章制度办事。各级都要强化依法治军观念，下决心解决有法不依的问题，克服主要靠会议、文件、讲话指导工作的习惯做法。今后，凡是军事法律法规和规章有明确规定的，就不要再发文件、作指示。马克思主义军事思想、军事理论的创新成果和新鲜的成功的治军经验要及时纳入法律法规。大家在工作中要认真转变领导方式和领导作风，使正规化建设更进一步。

军事工作、政治工作、后勤工作、装备工作，都要贯彻改革创新的精神。改革是国家发展的动力，也是军队发展的动力。要按照军队的特点，从军队的职能和任务出发，抓住军队建设的突出矛盾和主要问题，积极稳妥地推动军队体制编制、政策制度和保障方式的调整改革。要同国家有关部门密切配合，建立装备的科研、生产、采购、维修的竞争、评价、监督、激励机制。调整改革的核心是优化军队结构，理顺关系，促进部队战斗力的提高。

最后，我还要强调一个问题，就是要进一步完善科学决策的机制和手段。能否正确决策是军事斗争成败的关键。现代国防和军队建设是一个庞大的系统工程，涉及许多方面的问题，现代战争更是充满着复杂的变量和不测因素，这就要求我们必须实现决策科学化。我们必须坚持走群众路线，群策群力，集思广益，从群众中集中起正确的意见，再依靠群众贯彻到实践中去。凡属重大决策，都应该先由决策咨询机构进行研究论证，广泛听取专家意见，在多种方案中选择最佳方案，努力实现领导决策与专家辅助决策相结合。进行重大决策，光有定性分析是不够的，还必须有科学的定量分析。美军从七十年代开始就将计算机模拟技术用于作战训练、武器评估、作战条令检验以及作战力量分析等方面，建立了各种类型的作战模拟系统。我军对计算机作战模拟问题抓得也是较早的，七十年代末期就建立了军事运筹学和作战模拟专门机构。这个问题要进一步抓下去，努力建设我们的国防评估系统、武器装备发展评估系统、军队作战能力评估系统和质量较高的战略、战役层次的作战模型。对关系军队建设和作战全局的重大问题特别是军事斗争问题，都要进行计算机模拟研究，以提高我们的战略决策水平。

注　释

〔1〕见本书第二卷《实现国防和军队现代化建设跨世纪发展的战略目标》。

〔2〕C^4ISR，是英语名词 Command（指挥）、Control（控制）、Communications（通信）、Computers（计算机）和 Intelligence（情报）、Surveillance（监视）、Reconnaissance（侦察）第一个字母组合而成的。

〔3〕海湾战争，指一九九一年以美国为首的多国部队对伊拉克进行的战争。一九九〇年八月二日，伊拉克出兵侵占科威特；八月八日，正式宣布吞并科威特。伊拉克的行为严重违反国际法，也打破了海湾地区的战略利益格局。联合国安全理事会多次通过决议要求伊拉克立即撤军，苏联、西欧国家、中国和大多数阿拉伯国家也提出多项政治解决方案，均遭伊拉克拒绝。经联合国安全理事会授权，一九九一年一月十七日，以美国为首包括英国、法国、埃及、沙特阿拉伯等三十九国军队的多国部队对伊拉克发动军事打击。多国部队通过三十八天的空袭，削弱了伊拉克的抵抗能力。二月二十四日，多国部队发起地面进攻，迅速突破伊军防御。伊拉克被迫接受停火，宣布从科威特撤军。二月二十八日，战争

结束。

〔4〕拿破仑，即拿破仑·波拿巴（一七六九——一八二一），法国资产阶级政治家、军事家。一七九九年十一月九日（法国新历共和八年雾月十八日），在法国大资产阶级支持下发动政变（史称雾月十八日政变），自任第一执政。一八〇四年称帝，建立法兰西第一帝国。恩格斯在《骑兵》一文中引述的话，出自拿破仑回忆录《对一八一六年巴黎出版的〈论军事学术〉一书的十七条意见》第三条：骑兵。

〔5〕马木留克，又译马穆鲁克，是阿拉伯语“奴隶”的音译。马木留克兵，是埃及阿尤布王朝最后几个苏丹的禁卫军，由突厥、切尔克斯、格鲁吉亚等族奴隶组成。一二五〇年，马木留克兵上层指挥者夺取埃及政权，马木留克兵演变为以军事封地制度为基础的统治阶层。一五一七年，奥斯曼帝国征服埃及，马木留克兵仍得以继续保留，直至一八一一年被当时的埃及统治者穆罕默德·阿里消灭。马木留克兵精于单兵格斗，但一七九八年在对拿破仑军队作战时被有组织的法军击败。

全面贯彻“一国两制”方针*

（二〇〇〇年十二月二十日）

在新世纪即将来临之际，我们迎来了澳门回归祖国一周年的喜庆之日。首先，我代表中央人民政府和全国各族人民，向澳门特别行政区政府和全体居民，表示热烈的祝贺和良好的祝愿！

澳门在历经沧桑之后回到祖国怀抱，这是中国人民长期艰苦斗争和奋发图强的结果，是邓小平先生提出的“和平统一、一国两制”伟大思想的胜利。回归祖国一年来，以何厚铧先生为首的特区政府务实进取，带领广大居民克服种种困难，澳门呈现出许多令人鼓舞的新气象。事实有力地证明，“一国两制”、“澳人治澳”、高度自治的方针是完全正确的，澳门人是完全有能力管理好澳门的。

为了保持澳门长期繁荣稳定和发展，创造澳门更加美好的未来，我提出以下几点希望。

第一，要继续把“一国两制”作为处理澳门事务的基本方针。“一国两制”是一个完整的概念。讲“一国”，有两层意思。

* 这是江泽民同志在澳门举行的中华人民共和国澳门特别行政区成立一周年庆祝大会上的讲话。

一是澳门是祖国的一部分，澳门特别行政区直辖于中央人民政府，根据宪法和基本法实行高度自治。二是祖国内地始终是澳门特别行政区的坚强后盾。不论是过去、现在还是将来，澳门都离不开祖国内地的有力支持。祖国内地的改革开放和现代化建设，将会给澳门的发展带来越来越多的机遇。澳门回归以来经济的恢复增长，是特区政府领导社会各界人士共同努力的结果，也是与祖国内地的支持分不开的。今后，祖国内地仍将对澳门各项事业的发展予以大力支持。讲“两制”，就是国家的主体坚持实行社会主义制度，澳门继续实行原有的资本主义制度、生活方式不变。中央政府不干预澳门特别行政区自治范围内的事务，这个原则要始终坚持；澳门特别行政区则要切实维护中央的权威和国家的利益，决不允许极少数人在澳门进行针对中央政府和分裂国家的活动，这个原则也要始终坚持。澳门回归以来，在全面贯彻落实“一国两制”方针方面做了很多工作，随着经验的不断积累，一定会做得越来越好。

第二，要坚持依法治澳。澳门特别行政区基本法是依据我国宪法，在澳门同胞广泛参与下，由国家最高权力机关制定的，充分体现了包括澳门同胞在内的全体中国人民的共同意志和根本利益，是全面贯彻“一国两制”方针的全国性法律。中央政府各部门、各地方以及全国各族人民都要维护基本法，遵守基本法。基本法规定了在特别行政区实行的基本政治制度、经济制度和社会制度，规定了中央与特别行政区的关系，规定了特别行政区居民的权利和自由，其法律地位高于特别行政区的其他所有法律。澳门各界人士应当自觉地以基本法作为自己的行为规范。严格按照基本法的规定办事，是澳门长期繁荣稳定和发展的重要保证。

第三，要维护行政长官的权威，支持行政长官的工作。澳门特别行政区行政长官是依照基本法经选举产生并由中央政府任命的，这是澳门同胞行使民主权利的体现，在澳门历史上是从来没有过的。基本法规定，行政长官不仅要对特别行政区负责，还要对中央政府负责，行政长官既是特别行政区的首长，也是特区政府的首长。基本法赋予行政长官的地位是崇高的，责任是重大的。中央政府对何厚铧先生的施政是满意的。我希望澳门各界人士都自觉维护行政长官的权威，支持、帮助行政长官施政，也相信何厚铧先生一定不会辜负中央政府和澳门公众的信任和期望。

第四，要努力为澳门长期繁荣稳定和发展创造有利的社会环境。回归前澳门治安不靖，不仅令本地居民担忧，也影响到邻近地区。澳门回归以来，在中央政府支持下，特区政府对各种恶势力给予有力打击，社会治安状况明显改善，经济情况也随之好转。目前澳门比较稳定的社会环境，需要大家共同珍惜和维护。不论是澳门还是内地都要做到，凡是不利于澳门繁荣稳定和发展的事就坚决不要去做。人类发展的历史和现实都证明：没有稳定的社会环境，就不可能实现经济繁荣和社会进步。这个真理，对祖国内地、对澳门都是适用的。现代社会，传媒对于人们的影响很大。这就要求传媒不仅要注重新闻自由，而且也要注重社会责任，在事关澳门的繁荣稳定、国家利益和民族大义的问题上，发挥更加积极的作用。

澳门与香港一样，回归祖国以来都面临着长期殖民统治遗留下来的种种问题和亚洲金融危机带来的严重影响，能够取得今天的成绩是来之不易的。尽管香港与澳门的情况不尽相同，我想上面讲的一些意见也是适用的。我坚信，在中央政府和全国人民大力支持下，港澳各界同胞共同努力，一定能够战胜前进道路上的困难，"一国两制"的伟大事业一定能够取得更大成功！

在去年澳门回归时，我题写了"开创澳门新纪元"几个字，作为在新世纪到来时对澳门的祝福。短短一年时间，你们已经取得不少成绩，开了一个好头。万事开头难。千里之行，始于足下。我衷心祝愿你们不断前进，祝愿澳门在新世纪里不断创造出新的业绩！

推动党风廉政建设和反腐败斗争深入开展*

（二〇〇〇年十二月二十六日）

再过几天，就要进入二十一世纪了。我们是在这样一个重要时刻召开这次中央纪委全会的。进入新世纪，如何按照“三个代表”要求把党建设得更加坚强，推动党风廉政建设和反腐败斗争深入开展，仍是全党同志需要进一步思考和解决的重大课题。

一、关于认真总结党风廉政建设和反腐败斗争的经验

我到中央工作已经十一年多了，对反腐倡廉工作，中央始终是高度重视的。一九八九年六月，邓小平同志当面对我们讲，在抓改革开放的同时，要首先抓反腐败的问题[1]。根据邓小平同志的指示，我们坚持以党的基本路线为指导，加大了党风廉政建设和反腐败斗争的力度。这些年来，每年我都要在中央纪委全体会议上讲话。一九九三年，在学习邓小平同

* 这是江泽民同志在中共中央纪律检查委员会第五次全体会议上的讲话。

志有关党风廉政建设和反腐败工作论述的基础上，对反腐败的几项突出工作进行了部署〔2〕。一九九四年，提出反腐败不可能毕其功于一役，要树立持久作战的思想，提出深入开展反腐败斗争的九点意见〔3〕。一九九五年，强调为了防止腐败，必须加强思想政治建设，提高党员、干部队伍素质。一九九六年，着重研究新时期纪检监察机关的责任、反腐败工作格局、党内监督和加强党委对反腐败工作的领导等问题。一九九七年，重申要大力发扬艰苦奋斗精神，坚决反对奢侈浪费〔4〕。一九九八年，强调各级领导干部必须拒腐防变，在反腐倡廉中起表率作用。一九九九年，提出全党必须维护和加强党的政治纪律、组织纪律、经济工作纪律、群众工作纪律〔5〕。今年年初，强调全党要进一步贯彻落实从严治党的方针〔6〕。这些，都是我们对反腐倡廉工作提出的重要思想和作出的重大部署，说明我们的认识在不断深化，措施在不断加强，斗争在不断深入。

如何正确看待当前反腐倡廉工作的形势，是一个很重要的政治问题。在加强党风廉政建设和反腐败斗争的问题上，党中央的决心是坚定的、旗帜是鲜明的，全党同志和广大人民群众是坚决拥护和全力支持的，我们采取的方针政策也是切合实际和有成效的。我们坚持一手抓改革开放、一手抓惩治腐败，明确了反腐败斗争的指导思想、基本原则、领导体制和工作机制、工作格局。我们从群众反映强烈的问题入手，坚决查处领导干部中发生的重大案件，并努力从源头上预防和遏制腐败现象。在全党共同努力和人民群众大力支持下，反腐倡廉工作不断取得阶段性成果，为维护改革发展稳定的大局创造了有利条件。这就是我们的基本估计。全党同志要进一步统一认识，增强信心，坚定不移地把反腐倡廉工作深入进行下去。

这些年来，我们在反腐倡廉的实践中形成的重要认识和经验，可以归纳为以下几个方面。

第一，党风廉政建设和反腐败斗争关系党和国家的生死存亡。我们党和政府的宗旨是全心全意为人民服务，这就决定了各级领导干部必须清正廉洁，始终同人民群众同甘共苦、息息相通。不解决好反腐倡廉的问题，改革发展稳定就没有坚强的政治保证，党和政府就会严重脱离群众，就有亡党亡国的危险。全党同志一定要从党和国家长治久安的高度，充分认识腐败现象的极端危害性和危险性，充分认识反腐倡廉工作的重大意义，坚持以马克思列宁主义、毛泽东思想、邓小平理论为指导，坚持党的基本路线，紧紧围绕经济建设这个中心，服从和服务于改革发展稳定的大局，锲而不舍地把党风廉政建设和反腐败斗争进行到底。

第二，反腐倡廉工作具有长期性、艰巨性、复杂性。腐败作为一种社会历史现象，古今中外许多社会都有。从本质上说，腐败现象是剥削阶级和剥削制度的产物。社会主义制度作为区别于历史上任何剥削制度的崭新的社会制度，为从根本上消除腐败创造了条件。由于我国还处在社会主义初级阶段，又处于由计划经济体制向市场经济体制转变的时期，生产力发展水平、科技文化水平还不高，法制和各方面的具体制度还不完善，再加上我国历史上几千年封建社会的残余思想仍然存在，对外开放也容易使国外资本主义的腐朽思想文化和生活方式乘隙而入，而西方敌对势力又一直在加紧对我国实施西化、分化的政治战略，千方百计拉拢腐蚀我们内部一些意志薄弱的干部。这些因素的存在，使腐败现象还有滋生蔓延的土壤和条件，而且加大了我们反腐败斗争的难度。这些土壤和条件不是短时期就可以铲除的，因此消除腐败现象必然要经历一个很长的历史过程。我们必须坚持不懈地同腐败现象进行斗争，努力把它减少到最小程度。既要有持久作战的思想，又要有紧迫感，抓紧工作，坚决斗争。

第三，反腐倡廉工作要贯穿改革开放的全过程。实行改革开放，是社会主义中国的强国之路。反腐倡廉，是顺利进行改革开放和现代化建设的一个重要政治保证。越是改革开放，越要加强反腐倡廉工作。必须始终坚持两手抓、两手都要硬的方针，一手抓改革开放，一手抓惩治腐败，以保证改革开放政策的正确执行，保证建设有中国特色社会主义事业沿着正确的航向前进。

第四，反腐倡廉是全党全社会的大事。要坚持党委统一领导、党政齐抓共管、纪委组织协调、部门各负其责、依靠群众支持和参与的反腐败领导体制和工作机制，坚持领导干部廉洁自律、查处大案要案、纠正部门和行业不正之风为主要内容的反腐败三项工作一起抓的工作格局，战略上总体规划，战术上分阶段部署，从群众反映最强烈的问题抓起，不断取得反腐败斗争的阶段性成果。

第五，实行标本兼治、综合治理。反腐倡廉，既要治标，更要治本。坚持标本兼治，教育是基础，法制是保证，监督是关键。通过深化改革，不断铲除腐败现象滋生蔓延的土壤和条件。坚持教育、法制、监督相结合，坚持预防与惩治相结合。对绝大多数党员、干部主要立足于教育、着眼于防范，对极少数腐败分子必须严厉惩处。坚持把思想政治建设摆在党的建设的首位，牢固构筑拒腐防变的思想长城。领导干部要讲学习、讲政治、讲正气，自重、自省、自警、自励，树立正确的世界观、人生观、价值观，坚决抵制拜金主义、享乐主义、极端个人主义等腐朽思想的影响。坚持把发展民主与健全法制结合起来，把党内监督、法律监督、群众监督结合起来，并发挥舆论监督的作用，建立健全依法行使权力的制约机制。大力推进以加强民主集中制为主要内容的制度建设，不断完善人财物等方面的管理和监督机制，完善反腐倡廉的工作机制，以利及时发现、有效防范和严厉惩处腐败行为。

第六，始终坚持党要管党、从严治党。这是我们党的优良传统和宝贵经验。治国必先治党，治党务必从严。从严治党，必须全面贯穿于党的思想、政治、组织、作风、纪律和制度建设，切实体现到对各级党组织和广大党员、干部进行教育、管理、监督等各个环节中去。对领导干部尤其要严格要求、严格教育、严格管理、严格监督，对领导干部的选拔任用一定要严格把关，对领导干部中发生的违纪违法行为一定要严肃查处。建立一套比较完善的便利、管用、有约束力的机制，以保证党的各级组织能够对党员、干部真正实行有效的教育、管理、监督。

正确把握以上认识和经验，并在实践中加以贯彻，对加强党风廉政建设和深入开展反腐败斗争具有重要意义。这些认识和经验，在今后的实践中还要不断加以丰富和发展。

二、关于正确认识党的执政地位及其带来的影响

我们党是马克思主义政党，我们国家实行的是人民当家作主的社会主义制度。我们党和国家的性质与腐败现象是格格不入的。那么，为什么在我们党内和社会上还会出现腐败现象呢？而且会那么顽固地存在呢？这个问题，一直在我的脑海中盘旋，也一直是我深深思考的问题。

前面已经讲了关于腐败现象产生的一些原因，我觉得还可以也需要从我们党执政以后地位的变化及其带来的相关问题出发作进一步的思考。历史唯物主义认为，社会存在决定社会意识。人的思想不是凭空产生的，人的行为也不是凭空产生的。社会政治地位和社会生活环境必然要对人们的思想和行动发生作用。对一个政党也是如此。

我们党已经历了近八十年的历史，为中国人民、为中华民族建立了不朽的功绩。这八十年历程，包括两个大的历史时期。前二十八年，是为夺取全国政权、建立新中国而奋斗的时期。在这个时期，我们党团结和带领全国各族人民，与国内外敌人进行了殊死斗争，付出了巨大牺牲。后五十多年，是我们党掌握全国政权、履行执政职能的时期。在这个时期，我们党团结和带领全国各族人民进行社会主义革命、建设、改革，开辟了建设有中国特色社会主义的新道路，取得了各项事业的巨大成就。在这两个不同的历史时期里，我们党的地位发生了重大变化，从一个为夺取政权而奋斗的党成为一个掌握着

全国政权的执政党，成为一个连续执政五十多年的党。党的地位的这种历史性变化，不能不对党员、干部队伍带来深刻影响。

在革命战争时期，参加党、参加革命队伍，就要准备奉献个人的一切乃至牺牲生命，大家都为崇高的革命理想和人民的利益而奋斗。在反动派残酷统治的政治环境和极其艰苦的生活环境中，为了取得革命胜利，广大党员、干部只有紧紧依靠人民群众，从人民群众中获得支持和力量，才能生存，才能发展，否则就会失败。党领导人民打土豪、分田地，抗击日本军国主义侵略，反对国民党反动统治，都是代表人民群众利益的，人民群众发自内心地拥护我们，我们党同人民群众形成了血肉联系。那时，我们党可以调动的资源十分有限，从高级干部到普通党员都过着十分艰苦的生活。新中国成立之后，党成为执政党，掌握了政权，有了调动全国人财物等资源的权力，而且权力之大、可调动的资源之多，都是未执政时无法比拟的。大批党员干部担任了从中央到地方各个部门各个地区的领导职务，手中都掌握了这样那样的权力。党的地位的变化，党员干部的地位的变化，对各级党组织和每个党员干部都是一个新的极大的考验，也给我们党的自身建设提出了新的课题。最主要的问题是：党的各级干部是否真正懂得我们的权力是人民赋予的，能不能正确地运用手中的权力？能不能始终保持同人民群众的密切联系，永远不脱离群众？对于这个重大问题，应该说，我们党从一开始就是十分清醒的。

新中国成立前后，毛泽东同志多次郑重地告诫全党，要永远保持艰苦奋斗的作风，防止因胜利而滋长骄傲、以功臣自居、停顿起来不求进步、贪图享乐不愿再过艰苦生活等情绪，要警惕别人用糖衣裹着的炮弹的攻击。毛泽东同志曾经把掌握全国政权比作进京“赶考”，并且语重心长地说，我们都希望考个好成绩，我们决不当李自成〔7〕，不能从北京退回去，退回去就失败了。党的八大，曾经对党执政后地位的变化和可能带来的问题从理论上、政治上作过深刻分析，要求全党同志必须谦虚谨慎，正确运用手中权力，防止脱离人民群众，经得起执政的考验。为了防止发生腐败行为，我们党作出了很大努力。总的说来，那时广大党员干部是清廉和比较清廉的。党的十一届三中全会以后，我们党领导人民进行改革开放和现代化建设。新时期、新任务、新环境，使我们党执政面临着新的考验。针对国际国内环境的新变化和党内、社会上出现的一些新问题，邓小平同志反复强调，要坚持不懈地加强党的建设，要把党管好。一九八二年四月十日，在中央政治局讨论打击经济犯罪活动时，邓小平同志语重心长地说：“这股风来得很猛。如果我们党不严重注意，不坚决刹住这股风，那末，我们的党和国家确实要发生会不会‘改变面貌’的问题。这不是危言耸听。”〔8〕一九八九年六月十六日，邓小平同志又一次尖锐地指出：“要整好我们的党，实现我们的战略目标，不惩治腐败，特别是党内的高层的腐败现象，确实有失败的危险。”〔9〕党中央一再强调，执政党的党风是关系党和国家生死存亡的重大问题。毛泽东同志、邓小平同志和党中央之所以在这个问题上一而再、再而三地提醒全党同志，就是要全党同志始终十分警惕党执政后地位变化可能带来的影响，始终坚持党的性质和宗旨，始终不脱离群众，始终保持蓬勃的生机和旺盛的生命力。我们说要经得起执政的考验，就是这个意思。五十多年来，总体上说，我们党经受住了执政的考验。

但是，许多事实也一再说明，我们党成为执政党以后，党内一些人逐渐不思进取、好逸恶劳，贪图享乐、不愿意艰苦奋斗的思想滋长起来了，利用手中掌握的权力谋取私利的现象不断发生了，形式主义、官僚主义的不良作风也泛滥起来了。并不是只有我们党会遇到这样的问题，其他社会主义国家的共产党执政后特别是长期执政后都遇到这样的问题。现在，有些原社会主义国家的执政党已经垮掉了，丧失了政权，教训十分深刻。如果我们不警惕、不警觉，让那些与我们党的性质和宗旨相违背的错误思想和腐败行为蔓延开来，那将带来灾难性后果。党内一些人所以能搞各种各样的腐败活动，就是因为他们利用了我们党是执政党这一条件，利用了党和人民赋予他们的权力。历史和现实都表明，执政党的建设和管理，比没有执政的政党要艰难得多。我们党是马克思主义执政党，但要做到永远不脱离群众，永远立于不败之地，也是很不容易的。因此，我们必须自觉地、坚持不懈地从思想上、政治上、组织上、作风上全面加强党的建设，舍此没有别的办法。越是执政时间长了，越要抓紧党的自身建设，越要加强对党员、干部的管理，不能有一丝一毫放松。

成为执政党特别是长期执政以后，我们遇到的一个突出问题，就是如何使广大党员、干部始终树立正确的利益观。我们党是立党为公的，任何时候都把群众利益放在第一位，一切为了群众，一切依靠群众，从群众中来，到群众中去，绝不能脱离群众和凌驾于社会之上。当然，共产党人不是清教徒，也有正常的家庭生活，也有正常的社会交往；党员、干部要开展工作，也需要赋予一定的职权。随着经济的发展，党员、干部的物质待遇和工作生活条件也应该逐步得到改善。这些在法律和政策规定范围内的个人利益和工作职权是正当的。

我们党一直要求，所有的共产党员和党的各级干部，都必须坚持党和人民的利益高于一切，个人利益服从党和人民的利益，吃苦在前，享受在后，绝不允许以权谋私。这从我们党执政的那一天起，就是十分明确的。应该说，在这个问题上，绝大多数党员、干部做得是好的。但是，在现实生活中，确实也有些党员、干部违背党的要求。他们在人民利益、国家利益、集体利益和个人利益之间，更多地偏向于自己的个人利益，甚至热衷于追逐不应该属于自己的不合理的、非法的个人私利，并不惜利用自己的地位、职权、影响去竭力维护和扩大这种私利。这是十分错误的。实际上，许多消极腐败现象，都是因这种私利而起。为了追逐这种私利，一些党员、干部，一事当前，先为自己和子女、亲属着想，先为自己的小团体着想，而把党和人民的利益、国家的利益抛在了脑后，结果形形色色的以权谋私、权钱交易、骄奢淫逸、贪赃枉法的行为都发生了。

我们发展社会主义市场经济，实行改革开放政策，根本目的是要提高最广大人民群众的物质文化生活水平。党的各级领导干部应该带头把执行党的现行政策同坚持党的理想和党章对党员领导干部提出的要求统一起来，处理好先富与共同富裕的关系。但是，有些党员、干部并没有正确理解党和国家的这项政策，总想着自己怎样先富起来，甚至丧失原则采取各种不合法的手段谋取私利。如果一个部门、一个地区的领导，对广大群众的利益特别是对下岗职工、贫困人口的生活困难不闻不问，整天为自己的利益盘算；如果一个地方面貌长期没有改变，群众的生活还比较清苦，而干部都住上了小楼，坐上了豪华轿车，整天花天酒地；如果领导干部不带领和组织群众发展生产、改善生活，一心只想着替自己安排什么“后路”，为子女、亲属、朋友等安排“出路”，群众怎么会拥护你呢？群众不怨恨你才怪哩！领导干部绝不能利用手中的权力去捞取和维护这种私利，否则就会给党和人民的事业带来极大的危害，自己到头来也会弄得身败名裂。当然，对党员、干部应该得到的合理利益，也应该予以保障。现在不少地方的基层党政干部工资没有按时足额发放，给他们的生活带来了很大困难。这个问题，应该进一步引起各地和有关部门高度重视，切实加以解决，使他们能够安心工作。不能干那种“又要马儿跑，又要马儿不吃草”的事。

我们还要特别警惕人们所说的“既得利益”问题。我们党公开声明，党除了工人阶级和最广大人民的利益，没有自己特殊的利益。正是由于我们党始终坚持了这一条，所以我们在革命、建设、改革的各个历史时期，都得到了人民群众的衷心拥护和支持。但是，我们也要清醒地看到，由于我们党处在执政地位并长期执政，党内有一些人逐渐产生了一种错误的思想倾向，他们把党和人民赋予的职权，把自己的地位、影响和工作条件，看成是自己的所谓“既得利益”，不是用这些职权和条件来为党、为人民更好地工作，而是用来为自己捞取不合理的、非法的私利。他们甚至把这些东西看成是谁也碰不得、动不得的私有财产，想方设法地要去维护和扩大这种所谓“既得利益”。这是十分危险的。历史事实说明，不少剥削阶级的政党或政治集团在执政以后，利用手中掌握的权力攫取本阶级、本集团和执政官员个人的私利，并极力维护和不断扩大这种私利，结果形成了一个欺压人民、侵害人民利益的既得利益集团。正因为这样，他们终究要受到人民群众的反对。我们党是中国工人阶级的先锋队，是全心全意为人民服务的，绝不允许搞剥削阶级政党及其统治集团所追求的那种既得利益，也绝不能成为那样的既得利益集团。如果走到了那一步，我们党就必然要失败。我提出这个问题是要说明，对我们这样一个长期执政的政党来说，党内一些干部是容易产生所谓“既得利益”的思想倾向的，希望全党同志都始终保持高度警觉，自觉同这种错误的思想倾向进行斗争。

我已多次提出，每一个领导干部都应好好想一想，参加革命是为什么？现在当干部应该做什么？将来身后应该留点什么？这些问题，我看还要继续提、不断提，各级领导干部都要经常想、反复想、深入想。各级干部特别是高级干部只有把这些问题想清楚、想正确，方能在行动上力求做到一身正气、堂堂正正。领导干部一定要树立正确的利益观，要“先天下之忧而忧，后天下之乐而乐”〔10〕，时刻把党和人民的利益、国家的利益放在首位。不论社会怎么发展，对共产党员来说，全心全意为人民服务这个宗旨不能变，吃苦在前、享受在后这个原则不能变。每一名党的领导干部，都要廉洁奉公、艰苦奋斗，做到无论在何种情况下都忠诚于党和人民的事业，不改变革命的初衷。

共产党员和党的干部，要代表党和人民掌好权、用好权，必须努力提高自己的思想道德素质和科学文化素质，这也是做好执政工作、防止发生腐败现象的重要条件。消极腐败现象之所以在一些党员、干部身上发生，同他们的思想、道德、科学文化水平不高也有密切关系。党员、干部不是生活在真空中。他们在社会上工作生活，不可避免地会受到社会上存在的一些腐朽的思想文化和生活方式、市场经济的消极因素的冲击。如果党组织不加强教育和管理，如果自己不警惕、不防范，必然会有一些人受到这些东西的侵蚀。因此，不断提高干部的思想道德素质和科学文化素质，对党风廉政建设和反腐败斗争具有基础性作用。

我一直认为，加强学习，对提高人的精神境界很有益处，对自觉抵制消极腐败现象也很有益处。学习搞好了，掌握的理论知识和科学文化知识多了，政治认识和精神境界提高了，讲政治、讲正气才讲得起来。勤于学习，善于学习，不仅有利于我们更好地改造客观世界，而且也有利于我们更好地改造主观世界。全党同志特别是领导干部，一定要坚持学习、学习、再学习。

我所以强调大家要正确认识党的执政地位及其带来的相关问题，主要是想说明，我们党作为执政党，必须高度关注党同群众的关系问题、人心向背问题。人心向背，是决定一个政党、一个政权兴亡的根本性因素。政风廉洁，从来是赢得民心，实现政治清明、社会安定繁荣的重要一环。这是对兴亡规律的一个重要经验总结。中国历史上一个个王朝的覆灭，世界历史上一个个不可一世的大帝国的崩溃，当今世界一些长期执政的政党的下台，都与人心向背的变化有很大关系。秦始皇作为我国历史上第一个统一了中国的封建帝王，开始是代表了历史发展要求的，但他好大喜功，横征暴敛，弄得民怨沸腾，不过传之二世秦王朝就灭亡了。杜牧[11]在《阿房宫赋》中说："灭六国者，六国也，非秦也。族秦者，秦也，非天下也。嗟乎！使六国各爱其人，则足以拒秦。使秦复爱六国之人，则递三世可至万世而为君，谁得而族灭也？秦人不暇自哀，而后人哀之；后人哀之而不鉴之，亦使后人而复哀后人也。"这里说的就是人心向背。隋炀帝从他父亲隋文帝手里接过皇位时，全国的经济实力是比较强的，他开始也想有所作为，重建西域交通，修驰道，筑长城，开通大运河，对维护国家安全和改善交通运输条件是有积极作用的。但是，他役使民力过度，再加上他穷奢极欲，纵情声色，造成百姓苦不堪言、揭竿而起，最后他被迫自缢于江都[12]。晚唐诗人罗隐曾作诗嘲讽说："君王忍把平陈业，只博雷塘数亩田。"[13]唐王朝建立后，唐太宗头脑比较清醒，励精图治，纳谏任贤，轻徭薄赋，改革吏治，促进了生产力的发展，成就了空前繁荣的贞观之治。但是，后来的统治者渐渐忘乎所以，沉醉于声色犬马。唐玄宗迷恋杨玉环，不仅"春宵苦短日高起，从此君王不早朝"[14]，而且让杨玉环的堂兄杨国忠集大权于一身，为非作歹。各级官吏贪污贿赂成风，搜刮、欺压百姓。安禄山以"奉命讨伐杨国忠"为名反唐，引发安史之乱[15]，唐王朝也就从兴盛走向衰落，最后王仙芝、黄巢起义[16]攻下长安，不久唐王朝就寿终正寝了。这方面的例子还多得很。中国历史上的封建王朝，很多都走了从得到民心兴起到失去民心衰亡的这样一条道路。东欧剧变、苏联解体，国民党在大陆的失败和在台湾失去政权，以及印度尼西亚前总统苏哈托下台、墨西哥革命制度党在选举中失败、秘鲁形势突变和前总统藤森逗留日本不归、菲律宾当前政局的动荡等等，尽管各自的原因很复杂，但人心向背的变化都是其中很重要的一个原因。对这些历史和现实的实例，我们应该明鉴啊！

我们开展党风廉政建设和反腐败斗争，坚决揭露和惩处腐败分子，包括严惩了少数违法犯罪的很高级别的干部，是因为不这样做，我们就要脱离群众，就有亡党亡国的危险。我们这样做，正是我们党有信心有力量的表现。群众对腐败现象是痛恨的，我们反腐败，代表了最广大人民的意志，提高了党在人民群众中的威望。反腐败斗争也教育了广大党员、干部，使大家从中受到警示，得到了政治考验和党性锻炼。我们提出“三个代表”要求，并强调按照“三个代表”要求全面加强党的建设，根本目的就在于保证我们党能够始终保持同人民群众的血肉联系。全党同志特别是领导干部，都要从这样的政治高度看待党风廉政建设和反腐败斗争，坚定不移地把这项工作推向前进。

三、关于加大从源头上预防和治理腐败现象的力度

治标和治本，是反腐败斗争相辅相成、互相促进的两个方面。治标，严惩各种腐败行为，把腐败分子的猖獗活动抑制下去，才能为反腐败治本创造前提条件。治本，从源头上预防和治理腐败现象，才能巩固和发展反腐败斗争已经取得的成果，

从根本上解决腐败问题。前些年，由于腐败现象呈现发展蔓延的趋势，我们在抓治本的同时，采取治标方面的措施更多一些。这是完全必要的。当前，反腐败斗争应该逐步加大治本的工作力度，努力从源头上预防和治理腐败现象。

第一，要将预防腐败现象寓于各项重要政策和措施之中。反腐倡廉是一个社会系统工程，需要各方面协调配合和共同努力，需要与经济建设、民主法制建设、精神文明建设等工作紧密结合。制定经济、社会、文化发展政策，出台重大改革措施，制定法律法规和规章，都要把反腐倡廉作为有机组成部分考虑进去，都要对是否有利于反腐倡廉进行论证，做到存利去弊，完善决策，未雨绸缪，预防在先。各级党委和政府，各个职能部门和行业主管单位，都必须把反腐倡廉寓于自己的日常工作之中。反腐倡廉和日常管理，不能搞成"两张皮"，而应该统一起来。总之，要坚持服从和服务于经济建设这个中心，适应社会主义市场经济的规则，把反腐倡廉与改革开放和经济建设重大措施的实施紧密结合起来，针对妨碍改革发展稳定的突出问题，及时研究、制定有效对策。

第二，要依靠发展民主、健全法制来预防和治理腐败现象。这是我们的一贯要求，也是最可靠的措施。反腐倡廉工作要逐步实现制度化、法制化。要继续加强社会主义民主政治建设和法制建设，继续完善政务公开、厂务公开、村务公开、民主评议、质询听证等民主形式，使人民群众在民主选举、民主决策、民主管理、民主监督中发挥更加积极的作用，保证权力的正确行使。各级党政领导班子必须严格实行民主集中制，加强领导班子内部监督，保证领导班子成员依纪依法办事，防止发生各种违纪违法行为，防止任何个人凌驾于党组织之上。党内生活一定要有民主空气，要欢迎讲意见，不能搞一言堂，在讨论工作时大家要敢于发表意见，不能当面不讲、背后乱讲，更不能搞那种不负责任的逢迎拍马。这两种态度对党的事业都是有害的。对于什么应该民主讨论决定，以及通过什么程序决定，各级党政领导班子都应该作出具体、明确的规定，并认真加以执行。同时，要进一步完善党员领导干部在社会主义市场经济条件下廉洁从政的行为规范，明确哪些行为是允许的，哪些是禁止的。要加强反腐败方面的立法，完善预防和惩治腐败现象的法律法规，并保证法律法规的贯彻执行。各级党政部门都要坚决落实从源头上预防和治理腐败现象的要求，根据自己工作的特点，针对腐败现象易发多发的部位和环节，制定和落实防治的规章制度和措施。

第三，要通过体制创新逐步铲除腐败现象滋生的土壤和条件。依靠体制创新抑制腐败现象，是我们在实践中取得的一条重要经验。好的体制，可以有效地预防和制止腐败现象的发生；反之，不好的体制，则会导致腐败现象的滋生和蔓延。要着重抓住那些容易产生腐败现象的环节来推进体制创新工作，特别要搞好人事、财政、分配等方面的制度改革。从揭发出来的一些案件看，很多钱权交易的腐败行为，都发生在领导干部直接插手微观经济行为的过程中。改革行政审批制度势在必行，对那些应该用市场机制运作代替行政审批的项目，就要通过市场机制来处理。需要进行行政审批的项目，要建立科学的机制，以堵塞漏洞，减少钱权交易的机会。各级政府部门要进一步转变职能，凡是能通过法律法规和政策、经济方法解决的问题，应该尽量避免或减少用行政手段来解决；就是需要采用行政手段来解决的问题，也必须有公开公正的程序。要按照民主、公开、竞争的原则，推进干部人事制度改革，以利优秀人才脱颖而出，从制度上杜绝跑官要官、买官卖官现象的发生。要加快财政制度改革，强化管理和监督。党政机关、国有企业和事业单位的福利待遇要逐步实现规范化、制度化。党政机关工作人员的工资制度要进一步改革和完善，总的要求是各级各类党政干部都应该按中央确定的标准发放工资。事实说明，党政机关自行"创收"，设"小金库"，弊端甚多。比如，政令不畅通，搞"上有政策、下有对策"，搞地方保护主义、部门保护主义，以及其他不正之风，都与此有关。总之，要针对容易产生腐败现象的具体体制、制度和薄弱环节，通过深化改革和体制创新，建立结构合理、配置科学、程序严密、相互制约的权力运行机制。改革也要实事求是。有些环节权力过于集中，有些环节权力过于分散，都容易导致腐败现象，要根据从源头上预防和治理腐败现象的需要，该分散的要分散，该集中的要集中，一切措施都要根据实际情况来决定，最终以社会效果来检验。

第四，要从思想上筑牢反腐倡廉、拒腐防变的堤防。加强党的思想政治建设，是从源头上预防和治理腐败现象的一项极端重要的工作，必须贯穿改革开放和现代化建设的全过程。在长期和平建设年代，要保持广大党员、干部的革命意志、革命精神、革命气节，很不容易，必须加强教育、加强引导、加强管理。所有的党员、干部特别是领导干部都要坚持学习马克思列宁主义、毛泽东思想、邓小平理论，坚持讲学习、讲政治、讲正气，着力在解决世界观、人生观、价值观问题上下功夫，坚定理想信念，增强走建设有中国特色社会主义道路的自觉性和坚定性。要加大反腐倡廉工作的宣传教育力度，加强对党员、干部的党性党风党纪教育和遵纪守法教育。教育和引导广大党员、干部自觉在改革和建设的实践中进行党性锻炼，加强思想政治修养，锻炼意志品质，提高精神境界，保持高尚的道德情操，追求积极向上的生活情趣，真正养成共产党人的高风亮节。

第五，要促进反腐倡廉各项工作协调发展。各级党委、政府和各地区各部门必须协调行动，形成反腐倡廉的强大合力。大家都要从各自的职责范围、工作特点出发，针对腐败现象易发多发的部位和环节，充分运用各种手段和方式，提高教育和惩治、管理和监督的效能，努力形成各部门一起动手，各领域协调行动，各种手段配合运用，全方位、多方面从源头上预防和治理腐败现象的局面。

各级党委要坚持两手抓、两手都要硬的战略方针，加强统一领导，坚定不移地贯彻党中央关于反腐倡廉的方针政策和各项工作部署。各地区各部门要切实摸清存在的腐败问题，抓住重点，协调各方力量，坚决加以解决，把中央的要求落到实处。要抓紧对反腐败工作落实情况的检查监督，及时发现和处理存在的问题。要认真落实党风廉政建设责任制，领导班子主要领导负总责，实行谁主管、谁负责的原则，保证“管好自己的人，看好自己的门”，一级抓一级，一级带一级，逐级负责，层层落实。严格实行责任追究，对出现的重大腐败问题，不仅要追究直接责任人的责任，还要追究不尽职尽责或领导不力的领导干部的政治责任。要深入研究在发展社会主义市场经济和对外开放的条件下腐败现象产生的特点和规律，以利提出有效的新办法新措施，推动反腐倡廉工作深入开展。

有一个现象很值得我们注意。现在揭露的某些触目惊心的大案要案，实际上已经存在好多年了，却迟迟未能发现，结果愈演愈烈，造成了严重危害。有的地方和部门长期存在团伙性腐败活动，涉案人数很多，活动范围很大，也迟迟未能发现。还有，有的干部刚刚提拔上来，或者刚刚经过考核考察和"三讲"教育，就发现有重大问题。出现这些情况的原因是复杂的，但工作不扎实、不落实、不深入是其中一个重要原因。我在党的十五届五中全会和中央经济工作会议上都讲了改进工作作风的问题。党风廉政建设和反腐败斗争，也要进一步改进工作作风。关键是要坚决反对和克服形式主义、官僚主义，深入实际，深入基层，深入群众，为反腐倡廉工作奠定坚实的群众基础。搞腐败的人不可能不露出蛛丝马迹。群众的眼睛是雪亮的。如果我们工作不深入、不扎实，拖拖拉拉，敷衍了事，甚至粉饰太平，掩盖问题，那就很难发现问题。怎样深入群众、依靠群众，形成及时发现、揭露和解决腐败问题的有力机制，要作为深入开展反腐倡廉工作的一个重大课题来研究。

一九九九年，我来讲话时曾经提出，要把整顿和加强党的纪律，作为全面加强党的建设的一个重大问题抓紧抓好。今天，我要再次强调这个问题。如果没有严密的纪律，就不能维护党的团结统一，保持党的先进性和纯洁性，增强党的凝聚力和战斗力，保证党的纲领、路线和任务的实现。严肃党的政治纪律、组织纪律、经济工作纪律、群众工作纪律，这几个方面都要全面加以落实。特别是要严肃党的政治纪律，要不厌其烦地讲。作为共产党员，必须同党中央保持一致，坚定不移地贯彻执行党的路线方针政策和工作部署，不得公开发表反对意见，不得任意散布不信任情绪，不得采取阳奉阴违的态度。每个党员都要加强组织观念，顾全党和国家的大局，维护安定团结的政治局面。我们是一个有六千三百多万党员的大党，没有严密的政治纪律，就会成为一盘散沙，最后是要垮掉的。有了严密的政治纪律，不仅有利于我们加强党风廉政建设，而且也有利于我们更有力地应对各种可能发生的风险。这一点，各级干部特别是高级干部一定要牢记在心。

注　释

〔1〕参见邓小平《第三代领导集体的当务之急》(《邓小平文选》第3卷，人民出版社1993年版，第313—314页)。

〔2〕见本书第一卷《加强反腐败斗争，推进党风廉政建设》。

〔3〕深入开展反腐败斗争的九点意见，是江泽民一九九四年二月二十八日在中共中央纪律检查委员会第三次全体会议上的讲话中提出的。主要内容是：反腐败工作要服从和服务于全党工作的基本方针和大局；反腐败不可能毕其功于一役，要一个问题一个问题地解决，一个案子一个案子去查处，一步一步地引向深入；各地各部门要认真查处和解决本地本部门的突出问题；反腐败斗争的一条重要经验，就是坚决相信和依靠群众，把发动群众举报和专门机关依法查处结合起来；对揭露出来的腐败问题，尤其是大案要案，要认真查处，决不能大事化小，不了了之，决不能搞官官相护、地方保护主义、单位保护主义；必须要有重点、讲政策；要充分发挥各民主党派、无党派人士的作用；要边反边改，边反边建，标本兼治；关键是加强领导。

〔4〕见本书第一卷《大力发扬艰苦奋斗精神》。

〔5〕参见江泽民《坚决维护党的纪律的严肃性》(江泽民《论党的建设》,中央文献出版社 2001 年版,第 340—342 页)。

〔6〕见本书第二卷《治国必先治党,治党务必从严》。

〔7〕李自成(一六〇六——一六四五),明代陕西米脂双泉里李继迁寨(在今陕西横山境内)人。明末农民起义领袖。一六二八年,陕西北部形成农民起义的潮流。李自成参加高迎祥的起义队伍。一六三六年,高迎祥死,李自成被推为闯王。一六四四年,率军攻克西安建立大顺政权,同年经山西攻入北京推翻明王朝。起义军进京后,一些首领骄傲轻敌、生活腐化,以致仅过了四十余天,就在明山海关驻军将领吴三桂勾引清兵的联合进攻下退出北京,并于一六四五年最后失败。

〔8〕见邓小平《坚决打击经济犯罪活动》(《邓小平文选》第 2 卷,人民出版社 1994 年版,第 403 页)。

〔9〕见邓小平《第三代领导集体的当务之急》(《邓小平文选》第 3 卷,人民出版社 1993 年版,第 313 页)。

〔10〕见北宋范仲淹《岳阳楼记》。

〔11〕杜牧(八〇三——八五二或八五三),唐代京兆万年(今陕西西安)人。唐代文学家。

〔12〕江都,扬州旧称。隋炀帝曾于此大筑宫苑,定为行都,后在此被逼自杀。

〔13〕见唐代罗隐《炀帝陵》。

〔14〕见唐代白居易《长恨歌》。

〔15〕安史之乱,指唐代安禄山、史思明发动的叛乱。七五五年,唐平卢、范阳、河东三镇(其治所分别在今辽宁义县东南、北京西南、山西太原西南,辖境相当于今辽宁西部、河北北部、北京、山西北部一带)节度使安禄山以讨伐右相杨国忠为名起兵叛乱。七五六年,在洛阳(今河南洛阳)称帝,国号燕。同年,攻破唐都长安(今陕西西安)。安禄山死后,其部将史思明再次发动叛乱,直至七六三年才被平定。安史之乱历时七年多,对社会生产造成严重破坏。唐王朝从此由盛而衰,出现藩镇割据的局面。

〔16〕王仙芝、黄巢,是唐末农民起义领袖。八七四年(一说为八七五年),王仙芝在长垣(今河南长垣)起义(另一说在濮阳,即今河南濮阳西南起义)。八七

五年，黄巢聚众响应。八七八年，王仙芝战死，黄巢被推为起义军领袖，号冲天大将军。八八一年初，率军攻入唐都长安（今陕西西安），即皇帝位，建立大齐政权。后因唐军和沙陀军的围攻，以及大将朱温投降唐军，于八八四年兵败自杀。王仙芝、黄巢起义，沉重打击了唐王朝统治。九〇七年，唐王朝灭亡。

大力弘扬不懈奋斗的精神*

（二〇〇一年一月十日）

建设有中国特色社会主义事业，是一项充满艰辛、充满创造的壮丽事业。伟大的事业需要并将产生崇高的精神，崇高的精神支撑和推动着伟大的事业。没有坚强精神的民族，是没有前途的。我们是唯物主义者，强调物质生产在社会发展中的决定性作用，同时也充分肯定精神活动在人们改造客观世界进程中的能动作用。在革命、建设、改革的各个历史时期，用革命精神武装起来的中国共产党人和中国人民克服了种种艰难险阻，创造了一个又一个人间奇迹。新中国成立后不久，毛主席就号召全党同志要保持过去革命战争时期的那么一股劲，那么一股革命热情，那么一种拼命精神，把革命工作做到底。实行改革开放以后，邓小平同志也一再要求全党同志坚持发扬“五种革命精神”，即革命和拼命精神，严守纪律和自我牺牲精神，大公无私和先人后己精神，压倒一切敌人、压倒一切困难的精神，坚持革命乐观主义、排除万难去争取胜利的精神。伟大的抗美援朝精神〔1〕、“两弹一星”精神〔2〕、抗洪精神〔3〕以及“六十四字”新时期创业精神〔4〕等，都是中华民

* 这是江泽民同志在全国宣传部长会议上讲话的一部分。

族不懈奋斗精神的具体体现,都要继续坚持和发扬。面对新世纪、新形势、新任务,特别需要在全党全社会大力宣传和弘扬为实现社会主义现代化而不懈奋斗的精神。

一是要宣传和弘扬解放思想、实事求是的精神。解放思想、实事求是,是马克思主义的精髓,也是我们进行不懈奋斗的核心精神。解放思想和实事求是是统一的,不解放思想,不可能做到实事求是;离开实事求是,不是真正的解放思想。要坚持马克思主义历史的实践的发展的观点,坚持实践是检验真理的唯一标准,不断研究新情况、解决新问题、形成新认识、开辟新境界。

二是要宣传和弘扬紧跟时代、勇于创新的精神。我们必须始终站在时代发展前列,不断把事业推向前进。闭目塞听,坐井观天,因循守旧,墨守成规,无视世界发展潮流,必然会落伍。要运用马克思主义的宽广眼界观察世界,运用当代最新知识丰富自己,不唯本本,不守教条,与时俱进,不断推进理论创新、体制创新、科技创新。

三是要宣传和弘扬知难而进、一往无前的精神。前进的征途不会一帆风顺。奋斗就会有艰辛,艰辛孕育新的发展。要把现代化事业干成功,必须有一种不畏艰难、顽强拼搏的钢铁意志,一种坚韧不拔、敢于胜利的英雄气概。全党同志和全国人民都要自强不息、励精图治,致富思源、富而思进,不断攀登事业的新高峰。

四是要宣传和弘扬艰苦奋斗、务求实效的精神。艰苦奋斗,事业必成;贪图享受,自毁前程。要发扬党的优良传统,使勤俭建国、勤俭办一切事业在全党全社会蔚然成风。实干兴邦，空谈误国。要大力倡导说实话、办实事、求实效，尽心尽责，坚决反对和抨击做官当老爷、搞形式主义、搞花架子的坏作风。

五是要宣传和弘扬淡泊名利、无私奉献的精神。“先天下之忧而忧，后天下之乐而乐”[5]，心中装着人民，心中装着党的事业，是共产党人应有的品格。要有强烈的事业心和高度的责任感，清正廉洁，兢兢业业，对党极端负责，对人民极端负责。正确对待自己，正确对待同志，正确对待组织，正确对待群众。多学习、少应酬，多奉献、少计较，努力做一个高尚的人，一个纯粹的人，一个有道德的人，一个脱离了低级趣味的人，一个有益于人民的人。

总之，要通过我们宣传思想战线和其他各条战线的共同努力，日复一日、年复一年地不断用这些不懈奋斗的精神武装全党同志和全国各族人民，使之成为大家的自觉追求，成为抓住机遇、加快发展，实现社会主义现代化、实现中华民族伟大复兴的巨大精神动力。

党中央已反复提出，为了凝聚全国各族人民的力量，共同推进建设有中国特色社会主义伟大事业，必须在全社会牢固树立共同的理想信念和精神支柱。这不仅是推进事业发展、增强人民团结的要求，也是实现国家长治久安的需要。

对一个国家、一个民族、一个政党来说，牢固树立并始终保持积极向上的精神状态，是极端重要的。我国有十二亿多人口、五十六个民族，经济、教育、文化发展水平还不高，要使全体人民始终保持共同理想信念和强大精神支柱，必须进行长期不懈的努力。

我们共产党人是无神论者，我国是社会主义国家，当然不能用封建主义、资本主义的思想意识和价值观念，也不能用宗教来作为全社会的精神支柱。我们必须坚持用马克思列宁主义、毛泽东思想、邓小平理论，用爱国主义、集体主义、社会主义思想，作为凝聚和团结全党全国人民的坚强精神支柱，并确立建设有中国特色社会主义共同理想。问题的关键在于，一定要使马克思主义理论、建设有中国特色社会主义思想观念和道德要求，不断灌注到并真正深入全体党员、干部和全体人民的头脑之中，成为他们自觉的思想要求和行为规范。这是一项很细致、很艰巨的任务，实现起来不是那么容易的。随着改革的推进和经济的发展，我国社会出现了具有明显差别的不同群体，有党员、干部也有普通群众，有文化水平高的也有文化水平低的，有国有企业的干部职工也有非公有制经济人士，有无神论者也有有神论者，有信仰这种宗教的也有信仰那种宗教的，如此等等。他们的经济状况、生活环境、思想认识、文化素质、心理特征都有所不同，如果不做具体分析，不采取有针对性的方式方法，不因材施教、因人制宜，而是千篇一律、空洞说教，思想宣传的效果肯定不会好。

这就向我们的宣传教育工作提出两个重要问题：一是必须努力把马克思主义理论、建设有中国特色社会主义思想道德的宣传教育的一致性，与社会不同群体的特点和要求的多样性统一起来；二是必须努力把理想信念和思想道德的宣传教育的理论性，与人民群众日常工作生活的实践性统一起来。也就是说，理论武装也好，思想政治工作也好，道德教育也好，都不能脱离我国经济社会发展的现实，都不能脱离广大人民群众的实际生活，而应该努力做到形式多样、生动活泼，为群众喜闻乐见，能够回答群众中存在的思想认识问题，能够在群众的工作和奋斗中不断发挥精神支柱的巨大作用。

我还要提请同志们注意一个问题。我们在建设有中国特色社会主义、发展社会主义市场经济的过程中，要坚持不懈地加强社会主义法制建设，依法治国；同时也要坚持不懈地加强社会主义道德建设，以德治国。对一个国家的治理来说，法治和德治，从来都是相辅相成、相互促进的。二者缺一不可，也不可偏废。法治属于政治建设、属于政治文明，德治属于思想建设、属于精神文明。二者范畴不同，但其地位和功能都是非常重要的。我们要把法制建设与道德建设紧密结合起来，把依法治国与以德治国紧密结合起来。宣传思想战线的同志在宣传教育工作中也要把两者结合起来，都宣传好。

我们党成立即将八十年了，新中国成立五十多年了，我们在党内和全社会为宣传马克思主义、树立社会主义理想信念做了大量工作，取得的成绩很大。但是，为什么马克思主义理论和社会主义理想、信念、道德对一些人却往往难以发生作用呢？为什么像“法轮功”这样的歪理邪说会在一些群众甚至少数高级知识分子和干部中产生那么大的影响呢？为什么西方资本主义的一些理论和腐朽思想文化、生活方式对一些人会产生那么大的吸引力呢？这其中的原因是多方面的，既有国际环境的原因也有国内的原因，既有历史的原因也有现实的原因，既有物质技术发展方面的原因也有精神文化领域的原因，要进行全面分析。这些问题的存在说明，解决思想政治领域的问题，解决精神领域的问题，是一个长期的过程，需要坚持不懈地进行努力，不可能一蹴而就，一劳永逸。希望大家共同来研究和思考，总结经验，克服不足，从家庭到学校到全社会，广泛动员各方面力量，充分利用一切宣传教育渠道，不断探索更有效的方法和手段，如同春风化雨、细雨润物一样，努力在全党全体人民中把坚定理想信念、树立精神支柱的工作做得更好、更细、更扎实。

注　　释

〔1〕一九五〇年六月二十五日，朝鲜半岛南北双方爆发内战。美国随即进行武装干涉，同时派海空军侵入中国领土台湾、封锁台湾海峡。同年十月初，美军越过朝鲜南北双方原来的分界线“三八线”大举北犯。在美军进逼中国边界、不断轰炸扫射中国东北边境城镇和村庄、严重威胁中国安全的情况下，中国人民组成中国人民志愿军，于十月二十五日抵达朝鲜前线参战，抗美援朝，保家卫国。经过三年浴血奋战，与朝鲜人民军一起，以劣势装备战胜优势装备之敌，迫使美军于一九五三年七月二十七日在朝鲜停战协定上签字。二〇〇〇年十月二十五日，江泽民在首都各界纪念中国人民志愿军抗美援朝出国作战五十周年大会上发表讲话指出：“志愿军指战员始终发扬祖国和人民利益高于一切、为了祖国和民族的尊严而奋不顾身的爱国主义精神，英勇顽强、舍生忘死的革命英雄主义精神，不畏艰难困苦、始终保持高昂士气的革命乐观主义精神，为完成祖国和人民赋予的使命、慷慨奉献自己一切的革命忠诚精神，以及为了人类和平与正义事业而奋斗的国际主义精神，这也就是伟大的抗美援朝精神。”

〔2〕一九六四年至一九七〇年，我国先后成功地试验了原子弹、氢弹，发射了人造卫星，极大地提高了我国的国际地位，有力地维护了国家安全。这是我国人民在物质技术基础十分薄弱的条件下，依靠广大科技人员艰苦攻关和全国大力协作创造出的人间奇迹。一九九九年九月十八日，江泽民在表彰为研制“两弹一星”作出突出贡献的科技专家大会上发表讲话指出：“在为‘两弹一星’事业进行的奋斗中，广大研制工作者培育和发扬了一种崇高的精神，这就是热爱祖国、

无私奉献，自力更生、艰苦奋斗，大力协同、勇于登攀的‘两弹一星’精神。”这篇讲话已收入江泽民《论科学技术》一书。

〔3〕一九九八年汛期，我国长江和嫩江、松花江等流域先后发生了严重洪涝灾害。在党中央领导下，全党全军全国人民紧急行动起来，团结奋战，力挽狂澜，确保了大江、大河、大湖干堤的安全，确保了重要城市和主要交通干线的安全，确保了人民生命财产的安全，使这场特大自然灾害的损失减少到最小程度。一九九八年九月二十八日，江泽民在全国抗洪抢险总结表彰大会上发表讲话指出：“在同洪水的搏斗中，我们的民族和人民展示出了一种十分崇高的精神。这就是万众一心、众志成城，不怕困难、顽强拼搏，坚韧不拔、敢于胜利的伟大抗洪精神。”这篇讲话已收入本书第二卷。

〔4〕“六十四字”新时期创业精神，是江泽民一九九三年三月三十一日在第八届全国人民代表大会第一次会议上的讲话中提出的。讲话指出：“解放思想、实事求是，积极探索、勇于创新，艰苦奋斗、知难而进，学习外国、自强不息，谦虚谨慎、不骄不躁，同心同德、顾全大局，勤俭节约、清正廉洁，励精图治、无私奉献，这些都应该成为新时期我们推进现代化建设所要大加倡导和发扬的创业精神。”这篇讲话已收入本书第一卷。

〔5〕见北宋范仲淹《岳阳楼记》。

在博鳌亚洲论坛成立大会上的致辞

（二〇〇一年二月二十七日）

各位代表，

女士们，先生们，朋友们：

今天，博鳌亚洲论坛正式成立，亚洲和关心亚洲事务的许多国家的政界知名人士、企业界、学术界的精英集聚一堂，围绕亚洲发展问题交换意见，是一次盛会。我代表中国政府和中国人民，向成立大会致以衷心的祝贺！向与会各界人士表示热烈的欢迎！

人类已经迈入了新的世纪和新的千年。当今世界，经济全球化和区域经济合作正在向纵深发展。亚洲各国国情虽不相同，但抓住机遇、迎接挑战、不断推进经济社会发展，是我们共同面临的课题。

博鳌亚洲论坛作为一个非官方的国际性会议组织，以亚洲国家和地区为主，又向其他地区开放，为各方人士提供一个共商亚洲地区经济发展、人口和环境等问题的高层次对话场所，反映了在经济全球化背景下亚洲各国希望加强对话、寻求合作、实现共同发展的时代要求。

我完全支持这个构想。中国政府主张建立公正合理的国际政治经济新秩序，一贯重视和支持多层次、多渠道、多领域的对话和合作。作为东道国，中国政府将继续为论坛的健康发展提供支持，同时也希望与会各国人士予以支持。

让我们携起手来，为实现亚洲各国的共同发展，为增进亚洲与世界其他地区的交流和合作，为开创亚洲繁荣、富强、美好的明天而积极努力。

最后，祝大会取得圆满成功！

积极引导非公有制经济健康发展*

（二〇〇一年三月四日）

中共十五大提出，公有制为主体、多种所有制经济共同发展，是我国社会主义初级阶段的一项基本经济制度。这里面包括两个基本含义，一是我国是社会主义国家，必须坚持公有制为主体，因为它是社会主义的经济基础；二是在公有制为主体的条件下，必须坚持发展多种所有制经济，因为我国还处在社会主义初级阶段，个体、私营等非公有制经济的发展，有利于充分调动和利用社会资源，有利于增强整个国民经济的活力，它是社会主义市场经济的重要组成部分。这两个方面的要求，必须全面把握，全面贯彻落实。不能只讲前者而不讲后者，也不能只讲后者而不讲前者，否则都会脱离社会主义初级阶段的实际，都不利于社会生产力的发展。发展社会主义市场经济，既要努力增强公有制的经济实力，又要充分发挥非公有制经济的积极作用。

非公有制经济是我国改革开放的产物。二十多年来，非公有制经济发展很快，在国民经济中占了不小比重。目前，非

* 这是江泽民同志在全国政协九届四次会议中国民主建国会、中华全国工商业联合会委员联组会上讲话的主要部分。

公有制经济大多是中小企业，但也出现了一批颇具规模和实力的大企业，还涌现出一批生机勃勃的高新技术企业。非公有制经济在发展生产力、增加就业、满足人民生活多样化的需要等方面发挥了重要作用。实践说明，我们在加强公有制经济的主体地位和发挥国有经济的主导作用的同时，实行鼓励积极发展非公有制经济的政策是完全正确的，必须继续贯彻执行。

在国家政策指引下，进行诚实劳动和合法经营的非公有制经济人士，为建设有中国特色社会主义事业贡献了力量，对他们为经济发展作出的贡献应该充分肯定。同时，也不能忽视他们中间存在的一些问题。对非公有制经济人士，要坚持团结、帮助、引导、教育的方针，既要鼓励支持，又要帮助教育，以利促进非公有制经济健康发展。

第一，要引导他们把自身企业的发展与国家的发展结合起来。非公有制经济的发展，要为社会主义现代化建设服务。社会主义现代化建设的发展，又会为非公有制经济的发展提供更有利的条件。非公有制经济人士应该爱国、敬业、守法，诚实劳动、合法经营，多为国家和社会作贡献。

第二，要引导他们把个人富裕与全体人民共同富裕结合起来。允许和鼓励一部分地区、一部分人先富起来，通过先富带后富、先富帮后富，逐步达到全体人民共同富裕，是我们党和国家为推进经济社会发展而实施的一项大政策。要注意教育和引导先富起来的非公有制经济人士，不忘共同富裕这个社会主义的大目标，不要只满足于一己之富，而应该致富思源、富而思进，报效祖国，奉献社会。这样做，有利于国家和人民，也有利于非公有制经济持续发展。

第三，要引导他们把遵循市场法则与发扬社会主义道德结合起来。发展经济，当然要按市场法则办事。非公有制经济人士从事经济活动，追求利润，发展自己的经济利益，这是无可厚非的。但是，我们希望非公有制经济人士既有经济利益追求也有思想道德追求，既重视经济效益也重视社会效益。中国自古就提倡“饱而知人之饥，温而知人之寒”〔1〕，主张义利兼顾，反对为富不仁。近年来，由一些非公有制经济人士倡导并积极实施的光彩事业，利用民间力量参与国家扶贫开发，为支持一些贫困地区的发展做了不少实事，赢得了社会赞誉。这是很好的。希望更多非公有制经济人士投身到这项事业中来，把它做得越来越好。

注　释

〔1〕见《晏子春秋·内篇谏上》。

切实加强社会治安工作*

（二〇〇一年四月二日）

社会治安，不仅是一个重大的社会问题，而且也是一个重大的政治问题。社会治安不好，群众不能安居乐业，不仅会影响党和政府在人民群众心目中的形象，而且也会影响改革发展稳定的大局。

切实保障人民群众生命财产安全，是我们党和政府肩负的重大责任。如果我们不做好这方面的工作，那就是极大的失职。

当前，要在全国范围内开展一场严打整治斗争，坚决打掉犯罪分子的嚣张气焰，尽快改变治安面貌，这是广大人民群众的强烈愿望。严打是打击严重刑事犯罪活动的长期方针，要坚持贯彻执行。

我们现在不搞运动，但开展工作必须有气势。打击严重刑事犯罪活动，没有气势，没有群众支持，很难奏效。这次，要拿出大的威势来，要对犯罪分子产生强烈震慑。政权在我们手中，几百万军队、武警部队和公安干警在我们手中，我们怕什么？这些刑事犯罪分子我们还打不下去吗？共产党要是没

---

* 这是江泽民同志在全国社会治安工作会议上讲话的一部分。

有这个本事，那就没有资格在中国执政。我相信，只要我们真正抓，下决心干，全党全国上下齐心协力，是一定能够抓好的。各级党委和政府要立即行动起来，按照中央的要求，精心组织，全力推动，一抓到底，务求实效。

要重点打击三类犯罪：有组织犯罪、带黑社会性质的团伙犯罪和流氓恶势力犯罪，爆炸、杀人、抢劫、绑架等严重暴力犯罪，盗窃、抢夺等严重影响群众安全感的多发性犯罪。各地要从实际出发，突出重点，什么问题突出就坚决解决什么问题，哪里问题严重就抓紧整治哪里。要认真开展治安排查活动，做到发现早、解决快，坚决打击，决不手软。

一要坚持依法从重从快原则。一九八三年，邓小平同志在谈到严打时曾经指出，现在风没有压下去，原因在哪里？就是不严〔1〕。如果软弱无力，处理不严，坏人的气势还要长上来。对严重刑事犯罪分子，要在法律规定的量刑幅度内从重、在法定期限内从快进行打击。依法该严判的要严判一批，依法该杀的要杀一批。否则，就难以扭转一些地方的社会治安状况。政法各部门要统一思想，加强配合，形成依法从重从快打击犯罪的合力。只要基本事实清楚，基本证据确凿，就要快捕、快诉、快判，不要在细枝末节问题上纠缠，延误时机。

二要坚持稳、准、狠。只有打得准，才能打得狠。要坚持重事实、重证据，严格依法办案。要区分两类不同性质的矛盾。对人民内部矛盾，要始终按照党的方针政策，积极稳妥地加以处理。对各类犯罪活动，要充分发动和依靠群众，造成“老鼠过街，人人喊打”的强大声势，长群众之志气，灭罪犯之气焰。

各级党委和政府要明确专人负责，统一组织，周密部署，加强检查督促，齐心协力打好严打整治这一仗。这样，才能向广大人民群众显示党和政府抓社会治安工作的坚强决心，增强广大干部群众搞好社会治安的信心。

在开展严打整治斗争的同时，要全面落实社会治安综合治理的各项措施。搞好社会治安，基础工作是教育、管理和综合治理。进行严打，坚决打击严重犯罪，可以保证教育、管理和综合治理更好地发挥作用；同时，只有真正搞好教育、管理和综合治理，才能巩固严打的成果。这几方面的工作，都要全面抓好。

从长远看，为了做好社会治安工作，有几个重大问题，需要引起高度重视并切实研究解决。

一是，各级党委和政府必须坚持两手抓、两手都要硬。各级领导干部必须从保障国家长治久安、巩固党的执政地位的高度，充分认识做好治安工作的重要性。要把治安工作经常摆上议事日程，常抓不懈，持之以恒。

二是，搞好社会治安，必须有一套法律法规、制度机制作保障。这方面的建设要大大加强。关键是要搞清楚，有关社会治安和打击各种犯罪的法律法规以及各项制度机制是否完善？现在还缺什么？已经有的是否得到了执行和遵守？执行不力、遵守不严的原因是什么？怎样有针对性地解决问题？要不断研究和总结。搞社会主义市场经济，我们没有现成的经验，出现一些问题是难以完全避免的。西方国家市场经济搞了几百年，仍然存在严重的犯罪活动，但他们毕竟形成了一套法制和管理方法，其中有没有我们可以借鉴的地方，也应该进行研究。要通过各方面的努力，使社会治安方面的法律法规、制度机制更加健全起来。

三是，对发生的各类案件特别是典型案件，对治安工作面临的突出问题，必须注意分析，善于举一反三，以取得规律性认识，这样才能真正实现标本兼治。在改革开放和发展社会主义市场经济的条件下，治安工作面临的环境和条件发生了很大变化，大家必须努力掌握新形势下做好治安工作的规律和特点，不断探索新办法、新方式、新措施，加强对先进科技手段的运用，以利把工作做得更好。

四是，政法队伍是人民民主专政的专门力量，是我们社会主义国家机器的重要组成部分，必须全面建设好。政法干警是人民的勤务员，必须全心全意为人民服务，甘当人民的孺子牛，让人民群众感到和蔼可亲、信赖放心。政法队伍应该是一支响当当的队伍，要做到一身正气、执法威严，让犯罪分子闻风丧胆。全国政法战线的同志，为维护社会治安、保护人民群众生命财产安全作出了重要贡献。一些干警为了国家和人民的利益献出了宝贵生命，赢得了人民群众赞扬。成绩要充分肯定，但对存在的突出问题，也务必抓紧解决。现在，一些地方政法干警软弱无力，有的甚至与黑恶势力串通一气，在群众中造成了恶劣影响。这怎么得了！发展下去，人民民主专政就无法行使，我们社会主义的国家政权就会改变颜色。必须全面加强政法队伍的思想政治建设、工作作风建设和党风廉政建设，坚持从严治警，坚决查处政法队伍中的违法乱纪问题。对那些充当黑恶势力保护伞和后台的人，必须坚决查处。要努力把政法队伍建设成为政治合格、纪律严明、作风过硬、业务精通、执法如山的钢铁队伍。

五是，维护社会治安必须坚持走群众路线。群众是真正的铜墙铁壁。这个道理，我们什么时候都不能忘记。社会治安的群防群治，要大大加强。要把专门力量与群众力量有效结合起来。不把群众发动起来，仅仅靠专门机关的力量，要搞好社会治安是很难的。过去，城乡基层群众组织在维护社会治安方面就发挥了很重要的作用。新形势下如何更好地发挥群众在维护社会治安中的作用，特别是如何搞好社区的群防群治，要进行研究。现在很多案件，都是那些刑满释放的惯犯干的。改造重在实效。对这些人如何加强教育管理，要有一套办法。

六是，必须大力加强基层组织建设，增强对社会的管理和控制能力。社会治安问题是整个社会组织、管理状况的综合反映。基层组织建设搞好了，基层的教育、管理以及处理问题的能力都加强了，可以为社会治安工作打下一个坚实的基础。社会治安状况不好，与基层组织软弱涣散、战斗力和控制力不强密切相关。加强基层组织建设是搞好社会治安的治本之策。基层组织软弱涣散往往首先软在班子上，凡是有这类问题的地方，上级组织要及时采取措施，调整和加强领导班子。同时，要强化社会治安管理和防范机制，建立严格的责任制。

各级党委要加强对政法工作的领导，全力支持政法部门依法行使职权。要完善政法经费保障机制，确保政法机关开展工作的必要条件。目前，许多县级政法部门和中西部地区政法部门的经费相当困难，干警工资不能按时发放，办案经费没有保证，影响了正常的执法工作。各级党委和政府要把政法保障工作，作为事关坚持和巩固人民民主专政的大事，认真研究解决。这种该花的钱必须花，宁愿其他方面节省一些，这方面不能缺。要通过加大投入，努力改善政法部门的技术装备，努力落实科技强警项目，努力落实从优待警的各项政策措施。

搞好社会治安是全党的共同责任。各级党委、政府和党政主要领导，都要切实承担责任。要严格实行维护社会治安的部门和单位领导干部责任制。从中央到地方，各部门各单位都要抓好本系统参与社会治安的工作，“管好自己的人，看好自己的门”。一些地方刑事犯罪猖獗、黑恶势力坐大，一个重要原因就是没有及时发现并予以严厉打击。对于不重视社会治安工作，导致重大案件或事故发生，本地区重大刑事犯罪和黑恶势力长期得不到严厉打击，重大治安问题长期得不到解决，治安混乱的地区和部位长期改变不了面貌的，要严肃追究有关领导干部的责任。没有一点追究的措施，看来是不行的。

今天，参加全国整顿和规范市场经济秩序工作会议的同志也来了。市场经济秩序和社会治安，虽然是不同方面的问题，但相互关系很密切。社会治安搞好了，有利于形成良好的市场经济秩序；市场经济秩序搞好了，也有利于维护好社会治安。这两方面的工作，都要抓紧。

注　释

〔1〕参见邓小平《严厉打击刑事犯罪活动》（《邓小平文选》第3卷，人民出版社1993年版，第33页）。

关于坚持四项基本原则*

（二〇〇一年四月二日）

党在社会主义初级阶段的基本路线，要求全党同志必须坚持以经济建设为中心，坚持四项基本原则，坚持改革开放。我们把这条基本路线概括为“一个中心、两个基本点”。坚持一个中心不能动摇，坚持两个基本点也不能动摇，都要坚定不移地贯彻执行。要紧紧围绕一个中心，抓好两个基本点，一个也不能放松。

社会主义现代化建设是我们当前最大的政治。坚持以经济建设为中心，解放和发展生产力，是解决我国现阶段社会主要矛盾、巩固和发展社会主义制度的基本途径。坚持党的基本路线不动摇，关键是坚持以经济建设为中心不动摇。

要把经济建设这个中心坚持好，必须坚持好四项基本原则、改革开放这两个基本点。四项基本原则是立国之本，改革开放是强国之路。坚持四项基本原则和坚持改革开放是紧密结合、相互促进的，不能把它们割裂开来、对立起来，而应该把以经济建设为中心同四项基本原则、改革开放这两个基本点统一于建设有中国特色社会主义的伟大实践。这是二十多年

---

* 这是江泽民同志在全国社会治安工作会议上讲话的一部分。

来我们党最可宝贵的经验，是我们事业胜利前进最可靠的保证。

我们在建设有中国特色社会主义事业的整个历史进程中，必须始终坚持社会主义道路，坚持人民民主专政，坚持中国共产党的领导，坚持马克思列宁主义、毛泽东思想、邓小平理论。坚持这四项基本原则，是当今中国根本区别于历史上的封建主义旧中国和资本主义国家的主要标志。离开了四项基本原则，中国就不成其为社会主义国家，就不能建设有中国特色社会主义。这就是我们坚持四项基本原则的根本政治意义。

党的十一届三中全会以来，我们党所以能够团结和带领全国人民经受住各种困难和风险的考验，保持经济快速发展和社会稳定，一条重要经验就是坚持全面、正确、积极地贯彻执行党的基本路线。这条基本路线，是建设有中国特色社会主义的总纲，任何时候都不能偏离。能不能在实际工作中贯彻好这条基本路线，是对领导干部政治水平和领导水平的重要检验。

我们进行现代化建设，必须有正确的政治方向和坚强的政治保障。古人说，“求木之长者，必固其根本”〔1〕。四项基本原则就是管我们建设和发展的政治方向、政治保障的，因此我们说它是立国之本。如果动摇了四项基本原则，或者四项基本原则坚持得不好，那就会在政治方向、政治保障上出问题，我们的现代化事业就不能成功。

这些年来，在坚持四项基本原则上，全党总的做得是好的。但是，在实际工作中，也有一部分同志对坚持以经济建设为中心、坚持改革开放讲得比较多，抓得也比较多，而对坚持四项基本原则，有时讲得不够，抓得也不那么实。这个情况，要引起全党同志特别是各级领导干部高度重视。因此，今天我想着重谈谈坚持四项基本原则这个问题。

一、关于坚持社会主义道路。

这个问题的实质，就是全党同志要坚定不移地走建设有中国特色社会主义道路，充满信心地为建设有中国特色社会主义伟大事业而不懈奋斗。我们是干社会主义事业的，这应该成为广大党员、干部自觉的思想信念和行动方向，真正入脑入心，做到不管遇到什么困难和风浪都毫不动摇。

二十多年前，面对十年内乱中“四人帮”严重破坏造成的后果，面对严峻的政治经济局面，社会上和我们党内有一部分人对社会主义的前途产生了怀疑，也出现了一些反对社会主义的势力。针对这种情况，邓小平同志旗帜鲜明地提出了坚持社会主义道路的问题。他强调，只有社会主义才能救中国；只有社会主义才能发展中国；中国不能搞资本主义，如果搞资本主义就会天下大乱，中国就会变成西方大国的附庸。

二十多年来，我国社会主义改革开放和现代化建设取得了巨大成就，但在全党同志中经常加强社会主义信念教育依然是十分必要的。由于东欧剧变、苏联解体，世界社会主义发生了严重曲折，而发达资本主义国家在经济、科技、军事等方面又占有优势。在这样的情况下，能不能自觉坚持社会主义道路，对全党同志首先是各级领导干部始终是一个重大考验。

问题的关键是，我们的同志在思想上有没有真正解决这样一个问题：究竟中国是不是要坚持社会主义道路。应该说，对这个问题，大多数同志的思想是明确的，对只有社会主义才能救中国、只有社会主义才能发展中国这一论断的认识也是牢固的。但是，也要看到，在党员、干部队伍中，甚至在领导干部中，有不少人对这个问题的认识不是那么明确，对社会主义的信念也不是那么坚定。国内外敌对势力要美化资本主义、贬低社会主义，这没有什么奇怪，他们出于自己的政治立场和目的肯定要这样做的。重要的是，如果我们自己没有清醒的认识和坚定的信念，那就要出问题，甚至出大问题。

比较社会主义和资本主义，一定要历史、客观、全面地进行分析，这样才能得出正确的结论。这就要求我们在党内和社会上经常开展这种研究和教育。

一是，从本质上说，社会主义制度是比资本主义制度优越的社会制度。人类最终总要摆脱任何剥削阶级占统治地位的社会而进入崭新的社会主义社会，这是历史发展的必然。社会主义制度保证人民当家作主，坚持公有制为主体，解放和发展生产力，消灭剥削制度，消除两极分化，推动物质文明和精神文明协调发展，最终实现全体人民共同富裕。从目前的实际情况看，社会主义国家的经济发展水平确实不如发达资本主义国家。这是因为，从根本上说，已经发生的社会主义革命，包括俄国十月革命和中国革命，都是在经济文化比较落后的国家出现的。革命的条件、环境和革命后面临的任务，与马克思、恩格斯当年提出在发达资本主义国家发生社会主义革命的设想有很大不同。西方资本主义国家在资本原始积累阶段对全世界进行了残酷的掠夺，而我们是在被西方列强掠夺所造成的经济文化十分落后的基础上进行社会主义建设的。

这个历史条件，决定了我们在革命胜利后面临的经济社会发展起点比较低，建设任务异常繁重，需要进行长期努力。社会主义制度的完善和优越性的充分发挥，也需要有一个相当长的奋斗过程。

二是，社会主义实践的历史还比较短，从十月革命算起也只有八十多年，中国进行社会主义建设只有四十多年的历史，很多事情都要在实践中进行探索。而资本主义的发展，从英国资产阶级革命算起也有三百六十多年了。资本主义国家在国内阶级矛盾和生产力发展的推动下，也在不断对生产关系和上层建筑进行一些调整和自我改良，以推动经济、科技取得新的发展。发达资本主义国家通过长期形成的不公正不合理的国际政治经济旧秩序，在资源、资本、市场等方面继续占据有利地位。同时，还要看到，世界上实行资本主义制度的国家那么多，真正比较发达的也就是一些西方国家。绝大部分实行资本主义制度的发展中国家至今仍处在艰难的发展进程之中。资本主义制度并不能包治百病。历史的发展不可能都是平坦的大道。社会主义在探索和前进的过程中，难免会出现失误甚至严重挫折。马克思主义政党和人民从中吸取经验教训，纠正失误，将会更好地推进社会主义事业。

三是，中国怎样更好地建设社会主义，需要不断进行探索。改革开放以来，邓小平同志指导我们党围绕什么是社会主义、怎样建设社会主义这个根本问题，进行了艰苦的探索和实践。邓小平同志提出这个问题，出发点是为了坚持搞社会主义，而且要搞好。不然就没有必要讨论这个问题了。在邓小平理论指导下，我们党成功地开辟了建设有中国特色社会主义道路，通过改革开放，使社会主义在中国焕发了新的蓬勃生机，展现出新的广阔前景。

四是，最重要的，就是要从我国自身的发展看问题。中国共产党领导中国人民起来革命，反抗外来侵略和国民党的反动统治，建立了新中国和社会主义制度。社会主义制度的建立，使中华民族结束了近代以来备受列强欺凌的历史，实现了民族独立和人民解放；使中国结束了四分五裂的局面，实现了国家统一和人民团结；使中国人民摆脱了贫穷落后的状态，走上了富民强国的道路。

中国走上社会主义道路，是近代以来中国人民在长期斗争中反复比较和选择的结果。鸦片战争以后，中国人民为了改变自己的悲惨命运进行了不懈努力，做了各种探索。从太平天国运动、戊戌变法、义和团运动到孙中山先生领导的旧民主主义革命，都没能把中国从积贫积弱、任人宰割的悲惨境况中解救出来。如果没有中国共产党的领导，如果不搞社会主义，中国要有今天这样政治稳定、经济发展、民族团结、社会进步的局面和国际地位是不可想象的。

只有社会主义才能救中国，只有社会主义才能发展中国。这是我们从中国的历史和现实发展中得出的一个真理性认识。我们要在我国社会主义建设的实践中、在对历史经验的总结中和在国际的比较中来不断深化对这个论断的认识，不断坚定自己的信念。

我们党经过长期革命斗争考验的老同志，对此有十分深刻的认识。年轻一代领导干部，必须加强对中国历史和中国国情的研究，加强对世界发展的比较研究，不断坚定自己对社会主义的信念，做到对建设有中国特色社会主义事业坚定不移、矢志不移。

社会主义是不断发展的事业。我们要继续解放思想、实事求是，通过改革和创新，不断发展壮大有中国特色社会主义事业，使我国社会主义优越性越来越充分地发挥出来。这样，我们才能更好地坚持社会主义道路。

中国要强盛，中国人民要走向共同富裕，中华民族要实现伟大复兴，就必须始终坚持我们已经建立并正在不断完善的社会主义制度及其所决定的基本原则。马克思主义为指导，中国共产党的领导，人民民主专政，人民代表大会制度，中国共产党领导的多党合作和政治协商制度，民族区域自治制度，公有制为主体、多种所有制经济共同发展，按劳分配为主体、多种分配方式并存，发展社会主义市场经济，建设社会主义精神文明，等等，这些根本的东西任何时候都不能动摇。绝不能搞私有化，绝不能搞西方式的多党轮流执政、两院制、三权鼎立，绝不能搞指导思想的多元化。

这些都是坚持社会主义道路的基本要求，决定着社会主义在中国的前途命运。全党同志特别是领导干部都要牢牢把握，并在工作中自觉加以贯彻。

我经常向外国领导人讲这些政治观点。我说，西方一些人总希望中国搞私有化，搞多党轮流执政，搞三权鼎立，如果中国搞了这些东西，就会国无宁日、民无宁日，十二亿多中国人连饭都会吃不上。那样，对中国人民、对世界都是一个大灾难。

二、关于坚持人民民主专政。

这个问题的实质，就是要不断发展社会主义民主，切实保护人民的利益，维护国家的主权、安全、统一、稳定。我国宪法第一条规定，中华人民共和国是工人阶级领导的、以工农联盟为基础的人民民主专政的社会主义国家。人民民主专政是我国的国体，因此也是我国社会主义制度最根本的制度。

坚持人民民主专政，就是要坚持国家的一切权力属于人民，保证人民依照宪法和法律规定，通过各种途径和形式，管理国家事务，管理经济和文化事业，管理社会事务，充分发挥人民群众的积极性、主动性、创造性，保证人民当家作主。

邓小平同志曾经指出："没有民主就没有社会主义，就没有社会主义的现代化。"〔2〕我在今年"两会"党员负责同志会议上说过，怎样根据马克思主义的国家学说和民主理论，在我们这样一个世界上人口最多的发展中大国，努力发展和完善社会主义民主，是我国政治建设的重大历史任务。

发展社会主义民主，最重要的是把社会主义民主落实到国家经济、政治、文化及各项社会事业的决策和管理中去，落实到各项制度和各项实际工作中去，落实到广大人民行使民主权利的实践中去。要紧密结合改革开放和发展社会主义市场经济的实践，结合社会发展的新情况新问题，不断扩大基层民主，不断创造和完善人民群众当家作主的新形式。要保证人民群众在基层的经济、政治、文化和其他社会事务中当好家作好主，这是人民群众在整个国家经济、政治、文化和社会生活中当家作主的基础。

发展社会主义民主，必须与加强社会主义法制结合起来，坚持依法治国的基本方略，促进社会主义民主的制度化、法律化，有法必依、执法必严、违法必究，同时把依法治国与以德治国结合起来，以保障国家各项工作都有秩序地进行，保障良好的经济和社会秩序，保障广大人民群众的公民权利和合法权益。

坚持人民民主专政，就是要在人民民主的基础上，切实维护国家的主权、安全、统一、稳定，依法严厉打击危害社会主义制度、危害改革开放和社会主义现代化建设、危害人民群众生命财产安全的各种违法犯罪活动，充分发挥国家机器保护人民、打击敌人的作用。

我们很多同志，对发展社会主义民主比较重视，但对社会主义政权的专政职能，认识就不那么清楚了，在工作中注意得不够，抓得也不够。总觉得现在还讲专政，是不是过时了？这种想法不仅是错误的，而且是十分有害的。有的人甚至把人民民主专政和依法治国对立起来。这也是错误的。从本质上说，人民民主专政就是依照宪法和法律规定，在人民民主的基础上，由国家机构来行使专政的职能，两者是统一的，而不是相互对立的。

剥削阶级作为一个阶级在我国早已不存在了。但是，在国际国内各种因素的作用下，一定范围的特殊形式的阶级斗争不仅现在仍存在，而且还将长期存在，有时还会很尖锐。我们不会再重犯过去那种“以阶级斗争为纲”的错误，但对现实中存在的一定范围的特殊形式的阶级斗争，也就是新形势下的对敌斗争，全党同志绝不能掉以轻心。

对国际敌对势力的渗透、破坏活动，对敌对分子颠覆中国共产党的领导和社会主义制度的政治图谋，对民族分裂主义势力的分裂活动，对暴力恐怖活动，对严重危害人民群众生命财产安全的严重刑事犯罪，对残害生命和危害国家政权的邪教，对严重危害国家和人民利益的腐败现象等，我们必须依法坚决予以防范和打击，用人民民主专政来维护人民政权，维护人民的根本利益。在这个问题上，要理直气壮。我们社会主义政权的专政力量不但不能削弱，还要加强。在这个问题上，切不可书生气十足。

任何国家要保持政权巩固和社会稳定发展，都要履行专政职能。西方国家没有专政职能？不但有，而且很厉害。在西方，资产阶级统治了几百年，他们深知国家专政职能的重要性，掌握得牢牢的，从来就没有放弃和放松过。西方国家的政府、法院、警察、军队，也都要运用法律、行政和先进技术手段，履行专政职能。美国的军事力量是世界上最强大的，中央情报局、联邦调查局拥有庞大的机构和先进的手段，这是干什么用的？就是为了维护美国的国家利益的。在这方面，我们千万不可天真啊！千万不要因为忙于繁重的经济工作，而忽视了政治这个极端重要的问题。不然，哪一天我们的政权丢了，还不知道是怎么丢的！

三、关于坚持中国共产党的领导。

这个问题的实质，就是要坚持党在建设有中国特色社会主义事业中的领导核心地位，发挥党总揽全局、协调各方的作用。这是坚持四项基本原则的核心。中国共产党的领导地位，是在领导中国人民进行革命、建设、改革的长期实践中形成的，是历史的必然选择。

在我们这样一个人口多、底子薄、经济文化发展很不平衡、多民族的发展中大国，要把十二亿多人的思想统一起来、力量凝聚起来，向着社会主义现代化建设的共同目标前进，必须有中国共产党这个核心力量，必须有中国共产党的坚强领导。否则，一盘散沙，四分五裂，不仅建设搞不起来，而且必然陷入混乱的深渊。

这个认识，是总结近代以来中国发展的历程得出的结论，也是总结世界上很多国家特别是发展中国家发展的经验教训得出的结论。

鸦片战争以后，中国内忧外患，中国人民进行了长期抗争，但都没有成功。直到中国共产党成立并不断发展壮大起来，中国人民才前所未有地组织起来，并最终取得了革命胜利。新中国成立以后，在复杂的国内外条件下，中国始终保持团结统一，社会主义建设不断前进，根本原因就是有了中国共产党的坚强领导。

世界上很多国家，特别是一些发展中国家，长期处于动荡和贫困状态，根本原因就是没有一个正确而坚强的政治力量能够把社会力量凝聚起来，各种势力相互争斗，甚至内战连绵。

中国要发展，中华民族要振兴，中国人民要为人类文明作出更大贡献，中国共产党的旗帜就不能倒。

坚持中国共产党的领导，就是坚持党对国家大政方针和全局工作的政治领导，坚持党对军队和其他人民民主专政的国家机器的绝对领导，坚持党管干部的原则，坚持党对意识形态领域的领导，坚持共产党领导的多党合作。这些都是坚持党的领导的根本原则，如果动摇了，党的领导就会成为一句空话。这些，各级领导干部特别是高级干部一定要深刻领会，牢记在心。

为了坚持党的领导，必须不断改善党的领导，加强和改进党的建设。中央提出按照“三个代表”要求来全面加强党的建设，就是要更好地加强和改善党的领导。全党要围绕提高领导水平和执政水平、提高拒腐防变和抵御风险的能力，从思想、组织、作风等方面全面推进党的建设，使党永葆旺盛的生机和活力。

为了坚持党的领导，党必须不断深化对社会主义现代化建设和发展社会主义市场经济的规律的认识，不断推进理论创新、体制创新、科技创新和其他方面的创新，不断完善领导制度、执政方式、领导方式、工作方法，不断总结新经验、解决新问题、开创新局面。我们党必须胜任自己所肩负的历史使命，使全体人民觉得中国共产党完全有能力把中国的事情办得越来越好。有没有这个信心，极为重要。

为了坚持党的领导，全党同志必须始终保持同人民群众的血肉联系。这是我们党实行领导和执政的根本基础。必须坚持走群众路线，全心全意为人民服务，诚诚恳恳为最广大人民谋利益。要关心群众的工作生活，尤其要为暂时遇到较大困难的那部分群众排忧解难，多为群众办实事、办好事。必须大力发扬党的优良传统和作风，坚持从严治党，坚决克服党内存在的突出问题和消极腐败现象，保持党的先进性和纯洁性。如果脱离了群众，人心向背就会发生变化。中央告诫全党同志要认真借鉴近年来世界上一些老牌执政党垮台的教训，就是这个意思。

我们党有六千四百多万党员，党的各级组织众多，党的干部分布在各个地区各个部门工作。坚持民主集中制原则，把党员、干部的思想统一起来，步调一致地行动，对坚持党的领导具有重大意义。邓小平同志总结东欧剧变、苏联解体的教训，曾经告诫我们，民主集中制的问题很重要，要结合新的实际，把民主集中制原则好好论一论。苏共从党章中取消民主集中制后，党也就四分五裂了。我们要坚持贯彻好民主集中制，有两个问题要引起全党同志特别是各级领导干部充分注意。

第一个问题是，领导干部无论在哪个地方、哪个部门工作，无论在党的哪一级组织担任领导职务，都必须自觉贯彻党的路线方针政策和工作部署，坚决维护党的领导的权威性和统一性。在发展社会主义市场经济的条件下，在“四个多样化”〔3〕不断发展的情况下，工作千头万绪，各种利益关系错综复杂。如果我们思想上不清醒，工作中不注意，是很容易搞散的。这种危险性一定要看到。因此，必须始终维护党的集中统一。在人大、政府、政协、法院、检察院、人民团体以及其他部门担任领导职务的党员干部，都有自己的职责范围和工作任务，要努力做好工作。同时，大家在工作中都必须维护党委的权威，坚决贯彻党委的决策，绝对不要因为自己地区和部门的一点利益而闹矛盾、闹独立性。维护党的领导，维护党的集中统一，这是大局，是高于一切的，不允许各行其是，自成体系，“躲进小楼成一统”。如果我们在党内都统一不起来，还怎么在全社会坚持党的统一领导呢？各级领导干部都必须坚决贯彻中央的大政方针，绝不能不执行，或者随意改变，绝不能搞口是心非、阳奉阴违。特别是在关键时刻和重大工作部署上，贯彻中央的决策尤其要不折不扣、毫不动摇。

第二个问题是，各级领导干部对党的路线方针政策，必须努力学习，正确理解，认真执行，坚决维护。讲政治，这就是很重要的政治；讲纪律，这就是很重要的纪律。对中央和地方党委的决策、工作有意见，可以通过党内正常渠道提，应该欢迎广大党员、干部提出批评和意见。但是，在一些公开场合，讲话就要注意影响。现在有一种情况，在一些公开场合，倒是群众和党外人士讲话比较注意分寸，而我们有些党员、干部却口无遮拦，想说什么就说什么，想干什么就干什么，造成的影响很不好。有的党员、干部有意见，在党的会议上不说，当面不说，背后乱说。请问这些同志的党性到哪里去了？如果这样，人家就会说你们共产党内都这样，为什么还要我们坚持中国共产党的领导？问题提得很尖锐。这还不应该引起我们高度警觉吗？

四、关于坚持马克思列宁主义、毛泽东思想、邓小平理论。

这个问题的实质，就是要坚持马克思主义的指导地位，并在实践中不断丰富和发展马克思主义。马克思列宁主义、毛泽东思想、邓小平理论，是我们立党立国的根本指导思想，是我们一切工作的行动指南，是激励全国各族人民为振兴中华团结奋斗的思想基础和精神动力，也是我们认识世界、改造客观世界和主观世界的强大思想武器。全党同志首先是各级干部必须加强马克思主义理论武装，坚定不移地坚持马克思列宁主义、毛泽东思想、邓小平理论。

坚持马克思主义，一项很重要的任务就是要坚持和巩固马克思主义在我国意识形态领域的指导地位。这是全党全国人民加强团结、始终沿着正确方向前进的思想保证。

任何一个社会的意识形态领域，总是由那个社会的统治阶级的思想占统治地位的。任何一个国家的统治阶级，为了巩固其政治统治，都要维护和发展自己占统治地位的意识形态。这是一条普遍的社会规律。

我们党自成立之日起，就把马克思主义作为指导自己思想的理论基础。新中国成立后，我们坚持在全体人民中进行马克思主义教育。经过长期努力，马克思主义已经成为全党全国人民团结前进的思想基础和精神支柱。如果动摇和取消马克思主义，全党全国人民就会失去最根本的思想准则。如果在意识形态领域不能巩固马克思主义的指导地位，东一个主义，西一个主义，在指导思想上搞多元化，搞得五花八门，最终必然由思想混乱导致社会政治动荡。

在中国，要把六千四百多万党员和十二亿多人的思想统一起来，必须有一套先进的思想体系，这只能是马克思列宁主义、毛泽东思想、邓小平理论。认识这一点，在政治上第一要紧。

各种思想是相比较而存在的，也是相比较而见是非优劣的。马克思主义从不惧怕批评，也从不惧怕同非马克思主义、反马克思主义的斗争。马克思主义正是在这种斗争中不断显示出自己的科学真理性。在宣传思想领域，我们要坚持唱响主旋律、打好主动仗，科学生动地宣传马克思主义，引导干部群众不断克服和抵制错误、落后、腐朽的思想文化的影响和侵蚀。

坚持马克思主义，必须紧密结合我国社会主义改革和建设的新实际和国际形势发展变化的新实际，不断丰富和发展马克思主义，不断增强马克思主义理论的说服力和战斗力。这样才能真正坚持好马克思主义。

马克思主义具有强大生命力的奥秘，就在于它有与时俱进的理论品质。马克思、恩格斯、列宁和毛泽东同志、邓小平同志，都善于紧密结合现实斗争的需要，回答实践提出的重大理论问题，从而丰富和发展理论。用教条主义的态度对待马克思主义，不是真正的坚持。

解放思想、实事求是，是马克思主义活的灵魂，也是我们认识新事物、适应新形势、完成新任务的根本思想武器。我们现在遇到的矛盾和问题很多，而且错综复杂、相互交织，但归根到底，是要正确认识和进一步妥善处理新的历史条件下生产力和生产关系、经济基础和上层建筑的关系问题。全党同志首先是各级领导干部必须坚持马克思主义的发展观点，坚持实践是检验真理的唯一标准，坚持理论联系实际，发挥历史的主动性和革命的创造性，勇于创新、开拓进取，绝不能安于现状、因循守旧。要不断研究和解决新问题，敢于和善于分析、回答现实生活中和群众思想上迫切需要解决的问题。

我们必须坚持马克思主义基本原理，但对于马克思主义经典作家针对当时的具体情况、具体条件、具体斗争提出的具体观点、具体行动纲领，就不能不顾历史条件和现实实际的变化，全部照搬照套。继承是创新的前提，创新是最好的继承。老祖宗不能丢，又要说新话。理论只有联系实际，正确回答和指导解决现实问题，才能发挥更大威力和真正掌握群众。

总之，在新世纪的征程上，我们必须始终坚持四项基本原则。中央所以认为有必要重申和强调这个问题，是有很强的现实考虑的。

堡垒最容易从内部攻破。上个世纪八十年代末九十年代初，东欧国家的共产党和社会主义制度像多米诺骨牌一样纷纷垮台，最后苏联也解体了。除了这些国家长期积累的经济、政治、社会、民族矛盾和国际敌对势力长期实施西化、分化的政治战略等原因外，关键是这些国家的共产党内部出了问题，危机时刻党内在政治上发生重大分歧，导致政治局面一发不可收拾。

东欧剧变、苏联解体，最深刻的教训是：放弃了社会主义道路，放弃了无产阶级专政，放弃了共产党的领导地位，放弃了马克思列宁主义，结果使得已经相当严重的经济、政治、社会、民族矛盾进一步激化，最终酿成了制度剧变、国家解体的历史悲剧。

国际敌对势力要西化、分化我们，就是妄想使我们也放弃四项基本原则。如果放弃了四项基本原则，也就釜底抽薪了，社会主义中国就不能存在下去。一九八九年政治风波发生后，西方舆论和政治势力大肆鼓噪，极力支持那些所谓的“民运”分子，他们就是看准了这些人是反对四项基本原则的。如果让这些人得了手，他们就可以把社会主义中国这个眼中钉拔掉了。至今他们仍死抓住那场政治风波做文章，其政治图谋就在这里。

一九八九年政治风波平息之后，我们坚持党的基本路线，在集中力量进行经济建设的同时，旗帜鲜明地坚持四项基本原则，坚决反对资产阶级自由化，有力地保证了改革开放和现代化建设的顺利进行。

这些年来，我国思想政治领域的情况总的是好的，但也要看到，社会上一些与四项基本原则相违背的思想言论时有出现，甚至党内少数同志也受了这样那样的影响。有的公开鼓吹“全盘西化”，在政治上宣扬取消、削弱中国共产党的领导，主张西方式的多党制和议会民主；有的在经济上宣扬私有化，主张取消公有制的主体地位和按劳分配为主体的原则；有的在思想文化上提出取消马克思主义的指导地位，主张搞指导思想的多元化，在价值观上主张极端个人主义；有的歪曲党和人民的奋斗历史，诋毁马克思列宁主义、毛泽东思想、邓小平理论，煽动对党和政府的不满；有的公然为资产阶级自由化分子鸣冤叫屈，为一九八九年政治风波翻案；有的发表和出版格调低下、宣扬色情暴力、迷信颓废的作品和书籍；有的怀疑和否定改革开放，歪曲、攻击我们党的路线方针政策；等等。这些言论和观点，不论是哪个方向来的，都是错误的。这些问题虽然不是主流，但必须引起我们高度重视，绝不能让它们泛滥起来。

在事关政治方向和根本原则的问题上，我们一定要旗帜鲜明、理直气壮、毫不含糊。对于违反以经济建设为中心、违反四项基本原则、违反改革开放政策的错误思想政治观点，都必须进行积极的思想斗争，绝不能听之任之。如果让这些错误的思想观念搞乱人们的思想，那将是极其危险的。在对错误思想的批评和斗争中，要注意充分摆事实、讲道理。要加强正面引导，正确区分政治是非和学术问题。对政治上的大是大非问题，必须坚持原则、旗帜鲜明、毫不含糊。对学术问题，要坚持百花齐放、百家争鸣的方针，平等讨论，相互切磋。

我今天重点讲了坚持四项基本原则的问题，目的是保证改革开放和现代化建设能够顺利前进。

坚持四项基本原则，首先是党内高级领导层要心中有数，坚定不移。只要党内高级干部思想一致，立场坚定，加强团结，抓紧工作，加强落实，我看中国就起不了什么大的风浪。

总之，领导干部特别是高级干部，脑子里一定要有政治这根弦，千万不能只顾经济工作而忽略了政治工作。经济是基础，政治是经济的集中表现。政治是由经济决定的，又反过来影响和作用于经济。这是马克思主义关于经济和政治关系的基本观点。在复杂的国际国内形势下，在坚持以经济建设为中心的情况下，要十分重视政治问题，重视政治对经济的指导作用和保证作用。如果我们的领导干部离开了政治，只顾埋头于具体的经济事务，就会变成一个不清醒的领导者。大家务必明白，如果我们在政治上垮掉了，即便经济建设搞好了，最终还不是为他人做嫁衣裳！

注 释

〔1〕这是唐代吴兢《贞观政要》卷一《君道》中记载的唐代政治家魏徵的话。

〔2〕见邓小平《坚持四项基本原则》（《邓小平文选》第2卷，人民出版社1994年版，第168页）。

〔3〕这里所说的“四个多样化”，指我国社会经济成分、组织形式、就业方式、利益关系和分配方式的多样化。这是江泽民提出的一个重要判断。

政治体制改革的目的是完善社会主义政治制度*

（二〇〇一年四月二日）

最近，关于政治体制改革问题的讨论十分热闹，国内外出现了种种议论，大家要注意这方面的动向。

毫无疑问，政治体制改革我们是要搞的，而且一直在搞，并且一定要搞好。发展社会主义民主政治，是我们党始终不渝的奋斗目标。中国共产党奋斗了八十年，其中一个重要目标就是要争取、维护、发展人民民主。党的十五大提出，要进一步扩大社会主义民主，健全社会主义法制，依法治国，建设社会主义法治国家。这个目标，我们要坚定不移地加以落实。

改革开放以来特别是近年来，西方有些人一直在造一种舆论，说中国的经济体制改革还可以，而政治体制改革没有什么进展。持这种观点的人，一种是不了解中国的情况，受了西方舆论宣传的影响，认为中国是共产党执政的国家，共产党执政的国家就是“独裁”国家；一种目的很明确，就是要在政治上西化、分化我们，他们所说的政治体制改革与我们讲的根本不是一回事，他们是要我们搞西方的那一套政治制度模式，妄图

* 这是江泽民同志在全国社会治安工作会议上讲话的一部分。

改变中国共产党的领导地位，取消中国的社会主义制度。

对于这些舆论，全党同志特别是各级领导干部必须认识清楚，不要被它们所迷惑，更要谨防上当。

大家可以回忆一下，改革开放以来，我们不断推进政治体制改革，取得了重大成果。我们恢复和发扬党内民主和人民民主，废除了实际上存在的领导干部职务终身制；我们加强和改善党的领导，加强党的自身建设，改进党的领导方式和执政方式，以党代政、党政不分的现象得到很大改变。我们坚持和完善人民代表大会制度，人民代表大会在国家政治生活中发挥着重要作用。我们坚持和完善中国共产党领导的多党合作和政治协商制度，政治协商、民主监督、参政议政取得了重大进展。我们不断加强城乡基层民主建设，在农村进行村民委员会直接选举，健全城镇居民委员会组织，坚持和实行企业职工代表大会制度，实行政务公开、厂务公开、村务公开，扩大人民群众民主选举、民主决策、民主管理、民主监督的权力。我们坚持依法治国，社会主义法律体系基本形成，坚持法律面前人人平等，进一步制定和完善了保障公民权利的法律，在政治、经济、社会生活的主要方面做到了有法可依。我们建立并完善人民监督、人民代表大会监督、行政监督、舆论监督等制度和机制，建立公开办事制度等制度。我们推进政府职能转变，精简机构，实行政企分开，使企业在市场竞争中发挥主体作用。我们大力推进干部人事制度改革，健全和完善干部制度，开展民主推荐、公开考试、择优录取，引入竞争机制，在干部选拔、培养、考核等方面形成了许多新制度、新办法、新措施，等等。

我摆一下这些情况，是要说明，我们在政治体制改革方面做了很多工作。我们不要一听到西方有人炒作这个问题，自己也不明白了。其实，无论我们怎么做，只要我们在政治制度、政治体制上坚持共产党的领导，坚持社会主义制度，坚持人民民主专政，不搞西方那一套，国内外敌对势力就不会罢手，就会始终对我们进行攻击。在这个问题上，我们同他们没有共同语言，也没有调和余地。

我们进行政治体制改革的目的很明确，就是为了完善因而也是为了更好地巩固和坚持社会主义政治制度，为了充分发挥这些政治制度对发展人民民主、保障国家统一和安全、促进经济社会发展的优越性。我们硬气得很，有什么输理的地方呢？但是，你说中国的政治体制改革就是要照搬西方政治制度的模式，那绝对不行，那是你自己打错了算盘。

西方一些人对我们在农村进行村民委员会直接选举很感兴趣，有的评价拔得很高。这里面，有的人可能确实认为这样做好，但也有不少人是有政治目的的。他们实际上就是想要我们按照西方的那一套办。在这个问题上，我们的头脑也要清醒。扩大社会主义民主要坚定不移，但必须有计划有步骤，必须看是否有利于加强和改善党的领导、有利于坚持和巩固社会主义制度、有利于保持社会安定团结的局面。

我们坚持和发展的民主，是有中国特色社会主义的民主。我们发展社会主义民主，不是为了给西方什么人看的，而是要真正维护和发展中国人民的根本利益，保证和促进中国的稳定和发展。这一点，不管西方接受也好、不接受也好，不论他们怎么说，我们都不能动摇。

总之，我们推进政治体制改革，必须坚持以下原则：（一）改革党和国家的领导制度，不是要削弱党的领导，而是为了加强和改善党的领导。要有利于巩固社会主义制度，有利于巩固党的领导，有利于在党的领导和社会主义制度下发展生产力。（二）改革的目标是要始终保持党和国家的活力，克服官僚主义，提高工作效率，扩大基层民主，调动基层和工人、农民、知识分子的积极性。（三）坚持不懈地加强和完善党内民主，以不断促进人民民主的发展。（四）改革是否成功，关键看国家政局是否稳定，看生产力能否得到持续发展，能否改善广大人民的生活，能否增进各族人民的团结。（五）不能丢掉我们社会主义制度的优越性，不能搬用西方那一套所谓"民主"，要根据我国自己的实践、自己的情况来决定改革的内容和步骤。（六）政治体制改革很复杂，每一个措施都涉及千千万万人的利益，要分步骤、有领导、有秩序地进行。

在民主问题上，我一直强调两项原则。第一，民主是相对的、具体的，不是绝对的、抽象的。发展民主，必须与一定社会的具体条件结合起来。第二，世界是丰富多彩的，各国有各国的政治体制模式，不可能千篇一律。要把西方政治制度的模式推广到全世界，不仅是不现实的，也是不可能的。我们不把我们的政治制度强加于人，但别人要把他们的政治制度强加给我们，也绝对不行。

我们进行政治体制改革，必须从中国实际出发，要与我国生产关系和生产力的发展相适应，与经济体制改革相适应，与我国的历史条件、经济发展水平和文化教育水平相适应。实际上，世界上任何国家的政治发展都要遵循与自己的经济社会发展相适应这个道理。

西方国家的政治制度，并不像他们宣扬的那么美妙，从来就存在许多弊端。在美国的政治生活中，民主党、共和党两大政党和一些大型利益集团可以呼风唤雨，而一般民众并没有什么影响。在西方国家，政治丑闻不绝于耳，徇私舞弊、贪赃枉法、假公济私、勾心斗角等现象也屡见不鲜。

最后，我还要强调一点，就是领导干部特别是高级干部，必须增强忧患意识。这个问题，这些年来中央反复强调，我看还要继续加以强调。现在，我国形势总的很好，改革和建设都在健康发展。但是，也应该清醒地看到，复杂多变的国际环境给我们提出了严峻挑战，我们在前进道路上还面临着许多新情况、新矛盾、新问题，我们党内也存在一些亟待解决的突出问题，我们还可能遇到这样那样的风险。领导干部特别是高级干部一定要居安思危，忧党忧国忧民，千万不能高枕无忧、歌舞升平。我曾经引用过孟子的一段话，这里再引用一下。孟子说："入则无法家拂士，出则无敌国外患者，国恒亡。然后知生于忧患而死于安乐也。"〔1〕希望大家谨记这些经验之谈，坚定不移地贯彻落实党的基本路线，兢兢业业、夙兴夜寐地做好各项工作。

注 释

〔1〕见《孟子·告子下》。

发展中拉关系，推进南南合作*

（二〇〇一年四月六日）

在二十世纪里，拉美人民为维护国家主权，捍卫民族权益，反对外来干涉，进行了不屈不挠的斗争。拉美人民英勇顽强地反对外来侵略，维护二百海里海洋权，争取建立国际政治经济新秩序，为世界的和平与发展作出了重要贡献。近二十年来，拉美人民在维护稳定、发展民主、振兴经济等方面，取得了令人钦佩的成就。

进入新世纪，拉美各国人民将进入稳定、变革、发展、合作的新时期。作为一个拥有两千多万平方公里土地和五亿多人口的大陆，拉美正以新的姿态活跃在国际舞台上。

在过去的一百年间，世界经历了战争、疾病、饥馑、危机、灾害等无数磨难，但更重要的是，各国人民进行了波澜壮阔的社会斗争和自然斗争，在政治、经济、思想、文化、科技、教育、军事、医药等方面取得了前所未有的进步。人类开发和利用自然的能力大为提高，创造了巨大的物质文明和精神文明成就，人类自身的生存和发展境况得到了改善。

---

* 这是江泽民同志访问拉丁美洲期间在智利圣地亚哥联合国拉丁美洲和加勒比经济委员会的演讲《共同开创中拉友好合作的新世纪》的主要部分。

一百年的时间，相对于人类文明的漫长历史，是短暂的。最可贵的是，各国人民向往美好生活的理想和信念始终不渝，追求美好世界的脚步从来没有停顿。经过无数的磨难、奋争、胜利，各国人民对和平与发展主题的认识空前深化了。

历史昭示我们：只有实现和保持和平，世界才能发展繁荣；只有推动和促进合作，人类才能美好幸福。实现世界持久和平，促进各国共同发展，是所有国家人民的共同心愿，也是我们这个时代的潮流。

展望未来，在新世纪里，各国人民的使命是：加强团结，扩大合作，为缔造一个各国人民同享和平、共求发展，多种文明共同进步的美好世界而奋斗。

世界正在发生深刻变化。国际局势总体趋向缓和。世界多极化趋势在曲折中发展，经济全球化趋势不断深化，以信息科技、生命科技为主要标志的现代科学技术日新月异，给国际政治、经济、文化关系带来了深刻影响，为人类社会进步提供了新的推动力量。

新形势、新趋势、新技术，促进了生产力的发展，促进了创造力的发挥，促进了各国的交流和合作，世界更加丰富多彩。广大发展中国家政治地位不断提高，总体实力进一步增强。

新竞争、新矛盾、新挑战，使得世界的发展并不和谐。国际关系民主化的目标还远远没有实现。不公正不合理的国际政治经济旧秩序还没有得到改变，有些方面还在加剧。南北贫富差距和“数字鸿沟”扩大。因民族、宗教、领土等问题引发的冲突此起彼伏。发展中国家维护国家的主权、安全和利益的任务更加艰巨。

广大发展中国家既面临着实现更大发展的机遇，也面临着必须认真对待的挑战。中国和拉美国家同属发展中国家，尽管国情不同，但在推进自身发展方面面临着共同课题。为了促进发展中国家的发展，促进世界的和平与发展，我们倡议：

——广大发展中国家加强团结，共同致力于建立公正合理的国际政治经济新秩序。努力推动国际关系民主化，促进国际经济、金融和贸易体制的改革，维护自身的正当权益，争取平等发展的权利。

——广大发展中国家加强磋商，全面推进南南合作。这是发展中国家共同应对国际形势变化，提高整体实力和国际地位的重要途径。要努力探讨和开拓合作的新途径新方式，充分发挥各自优势，深挖潜力，互助互补，相互促进，赋予南南合作新的活力。

——广大发展中国家在平等互利的基础上，积极参与南北对话，促进改善南北关系。我们敦促发达国家考虑和照顾发展中国家的利益，共同解决发展中国家资金匮乏、债务沉重、金融脆弱和技术落后等问题。发达国家和发展中国家应相互尊重，开展对话，求同存异，共谋发展。

——广大发展中国家努力增强自我发展的能力。这是发展中国家实现加快发展、增强实力的基本途径。要顺应世界发展的潮流，抓住机遇，趋利避害，在充分利用自然资源和人力资源优势的基础上，加快调整经济结构，加强科教事业，发展高新技术产业，争取实现跨越式发展。

我这次拉美之行的主要目的是，本着加强交流、增进信任、促进合作、共同发展的精神，同智利、阿根廷、乌拉圭、古巴、委内瑞拉、巴西等六国领导人深入探讨共同关心的问题，推动中拉友好合作关系持续发展。

中国十分重视发展同拉美各国的友好合作关系，支持拉美国家在地区和国际事务中发挥积极作用。近年来，中拉友谊不断发展，相互了解日益加深，经贸关系稳步扩大，对话和合作显著加强。中拉友谊经得起历史的考验。

在此，我代表中国政府和人民郑重表示：中国愿同拉美各国共同努力，推动中拉在新世纪建立和发展长期稳定、平等互利的全面合作关系。为此，让我们一起在以下几个方面作出努力。

(一)增进理解，平等相待，成为彼此信赖的朋友。进一步密切中国同拉美各国的政治关系，增加高层领导人之间的直接接触和对话，利用中拉建立的政治磋商机制，加强中国同以里约集团〔1〕为代表的拉美地区组织的对话和合作。中国人民愿同拉美各国人民一起，为南南合作树立新的典范。

(二)加强磋商，相互支持，在国际上维护中拉正当权益。在涉及联合国作用和改革、国际安全、建立国际新秩序、推动世界多极化、实现国际关系民主化、捍卫发展中国家合法权益等问题上，广泛开展对话，协调立场，彼此借重，相互支持。在联合国、亚太经济合作组织、七十七国集团〔2〕以及东亚—拉美论坛等国际组织或场合中，努力寻求共识，扩大合作。

(三)互利互惠，共同发展，努力扩大经贸合作。中拉经贸合作基础良好，前景广阔。二〇〇〇年，中拉贸易额达到了创纪录的一百二十六亿美元。双方应挖掘潜力，在保持贸易稳步增长的基础上，把扩大相互投资、发展高技术合作摆到更加重要的位置。中国市场广阔，投资环境日益改善，我们欢迎拉美企业家到中国投资，同时也积极鼓励中国企业到拉美发展。

（四）面向未来，着眼长远，建立广泛全面的合作关系。中拉有着许多共同利益，合作的思路应更开放，合作的方式应更多样，合作的领域应更广泛，合作的内容应更全面。要努力扩大双方在文化、教育、科技、体育等各个领域各个层次的交流和合作，以造福于中拉人民。

中拉人民同世界各国人民一道，肩负着推动世界和平与发展事业的历史重任。我们愿同拉美各国相互学习，同舟共济，共同迎接光辉的明天。

注　释

〔**1**〕里约集团，是拉丁美洲国家组成的政治磋商和协调组织。一九八三年，墨西哥、委内瑞拉、哥伦比亚、巴拿马四国，为解决中美洲热点问题，在巴拿马的孔塔多拉岛举行会议，形成孔塔多拉集团。一九八五年，巴西、阿根廷、乌拉圭、秘鲁四国在秘鲁利马建立利马集团（又称"支持孔塔多拉集团阵线"），支持和平解决中美洲热点问题的努力。一九八六年，两集团各国外长在巴西里约热内卢举行会议，决定两个集团合并，组成八国集团（又称拉美八国集团），就国际和拉美地区的政治、经济、社会等重大问题进行磋商，协调立场，并采取相应行动，以促进拉美一体化的发展。一九九〇年，八国集团改称里约集团。智利、厄瓜多尔等国先后加入该集团，加勒比地区每年由一个国家作为代表参加该集团活动。一九九〇年，中国与该集团建立对话关系。

〔**2**〕七十七国集团，是发展中国家为维护自身权益、改变不合理的国际经济秩序而组成的国际组织。一九六四年三月二十三日至六月十六日，第一届联合国贸易和发展会议在瑞士日内瓦举行。六月十五日，与会的七十七个发展中国

家和地区发表联合宣言，提出要加强相互接触和磋商，在贸易和经济方面确立共同目标，制定联合行动纲领，采取集体谈判策略，加强发展中国家的谈判地位，促进建立国际经济新秩序。从此，这些国家和地区作为一个集团参加联合国贸易和发展会议的谈判。此后，集团成员不断增加，现有成员一百三十多个，但七十七国集团的名称一直沿用下来。中国自一九八一年起以特邀来宾的身份参加该集团部长级会议及磋商。

保障工人阶级和广大劳动群众的权益是党和国家一切工作的根本基点*

（二〇〇一年四月二十八日）

全心全意依靠工人阶级，是我们党和国家的政治优势，也是我们从胜利走向胜利的重要保证。我们正在进行的社会主义改革开放和现代化建设，是实现国家强盛、人民富裕的必由之路。我们的工人阶级要始终以主人翁精神和饱满的热情投身到这一伟大实践中去。

希望大家积极支持党和国家为发展社会主义市场经济而采取的各项政策措施，正确对待改革过程中的利益关系调整；希望大家立足本职，学赶先进，积极参加各种形式的群众性经济技术活动，充分发挥自己的聪明才智；希望大家增强政治意识、责任意识、大局意识，坚决同一切危害祖国和人民利益的行为和现象作斗争，自觉维护安定团结的社会政治局面；希望大家大力弘扬解放思想、实事求是的精神，紧跟时代、勇于创新的精神，知难而进、一往无前的精神，艰苦奋斗、务求实效的

---

* 这是江泽民同志在庆祝五一国际劳动节全国劳动模范座谈会上讲话的主要部分。

精神，淡泊名利、无私奉献的精神，不断提高自己的思想道德素质和科学文化技术素质，努力成为有理想、有道德、有文化、有纪律的劳动者。

保障工人阶级和广大劳动群众的经济、政治、文化权益，是党和国家一切工作的根本基点，也是发挥工人阶级和广大劳动群众积极性和创造性的根本途径。各级领导机关和领导干部，都要从坚持党的全心全意为人民服务的宗旨、巩固党的执政地位、维护国家长治久安的高度，坚持贯彻全心全意依靠工人阶级的方针，切实加强同广大职工群众的联系，关心他们的疾苦，倾听他们的呼声，实实在在地为他们说话办事，尤其要千方百计为遇到困难的职工排忧解难，努力把工人阶级和广大劳动群众的物质文化利益实现好、维护好、发展好，把他们的积极性和创造性引导好、保护好、发挥好。

各级领导机关和领导干部必须懂得，保证工人阶级和广大劳动群众行使管理国家事务、经济和文化事业、社会事务的权利，是社会主义民主的根本要求。首先必须保证他们在基层的经济、政治、文化和其他社会事务中当好家作好主，这是实现工人阶级和广大劳动群众在整个国家经济、政治、文化和社会生活中当家作主的基础。要坚持发挥职工代表大会的作用，建立和完善平等协商、集体合同制度，进一步完善村民自治制度，进一步加强社区的民主建设，通过政务公开、厂务公开、村务公开等多种形式，不断扩大基层民主，确保广大职工和劳动群众依法进行民主选举、民主决策、民主管理、民主监督。

工会是党领导的工人阶级群众组织，是党联系职工群众的桥梁和纽带，肩负着维护职工群众合法权益的基本职责。要切实维护职工群众的具体利益，真心诚意为职工群众服务。各级党委和政府要高度重视工会组织的工作，为它们履行职能创造条件，通过它们把广大职工群众更加紧密地团结在党的周围，更好地完成党和政府提出的各项任务。

今年是实现“十五”计划的第一年，是中国共产党成立八十周年。希望我国工人阶级和广大劳动群众，高举马克思列宁主义、毛泽东思想、邓小平理论伟大旗帜，紧密团结在党中央周围，肩负起伟大的历史使命，振奋精神，开拓进取，在新世纪的征程上创造出更加辉煌的业绩。

扶贫开发是贯穿社会主义初级阶段全过程的历史任务*

（二〇〇一年五月二十五日）

新中国成立以来，为改变旧中国一穷二白的面貌，为使全国各族人民的生活不断好起来，我们党团结和带领广大人民群众进行了不懈努力。特别是改革开放以来，我们广泛动员社会力量，投入巨额资金，开展了有计划、有组织、大规模的扶贫开发，为解决农村贫困地区的问题进行了艰苦工作，取得了举世瞩目的成就。在二十多年里，全国农村二亿二千万贫困人口解决了温饱问题，贫困人口占农村总人口的比重从一九七八年的百分之三十点七降为二〇〇〇年的百分之三左右。国家八七扶贫攻坚计划〔1〕已基本完成，党中央、国务院确定的在上个世纪末基本解决农村贫困人口温饱问题的战略目标已基本实现。

在这样短的时间内，这么多贫困人口解决了温饱问题，这是世界历史上前所未有的，是一个了不起的成就。这充分说明，只要我们坚持解放思想、实事求是的思想路线，坚持贯彻党的基本路线和方针政策，坚持全心全意为人民服务的宗旨，

---

* 这是江泽民同志在中央扶贫开发工作会议上讲话的主要部分。

坚持发挥社会主义制度的优越性，紧紧依靠全国各族人民的共同努力，就能够不断创造出新的人间奇迹。

我国扶贫开发取得的巨大成就，具有重大的经济意义和政治意义。第一，我们党和国家开展扶贫开发，努力解决贫困人口的生产生活问题，是我国社会主义制度优越性的一个重要体现，极大地坚定了全国各族人民建设有中国特色社会主义的信心。第二，组织扶贫开发，解决几亿人的温饱问题，说明我们党和国家高度重视推进中国人民的人权事业，为保障人民的生存权和发展权这一最基本、最重要的人权，进行了锲而不舍的努力。扶贫开发取得的成就，不仅是对世界人权事业的重要贡献，也为我们开展国际人权斗争、反对西方反华势力干涉我国内政创造了有利条件。第三，扶贫开发取得的成就，为保持国民经济协调发展，为促进民族团结、保持边疆安定和社会稳定作出了贡献。第四，扶贫开发取得的伟大成就和积累的宝贵经验，以及广大干部群众表现出来的自力更生、艰苦奋斗的精神，为我们进行爱国主义、集体主义、社会主义教育和基本国情教育增添了丰富生动的教材，应该充分运用它来激励全国各族人民继续为推进改革和建设而不懈奋斗。这四条，是我们认识扶贫开发重大意义的基本方面。全党全国上下要进一步加深认识，增强做好扶贫开发工作的自觉性和坚定性。

通过扶贫开发，我们积累了使贫困地区群众摆脱贫困、走向富裕的重要经验，主要是：政府主导、社会动员，立足发展、坚持开发，因地制宜、综合治理，自强不息、艰苦创业。在今后的扶贫开发工作中，要坚持运用好这些重要经验，并在实践中继续发展丰富。

进入新世纪，我国扶贫开发事业进入了一个新阶段。实现国家八七扶贫攻坚计划确定的目标，只是一个阶段性胜利。下一个阶段的扶贫开发，要向更高水平迈进。

今后十年我国扶贫开发的奋斗目标是：尽快解决少数贫困人口的温饱问题，进一步改善贫困地区的基本生产生活条件，巩固温饱成果，提高贫困人口的生活质量和综合素质，加强贫困乡村的基础设施建设，逐步改变贫困地区社会、经济、文化的落后状态，为达到小康水平创造条件。这个目标是实事求是的，经过努力可以实现。全党全国上下要齐心协力，确保这个目标如期实现。

必须看到，实现这个目标，任务是相当艰巨的。我国人口多、底子薄，经济文化发展很不平衡。这个基本国情将长期存在。我国没有解决温饱问题的农村贫困人口还有三千二百万，相对全国十二亿多人口来讲，比例不算高，但绝对量不小，相当于一个中等国家的人口。这些贫困人口主要分布在自然条件相当恶劣、交通极为不便的偏远地区，解决温饱问题的难度很大。已经解决温饱问题的群众中，一部分生产生活条件仍相当差，巩固扶贫成果、防止返贫的任务仍很繁重。目前，我们解决温饱问题的标准还比较低，进一步增加贫困地区群众的收入，提高他们的生活质量，逐步向小康迈进，难度会更大。至于要根本改变贫困地区的面貌，更是一项长期而艰巨的任务。帮助贫困地区发展经济文化，帮助贫困地区群众与全国人民一起逐步走上共同富裕的道路，是贯穿社会主义初级阶段全过程的历史任务，全党全国上下必须锲而不舍地长期奋斗。

但是，也应看到，实现这个目标，有利条件比过去多了。我国综合国力已显著增强，可以投入更多力量促进贫困地区开发建设。贫困地区的生产生活条件也已有了很大改善，为加快扶贫开发步伐奠定了基础。特别是各级党委和政府高度重视，社会各界大力支持，贫困地区广大干部群众团结奋斗，这是搞好下一阶段扶贫开发最重要的条件。大家都应该树立必胜的信心，精神振奋地投入工作。

帮助贫困地区群众脱贫致富，是实现各地区协调发展、全面建设小康社会、进而实现第三步战略目标的必然要求，是逐步实现各族人民共同富裕的重大战略措施，也是维护国家改革发展稳定大局的需要。我们党是以全心全意为人民服务为宗旨的，我们的政府是人民的政府，帮助贫困地区群众脱贫致富，是党和政府义不容辞的责任。我们正在向现代化建设的第三步战略目标迈进，前十年一定要开好头、打好基础。加快贫困地区的发展，全面实现“十五”计划和二〇一〇年的发展目标才有可靠保证。

做好下一阶段的扶贫开发工作，关键仍然是抓好组织落实，脚踏实地地埋头苦干，切实解决实际问题。

第一，要继续坚持通过改革推进发展的路子。扶贫开发工作取得的成就，是我们坚持贯彻邓小平理论、不断深化改革的结果。没有党在农村实行改革开放的新政策，没有农村经济体制、经营方式、科技兴农等方面的变革，没有广大农民积极性、主动性、创造性的充分发挥，要在短短二十多年的时间内使两亿多农民摆脱贫困，走上致富奔小康的道路，是不可能的。搞好扶贫开发,必须充分相信和依靠群众,必须坚持群策群力。扶贫方案的制定、项目的选择、措施的落实,都要动员群众积极参与,充分听取群众意见。同时,要通过文化补习、科技培训、政策法制宣传等多种形式,加强对群众的教育,帮助群众学习和掌握文化知识、科学技术,增强他们脱贫致富的创造力。

第二,要继续发扬艰苦奋斗的创业精神。自力更生、艰苦奋斗,是我们党的优良传统和政治本色,也是我们克服困难、开创事业的重要法宝。完成新阶段扶贫开发的任务,必须继续坚持贯彻这一方针。贫困地区的干部群众有没有改天换地、战胜贫穷的艰苦奋斗的雄心壮志,有没有不等不靠、积极进取的自力更生的顽强意志,决定着脱贫致富的进程和成效。外部的支持帮助只有与内部的艰苦努力结合起来,才能真正发挥作用。在国家扶持和社会各界帮助下,只要贫困地区的各级党组织和干部群众同心协力,开动脑筋,实干苦干,脱贫的办法就会越想越多,致富的路子就会越走越宽。

第三,要继续贯彻发展是硬道理的重要思想。解决中国的所有问题,最根本的要靠发展。解决贫困地区的问题,最根本的也要靠发展。坚持开发式扶贫的方针,就贯彻了邓小平同志关于发展才是硬道理的重要思想,目的是解放和发展生产力。要努力改善贫困地区的生产条件、生活条件和生态条件,提高群众的科技文化素质,充分利用当地自然资源和劳动力资源,发挥比较优势,促进生产发展,促进群众生活改善,并逐步增强自我积累和自我发展的能力。我们借鉴国外的发展经验,不仅要看国外发展成功的经验,也要看国外发展不成功的教训。坚持贯彻发展是硬道理的思想，最重要的就是要不断增强贫困地区自我发展的能力。这是开发式扶贫的真谛所在。

第四，要继续积极探索加快发展的有效途径。坚持从实际出发，勇于探索，扬长避短，找到能够发挥当地优势的有效途径和办法，以利把优势和潜力迅速转化为经济效益，这是这些年来我们在扶贫开发实践中取得的一条重要经验。要特别注意研究市场的变化，根据市场需求，探索扶贫开发的新思路。要积极调整农业和农村经济结构，发展农业产业化经营，促进农业劳动力向第二、第三产业转移。采取综合措施，把扶贫工作与精神文明建设、教育科技发展、基层组织建设、计划生育工作等紧密结合起来，促进贫困地区经济社会协调发展。通过有效形式把市场信息、适用技术、管理经验有机组合起来，以提高贫困地区经济整体素质和效益。通过营造良好的社会环境，吸引更多资金、技术、人才到贫困地区去。坚持实事求是地确定自己的发展途径和办法，不能盲目照搬别的地方的做法。符合当地实际的正确发展途径一经确定，就要扭住不放，坚持抓下去，不断抓出成效来。

第五，要继续动员全社会为扶贫开发共同努力。发挥社会主义制度能够集中力量办大事的政治优势，把全社会各方面力量组织起来，形成强大合力，帮助贫困地区加快发展，这也是这些年来我们在扶贫开发实践中坚持贯彻的一条重要经验。中央财政和地方财政都要调整财政支出结构，增加扶贫投入。要进一步制定有关政策，吸引更多社会资金参与扶贫。实施西部大开发战略，特别是安排一些重大建设项目，要注意与扶贫开发有机结合起来，优先向贫困地区安排基础设施项目和资源开发项目，并优先使用农民工和当地的原材料，尽可能使贫困人口直接受益。在防范和化解金融风险的同时，继续安排和增加扶贫信贷资金，以满足贫困地区对金融服务的需求。要坚持弘扬中华民族扶贫济困的优良传统，充分发挥民主党派、社会团体、科研单位、大专院校、人民解放军和武警部队等全社会力量在扶贫开发中的重要作用。中央和国家机关、大型企业单位要继续开展定点扶贫。进一步在全社会形成人人为贫困地区献爱心、送温暖的舆论氛围。各行各业都应该做到有力出力、有智出智，通过各种形式支持贫困地区的开发建设。

第六，要继续搞好东西部地区的扶贫协作。东部十三个省市对口帮扶西部十个省区的扶贫协作工作〔2〕，是贯彻邓小平同志“两个大局”〔3〕思想、促进区域经济协调发展、缩小东西部差距的重要措施。这项工作已经取得了很大成绩，要进一步扩大规模、提高水平。东西协作双方都要认真总结经验，制定新的工作目标和协作规划。西部大开发，不仅为西部地区〔4〕带来了加快发展的机遇，也为东部地区提供了投资机遇。要按照优势互补、互惠互利、长期合作、共同发展的原则，继续开展多层次、多渠道、多形式的经济技术合作。西部地区不仅拥有丰富的自然资源和人力资源，还有巨大的潜在市场。只要形成一个良好的合作机制，到中西部地区投资不仅可以取得良好的社会效益，也能够取得良好的经济效益。协作双方的政府要积极倡导并创造必要的条件，鼓励和支持东部企业到西部去投资，推进东部地区和西部地区的企业合作，支持企业上一些有市场有效益的资源深加工和农产品加工项目，以促进当地的资源开发和农民增产增收。

第七，要继续加强扶贫开发的组织落实工作。扶贫开发的方针有了，规划有了，资金有了，关键要抓好组织落实。如果组织落实工作跟不上，就难以取得好的效果。扶贫开发是一个系统工程。政府如何推动，社会力量如何动员，贫困地区的工作如何开展，各项措施如何落实，都要一一研究，逐项组织落实。要加强对扶贫资金的管理，努力提高使用效益。必须把扶贫资金落实到贫困村、贫困户，减少一切可能消耗扶贫资金的中间环节。这个问题，要引起大家高度重视。现在，许多城市居民的生活用品经常要更新，更换下来的不少生活用品对贫困地区的群众还是可以用的。要想办法把这些东西送到贫困地区去。这些年来，我们也搞了一些这样的活动，但没有形成一套经常性机制，大多是临时性地搞一下，效果和作用有限。希望有关部门好好研究一下，尽快建立一套把城市中更换下来的生活用品和其他物品转送到贫困地区的畅通渠道，年复一年地坚持下去。这是扶贫开发中一项很重要的组织工作。其他各项组织工作，也都要抓紧抓好。

第八，要继续加强对扶贫开发的领导。扶贫开发是党中央、国务院作出的一项重大战略部署，是全党全国的共同任务。中西部地区各级党委和政府要高度重视，加强领导。东部地区各级党委和政府也要高度重视，切实把这项工作摆在重要位置。要坚持实行扶贫工作责任制，党政第一把手负总责，一级抓一级，层层抓落实。各地党政第一把手，特别是贫困问题较突出地区的党政主要负责同志，要根据新阶段扶贫开发工作的要求，认真履行领导职责，经常深入贫困乡村进行调查研究，制定切实可行的规划，并亲自部署、亲自协调、亲自检查，确保各项政策落到实处。贫困地区各级党委和政府制定工作目标、任务和措施，都要围绕帮助群众脱贫致富来进行。各级干部都要为推进扶贫开发尽职尽责。

多年来，贫困地区的广大干部，不畏艰苦，扎实工作，任劳任怨，为贫困地区的改革发展稳定作出了重大贡献。新的形势和任务，对扶贫开发提出了更高的要求。贫困地区的广大干部要继续团结和带领群众艰苦创业，不断增强带领群众脱贫致富的本领，不辜负党的重托和群众的期盼。贫困地区各级领导班子必须团结坚强，要特别能够打硬仗、打苦仗。尤其要注意把那些对群众感情深、事业心强、不怕艰苦、乐于奉献的干部选进领导班子，尤其要把县委书记、县长和乡镇党委书记、乡镇长选配好。村是组织扶贫开发最基本的工作单位。村党支部要成为扶贫开发的坚强战斗堡垒，广大党员要成为扶贫开发的先锋模范。一些贫困村组织涣散、党员队伍后继乏人的状况，要尽快加以改变。要结合正在开展的农村“三个代表”学习教育活动，努力推动贫困地区的干部队伍建设和基层组织建设上一个新台阶。各级党组织要切实关心贫困地区的干部特别是基层干部，帮助他们解决工作中遇到的实际困难。对那些长期在贫困地区工作、实绩突出的干部，要给予表彰，并注意提拔使用。

新阶段扶贫开发的主要力量，应该放在西部地区，放在民族地区、革命老区、边疆地区、特别贫困的地区。切实帮助这些地区发展起来，对于实现西部大开发的战略目标，对于加强民族团结、巩固边疆，对于保持国家长治久安，都是至关重要的。尤其要帮助仍然处在贫困状态的革命老区尽快发展起来。革命老区在战争年代为党和人民的事业作出了巨大贡献，付出了巨大牺牲。我们有责任帮助老区群众尽快脱贫致富，否则我们就难以向烈士交代，向人民交代，向历史交代。应该集中一些人力、物力、财力，尽快解决好这些地区的问题。

注　释

〔1〕一九九四年四月十五日，国务院印发《国家八七扶贫攻坚计划》。这一计划提出，从一九九四年到二〇〇〇年，集中人力、物力、财力，动员社会各界力量，力争用七年左右的时间，基本解决当时全国农村八千万贫困人口的温饱问题。

〔2〕中共中央、国务院于一九九六年十月二十三日颁布《关于尽快解决农村贫困人口温饱问题的决定》，确定沿海发达省市对口帮扶西部贫困省区的具体安排，即：北京帮内蒙古，天津帮甘肃，上海帮云南，广东帮广西，江苏帮陕西，浙江帮四川，山东帮新疆，辽宁帮青海，福建帮宁夏，深圳、青岛、大连、宁波帮贵州。扶持西藏和支援三峡的工作，按中央原有的安排，继续执行。一九九七年设立重庆直辖市后，国务院扶贫开发领导小组于二〇〇二年一月确定，由珠海、厦门帮重庆。

〔3〕见本卷《扎扎实实搞好西部大开发这项世纪工程》注〔4〕。

〔4〕见本卷《扎扎实实搞好西部大开发这项世纪工程》注〔1〕。

深化团结协作，共创美好世纪*

（二〇〇一年六月十五日）

我完全赞同各位对“上海五国”进程[1]和上海合作组织成立所作的高度评价。各位发表的建设性意见和主张，对我们这个新生组织的建设和发展，对我们六国的团结合作，具有重要指导意义。

在刚刚过去的二十世纪九十年代，国际局势发生了深刻变化。面对四十余年冷战的深刻教训，回首上个世纪战乱频繁的历史沧桑，各国人民热切祈盼人类能够迈入和平与发展的新世纪。中国、俄罗斯、哈萨克斯坦、吉尔吉斯斯坦、塔吉克斯坦毗邻而居，地域广袤，实现睦邻互信和友好合作，不仅有利于增进我们五国人民的福祉，也有利于维护地区乃至世界的和平与安宁。我们五国领导人登高望远，审时度势，从建立边境地区军事互信入手，把相互合作逐步扩大到维护地区安全和稳定等广泛领域，从而使“上海五国”进程取得了令人瞩目的成功。

“上海五国”进程，是当代国际关系中一次重要的外交实践。它首倡了以相互信任、裁军和合作安全为内涵的新型安

* 这是江泽民同志在上海举行的上海合作组织成立大会上的讲话。

全观，丰富了由中俄两国始创的以结伴而不结盟为核心的新型国家关系，提供了以大小国共同倡导、安全先行、互利协作为特征的新型区域合作模式。它所培育出来的互信、互利、平等、协作，尊重多样文明，谋求共同发展的“上海精神”，不仅是五国处理相互关系的经验总结，而且对推动建立公正合理的国际政治经济新秩序也具有重要的现实意义。

世界多极化和经济全球化的趋势正在加快发展，科学技术进步日新月异。人类社会大踏步地前进。国际局势总体上继续趋向缓和。但是，人类生存安全面临的挑战和威胁仍继续存在。南北的发展和贫富差距进一步扩大，给世界的和平与发展带来了一系列深层的矛盾。恐怖主义、分裂主义和极端主义的破坏活动有增无减。为了共同利用机遇并共同应对挑战，各国各地区加快了区域合作的步伐。这是当今国际关系发展的一个重要趋势。上海合作组织的建立，正是顺应了这种历史潮流，不仅符合中国、俄罗斯、哈萨克斯坦、吉尔吉斯斯坦、塔吉克斯坦、乌兹别克斯坦六国人民的根本利益，也必将对推进本地区乃至整个欧亚大陆的和平与发展产生深远影响。

上海合作组织以什么样的形象登上国际舞台，无疑会引起国际社会普遍关注。上海合作组织成立宣言向世人充分表明：上海合作组织将严格遵循联合国宪章的宗旨和原则，致力于加强成员国的相互信任、睦邻友好，加强成员国在政治、经贸、科技、文化、教育等广泛领域的有效合作，共同维护和保障地区的和平、安全、稳定，推动建立民主、公正、合理的国际政治经济新秩序。不论遇到什么情况，上海合作组织将始终恪守上述原则宗旨,永远高举和平与合作的旗帜。

上海合作组织是一个新生事物,今后成长的路还很长。把它发展好、建设好,是我们的共同责任,也是我们面临的重要课题。我愿意提出以下几点意见,供各位同事参考。

(一)增强开拓意识。上海合作组织要借鉴其他国际和地区组织的积极经验,更要立足于本地区的实际,在实践中不断探索符合我们六国特点和需要的发展路子。只有这样,它才能具有强大的生命力和光明的前途。

(二)坚持务实态度。维护地区安全是我们合作的重点。《打击恐怖主义、分裂主义和极端主义上海公约》的签署,为我们加强这方面的合作奠定了坚实的法律基础。我们要继续抓紧工作,尽快建立反恐中心。开展经贸合作是我们合作的重要内容。根据目前的实际情况,中方倡议首先启动六国贸易和投资便利化谈判进程,同时积极评价哈方提出的经贸多边合作纲要所展示的远景目标。我相信,今秋举行的成员国总理首次会晤,将对双边和多边经贸合作产生重要推动作用。

(三)弘扬团结精神。我们六国所以一直认为需要建立这样一个合作组织,是因为我们有着共同的利益和目标。在这个大前提下,任何问题都可以本着求大同、存小异的原则,通过友好协商妥善解决。团结、团结、再团结,这是上海合作组织今后克服各种艰难险阻、永远保持凝聚力的根本所在。

(四)贯彻开放原则。恪守不结盟、不针对其他国家和开放原则,是上海合作组织保持正确发展方向的重要前提。上海合作组织要积极稳妥地同其他国家及有关国际和地区组织开展各种形式的对话、交流、合作,在条件成熟和协商一致的基础上，吸收认同本组织宗旨和原则的有关国家为新成员。

根据昨天我们达成的协议，我高兴地宣布：上海合作组织成员国第二次元首会晤将于明年夏季在俄罗斯圣彼得堡举行。我预祝下次峰会取得圆满成功！回顾过去，展望未来，我们对上海合作组织的美好前景充满信心。我们六国将永远发扬“上海精神”，同心同德，精诚合作，世代友好，永结联谊。

上海合作组织愿同世界上一切爱好和平的国家及国际和地区组织一道，始终不渝地促进地区的安全、稳定、繁荣，始终不渝地推动建立民主、公正、合理的国际政治经济新秩序，始终不渝地维护和平与发展的崇高事业！

注　释

〔1〕“上海五国”进程，指始于中国、俄罗斯、哈萨克斯坦、吉尔吉斯斯坦、塔吉克斯坦五国加强边境地区信任和裁军谈判的合作进程。一九九六年四月，五国元首在上海举行首次会晤，签署《关于在边境地区加强军事领域信任的协定》。一九九七年四月，五国元首在俄罗斯莫斯科举行第二次会晤并签署《关于在边境地区相互裁减军事力量的协定》，确立了五国元首定期会晤机制。此后，五国元首每年轮流在各国举行会晤。一九九九年八月，中国国家主席江泽民在吉尔吉斯斯坦比什凯克举行的五国元首第四次会晤中，就加强地区安全合作、推进地区经济合作等提出建议。会晤内容逐步扩大到五国在政治、安全、外交、经贸等领域开展全面互利合作。二〇〇〇年七月，乌兹别克斯坦总统以观察员身份参加在塔吉克斯坦杜尚别举行的五国元首第五次会晤。二〇〇一年六月，在上海举行的会议上，五国元首和乌兹别克斯坦总统签署《上海合作组织成立宣言》，在“上海五国”基础上正式建立上海合作组织。

要鼓励原始性创新*

（二〇〇一年六月二十二日）

科学技术是第一生产力，是先进生产力的集中体现和主要标志，也是人类文明进步的基石。在刚刚过去的二十世纪，科学技术突飞猛进，科学理论充分发展，极大地推动了生产力发展和社会进步，人类创造了空前丰富的物质文化财富。在二十一世纪，科学技术将会继续取得重大突破，给人类社会发展带来新的巨大推动。当今世界，科学发现、技术发明和商品化产业化之间的关系越来越紧密，科技成果转化为现实生产力的周期越来越短，科技进步和创新越来越成为经济社会发展的重要决定性因素。

我们必须敏锐地把握当今科学技术发展的大势，充分估计未来科学技术发展对人类社会的巨大意义，增强紧迫感和忧患意识，瞄准世界科技的先进水平，紧密结合我国发展的实际要求，奋起直追，锐意进取，努力开创我国科技事业蓬勃发展的新局面。

科学技术工作，是党和国家工作大局的重要组成部分。

---

* 这是江泽民同志在中国科学技术协会第六次全国代表大会上讲话的主要部分。

各级党委和政府都要为科技进步和创新做好引导、支持、管理、服务工作，充分发挥科学技术在促进经济发展、社会进步和维护国家安全中的重要作用。

一要依靠科技创新，实现生产力发展的跨越。以信息科技、生命科技为主要标志的现代科学技术的不断发展和产业化，正在对各国综合国力的提高和竞争产生深刻影响，也为我国通过科学技术突破实现跨越式发展提供了机遇。我们必须坚持实施科教兴国战略和可持续发展战略，努力学习、掌握和应用先进科学技术，在技术发展跨越的基础上实现我国社会生产力发展的跨越，不断提高我国的综合国力和国际竞争能力。要使科技进步和创新始终成为建设有中国特色社会主义事业的强大动力，成为中华民族屹立于世界先进民族之林的坚实基础。

二要鼓励原始性创新，努力攀登世界科学高峰。原始性创新孕育着科学技术质的变化和发展，是一个民族对人类文明进步作出贡献的重要体现，也是当今世界科技竞争的制高点。我国广大科技工作者要有攀登世界科学高峰的勇气和毅力，加强前瞻性、基础性、战略性领域的科技创新，努力提高我国科技的持续创新能力。基础研究是科技进步和创新的先导与源泉，对社会生产力发展和人类文明进步具有巨大的不可估量的推动作用。要从我国当前的实际情况和长远发展的需要出发，按照有所为有所不为的方针，选择一些重大科学项目，加强研究，协同攻关，力求有所突破。要加强自然科学基础学科建设，繁荣学术园地。对科学家探索自然规律的自由探究，要鼓励原始性创新。要高度重视应用技术的开发和推广,加强对我国经济社会发展具有战略意义的高新技术的研究开发和创新发展。

三要坚持弘扬科学精神,努力提高全民族的科学文化素质。一个国家人民的思想道德素质和科学文化素质如何,从根本上决定着其综合国力和国际竞争力的提高。科学素质的高低,对人们利用知识、进行科学思维和提高科技创新能力,对社会生产力和精神文化的发展,有着深刻影响。我们必须把提高全民族的科学素质作为一项重要的基础性社会工程,全面加以推进。要在广大干部群众中大力普及科学知识,弘扬科学精神,宣传科学思想,提倡科学方法,用科学战胜迷信愚昧,以利在全社会进一步形成爱科学、学科学、用科学的良好风尚。做好科普工作,各级科协和广大科技工作者肩负着光荣的职责。

科学精神是人们科学文化素质的灵魂。它不仅可以激励人们学习、掌握和应用科学,鼓舞人们不断在科学的道路上登攀前进,而且对树立正确的世界观、人生观、价值观,掌握科学的工作方式方法,做好经济、政治、文化等方面的领导工作和管理工作,也具有重要意义。我们搞社会主义现代化建设,我们的思想方法和思维方式也必须符合现代化建设的要求,本身也应现代化。而思想方法和思维方式的现代化,也就是要按照科学精神来观察、思考和解决各种问题。现在,我们工作中存在的一些突出问题,很多就是因为没有按照科学精神办事造成的。各级领导机关和领导干部,都必须坚持用科学精神来指导工作,不断增强贯彻科学精神和科学方法的自觉性和坚定性。

在庆祝中国共产党成立八十周年大会上的讲话

（二〇〇一年七月一日）

同志们，朋友们：

今天，我们在这里隆重集会，同全国各族人民一道庆祝中国共产党成立八十周年，也同世界上一切爱好和平和追求进步的人们一道，瞻望中国和世界发展的光明前景。

八十年前中国共产党诞生之时，党员只有五十几人，面对的是一个灾难深重的旧中国。八十年后的今天，我们党已成为在全国执政五十多年、拥有六千四百多万党员的大党，中国人民已拥有一个欣欣向荣的社会主义祖国。这个巨大变化，是中华民族发展的一个历史奇迹。

回顾党和人民在上个世纪的奋斗历程，我们感到无比骄傲和自豪。展望党和人民在新世纪的伟大征程，我们充满必胜的信心和力量。

一、中国共产党八十年的奋斗业绩和基本经验

人民总是在社会矛盾的运动中不断开辟前进的道路。人

民也总是从历史活动的实践和比较中，不断寻找、揭示和发展指导自己前进的真理。

八十年前，在中国各族人民反帝反封建的壮阔斗争中，在世界无产阶级革命的澎湃运动中，中国共产党成立了。这是近代中国社会矛盾发展和人民斗争深入的必然结果。

一八四〇年以后，由于西方列强的入侵，中国逐渐成为半殖民地半封建社会，中国人民受到帝国主义、封建主义的双重压迫。民族危机和社会危机空前深重。从鸦片战争开始，经过太平天国运动、戊戌变法、义和团运动，中国人民进行了不屈不挠的斗争，无数仁人志士苦苦探索救国救民的道路。这些斗争和探索，每一次都在一定的历史条件下推动了中国的进步，但又一次一次地失败了。孙中山先生领导的辛亥革命，推翻了统治中国几千年的君主专制制度，对中国社会进步具有重大意义，但也未能改变中国半殖民地半封建的社会性质和人民的悲惨命运。

事实表明，不触动封建根基的自强运动和改良主义，旧式的农民战争，资产阶级革命派领导的民主革命，以及照搬西方资本主义的其他种种方案，都不能完成救亡图存的民族使命和反帝反封建的历史任务。中国期待着新的社会力量寻找先进理论，以开创救国救民的道路。

正在这时，一九一七年和一九一九年，俄国和中国发生了两件大事，这就是俄国的十月革命和中国的五四运动。十月革命的隆隆炮声，给中国送来了马克思列宁主义这一先进理论。从五四运动开始，中国工人阶级作为先进的社会力量崭露头角，同时一批先进的知识分子高举民主和科学的旗帜，为新思想新理论在中国的传播打开了道路。一九二一年，在马克思列宁主义同中国工人运动相结合的进程中，中国共产党应运而生。

从此，领导反帝反封建的革命斗争、争取民族独立和人民解放、实现振兴中华的伟大使命，历史地落到了中国共产党的身上。中国革命进入了崭新的发展阶段。

从鸦片战争到中国共产党成立，从中国共产党成立到现在，中国经历了截然不同的两个八十年。在前八十年中，封建统治者丧权辱国，社会战乱不断，国家积贫积弱，人民饥寒交迫。在后八十年中，中国人民在中国共产党的领导下空前团结和组织起来，冲破重重难关，革命斗争不断胜利；新中国成立后，经济社会快速发展，国家日益昌盛，人民的社会地位、物质生活水平和文化教育水平显著提高。从这前后两个八十年的比较中，中国人民和中华民族一切爱国力量深深认识到，中国能从最悲惨的境遇向着光明的前途实现伟大的历史转变，就是因为有了中国共产党的领导。没有共产党，就没有新中国。有了共产党，中国的面貌就焕然一新。这是中国人民从长期奋斗历程中得到的最基本最重要的结论。

我们党领导人民奋斗八十年的峥嵘岁月和光荣业绩，如同一幅逶迤而又气势磅礴、雄浑而又绚丽多彩的画卷，展现在世人面前。

我们完成了新民主主义革命任务，实现了民族独立和人民解放。经过北伐战争、土地革命战争、抗日战争和解放战争，打败日本帝国主义的侵略，推翻国民党反动统治，建立了中华人民共和国。中国人从此站立起来了，中华民族的发展从此开启了新的历史纪元。

我们建立了社会主义制度，实现了中国历史上最广泛最深刻的社会变革。我们创造性地实现了由新民主主义到社会主义的转变，全面确立了社会主义基本制度，使占世界人口四分之一的东方大国进入了社会主义社会。这是中国社会变革和历史进步的巨大飞跃，也极大地支持和推进了世界社会主义事业。

我们开创了建设有中国特色社会主义事业，为实现中华民族的伟大复兴开创了正确道路。以党的十一届三中全会为标志，我国进入了社会主义事业发展的新时期。在长期社会主义建设的基础上，我们总结国内国际的历史经验，经过艰辛探索，实行了改革开放的新政策，确立了党在社会主义初级阶段的基本理论、基本路线、基本纲领。在世界社会主义发生严重曲折、国内外风云急剧变幻的局面中，我们党砥柱中流、岿然不动，社会主义在中国展现出蓬勃的生机和活力。

我们建立了人民民主专政的国家政权，中国人民掌握了自己的命运。中国是有五千多年历史的文明古国，但人民当家作主，真正成为国家、社会和自己命运的主人，只是在我们党执政以后才成为事实，这是中国人民社会政治地位的根本变化。中国实现了从几千年的封建专制政治向人民民主政治的伟大跨越。

我们建立了独立的和比较完整的国民经济体系，经济实力和综合国力显著增强。我们仅仅用了半个多世纪时间，不仅改变了旧中国一穷二白的落后面貌，而且建立起门类齐全的现代工业体系。新中国成立以来国内生产总值增长了五十六倍。我国的经济实力、国防实力、科技实力明显增强，工业、农业、国防和科学技术领域的许多方面进入了世界先进行列。十二亿多中国人不仅解决了温饱问题，而且总体上达到小康水平。

我们不断发展社会主义文化，全国人民的精神生活日益丰富。我们坚持马克思主义的指导地位，用爱国主义、集体主义、社会主义教育人民，大力推进社会主义精神文明建设。我们坚持发扬全国各民族的优秀文化，积极吸收各国文明的先进成果，推动社会主义文化日益繁荣。全国人民的思想道德素质和教育科学文化素质不断提高，向世界展现了中华民族新的精神风貌。

我们彻底结束了旧中国一盘散沙的局面，实现了国家的高度统一和各民族的空前团结。我们废除了西方列强强加的不平等条约和帝国主义在中国的一切特权。封建式的割据局面在中国大地上也一去不复返了。五十六个民族同呼吸、共命运、心连心，形成了平等、团结、互助的社会主义民族关系。各政党各人民团体团结一心、同舟共济。全体社会主义劳动者，拥护社会主义的爱国者和拥护祖国统一的爱国者，为了祖国的统一和繁荣结成最广泛的爱国统一战线。香港、澳门胜利回归祖国，实现了全民族的夙愿。海峡两岸同胞的交流不断加强，最终解决台湾问题、完成祖国统一必将实现。

我们锻造了一支党绝对领导下的人民军队，建立起巩固的国防。我们开辟了农村包围城市、武装夺取政权的革命道路，以人民军队为骨干，依靠人民、武装人民，并坚持用党的理论和纲领教育广大指战员，经过长期的革命战争，打败了拥有优势装备、异常凶残的国内外敌人。人民解放军始终坚持全心全意为人民服务的宗旨，在巩固国防、抵抗侵略，保卫社会主义制度和人民的和平劳动，参加国家社会主义建设中发挥了重大作用。我国的国防建设不断加强，军队革命化、现代化、正规化建设不断推进。我们党领导的人民解放军是人民民主专政的坚强柱石，是保卫祖国的钢铁长城和社会主义建设的重要力量。

我们坚持独立自主的和平外交政策，为世界和平与发展的崇高事业作出了重要贡献。我们彻底结束了中国近代以来屈辱外交的历史，有力地维护了国家的主权、安全和民族尊严。我们积极倡导和维护和平共处五项原则，坚决反对以强凌弱的霸权主义和强权政治，坚持原则，支持公道，伸张正义，努力维护广大发展中国家的正当权益，推动建立公正合理的国际政治经济新秩序。社会主义中国的国际地位和国际影响与日俱增。

事实充分证明，中国共产党不愧为伟大、光荣、正确的马克思主义政党，不愧为领导中国人民不断开创新事业的核心力量。

中国革命、建设和改革的卓越成就，是全国各族人民共同奋斗的结果，是近代以来中国一切仁人志士前赴后继、不懈努力的结果，也是一代代中国共产党人无私奉献的结果。

我们深切怀念为中国的革命、建设和改革，为中国共产党的建立、巩固和发展作出重大贡献的毛泽东、周恩来、刘少奇、朱德、邓小平、陈云等已故的老一辈无产阶级革命家，深切怀念为创立、捍卫和建设新中国而英勇牺牲的革命先烈，深切怀念近代以来为中华民族的独立和解放而奋斗的一切先驱。他们为祖国建立的丰功伟绩永垂史册！

人民是历史的真正创造者。我代表中共中央，向全国广大工人、农民、知识分子，向各民主党派、各人民团体、各界爱国人士，向中国人民解放军、武警部队、公安干警，致以崇高的敬礼！向香港特别行政区同胞、澳门特别行政区同胞和台湾同胞以及广大侨胞，致以亲切的问候！向一切同我们友好相处，关心和支持中国革命、建设和改革事业的各国人民与朋友，表示衷心的谢意！

中国共产党的八十年，是把马克思列宁主义同中国实践相结合而不断追求真理、开拓创新的八十年，是为民族解放、国家富强和人民幸福而不断艰苦奋斗、发愤图强的八十年，是为完成肩负的历史使命而不断经受考验、发展壮大的八十年。

八十年的实践启示我们，必须始终坚持马克思主义基本原理同中国具体实际相结合，坚持科学理论的指导，坚定不移地走自己的路。这是总结我们党的历史得出的最基本的经验。马克思主义是我们认识和改造世界的强大思想武器，是指导中国革命、建设和改革的行动指南。马克思主义不是教条，只有正确运用于实践并在实践中不断发展才具有强大生命力。以毛泽东同志为核心的第一代中央领导集体和以邓小平同志为核心的第二代中央领导集体，带领我们党坚持把马克思列宁主义基本原理同中国具体实际紧密结合，形成了毛泽东思想、邓小平理论。这两大理论成果，是中国化了的马克思主义，既体现了马克思列宁主义的基本原理，又包含了中华民族的优秀思想和中国共产党人的实践经验。正因为有了马克思列宁主义、毛泽东思想、邓小平理论的指导，我们党才能带领人民战胜一切艰难挫折，取得一个又一个胜利。邓小平理论是党和人民实践经验与集体智慧的伟大结晶，是在新的历史条件下对毛泽东思想的最好继承和创造性发展，为我们开创中国社会主义事业的崭新局面作出了重大贡献。全党同志高举邓小平理论伟大旗帜，继续研究新情况、解决新问题，正在全面地、创造性地推进建设有中国特色社会主义伟大事业。在新的历史时期，坚持马克思列宁主义、毛泽东思想，关键要坚持用邓小平理论去观察当今世界、观察当代中国，不断总结实践经验，不断作出新的理论概括，不断开拓前进。

八十年的实践启示我们，必须始终紧紧依靠人民群众，诚心诚意为人民谋利益，从人民群众中汲取前进的不竭力量。始终保持同人民群众的血肉联系，是我们党战胜各种困难和风险、不断取得事业成功的根本保证。在任何时候任何情况下，与人民群众同呼吸、共命运的立场不能变，全心全意为人民服务的宗旨不能忘，坚信群众是真正英雄的历史唯物主义观点不能丢。必须始终把体现人民群众的意志和利益作为我们一切工作的出发点和归宿，始终把依靠人民群众的智慧和力量作为我们推进事业的根本工作路线。

八十年的实践还启示我们，必须始终自觉地加强和改进党的建设，不断增强党的创造力、凝聚力和战斗力，永葆党的生机和活力。办好中国的事情，关键在我们党。要结合形势的发展，紧紧围绕党的中心任务，不断加强党的建设。要善于总结经验，坚持真理，纠正错误，谦虚谨慎。要勇于正视党员、干部队伍中存在的问题，并依靠全体党员和人民群众不断加以解决。这是保持党的生机和活力的根本所在。我们必须继续围绕在新的历史条件下建设一个什么样的党和怎样建设党这个基本问题,进一步解决提高党的执政能力和领导水平、提高拒腐防变和抵御风险能力这两大历史性课题,全面推进党的建设新的伟大工程。

总结八十年的奋斗历程和基本经验,展望新世纪的艰巨任务和光明前途,我们党要继续站在时代前列,带领人民胜利前进,归结起来,就是必须始终代表中国先进生产力的发展要求,代表中国先进文化的前进方向,代表中国最广大人民的根本利益。

二、正确认识和全面贯彻“三个代表”要求

在新的世纪,继续推进现代化建设,完成祖国统一,维护世界和平与促进共同发展,是我们党肩负的重大历史任务。面对国内外形势的深刻变化,我们党要紧跟世界进步的潮流,团结和带领全国各族人民抓住机遇、迎接挑战,胜利完成这三大历史任务,必须坚定不移地贯彻落实“三个代表”要求。“三个代表”要求,是我们党的立党之本、执政之基、力量之源,也是我们在新世纪全面推进党的建设,不断推进理论创新、制度创新和科技创新,不断夺取建设有中国特色社会主义事业新胜利的根本要求。

(一)我们党要始终代表中国先进生产力的发展要求,就是党的理论、路线、纲领、方针、政策和各项工作,必须努力符

合生产力发展的规律，体现不断推动社会生产力的解放和发展的要求，尤其要体现推动先进生产力发展的要求，通过发展生产力不断提高人民群众的生活水平。

生产力是最活跃最革命的因素，是社会发展的最终决定力量。生产力和生产关系、经济基础和上层建筑的矛盾，构成社会的基本矛盾。这个基本矛盾的运动，决定着社会性质的变化和社会经济、政治、文化的发展方向。社会主义与资本主义的根本区别，就在于它们的生产关系和上层建筑是不同的。社会主义制度的建立和不断完善，为我国社会生产力的解放和发展打开了广阔的道路。无论什么样的生产关系和上层建筑，都要随着生产力的发展而发展。如果它们不能适应生产力发展的要求，而成为生产力发展和社会进步的障碍，那就必然要发生调整和变革。

敏锐地把握我国社会生产力的发展趋势和要求，坚持以经济建设为中心，通过制定和实施正确的路线方针政策，采取切实的工作步骤，不断促进先进生产力的发展。这是我们党始终站在时代前列、保持先进性的根本体现和根本要求。

我们党作为工人阶级的先锋队，建立时就是以中国先进生产力的代表走上历史舞台的。我们党领导的新民主主义革命，目的是取消帝国主义在中国的特权，消灭地主阶级和官僚资产阶级的剥削和压迫，改变买办的封建的生产关系，以及改变建立在这种经济基础之上的腐朽的政治上层建筑，确立人民民主专政为核心的新的政治上层建筑，从根本上解放被束缚的生产力。新中国成立以后，我们对农业、手工业和资本主义工商业进行社会主义改造，是为了确立社会主义生产关系，并在这种经济基础上进一步健全社会主义上层建筑，以继续解放和发展生产力。党的十一届三中全会以来，我们进行改革开放，调整和改革社会主义生产关系中不适应生产力发展要求的部分，调整和改革社会主义上层建筑中不适应经济基础的部分，也是为了进一步解放和发展生产力。二十多年来，我们大胆探索，勇于实践，不断推进经济体制改革、政治体制改革和其他方面的改革，极大地解放和发展了我国社会生产力，推动我国经济发展和社会进步发生了巨大变化。

社会主义的根本任务是发展生产力，增强社会主义国家的综合国力，使人民的生活日益改善，不断体现社会主义优于资本主义的特点。在社会主义社会的各个历史阶段，都需要根据经济社会发展的要求，适时地通过改革不断推进社会主义制度自我完善和发展，这样才能使社会主义制度充满生机和活力。全党同志必须牢固树立社会主义改革和发展的基本观点和自觉性。

人类社会的发展，就是先进生产力不断取代落后生产力的历史进程。社会主义现代化必须建立在发达生产力的基础之上。我们为实现现代化而奋斗，最根本的就是要通过改革和发展，使我国形成发达的生产力。全党同志无论在什么岗位上，都要对自己所从事的工作经常加以检查和总结，看看是不是符合先进生产力的发展要求，符合的就毫不动摇地坚持，不符合的就实事求是地纠正。这样，才能充分体现共产党人的先进性和时代精神。

人是生产力中最具有决定性的力量。包括知识分子在内的我国工人阶级，是推动我国先进生产力发展的基本力量。

我国农民阶级和其他劳动群众，同工人阶级紧密团结，是推动我国社会生产力发展的重要力量。不断提高工人、农民、知识分子和其他劳动群众以及全体人民的思想道德素质和科学文化素质，不断提高他们的劳动技能和创造才能，充分发挥他们的积极性、主动性、创造性，始终是我们党代表中国先进生产力发展要求必须履行的第一要务。

科学技术是第一生产力，而且是先进生产力的集中体现和主要标志。科学技术的突飞猛进，给世界生产力和人类经济社会的发展带来了极大的推动。未来的科技发展还将产生新的重大飞跃。我们必须敏锐地把握这个客观趋势，始终注意把发挥我国社会主义制度的优越性，同掌握、运用和发展先进的科学技术紧密地结合起来，大力推动科技进步和创新，不断用先进科技改造和提高国民经济，努力实现我国生产力发展的跨越。这是我们党代表中国先进生产力发展要求必须履行的重要职责。

我国社会主义现代化建设取得了巨大成就，但我国还处在社会主义初级阶段，人口多、底子薄，经济文化发展很不平衡，生产力不发达的情况总体上还没有改变。不断解放和发展生产力，依然是我们长期的中心任务。我们必须坚持不懈地发展先进的生产力。对于仍然存在的不适应先进生产力和时代发展要求的一些落后的生产方式，既不能脱离实际地简单化地加以排斥，也不能采取安于现状、保护落后的态度，而要立足实际，创造条件加以改造、改进和提高，通过长期努力，逐步使它们向先进适用的生产方式转变。

我们要在党的基本理论、基本路线、基本纲领指引下，继续坚持和完善公有制为主体、多种所有制经济共同发展的基本经济制度，坚持和完善社会主义市场经济体制，坚持和完善按劳分配为主体的多种分配方式，坚持和完善对外开放；坚持和完善工人阶级领导的、以工农联盟为基础的人民民主专政，坚持和完善人民代表大会制度和共产党领导的多党合作、政治协商制度以及民族区域自治制度，积极稳妥地推进政治体制改革，进一步扩大社会主义民主，依法治国，建设社会主义法治国家。通过坚持不懈的努力，不断完善社会主义的生产关系和上层建筑，不断为生产力的解放和发展打开更广阔的通途。

（二）我们党要始终代表中国先进文化的前进方向，就是党的理论、路线、纲领、方针、政策和各项工作，必须努力体现发展面向现代化、面向世界、面向未来的，民族的科学的大众的社会主义文化的要求，促进全民族思想道德素质和科学文化素质的不断提高，为我国经济发展和社会进步提供精神动力和智力支持。

社会主义社会是全面发展、全面进步的社会。社会主义现代化事业是物质文明和精神文明相辅相成、协调发展的事业。全党同志必须全面把握两个文明建设的辩证关系，在推进物质文明建设的同时，努力推进社会主义精神文明建设。在当代中国，发展先进文化，就是发展有中国特色社会主义的文化，就是建设社会主义精神文明。

牢牢把握中国先进文化的发展趋势和要求，坚持以马克思列宁主义、毛泽东思想、邓小平理论为指导，立足于建设有中国特色社会主义的实践，着眼于世界科学文化发展的前沿，不断发展健康向上、丰富多彩的，具有中国风格、中国特色的社会主义文化，满足人民群众日益增长的精神文化需求，引导广大人民群众从思想上精神上正确武装和不断提高起来。这也是我们党始终站在时代前列、保持先进性的根本体现和根本要求。

坚持什么样的文化方向，推动建设什么样的文化，是一个政党在思想上精神上的一面旗帜。八十年来，我们党高举中国先进文化的前进旗帜，努力建设和弘扬反映革命、建设和改革要求的新文化，荡涤旧社会遗留下来的和国外渗透进来的腐朽没落的旧文化，从思想上精神上极大地解放和激励了广大干部群众，在全党全国人民中形成了凝聚人心、统一意志的正确指导思想和共同理想。

发展社会主义文化的根本任务，是培养一代又一代有理想、有道德、有文化、有纪律的公民。要坚持以科学的理论武装人，以正确的舆论引导人，以高尚的精神塑造人，以优秀的作品鼓舞人。坚持和巩固马克思主义的指导地位，帮助人们树立正确的世界观、人生观、价值观，坚定对马克思主义的信仰、坚定对社会主义的信念、增强对改革开放和现代化建设的信心、增强对党和政府的信任，增强自立意识、竞争意识、效率意识、民主法制意识和开拓创新精神。坚持实施科教兴国战略，进一步普及教育，提高教育素质和全社会的教育水平；大力发展科学文化事业。加强科学知识、科学方法、科学思想、科学精神的宣传教育。唱响社会主义文化的主旋律，坚持为人民服务、为社会主义服务，实行百花齐放、百家争鸣，是发展先进文化必须贯彻的重要方针。要努力掌握和发展各种现代传播手段，积极推动先进文化的传播。

加强社会主义思想道德建设，是发展先进文化的重要内容和中心环节。必须认识到，如果只讲物质利益，只讲金钱，不讲理想，不讲道德，人们就会失去共同的奋斗目标，失去行为的正确规范。要把依法治国同以德治国结合起来，为社会保持良好的秩序和风尚营造高尚的思想道德基础。要在全社会倡导爱国主义、集体主义、社会主义思想，反对和抵制拜金主义、享乐主义、极端个人主义等腐朽思想，增强全国人民的民族自尊心、自信心、自豪感，激励他们为振兴中华而不懈奋斗。

社会主义文化在我国已经居于主导地位。但是，由于历史和现实的原因，社会上还存在一些带有迷信、愚昧、颓废、庸俗等色彩的落后文化，甚至还存在一些腐蚀人们精神世界、危害社会主义事业的腐朽文化。要通过完善政策和制度，加强教育和管理，移风易俗，努力改造落后的文化，努力防止和坚决抵制腐朽文化和各种错误思想观点对人们的侵蚀，逐步缩小和剔除它们借以滋生的土壤。

发展社会主义文化，必须继承和发扬一切优秀的文化，必须充分体现时代精神和创造精神，必须具有世界眼光，增强感召力。中华民族的优秀文化传统，党和人民从五四运动以来形成的革命文化传统，人类社会创造的一切先进文明成果，我们都要积极继承和发扬。我国几千年历史留下了丰富的文化遗产，我们应该取其精华、去其糟粕，结合时代精神加以继承和发展，做到古为今用。同时，必须结合新的实践和时代的要求，结合人民群众精神文化生活的需要，积极进行文化创新，努力繁荣先进文化，把亿万人民紧紧吸引在有中国特色社会主义文化的伟大旗帜下。

（三）我们党要始终代表中国最广大人民的根本利益，就是党的理论、路线、纲领、方针、政策和各项工作，必须坚持把人民的根本利益作为出发点和归宿，充分发挥人民群众的积极性、主动性、创造性，在社会不断发展进步的基础上，使人民群众不断获得切实的经济、政治、文化利益。

全心全意为人民服务，立党为公，执政为民，是我们党同一切剥削阶级政党的根本区别。任何时候我们都必须坚持尊重社会发展规律与尊重人民历史主体地位的一致性，坚持为崇高理想奋斗与为最广大人民谋利益的一致性，坚持完成党的各项工作与实现人民利益的一致性。

八十年来我们党进行的一切奋斗，归根到底都是为了最广大人民的利益。在革命战争年代，党号召全党同志不怕牺牲、前赴后继地为革命的胜利而英勇斗争。新中国成立后，党告诫全党同志谦虚谨慎，戒骄戒躁，永远保持艰苦奋斗的革命精神。在新的历史时期，党要求全党同志必须经得起执政和改革开放的考验，带领人民群众为实现社会主义现代化而勤奋工作。所有这些，都是为了不断实现好、维护好、发展好最广大人民的利益，始终保持党同人民群众的血肉联系。

人民群众的整体利益总是由各方面的具体利益构成的。我们所有的政策措施和工作，都应该正确反映并有利于妥善处理各种利益关系，都应认真考虑和兼顾不同阶层、不同方面群众的利益。但是，最重要的是必须首先考虑并满足最大多数人的利益要求，这始终关系党的执政的全局，关系国家经济、政治、文化发展的全局，关系全国各族人民的团结和社会安定的全局。最大多数人的利益是最紧要和最具有决定性的因素。这是马克思主义的基本观点，各级领导机关和领导干部必须充分认识和认真实践。

我们党始终坚持人民的利益高于一切。党除了最广大人民的利益，没有自己特殊的利益。党的一切工作，必须以最广大人民的根本利益为最高标准。全党同志要始终坚持一切为了群众、一切依靠群众的根本观点，坚持党的群众路线，深入群众，深入基层，倾听群众呼声，反映群众意愿，集中群众智慧，使各项决策和工作符合实际和群众要求。所有党员干部必须真正代表人民掌好权、用好权，而绝不允许以权谋私，绝不允许形成既得利益集团。在逐步实现全国人民共同富裕的过程中，党员干部必须正确处理好先富与后富、个人富裕与共同富裕的关系。所有党员领导干部，都应该先天下之忧而忧、后天下之乐而乐，吃苦在前、享受在后，首先要支持和帮助群众富起来，而不能只考虑自己如何富，更不能利用手中的权力谋取不正当的利益。各级领导干部时刻都要把人民群众的安危冷暖放在心上，关心群众疾苦，努力为群众办实事、办好事。各级领导机关和领导干部，要特别关心那些工作和生活上暂时遇到困难的群众，把他们的事情摆上重要议事日程，重点考虑，重点解决，切实安排好他们的就业和生活。只有把关心群众、服务群众的工作切实做好了，我们才能始终保持同人民群众的血肉联系，才能无往而不胜。

代表中国先进生产力的发展要求，代表中国先进文化的前进方向，代表中国最广大人民的根本利益，是统一的整体，相互联系，相互促进。发展先进的生产力，是发展先进文化、实现最广大人民根本利益的基础条件。人民群众是先进生产力和先进文化的创造主体，也是实现自身利益的根本力量。不断发展先进生产力和先进文化，归根到底都是为了满足人民群众日益增长的物质文化生活需要，不断实现最广大人民的根本利益。

“三个代表”要求，是我们党保持先进性、始终成为建设有中国特色社会主义坚强领导核心的基本要求，与坚持马克思列宁主义、毛泽东思想、邓小平理论，坚持党的工人阶级先锋队性质和全心全意为人民服务的宗旨是一致的。全党同志一定要坚持把全面落实“三个代表”要求，统一于党的建设的各个方面，统一于党领导人民进行改革开放和社会主义现代化建设的全过程。

三、按照“三个代表”要求
加强和改进党的建设

在我们这样一个多民族的发展中大国，要把十二亿多人的力量凝聚起来，向着社会主义现代化的目标前进，必须有中国共产党的坚强领导。否则，就会成为一盘散沙，四分五裂，不仅现代化实现不了，而且必然陷入混乱的深渊。这是总结近代以来中国发展的历程得出的结论，也是分析许多国家发展的经验教训得出的结论。

要坚持党的领导，必须改善党的领导。必须贯彻党的基本理论和基本路线，按照“三个代表”要求，全面深入地加强和

改进党的建设,使我们党在世界形势深刻变化的历史进程中始终走在时代前列,在应对国内外各种风险考验的历史进程中始终成为全国人民的主心骨,在建设有中国特色社会主义的历史进程中始终成为坚强的领导核心。

经过八十年的发展,我们的党员队伍,党所处的地位和环境,党所肩负的任务,都发生了重大变化。我们党已经从一个领导人民为夺取全国政权而奋斗的党,成为一个领导人民掌握着全国政权并长期执政的党;已经从一个在受到外部封锁的状态下领导国家建设的党,成为在全面改革开放条件下领导国家建设的党。新党员的数量大幅度增加,干部队伍新老交替不断进行,一大批年轻干部走上领导岗位。这给党的发展带来了新活力,也提出了新挑战。

全党同志要坚持从新的实际出发,以改革的精神研究和解决党的建设面临的重大理论和现实问题,使党始终保持先进性和纯洁性,充满创造力、凝聚力和战斗力。

(一)贯彻"三个代表"要求,我们必须坚持党的解放思想、实事求是的思想路线,大力发扬求真务实、勇于创新的精神,创造性地推进党和国家的各项工作,在实践中不断丰富和发展马克思主义。

马克思主义是我们立党立国的根本指导思想,是全国各族人民团结奋斗的共同理论基础。马克思主义的基本原理任何时候都要坚持,否则我们的事业就会因为没有正确的理论基础和思想灵魂而迷失方向,就会归于失败。这就是我们为什么必须始终坚持马克思主义基本原理的道理所在。马克思主义具有与时俱进的理论品质。如果不顾历史条件和现实情况的变化，拘泥于马克思主义经典作家在特定历史条件下、针对具体情况作出的某些个别论断和具体行动纲领，我们就会因为思想脱离实际而不能顺利前进，甚至发生失误。这就是我们为什么必须始终反对以教条主义的态度对待马克思主义理论的道理所在。我们党在历史上的一些时期曾经犯过错误，甚至遇到严重挫折，根本原因就在于当时的指导思想脱离了中国的实际。我们党能够依靠自己和人民的力量纠正错误，战胜挫折，继续胜利前进，根本原因就在于重新恢复和坚持贯彻了解放思想、实事求是的思想路线。这方面的经验教训，我们党在《关于若干历史问题的决议》和《关于建国以来党的若干历史问题的决议》中进行了系统的总结，大家必须牢牢记取。全党同志要坚持马克思主义的科学原理和科学精神，善于把握客观情况的变化，善于总结人民群众在实践中创造的新鲜经验，不断丰富和发展马克思主义理论。

马克思、恩格斯、列宁和毛泽东同志、邓小平同志，都为我们作出了理论联系实际和理论创新的光辉典范。马克思、恩格斯广泛研究前人的思想材料，批判地吸取前人的思想成果而形成超越前人的学说，为无产阶级和全人类的解放运动创建了科学的思想体系。列宁揭示了世界资本主义经济政治发展不平衡的规律，提出社会主义革命可以在一个国家或几个国家首先获得成功，并且领导十月革命取得了胜利。毛泽东同志把马克思列宁主义基本原理同中国革命具体实际相结合，创立了新民主主义革命理论，指导中国革命取得了胜利，并领导中国人民走上社会主义道路。邓小平同志总结国内外社会主义发展的经验和教训，提出建设有中国特色社会主义理论，指引我国社会主义事业进入蓬勃发展的新时期。

马克思主义的发展史充分说明：解放思想、实事求是，是引导社会前进的强大力量。社会实践是不断发展的，我们的思想认识也应不断前进，应勇于和善于根据实践的要求进行创新。要坚持实践是检验真理的唯一标准，在党的基本理论指导下，一切从实际出发，自觉地把思想认识从那些不合时宜的观念、做法和体制中解放出来，从对马克思主义的错误的和教条式的理解中解放出来，从主观主义和形而上学的桎梏中解放出来。坚持科学态度，大胆进行探索，使我们的思想和行动更加符合客观实际，更加符合社会主义初级阶段的国情和时代发展的要求。

我们党有八十年的奋斗历史，有创立和发展毛泽东思想、邓小平理论的伟大实践，有国内外发展社会主义事业正反两方面的历史经验，只要我们站在时代前列，立足于新的实践，把握住时代特点，运用马克思主义基本理论研究现实中的重大问题，不断深化对共产党执政的规律、对社会主义建设的规律、对人类社会发展的规律的认识，不断吸取一切科学的新经验、新思想、新成果，我们就能够对丰富和发展马克思主义作出新的贡献。

（二）贯彻"三个代表"要求，我们必须坚持党的工人阶级先锋队性质，始终保持党的先进性，同时要根据经济发展和社会进步的实际，不断增强党的阶级基础和扩大党的群众基础，不断提高党的社会影响力。

我国工人阶级是近代以来我国社会发展特别是社会化大生产发展的产物，具有严格的组织性、纪律性和革命的坚定性、彻底性等品格。我们党从成立之日起，就把自己定为中国工人阶级的政党，始终坚持工人阶级先锋队性质，为保持自身的先进性奠定了坚实的阶级基础。

随着改革开放和现代化建设的发展，我国工人阶级队伍不断壮大，思想道德素质和科学文化素质日益提高，工人阶级的先进性也在发展，党的阶级基础不断增强。知识分子作为工人阶级的一部分，大大增强了工人阶级的科技文化素质。由于我们实行公有制为主体、多种所有制经济共同发展的基本经济制度，发展社会主义市场经济，实行经济结构的战略性调整，一些工人群众的工作岗位发生变化。这并没有改变我国工人阶级的地位，而且从长远看有利于提高工人阶级的整体素质，发挥工人阶级的整体优势。中国工人阶级始终是推动中国先进生产力发展的基本力量。我们党必须始终坚持工人阶级先锋队性质，始终全心全意依靠工人阶级。

看一个政党是否先进，是不是工人阶级先锋队，主要应看它的理论和纲领是不是马克思主义的，是不是代表社会发展的正确方向，是不是代表最广大人民的根本利益。我们党是马克思列宁主义同中国工人运动相结合的产物。工人阶级的形成是建党的根本条件。民主革命时期，由于当时中国社会的特点，我们党的绝大多数党员来自农民和其他劳动者，也有不少来自知识分子，还有来自非劳动者阶层的革命分子。但是，我们党的理论和纲领是马克思主义的，代表了中国社会发展的正确方向；我们党高度重视在思想上建党，坚持用马克思主义理论教育和武装全体党员，不仅要求党员在组织上入党，而且要求党员首先在思想上入党，指导他们为实现党的纲领和任务而奋斗，因而保持了党的工人阶级先锋队性质。

改革开放以来，我国的社会阶层构成发生了新的变化，出现了民营科技企业的创业人员和技术人员、受聘于外资企业的管理技术人员、个体户、私营企业主、中介组织的从业人员、自由职业人员等社会阶层。而且，许多人在不同所有制、不同行业、不同地域之间流动频繁，人们的职业、身份经常变动。这种变化还会继续下去。在党的路线方针政策指引下，这些新的社会阶层中的广大人员，通过诚实劳动和工作，通过合法经营，为发展社会主义社会的生产力和其他事业作出了贡献。他们与工人、农民、知识分子、干部和解放军指战员团结在一起，他们也是有中国特色社会主义事业的建设者。

伟大而艰巨的建设有中国特色社会主义事业，需要全社会各个方面忠诚于祖国和社会主义的优秀分子，以自己的实际行动带领群众共同加以推进。能否自觉地为实现党的路线和纲领而奋斗，是否符合党员条件，是吸收新党员的主要标准。来自工人、农民、知识分子、军人、干部的党员是党的队伍最基本的组成部分和骨干力量，同时也应该把承认党的纲领和章程、自觉为党的路线和纲领而奋斗、经过长期考验、符合党员条件的社会其他方面的优秀分子吸收到党内来，并通过党这个大熔炉不断提高广大党员的思想政治觉悟，从而不断增强我们党在全社会的影响力和凝聚力。

马克思主义经典作家关于资本主义社会的劳动和劳动价值的理论，揭示了当时资本主义生产方式的运行特点和基本矛盾。现在，我们发展社会主义市场经济，与马克思主义创始人当时所面对和研究的情况有很大不同。我们应该结合新的实际，深化对社会主义社会劳动和劳动价值理论的研究和认识。实现人民的富裕幸福，是我们建设社会主义的根本目的。随着经济的发展，广大人民群众的生活水平不断提高，个人的财产也逐渐增加。在这种情况下，不能简单地把有没有财产、有多少财产当作判断人们政治上先进与落后的标准，而主要应该看他们的思想政治状况和现实表现，看他们的财产是怎么得来的以及对财产怎么支配和使用，看他们以自己的劳动对建设有中国特色社会主义事业所作的贡献。

（三）贯彻"三个代表"要求，我们必须坚持民主集中制，建立健全科学的领导体制和工作机制，充分发扬党内民主，坚决维护党的集中统一，保持并不断增强党的活力。

民主集中制是我们党的根本组织制度和领导制度。我们坚持和完善民主集中制的基本要求和目标，就是要努力在全党造成又有集中又有民主，又有纪律又有自由，又有统一意志又有个人心情舒畅、生动活泼的政治局面。

发展党内民主，充分发挥广大党员和各级党组织的积极性、主动性、创造性，是党的事业兴旺发达的重要保证。要切实保障党员的民主权利，拓宽党内民主渠道，加强党员对党内事务的了解和参与。凡属党组织工作中的重大问题都应力求组织广大党员讨论，充分听取各种意见。通过建立有效机制，保证基层党员和下级党组织的意见能及时反映到上级党组织中来。上级党组织应充分听取党员和下级党组织的意见，集思广益，不断推进决策的科学化、民主化。按照集体领导、民主集中、个别酝酿、会议决定的原则，进一步完善党委内部的议事和决策机制，发挥好党的委员会全体会议的作用，健全党委常委会的决策程序。凡属重大决策，都必须由党委集体讨论，不允许个人说了算。进一步完善集体领导下的个人分工负责制，提高工作效率。集体领导和个人负责，二者不可偏废。通过发展党内民主，积极推动人民民主的发展。

要按照总揽全局、协调各方的原则，进一步加强和完善党的领导体制，改进党的领导方式和执政方式，既保证党委的领导核心作用，又充分发挥人大、政府、政协以及人民团体和其他方面的职能作用。党委要通过科学化、规范化、制度化的机制，加强对人大、政府、政协、人民团体的领导；人大、政府、政协、人民团体的党组以及担任领导职务的党员干部，在依法进行职责范围的工作中，必须坚决贯彻党的路线方针政策和党委的决定。各级领导干部都必须坚决贯彻中央的大政方针和工作部署。

全党同志都要增强民主集中制的观念，严格执行民主集中制原则，提高贯彻民主集中制的本领，努力掌握适应新形势新任务要求的领导艺术、领导方式和领导方法，把坚持党的领导同发扬人民民主、严格依法办事、尊重客观规律有机地统一起来。制度建设更带有根本性、全局性、稳定性和长期性。要进一步完善民主集中制的各项制度，进一步完善党的领导制度和工作机制，从制度体系上保证民主集中制的正确执行。坚决抵制西方多党制和三权鼎立等政治模式的影响。坚决克服违反民主集中制原则的个人独断专行和软弱涣散现象。

由于实行改革开放和发展社会主义市场经济，我国社会经济成分、组织形式、就业方式、利益关系和分配方式日益多样化。如果我们思想上不清醒，工作中不注意，是很容易搞散的。维护党和国家的集中统一，维护中央的权威，是极端重要的。党和国家的指导思想、奋斗目标、大政方针和法律制度，以及重要工作部署等等，必须统一，各个地方、部门和单位绝不能各行其是。党的基层组织是党的全部工作和战斗力的基础，要适应新形势新任务的要求，不断加强和改进基层组织建设。

（四）贯彻“三个代表”要求，我们必须全面贯彻干部队伍革命化、年轻化、知识化、专业化的方针和德才兼备的原则，深化干部人事制度改革，努力建设一支高素质的、能够担当重任、经得起风浪考验的干部队伍。

政治路线确定之后，干部就是决定因素。培养讲政治、懂全局、善于治党治国的领导人才尤为重要。中国的社会主义事业能不能巩固和发展下去，中国能不能在激烈的国际竞争中始终强盛不衰，关键看我们能不能不断培养造就一大批高素质的领导人才。

要坚持党管干部的原则，改进干部管理方法，加快干部人事制度改革步伐，努力推进干部工作的科学化、民主化、制度化。坚持扩大干部工作中的民主，落实群众对干部选拔任用的知情权、参与权、选择权和监督权。坚持公开、平等、竞争、择优的原则，积极推行公开选拔、竞争上岗等措施，促进干部奋发工作、能上能下。加强对干部选拔任用工作的监督，完善干部考核制度和方法。坚决防止和纠正用人上的不正之风。

加强对年轻干部的培养，是保证党和国家长治久安的战略任务。年轻干部要担当起领导重任，必须努力提高马克思主义理论水平和思想修养水平，不断增强为人民服务的本领，善于从政治上正确判断形势和把握大局，善于在复杂条件下开展工作。各级党委都要支持、鼓励和安排年轻干部到艰苦环境中去，到重大斗争的第一线去经受锻炼和考验。

时代在前进，事业在发展，党和国家对各方面人才的需求必然越来越大。要抓紧做好培养、吸引和用好各方面人才的工作。进一步在全党全社会形成尊重知识、尊重人才，促进优秀人才脱颖而出的良好风气。领导干部要有识才的慧眼、用才的气魄、爱才的感情、聚才的方法，知人善任，广纳群贤。要用崇高的理想、高尚的精神引导和激励各种人才为国家为人民建功立业，同时要关心和信任他们，尽力为他们创造良好的工作条件。加快建立有利于留住人才和人尽其才的收入分配机制，从制度上保证各类人才得到与他们的劳动和贡献相适应的报酬。通过各项工作，努力开创人才辈出的局面。

（五）贯彻“三个代表”要求，我们必须坚持党要管党的原则和从严治党的方针，各级党组织必须对党员干部严格要求、严格教育、严格管理、严格监督，坚决克服党内存在的消极腐败现象。

党要管党，从严治党，是保持党的先进性和纯洁性、巩固党的执政地位的重要保证。治国必先治党，治党必须从严。要深刻认识和吸取世界上一些长期执政的共产党丧失政权的教训。党执政的时间越长，越要抓紧自身建设，越要从严要求党员、干部。

从严治党，必须全面贯彻于党的思想、政治、组织、作风建设，切实体现到对各级党组织和广大党员、干部进行教育、管理、监督的各个环节中去。各级党组织和每个党员都要严格按照党的章程和党内法规行事，严格遵守党的纪律。各级领导干部都要自重、自省、自警、自励，始终注意讲学习、讲政治、讲正气。要经常运用批评和自我批评的武器，开展积极的思想斗争，坚持真理，修正错误。各级党组织都要努力增强解决自身矛盾的能力，勇于正视和解决存在的问题，决不回避和粉饰。

党的作风，关系党的形象，关系人心向背，关系党的生命。要全面加强党的思想作风、学风、工作作风、领导作风和干部生活作风建设。要结合新的实际，努力发扬党的理论联系实际、密切联系群众、批评和自我批评的优良作风，同时要总结新的实践经验，努力培育新的作风。一切不符合党的事业发展要求、不符合人民利益的不良风气，都应坚决克服。当前，特别要注意克服不思进取、无所作为的思想状况，克服种种严重脱离群众的现象，坚决反对形式主义和官僚主义的歪风。各级干部必须时时处处重实际、求实效，创造性地开展工作，想群众之所想，急群众之所急，忠诚地为群众谋利益。

全党同志一定要从党和国家生死存亡的高度，充分认识反腐倡廉工作的重大意义，把党风廉政建设和反腐败斗争进行到底。要深刻认识反腐败工作的长期性、艰巨性和复杂性，既要树立持久作战的思想，又要抓紧当前的工作。坚持标本兼治、综合治理的方针，从思想上筑牢拒腐防变的堤防，同时通过体制创新努力铲除腐败现象滋生的土壤和条件，加大从源头上预防和解决腐败问题的力度。我们手中的权力都是人民赋予的，各级干部都是人民的公仆，必须受到人民和法律的监督。要通过加强党内监督、法律监督、群众监督，建立健全依法行使权力的制约机制和监督机制。关键要加强对领导干部的监督,保证他们正确运用手中的权力。全体党员特别是领导干部,都必须始终坚持清正廉洁、一身正气,经得起执政和改革开放的考验,经得起权力、金钱、美色的考验,绝不允许以权谋私、贪赃枉法。各级党组织和领导干部都要旗帜鲜明地反对腐败。对任何腐败行为和腐败分子,都必须一查到底,决不姑息,决不手软。党内不允许有腐败分子的藏身之地。我们一定要以党风廉政建设的实际成果取信于人民。

总之,面对我们肩负的历史重任,面对国际国内各种复杂因素的影响和各种风险的考验,我们党要始终成为中国工人阶级的先锋队,同时成为中国人民和中华民族的先锋队,成为中国先进生产力的发展要求、中国先进文化的前进方向、中国最广大人民的根本利益的忠实代表,成为建设有中国特色社会主义事业的领导核心,就必须不断加强和改进党的建设,努力把全体党员锻炼成坚定的共产党人。

四、继续为实现党的基本路线和历史任务而奋斗

我国已进入了全面建设小康社会、加快推进社会主义现代化的新的发展阶段。全党同志要居安思危,增强忧患意识,不骄不躁,继续全面推进改革开放和现代化建设,为到本世纪中叶基本实现社会主义现代化而奋发工作。

一个政党的纲领就是一面旗帜。在革命、建设和改革的各个历史阶段中,我们党既有每个阶段的基本纲领即最低纲

领，也有确定长远奋斗目标的最高纲领。我们是最低纲领与最高纲领的统一论者。

我们坚信马克思主义关于人类社会必然走向共产主义这一基本原理。共产主义只有在社会主义社会充分发展和高度发达的基础上才能实现。共产主义社会，将是物质财富极大丰富，人民精神境界极大提高，每个人自由而全面发展的社会。必须看到，实现共产主义是一个非常漫长的历史过程。过去，我们对这个问题的认识比较肤浅、简单。经过这么多年的实践，现在，我们对这个问题的认识要全面和深刻得多了。我们对社会未来发展的方向可以作出科学上的预见，但未来的事情具体如何发展，应该由未来的实践去回答。我们要坚持正确的前进方向，但不可能也不必要去对遥远的未来作具体的设想和描绘。以往的经验教训已充分说明，这样做很容易陷入不切实际的空想。大家都应该深刻认识这个道理。

全党同志既要树立共产主义的远大理想，坚定信念，以高尚的思想道德要求和鞭策自己，更要脚踏实地地为实现党在现阶段的基本纲领而不懈努力，扎扎实实地做好现阶段的每一项工作。忘记远大理想而只顾眼前，就会失去前进方向；离开现实工作而空谈远大理想，就会脱离实际。

我国现在处于并将长期处于社会主义初级阶段。社会主义初级阶段，是整个建设有中国特色社会主义的很长历史过程中的初始阶段。随着经济发展和社会全面进步，将来条件具备时，我国社会主义建设会进入更高的发展阶段。全党同志必须坚定不移地贯彻党在社会主义初级阶段的基本路线，始终以经济建设为中心，坚持四项基本原则，坚持改革开放，为实现党在现阶段的基本纲领而奋斗，不断把建设有中国特色社会主义事业向着未来推进。

全党同志和全国上下要按照建设有中国特色社会主义的经济、政治、文化的要求，努力实现“十五”时期的发展目标，坚持把发展作为主题，把结构调整作为主线，把改革开放和科技进步作为动力，把提高人民生活水平作为根本出发点，不断推动经济发展和社会进步。要始终注意处理好改革发展稳定的关系，正确认识和处理人民内部矛盾，始终保持社会的安定团结。

我们建设有中国特色社会主义的各项事业，我们进行的一切工作，既要着眼于人民现实的物质文化生活需要，同时又要着眼于促进人民素质的提高，也就是要努力促进人的全面发展。这是马克思主义关于建设社会主义新社会的本质要求。我们要在发展社会主义社会物质文明和精神文明的基础上，不断推进人的全面发展。

要尽快地使全国人民都过上殷实的小康生活，并不断向更高水平前进。坚持贯彻党的富民政策，在发展经济的基础上，努力增加城乡居民的收入，不断改善人们的吃、穿、住、行、用的条件，完善社会保障体系，改进医疗卫生条件，提高生活质量。通过一部分地区、一部分人先富起来，先富带动后富，逐步实现全体人民共同富裕。

要充分发挥人民群众的主观能动性和伟大创造精神，保证人民群众依法管理好自己的事情，实现自己的愿望和利益。继续推进政治体制改革，发展社会主义民主政治，健全社会主义法制，保证人民充分行使民主选举、民主决策、民主管理、民主监督的权利。

要努力提高全民族的思想道德素质和科学文化素质，实现人们思想和精神生活的全面发展。加强有说服力的思想政治工作，发展教育科技事业，繁荣社会主义文化，使人人都有受教育的机会和享受文化成果的充分权利，使人们的精神世界更加充实、文化生活更加丰富多彩。

要促进人和自然的协调与和谐，使人们在优美的生态环境中工作和生活。坚持实施可持续发展战略，正确处理经济发展同人口、资源、环境的关系，改善生态环境和美化生活环境，改善公共设施和社会福利设施。努力开创生产发展、生活富裕和生态良好的文明发展道路。

推进人的全面发展，同推进经济、文化的发展和改善人民物质文化生活，是互为前提和基础的。人越全面发展，社会的物质文化财富就会创造得越多，人民的生活就越能得到改善，而物质文化条件越充分，又越能推进人的全面发展。社会生产力和经济文化的发展水平是逐步提高、永无止境的历史过程，人的全面发展程度也是逐步提高、永无止境的历史过程。这两个历史过程应相互结合、相互促进地向前发展。

在新的形势下，为了保卫国家安全，维护祖国统一，我们必须在经济发展的基础上继续积极推进国防和军队的现代化，不断增强国防实力。要坚持党对军队绝对领导的根本原则，按照政治合格、军事过硬、作风优良、纪律严明、保障有力的总要求，以新时期军事战略方针为统揽，注重质量建设，实行科技强军、依法治军，努力把人民解放军建设成为一支强大的现代化、正规化的革命军队。要加强国防后备力量建设，发展国防科技工业，完善国防动员体制。要不断巩固和加强军政军民团结。

同志们、朋友们！

中国共产党从成立以来始终高举爱国主义的伟大旗帜，为实现民族振兴、国家统一进行了可歌可泣的奋斗。新中国成立后，几代中国共产党人为实现祖国的完全统一，进行了不懈的努力。我们按照“和平统一、一国两制”的方针，成功地解决了历史遗留下来的香港问题、澳门问题，正在为早日解决台湾问题、完成祖国统一大业而积极努力。台湾作为中国一部分的地位，绝不允许改变。中国共产党人维护国家主权和领土完整的立场是坚定不移的。我们有最大的诚意努力实现和平统一，但不能承诺放弃使用武力，我们完全有能力制止任何“台独”分裂图谋。结束祖国大陆同台湾分离的局面，实现祖国的完全统一，是中国共产党人义不容辞的使命。我在此呼吁：海峡两岸同胞和海外侨胞团结起来，反对分裂，为推动两岸关系发展和祖国和平统一进程而继续奋斗。完成祖国的统一大业是人心所向，是任何人任何势力也阻挡不了的历史潮流。

同志们、朋友们！

世界要和平，人民要合作，国家要发展，社会要进步，是时代的潮流。上个世纪，人类经历了两次世界大战的浩劫，也经历了冷战对峙的磨难，付出了巨大的代价。中国人民和各国人民，都不愿看到世界上任何地区再发生新的热战、冷战和动乱，都不愿看到任何国家或国家集团再推行新的霸权和强权，都不愿看到南北之间的发展差距、贫富鸿沟再扩大下去。中国人民和各国人民都渴望世界持久和平，渴望过上稳定安宁的生活，渴望建立公正合理的国际新秩序，渴望实现国际关系的民主化，渴望促进共同发展和共同繁荣，共创人类美好的未来。

和平与发展是时代的主题。世界多极化和经济全球化的趋势在曲折中发展，科技进步日新月异，综合国力竞争日趋激烈，世界的力量组合和利益分配正在发生新的深刻变化。和平与发展这两大课题至今一个都没有解决，天下仍很不太平。和平与发展是相辅相成的。世界和平是促进各国共同发展的前提条件，各国的共同发展则是保持世界和平的重要基础。和平与发展的核心问题是南北问题。如果发达国家能够本着平等、公平和互利互惠的原则，切实支持和帮助广大发展中国家发展经济文化，使之尽快摆脱贫困落后状态，世界的和平与发展问题就有了解决的重要基础。

中国共产党和中国人民始终同世界上一切爱好和平与自由的人民一道，共同促进世界和平与发展的崇高事业。在世界反法西斯的伟大斗争中，在亚非拉人民争取民族独立和解放的神圣事业中，在推动建立公正合理的国际新秩序的不懈努力中，我们都始终站在正义一边，同各国人民和世界上一切进步力量一起团结奋斗。

在新的世纪里，中国共产党和中国政府愿同全世界一切爱好和平、渴望发展、向往进步的国家和人民携起手来，争取实现一个长时期的国际和平环境，共同推进历史的车轮向着光明的目标前进。

中国对外政策的宗旨，就是维护世界和平，促进共同发展。我们坚持奉行独立自主的和平外交政策，在和平共处五项原则的基础上同世界上一切国家友好交往、平等相待、互利合作，推动人类进步事业不断前进。中国共产党将在独立自主、完全平等、互相尊重、互不干涉内部事务原则的基础上，同世界各国政党、政治组织广泛交往，加强合作，促进人民之间的友谊和国家关系的发展。

我们一贯主张，各国应遵守联合国宪章的宗旨和原则以及公认的国际关系基本准则，各国的事务应由本国政府和人民决定，世界上的事情应由各国政府和人民平等协商，反对一切形式的霸权主义和强权政治。国际社会应树立以互信、互利、平等、协作为核心的新安全观，努力营造长期稳定、安全可靠的国际和平环境。各国应加强经济技术的交流和合作，逐步改变不公正不合理的国际经济秩序，使经济全球化达到共赢和共存的目的。

世界是丰富多彩的。各国文明的多样性，是人类社会的基本特征，也是人类文明进步的动力。应尊重各国的历史文化、社会制度和发展模式，承认世界多样性的现实。世界各种文明和社会制度，应长期共存，在竞争比较中取长补短，在求同存异中共同发展。我们将继续同各国人民一道，为建设一个持久和平与普遍繁荣的世界而努力。

同志们、朋友们！

从十九世纪中叶到二十世纪中叶的一百年间，中国人民的一切奋斗，都是为了实现祖国的独立和民族的解放，彻底结束民族屈辱的历史。这个历史伟业，我们已经完成了。从二十世纪中叶到二十一世纪中叶的一百年间，中国人民的一切奋斗，则是为了实现祖国的富强、人民的富裕和民族的伟大复兴。这个历史伟业，我们党领导全国人民已经奋斗了五十年，取得了巨大进展，再经过五十年的奋斗，也必将胜利完成。

全国各族青年，代表着我们祖国和民族的未来，代表着我们事业兴旺发达的希望。社会主义现代化的宏伟事业需要你们去建设，中华民族的伟大复兴将在你们手中实现。党和人民对你们寄托着殷切的期望。希望你们热爱祖国，热爱人民，志存高远，胸怀宽广，在改革开放和现代化建设的广阔舞台上，充分发挥自己的聪明才智，展现自己的人生价值，努力创造无愧于时代和人民的业绩。

我们取得的一切成就已经载入史册。在我们的前面，还有更长的道路要走。认识真理是不断前进的过程，改造世界也是不断前进的过程。我们要始终不渝地追求真理、为真理而奋斗。在任何时候任何情况下，全党同志都绝不能固步自封，绝不能畏惧艰险，必须紧紧团结全国各族人民，把我们伟大的祖国建设成为富强民主文明的社会主义现代化国家，争取对人类作出新的更大的贡献！

伟大的祖国万岁！

伟大的中国人民万岁！

伟大的中国共产党万岁！

推动我国信息网络快速健康发展*

（二〇〇一年七月十一日）

当今世界，科技进步突飞猛进，特别是信息技术和网络技术发展迅速，对世界政治、经济、军事、科技、文化、社会等领域产生了深刻影响。这必须引起我们高度关注。党的十五届五中全会提出，要大力推进国民经济和社会信息化，以信息化带动工业化，发挥后发优势，实现社会生产力的跨越式发展。这是关系我国现代化建设全局的战略举措。

我曾经讲过，对信息网络化问题，我们的基本方针是：积极发展，加强管理，趋利避害，为我所用，努力在全球信息网络化的发展中占据主动地位。我们要抓住机遇，加快发展我国的信息技术和网络技术，并在经济、社会、科技、教育、文化、国防、法律等方面积极加以运用。同时，要高度重视信息网络化带来的严峻挑战。各地区各部门的领导干部，必须加紧学习信息网络化知识，高度重视网上斗争的问题。我们的党建工作、思想政治工作、组织工作、宣传工作、群众工作等，都应该适应信息网络化的特点。既要积极推进信息网络基础设施方面的建设，又要大力加强信息网络管理方面的建设。把这两

---

* 这是江泽民同志在中共中央举办的法制讲座上的讲话。

方面工作都搞好了，就可以迅速而又健康地推进我国的信息网络化。

近几年来，我国信息技术和信息产业的发展是很快的，其中计算机信息网络的发展尤为突出。信息网络的发展，不仅为我国经济增长提供了新的动力和支撑点，而且为群众丰富文化生活，为党和国家机关改进工作，提供了新的手段和途径。

但是，必须看到，信息网络化的发展也给我们的政府管理和社会管理提出了新的问题。比如，随着信息网络化的发展，网上一些迷信、色情、暴力和其他有害信息的传播，对人民群众尤其是青少年的身心健康造成很大危害；网络违法犯罪行为日益突出，网上诈骗等种种违法活动干扰了市场的有序运行；敌对势力利用信息网络进行意识形态渗透，散布政治谣言，企图搞乱我国安定团结的大局，搞乱人心；等等。同时，在如何保障我国信息安全方面也存在不少问题。如果对这些问题不注意、不警惕、不加紧解决，对信息网络不加强管理，势必导致严重后果。因此，我们必须进一步研究和采取切实有效的措施，在加强网络安全保障体系建设的同时，更要注意充分运用法律手段，搞好对信息网络的管理工作，以推动信息网络快速健康发展。

第一，要充分认识依法保障和促进信息网络健康发展的重要性。对信息网络安全的保障和管理工作做得好不好，关系到国家经济、政治、文化的发展，关系到国家的利益和安全。在大力推进我国国民经济和社会信息化的进程中，必须高度重视信息网络的安全问题。一方面，要积极支持，大力推进信息网络化；另一方面，要加强规范，依法管理，保障和促进我国信息技术和信息网络健康有序发展。

第二，要加强和完善信息网络立法。我们在信息网络立法方面已做了不少工作，制定了一些法规和规章，但总体上讲，还不能满足依法促进发展和加强管理的需要。要进一步加强这方面的工作，不仅要制定禁止性、管理性的法律规范，而且要制定促进信息技术和信息产业健康发展的法律法规，还要有促进信息网络从业单位行业自律的规定。要建立和完善信息网络安全保障体系的法规以及有效防止有害信息通过网络传播的管理机制，制定通过信息网络实现政务公开和拓宽公民参政议政渠道的法律规范，形成通过信息网络引导和鼓励全社会弘扬中华优秀文化的有效机制，等等。

第三，要加强信息网络方面的执法和司法。随着信息网络化的发展，信息领域的执法和司法任务会越来越重。要努力完善这方面的行政执法体制，健全执法机构，明确职责，做到依法决策、依法行政、依法管理。要加强信息网络领域的司法工作，通过司法手段保护公民的合法权益，保障国家政治和经济安全，保障和促进信息网络健康有序发展。

第四，要积极参与国际信息网络方面规则的制定。信息网络是国际化的，不仅需要通过国内法律进行规范，还需要通过国际性规则予以调整。我们要在相应国际组织中积极参与制订有关信息网络的国际条约。同时，要加强国际交流和合作，共同打击和防范破坏信息和网络安全的黑客行为、网上诈骗以及其他跨国网络犯罪活动。

第五，要加强信息网络管理人才的培养。无论是信息技术和信息产业的发展，还是对信息网络的管理，说到底要有人才。信息网络管理是一个新的领域，没有一大批政治素质高，业务能力强，具有信息网络知识、法律知识和管理能力的复合型人才，工作是很难做好的。一定要把这方面人才的培养工作摆上战略位置，采取多方面措施加紧推进。

共创中俄关系的美好未来*

（二〇〇一年七月十七日）

在新世纪的开端之年，我应普京总统的邀请，再次对友好邻邦俄罗斯进行国事访问。今天，有机会在举世闻名的国立莫斯科罗蒙诺索夫大学与大家见面，我感到十分高兴。

我多次到过俄罗斯，上个世纪五十年代中期曾在这里学习和工作，对俄罗斯人民在悠久历史中创造的灿烂文化有着浓厚的兴趣，对俄罗斯人民抱有尊敬和友好的感情。我每次来访，都有宾至如归之感，都能体会到俄罗斯人民对中国人民的深情厚谊。我也总是带来了十几亿中国人民对俄罗斯人民的真挚情谊和良好祝愿。

昨天，我同普京总统进行了很好的会谈，就我们共同关心的一系列重大问题深入交换了意见。我们共同完成了一项对两国关系发展至关重要的工作，那就是正式签署了《中俄睦邻友好合作条约》。这是中俄关系发展史上具有里程碑意义的大事。

《中俄睦邻友好合作条约》，总结了发展中俄关系最主要的方针和原则，核心的思想就是：在不结盟、不对抗、不针对第

---

* 这是江泽民同志访问俄罗斯期间在莫斯科罗蒙诺索夫大学的演讲。

三国的基础上，发展两国的长期睦邻友好和互利合作，将两国世代友好、永不为敌的和平思想和永做好邻居、好朋友、好伙伴的坚定意愿，以法律的形式确定下来。这是指导两国关系长期健康稳定发展的纲领性文件。我相信，在这个条约指引下，新世纪的中俄关系必将达到新的更高的水平。

中俄两个民族都是伟大的民族，有着深厚的传统友谊。这是两国关系的根基所在，应该倍加珍惜。对于俄罗斯人民在中国人民抵抗侵略和从事建设的过程中给予的有力支援和帮助，中国人民永远不会忘记。

毋庸讳言，在上个世纪中，由于历史的原因，我们两国既有过结盟的关系，也有过对抗的矛盾，经历过一段曲折。我们高兴地看到，冷战结束后，中俄两国领导人根据国际局势的发展变化，从各自国家建设的战略需要和致力于世界和平与发展的共同愿望出发，决定在互相尊重主权和领土完整、互不侵犯、互不干涉内政、平等互利、和平共处五项原则的基础上，建立不结盟、不对抗、不针对第三国的新型国家关系。

在上述方针和原则指导下，中俄关系取得了重大进展。两国确立了战略协作伙伴关系，在各个领域加强互利合作，取得了丰硕成果。双方建立了国家元首和政府首脑定期会晤机制，各层次的交流和人员往来频繁；在维护各自国家主权、独立和领土完整方面相互支持；基本解决了两国间历史遗留的边界问题；经贸等领域的交流合作不断扩大。中俄在促进世界多极化、维护全球和平与稳定方面进行了卓有成效的战略协作。我们两国与中亚四国共同创建的上海合作组织，是维护地区和平与安全，促进建立新型安全观、新型国家关系和新型区域合作模式的成功典范。我对中俄关系的顺利发展深感欣慰。

中国有句古话："以铜为镜，可以正衣冠；以古为镜，可以知兴替；以人为镜，可以明得失。"[1] 回顾中俄关系的发展历史，可以得出一个明确的结论：对于中俄这样两个相邻的大国，旧式的那种结盟或相互对抗，都不利于甚至会严重损害两国关系的长期稳定发展。只有在和平共处五项原则的基础上，建立和发展不结盟、不对抗、不针对第三国、完全平等、互利合作、睦邻友好的新型国家关系，才是最佳的选择。这种新型国家关系，顺应时代潮流，符合两国利益，体现了两国人民的共同意愿，因而具有强大生命力。

六十年前，在第二次世界大战的浓浓硝烟中，在这片神圣的土地上发生了伟大的卫国战争。英勇顽强的苏联人民浴血奋战，付出巨大牺牲，打败了极其凶恶的法西斯侵略者，赢得了卫国战争的胜利。苏联人民同世界所有爱好和平的人民一起，为世界反法西斯斗争的历史性胜利作出了不可磨灭的贡献。

在上个世纪里，人类创造了前所未有的物质文明和精神文明成果，但也经历了惨烈热战和长期冷战的磨难。正反两方面的历史经验昭示我们：和平来之不易，世界各国都应该走和平发展的道路；侵略扩张导致灾难，和平发展才能带来繁荣；不同社会制度和意识形态的国家应该求同存异、和平相处，共同应对人类生存和发展面临的挑战，共同推进世界和平与发展的崇高事业。

人类已经迈入二十一世纪。新世纪将是一个世界普遍和平、各国共同发展的世纪，还是一个战火冲突不断、贫富差距扩大的世纪？这是世界各国人民和有远见有责任感的政治家们都应该认真思考的一个重大问题。人类社会发展的决定权，掌握在世界各国人民手中。

世界要和平，人民要合作，国家要发展，社会要进步，是我们这个时代的潮流。国际局势总体上继续趋向缓和，世界多极化和经济全球化的趋势在曲折中发展，科学技术进步日新月异。今天，人类拥有的物质精神财富比过去任何时代都要雄厚，人民对安宁幸福生活的渴望比任何时候都要强烈。这为世界向着光明的目标前进提供了重要条件和根本动力。中俄两国人民和世界各国人民都应该携起手来，共同推动世界和平与发展的航船乘风破浪地驶向前方。

必须清醒地看到，人类和平与发展的事业仍然面临着严峻挑战。国际关系民主化的目标远未实现，不公正不合理的国际政治经济旧秩序还没有根本改变，南北的发展和贫富差距仍在扩大，因民族、宗教等问题引起的冲突接连不断。实现世界持久和平和普遍繁荣，还需要各国人民继续不懈地奋斗。

历史和现实都表明：和平不能依靠武力来实现，更不能依靠军事同盟来维持。打破国际战略平衡，发展尖端武器系统，只会引发军备竞赛，危害世界和平。强化和扩大军事同盟，只会制造更多不稳定因素，损害国际安全。任何国家都不能把自己的安全建立在损害他国安全利益的基础之上。摒弃冷战思维，破除唯武器论，各国各地区树立并贯彻以互信、互利、平等、协作为核心的新安全观，才能确保世界的和平、稳定、繁荣。

和平与发展是相辅相成的。世界和平,是促进各国共同发展的前提条件;各国共同发展,则是保持世界和平的重要基础。发达国家应切实支持和帮助广大发展中国家发展经济文化,使之摆脱贫困落后状态。发展中国家要抓住机遇,趋利避害,努力发展经济文化。只有这样,各国共同发展和普遍繁荣才能更快地实现。

中华人民共和国成立五十多年来特别是改革开放二十多年来,在中国共产党领导下,中国人民在自己选择的发展道路上不断前进,中国的经济实力、国防实力、科技实力大大提高,人民生活显著改善。这些伟大成就,极大地增强了中国人民的民族自豪感和自信心。

中国已进入了全面建设小康社会、加快推进社会主义现代化的新的发展阶段。中国各族人民正在满怀信心地推进建设有中国特色社会主义伟大事业。中国共产党人正在按照始终代表中国先进生产力的发展要求、代表中国先进文化的前进方向、代表中国最广大人民的根本利益的要求而奋发工作。我们制定了今后五年国民经济和社会发展计划,将坚持把发展作为主题,把结构调整作为主线,把改革开放和科技进步作为动力,把提高人民生活水平作为根本出发点,继续推进改革开放和现代化建设。我们的目标是,到本世纪中叶,基本实现现代化,建成富强民主文明的社会主义现代化国家,实现中华民族的伟大复兴。

为了实现这个宏伟目标,中国需要一个长期和平稳定的周边环境和国际环境。中国政府将始终不渝地奉行独立自主的和平外交政策。加强同包括俄罗斯在内的周边国家的睦邻友好，是中国外交政策的一个重要方面。中国的安全和建设，需要周边国家的合作和支持。中国的发展和稳定，也必将有利于亚太地区和世界的和平与进步。维护和促进地区的安全和繁荣，符合亚太地区各国的利益，也符合中国的利益。中国将始终同一切爱好和平的国家团结在一起，始终做维护和平的坚定力量。中国坚决反对一切形式的霸权主义，中国不搞扩张，也绝不搞任何形式的霸权主义。中国的这一原则立场早已公诸于世，并将始终不渝地恪守。

我们高兴地看到，在普京总统领导下，俄罗斯人民致力于促进国家的政治稳定、经济复苏和社会和谐，取得了显著成绩。我们衷心祝愿俄罗斯早日实现国家复兴。一个繁荣强大的俄罗斯符合中国的利益，也有利于亚太和世界的和平与稳定。

中俄两国世代友好，是我们两国人民的共同意愿。推动双方各个领域的友好合作取得更加丰硕的成果，是我们两国领导人和两国人民的共同使命。这里，我愿就新世纪中俄关系的发展提出几条建议，供朋友们参考。

第一，增进政治互信，巩固中俄睦邻友好的基石。中华民族自古就提倡做人要“言必信，行必果”〔2〕，国与国交往同样应该这样做。中俄建立牢固的相互信任关系，是两国睦邻友好的基石。我们签署《中俄睦邻友好合作条约》，目的就是要增进相互信任。这个条约面向下一代，面向新世纪，为中俄关系的长远发展奠定了政治基础。坚定不移地履行这一“世纪条约”，中俄关系就一定会成为睦邻友好的典范。

平等相待、相互尊重，是建立彼此信任的前提。无论国际风云如何变幻，中俄两国都应该始终坚持平等相待、相互尊重、睦邻友好。中国将一如既往地支持俄罗斯振兴本国经济、维护自身权益的努力，绝不做损害俄罗斯利益的事情。我们相信，中国在推进现代化建设和完成祖国统一大业的进程中，也将继续得到俄罗斯的坚定支持。

第二，扩大互利合作，增强中俄共同发展的动力。在双方共同努力下，我们两国在经贸、科技等领域的合作进展顺利，为中俄战略协作伙伴关系奠定了良好基础。两国应该进一步发挥地理相邻和经济互补的优势，在互惠互利的基础上扩大经贸、科技、能源、运输、航天和信息技术等领域的合作，把两国合作潜力充分发挥出来。

实现中俄互利合作的稳定健康发展，不仅需要两国领导人和政府大力推动，也需要两国人民广泛支持，各有关部门、地方和企业积极参与。双方应该适应市场需要，努力拓展合作的新领域和新形式，进一步提高合作效率。中国正在进行的西部大开发，提供了众多商机。我们欢迎俄罗斯经济界人士积极参与中国西部的开发建设。我相信，经过双方继续努力，中俄互利合作一定能够不断取得新的成果。

第三，加强文明交流，增进中俄人民友谊。中俄两国都具有悠久的历史和灿烂的文化，都为人类文明进步作出了巨大贡献。两国文明的交流源远流长。普希金〔3〕、列夫·托尔斯泰〔4〕、柴可夫斯基〔5〕等人的作品为许多中国人所熟悉。老子、孔子等中国古代思想家的著作也为俄罗斯人民所重视。近年来，俄罗斯知名的芭蕾舞团、交响乐团等文艺团体多次访华演出，向中国观众展示了俄罗斯艺术的魅力。前不久，中国艺术家在莫斯科举办了“北京文化周”活动，向俄罗斯民众展现了中华文明的绚丽。这些文化交流，增进了两国人民的了解，促进了两国关系的发展。

世界是丰富多彩的。各国文明的多样性，是人类社会的基本特征，也是人类文明进步的动力。世界各种文明和社会制度，应该长期共存，在竞争比较中取长补短，在求同存异中共同发展。我们应该进一步拓宽中俄两国文化交流的渠道，使俄罗斯文明和中华文明相互借鉴、相互促进，让中俄友好之树更加枝繁叶茂。

第四，深化中俄战略协作，共同致力于世界的和平与发展。中俄作为在国际上具有重要影响的大国和联合国安理会常任理事国，肩负着维护世界和平与稳定的重大使命。近年来，我们两国在维护联合国安理会权威、维持全球战略平衡和稳定、推进国际关系民主化以及解决地区热点等重大问题上，进行了富有成效的合作。今后，我们两国应该进一步加强在国际事务中的磋商、对话和协调，为建设一个和平、发展、民主、繁荣的新世界而共同努力。

我高兴地看到，今天在座的有许多曾经与中国人民并肩战斗和工作过的老朋友。你们为中俄关系的发展作出了积极贡献。更令我高兴的是，今天在座的还有许多年轻人。青年代表着希望，代表着未来。看到你们积极关心两国关系的发展，我甚感欣慰。中俄世代友好，要从一代代年轻人做起。我希望，中俄两国青年加强交流、增进友谊，接过两国友好事业的接力棒，沿着中俄友好合作的道路坚定不移地前进。

我深信，在充满希望的新的世纪里，中俄战略协作伙伴关系，必将焕发出更加旺盛的生命力，必将更好地造福于两国人民，必将有利于推进世界和平与发展的崇高事业！

注 释

〔1〕这是唐代吴兢《贞观政要》卷二《任贤》中记载的唐太宗李世民的话。

〔2〕见《论语·子路》。

〔3〕普希金，即亚历山大·谢尔盖耶维奇·普希金（一七九九——一八三七），俄国诗人、作家。主要作品有诗歌《自由颂》、《寄西伯利亚囚徒》，诗体小说《叶甫盖尼·奥涅金》，长篇小说《上尉的女儿》等。

〔4〕列夫·托尔斯泰，即列夫·尼古拉耶维奇·托尔斯泰（一八二八——一九一〇），俄国作家。主要著作有长篇小说《战争与和平》、《安娜·卡列尼娜》、《复活》和论著《艺术论》等。

〔5〕柴可夫斯基，即彼得·伊里奇·柴可夫斯基（一八四〇——一八九三），俄国作曲家。主要作品有交响曲《悲怆》、歌剧《黑桃皇后》、舞剧《天鹅湖》等。

同周边国家发展睦邻友好关系*

（二〇〇一年八月六日）

我国周边国家众多，是世界上邻国数目最多的国家，除接壤的邻国外，还有不接壤的邻国[1]。这些国家的人口，超过世界人口的三分之一。目前，我国周边安全环境处于新中国成立以来较好的时期。

在新世纪，加强睦邻友好关系，进一步稳定周边，具有重大的现实意义和深远的历史意义。周边国家是我国重要的战略依托。做好周边工作，是推进社会主义现代化建设、实现中华民族伟大复兴的需要，是扩大对外开放的需要，是确保边陲安宁、维护国内稳定的需要，是完成祖国统一大业的需要，是外交斗争全局的需要。

做好新世纪的周边工作具有许多有利条件。我国周边的发展中国家同我们有着共同的历史遭遇，现在又都面临着发展经济的任务。在争取国家独立、民族解放的运动中，亚洲国家独立得比较早，先后出现一批经济发展比较快的国家。在发展中国家中，他们是有分量的一块。这些国家在许多重大国际问题上，同我们的立场比较接近，共同语言很多。我国长

* 这是江泽民同志在周边安全问题座谈会上讲话的一部分。

期实行睦邻友好政策，受到周边国家普遍欢迎。中华文明在周边一些国家有相当大的影响，同这些国家比较容易沟通。我国在地理上处于亚洲中部，开展多层次的区域、次区域合作具有很大的地缘优势。我国在周边地区的分量和影响日益增大，地区的和平与稳定，经济的发展和繁荣，区域合作的巩固和深化，都离不开中国。总之，进一步发展我国同周边国家的关系有着坚实基础。经过努力，周边工作完全能够做得更好。

当然，周边工作也有其复杂、特殊的一面。亚洲地区有殖民时期遗留下来的祸根，有民族、宗教纷争的背景，有经济社会发展水平的差异，有领土、领海和海洋权益争端，存在着外部势力从中操纵利用的图谋，突发事件时有发生。可以说，周边形势错综复杂。我们要继续坚持既定的战略策略方针，增强做好周边工作的紧迫感和针对性，进一步明确指导思想。

第一，要坚持睦邻友好。睦邻友好是我国独立自主的和平外交政策的重要组成部分，也是中华民族的优秀传统。我们的先人早就认识到处理好邻国关系的重要性。春秋时期的《左传》中提出："亲仁善邻，国之宝也。"〔2〕管仲〔3〕主张："远者来而近者亲"，"远者以礼，近者以体"。同邻国的关系搞好了，对国家的利益极大。我国与周边一些大国有十分复杂的利害关系。他们对我国的安全并不构成现实威胁，总体上共同利益大于分歧。对他们，要从大局出发，坚持原则，加强交流，求同存异，增加信任，发展合作，努力寻求和扩大共同利益的汇合点。国家不论大小、强弱、贫富，都有自己的民族尊严。而且，往往是国家越小，民族自尊心越强。对中小国家，要平等相待，不能居高临下、颐指气使，不能嫌贫爱富，绝不能搞任何形式的大国沙文主义。朋友可以选择，邻国却不能选择。处理同邻国的关系一定要从长远考虑，不能为眼前利益而损害长远利益、根本利益。我国是一个大国，周边一些小国对我们有疑惧是难免的。我们要树立和平发展、友好合作的形象，耐心细致地多做消疑释虑的工作，用自己的模范言行增加信任，使得他们逐步认识到所谓“中国威胁”是根本不存在的。我们强调睦邻友好，并不意味着放弃原则、不讲斗争，更不意味着可以牺牲自己的主权和权益。对于损害我们国家利益的行径，要坚持原则，进行有理、有利、有节的斗争。同时，要策略灵活，缩小打击面，努力做到不伤害别国人民的民族感情，维护睦邻友好。

第二，要坚持和平共处五项原则。早在上个世纪五十年代，我国与印度、缅甸共同倡导了互相尊重主权和领土完整、互不侵犯、互不干涉内政、平等互利、和平共处五项原则〔4〕，得到国际社会普遍赞同，已经成为处理国家关系的基本准则。我国周边地区多样性的特点十分突出，有社会主义国家，有资本主义国家，有民族主义国家，还有君主制国家。周边国家民族众多，历史文化传统、宗教信仰、经济发展模式和水平很不相同。我们要从国家利益出发去考虑和处理国家关系，求同存异，长期共存。不要计较社会制度和意识形态的异同，尊重别国的国情，尊重别国人民所作的自主选择，尊重他们的正当权益。我们不强加于人，不干涉别国内政，更不谋求自己的势力范围。

第三，要坚持和平解决争端，妥善处理同周边少数国家间存在的历史遗留问题。我们要坚持互谅互让、公平合理、友好协商的方针，通过平等对话和谈判，力争和平解决。能够解决的，要抓住机遇，因势利导，争取早日解决。一时谈不拢的，可以暂时放一放，不要影响国家关系正常发展的大局。在南海争议等问题上，要坚持主权属我、搁置争议、共同开发。特别要使搁置争议、共同开发的精神深入人心，积极研究共同开发的切实可行的具体方案。对于邻国之间的矛盾、纠纷甚至冲突，有的可适当超脱，有的要积极劝和，支持一切谋求政治解决问题的努力，既反对外来势力插手干涉，维护地区的和平与稳定，同时也反对任何地区霸权主义和狭隘的民族主义。

第四，要坚持政经结合，深化同周边国家的关系。政治关系和经济关系密不可分。政治关系为经济关系提供良好的环境，经济关系则为政治关系奠定坚实的基础。发展经济是周边国家现阶段的主要任务。经济因素日益成为推动国家关系发展的重要动力，经贸关系在国家关系中的分量增大。我国周边国家，幅员三千二百五十多万平方公里，国民生产总值约六万七千亿美元，有巨大的发展潜力。我们要在平等互利的基础上，积极开展同周边国家的经济、贸易和技术合作，推动国家关系全面发展。要认真研究并摸清我国与周边国家经济的互补性，积极探索开展经贸合作的新途径。发展经贸合作要讲求经济效益，但更要着眼于全局和长远，不能急功近利，更不能损人利己、唯利是图。对一些特别友好的“全天候”朋友，不要期望从他们那里赚多少钱，有时甚至要舍得付出，继续提供力所能及的援助，多搞一些投资少、周期短、效益好的项目，包括技改项目，搞好人员培训。要积极开展资源开发合作，建立战略性资源供应基地。要积极推进中国、印度、缅甸、孟加拉国四国合作，探讨参与印支及南亚的区域或次区域合作机制。通过支持周边国家的经济发展，进一步巩固我国与这些国家的政治关系。

第五，要充分调动我国丰富的外交资源，多渠道、多层次、多领域地开展对周边国家的工作。周边一些国家的政治体制正在酝酿新的变化，政党的作用进一步增大。要适应新形势，根据党际关系四项原则[5]积极开展同周边国家的政党往来。继续发挥人大、政协、军队对外交往的作用。利用好政治、经济、文化、科技、教育、体育等资源，增进与周边国家的交流。民间外交与官方外交有很强的互补性。要着眼于人民，坚持官民并举，以官带民，以民促官。努力将各种外交资源有机结合起来，统筹使用，形成合力。通过加强往来，增进了解，加深友谊，争取理解、同情和支持，全面推动国家关系发展。

第六，要把双边与多边外交密切结合起来，推动建立和平稳定、公正合理的国际政治经济新秩序。随着世界多极化和经济全球化的趋势深入发展，地区政治、经济、金融、安全合作日趋活跃，多边外交的作用日益突出。多边外交和双边外交互有优长，互为补充，相得益彰。要把两者的优势充分发挥出来。要以促进经济共同发展为目标，按照由易及难、循序渐进的原则，积极参与和推动区域经济合作。继续推进安全对话和磋商，倡导以互信、互利、平等、协作为核心的新安全观。加强同周边国家的合作，打击恐怖主义、分裂主义和极端主义这三股恶势力，解决好其他共同面临的跨国问题。要积极向周边国家宣传我国关于建立国际新秩序的主张，争取首先在周边国家中取得共识，共同推动建立国际政治经济新秩序。

这里，我想强调一点。美国位于西半球，虽然不是我们的邻国，但它是影响我国周边安全环境的关键因素。争取中美关系相对稳定并有所改善和发展，符合我国的根本利益。对美国，我们还是要坚持以两手对两手。在有共同点的问题上，要争取扩大同美国的合作；在涉及我国主权和安全的问题上，特别是在台湾问题上，要进行坚决斗争。

注　释

〔1〕不接壤的邻国，这里指与中国隔海相望的国家和无陆地边界、海上疆界的邻近国家。

〔2〕见《左传·隐公六年》。

〔3〕管仲（？——前六四五），春秋颍上（颍水之滨）人。春秋初期齐国政治家。《管子》一书为西汉刘向编定，其中一些内容为战国时稷下学者托名管仲所作。本文两句引语分别见《管子·形势解》、《管子·枢言》。

〔4〕一九五三年十二月至一九五四年四月，中国政府代表团和印度政府代表团在北京就两国在中国西藏地方的关系问题举行谈判。一九五三年十二月三十一日，即谈判的第一天，中国总理周恩来接见印度政府代表团，提出了和平共处五项原则。后这五项原则正式写入双方达成的《中印关于中国西藏地方和印度之间的通商和交通协定》的序言中。一九五四年六月，周恩来在访问印度、缅甸期间，先后于六月二十八日和二十九日同印度总理尼赫鲁、缅甸总理吴努发表联合声明，正式倡议将和平共处五项原则作为处理国与国关系的基本准则。

〔5〕党际关系四项原则，指中国共产党在同各国政党发展党际交流和合作关系中遵循的独立自主、完全平等、互相尊重、互不干涉内部事务的原则。

人才资源是第一资源*

（二〇〇一年八月七日）

人才问题，关系党和国家的兴旺发达和长治久安。我对这个问题十分关注，思考得很多。这里，我想强调以下几点。

一是要更新人才工作的思想观念。做好人才工作，首先要确立人才资源是第一资源的思想，克服见物不见人和重使用轻培养的倾向。要树立全面的人才观，克服人才单位、部门所有的狭隘观念。要广纳贤才、知人善任，既重视有所成就的人才，也关注具有潜能的人才；既重视国内人才，也积极吸引海外人才；既重视国有企事业单位的人才，也要把民营科技企业的专门人才和受聘于外资企业的专门人才纳入视野。人才培养使用要讲投入产出，讲效益。对人才培养的投入，是收益最大的投入。人才资源的浪费，是最大的浪费。要按照全面发展的要求，提高人才自身的思想道德素养和科学文化素质，充分发挥人才的主观能动性和创造精神。

二是要探索更加灵活的人才工作思路。要适应当今人才竞争具有国际化趋势的特点，借鉴国外人才资源开发的有益

---

* 这是江泽民同志在北戴河同国防科技专家和社会科学专家座谈时讲话的一部分。

经验,拓宽工作渠道,创新工作手段,扩大工作覆盖面,形成更为灵活的人才管理体制。要落实用人单位的自主权,增强企业科技创新和吸纳人才的主体地位。发挥高校、科研机构在知识创新和人才培养方面的作用。加强人才中介机构和科技服务组织在人才开发中的作用。要形成开放、灵活的人才市场配置机制,打破单位、部门壁垒,鼓励人才合理流动,培育并形成与其他要素市场相贯通的人才市场,建立人才结构调整与经济结构调整相协调的动态机制。在发挥市场配置人才资源基础性作用的同时,加强党和政府的宏观调控。要创新工作方式,改变小生产、作坊式的管理方法,运用现代化的管理手段,加速人才工作信息化。

三是要营造符合人才成长特点的环境。尊重知识、尊重人才,是党的知识分子政策的核心。创造宽松和谐的环境,有利于创新人才的涌现。应该针对专业技术人才的成长和工作特点,努力营造一种尊重特点、鼓励创新、信任理解的良好环境。制定有关政策规定,开展思想政治工作,既要考虑大多数、普遍性的要求,也要考虑重点领域、特殊部门对创新人才成长的要求。要倡导生动、活泼、民主、团结的学术氛围。科学探索是认识真理的实践过程,出现曲折、失误甚至失败是难免的。从马克思主义认识论的角度看,成功的探索可以取得接近真理的认识,失败的探索可以成为接近真理的过程。忽视科技发展的规律,急于求成、急功近利的短期行为,不利于科技创新和人才成长。形成鼓励探索、鼓励创新的良好环境,减少人才探索、创新的后顾之忧,是成功创新的重要条件。信任是人才发挥作用、激发创新能力的重要条件。信任是最大的尊重和爱护。大家都要关心、爱护、理解、信赖人才，激励他们充分发挥聪明才智。

四是要进一步做好党的知识分子工作。党的知识分子工作的重点，是建设适应党和人民事业的发展需要、高素质的各方面专业技术人才队伍。各级党委要充分认识知识分子工作的重要性，经常加以研究，适时制定具有指导性的政策措施。党政主要负责同志要亲自抓知识分子工作，真正交几位知心的专家朋友，认真听取他们的意见和建议。中央组织部和各级党委组织部门，要在党中央和各级党委统一领导下，在知识分子工作中发挥作用，使党的组织部门成为知识分子之家。党政有关部门要各司其职、密切配合，建立统分结合、协调高效的合作机制，充分调动各方面的积极性，把力量凝聚起来，把优势集成起来，把政策协调起来，形成合力，切实做好工作。

中央相信，广大知识分子一定能认清肩负的历史使命，不辜负党和人民的期望，把自己的命运与人民的命运、个人的抱负与人民的事业紧密结合起来，在建设有中国特色社会主义的伟大进程中创造出无愧于时代的业绩！

党的作风是党的形象*

（二〇〇一年八月二十一日）

我们进行改革开放，发展社会主义市场经济，使我国社会主义增加了新的活力，也使党的建设增加了新的活力。由于改革开放和发展社会主义市场经济是一场深刻变革，我们在思想、组织、作风、制度等方面不可能一下子都适应变革的要求。因此，党必须从各个方面抓紧自身建设，增强适应能力，提高领导水平，始终成为领导改革和建设的核心力量。

在当前形势下，抓党的建设，首先要坚持全面贯彻党的基本路线，以经济建设为中心，坚持四项基本原则，坚持改革开放。要注意抓住两条，一是要鼓励和支持广大党员、干部在改革进程中勇于思考、勇于探索、勇于实践、勇于创新；二是要结合新的实际大力发扬党的优良传统和作风，对广大党员、干部严格要求、严格教育、严格管理、严格监督。坚持开拓创新和发扬优良传统，这两个方面是相辅相成的，都是关系党的前途命运的大事。只有把这两个方面有机结合和统一起来，党的建设才能不断适应新形势新任务的要求，全党才能始终保持高度的团结统一，并充满创造力、凝聚力、战斗力。

---

* 这是江泽民同志在山西省考察工作时讲话的一部分。

党的作风是党的形象，是党的性质、宗旨、纲领、路线的重要体现，是党的创造力、凝聚力、战斗力的重要内容。我们党是以全心全意为人民服务为宗旨的马克思主义政党，是一个领导着有十二亿多人口的发展中大国的大党，是一个带领人民建设有中国特色社会主义的执政党，党的作风状况关系党的生死存亡，关系国家的前途命运。

党的基本理论、基本路线、基本纲领和方针政策是深得民心的，广大干部群众是衷心拥护的。党的作风总的是好的，但也存在不适应改革和建设的新形势、不符合人民群众意愿的突出问题。这些问题虽然发生在少数人身上，但对其消极影响不可低估。群众对此反映强烈。我们必须集中力量抓一抓党的作风建设。

当前，党风方面存在的种种问题，是有深刻的思想根源和社会根源的。我们党长期执政，使党内一些人产生了贪图安乐、不思进取的思想。改革开放和发展社会主义市场经济带来了新的环境，物质诱惑的因素增多了。西方资产阶级的腐朽思想文化和我国历史遗留下来的封建残余思想侵蚀着一些同志的精神世界和我们党的肌体。我国正处在社会主义改革时期，很多方面的制度、体制、规范还不健全、不完善。有的地方和部门对思想政治建设抓得不紧，一些党员、干部的世界观、人生观、价值观问题没有解决，经受不住权力、金钱、美色的考验。

这些因素不仅现在存在，今后还会存在。抓党的作风建设，是一项经常、长期、艰巨的任务。对这一点，必须有足够的思想准备。越是改革开放，越是发展社会主义市场经济，越要大力加强和改进党的作风建设。

我刚到中央工作时，邓小平同志就语重心长地告诫我们，这个党该抓了，不抓不行了[1]，就是要我们抓紧解决党内存在的突出问题。中央要求领导干部要有忧患意识，要忧党忧国忧民。首先要忧党。如果不这样认识和提出问题，如果听任各种不正之风侵蚀党的肌体、恶化党群关系和干群关系，那就难免出现杜牧[2]所说的“亦使后人而复哀后人也”的局面。

党的作风建设，与党的思想建设、组织建设等是相互联系、相互促进的。抓住作风建设，就抓住了新形势下全面推进党的建设的一个十分重要的环节，抓住了提高党的领导水平和执政水平、提高拒腐防变和抵御风险能力的一个十分重要的切入点。

干任何事情都要抓住重点。重点问题处理好了，局面就会为之改观。抓党的作风建设，必须抓住当前思想作风、学风、工作作风、领导作风和干部生活作风等方面存在的突出问题开展工作。通过持之以恒的努力，使全体党员特别是领导干部都能做到：坚持解放思想、实事求是，反对因循守旧、不思进取；坚持理论联系实际，反对照抄照搬、本本主义；坚持密切联系群众，反对形式主义、官僚主义；坚持民主集中制原则，反对独断专行、软弱涣散；坚持党的纪律，反对自由主义；坚持清正廉洁，反对以权谋私；坚持艰苦奋斗，反对享乐主义；坚持任人唯贤，反对用人上的不正之风。这“八个坚持、八个反对”都很重要，我这里着重讲三个方面的问题。

一、关于解放思想问题。

加强和改进党的作风建设，必须把思想作风建设摆在第一位。关键是全党同志要始终坚持解放思想、实事求是的思想路线。解放思想、实事求是，是马克思主义活的灵魂，也是我们认识新事物、适应新形势、完成新任务的根本思想武器。

为什么要突出强调这个问题呢？这是因为，要在复杂的国内外形势下开创党和国家工作的新局面，要切实解决遇到的新情况新问题，全党同志必须勇于创新、开拓进取，绝不能安于现状、因循守旧。不解放思想、实事求是，理论创新、制度创新、科技创新都无从谈起。

我们现在遇到的矛盾和问题很多，而且错综复杂、相互交织，但归根到底，是要正确认识和进一步妥善处理新的历史条件下生产力和生产关系、经济基础和上层建筑的关系问题。也就是说，要继续根据解放和发展生产力的要求，进一步完善社会主义生产关系；根据经济基础的发展要求，进一步完善社会主义上层建筑。这就要求全党同志首先是各级领导干部必须坚持马克思主义的发展观点，坚持实践是检验真理的唯一标准，发挥历史的主动性和革命的创造性，不断研究和解决新问题。

现在，突出问题是，在一些党员、干部甚至一些领导干部中，一方面比较普遍地存在不重视学习特别是不重视马克思主义理论学习的思想倾向，有的甚至不相信马克思主义，理想信念发生动摇；另一方面不同程度地存在理论与实际相脱离、搞教条主义或经验主义的思想倾向。所谓教条主义，就是习惯于拿本本去框实践，不能结合本地区本部门的实际贯彻落实中央的精神，照抄照搬，照本宣科，等因奉此。有的还热衷于照抄照搬西方的洋教条，以为这是解决中国问题的灵丹妙药。所谓经验主义，就是拘泥于老经验、老办法、老措施，缺乏开拓创新精神。这些都是严重妨碍贯彻党的解放思想、实事求是思想路线的不良思想作风，必须努力加以克服。否则，党的事业就不可能顺利前进。

邓小平同志指出："一个党，一个国家，一个民族，如果一切从本本出发，思想僵化，迷信盛行，那它就不能前进，它的生机就停止了，就要亡党亡国。""只有解放思想，坚持实事求是，一切从实际出发，理论联系实际，我们的社会主义现代化建设才能顺利进行，我们党的马列主义、毛泽东思想的理论也才能顺利发展。"〔3〕

马克思、恩格斯、列宁和毛泽东同志、邓小平同志，都善于根据实际情况的发展变化，提出新的思想和理论。这方面的例子我已经讲过多次了。八月十三日、十七日的《人民日报》发表了两篇文章〔4〕，专门谈了马克思、恩格斯、列宁如何根据实践的发展来完善自己的理论，建议大家都认真读一下。毛泽东同志创造性地为中国革命和建设提出了一系列重要思想和方针政策。他提出农村包围城市的中国革命道路，就突破了俄国城市武装起义的模式。改革开放以来，邓小平同志根据当代中国实际和时代要求，提出了许多对我们党和国家事业发展具有开创意义的思想。现在回过头去看，大家都深深地体会到，没有邓小平同志领导我们坚持贯彻解放思想、实事求是的思想路线，一切从实际出发，理论联系实际，勇于探索，锐意创新，就没有今天党和国家事业发展的大好局面。

马克思主义理论不是静止不变的，如果静止不变，就会变成没有生命力的教条。从《共产党宣言》发表以来，一百五十多年过去了，世界政治、经济、文化、科技发生了很大变化。这些变化给人类社会发展带来了什么影响？给我们建设有中国特色社会主义事业提出了什么要求？还有，我们搞改革开放，发展社会主义市场经济，不仅带来了经济领域的深刻变化，也带来了社会领域和思想领域的深刻变化。怎样正确认识和处理大量的新情况新挑战？许多问题没有本本可找，需要我们运用马克思主义基本原理，在分析和总结新的实践经验中求得解答。

归结起来就是一点，马克思主义基本原理要坚持，但马克思主义经典作家针对当时具体情况、具体条件、具体斗争提出的具体观点、具体行动纲领，就不能不顾历史条件和现实情况的变化，全部照搬照套。搞教条主义、经验主义，是违反马克思主义本质的。当然，如果根本不学习、不相信马克思主义，马克思主义基本原理也不要了，那就一点马克思主义气味也没有了。实践永无止境，认识真理是一个不断深化的过程。建设有中国特色社会主义的实践在继续前进，我们对有中国特色社会主义的探索和认识也要继续下去，永远不能停顿。

马克思列宁主义、毛泽东思想、邓小平理论是一脉相承的，而这种一脉相承就是既不断继承又不断创新的发展过程，是我们共产党人不断继承、不断发展着的科学真理的统一体。继承是创新的前提，创新是最好的继承。只有坚持这样做，理论才能真正顺应时代和实践的呼唤，实现与时俱进的要求。

二、关于贯彻群众路线问题。

加强和改进党的作风建设，核心问题是保持党同人民群众的血肉联系，更好地团结和带领人民把我们的事业不断推向前进。一切为了群众,一切依靠群众,从群众中来,到群众中去,集中起来,坚持下去,这是我们党的根本工作路线,也是我们党的优良传统和优良作风。把群众路线坚持好、发扬好,这是我们党始终立于不败之地的根本保证。

当前,影响党的群众路线贯彻落实最突出的问题,就是形式主义、官僚主义。形式主义的要害是只图虚名,不务实效,劳民伤财;官僚主义的要害是高高在上,凌驾于群众头上做官当老爷。二者都是严重脱离群众、为群众所痛恨的不良工作作风和领导作风。这两股歪风尽管表现形式不同,其实同出于唯心主义、个人主义的胎胞,又与我国封建社会形成的"官本位"意识密切相关,有着很强的共生性。官僚主义引发形式主义,形式主义助长官僚主义。这已成为影响我们事业发展的一大祸害。

解决形式主义、官僚主义的问题,要从领导机关和领导干部抓起。一些地方和部门形式主义、官僚主义严重,与某些上级领导机关和领导干部存在的形式主义、官僚主义作风有直接关系。正像有些党员和群众所说的那样,上级的形式主义、官僚主义催生了下级的形式主义、官僚主义,下级的形式主义、官僚主义则是用来糊弄上级的形式主义、官僚主义的。摆花架子的人自然有责任,但关键还是有人看、有人欣赏,甚至搞这套东西的人还得到提拔。如果没有人看,如果搞这套东西的人不但得不到重用还要受到严肃处理,他就不敢去搞。

坚持群众路线,必须解决好深入群众、深入实际这个大问题。我们共产党人,必须心系最广大群众。全党同志特别是领导干部都要大力发扬脚踏实地、埋头苦干的工作作风,坚持重实际、说实话、办实事、求实效，深入群众，倾听群众呼声，关心群众疾苦，为群众多办实事、多办好事，扎扎实实解决群众的困难。全党要大力开展调查研究，领导干部要扎下去、沉下去，切实了解基层的真实情况。要认真改进调查研究的手段和方法，注重提高质量和效果。

改进工作作风、领导作风，密切同人民群众的联系，要在继承过去的优良传统和总结历史、现实经验的基础上，从思想教育和制度规定两个方面入手，提出一套管用的教育办法和制度规定，让全体党员特别是各级领导干部一体遵循。

三、关于艰苦奋斗问题。

坚持谦虚谨慎、戒骄戒躁、艰苦奋斗，反对享乐主义、骄奢淫逸，要作为当前加强和改进党的作风建设的一个重要内容。领导干部的生活作风不是小事。他们的生活作风如何，实质上是他们的世界观、人生观、价值观和权力观、地位观、利益观的体现。

现在，一些干部精神空虚、萎靡不振，贪图享乐、骄奢淫逸的思想滋长起来。有的沉湎于花天酒地、饱食终日，有的到封建迷信活动中去寻找精神寄托，有的在各种诱惑面前随波逐流，有的经不起金钱、美色等诱惑，腐化堕落，甚至跌入了犯罪的泥坑。一些干部的蜕化变质，甚至叛党投敌、出卖情报，大都是先从生活作风方面被打开缺口的。这种情况并不是个别现象。加强领导干部生活作风建设的问题，比以往更加突出地摆在了我们面前。

新中国成立后不久，毛泽东同志就号召全党，要保持过去革命战争时期的那么一股劲，那么一股革命热情，那么一种拼命精神，把革命工作做到底。实行改革开放以后，邓小平同志多次强调，只有坚持艰苦奋斗的传统，才能抗住腐败现象。他号召全党必须发扬“五种革命精神”〔5〕。他还谆谆告诫：“中青年干部接班，最重要的是接老同志坚持革命斗争方向的英勇精神的班。”〔6〕近年来，中央之所以反复强调全党同志特别是领导干部要坚持发扬艰苦奋斗精神，就是因为我们党是执政党，执政地位可以使我们更好地为人民服务，同时也带来了脱离群众的危险性。

我们党的性质、宗旨和肩负的历史使命，决定了党必须坚持艰苦奋斗的政治本色。这是党不断前进的强大精神支柱。党要始终立于不败之地，这一条就不能丢。

各级领导干部要坚持发扬吃苦在前、享受在后的精神，要有“先天下之忧而忧，后天下之乐而乐”〔7〕的思想觉悟和精神境界。全党同志特别是领导干部，一定要树立和保持共产党人的高尚情操和革命气节，追求积极向上的生活情趣，养成共产党人的高风亮节。党员、干部的道德情操和人格力量对全社会有着重要示范作用。领导干部必须坚持讲学习、讲政治、讲正气，还必须讲修养、讲道德、讲廉耻，要把人做好。人做不好，有再大的本事也没有用。中华民族历来强调个人的品德修养。孟子就曾经提出，要有“恻隐之心”、“羞恶之心”、“是非之心”〔8〕，“人不可以无耻”〔9〕，要“富贵不能淫，贫贱不能移，威武不能屈”〔10〕。共产党员特别是党员领导干部，应该有更高的精神追求。

我曾经多次提出，每一个领导干部都应好好想一想，参加革命是为什么？现在当干部应该做什么？将来身后应该留点什么？这些问题，看来还需要经常提，反复提。要在全党开展革命情操和革命气节教育，端正生活作风和生活态度，使广大党员、干部经得起权力、金钱、美色的考验，做到在拜金主义、享乐主义、极端个人主义和灯红酒绿的侵蚀和影响面前，一尘不染，一身正气。

注　释

〔1〕参见邓小平《第三代领导集体的当务之急》(《邓小平文选》第3卷，人民出版社1993年版，第314页)。

〔2〕杜牧(八〇三——八五二或八五三)，唐代京兆万年(今陕西西安)人。唐代文学家。本文引语见杜牧《阿房宫赋》。原文是："灭六国者，六国也，非秦也。族秦者，秦也，非天下也。嗟乎！使六国各爱其人，则足以拒秦。使秦复爱六国之人，则递三世可至万世而为君，谁得而族灭也？秦人不暇自哀，而后人哀之；后人哀之而不鉴之，亦使后人而复哀后人也。"

〔3〕见邓小平《解放思想，实事求是，团结一致向前看》(《邓小平文选》第2卷，人民出版社1994年版，第143页)。

〔4〕这里所说的两篇文章，指二〇〇一年八月十三日和八月十七日先后在《人民日报》上发表的《马克思、恩格斯、列宁关于发展马克思主义的论述摘编》和署名钟言实的文章《马克思、恩格斯、列宁怎样在实践中发展马克思主义》。

〔5〕"五种革命精神"，指邓小平提出的"革命和拚命精神，严守纪律和自我牺牲精神，大公无私和先人后己精神，压倒一切敌人、压倒一切困难的精神，坚持革命乐观主义、排除万难去争取胜利的精神"。见邓小平《贯彻调整方针，保证安定团结》(《邓小平文选》第2卷，人民出版社1994年版，第368页)。

〔6〕见邓小平《在中国共产党全国代表会议上的讲话》(《邓小平文选》第3卷，人民出版社1993年版，第146页)。

〔7〕见北宋范仲淹《岳阳楼记》。

〔8〕见《孟子·告子上》。原文是："恻隐之心，人皆有之。羞恶之心，人皆有

之。恭敬之心，人皆有之。是非之心，人皆有之。”

〔9〕见《孟子·尽心上》。

〔10〕见《孟子·滕文公下》。原文是：“居天下之广居，立天下之正位，行天下之大道，得志与民由之，不得志独行其道，富贵不能淫，贫贱不能移，威武不能屈，此之谓大丈夫。”

科学对待马克思主义*

（二〇〇一年八月三十一日）

我今天来，一是看看大家，二是就一些重大问题的研究听听大家的意见和建议，并与大家共同切磋。今天在座的同志，都是党和军队的高级干部。我今天主要想谈谈如何从政治上看待七一讲话[1]中提出的一些重大问题。

一、关于推进理论创新的重要性。

重视理论建设和理论指导，是我们党的一个根本特点。重视在思想上建党，是我们党的一条重要政治经验。

每当事业发展的重要关头，我们党都注重首先抓好理论建设。抗日战争时期，我们党进行了延安整风。针对党的历史上反复出现的"左"、右倾错误的深刻教训和全民抗战的新形势，毛主席号召全党同志反对主观主义、教条主义，进一步确立指导中国革命胜利的正确思想，实现了全党思想的空前统一，为夺取抗日战争和解放战争的胜利、建立新中国，奠定了坚实的思想基础。二十世纪七十年代末，"文化大革命"结束后，面对百业待举的严峻形势，如何打开中国社会主义事业

---

* 这是江泽民同志在国防大学军队高级干部理论研讨班上讲话的主要部分。

的新局面，如何使党更加朝气蓬勃地带领人民前进，是摆在全党面前的一个重大课题。在邓小平同志支持和推动下，我们党停止使用“以阶级斗争为纲”的口号，在全国范围内开展关于真理标准问题的大讨论，冲破“两个凡是”[2]的禁锢，重新确立了实事求是的思想路线，决定实行改革开放的新政策，实现党和国家工作重心的转移。这是全党思想的一次大解放，也是党的理论的一次重要创新，为开辟社会主义事业发展的新时期起到了至关重要的作用。二十世纪九十年代初，随着改革开放的不断深入，经济体制改革进入关键时期。怎样才能形成充满活力的经济体制，我们必须在理论上作出回答。在邓小平同志南方谈话指引下，党的十四大确立了建立社会主义市场经济体制的改革目标，推动改革开放和现代化建设进入了一个新阶段。

这些历史经验都说明，注重理论创新，是党的事业前进的重要保证。什么时候我们紧密结合实践不断推进理论创新，党的事业就充满生机和活力；什么时候理论的发展落后于实践，党的事业就会受到损害，甚至发生挫折。

彻底的唯物主义者是无所畏惧的。党的事业要前进，必须有回答和解决新问题的理论勇气和政治勇气。七一讲话并不是我个人的，而是我代表中央讲的。我是党的总书记，当然要对这个讲话及讲话中提出的观点负政治责任。对七一讲话，中央进行了长期的充分的酝酿和准备，我也下了很大功夫，做了大量调查研究。对一些重大问题，我思考了近两年时间。讲话稿征求了各方面意见，最后经中央政治局和政治局常委会议集体讨论修改。这个讲话，是经过我们党深入探索、深思熟虑后形成的，是对新的实践的科学总结，集中了全党的智慧，反映了全党的意志。

为什么在这个时机要集中回答一些重大问题呢？从根本上说，是党的事业发展的迫切要求。我深深感到，当今世界和我们所处的时代，同过去相比发生了很多深刻变化。无论从国际还是从国内看，我们都面临着许多新情况新问题，必须从理论上、实践上作出回答并加以解决，否则我们就不能更好地前进。我们必须与时俱进，继续丰富和发展马克思主义。如果因循守旧、停滞不前，我们就会落伍，我们党就有丧失先进性和领导资格的危险。

七一讲话，贯穿了两个基本要求。一是必须坚持马克思主义的立场、观点、方法，坚持马克思主义的基本原理。这一点，要坚定不移，不能含糊。二是一定要贯彻解放思想、实事求是的思想路线，坚持勇于追求真理和探索真理的革命精神。这一点，也要坚定不移，不能含糊。我认为，这两个“坚定不移”、两个“不能含糊”，始终是检验我们是不是真正的马克思主义者的试金石。

进行理论创新的重要性，还要从党和国家事业发展的大局来看。根据党章规定，明年应召开党的十六大。党的十六大将对党和国家事业发展进一步作出部署。在此之前，必须进行一些深入的理论准备。我今年已经七十五岁。从一九八九年到中央工作，我担任党的总书记职务已经十二年多了，担任军委主席职务快十二年了，担任国家主席也八年多了。这些年来，我牢记全党同志和小平同志的嘱托，在大家支持下，兢兢业业地工作。我深感，我现在最重要的工作，就是为今后党和国家事业发展创造一个更好的条件。小平同志晚年提出了许多十分重要的思想，特别是他一九九二年的南方谈话，澄清了当时困扰着人们思想的一些十分重大的问题，为我们这一代人创造了很好的条件。很多话，小平同志当时不说，我们这些人是很难说的。一九八九年，我刚到中央工作时，小平同志见我，我对他说，党和人民把我放到这个位置上，我一定鞠躬尽瘁、死而后已，一定做到"苟利国家生死以，岂因祸福避趋之"〔3〕。这个话，我始终没有忘记。我现在的责任，也可以说我的历史责任，就是要带头解放思想，勇于进行理论探索和创新。中央一再强调要进行理论创新，为什么？因为这是马克思主义唯物辩证法的根本要求。要使党和国家的发展不停顿，首先理论上不能停顿，否则一切新的发展都谈不上。说要从政治上看问题、考虑问题，这就是最重要的一个政治考虑。

二、关于坚持解放思想、实事求是的思想路线。

我国改革开放的历史进程，就是一个不断解放思想、实事求是的过程。要说改革开放二十多年的成功经验，这是很基本的一条。在新的世纪里，我们要继续前进，不断有新的作为，仍然要坚持这一条。

邓小平同志曾经指出："一个党，一个国家，一个民族，如果一切从本本出发，思想僵化，迷信盛行，那它就不能前进，它的生机就停止了，就要亡党亡国。"〔4〕小平同志讲得很深刻、很尖锐。这是他总结我们党的历史经验，观察世界社会主义的实践，从他丰富的斗争阅历中得出的重要结论。

解放思想、实事求是，首先要解决正确对待马克思主义的问题。我们一直说，指导我们思想的理论基础是马克思主义。我们提出新的观点、新的思想时，都要用马克思主义基本理论来衡量一下，并通过实践加以检验，看它们是不是正确，站得住站不住。在这个过程中，要十分注意处理好一个问题，就是必须坚持马克思主义的科学态度。从我们党的历史看，处理好这个问题十分紧要。

毫无疑问，我们对马克思主义的基本原理，任何时候都要坚持，一切否定和放弃马克思主义的言行都是错误的，都必须坚决反对。但是，坚持马克思主义，绝不能采取教条主义、本本主义的态度，而应该采取实事求是、与时俱进的科学态度，坚持一切从发展变化着的实际出发，把马克思主义看作是不断随着实践的发展而发展的科学。如果不顾历史条件和客观情况的变化，把马克思主义经典作家讲的所有的话都当成不可更改的教条，那就会损害乃至窒息马克思主义的生命力。

毛泽东同志当年在批判教条主义错误时，有一段话讲得很精辟。他说："我们历史上的马克思主义有很多种，有香的马克思主义，有臭的马克思主义，有活的马克思主义，有死的马克思主义，把这些马克思主义堆在一起就多得很。我们所要的是香的马克思主义，不是臭的马克思主义；是活的马克思主义，不是死的马克思主义。"〔5〕如果对马克思主义采取教条主义、本本主义的态度，那就是"臭的马克思主义"、"死的马克思主义"，不是真正坚持马克思主义；采取实事求是、与时俱进的态度，就是"香的马克思主义"、"活的马克思主义"，才是真正坚持马克思主义。

在科学对待马克思主义的问题上，马克思、恩格斯、列宁和毛泽东同志、邓小平同志为我们树立了光辉的榜样。这方面的例子,我举过多次了。八月十三日、十七日、二十九日,《人民日报》分别发表了三篇有关这方面情况的文章〔6〕。马克思、恩格斯、列宁和毛泽东同志、邓小平同志,从不教条,从不僵化,总是与时俱进,总是根据历史条件的变化不断发展和完善自己的理论。马克思、恩格斯生活在十九世纪,他们理论工作的着重点,是构建马克思主义的理论体系,指导欧洲各国无产阶级革命运动。列宁的理论探索,重点是解决俄国革命和革命后的建设问题。毛主席、小平同志则重点运用马克思主义基本原理解决中国革命、建设、改革的实际问题。马克思列宁主义创始人的重要著作,毛主席、小平同志的重要著作,过去我读过多遍,这次再读,又有不少新的体会。温故而知新,大家都应该反复学习。

坚持马克思主义,关键是要结合实际运用马克思主义基本原理,努力解决存在的实际问题。邓小平同志说:"绝不能要求马克思为解决他去世之后上百年、几百年所产生的问题提供现成答案。列宁同样也不能承担为他去世以后五十年、一百年所产生的问题提供现成答案的任务。真正的马克思列宁主义者必须根据现在的情况,认识、继承和发展马克思列宁主义。"〔7〕

马克思主义的一个基本道理,就是不能用本本去框实践,而只能用实践去发展本本。如果一切都要先看本本上有没有,老祖宗讲过没有,就很难在实践中迈开步子。在我们党的历史上,吃教条主义的亏已经不少了。王明〔8〕以"百分之百的布尔什维克"自居,把马克思主义教条化,把共产国际〔9〕决议和苏联经验神圣化，差一点断送了中国革命。搞“两个凡是”，使我们党在“文化大革命”结束后又徘徊了两年，没有及时从“左”的束缚中解放出来。这些教训都很深刻。

运用马克思主义基本原理，必须随着历史条件的变化而转移，这也是马克思主义的一个基本道理。我们一定要看到《共产党宣言》发表一百五十多年来世界政治、经济、文化、科技发生的重大变化，一定要看到我国社会主义建设发生的重大变化，一定要看到广大党员、干部和人民群众工作生活条件和社会环境发生的重大变化。要充分估计这些变化带来的影响。离开了活生生的现实，还用几十年前甚至一百多年前的老观点来套现实社会的发展，是绝对行不通的。

实践没有止境，解放思想也没有止境。我们要突破前人，后人也必然要突破我们。这是社会前进的基本规律。用发展的观点对待马克思主义，在坚持中发展、在发展中坚持，这就是按规律办事，也是对待马克思主义唯一正确的态度。

三、关于以实际问题为中心研究马克思主义的方法。

确立以实际问题为中心研究马克思主义的方法，是我们党一贯倡导的科学方法论。看我们是否真正坚持了马克思主义，关键看是否能运用它来解决中国面临的实际问题，推进党的事业发展。解决的问题越多，就运用得越好。如果理论上说得头头是道、天花乱坠，最后什么问题也没有解决，那就不是真正的坚持。坚持马克思主义，要在解决实际问题的进程中来落实，要用实践的效果来检验。

七一讲话中所回答的一些重大理论和实际问题，都是实践的发展已迫切要求解答的。不解答这些问题，就会影响改革开放和现代化建设的进程，也会影响党的建设发展。

实行公有制为主体、多种所有制经济共同发展的基本经济制度，发展社会主义市场经济，使我国社会发生了深刻变革。我提出要研究我国社会经济成分、组织形式、就业方式、利益关系和分配方式多样化的问题，就是针对这种深刻变革来说的。如何正确估量这些深刻变化，不仅要从经济上看，还要从政治上看。政治上有一个正确的认识非常重要。政治上含含糊糊或者摇摇摆摆，经济上也很难坚持下去。

比如，增强阶级基础和扩大群众基础，提高社会影响力，是任何一个政党都要面临的问题。经济领域的深刻变化，带来了我国社会阶层构成的变化。过去，工人、农民、知识分子、干部和军人是最基本的社会阶层。现在又出现了新的社会阶层，随着我国经济社会的发展，这些阶层还会进一步扩大和增加。对这些新的阶层究竟应该怎么看？党在政治上对他们应该采取什么样的态度？这是不能含糊和回避的重大问题。

我们党是工人阶级的先锋队，要保持党的性质，必须不断增强党的工人阶级的阶级基础。改革开放以来，我国工人阶级队伍不断壮大，素质不断提高，为党的发展壮大奠定了坚实的阶级基础。同时，必须看到，在我国社会阶层构成发生新变化的条件下，要提高党的凝聚力和社会影响力，党就必须团结和引导新的社会阶层的人们，同工人、农民、知识分子一道，为建设有中国特色社会主义和实现中华民族的伟大复兴而共同奋斗。在长期的革命、建设、改革的实践中，我们党始终按照党纲党章的要求，在坚持吸收工人、农民、知识分子中的优秀分子入党并使他们成为党员队伍的骨干力量的基础上，同时注意吸收其他社会阶层的优秀分子入党，使我们党不断发展壮大。一九三五年，中央政治局通过的瓦窑堡决议，十分明确地提出了这个思想〔10〕。当时，我们面临着反对日本军国主义侵略和汉奸卖国贼的严峻任务，面临着生死考验，党的力量不壮大，我们的事业就不能取得成功。现在，我们党处在执政地位，要求入党的人很多，发展党员不存在什么问题。但是，我们必须主动考虑如何扩大党的覆盖面和影响力的问题，这是新形势向我们提出的新课题。如果党不在这些新的社会阶层中吸收那些符合党员条件的优秀分子入党，并通过他们去做工作，怎么能够有效团结和引导这些阶层为实现党和国家的发展目标一道前进呢？这个问题，首先要从政治上看。

据不完全统计，二〇〇〇年全国私营企业已达一百七十六万户，从业人员两千多万。无论是从经济实力来看，还是从人数来看，分量都不轻。如果我们不正视这个现实，不争取这支社会力量，甚至有意无意地把他们推到对立面上去，那在政治上对党是很不利的。我们也没有任何理由把他们与工人、农民、知识分子分割开来，推到对立面上去。第一，他们是在党和国家改革开放政策的允许下出现的；第二，他们是在社会主义公有制和社会主义上层建筑主导国家经济政治生活的总的条件下存在和发展的；第三，他们原先大都是一直受党教育的工人、农民、干部、知识分子或者他们的子弟；第四，他们的经营活动要遵守国家的法律法规和政策。总之，他们不同于社会主义改造前的私营工商业者。所以我们说，他们也是有中国特色社会主义事业的建设者。这就是我们党在政治上对他们的基本看法。

对新的社会阶层中的优秀分子入党的问题，七一讲话作了严格的规定。首先，明确了来自工人、农民、知识分子、军人、干部的党员是党的队伍最基本的组成部分和骨干力量。这是大前提。其次，要把承认党的纲领和章程、自觉为党的路线和纲领而奋斗、经过长期考验、符合党员条件的社会其他方面的优秀分子吸收到党内来，并通过党这个大熔炉不断提高广大党员的思想政治觉悟。这里规定了严格的条件，一共有四条。也就是说，吸收他们中的优秀分子入党，要求和程序都要更严一些。有人说，七一讲话专门为私营企业主入党敞开了大门，要把他们大量拉到党内来。这是错误的片面的理解。当然，私营企业主中符合上述四项条件的优秀分子，也可以加入党的队伍。

我在七一讲话中提出，要深化对共产党执政规律的认识。这必须引起我们高度重视。从一九一七年俄国十月革命胜利算起，世界上共产党执政的历史有八十多年了。第二次世界大战结束后，出现了一批社会主义国家，其他一些国家中的共产党力量也比较强大。经过苏联解体、东欧剧变，不少国家的共产党丧失了执政地位，一些国家的共产党衰落甚至瓦解了。这里面固然有复杂的原因，但很重要的一个原因就是阶级基础和群众基础的问题没有处理好。我们一定要看到，在新的历史条件下，我们党执政的群众基础发生了很大变化，必须适应这种变化，不断增强党的阶级基础和扩大党的群众基础，把广大群众紧紧吸引在党的周围。

又比如，我们现在搞的是社会主义市场经济。我国社会主义基本制度已确立了几十年，这是观察和分析我国社会生活中各种问题的政治上的大前提。因此，对很多问题的研究，不能简单地套用马克思、恩格斯、列宁研究当时资本主义社会而提出的概念。就是对当代资本主义，也不能简单地套用十九世纪时期的概念。马克思、恩格斯在世时，就不断深化和发展他们对资本主义社会的认识。这一点，从马克思、恩格斯为《共产党宣言》写的各篇序言和恩格斯写的《一八九一年社会民主党纲领草案批判》一文中，就可以清楚地看出来。党的十五届五中全会提出要深化对劳动和劳动价值理论的认识，这次七一讲话进一步提出了这个问题，是有深刻含义的。

七一讲话提出，不能简单地把有没有财产、有多少财产当作判断人们政治上先进与落后的标准，而主要应该看他们的思想政治状况和现实表现，看他们的财产是怎么得来的以及对财产怎么支配和使用，看他们以自己的劳动对建设有中国特色社会主义事业所作的贡献。这段话，是一个完整的整体，不像有些人说的那样就单指私营企业主，对全社会都适用。我讲这个话，就是要给大家解开一个紧箍咒。我们不能再搞过去那种越穷越光荣、越穷越革命的东西了。我们党领导人民进行改革开放和现代化建设，就是要使广大人民群众的生活都好起来，个人的财产当然会逐渐增多。如果还用解释资本主义社会和旧中国剥削与被剥削关系的那些概念来解释当今的中国社会，解释在我们社会主义条件下存在和发展的各种经营投资活动，显然是不适合的。那样，既不利于调动广大人民群众的积极性，也不利于我们事业的发展。这个问题的理论性和实践性都很强，还要继续研究，最终依据实践作出科学的深入的回答。

再比如，怎样坚持党的最低纲领与最高纲领的统一。我们是共产党人，对共产主义理想当然要坚定不移，而且要在全党坚持进行理想教育。但是，必须明确，党的最高纲领必须通过完成各个阶段的奋斗目标来实现，必须由一个一个实际步骤来达到。如果看不到这一点，不坚持这样做，就容易犯错误。在这个问题上，我们党是有不少教训的。对遥远的未来，不可能作具体的设想和描绘，也作不出来。过去，我们作过多种描绘，其实都是肤浅、简单的，不仅不利于全党同志坚持共产主义的远大理想，反而使广大党员、干部和群众对共产主义的理想产生了疑惑和动摇。要求全党同志扎扎实实做好现阶段的各项工作，脚踏实地为实现党在现阶段的基本纲领而奋斗，丝毫不是放弃远大理想，而是以实事求是的科学态度坚持最高纲领，以切切实实的行动实践着与最高纲领相联系的现实要求。

社会存在决定社会意识，这是马克思主义关于社会物质运动和精神运动关系的一条基本原理。当今中国最基本的社会存在，就是建设有中国特色社会主义的实践，就是人民群众推进改革开放和现代化建设的实践。人民群众的思想意识决定于这个社会存在。如果我们不能从这个大的社会存在去把握人民群众的思想和意愿，要做到“三个代表”是不可能的。全党同志特别是高级干部，都要坚持以实际问题为中心这个研究马克思主义的方法，积极开动脑筋，认真思考问题，共同努力把我们党的理论和实践推向前进。

注 释

〔1〕七一讲话,即本卷《在庆祝中国共产党成立八十周年大会上的讲话》。

〔2〕“两个凡是”,指一九七七年二月七日《人民日报》、《红旗》杂志、《解放军报》社论《学好文件抓住纲》中提出的“凡是毛主席作出的决策,我们都坚决维护,凡是毛主席的指示,我们都始终不渝地遵循”。

〔3〕见清代林则徐《赴戍登程口占示家人》。

〔4〕见邓小平《解放思想,实事求是,团结一致向前看》(《邓小平文选》第2卷,人民出版社1994年版,第143页)。

〔5〕见毛泽东《在中国共产党第七次全国代表大会上的口头政治报告》(《毛泽东文集》第3卷,人民出版社1996年版,第331—332页)。

〔6〕这里所说的三篇文章,指二〇〇一年八月十三日、八月十七日和八月二十九日先后在《人民日报》上发表的《马克思、恩格斯、列宁关于发展马克思主义的论述摘编》、署名钟言实的文章《马克思、恩格斯、列宁怎样在实践中发展马克思主义》和专题摘编《毛泽东、邓小平同志论解放思想、实事求是》。

〔7〕见邓小平《结束过去,开辟未来》(《邓小平文选》第3卷,人民出版社1993年版,第291页)。

〔8〕王明,即陈绍禹(一九〇四——一九七四),安徽六安金家寨(今安徽金寨)人。一九二五年加入中国共产党。曾任中共中央委员、中央政治局委员、中央政治局常务委员会委员,中共驻共产国际代表,中共中央长江局书记等职。是一九三一年一月至一九三五年一月中国共产党内“左”倾教条主义错误的主要代表。抗日战争初期,又犯了右倾错误。

〔9〕共产国际,又称第三国际,一九一九年三月在列宁领导下成立。一九二二年,中国共产党参加共产国际,成为它的一个支部。一九四三年五月,共产国际执行委员会主席团通过决定,提议解散共产国际。同年六月,共产国际正式宣布解散。

〔10〕一九三五年十二月二十五日,中共中央政治局在瓦窑堡会议上通过《中央关于目前政治形势与党的任务决议》。决议指出:“党的领导权的取得,单靠在工人阶级中的活动是不够的(这是要紧的),共产党员必须在农村中,兵士中,贫

民中，小资产阶级与智识分子中，以至一切革命同盟者中，进行自己的活动，为这些群众的切身利益而斗争，使他们相信共产党不但是工人阶级的利益的代表者，而且也是中国最大多数人民的利益的代表者，是全民族的代表者。”“中国共产党是中国无产阶级的先锋队。他应该大量吸收先进的工人雇农入党，造成党内的工人骨干。同时中国共产党又是全民族的先锋队，因此一切愿意为着共产党的主张而奋斗的人，不问他们的阶级出身如何，都可以加入共产党。”

加强合作，共同迎接新世纪的新挑战*

（二〇〇一年十月二十一日）

金秋十月，与大家在上海相聚，共商亚太经济合作大计，我感到十分高兴。首先，我代表中国政府和人民，并以我个人的名义，向各位表示热烈欢迎！

作为亚太地区的领导人，我们肩负的历史责任是：站在促进亚太地区发展和繁荣的高度，展望未来，讨论制定适应新世纪发展要求的促进共同发展的战略。

在一九九三年亚太经济合作组织第一次领导人非正式会议上，我曾说过，把一个什么样的世界带到二十一世纪，是我们这一代领导人必须认真思考和解决的重大问题。环顾新世纪初的世界和亚太地区形势，可以说是有喜有忧。一方面，和平与发展仍然是时代的主题，经济全球化趋势继续深化，科技进步日新月异，高新技术产业蓬勃发展。这为各国发展经济、提高人民生活水平带来了新的机遇。另一方面，世界和亚太地区的发展并不平衡，贫富差距仍然存在，“数字鸿沟”正在加

* 这是江泽民同志在上海举行的亚太经济合作组织第九次领导人非正式会议上的讲话。

深。今年以来，亚太地区一些主要经济体经济增长放缓，需求下降，贸易及金融市场的稳定受到影响。特别是九一一事件〔1〕，美国受到恐怖分子袭击，造成严重后果。

综观全局，机遇和挑战并存。我们应共同努力，采取措施，抓住机遇，迎接挑战，推动本地区经济在新世纪更好地发展。这是我们作为本地区领导人肩负的主要责任。加强合作，使各成员从经济全球化和科技进步中受益，是亚太经合组织应为之努力的目标。采取切实有效的措施，增强信心，恢复和保持增长，是本次会议亟需考虑的问题。

从长远看，亚太地区依然是世界经济发展最具活力的地区。只要各国各地区同舟共济，携手合作，克服困难，亚太地区必将迎来一个新的发展阶段。从亚太经合组织的共同利益出发，各成员应加强宏观政策协调，深化经济结构改革，稳定金融市场，为经济的恢复和持续发展创造良好的宏观环境。发达成员是经济全球化的主要受益者和世界经济增长的重要力量，应尽快采取进一步的措施，重建市场信心，扩大需求，促进世界和本地区经济早日恢复和发展。发达成员有责任帮助发展中成员尽快走出困境。这样也有助于发达成员实现持续发展。

亚太经合组织要坚定地支持多边贸易体制，加强经济技术合作，努力实现发达成员和发展中成员分别于二〇一〇年和二〇二〇年前实现贸易和投资自由化的茂物目标〔2〕。只有使国际社会的广大成员都受益，经济全球化才能顺利地推进，世界经济才能持续稳定地发展。只有各成员和社会各界广泛参与，新经济才能充分发挥潜能。

要实现这一目标，加强以人力资源能力建设为核心的经济技术合作,使之与贸易和投资自由化平衡发展,是一条有效途径。人力资源是最可宝贵的资源。加强人力资源能力建设,既是长远的考虑,又是现实的需要。人力资源开发已成为亚太经合组织合作的核心内容之一,是各成员共识最广泛、合作基础最好的领域。我们应把这个战略选择变成具体的战略行动,稳步推进,务求实效。各成员政府要承担应有的责任,同时要调动工商界和教育学术界的力量,发挥他们的积极性和创造力。今年五月,中国与文莱共同在北京举行了亚太经合组织人力资源能力建设高峰会议。会议形成的《北京倡议》[3],确立了政府、教育学术界、工商界之间的三方伙伴关系。这不仅是对人力资源能力建设的有益探索,而且对在更广泛的领域开展经济技术合作也有借鉴意义。

为落实北京会议的共识,中国政府与一些国际知名信息通讯技术企业和教育机构共同开发了《北京倡议》后续项目。该项目包括培训信息技术专业人才、普及网络知识以及建立人力资源能力建设论坛三方面的内容。其网上培训平台,将在未来三年为亚太经合组织成员免费培训一千五百名网络技术高级人才。此外,中国政府还将出资二百万美元在上海设立"亚太经合组织金融与发展项目",旨在着重加强亚太经合组织在金融领域内的人才培养,提高各成员实现经济持续增长的能力。

面对新世纪的挑战,亚太经合组织应从本地区的现实和时代要求出发,为促进本地区经济的增长和繁荣发挥更大作用。作为本地区最高级别的政府间经济合作机制,亚太经合组织为全球及亚太地区经济发展作出了重要贡献。它创立的由协商一致、自主自愿等原则构成的"亚太经合组织方式",符合本地区多样性的客观实际,是各成员加强合作取得成功的关键所在。亚太经合组织应在汲取成功经验的基础上,为今后加强合作赋予新的内涵。

——亚太经合组织应始终站在全球和区域经济发展的前沿,适应世界和地区经济发展的形势和特点,对解决世界和地区经济发展面临的突出问题发挥引导方向的重要作用。

——亚太经合组织应在尊重多样性的基础上,向实现茂物目标迈出更加坚实的步伐。继续秉承开放的地区主义原则,为促进多边贸易体制的发展作出贡献。

——亚太经合组织的发展应反映各成员最广泛的共同利益。采取更富成效的合作方式,缩小成员间的差距,增强凝聚力。只有这样,亚太经合组织才能保持活力,并实现各成员共同繁荣的目标。

我相信,通过各成员共同努力,亚太经合组织合作进程一定能够在合作、参与的基础上取得更大成效。

中国将一如既往地致力于改革开放和现代化建设。中国已进入了全面建设小康社会、加快推进社会主义现代化的新的发展阶段。我们正在实施国民经济和社会发展第十个五年计划,我们将坚持把发展作为主题,把结构调整作为主线,把改革开放和科技进步作为动力,把提高人民生活水平作为根本出发点,继续推动经济发展和社会进步。

中国将以更加积极的姿态参与区域及全球范围的经济技术合作。加入世界贸易组织以后,中国将严格遵循国际通行的市场规则,实行公开、透明、平等的贸易和投资政策,进一步推动全方位、多层次、宽领域的对外开放。一个稳定、发展、进步的中国，将为促进世界和地区的和平与发展作出更大贡献。

回首过去，我们开创了亚太经合组织合作的成功方式，促进了亚太地区的发展和繁荣。展望未来，亚太经合组织将在各成员相互信任、相互合作中继续前进。

保持经济持续增长，必须有一个和平稳定的环境。恐怖主义是破坏稳定的社会公害。反对恐怖主义是各国人民的共同任务。让我们携手合作，努力营造一个有利于各国人民共赢、共享安宁和繁荣的国际和地区环境。

注　释

〔1〕九一一事件，指二〇〇一年九月十一日在美国发生的大规模恐怖袭击事件。恐怖分子劫持四架民航客机，其中两架撞击纽约世界贸易中心双塔楼，一架撞击美国国防部五角大楼，一架在飞行途中坠毁，共导致近三千人遇难。美方认定这一事件为本·拉登领导的“基地”组织所为，并于同年十月七日向拒绝交出本·拉登的阿富汗塔利班（意为“伊斯兰学生军”）政权发动了战争。

〔2〕茂物目标，指亚太经济合作组织成员实现贸易和投资自由化的目标。一九九四年十一月十五日，亚太经济合作组织第二次领导人非正式会议在印度尼西亚茂物通过了《亚太经济合作组织经济领导人共同决心宣言》（简称《茂物宣言》），确立了在亚太地区实现贸易和投资自由化的目标。因亚太经济合作组织成员经济发展水平存在差异，在实现贸易和投资自由化的具体步骤上采取区别对待的方式，制定了两个时间表，即亚太经济合作组织发达成员不迟于二〇一〇年、发展中成员不迟于二〇二〇年实现贸易和投资自由化。

〔3〕《北京倡议》，指二〇〇一年五月十六日在北京举行的亚太经济合作组织人力资源能力建设高峰会议公布的《亚太经济合作组织人力资源能力建设北京倡议》。

营造有利战略态势，增强国家战略能力*

（二〇〇一年十月三十一日）

九一一事件和美国对阿富汗的军事打击[1]，对国际局势产生了深刻影响，也给我们的军事斗争准备提出了一些值得研究的问题。对于过去已制定的并被实践证明是正确的大政方针和行之有效的措施，我们要继续坚持。随着国内外形势的发展变化，我们还要不断研究和解决新问题。

一、关于在国际上营造有利的战略态势。

和平与发展仍然是当今时代的主题，世界多极化和经济全球化的趋势正在深入发展。在这样的国际大背景下，我们要解决好维护国家的主权和领土完整这样重大的政治问题，有没有一个有利的战略态势是大不一样的。当前和今后一个时期，我们要继续坚持邓小平同志提出的冷静观察、沉着应付、绝不当头、有所作为的战略方针，从政治、经济、文化、军事等方面主动布局，纵横捭阖，在错综复杂的国际斗争中，促使国际环境继续朝着有利于我们的方向发展。

第一，要着眼于世界战略格局运筹大国关系。目前，受九

---

* 这是江泽民同志在军队一次重要会议上讲话的主要部分。

一一事件以及美国在阿富汗开展军事行动的影响，大国关系正面临着新的调整。我们要抓住机遇，努力处理好同美国、俄罗斯、欧盟、日本等的关系，使我国在世界战略格局中取得更加有利的地位。

冷战结束以后，中美关系一直就很不平静，时好时坏。中央花了很大精力来处理中美关系，基本稳定了两国关系的大局。这次九一一事件以后，美国出于自身战略利益的考虑，在反对恐怖主义问题上要求我们支持和合作。中央及时采取措施，引导中美关系向好的方向发展。美国在对阿富汗采取行动的当晚，事先通过我国驻美国大使馆向我国进行了通报。十月八日晚，我又应约与布什〔2〕总统通话。十月十九日，我在上海同他进行了会晤，中美确立要发展建设性的合作关系。相对前一段中美关系不太稳定的情况，这是一个很重要的进展。我重申了我们支持打击恐怖主义的原则立场，同时强调：有关军事行动应该针对恐怖主义活动的具体目标，避免伤及无辜百姓；应该充分发挥联合国的主导作用；应该有利于世界的和平与发展。这既表明了我国在反对恐怖主义问题上的原则立场，同时也为中美关系的进一步改善和发展创造了良好氛围。

第二，要着眼于地缘战略态势积极经略周边。我们要全面发展同周边国家的睦邻友好合作，使解决台湾问题有一个良好的周边战略态势。

现在，我国周边安全环境处于新中国成立以来较好的时期。我国已同除不丹以外的所有邻国建立或恢复了外交关系，同一些周边国家建立了各种不同类型的伙伴关系，解决了大量历史遗留问题。谋求同我国政治上友好、经济上合作，已成为大多数周边国家对华政策的主流。但是，周边形势也还存在一些不稳定不确定因素。

俄罗斯是我国最大的邻国，我们要把运筹中俄关系放在很重要的位置。中俄在主张世界多极化，反对霸权主义和强权政治，打击恐怖主义、分裂主义和极端主义三股恶势力等方面，有着共同利益。今年七月，我访问俄罗斯，同普京总统签署了《中俄睦邻友好合作条约》和《中俄元首莫斯科联合声明》，为中俄永做好邻居、好朋友、好伙伴奠定了法律基础，为二十一世纪两国关系健康发展确立了指导原则。这次在上海亚太经济合作组织领导人非正式会议期间，我又同他举行了会谈，他表示要进一步加强同中国在各个领域的合作。我们要进一步发展中俄战略协作伙伴关系，加强战略协调，共同维护全球战略平衡；加强安全互信，确保我国北部和西北边境长期稳定；加强两国人民的友谊，扩大两国关系发展的社会基础；加强经贸合作，筑牢两国政治关系的经济基础；加强军事领域特别是军事技术方面的合作，推动两国战略关系的深化。

东亚面临着台湾、南海和朝鲜半岛三个问题，是我们进行战略谋划的重点地区。我们对日本要坚持以争取合作为主。在历史问题和台湾问题上，要坚持原则。要加强两国经贸合作和文化交流，鼓励日本在东亚经济合作中发挥积极作用。要多做日本年轻一代政治家的工作，培育中日友好力量。我们要维护朝鲜半岛的和平稳定，积极发展同东盟国家的关系，努力保持东北亚和东南亚两个战略方向的稳定。

南亚和中亚是我国周边安全的两个重要侧翼，必须处理好。中印两国有不少共同利益和可以合作的领域，我们应该本着求同存异的原则，改善同印度的关系，支持印巴对话，缓和南亚紧张局势。中亚在冷战结束后出现了两个突出的情况，一是三股恶势力活动猖獗，二是美国在中亚的军事存在。只要我们妥善应对，加强同俄罗斯和中亚有关国家的合作，就可以保持这一战略方向的相对稳定。

第三，要着眼于扩展战略空间大力开展多边外交。积极开展多边外交，对我们营造战略态势具有重要作用。这些年来，我国积极参与联合国事务，并先后参加了亚太经济合作组织和亚欧会议，积极参与东盟地区论坛的多边安全对话以及中国—东盟、东盟—中日韩东亚区域合作机制的活动，建立了"上海五国"机制〔3〕。今年，我们成立了博鳌亚洲论坛，成功举办了第三届亚欧外长会议，完成了我国加入世界贸易组织的谈判，特别是实现了"上海五国"由会晤机制向区域性多边合作组织的转变。上海合作组织的建立，有利于改善我国的安全环境，并将对促进世界多极化、推动建立公正合理的国际政治经济新秩序发挥重要作用。

我们必须深刻认识到，在世界多极化和经济全球化的趋势深入发展的条件下，区域一体化趋势也在加速发展，地区性政治、经济、金融、安全合作日趋活跃。利用国际机制和区域组织开展多边外交，日益成为大国发挥作用的重要途径。我们要进一步加强多边外交，主动参与国际体系的改造和调整，努力在多边层面上开展对外工作，不断扩大同各个方面的合作，增加彼此间的共识。

刚刚在上海闭幕的亚太经济合作组织第九次领导人非正

式会议，是一次很重要的多边外交活动。这次会议，是九一一事件后第一个重大国际会议，国际舆论和世界各国都很关注。会议期间，发表了领导人宣言、上海共识和反恐声明等文件，取得了积极的成果。

这次会议之所以取得成功，最根本的原因是经过二十多年的改革开放和现代化建设，我国的经济实力、国防实力、民族凝聚力有了很大提高。古往今来，在国际较量中，国家实力始终是赢得国际政治斗争胜利的决定性基础。在今天的世界上，中国是一支不容忽视的重要力量。经过新世纪头十年的发展，我们的国内生产总值再翻一番，军队现代化建设实现第一步战略目标〔4〕，我们的实力将更强。所以，还是那句老话，财大才能气粗。在国际上营造有利于我们的战略态势，最根本的还是要坚持邓小平理论和党的基本路线，紧紧扭住经济建设这个中心不动摇，不断提高我国的综合国力。这是我们的根本利益所在，也是解决台湾问题的关键所在。

二、关于增强国家战略能力。

这里所说的国家战略能力，涉及经济社会发展、国防和军队建设的各个方面，包括经济实力、国防实力、民族凝聚力构成的全部综合国力。简言之，所谓战略能力，就是一个国家在需要采取战争行为时所能够调动的各种力量的总和。当然，在这个总和中，军事力量是进行战争行动的核心手段。

美国发动海湾战争〔5〕、科索沃战争〔6〕，以及这次在阿富汗采取军事行动，不仅需要强大的军事力量，而且需要强大的经济、科技实力作基础。否则，这几场战争美国也打不起来。九一一事件发生后，美国从国际和国内两个方面进行紧急动员，从政治、经济、军事等方面展开部署，迅速调集了大批力量集结在阿富汗周围地区。如果没有相当的国家战略能力，这是办不到的。我提出要对九一一事件进行深入研究，就包括要研究美国如何运用其国家战略能力来应对严重突发事件这样的问题。增强我们的国家战略能力，要作为一个重大问题抓紧研究。

增强国家战略能力，需要从政治、经济、文化、科技、军事、外交等方面综合考虑和着手，是一项长期而又艰巨的任务。军事战略能力是国家战略能力极为重要的组成部分。今天是军队的会议，我主要强调有关从军事方面提高国家战略能力的几个问题。

第一，必须打牢人民战争的基础。人民战争是我们的最大优势。我们党在长期革命战争中，形成了一整套动员群众、组织群众、武装群众的办法，依靠人民战争打败了国内外强大的敌人。新中国成立后，我们始终坚持依靠人民群众加强国防建设，实行精干的常备军与强大的国防后备力量相结合的武装力量体制，结合发展国民经济，建设巩固的战略后方，为提高我们的军事战略能力打下了坚实基础。今后，不论什么时候，不论面对怎样强大的敌人，人民战争都是我们克敌制胜的法宝。

改革开放二十多年来，我国综合国力有了很大提高，人民战争的资源更加雄厚。在新的形势和任务面前，我们要始终坚持用人民战争思想教育全体人民，从人民中获取战争胜利的伟力。要使国防动员工作贯彻到国家政治、经济、社会生活的各个领域，深深扎根于人民群众的土壤之中。要坚持军民结合、平战结合、寓军于民的方针，创新动员体制机制，建立适应现代战争快速动员要求、符合社会主义市场经济特点的国防动员体系，实现国防资源的合理配置和统一调度。军队要与地方各级党委和政府密切配合，明确职责，加强领导，按照国家动员方案，认真抓好人民武装动员、国民经济动员、人民防空动员、国防交通动员的落实。要拓宽动员的领域和范围，把包括民用高技术产业在内的整个科研生产能力纳入国防动员体系，为战争提供高技术支持。要按照作战的要求，抓好民兵和预备役部队质量建设。总之，一旦有事，我们强大的综合国力要能够迅速转化为确保赢得战争胜利的实力。

在新的条件下坚持人民战争，必须发展人民战争的战略战术。高技术条件下的人民战争怎么打，希望大家一起来研究，积极创造新内容新形式，把人民战争的战略战术提高到一个新水平。

第二，必须建立和完善有利于武器装备发展的体制机制。这些年，我们的武器装备建设有了很大进步。但是，我军武器装备建设如何适应世界军事变革的发展趋势，既能满足维护国家安全和统一的战略需求，又能与国家经济、科技能力相符合，还有很多问题需要研究。

现在遇到的突出问题，首先是在国防科技工业本身。我国国防科技工业长期形成的军民分割、自成体系的模式，与我国改革的深化和新一轮世界军事竞争的形势严重不相适应。从上个世纪八十年代起，我们就开始对国防科技工业管理体制进行调整改革，但迄今新的体制还没有真正形成，军工企业技术创新能力低、产品质量差、成本价格高的问题仍然程度不同地存在。

解决这些问题，关键是要建立和完善竞争、评价、监督、激励的机制。这是一场深刻变革，真正实行起来难度很大，必须下定决心全力推进，在推进中不断加以完善。竞争、评价、监督、激励是互相联系的整体，竞争是核心，评价是关键，监督是保障，激励是动力。军队作为装备使用部门，要充分发挥装备订货主体的作用，进一步扩大武器装备科研、生产的招投标范围，打破行业界限和所有制界限，积极鼓励民用企业、地方院所参加竞争，推动军工企业的调整改革和战略重组，逐步培育一批合格的市场竞争主体。评价机制，不仅国防科技工业系统要搞，军队也要搞。凡属发展方向、发展重点、资源分配的重大决策，都要进行综合评估，以此作为决策的依据。监督机构要有权威，对承研承制单位、装备订货主体、管理决策部门都要进行监督。要改革分配制度，拉开收入分配档次，提高科技骨干的待遇，保持一支精干、高水平的国防科技队伍。对重大科技成果和作出特殊贡献的个人，要给予重奖。要通过建立新的体制机制，把国防科技工业和武器装备发展真正纳入社会主义市场经济的轨道，提高我军武器装备建设的效益。

第三，必须加快信息化的发展步伐。打现代战争，谁拥有信息优势，谁就比较容易掌握战争的主动。美军的作战能力强，很重要的原因就是在信息技术方面处于领先地位。美军的指挥自动化系统发展迅速，不断更新。去年二月，美军又提出在 C^4ISR〔7〕的基础上搞全球信息栅格〔8〕，目的是掌握在全球范围内尽可能实时发现和攻击目标的能力，使美军在任何一场冲突中都具备全谱优势。今年以来，美国进一步加强了航天技术和太空武器建设，企图通过建立攻防兼备的航天系统，加强对空中、地面、海洋作战系统的信息支援，提高战场目标控制和远程精确打击能力，必要时还可以遂行空间作战。美军指挥自动化系统中的 LINK－11、LINK－16 等多种数据链，可以实现指挥控制系统与作战平台之间、作战平台与作战平台之间的交联，大大提高了作战指挥能力。

我们要下大功夫发展我军的信息能力。去年底，军委扩大会议提出要在加强军队机械化建设的同时加快军队信息化建设。如何处理好信息化建设和机械化建设的关系，如何借助国民经济和社会信息化发展推进军队的信息化进程，需要我们在实践中不断探索。

第四，必须高度重视战略后勤和装备保障建设。加强战略后勤和装备保障建设，提高战略保障能力，是我们赢得未来作战胜利的一个极为重要的保证。

加强战略后勤和装备保障建设，首先要研究完善保障体制问题。我们要在现有调整改革的基础上，逐步建立三军一体、军民一体的战略保障体制，确保国家经济社会力量能够在战时迅速形成强大而统一的战略保障能力。战略保障建设怎么搞，也要很好研究。要把后方防卫纳入战略全局统一筹划，增强后方的生存和防护能力。

三、关于坚持文攻武备的总方略。

台湾问题经过了长期演变，历史与现实、国内与国际的各种因素相互交织，错综复杂，解决起来具有相当大的难度。我们既要有使命感和紧迫感，又要以宽阔的视野和长远的眼光来制定正确的战略策略。

文攻武备，是我们反“台独”斗争的总方略。毛主席、小平同志生前为解决台湾问题倾注了大量心血，提出了许多极为重要的思想。他们一贯主张，要争取用政治方式解决问题，把使用武力作为最后手段。新中国成立初期，我们曾准备用武力解放台湾，后因朝鲜战争爆发，作战计划搁置起来。一九五四年夏季以后，根据当时的国际国内形势，毛主席就开始考虑通过谈判解决台湾问题。一九五九年，他明确提出：“中国一定要解放台湾，解放的办法有两个：一个是用和平的方法，一个是用战争的方法。”〔9〕二十世纪七十年代末，小平同志提出用“一国两制”的和平方式解决台湾问题，同时强调决不能作出不使用武力的承诺。他指出：解决台湾问题就是两手，两种方式都不能排除。用右手争取和平方式，用右手大概要力量大一点，实在不行，还得用左手，即军事手段〔10〕。我们要继续贯彻毛主席、小平同志的战略思想。要把按照“和平统一、一国两制”的基本方针解决台湾问题作为努力目标，把文攻武备作为反“台独”斗争的总方略。

古人讲，“文武并用，长久之术”〔11〕。中国历朝历代的治国平安之策，无不讲究文为里、武为表，文武兼施。海峡两岸都是中国人，和则两利，战则两伤。实现祖国和平统一，两岸共谋复兴大业，有利于包括台湾同胞在内的全国各族人民的长远发展，有利于增强我国的综合国力和国际竞争力。我们要以武备为后盾，综合运用多种途径和方法，进一步加大文攻的力度，努力争取和平统一的实现。当前，台湾岛内政局动荡、经济衰退，大陆对台湾更加具有吸引力，加之两岸将要加入世界贸易组织，台湾在经济上越来越离不开大陆。这为我们从政治上、经济上、文化上全面加强对台工作，提供了有利条件和机遇。我们要继续推动在一个中国原则的基础上进行两岸对话和谈判，加强同反对“台独”、主张统一的台湾各个党派和各界人士的沟通，加强两岸人员往来和经济文化等各个领域的交流，加强做台湾人民的工作。随着两岸经济文化交流不断加强，“和平统一、一国两制”将会被越来越多的台湾人民所接受。

同时，我们必须清醒地看到，实现和平统一决非易事。我们要制止“台独”分裂图谋，没有军事手段这一手是不行的。军事斗争准备越充分，“台独”分裂势力就越不敢轻举妄动，和平统一的希望就越大。总之，文攻和武备两手都要硬，这样才能牢牢掌握解决台湾问题的主动权。

军队要坚持不懈、扎实有效地推进军事斗争准备。要适应形势的发展变化和世界军事变革的趋势，与时俱进，不断研究新情况、解决新问题。全军同志都要本着对历史负责、对国家和民族负责、对未来战争负责的精神，既紧张快干又扎扎实实，防止出现形式主义、花架子，把军事斗争准备搞得更有成效。

这里，我还要特别强调一下加强思想政治建设的问题。思想政治工作是我军特有的优势，在军事斗争准备和未来作战中不仅是非常重要的，而且是大有作为的。我军长期处于相对和平环境，缺乏战争年代那种严酷环境的锻炼，官兵的精神意志容易松懈。改革开放以来，我军所处的社会环境与过去相比也有了很大不同，各种利益关系的调整和形形色色的社会思潮，必然会对官兵思想产生冲击和影响。我军的兵员成分也发生了变化，独生子女逐渐成为基层官兵的主体。在这种情况下，要使广大官兵真正做到政治上坚定、思想道德上纯洁、士气高昂，在军事斗争准备和未来高技术战争中经受住考验，很不容易。要坚持不懈地搞好思想政治建设，引导官兵牢固树立革命的世界观、人生观、价值观，坚定理想信念，发扬为国家、民族、人民利益甘愿牺牲奉献的精神，打牢部队军事斗争准备和未来作战的思想基础。要特别注意在部队中宣传马克思主义战争观，大力弘扬革命英雄主义，增强官兵敢打必胜的信心，锤炼一不怕苦、二不怕死的坚强意志。要坚持从难从严从实战需要出发进行军事训练，使部队的技战术水平有大的提高，练就过硬的战斗作风。

人才是建军治军之本，也是军事斗争准备的关键。必须充分认识人才培养的极端重要性和现实紧迫性，采取超常措施，下大气力抓紧抓好。要发挥院校主渠道的作用，提高教育质量和办学效益，多出人才，出好人才。同时，要加强在职培训和岗位培训。要突出抓好军事指挥人才的培养，重点解决高技术知识和联合作战指挥能力欠缺的问题。要重视做好人才吸收和保留工作，进一步完善有关政策制度。对尖子人才、特殊人才，应该有些特殊政策，给予适当的特殊待遇。

坚持党对军队的绝对领导，是我军建军治军的根本原则，也是做好军事斗争准备、赢得未来战争胜利的根本保证。要按照“三个代表”要求加强军队党的建设，不断增强各级党组织的创造力、凝聚力、战斗力。要按照党的十五届六中全会精神，大力加强作风建设，以良好的作风推进军事斗争准备的落实。要加强党委对军事斗争准备各项工作的领导，确保党中央和中央军委的决策指示的贯彻落实，确保军事斗争准备的正确方向。党支部要充分发挥战斗堡垒作用，共产党员要发挥先锋模范作用，团结和带领官兵努力完成军事斗争准备的各项任务。

注　释

〔1〕二〇〇一年九月十一日，恐怖分子劫持四架民航客机，其中两架撞击美国纽约世界贸易中心双塔楼，一架撞击美国国防部五角大楼，一架在飞行途中坠毁，共导致近三千人遇难。这一大规模恐怖袭击事件，被称为九一一事件。美方认定这一事件为本·拉登领导的"基地"组织所为，要求阿富汗塔利班（意为"伊斯兰学生军"）政权将在阿富汗境内的本·拉登引渡到美国受审，遭到拒绝。同年十月七日，美国在其盟国支持下，对阿富汗发动了代号为"持久自由"的空中军事打击，阿富汗战争爆发。十一月十一日，在美国空军支援下，阿富汗反塔利班政权的北方联盟军队发起地面进攻。塔利班武装迅速溃退，十一月十三日撤出首都喀布尔，十二月七日又撤出其根据地坎大哈。美国对阿富汗大规模空中打击暂告一段落。此后，美国领导的联军长期在阿富汗境内清剿塔利班和"基地"组织残余。

〔2〕布什，即乔治·沃克·布什，一九四六年生，美国共和党人。二〇〇一年起任美国总统。

〔3〕参见本卷《深化团结协作，共创美好世纪》注〔1〕。

〔4〕参见本书第二卷《实现国防和军队现代化建设跨世纪发展的战略目标》。

〔5〕见本卷《机械化和信息化是我军建设的双重历史任务》注〔3〕。

〔6〕科索沃战争，指一九九九年三月至六月以美国为首的北约对南斯拉夫联盟共和国的战争。根据南联盟法律规定，科索沃是南联盟塞尔维亚共和国的一个自治省。该省的阿尔巴尼亚族人和塞尔维亚族人长期存在民族矛盾、宗教矛盾。二十世纪末，科索沃的阿尔巴尼亚族独立愿望上升，与南联盟政府发生武装冲突。一九九九年三月二十四日，以美国为首的北约打着"人权高于主权"的

旗号，以维护科索沃的阿尔巴尼亚族人权为由武装干涉南联盟内部事务，科索沃战争爆发。战争期间，北约对南联盟境内军事和民用目标进行了七十八天狂轰滥炸，还用导弹袭击了中国驻南联盟大使馆。六月九日，南联盟政府被迫与北约签署了将军警撤出科索沃的协议。六月十二日，以北约为主导的多国部队进驻科索沃实行军事保护。

〔7〕见本卷《机械化和信息化是我军建设的双重历史任务》注〔2〕。

〔8〕全球信息栅格，是覆盖全球的栅格状信息网络，其本质是为用户随时随地提供互连、互通、互操作能力的一体化通信和计算环境。一九九九年，美军为解决各类信息系统互连、互通能力差的问题，满足不断增长的通信和信息处理需求，首次提出这一概念。主要内容是：通过集成各类军事通信和信息系统，将遍及全球的美军连接在一起，构建全球互连的信息栅格，全面支持信息收集、处理、存储、传递和分发，为作战、指挥、决策、保障人员提供无缝隙信息共享和服务，实现信息和决策优势，支持以网络为中心的作战。

〔9〕见毛泽东《关于台湾问题》（《毛泽东外交文选》，中央文献出版社、世界知识出版社 1994 年版，第 380 页）。

〔10〕这段话出自邓小平一九七八年一月七日会见美国国会议员团时的谈话（《邓小平年谱（一九七五——一九九七）》上卷，中央文献出版社 2004 年版，第 255 页）。

〔11〕这是西汉司马迁《史记》卷九十七《陆贾传》中记载的汉初政论家陆贾的话。原文是："居马上得之，宁可以马上治之乎？且汤武逆取而以顺守之，文武并用，长久之术也。"

以稳定、安全、灵活、多元的思路筹划工作*

（二〇〇一年十一月二十七日）

当前，国际形势跌宕起伏，复杂多变，特别是九一一事件[1]的发生，又增加了新的不确定因素。我们要继续密切关注和正确分析形势的发展变化，这是制定方针政策的依据，也是统一思想和行动的前提。

九一一事件是美国本土有史以来遭受的最大规模的恐怖袭击，造成重大人员伤亡和财产损失，引起国际社会极大震惊和强烈反应。这个事件是在冷战结束后国际局势继续深刻变化的条件下发生的，也是在国际社会各种矛盾错综复杂的背景下发生的，有其深刻的政治、经济、文化、历史根源。恐怖主义是国际公害。我们一贯坚决反对和谴责任何形式的恐怖主义暴力活动。在今年六月召开的上海合作组织会议上，我们明确提出了要联合反对恐怖主义。九一一事件发生后，我国多次表明对打击国际恐怖主义暴力活动的严正立场。我们主张，打击恐怖主义要有真凭实据，要有明确目标，不要伤及无辜；打击恐怖主义要在联合国宪章的宗旨和原则的范围内行

---

* 这是江泽民同志在中央经济工作会议上讲话的一部分。

动，要经过联合国安理会讨论；打击恐怖主义要有长远观点，要有利于世界的和平与发展。我们的主张合情合理，伸张了正义，主持了公道，各方面反映是好的。

九一一事件及美国对阿富汗实施军事打击〔2〕，给国际形势和格局造成深刻影响。尽管事态本身仍在发展之中，还会有许多变数，但从目前情况看，仍然可以得出三个基本判断。一是和平与发展作为当今时代的主题不会改变。国际局势的基本态势是，总体和平、局部战乱，总体缓和、局部紧张，总体稳定、局部动荡。尽管和平与发展这两个问题一个也没有解决，但世界大战打不起来，我国被迫卷入周边局部战争的可能性不大。经过努力，我们仍然可以赢得较长时期的国际和平环境。二是世界多极化的发展趋势不会改变。当前，反对恐怖主义已成为美国政府的首要任务。出于反恐需要，美国谋求改善同各大国及相关国家的关系，加强与盟国的协调和合作，世界各大国和各种力量都在谋求局势朝着有利于自己的方向发展。虽然美国推行其对外政策困难增多，其对外政策会有所调整，但我们应该清醒地看到，美国不会放弃其全球战略，还会借反恐推进其全球战略，达到它原先想达到而难以达到的目的，打击它原先想打击而无法打击的目标，控制它原先想控制而控制不了的国家，挤进它原先想挤进而难以挤进的地区，实现其全球战略目标。三是我们面临的国际环境依然是机遇大于挑战。九一一事件让美国人看清其真正面临的现实威胁不是中国，这有助于削弱“中国威胁论”在美国的影响，客观上有利于减轻对我国的压力。打击国际恐怖主义的大气候，也有利于我国进一步打击“东突”〔3〕恐怖主义势力，切断境外恐怖主义势力与境内恐怖主义分子的联系，确保我国西部边陲安宁。总的看，只要把握机遇、应对得当，我国的安全环境就可以进一步得到改善。

目前，美国对阿富汗的军事打击行动仍在进行中。我们要冷静观察、沉着应付，坚持独立自主的和平外交政策，不当头，不扛旗。要妥善处理大国关系，稳定周边，团结广大发展中国家，确保我国安全利益不受损害。我们要态度鲜明地反对任何形式的恐怖主义，同时要处理好反对恐怖主义和反对霸权主义的关系，不能因为反霸就放弃反恐，也不能因为反恐就忘记反霸。有关部门要认真研究分析这次恐怖事件，加强对恐怖主义产生根源、活动特点和方式的研究，防范恐怖主义暴力活动。要努力营造长期稳定、安全可靠的国际和平环境，集中力量把自己的事情办好，特别是把经济搞上去，不断增强我们的综合国力。

从国际经济形势看，一年来世界经济环境出现较大变化。美国去年上半年经济增长速度还是百分之五点七，下半年增速开始下滑，今年以来经济增长更加放慢；尽管美联储连续降息，仍未能扭转颓势，第二季度增长率仅百分之零点三。日本经济更加低迷，欧洲经济增长乏力。美国经济占世界经济总量百分之三十左右，美国、日本、欧洲在世界经济总量中所占比重超过百分之七十，三大经济体同时陷入低潮，是一九七五年以来的第一次，世界经济和贸易出现十年来最缓慢的增长。九一一事件使美国经济雪上加霜，航空、旅游、保险、金融等行业遭到重创，失业人数急剧增加，民众信心严重受挫，消费者信心指数落至五年半以来最低水平，道·琼斯指数创下一周内下跌幅度最大记录。美国经济由增长放缓滑向衰退，第四季度可能为负增长。九一一事件也给世界经济带来巨大冲击，全球各大股市、汇市都出现剧烈振荡，石油等战略物资价格大幅波动。联合国有关报告认为，九一一事件将使全球经济增长率降低一个百分点，损失达三千五百亿美元。世界贸易量增幅锐减，国际直接投资明显下降，金融市场可能出现新的动荡。九一一事件对美国和世界经济未来趋势的影响，还将随着事态发展而变化。

世界经济发展态势及九一一事件对我国经济发展的影响不可低估，最直接的影响就是外贸出口。我国外部经济环境趋紧，主要贸易伙伴经济滑坡，国际市场持续萎缩，外贸形势相当严峻，不仅影响我国今年出口预期目标的实现，而且明年出口的难度更大。总的看，九一一事件的影响将在明年进一步显现，我们可能面临更为严峻的国际经济形势。一九九七年发生亚洲金融危机时，全球经济增长速度在百分之四左右，而现在是百分之二左右；亚洲发生金融危机的国家和地区占我国出口市场份额不大，而现在出现经济滑坡的几个大国都是我国出口的主要市场。凡事预则立，不预则废。面对复杂多变的局势，我们宁可把困难估计得严重一点，把影响时间预想得长一点，把应对预案准备得充分一点，使明年经济发展建立在扎实可靠的基础上。只有这样，才能避免被动，立于不败之地。

从国内经济形势看，明年经济工作也面临一些突出问题。农民收入增长较慢，就业压力增大，企业改革中许多深层次矛盾尚未解决，市场秩序还存在不少问题，加入世界贸易组织使我们面临更加激烈的竞争，国民经济结构性矛盾仍然比较突出，整体素质和效益不高。清醒地认识这些问题，并采取切实措施加以解决，对保持国民经济持续发展至关重要。同时，也要充分看到明年经济发展的有利条件。我国已建立了比较雄厚的物质技术基础，外汇储备充裕。在应对来自国际国内政治、经济的各种重大事件的考验中，我们积累了抵御风险的丰富经验。我们有广阔的国内市场，经济发展的回旋余地较大。我国社会政治经济稳定，对外资和人才的吸引力增强。特别是党的领导坚强有力，全国人民团结一致，这是我们继续前进的政治优势和可靠保证。

总体来说，在当前的国际国内形势下，必须以稳定、安全、灵活、多元为思路来筹划我们的工作。稳定，就是各项工作都必须致力于维护政治上安定团结和社会稳定的大局，宏观政策要保持必要的稳定性和连续性，各项改革必须稳步推进，以确保国民经济稳定增长，避免出现大起大落。安全，就是要头脑清醒、居安思危，深刻认识新形势下维护国家政治安全、经济安全、国防安全的极端重要性和紧迫性，确保信息安全、金融安全和粮食、石油等重要战略物资的安全。灵活，就是既要坚持大政方针不变，又要善于抓住机遇，根据形势的变化适时调整政策，趋利避害。孙子兵法说"合于利而动，不合于利而止"〔4〕，讲的就是这个道理。多元，就是要广泛加强同世界各国各地区的交流和合作，促进外贸出口市场的多元化、外汇储备结构的多元化、重要物资进口渠道的多元化。稳定、安全、灵活、多元，既有战略上的考虑，又有策略上的运用，要全面理解、整体把握。

注　释

〔**1**〕见本卷《加强合作，共同迎接新世纪的新挑战》注〔1〕。

〔**2**〕见本卷《营造有利战略态势，增强国家战略能力》注〔1〕。

〔**3**〕“东突”，即“东突厥斯坦”。详见本卷《始终做到“三个代表”是我们党的立党之本、执政之基、力量之源》注〔7〕。

〔**4**〕见《孙子·火攻》。

论宗教问题*

（二〇〇一年十二月十日）

这次全国宗教工作会议，是党中央、国务院召开的一次重要会议。会议的主要任务是：以邓小平理论和党的基本路线为指导，贯彻“三个代表”要求，总结这些年来宗教工作取得的经验，研究和分析宗教工作面临的新形势、新情况、新问题，进一步提高全党对宗教工作重要性的认识，统一思想，明确任务，切实做好新世纪初的宗教工作，为改革发展稳定的大局服务。

一、关于宗教问题的复杂性和做好宗教工作的重要性

从国内外形势的发展变化出发，科学分析宗教问题，深刻认识宗教问题的特殊复杂性，正确把握宗教的活动规律，是我们做好宗教工作的前提。

进入新世纪，和平与发展仍然是时代的主题，世界多极化和经济全球化的趋势继续发展，科技进步日新月异，为我国改

* 这是江泽民同志在全国宗教工作会议上的讲话。

革开放和现代化建设提供了重要机遇。但是,天下仍很不太平,各种矛盾错综复杂,各种力量激烈较量。九一一事件的发生,美国对阿富汗采取的军事行动[1],以及世界各种力量围绕反恐怖主义进行的既合作又斗争的新的排列组合,说明国际局势正在发生冷战结束以来最为深刻的变化,不稳定因素增多。对国际局势中出现的新的不稳定因素,以及它们可能给我国带来的影响,我们要充分估计,加强研究,做好准备,未雨绸缪。同时,应该看到,维护和平、谋求发展依然是各国人民的普遍愿望,世界和平仍可以维持。总体和平、局部战乱,总体缓和、局部紧张,总体稳定、局部动荡,是当前和今后一个时期国际局势的基本态势。

九一一事件,是美国本土上发生的前所未有的恐怖暴力袭击。这个事件的发生,有复杂的政治、经济、文化、历史、社会的背景,其中包括很深刻的宗教背景。策划和参与九一一事件的恐怖主义分子都是宗教极端分子。现在世界上发生的冲突和局部战争,如旷日持久的中东问题、克什米尔问题等,绝大多数都有民族问题、宗教问题的背景。这说明,要了解当今世界,必须了解宗教。对宗教问题在当今世界政治社会生活中的影响,绝不可低估。无论是做好国内各项工作,还是开展对外工作,都要求我们密切关注宗教问题。

宗教问题从来就不是孤立存在的,它总是同政治、经济、文化、民族等方面历史和现实的矛盾相交错,具有特殊复杂性。从历史和现实的角度看,观察世界的宗教问题,必须把握住其三个主要特点。

第一个特点是:宗教的存在有着深刻的社会历史根源,宗教将会长期存在并发生作用。

一切宗教都不过是支配着人们日常生活的外部力量在人们头脑中的幻想的反映〔2〕。宗教是人类社会发展一定阶段的历史现象，其存在有复杂的自然根源、社会根源和认识根源。最初，由于科技不发展和人们的认识能力的限制，人类不能理解自然界的很多现象，如天体运行、刮风下雨、闪电打雷，如地震海啸、洪水干旱等自然灾害，也不能把握自己的命运，于是就想象有什么神在主宰宇宙万物。人类进入阶级社会后，宗教又与复杂的社会因素交织在一起，有劳苦民众受到压迫又无力摆脱悲惨境遇而到宗教中寻求精神寄托的一面，也有历代统治者利用宗教来加强自己统治的一面。马克思主义认为，随着社会生产力的发展、文明的进步和人们思想觉悟的提高，宗教存在的基础和条件将逐渐减少，最终是要消亡的，但这将是一个十分漫长的过程。

当今世界存在的主要宗教，佛教、犹太教有两千年以上的历史，基督教有近两千年的历史，伊斯兰教有近一千四百年的历史，我国土生土长的道教也有一千八百多年的历史了。在漫长的历史进程中，世界发生了巨大变化，科学技术取得了巨大进步，人类对自然界和社会运动的规律性认识大大提高，人们对宗教现象的认识也大大深化了，但从世界范围看，宗教不仅存在，还时有蔓延发展之势。传统的几大宗教继续发展，而且内部教派林立。各种新兴宗教组织层出不穷，有人估计有数千个之多。一些极端势力以及邪教也吸引了大批信徒，制造了不少骇人听闻的事件。特别是在西方国家，科学技术不可谓不发达，生活水平不可谓不高，但宗教的影响根深蒂固，信仰宗教的人数并没有明显减少。

这些情况的存在，并不表明历史唯物主义关于宗教问题的观点就站不住了，而是表明人类社会物质文明和精神文明发展的程度，以及人们思想认识的水平，还远未达到足以消除宗教根源的程度，宗教还有存在的相当深层的条件。社会发生的剧烈变化，人们在物质生活或精神生活中遇到的困难和空虚等境况，贫困、疾病、灾害、犯罪、动荡、战争带来的社会不安和苦难，以及生命和宇宙中还存在的很多尚未作出科学解释的现象，都可能成为促使人们到宗教中去寻求精神依托的原因。世界上很多大科学家，由于世界观和多方面的原因，也信仰宗教，或者有自己的宗教观念。这就说明，宗教现象是十分复杂的。

我们必须认识到，宗教是人类社会的客观存在，不仅过去长期存在，将来也还会长期存在，不可能强制地加以消灭。历史上曾发生过不少人为消灭某种宗教的事件，如早期古罗马统治者对基督教的迫害，我国历史上南北朝时期的北魏与北周、唐代、五代时期的后周曾经发生的禁佛事件等，最终都没能达到目的。苏联曾经长期抑制宗教，但苏联解体以后，宗教在俄罗斯和独联体其他国家中又迅速发展起来。“文化大革命”期间，我们在宗教问题上也有不少教训。历史和现实都说明，宗教存在的根源在于现实社会，而现实社会的矛盾斗争和不平衡发展的长期性，又决定了宗教根源存在的长期性，决定了宗教存在的长期性。

第二个特点是：宗教与一定社会的经济、政治、文化问题交织在一起，对社会发展和稳定产生重大影响。

宗教的存在，是以大量群众信奉为前提的。世界上影响大的宗教，都有很大数量的信徒。根据国外有关统计，现在世界上，基督教徒约二十亿，穆斯林约十二亿，佛教徒约三亿六千万，印度教徒约八亿，犹太教徒约一千四百万，新兴宗教的信奉者约一亿多，加上其他各种宗教的信奉者，世界六十一亿人口中约百分之八十的人信仰宗教。伊斯兰教更是有关民族几乎全民信仰的宗教。由于宗教的这种群众性，宗教往往构成一种非常强大的社会力量，处理得好，可以对社会发展和稳定产生积极作用；处理得不好，就会产生消极作用，甚至产生很大破坏作用。关键看能否有效地管理和引导宗教，减少宗教中的消极因素，发挥宗教中的积极因素。

正因为宗教是一种群众性的社会现象，宗教往往成为社会各种势力争取和利用的对象，同时反过来，宗教又往往成为一些现实斗争和矛盾的依托与深刻背景。人们争取和利用宗教力量，目的就是要争取和利用众多的信教群众。纵观世界历史，各种宗教既相互联系又相互渗透，始终与复杂的社会政治斗争和民族关系交织在一起。统治阶级往往力图借助宗教来加强其政治统治，而被压迫群众为摆脱苦难也往往以宗教作掩护或号召而进行反抗。在当今世界上，宗教更是为各派政治和社会力量所加紧利用。一些国家和地区矛盾激烈、冲突不断，往往与民族问题、宗教问题卷在一起。当狭隘民族主义与宗教极端主义相结合时，就有可能产生很大破坏力。南斯拉夫科索沃问题、英国北爱尔兰问题、菲律宾南部的反政府武装等，都有很复杂的民族、宗教因素。由于宗教牵涉到数量庞大的信教群众，而且总是与社会政治问题结合得很紧，如何对待和处理宗教问题，始终是一个很敏感、很复杂的社会课题。

第三个特点是：宗教常常与现实的国际斗争和冲突相交织，是国际关系和世界政治中的一个重要因素。

在历史发展的进程中，形成了既有一个民族信仰一种宗教，又有一个民族信仰多种宗教，或一种宗教的信徒跨越多个民族、多个国家的局面。世界几大主要宗教都是跨民族、跨国界的宗教。这就使宗教不仅本身成为国际关系和世界政治中的一个重要因素，而且又往往同国家与国家、民族与民族的矛盾和冲突交汇在一起，起到推波助澜的作用，对国际关系和世界政治产生不可低估的影响。宗教的这个特点，冷战结束以后更为突出，越来越引起人们的关注。

宗教作为一种国际现象，有多方面的表现。长期以来，各派宗教都积极在世界范围内扩展自己的影响，向其他国家发展信徒。不仅大的宗教这样做，一些小的宗教也不甘落后。很多宗教组织势力强大，对本国政府施加影响，左右政府的外交政策。宗教既可以成为强大民族推行扩张政策、践踏弱小民族的精神手段，也可以成为弱小民族反抗强权、维护本民族利益的精神旗帜。分布在不同国家的同一宗教的信徒，由于具有相同的宗教文化、宗教感情，往往容易形成一种跨民族、跨国界的力量，相互支持，相互声援，甚至对有关国家的政治和国际事务产生重大影响。

值得注意的是，从宗教产生之日起，各种政治势力就把宗教当作一种重要手段，或者以宗教的名义，来推行自己的政治意图和战略。在人类历史上，由宗教引起的矛盾和冲突、打着

"宗教"旗号进行的侵略和战争多得很。七世纪到十六世纪初，信奉伊斯兰教的一些势力通过武力对亚洲、欧洲、非洲的广大地区进行了旷日持久的扩张。十一世纪末到十三世纪末，十字军东征[3]进行了长达二百年之久，所到之处，刀光剑影，血流成河。在西方殖民主义和帝国主义的早期殖民扩张中，宗教从来都是相伴而至的。近代西方列强侵略中国之时，天主教、基督教[4]就成为他们进行政治、文化渗透和奴役中国人民的一个得心应手的工具。长期以来，国际敌对势力一直把民族问题、宗教问题作为遏制或颠覆社会主义国家和他们所不喜欢的国家的重要手段。在苏联解体、东欧剧变的过程中，国际敌对势力就利用了宗教。冷战结束以后，国际敌对势力也加紧利用民族问题、宗教问题，对我国实施西化、分化的政治战略。

国际宗教领域的对立和斗争，归根到底总是围绕不同的现实政治、经济利益的斗争和争夺进行的。因此，这种对立和斗争，仅仅在宗教领域里是不可能解决的。只要公正合理的国际政治经济新秩序没有建立起来，世界各国的发展差距和贫富差距依然存在，围绕不同的现实政治、经济利益进行的斗争和争夺，以及宗教在这种斗争中的介入和作用，就会长期存在。

宗教的这三个特点，是相互联系、相辅相成的，其中最根本的是宗教存在的长期性。我们观察和分析宗教问题，开展宗教工作，必须时刻注意并充分估计宗教的这些特点及其带来的影响。

我们共产党人是唯物主义者，不信仰宗教，同时坚持以科学的观点和方法对待宗教，努力认识和掌握宗教自身的规律。

正确认识我国社会存在的宗教问题，关键是要立足于我国社会主义初级阶段的基本国情，充分认识宗教存在的长期性，以及在复杂的国内外形势下宗教问题所具有的特殊复杂性。由于社会主义制度的建立、改革开放的深入和社会主义市场经济的发展，我国宗教存在的阶级根源已经基本消失，宗教存在的自然根源、社会根源和认识根源也发生了很大变化。社会主义社会为发挥宗教的积极因素、抑制宗教的消极因素创造了有利条件。新中国成立后，我国各宗教通过开展反帝爱国运动和宗教制度的民主改革，政治上发生了根本性变化。宗教界的爱国人士和广大信教群众拥护党的领导，拥护社会主义制度，成为爱国统一战线的重要组成部分。他们坚持爱国爱教、团结进步，党同宗教界团结合作的政治基础不断巩固。但是，由于我国生产力发展水平还不高，科学技术还不发达，人们的思想道德素质和科学文化素质也还不高，加上国际环境的影响，我国宗教存在的根源仍将长期存在。在我国，宗教的社会作用仍然具有两重性，既有积极的一面，也有消极的一面，还会受到一定范围内存在的阶级斗争和国际上一些复杂因素的影响。对这个基本现实，我们必须始终保持清醒的认识。

恩格斯曾经说："当社会通过占有和有计划地使用全部生产资料而使自己和一切社会成员摆脱奴役状态的时候……当谋事在人，成事也在人的时候，现在还在宗教中反映出来的最后的异己力量才会消失，因而宗教反映本身也就随着消失。"〔5〕马克思、恩格斯认为，宗教的根源不是在天上，而是在人间。在阶级社会中,宗教对人类的压迫是社会内部经济压迫的产物和反映,劳动群众受到这种压迫又无法解脱,就往往到宗教中去寻找精神寄托;剥削阶级也利用宗教作为控制群众的重要精神手段,削弱劳动群众的反抗意志,分散劳动群众的反抗力量。马克思说“宗教是被压迫生灵的叹息”、“宗教是人民的鸦片”〔6〕,就是从这个意思上来讲的。因此,必须进行社会变革,消灭剥削制度和剥削阶级,消除宗教存在的最深刻的社会根源。现在看来,社会主义制度的建立,有利于消除宗教存在的阶级根源,但宗教存在的其他社会根源和自然根源、认识根源的消失,则需要经历一个极为漫长的历史时期。从长远看,随着社会主义物质文明和精神文明的发展,人们不断掌握自然界的奥秘和自己的命运,对客观世界、生命运动和宗教本质的认识不断趋于科学和理性,有利于宗教最终走向消亡,但这绝不是短时期内可以达到的。马克思说,宗教的消亡,“这需要有一定的社会物质基础或一系列物质生存条件,而这些条件本身又是长期的、痛苦的发展史的自然产物”〔7〕。可以说,宗教走向最终消亡可能比阶级、国家的消亡还要久远。

我国现在还处在社会主义初级阶段,社会主义初级阶段就是不发达的阶段。在我们这样一个有几千年历史、十二亿多人口的发展中大国,要实现物质文明和精神文明的充分发展,必须经历一个漫长的历史阶段。邓小平同志说,巩固和发展社会主义制度,需要我们几代人、十几代人,甚至几十代人坚持不懈地努力奋斗。我们观察问题,提出任务,都要从我国社会主义初级阶段的基本国情出发,对待宗教问题也是如此。

我们必须正确认识社会主义条件下宗教存在的长期性，既不能用行政的力量去消灭宗教，也不能用行政的力量去发展宗教，而要积极引导宗教与社会主义社会相适应，立足长远，着眼当前，坚持不懈地做好宗教工作。

宗教工作，是党和国家工作中的重要组成部分，在党和国家事业发展的大局中有着重要地位。我国已经进入全面建设小康社会、加快推进社会主义现代化的新的发展阶段，要实现现代化建设的第三步战略目标，实现中华民族的伟大复兴，必须在爱国主义的旗帜下，把包括广大信教群众在内的海内外中华儿女最大限度地团结起来。我国信仰各种宗教的群众有一亿多，他们也是建设有中国特色社会主义的积极力量。我们必须团结、教育、引导这部分群众，把他们在生产和工作中的积极性和创造性充分调动起来，以利依靠和团结全体人民共同推进社会主义物质文明和精神文明建设。我国是一个多民族、多宗教的国家，宗教在一些民族特别是边疆少数民族中有着广泛影响，我们必须正确认识和解决民族问题、宗教问题，维护和加强各民族的团结、社会的稳定和祖国的统一。宗教工作也是开展国际友好往来和维护国家安全的重要领域，我们必须认识做好宗教工作对搞好我国对外关系和维护国家安全的重要性，努力为我国改革开放和现代化建设创造一个有利的外部环境。

总之，在当前的国内外形势下，党对宗教工作的领导，政府对宗教事务的管理，只能加强，不能削弱。做好宗教工作，关系到保持党同人民群众的血肉联系，关系到推进两个文明建设，关系到加强民族团结、保持社会稳定、维护国家安全和祖国统一,关系到我国的对外关系。全党同志必须从保证党和国家长治久安、维护改革发展稳定大局的政治高度观察和处理宗教问题,充分认识做好宗教工作的重要性,增强责任感和紧迫感。

二、关于新世纪初宗教工作的基本任务和重要工作

新世纪初宗教工作的基本任务是:全面贯彻党的宗教信仰自由政策,依法管理宗教事务,积极引导宗教与社会主义社会相适应,坚持独立自主自办的原则,巩固和发展党同宗教界的爱国统一战线,维护稳定,增进团结,为推进社会主义现代化建设、实现祖国的完全统一、维护世界和平与促进共同发展而努力奋斗。

新中国成立以来特别是改革开放以来,我们党坚持把马克思主义关于宗教的基本原理同中国宗教的具体实际相结合,在实践中提出和发展了一系列符合我国国情的关于宗教问题的基本观点和基本政策,制定了全面贯彻执行党的宗教政策、保障公民宗教信仰自由、依法管理宗教事务、积极引导宗教与社会主义社会相适应的基本方针,坚持了我国宗教团体和宗教事务不受外国势力支配的宪法规定,确立了党同宗教界人士政治上团结合作、信仰上互相尊重的基本原则,提出了正确处理宗教领域两类不同性质矛盾的要求,明确了宗教界要遵守维护法律尊严、维护人民利益、维护民族团结、维护国家统一的行为准则,建立和发展了党同宗教界的爱国统一

战线。对这些方针政策和要求,全党同志特别是党的各级领导干部,要认真学习,始终不渝地贯彻落实。

当前,我国宗教方面的形势总体上是好的,但也存在一些突出问题。一些地方宗教活动混乱,教徒发展泛滥,乱建寺观教堂、滥塑佛像和以各种借口聚敛钱财的现象屡禁不止。一些地方早已被废除的宗教封建特权死灰复燃,利用宗教干预行政、司法、教育的情况有所抬头。因民族、宗教因素引发的影响社会稳定的突发性事件和群体性事件时有发生。境外利用宗教对我进行的渗透不断加剧。另外,打着"宗教"旗号的邪教和其他违法犯罪活动猖獗。这些问题,有的是新形势下出现的新问题,也有的是原有矛盾在新条件下的延续和发展,其中大量属于人民内部矛盾,也有一些是属于敌我性质的矛盾,还有两类矛盾相互交织的复杂情况。还应该看到,不尊重信教群众的信仰、干涉正常宗教活动、侵犯宗教界合法权益的情况,在一些地方仍不同程度地存在,爱国宗教团体和爱国宗教教职人员队伍建设还比较薄弱。对这些问题,我们必须高度重视,并采取有力措施加以解决。

为了落实新世纪初宗教工作的基本任务,切实解决宗教工作中存在的问题,必须做好以下几项重要工作。

第一,全面正确地贯彻宗教信仰自由政策。宗教信仰自由是我们党一项长期的基本政策,是宪法赋予公民的一项基本权利。尊重和保护公民的宗教信仰自由权利,是我们党维护人民利益、尊重和保护人权的重要体现,也是最大限度团结人民群众的需要。我们实行宗教信仰自由政策的根本出发点和落脚点,就是要大力加强广大信教和不信教的群众的团结,把他们的力量凝聚到建设有中国特色社会主义这个共同目标上来。

尊重信教群众的信仰，是把我国一亿多信教群众紧密团结在党和政府周围的前提。如果对他们的信仰不尊重、不理解，甚至采取错误的做法，广大信教群众就不会靠拢我们，就会与党和政府离心离德。我们共产党人坚持马克思主义的无神论，但不能简单地把无神论和有神论的区别等同于政治上的对立。无神论者和有神论者思想信仰虽然不同，但在爱国、维护祖国统一、拥护社会主义等涉及政治立场和政治方向的原则问题上是可以一致的。因此，必须坚持政治上团结合作、信仰上互相尊重。在社会主义条件下，信教和不信教以及信仰不同宗教的群众，他们在这种信仰上的差异是比较次要的差异，他们在政治上、经济上的根本利益是相同的。我们党代表最广大人民的根本利益，当然也包括广大信教群众的合法利益。认真执行党的宗教政策，正确处理党同宗教界人士和信教群众的关系，有利于巩固和扩大党的群众基础，增强党在广大信教群众中的吸引力和凝聚力，把他们紧紧团结在党的周围。

全面正确地贯彻宗教信仰自由政策，一方面要求尊重每个公民信仰宗教的自由和不信仰宗教的自由。任何组织和个人都不得强制公民信仰宗教或者不信仰宗教，不得歧视信仰宗教的公民和不信仰宗教的公民。对不尊重公民宗教信仰自由权利和损害宗教界合法权益的错误行为，必须坚决予以纠正。另一方面要求坚持权利和义务的统一。宗教信仰自由不等于宗教活动可以不受任何约束。宗教界人士和信教群众首先是中华人民共和国的公民，要把国家和人民的根本利益放在首位，承担遵守宪法、法律法规和方针政策的义务。宗教必须在宪法和法律规定的权利和义务范围内活动，任何人不得利用宗教反对党的领导和社会主义制度，宗教活动不得妨碍社会秩序、工作秩序和生活秩序。

实行宗教信仰自由政策，尊重信教群众的信仰，并不是说就可以放弃对他们的思想政治工作，放弃在他们中开展思想道德建设和科学文化教育的工作。对信教和不信教的群众，都要进行爱国主义、集体主义、社会主义教育，都要加强法制教育和公民道德建设，都要大力开展普及科学文化知识特别是现代科学知识的工作。要加强对人民群众特别是青少年的科学世界观的宣传教育，不断提高全民族的思想道德素质和科学文化素质，努力使他们成为有理想、有道德、有文化、有纪律的社会主义建设者。尤其要努力把我国广大青少年教育和培养成为具有建设有中国特色社会主义坚定理想、掌握丰富科学文化知识的一代新人。这是关系我国未来发展的大事，各级党委和政府、各有关部门务必高度注意。在做这些工作时，要注意把握好政策，讲求方式方法，不要妨碍信教群众的信仰，不要伤害他们的宗教情感。

第二，依法管理宗教事务。依法管理宗教事务，是我们实行依法治国基本方略的必然要求。依法进行管理，就是要切实保障宗教信仰自由，保证正常宗教活动有序进行，保护宗教团体的合法利益。我国实行政教分离的原则，任何宗教都没有超越宪法和法律的特权，都不能干预国家行政、司法、教育等国家职能的实施。宗教方面涉及国家利益和社会公共利益的事项和活动，必须纳入依法管理的范围。不能以宗教信仰自由和政教分离为借口，放弃或摆脱国家对宗教事务的管理。绝不允许恢复已被废除的宗教封建特权和宗教压迫剥削制度。绝不允许利用宗教反对党的领导和社会主义制度，破坏国家统一和国内各民族的团结。绝不允许利用宗教损害国家和社会的利益，妨碍其他公民的合法权利。

依法管理宗教事务的要旨是，保护合法，制止非法，抵御渗透，打击犯罪。我国宗教方面的矛盾主要是人民内部矛盾，但也存在一些敌我性质的矛盾。要严格区分、妥善处理两类不同性质的矛盾。对于人民内部矛盾，务必正确而慎重地处理，防止矛盾激化。要依法保护正常的宗教活动和宗教界的合法权益，制止利用宗教进行的非法活动，抵御境外利用宗教进行的渗透，打击利用宗教进行的违法犯罪活动。

长期以来，我们一些同志中对宗教存在着两种认识上的问题。一种是，不认真学习和理解党关于宗教问题的理论和方针政策，简单地把有神论和无神论的区别等同于政治上的对立，甚至把宗教界人士和信教群众视为异己力量，对宗教采取简单粗暴的态度。另一种是，缺乏政治意识，忽视宗教对社会的消极影响，放弃对宗教事务的管理和对宗教界人士的教育引导，甚至热衷于搞“宗教搭台，经济唱戏”，助长宗教热，对境外利用宗教进行的渗透视而不见、丧失警惕。这两种思想都不利于做好宗教工作，甚至可能导致严重后果，必须坚决加以克服。

第三，积极引导宗教与社会主义社会相适应。这是我们党从社会主义初级阶段这一基本国情出发，总结新中国成立以来宗教工作的成功经验作出的科学论断，是我国宗教在历史过程中的正确方向。通观我国和世界的宗教历史，可以发现一条共同的规律，就是宗教都要适应其所处的社会和时代才能存在和延续，十六世纪基督教发生的宗教改革运动〔8〕就是一个例子。我国是社会主义国家，我国宗教是在社会主义条件下存在和活动的，必须与社会主义社会相适应。这既是社会主义社会对我国宗教的客观要求，也是我国各宗教自身存在的客观要求。

我国社会主义制度的建立，建设有中国特色社会主义，符合包括信教群众在内的广大人民群众的根本利益。这是我们做好宗教工作的政治基础。我国各宗教通过自身的改革和进步，也为在社会主义社会发挥其积极因素打下了一定基础。我们要充分运用这些有利条件，进一步把引导宗教与社会主义社会相适应的工作做好。

积极引导宗教与社会主义社会相适应，不是要求宗教界人士和信教群众放弃宗教信仰，而是要求他们热爱祖国，拥护社会主义制度，拥护中国共产党的领导，遵守国家的法律法规和方针政策；要求他们从事的宗教活动要服从和服务于国家的最高利益和民族的整体利益；支持他们努力对宗教教义作出符合社会进步要求的阐释；支持他们同各族人民一道反对一切利用宗教进行危害社会主义祖国和人民利益的非法活动，为民族团结、社会发展和祖国统一多作贡献。要鼓励和支持宗教界继续发扬爱国爱教、团结进步、服务社会的优良传统，在积极与社会主义社会相适应方面不断迈出新的步伐。

近年来，宗教界爱国进步人士根据新的历史条件，努力挖掘和弘扬宗教教义、宗教道德、宗教文化中有利于社会发展、时代进步和健康文明的内容，对宗教教义进行符合社会进步要求的阐释。我国基督教界开展神学思想建设，藏传佛教界进行寺庙爱国主义教育，天主教界开展民主办教，伊斯兰教界进行“解经”工作，等等，这些努力对于我们的社会、对于宗教自身都有着重要意义。各级党委和政府要重视和支持宗教界的这种努力，同时要启发和引导宗教界人士自己来进行，不能由我们越俎代庖。

引导宗教与社会主义社会相适应是一个长期过程，需要党和政府积极引导，也需要宗教界自身不断努力。要采取慎重严谨的态度，耐心细致地做工作，根据各个宗教、各个地方的实际，坚持求同存异、团结多数的原则，把握方向，抓住重点，稳步推进，取得实效。

这里，我还要提出一个问题，就是如何调动宗教中的积极因素为社会发展和稳定服务。这个问题，改革开放初期就提出来了，一九九三年召开全国统战工作会议时又进一步加以强调，也进行了一些推进，但做得还不够。既然宗教在社会主义社会要长期存在，我们就要对宗教事务进行科学的管理。这种管理，既要有利于抑制宗教中的消极因素，又要有利于发挥宗教中的积极因素。各国政府都十分注重运用宗教来为维护社会秩序和社会稳定服务。我们不提利用宗教。我们鼓励和支持宗教界发挥宗教中的积极因素为社会发展和稳定服务，鼓励宗教界多做善行善举。在国家引导和管理下，宗教组织可以从事一些有益于社会发展的公益、慈善活动。我国宗教在其产生和发展的过程中，与我国文化的发展相互交融，吸取了我国建筑、绘画、雕塑、音乐、文学、哲学、医学当中的不少优秀成分，可以研究和发掘其中的精华。宗教道德中的弃恶扬善等内容，对鼓励广大信教群众追求良好的道德要求有积极作用。宗教通过对信教群众的心理慰藉，对稳定信教群众的情绪、调节信教群众的心理也有积极作用。当然，肯定宗教中的积极因素，目的不是为了发展宗教，而是要努力使已经存在的宗教多为民族团结、经济发展、社会稳定、祖国统一服务。在处理这个问题时，分寸一定要把握好。宗教中的积极因素可以肯定，但不能夸大。这个问题，大家可以进一步研究，并在研究的基础上制定可行的政策措施。

邪教是另外一种性质的问题。对各种蛊惑人心、危害人民生命健康、危害社会安定团结的邪教，一定要严加防范，一露头就打，绝不能让它们生成和蔓延开来。“法轮功”邪教组织发展到那样一种程度，造成了那么大的危害，给我们带来的教训是十分深刻的，要深刻记取。反对“法轮功”邪教组织的斗争还在继续，各级领导干部要始终保持高度警惕。

第四，坚持独立自主自办的原则，坚决抵御境外利用宗教进行渗透。坚持独立自主自办教会的原则，是基于我国曾经长期遭受帝国主义侵略和掠夺、有的宗教被帝国主义控制和利用的历史事实，是我国信教群众作出的自主选择，为我国社会各界所欢迎，并得到世界许多国家宗教组织和人士的理解和支持。

要继续鼓励和支持宗教界在独立自主、平等友好、互相尊重的基础上开展对外交往，增进与各国人民及宗教界的相互了解和友谊，为维护世界和平作出积极贡献。要有针对性地加强对外宣传工作，把我国宗教政策和宗教信仰自由的实际情况介绍给各国人民及宗教界，以增进了解，减少误解，争取国际舆论，维护我国的国际形象。

随着对外开放的扩大，我国宗教界与世界各国宗教界的友好交往日益增多，但境外利用宗教对我国进行渗透的问题也日益突出。一些外国宗教组织企图重返中国，恢复旧有的隶属关系和在宗教上的特权，重新控制我国的宗教。在这些年的国际斗争中，敌对势力往往利用宗教问题向我发难。他们加紧利用宗教进行渗透、破坏活动，企图搞垮中国共产党的领导和我国社会主义的国家政权。他们支持达赖〔9〕集团和“东突”〔10〕恐怖主义势力进行分裂活动，支持境外一些基督教团体加大对我国搞“福音化”的力度。现在，宗教渗透的手段和方式也多样化了，不少宗教组织利用电台广播和互联网进行宣传，偷运和邮寄宗教经书和音像制品，以旅游观光、投资办厂、经贸合作、文化交流等手段为掩护派遣传教人员入境秘密传教，资助建立秘密宗教组织和地下教会，等等。对这些动向，我们必须保持高度警觉，切实加以防范，绝不能贪小利而忘大义。

各级领导干部特别是高级干部思想上必须明确，越是在扩大开放的形势下，越要坚持独立自主自办的原则不动摇，越要做好抵御渗透的工作。绝不允许任何境外宗教势力重新控制我国的宗教，绝不允许任何境外宗教团体和个人干预我国宗教事务，绝不允许任何境外宗教组织用任何方式在我国传教。各级党委和政府要进一步加强领导，将抵御宗教渗透工作纳入议事日程。要建立各有关部门参加的工作机制，建立工作网络和信息网络，各部门要明确责任，各司其职，密切配合。要对宗教界加强坚持独立自主自办原则的教育，使他们在思想上、行动上自觉抵御渗透。我们尊重历史上形成的我国五大宗教〔11〕的格局。要加强调查研究，特别要注意研究我国加入世界贸易组织以及互联网迅速发展等新情况给我国宗教工作带来的影响，及早制定应对措施，不断完善有关政策和法规，牢牢掌握抵御宗教渗透工作的主动权。

考虑到九一一事件的发生以及当前的国际局势，我们必须保持高度警觉，加强防范，及时打击暴力恐怖势力、民族分裂势力、宗教极端势力和邪教组织的分裂、破坏活动，特别要防范和打击"东突"恐怖主义势力。要防止别有用心的人煽动闹事，切实维护社会稳定。

第五，支持宗教团体加强自身建设，做好培养人的工作。宗教团体是党和政府联系、团结、教育宗教界人士和信教群众的桥梁。宗教界人士的政治倾向、言行品德、宗教修养，对信教群众有着重要影响。要切实加强爱国宗教力量的培养，使宗教团体和寺观教堂的领导权牢牢掌握在爱国爱教的宗教人士手中。

在思想建设方面，要结合各宗教的特点，指导宗教团体加强对教职人员和信教群众的爱国主义、社会主义教育，独立自主自办原则的教育和政策、法制教育。在组织建设方面，要帮助宗教团体加强全国和地方宗教团体的领导班子、工作班子建设，积极物色和培养后备力量，把接受党的领导、拥护社会主义、爱国爱教、有一定宗教学识、在信教群众中有较高威望的中青年人士充实进去，稳妥解决新老交替问题。在制度建设方面，要支持和推动宗教团体建立健全各项规章制度，搞好自我管理。要总结和推广宗教活动场所民主管理的经验和办法。宗教活动场所也应该成为进行爱国主义教育、宣传党的宗教政策、增强信教群众法制观念的场所。

要支持和帮助宗教团体有计划有步骤地培养爱国进步的中青年教职人员，办好宗教院校，形成爱国爱教新一代的骨干力量。宗教院校也应该结合自己的特点，进行哲学知识、特别是现代科学文化知识方面的教育。要特别注意在中青年教职人员中培养一批政治上可靠、又有较强的从事宗教方面国际活动能力的人才，这对我们积极主动地做好宗教方面的对外工作具有十分重要的意义。

三、关于加强党对宗教工作的领导

加强党对宗教工作的领导，是做好新世纪初宗教工作的根本保证。

第一，各级党委和政府要高度重视宗教工作。重视宗教工作，善于做宗教工作，是领导干部政治上成熟的一个重要表现，也是我们党提高领导水平和执政能力的必然要求。民族、宗教无小事，各级党委和政府一定要采取特别慎重、十分严谨、周密考虑的态度，绝不能掉以轻心、麻痹大意。各级领导干部必须认真学习、领会、掌握党关于宗教问题和宗教工作的基本观点和基本政策，加强宗教领域的调查研究，全面掌握情况，及时研究解决重大问题，在处理复杂的宗教事务中增长才干。要关心和支持统战、宗教工作部门的工作，加强宗教工作干部队伍建设。宗教问题与民族问题有密切联系，在做宗教工作时，必须紧密结合贯彻党的民族政策，全面做好民族工作、宗教工作。党的宗教政策是否得到落实，宗教事务管理是否走上法制化的轨道，与民族问题、宗教问题相关的矛盾纠纷是否得到有效预防和妥善处理，信教群众和不信教群众是否团结一致地共同致力于社会主义现代化建设，应该成为衡量各级党委和政府对宗教工作抓得好不好、得力不得力的标准。

宗教工作，最根本的是做信教群众的工作，是要团结和教育信教群众为祖国富强和民族振兴积极贡献力量。如果不深入信教群众，只是在上面发指示、定计划，宗教工作肯定做不好。要贯彻党的十五届六中全会的要求，切实转变工作作风，坚决反对形式主义、官僚主义，深入到宗教工作第一线去抓落实。关键是要抓落实。不然，即便有再好的方针政策、再好的工作部署，不能落实，等于没有。各级党委和政府都要从方针政策、工作机制、工作队伍、措施手段等方面认真检查一下宗教工作落实的情况，对存在的问题要切实解决，不足的方面要抓紧改进。要切实纠正一些地方宗教工作中存在的不去管、不愿管、不会管、不敢管的现象。

大量事实表明，要做好宗教工作，必须按照“三个代表”要求大力加强党的建设，特别是要大力加强基层党组织建设。信教群众特别是农村广大信教群众，都在基层生产生活，建设强有力的基层党组织体系，是我们做好宗教工作的组织基础。这些年来，一些地方宗教活动混乱、不断发生这样那样的问题，很重要的一个原因就是基层党组织软弱涣散，失去应有的凝聚力和战斗力。各级党组织都要坚持全心全意为人民服务的宗旨，倾听群众呼声，实现群众意愿，多为群众办实事、办好事。尤其要关心那些生产生活遇到困难的群众，切实帮助他们解决困难。要通过我们的实际行动，让群众真正感到代表他们利益、能够带领他们创造幸福生活的是我们党和政府，而不是任何宗教和“神”的力量。当前，要紧密结合农村“三个代表”学习教育活动，把基层党组织建设特别是信教群众集中地区的基层党组织建设抓好。

认识和把握社会主义社会的宗教问题和宗教工作，是一个需要反复实践、反复认识，不断总结、不断深化的过程。在我们党执政五十多年的条件下，在公有制为主体、多种所有制经济共同发展的格局下，在发展社会主义市场经济的情况下，在全面对外开放的社会环境中，总之，在新的历史条件下，宗教工作必然会遇到大量新情况新问题，需要我们在实践中不断加以研究解决。世界宗教也出现了新趋向新特点，也需要我们加强研究。我们既要坚持马克思主义关于宗教的基本观点，坚持我们党对待宗教的基本方针和政策，又要结合我国社会发展的具体实际，不断总结宗教工作取得的新的实践经验，努力完善和发展有中国特色的马克思主义宗教理论体系。

第二，加强马克思主义宗教观和党的宗教政策的宣传教育。要坚持不懈地对党员、干部进行马克思主义宗教观和党的宗教政策的宣传教育，把宗教理论政策纳入各级党校和行政学院的教学内容。宗教问题是极其复杂的。各级领导干部特别是高级干部和从事宗教工作的同志，都要尽量较多地掌握有关宗教方面的基本知识。像世界上各大宗教形成和发展的历史、我国宗教形成和发展的历史、世界主要宗教的基本教义和状况以及宗教文化等，都应该有所知晓。不多懂得一些宗教知识，是做不好宗教工作的。

要教育党员、干部坚定共产主义信念，正确理解党的宗教政策，懂得不信仰宗教是做一名合格共产党员的起码条件。共产党员不但不能信仰宗教，而且应该积极宣传无神论，宣传科学的世界观，宣传反对封建迷信的正确观点。广大党员、干部要认真学习和掌握辩证唯物主义的认识论，在对客观世界的认识上，在对支配人们日常生活的外部力量的认识上，在解决人类认识过程中有限和无限、已知和未知的矛盾上，应该自觉采取科学的态度和科学的立场，坚持发扬科学精神。要注意防止宗教对党员思想的侵蚀。要按照有关政策妥善解决个别共产党员信仰宗教、参与宗教活动的问题，对笃信宗教、丧失党员条件的，对利用职权助长宗教狂热的，要严肃处理。要加强马克思主义宗教理论研究工作队伍的建设。新闻出版等单位及其管理部门的工作人员要认真学习党关于宗教的方针政策，掌握宗教方面的基本知识，防止由于无知而违反宗教政策、伤害信教群众情感，给工作造成损失。

第三，完善工作机制，健全管理机构，提高宗教工作干部队伍素质。各地要在党委统一领导下，建立和完善由党委统战部负责的宗教工作协调机制。统战部作为党委的职能部门，要加强对涉及宗教方面重大问题的研究和协调。政府宗教工作部门作为政府的职能部门和行政执法的主体，要依法加强对宗教事务的管理。各有关部门和工会、共青团、妇联等各人民团体，要在职责范围内支持宗教工作的开展，形成互相配合、团结合作的良好局面。宗教工作干部队伍素质直接影响党的宗教政策的贯彻落实，影响党同宗教界人士的关系。各级党委和政府要把提高宗教工作干部队伍素质，作为提高宗教工作水平、开创宗教工作新局面的基础性工作，下大气力抓好抓实，努力建立一支适应新形势下宗教工作要求，具有很强的政治和大局意识、较高的理论政策水平、丰富的宗教专业知识、严谨细致的工作作风的宗教工作干部队伍。

第四，巩固党同宗教界的爱国统一战线。要在爱国主义、社会主义的旗帜下，继续巩固和发展党同宗教界的爱国统一战线。各级领导干部以及统战、宗教工作部门要加强同宗教界代表人士的联系，及时掌握他们的思想状况，经常听取宗教界人士的意见和建议，把做深入细致的思想工作同帮助他们解决实际问题结合起来，成为他们可信赖的朋友。对一些宗教教职人员中出现的错误思想和行为，要进行严肃的批评教育，帮助他们不断提高政治觉悟。要团结宗教界人士投入反对“法轮功”邪教组织的斗争，在斗争中发挥他们的积极作用。

贯彻好党的宗教政策，做好宗教工作，意义重大。希望大家坚持以邓小平理论和党的基本路线为指导，贯彻“三个代表”要求，立足实际，开拓进取，努力把宗教工作做得更好！

注　释

〔1〕见本卷《营造有利战略态势，增强国家战略能力》注〔1〕。

〔2〕参见恩格斯《反杜林论》第三编《社会主义》五《国家，家庭，教育》（《马克思恩格斯选集》第3卷，人民出版社1995年版，第666—667页）。

〔3〕十字军东征，是中世纪西欧封建主、城市富商和罗马天主教会对东部地中海沿岸地区发动的侵略性远征。一〇九六年，在罗马教皇号召下，由西欧封建

骑士和受骗农民组成十字军(因参加者佩戴十字架而得名),以从所谓“异教徒”(穆斯林)手中夺回圣地耶路撒冷为名,开始东征。东征共进行八次,历时约二百年,其间一度占领耶路撒冷。十字军所到之处,屠杀、抢掠,引起民众强烈反抗。一二九一年,十字军侵占的最后一个据点阿克城陷落,十字军东征以彻底失败而告终。

〔4〕这里所说的基督教,指传入中国的基督教新教各宗派。在中国,新教各宗派通常被称为基督教,又称耶稣教。

〔5〕见恩格斯《反杜林论》第三编《社会主义》五《国家,家庭,教育》(《马克思恩格斯选集》第3卷,人民出版社1995年版,第668页)。

〔6〕见马克思《〈黑格尔法哲学批判〉导言》(《马克思恩格斯选集》第1卷,人民出版社1995年版,第2页)。

〔7〕见马克思《资本论》第一卷《资本的生产过程》第一篇《商品和货币》第一章《商品》(《马克思恩格斯全集》第44卷,人民出版社2001年版,第97页)。

〔8〕宗教改革运动,是十六世纪欧洲新兴资产阶级以宗教改革为旗号发动的一次大规模反封建的社会政治运动。主要反对教皇通过天主教会对欧洲各国进行控制以及教会内部的骄奢腐化。一五一七年,德国维滕贝格大学神学教授马丁·路德发表《九十五条论纲》,抨击教皇出售赎罪券,揭开了宗教改革运动的序幕。该运动迅速在欧洲许多国家展开,并发展成为社会政治运动。在此期间,英国和北欧各国世俗君主相继摆脱教皇控制,置本国教会于自己控制之下。宗教改革运动的直接结果是产生了包括路德宗、加尔文宗、安立甘宗(英国国教)三大宗派的基督教新教,在一定程度上冲击了欧洲封建制度。

〔9〕见本卷《始终做到“三个代表”是我们党的立党之本、执政之基、力量之源》注〔1〕。

〔10〕“东突”,即“东突厥斯坦”。详见本卷《始终做到“三个代表”是我们党的立党之本、执政之基、力量之源》注〔7〕。

〔11〕我国五大宗教,指我国大陆的佛教、道教、伊斯兰教、天主教、基督教(即基督教新教)。

文艺是民族精神的火炬*

（二〇〇一年十二月十八日）

中国文学艺术界联合会第七次全国代表大会、中国作家协会第六次全国代表大会，是进入新世纪中国文学艺术工作者的首次盛会。这次会议的目的是，进一步团结和动员广大文学艺术工作者，为建设有中国特色社会主义文化，为推进现代化建设、实现中华民族的伟大复兴而继续奋斗。

文学艺术，是人类社会实践活动的生动反映，也是人类精神创造活动的重要表现。在社会前进的历史洪流中，一切先进的健康的文学艺术，都给予人民以巨大的鼓舞和美的享受。

二十世纪的一百年，是中国发生翻天覆地变化的一百年，是中国人民为改变积贫积弱的状况和实现振兴中华的理想而不懈奋斗的一百年。在这个历史进程中，伴随着以马克思主义为指导的新文化的诞生和发展，我国文学艺术适应时代特点和人民要求，与革命、建设、改革的伟大实践相结合，走过了不断发展、与时俱进的不平凡历程。

二十世纪的一百年，也是中国人民精神极大解放的一百

---

* 这是江泽民同志在中国文学艺术界联合会第七次全国代表大会、中国作家协会第六次全国代表大会上的讲话。

年。中国人民在追求自身解放和幸福的奋斗中焕发出了前所未有的创造精神。中国人民的精神世界和精神生活发生的这个巨大变化,是与我国文学艺术的繁荣进步分不开的。

在我们党领导下,广大文学艺术工作者辛勤耕耘、奋发前进,创作了大批优秀作品,涌现了许多享誉中外的优秀文学艺术家。他们为党和人民事业的发展,为我国文学艺术的繁荣,为人民群众精神文化生活水平的提高,作出了重要贡献。我代表党中央、国务院,向全体代表和全国文学艺术工作者致以崇高的敬意和诚挚的问候!

人类已经跨入了新的世纪。本世纪中叶,我们将基本实现现代化,实现中华民族的伟大复兴。到那时,一个富强民主文明的社会主义现代化中国将屹立于世界的东方,中国人民将对人类作出新的更大的贡献。这是近代以来中国人民一直为之奋斗的历史使命。一切有志气、有理想、有抱负的中华儿女,都为能够投身于这一壮丽事业而感到自豪。实现中华民族的伟大复兴,不仅需要发达的物质文明,而且需要先进的精神文明。实现这两个文明协调发展,是我国社会全面进步的必由之路。我们的文学艺术工作者,在推进两个文明特别是精神文明的建设中肩负着重大职责。

当今世界激烈的综合国力竞争,不仅包括经济实力、科技实力、国防实力等方面的竞争,也包括文化方面的竞争。世界多极化和经济全球化的趋势深入发展,引起世界各种思想文化,历史的和现实的、外来的和本土的、进步的和落后的、积极的和颓废的,展开了相互激荡,有吸纳又有排斥,有融合又有斗争,有渗透又有抵御。总体上处于弱势地位的广大发展中国家，不仅在经济发展上面临严峻挑战，在文化发展上也面临严峻挑战。保持和发展本民族文化的优秀传统，大力弘扬民族精神，积极吸取世界其他民族的优秀文化成果，实现文化的与时俱进，是关系广大发展中国家前途命运的重大问题。

努力建设我国的先进文化，使它在全国人民乃至世界人民中间具有强大的吸引力和感召力；努力发展我国的先进生产力，使我国加快进入世界生产力发达国家的行列，都是我们实现社会主义现代化的战略任务。只有建设面向现代化、面向世界、面向未来的，民族的科学的大众的社会主义先进文化，才能满足人民日益增长的精神文化需要，不断促进人民思想道德素质和科学文化素质的提高，也才能为发展经济、发展先进生产力指引正确的方向，提供强大的智力支持。

发展和繁荣先进文化的一项极为重要的任务，就是要使我们的民族和人民在建设有中国特色社会主义事业的征程上，始终保持奋发有为、昂扬向上的精神状态。一个民族，没有振奋的民族精神，没有高尚的民族品格，没有坚定的民族志向，不可能自立于世界先进民族之林。我们必须不断增强全民族的精神力量，不断丰富全民族的精神世界。唯有这样，才能万众一心、坚韧不拔地向前奋进。

在我国漫长的历史中，各族人民在建设伟大祖国和美好家园、抵御外来侵略和克服艰难险阻的奋斗中，不断培育和发展着中华民族的民族精神。中华民族的精神，最突出的就是团结统一、独立自主、爱好和平、自强不息的精神。中国人民正是依靠这个民族精神，在祖国广阔的土地上创造了一个又一个人间奇迹，缔造了为世人惊叹的灿烂的中华文明。

这个民族精神，是中华民族五千多年来生生不息、发展壮大的强大精神动力，也是中国人民在未来岁月里薪火相传、继往开来的强大精神动力。

这个民族精神，是我们非常宝贵的精神财富，我们世世代代都要加以继承和发扬，并结合时代和社会的发展要求，不断为之增添新的内容。

文艺是民族精神的火炬，是人民奋进的号角。在培育和弘扬民族精神方面，文艺可以发挥独特的重要作用。古往今来，世界各民族无一例外地受到其在各个历史发展阶段上产生的文艺精品和文艺巨匠的深刻影响。中华民族的精神，不仅体现在中国人民的奋斗历程和奋斗业绩中，体现在中国人民的精神生活和精神世界里，也反映在几千年来我们民族产生的一切优秀文艺作品中，反映在我国一切杰出文学家、艺术家的精神创造活动中。

通观我国和世界的文明发展史，可以清楚地看到，每一个时代都会产生出本时代的文学家、艺术家，他们的优秀作品往往成为时代进步和社会发展的重要标志，成为人民奋斗的号角。古今中外的文艺巨匠，他们的传世名作都反映了那个时代的呼唤和要求，或者为社会变革而呐喊，为时代进步而欢呼，或者为敢于取胜的英雄人民而赞美，为知难而进的顽强勇士而颂扬，或者对先进事物加以热忱的支持，对腐朽事物进行无情的鞭挞，或者给人们以美好的愉悦，给人们以理性的启示，等等。总之，历史上的一切优秀文艺作品，都是反映人民最深刻的心灵呼唤和时代最迫切的前进要求的作品，都是隽永艺术魅力与现实社会进步相结合的结晶，都是文学艺术家们的思想感情与创作灵感为时代和生活深刻感召的产物。正因为这样，历史上一切文艺巨匠们的作品连同他们的名字就代代相传，成为历史的不朽。

通观我国和世界的文学艺术发展史，还可以清楚地看到，历代文学艺术家们之所以能够创作出传世之作，一个重要原因就是他们具有踏着时代前进的鼓点不断探索、勇于创新的精神。从我国秦汉以前的诗经、楚辞到汉赋、唐诗、宋词、元曲以及明清小说，从古希腊神话、史诗到欧洲中世纪的十四行诗、文艺复兴时期的名作以及十八世纪、十九世纪浪漫主义和现实主义的作品，不仅内容丰富多彩，而且艺术形式也不断创新、争奇斗艳，形成了每个时代文艺作品的特色和优势。这种中外历史上的文艺创新精神，是很值得认真思考、学习、借鉴的。

当代中国的文艺工作者，应该遵循先进文化的前进方向，自觉投身改革开放和现代化建设的伟大实践，努力推进我国文艺的创新和繁荣，努力创作出弘扬中华民族的民族精神和我们时代的进步精神的作品，用以教育人、鼓舞人、鞭策人，为繁荣祖国文艺的百花园，为培养一代又一代有理想、有道德、有文化、有纪律的社会主义新人作出自己的贡献。这就是我国当代文艺工作者肩负的庄严使命。

无论是文学、戏剧、电影、电视、音乐、舞蹈、美术、摄影、书法、曲艺、杂技，还是民间文艺、群众文艺等各个方面的文艺工作者，都应该责无旁贷地承担起这个历史使命，充分发挥自己的聪明才智，用自己熟悉和擅长的文艺形式，创作出无愧于我们时代、无愧于社会主义祖国和人民的优秀作品来。在我国的文艺百花园中，优秀作品会越来越多，杰出的文艺家们会大批涌现出来。这也是人民的期待。

希望广大文艺工作者坚持以马克思列宁主义、毛泽东思想、邓小平理论为指导，贯彻“三个代表”要求，投身并深刻了解改革开放和现代化建设的实践，着眼于世界科学文化发展的前沿，不断推进我国文学艺术事业发展繁荣。要坚持为人民服务、为社会主义服务的方向和百花齐放、百家争鸣的方针，弘扬主旋律，提倡多样化，积极宣传爱国主义、集体主义、社会主义思想，坚决抵制拜金主义、享乐主义、极端个人主义思想，积极倡导先进文化，努力改造落后文化，坚决抵制腐朽文化。广大文艺工作者应该坚持追求真理、反对谬误，歌颂美善、反对丑恶，崇尚科学、反对愚昧，坚持创新、反对守旧，成为先进文化发展的骨干力量。

希望广大文学艺术工作者牢记人民是文艺工作者的母亲、生活是文艺创作的源泉这个真理。坚持深入群众、深入生活，努力把握时代的脉搏，充分认识建设有中国特色社会主义的时代意义，充分认识最广大人民的根本利益，充分认识人民群众对文艺发展的基本要求。脱离人民、脱离生活的艺术，矫揉造作、无病呻吟的作品，不可能有感召力，也不可能有生命力。只有虚心向人民群众学习，向生活学习，从人民群众的伟大实践和丰富多彩的生活中汲取营养，不断进行生活和艺术的积累，才会有美的发现和美的创造，才能为人民提供最好的精神食粮。群众性文艺活动，是丰富人民群众精神文化生活的重要方面，文艺工作者应该积极进行指导和帮助，并努力创作有利于群众性文艺活动蓬勃开展的优秀作品。

希望广大文艺工作者努力继承和发扬中华民族的优秀文化传统，继承和发扬五四运动以来形成的革命文化传统，积极学习和借鉴世界各国人民创造的一切先进文明成果，坚持古为今用、洋为中用，与时俱进，推陈出新。发扬传统与开拓创新是统一的。继承是创新的重要基础，创新是继承的必然发展。要立足自我、博采众长，以推进我国文艺形式、风格、流派的充分发展，实现体裁、题材、主题的极大丰富。

希望广大文艺工作者高度重视文艺理论和文艺评论工作。文艺的发展，离不开文艺理论的指导和文艺评论的促进。要适应时代特点和结合实践要求，努力加强文艺理论建设，积极开展文艺评论，大胆进行文艺理论和文艺评论的创新，为我国文艺事业健康发展提供正确引导。

总之，希望广大文艺工作者组成浩浩荡荡的文艺大军，在新世纪的征程上，为繁荣祖国的文学艺术而奋发前进。

各级党委和政府要高度重视文艺工作，热情关心和精心推进文艺事业发展。要尊重知识、尊重人才，真诚团结、充分信任和热情关心广大文艺工作者，积极营造良好的创作环境，对优秀作品和优秀人才要大力扶持，积极宣传，给予奖励。要热情支持文艺工作者发挥个人的创造精神，施展聪明才智，并积极引导他们更好地把握时代精神和人民的要求，认真严肃地考虑自己作品的社会效果。要促进文艺工作者进一步加强团结，相互学习，相互激励，提倡文人互勉，反对文人相轻。要进一步采取有力措施，努力培养造就一大批坚持马克思主义文艺观、文化素养好、富有创造才华的文学艺术家。

中国文联和中国作协是党领导下的人民团体和文艺工作者的群众组织，是推动我国文艺事业繁荣发展的重要力量。中国文联和中国作协开展了卓有成效的工作，高举社会主义文艺的旗帜，团结广大文艺工作者，在以优秀的作品鼓舞人和满足人民群众的精神文化需求方面作出了显著成绩。希望中国文联和中国作协进一步发挥党和政府联系文艺工作者的桥梁和纽带的作用，做好联络、协调、服务工作，团结广大文艺工作者为促进先进文化发展而不懈努力。

各级文联和作协要加强同文艺工作者的联系，竭诚为他们服务，依法维护他们的权益，促进他们的团结合作，引导和组织他们加强理论学习和积极深入生活，努力把文联和作协建设成为文艺工作者之家。要进一步加强国际文化交流，发展同香港特别行政区、澳门特别行政区和台湾地区以及海外华人文艺界的联系和交往。要进一步深化改革，形成适应社会主义市场经济和文艺发展规律的组织体制、运行机制和活动方式，更好地促进文艺发展繁荣。各级党委和政府要加强并改善对文联和作协的领导，关心和支持他们的工作，切实帮助他们解决实际问题，充分发挥他们的作用。

实现中华民族伟大复兴的时代，是需要伟大文艺作品的时代，也是能够产生伟大文艺作品的时代。

广大文艺工作者要牢记自己的历史使命，投身改革和建设的实践，不断提高思想道德修养、科学文化素养和文学艺术学养，充分发挥主动性和创造性，积极描绘人民奋斗的多姿多彩的图景，奏响祖国发展的昂扬高亢的乐章，创作出更多反映时代精神和具有中国风格、中国气派的优秀作品，努力为建设有中国特色社会主义文化、实现中华民族的伟大复兴贡献力量。

逐步解决我国二元经济社会结构问题*

（二〇〇一年十二月二十五日）

在二十一世纪，我们对农业、农村、农民问题要更加重视。研究和解决我国的农业、农村、农民问题，必须从国情出发。我国最大的国情是人多地少、人多水少。人均占有农业资源大大低于世界平均水平，而且耕地和水资源严重不匹配，黄河以北的耕地占全国耕地面积的大部分，但水资源只占全国的百分之十九。我们必须充分认识解决我国农业、农村、农民问题的艰巨性。

提高我国的现代化水平，解决农民就业和增收问题，必须调整农村的就业结构和产业结构，走工业化、城市化的路子，把农村人口尽可能多地转移出来。这是世界各国走向现代化的共同规律，是一个大方向。我们也必须坚定不移地走这条路。对这个问题，我进行了长期思考。我在上海当市长时，上海市市区常住人口七百多万，流动人口近一百万。这些年，上海流动人口增加到了二百多万，北京更多一些。当时，我们认为要保持社会稳定，就要把农村人口稳定在农村，提出了“离

* 这是江泽民同志主持召开农业、农村、农民问题座谈会时讲话的要点。

土不离乡”的口号，主要是担心人口无序流动冲击城市的社会秩序，给城市造成很大压力。后来，根据实际情况，主要是经济不断发展，我们提出了组织农村富余劳动力有序流动。经过这若干年的观察，我们对这个问题的认识也前进了，就是随着经济社会的发展，农村人口要逐步有序地向城镇转移。

降低农村人口比例，是一个回避不了的问题。但是，也要看到，这是一个长期的渐进的过程，太急了不行。我国农村人口基数太大，而且新增人口主要在农村。改革开放二十多年来，城市人口从一亿七千万增长到四亿八千万，城市化率达到了百分之三十七点七，但农村人口的绝对数量并没有减少。农村劳动力向非农产业转移了一亿五千万，但务农劳动力还增加了四千万。现在，我国人口达到十二亿七千多万，农村人口占百分之六十二点三。如果按公安部门的户籍统计，农村人口占百分之七十多，统计口径不同。美国农业人口占总人口百分之二点一，加拿大是百分之二点八五，澳大利亚是百分之四点八五，俄罗斯是百分之十点三二，阿根廷是百分之九点九，印度是百分之五十三点二。从国际比较看，我国农村人口的比例还是比较高的。

我们要高度重视农村富余劳动力转移的问题，继续从各方面创造条件。一是要继续发展乡镇企业，加快技术改造和结构调整。二是要发展小城镇。三是要引导农民有序流动，对进城务工农民要搞好管理和服务，不能搞歧视政策。有些方面过去形成的已不合时宜的政策规定，要加以改变。四是要坚持社会生产力水平的多层次性和所有制结构的多样性，努力发展劳动密集型产业和中小企业，创造更多就业机会。

我一直坚持这个观点：虽然现在高技术越来越发展，但根据我国国情，在不影响效益和质量的前提下，凡是能够多用劳动力的地方还是要多用。要十分重视发展中小企业，即使是西方发达国家也很注意扶持和发展中小企业。五是要在宏观上完善政策，包括户籍制度、子女入学、住房制度和社会保障制度等方面的改革和完善。

经济社会发展中的很多问题，定性还容易一致，定量就比较复杂了。我们提出要注意把农村富余劳动力转移出来。但是，转移农村富余劳动力的进度如何掌握才最稳妥，才最适合国情？这些经济社会方面的定性和定量分析，有时候比自然科学上的定性和定量分析还要难，主要原因是社会问题很复杂。世界经济发展的大方向是农村人口向城市转移，但要有一个历史的过程，必须与经济社会发展水平相适应。

关于提城镇化还是提城市化，我看实质都是要把农村富余劳动力转移出来的问题。根据我国国情，不能一下子就笼统地提城市化。城市化要推进，小城镇建设也要加强。如果简单地提城市化，可能使很多人期望值过高，实际上做不到。不论提城镇化还是提城市化，都要根据经济社会发展逐步推进，也就是说，我国二元经济社会结构的问题，要在工业化、信息化的进程中逐步加以解决。

在城市化过程中要防止产生“城市病”，这是一个大问题。我在巴西的里约热内卢、圣保罗的制高点上往下一看，看到的是大片大片贫民窟。南非一些城市周围也有大片铁皮房。这种状况造成了很大的社会问题。对此，我们要引以为鉴。

增加农民收入，推进农业产业结构调整是带有根本性的措施。近几年,中央提出的结构调整已经取得了比较明显的效果,农业种植结构、生产结构、品种和品质结构以及区域布局进一步优化,优质专用农产品大幅度增加,畜牧业比重明显提高,产业化经营发展很快。今年,农民收入出现恢复性增长,粮食主产区农民收入增长幅度高于全国平均水平,主要是得益于结构调整。结构调整不仅对于增加农民特别是主产区农民的收入意义重大,而且是提高我国农业竞争力、应对加入世界贸易组织后面临的挑战的关键措施,要进一步加大力度,坚持不懈地抓下去。

对农民收入增长减缓的问题,要全面认识。从大的方面来看,一是要保障农产品供给,二是要增加农民收入。当前突出的问题是农民增收困难。一方面是,农产品供应充裕,价格便宜,给城市居民生活带来了好处,为国有企业改革、职工下岗分流创造了条件。这几年物价没有上涨,与农产品价格低有很大关系。如果在很多人下岗的情况下,物价大幅上涨,城市就不会这么稳定。从这个意义上说,农民又一次为国家作出了贡献。而另一方面是,我国百分之六十二点三的人口在农村,是一个潜力很大的市场,但潜在的市场不等于现实的市场。要研究怎样把农村潜在的购买力变成现实的购买力,想方设法提高农村劳动生产率。农村劳动生产率得不到提高,农民收入上不去,农村购买力如何提高?农村潜在的市场如何成为现实的市场?我们在进行政策设计时,要兼顾农民和消费者的利益,在两者之间找到最佳的结合点。

要始终高度重视农业的基础地位,保护粮食生产能力。"民以食为天"。这个道理什么时候都不能忘记。目前,我们粮食供给充裕，库存较多，扭转了长期短缺的局面。由于过去三年自然灾害等历史经验，我对保证粮食生产看得很重。前几年，有关部门对我说粮食多了，我不听。后来，他们又来对我讲，现在粮食多得不得了，收购、仓储等遇到了很大问题。但是，我们必须看到，我国现在出现的粮食剩余还是低消费水平上的剩余。与发达国家主要农产品的人均产量相比较，我们还有很大差距。今后人口还要增加，生活水平要不断提高，如果多吃肉、蛋、奶，粮食需求还要大幅度增加。我们要关注人民的营养问题，改善膳食营养结构的大方向要坚持。从饲料转换的角度来看，我国的粮食还远远不够。因此，在农业产业结构调整的过程中，要注意保护粮食生产能力，特别是要保护耕地和农民种粮的积极性。

要注意稳定农村土地承包关系。随着经济的发展，这方面出现的新情况新问题要引起我们高度重视，抓紧研究政策措施。但是，决不允许用行政办法剥夺农民的土地使用权。土地关系农民的就业，也是农民的社会保障。在城市化的过程中，农民家里有块地，就进退有路。现在，我们是两个结构调整同时进行，城市在进行企业改革和工业结构调整，以减员增效；农村也在进行产业结构和就业结构调整，以增加非农收入。在这种情况下，稳定土地承包关系，对保持社会稳定很重要。我更多是从政治角度看的。

历史的经验值得注意。我国几千年封建社会的历史中，很多皇朝都是由于封建地主大搞土地兼并、最后引起社会动荡而垮台的。对土地问题一定要慎重。我们下决心让农民承包土地延包三十年，就是要给农民吃定心丸。有一点必须明确，就是农民的土地使用权不能随便动，更不能随便什么人就去买断了。对有限的耕地，要坚持实行最严格的保护制度。这几年，粮食相对多了，但还是要从战略上考虑保护耕地的问题。如果没有足够的耕地，将来万一需要，又拿不出来，就会出大问题。人无远虑，必有近忧。

明确提出全面建设小康社会的目标*

（二〇〇二年一月十四日）

对我国来说，二十一世纪头二十年是必须紧紧抓住并且可以大有作为的战略机遇期，是我国经济体制、政治体制、文化体制进一步完善的重要时期，总之，是我们实现祖国富强、人民富裕和民族复兴的关键时期。党的十六大要对这个时期党和国家的战略任务作出具体部署，同时要对实现第三步战略目标作出总体部署。

党的十五大对我国到二〇一〇年、建党一百年和建国一百年这三段时期改革和发展的任务作出了大体部署，这也可以叫做实现第三步战略目标的“小三步走”。党的十六大要进一步对这三个阶段的目标作出科学的表述。根据有关部门的测算，大体的情况是：(一)到二〇一〇年，实现国内生产总值比二〇〇〇年翻一番，经济结构战略性调整取得明显进展，社会主义市场经济体制进一步完善，人民的小康生活更加宽裕。(二)到建党一百年时，国内生产总值比二〇一〇年再翻一番，基本完成工业化，建成经济更加发展、民主更加健全、科教更

---

* 这是江泽民同志在中国共产党第十六次全国代表大会文件起草组会议上讲话的一部分。

加进步、文化更加繁荣、社会更加和谐、人民生活更加殷实的小康社会。(三)在此基础上再奋斗三十年,到建国一百年时,基本实现现代化,进入中等发达国家行列,把我国建成富强民主文明的社会主义现代化国家。

不少同志在讨论中提出,从现在起到本世纪中叶基本实现现代化这五十年,时间跨度比较大,能否划出一段时间,提出一个鲜明的阶段性目标,也就是以本世纪头二十年为期,明确提出全面建设小康社会的目标。我认真考虑了大家的意见,认为基本是可行的。

第一,明确提出全面建设小康社会的目标,符合邓小平同志关于实现现代化的战略思想。邓小平同志从我国国情出发,提出了分三步走基本实现现代化的发展战略。他指出,在我国这样一个生产力不发达、经济文化比较落后的国家,要实现现代化,必须经过分阶段、长时期的努力。一九七九年十二月六日,邓小平同志提出了实现小康的目标〔1〕。一九八四年三月二十五日,邓小平同志进一步阐述了小康社会的概念。他说:"翻两番,国民生产总值人均达到八百美元,就是到本世纪末在中国建立一个小康社会。这个小康社会,叫做中国式的现代化。翻两番、小康社会、中国式的现代化,这些都是我们的新概念。"〔2〕邓小平同志关于小康的论述,就提法上说,有小康水平、小康状态、小康社会、小康国家等。他的重要思想是,建设小康社会,是我们实现现代化的一个重要发展阶段。邓小平同志对实现"三步走"战略的前两步目标作了明确的规划,提出翻两番分成前十年和后十年,前十年主要是为后十年的更快发展做准备。现在,第一步和第二步战略目标实现了，如何实现第三步战略目标，需要我们根据新的情况加以确定。明确提出全面建设小康社会的阶段性目标，既同邓小平同志的战略构想相衔接，也根据新的实际体现了邓小平同志关于分阶段实现现代化的重要思想。

第二，明确提出全面建设小康社会的目标，与党的十五大对新世纪的展望、党的十五届五中全会提出的我国进入新的发展阶段的要求相一致。党的十五大对我国到二〇一〇年、建党一百年和建国一百年这三段时期的发展目标作出了展望。党的十五届五中全会明确提出，从新世纪开始，我国进入全面建设小康社会、加快推进社会主义现代化的新的发展阶段，并提出了进入新世纪五年到十年我国经济社会发展的目标。基于中央对进入新世纪国际国内形势的基本判断和对我国现代化建设的战略部署，党的十六大进一步提出全面建设小康社会的目标并加以具体化，是我们党和国家的事业不断向前发展的必然要求。

第三，明确提出全面建设小康社会的目标，符合党心民意，也有利于我国进一步展示良好的国际形象。现在，全国各族人民都希望我国在新世纪继续保持良好的发展势头，都希望我国的综合国力和人民生活再上新的台阶。小康社会这个概念，具有中国特色，可以赋予丰富的内涵，易于为广大群众理解，有利于动员全国各族人民，包括港澳同胞、台湾同胞和海外侨胞，共同为中华民族的发展壮大贡献力量。提出全面建设小康社会，也同邓小平同志关于集中力量把自己的事情办好的战略思想相一致。

第四，明确提出全面建设小康社会的目标，符合我国国情和现代化建设的实际，同我们实现社会全面发展和共同富裕的目标也是吻合的。我国人民生活总体上达到小康水平，这是中华民族发展史上一座新的里程碑。同时，也要看到，我国人均国内生产总值还比较低，同世界发达国家相比差距还很大，甚至同一些比较富裕的发展中国家相比也有较大差距。我们现在的小康，总的来说，还是低水平的、不全面的、发展很不平衡的小康。我国地域辽阔，发展很不平衡，中西部欠发达地区特别是贫困地区同东部沿海发达地区的发展差距还很大。即使在东部沿海省份，大城市和山区、农村之间，发展水平也还有不小差距。从全国来说，全面建设小康社会，使全体人民都过上比较宽裕的小康生活，仍需要长期艰苦努力。全面建设小康社会，就是要进一步巩固和发展我国初步建成的小康社会，使全体人民都能够更加充分、更加稳定地享受小康生活。全面建设小康社会，是一个经济、政治、文化全面发展的目标，与我们加快推进工业化和经济的社会化、市场化、信息化是统一的。全面建设小康社会，是就全国发展水平而言的，有条件的地方可以发展得快一些，率先基本实现现代化。从全国来看，实现全面建设小康社会的目标，时间大体定为二十年是适当的。

我们党在革命、建设、改革的各个历史时期，都根据人民的意愿和党的事业的发展，提出明确的具有感召力的目标，并团结和带领广大人民为之奋斗。这是我们党一个十分重要的政治领导艺术。党的十六大明确提出全面建设小康社会的目标，并在科学论证的基础上加以阐述，对凝聚人心、鼓舞斗志，加快推进我国的现代化建设，具有十分重大的意义。

注　释

〔1〕一九七九年十二月六日，邓小平会见日本首相大平正芳时提出了中国到二十世纪末达到小康水平的初步构想。参见邓小平《中国本世纪的目标是实现小康》(《邓小平文选》第2卷，人民出版社1994年版，第237页)。

〔2〕见邓小平《发展中日关系要看得远些》(《邓小平文选》第3卷，人民出版社1993年版，第54页)。

领导干部要牢固树立正确的权力观*

（二〇〇二年一月二十五日）

为政之道，要在得人。世界社会主义的历程和正反两方面的经验告诉我们，马克思主义执政党不仅要有正确的思想路线和政治路线，而且要有正确的组织路线，关键是要选好人、用好人。我国要在激烈的国际竞争中立于不败之地，我国社会主义事业要在国际风云变幻的环境中不断发展壮大，就必须抓紧造就大批高素质的、善于治党治国治军的领导干部和各方面人才。这一条做好了，我们就能“任凭风浪起，稳坐钓鱼船”。

干部队伍建设的基础是教育。无论是提高干部队伍素质，还是防止和纠正用人上的不正之风、防范腐败问题，都要坚持教育在先。标本兼治，教育是基础。对干部的教育，应该包括理想信念教育、思想政治教育、纪律作风教育、道德法制教育、科学文化教育等各方面。只有通过全面的经常的教育，真正打牢思想政治基础、筑严思想政治防线，干部队伍建设才

---

* 这是江泽民同志在中共中央纪律检查委员会第七次全体会议上讲话的一部分。

能越搞越好。

对领导干部来说，打牢思想政治基础、筑严思想政治防线，最根本的就是要牢固树立马克思主义的世界观、人生观、价值观，牢固树立正确的权力观、地位观、利益观。在世界观、人生观、价值观中，世界观是基础，是起决定作用的，有什么样的世界观，就有什么样的人生观、价值观。在权力观、地位观、利益观中，权力观是基础，是起决定作用的，有什么样的权力观，就有什么样的地位观、利益观。我一直讲，每一个领导干部都应好好想一想，参加革命是为什么？现在当干部应该做什么？将来身后应该留点什么？想清楚这三个问题，也就是要解决世界观、权力观的问题。

关于世界观、人生观、价值观问题，我多次讲过。今天，我着重讲一讲领导干部要牢固树立正确的权力观问题。这个问题，我在中央纪委第五次全会上已讲过〔1〕，但觉得还需要向全党特别是各级领导干部进一步加以强调。

树立正确的权力观，最根本的是要解决好始终保持党同人民群众的血肉联系的问题。毛泽东同志当年曾特别号召读《甲申三百年祭》〔2〕，用意就是告诫全党同志要十分警惕和防止出现滥用手中权力而脱离人民群众的现象。最近，我看了一些有关历史兴亡的材料，有国内的也有国外的，有历史的也有现实的，联系近些年来干部队伍中发生的一些大案要案，我深深地感到，对腐败问题，不仅要从经济上看，而且要从政治上看。贪污受贿，贪赃枉法，固然是腐败。但是，如果长期执政以后我们的干部丧失了当年夺取政权和建设初期那样一种蓬勃朝气，那样一种昂扬锐气，那样一种浩然正气，而变得明哲保身，事不关己、高高挂起，形式主义、官僚主义严重，以至滥用权力，使党和人民的利益受到损害，那么，我们最后必然失去最广大人民的拥护和支持。这是历史兴亡的规律，古今中外，概莫能外。对这个问题，各级领导干部一定要警醒。

领导干部树立正确的权力观，必须正确认识我们手中权力的性质。只有把这个问题真正搞明白了，我们才能正确地看待和运用手中的权力。必须认识到：第一，我们党在革命战争时期是代表人民并领导人民去夺取政权的，革命胜利以后则要代表人民并领导人民掌握和行使好国家的各项权力。第二，我国是社会主义国家，人民是国家的主人，中国共产党的执政地位、社会主义国家的一切权力都是来自于人民的，领导干部手中的权力说到底都是人民赋予的。第三，领导干部必须运用人民赋予的权力为国家的发展、富强、安全服务，为人民群众的团结、富裕、安宁服务，一句话，必须始终用来为国家和人民谋利益，而绝不能把它变成牟取个人或少数人私利的工具。第四，一代一代领导干部都必须始终信守为人民掌握和行使权力的正确原则，同时要始终自觉接受党和人民对自己行使权力的监督。以上这些，应该成为我们正确的权力观的重要内容。

如何保证人民的权力始终用来为人民服务，保证社会主义国家政权不变质，马克思、恩格斯、列宁和毛泽东同志、邓小平同志有很多论述。他们敏锐地认识到，马克思主义政党执政以后，能否正确看待和行使人民赋予的权力，始终保持同人民群众的血肉联系，是一个必须长期经受的根本性考验，也是一个关系社会主义事业前途命运的长期的根本性课题。

我们党已经从领导人民为夺取全国政权而奋斗的党成为领导人民掌握全国政权并长期执政的党，从在受到外部封锁的状态下领导国家建设的党成为在全面改革开放条件下领导国家建设的党。这种客观实际向我们提出了两个问题，需要全党同志尤其是领导干部保持清醒的认识。一是各级领导干部手中掌握着这样那样的权力，这同我们党执政以前的情况是完全不同的。二是社会环境复杂，领导干部受到外部各种消极东西的影响会日益增多。在这样的情况下，领导干部要坚持正确的权力观，为人民掌好权、用好权，的确是很不容易的。不牢固地树立正确的权力观，难免要犯错误，甚至走向犯罪的道路。我作为党的总书记，看到一些高级干部走上腐败犯罪的道路，感到很痛心。我反复考虑，导致这种情况发生的一个重要原因，就是他们没有能够树立正确的权力观，经不住执政的考验。一些干部中存在的形式主义、官僚主义、以权谋私、贪图享受、腐化堕落、跑官要官等现象，也都与他们的权力观出了问题有关。努力使各级领导干部树立正确的权力观，要作为党的一项长期的重大任务，坚持不懈地抓下去。

要树立正确的权力观，必须加强学习，提高思想境界和道德修养。广大党员、干部要加强对马克思列宁主义、毛泽东思想、邓小平理论的学习，增强贯彻“三个代表”要求的自觉性和坚定性。只有掌握了辩证唯物主义和历史唯物主义的基本原理、树立了人民群众是历史创造者的观点，只有确立了坚定的共产主义理想和社会主义信念、摆正了个人利益和人民利益的关系，才能从思想上、行动上正确认识和行使我们手中的权力。我始终认为，加强学习是防止和反对腐败的一个最基础的方法。领导干部加强学习，不仅可以开阔眼界、增长学识、增强为党和人民工作的本领，而且有利于陶冶情操、提高道德修养。思想境界提高了，道德修养加强了，对个人的名誉、地位、利益等问题就会想得透、看得淡，摆在合适的位置上，就能自觉把精力最大限度地用来为国家富强和人民幸福勤奋工作，而不会去斤斤计较个人的得失，更不会去利用手中的权力与民争利、牟取私利。

要树立正确的权力观，必须坚持立党为公、执政为民。作为共产党员，应该自觉地把国家利益、民族利益、人民利益、集体利益摆在第一位，努力成为一个有高尚追求的人，成为人民群众爱戴的好干部。各级领导干部必须在思想上、行动上、作风上做到立党为公、执政为民，增强公仆意识，自觉摆正同人民群众的关系。在革命战争年代，我们党能够赢得人民群众的衷心拥护，就在于我们以实际行动证明我们党是为人民利益而奋斗的党。我们党在全国执政后，党员、干部获得了更好地为人民服务的条件，同时也增加了脱离群众甚至发生腐败变质的危险。对这一点，我们时刻都不能掉以轻心。如果把权力当作为个人、家庭和小集团牟取私利的手段，就必然导致私欲膨胀，那是很危险的。一些领导干部堕落为腐败分子的沉痛教训，不可不记取。各级领导干部一定要把人民群众的安危冷暖时刻放在心上，勤政为民，扎实工作，多为群众办实事、办好事、办得人心的事，为人民群众谋取实实在在的利益。要坚持走群众路线，深入群众，深入基层，特别是要深入到艰苦的地区、困难的地方去，充分调查研究，虚心听取群众意见，努力改进工作，真正想群众之所想、急群众之所急、办群众之所需，在工作实践中不断增强同人民群众的感情。

要树立正确的权力观，必须破除“官本位”意识，肃清封建主义残余思想。一些同志没有树立正确的权力观，一个重要原因是“官本位”的封建残余思想在作怪。有的党员干部慢慢忘记了自己入党、当干部时的初衷，脑子里个人升官发财的思想滋长起来，把党和人民的利益抛到了脑后。在这种念头的驱使下，有的到处拉关系、找靠山，跑官要官，买官卖官，造假骗官，甚至杀人谋官；有的形式主义、官僚主义、家长制习气严重；有的贪图享乐，花天酒地，贪赃枉法；有的拉帮结派，任人唯亲，搞裙带关系，等等。各级领导干部必须明白，我们是共产党人，要立志做大事，不要立志当大官，千万要防止把升官发财作为自己的人生目的。如果你的“官”不是为国家和人民的利益服务干出来的，而是靠“跑”、“要”、“买”得来的，那不仅不光彩，最后还要栽跟头。要把心思用在工作上，用在为人民群众谋利益上。至于个人的升降去留，应该坦然地接受党和人民的选择，把自己摆在什么位置上，就在那个位置上尽心尽力、发光发热。

树立正确的权力观的问题，也是一个加强党性修养的问题。领导干部有了坚强的党性，就能正确对待和使用权力，自觉为民尽责、为国竭力、为党分忧。领导干部必须树立强烈的党的意识，如果没有党的意识，不为党的事业尽责分忧，对党的事业漠然置之，甚至同党离心离德，那将是极其错误和危险的。苏联共产党在被宣布解散〔3〕时，绝大部分党员没有站出来反对，结果一个有八十多年历史的大党顷刻之间就土崩瓦解了，这个教训还不发人深省啊！我常讲，我们大家都在建设有中国特色社会主义事业的航船上，每位同志都要齐心协力、各司其职，使这条航船能够顶住各种风浪，始终沿着正确的航向前进。党员、干部要与党同心同德，一言一行都要维护党的形象和威信，既要对党的事业充满信心，又要对前进道路上的困难和风险有充分的思想准备，以奋发有为的精神状态、脚踏实地的工作作风，积极推进本地区本单位的各项工作，以自己的实际行动把广大人民群众紧紧团结在党的周围。

注 释

〔**1**〕参见本卷《推动党风廉政建设和反腐败斗争深入开展》第二部分《关于正确认识党的执政地位及其带来的影响》。

〔**2**〕《甲申三百年祭》，是郭沫若一九四四年三月在重庆《新华日报》上发表的纪念农民起义军推翻明王朝三百周年的史论文章。文中说明，一六四四年（农历甲申年）李自成的农民起义军攻入北京推翻明王朝以后，一些首领因为胜利而骄傲起来，生活腐化，进行宗派斗争，以致起义军在进京四十余天后就在明山海关驻军将领吴三桂勾引清兵的联合进攻下退出北京，并于一六四五年最后失败。这篇文章发表后，引起毛泽东高度重视。文章作为整风文件在延安《解放日报》上转载，并且在各解放区印成单行本。一九四四年四月十二日，毛泽东在延安高级干部会议上指出："近日我们印了郭沫若论李自成的文章，也是叫同志们引为鉴戒，不要重犯胜利时骄傲的错误。"见毛泽东《学习和时局》（《毛泽东选集》第3卷，人民出版社1991年版，第948页）。

〔**3**〕一九九一年八月十九日，苏联副总统亚纳耶夫等人宣布由亚纳耶夫接替戈尔巴乔夫履行苏联总统职务，随后又宣布成立"国家紧急状态委员会"，接管国家权力。这一行动受到以苏联俄罗斯总统叶利钦为首的政治力量强烈反对，于八月二十二日失败。这一事件被称为八一九事件。苏联国内的反共势力借口苏联共产党党员参与了该事件，掀起反共浪潮。八月二十三日，叶利钦下令中止俄罗斯共产党的活动。八月二十四日，戈尔巴乔夫宣布辞去苏共中央总书记的

职务，并以苏共中央没有坚决反对八一九事件为由，建议苏共中央自行解散，由各共和国共产党和地方党组织自行决定自己的命运。八月二十五日，苏共中央书记处被迫宣布接受解散苏共中央的决定。八月二十九日，苏联最高苏维埃非常会议通过决议，暂停苏共在苏联全境的活动。在此期间，苏联各加盟共和国的共产党组织，或宣布脱离苏共，或更改党名，或停止活动，或被禁止活动。苏联共产党就此瓦解。

金融工作的指导方针和主要任务*

（二〇〇二年二月五日）

从新世纪开始，我国进入了全面建设小康社会、加快推进社会主义现代化的新的发展阶段；加入世界贸易组织，我国将在更大范围、更深程度上参与经济全球化，对外开放进入新阶段。在新的历史条件下，金融的核心作用将愈益突出。必须从以下三个方面，进一步深化对金融地位和作用的认识。

第一，金融在市场配置资源中起着核心作用。在发展社会主义市场经济的条件下，使市场对资源配置起基础性作用，应该充分发挥金融的核心作用。首先，金融市场在我国社会主义市场体系中具有核心地位。市场体系包括商品市场和要素市场。金融市场作为要素市场的重要组成部分，是连接商品市场和其他各种要素市场的枢纽，也是贯通生产、流通、分配、消费各个环节的桥梁。金融市场通过多种渠道和方式，把大量社会资金筹集起来、又运用出去，实现资源配置，使整个经济能够运转起来。其次，资金配置的优化程度，直接影响整个经济的效率和发展速度。资金运用得好，一元钱当两元钱用；运用得不好，两元钱只能当一元钱用。这就是资金配置的

* 这是江泽民同志在全国金融工作会议上讲话的一部分。

效率，当然也就关系到资源配置的效率。资源配置的方式不同，效果也不同。计划经济是用指令性计划配置资源。实践证明，那种“计划点菜，财政买单，银行掏钱”的方式，难以使有限的资源得到有效利用。通过金融市场配置资源，在价值规律和价格杠杆的作用下，资金将会向效益好、有前景的产业和企业集中，可以实现资源的优化配置，加快社会生产力的发展。

第二，金融是调节宏观经济的重要杠杆。金融体系是资金运动的总枢纽、总闸门。宏观经济政策，要通过金融传导才能得以实施。国家可以根据经济发展的需要，运用利率、汇率等多种手段，适时调节货币供应量，调控国民经济运行。金融已成为一个国家国际竞争力的重要组成部分。随着国际贸易的扩大和国际资本流动的发展，各国特别是发展中国家，还需要通过增强金融业的竞争力来赢得有利的国际竞争地位。在国际经济活动中，融资、支付、保险等业务，对本国经济发展起着重要的支持保障作用。特别是在全球经济发展不顺利的时候，国际金融竞争会更加激烈。争夺国际金融资源、规避国际金融风险、抵御国际金融危机的冲击，关键取决于本国金融业是否具有坚实的基础，金融调控的手段是否灵活有效。金融已成为一个国家实现宏观经济稳定的重要工具和基础。改革开放以来特别是上个世纪九十年代以来，我国经济保持良好发展势头，是与充分发挥包括金融调控在内的宏观调控作用、保持金融业健康发展分不开的。从一九九三年开始，我们整顿金融秩序，加强和改善宏观调控，成功地治理了经济过热和通货膨胀，一九九六年顺利实现了经济的“软着陆”。一九九八年以来，根据扩大内需的方针，配合积极的财政政策，实行稳健的货币政策，既化解了一些金融风险的隐患、成功抵御了亚洲金融危机的冲击，又遏制了通货紧缩的趋势、促进了国民经济持续快速健康发展。

第三，金融安全是国家经济安全的核心。经济、金融全球化步伐加快，加入世界贸易组织，为我国经济、金融发展提供了机遇。但是，国际金融业的竞争更加激烈，金融市场的风险和不确定性增加，也给我国金融业发展和经济安全带来了严峻挑战。经济发展中最大的风险往往是金融危机。一个国家经济发展顺利时，往往是支柱产业在前台生机勃勃地发展，而金融业在后台起着不可忽视的支持作用。美国高技术产业的发展，前台是大量高新技术产业，后台有风险投资机制和全美证券交易商协会自动报价系统（"纳斯达克"）起推动作用。但是，在经济发展不顺利、出现风波时，金融风险往往就会显露到前台来，甚至发生金融危机。因此，要保证我国经济持续快速健康发展，必须保证金融业和金融市场健康稳定运行，避免发生大的风险和危机。这是极其重要的。

西方发达国家已把控制国际金融作为控制全球的战略手段。美国哈佛大学教授亨廷顿在《文明的冲突与世界秩序的重建》一书中引述了这样一种观点，列举了西方文明控制世界的十四个战略要点，其中第一条就是"拥有和操纵着国际金融系统"；第二条和第五条分别是"控制着所有的硬通货"和"主宰着国际资本市场"。这也从一个方面说明，在当今世界经济全球化趋势加快的情况下，金融的重要性越来越突出，并且已日益成为国际政治经济较量的工具，特别是在国际政治和经济形势复杂多变的情况下表现得更为明显。从一定意义上讲，没有金融安全，最终就没有经济安全和国家安全。美国之所以能成为超级大国，一个重要因素就是它在国际金融领域具有明显优势。美元在国际货币中占主导地位，百分之八十的国际贸易结算和金融交易是用美元进行的。美元的这种特殊地位，给美国带来了巨大利益。美元现钞的百分之六十在国外流通，这等于美国无形中从其他国家获得了铸币税。正因为美元是一种硬通货，美国通过发行货币和吸引外国直接投资、外国投资者购买美国的债券、股票等，保持国际收支平衡。美国在年贸易逆差超过三千亿美元的情况下，吸收的外国资本每年超过七千亿美元。为什么会有这么多资本流到美国？很重要的原因，就是美国在世界上已率先实现了新一轮的产业结构调整升级，信息产业、知识经济发展较快；科技发展居世界领先水平，并有一套较完善的、与技术创新相适应的风险投资机制，特别是有较强的创新能力和较高的劳动生产率，整个经济有活力。相反，一些经济结构和金融体系存在严重缺陷的国家和地区，容易受到国际金融风险的危害。一九九七年的亚洲金融危机，就是国际投机家针对经济、金融有问题的东南亚国家和地区，利用金融工具肆意攻击而造成的。另外，一九九四年的墨西哥、一九九八年的俄罗斯、一九九九年的巴西、二〇〇〇年的土耳其直到最近的阿根廷所发生的危机，都造成了很大损失。我们要引以为戒，认真吸取教训。

金融危机具有很大的隐蔽性和突发性，一旦发生，有极强的扩散性和破坏性。我们要从改革发展稳定的大局来看待金融问题，把金融工作放在更加突出的位置上。我国已加入世界贸易组织，服务领域的对外开放将进一步扩大。我们要增强紧迫感，努力防范和化解金融领域存在的风险隐患。为了确保金融不受制于人，维护国家金融、经济安全，我们要善于在国际金融市场上周旋，谨慎把握资本市场开放的时机和程度。

需要指出的是，在现代经济中，金融虽然具有举足轻重的地位，但从根本上讲，经济决定金融，金融服务于经济，金融不能脱离经济盲目无序发展。有了良好的国民经济素质和效益，才会有健康的金融；有了健康的金融，国民经济才能始终保持良好的发展势头。所以，搞好金融，归根到底是要把经济建设搞上去，提高经济增长的质量和效益。

新的发展时期，做好金融工作的指导方针是：坚持以邓小平理论为指导，认真贯彻"三个代表"要求，进一步加强金融监管，深化金融企业改革，改进金融服务，整顿金融秩序，防范和化解金融风险，维护国家金融安全，促进国民经济持续快速健康发展。

"十五"期间金融工作的主要任务是：进一步完善现代金融的机构体系、市场体系、监管体系和调控体系，努力实现金融监管和调控高效有力，金融企业经营机制健全、资产质量和经营效益显著改善，金融市场秩序根本好转，金融服务水平和金融队伍素质明显提高，我国金融业竞争力全面增强。

贯彻上述指导方针，完成"十五"期间金融工作的主要任务，全党要统一思想，始终把金融工作作为关系国民经济全局的大事来抓，确保金融安全、高效、稳健运行。适应形势发展的要求，必须把金融监管作为金融工作的重中之重，加强外部监管，强化内部控制；必须按照建立现代企业制度的要求，深化内部机制改革，把银行办成现代金融企业；必须在降低不良资产的基础上改进金融服务，积极支持经济发展；必须增强全社会的信用观念，大力加强社会信用制度建设，改善金融运行环境。

第一，必须把加强金融监管作为金融工作的重中之重。加强金融监管是由金融业的本质所决定的。金融业是经营货币及信用业务的特殊行业，包括银行、证券、保险等行业。高度集中的资金资源、错综复杂的信用关系、瞬息万变的交易信息，决定了金融业是风险最大、对安全要求最高的行业。只有对金融业实行严格、高效监管，才能保证金融健康发展。从历史上看，监管是伴随金融业务活动而产生和发展的。欧洲在近代出现银行后，行业自律和监管也随之产生。政府对金融的监管，可追溯到一七二〇年英国泡沫法案的颁布和实施，而现代金融监管，则以美国联邦储备体系的建立为标志。上个世纪九十年代以来，经济、金融全球化步伐加快，特别是亚洲金融危机的爆发，使加强金融监管、防范金融风险变得尤为重要，各国都在进一步改进和加强金融监管。即使是英国这样的老牌发达国家，近年也在根据新的情况，改革和完善金融监管体制。美国在去年出现经济衰退后，也加强了对股市的监管。事实证明，一个国家的金融安全，固然取决于综合国力、金融发展水平、抵御外部经济危机冲击的实力，以及防范国际金融风险转移的能力，但更取决于该国金融监管的整体能力和水平。金融越发展，安全越突出，监管越重要，在现代市场经济条件下更是如此。

当前，我国金融监管还跟不上形势的发展，监管薄弱的问题仍比较突出。面对改革开放和经济发展的新形势，我们要充分认识到加强监管的极端重要性和紧迫性，下更大决心，花更大气力，从多方面入手，进一步加强和改进金融监管，确保我国金融稳健运行。一是确立金融监管的目标。根据国外经验和我国实际，金融监管的目标，就是要依法维护金融市场公开、公平、有序竞争，有效防范系统性风险，保护存款人、投资者和被保险人的合法权益。要把这个目标体现在金融监管的各个环节，贯穿到金融工作的各个方面。二是健全金融监管的法律法规。有些金融、经济法律法规需要修订，有些需要根据法律制定相关法规和规章制度，完善监管细则，提高监管法律法规的可操作性和有效性，使金融监管做到有法可依、违法必究。三是强化外部监管和内部控制。银行、证券、保险的监管机构要完善监管体制，明确监管职责，转变监管观念，层层落实监管责任制，运用先进科技手段改进监管方式，加强监管队伍建设，全面提高监管水平。在加强外部监管的同时，更要注重强化金融企业内部控制。要通过深化金融企业内部改革，增强自我约束能力，强化一级法人管理，健全内部监管制度和稽核体系，完善授信授权制度和风险控制制度，建立权力制约和监督机制，加强对分支行第一把手的监督和约束。四是加强社会监督。进一步加强审计、财政等部门的监督。发挥金融行业自律组织的作用。提高金融运行的透明度，加大公众和社会舆论监督的力度。

应当看到，加强金融监管是今后一个时期一项十分重要的工作。要处理好监管和发展的关系，监管是为了更好地发展，也只有在发展的基础上才能搞好监管。加强金融监管的目的，是建立规范的金融市场秩序，保证金融安全运行。完全可以肯定，加强监管，不但不会影响而且必将促进金融业更好地发展。

第二，必须把银行办成现代金融企业。这次会议明确提出，国有独资商业银行是经营货币的企业；贯彻党的十五届四中全会关于国有企业改革和发展若干重大问题的决定的精神，对国有独资商业银行进行综合改革，是整个金融改革的重点；改革的目标是，按照建立产权清晰、权责明确、政企分开、管理科学的现代企业制度的要求，把国有独资商业银行改造成治理结构完善、运行机制健全、经营目标明确、财务状况良好、具有较强国际竞争力的现代金融企业。

国有独资商业银行是我国金融业的主体，截至二〇〇一年底，其包括本、外币的存、贷款余额分别占全部存、贷款总量的百分之六十二和百分之五十七。应该充分肯定，国有独资商业银行在经济发展和现代化建设中发挥了积极作用，但其不良资产比例高、经营效益和竞争力较低的问题也相当突出。国有商业银行的运行机制、管理水平和经营效益，直接关系整个金融体系的质量。能否按照现代企业制度的要求，把国有独资商业银行办成现代金融企业，决定着我国金融改革和发展的前途。

尽管我国在法律上已经明确商业银行是企业法人，但对于国有商业银行是不是企业这个问题，长期以来在思想认识和实际工作中并没有真正解决。不少人把银行当作行政机关或财政部门，以为银行贷款可以只借不还，这是产生行政干预金融、企业逃废债务、银行不良资产比例过高等问题的根源。

既然商业银行是企业，就必须建立以利润目标为中心的综合考核体系，降低不良资产比例，保证国有资产保值增值。银行不能长期亏损，因为银行的钱大部分是老百姓的存款，不是财政拨款。银行所经营的商品是货币，有一定的特殊性，但这种特殊性并不影响和改变银行的企业属性。与工商企业一样，银行也必须通过向社会提供金融产品和服务，才能盈利，并进而实现经营效益最大化，在竞争中求得生存和发展。

把银行办成现代金融企业，核心在于按照现代企业制度的要求，建立现代银行制度。必须将这一要求贯穿到国有商业银行综合改革的全过程中，从根本上转变机制，使国有商业银行真正成为自主经营、自负盈亏、自我发展、自我约束的法人实体和市场主体。对国有商业银行进行股份制改造，是公有制有效实现形式的重要探索，将有利于健全银行法人治理结构，提高银行资产质量和经营效益，加强对银行的监督。在坚持国家控股和增强竞争力的原则下，具备条件的国有独资商业银行可改组为国家控股的股份制商业银行，条件成熟的可以上市。

要把改革目标与近期工作紧密结合起来。当前，要突出抓好四件事。一是改革内部机制，优化组织机构和管理模式，精简机构和人员，健全激励机制和约束机制。二是强化内部管理，加强内部控制，严格经营责任制，完善信贷管理，继续降低不良资产比例。现在，经济技术发展很快，不同行业都有自己的专门技术，所以信贷决策一定要慎重，要有熟悉业务的人，集思广益，作出科学的决策，不能一个人说了算。三是做好基础性工作，健全各项规章制度和业务操作规程，严格成本约束，提高盈利水平。四是加快信息化建设，为银行科学决策、强化内控和改进服务提供充分的技术支持。要大力推广使用信用卡，采用电子货币，努力实现金融网络跨银行、跨地区的互联互通。在银行改革中，我们要大胆、全面地借鉴和采用国外先进技术和成熟的管理经验。国外现代银行建立和发展，经历了几百年的历史，形成了比较完备的管理方式和较为先进的管理技术。与它们相比，我们办商业银行的经验和技术还很不够，需要加强学习，博采众长，为我所用，尽快增强我国银行的竞争力。当然，学习国外先进的管理经验和技术，也要密切结合我国的实际情况，不能照抄照搬。

在加快国有商业银行改革的同时，其他金融企业，包括证券、保险等企业，也要按照建立现代企业制度的要求，深化内部机制改革，强化管理。证券市场在经济发展中的作用日益重要，规范和发展证券市场的方针不会改变。稳定是发展的基础。要通过加强监管、规范秩序，促进证券市场更好地发展。发展市场经济，必然会给企业、个人以及其他方面带来一些不确定因素，保险业可以为防范风险发挥积极作用。同时，保险业也是为经济社会发展聚集和运用资金的一条重要渠道，并且还能对客户起到一定的监督和约束作用。我国保险业还有很大发展潜力，要抓住有利时机，进一步加快保险业的改革和发展。

第三，必须在降低不良资产的基础上积极支持经济发展。降低不良资产与支持经济发展是相辅相成的。那种把两者对立起来的观点是站不住脚的。从宏观上看，一方面，有效防范和化解金融风险，是金融得以促进经济发展的前提。不防范风险，银行不良资产越积越多，包袱越来越重，必然危及银行的安全乃至生存，必将破坏金融稳定和经济安全。银行不能正常运行，哪还谈得上支持企业和经济发展呢？另一方面，只有充分发挥金融的作用，加大对企业和经济发展的支持力度，才能促进企业提高效益和增强还贷能力，为银行带来更多优质客户；才能实现经济持续增长，为防范金融风险提供根本保证；才能推进产业结构优化升级，为金融提供更广阔的发展空间。

从微观上看，银行作为企业，要在激烈的市场竞争中生存和发展，就必须追求经营效益最大化。而实现这一目标，银行既要“多生产和卖出产品”，即积极发放贷款，又要“追求利润最大化”，即尽量收回贷款本息。银行不贷款，就等于工厂不生产；乱贷款收不回本息，就等于商店白送货，都是行不通的。银行的企业属性，决定了降低不良贷款比例和支持经济发展两者在本质上是一致的。我国商业银行法的立法宗旨之一，就是要求银行提高信贷资产质量，促进社会主义市场经济的发展。银行法明确规定，商业银行根据国民经济和社会发展的需要，在国家产业政策指导下开展贷款业务。因此，银行完全应该做到依法经营，按市场规律办事，大力改进服务，根据结构调整和经济发展要求调整和优化信贷结构。要落实扩大内需的方针，积极运用信贷杠杆，促进投资和消费增长，继续为国债项目提供配套贷款和支持西部开发，加大对农业产业结构调整的支持力度，增加对企业技术改造项目、中小企业特别是民营科技企业的贷款，满足有效益企业的流动资金贷款需求，发展消费信贷业务。所有金融企业都要为经济社会发展提供及时、便利、优质的服务，并在这个过程中不断发展壮大自己。

第四，必须大力加强社会信用制度建设，改善金融运行环境。今天，我想要特别讲一下社会信用问题。当前，社会上逃废银行债务和企业贷款难两个问题同样突出。一方面，一些企业假借“改制重组”之名，逃废银行债务，特别是有的企业已经资不抵债，却想借机逃之夭夭。更为严重的是，有些地方的逃债风是在当地政府的默许甚至是支持、纵容下刮起来的，这怎么得了！另一方面，银行“一朝被蛇咬，十年怕井绳”，担心金融风险，因噎废食，出现了不敢贷款和“惜贷”现象。结果是，企业抱怨银行不贷款，银行指责企业不还钱。我看这两个问题不是孤立的，问题的要害就在于“信用”二字。归根结底，企业要按照现代企业制度的方向深化改革。

“信用”在中文的基本解释就是，遵守诺言，实践成约，取信于他人。信用既属于道德范畴，又属于经济范畴。资本主义社会信用制度在其发展过程中不断形成和改进，但至今仍有许多方面需要完善。最近，在美国安然公司破产案中，世界五大会计师事务所之一的安达信公司涉嫌为安然公司做假账，这说明像美国这样搞了二百多年市场经济的国家，信用制度上还有缺陷，监管上还存在薄弱环节。社会主义市场经济是信用经济、法制经济。良好的社会信用是建立规范的社会主义市场经济秩序的重要保证，是有效防范金融风险的重要条件，是现代经济、金融正常运行的重要根基。没有信用，银行不敢贷款、买卖无法进行，谁还敢来投资，市场经济还怎么搞？逃废银行债务，不仅危及金融安全，也损害当地企业的信誉和那里的投资环境，破坏了发展的基础。讲信用，企业和银行才能双赢；不讲信用，必然两败俱伤。全党全社会必须从改革发展稳定的大局出发，增强信用观念，建立和维护良好的社会信用。

建立和维护良好的社会信用，各级政府乃至各级司法、执法部门要共同努力。前几年，存在这样一种怪现象，那就是“起诉不受理，受理不开庭，开庭不宣判，宣判不执行”。如果司法公正都得不到保证，社会信用就无从谈起。现在，这种现象虽然有所改变，但还做得不够好，需要进一步改进。首先要强化经济、金融法治，健全有关信用的法律法规和规章制度，从法律制度上约束和规范人们的信用行为，依法加大对不讲信用、破坏信用行为的惩治力度，依法维护银行、投资者、存款人的合法权益。对逃废银行债务的单位和个人，要追究其法律责任；对包庇、纵容逃废银行债务的国家工作人员，应该给予纪律处分并依法追究其刑事责任。同时，要学习国外先进经验，加快社会信用制度建设，运用现代科技手段维护社会信用。要把这件事作为关系经济发展全局的一件大事来抓。当前，要抓紧建设全国企业和个人征信体系，使具有良好信誉的企业和个人充分享有守信的益处和便利，使有不良记录的企业和个人声誉扫地、付出代价。除制度和科技手段外，还要通过加强宣传教育和社会舆论监督等措施，增强全社会的信用观念，倡导诚信守约的道德规范。各级领导干部更要从全局出发，自觉增强法治观念和信用意识，旗帜鲜明地与逃废银行债务等失信违法行为作坚决斗争，并把它作为改进各地投资环境和经济运行环境的重要举措。

关于十六大报告起草工作的批示

（二〇〇二年二月十八日）

锦涛[1]同志：

我仔细看了提纲稿，认为总的是可以的。有几点想法和意见，供你和起草组的同志参考。

第一，总结十三年的基本经验很重要，其实也就是总结我们贯彻改革开放以来形成的党的基本理论和基本路线的实践。要从理论和实践的结合上深入进行归纳。基本经验总结好了，是十六大报告的一大特色。

第二，对“三个代表”，这次主要是提出贯彻落实的基本要求，不可能长篇大论。贯彻“三个代表”要求，关键是要解放思想，实事求是，与时俱进。七一讲话[2]已经提出的重要提法和观点，十六大报告要充分反映，如对待马克思主义的正确态度、从革命党到执政党的转变对我们提出的挑战、两个先锋队[3]的问题、增强党的阶级基础和扩大党的群众基础等问题。对干部群众中存在的一些模糊认识，要有针对性地进行阐述。

第三，对新世纪初我们面临的国内外发展大势，以及这种形势给我们带来的机遇和挑战，要画龙点睛地说一下，增强报告的时代感。要说明进入新世纪我们是在怎样的国内外形势下进行改革和建设的，全党同志必须增强紧迫感和忧患意识，加紧工作，开拓进取。

第四，经济建设和经济体制改革部分，以及其他部分的有关内容，都要鲜明地贯彻深化改革的思想，特别要强调继续推进社会主义市场经济取向的改革。要突出改革，勇于推进各个方面的改革。体现继往开来、与时俱进的要求，这是最基本的。

第五，加强国有资产的管理和营运机制建设，很有必要。要充分论述改革国有资产管理体制的必要性，同时要充分强调加强监管的重要性，以保证国有资产保值增值，防止国有资产流失。地方管理的国有资产，是省市县三级为好，还是省市两级为好，还需要斟酌。下放到县一级，管理和监督都难以到位。

第六，要继续推进政治建设和政治体制改革，坚持发展社会主义民主政治，建设社会主义法治国家。必须始终坚持四项基本原则。发展社会主义民主政治，坚持党的领导、人民当家作主和依法办事，三者缺一不可，关系要说清楚。要紧密结合经济和社会其他方面发展的需要，找准政治体制改革的重要环节，提出切实有效的措施，积极推进。这个问题我们不回避，也回避不了。

第七，反腐败是干部群众很关心的问题，我们必须旗帜鲜明，态度坚决。这部分的论述，要加强力度，充分表达我们党开展反腐败斗争不可动摇的决心。

第八，党建部分，要重点论一论贯彻群众路线和做好群众工作的问题，特别要把新形势下加强群众工作的重要性说透彻，要提出明确、具体的要求。

以上意见，可在这次修改提纲时注意体现，如果限于篇幅展不开，也可在将来正式起草报告时体现。

江 泽 民

二〇〇二年二月十八日

注 释

〔1〕锦涛，即胡锦涛，一九四二年生，安徽绩溪人。当时任中共中央政治局常务委员会委员、中央书记处书记，中华人民共和国副主席，中央军事委员会副主席。是中国共产党第十六次全国代表大会文件起草组组长。

〔2〕七一讲话，即本卷《在庆祝中国共产党成立八十周年大会上的讲话》。

〔3〕这里所说的两个先锋队，指中国共产党要始终成为中国工人阶级的先锋队，同时成为中国人民和中华民族的先锋队。见本卷《在庆祝中国共产党成立八十周年大会上的讲话》第三部分《按照“三个代表”要求加强和改进党的建设》。

在激烈的国际竞争中掌握主动*

（二〇〇二年二月二十五日）

这次省部级主要领导干部国际形势与世界贸易组织专题研究班，办得及时。春节刚过，各项工作非常繁忙，中央下决心把大家集中起来办这个研究班，目的就是要使大家正确把握国际形势，在认真学习、搞通弄懂世界贸易组织基本知识和规则的基础上，扎扎实实做好各方面的应对工作。通过这次研讨，大家认识上有了新的提高。这对我们适应新形势，进一步推进改革开放和现代化建设，具有十分重要的意义。

一、关于加入世界贸易组织给我们的重要启示。

加入世界贸易组织，是我国改革开放进程中具有历史意义的一件大事。我多次讲，这不仅是一个重大的经济问题，也是一个重大的政治问题。从我国提出恢复关贸总协定〔1〕缔约国地位到正式加入世界贸易组织，历时十五年，风风雨雨，几经曲折。我们经历了艰巨复杂的斗争，也积累了对外工作和对外斗争的重要经验。对十五年来我们围绕加入世界贸易组织开展工作取得的经验，要认真总结，从中汲取有益启示，

---

* 这是江泽民同志在中共中央举办的省部级主要领导干部国际形势与世界贸易组织专题研究班上讲话的主要部分。

以增强我们在复杂条件下开展对外工作和进行国际斗争的能力。

从提出“复关”申请到正式加入世界贸易组织，我们进行的一切工作和斗争，核心的问题就是要在激烈的国际竞争中掌握主动。在当今世界综合国力竞争日益激烈的情况下，掌握主动权越来越重要。回顾十五年来的历程，至少可以得出以下一些基本认识。

第一，要在激烈的国际竞争中掌握主动，必须坚定不移地把我们自己的事情办好，不断增强我们的综合国力和国际竞争力。任何时代的国际竞争，都是以实力为基础的。一个国家没有一定的实力，不仅谈不上到国际舞台上去开展竞争，而且往往要被人家欺负。我国加入世界贸易组织的谈判之所以能够取得成功，说到底，就是因为改革开放二十多年来我国的综合国力不断增强、国际地位日益提高。一九八六年，我国当时的整体经济规模还比较小，进出口总额也只有七百三十八亿美元，与别人讨价还价的筹码不多。现在，我们的国内生产总值已超过一万亿美元，居世界第六位，对外贸易排名世界第六位，吸收外资连续九年居发展中国家首位。中国在世界上的分量显著增加了，谁也不能小看我们。中国经济的快速发展和市场的巨大潜力，对世界各国产生了越来越大的吸引力。

我们常说，没有中国的参与，世界贸易组织是不完整的。说这个话，也不是自己说了就算的，还要看人家承认不承认。应该说，这个话，现在大部分国家都是承认的。为什么？就是因为我们发展起来了，国家实力增大了、变强了。我们是社会主义国家，我们不会以强凌弱，不会依仗自己的实力来处理对外事务特别是国家之间的关系。我们一贯主张，国家不分大小、强弱、贫富，应该一律平等。但是，世界上还存在霸权主义和强权政治，要维护国家的利益和安全，要支持国际正义和致力于世界的和平与发展，就需要有实力。没有实力就没有发言权，有实力就有发言权。随着我国综合国力不断增强，我们在加入世界贸易组织的谈判中就越来越主动，别人想不重视我们也不行。

这就告诉我们，坚持以经济建设为中心，坚持改革开放，艰苦奋斗，埋头苦干，不断增强我国的经济实力、国防实力、民族凝聚力，是做好对外工作的坚强保证。发展是硬道理，财大才能气粗，落后就要挨打。这是我们必须始终牢记的重要历史经验。

第二，要在激烈的国际竞争中掌握主动，必须坚持改革开放，建立和完善社会主义市场经济体制。当今世界是开放的世界。加强国际经济技术交流和合作，对各国经济发展越来越重要。新中国成立初期，我们受到西方国家的政治和经济封锁，不具备全面对外开放的条件。当时的开放主要是对苏联、东欧国家。应该说，当时我们对这些国家的开放，幅度也是不小的，在国家建设的各个领域中都有合作。后来，中苏关系恶化，苏联撤走了专家、停止了合作项目，对他们的开放也停止了。到了十年“文化大革命”期间，极左思潮泛滥，学习国外的先进技术和管理经验，往往被“四人帮”扣上“崇洋媚外”、“里通外国”的帽子，当时对外基本上是封闭的。改革开放以后，邓小平同志反复强调，我们自己的实践和别国的实践都证明，关起门来搞建设是不能成功的。这是对我国社会主义建设经验的总结，也是对其他国家社会主义建设经验的总结。我们搞现代化建设，必须对外开放。我们提出了对外开放的基本国策，并坚定不移地加以推进。

二十多年的实践表明，实行对外开放，是同国外开展经济技术交流和合作，而不是靠人家来恩赐，也没有人会恩赐给你。要进行经济技术交流和合作，国外企业首先考虑的是经济利益。当然也有政治因素，西方国家政府这方面的考虑并不少，但企业主要还是看是否有利可图。因此，关键的问题是我们必须形成一套有效的体制机制，创造一个有利于开放的经济社会环境。

世界贸易组织的一些基本原则，如非歧视、透明度、公平竞争、开放市场等，都是建立在市场经济基础上的。因此，我们扩大开放，加入世界贸易组织，首先要创造市场方面的有利条件。一九八六年，我国正式提出“复关”申请，不仅适应了我国对外经济贸易活动不断扩大的新形势，而且我国经济体制的初步改革也为谈判创造了条件。一九九二年，党的十四大确定了我国经济体制改革的目标是建立社会主义市场经济体制，标志着我们对社会主义建设的认识达到了新的高度，大大推动了我国“复关”谈判的进程。总之，我国社会主义市场经济的发展，全方位、多层次、宽领域的对外开放格局的形成，再加上巨大的潜在市场，这是我国加入世界贸易组织最重要的推动力量。

这就告诉我们，要在经济全球化的条件下坚持实行对外开放，实施好“引进来”和“走出去”相结合的开放战略，不断增强我国经济的国际竞争力和对国外企业的吸引力，必须通过改革建立并不断完善社会主义市场经济体制，不断形成有利于对外开放的体制和环境。

第三，要在激烈的国际竞争中掌握主动，必须善于从国际国内政治大局出发考虑问题，切实维护我国的国家安全和根本利益。世界贸易组织是一个国际经济组织，但在谈判中不仅有经济方面的激烈斗争，也有政治方面的严峻较量。我国从提出“复关”申请到加入世界贸易组织，所以经历了这么长时间，有各种因素的作用，其中最重要的是美国等一些西方国家长期以来进行阻挠。不管是谈也好、停也好，僵持也好、进展也好，都充满着复杂的政治斗争。

为维护我国的根本利益，中央根据谈判的进程和斗争的需要，及时制定了一系列正确的方针和策略。中国的发展，需要加入世界贸易组织。同时，中国是发展中国家，我们只能接受与我国经济发展水平相适应的谈判条件。如果加入世界贸易组织有损我国的根本利益和国家安全，那还加入它干什么！不加入又有什么了不起？中国的改革开放和现代化建设照样向前发展。我们绝不会为了加入世界贸易组织，拿国家的利益和安全做交易。这就是我们的政治底线。在谈判中，我们始终坚持这一条，不示弱。当然，我们既强调头脑清醒、坚持原则，也注意因势利导、讲求策略。

在十五年的谈判中，我们的主要对手是美国。美国是世界上最大的发达国家，在世界贸易组织中占主导地位，而且在西方国家中又是打头的。尽管其他西方发达国家与美国也有矛盾，但在很多问题上又同美国有相同或相似的立场。美国等一些西方国家在同我们谈加入世界贸易组织的问题时，从来不是就经济谈经济，而是始终与所谓的政治问题挂钩的。这些年来，中美关系时晴时雨、一波三折，中美关于中国加入世界贸易组织的谈判也时紧时松、波澜起伏。针对美国对我国采取"既接触又遏制"的两手策略，我们也要讲究策略，坚持以两手对两手，以斗争促合作。

一九九三年，我在西雅图同克林顿〔2〕首次会晤时，就阐明了我国处理"复关"问题的三项原则：第一，关贸总协定是一个国际性组织，如果没有中国这个最大的发展中国家参加是不完整的；第二，中国要参加，毫无疑问是作为发展中国家参加；第三，中国加入这个组织，其权利和义务一定要平衡。在谈判的全过程中，我们始终坚持了这些指导原则。针对美国等西方国家在谈判中提出的高要价，从政治上、战略上考虑，我们又相继提出了"态度积极、方法灵活、善于磋商、不可天真"和"态度积极、坚持原则、我们不急、水到渠成"等工作方针。一九九九年之前，美国出于压我国接受其高要价的企图及美国国内党派斗争的需要，一直未与我国达成双边协议。一九九九年三月，我正在意大利访问，美国等北约国家发动了对南斯拉夫的军事打击〔3〕。同时，美国在谈判中又向我们提出高要价。三月二十八日，我在国外给朱镕基〔4〕同志写了一段话，强调谈判还要进行，但人不能低下高贵的头。国际局势发生了这么大的变化，朱镕基同志原定的访美计划还要不要进行？从中美关系大局考虑，中央决定朱镕基同志如期访美。这样做利大于弊。那次没有达成协议，是因为火候没有到，美国还想继续压我们。五月七日，以美国为首的北约悍然轰炸了我国驻南联盟大使馆〔5〕。我们从对美斗争全局出发，决定暂停与美国谈判。五月十四日，克林顿打电话给我，就美国轰炸我使馆向中国政府和中国人民作出道歉，表示希望双方继续进行谈判，并尽快达成协议。我当即表示，现在谈判气氛是不适宜的。经过与美国针锋相对的斗争，美国就轰炸我国驻南联盟大使馆作出公开正式道歉，并答应赔偿我方的损失。美国并没有向我们交待清楚这次事件的真相，也不可能对我们说。我们就绝不松口，始终保留追究的权利。迫于国内压力，以及从自身战略和经济利益考虑，美国政府急于与我国恢复谈判，通过各种渠道向我们传递信息。八月十八日，我提出，要恢复谈判可以，但克林顿必须来一封正式的信件，不能都是别人口头传话。八月二十七日，克林顿写信给我，强调希望尽快与中国恢复谈判。中央综合考虑认为，在权利和义务平衡的基础上加入世界贸易组织对我国利大于弊，适时恢复谈判符合我国的根本利益，也有利于推动中美关系趋向稳定和改善。九月一日，我复信表示同意，并要求美国在向中国提供无条件永久正常贸易关系、放弃一般保障措施条款〔6〕、放宽对华出口限制等重大问题上满足中方的要求。九月十一日，我与克林顿在奥克兰会晤，中美开始恢复谈判。十一月初，克林顿再次写信给我，表示美方强烈希望尽快达成双边协议，作出了全力以赴争取对华永久正常贸易关系、不再要求一般保障措施条款等承诺，并表示愿意促进高技术产品对华出口。我们强调，要从战略高度来处理中美关系，双方应该本着平等互利、互谅互让的精神，争取双赢的谈判结果。机遇稍纵即逝。综合考虑当时的国际气候和新世纪我国面临的机遇，中央认为这次谈判应该争取一个好的结果。双方又进行了艰苦的谈判[7]，朱镕基同志深夜到现场去协调，十一月十五日达成了协议。总之，我们始终坚持原则，又灵活掌握策略，进行有理、有利、有节的斗争，终于打掉了美国等一些西方国家苛刻无理的要求，维护了我国的根本利益和国家安全。

这就告诉我们，在开展对外工作和对外斗争中，必须从国内外政治的大局考虑问题，对政治方面的事务应该这样做，对经济和其他方面的事务也应该这样做。只有首先从政治上掌握主动权，其他问题才能迎刃而解。

现在，我国已经加入了世界贸易组织，但绝不能以为万事大吉了，新的较量和斗争还刚刚开始。对这一点，我们必须有充分的思想准备。

我们加入世界贸易组织后，斗争将更加艰苦。十五年的谈判，交锋在谈判桌上，真正的较量还是在国际国内市场上。这种较量将是长期的。世界贸易组织是一个国际经济组织，可以说是一个经济联合国。一方面，这个机构是以中立身份解决贸易争端的多边经贸机构。另一方面，世界贸易组织的各成员方特别是发达国家，都希望通过制定有利于自己的规则，使本国本地区在国际经济贸易和技术交流中获得最大利益。各成员方出于各自的利益走到一起，同时又是各打各的算盘。一九九九年的西雅图会议[8]，各方争得不亦乐乎，无果而终。去年十一月的多哈会议[9]同意启动新一轮谈判，看来短期内谈判是难以结束的。要在这样一个机构中维护我们的利益，也不是一件容易的事情。我们要在世界贸易组织的大框架下，进一步深入研究、统筹规划、巧于应对、趋利避害，在新的谈判中发挥积极作用。

美国最终与我们达成协议，并不是因为突然大发善心。一方面，我们的实力摆在那里，他们不让我们加入也不行。另一方面，他们是有自己的战略考虑的，我们还是不可天真。通过推行经济上的自由化来推行所谓的政治上的自由化，是西方某些政治势力对社会主义国家实施西化、分化政治图谋的一个重要战略手段。美国与我国达成关于中国加入世界贸易组织的双边协议，是与其全球战略紧密相连的。这一点，克林顿曾明确地作了表露。他在关于给予中国永久最惠国待遇问题致国会的声明中说："加入世界贸易组织将给千百万中国人以政府不可能控制的方式带来信息革命。这将加速中国国有企业的瓦解。这一过程就是使政府远离人们的生活，并催发中国的社会与政治变革。"对此，我们必须保持清醒的头脑，看清本质，做到有备无患，努力实现我们的战略意图，推动我国经济发展。

二、关于积极做好各项应对工作。

加入世界贸易组织后，既有机遇，也有挑战。看不到机遇是错误的，看不到挑战同样是错误的。关于加入世界贸易组织的问题，我进行了长期的深入思考。我认为，从政治上看，从二十一世纪国际竞争日趋激烈的大环境看，我们搞现代化建设，必须到国际市场的大海中去游泳。虽然我们这方面的能力还不强，但要奋力地去游，并且要力争上游，不断提高我们搏风击浪的本领。这对我国提高国际竞争力、在国际综合国力的较量中掌握主动有利。也有的同志担心，到国际市场的汪洋大海里去游泳，弄得不好会呛水，甚至被淹死，还是稳妥一点好。这种担心不是完全没有道理的。但是，如果我们总是不到国际市场上去经风雨、见世面，我国现代化建设就很难更快地推进。对加入世界贸易组织后的利和弊、机遇和挑战，要科学分析和全面认识。对于有利的一面，要抓住机遇，积极加以运用；对于不利的一面，要抓紧工作，努力规避风险。

加入世界贸易组织，有利于我们按照国际通行规则办事，改善我国经济发展的外部环境，直接参与国际经济规则的制定，维护我国权益；有利于我国根据国际市场竞争的要求，加快经济结构调整和科技进步，提高产业和产品的竞争力，提高国民经济整体素质和竞争力；有利于我们建立一套适应国际通行做法的外经贸法制体系，促进在经济工作中依法办事，促进社会主义市场经济发展；有利于我们在更大范围、更广领域、更高层次上参与国际经济技术合作，改善我国的贸易投资环境，增加贸易机会，增强对外资的吸引力，更有效地利用国内国外两个市场、两种资源，发挥比较优势，把我国对外开放提高到一个新水平；有利于海峡两岸实现"三通"，特别是解决通商问题，促进两岸经贸关系进一步发展。这些都是符合我国发展的长远利益的。

加入世界贸易组织后，外部因素的影响将会明显增大，面临的经济风险也会显著增加。我们宁可把困难和挑战估计得更充分一些。主要的挑战包括：一是对我国某些产业和企业竞争力的挑战，二是对我国政府管理体制和管理方式的挑战，三是对人才方面的挑战。对于这些挑战，我们必须进行深入具体的分析，并一一拿出应对方案来。

第一，要采取切实有效的措施，推动我国产业和企业不断提高竞争力。加入世界贸易组织后，我国一些产业和产品，由于技术水平的差距和尚未形成规模经济，在一定时期内会受到很大冲击。一些规模小、成本高、技术水平落后的企业也将面临严峻挑战。必须大力加强对这些产业的结构调整和技术改造，提高科技创新能力和市场竞争力，使它们能够在国内外市场的激烈竞争中站住脚跟，并发展壮大。要对我国的工业、农业、金融、通信、文化产业等多方面情况进行深入分析，加快结构调整和产业升级的步伐，使我们的弱势产业变强、优势产业更强。我国农业取得了很大发展，但总体来说还比较落后，竞争力较差，面临着严峻挑战。要大力推进农业产业化经营，提高科技含量，加快农业现代化。对那些效益很差、技术水平很落后的产业和产品，也不应该加以保护，否则不仅没有效益，而且没有出路。应该进行调整和重组，重点发展那些具有优势的产业。要积极把握世界贸易组织其他成员对我们开放市场的机会，扩大我们优势产品的生产和出口。要充分利用世界贸易组织的有关条款和我们"入世"的过渡期，在不违反世界贸易组织规则的前提下，采取灵活措施，对我国经济特别是有关产业进行必要的保护，防止外国企业和产品对我们形成严重冲击。还要抓紧完善企业退出市场的渠道和机制，建立健全社会保障体系，切实做好下岗职工的安置和再就业工作，保持社会稳定。

加入世界贸易组织后，我们在货物、服务、投资和知识产权领域中所享受的权利和应尽的义务，最终的承载主体是企业。一个国家的经济要提高国际竞争力，关键是要提高企业的竞争力。西方发达国家的企业特别是跨国公司，都具有强大的实力，但仍然在不断调整和改革，以保持和增强自己的实力。国有企业都要进一步深化改革,尽快建立适应发展社会化大生产和市场经济要求的现代企业制度,增强市场竞争能力、技术创新能力和抵御风险的能力。从长远看,要更有力地开展国际竞争,我们必须形成一批有国际竞争能力的大型企业和跨国公司。在国际市场竞争的风浪中,大型企业和跨国公司是经济上的航空母舰,具有强大的生存和发展能力。我们应该在加入世界贸易组织后的新形势下,抓住一切机遇,通过走出去投资办厂和开展各种各样的经济技术合作,从无到有、从少到多、从弱到强,努力形成和发展壮大一批中国式的跨国公司。这是我们扩大对外开放,增强经济实力和国际竞争力,经受住经济全球化的各种挑战和考验,使我国真正成为经济强国的迫切需要。同时,我们要发展一批技术水平高、有市场竞争能力的中小企业,特别是要发展"专、精、特、新"的科技型企业,同大企业建立密切的协作关系,提高生产的社会化水平。这种类型的中小企业,在市场竞争中很有生命力,出口潜力也是很大的。

由于长期受计划经济体制的影响,重生产、轻流通的观念烙印很深,这也是影响经济发展的一个重要原因。发展社会主义市场经济,搞好流通极为重要。是消费通过流通来决定生产,只有现代的流通方式才能带动现代化的生产,只有大规模的流通方式才能带动大规模生产。因此,要大力支持和推动连锁经营、集中配送等现代流通方式,推动经济发展,提高竞争力。

第二,要进一步深化改革,不断完善社会主义市场经济体制。世界贸易组织规则是用来约束各成员的政策的,是管政府的。加入世界贸易组织，要求我们各级政府管理经济的方式和办法必须有一个大的改进。要按市场经济的一般规律，进一步调整和完善合乎社会主义市场经济要求的行为规范和法律体系。我国政府现行的管理体制和管理方式中存在行政干预过多的现象，部门和行业自成体系、相互分割掣肘的问题还没有彻底解决，缺乏系统管理和配套能力，难以形成合力应对挑战。因此，必须进一步转变政府职能，推进政企分开、政事分开，减少对微观经济活动的直接干预，充分发挥市场对资源配置的基础性作用，强化企业的市场主体地位。要善于依据公开的统一的法律法规而不是内部文件来行使管理经济的职能。减少对经济事务的行政性审批。不该管的要放开，该管的一定要管住管好。要学会用新的办法扶持我国产业的发展。西方发达国家对农业、高新技术产业以及战略性产业的发展，都给予了多种形式的支持，如支持科技开发、兴办重大工程、扩大政府采购、改善基础设施、加强人才培养等。要把按照世界贸易组织规则要求规范市场经济秩序，正确引导社会主义市场经济发展，培育和增强我国经济的国际竞争力，作为政府调控和管理经济的主要任务。要打破地方保护和行业垄断，废除阻碍全国统一市场形成的各种规定，整顿和规范市场经济秩序，建立健全法制、诚信、公平竞争的市场环境。总之，要通过深化改革，进一步消除影响生产力发展的体制性障碍。这样才能有力地推动我国经济发展，而且也是我们应对加入世界贸易组织后各种挑战的一条根本途径。

第三，要加强人才的培养和吸引工作，造就一支精通世界贸易组织规则的专业人才队伍。做好加入世界贸易组织后的各项应对工作，人才是关键。在一定意义上说，人才方面的挑战是最严峻的挑战。要进一步落实科教兴国战略，大力培养各方面的高素质人才。要在普遍提高国民文化教育水平的同时，加强专业人才的培养，特别是要抓紧培养我们严重缺少的精通世界贸易组织规则的专业人才，包括管理专家、国际贸易专家、法律专家、谈判专家、反倾销调查专家等。随着开放的扩大和外国企业的进入，我们还面临着它们争夺我们现有优秀专业人才的挑战。培养专门人才的工作，一定要紧迫地抓起来。要采取特殊措施，加大工作力度，加快这方面人才的培养和吸引工作。国务院要加强应对世界贸易组织的工作机构，充实高水平的专家队伍。既要有近期规划，抓紧为各地区各部门和企业培养一批懂得世界贸易组织规则的人才，又要有长期考虑，不断提高培养这方面人才的水平。

机遇和挑战，利和弊，都是相对的，在一定条件下可以相互转化。古人说，“物无不变，变无不通”〔10〕。能否抓住机遇、有力应对挑战，关键要看我们的工作是否得力，我们的应对措施是否得当。工作做得好，应对得当，挑战可以化为机遇，弊可以化为利。工作做得不好，即便有机遇也可能因抓不住而丧失掉。二〇〇〇年初，我曾在省部级主要领导干部财税专题研讨班上说过，在加入世界贸易组织初期，由于缺乏经验和应对的机制及措施还不周全、还不完善，难免要吃些亏的，但要力求只吃些小亏以至中亏，务必防止吃大亏。我们加入世界贸易组织花了很大气力，做好各项应对工作要花更大气力。只有把加入世界贸易组织带来的机遇紧紧抓住了、用好了，把各项应对工作真正落实了、做好了，中央关于加入世界贸易组织这个重大决策的正确性才能充分显示出来，我国改革开放和现代化建设才能更好地向前发展。

三、关于进一步扩大对外开放。

加入世界贸易组织，标志着我国对外开放进入了一个新的阶段。我们要在这个新的起点上，进一步深化改革、扩大开放，以更加积极的姿态走向世界，适应经济全球化趋势发展的新形势，继续推进全方位、多层次、宽领域的对外开放，为我国经济发展提供新的强大动力。

加入世界贸易组织后，我国将在更大范围、更广领域、更高层次上参与国际经济合作和竞争，对外开放必须进一步扩大。同时，我国将在国际经贸规则下参与国际经济合作和竞争，对外开放的要求更高了。我们各项工作面临着新的环境，最重要的变化就是国际市场的竞争将更加深入地与国内市场的竞争结合在一起，国际市场竞争的一些重要因素将成为国内市场竞争的组成部分。我们要尽快适应新形势新要求，更加积极地拓展对外贸易增长空间，参与国际区域经济合作，合理有效地利用外资，引进先进技术和管理经验，更好地利用经济全球化带来的有利于生产力发展的因素，发挥我们的比较优势，加快我国经济发展。在对外开放的全过程中，我们要始终注意正确处理好对外开放、发展国际经济合作与维护国家的利益和安全的关系，十分注意并切实维护国家的利益和安全。

在新的条件下扩大对外开放，必须更好地实施“引进来”和“走出去”同时并举、相互促进的开放战略，努力在“走出去”方面取得明显进展。实施“走出去”战略，是把对外开放推向新阶段的重大举措，是更好地利用国内国外两个市场、两种资源的必然选择，是逐步形成我们自己的大型企业和跨国公司的重要途径。发达资本主义国家的历史并不长，英国资产阶级革命到现在三百多年，美国建国才二百多年，生产力水平为什么这么高？很重要的一个原因是，大多数西方资本主义国家都走过对外殖民、奴役、掠夺的道路，从广大发展中国家掠取了大量资金和资源，同时也把这些国家变成他们的市场。当然，资本主义市场经济体制的调整、完善和科技进步也是他们生产力发展的重要推动力量。现在，西方发达国家不能通过以往那种殖民奴役来掠夺资源了，但他们通过经济优势特别是金融优势在全世界谋取巨额利润。我们不会也不能像西方发达国家那样去做。但是，凡是有能力有条件的企业，包括国有企业，也包括其他经济成分的企业，在国家指导、组织和支持下，应该大胆地走出去，走向世界各地，通过平等互利的国际合作，更多地利用国外一切可能利用的市场和资源。当然，走出去也要组织好，不能盲目地搞，一定要着眼于取得扎扎实实的成效。"引进来"和"走出去"是对外开放的两个轮子，必须同时转动起来。这个问题，我思考了很久，主要是为我国的未来发展和中华民族的子孙后代考虑的。

在这次研究班上，有关部门的负责同志介绍了加入世界贸易组织后有关行业和产业面临的机遇和挑战，比较客观地分析了这些行业和产业面临的严峻形势。在党内高级干部中说得透一点，有利于大家全面把握和认识问题、加紧做好工作。我们既不能因为面临挑战而悲观泄气，也不能只看到机遇而盲目乐观。我们在看到面临的严峻挑战的同时，必须看到并善于抓住新的机遇，树立决胜的信心，以振奋的精神迎接挑战。

我们对世界贸易组织的有关知识和规则还不甚熟悉，全党都要加紧学习、加强研究。领导干部必须努力掌握在开放条件下管理和驾驭经济发展全局的本领，在工作中要全面考虑国内和国外两种因素，善于同时利用好国内国外两个市场、两种资源，善于把国际市场可能给我们带来的风险降低到最小程度，更好地促进我国现代化建设。如果还是用老一套的方式和办法去应付，那肯定是不行的。同时，还要看到，全国各地区各部门实际情况差别很大，加入世界贸易组织所带来的影响也肯定有不同。各级领导干部要认真调查研究，摸清情况，找出问题，针对实际情况提出切实有效的对策，并一项一项地落实措施。

总之，在加入世界贸易组织的新形势下继续推进改革开放和社会主义现代化建设，对我们全党来说，是一次新的学习，也是一场新的考试。考什么？就是考我们的学习能力、应对能力、竞争能力、决策能力、创新能力。一句话，这将是对全党同志智慧和力量一次很实际、很具体的检验。这是摆在全党同志面前一道难度不小的关口，但这一关必须闯过去，只能成功，不能失败。希望大家特别是领导干部在这场考试中都能及格，并要力争优秀。

注 释

〔1〕关贸总协定，全称为关税及贸易总协定，是有关关税和贸易政策的多边

国际协定，也指执行这一协定的国际组织。一九四七年十月三十日，该协定由参加联合国经济及社会理事会国际贸易组织筹备委员会第二次会议的二十三个国家在瑞士日内瓦签订。以后多次修订，成员也不断增加。一九九四年四月，关贸总协定的第八轮全球多边贸易谈判（因一九八六年在乌拉圭启动，被称为乌拉圭回合）结束。该轮谈判达成建立世界贸易组织的协议。一九九五年，世界贸易组织成立，一年后取代关贸总协定。中国是关贸总协定的创始缔约国之一。窃据中国席位的台湾当局于一九五〇年五月退出关贸总协定，是非法的、无效的行为。中华人民共和国恢复在联合国的合法席位后，逐步与关贸总协定恢复了联系。一九八二年十一月，中国政府派代表团以观察员身份列席了关贸总协定第三十八届缔约方大会。一九八六年七月，中国政府正式向关贸总协定提出恢复缔约方地位的申请。

〔**2**〕克林顿，即威廉·杰斐逊·克林顿，一九四六年生，美国民主党人。一九九三年至二〇〇一年任美国总统。

〔**3**〕参见本卷《营造有利战略态势，增强国家战略能力》注〔6〕。

〔**4**〕见本卷《在新世纪把建设有中国特色社会主义事业继续推向前进》注〔1〕。

〔**5**〕见本卷《加紧培养适应新世纪要求的中青年领导干部》注〔3〕。

〔**6**〕一般保障措施条款，是美国在中美关于中国加入世界贸易组织的双边谈判中提出的。该条款实质上是一个美国随时可以与中国脱离在世界贸易组织中的法律关系，从而可以以此相要挟，迫使中方在世界贸易组织中接受美方种种不合理条件的歧视性条款。美方要求的具体含义是，在中国加入世界贸易组织后，世界贸易组织成员可以随时对中国不适用世界贸易组织关系。这样，美方可以在其认为必要时随时引用这一条款，取消对华最惠国待遇或仍采取一年一审的办法；可以不经世界贸易组织批准，采取任何借口针对中国出口产品设置贸易限制；可以引用这一条款剥夺中国使用世界贸易组织争端解决机制的权利，迫使中国只能通过双边渠道处理贸易争端。经过中方坚决斗争，美方最终放弃了这一要求。

〔**7**〕一九九九年十一月十日至十五日，中国政府代表团同美国政府代表团在北京就中国加入世界贸易组织问题举行谈判。十一月十五日，双方签署《中美关于中国加入世界贸易组织的双边协议》。

〔8〕西雅图会议，指一九九九年十一月三十日至十二月三日在美国西雅图举行的世界贸易组织第三届部长级会议。因美国等发达国家坚持将所谓“劳工标准”强加给发展中国家，发达国家间在农业、反倾销等问题上也存在严重分歧，这次会议未能就启动新一轮全球多边贸易谈判达成一致。

〔9〕多哈会议，指二〇〇一年十一月九日至十四日在卡塔尔多哈举行的世界贸易组织第四届部长级会议。这次会议就启动新一轮全球多边贸易谈判达成一致，还审议通过了中国加入世界贸易组织的决定。

〔10〕见北宋欧阳修《明用》。原文是：“物无不变，变无不通，此天理之自然也”。

实现经济社会和人口资源环境协调发展*

（二〇〇二年三月十日）

从一九九一年起，中央每年在“两会”期间都要召开座谈会，专门研究和部署这方面的工作，开始主要是研究人口和计划生育，后来增加了环境和资源，去年又增加了水资源。我们所以坚持这样做，就是因为这些工作实在太重要了，而且任务艰巨，必须抓得紧而又紧。现在，我国已经开始实施现代化建设第三步战略部署，进一步做好人口、资源、环境工作，对我们实现既定的发展目标具有十分重大的意义。

实现可持续发展，越来越成为各国推进经济社会发展的战略选择。我国有十二亿多人口，资源相对不足，在发展进程中面临的人口、资源、环境压力越来越大。我们绝不能走人口增长失控、过度消耗资源、破坏生态环境的发展道路，这样的发展不仅不能持久，而且最终会给我们带来很多难以解决的难题。我们既要保持经济持续快速健康发展的良好势头，又要抓紧解决人口、资源、环境工作面临的突出问题，着眼于未来，确保实现可持续发展的目标。

---

* 这是江泽民同志在中央人口资源环境工作座谈会上的讲话。

实现可持续发展，核心的问题是实现经济社会和人口、资源、环境协调发展。现在，国际上形成了一个越来越明确的共识，就是发展不仅要看经济增长指标，还要看人文指标、资源指标、环境指标。为了实现我国经济社会持续发展，为了中华民族的子孙后代始终拥有生存和发展的良好条件，我们一定要高度重视并切实解决经济增长方式转变的问题，按照可持续发展的要求，正确处理经济发展同人口、资源、环境的关系，促进人和自然的协调与和谐，努力开创生产发展、生活富裕、生态良好的文明发展道路。

过去的一年，我国人口、资源、环境工作取得了新的进展。年度人口计划完成，人口增长继续保持平稳态势。《中华人民共和国人口与计划生育法》正式颁布，人口和计划生育法制建设迈出关键步伐。资源保护和开发管理得到加强。三十一个省区市实现耕地占补平衡。三峡库区地质灾害防治工作全面启动。矿产资源调查评价和缺水地区地下水勘查取得新突破。水资源调控能力增强，保护力度加大，使用效率提高。污染防治和城市环保工作加强，重点流域、区域、城市和海域的环境质量有所改善，西部生态环境保护有所加强，环境警示教育收到积极成效。通过大家共同努力，我们实现了“十五”期间人口、资源、环境工作的良好开局。

同时，也要看到，我国人口、资源、环境工作仍然面临不少亟待解决的突出问题。在本世纪中叶以前，我国人口还将继续增加，就业人口高峰、老龄人口高峰、人口总量高峰将接踵而至，流动和迁移人口不断增加，人口素质不高的状况短期内难以根本改变。我国资源短缺的形势更加严峻，对生态环境的压力持续增加。保护耕地是一项长期而艰巨的任务。水资源短缺和水环境恶化的问题相当突出。去年,我国再次遭受严重干旱,一些城市出现了新中国成立以来最为严重的缺水局面。污染物排放总量远远超过环境承载能力,一些城市、地区和流域的环境污染仍然相当严重。水土流失、土地沙化、荒漠化、沙尘暴等问题仍很突出。这些情况说明,人口、资源、环境状况与经济社会发展还很不协调。我们必须加紧解决这些问题,坚定不移地实施可持续发展战略。

加入世界贸易组织后,我国人口、资源、环境工作面临着新的形势和新的要求,最突出的特点是,我们做人口、资源、环境工作,不仅要把国内因素与国际因素结合起来考虑,而且要更多地考虑国际因素。加入世界贸易组织,既为我们充分利用国内国外两个市场、两种资源,实现经济社会和人口、资源、环境协调发展提供了新的机遇,也对我们提高促进经济社会可持续发展的能力提出了新的挑战。对可能给我们人口、资源、环境工作带来影响的国际方面的因素,要进行全面科学的分析,既要看到对我有利的一面,也要看到对我不利的一面,以充分利用有利因素,努力避免不利影响。比如,如何随着流动人口的增多加强计划生育管理和服务,如何既充分利用国外资源又不过分依赖国外资源,如何既扩大资源领域的对外交流又防止珍稀资源流失,如何既不断促进贸易发展又确保环境安全,等等,都需要进行深入研究。各级党委和政府及有关部门要增强紧迫感和责任感,抓住机遇,应对挑战,开拓创新,趋利避害,把人口、资源、环境工作提高到一个新水平。

人口问题是制约可持续发展的首要问题,是影响经济社会发展的关键因素。各级党委和政府特别是主要领导干部，要从战略和全局的高度充分认识人口和计划生育工作的重要性、长期性、艰巨性，始终坚持发展经济和控制人口两手抓。人口和计划生育工作的主要任务是稳定低生育水平、提高出生人口素质，同时要高度重视劳动人口就业、人口老龄化、人口流动和迁移、出生人口性别比等问题。加快人口和计划生育领域的改革创新，建立和完善依法管理、村（居）民自治、优质服务、政策推动、综合治理的工作机制，全面提高人口和计划生育的管理水平和服务水平。当前和今后一个时期，要集中力量抓好人口与计划生育法的学习、宣传、贯彻，抓紧地方条例的修订，组织好计划生育技术服务管理条例的实施，落实向实行计划生育的育龄夫妻免费提供避孕节育技术服务的经费，尽快制定社会抚养费征收管理办法。人口和计划生育工作的重心，农村要放在村组，城市要放在社区。在农村税费改革工作中，要切实保障基层计划生育工作的正常开展，做到有人管事、有钱办事、照章理事。要加强对流动人口计划生育的管理和服务，加快建立以现居住地管理为主的工作机制。加快人口管理信息系统建设。进一步建立健全计划生育的奖励和社会保障制度，确保实行计划生育的家庭在社会上有地位、经济上有实惠、生活上有保障。

国土资源工作，要以提高可持续发展的保障能力为目标，建立政府管理与市场运作相结合的资源优化配置新机制，全面加强资源调查、规划和管理，不断提高对资源的保护和合理利用水平。高度重视国土资源的规划编制工作，做到科学规划、严格实施，不断完善国土资源规划体系。经过科学论证和审批的资源规划必须严格执行，修改已批准的资源规划必须经过法定程序。加强资源调查评价，更好地为经济发展和社会进步服务。加强地质勘查工作，力争实现战略性矿产勘查的新突破。全面加强地质灾害的监测预防，继续做好三峡库区等重点地区地质灾害防治工作。加强耕地特别是基本农田保护，积极推进土地整理和复垦。继续深化国土资源有偿使用制度改革，推进国土资源市场体系建设，做到产权明晰、规则完善、调控有力、运行规范，依法维护资源所有者和使用者的合法权益。依法推进海域有偿使用管理，保护和改善海洋环境，维护国家海洋权益。加大对资源保护和合理利用的执法监察力度。对于违法审批、处置、占用土地和其他资源的，都要依法查处。抓好矿产资源管理秩序的治理整顿，坚决取缔非法采矿。全面推进国土资源信息化和网络化建设，加快国土资源工作现代化的步伐。正确处理利用国外资源和维护我国资源安全的关系，积极实施“引进来”和“走出去”相结合的对外开放战略。

环境保护工作，是实现经济社会可持续发展的基础。一定要从全局出发，统筹规划，标本兼治，突出重点，务求实效，进一步控制全国污染物排放总量，改善重点地区环境质量，努力遏制生态环境恶化趋势。大力调整产业结构，通过根治和减少污染严重的企业，削减污染负荷。加强对新建项目的环境评价和管理，从源头上控制污染。用高新技术改造传统产业，大力推进清洁生产，淘汰落后的生产工艺、设备和产品。引入市场机制，加快城市污水和垃圾处理设施建设，并保证正常运行。推广清洁能源，切实改善城市环境质量。加强农业和农村的污染防治，做好规模化畜禽养殖的污染防治，积极推广生态农业和有机农业，保护农村饮用水源地，保证食品安全。继续抓好“三河三湖”（淮河、海河、辽河，太湖、巢湖、滇池），酸雨和二氧化硫控制区，北京市、渤海、三峡库区、南水北调等重点地区和重点项目的污染防治。加快生态环境调查，抓紧制订生态功能区划和生态保护规划。在长江和黄河源头等地区建设一批生态功能保护区，充分发挥生态环境的自我修复能力。加强自然保护区的建设和管理。抓好生态省和生态示范区建设。抓好西部大开发中的生态保护工作。积极推行国际通行的环境管理体系认证和环境标志产品认证，促进对外贸易发展。建立环境安全防范体系，严格控制境外污染物和有害物种入侵。

这里，我要专门讲一下加强湿地保护的问题。湿地具有调蓄洪水、调节气候、净化水体、保护生物多样性等多种生态功能。人们把湿地称为“地球的肾脏”、“天然水库”和“天然物种库”。保护湿地，已成为世界许多国家进行环境保护的重点。我国是世界上湿地类型多、面积大、分布广的国家之一，总面积达六十五万平方公里，位居亚洲第一、世界第四。但是，我国湿地保护面临着严峻挑战。由于围湖造田、围海造地、滩涂开垦等，我国天然湿地日益减少。随着工业的发展，大量污水涌入湿地，造成大批植被和水生生物死亡。加强湿地保护刻不容缓。要有针对性地开展湿地保护宣传教育，提高广大干部群众对保护湿地重要性的认识。要严格控制湿地资源开发，在具备条件的地区要采取抢救性措施建立一批湿地保护区，同时要管护好已经建立的湿地保护区。

水是基础性自然资源和战略性经济资源。水资源的可持续利用,是经济社会可持续发展极为重要的保证。我国是一个水旱灾害十分频繁的国家,除水害、兴水利历来是治国安邦的大事。一九九八年严重洪涝灾害以后,我们开展了大规模水利建设,大江大河防洪能力显著提高。但是,从全国来看,水利建设仍然不能适应经济社会发展的需要。水利工作要继续坚持全面规划、统筹兼顾、标本兼治、综合治理,坚持兴利除害结合、开源节流并重、防洪抗旱并举,对水资源进行合理开发、高效利用、优化配置、全面节约、有效保护和综合治理,下大气力解决洪涝灾害、水资源不足和水污染问题。立足于防大汛、抗大旱,加快大江、大河、大湖治理,抓紧抓好主要江河的堤防建设和控制性工程建设,加快病险水库除险加固。加强水资源的统一管理,提高水的利用效率,建设节水型社会。水利建设和流域、区域水资源配置,要充分考虑生态环境保护的要求,协调好生活、生产、生态用水。南水北调工程要按照先节水后调水、先治污后通水、先环保后用水的原则,抓紧做好总体规划,尽快开工建设。要积极探索社会主义市场经济条件下加强水资源管理、实现水资源优化配置的新途径。在水资源开发利用中,既要遵循自然规律,也要遵循价值规律。通过改革水资源管理体制,促进水资源合理利用,提高水资源利用效率。

人口、资源、环境工作,关系经济发展和社会进步,关系最广大人民的根本利益。切实做好人口、资源、环境工作,不仅关系到我们能否更好地解放和发展生产力,而且关系到我们能否更好地实现、维护、发展最广大人民的根本利益。各级党委和政府要进一步增强抓好人口、资源、环境工作的责任意识，继续坚持党政第一把手亲自抓、负总责。党政领导班子要定期研究本地区人口、资源、环境工作，每年都要认真解决一两个影响和制约本地区人口、资源、环境工作的突出问题，做到责任到位、措施到位、投入到位。要坚持和完善责任制，明确有关部门的职责分工，协调各方面力量齐抓共管，加强督促检查，把任务和措施落到实处。要积极发挥工会、共青团、妇联等人民团体和计划生育协会等组织在人口、资源、环境工作中的作用。要深入贯彻党的十五届六中全会精神，全面加强和改进作风建设，努力建设一支思想好、作风正、懂业务、会管理、善于做群众工作的人口、资源、环境工作队伍，推动人口、资源、环境工作不断取得新进展。

人口、资源、环境工作要切实纳入依法治理的轨道。这是依法治国的重要方面。人口、资源、环境几方面的工作都有了基本的法律依据。既然立了法，就要坚持有法必依、执法必严、违法必究。各级领导干部要带头学法、知法、懂法，努力做遵守法律法规的模范，同时要支持和督促有关部门严格执法，绝不能知法犯法，干扰甚至阻挠有关部门依法行政。有关职能部门要秉公执法，决不允许徇私枉法。要加强人口、资源、环境方面的法制宣传教育，普及有关法律知识，使企事业单位和广大群众自觉守法。全社会都严格依法办事，是做好人口、资源、环境工作的重要保证。

各级党委和政府以及各有关部门，要进一步提高对人口、资源、环境工作重要性的认识，坚定不移地按照中央的要求，切实抓好各项政策措施的落实，努力开创人口、资源、环境工作的新局面。

加快我国航天事业发展步伐*

（二〇〇二年三月二十六日）

今天，在这里同大家见面，我感到非常高兴。这次神舟三号飞船发射成功，举国振奋，大长了中国人民和中华民族的志气。我代表党中央、国务院和中央军委，向全体参加研制试验的科技人员和解放军指战员，致以热烈的祝贺和诚挚的问候！

突破载人航天技术，是我国高新科技水平显著提高的重要标志，也是我国综合国力显著提高的重要体现。这次试验飞船的发射成功，标志着我国在载人航天技术领域又迈出了坚实的一步，实现了新的突破。这进一步表明，中国人民完全有能力依靠自主创新攻克尖端技术，在世界高科技领域占有一席之地。

我们这个基地，是我国航天事业的发祥地，也是向世界展示我国经济实力、国防实力、民族凝聚力的一个重要窗口。就是在这里，一九六〇年九月十日，首次成功发射了近程弹道导弹；一九七〇年四月二十四日，成功发射了第一颗人造地球卫星东方红一号；一九九九年十一月二十日，成功发射了第一艘

* 这是江泽民同志在酒泉卫星发射中心会见参加载人航天工程试验的科技人员和人民解放军指战员代表时讲话的要点。

神舟试验飞船。这些成就的取得，是在党中央领导下充分发挥社会主义制度能够集中力量办大事的优势的成果，是全国各个方面大力协同、全体研制人员不懈奋斗的成果。战斗生活在这里的同志们，为我国航天事业、国防和军队现代化建设付出了艰辛努力，作出了重要贡献。你们的功绩将载入史册，祖国和人民永远不会忘记！

党中央、国务院高度重视航天事业在经济建设、社会进步、科技发展和国家安全中的重要作用，一直把它摆在重点发展的突出地位，实施载人航天工程的决心是坚定不移的。上个世纪六七十年代，我们研制成功“两弹一星”，对确立我国在世界上的大国地位起了重要作用。现在，我们搞载人飞船，将使我国在二十一世纪激烈的国际竞争中居于更有利的地位。

我国载人航天事业刚刚起步，虽然取得了很大成绩，但今后还要搞空间实验室和长期有人照料的空间站，任重而道远。航天战线的同志们要认真贯彻科教兴国战略和科技强军战略，继续瞄准世界科技发展的前沿，抓住机遇，开拓进取，加快我国航天事业发展的步伐。要不断提高自主创新能力，造就一支高素质的、勇于创新的航天科技队伍，集中力量攻克重大关键技术，掌握核心技术，形成自主知识产权，走出一条投入少效益高、有中国特色的航天发展道路。

希望同志们大力弘扬“两弹一星”精神〔1〕，发扬航天战线的优良传统和作风，坚持艰苦奋斗、顽强拼搏、不怕困难、开拓创新，坚持质量第一、严肃认真、科学求实、一丝不苟，坚持团结协作、严密组织、精心指挥、万众一心，不断夺取载人航天工程建设的新胜利！夺取整个航天事业和国防科技发展的新胜利！

注　释

〔1〕见本卷《大力弘扬不懈奋斗的精神》注〔2〕。

共同创造一个和平繁荣的新世纪*

（二〇〇二年四月十日）

七年前，我到贵国访问时，曾应邀到你们这个协会来作过演讲。那时，大家就已在十分关切地讨论一个重大课题，即人类在二十一世纪将面临怎样的状况，将如何安排自己的命运。我在那次演讲中提到，怎样使新世纪成为和平、稳定、发展、繁荣的世纪，是一个需要各国人民共同努力加以解决的重大课题。现在，人类已经进入了充满希望的二十一世纪，世界和平与发展的事业正面临新的进步，但未来的不确定性仍然是各国人民的关注点。今天，我愿意着重就这个问题再谈谈我的看法。

进入新世纪，和平与发展仍然是时代的主题。世界要和平，人民要合作，国家要发展，社会要进步，是时代的潮流。上个世纪，人类经历了两次世界大战的浩劫，也经历了冷战对峙的磨难，付出了巨大代价。各国人民都不愿看到世界上任何地区再发生新的热战、冷战和动乱，都渴望世界持久和平，渴望促进共同发展，渴望过上稳定安宁的生活，共创人类美好的未来。

---

* 这是江泽民同志访问德国期间在德国外交政策协会演讲的主要部分。

进入新世纪，世界多极化和经济全球化的趋势继续发展，以信息科技、生命科技为主要标志的现代科学技术突飞猛进，各国的经贸联系日益密切，世界生产力迅速发展，人类认识自然、利用自然和创造生活的能力大大增强。同时，也要看到，世界的发展并不平衡，不公正不合理的国际政治经济旧秩序还没有根本改变，南北贫富差距进一步拉大，由民族、宗教、领土、资源等问题引发的争端和冲突此起彼伏，恐怖主义、贫困、环境恶化、毒品等非传统安全问题更趋突出。特别是进入新世纪以来，国际上发生的一系列突发事件，标志着国际局势正在发生冷战结束以后最为深刻的变化，需要各国人民冷静思考、认真应对。

进入新世纪，人类既面临着难得的发展机遇，也面临着严峻的挑战。如何抓住机遇、迎接挑战，继续推进世界和平与发展的崇高事业，是摆在各国政府和人民面前的一个重大课题。

我们认为，维护世界和平、促进共同发展的正确途径是：顺应时代潮流和各国人民的意愿，因势利导，积极推动建立公正合理的国际政治经济新秩序。各国政府和人民应该在以下方面共同作出努力。

——积极推动世界走向多极化，尊重各国和各国人民的意愿和利益。这是促进世界和平与发展的重要基础。致力于建立一个多极世界，符合世界发展的客观规律，有利于体现各国和各国人民的共同意愿和利益，有利于推动建立公正合理的国际政治经济新秩序，有利于促进世界政治、经济、文化的协调平衡发展。多极化并非针对特定国家，而是世界各种力量在平等互利的基础上，加强协调和对话，不搞对抗，共同维护世界的和平、稳定、发展。

——推进国际关系民主化，凝聚各国人民的力量解决面临的突出问题。历史已反复证明，全球性问题需要各国共同解决，全球性挑战需要各国合作应对。任何一个国家和一种力量，都不可能也没有能力来独自完成这个任务。国家不分大小、强弱、贫富，都是国际社会中平等的一员。各国的事情要由各国人民作主，国际上的事情要由各国平等协商。在事关世界和地区和平的重大问题上，应该按照联合国宪章的宗旨和原则以及公认的国际关系基本准则，坚持通过协商谈判和平解决争端。

——尊重世界多样性，保证各国和睦相处、相互尊重。各国人民在自身的发展进程中创造了丰富多彩的文明。各种文明相互交流和借鉴，是人类进步的动力。各种文明和社会制度应该而且可以长期共存，在竞争比较中取长补短，在求同存异中共同发展。世界是丰富多彩的，不可能也不应该只有一种模式。一个和平相处、共同发展的世界，只能是一个各种文明相互交汇、相互借鉴，所有国家平等相待、彼此尊重，充满活力而又绚丽多彩的世界。

——正确引导经济全球化，促进各国实现共同发展。经济全球化是一种客观趋势，有利于促进资金、技术等生产要素在国际社会的流动和优化配置，有利于推动世界生产力发展。不容忽视的是，在目前的经济全球化进程中，发达国家是主要受益者，而发展中国家获益甚少，有的甚至有被边缘化的危险。国际社会应该共同努力，趋利避害，实现共赢共存，使经济全球化朝着有利于世界经济平衡、稳定和可持续发展的方向前进，以缩小南北差距，防止贫者愈贫、富者愈富现象继续发展。这不仅是实现各国共同发展的需要，也是维护世界和平稳定的要求。

——树立以互信、互利、平等、协作为核心的新安全观，努力营造长期稳定的和平国际环境。各国在安全上的相互依存不断加深，共同点在增多，任何国家都难以单独实现其安全目标。只有加强国际合作，才能有效应对全球安全挑战，实现普遍和持久的安全。各国应该以互信求安全、以互利求合作，从根本上减少不安全因素，维护全球战略平衡和稳定。

九一一恐怖袭击事件〔1〕，受到了各国人民的共同谴责。这一事件的发生再次表明，恐怖主义严重威胁着世界的和平与稳定，是国际社会的一大公害。中国政府和人民坚定不移地谴责和反对一切形式的恐怖主义。国际社会应该加强对话和磋商，开展合作，共同打击国际恐怖活动。打击恐怖主义要遵守联合国宪章的宗旨和原则及公认的国际法准则，充分发挥联合国和安理会的作用，一切行动应该有利于维护地区及世界和平的长远利益。不能将恐怖主义与特定的民族或宗教混为一谈。不能对打击恐怖主义采取双重标准。不能借反恐怖主义推行影响世界和地区稳定与发展的其他政治意图。无论恐怖主义发生在何时何地、针对何人、以何种方式出现，国际社会都应该共同努力，坚决予以谴责和打击。

中华民族是爱好和平的民族。中国对外政策的宗旨就是维护世界和平、促进共同发展。中国古代思想家提出的"亲仁善邻，国之宝也"〔2〕的思想和"己所不欲，勿施于人"〔3〕、"己欲立而立人，己欲达而达人"〔4〕的古训，反映了中国人民爱好和平、渴望同各国人民友好相处的良好愿望和深厚文化底蕴。近代以后，在外来殖民和列强势力侵略下，中国曾成为半殖民地半封建社会，中国人民饱经战乱和穷困之苦。中国人民经过长期奋斗，付出了高昂的代价，才赢得了民族独立和人民解放，终于得以在和平的环境中建设自己的国家。中国人民从自己的悲惨遭遇中深刻体会到，和平是十分珍贵的，和平是中国发展繁荣最根本的前提。中国政府和中国人民将始终不渝地维护世界和平。

新中国成立以来的事实向世人昭示，中国始终是维护地区和世界和平的坚定力量。中国早就提出互相尊重主权和领土完整、互不侵犯、互不干涉内政、平等互利、和平共处五项原则，恪守不参加军事集团、不谋求势力范围、永远不称霸等庄严承诺，为促进地区和世界的和平与安全作出了自己的积极贡献。

新中国成立以后特别是改革开放以来，中国社会发生了伟大的历史变革，中国的发展取得了令人瞩目的成就。今日之中国，政治稳定，经济发展，民族团结，社会进步。社会主义市场经济体制初步建立，民主法制进一步完善，人民生活总体上达到了小康水平。进入新世纪，中国人民将继续坚持以经济建设为中心，抓住一切发展机遇，不断推进有中国特色社会主义事业，为建设一个争取对人类进步作出更大贡献的富强民主文明的现代化国家而不懈奋斗。

中国有十二亿多人口，底子薄，经济文化发展很不平衡，与发达国家相比生产力发展水平还比较落后，是世界上最大的发展中国家，要实现现代化的目标还需要进行长期的艰苦努力。集中精力搞好现代化建设，是中国今后长期的根本任务。中国需要一个持久的和平国际环境和良好的周边环境，需要同世界各国进行友好交流和合作。中国将坚定不移地奉行独立自主的和平外交政策，在和平共处五项原则的基础上，同世界上一切国家友好交往、平等相待、互利合作，推动人类进步事业不断前进。

实现二十一世纪的和平与发展，欧洲可以而且应该发挥重要作用。欧洲有着灿烂的文化和悠久的历史，欧盟是世界上最大的一体化程度最高的区域性联合体。中国一贯支持欧洲国家为维护世界和平、促进共同发展发挥重要作用。

中欧关系在中国对外关系中占有十分重要的位置。近年来，中欧合作内容日益充实，各个级别的政治对话和磋商取得积极成果，在国际和地区事务中的共同点不断增加，在经贸、科技、文化、教育等诸多领域的交往进一步深入。我们对中欧关系的发展感到满意。

展望未来，中欧关系发展前景广阔，双方加强友好合作条件有利。中国和欧洲国家同是世界舞台上的重要力量，在维护世界和平、促进共同发展等方面有着广泛的共同利益。中国正在致力于改革开放和现代化建设，西欧正在努力推进一体化建设，这为双方加强友好交流和合作带来了新的推动。中国有着丰富的人力资源和广阔的市场，西欧拥有雄厚的资金和先进技术，双方在经贸、科技等领域的合作具有很强的互补性。中国和西欧都有自己的悠久历史和灿烂文化，都曾为人类文明进步作出过重大贡献，双方在自然科学、社会科学和文化艺术等领域也可以相互借鉴、共同提高。

中国与欧洲国家走过了不同的历史进程，在社会制度、经济水平、文化传统和价值观念等方面存在差异，对一些问题有不同看法，这并不奇怪。只要双方按照相互尊重、平等相待、求同存异、协商一致的原则，积极开展政治对话，就可以增进了解、减少分歧、增加信任、扩大共识，寻求共同利益的交汇点，从而使双方的平等互利合作在新世纪结出更加丰硕的果实。

注 释

〔1〕见本卷《加强合作，共同迎接新世纪的新挑战》注〔1〕。

〔2〕见《左传·隐公六年》。

〔3〕见《论语·颜渊》。

〔4〕见《论语·雍也》。

在纪念中国共产主义青年团成立八十周年大会上的讲话

（二〇〇二年五月十五日）

共青团员们，青年朋友们，同志们：

青年是祖国的未来，是民族的希望。在任何一个时代中，青年都是社会上最富有朝气、最富有创造性、最富有生命力的群体。党和人民对全国各族青年寄予殷切期望，希望你们在改革开放和社会主义现代化建设的伟大实践中，以自己的青春活力和满腔热血，为祖国和人民建立杰出的功绩！

今天，我们在这里隆重集会，纪念中国共产主义青年团成立八十周年。这是全国亿万团员青年的盛大节日。此时此刻，我们这些为祖国和人民奋斗了几十年的老共产党员和老共青团员们，也同你们一样，感到非常高兴。我代表党中央、国务院，向全国各族团员青年和各级共青团组织、团干部致以热烈的祝贺和诚挚的问候！

八十年前，在中国革命汹涌澎湃的伟大洪流中，在中国共产党直接关怀和领导下，中国共产主义青年团宣告成立。这是二十世纪中国革命史和青年运动史上的一件大事，也是中国人民革命不断深入和中国青年运动蓬勃发展的必然结果。

二十世纪初，由于帝国主义的侵略欺凌和封建专制政府的腐败无能，中国大地风雨如磐，中华民族灾难深重。成千上万的热血青年为救亡图存、振兴中华而奔走呼号，积极探索救国救民的真理和道路。

伟大的五四运动，标志着中国人民的反抗斗争达到了一个新的起点，也标志着中国青年成为中国人民反帝反封建斗争的急先锋。五四运动之后，在马克思列宁主义同中国工人运动的结合中，中国共产党诞生了。一九二二年，中国共产主义青年团的前身中国社会主义青年团成立。从此，团组织团结和带领一代又一代青年，沿着党指引的正确方向，开始了波澜壮阔的奋斗征程。

在新民主主义革命时期，满怀革命理想的共青团员和革命青年，在党领导的争取民族独立和人民解放的伟大斗争中冲锋陷阵，抛洒热血，英勇奋斗，为中国革命的胜利建立了卓越的功勋。新中国的成立，为中国青年和中国青年运动开辟了广阔的新天地，广大团员青年响应党的号召，提出把青春奉献给祖国的响亮口号，在建设社会主义的伟大实践中忘我劳动，艰苦创业，竭诚奉献，为保卫和建设新中国建立了卓越的功勋。党的十一届三中全会以后，我们党实行改革开放和现代化建设的新政策，广大团员青年积极投身改革和建设的实践，以实现祖国的繁荣富强为己任，发出团结起来、振兴中华的时代强音，在各条战线上团结奋斗，勤勉工作，开拓进取，为建设有中国特色社会主义伟大事业建立了卓越的功勋。

八十年来，在中国共产党领导下，一代又一代青年站在时代的前列，不屈不挠地奋斗，历尽艰辛地求索，创造了令世人赞叹的业绩，涌现了一大批可歌可泣的先进模范人物和先进模范群体。如临危不惧、舍身炸碉堡的全国战斗英雄董存瑞，面对敌人的铡刀坚贞不屈、视死如归的刘胡兰，把有限的生命投入到无限的为人民服务之中的伟大的共产主义战士雷锋，身残志坚、在逆境之中拼搏进取的女青年张海迪，在与滔滔洪水殊死搏斗中英勇牺牲的新时期英雄战士李向群，扎根基层、拼搏奉献的当代青年榜样秦文贵等。在我国青年运动的长期发展中，这样的先进人物数不胜数，他们是我国有志青年的典型代表，他们身上闪烁着中华民族伟大奋斗精神的光彩。一切为中国革命、建设、改革作出贡献的青年，他们的奋斗精神和光荣业绩将永远铭记在人民共和国的史册上。

八十年来，中国共青团始终围绕党在各个历史时期的中心任务，团结和带领广大团员青年在革命、建设、改革的广阔舞台上为祖国和人民积极贡献力量；始终按照党的要求培养和教育青年，使一代又一代青年在人民群众奋斗的洪流中锻炼成长；始终把最广大青年紧密团结在党的周围，使我们不断发展的事业有了强大的有生力量。历史充分证明，中国共青团不愧为党的忠实助手和后备军，不愧为党联系青年的牢固桥梁和纽带。

五四运动以来的中国青年运动史，是中国社会伟大变革的历史篇章中一部绚丽的青春史诗，是中华民族伟大复兴的交响乐中一部雄浑的青春乐章。这是中国青年可以引以为自豪的光荣历史，也是鞭策中国青年在新世纪再创佳绩的巨大动力。

中国青年运动八十年的生动实践告诉我们，一切有理想有抱负的中国青年，只有在中国共产党领导下，同人民紧密结合，为祖国奉献青春，才能大有作为。这是总结中国青年运动得出的必然结论，也是当代中国青年运动必须坚持的正确方向。

爱国主义，始终是中国青年运动的旗帜。五四运动以来，中国青年运动奏响的主旋律，就是鲜明强烈的爱国主义。中国青年在自己的探索和实践中，努力学习和继承中华民族的优良传统，努力吸取和传播人类社会的优秀文明成果，从而不断丰富和发展了爱国主义精神的内涵。这种爱国主义，坚持马克思主义科学理论的指导，融入了体现时代进步的民主精神和科学精神，使中华民族的发展有了正确的思想指引。这种爱国主义，与社会主义紧密结合，推动中华民族伟大复兴的事业走上了正确的道路。这种爱国主义，把中国的前途命运放在世界格局中观察，把中国社会的发展与整个人类社会的进步紧紧联系在一起。有了这样的爱国主义精神，中国青年运动就有了正确的前进方向和强大的精神动力。当代中国青年，一定要高举爱国主义旗帜，沿着党指引的道路继续奋勇前进。

新中国成立以来特别是改革开放以来，中国共产党领导全国各族人民艰苦奋斗、发愤图强，我国社会主义建设取得了举世瞩目的成就。中华民族永远告别了积贫积弱的历史旧貌和任人宰割的悲惨命运，以崭新的姿态屹立在世界的东方。放眼今日之中国，到处是欣欣向荣的蓬勃景象。有着五千多年文明史的古老的中华民族，焕发出新的青春异彩。

现在，我国进入了全面建设小康社会、加快推进社会主义现代化的新的发展阶段，全国各族人民正在为实现现代化建设第三步战略目标而努力奋斗。到本世纪中叶,基本实现现代化,把我国建设成为富强民主文明的社会主义国家,实现中华民族的伟大复兴,这是全国各族人民的奋斗目标,也是当代青年的历史使命和当代青年运动的主题。

我们正在从事的事业是十分光荣的事业,也是十分艰巨的事业。必须清醒地看到,我国现代化建设取得了伟大的成就,但我国仍然处在社会主义初级阶段,与世界先进水平相比,我国的生产力和科技教育水平还不高,经济文化发展还不平衡,要使一个十二亿多人口的发展中大国摆脱不发达状态,基本实现现代化,还需要我们进行持之以恒的努力。当代中国的一切有志青年,都应该积极投身到实现祖国现代化的伟大事业中来,以此为自己的神圣职责,以此为自己的人生理想,以此为自己的最大光荣。

社会主义现代化需要青年去建设,中华民族的伟大复兴需要青年去奋斗。青年一代要承担起这个历史责任,就要坚持学习科学文化与加强思想修养的统一,坚持学习书本知识与投身社会实践的统一,坚持实现自身价值与服务祖国人民的统一,坚持树立远大理想与进行艰苦奋斗的统一,努力成长为有理想、有道德、有文化、有纪律的人,成长为对党和国家、对人民有所建树的人。

希望青年们树立远大理想。青年富有理想,而真正远大的理想,必须与祖国的命运和人民的意愿紧密结合。当代青年应该具有的远大理想,就是把我国建设成为富强民主文明的社会主义现代化国家,实现中华民族的伟大复兴。只有在为远大理想的奋斗中,青年的人生抱负才能真正实现。人的一生只能享受一次青春，当一个人在年青时就把自己的人生与人民的事业紧密相连，他所创造的就是永恒的青春。一个人在青年时代就应该树立远大志向，并且要为实现这个志向而顽强努力，不论遇到什么困难和挫折，都不改初衷、矢志不渝。

希望青年们坚持发奋学习。当今时代，信息交流日益广泛，知识更新大大加快。形势逼人自强、催人奋进。青年要跟上时代和社会前进的步伐，就必须学习、学习、再学习，打下坚实的知识功底。学习应该是全面的、广泛的，既要认真学习掌握与做好本职工作紧密相关的知识，又要努力学习理论知识、文化知识、科学知识、社会知识、历史知识等等，特别要善于学习各种新知识，以求知识的常新。知识只有付之实践，才能焕发出无穷的威力。青年要善于创新，善于实践，善于把所学的知识运用到改造客观世界和主观世界的活动中去，在实践中继续求得真知、增长才干。

希望青年们注重锤炼品德。优良品德的养成对人的一生至关重要。青年时期可塑性大，是人生的起步阶段，是品德养成的关键时期。青年要树立正确的世界观、人生观、价值观，树立正确的名利观，努力培养良好的品德，提高自身素质，完善人格品质，做有益于祖国和人民的人。青年应该成为引领社会风气之先的力量，尤其要在推动我国先进生产力和先进文化的发展中发挥积极作用，从自己做起，努力做中华民族传统美德的传承者，做体现时代进步要求的新道德规范的实践者，做新型人际关系和良好社会风尚的倡导者。

希望青年们不断开拓视野。当今世界发展很快、变化很大。青年要承担起建设现代化的历史使命，为人类社会进步作出贡献，必须了解世界发展变化的大势。要把目光投向世界、投向未来，而不能闭目塞听、坐井观天。只有全面了解中国和世界发展的历史、现状和趋势，才能更好地把握现在和未来。只有用人类创造的一切文明成果努力充实自己，才能具备与世界上任何一个民族的青年相媲美的素质。海纳百川，所以成其大。二十一世纪的中国青年，应该以放眼全球的宽广视野，以赶超先进的雄心壮志，以中华民族自尊自强的豪迈气概，昂首阔步地走向世界。

希望青年们勇于进取创新。创新是推动人类历史前进的必然要求。长江后浪推前浪，世上新人换旧人。这是历史发展的规律。只有后人超过前人、一代胜过一代，事业才能发展，社会才能进步。青年最少保守思想，最具有创新的潜能。许多杰出人物都是在风华正茂的青年时代就创造出一番了不起的业绩。要实现我国经济和技术的跨越式发展，实现我国社会的全面进步，建设我国富有生机的各个方面的制度和体制，就必须努力创新。发展的希望在创新，创新的希望在青年。青年要立足岗位、锐意创新，敢于超越前人。千百万青年的创新实践，必将汇聚成推动我国先进生产力和先进文化发展的奔涌洪流。

希望青年们始终艰苦奋斗。彻底改变我国历史上遗留下来的贫穷落后的面貌，巩固和发展社会主义制度，需要几代人、十几代人，甚至几十代人坚持不懈地努力奋斗。只有长期艰苦奋斗，民族复兴的伟大目标才能实现。艰苦能磨炼人，创业能造就人。青年只有顺应社会发展的潮流，把个人的前途命运与国家、民族的前途命运紧紧联系在一起，并为之奋斗不息，才能创造无悔的青春和取得毕生的成功。畏惧劳苦，贪图安逸，坐享其成，最终只能虚度年华。青年要时刻铭记最广大人民的根本利益，大力发扬甘于奉献和自我牺牲的崇高精神，自觉到祖国和人民最需要的地方去，到艰苦的环境中去，经历风雨，经受锻炼，努力为祖国和人民建功立业。

中国共产党总结八十年的奋斗历程和基本经验，展望新世纪的艰巨任务和光明前途，提出了“三个代表”要求，这是中国共产党的立党之本、执政之基、力量之源，也是我们党和国家一切工作的根本指针。广大青年要坚持以马克思列宁主义、毛泽东思想、邓小平理论为指导，认真实践“三个代表”要求，充分认识中国共产党是代表中国先进生产力的发展要求、代表中国先进文化的前进方向、代表中国最广大人民的根本利益的马克思主义政党，是与时俱进、开拓创新的党，坚定不移地跟党走。广大团员青年要在各行各业的本职工作中，在共青团组织开展的具有自身特点的各项活动中，努力为我国先进生产力和先进文化的发展作出自己的贡献，努力为最广大人民谋利益。

共青团是党领导的先进青年的群众组织，是党的青年工作的重要力量。当代青年是在改革开放中成长起来的一代，改革开放带来了经济的快速发展和社会的巨大进步，也引起包括青年在内的广大群众思想观念的深刻变化。在新的历史条件下，共青团要贯彻落实“三个代表”要求，坚持与时俱进，不断开创青年工作的新局面。共青团要进一步发挥好党的助手和后备军的作用，引导青年支持改革、促进发展、维护稳定。

要进一步发挥好党联系青年的桥梁和纽带作用，积极协助政府搞好对青年事务的管理。要密切联系群众，竭诚服务青年，更好地代表和维护青年的具体利益，为青年排忧解难，做好暖人心、稳人心的工作。还要进一步加强对少先队的领导，更好地履行全团带队的光荣职责。各级团组织都要加强自身建设，不断研究新情况、解决新问题，积极探索社会主义市场经济条件下新的运行机制，改进工作方式和工作作风，密切同团员青年的联系，努力扩大团组织的覆盖面，增强团组织的吸引力、凝聚力、战斗力，把最广大青年紧密团结在党的周围。各级团干部都要按照党的要求，刻苦学习、勤奋工作、勇于创造、自觉奉献，努力做党放心、青年满意的干部。共青团员是青年中的先进分子，要在广大青年中发挥模范带头作用，做到无愧于共青团员的光荣称号。

中国共产党与中国共青团有着特殊的政治关系。共青团的事业是党的事业的重要组成部分，青年工作是党的群众工作的重要内容。发挥好共青团的作用，对于做好党的青年工作尤为重要。各级党组织要加强对共青团工作的领导，支持共青团依照法律和自己的章程创造性地开展工作。要坚持党建带团建，把团的建设纳入党的建设总体规划之中。要热情关心团员和团干部，帮助和引导他们茁壮成长。

马克思主义政党只有赢得青年，才能赢得未来。中国共产党从诞生之日起，就同广大青年紧密联系。党的事业离不开青年，青年的成长更离不开党。我们党要赢得青年，就必须用先进的理论引导青年，用光辉的事业凝聚青年，用良好的作风吸引青年。各级党委和政府都要从党和国家事业兴旺发达的战略高度，认真实施科教兴国战略，加强对青少年的教育培养，相信和重视青年，关心和爱护青年，推动大批青年人才不断脱颖而出。各级领导干部要学会用新观念新视角去看待青年，善于发现青年人才，大力培养青年人才，千方百计为青年人才成长创造条件、提供舞台，帮助和引导他们在工作实践中经受磨炼，增长才干和胆识。要放手使用青年人才，识其之长，用其所长，使他们各显其能、竞展才华。要真心爱护青年人才，采取更加有效的政策措施，为他们的学习、工作、生活创造良好条件。

青年兴则国家兴，青年强则国家强。青年的茁壮成长决定着我们国家和民族的未来。当代中国青年是值得信赖、大有希望的一代。青年有自己的优点和长处，也有他们的弱点和不足，这与青年社会阅历不丰富、经受的人生锻炼不多有关。由于青年人正在成长，更需要引导、鼓励和支持。首先要看到青年的优点，满腔热情地支持他们发挥自己的长处，鼓励他们在学习和实践中丰富自己、完善自己。同时，要客观地看待青年身上存在的不足和缺点，加强教育和引导。青年的成长与他们生活的社会环境密切相关，社会对青年的成长具有极大的作用。为了青年一代的健康成长，必须在全社会形成爱护青年、关心青年、支持青年的良好氛围。各地区各部门都要认真研究在改革开放条件下成长起来的新一代青年的特点，把握新的历史条件下做好青年工作的规律。要尊重青年的思想和性格特点，尊重青年个性的健康发挥，促进青年思想和身心的健康发展。全社会都来关心青年，祖国的年青一代不断健康成长，我们的民族和国家就能够永葆前进的生机和活力。

全国的共青团员、青年朋友们！

实现中华民族的伟大复兴，需要你们去奋斗。希望你们珍惜大好年华，牢记党和人民的厚望，矢志奋斗，不懈进取，在建设有中国特色社会主义事业的伟大征程中谱写出更加壮美的青春之歌！向着祖国更加美好的明天，前进！

必须高度重视
哲学社会科学的发展*

（二〇〇二年七月十六日）

建设有中国特色社会主义这项前无古人的伟大事业，要求我们必须建设一支强大的哲学社会科学队伍，中央也需要掌握一支从事哲学社会科学研究的专门队伍。中国社会科学院是中央直接领导的国家哲学社会科学研究机构，在哲学社会科学研究方面肩负着重要职责。面对新世纪的新形势新任务，我们一定要办好中国社会科学院。

我们党历来高度重视理论工作，高度重视哲学社会科学事业，高度重视对哲学社会科学研究的指导。关于加强哲学社会科学研究的重要性，我去年在北戴河和今年到中国人民大学去的时候已经讲得很充分了〔1〕，大家都表示赞同。我所以反复强调全党同志必须高度重视哲学社会科学的发展，是有针对性的，就是因为有些同志对这个问题至今仍重视不够。全党同志必须在思想上真正明确，加强哲学社会科学建设，对党和国家事业发展具有十分重大的意义。

建设有中国特色社会主义，应该是我国经济、政治、文化

---

* 这是江泽民同志在中国社会科学院建院二十五周年座谈会上的讲话。

全面发展的进程，是我国社会主义物质文明、政治文明、精神文明全面建设的进程。哲学社会科学建设，是社会主义精神文明建设的重要组成部分，又是为推进社会主义社会物质文明、政治文明、精神文明建设服务的。我们不仅要大力发展自然科学，而且要大力发展哲学社会科学，并用这些方面的知识来全面提高全体人民的思想道德素质和科学文化素质。否则，中国的社会主义现代化和中华民族的伟大复兴就不可能实现。在改革开放和现代化建设的进程中，我们会遇到各种新的重大课题，需要哲学社会科学来研究和回答，需要运用创造性的理论思维来研究和回答。各级领导干部尤其是主要负责同志，既要具有比较丰富的自然科学知识，又要具有比较丰富的社会科学知识，这样才能够善于讲政治，善于驾驭复杂局势，从宏观上把握社会主义现代化建设的规律，不断提高决策和领导水平。那种认为搞现代化建设只要掌握自然科学知识就可以了、社会科学知识可有可无的想法和看法，是片面的、错误的，必须加以纠正。

建设有中国特色社会主义，需要在实践上、理论上不懈进行探索，不断在实践的基础上提出创新的理论，用发展着的理论指导实践。在这个实践和理论的双重探索中，哲学社会科学具有不可替代的重要作用，哲学社会科学工作者是一支不可替代的重要力量。我们必须始终重视哲学社会科学，加快发展哲学社会科学。

毛泽东同志曾经指出："人们为着要在社会上得到自由，就要用社会科学来了解社会，改造社会，进行社会革命。"〔2〕我们要推进改革开放和现代化建设，要把建设有中国特色社会主义事业不断推向前进，就必须深入了解社会，不仅要深入了解中国社会，还要全面了解世界这个大社会；不仅要了解社会发展的历史，而且更重要的是要研究当今社会发展的现实问题。这就需要我们加强理论研究和理论创新，加强哲学、经济学、政治学、国际政治和经济、法学、历史学、民族学、新闻学、人口学、社会学、文学、语言学、考古学等各学科的研究。要大力加强对各门传统学科的研究，大力加强对各门新兴学科和交叉学科的研究，大力加强各门学科的理论和体系的建设，大力加强各门学科的方法和手段的建设。在科学技术迅速发展的今天，哲学社会科学尤其要加强对信息技术等先进手段的运用。总之，要努力使我国哲学社会科学的发展，成为我们正确认识世界和改造世界，推动理论创新和先进文化发展，促进党和国家决策的科学化、民主化，推进改革开放和现代化建设的重要力量。我国哲学社会科学界要努力担负起认识世界、传承文明、创新理论、咨政育人、服务社会的职责。这里，我想提出五点要求。

第一，要坚持以马克思主义为指导。哲学社会科学研究要坚持以马克思列宁主义、毛泽东思想、邓小平理论为指导，这是我国哲学社会科学沿着正确方向健康发展的根本保证。坚持以马克思主义为指导，最重要的是要善于把马克思主义基本原理同中国具体实际相结合，不断推进马克思主义的中国化，在实践中丰富和发展马克思主义。马克思主义是与时俱进、不断发展的理论，而不是一成不变的教条。要坚决反对各种形式的教条主义，既不能把马克思主义教条化，也不能犯毛泽东同志曾经批评过的食古不化、食洋不化的毛病。哲学社会科学研究要认真贯彻“三个代表”要求，努力为促进我国先进生产力和先进文化的发展，为维护和实现最广大人民的根本利益服务。

第二，要坚持解放思想、实事求是。只有坚持解放思想、实事求是、与时俱进，我国哲学社会科学才能蓬勃发展、充满活力。哲学社会科学发展的源头活水，在于丰富多彩的社会生活，在于人民群众创造历史的伟大实践。要正确认识我国社会和当今世界发生的重大变化，正确认识广大党员、干部和人民群众工作生活条件和社会环境发生的重大变化，正确认识这些变化对我们党和国家事业发展提出的新任务、新课题、新挑战，加强对全局性、战略性、前瞻性重大理论和实践问题的研究，在研究和解决重大课题的过程中推动哲学社会科学各学科的发展。要深入实践、深入群众，既立足中国实际、又放眼世界大势，努力从人民群众广阔而丰富的实践中提炼研究题材，汲取思想养分，提出真知灼见，创造学术精品，为国家发展和民族振兴服务。

第三，要坚持“二为”方向和“双百”方针。哲学社会科学研究应该坚持为人民服务、为社会主义服务的方向，努力为建设有中国特色社会主义事业作出贡献。百花齐放、百家争鸣，反映了哲学社会科学发展的一般规律，是繁荣和发展我国哲学社会科学的重要方针。要提倡理论创新和知识创新，鼓励大胆探索，形成有利于创新的生动活泼的局面，在实践中不断认识真理、服从真理、发展真理。要开展平等、健康、活泼和充分说理的学术争鸣，活跃学术空气。我们的学者不仅要善于相互开展活跃的学术活动，而且要善于同国外同行开展有益的学术交流，既增进对国外哲学社会科学发展趋势和最新成果的了解，又积极展示当代中国哲学社会科学的风采，以开阔眼界，锻炼队伍，努力建设具有中国特色、中国风格、中国气派的哲学社会科学。

第四，要坚持优良的学风。学风优良是科学研究的保障，学风不正是科学研究的大忌。我国古人治学，讲究博学、审问、慎思、明辨、笃行。这些经验，今天仍不失其借鉴意义。在科学研究中，要坚持严谨而不保守，活跃而不轻浮，锐意创新而不哗众取宠，追求真理而不追逐名利。这不仅是应该大力提倡的科学态度，也是哲学社会科学健康发展的必要条件。做人、做事、做学问相统一，是中华民族的优良传统。只有坚持老老实实做人，踏踏实实做事，扎扎实实做学问，才能成为一名对祖国和人民有贡献的学问家。

第五，要坚持和改善党对哲学社会科学事业的领导。党的领导，是哲学社会科学沿着正确方向前进的关键。各级党委和政府都要加强对哲学社会科学研究工作的领导，加大支持力度，同时要认真研究和把握哲学社会科学研究工作的规律，改进领导方式，不断提高领导水平。要全面落实党的知识分子政策，尊重知识、尊重人才，充分调动广大哲学社会科学工作者的积极性、主动性、创造性，认真听取他们的意见和建议，重视他们的研究成果，关心他们的学习、工作、生活，做他们的知心朋友，为加快发展哲学社会科学多办实事。

当今世界的人才竞争是全方位的，不仅包括领导人才、科技人才、管理人才的竞争，也包括文化人才的竞争，当然也就包括哲学社会科学人才的竞争。去年八月，我在北戴河的座谈会上提出,我国哲学社会科学事业的发展,需要造就一批用马克思主义武装起来、立足中国、面向世界、学贯中西的思想家和理论家,造就一批理论功底扎实、勇于开拓创新的学科带头人,造就一批年富力强、政治和业务素质良好、锐意进取的青年理论骨干。这样才有希望创造出对民族振兴和人类文明发展有深远影响的鸿篇巨制。这里,我要再一次强调,各级党委和政府,各组织人事部门、宣传部门、教育部门,各哲学社会科学研究机构、高等院校、党校等,要共同努力,进一步形成哲学社会科学人才培养、激励、选拔、任用的良好机制,促进哲学社会科学优秀人才茁壮成长。

在我们推进社会主义现代化建设和实现中华民族伟大复兴的历史进程中,我国哲学社会科学任重道远、大有可为。希望全国哲学社会科学界的同志们团结奋斗、开拓创新,为加快发展我国哲学社会科学事业,为建设有中国特色社会主义事业,不断作出新的贡献。

注　释

〔1〕二〇〇一年八月七日,江泽民在北戴河同部分国防科技专家和社会科学专家座谈时指出:一个民族要兴旺发达,要屹立于世界民族之林,不能没有创新的理论思维。哲学社会科学的研究能力和成果,也是综合国力的重要组成部分。在认识和改造世界的过程中,哲学社会科学与自然科学同样重要;培养高水平的哲学社会科学家,与培养高水平的自然科学家同样重要;提高全民族的哲学社会科学素质,与提高全民族的自然科学素质同样重要;任用好哲学社会科学人才并充分发挥他们的作用,与任用好自然科学人才并发挥他们的作用同样重要。二〇〇二年四月二十八日,江泽民考察中国人民大学时再次强调:我们要始终高

度重视哲学社会科学在治党治国和建设有中国特色社会主义事业中的巨大作用，高度重视哲学社会科学领域高等教育的改革和发展，高度重视改善哲学社会科学研究和人才培养的条件，高度重视哲学社会科学研究领域重大课题的攻关，高度重视为哲学社会科学发展作出杰出贡献的学者的成就和作用。

〔2〕见毛泽东《在陕甘宁边区自然科学研究会成立大会上的讲话》（《毛泽东文集》第2卷，人民出版社1993年版，第269页）。

体育是关系人民健康的大事*

（二〇〇二年八月二十三日）

当前，我国进入了全面建设小康社会、加快推进社会主义现代化的新的发展阶段，经济发展和社会进步对我国体育工作提出了更高的要求。二〇〇八年，北京将举办奥运会。要抓住这个有利时机，推动我国体育事业加快发展。最近，党中央、国务院下发了《关于进一步加强和改进新时期体育工作的意见》。希望各级党委和政府认真贯彻文件精神，落实中央对体育工作的各项要求和部署，不断加强和改进体育工作。这里，我再强调三点。

第一，要贯彻全心全意为人民服务的宗旨。体育是关系人民健康的大事，体育水平是一个民族文明进步的重要标志。必须从维护最广大人民的根本利益和提高全民族的整体素质出发，规划和发展我国体育事业。保证和提高亿万人民的健康水平和体能素质，始终是体育工作的立足点和归宿。体育工作要为群众多办实事、办好事，努力建设亲民、便民、利民的体育服务体系。

第二，要坚持社会主义先进文化的前进方向。体育对群

* 这是江泽民同志会见全国体育工作会议代表时讲话的要点。

众的思想和生活影响很大。广大体育工作者要努力成为社会主义先进文化的建设者和传播者。无论是群众体育还是竞技体育,都要坚持正确的方向,促进人们形成健康、科学、文明的生活方式,培养高尚情趣,提高生活质量。体育队伍要大力弘扬爱国主义、集体主义精神,发扬中华体育精神,反对一切不良的思想观念,努力创造优异成绩,为祖国和人民争光。

第三,要精心组织和科学筹备奥运会。办好二〇〇八年奥运会,不仅关系到我们对国际社会的承诺,也关系到祖国的荣誉。希望各有关部门大力协作、开拓创新,充分调动各方面的积极因素,切实把奥运会办好。要通过筹备和举办奥运会,进一步推动我国体育事业全面发展,出成果,出人才,为改革开放和现代化建设作出更大贡献。

不断推进教育创新*

（二〇〇二年九月八日）

当今时代，科技进步日新月异，国际竞争日趋激烈。各国之间的竞争，说到底，是人才的竞争，是民族创新能力的竞争。教育是培养人才和增强民族创新能力的基础，必须放在现代化建设的全局性、战略性的重要位置。近年来，各级党委、政府和教育战线的同志们，积极贯彻落实科教兴国战略，做了大量工作，取得了突出成绩。我们要继续坚定不移地实施科教兴国战略，不断培养大批合格的有中国特色社会主义的建设者，不断造就大批具有丰富创新能力的高素质人才，不断提高全民族的思想道德素质和科学文化素质。这是实现中华民族伟大复兴的必然要求，也是我国社会主义教育事业的历史任务。

要完成这一历史任务，必须不断推进教育创新。教育创新与理论创新、制度创新、科技创新一样，是非常重要的，而且教育还要为各方面的创新工作提供知识和人才基础。只有按照“三个代表”要求，大力推进教育创新，不断发展有中国特色

* 这是江泽民同志在庆祝北京师范大学建校一百周年大会上讲话的主要部分。

社会主义教育事业，才能不断为我国经济社会发展培养高素质的劳动者、建设者、管理者、领导者。

进行教育创新，首先要坚持和发展适应国家和社会发展要求的教育思想。要坚持党的教育方针，坚持教育为社会主义现代化建设服务、为人民服务，坚持教育与生产劳动和社会实践相结合，同时要十分注意研究解决教育面临的新情况新问题，深入探索新形势下教育发展的规律，更新教育观念，确立与二十一世纪我国经济社会发展需要相适应的教育观、人才观。

进行教育创新，关键是通过深化改革不断健全和完善与社会主义现代化建设要求相适应的教育体制。要扫除制约教育发展的体制性障碍，努力提高教育资源的利用效益，优化教育结构，扩大教育资源。进一步转变政府管理教育的职能和模式，增强学校依法自主办学的能力。推动教育体系的创新，逐步形成适应终身学习需要的学习型社会，满足人民群众多样化的学习需求。推动学校教育、社会教育、家庭教育紧密结合、相互促进，加强各级各类教育的衔接和沟通。

进行教育创新，根本目的是要推进素质教育，全面提高教育质量。要改革教学的内容、方法、手段，完善人才培养模式，充分吸纳当代自然科学和人文社会科学的最新成果，建立符合受教育者全面发展规律、激发受教育者创造性的新型教育教学模式，形成相互激励、教学相长的师生关系，努力创造有利于创新人才成长的良好教育环境和社会环境，使每一个受教育者都能充分发挥自身潜能，激发学习成长的主动性，实现全面发展。

进行教育创新，必须充分利用现代科学技术手段，大力提高教育的现代化水平。要通过积极利用现代信息和传播技术，大力推动教育信息化，促进教育现代化。进一步完善学校的计算机网络，加快数字图书馆等教育公共服务体系建设。加强中小学校的信息技术教育，推动信息技术课程和教材建设。采用音像录放等设施，尽快把优质教育资源传输到广大农村，提高农村中小学教学质量。

进行教育创新，必须面向现代化、面向世界、面向未来，加大教育对外开放的力度。要密切关注世界教育发展的大趋势，在继承中华民族优秀教育传统的基础上，积极吸收人类文明的一切优秀成果，借鉴世界上先进的办学经验和管理经验，提高我国教育的国际竞争力。

贯彻党的教育方针，推进教育创新，培养大批高素质人才，离不开教师的辛勤工作。我国广大教师要率先垂范，做先进生产力和先进文化发展的弘扬者、推动者，做青少年学生健康成长的指导者、引路人，努力成为无愧于党和人民的人类灵魂的工程师。要进一步建立和完善适应我国教育发展需要的、开放灵活的教师教育体系，努力造就一支献身教育事业的高水平的教师队伍。全国各级各类师范院校，都要适应新形势新任务的要求，深化改革，锐意进取，为建设有中国特色教师教育体系作出新的贡献。这里，我对全国广大教师提几点希望。

希望我们的教师志存高远、爱国敬业。人民教师的神圣职责，就是传授知识，传承民族精神，弘扬爱国主义，为祖国和人民培养合格人才。教师要忠诚于人民教育事业，以培育人才、繁荣学术、发展先进文化和推进社会进步为己任，积极引导和帮助青少年学生树立正确的世界观、人生观、价值观，教育他们立志成为建设有中国特色社会主义的栋梁之才。教师要始终牢记自己的神圣职责，并在深刻的社会变革和丰富的教育实践中履行自己的职责，百折不挠，奋勇直前。

希望我们的教师为人师表、教书育人。教书者必先强己，育人者必先律己。教师的道德、品质和人格，对学生具有重要影响。教师要注重言教，更要注重身教。教师的日常工作虽然是平凡的，但教育工作的意义却是很不平凡的。教师应该自觉加强道德修养，率先垂范，既要有脚踏实地、乐于奉献的工作态度，又要有淡泊明志、甘为人梯的精神境界，以自己的高尚人格教育和影响学生，努力成为青少年学生的良师益友，成为受到全社会尊敬的人。

希望我们的教师严谨笃学、与时俱进。教师在教育创新中承担着重要使命。教师富有创新精神，才能培养出创新人才。教师应该具备求真务实、勇于创新、严谨自律的治学态度和学术精神，努力发扬优良的学术风气和学术道德。当今时代，新知识层出不穷，知识更新周期不断缩短，每个人都需要加强学习、终身学习。教师是知识的重要传播者和创造者，连接着文明进步的历史、现在和未来，更应该与时俱进，不断以新的知识充实自己，成为热爱学习、学会学习、终身学习的楷模。

百年大计，教育为本。教育大计，教师为本。中华民族素有尊师重教的优良传统。在老师面前，做学生的不论走到哪里，做出了什么业绩，对老师的感激和爱戴之情永远不会改变。我至今仍清晰地记得我的小学、中学和大学老师们给予我的有益教诲和影响，始终对他们充满着感激之情。长期以来，我国广大教师特别是广大农村和边远贫困地区的教师，在艰苦清贫的条件下恪尽职守、默默耕耘，为祖国的教育事业无私奉献，涌现出了许多可歌可泣的先进人物，充分体现了陶行知[1]先生当年倡导的“捧着一颗心来，不带半根草去”的崇高精神。这种平凡而又伟大的精神，永远值得我们学习和发扬。

全党全社会都要满腔热情地关心和支持教育工作。各级党委和政府要关心教师的工作生活，千方百计为广大教师办实事、办好事，尊重教师的劳动，进一步提高教师的社会地位，使中华民族尊师重教的优良传统不断发扬光大。

注　释

〔1〕陶行知（一八九一——一九四六），安徽歙县人。中国教育家。本文引语见陶行知《捧着一颗心来，不带半根草去——致李友梅等》（《陶行知全集》第8卷，四川教育出版社1991年版，第295页）。

就业是民生之本*

（二〇〇二年九月十二日）

这次全国再就业工作会议，是党中央、国务院决定召开的，十分重要。会议的主要任务是，研究和制定新形势下促进再就业的政策措施，讨论中共中央、国务院关于进一步做好下岗失业人员再就业工作的通知稿。下面，我讲三个问题。

一、充分认识就业再就业工作的极端重要性。

就业问题，各国都有，可以说是一个世界性难题。无论是发达国家还是发展中国家，都很重视就业问题。许多国家都把失业率作为观察经济运行和社会动向的晴雨表，把增加就业和促进经济增长、抑制通货膨胀、实现国际收支平衡一起作为宏观调控的四大目标。我国有近十三亿人口，就业问题比任何一个国家都复杂，扩大就业的任务比任何一个国家都繁重。

就业是民生之本。就业工作，历来受到党和政府的高度重视。一九五〇年，毛泽东同志在党的七届三中全会上就把“认真地进行对于失业工人和失业知识分子的救济工作，有步骤地帮助失业者就业”[1]，作为当时八项重点工作之一。一

* 这是江泽民同志在全国再就业工作会议上的讲话。

九七九年三月，邓小平同志指出："中国式的现代化，必须从中国的特点出发。比方说，现代化的生产只需要较少的人就够了，而我们人口这样多，怎样两方面兼顾？不统筹兼顾，我们就会长期面对着一个就业不充分的社会问题。"〔2〕改革开放二十多年来，为解决好就业问题，我们采取了一系列行之有效的政策措施。对于近些年来日益突出的国有企业下岗职工问题，中央多次研究决策，不断对下岗职工基本生活保障和再就业工作作出部署。一九九八年五月，中央专门召开国有企业下岗职工基本生活保障和再就业工作会议，出台了相关政策。总的看，我们在就业再就业工作方面，取得了显著成绩。

当前及今后一个较长时期内，我国就业形势仍十分严峻。我国就业方面的主要矛盾，是劳动者充分就业的需求与劳动力总量过大、素质不相适应之间的矛盾。这将是一个长期存在的问题。当前，主要表现在劳动力供求总量矛盾和就业结构性矛盾同时并存，城镇就业压力加大和农村富余劳动力向非农领域转移速度加快同时出现，新成长劳动力就业和失业人员再就业问题相互交织。焦点集中在下岗失业人员再就业上。这个问题已经成为一个带有全局性影响的重大经济和社会问题。

从总量看，"十五"期间每年城乡新增劳动力将升至峰值，加上现有城镇下岗失业人员等，每年城镇需要安排就业的人数达到二千二百多万。在现有经济结构状况下，按经济增长速度保持在百分之七左右，每年新增就业岗位七百万到八百万个，年度劳动力供大于求的缺口为一千四百万到一千五百万个，再加上农村还有一亿五千万富余劳动力，供大于求的矛盾十分尖锐。另一方面，就业结构性矛盾也十分突出。传统行业出现大批下岗失业人员，许多人再就业困难，而新兴的产业、行业和技术职业需要的素质较高的人员又供不应求。加入世界贸易组织后，国际经济波动和世界经济结构调整对我国的影响更加直接，不同地区、不同行业劳动力供求的不平衡性还会加剧，劳动力素质与岗位需求不适应的矛盾会更加突出。劳动力供求总量矛盾和就业结构性矛盾交织在一起，使就业问题的解决极为艰巨。

在下岗人员中，年龄偏大、就业技能单一、再就业面临特殊困难的群众为数不少。男性五十岁、女性四十岁以上的大龄人员和初中以下文化程度的人员，均占百分之四十左右。初级和无技术等级的人员约占百分之五十。城市贫困人口中相当一部分属于就业困难群众，其中主要是下岗失业人员和停产半停产企业职工等。这些就业困难群众的就业再就业问题，解决起来难度更大。

我国目前的就业压力，与西方发达国家的就业压力有着明显区别。西方国家的失业问题是在已经完成城市化的情况下发生的，主要受经济衰退和产业升级的影响。而我国城市化程度还不高，随着经济的发展和城镇化的推进，农村劳动力向非农转移的数量会越来越大。在城市下岗失业人员问题相当严重的情况下，大量农村富余劳动力进城务工，必然会使就业工作难度加大。

扩大就业，促进再就业，关系改革发展稳定的大局，关系人民生活水平的提高，关系国家的长治久安，不仅是重大的经济问题，也是重大的政治问题。就业问题解决得如何，是衡量一个执政党、一个政府的执政水平和治国水平的重要标志。在西方国家，就业问题一直是各政党竞选纲领的主要内容，是民众评价政府政绩的重要指标。我国是社会主义国家，我们党的宗旨是全心全意为人民服务，千方百计解决好群众的就业问题，就是为人民办实事，就是贯彻“三个代表”要求的重大实践。各级党委和政府一定要把就业再就业工作，始终作为关系改革发展稳定的大事，务必抓紧、抓实、抓好。

二、集中力量做好下岗失业人员再就业工作。

当前，促进下岗失业人员再就业，存在一些亟待解决的问题。（一）下岗失业人员再就业难度越来越大。目前仍在再就业服务中心的下岗职工，大都属于就业困难群众，工作难度很大。下岗职工再就业率呈逐年下降趋势。（二）相当数量的下岗失业人员及其家庭生活十分困难。“三条保障线”所提供的毕竟只是一种低水平的保障，子女上学和生病就医等问题很难甚至无力解决。很多人上有老、下有小，生活负担很重。只有实现再就业，靠劳动收入的提高，才能从根本上解决问题。（三）协议期满下岗职工出再就业服务中心的问题日趋突出。目前仍在中心的下岗职工，百分之九十一集中在亏损和停产企业。大多数困难企业支付不了经济补偿金，不能偿还拖欠职工的工资、医药费和集资款等各种债务。要解决这个问题，除了从各方面筹集资金之外，最根本的是要促进再就业。否则，即使下岗职工出了中心，也仍然会面临严重的失业和生活困难问题。

国有企业下岗失业人员，为国家建设作出过贡献，理应得到国家和社会的关心和帮助。解决好他们的再就业问题，是整个就业工作的重中之重，是各级党委和政府以及全社会义不容辞的责任。如果这个问题解决不好，不仅会影响已经取得的改革成果的巩固，影响企业改革和经济结构调整工作的深入，还会影响社会的安定团结。各级党委和政府一定要下更大决心，花更大气力，采取更加有力的措施，切实做好再就业工作。各级领导干部在开展工作时，一定要注意分清轻重缓急，善于集中力量搞好当务之急。做好下岗失业人员的再就业工作，就是当前党和国家工作中一项重大而紧迫的当务之急。对此，全党同志必须有足够的认识，加紧工作，并有针对性地采取一些政策措施。

第一，要结合本地区经济社会发展的需要和下岗失业人员的特点，有组织地开发一批适合下岗失业人员从事的就业岗位。要千方百计帮助下岗失业人员获得一份工作。社区就业潜力很大，应该把充分开发社区服务业的就业岗位作为一个重点。有关调查表明，目前我国城市中，至少有一千五百万个社区就业岗位可以开发。社区就业不仅门路广，而且门槛较低，不需要很高的文化和技能，也不需要很大的资金投入。社区就业对方便居民生活和提高居民生活质量有积极的意义。

第二，要有针对性地开展面向下岗失业人员的职业介绍和职业指导。解决就业困难群众的再就业问题，单靠一般性的职业介绍和职业指导是不行的，必须提供更有针对性的就业服务，进一步把工作做细做实。有些地方开展“一对一”服务，专人负责，跟踪到底，直到帮助下岗失业人员实现就业。有些地方为自谋职业人员开展工商、税务、劳动保障事务代理等一条龙服务，使下岗失业人员很快就能办完所有手续。有些地方的劳动力市场开设了为下岗失业人员服务的专门窗口。这些做法都值得推广。

第三，要充分重视职业培训在促进再就业中的重要作用。搞好职业培训，是实现再就业的重要条件。要提高再就业培训的针对性、实用性、有效性。适应就业市场的需求和变化，帮助下岗职工通过培训掌握再就业的技能和本领。要培训下岗职工学会创业，这样不仅自己可以实现就业，还能带动其他下岗失业人员就业。只要形成了一种以培训促进创业、以创业促进就业的良性机制，再辅之以鼓励自谋职业的优惠政策，路子就会越走越宽。

第四，要积极开展再就业援助。要鼓励和促进劳动者通过劳动力市场实现自主就业，同时对于年龄偏大、技能偏低、竞争能力较弱的劳动者，也应积极开展就业援助。政府的资金和政策要集中用于帮助最困难的群众实现再就业，政府开发的公益性就业岗位主要应用来安排他们，并采取提供就业援助、社会保险补贴和岗位补贴等更加优惠的扶持政策。对下岗失业人员的职业介绍和再就业培训等服务都要免费。下岗失业人员自谋职业、服务型企业批量招收下岗失业人员、国有企业通过主辅分离分流安置富余职工等，都应在税费政策上给予支持。

要继续巩固"两个确保"[3]，搞好下岗职工基本生活保障、失业保险和城市居民最低生活保障制度"三条保障线"的衔接，切实做到应保尽保。各级政府和企业要继续运用现有各类渠道筹措资金，加大对生活困难的下岗失业人员的扶持力度，确保他们的基本生活。

三、全面做好扩大就业的各项工作。

做好再就业工作，同做好整个就业工作是紧密联系的。我们党和政府在解决十几亿人口吃饭、几亿劳动力就业这个大问题上，进行了长期富有成效的探索，积累了丰富的经验。要结合新的情况，总结实践经验，借鉴国外的有益措施，逐步走出一条既能够充分促进就业、又能够保证经济持续快速健康发展的路子。从长远来看，我们要逐步加快培育和发展劳动力市场，完善就业服务体系，建立以劳动者自主就业为主导、以市场调节就业为基础、以政府促进就业为动力的就业机制。

做好当前和今后一个时期的就业再就业工作，要处理好以下五个方面的关系。

第一，要正确处理发展经济和扩大就业的关系，通过发展经济扩大就业，通过扩大就业推动经济发展，实现发展经济与扩大就业的良性互动。发展是硬道理。通过发展经济来扩大就业，是解决就业问题的根本途径。在研究经济社会发展规划时，要把就业问题作为重要内容统筹考虑。

第二，要正确处理经济结构调整和扩大就业的关系，使经济结构调整和劳动力结构调整协调推进。社会生产力水平的多层次性和所有制结构的多样性，是我国社会主义初级阶段的重要特征。因此，在提高产业科技含量的同时要重视发展劳动密集型产业，在增强国有经济竞争力的同时要加快发展多种所有制经济，在培育一批大型企业集团的同时要大力发展中小企业，充分发挥各种产业和企业在吸纳劳动力就业方面的作用。第三产业的就业增长弹性大，应该作为扩大就业的主攻方向。我国有丰富的旅游资源，应该充分利用，在提高经营管理水平和切实保护生态环境的条件下，积极发展旅游业，扩大就业。一些以资源开采为主的城市和地区，经过长期开采，资源已经枯竭，要按照市场的需求，结合本地的优势，有步骤地发展接续产业，进行整体性调整，重振经济。要努力开拓国际劳务市场，鼓励具有比较优势的产业和企业向境外发展，有组织地开展各类专业人员的劳务输出，带动就业增长。

第三，要正确处理深化改革和扩大就业的关系，坚持减员增效和促进再就业相结合、职工下岗分流和社会承受能力相适应的原则。要全面理解和正确贯彻鼓励兼并、规范破产、下岗分流、减员增效、实施再就业工程的方针，统筹考虑减员增效和促进再就业。企业职工下岗分流，要充分考虑财政、企业、职工和社会保障的承受能力，量力而行。国有企业要积极挖掘内部潜力，发展多种经营，改制分流，多渠道安置富余人员，能不推向社会的尽量不推向社会，更不能简单地向社会一推了之。实行企业关闭，要切实做好职工的安置工作。

第四，要正确处理城乡经济协调发展和扩大就业的关系，把引导农村富余劳动力转移和解决农业、农村、农民问题紧紧联系起来。在重点做好城镇下岗失业人员再就业工作的同时，要统筹兼顾城镇新增劳动力和农村富余劳动力的就业工作。通过发展农村经济，积极稳妥地推进小城镇建设，发展乡镇企业和服务业，为农村劳动力开辟更多生产门路和就业门路。对农民进城务工要公平对待、合理引导、完善管理、搞好服务，组织和引导农村富余劳动力有序流动，加强信息服务和职业培训，维护农民工的合法权益，促进农村富余劳动力向非农产业转移。

第五，要正确处理完善社会保障体系和扩大就业的关系，通过实行“两个确保”解决保障基本生活的当务之急，通过促进再就业解决下岗失业人员的根本出路，通过完善社会保障体系为深化改革和扩大就业提供保障。就业工作和社会保障，要整体部署、协调推进。要进一步完善社会保障体系，建立和完善“三条保障线”，同时要建立健全养老保险和医疗保险，并逐步走上法制的轨道，为深化改革、促进发展、保持稳定提供重要保证。

为办好就业这件大事，国家该花的钱必须花。要精打细算，节省一切可以节省的资金，首先保证多用一些在就业和社会保障上。哪怕暂时少上几个项目，也要先保这件事。至于那些劳民伤财、沽名钓誉的“形象工程”和“标志性工程”，绝对不能再搞了。要调整和优化财政支出结构，增加财政对就业的投入。西方发达国家很舍得在就业上花钱。欧盟成员国每年投入促进就业的资金平均占当年国内生产总值的百分之一左右。美国二〇〇二年度就业培训的财政预算为九十亿美元，比上年增加百分之三十。我国是世界上劳动人口最多的国家，就业任务繁重，财政再困难，也要拿出钱来支持就业。

各级党委和政府都要清醒地认识就业再就业工作的长期性、艰巨性、复杂性，坚决落实中央的方针政策。既要立足当前，明确工作重点，采取有效措施，集中人力、物力、财力，打好攻坚战，又要着眼长远，把就业再就业工作作为一项长期战略任务，制定中长期规划和政策，打好持久战。要加强统筹协调，发挥各方面的积极性，形成全社会共同参与、齐抓共管的局面。要定期分析情况、研究对策，及时解决突出问题，做到工作责任到位、政策落实到位、资金投入到位、措施保证到位。各级领导干部要满腔热情地为下岗失业人员排忧解难，确保再就业各项政策措施落实到他们身上。

强有力的思想政治工作，历来是我们党的重要政治优势。越是深化改革，越是遇到困难，越要加强思想政治工作。在复杂的改革和人员调整中，一点小乱子都不出是不可能的，关键是要把工作做在前面，出现不稳定的苗头及时加以化解，确保不出大乱子。要通过深入细致的思想政治工作，引导职工群众支持企业改革，自觉维护稳定。

注　释

〔1〕见毛泽东《为争取国家财政经济状况的基本好转而斗争》(《毛泽东文集》第6卷，人民出版社1999年版，第71页)。

〔2〕见邓小平《坚持四项基本原则》(《邓小平文选》第2卷，人民出版社1994年版，第164页)。

〔3〕“两个确保”，指确保企业离退休人员基本养老金按时足额发放、确保国有企业下岗职工基本生活。

对十六大报告稿的几点意见*

（二〇〇二年九月十八日）

从八月三十日开始到昨天上午，我用了八个整天的时间，主持召开座谈会，先后听取军队各大单位主官、各省区市党政主要负责同志以及各民主党派中央负责人和无党派人士对十六大文件稿的意见和建议。

我仔细听了大家的发言。大家对报告稿总的是肯定的，认为思想性强，具有鲜明的时代特点，对新世纪新阶段党和国家事业发展具有重要指导意义。起草组的同志为这个稿子付出了大量劳动，很辛苦。

大家对报告稿也提出了修改意见和建议。下面，我结合自己的思考，说几个大的方面。

第一，十六大报告是政治报告，不是具体的工作报告，要抓住重点，切中要害，讲大的方针政策和原则，不能面面俱到。一些部门性的工作，不讲不等于这方面的工作就不重要了。要下决心精简文字，总的不要超过十五大报告的篇幅。

第二，总结五年的成绩和十三年的基本经验，很重要。这

* 这是江泽民同志在中国共产党第十六次全国代表大会文件起草组会议上的讲话。

十三年，我们党面临的国内外环境异常复杂，改革开放和现代化建设的任务十分繁重。可以说是外有压力、内有困难，考验不断。我们遇到了苏东剧变、海湾战争〔1〕、一九九一年华东大水、“台独”分裂势力加紧进行分裂祖国的活动、亚洲金融危机、一九九八年严重洪涝灾害、科索沃战争〔2〕和美国轰炸我国驻南联盟大使馆〔3〕、中美撞机事件〔4〕、九一一事件和阿富汗战争〔5〕等一系列重大事件，我们都进行了妥善处理和应对。我们党紧紧依靠全国各族人民，改革发展稳定的各项工作都取得了巨大成就。成绩来之不易，经验十分宝贵，这一点在报告中要进一步阐明。这对团结全党、振奋民心，鼓舞斗志、开创未来，具有重大而深远的意义。

第三，“三个代表”的思想，不是凭空产生的，而是我们十三年来在理论和实践上不断探索和开拓的结果。十三年的基本经验，归结起来，就是要始终做到我们党一贯坚持的“三个代表”。这既是十三年来党和国家伟大实践的必然结论，也是我们继续开拓创新的行动指针。要把发展作为党执政兴国的第一要务，这一点十分重要。只有紧紧抓住这一条，“三个代表”要求才能真正得到落实。这个问题，还可以再突出强调。

第四，这十三年来，我们保持了社会政治稳定，没有发生大的波折，这是我们党和国家事业发展一个十分重要的前提。回顾建国以来的历史，我们遇到的波折，可以说是连续不断。从反右斗争开始，经过“大跃进”、庐山会议、“四清”运动等，直到“文化大革命”十年动乱。党的十一届三中全会以后，邓小平同志带领我们否定了“以阶级斗争为纲”，实行了改革开放的新政策，总的局势是稳定的，但也发生了“西单墙”〔6〕、一九八六年学潮和一九八九年政治风波。一九八九年政治风波之所以会发展到后来那样严重的地步，关键是中央出现了两种声音，全党不能统一思想采取果断有力的措施。这十三年来，我们之所以能够保持一个稳定的大局，是因为我们党的路线方针政策是正确的，我国经济发展和社会全面进步给人民群众带来了切实的实惠，人民支持和拥护我们；是因为我们大力加强和改进党的建设，全面加强思想政治工作；是因为我们反复强调，对任何可能引起不稳定的因素，都要坚决把它们化解在基层、制止在萌芽状态；最根本的是因为，我们党中央是团结统一的，全党是团结统一的，遇到了什么问题，大家按照中央的要求，统一步伐，齐心协力地加以解决。在指导思想和路线方针政策以及重大原则问题上，全党全国必须保持一致，保持连续性。这也是我们党和国家的一大政治优势。西方国家换一个政党上台，就说自己的一套。我国有近十三亿人口，我们党有六千六百万党员，没有统一意志、统一领导，各行其是，一盘散沙，非乱不可。

因此，论述民主集中制的问题，强调发展党内民主很有必要，这是我们党的建设的重要任务；同时又要强调保持党的集中统一的必要性，这也是党的建设的重要任务。必须全面坚持民主集中制，既要实现党内生动活泼的政治局面，又要保持党的严格纪律，坚决维护中央的权威和全党的团结。总之，民主和集中这两个方面是一个整体，要全面论述。

第五，提出建立社会主义市场经济体制，是我们建设中国特色社会主义的一个伟大创举。这在我国社会主义建设的历程中是开创性的，在世界社会主义的历程中也是前无古人的。

提出这个改革目标，使我们明确了社会主义改革的方向，也极大地推动了我国的经济建设和社会发展。要对提出社会主义市场经济体制改革目标的背景和意义，作出扼要而又十分有分量的论述，使全党同志充分认识其重要意义，继续坚定不移地坚持社会主义市场经济的改革方向。

第六，关于国有资产管理体制改革，中央政府和地方政府要设立国有资产管理机构，这是深化改革的一个重大举措，但要明确这里说的地方政府不包括县。下放到县一级，管理和监督都难以到位。

第七，关于国防和军队现代化建设，我经过慎重考虑，觉得可以单列一部分，就放在文化建设后面。

第八，面对复杂的国际局势，面对繁重的改革和建设的任务，要向全党同志十分鲜明地强调，务必增强忧患意识，务必居安思危，清醒地看到我们面临的困难和挑战，清醒地看到我们工作中存在的问题，清醒地看到激烈的国际竞争给我们带来的巨大压力，继续谦虚谨慎、艰苦奋斗，同心同德地把党和国家的事业不断推向前进。

最后，希望大家认真研究各地区各部门提出的意见和建议，把报告稿修改好。

注　　释

〔1〕见本卷《机械化和信息化是我军建设的双重历史任务》注〔3〕。

〔2〕见本卷《营造有利战略态势，增强国家战略能力》注〔6〕。

〔3〕见本卷《加紧培养适应新世纪要求的中青年领导干部》注〔3〕。

〔4〕二〇〇一年四月一日晨,美国一架 EP—3 型军用电子侦察机飞抵中国海南岛东南海域上空,在中国沿海及专属经济区上覆空域进行侦察活动,对中国的安全利益构成了威胁。中方按照国际惯例派出两架军用飞机对美军飞机进行跟踪监视。当日九时零七分,美军飞机违反飞行规则,突然向中方飞机转向,与正常飞行中的一架中方飞机相撞,导致中方飞机坠毁、飞行员遇难。随后,美军肇事飞机未经中方许可进入中国领空并降落在中国海南陵水机场。中国政府就这一事件向美国政府提出严正交涉和抗议,指出美方对事件负有全部责任,强烈要求美国政府向中国政府和中国人民作出交待,并采取切实有效措施防止类似事件再次发生。经中方严正交涉,美方于四月十一日向中方递交了致歉信,对中方飞行员失踪和飞机坠毁,以及美军飞机未经口头许可而进入中国领空并降落,深表歉意。美军飞机降落陵水机场后,中方本着人道主义精神对美方机组人员作了安置,并于四月十二日允许他们离境。美方飞机在被拆解后,于七月三日运回美国。

〔5〕参见本卷《营造有利战略态势,增强国家战略能力》注〔1〕。

〔6〕"西单墙",指当时北京西单街头人们贴大字报的地方。后来,一些别有用心的人利用它来破坏社会秩序和社会治安并进行违法活动。一九七九年十二月六日,北京市革命委员会发出通知,宣布禁止在"西单墙"张贴大字报。

当今世界的三个大问题*

（二○○二年十月十四日）

九一一事件[1]以来，国际形势发生了许多变化。传统和非传统安全威胁的因素相互交织，恐怖主义阴霾未散，全球经济增长放慢，南北差距继续拉大，一些地区动荡不定，伊拉克正处在战与和的十字路口，以巴冲突也在加剧。小小寰球同时面临这么多问题，何去何从？中国宋代诗人王安石有这么两句诗："不畏浮云遮望眼，自缘身在最高层。"[2]每一位负责任的政治家都应登高望远、认真思考。这段时间，我一直在思考三个问题。

第一，怎么看当前国际局势的基本态势。世界正处在大变革时期，基本特征有两个，一个是世界多极化，一个是经济全球化。这两个趋势的发展都是漫长曲折的进程，中间也可能会有反复，但这个大方向是不可逆转的。九一一事件以来，国际关系中的不稳定因素日益增多。然而，纵观数千年的历史长河，崇尚和平、追求发展始终是人类社会发展的主题和目标，是各国人民的利益所在。国以民为本，民心不可拂。这是执政当权必须弄明白的真理。当前，各国的相互依存在加深，

---

* 这是江泽民同志会见联合国秘书长安南时谈话的要点。

大国的互动在加强。和平与发展的时代主题没有改变。用辩证的观点看，总体和平、缓和、稳定，局部战乱、紧张、动荡，是当前和今后一个时期国际局势的基本态势。

第二，怎么看全球的发展问题。经济全球化是生产力发展的必然结果，带来了全新的发展概念和机遇。但是，目前这种全球化也扩大了南北差距，许多发展中国家进一步被边缘化。从战略角度看，世界经济的健康发展不可能长期建立在少数国家富裕、多数国家贫困的基础上。世界经济发展需要不断补充动力，开拓市场。一个发展不平衡的世界难以形成持久的和平与安定。现在，许多发展中国家的领导人都意识到搞好经济社会发展是执政兴国的首要任务。这些国家努力抓住机遇，从本国国情出发，已经或者正在走上具有自己特色的发展道路。我看，发展中国家的经济振兴是不可阻挡的历史潮流，也是二十一世纪新格局的一个重要特征。

第三，怎么看不同文明之间的关系。历史上因文明差异而发生兵戎相见的悲剧不胜枚举。十年前，有人提出了“文明冲突论”〔3〕。九一一事件后，又有些媒体把反恐矛头指向特定的民族和宗教。这当然会引起广大阿拉伯国家和伊斯兰世界的担忧和关切。世界上有二百多个国家和地区，二千五百多个民族以及多种宗教、习俗。“夫物之不齐，物之情也。”〔4〕人类文明的发展，从茹毛饮血发展到现在的生物工程，从刀耕火种发展到现在的信息技术，其中不同民族和不同文明都作出了贡献。不同文明有历史长短之分，无优劣高下之别。文明的差异不是世界冲突的根源，而应是世界交流的起点。海纳百川，有容乃大。这个世界应少一些对抗，多一些对话，少一些傲慢和偏见，多一些交流和沟通。这样才能共同发展进步。

联合国诞生于第二次世界大战结束之时，联合国宪章体现了各方的重托和期望。风风雨雨五十多年过去了，联合国为维护世界和平、促进共同发展作出了贡献。两年前，我去纽约参加联合国千年首脑会议，大家谈了很多问题，达成了一个共识，就是联合国在国际事务中应该继续发挥重要作用。人类和平与发展面临许多挑战，任何国家都难以单独应付。只有携起手来，发挥联合国的作用，走多边的道路，加强国际合作，才能妥善应对。这给联合国带来了难得的机遇，也加重了联合国的责任。联合国能否有所作为，取决于各国的支持和合作，也有赖于联合国的自身建设。中国全力支持联合国在维护世界和平、促进共同发展方面发挥积极作用。

注　释

〔1〕见本卷《加强合作，共同迎接新世纪的新挑战》注〔1〕。

〔2〕见北宋王安石《登飞来峰》。

〔3〕“文明冲突论”，是美国哈佛大学政治学教授亨廷顿提出的。他在美国《外交》杂志一九九三年夏季号上发表《文明的冲突?》一文，认为：冷战结束后，导致人类冲突的主要根源将不再是意识形态或经济因素，而将是文化上的巨大差异，文明的冲突将成为未来国际政治的核心；儒家文明和伊斯兰文明对西方的利益、权力和价值观念构成严重挑战，西方同几个伊斯兰—儒教国家的冲突将成为不久的将来世界冲突的中心焦点；西方文明应加强内部的团结，支持其他文明中认同西方价值观念和利益的群体，与伊斯兰—儒教国家相抗衡。这一理论承认西方价值观念不可能一统天下，但忽视了世界不同文明相互交流、不断融合的历史事实，将不同文明完全对立起来。

〔4〕见《孟子·滕文公上》。

和而不同是人类各种文明协调发展的真谛*

（二〇〇二年十月二十四日、二〇〇三年七月二十一日）

一

中国越发展、越开放，与世界的联系越紧密，就越需要一个长期和平稳定的国际环境。促进世界与地区的和平与发展，符合中国的根本利益。

中华民族自古就有以诚为本、以和为贵、以信为先的优良传统。中国在处理国际关系时始终遵循这一价值观。中国对外政策的宗旨是维护世界和平、促进共同发展。

两千多年前，中国先秦思想家孔子就提出了“君子和而不同”〔1〕的思想。和谐而又不千篇一律，不同而又不相互冲突。和谐以共生共长，不同以相辅相成。和而不同，是社会事物和社会关系发展的一条重要规律，也是人们处世行事应该遵循的准则，是人类各种文明协调发展的真谛。

---

* 这是江泽民同志两篇文稿的节录，分别摘自二〇〇二年十月二十四日访问美国期间在得克萨斯州大学城乔治·布什总统图书馆的演讲和二〇〇三年七月二十一日会见英国首相布莱尔时的谈话。

大千世界，丰富多彩。事物之间、国家之间、民族之间、地区之间，存在这样那样的不同和差别是正常的，也可以说是必然的。我们主张，世界各种文明、社会制度和发展模式应相互交流和相互借鉴，在竞争比较中取长补短，在求同存异中共同发展。

二

中英都有历史悠久、底蕴深厚的文明。中国春秋战国时期的哲学家留下了丰富的思想财富，其中“和”的思想尤为重要。特别是孔子的孙子子思曾说过，“和也者，天下之达道也”〔2〕。英国文学巨匠莎士比亚也曾写下“和平在宣告橄榄枝永久葱茏”〔3〕的诗句。他们虽然生活在不同时代，但对“和”的思想有着跨越时空的共识。这说明，和平对人类社会十分重要。

从今天的视角看，坚持“和”的思想依然十分重要。无论是打击恐怖主义、促进全球经济稳定增长，还是消除贫困、保护环境，都需要各国人民在互相尊重、平等互利的基础上，通过对话、协商、合作来解决有关问题。当然，各国情况千差万别，彼此存在分歧是难免的。中国哲学强调“君子和而不同”，推崇“海纳百川，有容乃大”。如果都是千篇一律，那世界就没有生气了。

各国文明的多样性，是人类社会的基本特征，也是人类文明进步的动力。我们应该尊重各国的历史文化、社会制度和发展模式，承认世界多样性的现实。世界各种文明和社会制度应该而且可以长期共存，在竞争比较中取长补短，在求同存异中共同发展。在当今世界上，我们提倡“和”，也就是说，各国应当在政治上互相尊重，经济上互相促进，文化上互相借鉴。这将有利于世界的和平与发展。

注　释

〔1〕见《论语·子路》。原文是：“君子和而不同，小人同而不和。”

〔2〕见《礼记·中庸》。

〔3〕见莎士比亚《十四行诗(一〇七)》(《莎士比亚全集》第11卷，人民文学出版社1978年版，第265页)。

对当前中美关系和国际局势的几点看法*

（二〇〇二年十月二十五日）

打击恐怖主义是当前美国政府的头等大事，也是我们两国合作的重要领域。中国一贯反对一切形式的恐怖主义。在反恐斗争中，中国人民同美国人民是站在一起的。我们在外交、金融等领域里进行了有效的反恐合作，年内两国有关部门还要进行第三次反恐磋商。中方也已应邀派人去关塔那摩基地审讯了在押的“东突”〔1〕恐怖分子。我们希望两国在反恐领域的合作取得更大成效。中国历来反对扩散大规模杀伤性武器。中国最近颁布了导弹、生物和化学领域的出口管制条例。我们对防扩散的态度是认真的，履行了应该履行的责任。

台湾问题对中美关系的稳定发展太重要了。中美双方在台湾问题上有共同点，都坚持一个中国，都希望台湾问题和平解决。我们一直在尽最大努力争取以和平方式解决台湾问题，完成祖国统一。这对海峡两岸有利，对地区和平有利，对美国有利。问题是“台独”分裂势力在千方百计破坏和平解决的前景。“台独”分裂势力的分裂活动是对台海地区和平稳定

* 这是江泽民同志访问美国期间同美国总统布什会谈时谈话的要点。

和中美关系发展的最大威胁。每当中美关系有所发展、海峡两岸交流取得进展时,“台独”分裂势力就会进行破坏和挑衅。陈水扁〔2〕是李登辉〔3〕之后又一个麻烦制造者,他今年八月发表的“一边一国”的分裂言论,违背了他本人的一些承诺,充分暴露了他搞“台独”的真面目。

美国有人说,美国售台武器是因为中国大陆增加了对台导弹部署。这样讲不公道。正因为“台独”分裂的危险越来越大,我们的有限部署才成为必要。如果美国不卖先进武器给台湾,我们可以考虑减少导弹部署。我们主张的统一,并不是要把台湾“吞掉”,两岸统一后,台湾的社会制度、生活方式甚至军队都可以保留,大陆不会派人去管理。美国在台湾的经济利益也是有保障的。

我们生活在一个丰富多彩的多样化的世界里。不同社会制度和发展模式长期共存、取长补短,在竞争比较中共同发展,这是人类文明进步的表现。中国选择了适应自己国情的发展道路。这条道路我们走了几十年,给老百姓带来了实实在在的利益,得到中国人民的拥护。我们说建设中国特色社会主义,就是说这种社会主义的发展道路对中国适用。中国现在还处在社会主义初级阶段,生产力和科技教育还不发达,实现现代化还有很长的路要走。对中国来说,中心任务还是发展经济,不断提高人民生活水平。到本世纪中叶,中国才能达到中等发达国家水平。中国不搞扩张,不搞霸权,希望世界和地区保持和平稳定,致力于世界的和平与发展,不会对别国构成什么威胁。关于你提到的宗教问题,我们的态度是很明确的。民主、自由、人权是人类的共同追求,也是中美两国人民的追求。中国的宪法和法律保护公民信仰自由。中国愿意同梵蒂冈发展正常关系，关键是梵蒂冈不能干涉中国的内政。

我们一直支持朝鲜半岛无核化，希望朝鲜半岛保持和平与稳定。朝鲜半岛任何一方拥有核武器都不符合本地区的利益。一九九四年，美朝双方经过反复磋商，达成了核框架协议。这一结果来之不易，有关各方均从中受益，不宜轻易放弃。我们赞赏美方愿以和平的方式解决目前出现的问题。我们希望美朝双方通过对话解决分歧。中国将继续为朝鲜半岛的和平与稳定发挥自己的作用。

伊拉克当年出兵占领科威特〔4〕，我们是坚决反对的。对联合国安理会通过的决议，伊拉克应该执行。解决伊拉克问题，还是要坚持发挥联合国的作用。最近，联合国关于伊拉克问题的磋商已有进展，中国将在磋商中发挥建设性作用。中国古代军事学家孙子〔5〕讲过："不战而屈人之兵，善之善者也。"这些年来，伊拉克人民多灾多难，没有过上什么好日子。打起仗来，首先遭难的是伊拉克人民。我对此深感担忧。

注　释

〔1〕"东突"，即"东突厥斯坦"。详见本卷《始终做到"三个代表"是我们党的立党之本、执政之基、力量之源》注〔7〕。

〔2〕见本卷《加紧培养适应新世纪要求的中青年领导干部》注〔5〕。

〔3〕见本卷《加紧培养适应新世纪要求的中青年领导干部》注〔4〕。

〔4〕参见本卷《机械化和信息化是我军建设的双重历史任务》注〔3〕。

〔5〕孙子，即孙武（生卒年不详），春秋齐国人。春秋末期军事学家。本文引语见《孙子·谋攻》。

全面建设小康社会，开创中国特色社会主义事业新局面*

（二〇〇二年十一月八日）

同志们：

现在，我代表第十五届中央委员会向大会作报告。

中国共产党第十六次全国代表大会，是我们党在新世纪召开的第一次代表大会，也是我们党在开始实施社会主义现代化建设第三步战略部署的新形势下召开的一次十分重要的代表大会。

大会的主题是：高举邓小平理论伟大旗帜，全面贯彻“三个代表”重要思想，继往开来，与时俱进，全面建设小康社会，加快推进社会主义现代化，为开创中国特色社会主义事业新局面而奋斗。

当人类社会跨入二十一世纪的时候，我国进入全面建设小康社会、加快推进社会主义现代化的新的发展阶段。国际局势正在发生深刻变化。世界多极化和经济全球化的趋势在曲折中发展，科技进步日新月异，综合国力竞争日趋激烈。形势逼人，不进则退。我们党必须坚定地站在时代潮流的前头，

---

* 这是江泽民同志在中国共产党第十六次全国代表大会上的报告。

团结和带领全国各族人民，实现推进现代化建设、完成祖国统一、维护世界和平与促进共同发展这三大历史任务，在中国特色社会主义道路上实现中华民族的伟大复兴。这是历史和时代赋予我们党的庄严使命。

一、过去五年的工作和十三年的基本经验

十五大以来的五年，是我们高举邓小平理论伟大旗帜不断开拓创新的五年，是我们经受住各种困难和风险的考验、继续沿着中国特色社会主义道路胜利前进的五年。

十五大确立邓小平理论为党的指导思想，提出党在社会主义初级阶段的基本纲领，明确了我国跨世纪发展的奋斗目标和任务。为贯彻十五大精神，中央先后召开七次全会，分别就农业和农村工作、国有企业改革和发展、制定“十五”计划、加强和改进党的作风建设等重大问题，作出决定和部署。五年来，我们走过了很不平凡的历程，在改革发展稳定、内政外交国防、治党治国治军各方面都取得了巨大成就。

国民经济持续快速健康发展。实施扩大内需的方针，适时采取积极的财政政策和稳健的货币政策，克服亚洲金融危机和世界经济波动对我国的不利影响，保持了经济较快增长。经济结构战略性调整取得成效，农业的基础地位继续加强，传统产业得到提升，高新技术产业和现代服务业加速发展。建设了一大批水利、交通、通信、能源和环保等基础设施工程。西部大开发取得重要进展。经济效益进一步提高，财政收入

不断增长。“九五”计划胜利完成，“十五”计划开局良好。

改革开放取得丰硕成果。社会主义市场经济体制初步建立。公有制经济进一步壮大，国有企业改革稳步推进。个体、私营等非公有制经济较快发展。市场体系建设全面展开，宏观调控体系不断完善，政府职能转变步伐加快。财税、金融、流通、住房和政府机构等改革继续深化。开放型经济迅速发展，商品和服务贸易、资本流动规模显著扩大。国家外汇储备大幅度增加。我国加入世贸组织，对外开放进入新阶段。

社会主义民主政治和精神文明建设成效显著。民主法制建设继续推进，政治体制改革迈出新步伐。爱国统一战线发展壮大，民族、宗教和侨务工作取得新进展。社会治安综合治理取得新成效。科技、教育、文化、卫生、体育和计划生育等事业全面进步。宣传舆论工作和思想道德建设不断加强，群众精神文化生活日益丰富。

国防和军队建设迈出新步伐。人民解放军的革命化现代化正规化建设继续加强，国防实力和军队防卫作战能力进一步提高。军队、武警和民兵在保卫和建设祖国中发挥了重要作用。

人民生活总体上达到小康水平。城乡居民收入稳步增长。城乡市场繁荣，商品供应充裕，居民生活质量提高，衣食住用行都有较大改善。社会保障体系建设成效明显。八七扶贫攻坚计划[1]基本完成。

祖国统一大业取得新进展。我国政府恢复对澳门行使主权。坚持贯彻“一国两制”方针，严格执行香港特别行政区基本法和澳门特别行政区基本法，香港和澳门社会经济稳定。

海峡两岸人员往来和经济文化交流不断加强。反对“台独”等各种分裂图谋的斗争深入开展。

对外工作开创新局面。根据国际形势的发展变化，坚持正确的对外方针和政策，广泛开展双边和多边外交，积极参与国际交流和合作，我国的国际地位进一步提高。

党的建设全面加强。全党对邓小平理论的学习不断深入。我们提出并深刻阐述了“三个代表”重要思想。“三讲”集中教育和“三个代表”学习教育活动卓有成效。党的思想、组织、作风建设全面推进，思想政治工作得到加强。干部制度改革迈出新步伐。廉政建设和反腐败斗争深入开展，取得新的明显成效。

实践证明，十五大和十五大以来中央作出的各项重大决策是正确的，符合最广大人民的根本利益。我们取得的成就，是全党和全国各族人民共同奋斗的结果，为今后党和国家事业的发展奠定了更加坚实的基础。

必须清醒地看到，我们工作中还有不少困难和问题。农民和城镇部分居民收入增长缓慢，失业人员增多，有些群众的生活还很困难；收入分配关系尚未理顺；市场经济秩序有待继续整顿和规范；有些地方社会治安状况不好；一些党员领导干部的形式主义、官僚主义作风和弄虚作假、铺张浪费行为相当严重，有些腐败现象仍然突出；党的领导方式和执政方式与新形势新任务的要求还不完全适应，有的党组织软弱涣散。我们必须高度重视存在的问题，继续采取有力措施加以解决。

五年来的成就，是在改革开放特别是一九八九年十三届四中全会以来的实践基础上取得的。这十三年来，国际局势风云变幻，我国改革开放和现代化建设的进程波澜壮阔。二十世纪八十年代末九十年代初，国内发生严重政治风波，东欧剧变、苏联解体，世界社会主义出现严重曲折，我国社会主义事业的发展面临空前巨大的困难和压力。在这个决定党和国家前途命运的重大历史关头，党中央紧紧依靠全党同志和全国各族人民，坚持十一届三中全会以来的路线不动摇，成功地稳住了改革和发展的大局，捍卫了中国特色社会主义伟大事业。邓小平同志南方谈话以后，十四大确立社会主义市场经济体制的改革目标，改革开放和现代化建设进入新的阶段。在社会主义条件下发展市场经济，是前无古人的伟大创举，是中国共产党人对马克思主义发展作出的历史性贡献，体现了我们党坚持理论创新、与时俱进的巨大勇气。由计划经济体制向社会主义市场经济体制的转变，实现了改革开放新的历史性突破，打开了我国经济、政治和文化发展的崭新局面。邓小平同志逝世后，我们高举邓小平理论伟大旗帜，开拓进取，把中国特色社会主义事业全面推向二十一世纪。

十三年来，我们思想统一，目标明确，工作扎实，取得了重大的历史性成就。二〇〇一年，我国国内生产总值达到九万五千九百三十三亿元，比一九八九年增长近两倍，年均增长百分之九点三，经济总量已居世界第六位。人民生活总体上实现了由温饱到小康的历史性跨越。人们公认，这十三年是我国综合国力大幅度跃升、人民得到实惠最多的时期，是我国社会长期保持安定团结、政通人和的时期，是我国国际影响显著扩大、民族凝聚力极大增强的时期。我们党和我国人民作出的艰辛努力和取得的伟大成就举世瞩目，必将载入中华民族伟大复兴的光辉史册。

回首这十三年，我们走过的道路很不平坦，成绩来之不易。我们从容应对一系列关系我国主权和安全的国际突发事件，战胜在政治、经济领域和自然界出现的困难和风险，经受住一次又一次考验，排除各种干扰，保证了改革开放和现代化建设的航船始终沿着正确的方向破浪前进。我们能取得这样的胜利，靠的是党的基本理论、基本路线和基本纲领的正确指引，靠的是党的高度团结统一，靠的是全党和全国各族人民的顽强奋斗。

在这里，我代表中共中央，向全国各族人民，向各民主党派、各人民团体和各界爱国人士，向香港特别行政区同胞、澳门特别行政区同胞和台湾同胞以及广大侨胞，向一切关心和支持中国现代化建设的各国朋友，表示衷心的感谢！

十三年来的实践，加深了我们对什么是社会主义、怎样建设社会主义，建设什么样的党、怎样建设党的认识，积累了十分宝贵的经验。

（一）坚持以邓小平理论为指导，不断推进理论创新。邓小平理论是我们的旗帜，党的基本路线和基本纲领是各项工作的根本指针。无论遇到什么困难和风险，都必须坚持党的基本理论、基本路线和基本纲领不动摇。坚持用马克思列宁主义、毛泽东思想和邓小平理论武装全党、教育人民，不断解放思想、实事求是，与时俱进、开拓创新，尊重群众的首创精神，通过实践来检验和发展党的理论和路线方针政策。

（二）坚持以经济建设为中心，用发展的办法解决前进中的问题。发展是硬道理。必须抓住一切机遇加快发展。发展要有新思路。坚持扩大内需的方针，实施科教兴国和可持续发展战略，实现速度和结构、质量、效益相统一，经济发展和人口、资源、环境相协调。在经济发展的基础上，促进社会全面进步，不断提高人民生活水平，保证人民共享发展成果。

（三）坚持改革开放，不断完善社会主义市场经济体制。改革开放是强国之路。必须坚定不移地推进各方面改革。改革要从实际出发，整体推进，重点突破，循序渐进，注重制度建设和创新。坚持社会主义市场经济的改革方向，使市场在国家宏观调控下对资源配置起基础性作用。坚持“引进来”和“走出去”相结合，积极参与国际经济技术合作和竞争，不断提高对外开放水平。

（四）坚持四项基本原则，发展社会主义民主政治。四项基本原则是立国之本。坚持中国共产党的领导，巩固和完善人民民主专政的国体和人民代表大会制度的政体，坚持和完善共产党领导的多党合作和政治协商制度以及民族区域自治制度。推进政治体制改革，发展民主，健全法制，依法治国，建设社会主义法治国家，保证人民行使当家作主的权利。

（五）坚持物质文明和精神文明两手抓，实行依法治国和以德治国相结合。社会主义精神文明是中国特色社会主义的重要特征。必须立足中国现实，继承民族文化优秀传统，吸取外国文化有益成果，建设社会主义精神文明，不断提高全民族的思想道德素质和科学文化素质，为现代化建设提供强大的精神动力和智力支持。

（六）坚持稳定压倒一切的方针，正确处理改革发展稳定的关系。稳定是改革和发展的前提。要把改革的力度、发展的速度和社会可承受的程度统一起来，把不断改善人民生活作为处理改革发展稳定关系的重要结合点，在社会稳定中推进改革发展，通过改革发展促进社会稳定。

（七）坚持党对军队的绝对领导，走中国特色的精兵之路。人民军队是人民民主专政的坚强柱石。按照政治合格、军事过硬、作风优良、纪律严明、保障有力的总要求，着眼于打得赢、不变质，注重科技强军，全面推进革命化现代化正规化建设，确保军队永远忠于党，忠于社会主义，忠于祖国，忠于人民。

（八）坚持团结一切可以团结的力量，不断增强中华民族的凝聚力。高举爱国主义、社会主义的旗帜，加强全国各族人民的大团结，巩固和发展最广泛的爱国统一战线。加强同民主党派和无党派人士的团结，做好民族工作、宗教工作和侨务工作，坚持"一国两制"方针，调动一切积极因素，为完成祖国统一大业和实现中华民族的伟大复兴而共同奋斗。

（九）坚持独立自主的和平外交政策，维护世界和平与促进共同发展。始终把国家的主权和安全放在第一位。在和平共处五项原则的基础上，同各国发展友好合作关系，反对霸权主义和强权政治，推动建立公正合理的国际政治经济新秩序。按照冷静观察、沉着应对的方针和相互尊重、求同存异的精神处理国际事务，尊重世界多样性，促进国际关系民主化，争取和平的国际环境和良好的周边环境。

（十）坚持加强和改善党的领导，全面推进党的建设新的伟大工程。治国必先治党，治党务必从严。坚持党的性质和宗旨，以改革的精神加强和改进党的建设，不断提高党的领导水平和执政水平，提高拒腐防变和抵御风险的能力，坚持不懈地开展反腐败斗争，保持党同人民群众的血肉联系，保持党的先进性、纯洁性和团结统一。

以上十条，是党领导人民建设中国特色社会主义必须坚持的基本经验。这些经验，联系党成立以来的历史经验，归结起来就是，我们党必须始终代表中国先进生产力的发展要求，代表中国先进文化的前进方向，代表中国最广大人民的根本利益。这是坚持和发展社会主义的必然要求，是我们党艰辛探索和伟大实践的必然结论。

二、全面贯彻“三个代表”重要思想

开创中国特色社会主义事业新局面，必须高举邓小平理论伟大旗帜，坚持贯彻“三个代表”重要思想。“三个代表”重要思想是对马克思列宁主义、毛泽东思想和邓小平理论的继承和发展，反映了当代世界和中国的发展变化对党和国家工作的新要求，是加强和改进党的建设、推进我国社会主义自我完善和发展的强大理论武器，是全党集体智慧的结晶，是党必须长期坚持的指导思想。始终做到“三个代表”，是我们党的立党之本、执政之基、力量之源。

“三个代表”重要思想，是在科学判断党的历史方位的基础上提出来的。我们党历经革命、建设和改革，已经从领导人民为夺取全国政权而奋斗的党，成为领导人民掌握全国政权并长期执政的党；已经从受到外部封锁和实行计划经济条件下领导国家建设的党，成为对外开放和发展社会主义市场经济条件下领导国家建设的党。我们必须从中国和世界的历史、现状和未来着眼，准确把握时代特点和党的任务，科学制定并正确执行党的路线方针政策，认真研究和解决推动中国社会进步和加强党的建设的问题，做到既不割断历史、又不迷失方向，既不落后于时代、又不超越阶段，使我们的事业不断从胜利走向胜利。

贯彻“三个代表”重要思想，关键在坚持与时俱进，核心在坚持党的先进性，本质在坚持执政为民。全党同志要牢牢把握这个根本要求，不断增强贯彻“三个代表”重要思想的自觉性和坚定性。

（一）贯彻“三个代表”重要思想，必须使全党始终保持与时俱进的精神状态，不断开拓马克思主义理论发展的新境界。坚持党的思想路线，解放思想、实事求是、与时俱进，是我们党坚持先进性和增强创造力的决定性因素。与时俱进，就是党的全部理论和工作要体现时代性，把握规律性，富于创造性。能否始终做到这一点，决定着党和国家的前途命运。

创新是一个民族进步的灵魂，是一个国家兴旺发达的不竭动力，也是一个政党永葆生机的源泉。世界在变化，我国改革开放和现代化建设在前进，人民群众的伟大实践在发展，迫切要求我们党以马克思主义的理论勇气，总结实践的新经验，借鉴当代人类文明的有益成果，在理论上不断扩展新视野，作出新概括。只有这样，党的思想理论才能引导和鼓舞全党和全国人民把中国特色社会主义事业不断推向前进。实践基础上的理论创新是社会发展和变革的先导。通过理论创新推动制度创新、科技创新、文化创新以及其他各方面的创新，不断在实践中探索前进，永不自满，永不懈怠，这是我们要长期坚持的治党治国之道。

创新就要不断解放思想、实事求是、与时俱进。实践没有止境，创新也没有止境。我们要突破前人，后人也必然会突破我们。这是社会前进的必然规律。我们一定要适应实践的发展，以实践来检验一切，自觉地把思想认识从那些不合时宜的观念、做法和体制的束缚中解放出来，从对马克思主义的错误的和教条式的理解中解放出来，从主观主义和形而上学的桎梏中解放出来。要坚持马克思主义基本原理，又要谱写新的理论篇章，要发扬革命传统，又要创造新鲜经验。善于在解放思想中统一思想，用发展着的马克思主义指导新的实践。

（二）贯彻“三个代表”重要思想，必须把发展作为党执政兴国的第一要务，不断开创现代化建设的新局面。马克思主义执政党必须高度重视解放和发展生产力。离开发展，坚持党的先进性、发挥社会主义制度的优越性和实现民富国强都无从谈起。党的先进性是具体的、历史的，必须放到推动当代中国先进生产力和先进文化的发展中去考察，放到维护和实现最广大人民根本利益的奋斗中去考察，归根到底要看党在推动历史前进中的作用。

我们党在中国这样一个经济文化落后的发展中大国领导人民进行现代化建设，能不能解决好发展问题，直接关系人心向背、事业兴衰。党要承担起推动中国社会进步的历史责任，必须始终紧紧抓住发展这个执政兴国的第一要务，把坚持党的先进性和发挥社会主义制度的优越性，落实到发展先进生产力、发展先进文化、实现最广大人民的根本利益上来，推动社会全面进步，促进人的全面发展。紧紧把握住这一点，就从根本上把握了人民的愿望，把握了社会主义现代化建设的本质，就能使“三个代表”重要思想不断落实，使党的执政地位不断巩固，使强国富民的要求不断得到实现。

发展必须坚持以经济建设为中心，立足中国现实，顺应时代潮流，不断开拓促进先进生产力和先进文化发展的新途径。发展必须坚持和深化改革。一切妨碍发展的思想观念都要坚决冲破，一切束缚发展的做法和规定都要坚决改变，一切影响发展的体制弊端都要坚决革除。发展必须相信和依靠人民，人民是推动历史前进的动力。要集中全国人民的智慧和力量，聚精会神搞建设，一心一意谋发展。

（三）贯彻“三个代表”重要思想，必须最广泛最充分地调动一切积极因素，不断为中华民族的伟大复兴增添新力量。最大多数人的利益和全社会全民族的积极性创造性，对党和国家事业的发展始终是最具有决定性的因素。在我国社会深刻变革、党和国家事业快速发展的进程中，妥善处理各方面的利益关系，把一切积极因素充分调动和凝聚起来，至关紧要。

随着改革开放的深入和经济文化的发展，我国工人阶级队伍不断壮大，素质不断提高。包括知识分子在内的工人阶级，广大农民，始终是推动我国先进生产力发展和社会全面进步的根本力量。在社会变革中出现的民营科技企业的创业人员和技术人员、受聘于外资企业的管理技术人员、个体户、私营企业主、中介组织的从业人员、自由职业人员等社会阶层，都是中国特色社会主义事业的建设者。对为祖国富强贡献力量的社会各阶层人们都要团结，对他们的创业精神都要鼓励，对他们的合法权益都要保护，对他们中的优秀分子都要表彰，努力形成全体人民各尽其能、各得其所而又和谐相处的局面。

必须尊重劳动、尊重知识、尊重人才、尊重创造，这要作为党和国家的一项重大方针在全社会认真贯彻。要尊重和保护一切有益于人民和社会的劳动。不论是体力劳动还是脑力劳动，不论是简单劳动还是复杂劳动，一切为我国社会主义现代化建设作出贡献的劳动，都是光荣的，都应该得到承认和尊重。海内外各类投资者在我国建设中的创业活动都应该受到鼓励。一切合法的劳动收入和合法的非劳动收入，都应该得到保护。不能简单地把有没有财产、有多少财产当作判断人们政治上先进和落后的标准，而主要应该看他们的思想政治状况和现实表现，看他们的财产是怎么得来的以及对财产怎么支配和使用，看他们以自己的劳动对中国特色社会主义事业所作的贡献。要形成与社会主义初级阶段基本经济制度相适应的思想观念和创业机制，营造鼓励人们干事业、支持人们干成事业的社会氛围，放手让一切劳动、知识、技术、管理和资本的活力竞相迸发，让一切创造社会财富的源泉充分涌流，以造福于人民。

在建设中国特色社会主义的进程中，全国人民的根本利益是一致的，各种具体的利益关系和内部矛盾可以在这个基础上进行调节。制定和贯彻党的方针政策，基本着眼点是要代表最广大人民的根本利益，正确反映和兼顾不同方面群众的利益，使全体人民朝着共同富裕的方向稳步前进。我们要保护发达地区、优势产业和通过辛勤劳动与合法经营先富起来人们的发展活力，鼓励他们积极创造社会财富，更要高度重视和关心欠发达地区以及比较困难的行业和群众，特别要使困难群众的基本生活得到保障，并积极帮助他们解决就业问题和改善生活条件，使他们切实感受到社会主义社会的温暖。

（四）贯彻“三个代表”重要思想，必须以改革的精神推进党的建设，不断为党的肌体注入新活力。高度重视和不断加强自身建设，是我们党从小到大、由弱到强，从挫折中奋起、在战胜困难中不断成熟的一大法宝。总结党八十多年来的历史经验，最根本的一条，就是党的建设必须按照党的政治路线来进行，围绕党的中心任务来展开，朝着党的建设总目标来加强，不断提高党的创造力、凝聚力和战斗力。

坚持用时代发展的要求审视自己，以改革的精神加强和完善自己，这是我们党始终保持马克思主义政党本色、永不脱离群众和具有蓬勃活力的根本保证。必须既善于总结成功的经验，又善于记取失误的教训；既善于通过提出和贯彻正确的理论路线带领群众前进，又善于从群众的实践创造和发展要求中获得前进动力；既善于认识和改造客观世界，又善于组织引导干部和党员在实践中加强主观世界的改造。要按照这样的要求，实现坚持马克思主义基本原理和推进理论创新相统一，坚持党的优良传统和弘扬时代精神相统一，坚持增强党的阶级基础和扩大党的群众基础相统一，使党成为思想上政治上组织上完全巩固、始终站在时代前列带领人民团结奋进的坚强领导核心。

总之，“三个代表”重要思想是发展的、前进的。全党必须在思想上不断有新解放，理论上不断有新发展，实践上不断有新创造，把“三个代表”重要思想贯彻到社会主义现代化建设的各个领域，体现在党的建设的各个方面，使我们党始终与时代发展同步伐，与人民群众共命运。

三、全面建设小康社会的奋斗目标

经过全党和全国各族人民的共同努力，我们胜利实现了现代化建设“三步走”战略的第一步、第二步目标，人民生活总体上达到小康水平。这是社会主义制度的伟大胜利，是中华民族发展史上一个新的里程碑。

必须看到，我国正处于并将长期处于社会主义初级阶段，现在达到的小康还是低水平的、不全面的、发展很不平衡的小康，人民日益增长的物质文化需要同落后的社会生产之间的矛盾仍然是我国社会的主要矛盾。我国生产力和科技、教育还比较落后，实现工业化和现代化还有很长的路要走；城乡二元经济结构还没有改变，地区差距扩大的趋势尚未扭转，贫困人口还为数不少；人口总量继续增加，老龄人口比重上升，就业和社会保障压力增大；生态环境、自然资源和经济社会发展的矛盾日益突出；我们仍然面临发达国家在经济科技等方面占优势的压力；经济体制和其他方面的管理体制还不完善；民主法制建设和思想道德建设等方面还存在一些不容忽视的问题。巩固和提高目前达到的小康水平，还需要进行长时期的艰苦奋斗。

综观全局，二十一世纪头二十年，对我国来说，是一个必须紧紧抓住并且可以大有作为的重要战略机遇期。根据十五大提出的到二〇一〇年、建党一百年和新中国成立一百年的发展目标,我们要在本世纪头二十年,集中力量,全面建设惠及十几亿人口的更高水平的小康社会,使经济更加发展、民主更加健全、科教更加进步、文化更加繁荣、社会更加和谐、人民生活更加殷实。这是实现现代化建设第三步战略目标必经的承上启下的发展阶段,也是完善社会主义市场经济体制和扩大对外开放的关键阶段。经过这个阶段的建设,再继续奋斗几十年,到本世纪中叶基本实现现代化,把我国建成富强民主文明的社会主义国家。

全面建设小康社会的目标是:

——在优化结构和提高效益的基础上,国内生产总值到二〇二〇年力争比二〇〇〇年翻两番,综合国力和国际竞争力明显增强。基本实现工业化,建成完善的社会主义市场经济体制和更具活力、更加开放的经济体系。城镇人口的比重较大幅度提高,工农差别、城乡差别和地区差别扩大的趋势逐步扭转。社会保障体系比较健全,社会就业比较充分,家庭财产普遍增加,人民过上更加富足的生活。

——社会主义民主更加完善,社会主义法制更加完备,依法治国基本方略得到全面落实,人民的政治、经济和文化权益得到切实尊重和保障。基层民主更加健全,社会秩序良好,人民安居乐业。

——全民族的思想道德素质、科学文化素质和健康素质明显提高,形成比较完善的现代国民教育体系、科技和文化创新体系、全民健身和医疗卫生体系。人民享有接受良好教育的机会,基本普及高中阶段教育,消除文盲。形成全民学习、终身学习的学习型社会,促进人的全面发展。

——可持续发展能力不断增强，生态环境得到改善，资源利用效率显著提高，促进人与自然的和谐，推动整个社会走上生产发展、生活富裕、生态良好的文明发展道路。

这次大会确立的全面建设小康社会的目标，是中国特色社会主义经济、政治、文化全面发展的目标，是与加快推进现代化相统一的目标，符合我国国情和现代化建设的实际，符合人民的愿望，意义十分重大。为完成党在新世纪新阶段的这个奋斗目标，发展要有新思路，改革要有新突破，开放要有新局面，各项工作要有新举措。各地各部门都要从实际出发，采取切实有效的措施，努力实现这个目标。有条件的地方可以发展得更快一些，在全面建设小康社会的基础上，率先基本实现现代化。可以肯定，实现了全面建设小康社会的目标，我们的祖国必将更加繁荣富强，人民的生活必将更加幸福美好，中国特色社会主义必将进一步显示出巨大的优越性。

四、经济建设和经济体制改革

全面建设小康社会，最根本的是坚持以经济建设为中心，不断解放和发展社会生产力。根据世界经济科技发展新趋势和我国经济发展新阶段的要求，本世纪头二十年经济建设和改革的主要任务是，完善社会主义市场经济体制，推动经济结构战略性调整，基本实现工业化，大力推进信息化，加快建设现代化，保持国民经济持续快速健康发展，不断提高人民生活水平。前十年要全面完成“十五”计划和二〇一〇年的奋斗目标，使经济总量、综合国力和人民生活水平再上一个大台阶，为后十年的更大发展打好基础。

（一）走新型工业化道路，大力实施科教兴国战略和可持续发展战略。实现工业化仍然是我国现代化进程中艰巨的历史性任务。信息化是我国加快实现工业化和现代化的必然选择。坚持以信息化带动工业化，以工业化促进信息化，走出一条科技含量高、经济效益好、资源消耗低、环境污染少、人力资源优势得到充分发挥的新型工业化路子。

推进产业结构优化升级，形成以高新技术产业为先导、基础产业和制造业为支撑、服务业全面发展的产业格局。优先发展信息产业，在经济和社会领域广泛应用信息技术。积极发展对经济增长有突破性重大带动作用的高新技术产业。用高新技术和先进适用技术改造传统产业，大力振兴装备制造业。继续加强基础设施建设。加快发展现代服务业，提高第三产业在国民经济中的比重。正确处理发展高新技术产业和传统产业、资金技术密集型产业和劳动密集型产业、虚拟经济和实体经济的关系。

走新型工业化道路，必须发挥科学技术作为第一生产力的重要作用，注重依靠科技进步和提高劳动者素质，改善经济增长质量和效益。加强基础研究和高技术研究，推进关键技术创新和系统集成，实现技术跨越式发展。鼓励科技创新，在关键领域和若干科技发展前沿掌握核心技术和拥有一批自主知识产权。深化科技和教育体制改革，加强科技教育同经济的结合，完善科技服务体系，加速科技成果向现实生产力转化。推进国家创新体系建设。发挥风险投资的作用，形成促进科技创新和创业的资本运作和人才汇集机制。完善知识产权保护制度。必须把可持续发展放在十分突出的地位，坚持计划生育、保护环境和保护资源的基本国策。稳定低生育水平。合理开发和节约使用各种自然资源。抓紧解决部分地区水资源短缺问题，兴建南水北调工程。实施海洋开发，搞好国土资源综合整治。树立全民环保意识，搞好生态保护和建设。

（二）全面繁荣农村经济，加快城镇化进程。统筹城乡经济社会发展，建设现代农业，发展农村经济，增加农民收入，是全面建设小康社会的重大任务。加强农业基础地位，推进农业和农村经济结构调整，保护和提高粮食综合生产能力，健全农产品质量安全体系，增强农业的市场竞争力。积极推进农业产业化经营，提高农民进入市场的组织化程度和农业综合效益。发展农产品加工业，壮大县域经济。开拓农村市场，搞活农产品流通，健全农产品市场体系。

农村富余劳动力向非农产业和城镇转移，是工业化和现代化的必然趋势。要逐步提高城镇化水平，坚持大中小城市和小城镇协调发展，走中国特色的城镇化道路。发展小城镇要以现有的县城和有条件的建制镇为基础，科学规划，合理布局，同发展乡镇企业和农村服务业结合起来。消除不利于城镇化发展的体制和政策障碍，引导农村劳动力合理有序流动。

坚持党在农村的基本政策，长期稳定并不断完善以家庭承包经营为基础、统分结合的双层经营体制。有条件的地方可按照依法、自愿、有偿的原则进行土地承包经营权流转，逐步发展规模经营。尊重农户的市场主体地位，推动农村经营体制创新。增强集体经济实力。建立健全农业社会化服务体系。加大对农业的投入和支持，加快农业科技进步和农村基础设施建设。改善农村金融服务。继续推进农村税费改革,减轻农民负担,保护农民利益。

(三)积极推进西部大开发,促进区域经济协调发展。实施西部大开发战略,关系全国发展的大局,关系民族团结和边疆稳定。要打好基础,扎实推进,重点抓好基础设施和生态环境建设,争取十年内取得突破性进展。积极发展有特色的优势产业,推进重点地带开发。发展科技教育,培养和用好各类人才。国家要在投资项目、税收政策和财政转移支付等方面加大对西部地区〔2〕的支持,逐步建立长期稳定的西部开发资金渠道。着力改善投资环境,引导外资和国内资本参与西部开发。西部地区要进一步解放思想,增强自我发展能力,在改革开放中走出一条加快发展的新路。

中部地区要加大结构调整力度,推进农业产业化,改造传统产业,培育新的经济增长点,加快工业化和城镇化进程。东部地区要加快产业结构升级,发展现代农业,发展高新技术产业和高附加值加工制造业,进一步发展外向型经济。鼓励经济特区和上海浦东新区在制度创新和扩大开放等方面走在前列。支持东北地区等老工业基地加快调整和改造,支持以资源开采为主的城市和地区发展接续产业,支持革命老区和少数民族地区加快发展,国家要加大对粮食主产区的扶持。加强东、中、西部经济交流和合作,实现优势互补和共同发展,形成若干各具特色的经济区和经济带。

(四)坚持和完善基本经济制度,深化国有资产管理体制改革。根据解放和发展生产力的要求,坚持和完善公有制为主体、多种所有制经济共同发展的基本经济制度。第一,必须毫不动摇地巩固和发展公有制经济。发展壮大国有经济，国有经济控制国民经济命脉，对于发挥社会主义制度的优越性，增强我国的经济实力、国防实力和民族凝聚力，具有关键性作用。集体经济是公有制经济的重要组成部分，对实现共同富裕具有重要作用。第二，必须毫不动摇地鼓励、支持和引导非公有制经济发展。个体、私营等各种形式的非公有制经济是社会主义市场经济的重要组成部分，对充分调动社会各方面的积极性、加快生产力发展具有重要作用。第三，坚持公有制为主体，促进非公有制经济发展，统一于社会主义现代化建设的进程中，不能把这两者对立起来。各种所有制经济完全可以在市场竞争中发挥各自优势，相互促进，共同发展。

继续调整国有经济的布局和结构，改革国有资产管理体制，是深化经济体制改革的重大任务。在坚持国家所有的前提下，充分发挥中央和地方两个积极性。国家要制定法律法规，建立中央政府和地方政府分别代表国家履行出资人职责，享有所有者权益，权利、义务和责任相统一，管资产和管人、管事相结合的国有资产管理体制。关系国民经济命脉和国家安全的大型国有企业、基础设施和重要自然资源等，由中央政府代表国家履行出资人职责。其他国有资产由地方政府代表国家履行出资人职责。中央政府和省、市(地)两级地方政府设立国有资产管理机构。继续探索有效的国有资产经营体制和方式。各级政府要严格执行国有资产管理法律法规，坚持政企分开，实行所有权和经营权分离，使企业自主经营、自负盈亏，实现国有资产保值增值。

国有企业是我国国民经济的支柱。要深化国有企业改革,进一步探索公有制特别是国有制的多种有效实现形式,大力推进企业的体制、技术和管理创新。除极少数必须由国家独资经营的企业外,积极推行股份制,发展混合所有制经济。实行投资主体多元化,重要的企业由国家控股。按照现代企业制度的要求,国有大中型企业继续实行规范的公司制改革,完善法人治理结构。推进垄断行业改革,积极引入竞争机制。通过市场和政策引导,发展具有国际竞争力的大公司大企业集团。进一步放开搞活国有中小企业。深化集体企业改革,继续支持和帮助多种形式的集体经济的发展。

充分发挥个体、私营等非公有制经济在促进经济增长、扩大就业和活跃市场等方面的重要作用。放宽国内民间资本的市场准入领域,在投融资、税收、土地使用和对外贸易等方面采取措施,实现公平竞争。依法加强监督和管理,促进非公有制经济健康发展。完善保护私人财产的法律制度。

(五)健全现代市场体系,加强和完善宏观调控。在更大程度上发挥市场在资源配置中的基础性作用,健全统一、开放、竞争、有序的现代市场体系。推进资本市场的改革开放和稳定发展。发展产权、土地、劳动力和技术等市场。创造各类市场主体平等使用生产要素的环境。深化流通体制改革,发展现代流通方式。整顿和规范市场经济秩序,健全现代市场经济的社会信用体系,打破行业垄断和地区封锁,促进商品和生产要素在全国市场自由流动。

完善政府的经济调节、市场监管、社会管理和公共服务的职能,减少和规范行政审批。要把促进经济增长,增加就业,稳定物价，保持国际收支平衡作为宏观调控的主要目标。扩大内需是我国经济发展长期的、基本的立足点。坚持扩大国内需求的方针，根据形势需要实施相应的宏观经济政策。调整投资和消费关系，逐步提高消费在国内生产总值中的比重。完善国家计划和财政政策、货币政策等相互配合的宏观调控体系，发挥经济杠杆的调节作用。深化财政、税收、金融和投融资体制改革。完善预算决策和管理制度，加强对财政收支的监督，强化税收征管。稳步推进利率市场化改革，优化金融资源配置，加强金融监管，防范和化解金融风险，使金融更好地为经济社会发展服务。

（六）深化分配制度改革，健全社会保障体系。理顺分配关系，事关广大群众的切身利益和积极性的发挥。调整和规范国家、企业和个人的分配关系。确立劳动、资本、技术和管理等生产要素按贡献参与分配的原则，完善按劳分配为主体、多种分配方式并存的分配制度。坚持效率优先、兼顾公平，既要提倡奉献精神，又要落实分配政策，既要反对平均主义，又要防止收入悬殊。初次分配注重效率，发挥市场的作用，鼓励一部分人通过诚实劳动、合法经营先富起来。再分配注重公平，加强政府对收入分配的调节职能，调节差距过大的收入。规范分配秩序，合理调节少数垄断性行业的过高收入，取缔非法收入。以共同富裕为目标，扩大中等收入者比重，提高低收入者收入水平。

建立健全同经济发展水平相适应的社会保障体系，是社会稳定和国家长治久安的重要保证。坚持社会统筹和个人账户相结合，完善城镇职工基本养老保险制度和基本医疗保险制度。健全失业保险制度和城市居民最低生活保障制度。多渠道筹集和积累社会保障基金。各地要根据实际情况合理确定社会保障的标准和水平。发展城乡社会救济和社会福利事业。有条件的地方，探索建立农村养老、医疗保险和最低生活保障制度。

（七）坚持“引进来”和“走出去”相结合，全面提高对外开放水平。适应经济全球化和加入世贸组织的新形势，在更大范围、更广领域和更高层次上参与国际经济技术合作和竞争，充分利用国际国内两个市场，优化资源配置，拓宽发展空间，以开放促改革促发展。

进一步扩大商品和服务贸易。实施市场多元化战略，发挥我国的比较优势，巩固传统市场，开拓新兴市场，努力扩大出口。坚持以质取胜，提高出口商品和服务的竞争力。优化进口结构，着重引进先进技术和关键设备。深化外经贸体制改革，推进外贸主体多元化，完善有关税收制度和贸易融资机制。

进一步吸引外商直接投资，提高利用外资的质量和水平。逐步推进服务领域开放。通过多种方式利用中长期国外投资，把利用外资与国内经济结构调整、国有企业改组改造结合起来，鼓励跨国公司投资农业、制造业和高新技术产业。大力引进海外各类专业人才和智力。改善投资环境，对外商投资实行国民待遇，提高法规和政策透明度。实施“走出去”战略是对外开放新阶段的重大举措。鼓励和支持有比较优势的各种所有制企业对外投资，带动商品和劳务出口，形成一批有实力的跨国企业和著名品牌。积极参与区域经济交流和合作。

在扩大对外开放中，要十分注意维护国家经济安全。

（八）千方百计扩大就业，不断改善人民生活。就业是民生之本。扩大就业是我国当前和今后长时期重大而艰巨的任务。国家实行促进就业的长期战略和政策。各级党委和政府必须把改善创业环境和增加就业岗位作为重要职责。广开就业门路，积极发展劳动密集型产业。对提供新就业岗位和吸纳下岗失业人员再就业的企业给予政策支持。引导全社会转变就业观念，推行灵活多样的就业形式，鼓励自谋职业和自主创业。完善就业培训和服务体系，提高劳动者就业技能。依法加强劳动用工管理，保障劳动者的合法权益。高度重视安全生产，保护国家财产和人民生命的安全。

发展经济的根本目的是提高全国人民的生活水平和质量。要随着经济发展不断增加城乡居民收入，拓宽消费领域，优化消费结构，满足人们多样化的物质文化需求。加强公共服务设施建设，改善生活环境，发展社区服务，方便群众生活。建立适应新形势要求的卫生服务体系和医疗保健体系，着力改善农村医疗卫生状况，提高城乡居民的医疗保健水平。发展残疾人事业。继续大力推进扶贫开发，巩固扶贫成果，尽快使尚未脱贫的农村人口解决温饱问题，并逐步过上小康生活。

胜利完成经济建设和经济体制改革的各项任务，对加快推进社会主义现代化具有决定性意义。只要全党和全国各族人民同心同德，艰苦奋斗，我们就一定能够建立完善的社会主义市场经济体制，在新世纪新阶段继续保持国民经济持续快速健康发展。

五、政治建设和政治体制改革

发展社会主义民主政治，建设社会主义政治文明，是全面建设小康社会的重要目标。必须在坚持四项基本原则的前提下，继续积极稳妥地推进政治体制改革，扩大社会主义民主，健全社会主义法制，建设社会主义法治国家，巩固和发展民主团结、生动活泼、安定和谐的政治局面。

我们党历来以实现和发展人民民主为己任。改革开放以来，我们坚定不移地推进政治体制改革，有力地促进了社会主义民主政治建设。发展社会主义民主政治，最根本的是要把坚持党的领导、人民当家作主和依法治国有机统一起来。党的领导是人民当家作主和依法治国的根本保证，人民当家作主是社会主义民主政治的本质要求，依法治国是党领导人民治理国家的基本方略。中国共产党是中国特色社会主义事业的领导核心。共产党执政就是领导和支持人民当家作主，最广泛地动员和组织人民群众依法管理国家和社会事务，管理经济和文化事业，维护和实现人民群众的根本利益。宪法和法律是党的主张和人民意志相统一的体现。必须严格依法办事，任何组织和个人都不允许有超越宪法和法律的特权。

政治体制改革是社会主义政治制度的自我完善和发展。推进政治体制改革要有利于增强党和国家的活力，发挥社会主义制度的特点和优势，充分调动人民群众的积极性创造性，维护国家统一、民族团结和社会稳定，促进经济发展和社会全面进步。要坚持从我国国情出发，总结自己的实践经验，同时借鉴人类政治文明的有益成果，绝不照搬西方政治制度的模式。要着重加强制度建设，实现社会主义民主政治的制度化、规范化和程序化。

（一）坚持和完善社会主义民主制度。健全民主制度，丰富民主形式，扩大公民有序的政治参与，保证人民依法实行民主选举、民主决策、民主管理和民主监督，享有广泛的权利和自由，尊重和保障人权。坚持和完善人民代表大会制度，保证人民代表大会及其常委会依法履行职能，保证立法和决策更好地体现人民的意志。优化人大常委会组成人员的结构。坚持和完善共产党领导的多党合作和政治协商制度。坚持“长期共存、互相监督、肝胆相照、荣辱与共”的方针，加强同民主党派合作共事，更好地发挥我国社会主义政党制度的特点和优势。保证人民政协发挥政治协商、民主监督和参政议政的作用。巩固和发展最广泛的爱国统一战线。全面贯彻党的民族政策，坚持和完善民族区域自治制度，巩固和发展平等团结互助的社会主义民族关系，促进各民族共同繁荣进步。全面贯彻党的宗教信仰自由政策，依法管理宗教事务，积极引导宗教与社会主义社会相适应，坚持独立自主自办的原则。认真贯彻党的侨务政策。

扩大基层民主，是发展社会主义民主的基础性工作。健全基层自治组织和民主管理制度，完善公开办事制度，保证人民群众依法直接行使民主权利，管理基层公共事务和公益事业，对干部实行民主监督。完善村民自治，健全村党组织领导的充满活力的村民自治机制。完善城市居民自治，建设管理有序、文明祥和的新型社区。坚持和完善职工代表大会和其他形式的企事业民主管理制度，保障职工的合法权益。

（二）加强社会主义法制建设。坚持有法可依、有法必依、执法必严、违法必究。适应社会主义市场经济发展、社会全面进步和加入世贸组织的新形势，加强立法工作，提高立法质量，到二〇一〇年形成中国特色社会主义法律体系。坚持法律面前人人平等。加强对执法活动的监督，推进依法行政，维护司法公正，提高执法水平，确保法律的严格实施。维护法制的统一和尊严，防止和克服地方和部门的保护主义。拓展和规范法律服务，积极开展法律援助。加强法制宣传教育，提高全民法律素质，尤其要增强公职人员的法制观念和依法办事能力。党员和干部特别是领导干部要成为遵守宪法和法律的模范。

（三）改革和完善党的领导方式和执政方式。这对于推进社会主义民主政治建设，具有全局性作用。党的领导主要是政治、思想和组织领导，通过制定大政方针，提出立法建议，推荐重要干部，进行思想宣传，发挥党组织和党员的作用，坚持依法执政，实施党对国家和社会的领导。党委在同级各种组织中发挥领导核心作用，集中精力抓好大事，支持各方独立负责、步调一致地开展工作。进一步改革和完善党的工作机构和工作机制。按照党总揽全局、协调各方的原则，规范党委与人大、政府、政协以及人民团体的关系，支持人大依法履行国家权力机关的职能，经过法定程序，使党的主张成为国家意志，使党组织推荐的人选成为国家政权机关的领导人员，并对他们进行监督；支持政府履行法定职能，依法行政；支持政协围绕团结和民主两大主题履行职能。加强对工会、共青团和妇联等人民团体的领导，支持他们依照法律和各自章程开展工作，更好地成为党联系广大人民群众的桥梁和纽带。

（四）改革和完善决策机制。正确决策是各项工作成功的重要前提。要完善深入了解民情、充分反映民意、广泛集中民智、切实珍惜民力的决策机制，推进决策科学化民主化。各级决策机关都要完善重大决策的规则和程序，建立社情民意反映制度，建立与群众利益密切相关的重大事项社会公示制度和社会听证制度，完善专家咨询制度，实行决策的论证制和责任制，防止决策的随意性。

（五）深化行政管理体制改革。进一步转变政府职能，改进管理方式，推行电子政务，提高行政效率，降低行政成本，形成行为规范、运转协调、公正透明、廉洁高效的行政管理体制。依法规范中央和地方的职能和权限，正确处理中央垂直管理部门和地方政府的关系。按照精简、统一、效能的原则和决策、执行、监督相协调的要求，继续推进政府机构改革，科学规范部门职能，合理设置机构，优化人员结构，实现机构和编制的法定化，切实解决层次过多、职能交叉、人员臃肿、权责脱节和多重多头执法等问题。按照政事分开原则，改革事业单位管理体制。

（六）推进司法体制改革。社会主义司法制度必须保障在全社会实现公平和正义。按照公正司法和严格执法的要求，完善司法机关的机构设置、职权划分和管理制度，进一步健全权责明确、相互配合、相互制约、高效运行的司法体制。从制度上保证审判机关和检察机关依法独立公正地行使审判权和检察权。完善诉讼程序，保障公民和法人的合法权益。切实解决执行难问题。改革司法机关的工作机制和人财物管理体制，逐步实现司法审判和检察同司法行政事务相分离。加强对司法工作的监督，惩治司法领域中的腐败。建设一支政治坚定、业务精通、作风优良、执法公正的司法队伍。

（七）深化干部人事制度改革。努力形成广纳群贤、人尽其才、能上能下、充满活力的用人机制，把优秀人才集聚到党和国家的各项事业中来。以建立健全选拔任用和管理监督机制为重点，以科学化、民主化和制度化为目标，改革和完善干部人事制度，健全公务员制度。扩大党员和群众对干部选拔任用的知情权、参与权、选择权和监督权。实行党政领导干部职务任期制、辞职制和用人失察失误责任追究制。完善干部职务和职级相结合的制度，建立干部激励和保障机制。探索和完善党政机关、事业单位和企业的干部人事分类管理制度。改革和完善干部双重管理体制。打破选人用人中论资排辈的观念和做法，促进人才合理流动，积极营造各方面优秀人才脱颖而出的良好环境。

（八）加强对权力的制约和监督。建立结构合理、配置科学、程序严密、制约有效的权力运行机制，从决策和执行等环节加强对权力的监督，保证把人民赋予的权力真正用来为人民谋利益。重点加强对领导干部特别是主要领导干部的监督，加强对人财物管理和使用的监督。强化领导班子内部监督，完善重大事项和重要干部任免的决定程序。改革和完善党的纪律检查体制，建立和完善巡视制度。发挥司法机关和行政监察、审计等职能部门的作用。实行多种形式的领导干部述职述廉制度，健全重大事项报告制度、质询制度和民主评议制度。认真推行政务公开制度。加强组织监督和民主监督，发挥舆论监督的作用。

（九）维护社会稳定。完成改革和发展的繁重任务，必须保持长期和谐稳定的社会环境。各级党委和政府要满腔热情地解决人民群众工作和生活中的实际问题。要深入调查研究，区别不同情况，加强思想政治工作，正确运用经济、行政和法律等手段，妥善处理人民内部矛盾特别是涉及群众切身利益的矛盾，保持安定团结的局面。加强政法工作，依法严厉打击各种犯罪活动，防范和惩治邪教组织的犯罪活动，坚决扫除社会丑恶现象，切实保障人民群众生命财产安全。坚持打防结合、预防为主，落实社会治安综合治理的各项措施，改进社会管理，保持良好的社会秩序。加强国家安全工作，警惕国际国内敌对势力的渗透、颠覆和分裂活动。

社会主义民主政治具有强大的生命力和优越性。中国共产党和中国人民对自己选择的政治发展道路充满信心，将坚定不移地把中国特色社会主义政治建设推向前进。

六、文化建设和文化体制改革

全面建设小康社会，必须大力发展社会主义文化，建设社会主义精神文明。当今世界，文化与经济和政治相互交融，在综合国力竞争中的地位和作用越来越突出。文化的力量，深深熔铸在民族的生命力、创造力和凝聚力之中。全党同志要深刻认识文化建设的战略意义，推动社会主义文化的发展繁荣。

（一）牢牢把握先进文化的前进方向。在当代中国，发展先进文化，就是发展面向现代化、面向世界、面向未来的，民族的科学的大众的社会主义文化，以不断丰富人们的精神世界，增强人们的精神力量。必须坚持马克思列宁主义、毛泽东思想和邓小平理论在意识形态领域的指导地位，用"三个代表"重要思想统领社会主义文化建设。坚持为人民服务、为社会主义服务的方向和百花齐放、百家争鸣的方针，弘扬主旋律，提倡多样化。坚持以科学的理论武装人，以正确的舆论引导人，以高尚的精神塑造人，以优秀的作品鼓舞人。大力发展先进文化，支持健康有益文化，努力改造落后文化，坚决抵制腐朽文化。文艺工作者要深入群众、深入生活，为人民奉献更多无愧于时代的作品。新闻出版和广播影视必须坚持正确导向，互联网站要成为传播先进文化的重要阵地。立足于改革开放和现代化建设的实践，着眼于世界文化发展的前沿，发扬民族文化的优秀传统，汲取世界各民族的长处，在内容和形式上积极创新，不断增强中国特色社会主义文化的吸引力和感召力。

（二）坚持弘扬和培育民族精神。民族精神是一个民族赖以生存和发展的精神支撑。一个民族，没有振奋的精神和高尚的品格，不可能自立于世界民族之林。在五千多年的发展中，中华民族形成了以爱国主义为核心的团结统一、爱好和平、勤劳勇敢、自强不息的伟大民族精神。我们党领导人民在长期实践中不断结合时代和社会的发展要求，丰富着这个民族精神。面对世界范围各种思想文化的相互激荡，必须把弘扬和培育民族精神作为文化建设极为重要的任务，纳入国民教育全过程，纳入精神文明建设全过程，使全体人民始终保持昂扬向上的精神状态。

（三）切实加强思想道德建设。依法治国和以德治国相辅相成。要建立与社会主义市场经济相适应、与社会主义法律规范相协调、与中华民族传统美德相承接的社会主义思想道德体系。深入进行党的基本理论、基本路线、基本纲领和"三个代表"重要思想的宣传教育，引导人们树立中国特色社会主义共同理想，树立正确的世界观、人生观和价值观。认真贯彻公民道德建设实施纲要，弘扬爱国主义精神，以为人民服务为核心、以集体主义为原则、以诚实守信为重点，加强社会公德、职业道德和家庭美德教育，特别要加强青少年的思想道德建设，引导人们在遵守基本行为准则的基础上，追求更高的思想道德目标。加强和改进思想政治工作，广泛开展群众性精神文明创建活动。

（四）大力发展教育和科学事业。教育是发展科学技术和培养人才的基础，在现代化建设中具有先导性全局性作用，必须摆在优先发展的战略地位。全面贯彻党的教育方针，坚持教育为社会主义现代化建设服务，为人民服务，与生产劳动和社会实践相结合，培养德智体美全面发展的社会主义建设者和接班人。坚持教育创新，深化教育改革，优化教育结构，合理配置教育资源，提高教育质量和管理水平，全面推进素质教育，造就数以亿计的高素质劳动者、数以千万计的专门人才和一大批拔尖创新人才。加强教师队伍建设，提高教师的师德和业务水平。继续普及九年义务教育。加强职业教育和培训，发展继续教育，构建终身教育体系。加大对教育的投入和对农村教育的支持，鼓励社会力量办学。完善国家资助贫困学生的政策和制度。制定科学和技术长远发展规划。加强科学基础设施建设。普及科学知识，弘扬科学精神。坚持社会科学和自然科学并重，充分发挥哲学社会科学在经济和社会发展中的重要作用。在全社会形成崇尚科学、鼓励创新、反对迷信和伪科学的良好氛围。

（五）积极发展文化事业和文化产业。发展各类文化事业和文化产业都要贯彻发展先进文化的要求，始终把社会效益放在首位。国家支持和保障文化公益事业，并鼓励它们增强自身发展活力。坚持和完善支持文化公益事业发展的政策措施，扶持党和国家重要的新闻媒体和社会科学研究机构，扶持体现民族特色和国家水准的重大文化项目和艺术院团，扶持对重要文化遗产和优秀民间艺术的保护工作，扶持老少边穷地区和中西部地区的文化发展。加强文化基础设施建设，发展各类群众文化。积极推进卫生体育事业的改革和发展，开展全民健身运动，提高全民健康水平。努力办好二〇〇八年奥运会。发展文化产业是市场经济条件下繁荣社会主义文化、满足人民群众精神文化需求的重要途径。完善文化产业政策，支持文化产业发展，增强我国文化产业的整体实力和竞争力。

（六）继续深化文化体制改革。根据社会主义精神文明建设的特点和规律，适应社会主义市场经济发展的要求，推进文化体制改革。抓紧制定文化体制改革的总体方案。把深化改革同调整结构和促进发展结合起来，理顺政府和文化企事业单位的关系，加强文化法制建设，加强宏观管理，深化文化企事业单位内部改革，逐步建立有利于调动文化工作者积极性，推动文化创新，多出精品、多出人才的文化管理体制和运行机制。按照一手抓繁荣、一手抓管理的方针，健全文化市场体系，完善文化市场管理机制，为繁荣社会主义文化创造良好的社会环境。

中华文明博大精深、源远流长，为人类文明进步作出了巨大贡献。在当代中国人民的伟大奋斗中，必将迎来社会主义文化建设的新高潮，创造出更加灿烂的先进文化。

七、国防和军队建设

建立巩固的国防是我国现代化建设的战略任务，是维护国家安全统一和全面建设小康社会的重要保障。坚持国防建设与经济建设协调发展的方针，在经济发展的基础上推进国防和军队现代化。

坚持以毛泽东军事思想、邓小平新时期军队建设思想为指导，全面贯彻“三个代表”重要思想，按照政治合格、军事过硬、作风优良、纪律严明、保障有力的总要求，紧紧围绕打得赢、不变质两个历史性课题，坚定不移地走中国特色的精兵之路，加强军队的革命化现代化正规化建设。

始终把思想政治建设摆在军队各项建设的首位，永葆人民军队的性质、本色和作风。党对军队的绝对领导是我军永远不变的军魂，要毫不动摇地坚持党领导人民军队的根本原则和制度。

贯彻积极防御的军事战略方针，提高高技术条件下的防卫作战能力。适应世界军事变革的趋势，实施科技强军战略，加强质量建设。把教育训练摆到战略位置，深入开展科技练兵，加强军队院校建设，培养大批高素质新型军事人才。创新和发展军事理论。努力完成机械化和信息化建设的双重历史任务，实现我军现代化的跨越式发展。

探索新的历史条件下治军的特点和规律，推进国防和军队建设的各项改革。优化军队的编成和结构，调整和完善政策制度。坚持从严治军，健全军事法规体系，提高依法治军的水平。坚持勤俭建军，建立和完善三军一体、军民兼容、平战结合的联勤保障体制。深化国防科技工业体制改革，坚持寓军于民，建立健全竞争、评价、监督和激励机制，增强自主创新能力，加快国防科技和武器装备发展。完善国防动员体制，加强民兵和预备役部队建设，发展高技术条件下人民战争的战略战术。武装警察部队要加强全面建设，永远做党和人民的忠诚卫士。

各级党组织和政府、广大人民群众要关心、支持国防和军队建设。军队要积极支持和参加国家建设。加强国防教育，增强全民国防观念。拥军优属，拥政爱民，巩固军政军民团结。

八、“一国两制”和实现祖国的完全统一

实现祖国的完全统一，是海内外中华儿女的共同心愿。我们成功解决了香港问题和澳门问题，正在为早日解决台湾

问题、完成祖国统一大业而继续奋斗。

香港和澳门回归祖国，丰富了“一国两制”的理论和实践。事实证明，“一国两制”方针是正确的，具有强大的生命力。我们将坚定不移地实行这一方针，严格按照香港基本法和澳门基本法办事，全力支持香港和澳门两个特别行政区行政长官和政府的工作，广泛团结港澳各界人士，共同维护和促进香港和澳门的繁荣、稳定和发展。

我们坚持“和平统一、一国两制”的基本方针和现阶段发展两岸关系、推进祖国和平统一进程的八项主张〔3〕，同台湾同胞一道，加强两岸人员往来和经济文化等领域的交流，坚决反对台湾分裂势力。两岸关系的基本格局和发展趋势没有改变。台湾同胞求和平、求安定、求发展的意愿日益增强。台湾分裂势力的分裂活动不得人心。

坚持一个中国原则，是发展两岸关系和实现和平统一的基础。世界上只有一个中国，大陆和台湾同属一个中国，中国的主权和领土完整不容分割。对任何旨在制造“台湾独立”、“两个中国”、“一中一台”的言行，我们都坚决反对。台湾前途系于祖国统一。开展对话，进行和平统一谈判，是我们的一贯主张。我们再次呼吁，在一个中国原则的基础上，暂时搁置某些政治争议，尽早恢复两岸对话和谈判。在一个中国的前提下，什么问题都可以谈，可以谈正式结束两岸敌对状态问题，可以谈台湾地区在国际上与其身份相适应的经济文化社会活动空间问题，也可以谈台湾当局的政治地位等问题。我们愿与台湾各党派和各界人士就发展两岸关系、推进和平统一交换意见。

解决台湾问题、实现祖国的完全统一，我们寄希望于台湾人民。台湾同胞具有光荣的爱国主义传统，是发展两岸关系的重要力量。我们充分尊重台湾同胞的生活方式和当家作主的愿望。两岸应该扩大交流交往，共同弘扬中华文化的优秀传统。实现两岸直接通邮、通航和通商，是两岸同胞的共同利益所在，完全应该采取实际步骤积极推进，开创两岸经济合作的新局面。

“一国两制”是两岸统一的最佳方式。两岸统一后，台湾可以保持原有的社会制度不变，高度自治。台湾同胞的生活方式不变，他们的切身利益将得到充分保障，永享太平。台湾经济将真正以祖国大陆为腹地，获得广阔的发展空间。台湾同胞可以同大陆同胞一道，行使管理国家的权利，共享伟大祖国在国际上的尊严和荣誉。

两千三百万台湾同胞是我们的手足兄弟，没有人比我们更希望通过和平的方式解决台湾问题。我们将继续坚持“和平统一、一国两制”的基本方针，贯彻八项主张，以最大的诚意、尽最大的努力争取和平统一的前景。我们决不承诺放弃使用武力，不是针对台湾同胞的，而是针对外国势力干涉中国统一和台湾分裂势力搞“台湾独立”图谋的。维护祖国统一事关中华民族的根本利益，中国人民将义无反顾地捍卫国家主权和领土完整，绝不允许任何人以任何方式把台湾从中国分割出去。

国家要统一，民族要复兴，台湾问题不能无限期地拖延下去。我们坚信，通过全体中华儿女共同努力，祖国的完全统一就一定能够早日实现。

九、国际形势和对外工作

和平与发展仍是当今时代的主题。维护和平，促进发展，事关各国人民的福祉，是各国人民的共同愿望，也是不可阻挡的历史潮流。世界多极化和经济全球化趋势的发展，给世界的和平与发展带来了机遇和有利条件。新的世界大战在可预见的时期内打不起来。争取较长时期的和平国际环境和良好周边环境是可以实现的。

但是，不公正不合理的国际政治经济旧秩序没有根本改变。影响和平与发展的不确定因素在增加。传统安全威胁和非传统安全威胁的因素相互交织，恐怖主义危害上升。霸权主义和强权政治有新的表现。民族、宗教矛盾和边界、领土争端导致的局部冲突时起时伏。南北差距进一步扩大。世界还很不安宁，人类面临着许多严峻挑战。

不管国际风云如何变幻，我们始终不渝地奉行独立自主的和平外交政策。中国外交政策的宗旨，是维护世界和平，促进共同发展。我们愿同各国人民一道，共同推进世界和平与发展的崇高事业。

我们主张顺应历史潮流，维护全人类的共同利益。我们愿与国际社会共同努力，积极促进世界多极化，推动多种力量和谐并存，保持国际社会的稳定；积极促进经济全球化朝着有利于实现共同繁荣的方向发展，趋利避害，使各国特别是发展中国家都从中受益。

我们主张建立公正合理的国际政治经济新秩序。各国政治上应相互尊重，共同协商，而不应把自己的意志强加于人；经济上应相互促进，共同发展，而不应造成贫富悬殊；文化上应相互借鉴，共同繁荣，而不应排斥其他民族的文化；安全上应相互信任，共同维护，树立互信、互利、平等和协作的新安全观，通过对话和合作解决争端，而不应诉诸武力或以武力相威胁。反对各种形式的霸权主义和强权政治。中国永远不称霸，永远不搞扩张。

我们主张维护世界多样性，提倡国际关系民主化和发展模式多样化。世界是丰富多彩的。世界上的各种文明、不同的社会制度和发展道路应彼此尊重，在竞争比较中取长补短，在求同存异中共同发展。各国的事情应由各国人民自己决定，世界上的事情应由各国平等协商。

我们主张反对一切形式的恐怖主义。要加强国际合作，标本兼治，防范和打击恐怖活动，努力消除产生恐怖主义的根源。

我们将继续改善和发展同发达国家的关系，以各国人民的根本利益为重，不计较社会制度和意识形态的差别，在和平共处五项原则的基础上，扩大共同利益的汇合点，妥善解决分歧。

我们将继续加强睦邻友好，坚持与邻为善、以邻为伴，加强区域合作，把同周边国家的交流和合作推向新水平。

我们将继续增强同第三世界的团结和合作，增进相互理解和信任，加强相互帮助和支持，拓宽合作领域，提高合作效果。

我们将继续积极参与多边外交活动，在联合国和其他国际及区域性组织中发挥作用，支持发展中国家维护自身的正当权益。

我们将继续坚持独立自主、完全平等、互相尊重、互不干涉内部事务的原则，同各国各地区政党和政治组织发展交流和合作。

我们将继续广泛开展民间外交，扩大对外文化交流，增进人民之间的友谊，推动国家关系的发展。

世界正向着光明和进步的目标迈进。道路是曲折的，前途是光明的。和平的力量，正义的力量，进步的力量，终究是不可战胜的。

十、加强和改进党的建设

在我们这样一个多民族的发展中大国，要把全体人民的意志和力量凝聚起来，全面建设小康社会，加快推进社会主义现代化，必须毫不放松地加强和改善党的领导，全面推进党的建设新的伟大工程。

加强和改进党的建设，一定要高举邓小平理论伟大旗帜，全面贯彻“三个代表”重要思想，保证党的路线方针政策全面反映人民的根本利益和时代发展的要求；一定要坚持党要管党、从严治党的方针，进一步解决提高党的领导水平和执政水平、提高拒腐防变和抵御风险能力这两大历史性课题；一定要准确把握当代中国社会前进的脉搏，改革和完善党的领导方式和执政方式、领导体制和工作制度，使党的工作充满活力；一定要把思想建设、组织建设和作风建设有机结合起来，把制度建设贯穿其中，既立足于做好经常性工作，又抓紧解决存在的突出问题。通过锲而不舍的努力，保证我们党始终是中国工人阶级的先锋队，同时是中国人民和中华民族的先锋队，始终是中国特色社会主义事业的领导核心，始终代表中国先进生产力的发展要求，代表中国先进文化的前进方向，代表中国最广大人民的根本利益。

（一）深入学习贯彻“三个代表”重要思想，提高全党的马克思主义理论水平。党在思想理论上的提高，是党和国家事业不断发展的思想保证。必须把党的思想理论建设摆在更加突出的位置。坚持用马克思列宁主义、毛泽东思想和邓小平理论武装全体党员，在全党兴起一个学习贯彻“三个代表”重要思想的新高潮。党员干部特别是高中级干部要带头学习和实践“三个代表”重要思想，成为勤奋学习、善于思考的模范，解放思想、与时俱进的模范，勇于实践、锐意创新的模范。在全党深入进行马克思主义发展史的教育，大力弘扬求真务实、开拓进取的精神，不断深化对共产党执政规律、社会主义建设规律和人类社会发展规律的认识，不断丰富和发展马克思主义。

（二）加强党的执政能力建设，提高党的领导水平和执政水平。面对执政条件和社会环境的深刻变化，各级党委和领导干部要不辱使命、不负重托，就要适应新形势新任务的要求，在实践中掌握新知识，积累新经验，增长新本领。必须以宽广的眼界观察世界，正确把握时代发展的要求，善于进行理论思维和战略思维，不断提高科学判断形势的能力；必须坚持按照客观规律和科学规律办事，及时研究解决改革和建设中的新情况新问题，善于抓住机遇加快发展，不断提高驾驭市场经济的能力；必须正确认识和处理各种社会矛盾，善于协调不同利益关系和克服各种困难，不断提高应对复杂局面的能力；必须增强法制观念，善于把坚持党的领导、人民当家作主和依法治国统一起来，不断提高依法执政的能力；必须立足全党全国工作大局，坚定不移地贯彻党的路线方针政策，善于结合实际创造性地开展工作，不断提高总揽全局的能力。

（三）坚持和健全民主集中制，增强党的活力和团结统一。民主集中制是民主基础上的集中和集中指导下的民主相结合的制度。党内民主是党的生命，对人民民主具有重要的示范和带动作用。要以保障党员民主权利为基础，以完善党的代表大会制度和党的委员会制度为重点，从改革体制机制入手，建立健全充分反映党员和党组织意愿的党内民主制度。扩大在市、县进行党的代表大会常任制的试点。积极探索党的代表大会闭会期间发挥代表作用的途径和形式。按照集体领导、民主集中、个别酝酿、会议决定的原则，完善党委内部的议事和决策机制，进一步发挥党的委员会全体会议的作用。改革和完善党内选举制度。建立和完善党内情况通报制度、情况反映制度和重大决策征求意见制度。党和国家的集中统一，是全国各族人民的根本利益所在。在指导思想和路线方针政策以及重大原则问题上，全党全国必须保持高度一致。全党同志必须自觉坚持个人服从组织、少数服从多数、下级组织服从上级组织、全党服从党的全国代表大会和中央委员会的原则，坚决维护中央权威，保证中央的政令畅通。党的各级组织和全体党员特别是领导干部，都要严格遵守党的纪律，决不允许有令不行、有禁不止、各行其是。

（四）建设高素质的领导干部队伍，形成朝气蓬勃、奋发有为的领导层。按照革命化、年轻化、知识化、专业化方针，建设一支能够担当重任、经得起风浪考验的高素质的领导干部队伍，特别是培养造就大批善于治党治国治军的优秀领导人才，是党和国家长治久安的根本大计。要认真贯彻领导干部选拔任用条例，注重在改革和建设的实践中考察和识别干部，把那些德才兼备、实绩突出和群众公认的人及时选拔到领导岗位上来。加大培养选拔优秀年轻干部的工作力度，着重帮助他们加强党性修养、理论学习和实践锻炼，全面提高自身素质。进一步做好培养选拔妇女干部、少数民族干部和党外干部的工作。继续做好离退休干部工作。以提高素质、优化结构、改进作风和增强团结为重点，把各级领导班子建设成为坚持贯彻“三个代表”重要思想的坚强领导集体。必须不断培养和造就中国特色社会主义事业的接班人，确保党和人民的事业后继有人。

（五）切实做好基层党建工作，增强党的阶级基础和扩大党的群众基础。党的基层组织是党的全部工作和战斗力的基础，应该成为贯彻“三个代表”重要思想的组织者、推动者和实践者。要坚持围绕中心、服务大局，拓宽领域、强化功能，扩大党的工作的覆盖面，不断提高党的基层组织的凝聚力和战斗力。加强以村党组织为核心的村级组织配套建设，探索让干部经常受教育、使农民长期得实惠的有效途径。搞好国有企业和集体企业必须坚持全心全意依靠工人阶级，企业党组织要积极参与企业重大问题的决策，充分发挥政治核心作用。

加强非公有制企业党的建设，企业党组织要贯彻党的方针政策，引导和监督企业遵守国家的法律法规，领导工会和共青团等群众组织，团结凝聚职工群众，维护各方的合法权益，促进企业健康发展。高度重视社区党的建设，以服务群众为重点，构建城市社区党建工作新格局。加大在社会团体和社会中介组织中建立党组织的工作力度。全面做好机关党建工作和学校、科研院所、文化团体等事业单位的党建工作。

共产党员必须发挥先锋模范作用，牢固树立共产主义远大理想和中国特色社会主义坚定信念，脚踏实地地为实现党在现阶段的基本纲领而奋斗。在全党开展以实践"三个代表"重要思想为主要内容的保持共产党员先进性教育活动。重点做好在工人、农民、知识分子、军人和干部中发展党员的工作，壮大党的队伍最基本的组成部分和骨干力量。注意在生产、工作第一线和高知识群体、青年中发展党员。要把承认党的纲领和章程、自觉为党的路线和纲领而奋斗、经过长期考验、符合党员条件的其他社会阶层的先进分子吸收到党内来，增强党在全社会的影响力和凝聚力。适应新形势，探索党员管理工作的新机制新方法。

（六）加强和改进党的作风建设，深入开展反腐败斗争。推进党的作风建设，核心是保持党同人民群众的血肉联系。我们党的最大政治优势是密切联系群众，党执政后的最大危险是脱离群众。在任何时候任何情况下，都必须坚持党的群众路线，坚持全心全意为人民服务的宗旨，把实现人民群众的利益作为一切工作的出发点和归宿。要以立党为公、执政为民为根本目的，发扬党的优良传统和作风，按照中央提出的

“八个坚持、八个反对”〔4〕，一靠教育，二靠制度，正确开展批评与自我批评，着力解决党的思想作风、学风、工作作风、领导作风和干部生活作风方面的突出问题，特别是要防止和克服形式主义、官僚主义。认真研究我国社会生活的新变化和群众工作的新特点，把加强和改进群众工作贯彻到党的建设和政权建设的各项工作中去。共产党员首先是各级领导干部，都要努力运用说服教育、示范引导和提供服务等方法，做好新形势下的群众工作，团结和带领群众不断前进。

坚决反对和防止腐败，是全党一项重大的政治任务。不坚决惩治腐败，党同人民群众的血肉联系就会受到严重损害，党的执政地位就有丧失的危险，党就有可能走向自我毁灭。在长期执政的条件下，在对外开放和发展社会主义市场经济的环境中，党必须十分注重防范各种腐朽思想的侵蚀，维护党的队伍的纯洁。各级党委既要充分认识反腐败斗争的紧迫性，又要充分认识其长期性，坚定信心，扎实工作，旗帜鲜明、毫不动摇地把反腐败斗争深入进行下去。进一步抓好领导干部廉洁自律、查处大案要案、纠正部门和行业不正之风的工作。坚持标本兼治、综合治理的方针，逐步加大治本的力度。加强教育，发展民主，健全法制，强化监督，创新体制，把反腐败寓于各项重要政策措施之中，从源头上预防和解决腐败问题。坚持和完善反腐败领导体制和工作机制，认真落实党风廉政建设责任制，形成防止和惩治腐败的合力。领导干部特别是高级干部，必须以身作则，正确行使手中的权力，始终做到清正廉洁，自觉地与各种腐败现象作坚决斗争。对任何腐败分子都必须彻底查处、严惩不贷。

全党同志始终保持共产党人的蓬勃朝气、昂扬锐气和浩然正气，永远同人民群众心连心，我们党的执政基础就坚如磐石。

同志们！全面建设小康社会，开创中国特色社会主义事业新局面，就是要在中国共产党的坚强领导下，发展社会主义市场经济、社会主义民主政治和社会主义先进文化，不断促进社会主义物质文明、政治文明和精神文明的协调发展，推进中华民族的伟大复兴。

中国共产党深深扎根于中华民族之中。党从成立那一天起，就是中国工人阶级的先锋队，同时是中国人民和中华民族的先锋队，肩负着实现中华民族伟大复兴的庄严使命。在新民主主义革命时期，我们党团结和带领全国各族人民完成民族独立和人民解放的历史任务，为实现中华民族伟大复兴创造了前提。新中国成立后，我们党创造性地完成由新民主主义到社会主义的过渡，实现中国历史上最伟大最深刻的社会变革，开始了在社会主义道路上实现中华民族伟大复兴的历史征程。十一届三中全会以来，我们党找到建设中国特色社会主义的正确道路，赋予民族复兴新的强大生机。中华民族的伟大复兴展现出灿烂的前景。

全面建设小康社会，加快推进社会主义现代化，使社会主义中国发展和富强起来，为人类进步事业作出更大贡献，这是我们党必须勇敢担负起来的历史任务。完成这个任务，必须紧紧依靠全党和全国各族人民的团结。团结就是力量，团结就是胜利。我们党和我国人民经历了艰难曲折，积累了丰富经验，愈益成熟起来。面对很不安宁的世界，面对艰巨繁重的任务，全党同志一定要增强忧患意识，居安思危，清醒地看到日趋激烈的国际竞争带来的严峻挑战，清醒地看到前进道路上的困难和风险，倍加顾全大局，倍加珍视团结，倍加维护稳定。

全党同志和全国各族人民，紧密团结在党中央周围，万众一心，奋发图强，把中国特色社会主义事业不断推向前进，共同创造我们的幸福生活和美好未来！

注释

〔1〕见本卷《扶贫开发是贯穿社会主义初级阶段全过程的历史任务》注〔1〕。

〔2〕见本卷《扎扎实实搞好西部大开发这项世纪工程》注〔1〕。

〔3〕见本书第一卷《为促进祖国统一大业的完成而继续奋斗》。

〔4〕"八个坚持、八个反对"，是中共十五届六中全会二〇〇一年九月二十六日通过的《中共中央关于加强和改进党的作风建设的决定》提出的党的作风建设的主要任务。即：坚持解放思想、实事求是，反对因循守旧、不思进取；坚持理论联系实际，反对照抄照搬、本本主义；坚持密切联系群众，反对形式主义、官僚主义；坚持民主集中制原则，反对独断专行、软弱涣散；坚持党的纪律，反对自由主义；坚持清正廉洁，反对以权谋私；坚持艰苦奋斗，反对享乐主义；坚持任人唯贤，反对用人上的不正之风。

论中国特色军事变革*

（二〇〇二年十二月二十七日）

这次军委扩大会议，是党的十六大之后军委召开的一次十分重要的会议。这次会议主要是学习贯彻党的十六大精神，研究新世纪新阶段国防和军队建设的重大问题，总结今年全军的工作，部署明年全军的任务。

今天这个讲话，我反复考虑后，决定集中讲一讲迎接世界新军事变革的挑战、加速推进军事斗争准备和军队现代化建设的问题。这个问题关系国防和军队建设的全局，也关系维护国家的安全、统一和实现党的十六大提出的全面建设小康社会奋斗目标的全局，必须从战略的高度进一步加以强调。

一、世界新军事变革的发展及其战略影响

对于世界新军事变革，我一直很关注。一九九一年海湾战争〔1〕爆发时，我就提出要注意从这场战争中研究现代战争

* 这是江泽民同志在中央军委扩大会议上的讲话。

的特点，并建议总参谋部和军事科学院分别召开研讨会。那几次研讨会，我都参加了，并发表了意见〔2〕。当时，我得出一个结论，就是现代战争正在成为高技术战争，世界军事领域开始发生深刻变革。经过一段时间的观察，结合冷战结束后国际形势和国家安全形势的变化，一九九三年初我们制定了新时期军事战略方针，把打赢一场现代技术特别是高技术条件下的局部战争确立为未来军事斗争准备的基点。一九九六年，中央军委扩大会议在全军研究的基础上，对世界新军事变革作了比较全面的分析，要求全军以改革创新的精神迎接世界新军事变革的挑战。一九九九年，科索沃战争〔3〕爆发时，我正在意大利米兰访问。回国后，我在军委扩大会议上谈了对这场战争的看法，提出高技术化已经成为现代战争越来越鲜明的特征。阿富汗战争〔4〕以后，中央军委专门召开了会议，研究世界新军事变革问题。总的来说，在应对世界新军事变革的问题上，我们见事是早的，决策是及时的，措施是有力的。我们一开始就从战略上提出问题并作出反应，推动我军建设打开了现在这样好的局面。

在这次会议上，我之所以还要再强调这个问题，是因为当前世界新军事变革出现了加速发展的趋势，需要进一步引起我们严重关注。在人类战争史上，从使用木棒、石块等原始武器开始，先后经历过冷兵器战争、热兵器战争、机械化战争等几次重大军事变革。目前正在发生的新军事变革，是迄今人类历史上影响最广泛、最深刻的一次。这场军事变革从酝酿、产生到发展，经历了近三十年由量变到质变的过程。越南战争〔5〕后期，“灵巧炸弹”和第一套 C^3I 指挥自动化系统〔6〕的出现，是新军事变革的萌芽。上个世纪七十年代末，美苏等军事强国已拥有不少精确制导武器，实现了初级的指挥自动化。英阿马岛战争〔7〕等局部战争，使新军事变革初露端倪。海湾战争是新军事变革的一个转折点，展示了现代高技术战争的雏形。经过最近十多年的发展，特别是在科索沃战争、阿富汗战争推动下，新军事变革正在进入一个新的质变阶段，很可能发展成为一场波及全球、涉及所有军事领域的深刻的军事革命。

纵观这场军事变革的演变过程，可以清楚地看到，它是人类文明由工业时代向信息时代转变的产物，是当今世界综合国力竞争在军事领域的反映，其产生和发展有着历史的必然性。冷战时期，美苏为争霸世界而展开的军备竞赛，强烈刺激了军事技术和武器装备的快速发展。世界主要国家特别是超级大国争夺战略主动权的较量，成为新军事变革的直接动力。科学技术特别是以信息技术为主要标志的高新技术的迅猛发展，为新军事变革提供了技术条件。发达国家雄厚的综合实力，为新军事变革提供了物质基础。冷战结束后，美国为独霸世界全力增强军事力量，世界近期几场高技术战争的实践推动了这场变革的深入。

信息化是新军事变革的核心。人类社会的战争形态正由机械化战争转变为信息化战争。整个工业时代军队的武器装备、组织体制、军事理论、军事训练以及后勤保障方式等，都将按照信息化的要求进行彻底改造。工业时代的机械化军队正在转变为信息化军队。预计二〇二〇年前后，一批新技术，如纳米技术、生物技术、新材料技术、新能源技术、隐身技术、定向能技术等，将会有更大突破；一批更加高效的新型武器，如强激光武器、动能武器、高功率微波武器、电磁脉冲武器等，将陆续出现，成为军事变革新的物质技术基础，进而推动新军事变革向高级阶段发展，并最终形成新的军事体系。

建立在新的物质技术基础上的新军事变革，必然导致军队建设和作战方式等一系列方面发生革命性变化。从大的方面讲，有四个趋势值得我们注意。

一是信息化武器装备将成为军队作战能力的关键因素。世界主要国家的军队，无论是陆军装备还是海军、空军装备，无论是主战装备还是保障装备，都正朝着信息化的方向发展。各种主要作战平台具有信息获取和处理、横向组网、信息攻防能力；攻击兵器智能化，能够发射后自动跟踪并精确打击目标；作战指挥通过 C^4ISR[8] 系统实现了自动化；而且发展出专门用于电子战、网络战等信息战的武器装备和技术手段。美国陆军信息化装备已占百分之五十，海军、空军信息化装备已占百分之七十。美国的指挥自动化建设，正在致力于发展全球信息栅格[9]，以使其 C^4ISR 系统由提供信息支持向提供决策支持发展，并实现从传感器到射手的无缝信息链接。同时，美国还探讨在 C^4ISR 系统中增加杀伤进攻功能，使之成为 C^4KISR 系统。估计二〇二〇年前后，美国的主战武器装备都将实现信息化，其他发达国家在这方面也会达到相当高的水平。从近期几场高技术局部战争看，信息战贯穿作战全过程、渗透于战争各领域，争夺信息优势成为战争的焦点，制信息权是夺取制空权、制海权和其他作战空间控制权的关键。在未来信息化战争中，信息能力将发挥主导作用；拥有信息优势并能有效转化为决策优势的一方，就能够更多地掌握战略和战场上的主动权。

二是非接触、非线式作战将成为重要作战方式。信息化武器装备，能够超越对方的防御地带和自然地理屏障，直接对纵深目标实施中远程精确打击。这种非接触作战，不再是从前沿突破、然后向纵深推进，而是从一开始就进行全纵深作战。战争的前方和后方的界限趋于模糊，战略、战役、战术行动将呈现融为一体的特征。进攻的一方不再专注于消灭对方的有生力量，而是主要通过重点打击对方的侦察预警、指挥控制、防空作战系统，瘫痪对方的整个作战体系，摧毁对方的战争潜力和国家意志，达成战略目的。防御的一方如果缺乏相应的中远程非接触攻防手段，即使拥有庞大的机械化军团也无多少还手之力。海湾战争时，伊拉克拥有一百万军队，苦心构筑了“萨达姆防线”；多国部队通过三十八天空袭作战，完全摧毁了伊军防空系统、指挥系统和后方补给系统，然后只用四天地面作战，就击败了伊军。科索沃战争时，北约部队仅通过七十八天空袭作战，就迫使南联盟就范。阿富汗战争时，美军凭借先进的战场感知技术和超远程大规模奔袭作战能力，对塔利班武装、“基地”组织的分散隐蔽的小股作战力量和洞穴目标实施精确打击，很快就使他们丧失抵抗能力。现在，美军已经明确把全纵深精确作战作为基本作战思想，大力发展各类精确制导弹药，特别是抓紧发展并大量装备低成本的全球卫星定位系统制导弹药。据有关资料，美军在海湾战争中使用的精确制导弹药只占百分之八，科索沃战争中上升为百分之三十五，阿富汗战争中则高达百分之六十。其他主要国家军队也在加紧发展精确制导武器，逐步向非接触、非线式作战方式转变。

三是体系对抗将成为战场对抗的基本特征。通过信息技术，各军兵种的作战平台、武器系统、情报侦察和指挥控制系统以及后勤保障系统，可以形成一体化的作战体系。信息化战争不再是各个作战单元之间的对抗，而是建立在各种作战单元、作战要素综合集成基础上的体系和体系的对抗，诸军兵种联合作战成为基本作战形式。科索沃战争时，南联盟最先进的战机刚升空即被北约探测系统跟踪，几分钟后即被击落。这说明，没有信息化作战体系，某些武器装备再先进也难以发挥作用。美军十分重视作战体系建设，把综合集成看作是优化军队结构和作战力量的基本途径，强调实现各种作战单元、作战要素的高度融合。世界其他主要国家军队也在效仿美军的做法，按照综合集成的要求构建一体化作战体系。

四是太空将成为国际军事竞争新的战略制高点。太空日益成为重要的作战空间，对战争进程和结局具有决定性影响。有资料统计，美国在海湾战争中动用卫星七十余颗，在科索沃战争和阿富汗战争中也达到五十多颗，为空中、海上、地面突击系统提供全方位的信息支援和保障。太空已经成为新的战略制高点，一场争夺太空军事优势的竞争已经开始。美俄等军事大国大力发展军用航空航天技术和空间战武器系统，加强太空战场建设，推动太空军事力量向空天一体、攻防兼备的方向发展。据军事专家预测，未来的非接触战争将很可能以航天系统为核心，组建能够在空天领域有效遂行任务的战略性全球侦察—打击作战系统，引导陆军、海军、空军各种作战平台实施远距离精确打击，运用天基武器系统对地面、海上、空中目标直接实施攻击，还可以利用反卫星武器和空间作战飞行器来干扰、破坏、摧毁敌方天基系统，争夺制天权，限制敌方在太空的行动自由。美国退出反弹道导弹条约〔10〕，积极发展导弹防御系统，主要目的就是要建立太空攻防系统。美军制定了向空天军发展的目标，目前正在组建远征型航空航天部队。俄罗斯在二〇〇一年六月建立了独立的航天兵。欧洲计划在五年内建立自己的、不受美国制约的伽利略卫星导航系统。世界主要国家围绕太空展开的军事竞争，有可能改变国际军事斗争格局。

世界新军事变革的发生和加速发展，对国际战略形势有着重大而深远的影响。美国搞新军事变革，谋求建立攻防兼备的绝对军事优势、进一步巩固超级军事强国的地位，加剧了国际战略力量对比失衡的局面。在技术装备上，美军不仅与发展中国家的军队形成了“时代差”，而且与其他大国的军队也拉大了差距。

对我国而言，新军事变革的挑战，就是我们所说的我国仍然面临发达国家经济、科技占优势的压力的一个重要表现，这种军事压力实质上是与政治压力相配合的。新军事变革有可能进一步拉大我国同世界主要国家在军事实力上的差距，增大对我国军事安全的潜在威胁。我军军事斗争准备和现代化建设面临极其艰巨的任务。

我们要深刻认识新军事变革的本质，正确把握这场变革的发展趋势，充分估计其战略影响，切实做好迎接新军事变革挑战的思想准备和工作准备。

二、积极推进中国特色军事变革

世界新军事变革给我们带来了严峻挑战,也给我们提供了历史机遇。在近代,由于旧中国封建政治统治的腐朽,我国丧失了一些军事变革的机遇,总是落在世界军事发展潮流的后面。这是我国近代长期落后挨打的一个重要因素。新中国成立后,我国国防和军队现代化建设取得了巨大进步,但总体上仍处于工业时代的机械化半机械化阶段。今后二十年,是我国发展的重要战略机遇期,也是国防和军队现代化建设的重要战略机遇期。如果我们错过了这一二十年,就很可能错过整整一个时代。我们要以时不我待的紧迫感,积极推进中国特色军事变革,加快我军由机械化半机械化向信息化的转变,全面提高我军的威慑和实战能力,为国家的安全、统一,为全面建设小康社会,提供坚强有力的保障。

(一)关于新时期军事战略方针。

中央军委一九九三年制定的新时期军事战略方针,正确判断冷战结束后国际战略形势和我国安全环境的变化,正确判断当时正在兴起的世界新军事变革的发展趋势,对我军的未来军事斗争准备和现代化建设发挥了极为重要的指导作用。

十年来,世界战略形势和战争形态发生了深刻变化。特别是随着军事斗争准备的深入,许多突出矛盾和问题需要我们进一步从战略上来认识和解决。

第一，军事斗争准备的基点问题。战争形态的演变是一个极其复杂的社会历史过程，我们对它的认识也有一个不断深化的过程。回过头来看，实践证明，我们十年前把当代战争的形态界定为高技术战争，把我军未来军事斗争准备的基点从应付一般条件下的局部战争转变为打赢一场现代技术特别是高技术条件下的局部战争，是完全正确的。这个转变的实质，是由准备应付工业时代的战争向准备应付信息时代的战争转变，是军队现代化建设由机械化向信息化迈进的开端。可以说这是一个革命性转变。正是有了这个转变，才有了我军现代化建设的一系列调整改革。

从那时起，我们更加注意当代战争形态的研究。一九九八年，我们认识到，高技术战争的本质就是信息化，人类战争形态正在进入信息化战争阶段。一九九九年，我曾明确提出：信息化战争将逐步取代工业时代的机械化战争，成为未来战争的基本形态。二〇〇〇年，我又进一步强调：信息化战争将成为二十一世纪的主要战争形态〔11〕。经过五年多的思索，应该说我们对正在出现的信息化战争形态的认识，已经比较成熟了。可以肯定，未来作战的信息化程度将相当高。对这个问题，我们要充分加以重视，在更高的起点上谋划军事斗争准备和军队现代化建设。

第二，战略指导的基本思想和原则问题。新时期军事战略方针对我军长期战争和建设的经验作了比较系统的概括，提出了科学的战略指导思想和原则，其内容是完全正确的。我们的战略思想是积极防御，这不仅符合我国的社会主义性质，而且对我们开展外交工作和进行国际政治斗争有利。所谓积极防御，就是攻势防御，包括战役战斗的进攻，也包括战略进攻。这些基本思想要长期坚持，不能改变。同时，我们对战略指导思想和原则问题的研究也要进一步深化。

比如，遏制战争和打赢战争的问题。通过战略威慑遏制战争，或延缓战争爆发，或制止战争升级，避免或减少战争破坏，越来越受到国际社会重视。战略威慑已经成为当今国际军事斗争的重要内容。美国、俄罗斯、英国、法国等核大国，都把核武器当作战略威慑的核心力量。美国今年又提出新的“三位一体”威慑战略〔12〕，包括核和非核打击系统、主动和被动防御系统、国防基础设施，其核心思想是使战略威慑手段实用化。随着军事技术的发展，战略威慑手段将不断增多。我们要立足现有，着眼发展，逐步形成多种手段配合的战略威慑体系。

又比如，联合作战和协同作战的问题。联合作战是现代战争的主要作战形式。随着信息化的发展，联合作战不断向更高阶段发展，未来将发展成为各军兵种部队一体化的联合作战。由于我军是以陆军为主的诸军兵种合成军队，过去军兵种之间在作战和训练上主要强调的是支援和协同关系，联合作战和联合训练的实践较少，联合作战理论的研究也很不够。一九九三年，我们继续强调了协同作战思想，现在看来还要大大加强对诸军兵种联合作战问题的研究，以推动我军联合作战理论和实践的发展。

第三，创新我军军事理论的问题。军事理论产生于军事实践，又反过来对军事实践进行指导。我们对军事实践的认识，只有上升到军事理论的高度，才能保证军事实践沿着正确的方向前进。在长期革命战争中，我军之所以能够以劣势装备战胜优势装备之敌，关键是我们在实践中形成了一整套独具特色的建军和作战理论，特别是灵活机动的战略战术。在未来信息化战争中，大量不熟悉的东西将涌现在我们面前。新军事变革将推动军队的整体转型和作战方式的根本转变，这场在广度和深度上都前所未有的变革，要求我们必须大力推进军事理论创新。国际国内形势的变化和社会主义市场经济的发展，也给军队建设和军事斗争准备带来了许多新问题。创新我们的军事理论特别是作战思想，是摆在全军面前的重大课题。这些年，我们在毛泽东军事思想、邓小平新时期军队建设思想指导下，不断探索解决新的历史条件下建设什么样的军队、怎样建设军队和未来打什么样的仗、怎样打仗的问题，取得了重大理论成果。实践在不断发展，理论也要随之不断发展。对这两个相互关联的基本问题，包括我多次提到过的要研究高技术条件下的人民战争的问题，我们要充分发扬民主，集中全军智慧深入开展研究，不断丰富和发展我们的军事理论。

（二）关于国防和军队现代化发展战略。

国防和军队现代化，是一个动态发展的概念。上个世纪五十年代，我们讲国防和军队现代化，就是讲机械化。九十年代以来，信息化成为军队现代化概念的本质规定性。信息化战争取代机械化战争已经成为必然趋势，没有信息能力的机械化军队将被战争的发展所淘汰。我们已经提出了新世纪国防和军队现代化建设“三步走”战略构想〔13〕，并明确军队现代化建设要完成机械化和信息化的双重历史任务。现在，我们可以进一步提出,“三步走”战略构想所确定的目标就是在本世纪的前五十年逐步实现国防和军队信息化。要正确处理机械化和信息化的关系,以机械化为基础,以信息化为主导,以信息化带动机械化,以机械化促进信息化,推动军队信息化加速发展。这是我们应对世界新军事变革挑战的必然要求,也是维护国家的安全、统一和日益拓展的战略利益的客观需要。实现这一目标,前二十年是基础,头十年是关键。我们要认真借鉴发达国家军队现代化建设的有益经验,充分利用国内和国际的战略资源,迈好第一步,走好第二步,争取用二十年的时间,基本实现军队机械化,使信息化建设取得重大进展,再经过三十年的发展,完成建设信息化军队的战略任务。我这里讲的实现军队机械化,不是传统意义上的机械化,而是与信息化紧密结合的机械化。要根据这个总的战略目标,拟制国防和军队建设远景规划,并制定配套的军兵种现代化发展战略。

要实现建设信息化军队的目标,必须走跨越式发展的道路。我们没有必要等到走完发达国家军队机械化建设的全部过程再来搞信息化,而应该努力推进机械化和信息化的复合发展。现在,我们提出走新型工业化道路,坚持以信息化带动工业化、以工业化促进信息化。全社会信息化的快速发展,为军队加速完成机械化和信息化建设的双重历史任务提供了极其有利的条件。我们有必要也完全有可能在较高的起点上推进机械化和信息化建设,使军队的火力、机动力和信息能力协调发展。这就要求我们努力跨越机械化发展的某些阶段,也要努力跨越信息化发展的某些阶段,同时还要吸取发达国家军队机械化和信息化建设失误的教训，尽可能少走弯路。实现跨越式发展，就是要努力走出被动追赶式的发展模式，最终进入与发达国家同步发展的轨道。因此，从发展战略上说，我们绝不能满足于对现有成熟技术的应用，而必须着眼于科学技术及信息化战争的发展趋势，树立超前意识，高度关注未来可能出现的重大新技术，加强对军事前沿技术和新概念武器技术的预先研究，注重技术创新，争取研发出具有自主知识产权的战略性、前瞻性、关键性技术和装备，锻造我军信息化作战的“杀手锏”。

推进军队的机械化和信息化建设，需要投入，但我们的财力不允许铺开摊子来搞。我们必须进一步集中力量，突出重点，通过局部跃升，带动整体发展。美国财大气粗，但军队转型也是从少数部队先开始，一步一步地进行。美国人认为，拥有关键技术手段的、精干的、经过改革的部队，会产生巨大的战略性影响。这个观点值得注意。我们是发展中国家，军费再增加也不可能达到美国那样的规模，更应该集中发展能够产生战略性影响的作战力量。今后一个时期，我们要突出抓好应急机动作战部队建设，使应急机动作战部队在全军率先实现机械化和信息化，成为我军的战略拳头。

军队现代化建设既要关注现实威胁，又要适应未来挑战。要继续坚持以军事斗争准备为龙头，全军各项建设和工作都要围绕军事斗争准备而展开。从长远看，随着国家战略利益的拓展，国家安全对军队战略能力的要求将越来越高。军事斗争准备的所有工作与提高军队战略能力、建设信息化军队的长远目标是一致的，必须把军事斗争准备融入军队改革创新和现代化建设的全局之中。

(三)关于军队体制编制调整改革。

高技术武器装备的发展和作战方式的演变,必然要求对军队传统的体制编制进行调整改革。我军的体制编制几经调整改革,有了明显进步,但一些深层次矛盾和问题还没有从根本上解决,进一步的调整改革势在必行。要认真研究现代军队体制编制的一般特点和规律,从国情、军情出发,以提高信息化作战能力为目的,深入研究,充分论证,广泛听取各方面的意见,进行扎实周到的准备,积极稳妥地推进我军体制编制调整改革,完善有关政策制度。这项工作既要抓得很紧,又要确保部队稳定。

要继续坚定不移地走中国特色的精兵之路。减少数量、提高质量,建设精干高效的常备军,是世界主要国家军队适应新军事变革的共同选择。海湾战争以后,在世界新军事变革的大背景下,我们把注重质量建设的方针摆在了更加突出的位置,"八五"、"九五"期间两次对军队规模进行精简。"八五"期间将军队规模压到了三百万人以内,"九五"期间又减了五十万人。现在,我军总员额二百五十万人,仍然是世界上规模最大的军队。美国军队在全球部署,只有一百三十八万人。俄罗斯国土面积比我国大将近一倍,军队只有一百一十万人。美俄两家都计划进一步精简军队员额。我军员额要不要再减?能不能再减?依我看来,规模还有些偏大,还可进一步压缩。主要应该压缩机关和非作战单位、非作战人员,这方面缩减的余地还很大。要下决心再减一部分人,把节省下来的钱用在军队现代化建设上。当然,压缩规模要适度。我国幅员辽阔，边海防线漫长，周边环境比较复杂，特别是武器装备相对落后，军队必须保持一定的规模。我们不能简单地与美俄现役部队规模作比较，还要考虑他们的其他武装力量和文职人员等情况。在研究我军现役部队规模时，也要通盘考虑包括预备役部队、武装警察部队在内的整个武装力量的构成和建设问题。

我们过去的精简整编工作，着力点更多地放在了减少数量上，虽然也对结构作了一些调整，但很不够。结构不合理，一些重大比例关系失调，已经成为制约军队整体作战能力提高的一个突出问题。无论哪一个军种，都要优化内部兵种结构，合理划分部队类型，科学确定部队编成；都要减少装备技术落后的一般部队，组建高技术新型部队。要特别注意充实作战部队。我军结构上的另一个问题，就是机关与部队的比例失调，头重脚轻尾巴长。非作战单位多、机关多等因素导致官兵比例不合理、干部总量庞大，必须下决心减下来。总之，这次调整改革，重点要在优化结构上下功夫，把各类重大比例关系好好理一理，建立科学合理的内部结构。优化结构、理顺关系、减少数量、提高质量，要作为衡量调整改革成功与否的重要标志。

实现联合作战指挥，是体制编制调整改革要解决好的一个十分重要的问题。这个问题比较复杂，需要深入细致地进行研究。要研究借鉴外军的有益经验，但不能脱离我国和我军的实际。

我军体制编制的一些问题，与我们过去长期实行三军自成体系的保障体制和军队统包统揽的保障方式有密切关联。

现代战争对各种保障的依赖越来越大，现在军队的保障则对社会和市场的依赖越来越大。一方面，三军在编成、指挥、作战行动上的高度合成、高度联合，要求快速、高效、综合的保障；另一方面，由于经济社会进步和武器装备越来越复杂，大量武器装备的保障和维修、大批物资的生产和筹措需要依靠社会来进行。因此，基本趋势是要搞三军联合保障、综合保障和军民一体化保障。我们要继续推进保障体制和保障方式的改革，努力提高保障效益。

（四）关于提高军队的科学技术素质。

我们要跟上世界新军事变革的步伐，最根本的是要贯彻科技强军战略，依靠科技进步加快军队现代化建设、提高军队战斗力。全军同志特别是各级领导干部要进一步增强科技强军的紧迫感，认真学习科学技术，努力运用科学技术，积极发展科学技术，不断提高军队建设各个方面的科技含量。

世界军事的发展，没有也不会改变人在战争中的决定性作用。我们要在继续抓好武器装备建设的同时，抓好人才战略工程，为我军现代化建设和军事斗争准备提供强大的人才和智力支持。

信息化战争的一个显著特点，就是知识和技术高度密集。我们必须按照未来战争的要求，确立科学的人才培养目标，培养造就一大批高素质新型军事人才。新型军事人才，必须是具备扎实的现代科学文化知识基础的知识型革命军人。不具备良好的现代科学文化知识，高素质就无从谈起。随着武器装备的更新换代，这个问题将越来越突出。我们既要注重官兵的思想政治教育和战斗作风培养，也要努力提高他们的现代科学文化水平和现代军事技能。争取经过一二十年的努力，培养造就一支具有战略眼光、能够把握世界军事发展趋势、懂得信息化战争指挥和信息化军队建设的指挥军官队伍，一支具有较高科学文化素养和全面军事素质、善于对军队建设和作战问题出谋划策的参谋队伍，一支能够站在科学前沿、组织谋划武器装备创新发展和关键技术攻关的科学家队伍，一支精通高新武器装备性能、能够迅速排除各种故障和解决复杂难题的技术专家队伍，一支具备专业技术基础、能够熟练掌握手中武器装备的士官队伍。

提高军队官兵的综合素质特别是科学文化素质，必须依托国民教育。这些年，我们在培养人才方面有一个创新，就是走开了依托普通高等教育培养军队干部的路子。这条路要继续走下去，步子要迈得更大一些，思路要更加开阔一些，把更多具有高等教育文化基础、品学兼优的地方人才招进军队来。还有些人才可以用其他方式使他们为军队建设服务。我国现有工程技术人员近六百万，享受政府特殊津贴的专家十四万多，有突出贡献的中青年专家五千多，博士后在站人数七千多，把这些人才资源充分用好，将成为科技强军的强大支撑力量。

军队院校是培养新型军事人才的主渠道。我们要参照世界各国军事教育的有益做法，学习地方院校改革的经验，深化军队院校体制编制调整改革。从发展方向看，军队所需通用性专业人才可从地方招收补充，指挥军官的学历教育和部分专业进修也应在地方院校完成，这样就可以压缩军队院校的数量。对保留下来的军队院校，要加强集中统一领导，加大保障力度，实行规模化、集约化办学，优化军事教育资源配置。要大力推进教育创新，调整培训任务、培训体制、培训方式，改革教学内容，不断提高教育质量。训练机构和科研机构也要进行调整改革。

实践是学习科技知识的最好课堂，岗位是提高科技素质的基本平台。要进一步深入开展科技练兵，认真组织官兵在本职岗位上学习高技术基本知识、熟练掌握高新武器装备。要进一步完善机关、部队、院校干部的交流机制，逐步走开跨军兵种和跨军、政、后、装的干部交流任职的路子，着力培养复合型的领导指挥人才。各级各类干部都要树立终身学习的观念，通过持之以恒的学习，使自己始终跟上时代前进的步伐。

培养造就大批高素质新型军事人才，必须有相当的投入作保障。军费投入的重点，还应该加上人才建设。没有一定的投入，人才建设工作很难上得去。在发展社会主义市场经济的条件下，社会各领域在争取人才方面的竞争很激烈，军队所需人才引进难、保留难的问题很突出，一方面各种专业技术人才缺乏，另一方面花大气力好不容易培养起来的人才又留不住。我们要进一步加强思想政治工作，不断增强官兵为军队现代化作贡献的责任感和使命感，同时也要随着经济的发展不断改善官兵的生活待遇。要完善政策制度，建立健全吸引和保留人才的机制，把优秀人才吸引到军队中来，使他们为军队建设建功立业。要切实尊重劳动、尊重知识、尊重人才、尊重创造，造成一个有利于人才成长和发挥作用的良好环境。

三、大力加强和改进军队党的建设

迎接世界新军事变革的严峻挑战，积极推进中国特色军事变革，必须始终高度重视加强和改进军队党的建设。要认真贯彻党的十六大精神，认真贯彻“三个代表”重要思想，全面加强党的思想、组织、作风和制度建设，提高军队各级党组织的创造力、凝聚力、战斗力。这是军队全部工作的关键环节，必须切实抓紧抓好。

第一，必须始终把思想建设放在首位。加强党的建设，首要的是抓好思想建设。全军各级党委和全体党员必须认真学习马克思列宁主义、毛泽东思想、邓小平理论和“三个代表”重要思想，坚持用科学的理论武装头脑，以理论上的清醒来保证政治上的坚定。当前，要深入学习领会党的十六大精神，把思想认识统一到党的十六大精神上来，统一到“三个代表”重要思想上来，统一到中央的重大决策和部署上来，增强贯彻党的基本理论、基本路线、基本纲领、基本经验的自觉性和坚定性。要坚持“三个代表”重要思想在军队建设中的指导地位，使军队永远保持坚定正确的政治方向。要始终如一地坚持党对军队绝对领导的根本原则和制度，保证党从思想上、政治上牢牢掌握部队，确保军队高度集中统一和稳定，确保军队同党中央和中央军委保持高度一致，坚决听从党中央和中央军委指挥。这一条在任何时候任何情况下都不能有丝毫犹豫和动摇。要深入开展党的先进性教育，把先进性要求贯彻和体现到军队各项建设和工作中去，充分发挥党委的核心领导作用、基层党支部的战斗堡垒作用和共产党员的先锋模范作用,把全军官兵的智慧和力量最大限度地凝聚到军队现代化建设上来。

第二,必须紧紧围绕军队的中心任务加强党的各项建设。党的十六大总结党的建设的长期历史经验,得出一个重要结论,就是党的建设必须按照党的政治路线来进行,围绕党的中心任务来展开,朝着党的建设总目标来加强。在新世纪新阶段,我们党的中心任务是全面建设小康社会,开创中国特色社会主义事业新局面;军队的中心任务是以军事斗争准备为龙头的军队现代化建设。军队党的建设必须紧紧围绕这个中心任务来进行。换句话说,军队党的建设必须围绕提高军队的战斗力来进行。各级党委要努力提高思想政治水平,为军事斗争准备和军队现代化建设提供坚强的思想政治保证,同时要努力提高领导和管理水平,增强驾驭现代战争和领导军队现代化建设的能力。各级党组织和党的领导干部都要坚持党的思想路线,解放思想、实事求是、与时俱进,勇于站在时代潮流的前头,正确应对来自世界军事变革以及其他方面的严峻挑战,团结和带领广大官兵不断把军事斗争准备推向深入,把军队现代化建设推向前进。

第三,必须切实加强对高中级干部的教育管理。治党务必从严。贯彻党要管党、从严治党的方针,首先要加强对高中级干部的教育管理。我军高中级干部队伍总的状况是好的,军队建设这些年取得的进步和成就,是同他们的辛勤工作分不开的。但是,军队高中级干部队伍中存在的一些突出问题,也必须引起我们高度注意,必须严肃认真地抓。要坚持严格要求、严格教育、严格管理、严格监督。无论哪一位高中级干部发生了问题，都要严肃查处，决不能大事化小、小事化了，更不能捂着不报、养痈遗患。要加强党委班子建设，贯彻民主集中制，健全党内民主生活，开展积极的思想斗争，及时纠正不良倾向，坚决克服好人主义的市侩作风。一些党组织中存在一种倾向，就是原则性和战斗性不强，批评和自我批评的空气薄弱。有些单位党委班子成员之间只表扬不批评，一团和气，缺少真诚的帮助和监督。这个问题要认真加以解决。批评和自我批评，是维护党的团结和纯洁、增强党组织战斗力、防范消极腐败现象的有力武器。在新的历史条件下，批评和自我批评的优良传统不仅不能丢，而且要大大发扬。要把党内监督和制度建设结合起来，针对暴露出来的问题，建立和完善规章制度，并切实加大执纪力度。高中级干部要带头增强组织纪律观念，做到令行禁止。有的领导干部有令不行、有禁不止、明知故犯，甚至有的党委班子"集体犯规"，这是绝对不允许的。各级党委和领导干部，在重大原则问题上必须始终站在党的立场上，坚决维护政令、军令的严肃性和权威性，确保党中央和中央军委各项决策和指示得到贯彻落实。

第四，必须进一步端正领导作风和工作作风。这些年来，军队结合"三讲"教育、学习贯彻"三个代表"重要思想和党的十五届六中全会精神，狠抓党的作风建设，领导作风和工作作风有了明显改进，但形式主义、官僚主义现象仍然存在。在有些单位、有些领导干部身上，工作不实、作风飘浮、光说不做甚至弄虚作假的问题很严重。"文山会海"愈反愈烈，各种表彰会、评比会、观摩会、经验交流会名目繁多。有的搞训练和演习，不是练为战，而是练为看；有的热衷于迎来送往，下部队检查前呼后拥；有的进院校驻学，作业也要找人代劳，甚至把人马搬到北京来写。这些问题，严重影响部队风气，影响军队的凝聚力和战斗力。这些问题实质上是一些干部思想作风不端正的反映。各级领导干部要自觉加强世界观的改造，牢记全心全意为人民服务的宗旨，切实端正工作指导思想，把对上负责和对下负责一致起来，始终着眼部队长远建设和军事斗争准备的现实需要，注重打基础、求实效，埋头苦干，不求虚名。要坚持深入实际，搞好调查研究，了解实情、解剖麻雀，研究新情况、解决新问题。要建立和完善有关规章制度，采取有效措施防止和克服形式主义、官僚主义，坚决减少文电、会议和各类检查评比，严格控制上层领导活动和大型活动，对搞形式主义、官僚主义的特别是弄虚作假的要坚决反对，对因搞这些活动给部队建设造成重大损失的，要严肃处理直至追究法律责任。

我在党的十六大报告中特别指出，我们要紧紧抓住本世纪头二十年这一可以大有作为的重要战略机遇期。从国家来说，就是要完成全面建设小康社会的奋斗目标；从军队来说，就是要大力推进我军现代化建设的进程。最后，我还是强调要居安思危，增强忧患意识。全军各级干部对军队现代化建设一定要有紧迫感和责任感，要只争朝夕、不懈奋斗。

注 释

〔1〕见本卷《机械化和信息化是我军建设的双重历史任务》注〔3〕。

〔2〕见本书第一卷《关于军事战略方针和国防科技问题》。

〔3〕见本卷《营造有利战略态势，增强国家战略能力》注〔6〕。

〔4〕参见本卷《营造有利战略态势，增强国家战略能力》注〔1〕。

〔5〕越南战争，指一九六一年至一九七五年越南人民反对美国侵略、实现国家统一的民族解放战争。一九五四年越南抗法战争胜利后，越南北方获得解放。美国取代法国控制越南南方，阻挠越南南北方统一。一九五九年后，越南南方人民开始进行武装斗争，反抗美国扶植的独裁政权。一九六一年五月，美国在越南南方发动所谓"特种战争"，提供武器和金钱，派遣教官和顾问，装备、训练并直接指挥南越政权军队镇压越南南方人民。一九六四年八月，美国轰炸越南北方，并于第二年三月出兵越南南方。在越南人民坚决抗击下，一九七三年一月二十七日，美国被迫在法国巴黎签署《关于在越南结束战争、恢复和平的协定》(又称《巴黎协定》)，美军撤出越南南方。此后，美国继续推行战争"越南化"政策，支持南越政权打内战。一九七五年春，越南军民向南越政权发起总攻势。同年五月一日，越南南方全部解放，越南抗美救国战争结束。

〔6〕C^3I，是英语名词 Command(指挥)、Control(控制)、Communications(通信)、Intelligence(情报)第一个字母组合而成的，是二十世纪六七十年代指挥自动化系统的代名词。早在二十世纪五十年代，随着军事装备的现代化、自动化，军事指挥领域引入了 Control(控制)的概念，出现了 C^2(指挥和控制)系统。二十世纪六七十年代，Communications(通信)、Intelligence(情报)手段的作用日益完善，逐步成为指挥自动化不可缺少的因素，先后与 C^2 系统相结合，形成了 C^3 系统和 C^3I 系统。此后，由于计算机技术的日益增强和掌握战场态势能力的迅速提高，指挥自动化系统的内涵不断扩大，融入了 Computers(计算机)、Surveillance(监视)、Reconnaissance(侦察)等因素，发展成为 C^4ISR 系统。随着军队信息化的进一步发展，C^4ISR 系统与武器平台、弹药等作战系统的融合不断加深。C^4ISR 系统不仅是保障性的指挥控制手段，而且将逐渐增加 Kill(杀伤)功能，从而成为具有杀伤进攻作战能力的 C^4KISR 系统。

〔7〕英阿马岛战争，指一九八二年四月至六月英国和阿根廷因马尔维纳斯群岛(英国称福克兰群岛)主权争端而引发的战争。马尔维纳斯群岛位于阿根廷海岸以东的南大西洋。一八二〇年，阿根廷宣布马岛为其领土不可分割的一部分。而英国则以最先发现马岛为由声称该岛属于英国。一八三三年，英国从阿根廷手中夺占了马岛，阿根廷历届政府一直重申并谋求收复马岛主权。一九八

二年四月二日，阿根廷派兵攻占马岛。四月五日，英国派遣特混舰队开赴南大西洋。双方在马岛及其周边海域展开激战。英军于六月十四日基本控制了马岛，二十五日全部占领该岛，战争结束。此后，英阿马岛争端长期未能得到解决。

〔8〕参见本文注〔6〕。

〔9〕见本卷《营造有利战略态势，增强国家战略能力》注〔8〕。

〔10〕反弹道导弹条约，全称为《美苏关于限制反弹道导弹系统条约》，是一九七二年五月二十六日美国和苏联签署的一项双边条约。该条约于同年十月三日生效，无限期有效。条约规定：反弹道导弹系统包括反弹道导弹截击导弹、反弹道导弹发射器和反弹道导弹雷达，双方只能各自部署两个（后改为一个）有限的反弹道导弹系统，分别保卫首都和一个洲际导弹发射场；不得研制、试验或部署以海洋、空中、空间为基地的和陆基机动的反弹道导弹系统及其组成部分等。这一条约通过限制双方利用反弹道导弹系统保护整个领土的能力，确保美苏两国建立在“相互确保摧毁”基础之上的“恐怖平衡”，以防止核战争，被国际社会视为全球战略稳定的基石。目前，有三十二个裁军和核不扩散条约与这一条约挂钩。冷战结束后，美国成为唯一的超级大国，借口防范所谓“无赖国家”拥有大规模杀伤性武器和远程导弹的威胁，不断要求修改反弹道导弹条约。二〇〇一年十二月十三日，美国宣布退出反弹道导弹条约（六个月后生效）。

〔11〕参见本卷《机械化和信息化是我军建设的双重历史任务》。

〔12〕新的“三位一体”威慑战略，是相对于旧的“三位一体”威慑战略而言的。旧的“三位一体”威慑战略，指建立陆基、海基、空中“三位一体”的战略核力量，确保核威慑。

〔13〕见本书第二卷《实现国防和军队现代化建设跨世纪发展的战略目标》。

致中共中央政治局的信

（二〇〇四年九月一日）

中央政治局：

我向中央请求辞去现在担任的中共中央军事委员会主席职务。

党的十六大召开之前，从党和国家的长治久安出发，考虑到实现党和国家高层领导新老交替的制度化、规范化、程序化，我向中央提出不再担任中央领导职务，退出中央委员会。当时，中央同意了我的请求。同时，中央考虑到国际形势复杂多变，国防和军队建设任务很重，从大局出发，决定我留任党和国家的军委主席职务。此后，我尽心尽力地履行中央交给我的职责，始终尊重和支持中央领导集体的工作。从党和人民事业的长远发展出发，我一直期望着从领导岗位上完全退下来。

党的十六大和十六届一中全会以来，在国际形势复杂多变和国内改革发展任务艰巨繁重的形势下，以胡锦涛同志为总书记的中央领导集体继往开来、与时俱进、勤奋努力，卓有成效地开展工作，推动党和国家各方面事业都取得了新的成绩，赢得了广大干部群众的支持和信任。实践证明，党的十六大和十六届一中全会选出的中央领导集体是有作为的，是能够经受住改革开放和复杂局面考验的。经过慎重考虑，我想辞去现任职务。这对党、国家和军队的事业发展都有利。恳切希望中央批准我的请求。我也将向全国人民代表大会提出辞去中华人民共和国中央军事委员会主席的职务。

在这里，我郑重地向中央提议，由胡锦涛同志担任中国共产党中央军事委员会主席。胡锦涛同志担任这个职务是完全合格的，也有利于坚持党对军队绝对领导的根本原则和制度。

我参加革命六十年来，一直受党教育、为党工作。对党和人民，我始终怀着深厚的感情，党和人民的事业就是我的生命。我永远忠于党和国家的事业，永远是中国共产党的忠实党员。我们党领导的伟大事业经过几代人长期努力，取得了举世瞩目的伟大成就，但我们前面的道路还很长，还有可能遇到这样那样的风险和考验。我坚信，我们党的事业是必胜的，只要我们坚持理想、坚定信念，抓住机遇、埋头苦干，不断巩固和发展全党的团结和党同人民的团结，不断战胜可能出现的各种挑战，不断增强我国的经济实力、国防实力和民族凝聚力，我们党、我们国家、我们军队就一定能够不断从胜利走向胜利，中华民族就一定能够实现伟大复兴。

江　泽　民

二〇〇四年九月一日

我的心永远同人民军队在一起*

（二〇〇四年九月二十日）

今天军委新班子召开扩大会议，我来同大家见见面，感到非常高兴。昨天，党的十六届四中全会已经同意我辞去中共中央军事委员会主席的职务，决定由锦涛[1]同志挑起这副担子。在筹备党的十六大期间，从党和国家的长远发展和长治久安出发，我就提出不再担任中央领导职务，并退出中央委员会。在党的十六大上，我把总书记的班交了；在二〇〇三年的十届全国人大一次会议上，我把国家主席的班交了。当时，中央决定我留任党和国家的军委主席。自那时以来，我一直期望着在适当时候从领导岗位上完全退下来。现在，这个愿望终于实现了。我还有个国家军委主席的职务，要等到明年三月人大会议再辞去。实际上，从现在开始，可以说我已经全退了。

我诚心诚意地把党的总书记、国家主席、军委主席这个班交给锦涛同志。作出这个决定，我是经过长期酝酿、慎重考虑的。这样做，有利于党和军队事业的长远发展，有利于国家

* 这是江泽民同志辞去中共中央军事委员会主席的职务后，在经过调整充实的中央军委举行的第一次扩大会议上的讲话。

的长治久安，也有利于坚持党对军队绝对领导的根本原则和制度。从党的十六大到这次全会，我们党、国家、军队的高层领导完整地实现了新老交替和平稳过渡。现在，我完成了自己的历史任务，尽到了自己的历史责任。说句心里话，看到党、国家、军队的事业后继有人，我的心情是十分愉快的。

锦涛同志任军委主席是完全合格的。锦涛同志是党的总书记、国家主席，接任军委主席的职务顺理成章。党的总书记、国家主席、军委主席三位一体这样的领导体制和领导形式，对我们这样一个大党、大国来说，不仅是必要的，而且是最妥当的办法。党中央和小平同志当年决定我当党的总书记、国家主席、军委主席，也是从大局考虑的。党的十六大以来，我在军委主席的岗位上，工作抓得很紧，就是要把军队建设的一些大事定下来，为交班打下更好的基础、创造更充分的条件。锦涛同志比我小十六岁，年富力强。他曾担任过共青团中央第一书记、贵州省和西藏自治区党委书记，一九九二年进入党的中央领导集体，任中央政治局常委已有十多年。担任党的总书记、国家主席以来，在国际形势复杂多变和国内改革发展稳定任务艰巨繁重的形势下，他带领新的中央领导集体继往开来、与时俱进、勤奋努力，卓有成效地开展工作，推动党和国家各方面事业取得了新的成绩，赢得了广大干部群众的支持和信任。就军队工作方面来说，他当过贵州省军区和西藏军区的党委第一书记，从一九九九年起一直担任军委副主席，直接参与军委工作。他既经受过艰苦地区和复杂环境的考验，又经历过长期高层领导工作实践的锻炼，积累了丰富的领导经验，综合素质很好，作风稳健，工作细致，能够压住阵脚。现在，把军委主席这个班交给他，时机和条件已经成熟了。我坚信，党中央决定由锦涛同志接任军委主席，是一个正确的选择。锦涛同志是中央领导集体的领头人、班长，也是军委领导集体的领头人、班长。大家都要拥护党中央的决定，坚决支持他的工作。

回顾我担任军委主席十五年的历程，感慨万千。事非经过不知难啊！当年小平同志把军委主席这个班交给我，我真是感到千钧重担在肩啊！这十五年间，世界上重大突发事件接连不断。国际敌对势力竭力对我国实施西化、分化的政治战略。科技进步日新月异，世界新军事变革蓬勃兴起。国内改革发展稳定出现许多新情况新问题。台湾分裂势力在“台独”的道路上越走越远，台海局势日益严峻。这十五年来，重大自然灾害也不少。军队使命艰巨、任务繁重。十五年来，对小平同志的重托，我是尽心尽力、尽职尽责的。对军委主席这份责任，我是抱着鞠躬尽瘁、死而后已的精神来对待的，从不敢懈怠。对国家的主权和安全，对军队的建设和发展，可以说夙夜在心。我这些年集中精力抓的问题，一言以蔽之，就是我军能否打得赢、不变质。十五年来，我们大家一起经历了许多风风雨雨，经受了许多复杂而严峻的考验。我们团结奋斗，在毛主席、小平同志打下的基础上，把我们这支军队的建设向前大大推进了一步。十五年来，我同军队结下了深厚的感情，同全军官兵结下了深厚的感情，同几届军委班子的同志也结下了深厚的感情。我虽然退下来了，但我的心永远同人民军队连在一起，同全军官兵连在一起，同军委的同志们连在一起。

我军建设已经进入一个新的发展阶段。这两年，我一直在思考我军的建设和发展问题，并对军队情况进行了调查研究。调查研究所获得的主要成果都体现在我的三次讲话中了。第一次是党的十六大后二〇〇二年底军委扩大会议的讲话，提出了积极推进中国特色军事变革〔2〕；第二次是去年底军委扩大会议的讲话，提出了"四个扭住不放松"〔3〕；第三次是今年六月军委扩大会议的讲话，对新时期军事战略方针的充实和完善、对我军建设从机械化半机械化转到信息化的重要方针政策都讲了〔4〕。在调查研究中，我突出地感到，这些年，军队建设形势很好，今后发展大有希望。这令我十分欣慰。我还是名共产党员，我还会关注军队的建设和发展。此时此刻，我作为一名老共产党员，想给大家提几点希望。

一是希望军队始终坚定地听党话、跟党走、服从党指挥。接受党的绝对领导，是我军的立军之本，是我军永远不变的军魂，关系我军的性质，关系党的兴衰成败，关系社会主义的前途命运，关系国家的长治久安。我们党是代表最广大人民根本利益的，是马克思主义执政党。我军是党的军队，在任何时候任何情况下都必须坚持党对军队的绝对领导，确保军队政治上合格，确保军队永远忠于党、忠于社会主义、忠于祖国、忠于人民。在这个根本政治原则问题上，全军同志头脑要十分清醒，立场要十分坚定，旗帜要十分鲜明。

二是希望军队永远保持老红军的政治本色。我军是有光荣革命传统的人民军队，自红军时期起就逐步形成了一整套光荣传统和优良作风。这些光荣传统和优良作风集中反映了我军的性质和宗旨,体现了我军的政治本色,是我军的宝贵精神财富。现在,我军所处的社会环境已经发生并将继续发生深刻变化,我军的官兵成分也发生了很大变化。包括军委班子在内,在军队现职岗位上,战争年代参加革命的同志一位也没有了。在新的历史条件下,如何继承和发扬我军的光荣传统和优良作风,是必须长期抓住并认真解决好的一个重大课题。在积极推进中国特色军事变革、加强我军现代化建设的历史进程中,全军官兵要始终珍惜我军的光荣历史,继承和发扬我军的革命精神和革命作风,身体力行地把我军的光荣传统和优良作风一代一代传下去。

三是希望军队努力站在世界军事发展潮流的前列。坚持解放思想、实事求是、与时俱进,是我们党和军队工作开创新局面的必由之路。军事领域作为竞争和对抗最为激烈的领域,是最具创新活力也是最需创新精神的领域。现在,世界新军事变革加速发展,其未来趋势可能是我们现在难以预料的,甚至是难以想象的。世界新军事变革的发生和发展,对国际战略形势和我国国家安全有着重大而深远的影响。我们一定要有开阔的视野和前瞻的眼光,坚持创新、创新、再创新,积极迎接世界新军事变革的严峻挑战,以时不我待的紧迫感推进中国特色军事变革,努力完成机械化和信息化建设的双重历史任务,坚定不移地实现建设信息化军队、打赢信息化战争的战略目标。

四是希望军队不断巩固和发展高度的团结统一。高度的团结统一,是我军发展壮大、战胜艰难困苦和强大敌人的重要条件。全军同志都要像爱护自己的眼睛一样爱护军队的团结统一。要在以胡锦涛同志为总书记的党中央领导下，在马克思列宁主义、毛泽东思想、邓小平理论和“三个代表”重要思想的政治基础上，更加紧密地团结起来，同心同德地为党和军队的事业而奋斗。各级党委都要发挥领导核心作用，搞好自身团结。各级领导干部特别是高级干部都要坚持党关于团结的基本原则，做团结的模范。还要大力加强军政军民团结、密切军政军民关系。只要军队听党指挥，军队内部是团结的，军队同人民是团结的，我们就没有克服不了的困难，就能经受住任何险风恶浪的考验。

五是希望军队切实履行好捍卫国家主权和领土完整的神圣使命。台湾问题是我最大的一个牵挂。当前和今后一个时期内，对我国国家安全最大、最现实的威胁就是“台独”分裂势力。毛主席、小平同志一直十分关注的一件大事，就是实现祖国统一。香港、澳门已经回归祖国，现在只剩下台湾问题了。台湾问题有很深的国际背景，有特殊的复杂性，解决起来很不容易。解决台湾问题，我们还是要坚持文攻武备的总方略。我们要以最大的诚意、尽最大的努力实现和平统一，但决不能承诺放弃使用武力，这是一项重大政治原则。军队必须抓紧做好反“台独”军事斗争准备。反“台独”军事斗争准备工作做得越好，就越有可能争取到和平统一的前景。即便发生重大“台独”事变，我们也可以战而胜之。全军同志要坚定决心、树立信心，勇敢地捍卫国家主权和领土完整，为实现全面建设小康社会的宏伟目标、为实现祖国的完全统一作出新的更大的贡献。

注　释

〔1〕锦涛，即胡锦涛，一九四二年生，安徽绩溪人。当时任中共中央总书记、中华人民共和国主席、中共中央军事委员会主席。

〔2〕见本卷《论中国特色军事变革》。

〔3〕“四个扭住不放松”，指新世纪新阶段军队建设要扭住思想政治建设不放松、扭住军事斗争准备不放松、扭住中国特色军事变革不放松、扭住从严治军不放松。这是江泽民二〇〇三年十二月二十九日在中央军委扩大会议上的讲话中提出的。

〔4〕二〇〇四年六月二十二日，江泽民在中央军委扩大会议上讲话时指出：高技术战争的本质就是信息化战争，信息化战争将成为二十一世纪战争的基本形态。必须明确把军事斗争准备的基点放到打赢信息化条件下的局部战争上。全军同志都要适应军事斗争准备基点的转变，推动中国特色军事变革深入发展，实现建设信息化军队、打赢信息化战争的战略目标。